Евгений ШВАРЦ

ПОЛНОЕ СОБРАНИЕ
СОЧИНЕНИЙ
В ОДНОМ ТОМЕ

Издательство
АЛЬФА-КНИГА
Москва
2011

УДК 821.161.1
ББК 84(2Рос=Рус)6
Ш33

Серия основана
в 2007 году

Шварц Е. Л.
Ш33 Полное собрание сочинений в одном томе.— М.: «Издательство АЛЬФА-КНИГА», 2011. — 1131 с.: ил. — (Полное собрание в одном томе).

ISBN 978-5-9922-0839-9

В полном собрании сочинений во всем многообразии представлено творчество известного российского писателя-сказочника, драматурга и сценариста Евгения Шварца (1896 — 1958). Все знают и любят с детства его «Сказку о потерянном времени», «Обыкновенное чудо», «Тень», «Два клена», «Первоклассницу» и многие другие замечательные произведения. В издание вошли все его пьесы, сказки, повести и киносценарии.

УДК 821.161.1
ББК 84(2Рос=Рус)6

© Шварц Е. Л. Наследники, 2011
© Художественное оформление,
ISBN 978-5-9922-0839-9   «Издательство АЛЬФА-КНИГА», 2011

ПЬЕСЫ

УНДЕРВУД

Пьеса в 3-х действиях

ДЕЙСТВУЮЩИЕ ЛИЦА

Мария Ивановна.
Иринка, Анька — ее дочери.
Варвара Константиновна Круглова по прозвищу Варварка.
Маруся — ее падчерица, пионерка.
Маркушка-дурачок — нищий, безногий, в колясочке на роликах.
Крошкин — студент техникума сценических искусств.
Мячик — студент политехникума.
Антоша — старик-часовщик.

ДЕЙСТВИЕ ПЕРВОЕ

Двор в пригороде или в дачной местности. В глубине двора двухэтажный дом. Наверху живет Мария Ивановна с дочерьми — Иринкой и Анькой. Комнату она сдает студентам — Мячику и Крошкину. Внизу, налево, живут Варварка и Маруся. Направо, как раз под комнатой студентов, в бывшей лавчонке — Маркушка-дурачок. Лето. Часов пять вечера. А н ь к а поливает траву из стакана.

И р и н к а. Анька!
А н ь к а. Чего?
И р и н к а *(шепотом).* Что я видела!
А н ь к а. Чего?
И р и н к а. Подойди сюда! Скажу.
А н ь к а. Да-да!
И р и н к а. Что да-да?
А н ь к а. Я подойду, а ты плюнешь.
И р и н к а. О! Есть мне время на всех плевать. Что я, дождик, что ли? Иди сюда!
А н ь к а. А вчера ты зачем плюнула?
И р и н к а. Нечаянно! Да иди же сюда!
А н ь к а. Нечаянно! Прямо в ленточку в новую. Нечаянно!
И р и н к а. Так ты же сейчас без ленточки. Иди! Интересное!
А н ь к а. Мало ли что... Интересное! Я тебя знаю! Хочешь что сказать — иди ты сюда!
И р и н к а. Ну тогда погоди. Я сейчас.
А н ь к а *(продолжает поливать траву).* Погоди... И погожу! Я никуда не бегу. Куда бежать-то? Что я — лошадь? Мать, наверное, уснула. Куда же бежать-то?
И р и н к а *(выбегает).* Брось поливать!
А н ь к а. Они пить хотят...
И р и н к а. Брось поливать! Послушай, что я знаю!
А н ь к а. Наверное, ничего и не знаешь?
И р и н к а. Нет, знаю. Интересное! Про мачеху, про Марусину!
А н ь к а. Про Варварку?

И р и н к а. Ну да! Интересное...

А н ь к а. О?!

И р и н к а. Вот тебе и «о»!

А н ь к а. Ну!

И р и н к а. Вот тебе и «ну» — она деньги считала!

А н ь к а. Деньги?

И р и н к а. Деньги. Во какую массу! Как кирпич. Толстую!

А н ь к а. Рубли?

И р и н к а. Какие там рубли! Червонцы...

А н ь к а. Ну вот и врешь... Откуда у нее червонцы? Она же бедная! На пенсии. Откуда же у нее? Как же ты увидела?

И р и н к а. Да ты слушай. Видишь вон то гнездо?

А н ь к а. То?

И р и н к а. Да!

А н ь к а. Воробьиное?

И р и н к а. Да!

А н ь к а. Под крышей?

И р и н к а. Да! Да! Да! Полезла я туда за мышонком...

А н ь к а. Зачем?

И р и н к а. Да за мышонком же! Я туда вчера живого мышонка посадила.

А н ь к а. Мышонка? Живого? А мне не сказала!

И р и н к а. Да ведь я же о другом говорю сейчас!

А н ь к а. Сестра называется... Мышонка поймала, а мне...

И р и н к а. Да это же вчера было, когда ты в городе была! Я у кошки его отняла, а он совсем живой. Ну, я его туда... Хотела глянуть, как воробки удивятся... Ну вот... Лезу я...

А н ь к а. Удивились?

И р и н к а. Ах да не знаю я! Воробьята запищали, а старых дома не было. А тут меня мама обедать позвала. Я побежала и забыла. Только-только вспомнила. Полезла, глянула, нету там мышонка... Лезу обратно...

А н ь к а. А где же он? Мышонок?

И р и н к а. Да не знаю! Ну, съели его, что ли!

А н ь к а. И хвост?

И р и н к а. И хвост. Да ты слушай! Я же о другом рассказываю! Лезу я обратно — и глянула нечаянно к Варварке в окно. Смотрю — сидит она на полу, страшная-страшная, в круглых очках. Сидит и деньги считает. Одну доску из пола вынула, оттуда и достает она деньги-то.

А н ь к а. Н-ну!

Иринка. Посчитает-посчитает и закрутит головой, как гадюка!

Анька. Зачем?

Иринка. Смотрит — не подглядывает ли кто!

Анька. Я б с трубы сорвалась от страху.

Иринка. А я скорей назад.

Анька. Мама говорит: она Марусю голодом морит. А папа говорит: она же бедная — пенсия маленькая. Вот так бедная!

Иринка. Откуда ж деньги-то?

Анька. Наверно... Наверно, она разбойница!

Голос Варварки. Опять, опять, опять выросла!

Анька. Она!

Иринка. Варварка!

Анька. Разбойница!

Иринка. Бежим!

Убегают.

Варварка *(за окном)*. Опять она выросла... А? Нет, вы только посмотрите. Опять выросла. Скандалистка!

Маруся *(за окном)*. А я виновата!

Варварка. Четырнадцать лет, а выше матери на целую голову!

Маруся. Вы мне не мать, а мачеха!

Варварка. Все равно, я втрое тебя старше! Растет, растет, сама не знает чего!

Маруся. Трава и то растет.

Варварка. Замолчи!

Маруся. Трава и то растет, а я — человек.

Варварка. Человек нашелся какой! Ты не человек, а девчонка!

Маруся. Чего вы щиплетесь?

Варварка. Я не щиплюсь, а на окно показываю. Открой окно! Темно мне...

Распахивается окно. За окном Варварка *и* Маруся.

Варварка. Ну, так и знала! На четыре пальца! Разорение! На четыре пальца!

Мария Ивановна *(показывается из-за занавески в окне второго этажа. Сонно говорит в пространство)*. Здравствуйте, Варвара Константиновна! Что, у вас опять Маруся выросла?

Варварка. Здравствуйте, Мария Ивановна! Опять выросла! Какая вы счастливая... Ваши девочки как девочки, а моя каждый день растет!

Мария Ивановна *(сонно).* Вы подумайте! Неужто каждый?

Варварка. Я ее вымерила, я ее высчитала, я в очереди отстояла. Я еле-еле отскандалила, чтобы приказчик ровно метр восемнадцать с половиной сантиметров отрезал. А она возьми да и вырасти на четыре пальца!

Маруся. Цыпленок и то растет.

Варварка. Молчи! Отпустят мне теперь в лавке сатину четыре пальца? А? Отпустят? Цыпленок...

Маруся. Чего вы щиплетесь?

Варварка. Я не щиплюсь, я тебе на дверь показываю. Ступай, переоденься. Цыпленок... Вот сделаю тебе вставку из своей старой юбки, тогда узнаешь, что за цыпленок... Ступай.

Маруся уходит.

Мария Ивановна. Охо-хо-хо-хо!

Варварка *(шьет).* Чего вздыхаете?

Мария Ивановна. После обеда живот большой. Ляжешь — он тебе на душу давит. Поспишь — на душе тяжело.

Варварка. А вы не спите!

Мария Ивановна. Нельзя. Я сегодня ночь не спала.

Варварка. Отчего?

Мария Ивановна. От снов.

Варварка. От снов не спали?

Мария Ивановна. Ну да! От страшных снов.

Варварка. Что же вы видели?

Мария Ивановна. Старички на костыликах бегают, блошки пляшут. В голову мне гвоздики забивают...

Варварка. Отчего же это сны такие?

Мария Ивановна. От пишущей машинки.

Варварка. От чего?

Мария Ивановна. От пишущей машинки. Студенты — жильцы мои — хорошие люди, а беспокойные. Тот, что на актера учится, — кричит, кричит, кричит — будто начальство какое. А тот, что на инженера, — принес домой пишущую машинку. Всю ночь: тук, тук, тук! тук, тук, тук! тук, тук, тук! А мне снятся гвоздики, блошки, костылики. Гвоздики, блошки, костылики...

Варварка. Где ж это он так разбогател — машинку купил?

Мария Ивановна. Что вы — купил... Ее не купишь. Это ему из института дали. Доклад, что ли, спешный отпечатать. А купить ее разве возможно!

Варварка *(бросает шить).* Дорогая?

Мария Ивановна. Тысячу рублей!

Варварка. Как?

Мария Ивановна. Что это вы так всполохнулись?

Варварка. Укололась об иголку. А почему вы знаете, что она тысячу стоит?

Мария Ивановна. Во вчерашней «Вечерке» читала. Похищена откуда-то там машинка... фабрика, кажется, «Ундервуд» — в тысячу рублей.

Варварка. Бывает... Однако пора и самовар ставить... Маруся! Маруся! Найди мне газету самовар развести. Маруся! Найди мне вчерашнюю газету!

Мария Ивановна. Батюшки! Что же это я? Совсем забыла, что я пить хочу. Иринка! Аня! Где же вода-то?

Анька *(из окна рядом)*. Я водой траву полила!

Мария Ивановна *(сонно)*. Кипяченой водой? Траву?

Анька. Что ж, что кипяченой. Зато холодной!

Мария Ивановна *(сонно)*. Принеси опять.

Анька. Принесу! Только ты не засни.

Мария Ивановна *(сонно)*. Не засну, если ты скоро.

Анька *(во дворе со стаканом)*. Иринка! Иринка!

Иринка выбегает во двор.

Иринка. Чего тебе?

Анька. Идем в погреб за водой!

Иринка. Сама не донесешь, что ли?

Анька. Боюсь я. Страхов насказала про Варварку!

Убегают в погреб. Из дому выходит Маруся. Что-то ищет под окном. Из погреба выбегают Анька и Иринка. Увидев Марусю, замерли. Стоят и глядят на нее.

Маруся *(тихо и печально)*. Девочки! Не видели тут газеты под окном? Вчерашней? Мачеха велела найти... Чего вы на меня уставились? Неужто я еще выросла?

Анька. Нет. *(Ставит воду на скамейку.)*

Маруся. Так чего же? *(Еще печальней.)* Выкатили гляделки, будто куклы какие-нибудь.

Иринка *(кидается к Марусе)*. Она тебя бьет. Она тебя убьет.

Маруся. Что ты, что ты...

Анька. Она — разбойница, разбойница!

Маруся. Кто?

Иринка. Мачеха!

Маруся. С чего ты взяла?

И р и н к а. Она деньги считала! Во какую гору! На полу сидела.

М а р у с я. Когда?

И р и н к а. После обеда! Я под крышу лазила, в окно увидела.

М а р у с я. В какое окно?

И р и н к а. Вон в то!

М а р у с я. Ну да! Она там после обеда на ключ запиралась.

И р и н к а. Откуда у нее деньги-то?

А н ь к а. Она разбойница, наверное! Она и тебя из детдома взяла, наверное, чтобы убить!

М а р у с я. Вот оно! Этого я и ждала! Этого я и ждала все время! Вот оно. Что же делать-то?

И р и н к а. А ты к нам переходи. У нас живи!

А н ь к а. На диване у нас живи пока.

М а р у с я. Я так и знала, что дело неладно. Всегда она запирается, всегда в город ездит — а зачем ей? Знаете, девочки, она вчера телеграмму получила, а там написано: «Цены прежние».

А н ь к а. Ну!

И р и н к а. Прежние?

М а р у с я. Что это за телеграмма? Знаете, девочки, будь она просто злая старуха, я бы с ней живо справилась. А она непонятная старуха!

А н ь к а. Очки носит...

М а р у с я. После обеда каждый день сядет она за стол, счеты из шкафа достанет — и давай считать, на счетах щелкать. Щелк-щелк, будто кассирша в кооперативе.

А н ь к а. В «Пролетарии»?

И р и н к а. Заткнись!

М а р у с я. Откуда у нее деньги? Наворовала? Будет суд, спросят меня: «Как это так, восемь месяцев жили у нее — и не знаете, чем она занимается?» А у нее разве узнаешь? У нее все с хитростью. Щиплется — и то так, что не придерешься. Положит руку на плечо, будто так себе, и между пальцами как зажмет! А скажешь ей: «Чего вы щиплетесь?», она сейчас же: «Я не щиплюсь, я показываю» или...

Из лавчонки выезжает в колясочке на роликах М а р к у ш к а.

М а р к у ш к а. Сено! Солома! Трава! Клевер! Турнепс! Пальмы! Горох! Табак!

Убегает, сделав по сцене два-три круга.

А н ь к а. Маркушка-дурачок побежал милостыню собирать.

М а р у с я. А как она меня надула, когда я в лагерь собиралась с отрядом! Свалилась, стонет, сознание теряет...

И р и н к а. У нас было слышно...

А н ь к а. У нас было слышно, как она сознание теряет.

М а р у с я. Я и поверила и осталась — и вот теперь сижу здесь одна. А отряд неизвестно где. Не знаю, как проехать. Ей даровой прислугой осталась.

А н ь к а. Я очень боюсь ее. Очень.

М а р у с я. Мячик! Мячик!

А н ь к а. Ай! Ай! Что она делает! Ай!

И р и н к а. Не надо.

М а р у с я. Что с вами?

А н ь к а. Зачем Мячик?

М а р у с я. Посоветоваться! С кем же еще?

А н ь к а. Ай, что ты! Он ведь... Он сразу пойдет узнавать, расспрашивать...

И р и н к а. Он сразу начнет кричать: «Осмотрись и борись!»

А н ь к а. Варварка рассердится и всех нас поубивает. Она непонятная!

М а р у с я. Не говори глупостей! Мячик!

И р и н к а. Ну постой, ну еще минуточку дай отдышаться. И зачем, зачем ты к ней из детдома пошла?

А н ь к а. Сидела бы там.

М а р у с я. Я скучала очень, когда отец помер и бабушка померла. Они ведь мне про Варварку ни слова не говорили. Я ж не знала, какая она. А она пришла в детдом голубь голубем, и все документы в порядке.

А н ь к а. Я б эти документы порвала — да в нее.

М а р у с я. Не порвала бы. Там все поверили, что она голубь. И арифметик, и заведующий. Уж на что умница Фекла, кухарка, и та поверила. А уж она, кажется, всякого насквозь видела. Кто лишнюю порцию съел, кто окно выбил — все Фекла узнавала, только глянет. А вот на Варварке прошиблась Фекла. У тебя, говорит, будет теперь родная мать. Вот. Посмотрела бы она на эту мать...

И р и н к а. Хороша мать!

М а р у с я. Голодом морит! Сегодня на обед одно первое, завтра одно второе. Я один обед два дня ем! И с чего это я расту? Куда ты, Аня?

А н ь к а. Я тебе поесть принесу!

М а р у с я. Не надо мне! Не до того. Мячик! Мячик!

В окне показывается К р о ш к и н.

К р о ш к и н *(театрально хохочет).* Ха-ха-ха-ха-ха! Мячик занят... Ха-ха-ха...

И р и н к а. Чего ты?

К р о ш к и н. Учусь. Это горький смех. Ха-ха-ха-ха! Ну что? Чувствуете? Дошло?

И р и н к а. Сказать ему?

М а р у с я. Ну да!

И р и н к а. Дядя Крошкин, спуститесь к нам!

К р о ш к и н. О! Чего вы... так взволнованы... о... девочки двора?

А н ь к а. Скажем что-то страшное про...

И р и н к а. Тссс-с!

К р о ш к и н. О... я... заинтересовался... трепеща! Сейчас прибегу... как будто козочка... бегом... и кувырком... *(Скрывается.)*

А н ь к а. Что, у него опять зачет?

И р и н к а. Ну да! Видишь, как складно говорит.

А н ь к а. А когда он совсем на актера зачтется?

И р и н к а. Его спроси!

К р о ш к и н. Ну вот и я... с ногами и... и... и ушами. О! В чем дело?

М а р у с я. Дядя Крошкин, у меня беда.

К р о ш к и н *(серьезно).* Опять выросла?

М а р у с я. Да это пустяки!

К р о ш к и н. Как пустяки! Нет, брат, это не пустяки. Рост — это дело ого-го!

М а р у с я. Да ты послушай!

К р о ш к и н. Рост — это дело... крупное. Недавно заработал я десятку на халтуре...

И р и н к а. Постой! У нас беда!

К р о ш к и н. Сейчас! Захотел я что-нибудь себе подарить — и невозможно! Самая большая рубашка — и мне рукава до сих пор!

А н ь к а. Послушай нас, дядя!

К р о ш к и н. Сейчас! И придется мне рукава наставлять. А кто мне наставит? Брюки хотел купить — и брюк по мне нет. По сих пор самые длинные. Ничего себе подарить не могу! А ты говоришь — рост пустяки... Рост — это...

М а р у с я. Дядя Крошкин! Пожалуйста, очень я тебя прошу. Важное дело.

К р о ш к и н. Ну, ладно! Слушаю. *(Садится с размаху на стакан с водой.)* Караул! Тону!

Анька и Иринка смеются.

Маруся. Ну вот! Все заржали! С вами никогда дела не сделать. Мячик! Мячик!

Анька. Маруся, не надо!

Иринка. Маруся! Он ведь очень рассердится.

Анька. И она рассердится.

Иринка. И нам плохо будет.

Анька. И тебе плохо будет.

Маруся. Бросьте, девочки! Мячик!

Девочки плачут.

Крошкин. Ревут! Честное слово, ревут! Ревут, как тигры. Раньше Мячик — любимец публики, а теперь он вдруг вызывает слезы... В чем дело?

Анька. Мы боимся!

Крошкин. Кто?

Иринка. Она Варварки боится.

Крошкин. А ты?

Иринка. И я!

Крошкин. Ничего не понял! При чем здесь Мячик?

Маруся. Мячик! Мячик!

Распахивается окно.

Мячик. Кто меня звал? Ты, Маруся?

Маруся. Я, Мячик.

Мячик *(выпрыгивает из окна)*. Ты? По делу?

Маруся. Я. Да.

Мячик. По важному?

Маруся. Да!

Мячик. Если так, то постой. Ать-два! Ать-два! Ну вот, опять на плечах голова. А то был котел. Шутка ли? Всю ночь печатал. Какое дело?

Маруся. Иринка у мачехи видела во какую гору денег! Она на пенсии. Откуда же деньги-то?

Мячик. Что-что? Деньги?

Анька. Это Иринка видела, не я...

Иринка. Я... Она... Мы... боимся...

Мячик. Глупости! Осмотрись — и борись! Что за ерунда! Не дрожать! Деньги там были? Не ошибаешься?

Маруся. Нет! Я давно вижу что-то неладное, очень что-то неладное делается у нас. Как быть? А? Мячик!

М я ч и к. Маруся, Маруся, где ты так избаловалась? Осмотрись и борись — понятно? Осмотрись и борись! А мы поможем...

М а р у с я. Откуда у нее деньги? Награбила?

Дверь в квартиру Варварки распахивается.

В а р в а р к а. Здравствуйте, молодые люди. Что глядите так? Впервой видите?

К р о ш к и н. Привет вам... о герцогиня! Хотя, конечно, не впервой, но вроде как бы и впервой!

В а р в а р к а. А вы все пьесы учите? Все из роли?

К р о ш к и н. Хоть не из роли, но в этом роде.

В а р в а р к а *(Мячику)*. А вы всю ночь печатали?

М я ч и к. Да!

В а р в а р к а. Устали небось?

М я ч и к. Да!

В а р в а р к а. А трудно это — научиться печатать?

М я ч и к. Нет!

В а р в а р к а. А какая у вас машинка? Какой фабрики?

М я ч и к. «Ундервуд»!

В а р в а р к а. А ты что стоишь? Я тебе велела «Вечерку» вчерашнюю найти. Я хочу самовар развести. Где газета? *(Кладет Марусе руку на плечо.)*

М а р у с я. Да чего вы щиплетесь?

В а р в а р к а. Я не щиплюсь, я тебя направляю! Ступай, ищи.

К р о ш к и н. О герцогиня! Не посылайте искать... сию малютку. Вот вам газета.

В а р в а р к а. Так ведь это «Правда»!

К р о ш к и н. Но, герцогиня, газета вам нужна для самовара. Ведь «Правда» больше «Вечерки»?

В а р в а р к а. Действительно, я напутала. Давайте «Правду», все равно!

К р о ш к и н. О нет, зачем же! Мне тоже все равно. *(Опускается на одно колено.)* О герцогиня, вот вам «Вечерка».

В а р в а р к а. Спасибо! *(Кладет Марусе руку на плечо.)* Идем!

М а р у с я. Чего вы щиплетесь?

В а р в а р к а. Я не щиплюсь, я тебя зову. Идем.

М а р у с я. Сейчас.

Варварка уходит.

Что мне делать, братцы? Что мне делать?

К р о ш к и н. Иди и возвращайся!

Маруся. Хорошо. *(Убегает.)*
Мария Ивановна *(сонно)*. Иринка! Анька! Где же вода?
Иринка. На нее дядя Крошкин сел.
Мария Ивановна *(сонно)*. На кипяченую воду сел?
Иринка. Так ведь нечаянно!
Мария Ивановна *(сонно)*. Принеси еще!
Иринка. Так ведь ты опять заснешь.
Мария Ивановна. Не засну, если ты скоро.

Из окна студентов хор. Радио.

Иринка. Радио! Бежим скорей за водой.
Анька. А потом послушаем. Да?
Иринка. Да! Бежим скорей!

Убегают.

Мячик. Ну что скажешь, товарищ Крошкин?
Крошкин. Дело неясное, товарищ Мячик.
Мячик. Какие они деньги видели? Правду говорят?
Крошкин. Несомненно, правду. Они тут ревели. Они — девочки веселые. Если ревут, значит, что-то неладно.
Мячик. Тут разобраться надо.
Крошкин. Это так.

Девочки выбегают из погреба.

Анька. Еще не кончилось радио...
Иринка. Мама! Мама! Я принесла воду! Спит.
Анька. Что это они играют?
Мячик. А не знаю, сюда не слышно было, как объявляют.

Маруся выбегает из дверей.

Маруся. Братцы, дорогие мои! Что мне делать? Вы радио послушаете, по домам пойдете, а я к ней на мученье! Вы будете спать, а мне конский волос щипать!
Мячик. Какой конский волос?
Маруся. Бросила мне сейчас матрас грязный, старый, в помойной яме нашла, что ли. «Выщипи, говорит, из него конский волос».
Иринка. Зачем?
Маруся. А разве я знаю? Выщипи и в мешок набей. Что делать, товарищи? А? Куда деваться?

М я ч и к. Ох Маруська, Маруська! И когда это ты так избаловалась? О чем мы вчера говорили?

М а р у с я. Ах, не помню! Посоветуй, что делать, Мячик! А? У нас там такая сырость да грязь, а теперь еще деньги эти...

М я ч и к. Маруська, мы вчера с тобой говорили об Индии. Верно?

М а р у с я. Ну, верно.

М я ч и к. Что ты мне говорила? Ах, счастливые индусские пионеры! Ах, у них там борьба. А теперь заныла? Когда до борьбы дошло — заныла? Как только непонятное положение, опасность — плачешь? Это, брат, только в книгах: чуть что — отряд на выручку спешит, а в жизни не угодно ли иной раз и одной попробовать.

М а р у с я. Да ведь тут мачеха, а не...

М я ч и к. А мачеха тебе не враг? А откуда у нее деньги? Осмотрись и борись, а мы поможем, а если понадобится — позовем на помощь и...

С улицы крик: «Дерево!»

А н ь к а. Маркушка-дурачок с милостыни вернулся.

С улицы: «Листик!»

М я ч и к. Идем к нам. Поговорим обо всем подробней.

Влетает М а р к у ш к а - д у р а ч о к.

М а р к у ш к а. Дерево! Листики! Кустики! Веточки! Планочки! Палочки! Рамочки! Вагоны!

М а р у с я. Братцы, что он ко мне пристал!

М а р к у ш к а. Почки! Сучочки! Оглобли!

И р и н к а. Не трогай меня!

Все уходят. Маркушка один бегает по площадке.

М а р к у ш к а. Окно! Стекло! Стакан! Рюмочки! Лампочки! Чернильница! Телескоп! *(Подходит к Варваркиному окну.)* Очки! Хлеб! Пышки! Пирожки! Караваи! Булки! Батончики! Розанчики! Корки!

В а р в а р к а *(высовывается из окна)*. Это ты, Маркушка?

М а р к у ш к а. Я, Варюша.

В а р в а р к а. Подойди-ка сюда. Они все радио слушают?

М а р к у ш к а. Да, они все наверх пошли.

В а р в а р к а *(вытирает ему лоб платком)*. Опять ты весь потный! Недаром говорила мама-покойница: Маркушке простудиться — пустяк. Застегни ворот.

Маркушка. Как дела?

Варварка. А дела неплохи! Сегодня считала... Знаешь, сколько мы за прошлый месяц заработали?

Маркушка. Ну?

Варварка. Триста пятьдесят рублей. Рубашка-то у тебя какая грязная! Намоталась я сегодня, не успела я тебе смену выстирать... Да! Триста пятьдесят.

Маркушка. Это мы тогда задешево часы скупили. Золотые-то.

Варварка. Ну уж и задешево. Краденые! Продали хорошо, это верно. А купили... Краденые еще дешевле можно купить. Погляди на меня! Что это глаза у тебя такие мутные? У тебя жар!

Маркушка. Какое там! Нет!

Варварка. Почему ты знаешь?

Маркушка. Чувствую.

Варварка. Ты чувствуешь! Помнишь, когда у тебя корь была? Когда тебе девять лет было? Тоже на ногах ходил, пока сыпь не высыпала.

Маркушка. То когда было. Пирожок мне обещала. Спекла?

Варварка. Ой, братик миленький, просто забыла! Замоталась с машинкой с этой.

Маркушка. С какой машинкой?

Варварка. Ох ты господи! О главном-то и забыла. Дело есть! Прибыльное. Читай.

Дает Маркушке вырезку из газеты.

Маркушка *(читает).* «Из помещения рабкома пищевиков похищена пишущая машинка системы «Ундервуд». Стоимость похищенного около тысячи рублей». Ну?

Варварка. Около тысячи рублей. А? Когда мне эта соня верхняя сказала, я не поверила. Я и не думала, что машинка столько стоит. Я сейчас давай газету искать. Нашла — и вот видишь — верно! Тысячу рублей.

Маркушка. Да нам-то что до этого?

Варварка. Да студент-то! Верхний! Машинку домой принес! «Ундервуд»!

Маркушка. Так!

Варварка. Я Маруське велела мешок конского волоса нащипать. Когда никого не будет, мы ее вытащим. В мешок. Да и в город. Конский волос мягкий. Ничего не поломается.

Маркушка. Ай да Варюша! Только нет. У меня другой план есть. Мы не так вытащим.

Окно Марии Ивановны распахивается настежь.

Мария Ивановна. Нет! Нет! Так вот вы кто! Нет! Нет! Нет!
Варварка. Это еще что за глупости?!

Маркушка выскакивает из колясочки. Ноги у него здоровые. Бросается к водосточной трубе.

Мария Ивановна. Не позволю моего жильца обкрадывать! Это не его вещь, это казенная вещь!
Варварка. Мария Ивановна, за-мол-чи-те!
Мария Ивановна. Нет! Нет! Нет! Ой, у меня пояс лопнет сейчас. Не замолчу! Воры!
Маркушка *(у ее окна поднялся по водосточной трубе).* Молчи!
Мария Ивановна. Ой!
Маркушка. Молчи, или тебе худо будет. Поняла? Молчи, или тебе худо будет!
Мария Ивановна. Худо будет...
Варварка. Повтори ей, Маркушка! Она плохо поняла.
Маркушка. Если хоть один человек узнает, о чем я с сестрой говорил сейчас, тебя на дне морском отыщу. С того света вернусь! Я т-т-тебя...
Мария Ивановна. Ой, зубы какие! Да не скаль ты зубы! Зубы какие!
Маркушка. Поняла?
Мария Ивановна. Да!
Маркушка. Будешь молчать?
Мария Ивановна. Да!
Маркушка. Запомни! *(Спрыгивает на землю, бежит к себе.)*
Мария Ивановна. Что же это будет? Что же это будет?

Занавес

ДЕЙСТВИЕ ВТОРОЕ

Декорация первого действия. Два часа дня.

Мария Ивановна. Девочки! Девочки! Девочки! Нету их... Девочки... милые. Пропали... Иринка! Анька!

Иринка *(выходит с Анькой из-за дома)*. Чего тебе?

Анька. Кричит, как автомобиль. *(Передразнивает.)* «Девочки! Девочки!»

Мария Ивановна. Да как вы можете со мной так разговаривать?

Иринка *(выходит с Анькой из-за дома)*. А что?

Мария Ивановна. Мне же обидно!

Анька. А нам не обидно?

Иринка. Подругу себе какую нашла!

Анька. С разбойницей подружилась...

Мария Ивановна. С какой разбойницей? Откуда ты знаешь?

Иринка. Чего там знать! Сидела у тебя Варварка с восьми часов утра? Сидела!

Мария Ивановна. Какая же она разбойница?

Анька. А что, я тебе не рассказывала, как деньги она считала?

Мария Ивановна. Может, то были ее деньги.

Анька. Откуда?

Иринка. Сидишь с ней целое утро...

Анька. А нас в лавочку посылаешь за макаронами!

Иринка *(выходит с Анькой из-за дома)*. А у нас их в кладовой два кило! Еще папа с кооператива принес!

Анька. Значит, нарочно посылала, чтоб с ней поговорить!

Иринка. Секреты разговаривают подруги новые. Ну и сидите с ней!

Анька. Записывайтесь в разбойницы!

Иринка *(выходит с Анькой из-за дома)*. А нас не зовите. Пойдем, Анюта!

Мария Ивановна. Девочки! Побудьте тут.

Анька. Пойдем, Иринка!

Мария Ивановна *(отчаянно)*. Девочки, я прошу же! Сядьте тут, у двери. Сидите тут, а то я вас насмерть забью! Сидите, я вам гривенник дам. *(Взглядывает на Варваркино окно и убегает.)*

Анька. Чего это она?

Иринка. Заболела?

Анька. Может, ей Варварка конфету дала такую?

Иринка *(выходит с Анькой из-за дома)*. С каплями сумасшедшими...

Мария Ивановна возвращается.

Мария Ивановна *(шепотом)*. Тут, тут, тут сидите.

Иринка. Мама!

Анька. Мама, не надо!

Мария Ивановна. Сидите тут, у двери, весь день и смотрите! Сидите и смотрите!

Иринка *(выходит с Анькой из-за дома)*. На что смотреть-то?

Мария Ивановна. Не спрашивайте меня! Сидите! Смотрите! *(С ужасом взглядывает на Варваркино окно.)* Что же это такое?

Убегает.

Анька. Говорила я тебе...

Иринка. Что ты мне говорила?

Анька. Не помню... А только я знала!

Иринка. Что ты знала?

Анька. Что худо будет.

Маруся выбегает из дома.

Маруся. Девочки! Что у вас Варварка утром делала?

Иринка. Заперлась с мамой, целый час говорили.

Анька. А нас отправила за макаронами.

Маруся. Знаете что?

Анька. Ну?

Маруся. Она что-то против меня готовит.

Иринка. Почему ты думаешь?

Маруся. Она сегодня со мной ласковая-ласковая!

Анька. Н-ну?

Маруся. По комнатам летает прямо чижиком. Щечки красные. Сама себе мигает! Сама с собой говорит. С утра успела и у вас побывать, и в город съездила. А сейчас сидит мешок зашивает.

Анька. Какой мешок?

Маруся. Тот, что конским волосом я набила. А со мной ласковая-ласковая. Но только меня она не проведет. Я ей теперь ни в чем не подчинюсь. Я рассердилась!

А н ь к а. На кого?

М а р у с я. На нее.

А н ь к а. А раньше ты разве на нее не сердилась?

М а р у с я. Да что ты меня все спрашиваешь и спрашиваешь? Я сама ничего не знаю. Я только знаю, что некогда! Некогда! Готовит она что-то. Надо ей мешать.

Из дома выходят К р о ш к и н и М я ч и к.

К р о ш к и н. Девочки! Смотрите, какая у меня улыбка.

А н ь к а. Большая...

К р о ш к и н. Скорбная! Это — скорбная называется. Я ее сегодня нашел.

А н ь к а. Где?

М я ч и к. Ну, идем, Крошкин, а то я опоздаю.

М а р и я И в а н о в н а выходит.

М а р и я И в а н о в н а. Вы куда уходите?

М я ч и к. Я к себе в институт, Мария Ивановна.

К р о ш к и н. А я пройтись.

М а р и я И в а н о в н а. Товарищи! Я прошу вас! Ох... *(Опускается на скамейку.)* Говорила я ему! Езжай в дом отдыха осенью! А он: «Нет, я на заводе устал». Уехал... А ведь я ему говорила!

М я ч и к. Кому?

М а р и я И в а н о в н а. Мужу! Уехал... А тут вот оно что!

М я ч и к. Да что случилось?

М а р и я И в а н о в н а. Ах, нет! Ничего, ничего. Вы куда уходите?

И р и н к а. Мама, они же сказали!

А н ь к а. В институт, мама!

М а р и я И в а н о в н а. Нельзя ли не уходить?

М я ч и к. А что?

М а р и я И в а н о в н а. Ох, нет! Ничего, ничего! *(Шепотом.)* Прошу вас не уходить! Прошу!

К р о ш к и н. Мария Ивановна! Да расскажите вы нам, в чем дело!

М а р и я И в а н о в н а. Ах, ну... Что за настырные люди! Что рассказывать? Не надо вам уходить. *(Скороговоркой.)* Я видела во сне, что у вас пишущую машинку украли!

М я ч и к. Что?

М а р и я И в а н о в н а. Пишущую машинку. Во сне! Во сне! И довольно! И сидите дома. *(Убегает.)*

М я ч и к. Что такое?

К р о ш к и н. Она больна.

И р и н к а. Это ее Варварка! Варварка ее! Она сегодня у нас с утра сидела!

М я ч и к. Что за ерунда! Не может же она...

М а р у с я. Она все может! Вы не знаете ее — она все может! Я понимаю! Она пишущую машинку решила у вас украсть!

М я ч и к. А Мария Ивановна откуда это узнала?

М а р у с я. Ой, не будем сейчас думать откуда. Некогда, некогда. Надо скорее, скорее, скорее...

М я ч и к. Да что скорее-то?

М а р у с я. Ах, не знаю я! Неужто мы ее глупее? Она что-то готовит... Неужто мы не помешаем? Марию Ивановну запугала. Девочки! Мальчики! Вот при всех говорю: что бы она ни велела — не буду делать. Самый пустяк — и то не буду. Меня она не запугает.

М я ч и к. Хлоп! *(Прыгает.)* Хлоп! *(Прыгает.)* Хлоп! *(Прыгает.)* Ать-два! Ать-два! Ну вот, опять на плечах голова. А был котелок. Шутка ли... столько со всех сторон наговорили! Так что ты советуешь делать?

М а р у с я. Не ходить никуда.

М я ч и к. Это ерунда! Сейчас осмотрюсь. *(Задумывается.)* С одной стороны — уйти мне необходимо. С другой стороны — «Ундервуд» институтский, дорогой, только что из-за границы. Вывод вот какой: если есть опасность кражи, я должен помешать. Как? А вот как. *(Бежит в дом.)*

К р о ш к и н. Девочки! Что вы плачете?

И р и н к а. Со стыда!

А н ь к а. Мама теперь тоже разбойница!

К р о ш к и н. Как вам не стыдно!

М а р у с я. Не ревите, девочки! Некогда, некогда!

Мячик в окне.

М я ч и к. Окно с улицы я ставней закрыл и припер. Это — щеткой припру. *(Запирает ставни.)*

М а р у с я. Не ревите, девочки! Стоят, глаза руками позакрывали. А сейчас надо во все глаза смотреть. Бросьте, я вам говорю! Ни в чем ваша мама не виновата! Она же вышла, сказала: берегитесь, мол!

А н ь к а. А чего она так странно говорила?

И р и н к а. Как будто боялась чего!

М я ч и к выходит.

Мячик *(Крошкину).* Вот тебе ключ. Ты только пройтись шел, дыханье поупражнять, так вот, дыши во дворе. Останься на всякий случай. До свиданья!

Маруся. А может, мы сядем у тебя в комнате, рядом с машинкой, сторожить?

Мячик. Ну, это уж паника. Даже неприятно! К чему в такую погоду в комнате сидеть? Крутитесь тут, около, на всякий случай!

Маруся. А может, сказать мачехе прямо: мы тебя подозреваем! Руки прочь!

Мячик *(взглядывает на часы).* Ой! Потом, потом, Маруся! Я вернусь очень скоро! Тогда обсудим. *(Убегает.)*

Крошкин. Здорово, орлы! Смирно! Равняйся! Мы охраняем эту крепость... Ну чего вы? Чего? Сторожа! Смотри, Маруся, у них на носу лягушки завелись от сырости. Вон они — лягушки. Лови! *(Хватает Аньку и Иринку за нос.)* Есть! Э-э-э! Красноносые! Разве можно сторожить с такими красными носами? Подумают, что пожар... Пожарные команды приедут.

Маруся. Верно, девочки, бросьте. Не до того.

Анька. Я уже бросила... Я только вздыхаю! А все-таки, что же с мамой?

Иринка. Я ее такой никогда не видела!

Крошкин *(носится в дикой пляске вокруг девочек).* Заныли, заныли, заныли...

Анька. Что это ты?

Крошкин.

> Довольно! Затрубили трубы.
> Назавтра двинемся в поход.
> Танцуют кони у порога,
> А седла крепкие скрипят.
> Поймаешь пляшущее стремя...

(Мимически иллюстрирует стихи.)

Анька. Смотрите, смотрите!

Крошкин. А вот еще. Из другой роли.

> Спи, бедный пленник! Солнце закатилось,
> болото налилось кровавым светом,
> а камыши недвижны и неслышны,
> как сторожа...

Маруся. К чему это?

Крошкин. Это чтобы они не ревели, гражданочка.

Маркушка *(за сценой).* Гвоздики!

К р о ш к и н. Маркушка вернулся!

М а р к у ш к а. Проволоки!

К р о ш к и н. Что это он сегодня рано?

М а р к у ш к а *(вбегает)*. Рельсы! Звонки! Стрелки! Щеколды! Крыши! Мосты! Пуговицы! *(Пробегает в дом.)*

К р о ш к и н *(заглядывает)*. К вам побежал. Постою у двери, чтоб к нам не побежал. А что он у вас делает?

М а р у с я. Не знаю! Забегает.

К р о ш к и н. А мачеха ничего?

М а р у с я. Нет. Он вбежит, орет, прыгает, а она прибирается или шьет; а ему — ни слова. Боится, наверное, что ударит.

А н ь к а. Его все боятся. Мама тоже боится.

И р и н к а. Пойду посмотрю, что мама делает. *(Уходит.)*

К р о ш к и н *(пляшет у двери)*. Девочки! Девочки! Ну что это в самом деле? Говорят не своим голосом, глядят не своими глазами.

Довольно! Затрубили трубы...

А н ь к а. Смешно ты делаешь. А все-таки мне как-то неладно.

К р о ш к и н. Ну на тебе еще. *(Пляшет.)* Теперь ладно?

И р и н к а возвращается.

А н ь к а. Ну что?

И р и н к а. Мама лежит.

А н ь к а. Спит?

И р и н к а. Нет, смотрит. Я говорю ей: «Ты что?»

А н ь к а. А она?

И р и н к а. А она говорит: «Уходи вон!»

А н ь к а. Мама так сказала?

И р и н к а. Да!

А н ь к а. Никогда она раньше так не ругалась.

И р и н к а. У Варварки научилась.

А н ь к а. А как же обед?

И р и н к а. Что обед?

А н ь к а. Обед она не готовит?

И р и н к а. Нет. И печку не растопила. Лежит.

А н ь к а. Что же это будет?

М а р к у ш к а *(пробегает к себе)*. Камушки! Глина! Песочек! Кирпичики! Горы!

А н ь к а. Значит, есть нам нечего?

И р и н к а. Хлеба поедим.

А н ь к а. Может, за доктором сходить?

И р и н к а. Я спросила ее.

А н ь к а. А она?

И р и н к а. А она говорит: «Они же еще обо мне беспокоятся!» И ну реветь!

А н ь к а. А ты что?

И р и н к а. А я скорей убежала.

М а р у с я. Хоть бы скорее началось. Что она задумала?

И р и н к а. Погода, как всегда, а кругом все другое...

М а р у с я. Так и ждешь... Так и ждешь...

К р о ш к и н. Заныли, заныли, заныли... *(Пляшет в дверях.)*

Довольно! Затрубили трубы.

Назавтра...

В а р в а р к а *(выходит)*. Какие хорошие есть институты на свете!

К р о ш к и н. Чего-с?

В а р в а р к а. Какие хорошие институты есть! Целый день можно дома сидеть, не учиться. Пляски выплясывать. Шуточки вышучивать. Позвольте пройти!

К р о ш к и н. Это куда же?

В а р в а р к а. К Марии Ивановне.

К р о ш к и н. Это зачем же?

В а р в а р к а. Вы опять шуточки вышучиваете?

К р о ш к и н. Нет, мне верно интересно.

В а р в а р к а. Какие могут быть у молодого человека интересы к старушечьим делам? Позвольте!

К р о ш к и н. Ой! Вы никак щиплетесь?

В а р в а р к а. Я не щиплюсь! Я вас отстраняю.

К р о ш к и н. Как вы странно отстраняете! Так синяк может получиться!

В а р в а р к а. Синяк — вещь не опасная. Посинеет, пожелтеет — и нет его! *(Уходит.)*

И р и н к а. Зачем ты ее пустил?

К р о ш к и н. Не драться же!

А н ь к а. И ты ее побоялся?

К р о ш к и н. Нет как будто.

М а р у с я. Давайте... Иринка! Ты к этому гнезду по трубе лазила?

И р и н к а. Да!

М а р у с я. Лезь опять. У вас окна открыты, может, услышишь, о чем говорят.

И р и н к а. Ладно. Только ты, дядя Крошкин, рядом стань...

К р о ш к и н. Зачем?

И р и н к а. Может, я такое услышу, что с трубы свалюсь!

К р о ш к и н. Ладно. Стой. Я тебя подсажу. Держишься?
И р и н к а. Сейчас! Ногу установлю.

              В а р в а р к а выходит.

В а р в а р к а. А теперь с детишками в игры играет. Какой смешной молодой человек! Девочки! И вы, товарищ! Вас Мария Ивановна к себе просит!
И р и н к а. А что с ней?
В а р в а р к а. Скучает. Нездорова. Всех просит.
А н ь к а. Идем! Идем, идем скорей!

            Все, кроме Варварки, уходят.

В а р в а р к а *(у двери в лавочку).* Маркушка! Маркушка!
М а р к у ш к а. Что?
В а р в а р к а. Все сделано, как ты велел. Мария Ивановна всех позвала! Я приказала ей... Крошкина она задержит. Мячика я тут подстерегу. *(Смеется.)*
М а р к у ш к а. Чего ты смеешься?
В а р в а р к а. Смеюсь, какой ты у меня умница... Орел! Как сейчас вижу: идешь ты в матросском костюмчике, ножки в чулочках... Мама-покойница...
М а р к у ш к а. Не плачь, Варюша.
В а р в а р к а. Орел! Ботиночки на пуговичках... Ну хорошо, хорошо... Я перед работой всегда разволнуюсь... Ступай! А я за Марусю примусь.
В а р в а р к а *(одна).* Маруся! Марусенька! Пойди сюда на минуточку. Я тебя сейчас отпущу! На одну секундочку! Выйди, доченька! Выйди, милая! Выйди, красавица! Выйди скоренько!
М а р у с я. Что?
В а р в а р к а. Какая сердитая! Смотрит боком. Так можно глаз испортить. Косой станешь. Женихи не будут любить.
М а р у с я. Не обхаживайте меня.
В а р в а р к а. Что, Марусенька?
М а р у с я. Не обхаживайте меня! Я вас знаю! Меня вы все равно не обойдете!
В а р в а р к а. А раз все равно не обойду — чего же тебе беспокоиться? Чего же кричать?
М а р у с я. Я не кричу! Я тихо говорю! Я вас знаю! Я при всех обещалась ничего для вас не делать!
В а р в а р к а. Ну вот и хорошо, что ничего не будешь делать. Ну вот и успокойся!
М а р у с я. Не буду я больше у вас жить. Уйду.

В а р в а р к а. Куда?

М а р у с я. Не трогайте меня, я вас повалю!

В а р в а р к а. Я тебя и не думала трогать.

М а р у с я. У меня мускулы есть!

В а р в а р к а. Ну и на здоровье. Куда же ты хочешь уйти?

М а р у с я. Отряд искать.

В а р в а р к а. Вот тебе адрес.

М а р у с я. Ой!.. Какой?

В а р в а р к а. А ты какой, думаешь?

М а р у с я. Отряда.

В а р в а р к а. Нет. Это газеты вашей, пионерской, адрес. Там известно, где какой отряд стоит.

М а р у с я. Как же я сама раньше не подумала...

В а р в а р к а. Это уж я не знаю. Знаю, что завтра у них ремонт начинается, и неделю все будет закрыто. А я неделю ждать не хочу. Мне — прямо скажу — надоело врага дома иметь. За каждым шагом следишь. Дам тебе деньги — езжай в город, узнай адрес, и чтоб завтра же тебя не было. Езжай, езжай — там скоро закроют. Езжай!

М а р у с я. К своим поеду, к своим! *(Бежит к дому.)*

В а р в а р к а. Стой! По дороге заедешь, мешок отдашь на улицу Герцена, тридцать четыре.

М а р у с я. Какой мешок?

В а р в а р к а. Конский волос отвезешь, а в нем часы часовщику Антону Ивановичу. Улица Герцена, тридцать четыре. Квартира там записана на газете. Адрес — на обороте. Чего ты на меня уставилась? Не хочешь — не вези. Только тогда я денег на трамвай не дам. Пешком пойдешь.

М а р у с я. Я посмотрю, что в мешке!

В а р в а р к а. Ну, езжай, езжай, а то там закроют.

Маруся бежит в дом.

(Стучит к Маркушке.) Ну?

М а р к у ш к а. Сделано.

В а р в а р к а. Спасибо. Маруська поедет. Ты есть хочешь?

М а р к у ш к а. В городе у Антошки поем. Ты поскорей туда... Кожа...

М а р у с я выходит.

Ремни! Подошвы! Слоны! *(Убегает.)*

В а р в а р к а. До свиданья.

М а р у с я. Тяжелые часы какие!

В а р в а р к а. Мрамор!

М а р у с я. Девочки! Крошкин! Я в город еду спешно! Скоро вернусь!

К р о ш к и н *(издали).* Ладно!

В а р в а р к а. Побежала! Беги! Беги! «Я вас знаю!» Молода ты еще меня знать-то! Я десять таких, как ты, вокруг пальца обовью да еще бантиком завяжу. Со мной, брат, и не такие умники плакали.

Входит М я ч и к.

М я ч и к. Куда это Маруся помчала?

В а р в а р к а. А не знаю! Я вас хотела спросить. Думала, вы ее куда послали.

М я ч и к. Так меня ведь дома не было!

В а р в а р к а. Я не знаю, где вы были. Мешок — не мой, а бежала она с вашей лестницы. Чего оглядываетесь? Товарища ищете? Он у Марии Ивановны!

Уходит к себе.

М я ч и к. Крошкин! Крошкин!

К р о ш к и н *(издали).* Бегу!

М я ч и к. Хорош сторож! Где ты пропадал?

К р о ш к и н. Ну, брат, тут такая буза! Позвала меня Мария Ивановна и давай мне и девочкам сказки рассказывать.

М я ч и к. Какие?

К р о ш к и н. Настоящие! Про Бабу-ягу, про Кощея. Я хотел уйти, а она плачет.

М я ч и к. Совсем, что ли, спятила?

К р о ш к и н. Вроде.

М я ч и к. Где ключ? Идем.

К р о ш к и н. Ты ступай один. На ключ. А я тут, на воздухе, посижу. Отойду. А то у меня от сказок от этих в голове манная каша.

Мячик уходит. А н ь к а и И р и н к а входят.

И р и н к а. Прогнала она меня!

А н ь к а. И меня тоже. Злая вдруг стала! Красная! Уйдите, говорит, побегайте. А я уже есть хочу, а не бегать.

Мячик открыл окно.

М я ч и к. Ну, стража, все благополучно. Дверь не взломана, окна как были приперты, так и остались, и главное — машинка, вот она, на месте.

Машинку ясно видно из окна.

Крошкин. Ну и ладно.

Мячик. А все-таки отнесу я ее сегодня обратно в исполбюро. Напечатаю последние восемь страниц. *(Снимает футляр — машинки нет.)* Ой!

Крошкин. Что такое? Пропала?

Мячик. Все кругом было заперто. Я сам сейчас все запирал.

Анька *(плачет)*. Милиция! Милиция!

Мячик. И никто не проходил тут по лестнице?

Варварка в черной шляпе, с зонтом выходит из дома.

Варварка. Маруся проходила.

Иринка. Не ври!

Варварка. С большим мешком проходила Маруська. *(Мячику.)* Да вот и вы, товарищ, ее встретили!

Мячик. Не могла она взять машинку!

Варварка. Ах, у вас машинка пропала? Я и не говорю, что она взяла. А говорю, что она по лестнице проходила.

Крошкин. Что вы так спешите девочку обвинять?

Варварка. Я не обвиняю и не покрываю. Что видела, то и говорю.

Крошкин. Не сами ли вы ее с мешком и послали?

Варварка. Она при вас клялась меня не слушать. Она мне сама так сказала. Всего хорошего!

Иринка. Стой!

Анька. Стой!

Иринка. Маму запутала, а теперь Маруську! Я тебя не пущу.

Варварка. Попробуй.

Анька. Я тебя укушу!

Мячик. Девочки, назад!

Иринка. Почему?

Мячик. Назад! Всего хорошего.

Варварка. Ха-ха-ха! Вы прямо ихний командир! До свиданья! *(Уходит.)*

Мячик. Она знает, где машинка!

Иринка. А зачем отпустил?

Мячик. Выследить. Я, как собака, за ней следом пойду. Зубами вцеплюсь. Как из запертой комнаты средь бела дня машинку вытащили? Как?

Иринка. А Маруська? Маруська куда пошла?

Анька. Что за мешок у нее был?

Иринка. Чего она Варварку послушалась?

Крошкин. Что это такое? Что все это значит?

Занавес

ДЕЙСТВИЕ ТРЕТЬЕ

КАРТИНА ПЕРВАЯ

Большая комната часовщика Антоши. Стенные часы.

А н т о ш а *(поет).* Вот и комнату прибрал старичок Антоша. Он и му-ух выгнал вон — старичок Антоша. Вот и стулья все расставил старичок Антоша. Мог бы даже отдохнуть старичок Антоша, а тут такая неприятность от Варвары Константиновны! Должен гостью ожидать старичок Антоша и ее непременно задержать, непременно задержать! Сколько лет не видались.

Звонок.

Вот никак она звонит, пойдем, да и отопрем! *(Выходит.)* Войдите, войдите, гражданочка. *(Входит с Марусей.)* И мешок сюда несите. Положите мешок-то. Мешок небось тяжелый. Наверное, вы устали?

М а р у с я. Нет, я сильная.

А н т о ш а. Сильная?

М а р у с я. Да!

А н т о ш а. Как неприятно!

М а р у с я. Почему?

А н т о ш а. Очень это неприятно старичку Антоше. Сейчас. Я сейчас. *(Уходит.)*

М а р у с я. Как он поет смешно! Как курица... Старичок!

А н т о ш а *(из-за сцены).* Сейчас.

М а р у с я. Мне уходить надо!

А н т о ш а. Сию минуточку! *(Входит и пристально смотрит на Марусю.)*

М а р у с я. Что вы на меня смотрите?

А н т о ш а. Лицо у вас милое! Милое у вас лицо. Очень это мне неприятно.

Маруся. Какой вы, дедушка, странный. Я ухожу. До свиданья!

Антоша. Вот тут-то оно и начнется.

Маруся. Что начнется?

Антоша. Главные мои подлости.

Маруся. Что это значит?

Антоша. А значит, виноват, это значит, что вы не уйдете отсюда.

Маруся. Как!

Антоша. Это не я! Ох беда ты моя, беда! И вечно я впутаюсь... Не я... Приказано мне вас задержать!

Маруся. Кто приказал?

Антоша. Мачеха ваша, Варвара Константиновна!

Маруся. Ой!.. Зачем?

Антоша. Ну как зачем?.. Приказано! Не выпущу! Может, я и не знаю зачем. Ох беда ты моя, беда...

Маруся. Ну что же это опять начало делаться?! Дедушка!

Антоша. Что, милая?

Маруся. Ну отпусти!

Антоша. Нет! Я человек слабый! Не могу приказ нарушить!

Маруся. Пожалуйста!

Антоша. Нет! Нет! Нет!

Маруся. Я кричать буду! Стекла побью!

Антоша. Сочувствую! А только у нас окна во двор. А во дворе учреждения. А из учреждений все уже разошлись. Никто не услышит.

Маруся. Я дверь выломаю!

Антоша. Сочувствую! А только нет, не выломаете. Крепкая дверь. Прежний хозяин воров боялся — железом обил.

Маруся *(трясет Антошу за пиджак).* Выпусти меня сейчас же!

Антоша. Не надо меня трясти! Я старый!

Маруся. Отдай ключ!

Антоша. Вы мне часы раздавили! Не порежьтесь о стекло.

Маруся *(опускается на стул).* Несчастная я девочка! Дылда я окаянная! Что ни сделаю, все себе во вред. Клялась я ее не слушаться — послушалась на свою голову. *(Закрывает лицо руками.)*

Антоша. Вот это... Это действительно... Как же это?.. Вы бы не плакали!

Маруся. Я не плачу...

Антоша *(сквозь слезы).* Зачем же вы тогда так сидите?

Маруся. Дедушка, пусти!

Антоша. Ох ты боже мой! Не велено!

Маруся. А зачем? Зачем? Зачем?

А н т о ш а. Я, может, не знаю зачем.

М а р у с я. А не знаешь, так выпусти!

А н т о ш а. Не смею.

М а р у с я. Боишься?

М а р у с я. Ну что ж, прямо вам скажу — боюсь! Двадцать лет я ее боялся. Привык! Как же это вдруг — не бояться?

М а р у с я. Я тебя сейчас повалю и вытащу у тебя ключ!

А н т о ш а *(чуть не плача)*. Сочувствую... А только нет, не вытащите. Когда вы сказали, что сильная, я вышел и ключ запрятал. В такое место запрятал, что вам не найти...

М а р у с я. Ведь тебе меня жалко?

А н т о ш а. Верно.

М а р у с я. Отдай ключ!

А н т о ш а. Никак не могу. Я послушный.

Звонок.

(Выходит.) Молчать! Со мной не очень-то! Я так распоряжусь, что вы у меня... Кто там? Ах, это вы, Марк Константинович? Войдите. Пожалуйста. Молчать! Девочка, это я вам говорю. Молчать!

Входит М а р к у ш к а.

М а р к у ш к а. Что? Бунтует?

А н т о ш а. Сладу нет, Марк Константинович! Да только со мной не очень! Я ее живо!

М а р к у ш к а. Дай мне, Антоша, тарелку, ножик, вилку. Уксусу дай. На вот, нарежь колбасу.

А н т о ш а. Сию секундочку. А что же это вы так, всухомятку? Зашли бы в кафе-ресторан.

М а р к у ш к а *(показывает на часы)*. Видишь, сколько времени? Едва успел по делам сбегать. Куда там ресторан! Перехвачу, дождусь Варюшу и полетим. Придется автомобиль взять. Иначе не переправить сегодня машинку.

М а р у с я. Какую машинку?

М а р к у ш к а. Плохо колбасу теперь стали делать. Ни вкусу, ни духу.

М а р у с я. Что ты про машинку сказал? Чего ты здесь? Ты, значит, не дурачок? Не безногий.

М а р к у ш к а. То ли дело прежде была беловская колбаса! Ту ешь — и улыбаешься. На языке радостно.

М а р у с я. Обманщик! Притворщик! Я с тобой говорю! Отвечай же! Ты Варварке кто?

Антоша. Брат.

Маруся. Брат?

Маркушка. И французская горчица куда-то пропала. Намажешь, бывало, ветчины кусок — толсто-толсто...

Маруся. Маркушка, говори про машинку! Про машинку говори!

Маркушка. А еще хорошо, когда колбаса горячая.

Маруся. Да что же это? Он меня дразнит? Дедушка!

Антоша *(тихо и грустно).* Молчать!

Звонок.

Маркушка. А еще хорошо, когда колбаса горячая. Шпик прозрачный...

Антоша. Пожалуйте, Варвара Константиновна. Все здесь! Все!

Маруся. И она!

Варварка *(Маркушке).* Здравствуй, деточка! Кушаешь? Кушай, кушай. *(Взглядывает на часы.)* Времени у нас в обрез. Я сама с ней поговорю. Маруська! Вот карандаш, вот бумага! Садись, пиши!

Маруся. Что?

Варварка. Письмо студентам, что ты машинку украла.

Маруся. Вы в уме?

Варварка. Спорить тут некогда! Напишешь! Иначе — ты меня знаешь. Я тебя в такие дела вкручу, что не только из отряда...

Маруся. Нет!

Варварка. Не только из отряда — тебя разом в тюрьму да в суд!

Маруся. И вас тоже.

Варварка. Меня не поймаешь! Я склизкая. Пиши! Так и так, машинку я украла и увезла в мешке!

Маруся кидается к мешку, переворачивает его: там белые мраморные часы и конский волос.

Варварка. А ты думала и верно увезла! Так бы я тебе ее и доверила.

Маруся. Зачем же...

Варварка. Затем же! В доме пропала вещь. А ты с мешком в город поехала. Кто взял? Ясно — кто! Тот, кто с мешком из дому уехал.

Взглядывает на часы.

М а р у с я. Они не поверят!

В а р в а р к а. Поверят! Мария Ивановна против тебя тоже покажет. Она, брат, у меня тоже запугана. Пиши!

М а р у с я. Нет!

В а р в а р к а. Да!

М а р у с я. Нет!

В а р в а р к а. Напишешь! Они в твое письмо хоть день да будут верить. А мне и это пригодится. Пиши!

М а р у с я. Не напишу!

М а р к у ш к а *(встает)*. Пиши!

М а р у с я. Не смей меня трогать!

М а р к у ш к а. Пиши!

А н т о ш а. Не тронь ее!

М а р к у ш к а. Это еще что такое?

А н т о ш а. Ты человек грубый! *(Кидается к Варварке.)* Виноват! Они только запугают! У девочки руки будут трястись, как же она напишет? А лучше вы... лучше словами... Она сейчас послушается. Сейчас.

В а р в а р к а. Он прав. Сядь, Маркушка. Маруська... Пиши: «Я...»

М а р у с я. Да что вы думаете: я сонная, что ли? У меня мозгу нет? Не буду писать!

М а р к у ш к а. Будешь!

М а р у с я *(хватает со стола нож)*. Только тронь! Меня не затравишь! Я тебе не заяц! Не смотри — не страшно.

В а р в а р к а. Да?

М а р у с я. Да!

В а р в а р к а. Маруська!

М а р у с я. Ну чего вы стараетесь? Вы же сами видите — не боюсь и не боюсь. Не боюсь!

М а р к у ш к а. Я ее сейчас!

В а р в а р к а *(взглядывает на часы)*. Поздно. Придется автомобиль нанимать. Сегодня не боишься — завтра побоишься! Идем! Запри, Антоша. Завтра в три я буду. *(Уходит.)*

М а р у с я. Что делать, что делать, что делать!

А н т о ш а *(возвращается)*. Ай-ай-ай! Я уж думал — помереть мне сегодня от страсти. Как можно на такую женщину кричать? У меня до сих пор сердце не бьется.

М а р у с я. Оставь, дедушка.

А н т о ш а. Не оставлю! Ножом машете! А если она нож вырвет — да вас! Ведь я ее знаю! Я ей двадцать лет служу.

М а р у с я. Бежать надо, бежать!

А н т о ш а. Когда ихний отец, купец Лощилин, лопнул — она не растерялась. Брата и мать содержала. Она по ярмаркам стала ездить. Сто рублей объявляла тому, кто ее в рукопожатии пережмет. А если она пережмет — ей рубль. Ну и всех пережимала. Выжала тысячу. Собрала лилипутов труппу...

М а р у с я. Выпусти, дедушка!

А н т о ш а. Лилипуты от нее разбежались. Щипала она их. Тогда собрала она детей ученых труппу. Набрала из бедных семей ребят лет по пять — по шесть...

М а р у с я. Да отпусти же ты меня!

А н т о ш а. Не отпущу! Что я, ума решился? Не отпущу я вас. Если отпущу — убьет меня Варвара Константиновна насмерть завтра. А я на это не могу согласиться. Да если я и отпущу вас, то теперь уж все равно вы не успеете помешать. Убегут они. И с машинкой!

М а р у с я. А где она, машинка-то?

А н т о ш а. Не скажу!

М а р у с я. Ух ты! Трус ты старый. Ну что делать? Ну как Мячик на моем месте поступил бы? Осмотрись и борись... Что осматривать? Куда смотреть? Стенки да окна... *(Выглядывает в коридор.)* Да коридор... Ключ!

А н т о ш а. Матушки! Батюшки! Пропал! Маруся! Маруся! Стой!

М а р у с я *(из коридора)*. Отстань!..

А н т о ш а. Куда бежишь-то? Где машинка, не знаешь ведь! Марусенька! Машинка-то...

М а р у с я *(вбегает с ключом в руках)*. Ну, говори, где машинка! Живо!

А н т о ш а. Безжалостная девочка! Очнись, пойми, что делаешь! Ты меня в шестьдесят три года на улицу выкидываешь! Ведь я человек зависимый. Отдай ключ! Умоляю, требую!

М а р у с я. Говори, где машинка!

А н т о ш а. Ведь я человек добрый. Я, когда ты еще вот таким воробушком была, я тебя на руках носил. Отец твой у нас балаганы уставлял, рабочим у нас был и жонглером... А я билетером... А ты придешь, бывало, в балаган, туп-туп ножонками... Не губи ты меня, девочка! Отдай ты ключ!

М а р у с я. Где машинка?

А н т о ш а. Черствая девочка! Пойми ты — сколько лет я Варваре Константиновне служу... Куда я теперь? Ведь она меня завтра рассчитает... Ведь я от нее завишу... Да свяжи ты меня хотя бы, коли действительно задумала бежать... И как это меня угораздило, за ними заперевши, ключ не вынуть. Какой я жалкий старик, какая вы беспощадная девочка!.. Свяжи меня, сделай милость! Пусть она думает, что я боролся!

М а р у с я. Ладно, свяжу... Где машинка, говори!

А н т о ш а. Свяжете?

М а р у с я. Говорю, свяжу!

А н т о ш а. Крепко?

М а р у с я. Да, да, да! Где машинка?

А н т о ш а. У Маркушки дома. Под полом.

М а р у с я. Так близко! И они не знают!

А н т о ш а. Утром была у меня Варвара Константиновна — все объяснила, как будет делать. Маркушка живет в бывшей лавчонке. Оттуда наверх ход был. Как раз в ту комнату, где студенты. Лестница сломалась, а люк остался. Под ковриком.

М а р у с я. Как же так — не знали?

А н т о ш а. Может, и знали, да забыли, а Маркушка дознался. Когда все ушли, влез в комнату через пол, машинку к себе — и спрятал. А вас в город, для подозрения.

М а р у с я. Скорей! Скорей надо рассказать... Что не я... Что они... Где спрятана... Скорей надо!

А н т о ш а. Сочувствую! А только ничего не выйдет! *(Показывает на часы.)* В пять сорок пять у поста номер восемь остановится товарный поезд. Кондуктор... Забыл фамилию! Кондуктор с Варварой Константиновной заодно. Посадит и ее и машинку, и — ту-ту-туу! — уехали. Они оттого так и спешили, что дежурит-то знакомый кондуктор раз в четыре дня. Сегодня опоздать — и пропало дело. Жди!

М а р у с я. Успею!

А н т о ш а. Да как же ты успеешь? Деточка! Сейчас пять часов двадцать минут. Они уже к дому подъезжают, если автомобиль сразу нашли. Через десять минут машинку вынесут, через пятнадцать на станции будут, а через двадцать и уехали. А вам туда сорок минут езды. А их через двадцать минут уже и след простынет!

М а р у с я. А может, заметят, когда выносить будет Маркушка машинку?

А н т о ш а. Как? Маркушка всегда с корзинкой!

М а р у с я. Я в угрозыск позвоню.

А н т о ш а. Пока дозвонитесь — пять минут, пока автомобиль дадут — еще пять, да пока доедут... нет.

М а р у с я. Я побегу туда!

А н т о ш а. И опять уйдет время. Мы на улице Герцена, тридцать четыре.

М а р у с я. Герцена, тридцать четыре?

А н т о ш а. Ну да!

Маруся. Герцена, тридцать четыре... Прощай!

Антоша. Стойте! Свяжите меня! Свяжите меня!

Маруся. Некогда! Некогда, дедушка! Завтра пораньше я забегу, свяжу, а сейчас — прощай! *(Убегает.)*

Антоша. Завтра! И на том спасибо! Ушла... На что она надеется? Мыслимое ли дело? Вон уже двадцать две минуты шестого. Они уже небось выносят машинку-то. Что тут можно сделать? Телефона туда нет. Телеграмму — пока принесут. Нет! Ничего не сделать. Ничего! Вон уже двадцать минут шестого...

КАРТИНА ВТОРАЯ

Комната студентов.

Крошкин. Который час?

Мячик. Двадцать минут шестого. Через час и из угрозыска собаку приведут. Ай-ай-ай!

Крошкин. Что ты?

Мячик. Не прощу я себе этой глупости. Всех учу: осмотрись, а сам просмотрел! Как я пропустил! Как прозевал!

Крошкин. Ну уж ничего не поделаешь.

Мячик. Куда она юркнула? Как мышь!

Вбегают Иринка и Анька.

Иринка. Мама к вам идет!

Анька. Вы ее не обижайте!

Иринка. Нам ее жалко уже...

Анька. Она больная, наверное. Оттого такая.

Иринка. Мы папе письмо послали.

Анькаа. Заказное! Пусть вернется.

Иринка. Вот она...

Входит Мария Ивановна.

Мария Ивановна *(быстро и однотонно)*. Здравствуйте. Подозрение я имею на Марусю Круглову, пионерку.

Крошкин. Успокойтесь, Мария Ивановна! Нам не нужно!

Мария Ивановна. Она сколько раз говорила: я готова украсть, только бы убежать. Она ленивая, не хотела работать на Варвару Константиновну. Вот. *(Опускается на стул.)* А теперь будьте добренькие! Не спрашивайте у меня больше ничего!

Мячик. Я...

М а р и я И в а н о в н а. Молчите! Молчите! Не могу я сказать! Не могу!

К р о ш к и н. Да мы и не хотим...

М а р и я И в а н о в н а. Как же это вы можете не хотеть? На бедную девочку напраслину возводят... Ой... молчу, молчу, молчу!..

М я ч и к. Мария Ивановна! Мы вас ни о чем спрашивать не хотим. Через час здесь будет агент угрозыска...

М а р и я И в а н о в н а. Я в город уеду! Нет, не уеду!.. Чего вы от меня хотите? Чего вы смотрите на меня? Чего вы...

Г о л о с. Алло, алло, говорит Ленинград, говорит Ленинград.

М я ч и к. Выключи!

М а р и я И в а н о в н а. Нет!

Г о л о с. Передача производится из большой студии радиопередачи на волне в тысячу метров.

М а р и я И в а н о в н а. Не надо выключать. Пусть будет, как всегда... как до этого.

Вступление к «Лучинушке».

Г о л о с. Слушайте концерт из русских народных песен. Артистка Лыкова споет «Лучинушку».

М а р и я И в а н о в н а. Сколько раз слышала... И не думала... что я буду слушать «Лучинушку» уголовной преступницей.

Песня. Когда певица доходит до куплета:

> Милые родители,
> Сватушки, родня,
> Лучше бы замучили,
>   извели меня...
> От работы спинушка, и сей...

Пение прерывается.

К р о ш к и н. Что там такое?

М я ч и к. Поправь там!

К р о ш к и н *(у приемника)*. Да тут все благополучно как будто.

Г о л о с. Концерт прерывается на одну минуту. Сообщение крайней важности. Говорите, Николай Николаевич.

В т о р о й г о л о с, п о в ы ш е. То, что сейчас будет передано, почти никто не поймет. Не звоните нам, пожалуйста, по телефону. Объяснения давать не будем. Завтра вы прочтете объяснение в газетах. Говорите.

М а р у с и н г о л о с. Мячик! Крошкин!

М я ч и к. Что это?

И р и н к а. Маруська!

А н ь к а. В трубе?!

М а р у с и н г о л о с. Мячик! Крошкин! Снимите посреди комнаты коврик. Там есть люк в Маркушкину комнату! Спрыгните вниз! Машинка спрятана у него. Скорей! Он сию секунду за ней приедет! Скорей! Все. Маруся.

Г о л о с. Алло, алло! Говорит Ленинград, говорит Ленинград. Концерт продолжается, концерт продолжается. Артистка Лыкова споет народную песню «Лучинушка».

М я ч и к. Выключи!

К р о ш к и н. Есть!

М я ч и к. Закрой ставни!

К р о ш к и н. Зачем?

М я ч и к. Я хочу его поймать. Чтоб свет не шел в люк. Мария Ивановна, уйдите!

М а р и я И в а н о в н а. Ни за что! Я своими глазами хочу посмотреть, как его поймают.

М я ч и к. Подыми ковер! Действительно, люк! Как мы его раньше не заметили!

К р о ш к и н. Незаметно! Пол вроде паркетный. Весь в трещинах...

М я ч и к. Ну, теперь тише!

Пауза. Мария Ивановна начинает смеяться.

И р и н к а. Мама, чего ты?

М а р и я И в а н о в н а. Очень я рада, что все так кончается. Мне даже есть захотелось.

С улицы Маркушка: «Цветы!»

М я ч и к. Тссс!..

М а р к у ш к а (*ближе и ближе*). Трава! Деревья! Кусты! Былинки! Розы! Гиацинты! Капуста! (*Слышно, как он ходит внизу. В люк прошел свет снизу.*) Уфф! Ну, так... Покричали и будет. (*Напевает что-то.*) Здравствуйте, «ундервудик»! Пожалуйте! Сейчас вам в поезд. Ехать. Что это? А? Что это случилось? Ты никак в корзинку не хочешь лезть? А-а! За щепочку зацепился. Ах ты американец! Тебе наши корзинки не по нраву!

Мячик и Крошкин прыгают в люк.

М а р к у ш к а. Кто это?

Крошкин. Мы.

Шум.

Иринка. Глядите, глядите! Дерутся, дерутся, дерутся! Ой, наступите, наступите на машинку! На машинку наступите!

Анька. Схватили! Ой, мамочка, схватили!

Иринка. Повели! Мамочка! Сюда повели!

Мария Ивановна. Откройте ставни! В темноте все-таки жутко! Вот как оно все обернулось. Ах ты, какие вещи бывают на свете!

Входят Мячик, Маркушка и Крошкин с «ундервудом».

Мячик. Здесь вам придется посидеть. Скоро приедут агенты угрозыска. Положи машинку!

Крошкин. Да я уж прямо боюсь ее из рук выпустить.

Маркушка. Господа студенты! По нужде. По нужде и из-за голода. Отпустите... К чему я вам? Машинка нашлась. Что же вы мне мстить, что ли, хотите?

Мария Ивановна. Нет, нет, нет! Ни за что! Ишь ты, какой легкий голос у него стал! А как на меня зубами блестел, так голос был бас? Ишь ты... Выпусти! Еще сестру бы твою поймать...

Мячик. Какую сестру?

Мария Ивановна. Варварка — сестра его родная. Вы и не знали? А я на свою голову узнала. Видите, какой тихий, белый, а вчера аж черный со злости ходил, когда я их разговор подслушала. А! Держите!

Маркушка прыгает в люк.

Мячик. Стой! *(Кидается к окну.)* А! Не удалось! Попался Маркушка. Автомобиль угрозыска. И Варварку привезли. И Марусю.

Анька. Маруся!

Иринка. Беги сюда бегом!

Мария Ивановна. Ой, как есть хочется! Все больше и больше. Что значит все благополучно!

Вбегает Маруся. На носу у нее ссадина.

Анька. Ай! Что это у тебя с носом?

Маруся. Спешила я! Миленькие! Как я боялась, что у вас не включено радио. *(К машинке.)* Вот она какая. Миленькая!

Мячик. Маруся! Спасибо. Век тебя не забуду.

Иринка. Маруся, как ты догадалась?

А н ь к а. Маруся, я побоялась бы на радио-то!

М а р у с я. Ай, что было! Я же узнала все про машинку на улице Герцена, тридцать четыре, а радиопередача напротив. А я зимой с отрядом туда в экскурсию ходила.

А н ь к а. И ты скорей туда?

М а р у с я. Кубарем! С лестницы упала, нос ушибла. Не кривой?

А н ь к а. Нет, только толстенький.

М а р у с я. Бегу, а из носа кровь. А дворник как схватит меня!

И р и н к а. Ай!

М а р у с я. «Стой, — кричит, — может, ты кого убила! Откуда кровь?» А я говорю: «Пусти, дурак! Видишь — кровь из носу! Что я, носом, что ли, убивала?» Он отпустил. Засмеялся... Бегу через дорогу. Собака за мной увязалась. Охотничья, что ли. Хвост веником. Хотела укусить меня, да я на нее крикнула.

А н ь к а. Рыжая была собака?

И р и н к а. Не мешай ей!

М а р у с я. Прибежала в радио — чудо-чудищем, на морде кровь, а говорю хорошо. Очень понятно. Все сбежались, все слушают.

И р и н к а. И сразу позволили тебе говорить?

М а р у с я. Не сразу. Немножко побоялись. Я уже реветь начала, смотрю — из комнаты какой-то секретарша идет, голубушка.

А н ь к а. Какая голубушка?

М а р у с я. Секретарша Губпионеркабинета. Ну, она меня, конечно, узнала. Я на нее зимой в стенгазете карикатуру нарисовала, очень ей понравилось. Узнала она меня и заступилась. Хорошие там люди — Николай Николаевич, Александр Васильевич... Прервали концерт, пустили меня, а я говорю в микрофон — и не верю: неужто меня в Лесном слышно?

М а р и я И в а н о в н а. Слышно было, слышно.

М а р у с я. Кончила говорить, все меня хвалят, повели, умыли, чаю хотели дать — и вдруг р-р-р... — автомобиль. Угрозыск. Из радио вызвали! Сели мы — и что тут началось! Как мы полетели! Домов по бокам не видать! Одно серое! Голову назад сносит, платок с меня сорвало, а на одном повороте я чуть-чуть удержалась. Левой ногой за диванчик уцепилась.

А н ь к а. Каблуком?

И р и н к а. Заткнись!

М а р у с я. Подъезжаем к дому, вдруг за углом — а-а! Знакомое лицо! Мачеха Маркушку ждет. Бегает она плохо. Зацапали ее.

А н ь к а. А она?

М а р у с я. А она ущипнула начальника угрозыска и замолчала. Видит — ее дело плохо. Подъехали сюда — Маркушка выбегает. И его взяли. Сейчас у них обыскивают внизу. Ну вот и все.

М а р и я И в а н о в н а. Ты, Маруся, прости меня.

М а р у с я. Да разве ж вы виноваты? Да за что же?

М а р и я И в а н о в н а. За страх.

А н ь к а *(Крошкину).* Ты что в зеркало смотришься?

К р о ш к и н. Изучаю радостное лицо. Пригодится. Эх, Маруся! *(Пляшет.)* Качать ее!

М а р у с я. Нет, братцы, нет — меня уже автомобиль укачал! А в отряде-то, в отряде! Из них никто по радио не говорил. Мальчишкам нос какой!..

Занавес

1929

КЛАД

Пьеса в 3-х действиях

ДЕЙСТВУЮЩИЕ ЛИЦА

Грозный Иван Иванович — сторож в заповеднике.
Суворов — студент-геолог.
Мурзиков
Орлов — школьники, юные разведчики народного хозяйства.
Птаха
Дорошенко — председательница колхоза.
Али-бек богатырь — пастух.

ДЕЙСТВИЕ ПЕРВОЕ

КАРТИНА ПЕРВАЯ

Пропасть. На одной стороне пропасти — густые кусты. На другой — деревья. Среди деревьев идет И в а н И в а н о в и ч Г р о з н ы й.

Г р о з н ы й (*останавливается. Разглядывает деревья у края пропасти*). Ну здравствуй. Ну что... Стоишь? Это вижу. Ветками шелестишь? Это слышу. Две недели у тебя не был — какие мне можешь новости рассказать?.. Так. Новости есть, но все известные. Понятно... чесался об тебя медведь. Который? А, вижу... И когти он тут почистил. Это Вислоух... Это я знал, что он будет в наших местах не нынче завтра. Дальше?.. Ничего не скажешь, что дальше-то? Ничего... Ну тогда посидим, покурим. (*Садится, заглядывает в пропасть.*) Здорóво, Старое Русло, здравствуй. Давно я на дне не бывал, полгода. Новости у тебя какие? Неизвестно, не видать дна. Ручей шумит — это я слышу, туман ползет — это я вижу, а кто там ходил, кто бегал — не узнать. Глубоко. Вот... Пятьдесят лет я в лесу. Все мне понятно. Куда птица летит, куда зверь бежит, куда змея ползет. А разговора птичьего, звериного не понимаю. Это обидно, пятьдесят лет в лесу, однако не понимаю. Вон — кричит птица на той стороне, а что она кричит?.. Хочет она спросить меня? Или рассказать что хочет? Ничего не понятно. Ишь ты, старается. Может, молодая какая, летает худо, от своих отбилась. Может, глядит на меня, тоскует, кричит по-своему: дед, где дорога?

Г о л о с. Дед, где дорога?

Г р о з н ы й. Это еще чего? Кто спрашивает?

Г о л о с. Это я. Птаха.

Г р о з н ы й (*откашливается*). Гм... Кха... Спокойно, Иван Иванович. Чего не бывает, того не бывает, а что бывает, то и есть. Что за птаха?.. Отвечай спокойно.

Г о л о с. Я от своих отбилась, не знаю, как дорогу найти.

Г р о з н ы й. Гм... Видите как... Спокойно, Иван Иванович Грозный... Чего не бывает, того...

Г о л о с. Как мне к тебе пройти?

Г р о з н ы й. Зачем?

Г о л о с. Как это зачем? Я же тебе говорю — от своих отбилась. Третий день ничего не ем, кроме ягод.

Г р о з н ы й. Ягод?

Г о л о с. Ну да. Есть хочется. Во сне даже сегодня два раза видела, что молоко с хлебом ем. Очень есть хочется, молока.

Г р о з н ы й. Молока?

Г о л о с. Ну да.

Г р о з н ы й. Птичьего?

Г о л о с. Да что ты, дед, путаешь?

Г р о з н ы й. Путаю?

Г о л о с. Ну да, путаешь. Я с голода пропадаю, а он путает.

Г р о з н ы й. В остатный раз тебе говорю: ты кто?

Г о л о с. Птаха.

Г р о з н ы й. Птаха? *(Топает ногами.)* Покажись тогда. Вылазь на свет, если ты птаха. Я еще, брат, не путаю, я еще кремень-старик. Я тебя враз из карабина уложу, коли не покажешься. Ну, вылазь. Стреляю!

П т а х а *(плачущим голосом)*. И так ноги исколоты, а он — покажись... Тут кусты.

Г р о з н ы й. А ты подлети.

П т а х а. Подпрыгнуть, что ли?

Г р о з н ы й. Ну, хоть подпрыгни...

П т а х а *(подпрыгивает под кустами)*. Вот она я.

Г р о з н ы й. Девочка...

П т а х а *(подпрыгивает)*. Да, да — девочка...

Г р о з н ы й. А говоришь — птаха.

П т а х а *(подпрыгивает)*. Фамилия моя Птаха.

Г р о з н ы й. Откуда ты взялась такая?

П т а х а. Дед, можно мне не прыгать, у меня все ноги исколоты?

Г р о з н ы й. Ну да, не прыгай. Кто же тебе велит!

П т а х а. Стрелять не будешь?

Г р о з н ы й. Ну вот, ну что ты... Зачем?

П т а х а. Из карабина?

Г р о з н ы й. Ну-ну-ну, чего в тебя стрелять?.. Что ты за зверь такой?

П т а х а. Ну да, нет... Я вот она... Я лучше... *(Пробирается сквозь кусты.)* Я лучше продерусь. Видишь — вот она я...

Г р о з н ы й. Стой!..

П т а х а. Ой, пропасть какая. Ведь это же настоящая бездна.

Г р о з н ы й. Это Старое Русло. Кто же ты такая, что Старого Русла не знаешь? Откуда?

П т а х а. Мы, дед, из города. *(Садится.)* Вот глубина какая, даже все внизу синее. У меня даже все закачалось в глазах... Или это от голода? Дед, у тебя еда есть?

Г р о з н ы й. Это можно... Я сейчас тебе переброшу. Это мигом.

П т а х а. Ой, дед, нет, это не надо. Не бросай.

Г р о з н ы й. Это почему же не надо?.. Брошу.

П т а х а. Ой, пожалуйста, нет. Прошу. Дедушка...

Г р о з н ы й. Не серди меня, Птаха. Опять начинаешь что-то такое... Почему не бросать?..

П т а х а. Так ведь мне есть хочется. Не бросай...

Г р о з н ы й. Что она такое говорит?.. Почему же не бросать? Спокойно отвечай.

П т а х а. А ты бросишь и не добросишь, и еда вдруг полетит прямо в пропасть.

Г р о з н ы й. Как же это: я — и вдруг не доброшу? Я, друг ты мой, кремень-старик, казак. *(Снимает сумку.)* Лови скорей. *(Бросает.)*

П т а х а. Поймала. Ай да дед. Прямо богатырь Али-бек. *(Открывая сумку.)* Вот хорошо. Пахнет как хорошо... Это чего пахнет-то? Ветчина пахнет...

Г р о з н ы й. Солонина.

П т а х а. Все равно. Я съем.

Г р о з н ы й. Клюй, клюй.

П т а х а *(с набитым ртом)*. Мн-е... и... с...

Г р о з н ы й. Непонятно говоришь.

П т а х а. Мне есть очень приятно, говорю.

Г р о з н ы й. Клюй, клюй.

П т а х а. Дед, ты кто? Как тебя зовут?

Г р о з н ы й. Грозный, Иван Иванович.

П т а х а. А что делаешь тут?

Г р о з н ы й. Служу.

П т а х а. Где?

Г р о з н ы й. В лесу...

П т а х а. Кем?

Г р о з н ы й. Зверей берегу.

П т а х а. Как бережешь?

Г р о з н ы й. Очень просто. Здесь, Птаха, заповедник. Зверя бить нельзя. Я обхожу, смотрю. А ты кто?

П т а х а. А я, дед, разведчик.

Г р о з н ы й. Какой?

П т а х а. Разведчик народного хозяйства. Мне до всего дело, что на земле, что под землей. Ох ты... чуть не подавилась.

Г р о з н ы й. Кто же тебя сюда пустил разведывать?

П т а х а. А никто. Я сама заблудилась.

Г р о з н ы й. А как?.. Ну?.. С начала говори...

П т а х а. А приехало нас из города четверо. Я, Лешка Орлов, Петька Мурзиков и Шура Суворов. Самый старший. Вузовец. Геолог.

Г р о з н ы й. Кто?

П т а х а. Ну, геолог. Которые ищут, что в земле лежит. Приехал он на практику. Пошел в горы на разведку, ребят в помощь взял, а я сама привязалась.

Г р о з н ы й. Сама?

П т а х а. Ну да, сама. Вперед забежала, и, здравствуйте, вот она я. Меня, дед, не прогонишь, я настойчивая.

Г р о з н ы й. Так вместе и ходили?

П т а х а. Две недели вместе ходили. А потом я в тумане, как дура, отстала.

Г р о з н ы й. Как же это? В тумане за руки надо было идти.

П т а х а. Мы и шли за руки. А только я волновалась. А я когда волнуюсь, у меня ноги чешутся. Терпела-терпела и остановилась на минутку почесаться.

Г р о з н ы й. И руку бросила?

П т а х а. На минутку. Потом кричу — вы где?.. А они справа — мы тут. Вправо бегу, а они слева — ау. Я назад, а они сбоку — здесь мы. Да все тише и тише и с разных сторон — и пропали. Очень я тогда расстроилась. Подул ветер, туман прогнал, а я туда-сюда бегала, а их нет. Что ты скажешь?

Г р о з н ы й. Это, Птаха, в горном тумане всегда так бывает. В тумане на миг нельзя отстать, получается такое туманное эхо, что никак не разобрать, откуда тебе голос подают...

Звук, похожий на барабан.

П т а х а. Ой, это наши идут. Нет, не наши: у них барабана нету.

Г р о з н ы й. Спокойно.

П т а х а. Что это там, дед? А?

Г р о з н ы й. Слышишь ты, Птаха! Спокойна ты будь. Что бы ни увидела — не пугайся.

П т а х а. А ты меня не пугай.

Г р о з н ы й. Я не пугаю. Я говорю, напротив, спокойна будь. Выгляни из кустов — что видишь?

П т а х а. Ничего страшного, дед. Там человек.
Г р о з н ы й. Какой?
П т а х а. В шубе почему-то... Мехом наружу почему-то... Сейчас... У меня ноги чешутся.
Г р о з н ы й. Спокойно! А что он делает — тот человек?
П т а х а. Он у дерева стоит. Дергает там чего-то и гремит. Щепка большая от дерева отстала, он дергает, а она об ствол гремит.
Г р о з н ы й. С дуплом дерево.
П т а х а. Ой, дед! Человек на четвереньки стал. Ой, дед! Этот человек — медведь.
Г р о з н ы й. Спокойно!
П т а х а. Тебе-то там спокойно, а у меня тут медведь. Дед, он стал на дыбы, сюда заглядывает.
Г р о з н ы й. Спокойно. Он далеко. Ему к тебе напрямик не пройти.
П т а х а. Он лег, дед. На солнышке.
Г р о з н ы й. Ну и пусть лежит.
П т а х а. Да, пусть... Тебе хорошо... Ой, он кувыркается.
Г р о з н ы й. Сытый медведь... играет.
П т а х а. Да что ты мне все объясняешь. Ты сюда иди. Помоги.
Г р о з н ы й. Спокойно, Птаха, не пугайся, я тебе сейчас что-то скажу.
П т а х а. Ой... Ну говори.
Г р о з н ы й. Нельзя мне к тебе прийти.
П т а х а. Почему?
Г р о з н ы й. От меня до тебя — две недели пути.
П т а х а. Как две недели?
Г р о з н ы й. Да, брат Птаха, — вот он Кавказ, вот они горы... Выходит, что ты со мной — и одна. Только говорить мы с тобой можем. Хорошо на узком месте встретились. А то и разговору не вышло бы. Только руками и помахали бы. Две недели до тебя пути!
П т а х а. Да ведь... от меня тут за две недели ничего не останется... Безобразие какое. Почему две недели?
Г р о з н ы й. Взгляни вниз... Стены. Не подняться, не спуститься Давно-давно тут Черная речка текла, потом обвал завалил русло, она в сторону взяла. Слышь — ручеек один остался на дне. Видишь, как далеко... как тут пройти...
П т а х а. А если в обход?
Г р о з н ы й. В обход?.. А в обход и будет две недели. Влево пойдешь — там скалы — Гозыри называются. Совсем проходу нет. Вправо пойдешь — Чертов Зуб. Обойдешь его, ступай мимо Черкесской Свадьбы, через Аибгинский перевал на Курдюковы луга.

Тут только и будет переход. Это девять дней да дней пять по твоей стороне. Вот тебе и две недели.

П т а х а. Что ты так спокойно разговариваешь? Медведи тут.

Г р о з н ы й. А из беспокойства, друг ты мой, никогда толку не будет. Одну я тебя не оставлю. Это раз. А у меня карабин... Медведю до тебя тоже часов пять ходу. Это два. Есть время подумать. Спокойно! Будь ты настоящая птаха — перелетела бы, и все. А ты Птаха только по фамилии.

П т а х а. Говори, что делать.

Г р о з н ы й. Думать.

П т а х а. Да чего тут думать, я не знаю. Перелететь нельзя. Мост сделать нельзя.

Г р о з н ы й. Молчи. Посиди тут одна, я вернусь сейчас.

П т а х а. Куда?

Г р о з н ы й. Спокойно. Сиди. Некогда объяснять. Вернусь, все поймешь. Сиди.

П т а х а. Дед, а сумка?

Г р о з н ы й. Молчи. Жди. *(Уходит.)*

П т а х а. Ушел. А все, как нарочно, шумит. Деревья загудели. Чего это топочет за оврагом... Спокойно, Птаха. Спокойно! Кто в траве шелестит... Птаха дура. Что ты, маленькая, что ли? Зачем в горы шла? Освоить горы... Что в земле, что под землей — до всего тебе дело есть. Может, станет на этом месте завод. Может, здесь железо есть... *(Прислушивается, кричит.)* Здесь я. Что?.. Кто меня позвал? Никто не звал. Просто чего-то замяукало. Скалы высокие, воздух между ними гулкий, только и всего. Интересно это! Это интересно! А кто пугается, с того толку никакого никогда не выйдет. Где записная книжка? Сейчас все запишу. *(Кричит.)* Дед! Куда ты пропал?.. Кусты трещат, идет кто-то! Де-ед!

Занавес

КАРТИНА ВТОРАЯ

Груды огромных камней. Положив ноги на камни, лежат С у в о р о в, О р л о в, М у р з и к о в. На костре чайник. На салфетке сало, хлеб, кружки.

С у в о р о в. Да-с. Был такой богатырь Али-бек. Ну что же. Так, значит, и запишем... Третий день поисков Птахи ни к чему не привел... И чтобы на сегодня об этом больше ни слова. Думать можно — болтать не сметь. Вот. Да... Был такой богатырь Али-бек.

М у р з и к о в. Кабы она не дура была, я бы не беспокоился. Дура она, жалко мне ее.

О р л о в. Об этом на сегодня больше ни слова. Сказано тебе. *(Утирается платком.)* Ох... я, Шура, глотну воды.

С у в о р о в. Зачем опустил ноги?

О р л о в. Я, Шура, глотну воды. *(Тянет кусочек сала.)*

С у в о р о в. Пока не закипит — ни одного глотка. Положи сало.

О р л о в. Я кусочек.

С у в о р о в. Положи.

О р л о в *(вытирается платком)*. Очень устал потому что...

М у р з и к о в. Вот дура! Сидит небось где-нибудь в пропасти. Голодает да чешется.

О р л о в. Шура, скажи ему, чтобы он больше про нее не говорил. Сказано, кажется, было.

С у в о р о в. Довольно, ребята. Молчите, ждите, думайте, отдыхайте... Да-с, был такой богатырь Али-бек...

М у р з и к о в. Шура!

С у в о р о в. Чего тебе?

М у р з и к о в. Скажи мне, пожалуйста, что ты всегда это говоришь?.. К чему?.. Был такой богатырь Али-бек. Какой?

С у в о р о в. Да-с. Был такой богатырь Али-бек.

М у р з и к о в. Черкеса вчера встретили — ты у него спрашиваешь: не слыхал ли он об Али-беке. О Птахе, а потом об Али-беке.

О р л о в. Шура... Кажется, кипит.

С у в о р о в. Нет.

М у р з и к о в. Колхозник едет — ты у него: что за Али-бек?

С у в о р о в. Придет время — узнаешь.

М у р з и к о в. А зачем тебе нужен богатырь Али-бек?

С у в о р о в. Мне он ни к чему.

М у р з и к о в. А зачем спрашиваешь?

С у в о р о в. Он-то мне ни к чему. Мне клад его нужен...

О р л о в. Клад?

С у в о р о в. Факт. Кипит чайник. Разливай.

О р л о в. Какой клад?

С у в о р о в. Нападу на след — узнаешь.

О р л о в. Где ты узнал про него?

С у в о р о в. Про кого?

О р л о в. Про клад, про Али-бека?

С у в о р о в. В Ленинграде, на Васильевском острове.

М у р з и к о в. А ищешь его здесь?

С у в о р о в. А ищу здесь, на Кавказе.

О р л о в. Почему?

С у в о р о в. Потому что он здесь жил, Али-бек.

О р л о в. Когда?

С у в о р о в. Лет двести назад.
М у р з и к о в. Что же у него за клад? Деньги?
С у в о р о в. Нет.
О р л о в. Бриллианты?
С у в о р о в. Нет.
О р л о в. А что?
С у в о р о в. Самоварное золото.
М у р з и к о в. Да ты не шути, Шура. Говори толком...
С у в о р о в. Я не шучу. Пейте чай. Ешьте.
М у р з и к о в. Птаха, дура такая...
О р л о в. Шура, ну чего он все ноет? Опять про нее...
М у р з и к о в. Я не про нее, а про ее кружку. Две недели таскала кружку на поясе. А как потеряться — сунула мне кружку в мешок. Она, говорит, о пояс брякает. Надоедает. А теперь небось трескает воду из своих дурацких ладошек. Гадина. А кружка ее здесь. Вон нацарапала на кружке: «Птаха». Криво-косо. Тьфу.
О р л о в. Шура, скажи ему.
С у в о р о в. Ладно.
О р л о в. Ты о чем все думаешь?
С у в о р о в. Жил такой богатырь Али-бек...
О р л о в. Все об одном?
С у в о р о в. Ладно, пожалуйста.

Входит Д о р о ш е н к о.

Д о р о ш е н к о. А-а! Это городские.

Ребята вскакивают.

М у р з и к о в. Откуда ты вынырнула?
Д о р о ш е н к о. По тропке подошла.
О р л о в. А почему же мы не слышали?
Д о р о ш е н к о. А потому, что я не хотела.
О р л о в. Как же так?
Д о р о ш е н к о. Очень просто. С детства отец меня на охоту брал — сыновей не было, так он дочку. Приучилась ходить так, что зверь не услышит, не то что городской человек.
О р л о в. А ты кто?
Д о р о ш е н к о (*спокойно, с достоинством протягивает руку Суворову, потом ребятам*). Я? Анна Дорошенко. А вы чьи?
С у в о р о в. Свои собственные.
Д о р о ш е н к о. Фамилии вам?
С у в о р о в. Я — Суворов. А это — Мурзиков. А это — Орлов.

Д о р о ш е н к о. Прогуливаете себя? Или комиссия?
С у в о р о в. Да скорее, гражданка Дорошенко, комиссия.
Д о р о ш е н к о. Чего проверяете?
С у в о р о в. Горы.
Д о р о ш е н к о. Все ли на месте, не унес ли кто?
С у в о р о в. Вот-вот.
Д о р о ш е н к о. А теперь, товарищ Суворов, пошутили — и лясы убрали. Я бывшей станицы Верхней, теперь колхоза, — я там председатель. По делу пришли — помогу, в чем моя возможность. Так идете — идите, не вредите. Вот мои документы.
С у в о р о в. Мы верим. Мне в городе, в исполкоме, о вас говорил Сергей Яценко.
Д о р о ш е н к о. Знаю. Человек твердый.
С у в о р о в. И он о вас так говорил. Письмо к вам имеется от него. Мурзиков, дай-ка мешок. *(Роется в мешке.)* Вот оно... Товарищу Дорошенко.
Д о р о ш е н к о. Так, хорошо встретились. *(Садится к костру. Расстегивает кобуру револьвера, который висит у нее на поясе. Достает очки.)*
О р л о в *(тихо).* Смотри — очки с револьвером носит.
Д о р о ш е н к о. А я, малец, вижу не дюже хорошо. Слышу хорошо, а вижу не дюже. Как из револьвера стрелять — сейчас очки надеваю. Потому и ношу вместе. *(Читает.)* Так-так, понятно. Теперь понятно, кто вы. Чем могу — готова помочь.
С у в о р о в. Чаю?
Д о р о ш е н к о. Спасибо вам... Ну что, вы много нашли, насобирали?
С у в о р о в. И нашли — и потеряли тоже.
Д о р о ш е н к о. Кого?.. Чего?..
С у в о р о в. Спутница наша в тумане отстала.
Д о р о ш е н к о. Худо. Большая?
С у в о р о в. Двенадцать лет.
Д о р о ш е н к о. Городская?
С у в о р о в. Городская.
Д о р о ш е н к о. Худо. Вернусь — весь колхоз на поиски подниму. Только отсюда до колхоза восемь дней ходу. Ах, это нехорошо. Как мне ее жалко. Небрежность! Разгильдяйство это! Мужик и есть мужик. Разве с ним дите отпустить можно? Шагает, верблюд, а девчонка в тумане, как в угаре, туда-сюда тычется. Халатность это ваша... Эх!.. Искали?
С у в о р о в. Три дня ищем.

Дорошенко. Ох, плохо. А мать небось дома спит и сны не видит. Верблюды.

Мурзиков. А ты, тетка, не гавкай. Мы сами себя днем и ночью, наверное, может быть, кроем. Ты совет дай, а гавкать — это легко.

Орлов *(вытирает лоб платком)*. Мы из сил выбились... Вот что.

Дорошенко *(улыбается)*. Что-то по тебе не видно, чтобы ты из сил выбился. Ишь какой гладкий.

Орлов. Это у меня кость такая широкая. А сам я не толстый.

Дорошенко. Так-так. Вы меня, парни, простите, я по-прямому говорю — ведь правда, худо вышло. Теперь, конечно, надо думать, как эту ошибку наоборот выправить. Ругаться поздно.

Суворов. Конечно.

Дорошенко. Будем искать. Плохо, что до колхоза восемь дней ходу.

Суворов. А как это вы так далеко от колхоза ушли?

Дорошенко. У меня там все дела налажены, а я вроде в отпуску. Только не отдыхаю. Ищу. И у меня свои потери, борюсь с ними. Дела заместителю сдала, а сама, как скаженная, через горы, через балки, через камни, хуже дикой кошки или бешеной волчицы. Ищу. Потом скажу, чего ищу. Потеря моя большая, но как-то это некстати после человека об овцах говорить. А сама, выходит, и сказала. Да. Всякому свое. Пять овец, племенных, заграничных, на золото купленных, из колхоза пропали. Это он.

Суворов. Кто он?

Дорошенко. Не хочу сейчас говорить. Расстроюсь. Ну вставай. Попили чаю.

Суворов. Да, да. Так, так. Жил такой богатырь Али-бек.

Дорошенко. Не так говоришь: атаман Алибеков, а не богатырь.

Суворов. Что?

Дорошенко. Атаман.

Суворов. Ты слыхала?

Дорошенко. Что?

Суворов. Про Али-бека.

Дорошенко. Слыхала. Только он не Али-бек, а Алибеков.

Суворов. Это все равно. Слыхала?

Дорошенко. Как не слыхать. У нас в станичном правлении бывшем, теперь в нашей конторе, до сих пор его кувшин стоит. Старинный.

Суворов. Кувшин его?

Дорошенко. Говорят — его.

Орлов. Золотой?

Д о р о ш е н к о. Самоварного золота.

М у р з и к о в. Медный?

Д о р о ш е н к о. Я ж говорю, медный. Да чего вы всполошились?

С у в о р о в *(мечется)*. Говори, прошу тебя. Говори все, что знаешь. Стой, Суворов, успокойся. Не лазь за револьвером, тетка, я сейчас в себя приду.

Д о р о ш е н к о. Я за очками. Посмотреть, что ты.

С у в о р о в. Потом все поймешь. А сейчас говори все, что знаешь. Это огромное дело, тетка. Всесоюзное.

Д о р о ш е н к о. Ага... Так... Ну попробую тебе доложить все, что знаю. Знаю-то немного... Одну песню.

С у в о р о в. Спой.

Д о р о ш е н к о. Пела, пока молода была, не председательствовала. А теперь мне тридцать два года. Я так скажу. Идет?

С у в о р о в. Как хочешь.

Д о р о ш е н к о. Договорились... Ну, тогда слушай, коли не шутишь...

    Атаман Алибеков — молодой молодец.
    Он в плечах широк, а в поясе с вершок,
    Он в гору идет, как пляшет,
    Он под гору идет, как хочет.
    Славный казак Алибеков-атаман
    Черкесов, казаков на бой вызывал:
    «Сделали мне дети одежу,
    Крепку одежу, хорошу.
    В сердце бей али бей по плечам,
    Бей, дозволяет Алибеков-атаман».
    Первый ударил — кинжал потерял,
    Турецкий кинжал пополам поломал.
    Второй ударил — шашку сгубил.
    Шашка об одежду тупится.
    Пика гнется, раскалывается.
    Пуля зазвенит — назад летит.
    Ай, Алибеков, Алибеков-атаман!
    Казаков, черкесов он похваливает,
    Каждого подходит одаривает:
    «Вот тебе блюдо за турецкий кинжал.
    Вот тебе кувшин за шашку твою,
    Вот тебе щит за пику твою,
    Вот тебе чарку за пулю твою!
    Ударь ты по чарке — гул пойдет,
    Звенит она, гудит, разговаривает».

Новые подарки как солнце горят.
А сам, атаман, бел-невесел сидишь?
Чем недоволен, Алибеков-атаман?
«Тем недоволен, что ходил по горе,
Ходил по горе, по глубокой норе,
Добывал я подарки, выковывал,
Сам себе могилу выкапывал.
Подарки звенят, а я приутих...
Катится блюдо, а я прилег.
Щит, он от холода защитник худой.
Чарка звенит, хоронить меня велит.
Буду прощаться, в гору собираться,
Чтобы, где я жил, там и кости сложил».

Все!

С у в о р о в. Так я и знал. Я был прав. Али-бек богатырь, он же Алибеков-атаман, жил в этих местах. Его убила вредная работа на медных рудниках. Тетка! Товарищ Дорошенко, тут есть в окрестностях медные рудники... Откуда у вас эта песня?

Д о р о ш е н к о. Слепец пел.

С у в о р о в. Он ее у кабардинцев взял?

Д о р о ш е н к о. Все возможно. Он у нас по всем аулам ездил.

С у в о р о в. Тетка, ты пойми. Вот тебе подарок, ему подарок, всем, всей стране. Есть в Ленинграде Геолком — Геологический комитет. Я — здесь, другие — на Урале, третьи в пустынях жарятся, четвертые в тундре мерзнут — все мы одно дело делаем: стране нужны железо, медь, уголь, нефть, апатиты, фосфориты, золото, ртуть...

Д о р о ш е н к о. Это, парень, мне все известно. Ты об Али-беке...

С у в о р о в. Постой! Страна растет. А я разведчик жадный. Слышала, нашли ребята богатейшую железную руду? Стрелка компаса над залежами плясала, портилась. Ребята заметили, сделали вывод — и пожалуйте наверх, руда!

Д о р о ш е н к о. Слышала.

С у в о р о в. Запомни. А я как раз изучал историю медного дела в России. И запало мне в голову: откуда так много старинной медной посуды было на Кавказе? Там не слишком богатые медные рудники и теперь, а раньше, когда медь вручную плавили...

Д о р о ш е н к о. Так...

С у в о р о в. Откуда? Должны быть брошенные рудники. Метался туда-сюда, того расспрошу, там пятьдесят страниц прочту из-за одной строчки. Кружу около — и натолкнулся на старинные кавказские песни разных народностей. И перевели мне пять песен товарищи-вузовцы из Института восточных языков. Компас помнишь? Стрелка указала на железо, а песня указала на забытые медные рудники, и что они примерно в этих местах, и что брошены на полном ходу во время старинной какой-то войны. Вот твоя песня — одна из этих пяти, только переделана на казачий лад.

Дорошенко. Ага, понятно.

Суворов. Три года я каждое лето приезжал сюда. Сговорился с Геолкомом. Геолком сказал — ищи. Найдешь — наметь дорогу. Разом двинем по твоей наметке большую экспедицию, с инженерами, учеными, экспертами. Три года кружил я, нашлись теперь следы: кувшин у вас в конторе, песня...

Дорошенко. Так. Я очень рада. Ты, может, сам не знаешь, как рада. Дикость кругом, горы... Ты путь наметишь — значит, недалеко завод вырастет, железная дорога скорей пройдет, новая, электрическая, по плану намеченная. Ты, может, не знаешь, а я знаю — это по врагу страшный удар.

Суворов. Знаю. Все связано.

Дорошенко. Такой мой план. Слушайте, мужики. Веду я вас через аулы, через коши — пастушеские шалаши. И всюду мы опрашиваем о наших потерях и о нашем деле.

Мурзиков. И про Птаху будем спрашивать?

Дорошенко. Ее Птаха фамилия? Про нее первым делом.

Мурзиков. А что, опасно?

Дорошенко. Опасно. У нас ведь заповедник. Зверя — видимо-невидимо. И человек не всякий хорош...

Орлов. Что? Бандиты?

Дорошенко. О бандитах давно не слышно. Но есть типы похуже бандитов... Счастье еще, что старик Иван Иванович Грозный по ту сторону Старого Русла ходит.

Орлов. А на что ему Птаха?

Дорошенко. Худой человек. Всякому зверю — первый друг. С деревьями разговаривает. Слыхали люди: стоит он у самой чащи, а оттуда тур башку выставил. Башка бородатая, ножки тонкие, рога в землю упер, слушает. Грозный говорит, а он башкой кивает — дескать, понимаю, договорились.

Мурзиков. Да ты, председательша, кажется, того...

Орлов. Меня толстым ругала, а сама суеверная...

Дорошенко. Я — суеверная? У меня, браток, за две декады до срока план по уборке выполнен. А горы — это, брат, горы! Идем. Только помяните мое слово: если попадет ваша Птаха к Ивану Ивановичу Грозному в лапы — плохо ее дело, пропало ее дело.

Занавес

КАРТИНА ТРЕТЬЯ

Декорация первой картины.

Птаха *(кричит).* Де-ед! Где же ты? Де-ед! Идет кто-то. Ну, что мне делать? Мертвой притвориться? Говорят, медведи мертвых не едят... Или крикнуть? Говорят, медведи крику боятся. Главное, не струсь, не струсь... Чего трусить? Позор! Медведь — подумаешь! Млекопитающее — и больше ничего! Вроде коровы. Идет. *(Кричит в кусты.)* Пошел вон! Брысь! Вон! Вон! Вон!

Из кустов выходит человек.

Человек. Постой. Зачем сердишься?
Птаха. Я думала, ты медведь...
Человек. Я не медведь, я молодой человек. Здравствуй.
Птаха. Здравствуй.
Человек. Ты что делаешь здесь?
Птаха. Блуждаю. От своих отбилась. А ты?
Человек. Хожу. Как тебя зовут?
Птаха. Птаха. А тебя?
Человек. Али-бек — богатырь.
Птаха. Почему?
Человек. Я сильный очень. Что за сумка у тебя?
Птаха. Деда сумка, Ивана Ивановича.
Али-бек. Какого Ивана Ивановича?
Птаха. Грозного.
Али-бек. Я грамотный, хорошо по-русски говорю, зимой учиться поеду... Зачем обманываешь меня?
Птаха. Я не обманываю.
Али-бек. Обманываешь... Грозный по той стороне ходит. Мы знаем... Он там, а сумка здесь?
Птаха. Ну да. Я есть хотела — он бросил. Он добрый.
Али-бек. Он добрый? Земля белая... Небо черное... Листья синие... Что говоришь? Ты не здешняя, не знаешь... Он...
Птаха. Да вот он идет.
Али-бек. Уйдем.
Птаха. Куда уходить? Что за глупость!
Али-бек. Я его не люблю...
Грозный *(подходит к краю пропасти).* Это ты с кем же, Птаха?
Птаха. Чего спрятался, Али-бек?
Грозный. А-а! Да это Али-бек богатырь.
Али-бек. Зачем топор в руках? Говори...
Грозный. Ты что сердитый такой сегодня?

А л и-б е к. Умней стал.

Г р о з н ы й. Умней стал — радоваться надо, а ты сердишься. *(Начинает рубить дерево, растущее у края пропасти.)*

А л и-б е к. Что делаешь?

Г р о з н ы й. Дерево рублю.

А л и-б е к. Зачем?

Г р о з н ы й. Увидишь.

А л и-б е к. Я тебя не люблю.

Г р о з н ы й. Не любишь? Эх-хе-хе... Да-а. Встревоженный народ в горах живет, Птаха. Сегодня ничего, завтра сердит. Ну говори, чего меня не любишь? Что за темный разговор по горам пошел?

А л и-б е к. Я не темный, я грамотный. Я книжки читал. Я молодой человек, ты — старый.

Г р о з н ы й. Ну, так что?

А л и-б е к. Старый казак обижал горцев...

Г р о з н ы й. Ну... ты думаешь, это я обижал?

А л и-б е к. Идешь лесом — яблоня растет. Садовая яблоня. Яблоки с кулак, белые... в лесу... Откуда?

Г р о з н ы й. Известно откуда.

А л и-б е к. Не руби, слушай.

Г р о з н ы й. Я и так слушаю.

А л и-б е к. Откуда в лесу яблоня, знаешь? Сто лет назад через горы до самого Черного моря сады шли. Сто тысяч миллионов яблонь, вишен, черешен... Что осталось? Десять яблонь, две черешни... Дорога шла, мосты шли — где они?

Г р о з н ы й. Могу тебе спокойно ответить: сады лесами поросли, мосты погнили, дороги обвалами позавалило.

А л и-б е к. Почему?

Г р о з н ы й. Сам знаешь... Царь Николай Первый Кавказ покорил, все разорил. Которые горцы дальше в горы убежали, которые в Турцию подались, все бросили. Лет шестьдесят только лес тут рос да зверь бродил.

А л и-б е к. Живая была земля. Ты ее дикой сделал, зверю отдал.

Г р о з н ы й. Не я, а в старые времена это было.

А л и-б е к. Я думал, все старые казаки и русские — враги, давно они убиты, убежали, поумирали. Я думал, все новые казаки и русские — друзья.

Г р о з н ы й. Правильно.

А л и-б е к. Товарищи.

Г р о з н ы й. Спокойно, спокойно.

А л и - б е к. По-русски занимался, старался... Говорю, как русский. Книги читаю. Учиться зимой поеду.

Г р о з н ы й. Ну, так за что ты на нас сердишься?

А л и - б е к. Ни на кого, только на тебя я сердит. Все мы из мертвой земли опять живую делаем, а ты нет. Ты вредный старик, старый казак, заговорщик.

Г р о з н ы й. Чего болтаешь? Спокойно отвечай. С кем у меня заговор?

А л и - б е к. Со зверями.

Г р о з н ы й. Эх ты, а еще грамотный.

А л и - б е к. А почему скот пропадает?

Г р о з н ы й. Медведь режет.

А л и - б е к. А кровь где, кости где?

Г р о з н ы й. Не знаю. *(Оглядывает дерево.)* Ну, кажись, готово. Поберегитесь, товарищи, маленько. *(Наваливается на дерево плечом.)*

Подрубленное дерево трещит, накреняется, валится сначала медленно, а потом все быстрей, быстрей. Падает верхушкой на ту сторону Старого Русла.

А л и - б е к. Зачем дерево повалил?

Г р о з н ы й. Мост сделал. *(Идет по дереву спокойно, как по земле.)*

Али-бек бежит ему навстречу. Встречаются над пропастью.

А л и - б е к. Не пущу. Нет.

П т а х а. Что вы? Ненормальные! Как же вы разойдетесь?

А л и - б е к. Здесь наш скот пасется, бывшего аула, колхоза «Красный кабардинец»...

П т а х а. Повернитесь. Стали, как бараны.

Г р о з н ы й. Спокойно, Птаха. Не бойся. Он сейчас меня пустит.

А л и - б е к. Не пущу. Нет.

Г р о з н ы й. Зачем не пустишь?

А л и - б е к. Дорошенко про тебя мне все сказала.

Г р о з н ы й. Она?.. Вот откуда ветер тучи пригнал...

А л и - б е к. Она большой человек, муллу переспорила, богачей усла́ла; в станице первая, в ауле почетный гость. Она все видит.

Г р о з н ы й. Пусти, Али-бек.

А л и - б е к. Знаешь, за что меня богатырь Али-бек прозвали?

Г р о з н ы й. Знаю... За силу.

А л и - б е к. Возьму тебя на руки, вниз брошу.

Г р о з н ы й. Птаха, назад!

Птаха побежала по дереву к ним. Зашаталась. Села.

П т а х а *(грозит кулаком Али-беку).* Нельзя вниз бросать.
А л и-б е к. Ложись на дерево.
Г р о з н ы й. Глаза закрой. Поворачивайся, глупый, идем ей поможем.
П т а х а. Я не боюсь... Это интересно... Това... товарищи...
Г р о з н ы й. Бери ее за плечи. Тихонько... Держи...
П т а х а. Пожалуйста, оставь. Ерунда! *(Встает. Довольно уверенно уходит обратно.)*

Грозный и Али-бек за ней.

Я этого старика давно знаю... Это кремень-старик. Вот. Ты, не знаю отчего, поглупел, и больше ничего. Идем, товарищ Грозный.
А л и-б е к. Девочка, ты прохожая, ты ничего в горах не понимаешь. Что в городе верно, в горах глупо... Не ходи с ним. Я могу тебя в кош проводить, будешь с пастухами, стариками сидеть, своих ждать...
Г р о з н ы й. Иди, коли хочешь, он человек верный.
П т а х а. Нет, дед, я тебя давно знаю, с тобой пойду.
А л и-б е к. Я у стариков отпрошусь. Я за вами следом. Мне жалко ее.
Г р о з н ы й. Хочешь — так, а лучше помоги, поищи, где ее товарищи. Мы пойдем на Атаманово Гульбище, а ты правее, на Абаго. Может, ты раньше встретишь, скажешь им, что, мол, жива Птаха.
П т а х а. Скажешь — мне стыдно, что я им работу срываю.
Г р о з н ы й. Скажешь, куда ушли. Прощай! Идем, Птаха.

Уходят.

А л и-б е к *(один).* Вернись, девочка. Не знаешь, с кем ушла. Разве он тебе товарищ? Он зверю, дереву, камню товарищ. Пропала девочка! Беги назад, пока не поздно! Это вредный старик. Старый казак. Заговорщик...

Занавес

ДЕЙСТВИЕ ВТОРОЕ

КАРТИНА ПЕРВАЯ

Темно. Горит костер.

О р л о в. У меня с шапки льет... прямо на спину.

М у р з и к о в. Сними.

О р л о в. Снять — волосам холодно.

М у р з и к о в. Ближе к костру сядь...

О р л о в. Не высохнуть все равно... никогда. Мокро.

М у р з и к о в. Так бы и спихнул тебя с горы.

О р л о в. Почему?

М у р з и к о в. А мне не мокро? А у меня по спине не льет? Штаны к ногам не липнут? В башмаках не хлюпает? Мне тоже кажется, что в жизни во веки веков не обсохнуть, не согреться, однако же я молчу. Подтверждаю, что интересно.

О р л о в. А что интересно-то?

М у р з и к о в. Все.

О р л о в. И дождик?

М у р з и к о в. Дождик мы обошли.

О р л о в. Ничего себе — обошли! Льет, льет, льет...

М у р з и к о в. Льет... А костер мы не развели? А?

О р л о в. Ну развели...

М у р з и к о в. Сколько раз я в школе читал, что понизу в горах идет лиственный пояс, где похолодней — хвойный. Еще выше — травы, мхи, лишайники...

О р л о в. Не учи ты меня! И без того нехорошо.

М у р з и к о в. Где нас дождик захватил? В лиственном поясе. Дубы кругом. Надо костер развести? Надо. Горит мокрый дуб? Не горит. Что делать?

О р л о в. Задается, будто сам придумал, что делать...

М у р з и к о в. Ну, Шура придумал. Так что? Интересно... Дуб мокрый не горит, хвоя мокрая горит... Значит, надо лезть из лиственного леса в хвойный. Прямо вверх на гору. Интересно. Лезем, а я не верю, что правда пояса бывают. Неужели, думаю, правда? И вдруг прилезли в хвойный пояс. Интересно!

О р л о в. Очень интересно. Лезем, ветки прямо по морде лупят, камни из-под ног катятся, змеи в кустах шуршат.

М у р з и к о в. Где ты видел змей?

О р л о в. Ну не видел, зато слышал.

М у р з и к о в. А костер развели?

О р л о в. Ну развели...

М у р з и к о в. А больше всего я удивляюсь, что, как в книжке написано, так и вышло. Лиственный пояс, хвойный пояс — чудеса!

О р л о в. Как будто у меня один бок уже согрелся... Пар из меня идет, как из бани... *(Смеется.)*

М у р з и к о в. Чего смеешься?

О р л о в. Смешно... Вода кругом льет, а чаю не из чего вскипятить...

М у р з и к о в. Сейчас принесут. Дорошенко знает — рядом ключ. Вода, говорит, сладкая, пьешь и радуешься.

Громкий вздох откуда-то сверху.

О р л о в. Что такое?

М у р з и к о в. Ни... не... не ври...

О р л о в. Чего не врать?

М у р з и к о в. Ничего не было...

О р л о в. Кто-то охнул...

М у р з и к о в. Это мне показалось...

О р л о в. А мне?

М у р з и к о в. А ты известный трус. Ничего не было... Ну, слушай. Видишь, как тихо. Только вода по соснам шумит. *(Прислушивается.)* Все спокойно.

С в е р х у г о л о с. Ой-ой-ой-ой-ой! Отвяжите, я не виноват.

Орлов и Мурзиков схватывают друг друга за руки.

О р л о в. Покричать?

М у р з и к о в. Молчи.

О р л о в. Я покричу.

М у р з и к о в. Молчи!

Г о л о с. Ибрагим-бек, отпусти, друг. Я свой.

О р л о в. Ты кто?

Тишина.

М у р з и к о в. Какой осел на дерево залез?

Тишина.

Орлов. Зачем? Кто?.. Кто сверху нас пугает?

Тишина.

Мурзиков. Молчишь?.. Я... я... я достаю пистолет... из... из ножен. Я стреляю.

Из темноты выходят Дорошенко и Суворов, несут на палке ведро.

Суворов. В кого же вы стреляете, орлы?
Орлов. Шура, с дерева человек разговаривает.
Суворов. Ишь ты? Ну, ставьте воду на костер. Живей! Согреться надо. Находка есть, ребята. Сейчас рассмотрим находку.
Мурзиков. Да погоди ты с находкой... Тут голос.
Суворов. Какой?
Мурзиков. Голос жаловался сверху, вздыхал.
Дорошенко. Ветер, должно.
Орлов. Ветер слова говорил.
Дорошенко. Какие?
Орлов. Мы не поняли.
Суворов. Это, ребята, горная болезнь. Здесь наверху давление воздуха меньше, от этого отлив крови от головы... в ушах звон. *(Рассматривает при свете костра какие-то листочки.)*
Мурзиков *(Орлову)*. Видишь? Я же тебе говорил... Это явление природы, и больше ничего. Болезнь.
Орлов. Чего брешешь?.. Сам небось сдрейфил. Когда люди пришли, я тоже думал, что явление природы... А тогда ясно я слышал... Шура, а от горной болезни разве слова могут слышаться?
Суворов *(орет)*. Ура! Тетка, ура! Ребята, ура! *(Пляшет.)*
Дорошенко *(достает очки)*. Взбесился!..
Суворов. Обрадовался...
Орлов. У тебя горная болезнь...
Суворов. Какое там! Птаха нашлась. Ай, умница! Ай, разумница!
Дорошенко. Как нашлась?.. Где она?.. Чего буровишь?
Суворов. Получены от нее письма.
Дорошенко. Какою почтою?
Суворов. Горною. Ты ворчала, что я в сторону отхожу, когда мы за водой шли. Помнишь?
Дорошенко. Продолжай... кратенько, кратенько.
Суворов. Я отходил, потому что белеет что-то в темноте. На деревьях, гляжу, бумажки, булавками приколотые. Я их забрал.

М у р з и к о в. Верно. У нее, у дурищи, полная коробочка жестяная булавок. С цветочком коробочка.

С у в о р о в. Разглядел при свете — это от нее записки.

Д о р о ш е н к о. Ну и прекрасно. А где она? Где идет?

С у в о р о в. Сейчас. Дождь смыл много слов. Вот подпись. Ее?

М у р з и к о в. Ее. Ее окаянные буквы. Вроде комаров подыхающих ее буквы. Лапки в одну сторону, ножки в другую.

О р л о в. Не мешай. Читай, Шура.

С у в о р о в. Сейчас... Вот... «Отставши в тумане...» Дальше смыто. «На третий день погнался за мной медведь... Я от него, он за мной... На повороте медведь поскользнулся и упал...»

О р л о в. Наверно, врет.

М у р з и к о в. Я тебе в ухо дам.

С у в о р о в. «А я через кусты, все ноги исколола».

Д о р о ш е н к о. Ах ты родимая моя, бедная.

С у в о р о в. «На четвертый день...» Дальше все смыл дождик. Одна подпись осталась — «Птах».

О р л о в. Ишь ты! Как мальчишка подписывается — Птах.

М у р з и к о в. Для «а» у нее места на листке не хватило, балда.

С у в о р о в. Дальше вторая записка. Все смыто. Вот ясно: «...даже нес меня на плече... получно...» Видимо, «благополучно». На обороте все ясно: «Я прикалываю на каждом привале десять записок. Одна пропадет — другие найдутся». Умница.

Д о р о ш е н к о. У сладкой воды отдыхала, значит. Кого она встретила? Кто ее, Птаху, на плече нес?

С у в о р о в. Дальше третья записка. «Идем на Атаманово Гульбище».

Д о р о ш е н к о. Ага!

С у в о р о в. Что-то такое... «...бирается на колхоз Верхний».

Д о р о ш е н к о. Вон что... Попался ей здешний человек. Немолодой человек. Это старая дорога, забытая дорога.

М у р з и к о в. Почему забыли?

Д о р о ш е н к о. Обвалом ее лет двадцать назад завалило. Низом ходят теперь. А так эта дорога самая короткая.

С у в о р о в. «Гроз...» Что такое? «Гроз...» Потом все смыто, потом опять «Гроз...»

О р л о в. Гроза, наверное...

Д о р о ш е н к о. Хорошо, если так.

С у в о р о в. А почему все время «Гроз» с большой буквы? Гроза с маленькой пишется.

О р л о в. А она не дюже грамотная.

С у в о р о в. Последняя записка... «Страшно». Потом все смыто. Опять — «Страшно».

Д о р о ш е н к о. Ах ты родная моя, родимая.

С у в о р о в. Постой... Нет, ничего не понять. Подпись «Птаха» в конце и закорючка.

Д о р о ш е н к о. Страшно ей, пишет?

С у в о р о в. Ну, не очень, коли подпись с закорючкой. Ишь как лихо расчеркнулась. Ну... Здорово?.. Правильно я сказал «ура»?

Д о р о ш е н к о. Пока-то правильно... Есть у меня соображение, к ночи говорить не буду.

М у р з и к о в. Знаю твои соображения. Ха-ха. Думаешь — она твоего страшного старика встретила.

Д о р о ш е н к о. Молчи, парень. Молчи, слышишь?

Г о л о с. Охо-хо-хо-хо! Развяжите меня.

С у в о р о в. Что это?

Г о л о с. Отпустите меня!

О р л о в. Это же горная болезнь.

С у в о р о в. Какая там горная болезнь!

Г о л о с. Птаха пропала! Девочка погибла!

С у в о р о в. Кто там каркает?

Тишина.

Тебе говорю: кто там?

Тишина.

Д о р о ш е н к о. Подбрось хвои. Живей шевелись. Дуйте, ребята. Ну, во всю силу.

М у р з и к о в. Дуем.

Д о р о ш е н к о. Шибче.

О р л о в. Я тебе не насос. Дую сколько могу.

Д о р о ш е н к о *(надевает очки, вглядывается вверх)*. Не разберу. Прыгает пламя. Еще хвои.

С у в о р о в. Человек там как будто.

Д о р о ш е н к о. Да, похоже.

С у в о р о в. Он привязан к дереву. Эй! Ты там! Кто ты? Кто тебя привязал? Эй!..

Г о л о с. Что такое? Кто такой?

С у в о р о в. А ты кто?

Г о л о с. Я?

С у в о р о в. Ну да.

Г о л о с. Али-бек — богатырь.

С у в о р о в. Брось шутки шутить.
Г о л о с. Правду говорю.
Д о р о ш е н к о. Ах, вот это кто. Здорово, знаком.
Г о л о с. Товарищ Дорошенко. Ты что тут делаешь?
Д о р о ш е н к о. Я-то у костра греюсь. А ты что там делаешь?
Г о л о с. Я сплю.
Д о р о ш е н к о. Спишь?
Г о л о с. Сейчас уже проснулся, разгулялся. А то спал.
Д о р о ш е н к о. Это ты, значит, во сне кричал?
Г о л о с. Наверно. Я поясом к дереву привязался, неудобно спал, голова затекла. Сейчас слезу.

Треск веток наверху.

Д о р о ш е н к о. Это он от зверья забрался повыше, ветку поудобней выбрал, поясом прикрутился и спал себе, как дите в люльке. Многие так в лесу ночуют, когда в одиночку идут.

А л и-б е к слезает сверху.

А л и-б е к. Здравствуйте. Вы кто?
М у р з и к о в. Ты зачем кричал: «Птаха погибла»?
А л и-б е к. Постой-постой. Ты ее товарищ?
С у в о р о в. Да, да, все мы. Ты ее встретил? Ты ее вел?
А л и-б е к. Ах, товарищ дорогой. Я ее встретил, да не я ее вел.
Д о р о ш е н к о. А кто?
А л и-б е к. Грозный.
С у в о р о в. Слушайте, вы говорите прямо, что вы плохого знаете об этом Грозном. Что он такое? Бандит?
Д о р о ш е н к о. Хуже.
С у в о р о в (Мурзикову). Что ты хнычешь?
М у р з и к о в (всхлипывает). Вот дура! Ведет ее дурак какой-то, а она, как тот Мальчик-с-пальчик, записочки бросает.
О р л о в. Тот камушки бросал.
М у р з и к о в. Все равно противно. Дура какая.
С у в о р о в. Что такое Грозный? Говорите толком.
Д о р о ш е н к о. Что, что? Должность у него — сторож, лесник, заповедник сторожит... А на самом деле... Землю ты знаешь? А что внизу под землей — не сразу понятно... Темно там... А как зверь ходит, о чем говорит — понятно?.. Это еще темнее... Слушай. Я сама этого старика даже уважала и любила, но вот был вечер в клубе, живая газета... Помню хорошо: ревет ветер, прямо ураган, валит по станице людей, деревья скрипят, лист летит, собаки попрятались,

коровы мычат — тревожатся. А в клубе чисто, светло, рояль играет. Исполнялось так: артистка одна танцует новую дорогу, железную, электрическую, что по плану намечена через горы, а другая танцует дикую природу — то нападает на дорогу, то прячется. А классовый враг с другого боку. И так мне захотелось скорее дорогу. Чтобы ушла эта дикость. Ураган свистит...

А л и - б е к. Грязь летит — очень плохо.

Д о р о ш е н к о. И вижу я: мрачен сидит наш Иван Иванович Грозный и не смеется, когда природа удирает, прячется.

А л и - б е к. Жалеет ее.

Д о р о ш е н к о. Над классовым врагом смеется Грозный, а над природой нет.

А л и - б е к. За нее стоит, за дикость.

Д о р о ш е н к о. Я прямо и спросила: что, тебе ее жаль? А он: зверя мне жаль. Образовать, говорит, его нельзя, грамоте не обучить. Ему приходит конец и гибель... Проговорился. Стала я примечать, да по халатности запустила я его. И так кругом врагов хватало: и бывшие враги, прямые, в новой шкуре, и лень собственная, и дикость... Как, может быть, бешеная волчица, дралась я за план. Победили мы. Хочу отдохнуть — и новая беда. Скот пропадает. Давно пропадает. Где он? Ясно где. Старик его к друзьям отводит.

О р л о в. Куда, куда?

Д о р о ш е н к о. Зверям скармливает.

А л и - б е к. Зверям, понимаешь?

С у в о р о в. Ай, спасибо за сказку.

Д о р о ш е н к о. Какую сказку?

С у в о р о в. Эх, тетка, тетка, и ты еще не вполне освоена. Что ж тут удивительного? Старик всю жизнь заповедник берег, лесником служил — ясно, он зверя жалеет.

О р л о в. Бежит кто-то.

М у р з и к о в. Сюда бежит.

Вбегает Г р о з н ы й.

Г р о з н ы й. Братцы, товарищи.

Али-бек закрывается руками.

Д о р о ш е н к о. Ваня, ох, Ваня.

Г р о з н ы й. Это вы? Городские? Птахины?

Д о р о ш е н к о. Они.

Г р о з н ы й. Я вашу девочку нашел.

С у в о р о в. Где она?

Г р о з н ы й. Спокойно. Она... Веревки нужны. Веревки есть у вас?

С у в о р о в. Нет.

Г р о з н ы й. Бегите бегом к Золотому провалу. Говорите с ней, успокаивайте. Спокойно говорите. Она жива, цела, только земля под ней осела.

Д о р о ш е н к о. Куда бежишь?

Г р о з н ы й. К тайнику за веревкой.

Д о р о ш е н к о. Не пущу.

Г р о з н ы й. Не дури. *(Отталкивает ее, убегает.)*

Д о р о ш е н к о. Ах я дура! Баба закрепощенная. Не посмела мужика удержать. Ну, идем, шляпы.

Занавес

КАРТИНА ВТОРАЯ

У провала.

Д о р о ш е н к о. Птаха! Ты живая? Птаха! Молчит!.. Может, это не тут? Да нет, он это. Золотой провал. Птаха! Нету ее. Вот оно, дело проклятое. Вот он, окаянный старый саботажник, что сделал, как подвел. Бросил дите на камни вниз. Идите, волки, пожалуйте, медведи, — вот вам пай за мою безопасную охоту. Вредитель. Хоть бы задержали его, так нет. Пустили... Птаха...

П т а х а *(глубоко снизу)*. Идите, идите себе мимо.

Д о р о ш е н к о. Кто говорит?

П т а х а. Ничего, ничего. Этого не бывает. Не испугаете.

Д о р о ш е н к о. Да разве же я пугаю. Это ты, Птаха? А? Чего молчишь? Птаха!

П т а х а. Как же вы не пугаете, когда незнакомым голосом меня по имени зовете.

Д о р о ш е н к о. Птаха! Живая ты? Вот чудеса-то!

П т а х а. Никаких нет чудес. Я лежу на камнях совершенно спокойно. Вон даже светает. Никаких нету чудес.

Д о р о ш е н к о. Птаха!

П т а х а. Довольно, довольно. Еще ночью, когда шуршало чего-то, я, может быть, боялась. А теперь вижу — обыкновенная елочка, с одного бока ободранная, вместе со мной съехала, стоит возле и шуршит иголками. И вас я хоть и не вижу, а понимаю, что все очень просто. Вы или мираж, или какое-нибудь горное эхо. Мы проходили в школе.

Д о р о ш е н к о. Совершенно верно, умница.

П т а х а. Вы, значит, мираж?

Д о р о ш е н к о. Не то, а все очень просто. Я колхоза председательница, Дорошенко, ребят твоих встретила и Грозного. Узнала, что в опасности, и бегом сюда.

П т а х а. А они, а наши?

Д о р о ш е н к о. Они люди городские, тише идут, их Али-бек ведет.

П т а х а. Встретились! Ай да я! Я хоть и пропаду, да найдусь. А, тетка?

Д о р о ш е н к о. Лежи, лежи тихо.

П т а х а. А меня они не заругают? А?

Д о р о ш е н к о. За что? Обрадуются.

П т а х а. Ну да, обрадуются. А Грозный?

Д о р о ш е н к о. Убежал.

П т а х а. Куда?

Д о р о ш е н к о. Говорит, веревку искать.

П т а х а. Меня вынимать?

Д о р о ш е н к о. Может быть, так, а может, и не так... Старик хитрый...

П т а х а. Что вы все на него... Я его давно знаю — он добрый.

Д о р о ш е н к о. Добрый... У нас в горах говорят: кто тридцать лет охотник и все жив-здоров, тот человек недобрый. Он зверям скот скармливает за свою безопасную охоту...

Далекий грохот.

П т а х а. Это еще что? Гром?

Д о р о ш е н к о. Нет, не гром.

П т а х а. А что?

Д о р о ш е н к о. Обвал. После дождя земля размякла. Катятся камни, другие за собой сбивают.

П т а х а. Знаю, мы в школе проходили...

Д о р о ш е н к о. Да не вертись ты, того и гляди дальше сползешь.

П т а х а. Не сползу, тетка. Я очень живая, не могу так лежать. Скоро меня вынимать будут?

Д о р о ш е н к о. Скоро, скоро.

Вбегает А л и-б е к.

А л и-б е к. Живая?

Д о р о ш е н к о. Даже, пожалуй, что и слишком. Так и крутится как тот волчок. Герой! Где все?

А л и-б е к. Толстый мальчик башмак переобувает. Муравей ему залез, кусает палец. Сейчас будут.

П т а х а. Али-бек!

А л и-б е к. Сейчас все тут будут.

П т а х а. Здравствуй!

А л и-б е к. Здравствуй! Сейчас они идут.

П т а х а. Покажись, где ты?

А л и-б е к. Не могу.

П т а х а. Почему?

А л и-б е к. Стыдно... Ой, вот! Суворов пришел! *(Убегает.)*

С у в о р о в. Ну что?

Д о р о ш е н к о. Молодец девочка. Лежит, не скулит, не ноет.

С у в о р о в *(заглядывает вниз)*. Ну, Птаха. Эх, Птаха!

П т а х а. Ты, Шура, не ругайся. Ты радуйся.

С у в о р о в. Я радуюсь... Я только... Ну, Птаха! *(Тихо Дорошенко.)* Ну и высота!

Вбегают бегом О р л о в и М у р з и к о в.

М у р з и к о в. Где она?

С у в о р о в. Сейчас увидишь.

О р л о в. Доставать будем?

С у в о р о в. Подождем веревок.

М у р з и к о в. Неужто без этого нельзя?

С у в о р о в. Подите взгляните, только без глупостей — поняли?

Мурзиков и Орлов заглядывают в провал.

М у р з и к о в. Тю!

П т а х а. Тю на тебя...

М у р з и к о в. Валяется на камнях над пропастью — смотреть противно.

П т а х а. Шура, чего он дразнится?

М у р з и к о в. Почему это я не сверзился, Орлов не сверзился, а ты не можешь без фокусов? Тогда заблудилась, а теперь новое безобразие.

П т а х а. Шура, чего он лезет? Что я, виновата? Шла, а земля подо мной осела. Еще похвалите, что я жива.

О р л о в. Эх, гадость какая! Как глубоко... Меня даже затошнило... А тебя тошнит, Птаха?

П т а х а. А меня нет. Съел?

С у в о р о в *(ребятам)*. Подите сюда. *(Орлову.)* Что вы ее, головы дурацкие, пугаете? Высота... Затошнило... Поймите, что она чудом на уступе держится... Лежит над пропастью, не жалуется, не боится. Ее развлекать надо, пока веревки принесут, а вы тут... Умники!

М у р з и к о в. Не будем. Птаха!

П т а х а. Чего?

М у р з и к о в. Хочешь монпансье?

П т а х а. Шура, он опять...

М у р з и к о в. Я не опять, дурочка... Я тебе на ниточке спущу. Ладно?

П т а х а. Давай. Шура, погляди, чтоб он мне соль не спустил или гадости какой-нибудь.

С у в о р о в. Ладно. Где Али-бек?

Д о р о ш е н к о. Прячется.

С у в о р о в. Почему?

Д о р о ш е н к о. Говорит, стыдно ему.

С у в о р о в. Чего стыдно?

А л и-б е к *(из-за скалы).* Старика испугался.

С у в о р о в. Что?

А л и-б е к. Старика Грозного испугался. Стыдно мне. Зверя не боялся, буйвола бешеного не боялся — от старика рукой закрылся, как маленький. Надо было взять...

Д о р о ш е н к о. Это он сам... старик-то, навел... Его штуки, дикие его штуки... Ты ни при чем.

П т а х а. Ох, позор, позор, позор...

А л и-б е к. Меня ругаешь?

П т а х а. Да больше тетку.

Д о р о ш е н к о. Меня? За что же это?

П т а х а. Солнце светит. Все освещает. Кругом тепло. Жучки повылезли, бегают, работают. А вы такие глупости говорите, как будто ночь.

Д о р о ш е н к о. Это, Птаха ты моя дорогая... хитрый старик, скрытный... Это и днем и ночью скажу.

С у в о р о в. Довольно сказок. Старик сейчас придет.

Д о р о ш е н к о. Дождешься!

С у в о р о в. Дождусь. Не достать Птаху без веревок. Я, болван, виноват. Думал, иду с ребятами, буду ходить легкими дорогами, и кинул веревки. А того, что вышло, не предвидел. Ну хорошо, хоть так дело кончается. Али-бек, ты мне нужен. Хотел по дороге с тобой говорить, а ты все вперед, в глаза не глядишь.

А л и-б е к. Стыдно.

С у в о р о в. А стыдно, так заглаживай вину. Отвечай на вопросы. Почему тебя Али-бек богатырь прозвали? Только за силу?

А л и-б е к. Нет, не только... Еще за то, что... Только я сейчас рассказывать не могу...

С у в о р о в. Ничего, ничего. Птаха, лежи спокойно, чтобы я о тебе не беспокоился. Жди старика. Веревку принесет.

П т а х а. Подожду, ничего! Я монпансье грызу.

С у в о р о в. Ну и ладно. Ну, Али-бек, говори... Напугаешь ты меня или обрадуешь?..

А л и-б е к. Я... Только я рассказываю не очень хорошо... По-русски разговариваю хорошо, рассказываю не так хорошо.

С у в о р о в. Говори, не томи...

А л и-б е к. Прадедушка моего дедушки Али-бека хорошо знал.

С у в о р о в. Самого Али-бека?

А л и-б е к. Его самого. Как я Дорошенко знаю, как я тебя вижу, он его каждый день видел. Али-бек высокий был, седой. Одна рука, пальцы — зеленые от работы. Сильный был. Ударит быка между рог — бык перед ним на колени и кланяется. Возьмет березку, из земли дернет, ножом обстругает — на медведя идет. Прадедушка моего дедушки у него на руднике работал.

С у в о р о в. Где?

А л и-б е к. У него на руднике.

С у в о р о в. Где рудник?

А л и-б е к. Там, внизу... Золотой провал — это дорога была.

Грохот слышней, ближе.

П т а х а. Опять обвал!

С у в о р о в. Ничего, Птаха, это далеко. Тут дорога была, говоришь? Прямо боюсь верить...

А л и-б е к. Почему не верите? Я нехорошо говорю, но только я правду говорю. Нету старых дорог. Слыхал обвал? Может быть, он, наверное, тоже какую-нибудь дорогу завалил. А мало ли их за двести лет было! Прадедушка моего дедушки у Али-бека работал. А дедушка сам вниз ходил. Шапку нашел железную, круг нашел медный, на круге — полумесяц и звезда. Вот гляди вниз. Глядишь? Вон внизу чернеет. Это поворот. Обойдешь его и вверх. Там рудники.

С у в о р о в. Спуститься можно?

А л и-б е к. Веревки будут — сойдем.

С у в о р о в. Слышишь, тетка? Дело сделано.

Д о р о ш е н к о. Никогда так о горах не говори. Надо еще Птаху поднять, самим сойти... Хватит еще дела.

С у в о р о в. Дальше. Говори все, что знаешь. Почему рудники брошены? Сразу говори.

А л и-б е к. Пришла война, за войной беда. Понял? Война была двести лет назад. Племя на племя пошло. Али-бек перед войной помер, сына убили. Болезни пришли, непогоды, ливни, обвалы. Речка из берегов вышла. А потом — кому рудник? Обеднел народ, разучился. Песня такая есть...

С у в о р о в. Ну?

Д о р о ш е н к о. Только пой тише. Камень сейчас от голоса и то свалится, обвала не накличь!

А л и-б е к. Я тихо.

    Болезни пришли, непогоды пришли.
    За что, почему?
    В лесу темно, на душе темно.
    А-лай-да-ла-лай.

    Вбегает Г р о з н ы й.

Г р о з н ы й. Почему воешь?.. Беда?

С у в о р о в. Нет, старичок, наоборот. Где пропадал?

Г р о з н ы й. Вот веревка. У меня по всему лесу тайники, порох зарыт, пули, топоры, ножи, веревки. В первом тайнике, думал, веревка. Не было. Далеко бегал.

С у в о р о в. А мы, дед, нашли клад.

Г р о з н ы й. Спокойно. Потом шутить будем. Птаха!

П т а х а. Дедушка, доброе утро. А я-то и не слышу, что ты пришел. Пригрелась на солнышке, задремала...

Г р о з н ы й. Птаха, сейчас тебе веревку опустим, с петлей. Ты петлю под мышки продень и затяни. Осторожно, спокойно, мы тебя вытянем. Держи конец, Али-бек.

А л и-б е к. Держу.

Г р о з н ы й. Бросаю, Птаха.

П т а х а. Ладно.

М у р з и к о в. Сейчас подымут, сейчас подымут. Вот я ей покажу.

С у в о р о в. Ну, Птаха, в путь.

Г р о з н ы й. Тяни, Али-бек. Постой. Тихо-тихо тяни, чтобы камни не покатились. Никто не помогай. Он опытный, у него силы хватит. Главное, не дергай.

А л и-б е к. Мы сами знаем.

Г р о з н ы й *(Суворову)*. А ты с ней говори, чтобы она не пугалась.

С у в о р о в. Ладно.

Г р о з н ы й. Готова, Птаха?

П т а х а. Готова... Только мне веревка под мышками щекочет... *(Хихикает.)*

Г р о з н ы й. Спокойно... Ну, тяни, Али-бек. Говори с ней, товарищ.

Али-бек осторожно тянет.

С у в о р о в. Ну, Птаха, во все разведки беру тебя с собой.
П т а х а. Что я нашлась — за это?
С у в о р о в. За это. Что не боялась, что записки оставила, что под горой не хныкала. Ты разведчик любопытный, смелый. Мы с тобой целый рудник нашли.
П т а х а. Ну да! Я Али-бека этого давно знаю. Кабы я не заблудилась...
С у в о р о в. А ты знаешь, что это значит — нашли рудник? Да еще наполовину только разработанный? Это всесоюзное дело.
П т а х а. Ну да, всесоюзное... Чего тихо тянете? Надоело ехать.
С у в о р о в. Скоро, скоро приедешь... Уж больше половины пути проехала...

Резкий удар. Тучи пыли. Грохот, который нарастает и нарастает.

Следите за веревкой.

В тучах пыли, с грохотом между провалом и людьми проносится обвал. Гул замирает.

А л и-б е к. Братцы, братцы! Веревка стала легкая! Стала. *(Заглядывает.)* Пусто там.
М у р з и к о в. Шура!
Д о р о ш е н к о. Так я и знала — быть беде. Уж очень все хорошо сходилось: и девочка нашлась было... и рудники... Вот и пришла беда.
С у в о р о в. Ничего не видно. Пыль вьется. Ну что вы все на меня? Ничего я не знаю, ничего... Вниз надо идти, вниз...

Занавес

ДЕЙСТВИЕ ТРЕТЬЕ

КАРТИНА ПЕРВАЯ

У Медного провала.

Суворов. Значит, все ясно. На первой площадке — нет Птахи.
Али-бек. Нету.
Суворов. А земля осела дальше?
Али-бек. Далеко дальше. Оползень, оползень до низа горы.
Суворов. Прямо вниз не сойти.
Али-бек. Всегда было круто, теперь стена. Камни торчат. Голые скалы.
Суворов. Значит, пойдем в обход туда, вниз.
Грозный. Туда дорог нет.
Мурзиков. Почему?
Грозный. Никто туда не ходил.
Мурзиков. Почему не ходил?
Грозный. Не нужно было. Каждый своими путями ходит: путник одним, пастух другим, охотник так, а лесник иначе. А это место было в стороне. Забытое место.
Али-бек. Я думаю, надо скорее идти. Если девочка еще жива, наверное, она внизу скучает очень. Может, поранилась, помощи ждет. Скорей, скорей!..
Мурзиков. А если она погибла, что мы будем делать?
Суворов. Не хныкать, не ныть. Что даром дается?! Пустяк даром дается. Война есть война. Вперед!
Грозный. Как пойдем?
Суворов. Я поведу.
Грозный. Дорогу знаешь?
Суворов. Знаю, как без дороги идти. Вот компас, карта, топорик — во льду ступени прорубать, веревки держать друг друга. Гляди на карту. Здесь мы?
Грозный. Это Абаго-гора? Здесь.

С у в о р о в. Так прямо и пойдем.
Г р о з н ы й. Речка впереди.
С у в о р о в. Перейдем речку.
Г р о з н ы й. Ледник по пути.
С у в о р о в. Возьмем ледник.
Г р о з н ы й. Перевал будет тяжелый.
С у в о р о в. Перевалим через перевал.
А л и-б е к. Конечно, перевалим.
Г р о з н ы й. Ну, веди тогда... Если все будет гладко, дня через три-четыре дойдем донизу.
С у в о р о в. Все готовы? Идем!
Д о р о ш е н к о. А если?..
С у в о р о в. А если что случится, вот эту карту кто уцелеет — спешным, воздушной почтой в Ленинград, в Геолком. Рудник звездочкой помечен. За мной!

Занавес

На леднике.

С у в о р о в. Ноги выше! *(Хлопает в ладоши.)* Раз, два, три, четыре! Раз, два, три, четыре! Бей в ладоши! Раз, два, три, четыре! Раз, два, три, четыре! Что не прыгаешь?
М у р з и к о в. Мне к вечеру, Шура, всегда невесело.
О р л о в. Дурак! Что, мы для веселья пляшем? Чтобы не простудиться, пляшем. Раз, два, три, четыре. А отчего вода была такая ледяная?
С у в о р о в. Оттого, что текла та вода из ледника. Ну что, не ломит больше ноги? Раз, два, три, четыре!
О р л о в. Отошли.
С у в о р о в. Прыгай, пока совсем не запыхаешься. Эй, Али-бек!
А л и-б е к *(издалека)*. Здесь!
С у в о р о в. Что у тебя?
А л и-б е к. Лед стеной.
С у в о р о в. Эй, Грозный!
Г р о з н ы й *(издалека)*. Здесь я.
С у в о р о в. Что нашел?
Г р о з н ы й. Лед. Нет прохода.
С у в о р о в. Дорошенко!
Д о р о ш е н к о. Сейчас иду.
С у в о р о в. Нашла выход?

Дорошенко. Выход не выход, а Чертов мостик.

Суворов. Ну и на том спасибо. Собирайтесь все сюда. Сейчас пойдем. Согрелись, ребята?

Орлов. Да. А долго еще нам по леднику идти?

Суворов. Может, до заката выберемся, может, всю ночь будем ползти. Ширина ледника — всего полкилометра, надо его взять разом. На льду не заночуешь.

Мурзиков. Шура!

Суворов. Что?

Мурзиков. Почему я по утрам думаю — наверное, Птаха жива, а по вечерам мне кажется — ничего подобного?

Суворов. Устаешь ты к вечеру.

Мурзиков. А ты как думаешь, что она?

Суворов. А я думаю, как бы скорей вас туда привести... вниз. Понял?

    Сходятся Али-бек, Дорошенко, Грозный.

Идем.

Дорошенко. Не знаю — возьмем, не знаю — нет.

Суворов. Возьмем.

Дорошенко. Идет тот мостик над ледяной воронкой. Дна у той воронки нету.

Суворов. Дна нам и не нужно.

Дорошенко. Мостик тонкий. Выдержит, нет ли — непонятно.

Суворов. Пойдем! Вперед, товарищи!

    Занавес

У Чертова мостика.

Дорошенко. Вот она, моя находка.

Суворов. Действительно, мостик — чертов!

Грозный *(срывает карабин)*. Козел.

Орлов. Где?

Грозный. Вон стоит на камне, ноги вместе составил. *(Целится.)*

Дорошенко. Долго целишь.

Грозный. А ты все свое да свое...

Дорошенко. Я человек внимательный. Ну что же не стреляешь?

Грозный *(опускает ружье)*. Ни к чему.

Дорошенко. Ага.

Грозный. Вот тебе и ага. Чего стрелять? Упадет он — и не поднять: вниз покатится.

Дорошенко. А зачем целился?

Грозный. А затем, что из заповедника мы вышли. Зверя тут бить разрешается. Увидел зверя — рука сама за карабин ухватилась.

Дорошенко. Ага.

Мурзиков. Опять она про свое.

Дорошенко. Я, дорогой, все примечаю. По Чертову мостику он первым прошел — это его меняет в одну сторону. А не выстрелил — это опять новое. Я за дело отвечаю. Я должна все видеть. Все. Ясно?

Али-бек. Конечно, ясно. Ты говоришь — все ясно. Он говорит — все неясно. В заповеднике он зверя жалеет, а здесь он его бьет. Это что такое? Это туман. Это грязное дело. У, старый черт, шайтан.

Суворов *(входит)*. Ну что, отдохнули? Сейчас в путь... связывайтесь веревками. Спуск очень крутой.

Грозный. Товарищ Суворов, пойдем, конечно, мы дальше. Самое, может быть, трудное впереди... В горах, сам знаешь, подъем легче спуска. Позволь мне тебе одно дело спокойно сказать.

Суворов. Конечно, говори.

Грозный. На спуске один может всех удержать, один же может всех погубить. Один всех держит — все его... Тут уже не разные люди вниз идут, а одно, одна цепь. Нельзя идти вниз, если враг в цепи есть.

Суворов. К чему это ты так говоришь, не понимаю?

Грозный. Каждый в себе и в других должен уверенность иметь. Позволь мне в одиночку идти.

Суворов. Почему?

Грозный. Вы одной цепью идите, а я около. Нету в Дорошенко уверенности.

Дорошенко. Может быть, я и сама не рада, но пока я своими глазами не увижу, где наши овцы, где животные, какие такие звери съели их с костями и с копытами, — нету во мне доверия и не будет. Я за все отвечаю? Я. Могу я верить? Нет. Суди меня, пожалуйста.

Суворов. Суд будет короткий. Ты, Дорошенко, по-своему права. Не верь. Лучше лишний раз не поверить. На тебе, верно, ответственность.

Грозный. Ветеринара у нас нет. Раз в полгода приезжает. Кто животных лечил? Я. Кого ветеринар хвалил? Меня. А теперь болеет скотина, а она меня уже месяц лечить не пускает. То ругала, что в заповедник часто хожу, а теперь — чего не в свое дело мешаюсь.

Суворов. Стой. В недоверии она права. А в том, что к скотине не допускала, — неправа. И конечно. Воздух наверху разреженный, кровь от головы ушла, вот вы и не в себе. Жалуетесь, как маленькие. Будет. Ты, Дорошенко, себя, как и эти горы, только частью знаешь. Не было случая — не все дороги узнала. Есть в тебе дикость. Подумай.

Дорошенко. Найду в себе дикость — откажусь от нее при всех.

Суворов. Ладно. Ну, ребята, еще немного — и мы пришли. Два дня мы в пути. Природа, дура, нам ледник под ноги — а мы его топором. Она нам гору — а мы на гору. Она нам пропасть — а мы цепью вниз. Один другого поддержит. Грозный, в цепь.

Дорошенко. Он...

Суворов. Здесь я отвечаю. Я вас вел?

Дорошенко. Ты!..

Суворов. Новой дорогой?

Дорошенко. Новой.

Суворов. Наметил ее верно?

Дорошенко. Верно.

Суворов. Самое трудное впереди. Эй, Мурзиков! Нос выше! Может, еще жива Птаха. Рудники нас внизу ждут. Все отлично, все правильно. Ну, ходу, ребята, дружно.

Занавес

Туман.

Мурзиков. Ну вот... Этого нам только не хватало. Как проклятые — через реку, через ледник, через гору. Ноги сбиты... А теперь, здравствуйте, туман. Вот ты все хвалил — красивая природа... Сколько мы уже идем?

Орлов. Три дня.

Мурзиков. А мне кажется — три года. Когда это было, что Птаха в таком же тумане от нас отбилась?

Суворов. Не бросать веревку.

Али-бек. Крепко держим.

Орлов. Где мы?

Суворов. Должно быть, близко.

Орлов. Откуда?

Суворов. От рудников.

Мурзиков. Значит, это то место?.. То самое, над которым-то уступ был... Птаха где лежала... Сюда вниз и села земля и с нею вместе...

Г р о з н ы й. Должно, сюда.

М у р з и к о в. Может, она здесь близко? Птаха... наша... Чего молчите?

С у в о р о в. Не бросать веревку.

Д о р о ш е н к о. Держим, держим.

М у р з и к о в. Я покричу.

Д о р о ш е н к о. Нельзя.

М у р з и к о в. Почему?

Д о р о ш е н к о. Знаешь сам... Обманное эхо в тумане. Ее с толку собьешь, если она здесь.

С у в о р о в. Стоп! Что-то впереди неясное.

Д о р о ш е н к о. Гора?

С у в о р о в. Наоборот. Провал какой-то. Попробую правее. Возьмитесь за руки, потихоньку травите веревку.

А л и-б е к. Ладно.

С у в о р о в. Нет конца. В другую сторону попробую. Нету дна. Садись.

М у р з и к о в. Ждать будем?

С у в о р о в. Да, будем ждать. Кто устал — спи.

Д о р о ш е н к о. Ветра нет.

С у в о р о в. Тихо.

Г р о з н ы й. Долго будем ждать, может быть. Тут котлован.

М у р з и к о в. Ой, Шура! Что-то железное под рукой, зажги спичку.

С у в о р о в *(зажигает)*. Кинжал.

О р л о в. Длинный какой.

А л и-б е к. Старый. Весь черный, зеленый.

С у в о р о в. Должно быть, близко мы.

О р л о в. Стой, стой! Дай-ка еще спичку. Честное слово — это он! Вот вам и я! Вот и ругали, и ругали, и крыли. Это он. Дай еще спичку, сравню с образцом. Он у меня в куртке. Ну да, он. Дай поем — сладкий в корню. Он!

С у в о р о в. Что ты нашел?

М у р з и к о в. Помешался от усталости.

О р л о в. Ты сам. А я нашел. Нашел!

С у в о р о в. Ну, говори толком — что?

А л и-б е к. Травинку нашел.

О р л о в. Туссек. Вы в растениях ничего не понимаете. А я знаю. Мне говорил Павел Федорович из Ботанического: найдешь туссек — герой будешь. Вы растения не любите, а я люблю.

М у р з и к о в. Травоядный.

Орлов. Ты сам... Небось не знаешь, как он по-латыни называется, а я знаю.

Мурзиков. Ох, нужно мне.

Орлов. «Дактилис цеспитоза» называется. Съел?

Дорошенко. А в чем этой травы редкость? Польза в чем?

Орлов. Польза в чем?.. Это для барана любимая еда.

Мурзиков. Чего ты так обрадовался?

Орлов. Ты сам. Самая полезная. Только в одном месте и растет эта трава. Так считали. На Фолклендских островах. На самом юге Южной Америки. Там всегда сыро, всегда дождь, а туссек это любит. Там самые вкусные, самые большие бараны в мире.

Мурзиков. Потеха.

Дорошенко. Это, паренек, не смешно. Это меня касается.

Грозный. Стойте!

Дорошенко. Чего?

Грозный. Шагает кто-то легко-легко.

Дорошенко. Где?

Грозный. Разве в тумане поймешь?.. Тише, слушайте... Легкие шаги... Зверь или нет? Как будто дети ходят.

Мурзиков *(во весь голос)*. Птаха!

Неожиданно крик «Птаха» повторяется десять раз, сначала замирая, к концу усиливаясь. Последний раз крик повторяется как будто смутным хором.

Суворов. Это...

Дорошенко. Это эхо.

Мурзиков. Туманное.

Грозный. Какое туманное? Горное!

Мурзиков. Я читал... Я знаю... Такое эхо только в пещерах у изрытых гор... Звук отражается... Мы около рудников.

Суворов. Жди. Увидим.

Мурзиков. А ходит кто?

Суворов. Увидим. Жди.

Занавес

КАРТИНА ВТОРАЯ

У рудников Али-бека.

Али-бек *(один ходит взад и вперед)*. Обидно. Обидно очень мне. Обидно это. Три дня шли. Три дня! Что нашли? Оползень. Обидно мне... Обидно. Где рудники? Нету рудников. Гора осела, их в землю вдавила. Может быть, на версту их в землю вдавила. Радовались ночью — к рудникам пришли. А днем что увидали? Камни. Острые камни, голые. Ой, как обидно мне — даже холодно стало, холодно.

С у в о р о в *(входит).* Ну что, Али-бек?

А л и-б е к. Ничего, хозяин, ничего. Острые камни, голые камни. Как будто я сон вижу худой. Бежал бегом, смотрел, смотрел — ничего.

С у в о р о в. Все хорошо осмотрел?

А л и-б е к. Очень хорошо. Как ястреб. Когда дед мой здесь был — он рудники видел. Мы пришли — одни камни видим. Мы ходим, ищем, а горы давят, прячут. Не любят вас.

С у в о р о в. Чего там не любят. Заставим, так полюбят.

А л и-б е к. Глупые они. Стоят. Очень тяжелые, каменные.

С у в о р о в. Да, да. Неужто ничего не нашел?

А л и-б е к. Нет, холодно мне, хозяин.

С у в о р о в. Хоть бы чашечку найти медную, хоть бы палочку в Ленинграде показать. Чтобы доказательства были, что под оползнем рудники.

А л и-б е к. А кинжал лежал ночью?

С у в о р о в. Очистил я его — обыкновенный стальной кинжал.

А л и-б е к. А рукоятка?

С у в о р о в. Костяная.

А л и-б е к. Теперешний. Холодно мне, хозяин. Эх, что наши не идут? Холодно.

С у в о р о в. Да ты не заболел ли?

А л и-б е к. Нет. Девочка пропала без следа. Рудники под землю ушли на версту. Что делать? Песни петь? Из ружья стрелять? Нельзя так стоять, товарищи. Пожалуйста.

С у в о р о в. Подождем, соберутся наши. Твой дед здесь блюдо нашел — где оно? Дома?

А л и-б е к. Украли давно.

С у в о р о в. Али-бек, конечно, здесь руду переплавлял. Здесь посуду лил, выковывал. По горным дорогам руду возить невыгодно. Он готовые медные вещи вывозил. Неужели ничего не найдется?

А л и-б е к. Все оползень в землю вдавил. Эх...

М у р з и к о в входит.

С у в о р о в. Ну, разведчик, что разведал?

М у р з и к о в. Одни пустяки. Хоть бы ремешок найти. Хоть бы лоскуток... Нет, Шура, не говори ничего, — она пропала.

С у в о р о в. Я ничего не говорю.

М у р з и к о в. Я даже не думаю больше. Кричал — одно эхо

проклятое дразнит. Каждое слово десять раз повторяет... Грозный идет. И он больше не думает. Смотри, лицо какое невеселое.

Грозный входит.

Суворов. Ты, старик, ничего не нашел?
Грозный. Ничего.
Али-бек. Нет, не могу стоять, надо что-то делать. Они в ту сторону ушли? Орлов и Дорошенко?
Суворов. Туда.
Али-бек. Побегу к ним, посмотрю. Когда бегом бегу — легче.
Суворов. Беги, мы подождем.

Али-бек убегает.

Да, да. Так, так. Видишь, старик, дерево?
Грозный. Вижу.
Суворов. Узнаешь?
Грозный. Узнаю.
Суворов. По перьям узнал?
Грозный. По перьям.
Суворов. Как дерево сюда попало?
Грозный. Прямым путем.
Суворов. А она где?
Грозный. Не спрашивай, брат.
Мурзиков. О чем вы? А? Скажите.
Грозный. Сказать?
Суворов. Говори...
Грозный. Когда лежала она...
Мурзиков. Кто?
Грозный. Птаха... Когда лежала она на уступе, оба мы заметили, я и Суворов, — маленькая елочка приметная, с одного бока ободранная, около уступа стояла. Тоже осела с ней рядом... С Птахой. Перья на ветках, — видно, орел птицу когтил. Искали ее, нашу Птаху, мы на верхней площадке. Туда весь ее уступ осел. А ее нету, не нашли. Ну, пропала-пропала, а все надеялись. Часть оползня через первую площадку дальше пошла. Дерево тоже дальше пошло, — может, и она по прямой дороге вниз. Птаха...

Суворов. И вот видишь — нету ее.
Грозный. Три дня мы шли, а она сразу сюда. Вот...
Суворов. Следов, словом, нету, брат.
Мурзиков. Шура, Шура, смотри — наши идут. Они радостные. Шура, честное слово, радостные. Они нашли что-то. Что?

Быстро входят Дорошенко, Али-бек, Орлов.

Суворов. Ну, ну?

Дорошенко. Нашлись они. Все целы. Это они в тумане ходили.

Орлов. Только потолстели от туссека.

Суворов. Что нашлось?

Орлов. Бараны заграничные, пять штук. Мне говорил Павел Федорович из Ботанического: баран эту траву за сто верст чует.

Суворов. Природа дура, черт.

Дорошенко кланяется Грозному в пояс.

Грозный. Что ты делаешь?

Дорошенко. Осознаю.

Грозный. Что?

Дорошенко. Свои ошибки. Друг ты мой, Иван Иваныч Грозный. Перед лицом нашей находки, перед лицом всех товарищей прямо и откровенно заявляю — отказываюсь я от своих ошибок.

Грозный. Э, матушка, что говорить. Горы наши такие.

Дорошенко. Мать во все чудеса верила, бабушка верила, идешь горами — горы гудят, ветер свистит, зверь кричит, невольно покажется.

Грозный. Дорошенко, не обижаюсь. Я сам охотник, а охотники во все чудеса легко верят. Молод был — и я верил. Кончим это дело, больше не говори.

Али-бек. И меня прости, не обижайся. Ты хороший казак, новый казак, товарищ.

Грозный. Довольно. Замолчать. Я как та собака устал, не жалобь меня. Я кремень-старик, к ласке не привыкший. Хожу, сторожу, как пес, и работаю... Чего вы меня, дураки, тревожите? Вот... Да... Заткнись.

Суворов. Ладно, ладно. Все ясно. Больше, конечно, ждать нечего. Сыро здесь. Ну так вот — слушайте тогда мое решение. Рудников там, где мы ждали, нет.

Грозный. Видно, что так.

Суворов. Я верю, что их завалил оползень, но мне нужны точные доказательства. Путь отсюда до колхоза легкий?

Дорошенко. Надо думать. Бараны мои толстые, ходоки не дюже смелые, а вот пришли.

Суворов. Здесь сыро. Ребята устали.

Мурзиков. Ничего подобного.

С у в о р о в. Молчи. Ребята устали, тебя ждут дела, да и у Грозного, и у Али-бека свои нагрузки. Вы все уйдете, я останусь.

М у р з и к о в. Ну да, еще чего.

С у в о р о в. Молчи, Мурзиков. Никаких споров. Сразу в путь. Колхоз в той стороне?

Д о р о ш е н к о. Да.

С у в о р о в. Идем. Я вас провожу чуть и вернусь.

М у р з и к о в. Шура, мы еще останемся, поищем. Это не по-товарищески уходить.

С у в о р о в. Довольно мы искали. Там ты ходил, там Али-бек бегал. Там Грозный. Помогли — и хватит. Я останусь еще, обшарю каждый закоулочек, а потом к вам.

О р л о в. Заблудишься.

С у в о р о в. Ни за что. Ну, марш. Баранов по дороге захватите — и в путь. Ты чего захныкал?

М у р з и к о в. Шура, Али-бек, тетка, тетка, а Птаха пропала? Уже теперь совсем?

Д о р о ш е н к о. Эх, брат... идем. Стойте. *(Оборачивается к горам.)* Эх, Птаха, Птаха, прощай!

Эхо.

Ну вот, товарищи, как будто и все, что я хотела сказать. Точка. Идем.

Вдруг в горах поднимается звон, усиленный эхом. Он громче и громче, потом обрывается.

М у р з и к о в. Ну вот. Спасибо. Это что же такое?

А л и - б е к. Я там бегал — ничего не видал. Почему?

С у в о р о в *(кричит)*. Кто звонил?

Эхо, потом полная тишина.

(Грозному.) Что скажешь, старик?

Г р о з н ы й. Не пойму.

М у р з и к о в. Надо искать.

С у в о р о в. Что искать?

Мурзиков бежит по тому направлению, где был звон.

(Ему вслед.) Куда? Что, ты думаешь — это Птаха в колокол звонит? *(Машет рукой. Грозному.)* Знаешь это что? Это фокусы, какие-нибудь курьезы науки, любопытные явления природы, черт бы их побрал. Не ищи, Мурзиков, беги назад. Где ты там?

Клад

>Мурзиков бежит обратно с тазом в руках.

М е д н ы й   т а з. *(Али-беку.)* Ведь ты ходил там?
А л и-б е к. Я там, дурак, бегом бегал.
М у р з и к о в *(задыхаясь).* Ну вот... Она осипла... Я спокоен... Подумаешь, чудо...

>Грозный бежит наверх.

О р л о в. Кто осип? А? Рева-корова. Говори.
Г р о з н ы й *(наверху).* Жива, здорова, только осипла и ногу она свихнула.
С у в о р о в. Кто?
Г р о з н ы й. Птаха!

>Общий крик, подхваченный эхом. Грозный спускается с П т а х о й на руках, все окружают его.

(Осторожно сажает ее на камень.) Говори, спокойно говори. Как же это? Почему все это? Ну?
П т а х а *(сипло).* Здравствуйте, товарищи.
Г р о з н ы й. Почему нас не окликнула?
С у в о р о в. Откуда таз? Таз?
О р л о в. Чего ты сипишь?
М у р з и к о в. Чего ты звонила?
П т а х а *(сипло).* Я вчера вечером последний кусок солонины съела. Ночь плохо спала, боялась с голоду помереть. Под утро разоспалась. Все понятно?
М у р з и к о в. Ничего не понятно.
П т а х а. Неумный ты, потому и непонятно. Разоспалась я и не видела, как вы пришли. Просыпаюсь, а тетка кричит: «Прощай!» Что такое? Я вам во всю глотку: «Стойте, стойте!» — а вы уходите. С ума сошли, что ли?
М у р з и к о в. Такую сиплую глотку, конечно, не услышишь.
П т а х а. Глухой тетерев. Ясно, мне стало неприятно. Голоса нет. Провиант весь съела. Бежать за вами не могу — нога поврежденная. Схватила я таз и давай стучать.
С у в о р о в. Откуда ты таз взяла? А?
П т а х а. Таз? А я как ногу растянула, так сейчас повыше от зверья заползла, выставила ногу на солнышко лечиться, а сама от тоски этот таз чищу. А как вы ушли — я в него камнем дзинь-бом.
С у в о р о в. Да где ты его нашла? Говори толком.
П т а х а. Постой. А как я, братишечки, с горы съехала. Обвал трах! Веревка треск! Гора бу-бу-бу — и поехала. Я за деревцо, де-

ревцо за землю, едем, едем, остановиться не можем. Я хотела на первой площадке соскочить, куда там. Так до рудников и доехала.

С у в о р о в. До каких рудников?

П т а х а. Тю на вас. Да рудники — вон за тем уступиком. Дырки, дырки, дырки, а пролезешь в них — коридорчики, коридорчики, ямки.

С у в о р о в. Не может быть. Ты там была?

П т а х а. А где же я ногу повредила? Бегала, шарила да вдруг сухожилие как растяну! Там же я и осипла. Сыро там. Готовой посуды там — горы.

С у в о р о в. Птаха — герой! *(Бежит наверх, все за ним, кроме Али-бека и Птахи.)*

П т а х а. Пожалуйста, я покажу.

Али-бек хватает Птаху и бежит наверх. Все выходят навстречу.

Ну что?

М у р з и к о в. Нечего задаваться. Шура оставался — все равно нашел бы и без тебя.

О р л о в. Я туссек сам нашел и то не задаюсь.

Д о р о ш е н к о. Как я рада, как я рада! На сто процентов.

А л и - б е к. Все молодцы. Все!

Г р о з н ы й. Большое тебе счастье, товарищ.

С у в о р о в. Счастье? Три года ходил. Три года искал. Здесь, дед, счастье ни при чем... Это... братцы, победа.

Эхо.

Конец

1933

ГОЛЫЙ КОРОЛЬ

Пьеса в 2-х действиях

ДЕЙСТВУЮЩИЕ ЛИЦА

Генрих.
Христиан.
Король.
Принцесса.
Король-отец.
Министры.
Придворные дамы.
Жандармы.
Фрейлины.
Солдаты.
Публика.

ДЕЙСТВИЕ ПЕРВОЕ

Лужайка, поросшая цветами. На заднем плане — королевский замок. Свиньи бродят по лужайке. Свинопас Г е н р и х рассказывает. Друг его, ткач Х р и с т и а н, лежит задумчиво на траве.

Г е н р и х. Несу я через королевский двор поросенка. Ему клеймо ставили королевское. Пятачок, а наверху корона. Поросенок орет — слушать страшно. И вдруг сверху голос: перестаньте мучить животное, такой-сякой! Только что я хотел выругаться — мне, понимаешь, и самому неприятно, что поросенок орет, — глянул наверх — ах! — а там принцесса. Такая хорошенькая, такая миленькая, что у меня сердце перевернулось. И решил я на ней жениться.

Х р и с т и а н. Ты мне это за последний месяц рассказываешь в сто первый раз.

Г е н р и х. Такая, понимаешь, беленькая! Я и говорю: принцесса, приходи на лужок поглядеть, как пасутся свиньи. А она: я боюсь свиней. А я ей говорю: свиньи смирные. А она: нет, они хрюкают. А я ей: это человеку не вредит. Да ты спишь?

Х р и с т и а н *(сонно)*. Спу.

Г е н р и х *(поворачивается к свиньям)*. И вот, дорогие вы мои свинки, стал я ходить каждый вечер этой самой дорогой. Принцесса красуется в окне, как цветочек, а я стою внизу во дворе как столб, прижав руки к сердцу. И все ей повторяю: приходи на лужок. А она: а чего я там не видела? А я ей: цветы там очень красивые. А она: они и у нас есть. А я ей: там разноцветные камушки. А она мне: подумаешь, как интересно. Так и уговариваю, пока нас не разгонят. И ничем ее не убедишь! Наконец я придумал. Есть, говорю, у меня котелок с колокольчиками, который прекрасным голосом поет, играет на скрипке, на валторне, на флейте и, кроме того, рассказывает, что у кого готовится на обед. Принеси, говорит она, сюда этот котелок. Нет, говорю, его у меня отберет король. Ну ладно, говорит, приду к тебе на лужайку в будущую среду, ровно в двенадцать. Побежал я к Христиану. У него руки золотые, и сделали мы котелок с колокольчиками... Эх, свинки, свинки, и вы заснули! Конечно, вам надоело... Я только об этом целыми днями и говорю... Ничего не поделаешь — влюблен. Ах, идет! *(Толкает свиней.)* Вставай, Герцогиня, вставай, Графиня, вставай, Баронесса. Христиан! Христиан! Проснись!

Х р и с т и а н. А? Что?

Г е н р и х. Идет! Вон она! Беленькая, на дорожке. *(Генрих тычет пальцем вправо.)*

Х р и с т и а н. Чего ты? Чего там? Ах, верно — идет! И не одна, со свитой... Да перестань ты дрожать... Как ты женишься на ней, если ты ее так боишься?

Г е н р и х. Я дрожу не от страха, а от любви.

Х р и с т и а н. Генрих, опомнись! Разве от любви полагается дрожать и чуть ли не падать на землю! Ты не девушка!

Г е н р и х. Принцесса идет.

Х р и с т и а н. Раз идет, значит, ты ей нравишься. Вспомни, сколько девушек ты любил — и всегда благополучно. А ведь она хоть и принцесса, а тоже девушка.

Г е н р и х. Главное, беленькая очень. Дай глотну из фляжки. И хорошенькая. И миленькая. Идешь по двору, а она красуется в окне, как цветочек... И я как столб, во дворе, прижавши руки к сердцу...

Х р и с т и а н. Замолчи! Главное, будь тверд. Раз уж решил жениться — не отступай. Ох, не надеюсь я на тебя. Был ты юноша хитрый, храбрый, а теперь...

Г е н р и х. Не ругай меня, она подходит...

Х р и с т и а н. И со свитой!

Г е н р и х. Я никого не вижу, кроме нее! Ах ты моя миленькая!

Входят п р и н ц е с с а и п р и д в о р н ы е д а м ы. Принцесса подходит к свинопасу. Дамы стоят в стороне.

П р и н ц е с с а. Здравствуй, свинопас.

Г е н р и х. Здравствуй, принцесса.

П р и н ц е с с а. А мне сверху, из окна, казалось, что ты меньше ростом.

Г е н р и х. А я больше ростом.

П р и н ц е с с а. И голос у тебя нежней. Ты со двора всегда очень громко мне кричал.

Г е н р и х. А здесь я не кричу.

П р и н ц е с с а. Весь дворец знает, что я пошла сюда слушать твой котелок, — так ты кричал! Здравствуй, свинопас! *(Протягивает ему руку.)*

Г е н р и х. Здравствуй, принцесса. *(Берет принцессу за руку.)*

Х р и с т и а н *(шепчет).* Смелей, смелей, Генрих!

Г е н р и х. Принцесса! Ты такая славненькая, что прямо страшно делается.

П р и н ц е с с а. Почему?

Г е н р и х. Беленькая такая, добренькая такая, нежная такая.

Принцесса вскрикивает.

Что с тобой?

П р и н ц е с с а. Вон та свинья злобно смотрит на нас.

Г е н р и х. Которая? А! Та! Пошла отсюда прочь, Баронесса, или я завтра же тебя зарежу.

Т р е т ь я   п р и д в о р н а я   д а м а. Ах! *(Падает в обморок.)*

Все придворные дамы ее окружают.

В о з м у щ е н н ы е   в о з г л а с ы. Грубиян!
— Нельзя резать баронессу!
— Невежа!
— Это некрасиво — резать баронессу!
— Нахальство!
— Это неприлично — резать баронессу!

П е р в а я   п р и д в о р н а я   д а м а *(торжественно подходит к принцессе).* Ваше высочество! Запретите этому... этому поросенку оскорблять придворных дам.

П р и н ц е с с а. Во-первых, он не поросенок, а свинопас, а во-вторых — зачем ты обижаешь мою свиту?

Г е н р и х. Называй меня, пожалуйста, Генрих.

П р и н ц е с с а. Генрих? Как интересно. А меня зовут Генриетта.

Г е н р и х. Генриетта? Неужели? А меня — Генрих.

П р и н ц е с с а. Видишь, как хорошо. Генрих!

Г е н р и х. Вот ведь! Бывает же... Генриетта.

П е р в а я   п р и д в о р н а я   д а м а. Осмелюсь напомнить вашему высочеству, что этот... этот ваш собеседник собирается завтра зарезать баронессу.

П р и н ц е с с а. Ах да... Скажи, пожалуйста, Генрих, зачем ты собираешься завтра зарезать баронессу?

Г е н р и х. А она уже достаточно разъелась. Она ужасно толстая.

Т р е т ь я   п р и д в о р н а я   д а м а. Ах! *(Снова падает в обморок.)*

Генрих. Почему эта дама все время кувыркается?

Первая придворная дама. Эта дама и есть та баронесса, которую вы назвали свиньей и хотите зарезать.

Генрих. Ничего подобного, вот свинья, которую я назвал Баронессой и хочу зарезать.

Первая придворная дама. Вы эту свинью назвали Баронессой?

Генрих. А эту Графиней.

Вторая придворная дама. Ничего подобного! Графиня — это я!

Генрих. А эта свинья — Герцогиня.

Первая придворная дама. Какая дерзость! Герцогиня — это я! Называть свиней высокими титулами! Ваше высочество, обратите внимание на неприличный поступок этого свинопаса.

Принцесса. Во-первых, он не свинопас, а Генрих. А во-вторых, свиньи — его подданные, и он вправе их жаловать любыми титулами.

Первая придворная дама. И вообще он ведет себя неприлично. Он держит вас за руку!

Принцесса. Что же тут неприличного! Если бы он держал меня за ногу...

Первая придворная дама. Умоляю вас, молчите. Вы так невинны, что можете сказать совершенно страшные вещи.

Принцесса. А вы не приставайте. А скажи, Генрих, почему у тебя такие твердые руки?

Генрих. Тебе не нравится?

Принцесса. Какие глупости! Как это мне может не нравиться! У тебя руки очень милые.

Генрих. Принцесса, я тебе сейчас что-то скажу...

Первая придворная дама (*решительно*). Ваше высочество! Мы пришли сюда слушать котелок. Если мы не будем слушать котелок, а будем с крайне неприличным вниманием слушать чужого мужчину, я сейчас же...

Принцесса. Ну и не слушайте чужого мужчину и отойдите.

Первая придворная дама. Но он и вам чужой!

Принцесса. Какие глупости. Я с чужими никогда не разговариваю.

Первая придворная дама. Я даю вам слово, принцесса, что сейчас же позову короля.

Принцесса. Отстаньте!

Первая придворная дама (*кричит, повернувшись к замку*). Коро-оль! Идите сюда скорей. Принцесса ужасно себя ведет!

Принцесса. Ах, как они мне надоели. Ну покажи им котелок, Генрих, если им так хочется.

Генрих. Христиан! Иди сюда. Давай котелок.

Христиан *(достает из мешка котелок. Тихо).* Молодец, Генрих. Так ее. Не выпускай ее. Она в тебя по уши влюблена.

Генрих. Ты думаешь?

Христиан. Да тут и думать нечего. Теперь, главное, поцелуй ее. Найди случай! Целуй ее, чтобы ей было что вспомнить, когда домой придет. Вот, ваше высочество, и вы, благородные дамы, замечательный котелок с колокольчиками. Кто его сделал? Мы. Для чего? Для того, чтобы позабавить высокорожденную принцессу и благородных дам. На вид котелок прост — медный, гладкий, затянут сверху ослиной кожей, украшен по краям бубенцами. Но это обманчивая простота. За этими медными боками скрыта самая музыкальная душа в мире. Сыграть сто сорок танцев и спеть одну песенку может этот медный музыкант, позванивая своими серебряными колокольчиками. Вы спросите: почему так много танцев? Потому что он весел, как мы. Вы спросите: почему всего одну песенку? Потому что он верен, как мы. Но это еще не все: эта чудодейственная, веселая и верная машина под ослиной кожей скрывает нос!

Придворные дамы *(хором).* Что?

Христиан. Нос. И какой нос, о прекрасная принцесса и благородные дамы! Под грубой ослиной кожей таится, как нежный цветок, самый тонкий, самый чуткий нос в мире. Достаточно направить его с любого расстояния на любую кухню любого дома — и наш великий нос сразу почует, что за обед там готовится. И сразу же совершенно ясно, правда несколько в нос, опишет нам нос этот самый обед. О благородные слушатели! С чего мы начнем? С песенки, с танцев или с обедов?

Первая придворная дама. Принцесса, с чего вы прикажете начать? Ах! Я заслушалась и не заметила! Принцесса! Принцесса! Принцесса! Я вам говорю.

Принцесса *(томно).* Мне? Ах да, да. Говорите что хотите.

Первая придворная дама. Что вы делаете, принцесса? Вы позволяете обнимать себя за талию. Это неприлично!

Принцесса. Что же тут неприличного? Если бы он обнимал меня за...

Первая придворная дама. Умоляю вас, молчите. Вы так наивны, что можете сказать совершенно страшные вещи!

Принцесса. А вы не приставайте. Идите слушайте котелок!

Первая придворная дама. Но мы не знаем, с чего начать: с песенки, с танцев или с обедов?

Принцесса. Как ты думаешь, Генрих?

Генрих. Ах ты моя миленькая...

Принцесса. Он говорит, что ему все равно.

Первая придворная дама. Но я спрашиваю вас, принцесса.

Принцесса. Я же вам ответила, что нам все равно. Ну, начинайте с обедов.

Придворные дамы *(хлопая в ладоши)*. С обедов, с обедов, с обедов!

Христиан. Слушаю-с, благородные дамы. Мы ставим котелок на левый бок и тем самым приводим в действие нос. Слышите, как он сопит?

Слышно громкое сопение.

Это он принюхивается.

Слышно оглушительное чихание.

Он чихнул, — следовательно, он сейчас заговорит. Внимание.

Нос *(гнусаво)*. Я в кухне герцогини.

Придворные дамы *(хлопая в ладоши)*. Ах, как интересно!

Первая придворная дама. Но...

Придворные дамы. Не мешайте!

Нос. У герцогини на плите ничего не варится, а только разогревается.

Придворные дамы. Почему?

Нос. Она вчера за королевским ужином напихала себе в рукава девять бутербродов с икрой, двенадцать с колбасой, пять отбивных котлет, одного кролика, шашлык по-царски, курицу под белым соусом, пирожков разных восемнадцать штук, соус тартар с каперсами и оливками, беф-филе годар, соус из фюмэ, натуральный пломбир с цукатами, парфе кофейное и корочку хлеба.

Первая придворная дама. Ты врешь, нахальный нос!

Нос. Не для чего мне врать. Я точный прибор.

Придворные дамы. Браво, браво, как интересно, еще, еще!

Нос. Я в кухне у графини.

Вторая придворная дама. Но...

Придворные дамы. Не мешайте.

Нос. Плита у графини такая холодная, чхи, что я боюсь схватить насморк! Чхи!

П р и д в о р н ы е д а м ы. Но почему?
Н о с. Плита у графини целый месяц не топилась.
П р и д в о р н ы е д а м ы. Но почему?
Н о с. Она целый месяц обедает в гостях. Она экономная.
В т о р а я п р и д в о р н а я д а м а. Врешь, бесстыдный нос!
Н о с. Чего мне врать? Машина не врет. Я у баронессы. Здесь тепло. Печь горит вовсю. У баронессы прекрасный повар. Он готовит обед для гостей. Он делает из конины куриные котлеты. Сейчас я иду к маркизе, потом к генеральше, потом к президентше...
П р и д в о р н ы е д а м ы *(кричат хором).* Довольно, довольно, ты устал!
Н о с. Я не устал.
П р и д в о р н ы е д а м ы. Нет, устал, устал, довольно, довольно!
Х р и с т и а н *(поворачивает котелок).* Я надеюсь, что вы в восторге, благородные дамы?

Придворные дамы молчат.

Если нет — пущу опять нос в путешествие.
П р и д в о р н ы е д а м ы. Мы довольны, довольны, спасибо, браво, не надо!
Х р и с т и а н. Я вижу, вы действительно довольны и веселы. А раз вы довольны и веселы, то вам только и остается что танцевать. Сейчас вы услышите один из ста сорока танцев, запрятанных в этом котелке.
П е р в а я п р и д в о р н а я д а м а. Я надеюсь — это танец без... без... слов?
Х р и с т и а н. О да, герцогиня, это совершенно безобидный танец. Итак, я кладу котелок на правый бок и — вы слышите?

Позванивая бубенчиками, котелок начинает играть. Генрих танцует с принцессой. Христиан с герцогиней, графиня с баронессой. Прочие придворные дамы водят вокруг хоровод. Танец кончается.

П р и д в о р н ы е д а м ы. Еще, еще, какой хороший танец!
Х р и с т и а н. Ну, Генрих, действуй! Вот тебе предлог.
П р и н ц е с с а. Да, пожалуйста, Генрих, заведи еще раз котелок! Я сама не знала, что так люблю танцевать.
Х р и с т и а н. Ваше высочество, у этого котелка есть одно ужасное свойство.
П р и н ц е с с а. Какое?
Х р и с т и а н. Несмотря на свою музыкальную душу, он ничего не делает даром. Первый раз он играл в благодарность за то, что вы

пришли из королевского дворца на нашу скромную лужайку. Если вы хотите, чтобы он играл еще...

П р и н ц е с с а. Я должна еще раз прийти. Но как это сделать? Ведь для этого надо уйти, а мне так не хочется!

Г е н р и х. Нет, нет, не уходи, куда там, еще рано, ты только что пришла!

П р и н ц е с с а. Но он иначе не заиграет, а мне так хочется еще потанцевать с тобой. Что нужно сделать? Скажи! Я согласна.

Г е н р и х. Нужно... чтобы ты... *(скороговоркой)* десять раз меня поцеловала.

П р и д в о р н ы е д а м ы. Ах!

П р и н ц е с с а. Десять?

Г е н р и х. Потому что я очень влюблен в тебя. Зачем ты так странно смотришь? Ну не десять, ну пять.

П р и н ц е с с а. Пять? Нет!

Г е н р и х. Если бы ты знала, как я обрадуюсь, ты бы не спорила... Ну поцелуй меня хоть три раза...

П р и н ц е с с а. Три? Нет! Я не согласна.

П е р в а я п р и д в о р н а я д а м а. Вы поступаете совершенно справедливо, ваше высочество.

П р и н ц е с с а. Десять, пять, три. Кому ты это предлагаешь? Ты забываешь, что я — королевская дочь! Восемьдесят, вот что!

П р и д в о р н ы е д а м ы. Ах!

Г е н р и х. Что восемьдесят?

П р и н ц е с с а. Поцелуй меня восемьдесят раз! Я принцесса!

П р и д в о р н ы е д а м ы. Ах!

П е р в а я п р и д в о р н а я д а м а. Ваше высочество, что вы делаете! Он вас собирается целовать в губы! Это неприлично!

П р и н ц е с с а. Что же тут неприличного? Ведь в губы, а не...

П е р в а я п р и д в о р н а я д а м а. Умоляю вас, молчите! Вы так невинны, что можете сказать совершенно страшные вещи.

П р и н ц е с с а. А вы не приставайте!

Г е н р и х. Скорей! Скорей!

П р и н ц е с с а. Пожалуйста, Генрих, я готова.

П е р в а я п р и д в о р н а я д а м а. Умоляю вас, принцесса, не делать этого. Уж если вам так хочется потанцевать, пусть он меня поцелует хоть сто раз...

П р и н ц е с с а. Вас? Вот это будет действительно неприлично! Вас он не просил. Вы сами предлагаете мужчине, чтобы он вас целовал.

П е р в а я п р и д в о р н а я д а м а. Но ведь вы тоже...

П р и н ц е с с а. Ничего подобного, меня он принудил! Я вас понимаю — сто раз. Конечно, он такой милый, кудрявый, у него такой приятный ротик... Она отчасти права, Генрих, ты меня поцелуешь сто раз. И пожалуйста, не спорьте, герцогиня, иначе я прикажу вас заточить в подземелье.

П е р в а я   п р и д в о р н а я   д а м а. Но король может увидеть вас из окон дворца!

П р и н ц е с с а. Станьте вокруг! Слышите! Станьте вокруг! Заслоняйте нас своими платьями. Скорей! Как это можно — мешать людям, которые собрались целоваться! Иди сюда, Генрих!

П е р в а я   п р и д в о р н а я   д а м а. Но кто будет считать, ваше высочество?

П р и н ц е с с а. Это неважно! Если мы собьемся — то начнем сначала.

П е р в а я   п р и д в о р н а я   д а м а. Считайте, мадам.

   Генрих и принцесса целуются.

П р и д в о р н ы е   д а м ы. Раз.

   Поцелуй продолжается.

П е р в а я   п р и д в о р н а я   д а м а. Но, ваше высочество, для первого раза, пожалуй, уже достаточно!

   Поцелуй продолжается.

Но ведь так мы не успеем кончить и до завтрашнего дня.

   Поцелуй продолжается.

Х р и с т и а н. Не тревожьте его, мадам, он все равно ничего не слышит, я его знаю.

П е р в а я   п р и д в о р н а я   д а м а. Но ведь это ужасно!

   Из кустов выскакивает к о р о л ь. Он в короне и в горностаевой мантии.

Король!

К о р о л ь. У кого есть спички, дайте мне спички!

   Общее смятение. Генрих и принцесса стоят потупившись.

П р и д в о р н ы е   д а м ы. Ваше величество!
К о р о л ь. Молчать! У кого есть спички?
Х р и с т и а н. Ваше величество...
К о р о л ь. Молчать! У вас есть спички?
Х р и с т и а н. Да, ваше ве...
К о р о л ь. Молчать! Давайте их сюда.

Х р и с т и а н. Но зачем, ваше величество?

К о р о л ь. Молчать!

Х р и с т и а н. Не скажете — не дам спичек, ваше...

К о р о л ь. Молчать! Спички мне нужны, чтобы зажечь костер, на котором я сожгу придворных дам. Я уже собрал в кустах хворосту.

Х р и с т и а н. Пожалуйста, ваше величество, вот спички.

Придворные дамы падают в обморок.

К о р о л ь. Какой ужас! Моя дочь целуется со свинопасом! Зачем ты это сделала?

П р и н ц е с с а. Так мне захотелось.

К о р о л ь. Захотелось целоваться?

П р и н ц е с с а. Да.

К о р о л ь. Пожалуйста! Завтра же я отдам тебя замуж за соседнего короля.

П р и н ц е с с а. Ни за что!

К о р о л ь. А кто тебя спрашивает!

П р и н ц е с с а. Я ему выщиплю всю бороду!

К о р о л ь. Он бритый.

П р и н ц е с с а. Я ему выдеру все волосы!

К о р о л ь. Он лысый.

П р и н ц е с с а. Тогда я ему выбью зубы!

К о р о л ь. У него нет зубов. У него искусственные зубы.

П р и н ц е с с а. И вот за эту беззубую развалину ты отдаешь меня замуж!

К о р о л ь. Не с зубами жить, а с человеком. Эх вы, дамы! *(Оглушительно.)* Встать!

Дамы встают.

Хорошо! Очень хорошо! Только потому, что я задержался, не мог сразу найти английских булавок, чтобы подколоть мантию, вы тут устроили оргию! Нет, вас мало только сжечь на костре! Я вас сначала сожгу и потом отрублю вам головы, а потом повешу вас всех на большой дороге.

Дамы плачут.

Не реветь! Нет, этого мало! Я придумал: я вас не сожгу и не повешу. Я вас оставлю в живых и буду вас всю жизнь ругать, ругать, пилить, пилить. Ага! Съели!

Дамы плачут.

А кроме того, я лишу вас жалованья!

Дамы падают в обморок.

Встать! А тебя, свинопас, и твоего друга я вышлю из пределов страны. Ты не слишком виноват. Принцесса действительно такая чудненькая, что не влюбиться трудно. Где котелок? Котелок я заберу себе. *(Хватает котелок.)*

К о т е л о к *(начинает петь).*

> Я хожу-брожу по свету,
> Полон я огня.
> Я влюбился в Генриетту,
> А она в меня.
> Шире степи, выше леса
> Я тебя люблю.
> Никому тебя, принцесса,
> Я не уступлю.
> Завоюем счастье с бою
> И пойдем домой.
> Ты да я да мы с тобою,
> Друг мой дорогой.
> Весел я брожу по свету,
> Полон я огня,
> Я влюбился в Генриетту,
> А она в меня.

К о р о л ь. Это котелок поет?

Г е н р и х. Да, ваше величество.

К о р о л ь. Поет он хорошо, но слова возмутительные. Он утверждает, что ты все равно женишься на принцессе?

Г е н р и х. Да, я все равно женюсь на принцессе, ваше величество.

П р и н ц е с с а. Правильно, правильно!

К о р о л ь *(придворным дамам).* Уведите ее.

П р и н ц е с с а. До свиданья, Генрих. Я тебя люблю.

Г е н р и х. Не беспокойся, принцесса, я на тебе женюсь.

П р и н ц е с с а. Да, пожалуйста, Генрих, будь так добр. До свиданья, до свиданья!

Ее уводят.

Г е н р и х. До свиданья, до свиданья!

К о р о л ь. Генрих!

Г е н р и х. До свиданья, до свиданья!

К о р о л ь. Эй ты, слушай!

Г е н р и х. До свиданья, до свиданья!

К о р о л ь. Я тебе говорю. *(Поворачивает его лицом к себе.)* Твой котелок поет только одну песню?

Г е н р и х. Да, только одну.

К о р о л ь. А такой песни у него нету? *(Поет дребезжащим голосом.)* Ничего у тебя не выйдет, пошел вон.

Г е н р и х. Такой песни у него нет и не может быть.

К о р о л ь. Ты меня не серди — ты видел, как я бываю грозен?

Г е н р и х. Видел.

К о р о л ь. Дрожал?

Г е н р и х. Нет.

К о р о л ь. Ну то-то!

Г е н р и х. Прощай, король.

К о р о л ь. Ты куда?

Г е н р и х. Пойду к соседнему королю. Он дурак, и я его так обойду, что лучше и не надо. Смелей меня нет человека. Я поцеловал твою дочь и теперь ничего не боюсь! Прощай!

К о р о л ь. Погоди. Надо же мне пересчитать свиней. Раз, два, три, пятнадцать, двадцать... Так. Все. Ступай!

Г е н р и х. Прощай, король. Идем, Христиан.

Уходят с пением.

Шире степи, выше леса
Я тебя люблю.
Никому тебя, принцесса,
Я не уступлю.

К о р о л ь. Чувствую я — заварится каша. Ну да я тоже не дурак. Я выпишу дочке иностранную гувернантку, злобную, как собака. С ней она и поедет. И камергера с ней пошлю. А придворных дам не пошлю. Оставлю себе. Ишь ты, шагают, поют! Шагайте, шагайте, ничего у вас не выйдет!

Занавес

Перед занавесом появляется м и н и с т р н е ж н ы х ч у в с т в.

М и н и с т р н е ж н ы х ч у в с т в. Я министр нежных чувств его величества короля. У меня теперь ужасно много работы — мой король женится на соседней принцессе. Я выехал сюда, чтобы, во-первых, устроить встречу принцессы с необходимой торжественностью. А во-вторых и в-третьих, чтобы решить все деликатные задачи. Дело в том, что моему всемилостивейшему повелителю пришла в голову ужасная мысль. Жандармы!

Входят два бородатых жандарма.

Ж а н д а р м ы *(хором)*. Что угодно вашему превосходительству?
М и н и с т р. Следите, чтобы меня не подслушали. Я сейчас буду говорить о секретных делах государственной важности.
Ж а н д а р м ы *(хором)*. Слушаю-с, ваше превосходительство!

Расходятся в разные стороны. Становятся у порталов.

М и н и с т р *(понизив голос)*. Итак, моему повелителю в прошлый вторник за завтраком пришла в голову ужасная мысль. Он как раз ел колбасу — и вдруг замер с куском пищи в зубах. Мы кинулись к нему, восклицая: «Ваше величество! Чего это вы!» Но он только стонал глухо, не разнимая зубов: «Какая ужасная мысль! Ужас! Ужас!» Придворный врач привел короля в чувство, и мы узнали, что именно их величество имело честь взволновать. Мысль действительно ужасная. Жандармы!
Ж а н д а р м ы *(хором)*. Что угодно вашему превосходительству?
М и н и с т р. Заткните уши.
Ж а н д а р м ы *(хором)*. Слушаю-с, ваше превосходительство! *(Затыкают уши.)*
М и н и с т р. Король подумал: а вдруг мамаша их высочества, мамаша нареченной невесты короля, была в свое время *(шепотом)* шалунья! Вдруг принцесса не дочь короля, а девица неизвестного происхождения? Вот первая задача, которую я должен разрешить. Вторая такова. Его величество купался, был весел, изволил хихикать и говорил игривые слова. И вдруг король, восклицая: «Вторая ужасная мысль!» — на мелком месте пошел ко дну. Оказывается, король подумал: а вдруг принцесса до сговора *(шепотом)* тоже была шалунья, имела свои похождения и... ну, словом, вы понимаете! Мы спасли короля, и он тут же в море отдал необходимые распоряжения. Я приехал сюда узнать всю правду о происхождении и поведении принцессы, и — клянусь своей рыцарской честью — я узнаю о ее высочестве всю подноготную. Жандармы! Жандармы! Да что вы, оглохли? Жандармы! Ах да! Ведь я приказал им заткнуть уши. Какова дисциплина! Король разослал по всем деревням на пути принцессы лучших жандармов королевства. Они учат население восторженным встречам. Отборные молодцы. *(Подходит к жандармам, опускает им руки.)* Жандармы!
Ж а н д а р м ы. Что угодно вашему превосходительству?

М и н и с т р. Подите взгляните, не едет ли принцесса.

Ж а н д а р м ы. Слушаю-с, ваше превосходительство! *(Уходят.)*

М и н и с т р. Трудные у меня задачи. Не правда ли? Но я знаю совершенно точно, как их решить. Мне помогут одна маленькая горошина и двенадцать бутылок отборного вина. Я очень ловкий человек.

Входят жандармы.

Ну?

Ж а н д а р м ы. Ваше превосходительство. Далеко-далеко, там, где небо как бы сливается с землей, вьется над холмом высокий столб пыли. В нем то алебарда сверкнет, то покажется конская голова, то мелькнет золотой герб. Это принцесса едет к нам, ваше превосходительство.

М и н и с т р. Пойдем посмотрим, все ли готово к встрече.

Уходят.

Пологие холмы покрыты виноградниками. На переднем плане — гостиница. Двухэтажный домик. Столы стоят во дворе гостиницы. М э р деревушки мечется по двору вместе с девушками и парнями. Крики: «Едет! едет!» Входит м и н и с т р н е ж н ы х ч у в с т в.

М и н и с т р. Мэр! Перестаньте суетиться. Подите сюда.

М э р. Я? Да. Вот он. Что? Нет.

М и н и с т р. Приготовьте двенадцать бутылок самого крепкого вина.

М э р. Что? Бутылок? Зачем?

М и н и с т р. Нужно.

М э р. Ага... Понял... Для встречи принцессы?

М и н и с т р. Да.

М э р. Она пьяница?

М и н и с т р. Вы с ума сошли! Бутылки нужны для ужина, который вы подадите спутникам принцессы.

М э р. Ах, спутникам. Это приятнее... Да-да... Нет-нет.

М и н и с т р *(хохочет. В сторону).* Как глуп! Я очень люблю глупых людей, они такие потешные. *(Мэру.)* Приготовьте бутылки, приготовьте поросят, приготовьте медвежьи окорока.

М э р. Ах так. Нет... То есть да. Эй вы, возьмите ключи от погреба! Дайте сюда ключи от чердака! *(Бежит.)*

М и н и с т р. Музыканты!

Д и р и ж е р. Здесь, ваше превосходительство!

М и н и с т р. У вас все в порядке?

Д и р и ж е р. Первая скрипка, ваше превосходительство, наелась винограду и легла на солнышке. Виноградный сок, ваше превосходительство, стал бродить в животике первой скрипки и превратился в вино. Мы их будим, будим, а они брыкаются и спят.

М и н и с т р. Безобразие! Что же делать?

Д и р и ж е р. Все устроено, ваше превосходительство. На первой скрипке будет играть вторая, а на второй — контрабас. Мы привязали скрипку к жерди, контрабас поставит ее как контрабас, и все будет более чем прекрасно.

М и н и с т р. А кто будет играть на контрабасе?

Д и р и ж е р. Ах, какой ужас! Об этом я не подумал!

М и н и с т р. Поставьте контрабас в середину. Пусть его хватают и пилят на нем все, у кого окажутся свободными руки.

Д и р и ж е р. Слушаю, ваше превосходительство. *(Убегает.)*

М и н и с т р. Ах, какой я умный, какой ловкий, какой находчивый человек!

Входят два жандарма.

Ж а н д а р м ы. Ваше превосходительство, карета принцессы въехала в деревню!

М и н и с т р. Внимание! Оркестр! Мэр! Девушки! Народ! Жандармы! Следите, чтобы парни бросали шапки повыше!

За забором показывается верхушка кареты с чемоданами. Министр бросается в ворота к карете. Оркестр играет. Жандармы кричат «ура». Шапки летят вверх. Входят п р и н ц е с с а, к а м е р г е р, г у в е р н а н т к а.

Ваше высочество... Волнение, которое вызвал ваш приезд в этой скромной деревушке, ничтожно по сравнению с тем, что делается в сердце моего влюбленного повелителя. Но тем не менее...

П р и н ц е с с а. Довольно... Камергер! Где мои носовые платки?

К а м е р г е р. Эх! Ух! Охо-хо! Сейчас, ваше высочество, я возьму себя в руки и спрошу у гувернантки. М-мы. *(Рычит. Успокаивается.)* Госпожа гувернантка, где платки нашей принцессы лежать себя имеют быть?

Г у в е р н а н т к а. Платки имеют быть лежать себя в чемодане, готентотенпотентатертантеатентер.

К а м е р г е р. Одер. *(Рычит.)* Платки в чемодане, принцесса.

П р и н ц е с с а. Достаньте. Вы видите, что мне хочется плакать. Достаньте платки. И принесите.

Несут чемоданы.

И прикажите приготовить мне постель. Скоро стемнеет. *(В сторону.)* А я ужасно устала. Пыль, жара, ухабы! Скорее, скорее спать! Я во сне увижу моего дорогого Генриха. Мне так надоели эти совершенно чужие обезьяны. *(Уходит в гостиницу.)*

    Камергер роется в чемодане.

М и н и с т р. Неужели принцесса не будет ужинать?

К а м е р г е р *(рычит)*. Эх, ух, охо-хо! Нет! Она вот уже три недели ничего не ест. Она так взволнована предстоящим браком.

Г у в е р н а н т к а *(набрасывается на министра нежных чувств)*. Выньте свои руки карманов из! Это неприлично есть иметь суть! Ентведер!

М и н и с т р. Чего хочет от меня эта госпожа?

К а м е р г е р *(рычит)*. О-о-оу! *(Успокаивается. Гувернантке.)* Возьмите себя в свои руки, анкор. Это не есть ваш воспитанник не. *(Министру.)* Простите, вы не говорите на иностранных языках?

М и н и с т р. Нет. С тех пор как его величество объявил, что наша нация есть высшая в мире, нам приказано начисто забыть иностранные языки.

К а м е р г е р. Эта госпожа — иностранная гувернантка, самая злая в мире. Ей всю жизнь приходилось воспитывать плохих детей, и она очень от этого ожесточилась. Она набрасывается теперь на всех встречных и воспитывает их.

Г у в е р н а н т к а *(набрасывается на камергера)*. Не чешите себя. Не!

К а м е р г е р. Видите? Уоу! Она запрещает мне чесаться, хотя я вовсе не чешусь, а только поправляю манжеты. *(Рычит.)*

М и н и с т р. Что с вами, господин камергер, вы простужены?

К а м е р г е р. Нет. Просто я уже неделю не был на охоте. Я переполнен кровожадными мыслями. У-лю-лю! Король знает, что я без охоты делаюсь зверем, и вот он послал меня сопровождать принцессу. Простите, господин министр, я должен взглянуть, что делает принцесса. *(Ревет.)* Ату его! *(Успокаивается.)* Госпожа гувернантка, направьте свои ноги на. Принцесса давно надзора без находит себя.

Г у в е р н а н т к а. Хотим мы идти. *(Идет. На ходу министру.)* Дышать надо нос через! Плохой мальчишка ты есть, ани, бани, три конторы!

    Уходит с камергером.

М и н и с т р. Чрезвычайно подозрительно! Зачем король-отец послал таких свирепых людей сопровождать принцессу? Это неспроста. Но я все узнаю! Все! Двенадцать бутылок крепкого вина заставят эту свирепую стражу разболтать все. Все! Ах, как я умен, ловок, находчив, сообразителен! Не пройдет и двух часов, как прошлое принцессы будет у меня вот тут, на ладони.

Идут двенадцать девушек с перинами. У каждой девушки по две перины.

Ага! Сейчас мы займемся горошиной. *(Первой девушке.)* Дорогая красавица, на два слова.

Девушка толкает его в бок. Министр отскакивает. Подходит ко второй.

Дорогая красотка, на два слова.

С этой девушкой происходит то же самое. Все двенадцать девушек отталкивают министра и скрываются в гостинице.

(Потирая бока.) Какие грубые, какие неделикатные девушки. Как же быть с горошиной, черт побери! Жандармы!

Жандармы подходят к министру.

Ж а н д а р м ы. Что угодно вашему превосходительству?
М и н и с т р. Мэра.
Ж а н д а р м ы. Слушаю-с, ваше превосходительство!
М и н и с т р. Придется посвятить в дело этого дурака. Больше некого.

Жандармы приводят мэра.

Жандармы, станьте около и следите, чтобы нас не подслушали. Я буду говорить с мэром о секретных делах государственной важности.

Ж а н д а р м ы. Слушаю-с, ваше превосходительство! *(Становятся возле мэра и министра.)*
М и н и с т р. Мэр. Ваши девушки...
М э р. Ага, понимаю. Да. И вас тоже?
М и н и с т р. Что?
М э р. Девушки наши... Вы бок потираете. Ага. Да.
М и н и с т р. Что вы болтаете?
М и н и с т р. Вы приставали к девушкам, они вас толкали. Да. Знаю по себе. Сам холостой.
М и н и с т р. Постойте!
М э р. Нет. Любят они, да-да. Только молодых. Смешные девушки. Я их люблю... Ну-ну... А они нет. Меня нет... Вас тоже. Не могу помочь.
М и н и с т р. Довольно! Я не за этим вас звал. Ваши девушки не

поняли меня. Я им хотел поручить секретное дело государственной важности. Придется это дело выполнить вам.

М э р. Ага. Ну-ну. Да-да.

М и н и с т р. Вам придется забраться в спальню принцессы.

М э р *(хохочет)*. Ах ты... Вот ведь... Приятно... Но нет... Я честный.

М и н и с т р. Вы меня не поняли. Вам придется войти туда на секунду, после того как девушки постелят перины для ее высочества. И под все двадцать четыре перины на доски кровати положить эту маленькую горошину. Вот и все.

М э р. Зачем?

М и н и с т р. Не ваше дело! Берите горошину и ступайте!

М э р. Не пойду. Да... Ни за что.

М и н и с т р. Почему?

М э р. Это дело неладное. Я честный. Да-да. Нет-нет. Вот возьму сейчас заболею — и вы меня не заставите! Нет-нет! Да-да!

М и н и с т р. Ах, черт, какой дурак! Ну хорошо, я вам все скажу. Но помните, что это секретное дело государственной важности. Король приказал узнать мне, действительно ли принцесса благородного происхождения. Вдруг она не дочь короля!

М э р. Дочь. Она очень похожа на отца. Да-да.

М и н и с т р. Это ничего не значит. Вы не можете себе представить, как хитры женщины. Точный ответ нам может дать только эта горошина. Люди действительно королевского происхождения отличаются необычайно чувствительной и нежной кожей. Принцесса, если она настоящая принцесса, почувствует эту горошину через все двадцать четыре перины. Она не будет спать всю ночь и завтра пожалуется мне на это. А будет спать — значит, дело плохо. Поняли? Ступайте!

М э р. Ага... *(Берет горошину.)* Ну-ну... Мне самому интересно. Так похожа на отца — и вдруг... Правда, у отца борода... Но ротик... Носик...

М и н и с т р. Ступайте!

М э р. Глазки.

М и н и с т р. Идите, вам говорят!

М э р. Лобик.

М и н и с т р. Не теряйте времени, вы, болван!

М э р. Иду, иду! И фигура у нее, в общем, очень похожа на отца. Ай, ай, ай! *(Уходит.)*

М и н и с т р. Слава богу!

М э р *(возвращается)*. И щечки.

М и н и с т р. Я вас зарежу!

М э р. Иду, иду *(Уходит.)*

М и н и с т р. Ну-с, вопрос с происхождением я выясню! Теперь остается только позвать камергера и гувернантку, подпоить их и выведать всю подноготную о поведении принцессы.

С визгом пробегают д е в у ш к и, которые относили перины. За ними, потирая бок, выходит к а м е р г е р.

Господин камергер, я вижу по движениям ваших рук, что вы пробовали беседовать с этими девушками.

К а м е р г е р. Поохотился немного... *(Рычит.)* Брыкаются и бодаются, как дикие козы. Дуры!

М и н и с т р. Господин камергер, когда вас огорчает женщина, то утешает вино.

К а м е р г е р. Ничего подобного. Я, как выпью, сейчас же начинаю тосковать по женщинам.

М и н и с т р. Э, все равно! Выпьем, камергер! Скоро свадьба! Здесь прекрасное вино, веселящее вино. Посидим ночку! А?

К а м е р г е р *(рычит)*. Ох как хочется посидеть! У-лю-лю! Но нет, не могу! Я дал клятву королю: как только принцесса ляжет спать — сейчас же ложиться у ее двери и сторожить ее не смыкая глаз. Я у дверей, гувернантка у кровати — так и сторожим целую ночь. Отсыпаемся в карете. Ату его!

М и н и с т р *(в сторону)*. Очень подозрительно! Надо его во что бы то ни стало подпоить. Господин камергер...

Визг и крик наверху, грохот на лестнице. Врывается м э р, за ним разъяренная г у в е р н а н т к а.

М э р. Ой, спасите, съест! Ой, спасите, убьет!

К а м е р г е р. Что случилось ентведер-одер, абер?

Г у в е р н а н т к а. Этот старый хурда-мурда в спальню принцессы войти смел суть! А я ему имею откусить башку, готентотен-потентатертантеатенантетер!

К а м е р г е р. Этот наглец залез в спальню принцессы. Ату его!

М и н и с т р. Стойте. Сейчас я все вам объясню. Подите сюда, мэр! *(Тихо.)* Положили горошину?

М э р. Ох, положил... Да... Она щиплется.

М и н и с т р. Кто?

М э р. Гувернантка. Я горошину положил... Вот... Смотрю на принцессу.. Удивляюсь, как похожа на отца... Носик, ротик... Вдруг... как прыгнет... Она... Гувернантка.

М и н и с т р. Ступайте. *(Камергеру.)* Я все выяснил. Мэр хотел только узнать, не может ли он еще чем-нибудь помочь принцессе.

Мэр предлагает загладить свой поступок двенадцатью бутылками крепкого вина.

К а м е р г е р. У-лю-лю!

М и н и с т р. Слушайте, камергер! Бросьте, ей-богу, а? Чего там! Границу вы уже переехали! Король-отец ничего не узнает. Давайте покутим! И гувернантку позовем. Вот здесь, на столике, честное слово, ей-богу, клянусь честью! А наверх я пошлю двух молодцов-жандармов. Самые верные, самые отборные во всем королевстве собаки. Никого они не пропустят ни к принцессе, ни обратно. А, камергер? У-лю-лю?

К а м е р г е р *(гувернантке)*. Предлагают на столиках шнапс тринкен. Наверх двух жандармов они послать имеют. Жандармы вроде собак гумти-думти доберман-боберман. Злее нас. Уна дуна рес?

Г у в е р н а н т к а. Лестница тут один?

К а м е р г е р. Один.

Г у в е р н а н т к а. Квинтер, баба, жес.

К а м е р г е р *(министру)*. Ну ладно, выпьем! Посылайте жандармов.

М и н и с т р. Жандармы! Отправляйтесь наверх, станьте у двери принцессы и сторожите. Рысью!

Ж а н д а р м ы. Слушаю-с, ваше превосходительство! *(Убегают наверх.)*

М и н и с т р. Мэр! Неси вино, медвежьи окорока, колбасы. *(Хохочет. В сторону.)* Сейчас! Сейчас выведаю всю подноготную! Какой я умный! Какой я ловкий! Какой я молодец!

Свет внизу гаснет. Открывается второй этаж. Комната принцессы. П р и н ц е с с а в ночном чепчике лежит высоко на двадцати четырех перинах.

П р и н ц е с с а *(напевает)*.

Шире степи, выше леса
Я тебя люблю.
Никому тебя, принцесса,
Я не уступлю.

Ну что это такое? Каждый вечер я так хорошо засыпала под эту песенку. Спою — и сразу мне делается спокойно. Сразу я верю, что Генрих действительно не уступит меня этому старому и толстому королю. И приходит сон. И во сне Генрих. А сегодня ничего не получается. Что-то так и впивается в тело через все двадцать четыре перины и не дает спать. Или в пух попало перо, или в досках кровати есть сучок. Наверное, я вся в синяках. Ах, какая я несчастная принцесса! Смотрела я в окно, там девушки гуляют со своими знакомыми, а я лежу и пропадаю напрасно! Я сегодня написала на записочке, что спросить у Генриха, когда я его увижу во сне. А то я все время забываю. Вот записочка... Во-первых, любил ли он других девушек, пока не встретился со мной? Во-вторых, когда он заметил, что в меня влюбился? В-третьих, когда он заметил, что я в него влюбилась? Я всю дорогу об этом думала. Ведь мы только один раз успели поцеловаться — и нас разлучили! И поговорить не пришлось. Приходится во сне разговаривать. А сон не идет. Что-то так и перекатывается под перинами. Ужасно я несчастная! Попробую еще раз спеть. *(Поет.)*

Весел я брожу по свету,
Полон я огня.

Два мужских голоса подхватывают:

Я влюбился в Генриетту,
А она в меня.

Принцесса. Что это? Может быть, я уже вижу сон?

Дуэт

Шире степи, выше леса
Я тебя люблю.
Никому тебя, принцесса,
Я не уступлю.

Принцесса. Ах, как интересно! И непонятно, и страшно, и приятно.

Дуэт

Завоюем счастье с бою
И пойдем домой,
Ты да я да мы с тобою,
Друг мой дорогой.

Принцесса. Я сейчас слезу и выгляну. Завернусь в одеяло и взгляну. *(Слезает с перин.)*

Дуэт

Весел я брожу по свету,
Полон я огня.

Я влюбился в Генриетту,
А она в меня.

Принцесса. Где мои туфли? Вот они! Неужели за дверью...

Распахивает дверь. Там два жандарма.

Кто вы?

Жандармы. Мы жандармы его величества короля.

Принцесса. Что вы здесь делаете?

Жандармы. Мы сторожим ваше высочество.

Принцесса. А кто это пел?

Жандармы. Это пел человек, который поклялся во что бы то ни стало жениться на вашей милости. Он полюбил вас навеки за то, что вы такая маленькая, такая добрая, такая нежная. Он не хнычет, не плачет, не тратит времени по-пустому. Он вьется вокруг, чтобы спасти вас от проклятого жениха. Он пел, чтобы напомнить вам о себе, а друг его подпевал ему.

Принцесса. Но где же он?

Жандармы молча большими шагами входят в комнату принцессы.

Почему вы не отвечаете? Где Генрих? Что вы так печально смотрите? Может быть, вы пришли меня зарезать?

Жандармы. Дерните нас за бороды.

Принцесса. За бороды?

Жандармы. Да.

Принцесса. Зачем?

Жандармы. Не бойтесь, дергайте!

Принцесса. Но я с вами не знакома!

Жандармы. Генрих просит дернуть нас за бороды.

Принцесса. Ну хорошо! *(Дергает.)*

Жандармы. Сильней!

Принцесса дергает изо всей силы. Бороды и усы жандармов остаются у нее в руках. Перед нею Генрих и Христиан.

Принцесса. Генрих! *(Бросается к нему, останавливается.)* Но я не одета...

Христиан. Ничего, принцесса, ведь скоро вы будете его женой.

Принцесса. Я не потому, что это неприлично, — а я не знаю, хорошенькая я или нет!

Генрих. Генриетта! Я скорее умру, чем тебя оставлю, такая ты славная. Ты не бойся — мы все время едем за тобой следом.

Вчера напоили жандармов, связали, спрятали, приехали. Запомни: только об одном мы и думаем, только одна у нас цель и есть — освободить тебя и увезти с собой. Один раз не удастся — мы второй раз попробуем. Второй не удастся — мы третий. Сразу ничего не дается. Чтобы удалось, надо пробовать и сегодня, и завтра, и послезавтра. Ты готова?

Принцесса. Да. А скажи, пожалуйста, Генрих, ты любил других девушек до меня?

Генрих. Я их всех ненавидел!

Христиан. Бедная принцесса — как она похудела!

Принцесса. А скажи, пожалуйста, Генрих...

Христиан. Потом, бедная принцесса, вы поговорите потом. А сейчас слушайте нас.

Генрих. Мы попробуем бежать с тобой сегодня.

Принцесса. Спасибо, Генрих.

Генрих. Но это может нам не удасться.

Принцесса. Сразу ничего не дается, милый Генрих.

Генрих. Возьми эту бумагу.

Принцесса *(берет)*. Это ты писал? *(Целует бумагу. Читает.)* Иди ты к чертовой бабушке. *(Целует бумагу.)* Заткнись, дырявый мешок. *(Целует.)* Что это, Генрих?

Генрих. Это, если бегство не удастся, ты должна выучить и говорить своему жениху-королю. Сама ты плохо умеешь ругаться. Выучи и ругай его как следует.

Принцесса. С удовольствием, Генрих. *(Читает.)* Вались ты к черту на рога. Очень хорошо! *(Целует бумагу.)*

Генрих. Под твоими перинами лежит горошина. Это она не давала тебе спать. Скажи завтра, что ты прекрасно спала эту ночь. Тогда король откажется от тебя. Понимаешь?

Принцесса. Ничего не понимаю, но скажу. Какой ты умный, Генрих!

Генрих. Если он не откажется от тебя, все равно не падай духом. Мы будем около.

Принцесса. Хорошо, Генрих. Я буду спать хорошо и на горошине, если это нужно. Сколько у тебя дома перин?

Генрих. Одна.

Принцесса. Я приучусь спать на одной перине. А где же ты будешь спать, бедненький? Впрочем, мы...

Христиан. Умоляю вас, молчите, принцесса! Вы так невинны, что можете сказать совершенно страшные вещи!

Генрих. Одевайся, принцесса, и идем. Они там внизу совсем пьяны. Мы убежим.

Х р и с т и а н. А не убежим — горошина поможет.

Г е н р и х. А не поможет — мы будем около и все равно, хоть из-под венца, а вытащим тебя. Идем, моя бедная!

П р и н ц е с с а. Вот что, миленькие мои друзья. Вы не рассердитесь, если я вас попрошу что-то?

Г е н р и х. Конечно, проси! Я все сделаю для тебя.

П р и н ц е с с а. Ну тогда хоть это и очень задержит нас, но будь так добр — поцелуй меня.

Генрих целует принцессу.

Свет наверху гаснет. Освещается двор гостиницы. За столом м и н и с т р н е ж н ы х ч у в с т в, г у в е р н а н т к а, к а м е р г е р. *Все пьяны, но министр больше всех.*

М и н и с т р. Я ловкий, слышишь, камергер? Я до того умный! Король велел: узнай потихоньку, не было ли у принцессы похождений... Понимаете? Тру-ля-ля! Деликатно, говорит, выведай! Другой бы что? Сбился бы другой! А я придумал! Я тебя напою, а ты пролоб... пробор... пробартаешься! Да? Умный я?

К а м е р г е р. У-лю-лю!

М и н и с т р. Ну да! Ну говори! От меня все равно не скрыться. Нет! Пролаб... пробар... прор... пробартывайся. Что ты можешь сказать о принцессе?

К а м е р г е р. Мы ее гончими травили! *(Падает под стол. Вылезает.)*

М и н и с т р. За что?

К а м е р г е р. У нее хвост красивый. У-лю-лю!

М и н и с т р *(падает под стол. Вылезает).* Хвост? У нее хвост есть?

К а м е р г е р. Ну да. Ату ее!

М и н и с т р. Почему хвост?

К а м е р г е р. Порода такая. У-лю-лю!

М и н и с т р. Вся порода? И у отца... хвост?

К а м е р г е р. А как же. И у отца.

М и н и с т р. Значит, у вас король хвостатый?

К а м е р г е р. Э, нет! Король у нас бесхвостый. А у отца ее хвост есть.

М и н и с т р. Значит, король ей не отец?

К а м е р г е р. Ну конечно!

М и н и с т р. Ура! *(Падает под стол. Вылезает.)* Пробар... пробар... А кто ее отец?

К а м е р г е р. Лис. Ату его!

Министр. Кто?

Камергер. Лис. У лисицы отец лис.

Министр. У какой лисицы?

Камергер. Про которую мы говорили... *(Толкает гувернантку локтем.)*

                    Оба пьяно хохочут.

Гувернантка. Если бы ты знать мог, гоголь-моголь, что она с свинопасом взаимно целовала себя! Сними локти со стола ауф! Не моргай не!

Камергер. Ату его!

Гувернантка. Ты есть болван!

Министр. Что они говорят?

Камергер. У-лю-лю!

Министр. Свиньи! Это не по-товар... не по-товарищески. Я вас побью. *(Подает головой на стол.)* Мэр! Мэр! Еще вина. *(Засыпает.)*

Гувернантка. Этот глупый болван себе спит! О, счастливый! Вот так вот лег и спит. А я сплю нет. Я сплю нет сколько ночей. Ундер-мундер. *(Засыпает.)*

Камергер. У-лю-лю. Олень! Олень! *(Бежит, падает и засыпает.)*

Мэр *(входит)*. Вот. Еще вина. Да-да. Министр! Спит. Камергер! Спит. Госпожа гувернантка! Спит. Сяду. Да-да. Проснутся небось. Нет-нет. *(Дремлет.)*

Дверь тихонько приоткрывается. Входит Христиан, осматривается. Подает знак. Выходят принцесса и Генрих. Крадутся к выходу. Мэр их замечает, вскакивает.

Куда?.. Это. А... Жандармы... Побрились... Странно... Назад!

Генрих. Я тебя убью!

Мэр. А я заору... Я смелый.

Христиан. Возьми денег и отпусти нас.

Мэр. Э, нет! Я честный. Сейчас свистну!

Принцесса. Дайте мне сказать. Мэр, пожалей, пожалуйста, меня. Я хоть и принцесса, а та же девушка!

                    Мэр всхлипывает.

Если ты меня предашь, повезут меня насильно венчать с чужим стариком.

                      Мэр всхлипывает.

Разве это хорошо? Король у вас капризный. А я слабенькая.

Мэр плачет.

Разве я выживу в неволе? Я там сразу помру!

М э р *(ревет во все горло).* Ой, бегите скорей! Ой, а то вы помрете! *(Вопит.)* Бегите! Ой!

Все, кроме министра, вскакивают. Гувернантка хватает принцессу. Уносит наверх. Камергер свистит, улюлюкает. Вбегает стража. Генрих и Христиан пробивают себе дорогу к выходу. Все бегут за ними. Слышен топот коней. Пение.

> Шире степи, выше леса
> Я тебя люблю.
> Никому тебя, принцесса,
> Я не уступлю.

К а м е р г е р *(входит).* Удрали. Легче сто оленей затравить, чем одну королевскую дочь довезти благополучно до ее жениха! *(Смотрит на министра.)* А этот дрыхнет. Спи-спи, набирайся сил. Напрыгаешься еще с нашей тихой барышней. У-лю-лю.

Занавес

ДЕЙСТВИЕ ВТОРОЕ

Приемная комната, отделенная от опочивальни короля аркой с бархатным занавесом. Приемная полна народу. Возле самого занавеса стоит к а м е р д и н е р, дергающий веревку колокола. Самый колокол висит в опочивальне. Рядом с камердинером п о р т н ы е спешно дошивают наряд короля. Рядом с портными — г л а в н ы й п о в а р, он сбивает сливки для шоколада короля. Далее стоят ч и с т и л ь щ и к и с а п о г, они чистят королевскую обувь. Колокол звонит. Стук в дверь.

Ч и с т и л ь щ и к с а п о г. Стучат в дверь королевской приемной, господин главный повар.
П о в а р. Стучат в дверь приемной, господа портные.
П о р т н ы е. Стучат в дверь, господин камердинер.
К а м е р д и н е р. Стучат? Скажите, чтобы вошли.

Стук все время усиливается.

П о р т н ы е *(повару)*. Пусть войдут.
П о в а р *(чистильщикам)*. Можно.
Ч и с т и л ь щ и к. Войдите.

Входят Г е н р и х и Х р и с т и а н, переодетые ткачами. У них седые парики. Седые бороды. Генрих и Христиан оглядываются. Затем кланяются камердинеру.

Х р и с т и а н и Г е н р и х. Здравствуйте, господин звонарь.

Молчание. Генрих и Христиан переглядываются. Кланяются портным.

Здравствуйте, господа портные.

Молчание.

Здравствуйте, господин повар.

Молчание.

Здравствуйте, господа чистильщики сапог.

Чистильщик. Здравствуйте, ткачи.

Христиан. Ответили. Вот чудеса! А скажите, что, остальные господа — глухие или немые?

Чистильщик. Ни то и ни другое, ткачи. Но согласно придворному этикету вы должны были обратиться сначала ко мне. Я доложу о вас по восходящей линии, когда узнаю, что вам угодно. Ну-с? Что вам угодно?

Генрих. Мы самые удивительные ткачи в мире. Ваш король — величайший в мире щеголь и франт. Мы хотим услужить его величеству.

Чистильщик. Ага. Господин главный повар, удивительные ткачи желают служить нашему всемилостивейшему государю.

Повар. Ага. Господа портные, там ткачи пришли.

Портные. Ага. Господин камердинер, ткачи.

Камердинер. Ага. Здравствуйте, ткачи.

Генрих и Христиан. Здравствуйте, господин камердинер.

Камердинер. Служить хотите? Ладно! Я доложу о вас прямо первому министру, а он королю. Для ткачей у нас сверхускоренный прием. Его величество женится. Ткачи ему очень нужны. Поэтому он вас примет в высшей степени скоро.

Генрих. Скоро! Мы потратили два часа, прежде чем добрались до вас. Ну и порядочки!

Камердинер и все остальные вздрагивают. Оглядываются.

Камердинер *(тихо)*. Господа ткачи! Вы люди почтенные, старые. Уважая ваши седины, предупреждаю вас: ни слова о наших национальных многовековых, освященных самим Создателем традициях. Наше государство — высшее в этом мире! Если вы будете сомневаться в этом, вас, невзирая на ваш возраст... *(Шепчет что-то Христиану на ухо.)*

Христиан. Не может быть.

Камердинер. Факт. Чтобы от вас не родились дети с наклонностями к критике. Вы арийцы?

Генрих. Давно.

Камердинер. Это приятно слышать. Садитесь. Однако я уже час звоню, а король не просыпается.

Повар *(дрожит)*. Сейчас я попробую в-в-вам п-п-п-по-мочь. *(Убегает.)*

Христиан. Скажите, господин камердинер, почему, несмотря на жару, господин главный повар дрожит как в лихорадке?

Камердинер. Господин главный повар короля почти никогда не отходит от печей и так привыкает к жару, что в прошлом году, например, он на солнце в июле отморозил себе нос.

Слышен страшный рев.

Что это такое?

Вбегает главный п о в а р, *за ним* п о в а р я т а *с корытом. Из корыта несется рев.*

Что это?

П о в а р *(дрожа).* Это белуга, господин камердинер. Мы поставим ее в-в оп-п-почивальню короля, белуга б-б-б-удет р-р-е-веть б-б-б-елугой и р-разбудит г-г-госу-даря.

К а м е р д и н е р. Нельзя.

П о в а р. Но почему?

К а м е р д и н е р. Нельзя. Белуга все-таки, извините... вроде... красная рыба. А вы знаете, как относится король к этому... Уберите ее!

Поварята с белугой убегают.

Так-то лучше, господин главный повар. Эй! Вызвать взвод солдат, пусть они стреляют под окнами опочивальни залпами. Авось поможет.

Х р и с т и а н. Неужели его величество всегда так крепко спит?

К а м е р д и н е р. Лет пять назад он просыпался очень скоро. Я кашляну — и король летит с кровати.

Г е н р и х. Ну!

К а м е р д и н е р. Честное слово! Тогда у него было много забот. Он все время нападал на соседей и воевал.

Х р и с т и а н. А теперь?

К а м е р д и н е р. А теперь у него никаких забот нет. Соседи у него забрали все земли, которые можно забрать. И король спит и во сне видит, как бы им отомстить.

Слышен гром барабанов. Входит в з в о д с о л д а т. *Их ведет* с е р ж а н т.

С е р ж а н т *(командует).* Сми-и-ирно!

Солдаты замирают.

(Командует.) При входе в приемную короля преданно вздо-о-охни!

Солдаты разом вздыхают со стоном.

Представив себе его могущество, от благоговения тре-пе-е-щи!

Солдаты трепещут, широко расставив руки.

Эй ты, шляпа, как трепещешь? Трепещи аккуратно, по переднему! Пальцы! Пальцы! Так! Не вижу трепета в животе! Хорошо. Сми-ирно! Слушай мою команду! Подумав о счастье быть королевским солдатом, от избытка чувств пля-а-ши!

Солдаты пляшут под барабан все как один не выходя из строя.

Смирно! Встать на цыпочки! На цыпочках — арш! Пр-а-авей! Еще чуть пра-а-а-авей! Равнение на портрет дедушки его величества. На нос. На нос дедушки. Прямо!

Скрываются.

Х р и с т и а н. Неужели с такими вымуштрованными солдатами король терпел поражения?

К а м е р д и н е р *(разводит руками).* Ведь вот поди ж ты!

Входит п е р в ы й м и н и с т р. Суетливый человек с большой седой бородой.

П е р в ы й м и н и с т р. Здравствуйте, низшие служащие.

В с е х о р о м. Здравствуйте, господин первый министр.

П е р в ы й м и н и с т р. Ну что? Все в порядке, камердинер? А? Говори правду. Правду режь.

К а м е р д и н е р. Вполне, ваше превосходительство.

П е р в ы й м и н и с т р. Однако король спит! А? Отвечай грубо. Откровенно.

К а м е р д и н е р. Спит, ваше превосходительство.

За сценой залп.

П е р в ы й м и н и с т р. Ага! Говори прямо: стреляют. Значит, его величество скоро встанут. Портные! Как у вас? Правду валяйте! В лоб!

П е р в ы й п о р т н о й. Кладем последние стежки, господин министр.

П е р в ы й м и н и с т р. Покажи. *(Смотрит.)* Рассчитывайте. Знаете наше требование? Последний стежок кладется перед самым одеванием его величества. Король каждый день надевает платье новое, с иголочки. Пройдет минута после последнего стежка — и он ваше платье, грубо говоря, не наденет. Известно вам это?

П е р в ы й п о р т н о й. Так точно, известно.

П е р в ы й м и н и с т р. Иголочки золотые?

П е р в ы й п о р т н о й. Так точно, золотые.

П е р в ы й м и н и с т р. Подать ему платье прямо с золотой иголочки. Прямо и откровенно! Повар! Сливки, грубо говоря, сбил? А? Говори без затей и без экивоков! Сбил сливки для королевского шоколада?

П о в а р. Д-да, ваше превосходительство.

П е р в ы й м и н и с т р. Покажи. То-то. Однако... Камердинер! Кто это? Смело. Без затей. Говори.

К а м е р д и н е р. Это ткачи пришли наниматься, ваше превосходительство.

П е р в ы й м и н и с т р. Ткачи? Покажи. Ага! Здравствуйте, ткачи.

Г е н р и х и Х р и с т и а н. Здравия желаю, ваше превосходительство.

П е р в ы й м и н и с т р. Королю, говоря без задних мыслей, попросту, нужны ткачи. Сегодня приезжает невеста. Эй! Повар! А завтрак для ее высочества? Готов? А?

П о в а р. Т-т-так точно, готов!

П е р в ы й м и н и с т р. А какой? А? Покажи!

П о в а р. Эй! Принести пирожки, приготовленные для ее высочества!

П е р в ы й м и н и с т р. Несут. А я пока взгляну, не открыл ли король, говоря без всяких там глупостей, глаза. *(Уходит в опочивальню.)*

П о в а р. Принцесса Генриетта ничего не ела целых три недели.

Г е н р и х. Бедняжка! *(Быстро пишет что-то на клочке бумажки.)*

П о в а р. Но зато теперь она ест целыми днями.

Г е н р и х. На здоровье.

Поварята вносят блюдо с пирожками.

Ах! Какие пирожки! Я бывал при многих дворах, но ни разу не видел ничего подобного! Какой аромат. Как подрумянены. Какая мягкость!

П о в а р *(польщенный, улыбаясь)*. Д-да. Они такие мягкие, что на них остается ямка даже от пристального взгляда.

Г е н р и х. Вы гений.

П о в а р. В-возьмите один.

Г е н р и х. Не смею.

П о в а р. Нет, возьмите! В-вы знаток. Это такая редкость.

Г е н р и х *(берет, делает вид, что откусывает. Быстро прячет в пирожок записку).* Ах! Я потрясен! Мастеров, равных вам, нет в мире.

П о в а р. Но мастерство мое, увы, погибнет вместе со мной.

Г е н р и х *(делая вид, что жует)*. Но почему?

П о в а р. Книга моя «Вот как нужно готовить, господа» погибла.

Г е н р и х. Как! Когда?

П о в а р *(шепотом).* Когда пришла мода сжигать книги на площадях. В первые три дня сожгли все действительно опасные книги. А мода не прошла. Тогда начали жечь остальные книги без разбора. Теперь книг вовсе нет. Жгут солому.

Г е н р и х *(свистящим шепотом).* Но ведь это ужасно! Да?

П о в а р *(оглядываясь, свистящим шепотом).* Только вам скажу. Да. Ужасно!

Во время этого короткого диалога Генрих успел положить пирожок с запиской обратно на самый верх.

К а м е р д и н е р. Тише! Кажется, король чихнул.

Все прислушиваются.

Г е н р и х *(Христиану, тихо).* Я положил записку в пирожок, Христиан.

Х р и с т и а н. Ладно, Генрих. Не волнуйся.

Г е н р и х. Я боюсь, что записка промаслится.

Х р и с т и а н. Генрих, уймись! Напишем вторую.

П е р в ы й м и н и с т р вылезает из-за занавеса.

П е р в ы й м и н и с т р. Государь открыл один глаз. Го-товьсь! Зови камергеров! Где фрейлины? Эй, трубачи!

Входят т р у б а ч и, к а м е р г е р ы, п р и д в о р н ы е. Быстро выстраиваются веером по обе стороны занавеса в опочивальню. Камердинер, не сводя глаз с первого министра, держит кисти занавеса.

П е р в ы й м и н и с т р *(отчаянным шепотом).* Все готово? Правду говори.

К а м е р д и н е р. Так точно!

П е р в ы й м и н и с т р *(отчаянно).* Валяй, в мою голову!

Камердинер тянет за шнуры. Распахивается занавес. За ним ничего не видно, кроме целой горы скрывающихся за сводами арки перин.

Х р и с т и а н. Где же король?

П о в а р. Он спит на ста сорока восьми перинах — до того он благороден. Его не видно. Он под самым потолком.

П е р в ы й м и н и с т р *(заглядывая).* Тише. Готовьтесь! Он ворочается. Он почесал бровь. Морщится. Сел. Труби!

Трубачи трубят. Все кричат трижды: «Ура король! Ура король! Ура король!» Тишина. После паузы из-под потолка раздается капризный голос: «Ах! Ах! Ну что это? Ну зачем это? Зачем вы меня разбудили? Я видел во сне нимфу. Свинство какое!»

Камердинер. Осмелюсь напомнить вашему величеству, что сегодня приезжает принцесса, невеста вашего величества.

Король *(сверху, капризно)*. Ах, ну что это, издевательство какое-то. Где мой кинжал? Я сейчас тебя зарежу, нехороший ты человек, и все. Ну где он? Ну сколько раз я тебе говорил — клади кинжал прямо под подушку.

Камердинер. Но уже половина одиннадцатого, ваше величество.

Король. Что? И ты меня не разбудил! Вот тебе за это, осел!

Сверху летит кинжал. Вонзается у самых ног камердинера.
Пауза.

Ну! Чего же ты не орешь? Разве я тебя не ранил?

Камердинер. Никак нет, ваше величество.

Король. Но, может быть, я тебя убил?

Камердинер. Никак нет, ваше величество.

Король. И не убил? Свинство какое! Я несчастный! Я потерял всякую меткость. Ну что это, ну что такое в самом деле! Отойди! Видишь, я встаю!

Первый министр. Готовься! Государь во весь рост встал на постели! Он делает шаг вперед! Открывает зонт. Труби!

Трубят трубы. Из-под свода показывается к о р о л ь. Он опускается на открытом зонте, как на парашюте. Придворные кричат «ура». Король, достигнув пола, отбрасывает зонт, который сразу подхватывает камердинер. Король в роскошном халате и в короне, укрепленной на голове лентой. Лента пышным бантом завязана под подбородком. Королю лет пятьдесят. Он полный, здоровый. Он ни на кого не глядит, хотя приемная полна придворных. Он держится так, как будто он один в комнате.

Король *(камердинеру)*. Ну что такое! Ну что это! Ну зачем ты молчишь? Видит, что государь не в духе, и ничего не может придумать. Подними кинжал. *(Некоторое время задумчиво разглядывает поданный камердинером кинжал, затем кладет его в карман халата.)* Лентяй! Ты не стоишь даже того, чтобы умереть от благородной руки. Я тебе дал вчера на чай золотой?

Камердинер. Так точно, ваше величество!

Король. Давай его обратно. Я тобой недоволен. *(Отбирает у камердинера деньги.)* Противно даже... *(Ходит взад и вперед, задевая застывших от благоговения придворных полами своего халата.)* Видел во сне милую, благородную нимфу, необычайно хорошей породы и чистой крови. Мы с ней сначала разбили соседей, а затем были счастливы. Просыпаюсь — передо мной этот отвратительный лакей! Как я сказал нимфе? Кудесница! Чаровница! Влюбленный в вас не может не любить вас! *(Убежденно.)* Хорошо сказал. *(Капризно.)* Ну что это такое? Ну что это? Ну? Зачем я проснулся? Эй ты! Зачем?

К а м е р д и н е р. Чтобы надеть новое, с иголочки, платье, ваше величество.

К о р о л ь. Чурбан! Не могу же я одеваться, когда я не в духе. Развесели меня сначала. Зови шута, шута скорей!

К а м е р д и н е р. Шута его величества!

От неподвижно стоящих придворных отделяется ш у т. Это солидный человек в пенсне. Он, подпрыгивая, приближается к королю.

К о р о л ь *(с официальной бодростью и лихостью. Громко).* Здравствуй, шут!

Ш у т *(так же).* Здравствуйте, ваше величество!

К о р о л ь *(опускаясь в кресло).* Развесели меня. Да поскорее. *(Капризно и жалобно.)* Мне пора одеваться, а я все гневаюсь да гневаюсь. Ну! Начинай!

Ш у т *(солидно).* Вот, ваше величество, очень смешная история. Один купец...

К о р о л ь *(придирчиво).* Как фамилия?

Ш у т. Петерсен. Один купец по фамилии Петерсен вышел из лавки да как споткнется — и ляп носом об мостовую!

К о р о л ь. Ха-ха-ха!

Ш у т. А тут шел маляр с краской, споткнулся об купца и облил краской проходившую мимо старушку.

К о р о л ь. Правда? Ха-ха-ха!

Ш у т. А старушка испугалась и наступила собаке на хвост.

К о р о л ь. Ха-ха-ха! Фу ты боже мой! Ах-ах-ах! *(Вытирая слезы.)* На хвост?

Ш у т. На хвост, ваше величество. А собака укусила толстяка.

К о р о л ь. Ох-ох-ох! Ха-ха-ха! Ой, довольно!..

Ш у т. А толстяк...

К о р о л ь. Довольно, довольно! Не могу больше, лопну. Ступай, я развеселился. Начнем одеваться. *(Развязывает бант под подбородком.)* Возьми мою ночную корону. Давай утреннюю. Так! Зови первого министра.

К а м е р д и н е р. Его превосходительство господин первый министр к его величеству!

П е р в ы й м и н и с т р подбегает к королю.

К о р о л ь *(лихо).* Здравствуйте, первый министр!

П е р в ы й м и н и с т р *(так же).* Здравствуйте, ваше величество!

К о р о л ь. Что скажешь, старик?.. Ха-ха-ха! Ну и шут у меня! Старушку за хвост! Ха-ха-ха! Что мне нравится в нем — это чистый юмор. Безо всяких так намеков, шпилек... Купец толстяка укусил! Ха-ха-ха! Ну что нового, старик? А?

П е р в ы й м и н и с т р. Ваше величество! Вы знаете, что я старик честный, старик прямой. Я прямо говорю правду в глаза, даже если она неприятна. Я ведь стоял тут все время, видел, как вы, откровенно говоря, просыпаетесь, слышал, как вы, грубо говоря, смеетесь, и так далее. Позвольте вам сказать прямо, ваше величество...

К о р о л ь. Говори, говори. Ты знаешь, что я на тебя никогда не сержусь.

П е р в ы й м и н и с т р. Позвольте мне сказать вам прямо, грубо, по-стариковски: вы великий человек, государь!

К о р о л ь *(он очень доволен)*. Ну-ну. Зачем, зачем.

П е р в ы й м и н и с т р. Нет, ваше величество, нет. Мне себя не перебороть. Я еще раз повторю — простите мне мою разнузданность, — вы великан! Светило!

К о р о л ь. Ах, какой ты! Ах, ах!

П е р в ы й м и н и с т р. Вы, ваше величество, приказали, чтобы придворный ученый составил, извините, родословную принцессы. Чтобы он разведал о ее предках, грубо говоря, то да се. Простите меня, ваше величество, за прямоту — это была удивительная мысль.

К о р о л ь. Ну вот еще! Ну чего там!

П е р в ы й м и н и с т р. Придворный ученый, говоря без разных там штучек и украшений, пришел. Звать? Ох, король! *(Грозит пальцем.)* Ох, умница!

К о р о л ь. Поди сюда, правдивый старик. *(Растроганно.)* Дай я тебя поцелую. И никогда не бойся говорить мне правду в глаза. Я не такой, как другие короли. Я люблю правду, даже когда она неприятна. Пришел придворный ученый? Ничего! Пожалуйста! Зови его сюда. Я буду одеваться и пить шоколад, а он пусть говорит. Командуй к одеванию с шоколадом, честный старик.

П е р в ы й м и н и с т р. Слушаю-с! *(Лихо.)* Лакеи!

Лакеи под звуки труб вносят ширму. Король скрывается за ней так, что видна только его голова.

Портные!

Звуки труб еще торжественнее. Портные, делая на ходу последние стежки, останавливаются у ширмы.

Повар!

Повар под звуки труб марширует к ширме. Передает чашку с шоколадом камердинеру. Пятится назад. Скрывается за спинами придворных.

Ученый!

Придворный у ч е н ы й с огромной книгой в руках становится перед ширмой.

Смирно! *(Оглядывается.)*

Все замерли.

(Командует.) Приготовились. Начали!

Звуки труб заменяются легкой, ритмичной музыкой. Похоже, что играет музыкальный ящик. Замершие перед ширмой портные скрываются за нею. Камердинер поит с ложечки короля шоколадом.

К о р о л ь *(сделав несколько глотков, кричит лихо)*. Здравствуйте, придворный ученый!
У ч е н ы й. Здравствуйте, ваше величество.
К о р о л ь. Говорите! Впрочем, нет, постойте! Первый министр! Пусть придворные слушают тоже.
П е р в ы й м и н и с т р. Господа придворные! Его величество заметил, что вы здесь.
П р и д в о р н ы е. Ура король! Ура король! Ура король!
К о р о л ь. И девушки здесь! Фрейлины. Ку-ку! *(Прячется за ширмой.)*
П е р в а я ф р е й л и н а *(пожилая энергичная женщина, баском)*. Ку-ку, ваше величество.
К о р о л ь *(вылезает)*. Ха-ха-ха! *(Лихо.)* Здравствуйте, шалуньи!
П е р в а я ф р е й л и н а. Здравствуйте, ваше величество.
К о р о л ь *(игриво)*. Что вы видели во сне, резвуньи?
П е р в а я ф р е й л и н а. Вас, ваше величество.
К о р о л ь. Меня? Молодец!
П е р в а я ф р е й л и н а. Рада стараться, ваше величество.
К о р о л ь. А вы, девушки, что видели во сне?
О с т а л ь н ы е ф р е й л и н ы. Вас, ваше величество.
К о р о л ь. Молодцы!
О с т а л ь н ы е ф р е й л и н ы. Рады стараться, ваше величество.
К о р о л ь. Прекрасно. Первая фрейлина! Милитаризация красоток вам удалась. Они очень залихватски отвечают сегодня. Изъявляю вам свое благоволение. В каком вы чине?
П е р в а я ф р е й л и н а. Полковника, ваше величество.
К о р о л ь. Произвожу вас в генералы.
П е р в а я ф р е й л и н а. Покорно благодарю, ваше величество.

Король. Вы заслужили это. Вот уже тридцать лет как вы у меня первая красавица. Каждую ночь вы меня, только меня видите во сне. Вы моя птичка, генерал!

Первая фрейлина. Рада стараться, ваше величество.

Король (разнеженно). Ах вы конфетки. Не уходите далеко, мои милочки. А то профессор меня засушит. Ну, придворный ученый, валяйте!

Ученый. Ваше величество. Я с помощью адъюнкта Брокгауза и приват-доцента Ефрона составил совершенно точно родословную нашей высокорожденной гостьи.

Король (фрейлинам). Ку-ку! Хи-хи-хи.

Ученый. Сначала о ее гербе. Гербом, ваше величество, называется наследственно передаваемое символическое изображение, да, изображение, составленное на основании известных правил, да, правил.

Король. Я сам знаю, что такое герб, профессор.

Ученый. С незапамятных времен вошли в употребление символические знаки, да, знаки, которые вырезались на перстнях.

Король. Тю-тю!

Ученый. И рисовались на оружии, знаменах и прочем, да, прочем.

Король. Цып-цып! Птички!

Ученый. Знаки эти явились результатом...

Король. Довольно о знаках, к делу... Ку-ку!..

Ученый. ...Да, результатом желания выделить себя из массы, да, выделить. Придать себе резкое отличие, заметное иногда даже в разгаре битвы. Вот. Битвы.

Король выходит из-за ширмы. Одет блистательно.

Король. К делу, профессор!

Ученый. Гербы...

Король. К делу, говорят! Короче!

Ученый. Еще со времен Крестовых походов...

Король (замахивается на него кинжалом). Убью как собаку. Говори короче!

Ученый. В таком случае, ваше величество, я начну блазонировать.

Король. А? Чего ты начнешь?

Ученый. Блазонировать!

Король. Я запрещаю! Это что еще за гадость! Что значит это слово?

Ученый. Но блазонировать, ваше величество, — это значит описывать герб!

Король. Так и говорите!

Ученый. Я блазонирую. Герб принцессы. В золотом, усеянном червлеными сердцами щите — три коронованные лазоревые куропатки, обремененные леопардом.

Король. Как, как? Обремененные?

Ученый. Да, ваше величество... Вокруг кайма из цветов королевства.

Король. Ну ладно... Не нравится мне это. Ну да уж пусть! Говорите родословную, но короче.

Ученый. Слушаю, ваше величество! Когда Адам...

Король. Какой ужас! Принцесса еврейка?

Ученый. Что вы, ваше величество!

Король. Но ведь Адам был еврей?

Ученый. Это спорный вопрос, ваше величество. У меня есть сведения, что он был караим.

Король. Ну то-то! Мне главное, чтобы принцесса была чистой крови. Это сейчас очень модно, а я франт. Я франт, птички?

Фрейлины. Так точно, ваше величество.

Ученый. Да, ваше величество. Вы, ваше величество, всегда были на уровне самых современных идей. Да, самых.

Король. Не правда ли? Одни мои брюки чего стоят! Продолжайте, профессор.

Ученый. Адам...

Король. Оставим этот щекотливый вопрос и перейдем к более поздним временам.

Ученый. Фараон Исаметих...

Король. И его оставим. Очень некрасивое имя. Дальше...

Ученый. Тогда разрешите, ваше величество, перейти непосредственно к династии ее высочества! Основатель династии — Георг I, прозванный за свои подвиги Великим. Да, прозванный.

Король. Очень хорошо.

Ученый. Ему унаследовал сын Георг II, прозванный за свои подвиги Обыкновенным. Да, Обыкновенным.

Король. Я очень спешу. Вы просто перечисляйте предков. Я пойму, за что именно они получили свои прозвища. А иначе я вас зарежу.

Ученый. Слушаю. Далее идут: Вильгельм I Веселый, Генрих I Короткий, Георг III Распущенный, Георг IV Хорошенький, Генрих II Черт Побери.

Король. За что его так прозвали?

У ч е н ы й. За его подвиги, ваше величество. Далее идет Филипп I Ненормальный, Георг V Потешный, Георг VI Отрицательный, Георг VII Босой, Георг VIII Малокровный, Георг IX Грубый, Георг X Тонконогий, Георг XI Храбрый, Георг XII Антипатичный, Георг XIII Наглый, Георг XIV Интересный и, наконец, ныне царствующий отец принцессы Георг XV, прозванный за свои подвиги Бородатым. Да, прозванный.

К о р о л ь. Очень богатая и разнообразная коллекция предков.

У ч е н ы й. Да, ваше величество. Принцесса имеет восемнадцать предков, не считая гербов материнской линии... Да, имеет.

К о р о л ь. Вполне достаточно... Ступайте! *(Смотрит на часы.)* Ах, как поздно! Позовите скорее придворного поэта.

П е р в ы й м и н и с т р. Поэт к государю. Бегом!

Придворный п о э т подбегает к королю.

К о р о л ь. Здравствуйте, придворный поэт.

П о э т. Здравствуйте, ваше величество.

К о р о л ь. Приготовили приветственную речь?

П о э т. Да, ваше величество. Мое вдохновение...

К о р о л ь. А стихи на приезд принцессы?

П о э т. Моя муза помогла мне изыскать пятьсот восемь пар великолепнейших рифм, ваше величество.

К о р о л ь. Что же, вы одни рифмы будете читать? А стихи где?

П о э т. Ваше величество! Моя муза едва успела кончить стихи на вашу разлуку с правофланговой фрейлиной...

К о р о л ь. Ваша муза вечно отстает от событий. Вы с ней только и умеете, что просить то дачу, то домик, то корову. Черт знает что! Зачем, например, поэту корова? А как писать, так опоздал, не успел... Все вы такие!

П о э т. Зато моя преданность вашему величеству...

К о р о л ь. Мне нужна не преданность, а стихи!

П о э т. Но зато речь готова, ваше величество.

К о р о л ь. Речь... На это вы все мастера! Ну давайте хоть речь.

П о э т. Это даже не речь, а разговор. Ваше величество говорит, а принцесса отвечает. Копия ответов послана навстречу принцессе специальным нарочным. Разрешите огласить?

К о р о л ь. Можете.

П о э т. Ваше величество говорит: «Принцесса! Я счастлив, что вы как солнце взошли на мой трон. Свет вашей красоты осветил все вокруг». На это принцесса отвечает: «Солнце — это вы, ваше величество. Блеск ваших подвигов затмил всех ваших соперников». Вы на это: «Я счастлив, что вы оценили меня по достоинству!» Принцесса на это: «Ваши достоинства — залог нашего будущего счастья!» Вы отвечаете: «Вы так хорошо меня поняли, что я могу сказать только одно: вы так же умны, как и прекрасны». Принцесса на это: «Я счастлива, что нравлюсь вашему величеству». Вы на это: «Я чувствую, что мы любим друг друга, принцесса, позвольте вас поцеловать».

К о р о л ь. Очень хорошо!

П о э т. Принцесса: «Я полна смущения... но...» Тут гремят пушки, войска кричат «ура» — и вы целуете принцессу.

К о р о л ь. Целую? Ха-ха! Это ничего! В губы?

П о э т. Так точно, ваше величество.

К о р о л ь. Это остроумно. Ступайте. Ха-ха! Старик, это приятно! Да! Ну-ну! Эх! *(Лихо обнимает за талию старшую фрейлину.)* Кто еще ждет приема? А? Говори, откровенный старик.

П е р в ы й   м и н и с т р. Ваше величество, я не скрою, что приема ждут еще ткачи.

К о р о л ь. А! Что же их не пускают? Скорее, гоните их бегом ко мне.

П е р в ы й   м и н и с т р. Ткачи, к королю — галопом!

Г е н р и х и Х р и с т и а н лихо, вприпрыжку вылетают на середину сцены.

К о р о л ь. Какие старые — значит, опытные. Какие бойкие — наверное, работящие. Здравствуйте, ткачи.

Г е н р и х и Х р и с т и а н. Здравия желаем, ваше величество!

К о р о л ь. Что скажете? А? Ну! Чего вы молчите?

Христиан вздыхает со стоном.

Что ты говоришь?

Генрих вздыхает со стоном.

Как?

Х р и с т и а н. Бедняга король! У-у!

К о р о л ь. Что вы меня пугаете, дураки? В чем дело? Почему я бедняга?

Х р и с т и а н. Такой великий король — и так одет!

К о р о л ь. Как я одет? А?

Г е н р и х. Обыкновенно, ваше величество!

Х р и с т и а н. Как все!

Г е н р и х. Как соседние короли!

Х р и с т и а н. Ох, ваше величество, ох!

К о р о л ь. Ах, что это! Ну что они говорят? Да как же это можно! Отоприте шкаф! Дайте плащ номер четыре тысячи девятый от кружевного костюма. Смотрите, дураки. Чистый фай. По краям плетеный гипюр. Сверху шитые алансонские кружева. А понизу валансьен. Это к моему кружевному выходному костюму. А вы говорите — как все! Дайте сапоги! Смотрите, и сапоги обшиты кружевами брабантскими. Вы видели что-нибудь подобное?

Генрих. Видели!

Христиан. Сколько раз!

Король. Ну это черт знает что! Дайте тогда мой обеденный наряд. Да не тот, осел! Номер восемь тысяч четыреста девяносто восемь. Глядите, вы! Это что?

Генрих. Штаны.

Король. Из чего?

Христиан. Чего там спрашивать? Из гра-де-напля.

Король. Ах ты бессовестный! Что же, по-твоему, гра-де-напль — это пустяки? А камзол? Чистый гро-де-тур, и рукава — гро-грен. А воротник — пу-де-суа. А плащ — тюркуаз, на нем рипсовые продольные полоски. Да ты восхищайся! Почему ты отворачиваешься?

Генрих. Видали мы это.

Король. А чулки дра-де-суа?

Христиан. И это видали.

Король. Да ты, дурак, пощупай!

Генрих. Да зачем... Я знаю.

Король. Знаешь? Давайте сюда панталоны для свадебного бала! Это что?

Христиан. Коверкот.

Король. Правильно, но какой? Где еще на свете есть подобный? А камзол шевиот с воротником бостон! А плащ? Трико. Видал, дурак?

Генрих. Это, ваше величество, действительно каждый дурак видал.

Христиан. А мы можем сделать такую ткань... Ого! Которую только умный и увидит. Мы вам сделаем небывалый свадебный наряд, ваше величество.

Король. Да! Так все говорят! А рекомендации есть?

Христиан. Мы работали год у турецкого султана, он был так доволен, что это не поддается описанию. Поэтому он нам ничего и не написал.

Король. Подумаешь, турецкий султан!

Генрих. Индийский Великий Могол лично благодарил.

Король. Подумаешь, индийский могол! Вы не знаете разве,

что наша нация — высшая в мире? Все другие никуда не годятся, а мы молодцы. Не слыхали, что ли?

Христиан. Кроме того, наша ткань обладает одним небывалым чудесным свойством.

Король. Воображаю... Каким?

Христиан. А я уже говорил, ваше величество. Ее только умный и увидит. Ткань эта невидима тем людям, которые непригодны для своей должности или непроходимые дураки.

Король *(заинтересованный)*. Ну-ка, ну-ка. Как это?

Христиан. Наша ткань невидима людям, которые непригодны для своей должности или глупы.

Король. Ха-ха-ха! Ох-ох-ох! Ой, уморили! Фу ты черт! Вот этот, значит, первый-то министр, если он непригоден для своей должности, так он этой ткани не увидит?

Христиан. Нет, ваше величество. Таково чудесное свойство этой ткани.

Король. Ах-ха-ха! *(Раскисает от смеха.)* Старик, слышишь? А, министр! Тебе говорю!

Первый министр. Ваше величество, я не верю в чудеса.

Король *(замахивается кинжалом)*. Что? Не веришь в чудеса? Возле самого трона человек, который не верит в чудеса? Да ты материалист! Да я тебя в подземелье! Нахал!

Первый министр. Ваше величество! Позвольте вам постариковски попенять. Вы меня не дослушали. Я хотел сказать: я не верю в чудеса, говорит безумец в сердце своем. Это безумец не верит, а мы только чудом и держимся!

Король. Ах так! Ну, тогда ничего. Подождите, ткачи. Какая замечательная ткань! Значит, с нею я увижу, кто у меня не на месте?

Христиан. Так точно, ваше величество.

Король. И сразу пойму, кто глупый, а кто умный?

Христиан. В один миг, ваше величество.

Король. Шелк?

Христиан. Чистый, ваше величество.

Король. Подождите. После приема принцессы я с вами поговорю.

Трубят трубы.

Что там такое? А? Узнай, старик!

Первый министр. Это прибыл министр нежных чувств вашего величества.

Король. Ага, ага, ага! Ну-ка, ну-ка! Скорее, министр нежных чувств! Да ну же, скорее!

> Входит министр нежных чувств.

Хорошие вести? По лицу вижу, что хорошие. Здравствуйте, министр нежных чувств.

Министр нежных чувств. Здравствуйте, ваше величество.

Король. Ну, ну, дорогой. Я слушаю, мой милый.

Министр. Ваше величество. Увы! В смысле нравственности принцесса совершенно безукоризненна.

Король. Хе-хе! Почему же «увы»?

Министр. Чистота крови — увы, ваше величество. Принцесса не почувствовала горошины под двадцатью четырьмя перинами. Более того, всю дорогу в дальнейшем она спала на одной перине.

Король. Чего же ты улыбаешься? Осел! Значит, свадьбе не бывать! А я так настроился! Ну что это! Ну какая гадость! Иди сюда, я тебя зарежу!

Министр. Но, ваше величество, я себя не считал вправе скрывать от вас эту неприятную правду.

Король. Сейчас я тебе покажу неприятную правду! *(Гонится за ним с кинжалом.)*

Министр *(визжит)*. Ой! Ах! Я не буду больше! Пощадите! *(Убегает из комнаты.)*

Король. Вон! Все пошли вон! Расстроили! Обидели! Всех переколю! Заточу! Стерилизую! Вон!

> Все, кроме первого министра, убегают из приемной.

(Подлетает к первому министру.) Гнать! Немедленно гнать принцессу! Может, она семитка? Может, она хамитка? Прочь! Вон!

Первый министр. Ваше величество! Выслушайте старика. Я прямо, грубо, как медведь. Прогнать ее за то, что она, мол, не чистокровная, — обидится отец.

Король *(топает ногой)*. И пусть!

Первый министр. Вспыхнет война.

Король. И чихать!

Первый министр. А лучше вы с принцессой повидайтесь и заявите мягко, деликатно: мне, мол, фигура не нравится. Я грубо скажу, по-прямому: вы ведь, ваше величество, в этих делах знаток. Вам угодить трудно. Ну, мы принцессу потихонечку-полегонечку и спровадим. Вижу! Вижу! Ах король, ах умница! Он понял, что я прав. Он согласен!

Король. Я согласен, старик. Пойди приготовь все к приему, потом я ее спроважу. Принять ее во дворе!

Первый министр. Ох, король! Ох, гений! *(Уходит.)*

Король *(капризно).* Ну это, ну это ужасно! Опять расстроили. Шута! Шута скорей! Говори, шут. Весели меня. Весели!

                 Шут вбегает вприпрыжку.

Шут. Один купец...
Король *(придирчиво).* Как фамилия?
Шут. Людвигсен. Один купец шел через мостик — да ляп в воду.
Король. Ха-ха-ха!
Шут. А под мостом шла лодка. Он гребца каблуком по голове.
Король. Ха-ха-ха! По голове? Хо-хо-хо!
Шут. Гребец тоже — ляп в воду, а тут по берегу старушка шла. Он ее за платье — и туда же, в воду.
Король. Ха-ха-ха! Уморил! Ох-ох-ох! Ха-ха-ха! Ха-ха-ха! *(Вытирает слезы, не сводя восторженного взгляда с шута.)* Ну?
Шут. А она...

                 Занавес

Королевский двор, вымощенный разноцветными плитами. У задней стены — трон. Справа — загородка для публики.

Министр нежных чувств *(входит прихрамывая. Кричит).* Ох! Сюда, господин камергер! Ох!
Камергер. Что вы стонете? Ранили вас? А! У-лю-лю!
Министр. А! Нет, не ранили! Убили! Сюда! Несите портшез с невестой сюда! Ох!
Камергер. Да что случилось? Уоу!
Министр. Увидите! *(Убегает.)*

Вносят портшез с принцессой. Гувернантка и камергер идут рядом с портшезом.

Камергер *(носильщикам).* Ставьте портшез и бегите бегом. Не подходите к окошку, наглецы! Ату его!
Гувернантка *(камергеру).* Скажи им: вынь руки фон карман. Не нос тереби. Стой прям!
Камергер. Ах, мне не до воспитабль. Того и гляди, что твоямоя принцесса передадут записку гоголь-моголь! *(Носильщикам.)* Ну чего слушаете? Все равно ведь вы не понимаете иностранных языков. Вон!

               Носильщики убегают.

(Гувернантке.) Ну прямо уна гора де плеч свалила себя айн, цвай, драй. Теперь сдадим дизе принцессу королю с одной руки на другую. И — уна дуна рес.

Гувернантка *(весело)*. Квинтер, баба, жес. И моя рада.

Камергер *(принцессе)*. Ваше высочество. Приготовьтесь. Сейчас я пойду доложу о нашем прибытии королю. Ваше высочество! Вы спите?

Принцесса. Нет, я задумалась.

Камергер. Ох! Ну ладно! *(Гувернантке.)* Станьте себя коло той калитки, лоби-тоби. И смотрите вовсю. Я смотаю себя авек король.

Гувернантка. Унд! *(Становится у входа во двор.)*

Принцесса. Здесь все чужое, все выложено камнями, нет ни одной травинки. Стены смотрят как волки на ягненка. Я бы испугалась, но записка славного, кудрявого, доброго моего, ласкового, родного, хорошенького Генриха так меня обрадовала, что я даже улыбаюсь. *(Целует записку.)* Ах, как она славно пахнет орехами. Ах, как она красиво промаслилась. *(Читает.)* «Мы здесь. Я с белыми волосами и белой бородой. Ругай короля. Скажи ему, что он плохо одет. Генрих». Я ничего не понимаю. Ах, какой он умный! Но где он? Хотя бы на секундочку его увидеть.

Из-за стены пение. Тихо поют два мужских голоса:

> Завоюем счастье с бою
> И пойдем домой,
> Ты да я да мы с тобою,
> Друг мой дорогой.

Принцесса. Ах, это его голос! Значит, он сейчас выйдет. Так было в прошлый раз: спел — и показался!

Выходит первый министр и застывает, как бы пораженный красотой принцессы.

Это он! С белыми волосами, с белой бородой.

Первый министр. Позвольте, ваше высочество, мне по-грубому, по-стариковски, по-отцовски сказать вам: я вне себя от вашей красоты.

Принцесса *(подбегает к нему)*. Ну!

Первый министр *(недоумевая)*. Да, ваше высочество.

Принцесса. Почему ты не говоришь: дерни меня за бороду?

Первый министр *(в ужасе)*. За что, ваше высочество?

Принцесса *(хохочет)*. Ах ты! Теперь ты меня не обманешь! Я тебя сразу узнала!

Первый министр. Боже мой!

П р и н ц е с с а. Теперь я научилась дергать как следует! *(Дергает его за бороду изо всей силы.)*
П е р в ы й м и н и с т р *(визгливо)*. Ваше высочество!

Принцесса дергает его за волосы и срывает парик. Он лысый.

(Визгливо.) Помогите!

Гувернантка бежит к нему.

Г у в е р н а н т к а. Что он с ней делает, чужой старик! Ля! Па-де-труа!
П е р в ы й м и н и с т р. Но моя — первая министра его величества.
Г у в е р н а н т к а. Зачем, принцесса, вы его битте-дритте?
П р и н ц е с с а. А пусть он валится ко всем чертям на рога!
Г у в е р н а н т к а. Выпейте капли, вас ис дас.
П р и н ц е с с а. А я их к дьяволу разбила, сволочь.
П е р в ы й м и н и с т р *(радостно хохочет. В сторону)*. Да она совершенно сумасшедшая! Это очень хорошо! Мы ее очень просто отправим обратно. Пойду доложу королю. А впрочем, нет, он не любит неприятных докладов. Пусть сам увидит. *(Принцессе.)* Ваше высочество, позвольте сказать вам прямо, по-стариковски: вы такая шалунья, что сердце радуется. Фрейлины в вас влюбятся, ей-богу. Можно я их позову? Они вас обчистят с дороги, покажут то, другое, а мы тем временем приготовимся здесь к встрече. Девочки!

Строем входят ф р е й л и н ы.

Позвольте, принцесса, представить вам фрейлин. Они вам очень рады.
П р и н ц е с с а. И я очень рада. Мне здесь так одиноко, а почти все вы так же молоды, как я. Вы мне действительно рады?
П е р в а я ф р е й л и н а. Примите рапорт, ваше высочество.
П р и н ц е с с а. Что?
П е р в а я ф р е й л и н а. Ваше высочество! За время моего дежурства никаких происшествий не случилось. Налицо четыре фрейлины. Одна в околотке. Одна в наряде. Две в истерике по случаю предстоящего бракосочетания. *(Козыряет.)*
П р и н ц е с с а. Вы разве солдат, фрейлина?
П е р в а я ф р е й л и н а. Никак нет, я генерал. Пройдите во дворец, принцесса. Девочки! Слушай мою команду! Ша-го-ом — арш!

Идут.

П р и н ц е с с а. Это ужасно!

Скрываются в дверях.

Первый министр. Эй, вы там! Введите солдат. Я иду за толпой. *(Уходит.)*

Входят солдаты с офицером.

Офицер. Предчувствуя встречу с королем, от волнения ослабей!

Солдаты приседают.

Вприсядку — арш!

Солдаты идут вприсядку.

Ле-вей! Пра-вей! К сте-е-не! Смирно!

Входит толпа. Ее ведет за загородку первый министр.

Первый министр *(толпе)*. Хоть я и знаю, что вы самые верноподданные, но напоминаю вам: во дворце его величества рот открывать можно только для того, чтобы крикнуть «ура» или исполнить гимн. Поняли?

Толпа. Поняли.

Первый министр. Плохо поняли. Вы уже в королевском дворце. Как же вы вместо «ура» говорите что-то другое? А?

Толпа *(сокрушенно)*. Ура.

Первый министр. Ведь король! Поймите: король — и вдруг так близко от вас. Он мудрый, он особенный! Не такой, как другие люди. И этакое чудо природы — вдруг в двух шагах от вас. Удивительно! А?

Толпа *(благоговейно)*. Ура.

Первый министр. Стойте молча, пока король не появится. Пойте гимн и кричите «ура», пока король не скажет «вольно». После этого молчите. Только когда по знаку его превосходительства закричит королевская гвардия, кричите и вы. Поняли?

Толпа *(рассудительно)*. Ура.

Приближающийся крик: «Король идет! Король идет! Король идет!» Входит король со свитой.

Офицер *(командует)*. При виде короля от восторга в обморок — шлеп!

Солдаты падают.

Первый министр *(толпе)*. Пой гимн!

Толпа. Вот так король, ну и король, фу-ты, ну-ты, что за ко-

роль! Ура-а! Вот так король, ну и король, фу-ты, ну-ты, что за король! Ура-а!
К о р о л ь. Вольно!

Толпа замолкает.

О ф и ц е р. В себя при-ди!

Солдаты подымаются.

К о р о л ь. Ну где же она? Ну что это! Какая тоска! Мне хочется поскорей позавтракать, а тут эта... полукровная. Где же она? Надо ее скорее спровадить.
П е р в ы й м и н и с т р. Идет, ваше величество.

Входит принцесса с фрейлинами.

О ф и ц е р *(командует)*. При виде молодой красавицы-принцессы жизнерадостно пры-гай!

Солдаты прыгают.

С момента появления принцессы король начинает вести себя загадочно. Его лицо выражает растерянность. Он говорит глухо, как бы загипнотизированный. Смотрит на принцессу, нагнув голову, как бык. Принцесса всходит на возвышение.

О ф и ц е р *(командует)*. Успо-койсь!

Солдаты останавливаются.

К о р о л ь *(сомнамбулически, горловым тенором)*. Здравствуйте, принцесса.
П р и н ц е с с а. Иди ты к чертовой бабушке.

Некоторое время король глядит на принцессу, как бы стараясь вникнуть в смысл ее слов. Затем, странно улыбнувшись, разворачивает приветствие и откашливается.

О ф и ц е р *(командует)*. От внимания обалдей!
К о р о л ь *(тем же тоном)*. Принцесса. Я счастлив, что вы как солнце взошли на мой трон. Свет вашей красоты озарил все вокруг.
П р и н ц е с с а. Заткнись, дырявый мешок.
К о р о л ь *(так же)*. Я счастлив, принцесса, что вы оценили меня по достоинству.
П р и н ц е с с а. Осел.
К о р о л ь *(так же)*. Вы так хорошо меня поняли, принцесса, что я могу сказать только одно: вы так же умны, как и прекрасны.

П р и н ц е с с а. Дурак паршивый. Баран.

К о р о л ь. Я чувствую, что мы любим друг друга, принцесса, позвольте вас поцеловать. *(Делает шаг вперед.)*

П р и н ц е с с а. Пошел вон, сукин сын!

Пушечная пальба. Ликующее «ура». Принцесса сходит с возвышения. Король странной походкой, не сгибая колен, идет на авансцену. Его окружают фрейлины. Первый министр поддерживает его за локоть.

П е р в а я ф р е й л и н а. Ваше величество! Разрешите ущипнуть дерзкую?

П е р в ы й м и н и с т р. Ваше величество, я доктора позову.

К о р о л ь *(с трудом)*. Нет, не доктора... Нет... *(Кричит.)* Ткачей!

П е р в ы й м и н и с т р. Они здесь, ваше величество.

К о р о л ь *(кричит)*. Немедленно сшить мне свадебный наряд!

П е р в а я ф р е й л и н а. Но вы слышали, ваше величество, как она нарушала дисциплину?

К о р о л ь. Нет, не слышал! Я только видел! Я влюбился! Она чудная! Женюсь! Сейчас же женюсь! Как вы смеете удивленно смотреть? Да мне плевать на ее происхождение! Я все законы переменю — она хорошенькая! Нет! Запиши! Я жалую ей немедленно самое благородное происхождение, самое чистокровное! *(Ревет.)* Я женюсь, хотя бы весь свет был против меня!

Занавес

Коридор дворца. Дверь в комнату ткачей. П р и н ц е с с а стоит, прижавшись к стене. Она очень грустна. За стеной гремит барабан.

П р и н ц е с с а. Это очень тяжело — жить в чужой стране. Здесь все это... ну как его... мили... милитаризовано... Все под барабан. Деревья в саду выстроены взводными колоннами. Птицы летают побатально. И кроме того, эти ужасные освященные веками традиции, от которых уже совершенно нельзя жить. За обедом подают котлеты, потом желе из апельсинов, потом суп. Так установлено с девятого века. Цветы в саду пудрят. Кошек бреют, оставляя только бакенбарды и кисточку на хвосте. И все это нельзя нарушить — иначе погибнет государство. Я была бы очень терпелива, если бы Генрих был со мной. Но Генрих пропал, пропал Генрих! Как мне его найти, когда фрейлины ходят за мной строем! Только и жизнь, когда их уводят на учение... Очень трудно было передергать всех бородачей. Поймаешь бородача в коридоре, дернешь — но борода сидит, как пришитая, бородач визжит — никакой радости. Говорят, новые ткачи бородатые, а фрейлины как раз маршируют на площади, готовятся к свадебному параду. Ткачи работают здесь. Войти дернуть? Ах, как страшно! А вдруг и здесь Генриха нет! Вдруг его поймали и по традиции восьмого века под барабан отрубили ему на площади голову! Нет, чувствую я, чувствую — придется мне этого короля зарезать, а это так противно! Пойду к ткачам. Надену перчатки. У меня мозоли на пальцах от всех этих бород. *(Делает шаг к двери, но в коридор входят фрейлины строем.)*

П е р в а я   ф р е й л и н а. Разрешите доложить, ваше высочество?
П р и н ц е с с а. Кру-у-гом!

Фрейлины поворачиваются.

Арш!

Фрейлины уходят. Скрываются. Принцесса делает шаг к двери. Фрейлины возвращаются.

П е р в а я   ф р е й л и н а. Подвенечный наряд...
П р и н ц е с с а. Круго-ом — арш!

Фрейлины делают несколько шагов, возвращаются.

П е р в а я   ф р е й л и н а. Готов, ваше высочество.
П р и н ц е с с а. Круго-ом — арш!

Фрейлины поворачиваются, идут. Им навстречу — к о р о л ь   и   п е р в ы й   м и н и с т р.

П е р в а я   ф р е й л и н а. Сми-ирно!
К о р о л ь. А-а, душечки. Ах! Она. И совершенно такая же, как я ее видел во сне, только гораздо более сердитая. Принцесса! Душечка. Влюбленный в вас не может не любить вас.
П р и н ц е с с а. Катитесь к дьяволу. *(Убегает, сопровождаемая фрейлинами.)*
К о р о л ь *(хохочет)*. Совершенно изнервничалась. Я ее так понимаю. Я тоже совершенно изныл от нетерпения. Ничего. Завтра свадьба. Сейчас я увижу эту замечательную ткань. *(Идет к двери и останавливается.)*
П е р в ы й   м и н и с т р. Ваше величество, вы шли, как всегда, правильно. Сюда, сюда.
К о р о л ь. Да погоди ты...
П е р в ы й   м и н и с т р. Ткачи-то, простите за грубость, именно здесь и работают.
К о р о л ь. Знаю, знаю. *(Выходит на авансцену.)* Да... Ткань-то

особенная... Конечно, мне нечего беспокоиться. Во-первых, я умен. Во-вторых, ни на какое другое место, кроме королевского, я совершенно не годен. Мне и на королевском месте вечно чего-то не хватает, я всегда сержусь, а на любом другом я был бы просто страшен. И все-таки... Лучше бы сначала к ткачам пошел кто-нибудь другой. Вот первый министр. Старик честный, умный, но все-таки глупей меня. Если он увидит ткань, то я и подавно. Министр! Подите сюда!

П е р в ы й м и н и с т р. Я здесь, ваше величество.

К о р о л ь. Я вспомнил, что мне еще надо сбегать в сокровищницу выбрать невесте бриллианты. Ступайте посмотрите эту ткань, а потом доложите мне.

П е р в ы й м и н и с т р. Ваше величество, простите за грубость...

К о р о л ь. Не прощу. Ступайте! Живо! *(Убегает.)*

П е р в ы й м и н и с т р. Да-а. Все это ничего... Однако... *(Кричит.)* Министр нежных чувств!

Входит министр нежных чувств.

М и н и с т р н е ж н ы х ч у в с т в. Здравствуйте.

П е р в ы й м и н и с т р. Здравствуйте. Вот что — меня ждут в канцелярии. Ступайте к ткачам и доложите мне, что у них и как. *(В сторону.)* Если этот дурак увидит ткань, то я и подавно...

М и н и с т р. Но, господин первый министр, я должен пойти сейчас в казарму к фрейлинам короля и уговорить их не плакать на завтрашней свадьбе.

П е р в ы й м и н и с т р. Успеете. Ступайте к ткачам. Живо! *(Убегает.)*

М и н и с т р. Да-а. Я, конечно... Однако... *(Кричит.)* Придворный поэт!

Входит придворный поэт.

Ступайте к ткачам и доложите, что у них и как. *(В сторону.)* Если этот дурак увидит ткань, то я и подавно.

П р и д в о р н ы й п о э т. Но я, ваше превосходительство, кончаю стихи на выезд принцессы из своего королевства в нашу родную страну.

М и н и с т р. Кому это теперь интересно? Принцесса уже две недели как приехала. Ступайте. Живо! *(Убегает.)*

П р и д в о р н ы й п о э т. Я, конечно, не дурак... Но... Э, была не была! В крайнем случае совру! Впервой ли мне! *(Стучит в дверь.)*

Занавес

Комната ткачей. Два больших ручных ткацких станка сдвинуты к стене. Две большие рамы стоят посреди комнаты. Рамы пустые. Большой стол. На столе — ножницы, подушечка с золотыми булавками, складной аршин.

Х р и с т и а н. Генрих! Генрих, будь веселей! У нас тончайший шелк, который нам дали для тканья, вот он в мешке. Я сотку из него чудесное платье для твоей невесты. А в этой сумке золото. Мы поедем домой на самых лучших конях. Веселей, Генрих!

Г е н р и х. Я очень веселый. Я молчу потому, что думаю.

Х р и с т и а н. О чем?

Г е н р и х. Как я с Генриеттой вечером буду гулять у реки, что возле нашего дома.

Стук в дверь. Христиан хватает ножницы, наклоняется над столом и делает вид, что режет. Генрих рисует мелком по столу.

Х р и с т и а н. Войдите.

Входит п р и д в о р н ы й п о э т.

П р и д в о р н ы й п о э т. Здравствуйте, придворные ткачи.

Х р и с т и а н *(не оставляя работу)*. Здравствуйте, придворный поэт.

П р и д в о р н ы й п о э т. Вот что, ткачи, — меня прислали с очень важным поручением. Я должен посмотреть и описать вашу ткань.

Х р и с т и а н. Пожалуйста, господин поэт. Генрих, как ты думаешь, цветы роз нам поставить кверху листьями или кверху лепестками?

Г е н р и х *(прищуриваясь)*. Да. Пожалуй, да. Пожалуй, лепестками. На лепестках шелк отливает красивее. Король дышит, а лепестки шевелятся, как живые.

П р и д в о р н ы й п о э т. Я жду, ткачи!

Х р и с т и а н. Чего именно, господин поэт?

П р и д в о р н ы й п о э т. То есть как чего именно? Жду, чтобы вы мне показали ткань, сделанную вами для костюма короля.

Генрих и Христиан бросили работу. Они смотрят на придворного поэта с крайним изумлением.

(Пугается.) Ну нечего, нечего! Слышите вы? Зачем таращите глаза? Если я в чем ошибся — укажите на мою ошибку, а сбивать меня с толку ни к чему! У меня работа нервная! Меня надо беречь!

Х р и с т и а н. Но мы крайне поражены, господин поэт!

П р и д в о р н ы й п о э т. Чем? Сейчас говорите, чем?

Христиан. Но ткани перед вами. Вот на этих двух рамах шелка натянуты для просушки. Вот они грудой лежат на столе. Какой цвет, какой рисунок!

Придворный поэт *(откашливается)*. Конечно, лежат. Вот они лежат. Такая груда. *(Оправляется.)* Но я приказывал вам показать мне шелк. Показать с объяснениями: что пойдет на камзол, что на плащ, что на кафтан.

Христиан. Пожалуйста, господин поэт. На этой раме — шелк трех сортов. *(Поэт записывает в книжечку.)* Один, тот, что украшен розами, пойдет на камзол короля. Это будет очень красиво. Король дышит, а лепестки шевелятся, как живые. На этом среднем — знаки королевского герба. Это на плащ. На этом мелкие незабудки — на панталоны короля. Чисто белый шелк этой рамы пойдет на королевское белье и на чулки. Этот атлас — на обшивку королевских туфель. На столе — отрезы всех сортов.

Придворный поэт. А скажите, мне интересно, как вы на вашем простом языке называете цвет этого первого куска? С розами.

Христиан. На нашем простом языке фон этого куска называется зеленым. А на вашем?

Придворный поэт. Зеленым.

Генрих. Какой веселый цвет — правда, господин поэт?

Придворный поэт. Да. Ха-ха-ха! Очень веселый! Да. Спасибо, ткачи! Вы знаете — во всем дворце только и разговору, что о вашей изумительной ткани. Каждый так и дрожит от желания убедиться в глупости другого. Сейчас придет сюда министр нежных чувств. До свидания, ткачи.

Христиан и Генрих. До свидания, придворный поэт.

Поэт уходит.

Генрих. Ну, дело теперь идет на лад, Христиан.

Христиан. Теперь я заставлю прыгать министра нежных чувств, Генрих.

Генрих. Как прыгать, Христиан?

Христиан. Как мячик, Генрих.

Генрих. И ты думаешь, он послушается, Христиан?

Христиан. Я просто уверен в этом, Генрих.

Стук в дверь. Входит министр нежных чувств. В руках у него листки из записной книжки поэта. Самсуверенно идет к первой раме.

Министр нежных чувств. Какие дивные розы!

Христиан *(дико вскрикивает)*. А!

Министр *(подпрыгнув)*. В чем дело?

Х р и с т и а н. Простите, господин министр, но разве вы не видите? *(Показывает ему под ноги.)*
М и н и с т р. Что я не вижу? Какого черта я тут должен увидеть?
Х р и с т и а н. Вы стоите на шелке, из которого мы хотели кроить на полу камзол.
М и н и с т р. Ах, вижу, вижу! *(Шагает в сторону.)*
Г е н р и х. Ах! Вы топчете королевский плащ!
М и н и с т р. Ах, проклятая рассеянность! *(Прыгает далеко вправо.)*
Х р и с т и а н. А! Белье короля!

Министр прыгает далеко влево.

Г е н р и х. А! Чулки короля!

Министр делает гигантский прыжок к двери.

Х р и с т и а н. А! Башмаки короля!

Министр выпрыгивает в дверь. Просовывает голову в комнату.

М и н и с т р *(из двери)*. Ах, какая прекрасная работа! Мы, министры, по должности своей обязаны держать голову кверху. Поэтому то, что внизу, на полу, я с непривычки плохо вижу. Но то, что в раме, то, что на столе — розы, гербы, незабудки, — красота, красота! Продолжайте, господа ткачи, продолжайте. Сейчас к вам придет первый министр. *(Уходит, закрыв дверь.)*
Х р и с т и а н. Кто был прав, Генрих?
Г е н р и х. Ты был прав, Христиан.
Х р и с т и а н. А первого министра я назову в глаза дураком, Генрих.
Г е н р и х. Прямо в глаза, Христиан?
Х р и с т и а н. Прямо в глаза, Генрих.

Первый министр открывает дверь, просовывает голову. Христиан, как бы не замечая его, идет за раму.

П е р в ы й м и н и с т р. Эй, ткачи! Вы бы прибрали на полу. Такая дорогая ткань — и валяется в пыли. Ай, ай, ай! Сейчас король сюда придет!
Г е н р и х. Слушаю, ваше превосходительство. *(Делает вид, что убирает и складывает ткань на столы.)*

П е р в ы й м и н и с т р в х о д и т. Осторожно становится у дверей. Христиан, отойдя за раму, достает из кармана бутылку. Пьет.

П е р в ы й   м и н и с т р. Эй ты, наглец, как ты смеешь пить водку за работой?

Х р и с т и а н. Что это за дурак там орет?

П е р в ы й   м и н и с т р. А! Да ты ослеп, что ли? Это я, первый министр!

Х р и с т и а н. Простите, ваше превосходительство, я из-за тканей вас не вижу, а голоса не узнал. А как вы меня увидели — вот что непонятно!

П е р в ы й   м и н и с т р. А я... по запаху. Не люблю эту водку проклятую. Я ее за версту чую.

Христиан выходит из-за рамы.

Х р и с т и а н. Да разве это водка — это вода, ваше превосходительство.

П е р в ы й   м и н и с т р. Что ты суешь в нос мне свою скверную фляжку! Стань на место! Сейчас король придет! *(Уходит.)*

Из-за кулис слышно пение: король идет и весело поет.

К о р о л ь *(за кулисами).* Сейчас приду и погляжу, сейчас приду и погляжу, тру-ля-ля. Тру-ля-ля!

Весело входит в комнату. За ним придворные.

Тру-ля-ля, тру-ля-ля! *(Упавшим голосом.)* Тру-ля-ля!

Пауза.

(С неопределенной улыбкой делает чрезвычайно широкий жест рукой.) Ну! Ну как? А?

П р и д в о р н ы е. Замечательно, чудно, какая ткань!

М и н и с т р. Ткань роскошна и благородна, ваше величество!

П р и д в о р н ы е. Вот именно! Как похоже! Роскошна и благородна!

К о р о л ь *(первому министру).* А ты что скажешь, честный старик? А?

Король подавлен, но бодрится. Говорит с первым министром, а глядит на стол и рамы, видимо надеясь наконец увидеть чудесную ткань. На лице все та же застывшая улыбка.

П е р в ы й   м и н и с т р. Ваше величество, на этот раз я скажу вам такую чистую правду, какой свет не видал. Может, вы удивитесь, ваше величество, может, я поражу вас, но я скажу!

К о р о л ь. Так-так.

П е р в ы й   м и н и с т р. Вы простите меня, но подчас хочется быть действительно прямым. Никакой ткани, ваше величество, вы нигде не найдете, подобной этой. Это и пышно, и красочно.

П р и д в о р н ы е. Ах как верно! Пышно и красочно. Очень точно сказано.

К о р о л ь. Да, молодцы ткачи. Я вижу, у вас того... все уже довольно готово?..

Х р и с т и а н. Да, ваше величество. Надеюсь, ваше величество не осудит нас за цвет этих роз?

К о р о л ь. Нет, не осужу. Да, не осужу.

Х р и с т и а н. Мы решили, что красные розы в достаточном количестве каждый видит на кустах.

К о р о л ь. На кустах видит. Да. Прекрасно, прекрасно.

Х р и с т и а н. Поэтому на шелку мы их сделали сире... *(кашляет)* сире... *(кашляет.)*

П р и д в о р н ы е. Сиреневыми, как остроумно! Как оригинально — сиреневыми! Роскошно и благородно.

Х р и с т и а н. Серебряными, господа придворные.

Пауза.

М и н и с т р. Браво, браво! *(Аплодирует, придворные присоединяются.)*

К о р о л ь. Я только что хотел поблагодарить вас за то, что серебряными, это мой любимый цвет. Буквально только что. Выражаю вам мою королевскую благодарность.

Х р и с т и а н. А как вы находите, ваше величество, фасон этого камзола — не слишком смел?

К о р о л ь. Да, не слишком. Нет. Довольно разговаривать, давайте примерять. Мне еще надо сделать очень много дел.

Х р и с т и а н. Я попрошу господина министра нежных чувств подержать камзол короля.

М и н и с т р. Я не знаю, достоин ли я?

К о р о л ь. Достоин. Да. Ну-с. *(Бодрится.)* Давайте ему этот красивый камзол... Разденьте меня, первый министр. *(Раздевается.)*

Х р и с т и а н. Ах!

М и н и с т р *(подпрыгивает, глядя под ноги)*. Что такое?

Х р и с т и а н. Как вы держите камзол, господин министр?

М и н и с т р. Как святыню... Что?

Х р и с т и а н. Но вы держите его вверх ногами.

М и н и с т р. Залюбовался на рисунок. *(Вертит в руках несуществующий камзол.)*

Х р и с т и а н. Не будет ли так добр господин первый министр подержать панталоны короля?

Первый министр. Я, дружок, из канцелярии, у меня руки в чернилах. *(Одному из придворных.)* Возьмите, барон!

Первый придворный. Я забыл очки, ваше превосходительство. Вот маркиз...

Второй придворный. Я слишком взволнован, у меня дрожат руки. Вот граф...

Третий придворный. У нас в семье плохая примета держать в руках королевские панталоны...

Король. В чем там дело? Одевайте меня скорее. Я спешу.

Христиан. Слушаю, ваше величество. Генрих, сюда. Ножку, ваше величество. Левей! Правей! Я боюсь, что господа придворные одели бы вас более ловко. Мы смущаемся перед таким великим королем. Вот, панталоны надеты. Господин министр нежных чувств, камзол. Простите, но вы держите его спиной. Ах! Вы его уронили! Позвольте, тогда мы сами. Генрих, плащ. Всё. Прелесть этой ткани — ее легкость. Она совершенно не чувствуется на плечах. Белье будет готово к утру.

Король. В плечах жмет. *(Поворачивается перед зеркалом.)* Плащ длинноват. Но, в общем, костюм мне идет.

Первый министр. Ваше величество, простите за грубость. Вы вообще красавец, а в этом костюме — вдвойне.

Король. Да? Ну, снимайте.

Ткачи раздевают короля и одевают его в костюм.

Спасибо, ткачи, молодцы. *(Идет к двери.)*

Придворные. Молодцы, ткачи! Браво! Роскошно и благородно! Пышно и красочно! *(Хлопают ткачей по плечу.)* Ну, теперь мы вас не отпустим. Вы всех нас оденете!

Король *(останавливается в дверях)*. Просите чего хотите. Я доволен.

Христиан. Разрешите нам сопровождать вас, ваше величество, в свадебном шествии. Это будет нам лучшая награда.

Король. Разрешаю. *(Уходит с придворными.)*

Генрих и Христиан *(поют)*.

> Мы сильнее всех придворных,
> Мы смелей проныр проворных.
> Вы боитесь за места —
> Значит, совесть нечиста.
> Мы не боимся ничего.
> Мы недаром долго ткали,
> Наши ткани крепче стали,
> Крепче стали поразят

И свиней, и поросят.
Мы не боимся ничего.

Если мы врага повалим,
Мы себя потом похвалим.
Если враг не по плечу,
Попадем мы к палачу.
Мы не боимся ничего.

Занавес опускается на несколько секунд. Подымается. Та же комната утром. За окнами слышен шум толпы. Короля одевают за ширмами. П е р в ы й м и н и с т р *стоит на авансцене.*

П е р в ы й м и н и с т р. Зачем я в первые министры пошел? Зачем? Мало ли других должностей? Я чувствую — худо кончится сегодняшнее дело. Дураки увидят короля голым. Это ужасно! Это ужасно! Вся наша национальная система, все традиции держатся на непоколебимых дураках. Что будет, если они дрогнут при виде нагого государя? Поколеблются устои, затрещат стены, дым пойдет над государством! Нет, нельзя выпускать короля голым. Пышность — великая опора трона! Был у меня друг, гвардейский полковник. Вышел он в отставку, явился ко мне без мундира. И вдруг я вижу, что он не полковник, а дурак! Ужас! С блеском мундира исчез престиж, исчезло очарование. Нет! Пойду и прямо скажу государю: нельзя выходить! Нет! Нельзя!

К о р о л ь. Честный старик!

П е р в ы й м и н и с т р *(бежит)*. Грубо говоря, вот я.

К о р о л ь. Идет мне это белье?

П е р в ы й м и н и с т р. Говоря в лоб, это красота.

К о р о л ь. Спасибо. Ступай!

П е р в ы й м и н и с т р *(снова на авансцене)*. Нет! Не могу! Ничего не могу сказать, язык не поворачивается! Отвык за тридцать лет службы. Или сказать? Или не сказать? Что будет! Что будет!

Занавес

Площадь. На переднем плане — возвышение, крытое коврами. От возвышения по обе стороны — устланные коврами дороги. Левая дорога ведет к воротам королевского замка. Правая скрывается за кулисами. Загородка, украшенная роскошными тканями, отделяет от дороги и возвышения толпу. Толпа поет, шумит, свистит. Когда шум затихает, слышны отдельные разговоры.

П е р в а я д а м а. Ах, меня так волнует новое платье короля! У меня от волнения вчера два раза был разрыв сердца!

В т о р а я д а м а. А я так волновалась, что мой муж упал в обморок.

Нищий. Помогите! Караул!

Голоса. Что такое? Что случилось?

Нищий. У меня украли кошелек!

Голос. Но там, наверное, были гроши?

Нищий. Гроши! Наглец! У самого искусного, старого, опытного нищего — гроши! Там было десять тысяч талеров! Ах! Вот он, кошелек, за подкладкой! Слава богу! Подайте, Христа ради.

Бритый господин. А вдруг король-отец опоздает?

Господин с бородой. Неужели вы не слышали пушек? Король-отец уже приехал. Он и принцесса-невеста придут на площадь из гавани. Король-отец ехал морем. Его в карете укачивает.

Бритый господин. А в море нет?

Господин с бородой. В море не так обидно.

Пекарь с женой. Позвольте, господа, позвольте! Вам поглазеть, а мы по делу!

Голоса. У всех одинаковые дела!

Пекарь. Нет, не у всех! Пятнадцать лет мы спорим с женой. Она говорит, что я дурак, а я говорю, что она. Сегодня наконец наш спор разрешит королевское платье. Пропустите!

Голоса. Не пропустим! Мы все с женами, мы все спорим, мы все по делу!

Человек с ребенком на плечах. Дорогу ребенку! Дорогу ребенку! Ему шесть лет, а он умеет читать, писать и знает таблицу умножения. За это я обещал ему показать короля. Мальчик, сколько семью восемь?

Мальчик. Пятьдесят шесть.

Человек. Слышите? Дорогу ребенку, дорогу моему умному сыну! А сколько будет шестью восемь?

Мальчик. Сорок восемь.

Человек. Слышите, господа? А ему всего шесть лет. Дорогу умному мальчику, дорогу моему сыну!

Рассеянный человек. Я забыл дома очки, и теперь мне не увидеть короля. Проклятая близорукость!

Карманник. Я могу вас очень легко вылечить от близорукости.

Рассеянный. Ну! Каким образом?

Карманник. Массажем. И сейчас же, здесь.

Рассеянный. Ах, пожалуйста. Мне жена велела посмотреть и все ей подробно описать, а я вот забыл очки.

Карманник. Откройте рот, закройте глаза и громко считайте до двадцати.

Рассеянный считает вслух, не закрывая рта. Карманник крадет у него часы, кошелек, бумажник и скрывается в толпе.

Р а с с е я н н ы й *(кончив счет)*. Где же он? Он убежал! А я стал видеть еще хуже! Я не вижу моих часов, моего бумажника, моего кошелька!

Ч е л о в е к. Дорогу моему мальчику! Дорогу моему умному сыну! Сколько будет шестью шесть?

М а л ь ч и к. Тридцать шесть.

Ч е л о в е к. Вы слышите? Дорогу моему сыну! Дорогу гениальному ребенку!

Слышен бой барабанов. В толпе движение. Лезут на столбы, встают на тумбы, на плечи друг другу.

Г о л о с а. Идет! Идет!
— Вон он!
— Красивый!
— И одет красиво!
— Вы раздавили мне часы!
— Вы сели мне на шею!
— Можете в собственных экипажах ездить, если вам тут тесно!
— А еще в шлеме!
— А еще в очках!

Показываются в о й с к а.

Г е н е р а л *(командует)*. Толпу, ожидающую короля, от ограды оттесни!

С о л д а т ы *(хором)*. Пошли вон. Пошли вон. Пошли вон. Пошли вон. *(Оттесняют толпу.)*

Г е н е р а л. К толпе спи-и-ной!

Солдаты поворачиваются спиной к толпе, лицом к возвышению. Гремят трубы. Г е р о л ь д ы шагают по дороге.

Г е р о л ь д ы. Шапки долой, шапки долой, шапки долой перед его величеством!

Уходят во дворец. Из-за кулис справа выходит пышно одетый к о р о л ь - о т е ц с п р и н ц е с с о й в подвенечном наряде. Они поднимаются на возвышение. Толпа затихает.

П р и н ц е с с а. Отец, ну хоть раз в жизни поверь мне. Я тебе даю честное слово: жених — идиот!

Король-отец. Король не может быть идиотом, дочка. Король всегда мудр.

Принцесса. Но он толстый!

Король-отец. Дочка, король не может быть толстым. Это называется «величавый».

Принцесса. Он глухой, по-моему! Я ругаюсь, а он не слышит и ржет.

Король-отец. Король не может ржать. Это он милостиво улыбается. Что ты ко мне пристаешь? Что ты смотришь жалобными глазами? Я ничего не могу сделать! Отвернись! Вот я тебе котелок привез. Ведь не целый же день будет с тобой король. Ты послушаешь музыку, колокольчики. Когда никого не будет близко, можешь даже послушать песню. Нельзя же принцессе выходить замуж за свинопаса! Нельзя!

Принцесса. Он не свинопас, а Генрих!

Король-отец. Все равно! Не будь дурочкой, не подрывай уважения к королевской власти. Иначе соседние короли будут над тобой милостиво улыбаться.

Принцесса. Ты тиран!

Король-отец. Ничего подобного. Вон — смотри. Бежит министр нежных чувств. Развеселись, дочка. Смотри, какой он смешной!

Министр нежных чувств. Ваше величество и ваше высочество! Мой государь сейчас выйдет. Они изволят гоняться с кинжалом за вторым камергером, который усмехнулся, увидев новое платье нашего всемилостивейшего повелителя. Как только наглец будет наказан — государь придет.

Трубят трубы.

Камергер наказан!

Выходят герольды.

Герольды. Шапки долой, шапки долой, шапки долой перед его величеством!

Из дворца выходят трубачи, за ними строем фрейлины, за фрейлинами придворные в расшитых мундирах. За ними первый министр.

Первый министр. Король идет! Король идет! Король идет!

Оглядывается. Короля нет.

Отставить! (*Бежит во дворец. Возвращается. Королю-отцу.*) Сейчас! Государь задержался, грубо говоря, у зеркала. (*Кричит.*) Король идет, король идет, король идет!

Оглядывается. Короля нет. Бежит во дворец. Возвращается.

(Королю-отцу.) Несут, несут! *(Громко.)* Король идет! Король идет! Король идет!

Выносят портшез с королем. Король, милостиво улыбаясь, смотрит из окна. Портшез останавливается. Толпа кричит «ура». Солдаты падают ниц. Дверца портшеза открывается. Оттуда выскакивает к о р о л ь. Он совершенно гол. Приветственные крики разом обрываются.

П р и н ц е с с а. Ах! *(Отворачивается.)*
Г е н е р а л. В себя при-ди!

Солдаты встают, взглядывают на короля и снова валятся ниц в ужасе.

В себя при-ди!

Солдаты с трудом выпрямляются.

Отвер-нись!

Солдаты отворачиваются. Толпа молчит. Король медленно, самодовольно улыбаясь, не сводя глаз с принцессы, двигается к возвышению. Подходит к принцессе.

К о р о л ь *(галантно)*. Даже самая пышная одежда не может скрыть пламени, пылающего в моем сердце.
П р и н ц е с с а. Папа. Теперь-то ты видишь, что он идиот?
К о р о л ь. Здравствуйте, кузен!
К о р о л ь-о т е ц. Здравствуйте, кузен. *(Шепотом.)* Что вы делаете, кузен? Зачем вы появляетесь перед подданными в таком виде?
К о р о л ь *(шепотом)*. Что? Значит, и вы тоже? Ха-ха-ха!
К о р о л ь-о т е ц. Что я «тоже»?
К о р о л ь. Либо не на месте, либо дурак! Тот, кто не видит эту ткань, либо не на месте, либо дурак!
К о р о л ь-о т е ц. Дурак тот, кто видит эту ткань, бессовестный!
К о р о л ь. Это кто же бессовестный?
К о р о л ь-о т е ц. Тише говорите! А то чернь услышит нас. Говорите тише и улыбайтесь. Вы бессовестный!
К о р о л ь *(принужденно улыбаясь. Тихо)*. Я?
К о р о л ь-о т е ц. Да!
К о р о л ь *(некоторое время молчит, полный негодования. Потом упавшим голосом спрашивает)*. Почему?
К о р о л ь-о т е ц *(шипит злобно, не переставая улыбаться)*. Потому что вылез на площадь, полную народа, без штанов!
К о р о л ь *(хлопает себя по ноге)*. А это что?

Король-отец. Нога!
Король. Нога?
Король-отец. Да!
Король. Нет.
Король-отец. Голая нога!
Король. Зачем же врать-то? Даю честное королевское слово, что я одет как картинка!
Король-отец. Голый, голый, голый!
Король. Ну что это, ну какая гадость! Ну зачем это! Придворные! Я одет?
Придворные. Пышно и красочно! Роскошно и благородно!
Король. Съел? Первый министр! Я одет?
Первый министр *(обычным тоном)*. Простите за грубость, ваше величество. *(Свирепо.)* Ты голый, старый дурак! Понимаешь? Голый, голый, голый!

Король издает странный вопль, похожий на икание. Вопль этот полон крайнего изумления.

Ты посмотри на народ! На народ посмотри! Они задумались. Задумались, несчастный шут! Традиции трещат! Дым идет над государством!

Король издает тот же вопль.

Молчи, скважина! Генерал! Сюда!

Генерал рысью бежит на возвышение.

Войска надежны? Они защитят короля в случае чего? Слышите, как народ безмолвствует?
Генерал. Погода подвела, господин первый министр!
Король. А?
Генерал. Погода, ваше величество. С утра хмурилось, и многие из толпы на всякий случай взяли зонтики...
Король. Зонтики?
Генерал. Да, ваше величество. Они вооружены зонтиками. Будь толпа безоружна, а тут зонтики.
Король. Зонтики?
Генерал. Если пошло начистоту — не ручаюсь и за солдат. Отступят! *(Шепотом.)* Они у меня разложенные!

Король издает тот же вопль, похожий на икание.

Я сам удивляюсь, ваше величество. Книг нет, листовок нет, агитаторов нет, дисциплина роскошная, а они у меня с каждым днем все больше разлагаются. Пробовал командовать — разлагаться прекра-ати! Не берет!

Министр нежных чувств. Ну я не знаю, ну так нельзя, я сам тоже недоволен, я пойду туда, к народу!

Первый министр. Молчать!

Министр нежных чувств. Надо создать Временный комитет безопасности придворных.

Первый министр. Молчать! Нельзя терять времени! Надо толпу ошеломить наглостью. Надо как ни в чем не бывало продолжать брачную церемонию!

Принцесса. Я...

Первый министр *(с поклоном).* Молчать!

Король-отец. Он прав! Давай, давай!

Министр нежных чувств. У меня фрейлины милитаризованные. Они защитят наш комитет.

Первый министр. Ерунда твои фрейлины! Бери принцессу за руку, король. *(Машет герольдам.)*

Герольды. Тишина! Тишина! Тишина!

Пауза.

Мальчик. Папа, а ведь он голый!

Молчание и взрыв криков.

Министр нежных чувств *(бежит во дворец и кричит на ходу).* У меня мать кузнец, отец прачка! Долой самодержавие!

Мальчик. И голый, и толстый!

Крики. Слышите, что говорит ребенок? Он не может быть не на своем месте!

— Он не служащий!

— Он умный, он знает таблицу умножения!

— Король голый!

— На животе бородавка, а налоги берет!

— Живот арбузом, а говорит — повинуйся!

— Прыщик! Вон прыщик у него!

— А туда же, стерилизует!

Король. Молчать! Я нарочно. Да. Я все нарочно. Я повелеваю: отныне все должны венчаться голыми. Вот!

Свист.

Дураки паршивые!

Свист. Король мчится во дворец. Первый министр, а за ним все придворные мчатся следом. На возвышении король-отец и принцесса.

К о р о л ь - о т е ц. Бежим! Смотри, какие глаза у этих людей за загородкой! Они видели короля голым. Они и меня раздевают глазами! Они сейчас бросятся на меня!

Г е н р и х и Х р и с т и а н *(прыгают на возвышение, кричат).* У-у-у!

К о р о л ь - о т е ц. Ах, началось! *(Подобрав мантию, бежит по дороге направо.)*

П р и н ц е с с а. Генрих!

Г е н р и х. Генриетта!

Х р и с т и а н *(толпе).* Дорогие мои! Вы пришли на праздник, а жених сбежал. Но праздник все-таки состоялся! Разве не праздник? Молодая девушка встретила наконец милого своего Генриха! Хотели ее отдать за старика, но сила любви разбила все препятствия. Мы приветствуем ваш справедливый гнев против этих мрачных стен. Приветствуйте и вы нас, приветствуйте любовь, дружбу, смех, радость!

П р и н ц е с с а.

Генрих, славный и кудрявый,
Генрих милый, дорогой,
Левой — правой, левой — правой
Отведет меня домой.

Т о л п а.

Пусть ликует вся земля,
Мы прогнали короля!
Пусть ликует вся земля,
Мы прогнали короля!

(Пляшут.)

Г е н р и х.

У кого рассудок здравый,
Тот примчится, молодец,
Левой — правой, левой — правой
Прямо к счастью наконец!

В с е.

Пусть ликует вся земля,
Мы прогнали короля!
Пусть ликует вся земля,
Мы прогнали короля!

Занавес

1934

ПРИКЛЮЧЕНИЯ ГОГЕНШТАУФЕНА

ДЕЙСТВУЮЩИЕ ЛИЦА

Гогенштауфен — экономист.
Упырева — управделами.
Маруся Покровская — счетовод.
Кофейкина — уборщица.
Бойбабченко — домашняя хозяйка.
Арбенин — юрисконсульт.
Журочкин — бухгалтер.
Брючкина — зав. машинописным бюро.
Юрий Дамкин — зав. снабжением.
Фавн — статуя.
Заведующий.
Сердитый молодой человек.
Рабочий.
Пожарный.
Милиционер.
Толпа.
Горцы на конях.

ДЕЙСТВИЕ ПЕРВОЕ

КАРТИНА ПЕРВАЯ

Скверик около учреждения. Вечер. Старуха-уборщица по фамилии К о ф е й -
к и н а дремлет в сквернике. К ней быстро подходит другая старуха — Б о й -
б а б ч е н к о.

Б о й б а б ч е н к о. Слушай, Кофейкина, я к тебе... Это дело надо прекратить!

К о ф е й к и н а. Какое дело?

Б о й б а б ч е н к о. Ты меня знаешь! Я — старуха отчаянная, я — старуха добрая. Когда мне кого-нибудь жалко, я могу человека убить. Я такое могу поднять, что по газетам шум пойдет. Недопустимое это дело! Ведь уже одиннадцатый час!

К о ф е й к и н а. Ты о чем говоришь?

Б о й б а б ч е н к о. Конечно, о Гогенштауфене. Лицо его беспардонное, простое, каждому понятное. Каждый видит, что можно его нагрузить до отказу. Взгляни сама, оглянись! Разве это не ужасная картина? Во всем учреждении погас свет, только одно окно горит, его окно, Гогенштауфена. Сидит, крутит арифмометр за ручку...

К о ф е й к и н а. И песни поет.

Б о й б а б ч е н к о. Что?

К о ф е й к и н а. И песни поет. Он всегда, когда в одиночестве работает, напевает на мотив Буденного все, что в голову придет... Веселый экономист...

Б о й б а б ч е н к о. И ты про это так спокойно говоришь? Оставили человека одного на все учреждение, работы на него навалили, сами гуляют, сами пируют — а он мучайся?

К о ф е й к и н а. Он не мучается.

Б о й б а б ч е н к о. Не морочь мне голову! Человек он молодой, нежный, погода хорошая, девушка у него, Маруся Покровская, такая, что даже я, старуха, и то в форточку любуюсь, когда она через садик домой идет, милая. А ты мне говоришь, что он не мучается! Врешь, мучается! Врешь, хочет уйти! Врешь, беспокоится за девушку. Где, мол, она в такую погоду? Не гуляет ли?

Кофейкина. Постой, мать.

Бойбабченко. Не буду стоять! Я все ваше учреждение лучше тебя знаю, хоть ты в нем уборщица, а я домохозяйка и не служащая. Ведь мои окна против ваших. У меня стекла чистые, у вас стекла чистые. Я по хозяйству бегаю, а с вас глаз не свожу. Я все вижу, всех понимаю. Кто что делает, мне все понятно. Я ведь за вашей работой еще и по всем газетам слежу. Сколько я с вашим планом намучилась. Ночи не сплю, бывало. Ах, думаю, доведут ли они план до каждого сотрудника! Мобилизуют ли общественность!

Кофейкина. Погоди.

Бойбабченко. Не могу. Человек мучается, товарищ Гогенштауфен, любимый мой сотрудник, а она сидит у двери, на звезды глядит. Ступай хоть чаю ему приготовь!

Кофейкина. Послушай меня...

Бойбабченко. Не в силах я этим заниматься. Добрая я! Тут не слушать надо, а помочь.

Кофейкина. Ладно, поможем.

Бойбабченко. Ну, то-то. Керосинка-то у вас есть?

Кофейкина. Зачем?

Бойбабченко. Чаю взгреть. А нету, так я мигом домой...

Кофейкина. Тут чай не нужен...

Бойбабченко. То есть как? Человек там измучился!

Кофейкина. Дай мне сказать в свою очередь. Гогенштауфен — человек редкий. Он работает, но не мучается.

Бойбабченко. Откуда ты это знаешь?

Кофейкина. Значит, знаю. Он работает любя. Ему интересно. Делает он такой проект, который все наше учреждение по-новому повернет и так оживит, что каждый охнет, удивится и скажет: как верно придумано, давно пора! Заведующий перед отпуском лично сказал коменданту: Гогенштауфен, говорит, талант, говорит. Ему от работы мученья нет. Другая беда ему грозит.

Бойбабченко. Беда?

Кофейкина. Она самая.

Бойбабченко. Откуда?

Кофейкина. Упыреву нашу знаешь?

Бойбабченко. Управделами?

Кофейкина. Да.

Бойбабченко. Как не знать! Хоть и не так давно она у вас, однако я приметила. Красивая она, но лицо у нее все же грубое, отрицательное. Идет мимо и так глядит, будто я не человек, а она высшее начальство.

Кофейкина. Эта самая. От нее я и жду всяких бед Гогенштауфену.

Бойбабченко. Склока?

Кофейкина. Вроде. Не знаю — сказать тебе, не знаю — нет.

Бойбабченко. Скажи!

Кофейкина. Не знаю, поймешь ты, а вдруг и не поймешь!

Бойбабченко. Пойму!

Кофейкина. Хватит ли у тебя сознания.

Бойбабченко. У меня-то? Да что ты, матушка? Да мы, новые старухи, — самый, быть может, сознательный элемент!

Кофейкина. Ох, не знаю! Так ли?

Бойбабченко. Да что ты, родная, я тебе доказать могу. Почитай газеты, возьми цифры, если мне не веришь. Цифры не соврут. Что есть высшая несознательность? Хулиганство. А за хулиганство сколько старух судилось? Ни одной! За разгильдяйство сколько? Нуль. За бытовое разложение? Ни единой. Да что там, возьми такую мелочь, как прыганье с трамваев на ходу, — мы, старухи, даже этого себе не позволяем. Мы сознательные!

Кофейкина. Так-то оно так...

Бойбабченко. Не спорь! Я все обдумала. Я даже собираюсь в красном уголке прочесть: «Новый быт и новая старуха». Вот. Я, милая, когда готовлю, мету, шью, у меня только руки заняты, а голова свободна. Я думаю, думаю, обобщаю в тишине, в пустой квартире. Мысли, понятия... Не спорь! Объясни, в чем дело с Упыревой! Я мигом разберусь! Предпримем шаги! Ну? Говори!

Кофейкина. Ох... смотри! Объяснить я объясню, дело простое, но только, чур, не отступать!

Бойбабченко. Я? Да я перед львом не отступлю, не то что перед управделами. Объясняй, в чем дело!

Кофейкина. Ну, слушай. Время сейчас опасное, летнее. Лучшие люди в отпуску. Заведующий в горах. Секретарь в командировке. Тишина в учреждении, а она в тишине и проявляется.

Бойбабченко. Упырева?

Кофейкина. Она. Она, брат, мертвый класс.

Бойбабченко. Какой?

Кофейкина. Мертвый. А Гогенштауфен — живой. Понятно?

Бойбабченко. Конкретно говори.

Кофейкина. Мертвый она класс! Не страшен мертвый на столе, а страшен мертвый за столом. Понятно? Мертвый человек лежит, а мертвый класс сидит, злобствует. Она в кабинете — как мертвый за столом.

Бойбабченко. Убрать!

Кофейкина. Она у нас недавно — как уберешь?

Бойбабченко. Общественность, местком, стенгазета!

Кофейкина. Летом? А окромя того, она исподтишка, из-под колоды человека сил всяких лишает. Она по бытовой линии человека губит. Теперь вникай! Теперь слушай, что она задумала! Она задумала Гогенштауфена с Марусей Покровской разлучить!

Бойбабченко. Да неужто!

Кофейкина. Факт. Гогенштауфен сейчас нежный, счастливый, его по этой линии убить — легче легкого. Расстроится, с проектом опоздает, и выйдет все, как ей надо! Повредит она человеку в любви, а пострадает учреждение! Ох, она ехидная, ох, она хитрая, ох, она злобная!

Бойбабченко. Идем!

Кофейкина. Куда?

Бойбабченко. Наверх.

Кофейкина. Зачем?

Бойбабченко. Глаза открывать.

Кофейкина. Какие глаза?

Бойбабченко. Гогенштауфену глаза. Пусть знает! Пусть приготовится!

Кофейкина. Да что он может! Заведующий в отъезде. Будь заведующий — тогда сразу все прояснилось бы. Он ведь вроде как бы гений. А Гогенштауфен — где ему!

Бойбабченко. Идем наверх — я проясню!

Кофейкина. Как именно?

Бойбабченко. Все ему выложу, бедному Гогенштауфену. Так и так, Упырева желает вас с девушкой разлучить, чтобы вы ослабели и худо работали. Она такая вредительница, что прямо жутко!

Кофейкина. А он тебе на это вежливо: ох да ах, вот как, а про себя — какая сплетница-баба! Ненормальная!

Бойбабченко. А я ему скажу: она классовый враг!

Кофейкина. А он тебе деликатно: да ну! Да неужто! А сам про себя: какая пошлая старуха. Спецеедка.

Бойбабченко. Давай анкету Упыревой достанем и докажем ему все как на ладошке!

Кофейкина. Эх ты, неопытная. У настоящего классового врага анкета всегда аккуратная! Нет, ничего ты не можешь.

Бойбабченко. Я не могу?

Кофейкина. Ты.

Бойбабченко. Я?

Кофейкина. Ты.

Бойбабченко. Не знаешь ты меня! Я всегда найду путь, как за правду постоять!

Кофейкина. Всегда ли?

Бойбабченко. Всегда. Если трудно — обходным путем пойду. Вот мои соседи, например, кошку обижали. Котят топили. Кошка орет, а они топят. Прямым путем, уговором их не взять. Хохочут звери над животным. Легко ли это выносить при моей доброте? Пошла я в жакт и заявила, что соседи мои в квартире белье стирают. Ахнули соседи, пострадали и смягчились. Боятся теперь против меня идти. Во мне, мать, энергия с возрастом растет. В двадцать лет я хороша была, а в шестьдесят — втрое. Не знаю, что дальше будет, а пока я молодец!

Кофейкина. Это мне известно. Поэтому с тобой и договариваюсь. Поэтому посвящаю тебя во все дела. Она готова напасть, я готова отразить, и все прекрасно.

Бойбабченко. Ничего прекрасного не вижу. Торчишь у дверей, и все. В чем же твоя готовность? Чего ты ждешь?

Кофейкина *(просто)*. А жду я, матушка, пока пробьет полночь.

Бойбабченко. Чего?

Кофейкина. Двенадцать часов жду. Поняла?

Бойбабченко. Зачем?

Кофейкина. Ты энергична, но против моей энергии твоя энергия ничего не стоит. Слушай меня. Давай сюда ухо. *(Шепчет что-то на ухо Бойбабченко.)*

Бойбабченко. Ах!

Кофейкина. Не ахай! *(Шепчет.)*

Бойбабченко. Ох!

Кофейкина. Не охай. *(Шепчет.)*

Бойбабченко. Ух!

Кофейкина. Не ухай. *(Шепчет.)*

Бойбабченко. Что ты мне сказки рассказываешь!

Кофейкина. А что плохого в сказке?

Бойбабченко. И все так, как ты говоришь?

Кофейкина. Все.

Бойбабченко. Но это форменная сказка.

Кофейкина. Ну и что же с того? Весело, отчетливо. Она подлостью, а мы...

Вспыхивает на секунду яркий свет.

Б о й б а б ч е н к о. Что это?

К о ф е й к и н а. Не дрожи! Это трамвай по проволоке дугой ударил. Еще ведь нет двенадцати. Эх, мать! Оставь хозяйство! Идем за мной! Я простая, я легкая. В два да ликвидируем врага, и каким путем — небывалым путем! Идешь?

Б о й б а б ч е н к о. Подумаю.

К о ф е й к и н а. Скорее! До двенадцати надо решить! Решай! А если решишь, —

> Энергия плюс чудо, минус разум,
> И мы с управделами сладим разом.

КАРТИНА ВТОРАЯ

Комната в учреждении. Ночь. Г о г е н ш т а у ф е н работает за столом.

Г о г е н ш т а у ф е н. Который час? Без четверти двенадцать... Так. Мне осталось всего на пятнадцать минут работы. Хорошо! Через полчаса дома буду — отлично! Где арифмометр? Вот он — замечательно! *(Поет на мотив Буденного, вставляя слова кое-как, растягивая слоги, делая неверные ударения.)* Мы — красная кавалерия, и про нас, четырежды пятна-а-адцать шесть! Дес-сять! Да два в уме, да два в уме, товарищ Гогенштауфен, былинники речистые ведут рассказ. *(Говорит.)* Так и запишем. Пиши, Пантелей Гогенштауфен. *(Опрокидывает чернильницу.)* Замечательно! Это что же такое? Все залил! Все! До чего мне надоели эти мелкие несчастья — уму непостижимо. *(Поет.)* Вчера, садясь в трамвай, калошу потерял, потом старушке злобной вдруг на платье наступил, потом я подавился коко-косточкой, а ночью, идиот, пролил чернильницу! Хотел пойти домой, поесть как следует и лечь, а вместо этого...

Звонок телефона.

Ага! Алло! Да, я! Конечно, как же я могу не узнать голоса квартирной хозяйки? Нет, не скоро, увы. Что? Пропал мой ужин? Куда? Почему? Да, я открыл окно уходя. А комнату запер. Кошка в окно влезла? Жрет мои котлеты? Крикните ей «брысь». Что? Кричали? Не слышит! Глухая, ангорская? Интересно. Ну, черт с ней. Что? Кто приходил? Маруся Покровская? Что срочно передать? Громче говорите! А? Чего вы щелкаете? Кто? А! Группа «А»! Полное молчание. Аппарат испортился, будь ты трижды рыжий. Ну и ладно. *(Поет.)* Приду домой, а лопать нет ничего, ангорская кошечка слопала все-е! Маруся приходила, не узнать до завтра почему, саа-мая прекрасная де-вушка! *(Переставляет лампочку. Лампочка гаснет. Полная тьма. Гогенштауфен встает, ищет выключатель. Поет крайне уныло.)* Ах, будь ты трижды ры-ыжий, ах, будь ты трижды рыжий, ах, будь ты трижды ры-ы-ыжий, ах, будь ты. *(С грохотом натыкается на что-то.)* Найди тут выключатель! Где я? Ничего не понимаю. Темнота, и больше ничего. Фу-ты, даже как-то неприятно. Как будто я не у себя в учреждении, а...

На секунду вспыхивает яркий зеленый свет.

Здравствуйте — а это что такое? Что за свет? Честное слово — или это от усталости, но только я не узнаю комнаты. Куда бежать? *(Бежит, с грохотом натыкается на что-то).* А это что? Здесь ничего такого большого, холодного, гладкого не стояло!

Снова на секунду вспыхивает свет.

Опять!

Музыка.

Кто это играет?

Часы бьют двенадцать.

Кто это звонит?

От стены отделяется белая фигура.

Кто там ходит?

Г о л о с. Я.
Г о г е н ш т а у ф е н. Кто я?
Г о л о с. Это мы, мы!
Г о г е н ш т а у ф е н *(в ужасе).* Какие мы мы?

Зажигается свет. У выключателя К о ф е й к и н а и Б о й б а б ч е н к о.

Г о г е н ш т а у ф е н *(падает в кресло, вытирает лоб платком).* Здравствуйте, товарищ Кофейкина.

К о ф е й к и н а. Здравствуйте.

Г о г е н ш т а у ф е н. Что тут за ерунда делалась? А? Скажите! Что за свет вспыхивал?

К о ф е й к и н а. А это, товарищ Гогенштауфен, трамвай по проволоке дугой бил. Возле нас поворот.

Г о г е н ш т а у ф е н. Действительно... А что за музыка играла? Что за звон звонил?

К о ф е й к и н а. А это, товарищ Гогенштауфен, часы. Музыка потому играла, что часы двенадцать били. Такой у них под циферблатом музыкальный механизм.

Г о г е н ш т а у ф е н. Позвольте, а днем в двенадцать они почему не играют?

К о ф е й к и н а. Играют и днем, товарищ Гогенштауфен. Но только у вас в двенадцать перерыв на завтрак, вы в этой комнате не бываете.

Г о г е н ш т а у ф е н. Верно. Значит, все просто?

К о ф е й к и н а. Вполне. Позвольте вас, товарищ Гогенштауфен, познакомить. Подруга моя, соседка нашего учреждения, товарищ Бойбабченко. Домохозяйка. Очень она любит наше учреждение.

Б о й б а б ч е н к о. А в особенности — вас.

Г о г е н ш т а у ф е н. Меня?

Б о й б а б ч е н к о. Да-с.

Г о г е н ш т а у ф е н. За что же, собственно?

Б о й б а б ч е н к о. Жаль мне вас, товарищ Гогенштауфен, ох как жаль!

Г о г е н ш т а у ф е н. Виноват?

К о ф е й к и н а. Жалеем мы вас, она говорит. И правильно говорит. И нет в этом ничего для вас обидного! Простите, прибрать надо. *(Метет.)*

Г о г е н ш т а у ф е н. Я не обижаюсь! Я только не понимаю — за что меня это... любить. И того... как его... Вы того... Простите, я когда... теряюсь... нескладно говорю. Это... Почему жалко?

К о ф е й к и н а. Потому что вы художник, прямо сказать.

Г о г е н ш т а у ф е н. Я простой экономист!

К о ф е й к и н а. Экономист, да не простой. Знаю я, что вы за проект готовите.

Г о г е н ш т а у ф е н. Это... того... нескладно говоря... Проект... наш план... того... Усилить. А, будь ты трижды рыжий! О чем говорим мы в конце концов? Что за странности со всех сторон? Ну, знаете вы мой проект — так чего же вам жалеть меня?

Б о й б а б ч е н к о. А конечно, жалко! Сидели мы с ней в темноте, слушали вашу песню, и сердце у меня дрожало.

Г о г е н ш т а у ф е н. Сердце?

Б о й б а б ч е н к о. Дрожало, родной. Так я плакала! Ты пел хорошо, жалостно!

Г о г е н ш т а у ф е н. Я плохо пою.

Б о й б а б ч е н к о. Нешто мы формалистки? Нам форма — тьфу. Нам содержание твоей песни всю душу истерзало! *(Поет.)* Четырежды пятнадцать шесть! Дес-сять! *(Всхлипывает.)* Поет, бедный. Поет и не знает ничего! Не знает...

Г о г е н ш т а у ф е н. Что не знает?

Кофейкина. Тебе грозит беда!

Гогенштауфен. Какая?

Кофейкина. Страшная.

Часы снова бьют двенадцать. Музыка.

Гогенштауфен. Почему часы опять играют?

Кофейкина *(бросила мести. Метла метет сама собой. Пауза).* А уж такой у них, товарищ Гогенштауфен, музыкальный механизм под циферблатом. Как двенадцать — играют, бьют!

Гогенштауфен. Так ведь было уже двенадцать, было!

Кофейкина. Они, товарищ Гогенштауфен, спешат. Фактически, астрономически, то есть по звездам, двенадцать часов исполнилось только сей миг. Вот и заиграла музыка, звон зазвонил!

Гогенштауфен. Ничего не понимаю!

Кофейкина. Это неважно! Ты одно пойми: грозит тебе беда. *(Снова хватает метлу, с ожесточением метет.)*

Гогенштауфен. Этого... того...

Кофейкина. Враг твой — беспощадный. У него мертвая хватка. Ты человек живой — этого она тебе ни в жизнь не простит. Но ты не бойся! Веселый будет бой. Мы за тебя.

Гогенштауфен. Да кто вы?

Кофейкина *(показывает на Бойбабченко).* Она старуха живая, до жизни жадная, увертливая, с врагом смелая, а я... это...

Гогенштауфен. Ну? Что же вы это... а? Товарищ Кофейкина?

Кофейкина. А я, извините, товарищ Гогенштауфен, я, товарищ Гогенштауфен, — волшебница.

Удар грома, молния. В часах сильный звон. Свет в комнате делается значительно ярче. Загорается перегоревшая настольная лампа. Пишущие машинки звонят, стучат. Арифмометры вертятся сами собой, подпрыгивают высоко над столами и мягко опускаются обратно. В углу с грохотом раскрылось и закрылось бюро. Кариатиды — бородатые великаны, поддерживающие потолок, — осветились изнутри.

Гогенштауфен. Что это делается кругом?

Кофейкина. А это из-за меня, товарищ Гогенштауфен. У меня энергии масса. Все кругом прямо оживает. Волшебница ведь я, извините.

Бойбабченко. Волшебница. Понимаешь? В смысле — ведьма. И не подумай, товарищ Гогенштауфен, что в смысле характера или там наружности она ведьма. Нет. Она полная ведьма! На сто процентов! Я с ней весь вечер сегодня объяснялась — все поняла!

Гогенштауфен. Но волшебниц на свете не бывает, слышите вы, безумные, — не бывает!

Кофейкина. Вообще действительно не бывает, но одна всегда была и есть. Это я.

Гогенштауфен. А это все равно что и нету! Сколько миллиардов людей жило, живет и еще будет жить — против этого страшного числа одна-единственная ведьма все равно что ничего. Считай, что вообще действительно их нету.

Кофейкина. Но только в данном частном случае — вот она я! Волшебница!

Музыка, свет, движение усиливается.

Первая кариатида *(глухим басом)*. Волшебница, поддерживаю!

Вторая кариатида. Поддерживаю, волшебница.

Бойбабченко. Да ты сядь, товарищ Гогенштауфен.

Кофейкина. Кресло, сюда! На-на-на!

Кресло вздрагивает.

Ну, живо!

Кресло подбегает сзади к Гогенштауфену. Ударяет его под колени. Гогенштауфен падает в кресло.

Посиди, ты волнуешься.

Гогенштауфен. Нет... Волнуешься... Это... Опытом... опытом... не приучен.

Кофейкина. Воды!

Стол с графином подбегает к Гогенштауфену. Графин подымается в воздух и наливает воду в стакан. Стакан взлетает к губам Гогенштауфена. Гогенштауфен покорно пьет.

Бойбабченко. Я понимаю, товарищ Гогенштауфен, неудобно тебе... Мне самой, когда я узнала, кто она такая, тоже было нехорошо. Я к доктору побежала и ее с собой потянула. Кровь ее дала на экстренное исследование.

Гогенштауфен. Ну и что?

Бойбабченко. Ну и получила анализ. Красных у нее кровяных шариков столько-то, белых столько-то, еще много разного написано, а внизу диагноз стоит.

Гогенштауфен. Какой?

Бойбабченко. Волшебница.

Гогенштауфен. Так и написано?

Бойбабченко. Так. Я к главному профессору ходила. Он очки на лоб взвел, весь трусится: сам, говорит, удивляюсь, первый случай, говорит, в моей жизни, странно, говорит, но верно. Видишь! Против науки не пойдешь. Привыкла я! Это все очень просто. Никакого переносного смысла нету. Сказка, и все. Привыкай.

Кофейкина. Скорей привыкай. Ты в опасности, друг! Упырева твой враг, чего-то готовит. Ты ей ненавистен.

Гогенштауфен. Почему?

Кофейкина. Мы кто?

Гогенштауфен. То есть?

Кофейкина. Что есть наше учреждение? Финансовая часть огромного строительства. К нам люди со всех сторон ездят сметы утверждать. Попадет к тебе человек, как ты его примешь?

Бойбабченко. Как бабушка родная примешь ты человека. Объяснишь, наставишь, а также проинструктируешь. Каждую часть строительства знаешь ты, как мать сына. Каждую родинку ты, бедный, чувствуешь. Каждую мелочь постигаешь. От тебя человек идет свежий, действительно, думает, центр думает!

Кофейкина. А к ней попадет — сразу обалдевает. Она его карболовым духом. Она его презрением. Она ему: вы у нас не один. Он думает: как же так, я строю, а она меня за человека не считает? Я ей, выходит, мешаю? Я ей покажу! Силу он тратит, кровь тратит — а ей того и нужно. Живую кровь потратить впустую. Мертвый класс. Вот.

Бойбабченко. А тут твой проект.

Кофейкина. Всю систему упрощает. Всю работу оживляет.

Бойбабченко. Этого она не простит!

Кофейкина. Она все сделает, чтоб тебя расслабить!

Гогенштауфен. Как расслабить?

Кофейкина. Размагнитить. И будет она, окаянная, по такой линии действовать, где ее труднее всего взять.

Гогенштауфен. По какой же это?

Кофейкина. По бытовой. Сплетней запутает, клеветой оплетет.

Бойбабченко. С Марусей разлучит, разлучница поганая.

Кофейкина. Ее только чудом и можно взять. Чудом и возьмем Упыреву-то.

Гогенштауфен. Ах, будь ты трижды рыжий!

Кофейкина. Только имей в виду, — ты экономист, ты меня поймешь, — все чудеса у меня по смете.

Гогенштауфен. По чему?

Кофейкина. По смете. Могу я в квартал совершить три чуда, три превращения, а также исполнить три любых твоих желания. Так и надо будет планировать! Мелкие чудеса, стул, например, позвать и прочее, — это, конечно, сверх сметы, на текущие расходы... Но капитальные чудеса — строго по смете.

Г о г е н ш т а у ф е н. Фу-ты черт. Ну а кто она, Упырева-то, вредительница, что ли?

К о ф е й к и н а. Даже хуже.

П е р в а я   к а р и а т и д а. Хуже, поддерживаю.

В т о р а я   к а р и а т и д а. Поддерживаю, хуже.

Г о г е н ш т а у ф е н. Ах, будь ты... Фу-у!.. Мне даже жарко стало.

К о ф е й к и н а. Действительно, ночь жаркая, но мы откроем окошки. *(Дует по очереди на окна. Окна распахиваются.)* Диаграммы — кыш!

Диаграммы, висящие на стене в глубине сцены, скатываются в трубочки.

К о ф е й к и н а. Ну, Гогенштауфен, легче тебе?

Г о г е н ш т а у ф е н. Как будто легче.

Б о й б а б ч е н к о. А я волнуюсь... Неудобно... Или даже, может быть, жутко... Ведь она и мне до поры не сказала, кто эта Упырева... Поступки сказала, а сущность...

К о ф е й к и н а. Увидишь! Сейчас увидишь. Сейчас оба увидите капитальное чудо. Чудо номер один. Приготовились?

Б о й б а б ч е н к о. Да.

К о ф е й к и н а *(смотрит на стену. Свистит)*. Фр-р-р! Начали!

Стена постепенно становится прозрачной. За стеной — У п ы р е в а. Сидит одна за столом. Неподвижна как манекен.

К о ф е й к и н а *(выдергивает из щетки палку. Водит палкой по Упыревой)*. Видишь? Вот она. *(Тычет палкой.)* Упырева! Видишь, лицо какое?

Б о й б а б ч е н к о. Отрицательное!

К о ф е й к и н а. Вот именно. Вполне отрицательное. Обрати внимание — рот. Маленький, резко очерченный. Нешто это рот? Разве таким ртом можно разговаривать по-человечески? Нет. Да она и не разговаривает по-человечески. Она злобой набита, недоброжелательством полна. Она яды источает.

Б о й б а б ч е н к о. Гадюка она?

К о ф е й к и н а. Хуже. А теперь — вглядись, вглядись. Разве таким ртом можно есть по-человечески? Нельзя! Да она и не ест по-человечески.

Б о й б а б ч е н к о. На диете она?

К о ф е й к и н а. Хуже! А глаза? Разве они глядят? Они высматривают! Добычу они высматривают.

Б о й б а б ч е н к о. Вроде коршуна она?

К о ф е й к и н а. Хуже! А руки! Смотри, когти какие.

Б о й б а б ч е н к о. Красноватые.

К о ф е й к и н а. То-то и есть. А лобик. *(Стучит палкой.)* Слышишь звук?

Б о й б а б ч е н к о. Жуть!

К о ф е й к и н а. То-то и оно! Что говорит она? Что высматривает? Что когтит своими когтями? О чем думает змеиной своей головой?

Б о й б а б ч е н к о. О подлостях!

К о ф е й к и н а. О живом человеке. Появится на работе живой человек — горе ему, горе, горе! Высмотрит, выживет, живую кровь выпьет. Догадываешься, кто она? А, Гогенштауфен?

Г о г е н ш т а у ф е н. Опытом... Опытом не приучен.

К о ф е й к и н а. А ты, Бойбабченко?

Б о й б а б ч е н к о. Бюрократка она!

К о ф е й к и н а. Хуже. Она их предвечная праматерь, или, по-русски говоря, шеф. Она враг всего живого, а сама питается живым. Она мертвого происхождения, а сама помирать никак не хочет. Она вечно в движении — зачем? Чтобы все движение навсегда остановить и в неподвижные формы отлить. Она смерти товарищ, тлению вечный друг.

Б о й б а б ч е н к о. Что же она, говори конкретно!

К о ф е й к и н а. Она — мертвый класс. Мертвый среди живых. А проще говоря — упырь!

Свист и шипение, похожие на змеиные. Свет меркнет. Окна захлопываются сами собой. Гаснет снова перегоревшая лампочка. Кариатиды постепенно тускнеют.

П е р в а я   к а р и а т и д а. Поддер...

В т о р а я   к а р и а т и д а. ...живаем...

Гаснут.

Б о й б а б ч е н к о. Ну, спасибо! Это, матушка, обман, очковтирательство, и все!

К о ф е й к и н а. В чем дело?

Б о й б а б ч е н к о. Ты же говорила — одна ты эта... сверхъестественная. А теперь, здравствуйте, тетя, — еще упырь! Это что же выходит? А? А говорила — все просто...

К о ф е й к и н а. Позволь... Волшебница действительно я одна.

Добрая. А она злая. И не волшебница, а упырь. Она даже чудес не может совершать. Так, мелкие подлости, и все... ясно?

Б о й б а б ч е н к о. Ну, это еще ничего... Только две, значит, вас? Ты добрая, она злая?

К о ф е й к и н а. Две. И много тысяч лет мы в бою. Она за мертвых, я за живых. Я — с побеждающими, она — с отживающими.

Б о й б а б ч е н к о. А может, есть ни злые, ни добрые? Эти... Волшебницы-упыри... Нейтральные?

К о ф е й к и н а. Нету таких.

Б о й б а б ч е н к о. А колеблющиеся? Перестраивающиеся?

К о ф е й к и н а. И таких нету.

Б о й б а б ч е н к о. Ну, хорошо, — хоть отчетливо! Валяй дальше, матушка!

К о ф е й к и н а. Ладно. Мертвый этот упырь притворяется у нас в учреждении из живых живейшим. Упыри, они же вурдалаки, иначе вампиры, как известно, кровью человеческой питаются. А наша вон что делает. Смотри! *(Свистит.)*

Упырева оживает. Достает из сумочки пузырек, из стола рюмочку. Капает. Пьет. Свисток. Упырева замирает.

Б о й б а б ч е н к о. Чего это она пила?

К о ф е й к и н а. Гематоген.

Б о й б а б ч е н к о. Чего, чего?

К о ф е й к и н а. Гематоген. Лекарственный препарат из крови завода врачебных заготовлений Наркомздрава. Днем препаратом живет, ну а вечером она, правда, насасывается досыта. Вечером она совмещает. Служит лаборанткой в лаборатории, куда кровь на исследование дают. Ясно — она по крови специалистка. Она там часть исследует, часть выпьет. Часть исследует, часть выпьет. Вот. Все понятно?

Г о г е н ш т а у ф е н. Да, летим дальше!

К о ф е й к и н а. Летим. Сейчас мы увидим, о чем говорила Упырева в этой комнате нынче днем. Чудо чистое, вполне научное. Все, что тут происходило, оставило свои следы в эфире. Я это просто проектирую на экране, и все. *(Свистит.)*

Упырева оживает. Против нее вырисовывается постепенно Ю р и й Д а м к и н. Упырева разбирает бумаги.

Д а м к и н. Детка, знаете, что интересно? Мне так есть хочется, что спасу нет. Прямо сам любуюсь, как мне есть хочется. Сильный организм. У меня есть такое свойство — если я не поем...

У п ы р е в а. Сейчас кончу — поговорим. А пока не болтайте, как зарезанный. *(«Зарезанный» произносит с наслаждением.)*

Д а м к и н. Детка, знаете новость? Интереснейшая новость! Я себе коронки сделал. На все зубы! Стальные! Нержавеющей стали. А? Детка... У меня теперь стальные зубы! Детка, у меня есть такое свойство, — я не могу морковь есть... Не люблю... А еще я не люблю маслины. Они деревянным маслом пахнут. Детка! Интереснейшая новость — я себе полуботинки купил! Не слушает... Работает... Как симпатично у вас вьются волосы! Смотрите, пожалуйста! Завиваетесь?

У п ы р е в а. Да, но завивка у меня вечная.

Д а м к и н. А почему у вас такие белые ручки?

У п ы р е в а. Потому что крови мало.

Д а м к и н. А почему у вас такие серьезные глазки?

У п ы р е в а. Потому что я пить хочу!

Свист и шипенье, похожие на змеиные.

Д а м к и н. Почему это у вас в комнате всегда отопление шипит? Летом, а шипит? Да! Интереснейшая новость! Я достал вчера себе шевиот на костюм. Двойной! Американский! Не слушает... *(Хлопает себя по лбу.)* Ах я глупенький! Мне предстоит это, а я не это... Так вот вы зачем просили меня остаться! Конечно! Все разошлись! Мы одни. А? Укусить вас зубами стальными? Пожалуйста! А? Что молчите? Зачем наивничать? Вы не девочка, я не мальчик — будем брать от жизни все, что она дает. Где ключ?..

У п ы р е в а. Не нужно.

Д а м к и н. Как не нужно?

У п ы р е в а. Вы пристаете ко всем женщинам, как зарезанный!

Д а м к и н *(хохочет).* Ревнует! Не надо! Берите от жизни все, что она дает. А что она даст?

Жизнь — это бочка страданий,
С наслаждения ложечкой в ней.

(Берет ее за руку.) Какая холодная ручка.

У п ы р е в а. Сядьте.

Д а м к и н. Как сядьте? Ну это уж грубо. У меня есть такое свойство...

У п ы р е в а. Не тратьте времени.

Д а м к и н. Я не трачу.

У п ы р е в а. Тут у вас ничего не выйдет.

Д а м к и н. У меня, дорогая, есть такое свойство...

У п ы р е в а. Довольно.

Д а м к и н. Как это, то есть, довольно? Чего изображать добродетель? Я очень хорошо знаю женщин. Все они донжуаны и циники.

У п ы р е в а. Оставьте!

Д а м к и н. У меня есть такое свойство, дорогая. Уже если я начал, то не оставлю!

У п ы р е в а. Мне с вами поручила поговорить одна женщина! Понимаете? Чего мигаете глазами, как зарезанный? Она в вас влюблена. Это первое мое дело к вам. Второе мое дело — вас ненавидит один мужчина.

Д а м к и н. Кто?

У п ы р е в а. Он вам вставляет палки в колеса.

Д а м к и н. Не такие у меня колеса, чтоб можно было палки вставлять!

У п ы р е в а. А вот он вставляет.

Д а м к и н. Кто он?

У п ы р е в а. Да неужто вы сами не догадываетесь?

Д а м к и н *(грубо)*. Довольно колбасы! Давайте сосисок! Говорите прямо, что знаете!

У п ы р е в а. У вас были столкновения с Гогенштауфеном?

Д а м к и н. У меня есть такое свойство — если мне прямо не говорят, я могу безобразие сделать. Он меня копает?

У п ы р е в а. Что вы сделали с Марусей Покровской?

Д а м к и н. С кем? Ах да... *(Хохочет.)* Ну что с ними делают-то вообще? Мы с ней недавно на лод...

Свисток. Дамкин и Упырева замирают.

К о ф е й к и н а. Не бойся, врет!

Свисток. Дамкин и Упырева оживают.

Д а м к и н. ...ке катались... Природа, виды... *(Поет.)*

Глазки
Сулят нам ласки,
Сулят нам также
И то и се!
Ха-ха! Хо-хо!

У п ы р е в а. Ну, значит, он. Дайте-ка ухо. *(Шепчет.)*

К о ф е й к и н а. Ближе! Ближе сюда! Слушайте!

Б о й б а б ч е н к о. Ничего не слышно.

Кофейкина. Сейчас вторично пущу. Встань на стул. Слушай.

    Бойбабченко на стуле у стены. Кофейкина свистит.

Дамкин *(в точности повторяет предыдущую реплику).*

    ...нам также
    И то и се!
    Ха-ха! Хо-хо!

Упырева. Ну, значит, они... дайте-ка ухо. *(Шепчет.)*
Бойбабченко. Нет, не слышно: тихо шепчет, окаянная.
Кофейкина. Гогенштауфен — к стене! Повторяем! *(Свистит.)*
Дамкин.

    ...же-е
    И то и се!
    Ха-ха! Хо-хо!

Упырева. Ну, значит, он... дайте-ка ухо. *(Шепчет.)*
Кофейкина. Опять не слышно? Ну, тогда пущу медленно! Слушайте во все ваши уши! От этого, может, жизнь человеческая зависит. *(Свистит.)*

    Упырева и Дамкин повторяют предыдущие реплики чрезвычайно медленно, как при ускоренной съемке в кино.

Дамкин.

    ...су-у-у-л-я-я-т
    На-а-а-м-м ла-а-а-ски,
    Су-у-лят нам также
    И то и се-е-е...

Упырева. Ну-у, зна-а-а-а-чит-ит о-о-они... Да-а-ай-те-ка у-у-у-у-у-у-у-ух-х-о-о. *(Шепчет.)*
Бойбабченко. Нет, не слышно.
Кофейкина. Почему она шепчет, гадюка! Неужто догадывается? Продолжайте! *(Свистит.)*
Дамкин *(на шепоте Упыревой).* Да не может быть! Ну, я ему покажу. А она-то! Ах ты детка! У меня есть такое свойство... Ах ты, Гогенштауфен...
Упырева. Но будьте осторожны с ним!
Дамкин. Будьте покойнички! В этом кармане, но не в этом пиджаке. Так это, говорите, его прямо убьет?

У п ы р е в а. Расстроится, как зарезанный.

Д а м к и н. А наверху его проект, значит, того?

У п ы р е в а. Совер...

Свисток.

К о ф е й к и н а. Не бойся — врет.

Свисток.

У п ы р е в а. ...шенно провалился...

Д а м к и н. Я всегда говорил... Значит, завтра ждать? Она напишет? Прекрасно! Бегу! Детка, знаете новость?

К о ф е й к и н а. Надоел! *(Свистит.)*

Действие на сцене начинает идти с необычайной быстротой, как в киноленте с вырезанными кусками.

Д а м к и н *(скороговоркой)*. Потрясающая новость... Демисезонное пальто... Пальчики оближешь! Бегу! Стальные зубы! Есть хочу! Пока! Я... я... мне... меня... со мной... ко мне...

Жизнь — это бочка страданий,
С наслаждения ложечкой в ней!

Уносится прочь.

У п ы р е в а *(скороговоркой)*. Так-так-так, все идет... Сейчас позову Марусю...

К о ф е й к и н а. Интересно... *(Свистит.)*

У п ы р е в а *(обычным темпом)*. Сейчас позову Марусю, займемся объявлением. И все запутается, и все замечутся, как зарезанные, все расстроится. *(Напевает, перебирая почту.)* Там, где были огоньки, стынут, стынут угольки... *(Внезапно оживляясь, вглядывается в штемпель).* Какое красивое название города: Режицы. Ах, скоро ли в лабораторию... Вчера там был выходной день. *(Страстно.)* Я пить хочу!

Свист и шипенье, похожие на змеиные.

Я тебе покажу проект! Оживление! *(Брезгливо плюет, вытирает губы.)* Притихнешь. *(Напевает.)* Там, где были огоньки, стынут угольки... Маруся!

Входит М а р у с я.

У п ы р е в а. Марусенька! Не в службу, а в дружбу. Машинистки разошлись, а надо, чтобы не забыть, написать объявление. Что вы улыбаетесь? Кому?

М а р у с я. Да так... Это я себе...

У п ы р е в а. Себе? Эх, Марусенька, ты ходишь сейчас вся, как фонарик. Изнутри светишься. Как я тебя понимаю!

М а р у с я. Понимаете?

У п ы р е в а. Как дочку. Да не опускай ты голову. Все хорошо. Не опускай, дурочка, головку. От мужчины скроешь, от женщины никогда. У вас с ним это... С Гогенштауфеном...

М а р у с я. Ну зачем вы говорите!

У п ы р е в а. У вас с ним все хорошо. И ты еще привыкнуть не можешь. Все вспоминаешь. Все вспоминаешь.

М а р у с я. Ну зачем вы...

У п ы р е в а. Любя... Глядя на тебя, свою молодость вспоминаю.

М а р у с я. Но ведь вы совсем молодая.

У п ы р е в а. Но не девочка, а ты еще девочка. *(Целует ее и, отвернувшись, пихает.)*

М а р у с я. Я не знала, что вы такая добрая. Даже неудобно, какая ласковая. Я не знала.

У п ы р е в а. Ну, знай теперь. И если что у тебя будет неладно, иди прямо ко мне. Вот. А теперь пиши, я тебе продиктую. Вот тебе бумага. Пиши прямо на всей стопе, так удобней. Пиши. Только распланируй слова так, чтобы машинистки поняли, как печатать. Наверху напиши... нет, не надо. И так понятно, что объявление. Ну, значит, что же... Пиши во весь формат: «Обязательно приходите все, все, все восьмого июня в парк на вечер цыган, в шесть часов вечера. Хор исполнит...»

Теперь пиши название вещи с одной стороны, и композитора — с другой. Налево, вот здесь, пиши: «Любви не прикажешь». Направо, вот здесь, — старинный романс.

Любовь победила — музыка Зинина.

Молчи со мною о письме — музыка Вавича.

Мне стыдно — музыка Дракули-Критикос.

Твоя навек — музыка Бравича.

Маруся — народная песня.

Вот и все, голубчик. И отдай это машинисткам завтра с утра. Летний развлекательный концерт! Бежишь?

М а р у с я. Да, бегу. А ты?

У п ы р е в а. К нему? Ну, беги, а я еще чуть поработаю. Иди, милая!

Маруся уходит.

У п ы р е в а. Прекрасно! Все готово! В трех экземплярах! Бумага-то промокает! Ну, теперь попляшут они! В сетях они! *(Разглядывает письмо.)*

Кофейкина. Чему она радуется? А ну, посмотрим это объявление. *(Свистит.)*

На сцене — объявление крупным планом:

«Обязательно приходите все, все, все
Восьмого июня, в парк, на вечер цыган.
В шесть часов вечера. Хор исполнит:
Любви не прикажешь — старинный романс.
Любовь победила — музыка Зинина.
Молчи со мною о письме — музыка Вавича.
Мне стыдно — музыка Дракули-Критикос.
Твоя навек — музыка Бравича.
Маруся — народная песня».

Кофейкина. Ничего не понимаю.
Упырева *(за письмом)*. Это объявление все перекрутит.
Кофейкина. Каким образом?
Упырева. А за него я сама постараюсь. Ну, надо бежать. Завтра, в обеденный перерыв начнутся веселые танцы. Бегу!
Кофейкина. Катись! *(Свистит.)*

Сцена становится на место. Диаграммы повисают.

Гогенштауфен. Что это такое? Когда было вчера? Несколько часов прошло или сто лет? Что за страшная жизнь пошла! Что она шептала Дамкину? Почему она так обрадовалась дурацкому этому объявлению? При чем тут цыгане? При чем тут песни?
Кофейкина. Поймем. Все-таки мы напали на след. Где мой электрический пылесос?
Бойбабченко. Нашла время пыль сосать.
Кофейкина. Не для пыли ищу я пылесос.
Бойбабченко. А для чего?
Кофейкина. Сейчас поймешь. Все-таки она проговорилась! Завтра в обеденный перерыв окружим ее и будем следить, следить, следить — в шесть глаз!
Бойбабченко. Как же следить? Во-первых, она почует. Во-вторых, мне лично следить неудобно. Я же в штате не состою! Она меня порвет.
Кофейкина. А ты забыла, кто я? Над городом ветер, в городе тихо, под городом камни! Я в полной силе!

Распахиваются окна и дверь на балкон. За дверью ночной город.

Гогенштауфен. Как же мы будем следить?
Кофейкина. Было бы дело зимой — дала бы я вам шапки-

невидимки. Но не зима теперь — лето: тепло, хорошо. И раздам я вам поэтому завтра кепки-невидимки. Потрачу капитальное чудо номер два. Где мой электрический пылесос?

Б о й б а б ч е н к о. Да зачем он тебе?

К о ф е й к и н а. К ней полечу. Моложе была — на метле летала, а теперь состарилась, отяжелела — летаю на электрическом пылесосе. Мне, старой, на нем покойнее. Все-таки электроэнергия. Спи, Гогенштауфен.

Г о г е н ш т а у ф е н. А проект?

К о ф е й к и н а. Спи, машины-арифмометры за тебя поработают.

Г о г е н ш т а у ф е н. Позволь, но ведь там надо знать!

К о ф е й к и н а. Я все знаю. Моя энергия в них будет работать. Это даже не чудо, а чистая наука. Правят кораблями с берега, а я с дороги буду править машинами. И все очень просто. Чистая наука.

Г о г е н ш т а у ф е н. Позволь, но ты-то сама...

К о ф е й к и н а. Я все знаю. Забыл, кто я? Я молода была — называлась фея. Это я теперь Кофейкина. Все очень просто. Спи.

В окно влетает подушка. Нерешительно повисает в воздухе.

К о ф е й к и н а *(подушке)*. Да-да, правильно, сюда!

Подушка укладывается Гогенштауфену под голову.

К о ф е й к и н а. Вот так. Отдыхай. *(Арифмометру.)* А ну, перемножь-ка мне, браток, две тысячи восемьсот на триста сорок восемь.

Арифмометр вертится сам собой. Кофейкина берет под мышку зонтик, пылесос. Идет на балкон, становится на перила, идет по воздуху.

Б о й б а б ч е н к о. Что же ты, матушка, пешком?

К о ф е й к и н а. А тут, между домами, много воздушных ям. Подымусь повыше, сяду и поеду себе. *(Останавливается в воздухе, улыбаясь вглядывается в Гогенштауфена.)*

Арифмометры вертятся сами собой. Поднимается звон. Музыка. Кариатиды спрыгивают со стен. Вместо ног у них орнаменты. Они прыгают на своих орнаментах, как мячи. Из ящиков письменного стола подымаются в большом количестве девушки. Вступают в танец. Бойбабченко с ними. Мебель тоже пляшет.

Г о г е н ш т а у ф е н. Что это?

К о ф е й к и н а. А это сон. Ты видишь сон. Спи!

Завтра бой — свирепый и суровый.
Но я с тобой — и горе Упыревой!

Уходит по воздуху.

Занавес

ДЕЙСТВИЕ ВТОРОЕ

КАРТИНА ПЕРВАЯ

Комната перед кабинетом Упыревой.

Гогенштауфен. Маруся! Маруся! Маруся!

Маруся. Что?

Гогенштауфен. Мне очень много тебе надо было сказать, а как увидел — забыл. Я тебя так давно не видел. У тебя кофточка новая?

Маруся. Мы два дня не виделись. Это кофточка старенькая. Сейчас обеденный перерыв — давай пообедаем вместе.

Гогенштауфен. Нет, Марусенька, нельзя мне.

Маруся. Жалко... Знаешь, я к тебе очень привыкла. А ты что, работать будешь?

Гогенштауфен. Нет... То есть...

Маруся. Уходишь?

Гогенштауфен. Нет, но меня не будет...

Маруся. Совещание, что ли?

Гогенштауфен. Да... Вроде. Ты вчера приходила?

Маруся. Приходила.

Гогенштауфен. Случилось что?

Маруся. Нет... Скучно стало...

Гогенштауфен. А говорила — надо спешно передать?

Маруся. Это я со страху выдумала. Я хозяйки твоей боюсь.

Гогенштауфен. А ты ее не бойся.

Маруся. Она когда на меня смотрит, что-то шепчет. Не то молится, не то ругается.

Гогенштауфен. А-а, да. Это она насчет кухни боится. Переедешь — будешь готовить. Она боится.

Маруся. А ты уже сказал, что я переезжаю?

Гогенштауфен. Да... То есть нет еще... Я ей напишу. Она сама каждый день говорит... Но не в этом дело! Будь осторожнее, Маруся, будь осторожней!

М а р у с я. А что такое?

Г о г е н ш т а у ф е н. Не могу объяснить — сложно. Ну, будут, например, меня ругать — не верь!

М а р у с я. Что ты! Кто тебя будет ругать? Все говорят: вот талантливый... Экономист — и вдруг талантливый... Тебя все любят!

Г о г е н ш т а у ф е н. Никому не верь, ничему не верь.

М а р у с я. А тебе?

Г о г е н ш т а у ф е н. Мне, конечно, верь.

М а р у с я. Я к тебе... приду сегодня?

Г о г е н ш т а у ф е н. Да... А пока прощай. *(Обнимает ее. Свисток. Гогенштауфен торопливо надевает кепку. Исчезает.)*

М а р у с я. Что такое? Куда он исчез? Или это у меня опять голова закружилась?

Г о л о с Г о г е н ш т а у ф е н а. Прощай, Маруся.

М а р у с я. Ты где — за дверью?

Г о л о с. Да, вроде.

М а р у с я. А как ты исчез? Молчит. Конечно, он просто ушел. Всегда у меня от него так голова кружится, что прямо неудобно. Интересно — у всех это бывает или только у меня?

Сцена меняется. Кабинет Упыревой. Кончается обеденный перерыв. За столом пьют чай Ю р и й Д а м к и н, Ж у р о ч к и н, А р б е н и н, Б р ю ч к и н а. У п ы р е в а сидит в стороне. Возле нее К о ф е й к и н а, Б о й б а б ч е н к о, Г о г е н ш т а у ф е н.

Ж у р о ч к и н. Страшно, товарищи, прямо страшно делается. Как можно бухгалтерии касаться? Бухгалтерии касаться нельзя. Это такая система, которая вечная. А Гогенштауфен подлец. Это — раз! Наглец — это два! Пройдоха — это три! *(Говоря «раз», «два» и «три», отбрасывает эти цифры на счетах.)* И в итоге получается черт знает что! Когда мне было лет восемнадцать *(отбрасывает на счетах восемнадцать)*, я сам иногда ночью думал — а нельзя ли, например, отчет упростить? Нельзя, вижу! Нет! Зачем вертится Гогенштауфен в бухгалтерии? Что нюхает? Все трусость! Боится, что недостаточно старается. Вдруг не заметят. Хоть бы провалился он со своим проектом.

Бойбабченко шлепает его по лысине.

Ж у р о ч к и н *(вскакивает)*. Какое странное явление! Что-то теплое стукнуло меня по голове! Вот... Довели... Стукать начало меня!

А р б е н и н. Нервы.

Ж у р о ч к и н. Конечно! Довели...

Кофейкина. Поаккуратнее надо. Они нас не видят и не слышат, но чувствуют, если коснешься... Чудо чистое, вполне научное.

Гогенштауфен. Ну когда же, когда все это выяснится? Обеденный перерыв кончается.

Кофейкина. Смирно...

Брючкина *(хохочет. Подходит к зеркалу, у которого стоит Бойбабченко. Поправляет волосы).* Гогенштауфен такой чудак.

Бойбабченко. Чего она лупится на меня?

Кофейкина. Она сквозь тебя в зеркало глядит.

Брючкина. Ужасный чудак.

Бойбабченко. Ты хороша.

Брючкина. Недавно я иду, а он щурится на меня...

Бойбабченко. Ослепила, подумаешь!

Брючкина. В ваших, говорит, очах есть бесенок. Я так хохотала! Зачем это ему?

Бойбабченко. Точно что незачем!

Арбенин *(Упыревой).* А скажите, атласная, это верно, что в сферах к его проекту отнеслись скептически?

Упырева. Не имею пока права сказать. Но...

Арбенин. Я это знал заранее. Все очень хорошо знал.

Упырева. Проект хороший.

Бойбабченко. Вот хитрая скважина!

Упырева. Гогенштауфен — человек талантливый.

Арбенин. Я так и знал, что все это скажете, шелковая. Знаю я таких. Очень хорошо знаю... Талантливый! Все люди одинаковы! Он такой же человек, как и все. Ловкач, пролаза, приспособленец, лентяй!

Упырева. Доброжелателен. Его любит периферия.

Журочкин. Доброжелателен! Это ломанье, и все! Как можно быть доброжелательным, когда приходит человек ко мне, чтоб я ему деньги выписал! Я как увижу такого из своей стеклянной клетки, так в момент зверею от страха. Все идет гладко — вдруг здравствуйте, ассигновка! Да мало ли что по смете! Убил бы!

Арбенин. Все это я знаю, все понимаю... Побывал бы он в шкуре юрисконсульта среди людей без малейшего признака юридического мышления.

Брючкина. А в машинописном бюро красиво? То это экстренно, то это экстренно. А мне-то что? *(Хохочет.)* У нас на периферии есть один химик. Огромный-огромный — его путают на улице с Петром Великим.

Бойбабченко. Пугаются должно — памятник идет.

Брючкина. Он как приедет, сейчас скачет в машинописное бюро.

Бойбабченко. На лошади аль пешком?

Брючкина. Увидит меня и вздыхает. И щурится. Я всегда так хохочу. Зачем это ему нужно? Вот к нему я все-таки доброжелательна. *(Хохочет.)* Петр Великий! Ах-ах!

Упырева. Его проект может вызвать большое оживление.

Кофейкина. Подначивает, подначивает, натравливает!

Арбенин. Оставьте, фильдекосовая! Однако проект не одобрен? Периферию распускать надо, а?

Журочкин. На голову себе сажать?

Брючкина. Перед посетителями унижаться?

Арбенин. Я давно предлагаю завести пропуска.

Журочкин. Святые слова!

Брючкина. Лезут совершенно неинтересные люди.

Журочкин. Хотя бы один день никто не пришел, никто бы не мучил. К двум принес кассир из банка деньги, к шести обратно сдал бы ту же сумму, копеечка в копеечку. Ходили бы бумаги внутри аппарата! Работала бы машина для одной красоты. Ах... Простите, что мечтаю, но очень я изнервничался! Вчера, например, читал я книжку и расплакался. А книжка-то смешная. «Вий» Гоголя. Изнервничался. Стукает меня.

Дамкин *(хохочет).*

Журочкин. Что это вы?

Дамкин. Ха-ха-ха! Наелся. А вы, детки? Детка Упырева? Детка Брючкина? *(Хохочет.)* Хорошо. Да, товарищи, слышали новость? Я себе зубы вставил. Стальные. Нержавеющей стали. Жарко! Люблю жару. Я люблю. Я... у меня... мне...

Входит Маруся Покровская.

Дамкин. Привет, детка... Ля-ля-ля-ля.

Журочкин. Привет, товарищ Покровская.

Арбенин. Что это вы будто не в себе?

Маруся. Вот утренняя почта, я разобрала. *(Вдруг закрывается платком. Плачет.)*

Гогенштауфен. Маруся!

Кофейкина. Вот оно! Началось!

Упырева. Что с вами?

Журочкин. Может, нервы? Может, вас это... стукнуло?

Брючкина. Кокетничает!

Арбенин. Все я знаю, все понимаю.

Дамкин. Утешим, утешим!

У п ы р е в а. Погодите. *(Отводит Марусю на авансцену. Невидимые ее окружают.)*

У п ы р е в а. В чем дело? А? Ну скажи... Я старший товарищ, я опытней тебя... Пойму. Письмо, что ли, получила?

>Маруся качает головой.

Из дому? Нет? А откуда? Ах, от него? От Гогенштауфена?

>Маруся кивает головой.

Г о г е н ш т а у ф е н. Что такое?
К о ф е й к и н а. Началось! Началось!
У п ы р е в а. Поссорилась?
М а р у с я. Нет... Он только что сказал: никому не верь, только мне верь! И вот такое страшное письмо... вдруг... А говорил — верь.
У п ы р е в а. Издевался... Намекал, чтобы письму верила! Он этим известен.
М а р у с я. Известен?
У п ы р е в а. Большой подлец с женщинами. Так хороший человек, а с женщинами — зверь!
Г о г е н ш т а у ф е н. Я...
К о ф е й к и н а. Не мешай!
У п ы р е в а. Иди домой, успокойся, но ему ни слова. Не унижай себя. Иди умойся. Иди. Я подойду...

>Маруся уходит.

У п ы р е в а *(хохочет)*.

>Свист и шипенье, похожие на змеиные.

Ж у р о ч к и н. Как мне этот шип действует на мозги!
Б р ю ч к и н а. Чего эта фифа ревела?
У п ы р е в а. Страсть...
Б р ю ч к и н а. К Гогенштауфену?
У п ы р е в а. Ошибаетесь...
Д а м к и н.

>Глазки
>Сулят нам ласки,
>Сулят нам также
>И то и се!

А р б е н и н. Я так и знал, я был совершенно уверен, что в случае неудачи проекта Гогенштауфен будет оставлен этой девочкой.

У п ы р е в а *(разбирает почту, напевает).* Там, где были огоньки, стынут, стынут угольки. Вам письмо, товарищ Брючкина.

К о ф е й к и н а. Гогенштауфен, вперед!

У п ы р е в а. Что такое? Все как сговорились сегодня: и вам, и вам, и вам! *(Хохочет.)*

Свист и шипенье. Арбенин, Журочкин, Дамкин читают письма. Начинают сначала улыбаться, потом хохотать. Потом, подозрительно взглянув друг на друга, быстро расходятся. Невидимые тоже прочли все письма. Только письмо Брючкиной не удалось прочесть. Она читала его осторожно. Прочтет слово — и прижмет письмо к бюсту. Стонет, раскиснув от смеха: «И зачем это ему нужно?» Уходит.

У п ы р е в а *(в сильном возбуждении, почти прыгает).* Мобилизована моя армия! Так их! Ату их! Крой! Рви!

Б о й б а б ч е н к о *(Упыревой).* Как ты это сделала?

У п ы р е в а. Пойдет путаница!

Б о й б а б ч е н к о. Зачем всем трем от Марусиного имени свидание в парке назначила?

У п ы р е в а. Ну, теперь никого нет, можно и закусить. *(Достает гематоген.)*

Б о й б а б ч е н к о. Зачем?

У п ы р е в а. Утихомирятся, с толку собьются, и я хоть квартал, а поцарствую. Стекла — в паутину, ступеньки — в зловещий вид, карболовый мой дух! Казарменная моя тоска! Страхолюдно! Уютно! Сотрудники рычат! Народ бежит!

Г о г е н ш т а у ф е н. Это ее почерк! Ее! Ничего не понимаю.

К о ф е й к и н а. Сейчас я с нее собью спесь!

Б о й б а б ч е н к о. Покажешься?

К о ф е й к и н а. Нет, у нас установилась с ней другая связь. Невидимая. Беспроволочная — что твое радио! *(Говорит негромко, но отчетливо.)* Алло!

Упырева вздрагивает.

К о ф е й к и н а. Алло!

У п ы р е в а. Да, я слушаю.

К о ф е й к и н а. Узнала?

У п ы р е в а. Узнала.

К о ф е й к и н а. Страшно?

У п ы р е в а. Ничуть!

К о ф е й к и н а. Встречу — убью.

У п ы р е в а. Мое время не пришло.

К о ф е й к и н а. Ан пришло!

У п ы р е в а. Ан нет.

К о ф е й к и н а. Ан пришло!

У п ы р е в а. Ан нет!

К о ф е й к и н а. Мои-то, живые, горы двигают.

У п ы р е в а. А мои-то, мертвые, их за руки.

К о ф е й к и н а. Мои-то, живые, выше неба взлетают!

У п ы р е в а. А мои-то, мертвые, их за ноги!

К о ф е й к и н а. Однако растем!

У п ы р е в а. А мы вас, однако, держим!

К о ф е й к и н а. Мои такую бурю раздули, что тебя любой волной захлестнет!

У п ы р е в а. А мы на волны маслицем, маслицем, и все уляжется.

К о ф е й к и н а. Ан врешь!

У п ы р е в а. Ан нет!

К о ф е й к и н а. Ан не уляжется!

У п ы р е в а. Ан, уляжется! Впервой ли нам? Подымается волна, а мы следом. И ну ее приглаживать, прилаживать, причесывать, укладывать, рассасывать, зализывать — и все в порядке. Выкусила?

К о ф е й к и н а. Против кого идете?

У п ы р е в а. Врешь, мы не против идем. Врешь, мы следом идем! Человек дело сделает, человек слово скажет, человек сдуру запоет, а мы сейчас же что притушим, что придушим, что заспим, а что и передразним, передразним, передразним, да так передразним, что даже ты живое от мертвого не отличишь. Выкусила?

К о ф е й к и н а. А вот и не выкусила.

У п ы р е в а. А вот выкусила!

К о ф е й к и н а. А вот и не выкусила.

У п ы р е в а. А я говорю — выкусила!

К о ф е й к и н а. А я говорю — нет! Ты паразит!

У п ы р е в а. Меня словом не убьешь.

К о ф е й к и н а. Ты грязь на колесе!

У п ы р е в а. Ан я потяжелей.

К о ф е й к и н а. Упырь!

У п ы р е в а. Карьеристка!

К о ф е й к и н а. Я живому служу!

У п ы р е в а. И я вокруг живого. Мертвым не пропитаешься!

К о ф е й к и н а. Сама знаешь — конец тебе приходит!

У п ы р е в а. Приходит, да не пришел. Я еще свое высосу.

К о ф е й к и н а. А Гогенштауфена я тебе не дам! *(Стучит по столу.)*

Распахиваются окна. Светит солнце. Музыка.

У п ы р е в а. Что? Ты так близко?
К о ф е й к и н а. А ты думала?
У п ы р е в а. Я думала — ты за тридевять земель!
К о ф е й к и н а. А я возле хожу.
У п ы р е в а. Я думала — ты на периферии!
К о ф е й к и н а. А я в самом центре! *(Пляшет от возбуждения. Поет.)*

> Дрыхнет в тине сытый гад,
> Завтра ты умрешь!

У п ы р е в а. Навряд!
К о ф е й к и н а.

> В море соль и в шахте соль —
> Завтра будет бой!

У п ы р е в а. Изволь!
К о ф е й к и н а.

> Пляшут зайцы у межи,
> Жизни я служу!

У п ы р е в а. Служи!
К о ф е й к и н а.

> Суслик жирный гложет рожь —
> Смерти служишь ты!

У п ы р е в а. Ну что ж!
К о ф е й к и н а.

> Нам недолго воевать —
> Ты обречена!

У п ы р е в а. Плевать! *(Пляшет.)*

> У реки, у реки,
> Тонут в тине рыбаки,
> Догорают огоньки,
> Умирают угольки.

Выкусила? *(Убегает.)*

Б о й б а б ч е н к о *(мечется в азарте)*. Ну, это я уж не знаю, что это! У меня от злости все ругательства в голове перемешались! Что крикнуть? Какое слово в таком случае надо сказать? *(Кричит в дверь.)* Можете в автомобиле ездить... Нет, не то. *(Кричит.)* У меня у самой ребенок дома, а я не лезу без очереди — и это не то. Вагон не резиновый, дура такая! Я...

К о ф е й к и н а. Успокойся. *(Свистит.)* Ну вот, мы снова видимы. Бежим искать Марусю. Надо их мирить — с этого начнем. Жди нас здесь. Ах, заведующий, где ты? Жди.

Г о г е н ш т а у ф е н. Ладно!

Кофейкина и Бойбабченко убегают.

Г о г е н ш т а у ф е н *(садится, задумывается, поет).* «Мы — красная кавалерия, и про нас...» Да что же это братцы-ы будет, а? С Марусей я поссорился, а как — не понимаю, ах, «былинники речистые ведут рассказ». Быть может, я с ума сошел, сама Маруся пишет им, свиданье назнача-а-ет всем троим. Ее знакомый почерк и знакомые слова, несчастная моя го-го-ло-ло-ло-ва-ва! Увидел я конверт в ее руках врагов, и сердце оборвалось, я ругать ее готов. Ее знакомый почерк, ее слова, несчастная моя го-го-го-го-ло-ло-ва-ва.

Входит Б р ю ч к и н а.

Б р ю ч к и н а. Ах, вот вы наконец! Зачем вам это надо? *(Хохочет.)* Мы одни?

Г о г е н ш т а у ф е н *(встает).* Как будто... А что?

Б р ю ч к и н а. Ну, в таком случае... *(Обнимает его.)* Да! Я получила письмо! Да!

Г о г е н ш т а у ф е н. Чего — да?

Б р ю ч к и н а. Да! Я отвечаю тебе на письмо — да! Ах ты какой! Добился-таки своего!

Г о г е н ш т а у ф е н. Чего — своего?

Б р ю ч к и н а. Любимый! *(Обхватывает его. Громко стонет.)*

Г о г е н ш т а у ф е н. Почему? Что вы меня давите?

Входит У п ы р е в а. Ведет за руку М а р у с ю.

У п ы р е в а. Ах какой пассаж! *(Хохочет. Свист и шипенье. Уходят.)*

Г о г е н ш т а у ф е н. Маруся! Маруся!

Б р ю ч к и н а. Ну, дорогой, чего ты кокетничаешь? Давай уславливаться! Ведь я с тобой...

Г о г е н ш т а у ф е н.

Маруси нет, я с Брючкиной бесстыжей.
Все спуталось, ах, будь ты трижды рыжей!

КАРТИНА ВТОРАЯ

Парк. На заднем плане портик в фанере. Это сцена. Густые кусты. В кустах — небольшая статуя фавна.

У п ы р е в а *(быстро ходит взад и вперед).* Очень хорошо! Это очень хорошо! Это превосходно! Прекрасная честность этой волшебницы довела меня до предела. Раз в сто лет, раз в сто лет прихожу я в бешенство — это очень хорошо. Что моя вчерашняя злоба? Кошачье мяуканье, воробьиная драка, мелкий дождик, змея шипит из-под камня, сырость ползет из болота — это все только капельки. А мое сегодняшнее бешенство? О, мое сегодняшнее бешенство! Это пожар, землетрясение, наводнение, обвал, раз в сто лет, раз в сто лет! Она меня предупредила! Она мне сказала — я здесь! Она честно борется, старая дура! Ну и хорошо! Ну и превосходно! Раз в сто лет прихожу я в бешенство — и тоже творю чудеса. Раз в сто лет!

В портике — взрыв нестройных звуков — репетируют трубачи.

Оркестр репетирует, а я готова. А вдруг нет... Вдруг мне это кажется? Попробуем... Я чувствую, чувствую, знаю — сегодня я тоже могу творить чудеса! Раз в сто лет! Раз в сто лет! Попробуем! *(Останавливается перед статуей фавна.)* Стоишь?

Ф а в н. Стою!

У п ы р е в а. Отвечает! Прекрасно. Ну, дорогая ты моя волшебница, я в полном бешенстве. Теперь увидим, кто кого. Стоишь?

Ф а в н. Зачем вы меня, мадам, дразните?

У п ы р е в а. Побегать хочется?

Ф а в н. Натюрельман! Дорожки хороши, поворачивают, так бы и побежал, елки-палки!

У п ы р е в а. Это что за слова?

Ф а в н. В парке стоим, — приучились. У меня много их, словто, а какие когда говорить — не знаю. Сто десять лет слушаю. Сто десять лет молчу, сто десять лет стою. Меланхолия гложет, пароль д'онер. Вы, извините за выражение, волшебница?

У п ы р е в а. Как видишь!

Ф а в н. У меня к вам будет просьба.

У п ы р е в а. Какая?

Ф а в н. Разрешите побегать?

У п ы р е в а. Это к чему же?

Ф а в н. Ножки чешутся!

У п ы р е в а. Отпущу — безобразничать будешь?

Ф а в н. А вам как угодно?

У п ы р е в а. Чтобы безобразничал. Бегай, ори, пугай, путай, как бешеный!

Ф а в н. Да пожалуйста! Гражданка, куда же вы? Ма фуа! Накажи меня господь! Да я такой повеса, что в свете удивляются. Я хулиган! Я невежа! Куда же вы?

У п ы р е в а. Я смотрю! Не ори.

Ф а в н. Ждете кого? Пошлите меня. Я сбегаю, пригоню. Я сбегаю. Я такой скороход, что и при дворе восхищались бы! Цимес! Я разобьюсь в куски, сакре ном, только прикажите.

У п ы р е в а. Где же Маруся?

Ф а в н. Доставим в момент, ма фуа!

У п ы р е в а. Неужели все сорвалось?

Ф а в н. Что вы говорите, волшебница! У вас разве может что сорваться? Жамэ. Погода хороша, саперли папет. Отпустите. О, бон дье! Отпустите, душенька! Отпустите, прелестница, чтобы я мог опьянеть у ваших ножек! Разрешите умереть за ваше здоровье, канашка! Куда же вы?

У п ы р е в а. Идут! Маруся и Журочкин!

Ф а в н. Пугануть?

У п ы р е в а. Не лезь. Буду я на тебя силы тратить. Веди ее, Журочкин! Так ее! Хорошо, будьте вы все прокляты! А ты стой статуей! *(Убегает.)*

Ф а в н. Так. Благодарствуйте. Подначила и ушла, кокотка! Вавилонская блудница! Очковтирательница! А я так мечтал! Я голову теряю от досады, голову теряю, парбле!

Входят М а р у с я и Ж у р о ч к и н. Трубачи играют подобие вальса.

Ж у р о ч к и н. Если я что ненавижу, Марусенька, так это Гогенштауфена. А вы?

М а р у с я. Не говорите об этом. Я голову потеряла.

Ж у р о ч к и н. Не буду. Хотел выяснить, но после, после... И об этом не буду, и об чем вы приказали, не буду. В письменной форме что приказали — исполню.

М а р у с я. Ничего не понимаю!

Ж у р о ч к и н. Есть, есть. Я очень хорошо знаю женщин. Они такие хрупкие! По-моему, и служить женщинам не надо. Хорошо, когда молодая жена дома... Пойдешь на службу — там шипы, придешь домой — а там цветок. Хо-хо... Это я вам, Марусенька. Позвольте вас подержать за ручку.

М а р у с я. Что за глупости?

Ж у р о ч к и н. Не глупости это, а нежности. Мне по-старому не хочется больше жить. Отвечаю вам — да.

Маруся. Что — да?

Журочкин. Я весь отдавался нелюбимому труду. Извольте, я согласен. Теперь я вам отдамся. С любовью.

Маруся. Что?

Журочкин. Отдамся... Видел я недавно страшный сон. Сел мне на левую ногу кредит, а на правую дебет. А сальдо получается не в мою пользу. Я кричу, а сальдо смеется.

Маруся. Пустите, пожалуйста, руку.

Журочкин. А теперь пусть смеется сальдо... Я проснусь — и не один, и вы тут... В мою пользу...

Входит Арбенин.

Арбенин. О! Вы не одни?

Журочкин. Одна, одна... Это я вышел проветриться да и отдал два-три распоряжения. *(Тихо.)* Ты спровадь его, я вернусь. *(Отходит за кусты. Прислушивается.)*

Арбенин *(смотрит на Марусю, улыбается)*. Как все это мне известно... Куда же мы пойдем? А? Сейчас перейдем на «ты» или после? А? Я получил твое письмо, моя ситцевая...

Маруся. Что вы мне говорите?

Арбенин. Ах да, ты просила, чтобы я молчал о письме... Это как понимать?

Маруся. Какое письмо?

Арбенин. Твое. Ты писала, чтобы я о нем молчал. Это что значит — молчать о нем с друзьями и знакомыми или не говорить о нем даже с тобой? Чего ты таращишь глаза?

Маруся. Честное слово, я не понимаю.

Арбенин. Ну ладно. Разберемся потом. Идем. Да, вот еще что: давай условимся заранее вот о чем — никаких ласкательных слов. Не надо мне говорить — милый, любимый или там родной. Я этого не переношу.

Маруся. А мне какое дело?

Арбенин. Как же это какое? Меня расхолаживают эти ласкательные слова. Понимаешь? Расхолаживают. Значит, ты в этом кровно заинтересована... Идем!

Маруся. Куда?

Арбенин. Мне все равно, куда ближе. Можно к тебе, можно ко мне.

Маруся. Что это такое? Никуда я не пойду.

Арбенин. Так и знал... Давай сократим вступительную часть. Ты не знаешь этого, у других иначе, а у меня так. Знай и учти: сопротивление действует на меня расхолаживающе. Понимаешь — расхолаживающе! Идем. *(Тащит ее по аллее.)*

Из кустов навстречу — Журочкин. Музыка переходит в галоп.

Ж у р о ч к и н. Стойте! Я все слышал.
А р б е н и н. А нам какое дело?
Ж у р о ч к и н. Как это, какое? Здесь афера. Она аферистка!
А р б е н и н. Так я и знал... Конечно...
Ж у р о ч к и н. И я получил письмо, и вы получили письмо. Это она застраховала себе вечер, шантажистка. Думала — один не придет, другой придет! Конечно! Мы, мужчины, в цене. Хамка...
М а р у с я. Не смейте! Кому я писала?
А р б е н и н. Не притворяйтесь! Все понятно.
Ж у р о ч к и н. Я вам в отцы гожусь, а вы меня обманываете с другим. Бесстыдница!
А р б е н и н. У меня было редкое настроение, редкое! Конечно, свинство!
Ж у р о ч к и н. Пошлость!
А р б е н и н. Недомыслие!
Ж у р о ч к и н. Я в местком заявлю за ваше поведение!

Входит Юрий Дамкин.

Д а м к и н. Ах, вот они где! Слушайте, знаете потрясающую новость? Я влюбился!
Ж у р о ч к и н. А нам что?
Д а м к и н. Интересно! Сказать в кого, а, Маруся? Трепещет детка... У меня есть такое свойство — как влюблюсь, не могу молчать. Говорю друзьям, прохожим, дворнику... С вагоновожатым запрещается разговаривать — а мне все равно, я и ему тоже. Что мне — я влюблен! А, Маруся?
М а р у с я. Что?
Д а м к и н. Не слышала? Да что ты такая ошеломленная?
А р б е н и н. Давно ли вы на «ты»?
Д а м к и н. Сказать, Маруся? Губы трясутся у нее, потеха какая! Скажу — с настоящей секунды.
Ж у р о ч к и н. Что же так вдруг?
Д а м к и н. А вот — прислала она мне такое письмецо, после которого «вы» говорить нельзя... Да, детка? Ой, со смеху умру! Какие у нее глаза, как будто кролик запуганный! Губки в морщинках, детские, все кишочки можно надорвать с хохоту!
А р б е н и н. Выслушайте нас.

Дамкин. У меня есть такое свойство: когда я влюблен...

Арбенин. Все это я знаю. Вы получили от нее письмо?

Дамкин. Да!

Арбенин. Мы тоже.

Дамкин. От кого?

Арбенин. От нее же!

Дамкин (*спокойно*). Это ерунда.

Журочкин. Как ерунда?

Дамкин. Это вас разыграли.

Журочкин. Почему вы так думаете?

Дамкин. Потому что она мне письмо прислала! При чем тут вы? Не понимаю... Идем, Маруся! Да не вырывайся, детка. У меня есть такое свойство: если я влюблен, от меня не уйти.

Маруся бежит.

Дамкин (*с хохотом гонится*). Убежать думает, потешная. У меня зубы стальные!

Арбенин (*гонится*). Нет, стойте, надо выяснить!

Журочкин. Стой! Я сейчас ее осрамлю!

Убегают. Входят Кофейкина, Бойбабченко, Гогенштауфен.

Гогенштауфен. Ах, почему, почему вы думаете, что она может быть здесь! Значит, вы тоже верите, что она сама написала эти письма?

Кофейкина. Смотри, смотри на него!

Гогенштауфен. Вы что-то знаете, но скрываете от меня.

Кофейкина. Слушай, слушай его!

Гогенштауфен. Ну, конечно, вы переглядываетесь! Вы знаете, что она вовсе не такая, какой притворяется. Я все понимаю.

Кофейкина. Чувствуешь, Бойбабченко, как ей легко, Упыревой-то? Видишь теперь? С толку сбить человека, который влюблен, совершенно просто. Нету такой подлости, которой он не поверил бы насчет своей девушки. Ох, путаные люди!

Бойбабченко. Верно, матушка, верно. Я в счастливом возрасте, голова у меня ясная, страстями не затуманенная. Я так им возмущаюся!

Гогенштауфен. Что же вы скажете — она подделала письма? Упырева подделала ее почерк? Марусин почерк? Ерунда!

Кофейкина. Это дело второстепенное, как она послала письма. Важно, что она это сделала, и тебя надо с Марусей помирить. Твой проект...

Гогенштауфен. А ну его к черту, мой проект!

Кофейкина. Видишь, Бойбабченко?

Бойбабченко. Вижу и возмущаюсь.

Кофейкина. Счастье, что я здесь. А не будь меня... Ах, страшно подумать!

Гогенштауфен. А где она пропадает, Маруся-то ваша? На работе нет, дома нет, где она? У одного из них? Ха-ха!

Бойбабченко. Опомнись, безумный!

Гогенштауфен. Вообще, мне все это совершенно безразлично, и я иду домой.

Бойбабченко. Опомнись, идол! Опомнись, аспид! Ну куда ты пойдешь?

Гогенштауфен. Где она пропадала целый день?

Бойбабченко. Известно где! Не знаешь, что ли, нашу сестру? Сидела весь день у подруги какой-нибудь да плакала.

Гогенштауфен. А вечером сюда? Куда звала этих...

Кофейкина. Не капризничай! Да, вечером сюда. Ее, конечно, вызвала сюда по телефону Упырева. Вон она, Упырева. Стой здесь! Бежим, Бойбабченко! Стой здесь, Гогенштауфен, никуда не уходи, надо выследить, куда она бежит!

За сценой начинает петь хор цыган.

Гогенштауфен. Я пойду домой.

Кофейкина. Перестань, стыдно.

Бегут.

Гогенштауфен (*садится на скамейку*). Я целый день ничего не ел. Но теперь очень спокоен. Пожалуйста, я останусь. Я очень рад, когда смогу ей высказать в лицо все, что следует. Я очень рад, что я не волнуюсь что за день перекипел. Я, когда волнуюсь, говорю нескладно, а сейчас я холоден и могу... Вон она! (*Вскакивает.*)

Вбегает Маруся.

Маруся. Помоги мне, если хоть что-нибудь помнишь. Ты меня ругал, но будь товарищем! Может быть, я виновата...

Гогенштауфен. Ага, признаешь!

Маруся. Но ведь я не нарочно!

Гогенштауфен. Еще бы, еще бы!

Маруся. Ты, бывало, уснешь, я на тебя смотрю и пропадаю, так я тебя жалею, люблю. Ведь у каждого человека есть свои плохие свойства, прости мне, если я такая плохая, помоги, пусть все будет по-старому! Даже не надо по-старому, только проводи меня домой.

Гогенштауфен. Зачем? У вас есть трое провожатых! Если у вас такой темперамент...

Маруся. Опять это проклятое слово! Мало того, что ты его мне в письме написал, ты его еще повторяешь...

Гогенштауфен. Я тебе не писал.

Маруся. Не ври!

Гогенштауфен. Вы выдумали это письмо, чтобы разделаться со мной.

Маруся. Я...

Вбегает Дамкин.

Дамкин *(хохочет)*. Четвертый! Ну, Маруся! Я об такой девушке всю жизнь мечтал! Идем!

Маруся. Ну, ладно. Идемте. *(Идет.)*

Дамкин. Ха-ха-ха! У меня потрясающая новость — в меня Маруся влюбилась! Рассказал бы, да некогда, ее вести надо. Вот, почитайте-ка письмо от нее. Завтра в обеденный перерыв забегу рассказать подробности. Маруся! Погоди! Маруся! *(Бежит.)*

Арбенин *(пробегает через сцену следом)*. Нет, вы не уйдете!

Журочкин. Подождите... Подлая! *(Пробегает.)*

Упырева *(мчится следом)*. Так ее! Крой! Рви! *(Убегает.)*

Вбегают Бойбабченко, Кофейкина.

Кофейкина. Видел ее?

Бойбабченко. Помирился? Чего молчишь?

Гогенштауфен. Я иду домой.

Кофейкина. Погоди, не ругай его. Это я виновата. Ящик с тобой?

Бойбабченко. В корзинке.

Кофейкина. Мчись следом за ними! Не спускай глаз с Дамкина! На тебе ответственность! Не то страшно, что он хвастает, будто всех женщин покоряет, а то страшно, что они ему в конце концов действительно покоряются!

Бойбабченко. Ну, меня ему не покорить.

Кофейкина. Не о тебе и речь! Беги.

Бойбабченко. Бегу! *(Убегает.)*

Кофейкина. Стыдно тебе! Мы столько труда потратили, сколько мелких чудес извели, чтобы девушку к тебе направить, а ты ее врагам выдал?

Гогенштауфен. Они ей не враги!

К о ф е й к и н а. Ох, стыдно тебе, стыдно!

Г о г е н ш т а у ф е н. Чего стыдно! Ну вот, смотрите — письмо. Кто его мог написать, кроме нее? Почерк ясный. Читайте: «Обязательно приходите восьмого июня в парк, в шесть часов вечера. Любви не прикажешь. Любовь победила. Молчи со мною о письме. Мне стыдно. Твоя навек Маруся».

К о ф е й к и н а. Моя вина, что я эту пустую задачу до сих пор не разрешила. Забыла я, что ты человек влюбленный, а стало быть, тупой и жестокий. А о своем письме к Брючкиной забыл? А о своем письме к Марусе?

Г о г е н ш т а у ф е н. Я не писал никаких писем.

К о ф е й к и н а. Не хотела я с этим возиться, энергию тратить, да придется. Сейчас я эту пустую задачу решу. *(Оглядывается.)* Гляди сюда.

На стене между колоннами плакат — точное повторение того, который диктовала Упырева Марусе. Плакат ярко освещен изнутри.

Это вот диктовала она Марусе? Это?

Г о г е н ш т а у ф е н. Да.

Кофейкина свистит.

Правая половина плаката гаснет. Остаются слова:

Обязательно приходите
восьмого июня в парк
в шесть часов вечера
Любви не прикажешь
Любовь победила
Молчи со мною о письме
Мне стыдно
Твоя навек
Маруся.

Г о г е н ш т а у ф е н. Будь я трижды рыжий! А почему три письма?

К о ф е й к и н а. А потому, что писала она чернилами на целой стопе. А бумага, знаешь, у нас какая? Вроде промокательной. Вот и промокло на три экземпляра. Все просто.

Г о г е н ш т а у ф е н. Я того... этого...

К о ф е й к и н а. А от тебя письма она на машинке печатала. Из того простого расчета, что Брючкина любому письму поверит.

Г о г е н ш т а у ф е н. А Маруся? Это...

К о ф е й к и н а. А Маруся, может, и опомнилась бы, но как

увидела тебя в объятиях у Брючкиной... Рассчитала точно Упырева-то. И письмо от тебя она, конечно, послала грубое, чтобы ошеломить! Эх!

Г о г е н ш т а у ф е н. А я того... дело еще запутал... Марусю выругал... Она пошла... Надо бежать — ноги не идут... Я целый день не ел... Все еще ухудшил! Я-то...

К о ф е й к и н а. Сядь, успокойся! Ну-с! Сейчас в ваши запутанные дела я вмешаюсь. Чуда тут нет особенного. В вас сталкивается ряд энергий и происходит путаница. А во мне одна энергия, простая, ясная. Для начала сброшу я, братец, маску. Пока я от Упыревой пряталась, пока я следила, так мне было удобней. Теперь я иду в открытую!

Свистит. Яркая вспышка пламени. Кофейкина ударяется о стенку и превращается в молодую девушку. Одета она просто, на груди значок ГТО.

Г о г е н ш т а у ф е н. Кто это?
К о ф е й к и н а. Я, дорогой.
Ф а в н. Волшебница!
К о ф е й к и н а. Вот именно!
Г о г е н ш т а у ф е н. Еще одна?
К о ф е й к и н а. Да что ты, родной, это же я и есть, Кофейкина.
Г о г е н ш т а у ф е н. А лицо, а платье?

К о ф е й к и н а. Да ты что, не привык еще, что ли? Просто я переоделась к бою. Превращение чистое, вполне научное. Один вид энергии переключила в другой, только и всего. Мне в этом виде легче драться: дыхание, мускулы.

Г о г е н ш т а у ф е н. А значок?

К о ф е й к и н а. Ну а это я уж так. От избытка чувств. Хочу при встрече Упыреву подразнить. Смотри, мол, подлая, я готова к труду и обороне!

Ф а в н. Волшебница! Дозвольте опьянеть у ваших ножек! Разрешите умереть за ваше здоровье!

К о ф е й к и н а. Да перестань ты на меня глаза таращить! Гогенштауфен! Очнись! У меня только формы изменились, а содержание прежнее. Не будь формалистом!

Г о г е н ш т а у ф е н. В голове звон... Я целый день не ел...
К о ф е й к и н а. Ешь!

Из-под земли поднимается столик, на столе прибор. Кипит чайник. Стоят кушанья.

Ф а в н. Волшебница! Салат «Весна»! Селедка в белом вине, импорт, Торгсин. Филе миньон! Рюмка водки за рубль сорок!

Кофейкина. Ешь! *(Обнимает Гогенштауфена, уговаривает.)* Ну, будь человеком, оживись, очнись. И погода хороша, и еда хороша, и я с тобой. Сейчас мы все устроим, все наладим! Лето ведь. Деревья растут...

За кулисами — Упырева и Маруся. Кофейкина и Гогенштауфен их не замечают.

Упырева *(тихо)*. Видишь? Кутит с новой. Подлец! Иди себе к Дамкину! Все такие. Чего тебе горевать, отставать? Весело. Лето. Деревья растут... *(Тихо смеется, уводит Марусю, за ними крадутся Журочкин и Арбенин.)*

Журочкин *(тихо)*. Не уступлю.

Арбенин *(тихо)*. Не сдамся.

Уходят.

Кофейкина. Ну вот. Окреп?

Гогенштауфен. Да... Но нескладно... я... как объясню... ей...

Кофейкина. Все будет ладно. Враг-то наш только подлостью берет, чудеса творить — где ей!

Фавн. Волшебница! Сто десять лет стою в такой позиции, как будто сейчас с места сорвусь. Дозвольте помочь! Сакре ном! Пожертвуйте чудо Христа ради! Прикажите побегать!

Вбегает Бойбабченко.

Бойбабченко. Дамкина я к дереву прицепила ящичком! Упырева Марусю сейчас к Журочкину и к Арбенину подвела, они ее мучают. Идем! *(Вглядывается в Кофейкину.)* Ах!

Кофейкина. Чего?

Бойбабченко. Ах ты, дезертир, ренегат, изменница!

Кофейкина. Почему?

Бойбабченко. В разгаре боя свой возраст бросила!

Кофейкина. Я так подвижней.

Бойбабченко. Врешь, кокетка. Как это противно, когда старая баба так молодится.

Фавн. Это вы, мадам, из зависти!

Бойбабченко. А это еще что за хулиган? Молчи, садовая голова! Уйдешь на минутку — кутеж, бытовое разложение, позор!

Кофейкина. Очнись.

Бойбабченко. Сбрось и мне хоть пять-шесть лет. Погода хорошая, лето.

Кофейкина. Некогда. Идем!

Фавн. Мадам! Неужто и вы тоже уйдете? Вторая волшебница меня бросает! У меня рассудок помутился, елочки-палочки.

К о ф е й к и н а. Стой! Какая вторая? Какая еще волшебница?

Ф а в н. Ой, приревновала! Да нет, мадам, я шучу! Разве та, другая, волшебница? Просто дура сопатая.

К о ф е й к и н а. Она с тобой говорила?

Ф а в н. Ну что вы! Где ей!

К о ф е й к и н а. А что же ты бормотал насчет второй волшебницы?

Ф а в н. Я, мадам, экскюзе муа, трепался.

К о ф е й к и н а. Напугал, дурак. Если Упырева со злости начнет чудеса творить — неизвестно тогда, чья будет победа.

Б о й б а б ч е н к о. А разве она может?

К о ф е й к и н а. Со злости. Раз в сто лет. Говори честно — она тебя оживляла?

Ф а в н. Нет, нет, мадам. Она простая очковтирательница, пароле. И злобы в ней нет. Только хихикает. Позвольте мне присоединиться к вашему ордену.

К о ф е й к и н а. Взять его, что ли? Возьму.

Ф а в н. Ха-ха-ха!

К о ф е й к и н а. Пока диспозиция простая. Ты, Бойбабченко, вернись к Дамкину. Я пойду к Упыревой. А ты пойдешь...

Ф а в н. Пойду? Я помчусь, а не пойду, прелестница!

К о ф е й к и н а. А ты пойдешь и отгонишь от Маруси мужчин. Понял?

Ф а в н. Еще бы.

К о ф е й к и н а. А ее ласково приведешь сюда.

Ф а в н. Приласкаю ее, накажи меня господь!

К о ф е й к и н а. Без подлостей!

Ф а в н. Слушаю-с!

К о ф е й к и н а. Смотри! Исполнишь — буду пускать тебя каждый вечер. Напутаешь — в мраморное мыло превращу, в кооперацию отдам.

Ф а в н. Да что ты, очаровательница! Я ведь тоже хоть и паршивенький, а все-таки профессионал! Вроде — бесеночек!

К о ф е й к и н а. А если я узнаю, что Упырева с тобой разговаривала, а ты скрыл, — горе тебе, горе, горе!

Ф а в н. Ну вот, скажете тоже! Буду я от такой красотки скрывать что-либо!

К о ф е й к и н а. Ох, смотри. *(Свистит.)* Але-гоп!

Фавн спрыгивает с пьедестала, делает ряд высочайших прыжков. Чешется. Повизгивает, мечется, как пес, которого взяли гулять.

К о ф е й к и н а. Лети.

Ф а в н. Лечу! *(Делает несколько кругов, пригнувшись носом к земле. Принюхивается. Напав на след, с хохотом убегает огромными прыжками.)*

К о ф е й к и н а. Так. А ты марш, марш к ящичку!

Б о й б а б ч е н к о. Есть! *(Марширует. Уходит.)*

К о ф е й к и н а. А тебя я сейчас вооружу. Чудес у нас в обрез. Надо приготовить три желанья. Три любых твоих желанья исполнятся. Но не смей желать без моего приказу! Чтобы не было путаницы — только те твои желанья исполнятся, которые крикнешь громким голосом. Понял?

Г о г е н ш т а у ф е н. Да.

К о ф е й к и н а. Ну, то-то. *(Свистит.)* Раз исполнится, два исполнится, три исполнится! Старайся тише говорить. Ах, неприятно! Если она в полной злобе — все перепутает так, что просто ужас. Придется лететь к заведующему в отпуск. Беспокоить его. Пойду послежу за ней. *(Уходит.)*

У п ы р е в а *(вырастает из-за кустов. Тихо).* Сиди, жди! Чего ждешь — не будет, а что будет, то не выйдет. Всех перепутаю, все прахом пущу. Вы планы строите, а я расстраиваю. Вы строите, а я расстраиваю. Я в полной злобе. *(Исчезает.)*

Влетает Ф а в н.

Ф а в н. Дяденька! Ты человек хороший! Я статуй хороший! Я, чтобы побегать, на преступление пошел! Есть другая волшебница, а я от вашей скрыл! Боялся, она меня из ревности не отпустит. Прими меры! Есть опасность! Дядя! Спит... Ну а у меня все благородство вышло. Больше повторять не буду. Дяденька!

Гогенштауфен вскакивает.

Дяденька! Сейчас придет твоя девушка. А я пока мужчин отведу. *(Кричит в кусты женским голосом.)* Товарищ Арбенин! Журочкин! Идите сюда, я тут над вами издеваюся! Дурачки! Хи-хи!

Фавн бежит, за ним с ревом проносятся Журочкин и Арбенин.

Г о г е н ш т а у ф е н. Идет она! Идет. Это ее шаги! Маруся!

Вбегает Б р ю ч к и н а.

Б р ю ч к и н а. Ах, вот он где! Прости, я тебя измучила, но я все бегала, делилась с подругами. Подруги рвут и мечут, говорят — ты такой интересный! У меня есть знакомый физик. Маленький, но широкий-широкий! Такой широкий, что его на улице путают с бюстом Пржевальского. Он меня сейчас встретил и говорит: «Отчего у вас такое счастливое лицо. Кто он?» Понимаешь, на улицах замечают...

Гогенштауфен. Ага.

Брючкина. Сядем.

Гогенштауфен. Ага.

Брючкина. Что ты такой скучный?

Гогенштауфен. Я не могу.

Брючкина. Чего?

Гогенштауфен. Я измучен. Я не спал ночь.

Брючкина. Ах ты, шалун. Что делал?

Гогенштауфен. Работал.

Брючкина. Хи-хи-хи.

Гогенштауфен. Не понимаю — кому это нужно? Зачем вы...

Брючкина. Ах, вот что... Ты прав. Идем!

Гогенштауфен. Куда?

Брючкина. Ко мне. Я не буду тебя больше мучить. Идем! Ах! *(Обхватывает его.)*

Гогенштауфен *(кричит).* А, будь ты трижды рыжей!

На секунду вспыхивает яркий свет. На голове Брючкиной вырастает тройная рыжая прическа. Над бровями — тройные рыжие брови. Рыжие ресницы. Веснушки покрывают ее лицо.

Брючкина. Что со мной?!

Гогенштауфен. Ах я несчастный!

Брючкина. Что за выходка такая!

Гогенштауфен. Вы стали трижды рыжей.

Брючкина *(достает из кармана зеркальце).* Ах! Какое хамство! Зачем вам это надо? Это вы из ревности! Вы увидели, что все мужчины на меня бросаются, и облили меня перекисью!

Гогенштауфен. Честное слово, нет.

Брючкина. Хам! Паршивец! Вы хотите меня таким образом приковать к себе. Это насилие! *(Визжит.)* Насилие!

Гогенштауфен. Тише, ради Христа!

Брючкина. Нет, я устрою скандал на весь парк! Пусть все видят, до чего вы в меня влюбились! *(Визжит.)* Насилие! *(Убегает.)*

В кустах хохочет Упырева.

Гогенштауфен. Что будет! Что будет! Что делается!

Вбегает Маруся.

Гогенштауфен. Маруся!

М а р у с я. Оставьте, пожалуйста...
Г о г е н ш т а у ф е н. Маруся!
М а р у с я. Что от меня людям надо?!
Г о г е н ш т а у ф е н. Маруся!
М а р у с я. Не врите!
Г о г е н ш т а у ф е н. Маруся!
М а р у с я. Отчего это так жизнь устроена? На работе что-нибудь не так — сколько есть мест пойти да рассказать! Месткомом или даже стенгазета, авторитетный какой-нибудь товарищ. А тут кому расскажешь?
Г о г е н ш т а у ф е н. Маруся!
М а р у с я. Вы мне весь взгляд перевернули. Вы!
Г о г е н ш т а у ф е н. Я... так... когда... это... нескладно... нескладно говорю, когда расстроен. Маруся! Я...
М а р у с я. Человек прогуляет — его с работы долой. Правильно. А вы со мной такую гадость сделали, и вам ничего не будет. Почему? Небось, если бы знали, что вас за это карточки лишат и опозорят — не писали бы мне такое письмо. Свинство! Я вам так верила! Я один раз даже, может быть, ревела, так я вас любила. Ваша хозяйка меня шепотом ругала каждый раз, а я все-таки к вам ходила.
Г о г е н ш т а у ф е н. Я все могу... доказать... но... я нескладно говорю... как... это быть...
М а р у с я. Что вы мне написали? *(Достает письмо.)* Почему такие страшные грубости? Всего одна фраза: «Мне надоел ваш бурный темперамент! Между нами все кончено». Как вы могли так написать? А? Что я, нарочно? Откуда мне знать?
Г о г е н ш т а у ф е н. Маруся!
М а р у с я. Я думала, тут ничего плохого нет, я вас любила, жила хорошо, была веселей всех, а что теперь? Свинство!
Г о г е н ш т а у ф е н. Я ничего этого... этому... не писал... Нескладно, нескладно...
М а р у с я. Вы меня довели, что мне работать, жить противно, а это разве ничего не стоит? Разве я была бесполезный человек? Свинство! Чем лучше Брючкина? Сказал, надо попрощаться, и потом письмо... Что тут такого, когда у человека голова кружится? Прощай!

Гогенштауфен хватает ее за руку.

Г о г е н ш т а у ф е н. Постой... Слова... того... могу... ах... *(Кричит.)* Говорю нескладно, а хочу складно говорить!

На секунду вспыхивает яркий свет.

Гогенштауфен. Кошка, картошка, полгуся, пожалуйста, не уходи, Маруся. Чай, конфета, котлета — мы немедленно выясним все это.

Маруся. Вы сошли с ума?

Гогенштауфен. Хороши романы Дюма!

Маруся. Это безобразие!

Гогенштауфен. Европа, Америка, Азия!

Маруся. Это глупое издевательство!

Гогенштауфен. Зачем же такие ругательства? Я складно говорить пожелал, и вот получился скандал! Мне самому неприятно, но нету пути обратно! Конечно, я не поэт, ни таланта, ни техники нет, есть только страстные чувства, а это ничто для искусства! Маруся, люблю я тебя, и ты меня слушай, любя. Пойми меня, Маруся, а то сойду с ума — клянусь тебе, Маруся, я не писал письма. Мы жили и ничего не знали, а нас ненавидели и гнали! Гнала нас мертвая злоба, и вот стоим и страдам мы оба.

Маруся. За что?

Гогенштауфен. За то, что, к несчастью, я всегда работал со страстью, а ты со страстью любила — и вот всколыхнулась могила и пошла окаянная волной, чтоб и нас успокоить с тобой.

На эстраде Упырева. Хохочет.

Оглянись! Вон она сзади — вон упырь стоит на эстраде!

Упырева хохочет.

Голос Фавна. Дурачки, хи-хи-хи! Сюда! Как я над вами издеваюсь!

Вбегает Фавн, за ним Журочкин и Арбенин.

Арбенин. Ах, вот вы где, мадам.

Гогенштауфен. Я в обиду ее не дам.

Арбенин. Ну, конечно, я так и знал.

Гогенштауфен. Ручка, тетрадка, пенал.

Арбенин. Что такое?

Гогенштауфен. Оставьте ее в покое.

Журочкин. Он остряк-самоучка.

Гогенштауфен. А ты толстяк-недоучка.

Журочкин. Я ее сейчас осрамлю!

Гогенштауфен. А я тебя сейчас задавлю.

Дерутся.

Ф а в н. Очень красиво. Это я! Как мне волшебница приказала всех мужчин стравить, так и стравил! Буду теперь каждый вечер бегать. Шарман!

Журочкин отступает. Арбенин тоже. Гогенштауфен их преследует. Фавн за ними. Упырева спрыгивает с эстрады, подходит к Марусе.

У п ы р е в а. Что? Вчера все просто казалось, а сегодня жить не хочется? А? Щенок!

М а р у с я. Пустите меня!

У п ы р е в а. Куда? Все перепуталось. Спасенья нет. Я в полной злобе.

М а р у с я. Я умру.

У п ы р е в а. Успеешь. Эх ты, коровушка! Пасется коровушка, глядит в траву — думает, я живая. А она только мясо. О, анекдот для некурящих. Иди к Дамкину! Он тебя скушает! У него стальные зубы!

Г о л о с. Зубы его и погубили!

У п ы р е в а. Кто говорит?

Г о л о с. Не узнаешь?

У п ы р е в а. Нет.

Из-за кустов выходит К о ф е й к и н а.

К о ф е й к и н а. Я.

Вбегает Д а м к и н.

Д а м к и н. Товарищ Упырева! В нашем саду посторонняя баба... *(Убегает.)*

У п ы р е в а. Что это с ним?

Д а м к и н *(возвращается)*. Позволяет себе меня... Понимаете меня... *(Убегает.)*

У п ы р е в а. Что за ерунда?

Д а м к и н *(возвращается)*. Таскать за зубы. *(Убегает. Возвращается.)* По всему саду. *(Убегает. Возвращается. Следом за ним Бойбабченко с ящичком.)*

Д а м к и н. Вот, это она...

Б о й б а б ч е н к о. Не фискаль! *(Поворачивает рычаг.)*

Юрий Дамкин с размаху прилипает к ящику зубами.

Б о й б а б ч е н к о. Не дергайся, зубы выдернешь!

У п ы р е в а. Что это за ящик?

Б о й б а б ч е н к о. Электромагнит новейшей конструкции и сказочной силы. Стой!

Кофейкина. Конструкция моя.

Упырева. Чудеса-то на исходе?

Бойбабченко. Так и прилип стальными зубами. Ну, ступай!

Юрий Дамкин выпрямляется. Мычит.

Бойбабченко. Мычит! Батюшки, да он, кажись, язык прикусил.

Кофейкина. Нет! Верхняя и нижняя челюсти намагнитились и притягивают друг друга.

Бойбабченко. Ха-ха-ха! Это тебе, гаду, наука. В полном смысле слова.

Брючкина *(визжит за сценой).* Насилие!

Фавн *(вбегает).* Ой, ведут их, бабушка, ведут! Ой, бабушка, это же форменный праздник. Мильтон со смеху свистнуть не может. Дяденька стихами говорит. Я прыгаю!

Входят милиционер, Арбенин, Журочкин, Гогенштауфен.

Милиционер. Спорить, гражданин, напрасно. *(Подносит свисток к губам.)*

Гогенштауфен. Я люблю вас, очень страстно!

Милиционер. Ха-ха-ха! *(Резко обрывает смех.)* Вы за это заплатите лишний штраф, только и всего. *(Подносит свисток к губам.)*

Фавн делает необычайно нелепый прыжок.

Милиционер. Ха-ха-ха! *(Резко обрывает смех.)* Ничего не выйдет, кроме напрасной волокиты. *(Пробует свистнуть.)*

Гогенштауфен. Вербы, яблоки, ракиты.

Милиционер. Ха-ха-ха! Напрасные старанья.

Фавн делает прыжок.

Милиционер. Ха-ха-ха! Кто не подчиняется...

Гогенштауфен. Тому вред причиняется.

Милиционер. Ха-ха-ха! Черт знает что! Гражданка! Да это у тебя никак свисток?

Кофейкина. Он.

Милиционер. Свистни, сделай одолжение. Я с поста не могу отлучиться, а эти тут бузят, дерутся.

Кофейкина дает два коротких свистка.

Арбенин. Это какой трамвай? *(Орет.)* Какой трамвай, говорю? *(Сует милиционеру деньги.)* Передай кондукторше пятнадцать копеек! А?

Ж у р о ч к и н *(поет басом).* Лю-блю я цветы полевые, люблю на полях собирать! Арбенин! Обманула нас девушка. Карау-у-ул!

М и л и ц и о н е р. Это что такое!

К о ф е й к и н а *(тихо говорит Бойбабченко).* Я их в пьяных превратила. Последнее превращение — со счету долой!

М и л и ц и о н е р. Это вы жалобу подаете, будто вас бьют, а сами в безобразно пьяном состоянии?

К о ф е й к и н а. Они привязались к двум нашим актерам-затейникам...

М и л и ц и о н е р *(козыряет Гогенштауфену и Фавну).* Рад, что выяснилось.

А р б е н и н *(обнимает милиционера).* Кондукторша! Где тут загс?

М и л и ц и о н е р. Идем, идем!

А р б е н и н. Мне жениться хочется! Кто меня разденет? Кто меня уложит?

М и л и ц и о н е р. Идем, идем! Найдутся такие люди. *(Ведет Арбенина. Журочкин семенит следом.)*

Ж у р о ч к и н. Куда вы! Сестрицы! Что вы меня, девушку, бросаете! Во чужой стороне, во неладной семье. *(Плачет.)*

Скрываются, слышны свистки.

Б о й б а б ч е н к о *(показывает на Дамкина).* Смотри, смотри! Что это он все в одну сторону нос воротит?

К о ф е й к и н а. К северу.

Б о й б а б ч е н к о. Почему?

К о ф е й к и н а. Обратился в компас. Зубы — магнитная стрелка на шее на свободном основании... Всех укротили! Он — магнит, остальные в отделении! Наша победа!

Г о г е н ш т а у ф е н. Упырева! Где твое жало, ты гибелью нам угрожала!

У п ы р е в а. Я здесь, я здесь, никуда не уйду. И Маруся твоя со мной.

Хор за сценой поет «Маруся отравилась».

Г о г е н ш т а у ф е н. Она моя Маруся, и я на ней женюсь.

У п ы р е в а. Никогда! *(Шипит.)*

Гогенштауфен превращается в курицу.

К о ф е й к и н а. Так я и знала.

У п ы р е в а. А чудеса ты истратила. Что, Маруся? Женишься на курице?

Г о г е н ш т а у ф е н *(кудахчет).*

Врывается Брючкина *с целой толпой.*

Б р ю ч к и н а. Вот здесь, товарищи! Вот здесь изуродовал он меня из ревности!

Г о л о с а. Где он? Давайте его сюда! Что за пережитки!

Б р ю ч к и н а. Вот вся их компания. Хватайте их! *(Визжит.)* Насилие! *(Тихо.)* Подруги все сбесятся от зависти!

Толпа надвигается. Упырева хохочет.

У п ы р е в а. Отлично! Все перепуталось. Что, старуха, плохи дела?

К о ф е й к и н а *(бросается к Гогенштауфену, шепчет ему что-то на ухо).*

Г о г е н ш т а у ф е н *(кричит куриным голосом).* Лиса, коса, небеса, колбаса, вернитесь к Кофейкиной все чудеса!

К о ф е й к и н а. Что, съела?

Свисток. Гогенштауфен снова человек. Упырева шипит и превращается в ястреба. Кофейкина превращается в орла. Тогда Упырева превращается в тигра. Кофейкина — в слона. Упырева превращается в крысу, Кофейкина — в кота. Упырева принимает человеческий вид. Кофейкина за ней.

У п ы р е в а. Брючкина публику собрала? Хорошо! Я тебя злобой уничтожу. *(Шипит.)* Берите ее!

К р и к и и з т о л п ы. Хватайте ее! Это она во всем виновата! Это она нас с толку сбивает! Шарлатанка!

Толпа надвигается на Кофейкину.

У п ы р е в а. Съела? Смотри на эту публику! Половина шпаны. Чудо шпану раздражает всегда! Фокусников и тех не любят, обличают, а волшебницу разорвут. Я их сейчас растравлю!

К о ф е й к и н а. А я их сейчас развеселю. Фавн! Сюда! Возьми эту флейту!

У п ы р е в а *(в ужасе).* Волшебная флейта?

К о ф е й к и н а. Назад! Играй, Фавн!

Фавн играет. Толпа сначала удивленно и как бы против воли, а затем все веселей и веселей пляшет. Упырева исчезает.

К о ф е й к и н а. Ну что? Съела? Веселье да пляска — где злоба? Чудо чистое, вполне научное. Известное сочетание звуков действует на двигательные центры головного мозга. Пляшите, пляшите, враг мрачен, мы веселы!

Г о г е н ш т а у ф е н *(танцуя).* Кофейкина, я трясуся, куда-то исчезла Маруся!

Кофейкина. Что? А где Упырева?

Фавн показывает на небо.

Кофейкина. Что? Перестань играть.

Музыка обрывается.

Где она?

Фавн. Она, дура сопатая, унесла Марусю под облака.

Кофейкина. А ты молчал?

Фавн. Волшебница, что я мог? Вы приказали играть!

Кофейкина. Вот сдам тебя в музей, позеленеешь ты там от тоски!

Фавн. Красотка, что я понимаю? Я же маленький, мраморный.

Кофейкина. Ужас!

Бойбабченко. Она ее расшибет!

Гогенштауфен. Летим, летим поскорей за бедной невестой моей!

Кофейкина. Придется заведующего обеспокоить. Иначе выйдет катастрофа. Поймаем ее — и к нему в отпуск! *(Свистит.)* Летим!

Взлетают. Бойбабченко держит Дамкина.

Кофейкина. Зачем тебе Дамкин?

Бойбабченко. Как в такую экспедицию без компаса?

Брючкина подпрыгивает, вцепляется в ноги Гогенштауфена.

Гогенштауфен. Пустите, я к ней лечу и разговаривать с вами не хочу!

Брючкина. Ишь ты какой. Уговаривал, а теперь улетать? Не лягайся, милый, я все равно не отцеплюсь. Какие ножки!

Улетают.

Фавн. А меня забыли и флейту мне оставили! Хорошо! Пляшите! Пляшите все! В честь победы! В честь виктории! Чтобы волшебница победила! Чтобы Упырева погибла!

Чтобы навеки сгинуть ей нахалке —
Пляшите все, пляшите, елки-палки!

Пляшут.

Занавес

ДЕЙСТВИЕ ТРЕТЬЕ
КАРТИНА ПЕРВАЯ

Крыша. Ночь. На крыше с е р д и т ы й м о л о д о й ч е л о в е к в трусах.

М о л о д о й ч е л о в е к. Вы подумайте, до чего доходит! Им радио тьфу. Им бы только летать бы. На нашу технику им плевать.

Подлетают К о ф е й к и н а, Б о й б а б ч е н к о, Д а м к и н, Г о г е н ш т а у ф е н, Б р ю ч к и н а.

Б о й б а б ч е н к о. Эй, молодой, не пролетали тут две женщины?
М о л о д о й ч е л о в е к. А ну вас к черту!
Б о й б а б ч е н к о. Не пролетали?
М о л о д о й ч е л о в е к. Еще бы нет. Она, дура, такая неуклюжая, мне всю антенну разворотила.
Б о й б а б ч е н к о. Давно?
М о л о д о й ч е л о в е к. Да уже час чиню.
Б о й б а б ч е н к о. Догоним. Куда пролетела?
М о л о д о й ч е л о в е к. А вон туда.
Б о й б а б ч е н к о. Летим!

Летят. Внизу вершины леса. Летят над самыми верхушками.

Б р ю ч к и н а. Ай!
Б о й б а б ч е н к о. Чего еще?
Б р ю ч к и н а. Меня какая-то птица клюнула в лодыжку. *(Хохочет.)* Зачем ей это нужно? Дорогой, а ты заметил, как тот в трусах, на крыше, пялил на меня глаза и весь волновался?

Лес кончается. Город. Каланча.

П о ж а р н ы й. Братцы, нет ли у вас часов?
Б о й б а б ч е н к о. А что?
П о ж а р н ы й. Да сменяться пора. Хотя дежурство сегодня интересное. Все летают, летают...

К о ф е й к и н а. Ты видел тут двух женщин? Пролетали?
П о ж а р н ы й. А как же, видел! Только не две их было. Одна.
Г о г е н ш т а у ф е н. Одна?
Б р ю ч к и н а. Ничего, милый, я с тобой.
Б о й б а б ч е н к о. Давно пролетала?
П о ж а р н ы й. Минуть десять. Что это у вас, маневры военные?
Б о й б а б ч е н к о. Вроде. Летим скорей, мы ее догоним!

> Летят. Снизу шум паровоза. Паровозный пар. Дым. Водонапорная башня.

Б р ю ч к и н а. Товарищи, я так вся закопчусь, возьмем в сторону. Милый, ты заметил, как пожарный мне мигал? Я так хохотала! Зачем это ему нужно?
Р а б о ч и й и з б а ш н и. Товарищи, я уже сказал: возле башни летать нельзя. *(Выглядывает.)* А, это новые!
Б о й б а б ч е н к о. А где та?
Р а б о ч и й. А минут пять назад пролетела... туда к лесу.
Б о й б а б ч е н к о. Одна?
Р а б о ч и й. Одна.
К о ф е й к и н а. Скорей!

> Летят. Степь.

Б о й б а б ч е н к о. Вон она! Вижу ее!
К о ф е й к и н а. Где?
Б о й б а б ч е н к о. Сейчас установлю. *(Вертит плечами Дамкина. Голова Дамкина крутится, покачиваясь как компас, но нос неуклонно устремляется на север.)* Так... В направлении по нашему компасу... На нос, нос, левый глаз.
К о ф е й к и н а. Так держать!
Б о й б а б ч е н к о. Есть!

> Показывается У п ы р е в а в широком плаще.

Б о й б а б ч е н к о. Вон она, хватай ее!
К о ф е й к и н а. Стой!
Б о й б а б ч е н к о. Залетай с правого боку! Окружай с тылу!
К о ф е й к и н а. Стой!
Б о й б а б ч е н к о. Гогенштауфен, окружай с того боку! Летай веселей! Поддерживай компас! Ага, окаянная! Ага, грубая!

> Окружают Упыреву. Упырева в широком плаще.

Кофейкина. Где Маруся?

Упырева *(распахивает плащ, в руках у нее Маруся.)* Не подходи, чхи! Сброшу ее вниз, чхи!

Бойбабченко. Простудилась, мерзкая!

Упырева. Нет. Противно! Чхи! Молодая она, молоком пахнет. Чхи!

Кофейкина. Отдай ее.

Упырева. Зачем?

Кофейкина. Человека жалко.

Упырева. Не отдам. Уж слишком они друг другу подходящие.

Кофейкина. Отдай!

Упырева. Не отдам! Где это видано, чтобы я уступала? Они еще детей разведут.

Кофейкина. Ведь все равно попалась!

Упырева. Никогда!

Кофейкина. Попалась.

Упырева. Не попалась. Это ты психоложество развела. А другие не разводят. Я по службе неуловима! А по жизни не ловят! Некогда.

Кофейкина. Жизнь меняется.

Упырева. Еще поживу, хотя полчасика.

Кофейкина. Ты побеждена!

Упырева. Нет, брат. Бой еще идет. А Маруся у меня!

Кофейкина. Так что?

Упырева. А в бою без жертв нельзя.

Кофейкина. Ну и что?

Упырева. Ну и брошу ее вниз! Она мягкая, рассуждающая, а земля внизу твердая, грязная!

Бойбабченко. Что за несознательность, товарищ! Это, выходит, не жертва, а нелепая случайность.

Упырева. Это больше всего я люблю!

Швыряет Марусю вниз.

Бойбабченко. О, какая ужасная баба! Ее любимый обед — на первое мужчина в соку, а на третье — кровь с молоком.

Кофейкина *(свистит).* Приказываю всем благополучно опуститься к заведующему в отпуск!

Дрожи, дрожи, гадюка Упырева —
Сейчас заведующий скажет слово!

КАРТИНА ВТОРАЯ

Дача в горах. Восходит солнце. На большом балконе дачи — з а в е д у ю щ и й. Он один.

З а в е д у ю щ и й. Нет, я все-таки сказочно устал. Ужасно. Для меня даже тишины подходящей не найти. Почему? Потому что, когда тихо — у человека в ушах звенит. А как зазвенит в ушах, я сейчас же: алло! Мне кажется, что в левом ухе вертушка звонит, а в правом городской телефон. Вот и болтаю все время, болтаю сам с собою, чтобы звона не слышать. Хотел я записывать впечатления — не мог. Почему? Все время пишу наискось, как резолюции пишутся. И через каждые две строчки подписываюсь. И хочу я, например, написать: прекрасный вид, а пишу: поставить на вид. А еще дела беспокоят. Я на отдыхе — как машина, которую остановили на минутку и мотор не выключили. Только шины отдыхают, а цилиндры вертятся, бензин идет. Я думаю, думаю... Страшное время лето — что там в учреждении? Хорошо, я добился — телефон провели прямой, все-таки в случае чего позвонят. Но не звонят, жалеют, а я думаю о них, думаю. Ну-с, дальше что? А дальше скажу, что все-таки хорошо. Потому что ни заседаний, ни совещаний, воздух легкий, никто не налетает с вопросами...

Сверху опускается М а р у с я.

М а р у с я. Товарищ заведующий, позвольте вас спросить, чего они меня мучают?

З а в е д у ю щ и й. Мучают?

М а р у с я. Да... Вчера мне казалось, что все очень хорошо, чудесно, а сегодня...

З а в е д у ю щ и й. Довольно, я понял. Все будет улажено.

Сверху опускается У п ы р е в а.

У п ы р е в а. Товарищ заведующий...

З а в е д у ю щ и й. Мне уже все рассказали.

Сверху опускаются К о ф е й к и н а, Б о й б а б ч е н к о, Г о г е н ш т а у ф е н, Б р ю ч к и н а.

К о ф е й к и н а. Товарищ заведующий...

З а в е д у ю щ и й. Не извиняйтесь... Вопрос серьезный, это неважно, что я в отпуску. Сейчас устроим маленькое совещание, а потом я решу, как хочу. Товарищ Гогенштауфен, поздравляю — ваш проект утвержден... С блеском! Начнем. *(Садится за стол, прикрыв лицо рукой.)*

Гогенштауфен. Мой проект утвержден? Но ведь он не окончен!

Кофейкина. Я кончила!

Гогенштауфен. Да ведь он не послан.

Кофейкина. Я послала. Мелким чудом.

Гогенштауфен. Когда же его успели рассмотреть?

Кофейкина. Я устроила, тем же манером...

Заведующий. Может быть, мы прекратим частные разговоры и начнем? Товарищи, каждому я дам полминуты. Мне все ясно — это склока. Поэтому говорите без подробностей и пояснений. Не старайтесь убеждать меня, я не буду слушать. Склока — такая вещь, где разобраться можно только чутьем. Логикой не разберешься. Слово Упыревой.

Упырева. Безо всяких оснований эта девушка *(показывает на Кофейкину)* начала травить меня и лучших наших работников... Вкусовщина, психоложество...

Заведующий. Достаточно. Вы старались поссорить Гогенштауфена с Марусей Покровской?

Упырева. Нет! А кроме того, какое это имеет отношение?..

Заведующий. Большое... Зачем вы грызете карандаш?

Упырева. Я злюсь, как зарезанная!

Заведующий. Вот это совершенно правильно. Как зарезанная. Пройдите в ту дверь — там мой кабинет. Сядьте за стол. Дайте письменное объяснение своим поступкам. Я им не поверю — пишите короче. Вот эта дверь. Ступайте.

Упырева уходит, стукнув дверью.

Бойбабченко. Она сбежит!

Заведующий. Нет! Дверь одна. Окно — над пропастью. Товарищ Кофейкина, ваше слово!

Кофейкина. Сотрудники, товарищ заведующий, бывают двух родов — одни работают со страстью, другие с отвращением...

Заведующий. Совершенно правильно! Вокруг нее сгруппировались люди, работающие с отвращением. Мертвый класс, пленный класс, класс на цепи, злобный, как цепная собака. Они работают против воли, работают не всегда плохо, боятся, но кусаются всегда и всегда отравляют все вокруг. При мне штрафовали управделами, который из ненависти собирал всюду паутину, пыль, пауков, блох, мух, моль, мокриц и распределял собранное по всем комнатам своего учреждения. Он же добыл где-то старую ванну, положил ее в коридоре и написал на ней мелом нехорошее слово. Ванна наводила на посетителей сильное уныние. Он же забил все двери и пускал посетителей через подвал. Но он тих и скромен рядом с нашей Упыревой. Она совершенно мертва, она обеими ногами стоит в гробу, и через нее из гроба, как по проводу, идет смерть. Я, отдыхая, наводил справки и все выяснил. Год назад она работала в центральном узле. Там застрелился из-за девочки прекрасный человек, талантливый работник товарищ Лысенький. Это она подстроила. Там сошло с ума пять рабочих-изобретателей: Иванов, Мамочко, Пежиков, Суриков и Эдиссон Томас Альва. Это все она. Там заведующий побил бухгалтера из ревности, и на две недели остановилась работа — шел показательный суд. Она даже в свидетельницы не попала, а все это было делом ее рук. Она умеет вовремя сказать злобное слово, поссорить, пустить сплетню, обидеть, сбить с толку, оскорбить тех, кто потише, и скрыться за личиной усерднейшего, даже самоотверженного, непреклонного работника. Она портит жизнь. Здесь трудней всего поймать. Как вам удалось?..

К о ф е й к и н а. Я боюсь объяснить, товарищ заведующий... Она, видите ли, упырь!

З а в е д у ю щ и й. Как вам не стыдно так упрощать этот сложный вопрос! Упырь — исключительное явление, а исключительное явление каждому бросается в глаза. Она гораздо незаметней, мельче...

К о ф е й к и н а. Это другие незаметней, мельче, а она — упырь!

З а в е д у ю щ и й. Это что же, аллегория?

К о ф е й к и н а. Нет, в данном случае — факт.

З а в е д у ю щ и й. Не хочу разбираться, чтобы не запутаться в подробностях, но чувствую, что вы все в чем-то правы. Она из тех, кто притворяется живой, передразнивает живых и ест живых. А вы? В таком случае вы — волшебница?

К о ф е й к и н а. Да.

З а в е д у ю щ и й. Не хочу слишком уточнять, чтобы не сбиться с толку. Но чутьем понимаю, что в данном частном случае вы правы. Вы победили. Вы полны величайшей творческой энергии, которая иной раз производит впечатление чуда. В данном частном случае я не возражаю. Вы действовали с пользой в интересах дела, но это не метод! Есть другие способы проявлять творческую энергию. Путь индивидуальных чудес должен быть изжит. Волшебных чудес. Понимаете?

К о ф е й к и н а. Я больше не буду.

З а в е д у ю щ и й. Да, довольно. Это тем более легко, что волшебниц вообще не бывает. Ну, у нас в учреждении один раз случилось — и довольно. *(Брючкиной.)* Что у вас за прическа?

Б р ю ч к и н а. Ах, товарищ заведующий, это — любовь! Гогенштауфен...

З а в е д у ю щ и й. Он не для вас... Прекратите это безобразие с прической, товарищ Кофейкина.

Кофейкина свистит. Брючкина принимает свой первоначальный вид.

З а в е д у ю щ и й. Спасибо. А вам, товарищ Брючкина, я предлагаю оставить Гогенштауфена в покое...

Б р ю ч к и н а. Товарищ заведующий, вы сами знаете — мужчины лезут ко мне как звери. Я даже не понимаю, зачем это им нужно. Гогенштауфен писал мне такие письма, жадно на меня глядел...

З а в е д у ю щ и й. Это ошибка. *(Дамкину.)* Почему вы держите все время нос к северу? Товарищ Дамкин, чего вы молчите?

Б о й б а б ч е н к о. А он в компас превратился. Мы ему зубы намагнитили.

З а в е д у ю щ и й. Понимаю... Зубы прилипли к зубам... Прекратите это!

Кофейкина свистит. Дамкин хохочет.

Д а м к и н. Спасибо, товарищ. Вот разыграли, прямо на большой палец. Очень потешно. Знаете потрясающую новость, товарищи? Мне ужасно есть хочется. Со вчерашнего дня не жрал. У меня есть такое свойство: если я с вечера не поужинаю — ужасно утром есть хочу. Товарищ заведующий, вам огромное спасибо. У меня есть такое свойство: если мне объяснят — я сразу осознаю свои ошибки. Эта Упырева — просто вредительница. Простите, я по-прямому. У меня есть такое свойство. Я не хитрый.

З а в е д у ю щ и й. Ну, довольно! Я дал вам поговорить, потому что вы несколько часов молчали. Товарищ Дамкин, предлагаю вам оставить Марусю в покое.

Д а м к и н. Но, товарищ заведующий. Маруся сама в меня влюбилась. Вечером вчера так она раскокетничалась — бегала, плакала, молоденькая, страстная такая...

З а в е д у ю щ и й. Это ошибка.

Д а м к и н. Ну какая там ошибка. Что вы! Все женщины — донжуаны и циники! *(Показывает на Бойбабченко.)* Вот она. Старушка. Сухарик. А тоже... Вчера из ревности намагнитила меня, обиделась, что я бегаю за Марусей.

З а в е д у ю щ и й. Довольно! Все кончается хорошо, поэтому я вместо выговора в приказе сделаю вот что, — смотрите... *(Показывает на Брючкину.)*

Д а м к и н. Что?

З а в е д у ю щ и й. Смотрите...

Д а м к и н. А ведь действительно...

З а в е д у ю щ и й. Смотрите...

Д а м к и н. Ах ты, черт... Фигура, руки, ноги... Товарищи, потрясающая новость! Я влюбился! Честное слово! В Брючкину. Надо брать от жизни все, что она дает.

Б р ю ч к и н а. Ха-ха-ха! Зачем вам это надо?

З а в е д у ю щ и й. Ладно. Договорились. *(Топает ногой.)* Но смотрите!

Д а м к и н. Осознал, осознал.

Б р ю ч к и н а. Понимаем, понимаем.

З а в е д у ю щ и й. Так. С ними покончено. Они виноваты и награждены. Будут работать на совесть.

Б р ю ч к и н а. Для меня работа прежде всего.

З а в е д у ю щ и й. Но смотрите! Если будут рецидивы и вспышки *(к Брючкиной)* — к вам вернется ваша прежняя прическа. *(Дамкину.)* А вас превратят навеки в компас, и я сдам вас в географический институт.

Д а м к и н. Товарищ заведующий, у меня есть такое свойство: я работаю как бешеный!

З а в е д у ю щ и й. Договорились. Теперь отдохнем на хороших людях. Маруся Покровская!

М а р у с я. Что?

З а в е д у ю щ и й. Успокойтесь. Жизнь такова, какой она вам казалась до склоки. Больше вас никто не будет мучить. Все прекрасно. Товарищ Гогенштауфен, вас премировали квартирой, отпуском и трехмесячным окладом. Марусю я тоже отпускаю на месяц. Вы поселитесь вместе. Кричите ура! Вот... *(Кофейкиной.)* Вас я назначил бы управделами, но ваша склонность творить чудеса...

К о ф е й к и н а. Я по плану...

З а в е д у ю щ и й. Посмотрим. Боюсь, что вы нужнее на периферии. Товарищ Бойбабченко, у вас в квартире окна чистые, у меня окна чистые. Я работаю и вижу — вы очень любите наше учреждение.

Б о й б а б ч е н к о. Как бабушка!

З а в е д у ю щ и й. Можете приходить ко мне на все совещания, сидеть и слушать.

Б о й б а б ч е н к о. Ах, это форменная мечта! Вот сподобилась... *(Вытирает слезы.)* Выдвинулась!

З а в е д у ю щ и й. Все? Объявляю совещание закрытым. Упыревой я займусь самостоятельно. *(Дергает дверь, дверь заперта.)*

Б о й б а б ч е н к о. Заперлась окаянная. Зачем?

З а в е д у ю щ и й. Не смешите меня. Откройте. Что за нелепость! *(Дамкину.)* Взломайте. Чего она этим добьется?

Дамкин взламывает дверь. Комната пуста.

З а в е д у ю щ и й. Никого. Куда она девалась? Окно над пропастью.

Б о й б а б ч е н к о. А мебель? Мебель она всю уничтожила.

З а в е д у ю щ и й. Как неудобно. Мебель принадлежит санатории. Где стол, где кресла? Труха какая-то на полу. Один телефон уцелел.

М а р у с я. Я боюсь, товарищи, я боюсь...

К о ф е й к и н а. Да что вы, братцы! Чего вы призадумались! Это знаете что?

З а в е д у ю щ и й. Ну?

К о ф е й к и н а. Победа. У меня даже слабость от радости в руках, в ногах. Ура! Вот что я вам скажу. Ура, ура! И больше ничего. Ее нету больше, Упыревой. Она от злости и от страха источила, как жучок-вредитель, всю мебель и сошла на нет — нету ее больше, нету! Ура! Спасибо тебе, товарищ заведующий! В лоб ударил ее, в лоб! Она этого больше всего боится. Победа! Праздник! Бейте в барабаны! Трубите в трубы!

Трубы, барабаны, струнные восточные инструменты.

З а в е д у ю щ и й. Это что такое? Опять индивидуальные чудеса? Кто это?

Г о л о с и з - з а к у л и с. Горцы, осоавиахимовцы! Позволь, пожалуйста, почествовать!

З а в е д у ю щ и й. Кого?

Г о л о с. Летчиков безмоторных, к тебе снизились. Мы сами видели, интересно нам. Речей не будем говорить. Не бойтесь. Поиграем, потанцуем, почествуем!

К о ф е й к и н а. Идите, все сюда идите! Чествуйте! Радуйтесь! Нету ее!

Галопом влетают г о р ц ы н а к о н я х. Спешиваются. Полукругом усаживается оркестр, в центре начинаются танцы. В самый разгар танцев в воздухе появляется пакет. Он, кувыркаясь, как бы дразня, носится над всеми. Наконец падает в руки Кофейкиной. Кофейкина распечатывает пакет и в ужасе вскрикивает.

К о ф е й к и н а. Стойте! Прекратите! Не радуйтесь! Жива она!

Музыка обрывается.

З а в е д у ю щ и й. Кто жив?

К о ф е й к и н а. Несчастье! Она жива, жива! Упырева!

З а в е д у ю щ и й. Каким образом?

К о ф е й к и н а. Улетела в окно, конечно. Раз в сто лет она может творить чудеса.

З а в е д у ю щ и й. Что она пишет?

К о ф е й к и н а. Слушайте: «Всем товарищам по работе заявление. Из дому выйдешь, злое слово скажу — тебе день погублю. В трамвай войдешь, слово скажу — тебе день погублю. На работу придешь, слово скажу — и день погублю. Домой придешь, слово скажу — и ночь погублю. Что за радость в новом дому жить? Дом-то нов, да я-то стара! Что за радость новое дело делать? Дело-то новое, да я-то стара! Что за радость с молодой женой жить? Жена-то молода, да я-то стара! Мой день придет, злое слово скажу — и всю жизнь погублю! Вот вам. Я еще свое высосу. С товарищеской ненавистью, *Упырева*».

З а в е д у ю щ и й. Интересный документ.

К о ф е й к и н а. Это я, я виновата! Как я не заметила, как забыла, что она в полной злобе! Надо было ее за ноги держать. Насыпать на хвост соли.

З а в е д у ю щ и й. Словом, прошляпили. Что делать теперь? Где ее искать? Давайте совещаться.

Телефон.

З а в е д у ю щ и й. Сейчас я... *(Подходит к телефону.)* А?.. Да?.. Райотдел?.. Какие сведения?.. А вы знаете, что я в отпуску и что звонить ко мне можно только по самым срочным делам? Чего вы смеетесь? Как ваша фамилия? Упыренко? *(Бросает трубку.)* Черт знает что!

Б о й б а б ч е н к о. Вот она где устроилась!

Телефон.

З а в е д у ю щ и й. Что?.. Облотдел?.. Кто передает? Упыревич? *(Бросает трубку.)* Вы слышали?

Б о й б а б ч е н к о. Совмещает.

Телефон.

З а в е д у ю щ и й. Что?.. Кто?.. Вурдалак? Убирайтесь к черту! *(Бросает трубку.)*

Б о й б а б ч е н к о. Это она от злости размножилась.

Телефон.

Заведующий. Кто говорит? Назовите сначала фамилию... Вампир? Не буду говорить! Вампир? Все равно не буду.

Телефон.

Заведующий. Кто?.. Кровососова? *(Швыряет трубку на пол.)* Тройку мне! Тройку! Тройку создам! Объявляю мобилизацию! Месячник по борьбе с проклятой злобой! Штаб! Институт!

Кофейкина. Убьем! Убьем! Постепенно убьем! Не бойся!

Заведующий. Нельзя постепенно.

Кофейкина. Отчего нельзя? Где уговором, где страхом, где чудом.

Заведующий. Я приказал вам изжить ваши индивидуальные чудеса.

Кофейкина. Зачем индивидуальные? Я того мнения, что все время чудесное. Вот летели мы — и хоть бы кто удивился. Смерть и злоба чуда боятся, а живые чуду радуются. Да здравствует чудо!

<blockquote>
Чудо в смысле музыка,
Чудо в смысле смех,
Чудо в смысле радость,
Доступная для всех!
</blockquote>

До свидания, товарищ заведующий!

Заведующий. Куда вы?

Кофейкина. Воевать! Не жалей нас. Это будет веселый бой. Она злое слово скажет — а мы десять веселых. Она человека расстроит — а мы настроим. Она пыль, паутину, грязь — а мы чистоту, красоту, блеск. Она ржавчину на трубы, замки на двери — мы зелень в цеха, мы цветы на столы, на улицы, на площади, на стены. Мы книги, театр, науку, музыку. Она соберет своих, а мы уже собраны. Она план снизу уродует, а мы украшаем! Да здравствует музыка, радость, чудо!

Заведующий. Ну, если вы в этом смысле, тогда мы встретимся. Езжайте!

Кофейкина. Бойбабченко, ты со мной?

Бойбабченко. А то с кем же?

Кофейкина. Коня!

Горцы подводят под уздцы двух коней.
Бойбабченко и Кофейкина едут, поют. К ним присоединяются трубачи, горцы, образуется целый хор. Заведующий и все остальные машут отъезжающим платком в такт песни.

ПЕСНЯ

Уходим сражаться,
Прощайте, друзья!
Врагу удержаться
Против нас нельзя!

Нас жалеть не стоит,
Весел будет бой!
Оружие простое
Берем мы с собой!

Несколько метелок,
Совок и песок,
Кислоту, и щелок,
И мыла кусок.

А еще нам восемь
Дайте трубачей,
А мы их попросим
Трубить погорячей!

Музыка грянет,
Метелки загудят.
Никто не устанет,
Но все победят!

Музыки и пляски
Не выдержит мертвец,
И тут нашей сказке
Конец наконец!

Занавес

1934

КРАСНАЯ ШАПОЧКА

Сказка в 3-х действиях

ДЕЙСТВУЮЩИЕ ЛИЦА

Красная Шапочка.
Мама Красной Шапочки.
Бабушка Красной Шапочки.
Заяц Белоух.
Медведь.
Уж.
Лиса.
Волк.
Лесник.
Птицы.
Птенцы.
Зайцы.
Кролик.

ДЕЙСТВИЕ ПЕРВОЕ

КАРТИНА ПЕРВАЯ

Маленький домик в лесу. Из домика выходят К р а с н а я Ш а п о ч к а и ее м а м а. У Красной Шапочки через плечо сумка. В руках корзинка с бутылкой молока и большим куском пирога.

М а м а. Ну, до свиданья, девочка.

К р а с н а я Ш а п о ч к а. До свиданья, мамочка.

М а м а. Смотри, девочка, когда пойдешь мимо болота, не споткнись, не поскользнись, не оступись и не упади в воду.

К р а с н а я Ш а п о ч к а. Хорошо. А ты, мамочка, когда будешь кроить папе рубашку, не задумывайся, не оглядывайся, не беспокойся обо мне, а то порежешь себе палец.

М а м а. Хорошо. А ты, дочка, если пойдет дождик и подует холодный ветер, дыши носом и, пожалуйста, не разговаривай.

К р а с н а я Ш а п о ч к а. Хорошо. А ты, мамочка, ножницы, игольник, катушку и все ключи положи в карман и, пожалуйста, не теряй.

М а м а. Хорошо. Ну, до свиданья, девочка.

К р а с н а я Ш а п о ч к а. До свиданья, мамочка.

М а м а. Ох-хо-хо!

К р а с н а я Ш а п о ч к а. Мама, почему ты вздыхаешь?

М а м а. Потому, что я буду беспокоиться, пока ты не вернешься.

К р а с н а я Ш а п о ч к а. Мама, кто меня может обидеть в лесу? Все звери — мои друзья.

М а м а. А волк?

К р а с н а я Ш а п о ч к а. Он не посмеет меня тронуть. Он знает, что друзья не дадут меня в обиду. Ну, до свиданья, мамочка.

М а м а. До свиданья, девочка. Раз бабушка нездорова, надо идти. Пирог для нее тут? Тут. Бутылка с молоком здесь? Здесь. Ну, иди. До свиданья, девочка.

К р а с н а я Ш а п о ч к а *(поет)*.

До свиданья, мамочка.
Ничего, что я одна, —
Волк силен, а я умна
До свиданья, мамочка.

М а т ь.

До свиданья, девочка.
Если попадешь в беду,
Позови, и я приду.
До свиданья, девочка.

К р а с н а я Ш а п о ч к а.

До свиданья, мамочка.
Если правда — волк в лесу,
Я сама себя спасу.
До свиданья, мамочка.

М а т ь.

До свиданья, девочка.
Скучно будет мне одной,
Поскорей вернись домой.
До свиданья, девочка.

К р а с н а я Ш а п о ч к а. До свиданья, мамочка. *(Идет.)*

Мать, вздохнув, уходит в дом. Когда Красная Шапочка поравнялась с кустами, ее робко окликает з а я ц.

З а я ц. Красная Шапочка.
К р а с н а я Ш а п о ч к а. Кто меня зовет?
З а я ц. Это я, заяц Белоух.
К р а с н а я Ш а п о ч к а. Здравствуй, Белоух.
З а я ц. Здравствуй, дорогая, милая, умная, добрая Красная Шапочка. Мне надо с тобой поговорить по очень-очень важному делу.
К р а с н а я Ш а п о ч к а. Ну, поди сюда.
З а я ц. Я боюсь.
К р а с н а я Ш а п о ч к а. Как тебе не стыдно!
З а я ц. Прости.
К р а с н а я Ш а п о ч к а. Я вас, зайцев, собирала?
З а я ц. Собирала.
К р а с н а я Ш а п о ч к а. Я вам книжки читала?
З а я ц. Читала.

Красная Шапочка. Я вас, зайцев, учила?

Заяц. Учила.

Красная Шапочка. Чему?

Заяц. Храбрости. Мы теперь знаем волка, лисицу, всех. Мы не пугаемся, а храбро прячемся. Мы молодцы.

Красная Шапочка. А ко мне боишься подойти.

Заяц. Ах, прости меня, но твои новые башмачки очень уж страшно скрипят.

Красная Шапочка. Значит, напрасно я вас учила храбрости?

Заяц. Про башмачки мы еще не проходили.

Красная Шапочка. Прощай.

Заяц. Ах, нет, нет! Если ты уйдешь, я сейчас же, извини, умру.

Красная Шапочка. Ну, тогда иди сюда. Ну! Зайка, выбегай-ка. Вылезай-ка, зайка. *(Поет.)*

Заяц то приближается, то отскакивает. К концу песни он стоит возле Красной Шапочки.

Красная Шапочка.

Подойди-ка, подойди,
Погляди-ка, погляди.
Это я, это я,
Я — знакомая твоя.
Чем тебя я испугала,
Чем обидела тебя?
Если я тебя ругала,
То ругала я любя.
Никогда не называла:
«Заяц куцый и косой».
Сколько раз тебя спасала,
Как встречался ты с лисой.
Подойди-ка, подойди.
Погляди-ка, погляди.
Это я, это я,
Я — знакомая твоя.

Ну? Что ты хотел мне сказать?

Заяц. Умоляю тебя: беги скорей домой и запри все двери.

Красная Шапочка. Почему?

Заяц. Волк тебя ищет!

Красная Шапочка. Тсс. Мама может услышать.

Заяц *(сильно понизив голос)*. Волк прибежал из далеких лесов. Он бродит вокруг и грозится: «Я съем Красную Шапочку. Пусть только она выйдет из дому». Беги скорее обратно. Чего ты смеешься?

Красная Шапочка. Я его не боюсь. Никогда ему не съесть меня. До свиданья, зайчик.

Заяц *(пытается удержать ее)*. Ой! Не надо. Я тебя, прости за грубость, не пущу.

Красная Шапочка. До свиданья, зайчик. *(Идет.)*

Заяц. Ах! Ах! Бедная девочка. Бедные мы. *(Плача, скрывается.)*

Голова ужа высовывается из кустов.

Уж. Здрас-с-сте, Кра-с-с-сная Ш-ш-ш-апо-ч-ка.

Красная Шапочка *(испуганно)*. Здравствуйте, гадюка.

Уж. Я вовсе не гадюка. Я уж-ж-ж. Это не с-с-с-траш-ш-ш-но.

Красная Шапочка. Я не боюсь... *(Вскрикивает.)* Только не трогайте меня.

Уж. С-с-стойте. Я приполз-з с-с-сказать: с-с-сидите с-с-с-сегодня дома.

Красная Шапочка. Почему?

Уж. В-с-с-с-с-сюду, вс-с-с-сюду рыщ-щ-щ-щет волк.

Красная Шапочка. Тссс. Мама может услышать.

Уж. Прос-с-с-стите. *(Понизив голос.)* Выс-с-с-слушайте меня. Я друж-ж-жу с коровами. Я страш-ш-шно люблю молоч-ч-чко. Волк с-с-ска-з-зал з-з-знакомой моей корове: с-с-съел бы тебя, да нель-з-з-зя. Надо, ч-ч-чтобы в животе было мес-с-сто для Красной Ш-ш-шапоч-ч-ч-ки. Слыш-ш-шите?

Красная Шапочка. Слышу. Но я его не боюсь.

Уж. Съес-ст. Съе-с-с-ст. Съес-ст.

Красная Шапочка. Никогда этого не будет. До свиданья. *(Идет.)*

Уж исчезает. Навстречу Красной Шапочке выходит из лесу медведь.

Медведь. Здорово!

Красная Шапочка. Здравствуй, медведь.

Медведь. Ты, этого, стой... У меня к тебе дело.

Красная Шапочка. Хорошо, Мишенька, но только я спешу.

Медведь. Ничего. Два дела у меня к тебе. Первое — ты мне мордочку помажь.

Красная Шапочка. Что?

Медведь. Мордочка у меня пухнет. Пчелы, бессовестные, покусали. Помажь йодом.

К р а с н а я Ш а п о ч к а. Это можно. Садись.

М е д в е д ь. Сяду. *(Садится.)*

Красная Шапочка достает из сумки, что висит у нее через плечо, пузырек с йодом. Мажет медведю йодом щеки.

М е д в е д ь. Так... Ох-ох-ох! Щиплет. Ну а пока ты мажешь, мы и второе дело... того... Ты иди домой, вот что...

К р а с н а я Ш а п о ч к а. Это еще почему?

М е д в е д ь. Волк.

К р а с н а я Ш а п о ч к а. Тише. Мама может услышать.

М е д в е д ь. Ничего. Беги скорей домой, говорят тебе.

К р а с н а я Ш а п о ч к а. Я волка не боюсь.

М е д в е д ь. А что ты, брат, можешь сделать? Нос у тебя человеческий, ты волка издали не учуешь, не спрячешься. А если бежать, то ног у тебя маловато: две всего, — волк на четырех догонит. Зубы у тебя недавно падали и выросли еще не того, не вполне. Разве ты справишься с ним? Съест он тебя, как телёночка. *(Всхлипывает басом.)* Жалко. Волк мне сам сказал нынче утром: «Я, — говорит, — ее, — говорит, — съем, — говорит, — непременно». Убил бы я его, да нельзя — не полагается: родственник. Двоюродный волк.

К р а с н а я Ш а п о ч к а. Я ничего не боюсь. До свиданья, медведь. *(Уходит.)*

М е д в е д ь *(всхлипывает)*. Жалко.

У ж *(поднимается над кустами)*. Съ-е-е-с-с-с-т.

З а я ц *(высовывается из-за кулис)*. Умоляю вас: давайте спасем ее, давайте.

М е д в е д ь. Этого... Того... А как?

З а я ц. Умоляю вас: побежим за нею следом.

У ж. Да, пополз-з-зем.

З а я ц. И будем охранять ее. Я один не могу, я трус, а с вами не так страшно. Ведь вы меня не съедите, медведь?

М е д в е д ь. Нет. Ты заяц знакомый.

З а я ц. Большое вам спасибо. Идемте, идемте скорее за нею следом.

М е д в е д ь. Ну, ладно. Хоть волк мне и двоюродный, а Красную Шапочку я ему не уступлю. Идем.

Идут. Едва они успевают скрыться, как из-за дерева выбегает л и с а.

Л и с а. Хи-хи-хи! Вот глупый народ, ах глупый народ! Кричат во все горло: побежим, пополз-з-зем, будем охранять, а я стою за деревом и слушаю себе. Тихо-тихо, шито-крыто, и все знаю. *(Задумывается.)* Нет, не все я знаю. Красная Шапочка девчонка хитрая.

Она что-то придумала, иначе не шла бы она так смело против волка. Побегу следом, узнаю, а потом все расскажу моему куму волку. Он девчонку, конечно, съест, а люди, конечно, рассердятся и убьют волка. И тогда весь лес мой. Ни волка, ни этой девчонки. Я буду хозяйка. Я, лиса. Хи-хи-хи! *(Поет.)*

        Путь мой — чаща темная,
        Канавка придорожная.
        Я лисичка скромная,
        Лисичка осторожная,
        Я, лиса, непышная,
        Я, лиса, неслышная,
        Я, лиса, невидная,
        Ни в чем не повинная.
        Отчего судьба такая,
        Я сама не ведаю:
        Никого не убивая,
        Каждый день обедаю.
        Путь мой — чаща темная,
        Канавка придорожная,
        Я лисичка скромная,
        Лисичка осторожная.

(Убегает.)

Занавес

КАРТИНА ВТОРАЯ

Прогалина в лесу. Поют птицы. Переговариваются.

Птичьи голоса.
— Я на веточке сижу.
А ты?
— Я на листики гляжу.
А ты?
— Рада я, что так светло.
А ты?
— Рада я, что так тепло.
А ты?
— Слышу я в лесу шаги.
А ты?
— Слышу я — идут враги.

А ты?

— Спрячусь я и замолчу.

А ты?

— Я взовьюсь и улечу.

А ты?

— А я нет, а я нет, а я нет, а я нет. Я вижу, кто идет. Это она. Это лучший наш друг. Это Красная Шапочка.

Птицы радостно щебечут. Входит К р а с н а я Ш а п о ч к а.

К р а с н а я Ш а п о ч к а. Здравствуйте, птицы.

П т и ц ы. Здравствуй, Красная Шапочка! Здравствуй, девочка. Здравствуй, здравствуй...

К р а с н а я Ш а п о ч к а. Как вы поживаете?

П т и ц ы. Очень хорошо, очень хорошо.

П е р в а я п т и ц а. У меня вывелись птенцы.

К р а с н а я Ш а п о ч к а. Да?

П т е н ц ы *(хором)*. Да, мы вывелись, мы вывелись, мы тебя видим. А ты нас видишь?

П е р в а я п т и ц а. Дети, не приставайте к старшим. Красная Шапочка, умные у меня птенцы? Им всего две недели, а они уже всё говорят, всё, всё, всё.

К р а с н а я Ш а п о ч к а. Да, они очень умные. *(Снимает с плеча сумочку, кладет ее в траву. Ставит рядом корзинку.)* Птицы, вы меня любите?

П т и ц ы. Ах, ах! Конечно, конечно. Как можно спрашивать об этом.

К р а с н а я Ш а п о ч к а. Вы помните — сын лесника обижал вас, гнезда разорял.

П т и ц ы. Помним, помним, конечно, помним.

К р а с н а я Ш а п о ч к а. Я вам помогла?

П т и ц ы. Да, да. Ты так на него напала, что у него перышки на голове стали дыбом. Он не обижает нас теперь. Спасибо. Ты спасла нас. Ты нам помогла.

К р а с н а я Ш а п о ч к а. Ну а теперь вы мне помогите.

П т и ц ы. Тебе помочь? Очень хорошо, очень хорошо. Кто тебя обижает?

К р а с н а я Ш а п о ч к а. Волк.

Птицы замолкают. Л и с а выглядывает из-за дерева.

К р а с н а я Ш а п о ч к а. Что же вы все замолчали, птицы?

П е р в а я п т и ц а. Нам стало страшно.

Вторая птица. Его не заклюешь.

Третья птица. У него шерсть густая.

Четвертая птица. Ты влез повыше на дерево.

Птенцы. Мама, иди сюда. Мы боимся, мама.

Красная Шапочка. Не бойтесь, птицы. Я знаю, как с ним справиться, если он не нападет на меня вдруг.

Птицы. Как ты с ним справишься? Как? Расскажи — как?

Лиса подкралась поближе. Слушает.

Красная Шапочка. Я все обдумала. Я взяла с собой пачку нюхательного табаку.

Первая птица. Зачем?

Красная Шапочка. Я брошу ему в нос табаку.

Вторая птица. А он?

Красная Шапочка. А он начнет чихать.

Третья птица. А ты?

Красная Шапочка. А я тем временем схвачу сухую ветку и зажгу ее.

Четвертая птица. А он?

Красная Шапочка. А он отчихается и бросится на меня.

Первая птица. А ты?

Красная Шапочка. А я пойду, размахивая веткой.

Вторая птица. А он?

Красная Шапочка. А он побежит следом, но тронуть меня не посмеет, потому что боится огня. И вот, понимаете, я иду, а он следом. Злой, чихает от табаку, за дымом ничего не видит. И тут он попадается.

Птицы. Как?

Красная Шапочка. Я приведу его к Дикому болоту под Старый дуб. А там охотники поставили капкан. Я перешагну через капкан, а волк следом. Капкан — щелк. Волк — ах. Попался.

Птицы. Очень хорошо, очень хорошо, очень хорошо!

Птенцы. Мама, пусть она еще раз это расскажет, мама. Нам очень это понравилось.

Первая птица. Тише, дети.

Красная Шапочка. Словом, я буду с волком воевать.

Птицы. Очень хорошо. Очень хорошо.

Красная Шапочка. А что за война без разведки? И тут вы мне поможете.

Птицы. Поможем, поможем.

Птенцы. Мама, а что такое разведка?

Первая птица. Тише. Я сама не знаю. Она сейчас объяснит.

Красная Шапочка. Если волк на меня нападет вдруг, я не успею в него бросить табаком. А вы сверху очень хорошо все видите. Вы заметите, если волк захочет на меня броситься, вы закричите мне: «Берегись». Вы будете моей воздушной разведкой. Ладно?

Птицы. Очень хорошо, очень хорошо, очень хорошо!

Красная Шапочка. Спасибо. Ну, летите. Осмотрите хорошенько все кругом и расскажите мне.

Птенцы. Мама, не улетай. Мы боимся.

Первая птица. Как вам не стыдно, ведь вам уже две недели.

Красная Шапочка. Ну, летите.

Птицы. Летим.

Птицы взлетают. Красная Шапочка смотрит вверх. Лиса выползает из-за дерева.

Лиса. Хи-хи-хи! Очень хорошо. Пока она смотрит вверх, я помогу моему дорогому волку. *(Подползает к сумке и открывает ее.)*

Птенцы *(заметив лису)*. Ой! Мама!

Лиса *(шепотом)*. Молчите, или я сейчас же перегрызу дерево зубами, и вы шлепнетесь вместе с гнездом на землю. *(Птенцы прячутся в гнездо.)* То-то.

Красная Шапочка. Ну, птицы, видите вы что-нибудь?

Птицы. Сейчас, сейчас, сейчас.

Лиса. Сначала табак *(вытаскивает из сумки табак)* — и все. Тихо-тихо. Шито-крыто. Вот волк и не расчихается. *(Бросает табак в кусты.)*

Красная Шапочка. Ну, птицы, что же вы?

Птицы. Погоди, погоди, погоди.

Лиса. Потом спички — и туда же. Вот ветку и нечем будет зажечь. Тишь да гладь, и ничего не видать. *(Птенцам.)* А вы молчите. Т-сс. Дерево перегрызу. Ни-ни. Я вам! *(Уползает.)*

Красная Шапочка. Ну? Увидели вы что-нибудь?

Птицы опускаются, с шумом садятся на ветки.

Первая птица. Дикую кошку видела.

Вторая птица. Барсука видела.

Третья птица. Дикого кабана видела. А волка не видать.

Четвертая птица. А я видела зайца, ужа, медведя. Куда это они, думаю, торопятся? Подлетела, подслушала и очень обрадовалась. Они, девочка, за тобой следом идут, чтобы охранять.

П т и ц ы. Очень хорошо, очень хорошо, очень хорошо.

К р а с н а я Ш а п о ч к а. Вот еще. Что я — маленькая, что ли? Мне вашей помощи довольно. *(Надевает сумку.)* Ну, птицы. Проводите вы меня до бабушкиного дома? Будете моей воздушной разведкой?

П т и ц ы. Хорошо. Очень хорошо. Мы выследим волка. Летим.

П т е н ц ы. Мама!

П е р в а я п т и ц а. Ну что вам?

П т е н ц ы. Иди сюда, нам надо тебе что-то сказать.

П е р в а я п т и ц а. Говорите.

П т е н ц ы. Нет, иди сюда. Это надо очень тихо сказать. А то дерево упадет.

П е р в а я п т и ц а. Дети, не говорите глупости. Летим.

П т е н ц ы. Красная Шапочка, иди хоть ты сюда.

К р а с н а я Ш а п о ч к а *(уходя)*. Хорошо, дети, на обратном пути я с вами поговорю.

П т е н ц ы. Ушла...

— Улетели...

— Что делать?

— Ой, медведь идет!

— И заяц.

— И уж.

— Они бегут за Красной Шапочкой.

— Мы им все расскажем.

Л и с а *(высовывает голову из кустов)*. Я вам! Ишь вы! Ни-ни! Кыш на место!

П т е н ц ы. Ай! Ой!

Прячутся. Появляются з а я ц, м е д в е д ь, у ж.

У ж. С-с-стойте. Я ус-стал, с-с-сядьте.

М е д в е д ь. Сяду.

З а я ц. Умоляю вас: идемте. Ведь она там, простите за грубость, одна.

М е д в е д ь. Отойди, братец. Ел я, того, давно, а ты этого... вкусно пахнешь. Ты заяц хороший, конечно, но все-таки съедобный.

З а я ц. Как вы можете думать о еде, когда Красная Шапочка в опасности.

М е д в е д ь. Ничего...

З а я ц. Как же, извините, ничего, когда...

Из кустов раздается: «Ох! Ох!»

М е д в е д ь. Кто охает?
Г о л о с л и с ы. Ох! Ох!
М е д в е д ь. Кто охает? Вылезай!

Из кустов выползает л и с а.

Л и с а. Ох-ох-хо! Здравствуйте, голубчики. До чего же это грустно, родненькие. Солнышко светит, листочки шелестят, а мне помирать.
М е д в е д ь. Ничего. Ну, проходи, проходи, а то еще надуешь меня. Я тебя знаю.
Л и с а. Да что ты, Мишенька. До того ли мне... Он мне, Мишенька, все ноги поломал.
М е д в е д ь. Кто это?
Л и с а. Волк. Он, зверь такой-сякой неладный, сказал мне, что Красную Шапочку съест.
М е д в е д ь. Это мы еще посмотрим.
Л и с а. Вот и я ему так сказала. Это мы еще посмотрим, говорю. А он как бросится на меня! «Смотри, — кричит, — смотри!» И укусил.
З а я ц. Ох!
Л и с а. Вот и я ему так сказала. «Ох», — говорю. А он отвечает: «Охай, охай». И опять укусил. Ну, тут я, бедная, не стерпела. Я хоть и слаба, да зубы-то у меня острые. Я после драки плоха, но и волку досталось. Побежал в логово отлеживаться.
М е д в е д ь. Ну? Хо-хо-хо!
Л и с а. С недельку полежит. А мне помирать. Прощай, Мишенька.
М е д в е д ь. Прощай, лиса.
Л и с а. Чтобы ты меня добрым словом вспомнил, порадую я тебя. Беличий орешник знаешь? Отсюда до него всего один часик ходу.
М е д в е д ь. Ну, знаю. Так что?
Л и с а. А за орешником, ох, старая липа стоит. В этой липе дупло. Ох! В дупле меду видимо-невидимо, пчел нет. Ох!
М е д в е д ь. Как пчел нет?
Л и с а. Они роем летели, а тут гроза, буря, ураган. Все потопли.
М е д в е д ь. Хо-хо-хо! Приятно.
Л и с а. Ступай туда, Мишенька, и кушай на здоровье, меня вспоминай. Только надолго не откладывай, как бы другие медведи не съели.
М е д в е д ь. Ну? Это верно — могут.
Л и с а. Вот я и говорю. Прощай, ужик.

У ж. Вс-с-с-его хорош-ш-ш-шего.
Л и с а. И тебя я хочу порадовать. Ты мост через Щучью речку знаешь? Туда всего полчасика ходу. Дед Савелий вез на рынок молоко. Бидон с воза упал, а дед и не услышал. Молоко разлилось, свежее.
У ж. Вкус-с-сно.
Л и с а. Блестит на солнышке...
У ж. Скиснет.
Л и с а. А ты поторопись. Ох! Прощайте, братцы... Кушайте мед, пейте молочко, а мне помирать... Хи-хи-хи!
З а я ц. Чего вы, простите, смеетесь?
Л и с а. А это я кашляю, дружок, кашляю. Прощайте. Ох!.. Хи-хи-хи! *(Уползает.)*
М е д в е д ь. Вот что, братцы. Волк того... В логово ушел... Я думаю — надо бы меду поесть...
У ж. Молоч-ч-чка попить-ть-ть.
З а я ц. Ах, что вы делаете? Кому верите? Неужто вы не увидели, да как же вы не услышали — она обманывает вас!
М е д в е д ь. Не дерзи. Я голодный.
З а я ц. Лучше меня съешьте, но только идите следом, бегом бегите за девочкой. Хватайте меня, глотайте!
М е д в е д ь. Не стану. Ты заяц знакомый. Прощай. Я есть хочу.
У ж. Вс-сего хорош-шего. Я пить-ть хоч-ч-чу.

Уходят.

З а я ц. Ушли. Поверили лисе. Что делать? Как мне быть?
П т е н ц ы. Зайчик, а зайчик.
З а я ц. Ой! Кто это меня зовет?
П т е н ц ы. Не бойся нас, заинька. Мы еще ходить не умеем. Мы птенцы. Обеги, зайчик, вокруг дерева.
З а я ц. Зачем?
П т е н ц ы. Погляди, вправду ли ушла лисица. Если ушла, мы тебе что-то скажем.
З а я ц *(обегает вокруг дерева).* Нет ее. Говорите.
П т е н ц ы. Ох, зайчик, лиса у Красной Шапочки из сумочки табак украла и спички унесла. Девочка хотела табаком в волка бросить, а теперь...
З а я ц. А теперь пропала она. Что делать? Как быть? *(Зовет.)* Медведь! Уж! Их и след простыл. Бежать за ними? Волк тем временем девочку съест. Бежать за нею, а что я могу сделать один? Эх, птенцы, чего вы молчали, пока медведь и уж тут были?
П т е н ц ы. Лиса грозила, что дерево перегрызет.

З а я ц. И вы ей поверили? Что делать? Я не отступлю. Я ее не выдам. Я за ней побегу. Пусть только волк покажется. *(Поет.)*

    К волку брошусь я навстречу
    И, подпрыгнув, закричу:
    «Стой, зубастый, искалечу,
    Изувечу, растопчу.
    Чтоб отсюда ты убрался,
    Честью я тебя прошу.
    Никогда я не кусался.
    Но тебя я укушу.
    Головы не пожалею
    Пусть в отчаянном бою.
    Я со славой околею
    За подругу за мою.

              Занавес

ДЕЙСТВИЕ ВТОРОЕ

КАРТИНА ПЕРВАЯ

Болото, чаща, густые кусты. У кустов стоит в о л к, огромный, мрачный зверь. Шерсть его всклокочена. Он точит зубы на точильном станке и поет. Станок шипит — ш-ш-ш, ш-ш-ш.

В о л к.

Зубы, зубы я точу.
Ш-ш-ш. Ш-ш-ш.
Я девчонку съесть хочу.
Ш-ш-ш. Ш-ш-ш.
Ненавижу я девчонок.
Ш-ш-ш. Ш-ш-ш.
Ножки тонки, голос тонок.
Ш-ш-ш. Ш-ш-ш.
А повсюду нос суют.
Ш-ш-ш. Ш-ш-ш.
Жить мне просто не дают.
Ш-ш-ш. Ш-ш-ш.
Я девчонку съесть хочу.
Ш-ш-ш. Ш-ш-ш.
Зубы острые точу.
Ш-ш-ш. Ш-ш-ш.

Л и с а *(вбегает).* Кум! Куманек! Брось скорей зубы точить! Прячься скорее в кусты!

В о л к. Что? Во-оу. Кому это ты говоришь?

Л и с а. Тебе, дружок.

В о л к. Не смей меня собачьим именем называть. Я не дружок, я волк.

Л и с а. Хи-хи-хи. Куда завернул. Я к тебе по-дружески...

В о л к. Что? Воу. По-дружески. И ты у этой девчонки научилась? По-дружески... От этой дружбы житья в лесу не стало. Зайцы дружат с белками, птицы с зайцами. Воу. Мне дружба ни к чему. Я все сам, все один.

Л и с а. А я с тобой. Прячься в кусты, говорю.

В о л к. Не учи меня. Зачем прятаться?

Л и с а. А затем, что Красную Шапочку птицы провожают. Увидят тебя сверху — скажут ей. Разумнее на девчонку вдруг напасть, когда она не видит.

В о л к. Сам знаю.

Л и с а. Хотела она в тебя табаком бросить.

В о л к. Воу.

Л и с а. Хотела она ветку зажечь, огнем тебя напугать.

В о л к. Воу.

Л и с а. А я табак выкрала, спички вытащила, помогла тебе.

В о л к. Не говори этого слова. Помогла... Помни, кто я и кто ты. Мне твоя помощь ни к чему.

Л и с а. Да иди же ты в кусты, волчок.

В о л к. Не смей меня собачьим именем называть. Я не волчок, я волк.

Л и с а. Ох, да иди же ты, все дело погубишь.

В о л к *(идет к кустам)*. Это я сам иду.

Л и с а. Сам, сам.

В о л к. Я сам знаю — разумнее напасть вдруг.

Л и с а. Да, да. Тише, слушай.

В о л к. Без тебя знаю, что надо слушать.

Л и с а. Молчи!

В о л к. Сам знаю, что надо молчать.

Л и с а. Ох, ну и зверь.

В о л к. Да уж, другого такого поищешь... Ага! Идет она. Отойди, дай мне место для разгона. Идет. Воу.

Слышен птичий щебет, который переходит в песню.
Красная Шапочка поет вместе с птицами. Пение все ближе.

К р а с н а я Ш а п о ч к а.

Как мне весело идти!
Я в лесу моем как дома.

П т и ц ы.

С каждой веткой на пути,
С каждой веткой ты знакома.

К р а с н а я Ш а п о ч к а.

Колокольчик не звенит,
Но кивает головою.

П т и ц ы.

    А шиповник не шипит,
    А танцует над травою.

К р а с н а я Ш а п о ч к а.

    Если бы могли они
    Говорить по-человечьи...

П т и ц ы.

    То сказали бы, взгляни,
    Как мы рады этой встрече.

В о л к. И я рад. Воу, как я рад.

Красная Шапочка осторожно выглядывает из чащи.

К р а с н а я Ш а п о ч к а. Это самое опасное место.
П т и ц ы. Почему, почему? Мы смотрим.
К р а с н а я Ш а п о ч к а. Здесь, у Дикого болота, такая густая чаща, что сверху вам ничего не увидеть. Но мне бы хотелось встретить волка тут.
П т и ц ы. Почему, почему?
К р а с н а я Ш а п о ч к а. Видите — вон Старый дуб? Как раз под ним и есть тот капкан, в который я хочу заманить волка.

Отчаянный вопль зайца.

З а я ц. Стой! Красная Шапочка, стой!
П т и ц ы. Заяц бежит, заяц.
З а я ц *(влетает)*. Стой! Лиса выбросила из твоей сумочки...
Л и с а. Вперед!
В о л к. Сам знаю. *(Бросается вперед.)*
З а я ц *(бросается на волка)*. Я вас, простите, укушу.

Волк молча, одним движением лапы отбрасывает зайца. Тот летит без чувств в кусты. Красная Шапочка выхватывает из сумочки сверток. Волк прыгает, девочка отскакивает. Птицы кричат: «На помощь! На помощь!» Девочка бросает прямо в пасть волку щепотку нюхательного табаку.

В о л к. Что это? Ап-чхи. *(Чихает.)*
К р а с н а я Ш а п о ч к а. Это нюхательный табак. На здоровье!
В о л к. Все равно я тебя съем. Ап-чхи!
К р а с н а я Ш а п о ч к а. На здоровье! Нет, не съешь.
В о л к. Я сильней.
К р а с н а я Ш а п о ч к а *(отступая к дубу)*. А я умней.
Л и с а *(вскакивая)*. Осторожней! Там капкан!

В о л к. Сам знаю!

К р а с н а я   Ш а п о ч к а. Ах, и лиса здесь!

Л и с а. Да, я за тебя! Это я тебе кричала: осторожней, там капкан. Держись, девочка, я за тебя. *(Бежит к ней.)*

К р а с н а я   Ш а п о ч к а. Не подходи, или я и в тебя брошу табаком.

Л и с а. У тебя его так много?

К р а с н а я   Ш а п о ч к а. Да. Кто-то украл одну пачку...

Л и с а. Это не я.

К р а с н а я   Ш а п о ч к а. Но у меня еще много запасу. *(Бросает в лису табаком.)*

Л и с а. Ап-чхи!

В о л к. Ап-чхи!

К р а с н а я   Ш а п о ч к а. На здоровье!

В о л к. Запомни: бой наш еще не кончился! Запомни!

К р а с н а я   Ш а п о ч к а. Помню, помню!

В о л к. Воу. *(Злобно воя, уползает в кусты.)*

Л и с а. Чхи! Ничего не поделаешь! Твоя взяла... Молодец... Чхи! Победила... Чхи! *(Уползает в кусты вслед за волком.)*

П т и ц ы. Победа! Победа!

К р а с н а я   Ш а п о ч к а. Ничего подобного! Это она нарочно говорит, чтобы потом опять исподтишка напасть!

П т и ц ы. Нет, нет! Волк убежал! Лиса тоже убежала!

К р а с н а я   Ш а п о ч к а. Они вернутся. Вам там наверху легко радоваться, а мне внизу страшно.

П т и ц ы. Но ведь мы с тобой, мы с тобой!

К р а с н а я   Ш а п о ч к а. Я знаю... И все-таки... Когда я с волком дралась, то ни о чем я не думала. А сейчас как вспомню я его, очень хочется мне убежать домой и запереть двери на замок, на крючок, на щеколду и еще стол к двери придвинуть и шкаф тоже... *(всхлипывает)* и комод...

П т и ц ы. Плачет! Ах! Красная Шапочка плачет.

К р а с н а я   Ш а п о ч к а. Могу я поплакать, раз он убежал.

П т и ц ы. Конечно, конечно!

К р а с н а я   Ш а п о ч к а. Я ведь девочка, а не камень.

П т и ц ы. Нет, нет, не камень.

К р а с н а я   Ш а п о ч к а. Ах! Что мы наделали! *(Бросается в кусты.)* Зайчик! Заяц!

П т и ц ы. Он спит! Он уснул!

К р а с н а я   Ш а п о ч к а. Нет, это он в обмороке. *(Бежит к болоту.)* Надо его побрызгать водой! *(Возвращается.)* Заяц! Ах ты мой серый! Очнись! Я прогнала волка, как щенка маленького! *(Ро-*

ется в сумке.) Где-то у меня тут был нашатырный спирт. Вот он. Ну? Зайка! Заинька! Зайчик! Зайчонок!

З а я ц *(вскакивает).* Я загрызу их всех, а тебя не дам в обиду! Ты мой друг единственный! Я твой друг.

К р а с н а я Ш а п о ч к а. Все хорошо! Я, зайчик, всех прогнала! Успокойся!

З а я ц. Ты победила! Ура! Ого!

К р а с н а я Ш а п о ч к а. Лучше тебе?

З а я ц. Теперь-то? Теперь я силен, как ты. *(Пошатывается.)* Только голова кружится и ужасно дрожит хвост. *(Садится.)*

К р а с н а я Ш а п о ч к а. Ты ложись, полежи.

З а я ц. Нет! А кто тебя проводит?

К р а с н а я Ш а п о ч к а. Лежи, заинька, лежи, зайчик, спокойно. Волк теперь меня не тронет.

З а я ц. Не тронет?

К р а с н а я Ш а п о ч к а. Никогда! Ты поспишь и станешь опять умным зайцем, добрым зайцем, веселым зайцем, храбрецом!

З а я ц. Я на волка бросался!

К р а с н а я Ш а п о ч к а. Да, да. А я пойду, а то бабушка рассердится. Спи. Мне очень весело. Все хорошо. *(Встает и идет с песней.)*

Как мне весело идти!
Я в лесу моем как дома.

П т и ц ы.

С каждой травкой на пути,
С каждой веткой ты знакома.

К р а с н а я Ш а п о ч к а.

Колокольчик не звенит,
Но кивает головою.

П т и ц ы.

И горошек не гремит,
Тихо вьется над травою.

К р а с н а я Ш а п о ч к а.

Если бы могли они
Говорить по человечьи...

П т и ц ы.

То сказали бы: взгляни,
Как мы рады нашей встрече.

(Уходят.)

З а я ц. Нет, я никак не могу уснуть. Как это замечательно, что я посмел на волка броситься. Ведь у меня зубы длинные. Ведь кору на дереве я прокусываю, а волк хоть и страшный, да небось куда мягче дерева. Ай да я! *(Прыгает.)* Ай да заяц! *(Прыгает.)* Да я совсем поправился! Побегу-ка за Красной Шапочкой! Ой! *(Бросается в кусты.)* Опять! Опять они! Веточки, спрячьте меня! Листики, не выдавайте! *(Прячется.)*

В о л к *(выглядывает из чащи).* Воу! Ушла? Иду следом.

Л и с а *(выглядывает из чащи с другой стороны).* Тебя птицы увидят!

В о л к. Молчи!

Л и с а. Дальше место открытое!

В о л к. Сам знаю, не учи меня.

Л и с а. Поди-ка на тот вон белый камень и поваляйся.

В о л к. Ах ты дерзкая! Это еще зачем?

Л и с а. Это камень меловой, — вымажешься ты мелом, станешь похож на белую собаку. Девчонка тебя не узнает и...

В о л к. Молчи! *(Идет к белому камню, скрывается за ним.)* Это я сам иду!

Л и с а. Сам, сам!

В о л к. Я сам знаю — надо перекраситься.

Л и с а. Сам, сам!

В о л к. Молчи! *(Поет.)*

Две рябины, три осины.
Воу!
Стали около трясины.
Воу!
А под ними камень белый.
Воу!
А на камне воин смелый.
Воу!
Он прекрасен, этот воин.
Воу!
Он четвероног и строен.
Воу!
Он, герой, ни с кем не дружен.

Воу!
И никто ему не нужен.
Воу!
Он стоит, свирепо воя.
Воу!
Имя этого героя —
Волк!

С последним словом волк прыгает из-за камня. Он бел с головы до ног.

Л и с а. Хорошо, куманек. Теперь беги следом за девчонкой.

В о л к. Сам знаю. Стой! Это кто шевелится в кустах? Кто? Воу!

З а я ц (*пошатываясь, идет навстречу волку*). Я... я вас, простите, сейчас загрызу.

В о л к. Что?

З а я ц (*отступая*). Укушу! Не рычите — я не виноват. Я не могу оставить девочку в беде. Я побежал бы, чтобы рассказать ей все, но у меня ноги почти не идут от страха. И мне придется. (*Делает шаг вперед и сейчас же отступает.*) Мне придется подраться с вами. Да не рычите же, я сам этому не рад! (*Подпрыгивает.*) Вы, простите, довели меня до этого! Вы злобный зверь!

Л и с а. К дубу гони его, к дубу.

В о л к. Не учи меня!

З а я ц. Что? Что вы? А? (*Подпрыгивает.*) Я ничего не понимаю, но я ненавижу вас. Глупый зверь. Длиннохвостый, простите, урод! Бросайтесь скорей! Ах!

Резкое щелканье. Заяц попадает в капкан.

З а я ц. Что это?

Л и с а. Капкан! В который твоя подруга хотела волка поймать! Хи-хи-хи!

В о л к. Уходи вон!

Л и с а. Что ты, куманек! Что ты?

В о л к. Прочь ступай! Загрызу!

Л и с а. Погоди, родненький...

В о л к. У меня родни нет. Вон! Слышишь ты?

Бросается на лису. Та убегает в чащу.

То-то! (*Зайцу.*) Сиди тут. А я пойду и съем твою Красную Шапочку. Съем! Я один. Конечно! Все в лесу пойдет по-старому, по-хорошему. Заяц на волка лапу поднял — до чего дошло дело. Да как же ты посмел?

З а я ц. Я верный друг!

В о л к. Не смей этого слова говорить! Твое счастье, что меня ждет добыча поважней. Поживи еще часок, я вернусь к тебе. Вернусь! Конец дружбе! Конец Красной Шапочке! Один в лесу будет хозяин — это я! Воу! *(Убегает.)*

Л и с а *(вылезает из кустов)*. Хи-хи-хи! Посиди, зайчик, я еще вернусь к тебе. Одна в лесу будет хозяйка — это я. Хи-хи-хи! *(Убегает.)*

З а я ц. Что делать? Как спасти девочку? Помогите! *(Кричит.)* Помогите! Никто меня не слышит. *(К зрителям.)* Что же, пусть она так и погибнет? Нет! Надо кричать, звать, — может быть, услышит кто-нибудь в лесу. *(Кричит.)* Помогите! *(Громче.)* Я теперь ничего не боюсь. Помогите! Нет никого. Это самое глухое место во всем лесу. Но я, пока жив, не сдамся. Буду звать, и звать, и барабанить. Сыграю заячий боевой марш. Мы еще подеремся. *(Барабанит передними лапами по капкану и поет.)*

> Зайцы-братцы,
> Время собираться!
> Раз в опасности друзья,
> Значит, трусить нам нельзя!
> Братцы, братцы,
> Время собираться!
> Брось капусту, брось морковь,
> Зубы к бою приготовь!
> Братцы, братцы,
> Время собираться,
> Верны заячьи сердца,
> Будем биться до конца!
> Братцы, братцы,
> Время собираться —
> Драться!

Занавес

КАРТИНА ВТОРАЯ

Поляна, поросшая цветами.

В о л к. Молодец я! Очень я умен! Прогнал прочь лису. Я знаю, зачем она следом за мной ходила. Надеялась лиса, что я девчонку съем, а люди меня убьют. Ну, нет. Я старый волк, меня не надуешь. Девчонку-то я съем, да только потихоньку. Узнаю у нее, где ее бабушка живет... Воу! Идет! Идет!

Слышен птичий щебет и песня Красной Шапочки.

В о л к. Только бы не завыть при ней! Повою тихонько, пока ее нет.

Воет под песню. С концом песни К р а с н а я Ш а п о ч к а *выходит на поляну.*

В о л к *(нежным голосом).* Здравствуй, дорогая Красная Шапочка.

К р а с н а я Ш а п о ч к а. Здравствуй, белая собака.

В о л к *(басом свирепо).* Я тебе не со... *(Спохватывается.)* Да, да, я собака... Меня зовут Дружок.

К р а с н а я Ш а п о ч к а. Дружок? Здравствуй, Дружок. *(Хочет погладить волка. Волк отскакивает.)*

К р а с н а я Ш а п о ч к а. Что с тобой, Дружок?

В о л к. Прости меня, я одичал. Я потерялся, от охотника отбился. Мне так скучно без него. Очень-очень.

К р а с н а я Ш а п о ч к а. И давно ты потерялся?

В о л к. Три дня.

К р а с н а я Ш а п о ч к а. Бедный пес! Значит, ты хочешь есть?

В о л к. Нет, спасибо, я сыт. Меня накормила твоя бабушка.

К р а с н а я Ш а п о ч к а. Бабушка?

В о л к. Да! Ведь это она живет возле... *(кашляет)* возле...

К р а с н а я Ш а п о ч к а. Возле Старых берез, за Мельничным ручьем.

В о л к. Ага, ага! Она меня и накормила.

К р а с н а я Ш а п о ч к а. Как ее здоровье?

В о л к. Плохо. Лежит в постели.

К р а с н а я Ш а п о ч к а. Надо скорей бежать к ней.

В о л к. Ах, нет, нет! Она попросила тебе передать, если я тебя встречу, чтобы ты набрала ей букет цветов.

К р а с н а я Ш а п о ч к а. Цветов? Хорошо. А может быть, все-таки дать тебе поесть? Почему ты облизываешься, когда смотришь на меня?

В о л к. Нет, это я так. До свиданья, девочка.

К р а с н а я Ш а п о ч к а. До свиданья, Дружок.

В о л к *(басом).* Я тебе не Др... *(Спохватывается.)* До свиданья, девочка, до свиданья, милая. *(Убегает.)*

К р а с н а я Ш а п о ч к а. Птицы, отчего вы замолчали?

П т и ц ы. Нам не понравилась эта собака. Она виляет хвостом так, будто не умеет этого делать. Странная собака. Злая собака. Огромная собака.

К р а с н а я Ш а п о ч к а. Глупости! Просто она за три дня отвыкла от людей. Не надо меня пугать. Давайте лучше петь.

С пением, собирая цветы, уходит. Изнемогая от смеха, из-за кустов вылезает
л и с а.

Л и с а. Хи-хи-хи! Вот что волк задумал, значит! Побежит сейчас к бабушке, съест сначала ее, а потом девочку. Думает — никто не увидит. А я на что? Хи-хи-хи! *(Поет.)*

    Волк — он лезет в лоб да в лоб.
    Люди волка хлоп да хлоп.
    А я потихонечку,
    А я полегонечку —
    И, смотри, жива, цела
    И, как цветочек, расцвела!
    Ай да лисонька!
    Ай да умница!

    (Убегает.)

    Занавес

ДЕЙСТВИЕ ТРЕТЬЕ
КАРТИНА ПЕРВАЯ

Дом бабушки Красной Шапочки. Б а б у ш к а сидит у окна, вяжет.

Б а б у ш к а. Выдумали! Тридцать семь и два, даже полтора, так изволь в кровати лежать. Ха! Не на таковскую напали. Горло, так и быть, завязала, а в кровать — нет! Скорее лопну, а в кровать не лягу. Я уже сегодня и на речку сбегала, и за грибами сбегала, и пыль обмела, и чай вскипятила, и даже на гитаре поиграла. Старинный романс. *(Поет.)* «Раз, два, три, четыре, пять — вышел зайчик погулять». Хе-хе-хе! Красной Шапочке об этом не скажу все-таки. Боюсь — заругает. Она строгая у нас. Она...

Вдали раздается крик: «Помогите!» Бабушка вскакивает.

Б а б у ш к а. Что такое? Никак, на помощь зовут? *(Выглядывает из окна. В руках ее ружье.)* Кто там кричит?
В о л к *(вбегает).* Ой, помогите, ой!
Б а б у ш к а. Что такое? Почему такое?
В о л к. За мною волк гонится...
Б а б у ш к а. Ничего! Сейчас я его застрелю.
В о л к. Ах, нет, нет! Вы сами как хотите, а я очень боюсь! Спрячьте меня под кровать. Прошу.
Б а б у ш к а. Экий ты какой! Ну, иди в дом!

Видна комната. Волк входит в комнату.

Б а б у ш к а. Ну, лезь под кровать.
В о л к *(басом).* Брось ружье!
Б а б у ш к а. Что такое?
В о л к. А то! *(Выбивает у бабушки ружье лапой. Открывает гигантскую свою пасть. Проглатывает бабушку.)*
Б а б у ш к а *(из волчьего живота).* Да ты никак меня надул. Ты волк?

В о л к. А ты думала? Ха-ха-ха! Где твои очки? Вот они. Где чепчик? Вот он. Очень хорошо! Ха-ха-ха!

Б а б у ш к а. Не смейся, ты меня трясешь.

В о л к. Ладно!

Б а б у ш к а. Я знаю, что ты задумал! Ты задумал Красную Шапочку съесть!

В о л к. Обязательно.

Б а б у ш к а. Только попробуй! Я ей крикну: уходи, съест!

В о л к. А я сейчас тремя одеялами укроюсь — она и не услышит.

Б а б у ш к а. Не смей!

Волк укрывается двумя одеялами.

Не смей!

Волк укрывается еще одним одеялом. Бабушку не слышно.

В о л к. То-то, замолкла. Ну и жарко же под тремя одеялами. Эй, ты там, бабушка! Не смей меня бить кулаком в живот. Что? И каблуком не смей. Никак идет! Идет! Воу!

К р а с н а я Ш а п о ч к а вбегает. Видна под окном. В руках у нее букет цветов.

К р а с н а я Ш а п о ч к а. Ну, птицы, до свиданья, дорогие. Спасибо вам за помощь, друзья.

П т и ц ы. Мы подождем! Мы боимся! Нам кажется...

К р а с н а я Ш а п о ч к а. Нет, нет, улетайте! *(Вбегает в дом и останавливается, пораженная.)*

П т и ц ы. Смотрите на окна. Она испугалась! Подождем, подождем! Посмотрим, посмотрим...

К р а с н а я Ш а п о ч к а. Бабушка, отчего ты такая белая?

В о л к. Оттого, что больная.

К р а с н а я Ш а п о ч к а. Бабушка, отчего у тебя такой странный голос?

В о л к. Оттого, что горло болит.

К р а с н а я Ш а п о ч к а. Бабушка, а отчего у тебя сегодня такие большие глаза?

В о л к. Чтобы тебя получше видеть.

К р а с н а я Ш а п о ч к а. Бабушка! А отчего у тебя такие большие руки?

В о л к. Чтобы тебя покрепче обнять. Подойди сюда.

К р а с н а я Ш а п о ч к а. Бабушка! А отчего у тебя такие большие зубы?

В о л к *(ревет).* Чтобы съесть тебя! *(Проглатывает девочку. Укладывается на постели, сбросив с себя все одеяла.)*

Птицы отчаянно кричат.

В о л к. А-ха-ха! Наконец-то! Молодец! Съел! Победил!

К р а с н а я Ш а п о ч к а. А кто здесь еще у волка в животе?

Б а б у ш к а. Кто же, как не бабушка!

К р а с н а я Ш а п о ч к а. Он и тебя съел? Ты, бабушка, не бойся, — мы спасемся.

Б а б у ш к а. Учи меня... Будто я не знаю.

В о л к. Тише вы там! Не мешайте мне спать!

Б а б у ш к а. Отстань! Что это? Он тебя с корзинкой проглотил? Дай-ка мне кусочек пирога. Спасибо. Внучка! Да ты никак плачешь?

К р а с н а я Ш а п о ч к а. Это я не от страху, бабушка, а мне обидно, что он меня перехитрил.

Б а б у ш к а. Сейчас он тебя, а потом мы его. Ты не плачь, ты думай, как нам спастись.

К р а с н а я Ш а п о ч к а. Я знаю, как нам спастись! Птицы, сюда! Скорее!

П т и ц ы. Ты жива? Девочка! Ты жива?

К р а с н а я Ш а п о ч к а. Да, птицы. Как можно скорее летите все на восток и на восток. На перекрестке двух дорожек стоит человек. Расскажите ему все. Летите! Скорей!

П т и ц ы. Летим. *(Улетают.)*

Б а б у ш к а. Красная Шапочка, ты на меня не сердишься?

К р а с н а я Ш а п о ч к а. За что?

Б а б у ш к а. Я компресс сняла. Уж очень тут жарко.

К р а с н а я Ш а п о ч к а. Давай я завяжу. Сейчас же. Нас очень скоро спасут, а ты простудишься. Нас очень скоро спасут. Слышишь?

Занавес

КАРТИНА ВТОРАЯ

М а т ь идет по лесу, встревоженно оглядывается.

М а т ь *(кричит).* А-у! А-у-у-у! Нет ее. Красная Шапочка! Пропала. Ждала я ее, ждала и пошла к ней навстречу. У окна я стояла-стояла, у калитки стояла-стояла, на дорожке стояла-стояла — и не могу больше стоять. Иду. Ау! *(Поет.)*

Как приятно жить на свете,
Если дома наши дети.
А когда их дома нет,
То не мил нам белый свет.
Девочка моя — ау!
За тобой иду — ау!
Беспокоюсь я — ау!
Не попала ль ты в беду?

Занавес

КАРТИНА ТРЕТЬЯ

Перекресток двух дорожек в лесу. На сосне плакат: «Соблюдайте правила лесного движения». На перекрестке стоит л е с н и к.

Л е с н и к *(поет).*

Здесь недавно жабы жили,
Змей вползал в нору свою,
Здесь недавно волки выли,
А теперь тут я стою.
Я стою, сторожу,
За порядком я слежу.
Все я вижу, все я слышу,
Во все стороны гляжу.
Без хлопот и без тревоги
Проползай, беги, лети,
Если сбился ты с дороги,
Покажу я, как пройти.
Я стою, сторожу,
За порядком я слежу,
Все я вижу, все я слышу,
Во все стороны гляжу.
Волк, едва меня увидит,
С воем прячется в лесу.
Если кто тебя обидит,
Завизжи — и я спасу.
Я стою, сторожу,
За порядком я слежу.
Все я вижу, все я слышу,
Во все стороны гляжу.
Здесь недавно жабы жили,
Змей вползал в нору свою,

> Здесь недавно волки выли,
> А теперь тут я стою!

Бежит м е д в е д ь, за ним летит п ч е л а. Лесник пропускает медведя, задерживает пчел. Медведь облегченно вздыхает, хохочет, бежит дальше, но лесник свистит. Подходит к медведю и, сняв перчатку, разглядывает его лапу.

Л е с н и к. В меду!

М е д в е д ь. Этого того... Лиса говорила, что пчел там нет, а их там видимо-невидимо.

Л е с н и к. В отделение!

М е д в е д ь. Того этого...

Лесник свистит. Из-за кустов выходит с о б а к а. Лесник делает ей знак. Она берет медведя за ухо, уводит его. Раздается металлический лязг. Лесник вглядывается, лязг все приближается, и вот на дорожку выезжает большой бидон из-под молока. Лесник поднимает руку, приказывает бидону остановиться. Тот едет дальше. Лесник свистит. Бидон останавливается.

Л е с н и к. Чья машина?

Г о л о с у ж а *(из бидона)*. Деда С-с-савелия.

Л е с н и к. А как вы туда попали?

У ж. Я зале-з-з-з в бидон молоч-ч-ч-чка попить-ть-ть, а лис-с-с-сица захлопнула крыш-ш-ш-шку. Я в бидоне верчусь-сь-сь-сь и качусь-сь-сь.

Л е с н и к. Залез в бидон? В отделение!

У ж. Лис-с-с-сица...

Л е с н и к. До нее очередь тоже дойдет. *(Свистит. Появляется собака. Лесник приказывает ей.)* В отделение.

С о б а к а катит бидон лапами. Уходит. По дорожке летит перепуганный кролик. Лесник пропускает его. За ним гонится л и с а. Лесник знаком останавливает ее.

Л и с а. Я как раз к вам, товарищ милиционер.

Л е с н и к. Вот как? А мне показалось, что вы гонитесь за кроликом.

Л и с а. Что вы! Хи-хи-хи! Это просто знакомый. Я хотела сказать ему, чтобы он поклонился маме и папе.

Л е с н и к *(суховато)*. Да?

Л и с а. У меня к вам важное дело. Волк...

П т и ц ы *(вбегают)*. Не верьте ей, ах, не верьте, выслушайте нас.

Л е с н и к. В чем дело?

П т и ц ы. Волк съел Красную Шапочку, а лиса была с ним заодно. Красная Шапочка жива. Она говорила с нами из волчьего живота.

Л и с а. Как жива? *(Делает шаг назад.)*

Л е с н и к *(хватает ее за шиворот. Свистит. Приказывает прибежавшей на свист собаке).* В отделение! *(Подходит к дереву, достает из дупла телефон. Говорит по телефону.)* Пришлите смену. Я еду по срочному делу.

М а т ь Красной Шапочки выходит на дорожку. Слушает.

Да, с Красной Шапочкой. Откуда вы знаете? Уж и медведь сказал? Ага! Смена уже вышла? Прекрасно. *(Вешает трубку.)*

М а т ь. Товарищ лесник, что с моей девочкой? Не скрывайте от меня. Смотрите, я не дрожу, не плачу. Вы мне скажете?

Л е с н и к. Красная Шапочка в большой опасности, но я уверен, что мы спасем ее. *(Птицам.)* Показывайте дорогу. Вперед!

Занавес

КАРТИНА ЧЕТВЕРТАЯ

Музыка. Дом бабушки. М а т ь и л е с н и к подбегают к кровати. В о л к по-прежнему спит там. Лесник бросается к комоду, ищет там что-то. Мать достает из кармана фартука и протягивает леснику ножницы. В это время просыпается и вскакивает волк. Лесник выхватывает из кобуры револьвер, целится в волка. Тот, воя, ложится снова. Мать связывает волку лапы веревками и разрезает живот волка. Из живота зверя живые и невредимые выскакивают К р а с н а я Ш а п о ч к а и б а б у ш к а. Обнимаются с матерью. Музыка, которая гремела все громче и громче, обрывается.

К р а с н а я Ш а п о ч к а. Мамочка, ты не сердишься на меня, что меня волк съел?

М а т ь. Нет, девочка, не сержусь. Но смотри, чтобы это было в последний раз.

Б а б у ш к а *(строго, грозя маме Красной Шапочки пальцем).* Дочка, что надо сказать?

М а т ь. Ах, прости мамочка. *(Кланяется леснику.)* Спасибо.

Л е с н и к. Что вы! Это вам спасибо, гражданка. Вы мне помогли.

Б а б у ш к а *(леснику).* Кофе выпейте. Чаю.

М а т ь. Пирога с вишнями.

Л е с н и к. Благодарю, гражданки, некогда. Нет ли у вас иголки и толстой нитки?

Б а б у ш к а. А что — у вас пуговица оторвалась? Я пришью.

Лесник. Нет. Надо волку живот зашить и в отделение.
Бабушка. Зачем зашить? Я заштопаю так, что и незаметно будет. Где мои очки? Куда девались мои очки? Ах, этот негодный волк лежит в моих очках. Вот иголка. Вот серая нитка. Я мигом заштопаю. Я быстрая.

Красная Шапочка, лесник и мать подходят к окну.

Красная Шапочка. Ну, птицы, до свиданья.
Птицы. До свиданья, девочка! До свиданья, Красная Шапочка.
Лесник. Спасибо вам за быстрое сообщение.
Птицы. Не за что, не за что, мы так рады, так рады. *(Улетают.)*
Бабушка. Ну вот и все. Заштопала так, что сама не могу найти, где было разрезано. Ай да я! Быстро?
Красная Шапочка *(подходит к бабушке)*. Да. Очень. Ах да, бабушка, я впопыхах забыла с тобой поздороваться... Здравствуй, бабушка.
Бабушка. Здравствуй, внученька.
Красная Шапочка *(поет)*.

Страшно в волчьем животе...

Бабушка *(поет)*.

В тесноте да в темноте...

Красная Шапочка. Здравствуй, бабушка!
Бабушка. Здравствуй, внученька!
Мать. Хорошо зато теперь.
Бабушка. Крепко связан страшный зверь.
Мать. Здравствуй, мамочка.
Бабушка. Здравствуй, доченька.
Красная Шапочка. Как все кончилось легко!
Мать. Все невзгоды далеко!
Красная Шапочка. Здравствуй, мамочка!
Мать. Здравствуй, доченька.
Лесник. Простите, что я перебиваю вас, гражданка, но мне надо ехать. Дела! Запомни, девочка, раз навсегда: перекрашенный волк — тоже волк! Волк! Волк!
Красная Шапочка. Да уж теперь я запомню это очень хорошо.

Лесник оборачивается к кровати. Волка на кровати нет.

Л е с н и к. Волк убежал!
Б а б у ш к а. Караул!
Л е с н и к. Лапы мы ему связали, а пасть забыли! Он перегрыз зубами веревки и ушел черным ходом. *(Бросается вон.)*
К р а с н а я Ш а п о ч к а. И мы с вами.
Л е с н и к. Все равно он попадется.

Под звуки марша убегает.

Занавес

КАРТИНА ПЯТАЯ

Б е л о у х сидит в капкане. Вокруг несколько з а й ц е в. Они барабанят и поют заячий марш.

Б е л о у х. А ну тише! Послушаем — не идет ли волк?
З а й ц ы. Дуб шуршит, в болоте вода плещет, а волка не слыхать.
С т а р ы й з а я ц. Он, братцы, очень тихо ходит! Может быть, он уже здесь, в кустах.
З а й ц ы. Ах! Ох!
Б е л о у х. Позор! Кто клялся не трусить? Уши выше, зайцы. Когда волк придет, бросайтесь на него, тащите к людям на суд и расправу! Кому будет уже слишком страшно смотреть, закрывай глаза, хватай его с закрытыми глазами. Кто рева его испугался — затыкай уши!
В о л к *(выходит из кустов. Негромко).* А кто тихого его голоса испугается, тому что делать? А?

Зайцы, дрожа, окружают Белоуха.

В о л к *(идет на зайцев).* Разойдись!
С т а р ы й з а я ц. Не разойдусь! Нипочем! Бей его, братцы!

Град сосновых шишек летит в волка.

В о л к. Воу! Да что же это! Да вы вспомните, кто я! Всех проглочу. Расходитесь! Считаю до трех: раз! два!..
М е д в е д ь *(выходит из кустов).* Три! Что, братец двоюродный, не ждал?
В о л к. Я тебе не братец! У меня братьев нет! Я сам по себе!
М е д в е д ь. Брось зайцев, а то озлюсь!
В о л к. Я сегодня не боюсь никого! Я льва разорву, воу-у, а не то что косолапого медведя.

Медведь. Что? Хо-хо-хо! А ну, того... Разойдись, зайцы, дайте мне место.

Зайцы прячутся. Волк и медведь дерутся.

Уж *(поднявшись в кустах, шипит).* С-с-сюда! С-с-с-сюда!

Появляются лесник, бабушка, мать, Красная Шапочка.

Лесник *(свистит).* Прекратить драку!
Волк *(бросается на лесника).* Не лезь — убью!
Лесник *(направляет на волка револьвер).* Лапы вверх!

Волк падает, подымает вверх лапы. Мать связывает ему лапы веревкой.

Лесник *(медведю и ужу).* А вы как сюда попали?
Медведь. Нас этого... Отпустили.
Лесник. Оштрафовали?
Медведь. Ничего.

Пока шел этот разговор, Красная Шапочка освободила Белоуха. Выводит его вперед.

Красная Шапочка. Ну, зайчик, на этот раз волку уже совсем конец.
Волк. Воу! Девчонка меня перехитрила!
Медведь. Ничего.
Мать. Красная Шапочка, а ты знаешь, который час?
Красная Шапочка. Да, мамочка, пора домой! До свиданья, заяц!
Белоух. Я тебя провожу!
Красная Шапочка. До свиданья, медведь!
Медведь. Я, брат, иду тоже с тобой.
Красная Шапочка. До свиданья, уж!
Уж. Я с-с вами попо́лз-з-зу.
Красная Шапочка. До свиданья, товарищ лесник!
Лесник. Нам по дороге, Красная Шапочка!

Маршируют по сцене и поют.

Мы окончили войну.
Раз-два! Раз-два!
Волк — в плену, лиса — в плену!
Раз-два! Раз-два!
Мы победу заслужили.
Раз-два! Раз-два!

Потому что мы дружили.
Раз-два! Раз-два!
Смело бросились мы в бой.
Раз-два! Раз-два!
А теперь идем домой!
Раз-два! Раз-два!
Но, друзья, смотрите в оба.
Раз-два! Раз-два!
Бесконечна волчья злоба.
Раз-два! Раз-два!
Забывать врага нельзя!
Раз-два! Раз-два!
До свидания, друзья.
Раз-два! Раз-два!

К о н е ц

СНЕЖНАЯ КОРОЛЕВА

Сказка в 4-х действиях

ДЕЙСТВУЮЩИЕ ЛИЦА

Сказочник.
Кей.
Герда.
Бабушка.
Советник.
Снежная королева.
Ворон.
Ворона.
Принц Клаус.
Принцесса Эльза.
Король.
Атаманша.
Первый разбойник.
Маленькая разбойница.
Северный олень.
Стражники.
Лакеи короля.
Разбойники.

ДЕЙСТВИЕ ПЕРВОЕ

Перед занавесом появляется сказочник, молодой человек лет двадцати пяти. Он в сюртуке, при шпаге, в широкополой шляпе.

С к а з о ч н и к. Снип-снап-снурре, пурре-базелюрре! Разные люди бывают на свете: кузнецы, повара, доктора, школьники, аптекари, учителя, кучера, актеры, сторожа. А я вот — сказочник. И все мы — и актеры, и учителя, и кузнецы, и доктора, и повара, и сказочники — все мы работаем, и все мы люди нужные, необходимые, очень хорошие люди. Не будь, например, меня, сказочника, не сидели бы вы сегодня в театре и никогда вы не узнали бы, что случилось с одним мальчиком по имени Кей, который... Но тссс... молчание. Снип-снап-снурре, пурре-базелюрре! Ах, как много сказок я знаю! Если рассказывать каждый день по сто сказок, то за сто лет я успею выложить только сотую долю моего запаса. Сегодня вы увидите сказку о Снежной королеве. Это сказка и грустная и веселая, и веселая и грустная. В ней участвуют мальчик и девочка, мои ученики, поэтому я взял с собой грифельную доску. Потом принц и принцесса. И я взял с собой шпагу и шляпу. *(Раскланивается.)* Это добрые принц и принцесса, и я с ними обойдусь вежливо. Затем мы увидим разбойников. *(Достает пистолет.)* Поэтому я вооружен. *(Пробует выстрелить; пистолет не стреляет.)* Он не стреляет, и это очень хорошо, потому что я терпеть не могу шума на сцене. Кроме того, мы попадем в вечные льды, поэтому я надел свитер. Поняли? Снип-снап-снурре, пурре-базелюрре. Ну-с, вот как будто и все. Можно начинать... Да, самое главное, я и забыл! Мне прискучило все рассказывать да рассказывать. Сегодня я буду показывать сказку. И не только показывать — я сам буду участвовать во всех приключениях. Как же это так? А очень просто. Моя сказка — я в ней хозяин. И самое интересное то, что придумал я пока только начало да кое-что из середины, так что, чем кончатся наши приключения, я и сам не знаю! Как же это так? А очень просто! Что будет, то и будет, а когда мы дойдем до конца, то узнаем больше, чем знаем. Вот и все!.. Снип-снап-снурре, пурре-базелюрре!

Сказочник исчезает. Открывается занавес. Бедная, но опрятная комната на чердаке. Большое замерзшее окно. Недалеко от окна, поближе к печке, стоит сундук без крышки. В этом сундуке растет розовый куст. Несмотря на то что стоит зима, розовый куст в цвету. Под кустом на скамеечке сидят мальчик и девочка. Это Кей и Герда. Они сидят взявшись за руки. Поют мечтательно.

К е й и Г е р д а.

    Снип-снап-снурре,
    пурре-базелюрре.
    Снип-снап-снурре,
    Пурре-базелюрре.

К е й. Стой!

Г е р д а. Что такое?

К е й. Ступеньки скрипят...

Г е р д а. Погоди, погоди... Да!

К е й. И как весело они скрипят! Когда соседка шла жаловаться, что я разбил снежком окно, они скрипели вовсе не так.

Г е р д а. Да уж! Тогда они ворчали, как собаки.

К е й. А теперь, когда идет наша бабушка...

Г е р д а. ...ступеньки поскрипывают как скрипочки.

К е й. Ну, бабушка, ну, скорей же!

Г е р д а. Не надо ее торопить, Кей, ведь мы живем под самой крышей, а она уже старенькая.

К е й. Ничего, ведь она еще далеко. Она не слышит. Ну, ну, бабушка, шагай!

Г е р д а. Ну, ну, бабушка, живей.

К е й. Уже чайник зашумел.

Г е р д а. Уже чайник закипел. Вот, вот! Она вытирает ноги о коврик.

К е й. Да, да. Слышишь: она раздевается у вешалки.

    Стук в дверь.

Г е р д а. Зачем это она стучит? Она ведь знает, что мы не запираемся.

К е й. Хи-хи! Она нарочно... Она хочет нас напугать.

Г е р д а. Хи-хи!

К е й. Тише! А мы ее напугаем. Не отвечай, молчи.

Стук повторяется. Дети фыркают, зажимая руками рот. Снова стук.

Давай спрячемся.

Г е р д а. Давай!

Фыркая, дети прячутся за сундук с розовым кустом. Дверь открывается, и в комнату входит высокий седой ч е л о в е к в ч е р н о м с ю р т у к е. На лацкане сюртука сверкает большая серебряная медаль. Он, важно подняв голову, оглядывается.

К е й *(вылетает из-за ширмы на четвереньках)*. Гав-гав!

Г е р д а. Бу! Бу!

Человек в черном сюртуке, не теряя выражения холодной важности, подпрыгивает от неожиданности.

Ч е л о в е к *(сквозь зубы)*. Что это за бессмыслица?

Дети стоят растерянные, взявшись за руки.

Невоспитанные дети, я вас спрашиваю: что это за бессмыслица? Отвечайте же, невоспитанные дети!

К е й. Простите, но мы воспитанные...

Г е р д а. Мы очень, очень воспитанные дети! Здравствуйте! Садитесь, пожалуйста!

Человек достает из бокового кармана сюртука лорнет. Разглядывает брезгливо детей.

Ч е л о в е к. Воспитанные дети: а) не бегают на четвереньках; б) не вопят «гав-гав»; в) не кричат «бу-бу» и, наконец, г) не бросаются на незнакомых людей.

К е й. Но мы думали, что вы бабушка!

Ч е л о в е к. Вздор! Я вовсе не бабушка. Где розы?

Г е р д а. Вот они.

К е й. А зачем они вам?

Ч е л о в е к *(отворачивается от детей, разглядывает розы в лорнет)*. Ага. Действительно ли это живые розы? *(Нюхает.)* А) издают запах, свойственный этому растению; б) обладают соответствующей раскраской и, наконец; в) растут из подобающей почвы. Живые розы... Ха!

Г е р д а. Слушай, Кей, я боюсь его. Кто это? Зачем он пришел к нам? Чего он хочет от нас?

К е й. Не бойся. Я спрошу... *(Человеку.)* Кто вы? А? Чего вы хотите от нас? Зачем вы к нам пришли?

Ч е л о в е к *(не оборачиваясь, разглядывает розы)*. Воспитанные дети не задают вопросов старшим. Они ждут, пока старшие сами зададут им вопрос.

Г е р д а. Будьте так добры, задайте нам вопрос: не... не хотим ли мы узнать, кто вы такой?

Ч е л о в е к *(не оборачиваясь)*. Вздор!

Г е р д а. Кей, даю тебе честное слово, что это злой волшебник.

К е й. Герда, ну вот честное слово — нет.

Г е р д а. Увидишь, сейчас из него пойдет дым и он начнет летать по комнате. Или превратит тебя в козленка.

К е й. Я не дамся!

Г е р д а. Давай убежим.

К е й. Стыдно.

Человек откашливается. Герда вскрикивает.

Да это он только кашляет, глупенькая.

Г е р д а. А я подумала, что это он уже начал.

Человек внезапно отворачивается от цветов и не спеша двигается к детям.

К е й. Что вам угодно?

Г е р д а. Мы не дадимся.

Ч е л о в е к. Вздор!

Человек двигается прямо на детей, которые в ужасе отступают.

Г о л о с и з п е р е д н е й. Дети! Чья это меховая шуба висит на вешалке?

К е й и Г е р д а *(радостно)*. Бабушка! Скорей, скорей сюда!

Г о л о с. Соскучились? Не выбегайте, я с мороза. Сейчас иду, только сниму пальто, вот так, а теперь шапочку... Теперь вытру ноги как следует... Ну, вот и я.

В комнату входит чистенькая, беленькая, румяная с т а р у ш к а. Она весело улыбается, но, увидев незнакомого человека, останавливается и перестает улыбаться.

Ч е л о в е к. Здравствуйте, хозяйка.

Б а б у ш к а. Здравствуйте, господин...

Ч е л о в е к. ...коммерции советник. Долго же вы заставляете себя ждать, хозяйка.

Б а б у ш к а. Но, господин коммерции советник, я ведь не знала, что вы придете к нам.

С о в е т н и к. Это неважно, не оправдывайтесь. Вам повезло, хозяйка. Вы бедны, разумеется?

Б а б у ш к а. Садитесь, господин советник.

С о в е т н и к. Это неважно.

Б а б у ш к а. Я-то, во всяком случае, сяду. Я набегалась сегодня.

С о в е т н и к. Можете сесть. Итак, повторяю: вам повезло, хозяйка. Вы бедны?

Б а б у ш к а. И да и нет. Деньгами — небогата. А...

С о в е т н и к. А остальное вздор. Перейдем к делу. Я узнал, что у вас среди зимы расцвел розовый куст. Я покупаю его.

Б а б у ш к а. Но он не продается.

С о в е т н и к. Вздор.

Б а б у ш к а. Уверяю вас! Этот куст все равно что подарок. А подарки не продаются.

С о в е т н и к. Вздор.

Б а б у ш к а. Поверьте мне! Наш друг, студент-сказочник, учитель моих ребятишек, уж так ухаживал за этим кустом! Он перекапывал его, посыпал землю какими-то порошками, он даже пел ему песни.

С о в е т н и к. Вздор.

Б а б у ш к а. Спросите соседей. И вот после всех его забот благодарный куст расцвел среди зимы. И этот куст продавать!..

С о в е т н и к. Какая вы хитрая старуха, хозяйка! Молодец! Вы набиваете цену. Так, так! Сколько?

Б а б у ш к а. Куст не продается.

С о в е т н и к. Но, любезная, не задерживайте меня. Вы прачка?

Б а б у ш к а. Да, я стираю белье, помогаю по хозяйству, готовлю чудесные пряники, вышиваю, умею убаюкивать самых непокорных детей и ухаживаю за больными. Я все умею, господин советник. Есть люди, которые говорят, что у меня золотые руки, господин советник.

С о в е т н и к. Вздор! Начнем сначала. Вы, может быть, не знаете, кто я такой. Я богатый человек, хозяйка. Я очень богатый человек. Сам король знает, как я богат; он наградил меня медалью за это, хозяйка. Вы видели большие фургоны с надписью «лед»? Видели, хозяйка? Лед, ледники, холодильники, подвалы, набитые льдом, — все это мое, хозяйка. Лед сделал меня богачом. Я все могу купить, хозяйка. Сколько стоят ваши розы?

Б а б у ш к а. Неужели вы так любите цветы?

С о в е т н и к. Вот еще! Да я их терпеть не могу.

Б а б у ш к а. Так зачем же тогда...

С о в е т н и к. Я люблю редкости! На этом я разбогател. Летом лед — редкость. Я продаю летом лед. Зимою редкость цветы — я попробую их разводить. Всё! Итак, ваша цена?

Б а б у ш к а. Я не продам вам розы.

С о в е т н и к. А вот продадите.

Б а б у ш к а. А вот ни за что!

С о в е т н и к. Вздор! Вот вам десять талеров. Берите! Живо!

Б а б у ш к а. Не возьму.

С о в е т н и к. Двадцать.

    Бабушка отрицательно качает головой.

Тридцать, пятьдесят, сто! И сто мало? Ну, хорошо — двести. Этого на целый год хватит и вам, и этим гадким детям.

Б а б у ш к а. Это очень хорошие дети!

С о в е т н и к. Вздор! Вы подумайте только: двести талеров за самый обыкновенный розовый куст!

Б а б у ш к а. Это не обыкновенный куст, господин советник. Сначала на ветках его появились бутоны, совсем еще маленькие, бледные, с розовыми носиками. Потом они развернулись, расцвели, и вот цветут, цветут и не отцветают. За окном зима, господин советник, а у нас лето.

С о в е т н и к. Вздор! Если бы сейчас было лето, лед поднялся бы в цене.

Б а б у ш к а. Эти розы — наша радость, господин советник.

С о в е т н и к. Вздор, вздор, вздор! Деньги — вот это радость. Я вам предлагаю деньги, слышите — деньги! Понимаете — деньги!

Б а б у ш к а. Господин советник! Есть вещи более сильные, чем деньги.

С о в е т н и к. Да ведь это бунт! Значит, деньги, по-вашему, ничего не стоят? Сегодня вы скажете, что деньги ничего не стоят, завтра — что богачи и почтенные люди ничего не стоят... Вы решительно отказываетесь от денег?

Б а б у ш к а. Да. Эти розы не продаются ни за какие деньги, господин советник.

С о в е т н и к. В таком случае вы... вы... сумасшедшая старуха, вот кто вы...

К е й *(глубоко оскорбленный, бросается к нему).* А вы... вы... невоспитанный старик, вот кто вы!

Б а б у ш к а. Дети, дети, не надо!

С о в е т н и к. Да я вас заморожу!

Г е р д а. Мы не дадимся!

С о в е т н и к. Увидим... Это вам даром не пройдет!

К е й. Бабушку все, все уважают! А вы рычите на нее, как...

Б а б у ш к а. Кей!

К е й *(сдерживаясь).* ...как нехороший человек.

Советник. Ладно! Я: а) отомщу; б) скоро отомщу и в) страшно отомщу. Я дойду до самой королевы. Вот вам!

Советник бежит и в дверях сталкивается со сказочником.

(Яростно.) А, господин сказочник! Сочинитель сказок, над которыми все издеваются! Это все ваши штуки! Хорошо же! Увидите! Это и вам не пройдет даром.

Сказочник *(вежливо кланяясь советнику)*. Снип-снап-снурре, пурре-базелюрре!

Советник. Вздор! *(Убегает.)*

Сказочник. Здравствуйте, бабушка! Здравствуйте, дети! Вас огорчил коммерции советник? Не обращайте на него внимания. Что он нам может сделать? Смотрите, как весело розы кивают нам головками. Они хотят сказать нам: все идет хорошо. Мы с вами, вы с нами — и все мы вместе.

Советник в меховой шубе и в цилиндре показывается в дверях.

Советник. Увидим, надолго ли. Ха-ха!

Сказочник бросается к нему. Советник исчезает. Сказочник возвращается.

Сказочник. Бабушка, дети, все хорошо. Он ушел, совсем ушел. Я вас очень прошу, пожалуйста, забудем о нем.

Герда. Он хотел унести наши розы.

Кей. Но мы не позволили.

Сказочник. Ах, какие вы молодцы! Но за что вы обидели чайник? *(Бежит к печке.)* Слышите, он кричит: «Вы забыли меня, я шумел, и вы не слышали. Я зол, зол, попробуйте-ка, троньте меня!» *(Пробует снять чайник с огня.)* И верно, его не тронуть! *(Берет чайник полой сюртука.)*

Бабушка *(вскакивает)*. Вы опять обожжетесь, я вам дам полотенце.

Сказочник *(боком, держа кипящий чайник полой сюртука, пробирается к столу)*. Ничего. Все эти чайники, чашки, столы и стулья... *(пробует поставить чайник на стол, но это ему никак не удается)* сюртуки и башмаки из-за того, что я говорю на их языке и часто болтаю с ними *(ставит наконец чайник на стол)*, считают меня своим братом и ужасно меня не уважают. Сегодня утром вдруг пропали мои башмаки. Нашел я их в прихожей под шкафом. Оказывается, они пошли в гости к старой сапожной щетке, заговорились там и... Что с вами, дети?

Герда. Ничего.

Сказочник. Говорите правду!

Герда. Ну, хорошо, я скажу. Знаете, что? Мне все-таки немножко страшно.

Сказочник. Ах вот как! Значит, вам немного страшно, дети?

Кей. Нет, но... Советник сказал, что он дойдет до самой королевы. О какой это королеве он говорил?

Сказочник. Я думаю, что о Снежной королеве. Он с ней в большой дружбе. Ведь она ему поставляет лед.

Герда. Ой, кто это стучит в окно? Я не боюсь, но все-таки скажите: кто же это стучит в окно?

Бабушка. Это просто снег, девочка. Метель разыгралась.

Кей. Пусть Снежная королева только попробует сюда войти. Я посажу ее на печь, и она сразу растает.

Сказочник *(вскакивает)*. Верно, мальчик! *(Взмахивает рукой и опрокидывает чашку.)* Ну вот... Я ведь вам говорил... И не стыдно тебе, чашка? Верно, мальчик! Снежная королева не посмеет сюда войти! С тем, у кого горячее сердце, ей ничего не поделать!

Герда. А где она живет?

Сказочник. Летом — далеко-далеко, на севере. А зимой она летает на черном облаке высоко-высоко в небе. Только поздно-поздно ночью, когда все спят, она проносится по улицам города и взглядывает на окна, и тогда стекла покрываются ледяными узорами и цветами.

Герда. Бабушка, значит, она все-таки смотрела на наши окна? Видишь, они все в узорах.

Кей. Ну и пусть. Посмотрела и улетела.

Герда. А вы видели Снежную королеву?

Сказочник. Видел.

Герда. Ой! Когда?

Сказочник. Давно-давно, когда тебя еще не было на свете.

Кей. Расскажите.

Сказочник. Хорошо. Только я отойду подальше от стола, а то я опять опрокину что-нибудь. *(Идет к окну, берет с подоконника доску и грифель.)* Но после рассказа мы засядем за работу. Вы уроки выучили?

Герда. Да.

Кей. Все до одного!

Сказочник. Ну, тогда, значит, вы заслужили интересную историю. Слушайте. *(Начинает рассказывать сначала спокойно и сдержанно, но постепенно, увлекаясь, принимается размахивать руками. В одной руке у него грифельная доска, в другой грифель.)* Было это давно, очень давно. Мама моя, так же как и ваша бабушка, каждый день уходила работать к чужим людям. Только руки у моей мамы были не золотые, нет, совсем не золотые. Она, бедная, была слабенькая и почти такая же нескладная, как я. Поэтому кончала она свою работу поздно. Однажды вечером она запоздала еще больше, чем всегда. Сначала я ждал ее терпеливо, но когда догорела и погасла свечка, то мне стало совсем невесело. Приятно сочинять страшные сказки, но когда они сами лезут тебе в голову, то это уж совсем не то. Свеча погасла, но старый фонарь, что висел за окном, освещал комнату. И надо вам сказать, что это было еще хуже. Фонарь качался на ветру, тени бегали по комнате, и мне казалось, что это маленькие черненькие гномы кувыркаются, прыгают и только об одном и думают — как бы на меня напасть. И я оделся потихоньку, и замотал шею шарфом, и бегом выбежал из комнаты, чтобы подождать маму на улице. На улице было тихо-тихо, так тихо, как бывает только зимой. Я присел на ступеньки и стал ждать. И вдруг — как засвистит ветер, как полетит снег! Казалось, что он падает не только с неба, а летит от стен, с земли, из-под ворот, отовсюду. Я побежал к дверям, но тут одна снежинка стала расти, расти и превратилась в прекрасную женщину.

К е й. Это была она?

Г е р д а. А как она была одета?

С к а з о ч н и к. Она была в белом с головы до ног. Большая белая муфта была у нее в руках. Огромный бриллиант сверкал у нее на груди. «Вы кто?» — крикнул я. «Я — Снежная королева, — ответила женщина, — хочешь, я возьму тебя к себе? Поцелуй меня, не бойся». Я отпрыгнул...

Сказочник взмахивает руками и попадает грифельной доской в стекло. Стекло разбивается. Гаснет лампа. Музыка. Снег, белея, влетает в разбитое окно.

Г о л о с б а б у ш к и. Спокойно, дети.

С к а з о ч н и к. Это я виноват! Сейчас я зажгу свет!

Вспыхивает свет. Все вскрикивают. Прекрасная ж е н щ и н а стоит посреди комнаты. Она в белом с головы до ног. Большая белая муфта у нее в руках. На груди, на серебряной цепочке, сверкает огромный бриллиант.

К е й. Это кто?

Г е р д а. Кто вы?

Сказочник пробует заговорить, но женщина делает повелительный знак рукой, и он отшатывается и умолкает.

Ж е н щ и н а. Простите, я стучала, но меня никто не слышал.

Г е р д а. Бабушка сказала — это снег.

Ж е н щ и н а. Нет, я стучала в дверь как раз тогда, когда у вас погас свет. Я испугала вас?

К е й. Ну вот ни капельки.

Ж е н щ и н а. Я очень рада этому; ты смелый мальчик. Здравствуйте, господа!

Б а б у ш к а. Здравствуйте, госпожа...

Ж е н щ и н а. Можете называть меня баронессой.

Б а б у ш к а. Здравствуйте, госпожа баронесса. Садитесь, пожалуйста.

Ж е н щ и н а. Благодарю вас. *(Садится.)*

Б а б у ш к а. Сейчас я заложу окно подушкой, очень дует. *(Закладывает окно.)*

Ж е н щ и н а. О, меня это нисколько не беспокоит. Я пришла к вам по делу. Мне рассказывали о вас. Говорят, что вы очень хорошая женщина, работящая, честная, добрая, но бедная.

Б а б у ш к а. Не угодно ли чаю, госпожа баронесса?

Ж е н щ и н а. Нет, ни за что! Ведь он горячий. Мне говорили, что, несмотря на свою бедность, вы держите приемыша.

К е й. Я не приемыш!

Б а б у ш к а. Он говорит правду, госпожа баронесса.

Ж е н щ и н а. Но мне говорили так: девочка — ваша внучка, а мальчик...

Б а б у ш к а. Да, мальчик не внук мне. Но ему не было и года, когда родители его умерли. Он остался совсем один на свете, госпожа баронесса, и я взяла его к себе. Он вырос у меня на руках, он такой же родной мне, как мои покойные дети и как моя единственная внучка...

Ж е н щ и н а. Эти чувства делают вам честь. Но вы совсем старая и можете умереть.

К е й. Бабушка вовсе не старая.

Г е р д а. Бабушка не может умереть.

Ж е н щ и н а. Тише. Когда я говорю, все должно умолкнуть. Поняли? Итак, я беру у вас мальчика.

К е й. Что?

Ж е н щ и н а. Я одинока, богата, детей у меня нет — этот мальчик будет у меня вместо сына. Вы, конечно, согласитесь, хозяйка? Это выгодно вам всем.

К е й. Бабушка, бабушка, не отдавай меня, дорогая! Я не люблю ее, а тебя так люблю! Розы ты и то пожалела, а я ведь целый мальчик! Я умру, если она возьмет меня к себе... Если тебе трудно, я тоже буду зарабатывать — газеты продавать, носить воду, сгребать снег, — ведь за все это платят, бабушка. А когда ты совсем состаришься, я куплю тебе мягкое кресло, очки и интересные книжки. Ты будешь сидеть, отдыхать, читать, а мы с Гердой будем заботиться о тебе.

Г е р д а. Бабушка, бабушка, вот честное слово, не отдавай его! Ну, пожалуйста!

Б а б у ш к а. Да что вы, дети! Я, конечно, ни за что не отдам его.

К е й. Вы слышите?

Ж е н щ и н а. Не надо так спешить. Подумай, Кей. Ты будешь жить во дворце, мальчик. Сотни верных слуг будут повиноваться каждому твоему слову. Там...

К е й. Там не будет Герды, там не будет бабушки, я не пойду к вам.

С к а з о ч н и к. Молодец...

Ж е н щ и н а. Молчите! *(Делает повелительный знак рукой.)*

Сказочник отшатывается.

Б а б у ш к а. Простите меня, баронесса, но так и будет, как сказал мальчик. Как я его могу отдать? Он вырос у меня на руках. Первое слово, которое он сказал, было «огонь».

Ж е н щ и н а *(вздрагивает)*. Огонь?

Б а б у ш к а. Первый раз он пошел вот здесь, от кровати к печке...

Ж е н щ и н а *(вздрагивает)*. К печке?

Б а б у ш к а. Я плакала над ним, когда он хворал, я так радовалась, когда он выздоравливал. Он иногда шалит, иногда огорчает меня, но чаще радует. Это мой мальчик, и он останется у меня.

Г е р д а. Смешно даже подумать, как же мы можем без него жить.

Ж е н щ и н а *(встает)*. Ну что же! Пусть будет по-вашему. Эти чувства делают вам честь. Оставайся здесь, мальчик, если ты так этого хочешь. Но поцелуй меня на прощанье.

Сказочник делает шаг вперед. Женщина останавливает его повелительным жестом.

Ты не хочешь?

К е й. Не хочу.

Ж е н щ и н а. Ах вот как! Я-то сначала думала, что ты храбрый мальчик, а ты, оказывается, трус!

К е й. Я вовсе не трус.

Ж е н щ и н а. Ну, тогда поцелуй меня на прощанье.

Г е р д а. Не надо, Кей.

К е й. Но я вовсе не желаю, чтобы она думала, что я боюсь баронесс. *(Смело подходит к баронессе, поднимается на цыпочки и протягивает ей губы.)* Всего хорошего!

Женщина. Молодец! *(Целует Кея.)*

За сценой свист и вой ветра, снег стучит в окно.

(Смеется.) До свидания, господа! До скорого свидания, мальчик! *(Быстро уходит.)*

Сказочник. Какой ужас! Ведь это была она, она. Снежная королева!

Бабушка. Полно вам рассказывать сказки.

Кей. Ха-ха-ха!

Герда. Что ты смеешься, Кей?

Кей. Ха-ха-ха! Смотрите, как смешно, наши розы завяли. А какие они стали безобразные, гадкие, фу! *(Срывает одну из роз и швыряет ее на пол.)*

Бабушка. Розы завяли, какое несчастье! *(Бежит к розовому кусту.)*

Кей. Как смешно бабушка переваливается на ходу. Это прямо утка, а не бабушка. *(Передразнивает ее походку.)*

Герда. Кей! Кей!

Кей. Если ты заревешь, я дерну тебя за косу.

Бабушка. Кей! Я не узнаю тебя.

Кей. Ах, как вы мне все надоели. Да оно и понятно. Живем втроем в такой конуре...

Бабушка. Кей! Что с тобой?

Сказочник. Это была Снежная королева! Это она, она!

Герда. Почему же вы не сказали...

Сказочник. Не мог. Она протягивала ко мне руку — и холод пронизывал меня с головы до ног, и язык отнимался, и...

Кей. Вздор!

Герда. Кей! Ты говоришь как советник.

Кей. Ну и очень рад.

Бабушка. Дети, ложитесь спать! Уже поздно. Вы начинаете капризничать. Слышите: разом умываться и спать.

Герда. Бабушка... Я сначала хочу узнать, что с ним!

Кей. А я пойду спать. У-у! Какая ты некрасивая, когда плачешь...

Герда. Бабушка...

Сказочник *(выпроваживает их)*. Спать, спать, спать. *(Бросается к бабушке.)* Вы знаете, что с ним? Когда я рассказал своей маме, что меня хотела поцеловать Снежная королева, мама ответила: хорошо, что ты не позволил ей этого. У человека, которого поцелует Снежная королева, сердце застывает и превращается в кусок льда. Теперь у нашего Кея ледяное сердце.

Б а б у ш к а. Этого не может быть. Завтра же он проснется таким же добрым и веселым, как был.

С к а з о ч н и к. А если нет? Ах, я этого вовсе не ждал. Что делать? Как быть дальше? Нет, Снежная королева, я не отдам тебе мальчика! Мы спасем его! Спасем! Спасем!

Вой и свист метели за окном резко усиливается.

Не испугаемся! Вой, свисти, пой, колоти в окна, — мы еще поборемся с тобой, Снежная королева!

Занавес

ДЕЙСТВИЕ ВТОРОЕ

Перед занавесом лежит камень. Г е р д а, очень утомленная, медленно выходит из-за портала. Опускается на камень.

Г е р д а. Вот теперь-то я понимаю, что такое — одна. Никто мне не скажет: «Герда, хочешь есть?» Никто мне не скажет: «Герда, дай-ка лоб, кажется, у тебя жар». Никто мне не скажет: «Что с тобой? Почему ты сегодня такая грустная?» Когда встречаешь людей, то все-таки легче: они расспросят, поговорят, иногда накормят даже. А эти места такие безлюдные: иду я с самого рассвета и никого еще не встретила. Попадаются на дороге домики, но все они заперты на замок. Зайдешь во двор — никого, и в садиках пусто, и в огородах тоже, и в поле никто не работает. Что это значит? Куда ж это все ушли?

В о р о н *(выходит из разреза занавеса, говорит глухо, слегка картавя).* Здравствуйте, барышня!

Г е р д а. Здравствуйте, сударь.

В о р о н. Простите, но вы не швырнете в меня палкой?

Г е р д а. О, что вы, конечно нет!

В о р о н. Ха-ха-ха! Приятно слышать! А камнем?

Г е р д а. Что вы, сударь!

В о р о н. Ха-ха-ха! А кирпичом?

Г е р д а. Нет, нет, уверяю вас.

В о р о н. Ха-ха-ха! Позвольте почтительнейше поблагодарить вас за вашу удивительнейшую учтивость. Красиво я говорю?

Г е р д а. Очень, сударь.

В о р о н. Ха-ха-ха! Это оттого, что я вырос в парке королевского дворца. Я почти придворный ворон. А невеста моя — настоящая придворная ворона. Она питается объедками королевской кухни. Вы нездешняя, конечно?

Г е р д а. Да, я пришла издалека.

В о р о н. Я сразу догадался, что это так. Иначе вы знали бы, почему опустели все дома при дороге.

Г е р д а. А почему они опустели, сударь? Я надеюсь, что ничего худого не случилось.

В о р о н. Ха-ха-ха! Напротив! Во дворце праздник, пир на весь мир, и все отправились туда. Но, прошу прощения, вы чем-то огорчены? Говорите, говорите, я добрый ворон — а вдруг я смогу помочь вам.

Г е р д а. Ах, если бы вы могли помочь мне найти одного мальчика!

В о р о н. Мальчика? Говорите, говорите! Это интересно. Крайне интересно!

Г е р д а. Видите ли, я ищу мальчика, с которым я вместе выросла. Мы жили так дружно — я, он и наша бабушка. Но однажды — это было прошлой зимой — он взял санки и ушел на городскую площадь. Он привязал свои санки к большим саням — мальчики часто так делают, чтобы прокатиться побыстрее. В больших санях сидел человек в белой меховой шубе и белой шапке. Едва мальчик успел привязать свои санки к большим саням, как человек в белой шубе и шапке ударил по коням: кони рванулись, сани понеслись, санки за ними — и больше никто никогда не видал мальчика. Имя этого мальчика...

В о р о н. Кей... Кр-ра! Кр-ра!

Г е р д а. Откуда вы знаете, что его зовут Кей?

В о р о н. А вас зовут Герда.

Г е р д а. Да, меня зовут Герда. Но откуда вы все это знаете?

В о р о н. Наша родственница, сорока, ужасная сплетница, знает все, что делается на свете, и все новости приносит нам на хвосте. Так узнали мы и вашу историю.

Г е р д а *(вскакивает)*. Вы, значит, знаете, где Кей? Отвечайте же! Отчего вы молчите?

В о р о н. Кр-ра! Кр-ра! Сорок вечеров подряд мы рядили и судили и гадали и думали: где же он? Где Кей? Так и не додумались.

Г е р д а *(садится)*. Вот и мы тоже. Целую зиму ждали мы Кея. А весной я ушла его искать. Бабушка спала еще, я ее поцеловала потихоньку на прощанье — и вот ищу. Бедная бабушка, она, наверное, там скучает одна.

В о р о н. Да. Сороки рассказывают, что ваша бабушка крайне, крайне горюет... Страшно тоскует!

Г е р д а. А я столько времени потеряла напрасно. Вот уже целое лето я все ищу его, ищу — и никто не знает, где он.

В о р о н. Тссс!

Г е р д а. Что такое?

В о р о н. Дайте-ка мне послушать! Да, это летит сюда она. Я узнаю шум ее крыльев. Многоуважаемая Герда, сейчас я познакомлю вас с моей невестой — придворной вороной. Она будет рада... Вот она...

Появляется в о р о н а, очень похожая на своего жениха. Вороны обмениваются церемонными поклонами.

В о р о н а. Здравствуй, Карл!
В о р о н. Здравствуй, Клара!
В о р о н а. Здравствуй, Карл!
В о р о н. Здравствуй, Клара!
В о р о н а. Здравствуй, Карл! У меня крайне интересные новости. Сейчас ты раскроешь клюв, Карл.
В о р о н. Говори скорей! Скорей!
В о р о н а. Кей нашелся!
Г е р д а *(вскакивает)*. Кей? Вы не обманываете меня? Где же он? Где?
В о р о н а *(отпрыгивает)*. Ах! Кто это?
В о р о н. Не пугайся, Клара. Позволь представить тебе эту девочку. Ее зовут Герда.
В о р о н а. Герда! Вот чудеса! *(Церемонно кланяясь.)* Здравствуйте, Герда.
Г е р д а. Не мучайте меня, скажите, где Кей. Что с ним? Он жив? Кто его нашел?

Вороны некоторое время оживленно разговаривают на вороньем языке. Затем подходят к Герде. Говорят, перебивая друг друга.

В о р о н а. Месяц...
В о р о н. ...назад...
В о р о н а. ...принцесса...
В о р о н. ...дочь...
В о р о н а. ...короля...
В о р о н. ...пришла...
В о р о н а. ...К...
В о р о н. ...королю...
В о р о н а. ...И...
В о р о н. ...говорит...
В о р о н а. ...Папа...
В о р о н. ...мне...
В о р о н а. ...очень...
В о р о н. ...скучно...
В о р о н а. ...подруги...
В о р о н. ...боятся...

В о р о н а. ...меня...
В о р о н. ...мне...
В о р о н а. ...не...
В о р о н. ...с...
В о р о н а. ...кем...
В о р о н. ...играть...

Г е р д а. Простите, что я вас перебиваю, но зачем вы рассказываете мне о королевской дочери?

В о р о н. Но, дорогая Герда, иначе вы ничего не поймете!

Продолжают рассказ. При этом говорят они слово за словом без малейшей паузы, так, что кажется, будто это говорит один человек.

В о р о н и в о р о н а *(хором)*. «Мне не с кем играть, — сказала дочь короля. — Подруги нарочно проигрывают мне в шашки, нарочно поддаются в пятнашки. Я умру с тоски». — «Ну, ладно, — сказал король, — я выдам тебя замуж». «Устроим смотр женихов, — сказала принцесса, — я выйду замуж только за того, кто меня не испугается». Устроили смотр. Все пугались, входя во дворец. Но один мальчик ни капельки не испугался.

Г е р д а *(радостно)*. И это был Кей?

В о р о н. Да, это был он.

В о р о н а. Все другие молчали от страха как рыбы, а он так разумно разговаривал с принцессой!

Г е р д а. Еще бы! Он очень умный! Он знает сложение, вычитание, умножение, деление и даже дроби!

В о р о н. И вот принцесса выбрала его, и король дал ему титул принца и подарил ему полцарства. Поэтому-то и был во дворце устроен пир на весь мир.

Г е р д а. Вы уверены, что это Кей? Ведь он совсем мальчик!

В о р о н а. Принцесса тоже маленькая девочка. Но ведь принцессы могут выходить замуж, когда им вздумается.

В о р о н. Вы не огорчены, что Кей забыл бабушку и вас? В последнее время, как говорит сорока, он был очень груб с вами?

Г е р д а. Я не обижалась.

В о р о н а. А вдруг Кей не захочет с вами разговаривать?

Г е р д а. Захочет. Я уговорю его. Пусть он напишет бабушке, что он жив и здоров, и я уйду. Идемте же. Я так рада, что он не у Снежной королевы. Идемте во дворец.

В о р о н а. Ах, я боюсь, что вас не пустят туда! Ведь это все-таки королевский дворец, а вы простая девчонка. Как быть? Я не очень люблю детей. Они вечно дразнят меня и Карла. Они кричат: «Карл у Клары украл кораллы». Но вы не такая. Вы покорили мое сердце. Идемте. Я знаю все ходы и переходы дворца. Ночью мы проберемся туда.

Г е р д а. А вы уверены, что принц — это и есть Кей?

В о р о н а. Конечно. Я сегодня сама слышала, как принцесса кричала: «Кей, Кей, поди-ка сюда!» Вы не побоитесь ночью пробраться во дворец?

Г е р д а. Нет!

В о р о н а. В таком случае — вперед!

В о р о н. Ур-ра! Ур-ра! Верность, храбрость, дружба...

В о р о н а. ...разрушат все преграды. Ур-ра! Ур-ра! Ур-ра!

Уходят. Следом за ними молча проползает человек, закутанный в плащ. За ним другой. Занавес открывается. Зала в королевском дворце. Через середину пола, заднюю стену и потолок проходит черта, проведенная мелом, очень заметная на темной отделке залы. В зале полутемно. Дверь бесшумно открывается. Входит в о р о н а.

В о р о н а *(негромко).* Карл! Карл!

В о р о н *(за сценой).* Клара! Клара!

В о р о н а. Храбрей! Храбрей! Сюда. Здесь никого нет.

Тихо входят Г е р д а и в о р о н.

Осторожно! Осторожно! Держитесь правой стороны. За черту! За черту!

Г е р д а. Скажите, пожалуйста, а зачем проведена эта черта?

В о р о н а. Король подарил принцу полцарства. И все апартаменты дворца государь тоже аккуратно поделил пополам. Правая сторона — принца и принцессы, левая — королевская. Нам благоразумней держаться правой стороны... Вперед!

Герда и ворон идут. Вдруг раздается негромкая музыка. Герда останавливается.

Г е р д а. Что это за музыка?

В о р о н а. Это просто сны придворных дам. Им снится, что они танцуют на балу.

Музыку заглушает гул — топот коней, отдаленные крики: «Ату его, ату-ту-ту! Держи! Режь! Бей!»

Г е р д а. А это что?

В о р о н а. А это придворным кавалерам снится, что они загнали на охоте оленя.

Раздается веселая, радостная музыка.

Г е р д а. А это?

В о р о н а. А это сны узников, заточенных в подземелье. Им снится, что их отпустили на свободу.

В о р о н. Что с вами, дорогая Герда? Вы побледнели?

Г е р д а. Нет, право, нет! Но я сама не знаю, почему мне как-то беспокойно.

В о р о н а. О, это крайне просто и понятно. Ведь королевскому дворцу пятьсот лет. Сколько страшных преступлений совершено тут за эти годы! Тут и казнили людей, и убивали из-за угла кинжалами, и душили.

Г е р д а. Неужели Кей живет здесь, в этом страшном доме?

В о р о н а. Идемте же...

Г е р д а. Иду.

Раздается топот и звон бубенцов.

А это что?

В о р о н а. Я не понимаю.

Шум все ближе.

В о р о н. Дорогая Клара, не благоразумней ли будет удрать?

В о р о н а. Спрячемся.

Прячутся за драпировку, висящую на стене. Едва они успевают скрыться, как двери с шумом распахиваются и в залу галопом врываются д в а л а к е я. В руках у них канделябры с зажженными свечами. Между двумя лакеями п р и н ц и п р и н ц е с с а. Они играют в лошадки. Принц изображает лошадь. На груди его звенят бубенцы игрушечной сбруи. Он прыгает, роет ногами пол, лихо бегает по своей половине зала. Лакеи, сохраняя на лицах невозмутимое выражение, носятся следом, не отставая ни на шаг, освещая дорогу детям.

П р и н ц *(останавливается).* Ну, хватит. Мне надоело быть лошадью. Давай играть в другую игру.

П р и н ц е с с а. В прятки?

П р и н ц. Можно. Ты будешь прятаться! Ну! Я считаю до ста. *(Отворачивается и считает.)*

Принцесса бегает по комнате, ищет место, где спрятаться. Лакеи с канделябрами — за нею. Принцесса останавливается наконец у драпировки, за которой скрылись Герда и вороны. Отдергивает драпировку. Видит Герду, которая горько плачет, и двух низко кланяющихся ворон. Взвизгивает и отскакивает. Лакеи — за нею.

(Оборачиваясь.) Что? Крыса?

П р и н ц е с с а. Хуже, гораздо хуже. Там девочка и две вороны.

П р и н ц. Глупости! Сейчас я посмотрю.

П р и н ц е с с а. Нет, нет, это, наверное, какие-нибудь призраки.
П р и н ц. Глупости! *(Идет к занавеске.)*

Герда, вытирая слезы, выходит ему навстречу. За нею, все время кланяясь, — вороны.

Как ты попала сюда, девочка? Мордочка у тебя довольно славная. Почему ты пряталась от нас?

Г е р д а. Я давно бы вошла... Но я заплакала. А я очень не люблю, когда видят, как я плачу. Я вовсе не плакса, поверьте мне!

П р и н ц. Я верю, верю. Ну, девочка, рассказывай, что случилось. Ну же... Давай поговорим по душам. *(Лакеям.)* Поставьте подсвечники и уходите.

Лакеи повинуются.

Ну, вот мы одни. Говори же!

Герда тихо плачет.

Ты не думай, я ведь тоже просто мальчик как мальчик. Я пастух из деревни. Я попал в принцы только потому, что ничего не боюсь. Я ведь тоже натерпелся в свое время. Старшие братья мои считались умными, а я считался дурачком, хотя на самом деле все было наоборот. Ну, дружок, ну же... Эльза, да поговори же ты с ней ласково.

П р и н ц е с с а *(милостиво улыбаясь, торжественно)*. Любезная подданная...

П р и н ц. Зачем ты говоришь по-королевски? Ведь тут все свои.

П р и н ц е с с а. Прости, я нечаянно... Девочка, миленькая, будь так добра, расскажи нам, что с тобою.

Г е р д а. Ах, в той занавеске, за которой я пряталась, есть дырочка.

П р и н ц. Ну и что?

Г е р д а. И в эту дырочку я увидела ваше лицо, принц.

П р и н ц. И вот поэтому ты заплакала?

Г е р д а. Да... Вы... вы вовсе не Кей...

П р и н ц. Конечно нет. Меня зовут Клаус. Откуда ты взяла, что я Кей?

В о р о н а. Пусть простит меня всемилостивейший принц, но я лично слышала, как их высочество *(указывает клювом на принцессу)* называло ваше высочество — Кей.

П р и н ц *(принцессе)*. Когда это было?

П р и н ц е с с а. После обеда. Помнишь? Сначала мы играли в дочки-матери. Я была дочка, а ты — мама. Потом в волка и семерых козлят. Ты был семеро козлят и поднял такой крик, что мой отец и повелитель, который спал после обеда, свалился с кровати. Помнишь?

П р и н ц. Ну, дальше!

П р и н ц е с с а. После этого нас попросили играть потише. И я рассказала тебе историю Герды и Кея, которую рассказывала в кухне ворона. И мы стали играть в Герду и Кея, и я называла тебя Кей.

П р и н ц. Так... Кто же ты, девочка?

Г е р д а. Ах, принц, ведь я Герда.

П р и н ц. Да что ты? *(Ходит взволнованно взад и вперед.)* Вот обидно, действительно.

Г е р д а. Мне так хотелось, чтобы вы были Кей.

П р и н ц. Ах ты... Ну что же это? Что ты думаешь делать дальше, Герда?

Г е р д а. Буду опять искать Кея, пока не найду, принц.

П р и н ц. Молодец. Слушай. Называй меня просто Клаус.

П р и н ц е с с а. А меня Эльза.

П р и н ц. И говори мне «ты».

П р и н ц е с с а. И мне тоже.

Г е р д а. Ладно.

П р и н ц. Эльза, мы должны сделать что-нибудь для Герды.

П р и н ц е с с а. Давай пожалуем ей голубую ленту через плечо, подвязку с мечами, бантами и колокольчиками.

П р и н ц. Ах, это ей никак не поможет. Ты в какую сторону сейчас пойдешь, Герда?

Г е р д а. На север. Я боюсь, что Кея унесла все-таки она, Снежная королева.

П р и н ц. Ты думаешь идти к самой Снежной королеве? Но ведь это очень далеко.

Г е р д а. Что ж поделаешь!

П р и н ц. Я знаю, как быть. Мы дадим Герде карету.

В о р о н ы. Карету? Очень хорошо!

П р и н ц. И четверку вороных коней.

В о р о н ы. Вороных? Прекрасно! Прекрасно!

П р и н ц. А ты, Эльза, дашь Герде шубу, шапку, муфту, перчатки и меховые сапожки.

П р и н ц е с с а. Пожалуйста, Герда, мне не жалко. У меня четыреста восемьдесят девять шуб.

П р и н ц. Сейчас мы уложим тебя спать, а с утра ты поедешь.

Герда. Нет, нет, только не укладывайте меня спать — ведь я очень спешу.

Принцесса. Ты права, Герда. Я тоже терпеть не могу, когда меня укладывают спать. Как только я получила полцарства, сразу же изгнала из своей половины гувернантку, и теперь уже скоро двенадцать, а я все не сплю!

Принц. Но ведь Герда устала.

Герда. Я отдохну и высплюсь в карете.

Принц. Ну, хорошо.

Герда. Я вам потом отдам и карету, и шубу, и перчатки, и...

Принц. Глупости! Вороны! Летите сейчас же в конюшню и прикажите там от моего имени взять четверку вороных и заложить в карету.

Принцесса. В золотую.

Герда. Ах нет, нет! Зачем же в золотую?

Принцесса. Не спорь, не спорь! Так будет гораздо красивее.

Вороны уходят.

Принц. А мы сейчас пойдем в гардеробную и принесем тебе шубу. Ты пока сиди и отдыхай. *(Усаживает Герду в кресло.)* Вот так. Ты не будешь бояться одна?

Герда. Нет, не буду. Спасибо вам.

Принц. Ты только не ходи на королевскую половину. А на нашей тебя никто не посмеет тронуть.

Принцесса. Правда, скоро полночь. А в полночь в этой комнате часто является призрак моего прапрапрадедушки Эрика Третьего Отчаянного. Он триста лет назад зарезал свою тетю и с тех пор никак не может успокоиться.

Принц. Но ты не обращай на него внимания.

Принцесса. Мы оставим эти канделябры. *(Хлопает в ладоши.)*

Входят два лакея.

Свету!

Лакеи исчезают и тотчас же появляются с новыми канделябрами.

Принц. Ну, Герда, не робей.

Принцесса. Ну, Герда, мы сейчас.

Герда. Спасибо, Эльза! Спасибо, Клаус! Вы очень славные ребята.

Принц и принцесса убегают, сопровождаемые двумя лакеями.

Все-таки я никогда в жизни больше не буду ходить во дворцы. Уж очень они старые. Мурашки-то все так и бегают, так и бегают по спине.

Раздается громкий глубокий звон. Бьют часы.

Полночь... Теперь еще вздумает явиться прапрадедушка. Ну, так и есть, идет. Вот неприятность-то какая! О чем я с ним буду говорить? Шагает. Ну да, это он.

Распахивается дверь, и в залу входит высокий величественный ч е л о в е к в горностаевой мантии и короне.

(Вежливо, приседая.) Здравствуйте, прапрапрапрадедушка.

Ч е л о в е к *(некоторое время, откинув голову, глядит на Герду).* Что? Что? Кого?

Г е р д а. Ах, не гневайтесь, умоляю вас. Ведь я, право, не виновата в том, что вы заре... что вы поссорились со своей тетей.

Ч е л о в е к. Да ты никак думаешь, что я Эрик Третий Отчаянный?

Г е р д а. А разве это не так, сударь?

Ч е л о в е к. Нет! Перед тобою стоит Эрик Двадцать Девятый. Слышишь?

Г е р д а. А вы кого зарезали, сударь?

Ч е л о в е к. Да ты что — смеешься надо мной? Да знаешь ли ты, что когда я гневаюсь, то даже мех на моей мантии и тот встает дыбом?

Г е р д а. Простите, пожалуйста, если я что сказала не так. Я ни разу до сих пор не видела призраков и совершенно не знаю, как с ними обращаться.

Ч е л о в е к. Но я вовсе не призрак!

Г е р д а. А кто же вы, сударь?

Ч е л о в е к. Я король. Отец принцессы Эльзы. Меня нужно называть «ваше величество».

Г е р д а. Ах, простите, ваше величество, я обозналась.

К о р о л ь. Обозналась! Дерзкая девчонка! *(Садится.)* Ты знаешь, который час?

Г е р д а. Двенадцать, ваше величество.

К о р о л ь. Вот то-то и есть. А мне доктора предписали ложиться в десять. И все это из-за тебя.

Г е р д а. Как — из-за меня?

К о р о л ь. А... очень просто. Иди сюда, и я тебе все расскажу.

Герда делает несколько шагов и останавливается.

Иди же. Что ты делаешь? Подумай, ты меня, понимаешь — меня, заставляешь ждать. Скорей же!

Г е р д а. Простите, но только я не пойду.

К о р о л ь. Как это?

Г е р д а. Видите ли, друзья мои не советовали мне уходить с половины принцессы.

К о р о л ь. Да не могу же я орать через всю комнату. Иди сюда.

Г е р д а. Не пойду.

К о р о л ь. А я говорю, что ты пойдешь!

Г е р д а. А я говорю, что нет!

К о р о л ь. Сюда! Слышишь, ты, цыпленок!

Г е р д а. Я вас очень прошу не кричать на меня. Да-да, ваше величество. Я столько за это время перевидала, что вовсе и не пугаюсь вас, а только сама тоже начинаю сердиться. Вам, ваше величество, не приходилось, наверное, идти ночью по чужой стране, по незнакомой дороге. А мне приходилось. В кустах что-то воет, в траве что-то кашляет, на небе луна желтая, как желток, совсем не такая, как на родине. А ты все идешь, идешь, идешь. Неужели вы думаете, что после всего этого я буду бояться в комнате?

К о р о л ь. Ах вот что! Ты не боишься? Ну, тогда давай заключим мир. Люблю храбрецов. Дай руку. Не бойся!

Г е р д а. Я вовсе не боюсь. *(Протягивает королю руку.)*

Король хватает Герду и тащит на свою половину.

К о р о л ь. Эй, стража!

Распахивается дверь. Д в а с т р а ж н и к а вбегают в комнату. Отчаянным движением Герде удается вырваться и убежать на половину принцессы.

Г е р д а. Это мошенничество! Это нечестно!..

К о р о л ь *(стражникам)*. Что вы тут стоите и слушаете? Вон отсюда!

Стражники уходят.

Ты что же это делаешь? Ты ругаешь меня, понимаешь — меня, при моих подданных. Ведь это я... Да ты всмотрись, это я, король.

Г е р д а. Ваше величество, скажите, пожалуйста, чего вы ко мне привязались? Я веду себя смирно, никого не трогаю. Что вам от меня надо?

К о р о л ь. Меня разбудила принцесса, говорит: Герда здесь. А твою историю знает весь дворец. Я пришел поговорить с тобою, расспросить, поглядеть на тебя, а ты вдруг не идешь на мою половину. Конечно, я разгневался. Мне обидно стало. И у короля есть сердце, девочка.

Г е р д а. Простите, я вас вовсе не хотела обидеть.

К о р о л ь. Ну да чего уж там. Ладно. Я успокоился теперь и, пожалуй, пойду спать.

Г е р д а. Спокойной ночи, ваше величество. Не сердитесь на меня.

К о р о л ь. Что ты, я вовсе не сержусь... Даю тебе в этом честное слово, королевское слово. Ты ищешь мальчика по имени Кей?

Г е р д а. Ищу, ваше величество.

К о р о л ь. Я помогу тебе в твоих поисках. *(Снимает с пальца перстень.)* Это волшебный перстень. Тот, кто владеет им, сразу находит то, что ищет, — вещь или человека, все равно. Слышишь?

Г е р д а. Да, ваше величество.

К о р о л ь. Я жалую тебе этот перстень. Возьми его. Ну, чего же ты? Ах, ты все еще не веришь мне... *(Смеется.)* Какая потешная девочка! Ну вот, смотри. Я вешаю этот перстень на гвоздик, а сам ухожу. *(Добродушно смеется.)* Вот я какой добрый. Спокойной ночи, девочка.

Г е р д а. Спокойной ночи, король.

К о р о л ь. Ну, я ухожу. Видишь? *(Уходит.)*

Г е р д а. Ушел. Как тут быть? *(Делает шаг к черте и останавливается.)* Вон и шаги его затихли. Во всяком случае, пока он добежит от двери до меня, я всегда успею удрать. Ну... Раз, два, три! *(Бежит, хватает перстень.)*

Вдруг в стене, как раз там, где висит перстень, распахивается дверца, и оттуда выскакивают к о р о л ь и с т р а ж н и к и. Они отрезают Герде дорогу на половину принцессы.

К о р о л ь. Что? Чья взяла? Ты забыла, что в каждом дворце есть потайные двери? Взять ее!..

Стражники неуклюже двигаются к Герде. Пытаются схватить ее. Это им не удается. Наконец один из стражников ловит Герду, но вскрикивает и сразу выпускает ее. Герда снова на половине принцессы.

(Ревет.) Неповоротливые животные! Разъелись на дворцовых хлебах!

С т р а ж н и к. Она уколола меня иголкой.

К о р о л ь. Вон!

Стражники уходят.

Г е р д а. Стыдно, стыдно, король!

Король. Не говори глупостей! Король имеет право быть коварным.

Герда. Стыдно, стыдно!

Король. Не смей дразнить меня! Или я перейду на половину принцессы и схвачу тебя.

Герда. Только попробуйте.

Король. Дьявол... Ну ладно, я объясню тебе все... Ты оскорбила советника...

Герда. Что? Советника? Он здесь?

Король. Ну конечно, здесь. Ты и эта... твоя бабушка не продали ему там чего-то... Розы, что ли... И теперь он требует, чтобы я заточил тебя в подземелье. Согласись на это! Я сам выберу тебе в подземелье местечко посуше.

Герда. Откуда советник знает, что я здесь?

Король. Он следил за тобой. Ну! Соглашайся же... Да войди же ты в мое положение... Я должен этому советнику массу денег. Горы! Я у него в руках. Если я не схвачу тебя, он меня разорит. Он прекратит поставку льда — и мы останемся без мороженого. Он прекратит поставку холодного оружия — и соседи разобьют меня. Понимаешь? Очень прошу, пожалуйста, пойдем в темницу. Теперь уж я говорю совершенно честно, уверяю тебя.

Герда. Я верю, но в темницу ни за что не пойду. Мне надо найти Кея.

Из потайной двери выходит советник. Король вздрагивает.

Советник *(смотрит в лорнет)*. С вашего позволения, государь, я поражен. Она еще не схвачена?

Король. Как видите.

Советник *(медленно двигаясь к черте)*. Король должен быть: а) холоден, как снег; б) твёрд, как лед, и в) быстр, как снежный вихрь.

Король. Она на половине принцессы.

Советник. Вздор! *(Прыгает за черту, хватает Герду и зажимает ей рот платком.)* Всё!

Сказочник *(прыгает из потайной двери)*. Нет, это еще не всё, советник. *(Отталкивает советника и освобождает Герду.)*

Советник. Вы здесь?

Сказочник. Да. *(Обнимает Герду.)* Я переодевался до неузнаваемости и следил за каждым шагом вашим, советник. А когда вы уехали из города, я отправился следом.

Советник. Зовите стражу, государь.

Сказочник *(выхватывает пистолет)*. Ни с места, король,

иначе я застрелю вас. Молчите... И вы не двигайтесь, советник. Так. Когда мне было восемь лет, я смастерил себе кукольный театр и написал для него пьесу.

                Советник внимательно глядит в лорнет на сказочника.

И в этой пьесе у меня действовал король. «Как говорят короли? — думал я. — Конечно, не так, как все люди». И я достал у соседа-студента немецкий словарь, и в пьесе моей король говорил со своей дочкой так: «Дорогая тохтер, садись за дер тыш и кушай ди цукер». И только сейчас наконец я наверняка узнаю, как говорит король с дочерью.

    С о в е т н и к *(выхватывает шпагу).* Зовите стражу, государь. Пистолет не выстрелит! Сказочник забыл насыпать на полку порох.

    С к а з о ч н и к *(действуя несколько неуклюже, быстро берет под мышку пистолет, выхватывает шпагу и снова целится левой рукой в короля).* Ни с места, государь! А вдруг пистолет все-таки выстрелит...

              Сказочник сражается с советником, целясь в короля.

    Г е р д а *(визжит).* Клаус, Эльза!
    С о в е т н и к. Да зовите же стражу, государь! Пистолет не заряжен.
    К о р о л ь. А он говорит, что заряжен.
    С о в е т н и к. Все равно он промахнется.
    К о р о л ь. А ну как не промахнется? Ведь тогда я, понимаете — я, буду убит.
    С о в е т н и к. Ну ладно! Я сам справлюсь с этим нескладным человеком.
    С к а з о ч н и к. Попробуйте! Раз! Ага, задел.
    С о в е т н и к. Нет, мимо.

Сражаясь, они подходят к самой черте. Король с неожиданной легкостью подскакивает и, протянув ногу через пограничную черту, дает Сказочнику подножку.

    С к а з о ч н и к *(падая).* Король! Вы подставили мне ножку?
    К о р о л ь. Ага! *(Бежит, крича.)* Стража! Стража!
    Г е р д а. Клаус, Эльза!

    Сказочник пробует подняться, но советник приставил ему шпагу к горлу.

    С о в е т н и к. Не кричи и не двигайся, девчонка, иначе я заколю его.

                      В б е г а ю т д в а с т р а ж н и к а.

К о р о л ь. Схватите этого человека. Голова его лежит на моей земле.

С о в е т н и к. И эту девчонку тоже заберите.

Едва стражники успевают сделать шаг, как в комнату вбегают п р и н ц и п р и н ц е с с а со своими л а к е я м и. В руках у принца целый ворох шуб. Увидев все происходящее, принц бросает шубы на пол, подлетает к советнику и хватает его за руку. Сказочник вскакивает.

П р и н ц. Это что такое? Мы там задержались, не могли найти ключей, а вы тут обижаете нашу гостью?

Г е р д а. Они хотят заточить меня в темницу.

П р и н ц е с с а. Пусть только попробуют.

Г е р д а. Король чуть не погубил лучшего моего друга! Он ему подставил ножку. *(Обнимает сказочника.)*

П р и н ц е с с а. Ах вот как... Ну, сейчас, государь, вы свету не взвидите. Сейчас, сейчас я начну капризничать...

П р и н ц. Некогда! Герда, мы принесли тебе три шубы.

П р и н ц е с с а. Примерь, которая тебе больше подойдет.

П р и н ц. Некогда! Надевай первую попавшуюся! Живей!

Советник шепчется о чем-то с королем. Герда одевается.

Король и повелитель, не советую вам больше трогать нас.

П р и н ц е с с а. Папа, если ты не перестанешь, я никогда в жизни ничего не буду есть за обедом.

П р и н ц. Чего вы там сговариваетесь? Как вам не стыдно связываться с детьми?

К о р о л ь. Мы вовсе не сговариваемся. Мы просто так... болтаем.

П р и н ц. Ну смотрите!

Входят в о р о н и в о р о н а.

В о р о н и в о р о н а *(хором)*. Кар-рета подана!

П р и н ц. Молодцы! Жалую вам за это ленту через плечо и эту самую... подвязку со звоночками.

Ворон и ворона низко кланяются.

Ты готова, Герда? Идем. *(Сказочнику.)* И вы с нами?

С к а з о ч н и к. Нет. Я останусь здесь, и если советник вздумает пойти за Гердой, я шагу ему не дам ступить. Я догоню тебя, Герда.

С о в е т н и к. Вздор.

П р и н ц е с с а. Ну смотри, папа!

П р и н ц *(поднимает с пола шубы)*. С нами не так-то легко справиться, государь. Идем.

Уходят. Впереди Герда, сопровождаемая лакеями. За нею принц и принцесса, позади ворон и ворона.

К о р о л ь *(стражникам).* Трубите тревогу. *(Уходит большими шагами.)*

Сейчас же раздаются звуки труб и барабанов, свистки, крики, лязг оружия. Звонит большой колокол.

С к а з о ч н и к. Это что еще за шум?

С о в е т н и к. Скоро все будет кончено, сочинитель. Слуги короля нападут на Герду и схватят ее.

С к а з о ч н и к. Не схватят. Эти разжиревшие лакеи не так-то ловки, советник.

С о в е т н и к. Схватят. Ну, какова сила золота, сказочник? Довольно мне было сказать слово — и вот весь огромный дворец гудит и ходит ходуном.

С к а з о ч н и к. Весь огромный дворец ходит ходуном и гудит из-за маленькой девочки, у которой нет ни гроша. При чем же тут золото?

С о в е т н и к. А при том, что девчонка попадет в темницу.

С к а з о ч н и к. А я уверен, что она убежит.

Входит к о р о л ь.

К о р о л ь. Ее схватили.

С к а з о ч н и к. Как?

К о р о л ь. А очень просто. Когда поднялась тревога, они погасили свет, думая скрыться в темноте, но мои храбрые солдаты поймали вашу Герду.

Стук в дверь.

Ее привели! Войдите.

Входит с т р а ж н и к и вводит Г е р д у. Она плачет, закрывая лицо муфтой.

Ну вот, то-то и есть! Чего тут плакать, я не понимаю. Ведь я тебя не съем, а просто заточу в темницу.

С к а з о ч н и к. Герда! Герда!

К о р о л ь *(торжествуя).* Вот то-то и есть!

Стук в дверь.

Кто там еще? Войдите!

Входит с т р а ж н и к и вводит еще одну Г е р д у. Она плачет, закрывая лицо муфтой.

Ну вот, так я и знал. Все эти хлопоты свели меня с ума. Две!

Обе Герды опускают муфты. Это принц и принцесса. Они хохочут.

Советник. Принц и принцесса?
Сказочник *(торжествуя)*. Вот то-то и есть!
Король. Да как же это так?
Принц. А очень просто. Вы видели, что мы принесли для Герды три шубы. Она надела одну...
Принцесса. ...а мы в темноте — остальные.
Принц. И стража погналась за нами.
Принцесса. А Герда мчится себе в карете.
Принц. И вам не догнать ее. Ни за что!
Сказочник. Молодцы!
Король. Я с вами еще посчитаюсь, любезный!
Советник. Да уж вы-то ее, во всяком случае, не догоните, сочинитель.
Принцесса. Что такое?
Принц. Это мы еще посмотрим!
Сказочник. Вы проиграли, советник.
Советник. Игра еще не кончилась, сочинитель!

Занавес

ДЕЙСТВИЕ ТРЕТЬЕ

С к а з о ч н и к *(появляется перед занавесом).* Крибле-крабле-бумс — все идет отлично. Король и советник хотели было схватить меня. Еще миг — и пришлось бы сидеть мне в подземелье да сочинять сказки про тюремную крысу и тяжелые цепи. Но Клаус напал на советника, Эльза — на короля, и — крибле-крабле-бумс — я свободен, я шагаю по дороге. Все идет отлично. Советник испугался. Там, где дружба, верность, горячее сердце, ему ничего не поделать. Он отправился домой; Герда едет в карете на четверке вороных, и — крибле-крабле-бумс — бедный мальчик будет спасен. Правда, карета, к сожалению, золотая, а золото — очень тяжелая вещь. Поэтому кони везут карету не так чтобы уж очень быстро. Но зато я догнал ее! Девочка спит, а я не мог удержаться и побежал вперед пешком. Я шагаю без устали — левой, правой, левой, правой, — только искры летят из-под каблуков. Хоть и поздняя осень уже, но небо чистое, сухо, деревья стоят в серебре — это постарался первый морозец. Дорога идет лесом. Те птицы, которые опасаются простуды, уже улетели на юг, но — крибле-крабле-бумс — как весело, как бодро насвистывают те, что не боятся прохлады. Просто душа радуется. Одну минуту! Прислушайтесь! Мне хочется, чтобы и вы услышали птиц. Слышите?

Раздается длинный, пронзительный, зловещий свист. Вдали ему отвечает другой.

Что такое? Да это совсем не птицы.

Раздается зловещий далекий хохот, улюлюканье, крик.

(Достает пистолет и оглядывает его.) Разбойники! А карета едет без всякой охраны. *(Озабоченно.)* Крибле-крабле-бумс... *(Скрывается в разрезе занавеса.)*

Полукруглая комната, видимо расположенная внутри башни. Когда занавес поднимается, комната пуста. За дверью кто-то свистит трижды. Ему отвечают три других свиста. Двери открываются, и в комнату входит п е р в ы й разбойник. Он ведет за руку ч е л о в е к а в п л а щ е. Глаза человека завязаны платком. Концы платка опускаются на лицо человека, так что зрителю оно не видно. Сейчас же открывается вторая дверь, и в комнату входит п о ж и л а я ж е н щ и н а в о ч к а х. Широкополая разбойничья шляпа надета набекрень. Она курит трубку.

А т а м а н ш а. Сними с него платок.
П е р в ы й р а з б о й н и к. Прошу. *(Снимает платок с человека в плаще. Это советник.)*
А т а м а н ш а. Что вам нужно?
С о в е т н и к. Здравствуйте, сударыня. Мне нужно видеть атамана разбойников.
А т а м а н ш а. Это я.
С о в е т н и к. Вы?
А т а м а н ш а. Да. После того как умер от простуды мой муж, дело в свои руки взяла я. Чего вы хотите?
С о в е т н и к. Я хочу вам сказать несколько слов по секрету.
А т а м а н ш а. Иоганнес, вон!
П е р в ы й р а з б о й н и к. Повинуюсь! *(Идет к двери.)*
А т а м а н ш а. Только не подслушивай, а то я тебя застрелю.
П е р в ы й р а з б о й н и к. Да что вы, атаманша! *(Уходит.)*
А т а м а н ш а. Если только вы меня обеспокоили по пустякам, вам отсюда не уйти живым.
С о в е т н и к. Вздор! Мы с вами прекрасно сговоримся.
А т а м а н ш а. Валяйте, валяйте!
С о в е т н и к. Я вам могу указать на великолепную добычу.
А т а м а н ш а. Ну?
С о в е т н и к. Сейчас по дороге проедет золотая карета, запряженная четверкой вороных коней; она из королевской конюшни.
А т а м а н ш а. Кто в карете?
С о в е т н и к. Девчонка.
А т а м а н ш а. Есть охрана?
С о в е т н и к. Нет.
А т а м а н ш а. Так. Однако... карета в самом деле золотая?
С о в е т н и к. Да. И поэтому едет она тихо. Она близко, я совсем недавно обогнал ее. Им не удрать от вас.
А т а м а н ш а. Так. Какую долю добычи вы требуете?
С о в е т н и к. Вы должны будете отдать мне девчонку.
А т а м а н ш а. Вот как?
С о в е т н и к. Да. Это нищая девчонка, вам не дадут за нее выкупа.
А т а м а н ш а. Нищая девчонка едет в золотой карете?
С о в е т н и к. Карету ей дал на время принц Клаус. Девчон-

ка — нищая. У меня есть причины ненавидеть ее. Вы мне выдадите девчонку, и я увезу ее.

А т а м а н ш а. Увезете... Значит, вы тоже приехали сюда в карете?

С о в е т н и к. Да.

А т а м а н ш а. В золотой?

С о в е т н и к. Нет.

А т а м а н ш а. А где стоит ваша карета?

С о в е т н и к. Не скажу.

А т а м а н ш а. Жаль. Мы бы и ее забрали тоже. Так вы хотите увезти девчонку?

С о в е т н и к. Да. Впрочем, если вы настаиваете, я могу и не увозить ее. При одном условии: девчонка должна остаться здесь навсегда.

А т а м а н ш а. Ладно, там видно будет. Карета близко?

С о в е т н и к. Очень близко.

А т а м а н ш а. Ага! *(Закладывает пальцы в рот и оглушительно свистит.)*

Вбегает п е р в ы й р а з б о й н и к.

П е р в ы й р а з б о й н и к. Что прикажете?

А т а м а н ш а. Лестницу и подзорную трубу.

П е р в ы й р а з б о й н и к. Слушаю-с!

Атаманша взбирается на стремянную лестницу и глядит в бойницу.

А т а м а н ш а. Ага! Ну, я вижу, вы не соврали. Карета едет по дороге и вся так и сверкает.

С о в е т н и к *(потирает руки)*. Золото!

А т а м а н ш а. Золото!

П е р в ы й р а з б о й н и к. Золото!

А т а м а н ш а. Труби сбор. *(Свистит.)*

П е р в ы й р а з б о й н и к. Повинуюсь. *(Трубит в трубу, которую снимает с гвоздя на стене.)*

Ему отвечают трубы за стеной, дробь барабана, шум шагов на лестнице, лязг оружия.

А т а м а н ш а *(опоясываясь мечом)*. Иоганнес! Пришли сюда кого-нибудь. Нужно стать на часах возле этого человека.

С о в е т н и к. Зачем?

А т а м а н ш а. Нужно. Иоганнес, ты слышишь, что я сказала?

П е р в ы й р а з б о й н и к. Никто не пойдет, атаманша.

А т а м а н ш а. Почему?

П е р в ы й р а з б о й н и к. Разбойники — нетерпеливые люди.

Узнавши про золотую карету, они прямо обезумели. Ни один не останется — так они спешат захватить карету.

А т а м а н ш а. Откуда все знают о карете? Ты подслушивал?

П е р в ы й р а з б о й н и к. Я — нет. Они — да.

А т а м а н ш а. Тогда пришли этого... бородача, который пришел проситься в разбойники. Он новичок, он придет.

П е р в ы й р а з б о й н и к. Попробую. Но только... Это у нас он новичок. А вообще же это старый разбойник. Я разговаривал с ним. Он тоже обезумел и ревет не хуже других. Хороший парень, свирепый.

А т а м а н ш а. Ничего, послушается. А не послушается — застрелим. Ступай.

Первый разбойник уходит.

Ну, любезный друг. Если вы обманули нас, если мы возле кареты встретим засаду, вам не выйти отсюда живым.

С о в е т н и к. Вздор! Торопитесь же! Карета совсем близко.

А т а м а н ш а. Не учите меня!

Стук в дверь.

Войди!

Входит бородатый человек свирепого вида.

Ты не поедешь с нами!

Б о р о д а ч. Атаманша! Возьмите меня! Уж я так буду стараться, что только искры полетят. В бою я зверь.

А т а м а н ш а. Там не будет боя. Охраны нет. Кучер, лакей да девчонка.

Б о р о д а ч. Девчонка! Возьмите меня, атаманша. Я ее заколю.

А т а м а н ш а. Зачем?

Б о р о д а ч. С детства ненавижу детей.

А т а м а н ш а. Мало ли что. Ты останешься здесь. Следи за этим человеком и, если он вздумает бежать, убей его! Не возражай — застрелю.

Б о р о д а ч. Ну ладно...

А т а м а н ш а. Смотри же. *(Идет к двери.)*

Б о р о д а ч. Ни пуха вам, ни пера.

Атаманша уходит.

С о в е т н и к *(очень доволен, напевает)*. Дважды два — четыре, все идет разумно. Дважды два — четыре, все идет как должно!

Издали доносится голос атаманши: «По коням!» Удаляющийся топот копыт.

Пятью пять — двадцать пять, слава королеве. Шестью шесть — тридцать шесть, горе дерзким детям. *(Обращается к разбойнику.)* Ты тоже не любишь детей, разбойник?

Б о р о д а ч. Ненавижу.

С о в е т н и к. Молодец!

Б о р о д а ч. Я держал бы всех детей в клетке, пока они не вырастут.

С о в е т н и к. Очень разумная мысль. Ты давно в этой шайке?

Б о р о д а ч. Не очень. С полчаса всего. Я тут долго не пробуду. Я все время перехожу из шайки в шайку. Ссорюсь. Я человек отчаянный.

С о в е т н и к. Прекрасно! Ты мне можешь пригодиться для одного дельца!

Б о р о д а ч. За деньги?

С о в е т н и к. Конечно.

Издали доносятся крики.

Ага! *(Идет к стремянке.)* Я хочу взглянуть, что там делается.

Б о р о д а ч. Валяйте!

С о в е т н и к *(поднимается к бойницам и смотрит в подзорную трубу)*. Это очень смешно! Кучер пробует погнать лошадей вскачь, но золото — тяжелая вещь.

Б о р о д а ч. А наши?

С о в е т н и к. Окружают карету. Кучер бежит. Они хватают девчонку. Ха-ха-ха! А это кто удирает? Сказочник! Беги, беги, герой! Отлично!

Взрыв криков.

Всё. Сказочник убит. *(Слезает с лестницы. Напевает.)* Все идет как должно, дважды два — четыре.

Б о р о д а ч. Надеюсь, девчонку-то они не убили?

С о в е т н и к. Как будто бы нет. А что?

Б о р о д а ч. Мне хочется это сделать самому.

С о в е т н и к *(кладет руку на плечо бородачу)*. Разбойник, ты мне нравишься.

Б о р о д а ч. Какие у вас холодные руки, я чувствую это даже через одежду.

С о в е т н и к. Я всю жизнь возился со льдом. Нормальная моя температура — тридцать три и две. Здесь нет детей?

Б о р о д а ч. Конечно нет!

С о в е т н и к. Отлично!

Слышен приближающийся стук копыт.

Едут! Едут! Здесь нет детей, гадкая девчонка, сказочник убит — кто за тебя заступится?

Шум, крики. Распахивается дверь. В комнату входят а т а м а н ш а и п е р-в ы й р а з б о й н и к. За ними — т о л п а р а з б о й н и к о в. Они ведут Г е р д у.

А т а м а н ш а. Эй ты, незнакомец! Ты свободен! Ты не обманул нас!

С о в е т н и к. Напоминаю вам о нашем условии, атаманша. Отдайте мне девчонку!

А т а м а н ш а. Можешь забрать ее с собой.

Г е р д а. Нет, нет!

С о в е т н и к. Молчи! Здесь за тебя никто не заступится. Твой друг сочинитель убит.

Г е р д а. Убит?

С о в е т н и к. Да. Это очень хорошо. У вас найдется веревка, атаманша? Надо будет связать девчонку по рукам и ногам.

А т а м а н ш а. Это можно. Иоганнес, свяжи ее!

Г е р д а. Подождите, милые разбойники, подождите минуточку!

Разбойники хохочут.

Я вам вот что хотела сказать, разбойники. Возьмите мою шубу, шапку, перчатки, муфту, меховые сапожки, а меня отпустите, и я пойду своей дорогой.

Разбойники хохочут.

Разбойники, ведь я ничего смешного не сказала. Взрослые часто смеются неизвестно почему. Но вы попробуйте не смеяться. Пожалуйста, разбойники. Мне очень хочется, чтобы вы послушались меня.

Разбойники хохочут.

Вы все-таки смеетесь? Когда хочешь очень хорошо говорить, то, как нарочно, мысли путаются в голове и все нужные слова разбегаются. Ведь есть же на свете слова, от которых даже разбойники могут сделаться добрыми...

Разбойники хохочут.

П е р в ы й р а з б о й н и к. Да, есть такие слова, от которых даже разбойники добреют. Это: «Возьмите десять тысяч талеров выкупа».

С о в е т н и к. Разумно.

Разбойники хохочут.

Г е р д а. Но ведь я бедная. Ах, не отдавайте, не отдавайте меня этому человеку! Вы ведь не знаете его, вы не понимаете, какой он страшный.

С о в е т н и к. Вздор! Мы с ними прекрасно понимаем друг друга.

Г е р д а. Отпустите меня. Ведь я маленькая девочка, я уйду потихонечку, как мышка, вы даже и не заметите. Без меня погибнет Кей — он очень хороший мальчик. Поймите меня! Ведь есть же у вас друзья!

Б о р о д а ч. Довольно, девочка, ты надоела мне! Не трать слов. Мы люди серьезные, деловые, у нас нет ни друзей, ни жен, ни семьи; жизнь научила нас, что единственный верный друг — золото!

С о в е т н и к. Разумно сказано. Вяжите ее.

Г е р д а. Ах, лучше выдерите меня за уши или отколотите, если вы такие злые, но только отпустите! Да неужели же здесь нет никого, кто заступился бы за меня?

С о в е т н и к. Нет! Вяжите ее.

Внезапно распахивается дверь, и в комнату вбегает д е в о ч к а, крепкая, миловидная, черноволосая. За плечами у нее ружье. Она бросается к атаманше.

(Вскрикивает.) Здесь есть дети?

А т а м а н ш а. Здравствуй, дочь! *(Дает девочке щелчок в нос.)*

М а л е н ь к а я   р а з б о й н и ц а. Здравствуй, мать! *(Отвечает ей тем же.)*

А т а м а н ш а. Здравствуй, козочка! *(Щелчок.)*

М а л е н ь к а я   р а з б о й н и ц а. Здравствуй, коза! *(Отвечает ей тем же.)*

А т а м а н ш а. Как поохотилась, дочь?

М а л е н ь к а я   р а з б о й н и ц а. Отлично, мать. Подстрелила зайца. А ты?

А т а м а н ш а. Добыла золотую карету, четверку вороных коней из королевской конюшни и маленькую девочку.

М а л е н ь к а я   р а з б о й н и ц а *(вскрикивает)*. Девочку? *(Замечает Герду.)* Правда!.. Молодец, мать! Я беру девочку себе.

С о в е т н и к. Я протестую.

М а л е н ь к а я   р а з б о й н и ц а. А это еще что за старый сухарь?

С о в е т н и к. Но...

М а л е н ь к а я   р а з б о й н и ц а. Я тебе не лошадь, не смей говорить мне «но!» Идем, девочка! Не дрожи, я этого терпеть не могу.

Г е р д а. Я не от страха. Я очень обрадовалась.

М а л е н ь к а я   р а з б о й н и ц а. И я тоже. *(Треплет Герду по щеке.)* Ах ты мордашка... Мне ужасно надоели разбойники. Ночью они грабят, а днем сонные как мухи. Начнешь с ними играть, а они засыпают. Приходится их колоть ножом, чтобы они бегали. Идем ко мне.

С о в е т н и к. Я протестую, протестую, протестую!

М а л е н ь к а я   р а з б о й н и ц а. Мама, застрели-ка его!.. Не бойся, девочка, пока я с тобой не поссорилась, никто тебя и пальцем не тронет. Ну, идем ко мне! Мама, что я тебе сказала, стреляй же! Идем, девочка...

Уходят.

С о в е т н и к. Что это значит, атаманша? Вы нарушаете наши условия.

А т а м а н ш а. Да. Раз моя дочь взяла девочку себе — я ничего не могу поделать. Я дочери ни в чем не отказываю. Детей надо баловать — тогда из них вырастают настоящие разбойники.

С о в е т н и к. Но атаманша! Смотрите, атаманша!..

А т а м а н ш а. Довольно, любезный! Радуйтесь и тому, что я не исполнила дочкиной просьбы и не подстрелила вас. Уходите, пока не поздно.

Раздается глубокий, низкий, мелодичный звон.

Ага! Это звенит золотая карета. Ее подвезли к башне. Идем разобьем ее на куски да поделим. *(Идет к двери.)*

Разбойники с ревом устремляются за атаманшей. Советник задерживает бородача. Все уходят, кроме них двоих.

С о в е т н и к. Не спеши!

Б о р о д а ч. Но ведь там будут делить золото.

С о в е т н и к. Ты ничего не потеряешь. Ты должен будешь заколоть одну из этих девчонок.

Б о р о д а ч. Которую?

С о в е т н и к. Пленницу.

Раздается низкий мелодичный звон, похожий на удары большого колокола, звон продолжается во все время их разговора.

Б о р о д а ч. Они раскалывают карету!

С о в е т н и к. Говорят тебе, ты ничего не потеряешь, я заплачу тебе.

Б о р о д а ч. Сколько?

С о в е т н и к. Не обижу.

Б о р о д а ч. Сколько? Я не мальчик, я знаю, как делаются дела.

С о в е т н и к. Десять талеров.
Б о р о д а ч. Прощай!
С о в е т н и к. Погоди! Ты же ненавидишь детей. Заколоть мерзкую девчонку — это ведь одно удовольствие.
Б о р о д а ч. Не следует говорить о чувствах, когда делаются дела.
С о в е т н и к. И это говорит благородный разбойник!
Б о р о д а ч. Благородные разбойники были когда-то, да повымерли. Остались ты да я. Дело есть дело... Тысячу талеров!
С о в е т н и к. Пятьсот...
Б о р о д а ч. Тысячу!..
С о в е т н и к. Семьсот...
Б о р о д а ч. Тысячу! Кто-то идет. Решай скорей!
С о в е т н и к. Ладно. Пятьсот сейчас, пятьсот — когда дело будет сделано.
Б о р о д а ч. Нет. Имей в виду, кроме меня, никто не возьмется за это. Мне все равно тут не жить, а остальные боятся маленькой разбойницы!
С о в е т н и к. Ладно. Бери! *(Передает бородачу пачку денег.)*
Б о р о д а ч. Отлично.
С о в е т н и к. И не медли.
Б о р о д а ч. Ладно.

Звон затихает. Распахивается дверь, входят Г е р д а и м а л е н ь к а я р а з б о й н и ц а. Герда, увидев советника, вскрикивает.

М а л е н ь к а я р а з б о й н и ц а *(выхватив из-за пояса пистолет, целится в советника).* Ты здесь еще? Вон отсюда!
С о в е т н и к. Но я протестую...
М а л е н ь к а я р а з б о й н и ц а. Ты, видно, только одно слово и знаешь: «протестую» да «протестую». Я считаю до трех. Если не уберешься — стреляю... Раз...
С о в е т н и к. Слушайте...
М а л е н ь к а я р а з б о й н и ц а. Два...
С о в е т н и к. Но ведь...
М а л е н ь к а я р а з б о й н и ц а. Три...

Советник убегает.

(Хохочет.) Видишь? Я ведь говорила: пока мы не поссоримся, тебя никто не тронет. Да если даже мы и поссоримся, то я никому тебя не дам в обиду. Я сама тебя тогда убью: ты мне очень, очень понравилась.
Б о р о д а ч. Позвольте мне, маленькая разбойница, сказать два слова вашей новой подруге.

М а л е н ь к а я   р а з б о й н и ц а. Что такое?

Б о р о д а ч. О, не сердитесь, пожалуйста. Я ей хотел сказать два слова, только два слова по секрету.

М а л е н ь к а я   р а з б о й н и ц а. Я терпеть не могу, когда мои подруги секретничают с чужими. Убирайся вон отсюда!

Б о р о д а ч. Однако...

М а л е н ь к а я   р а з б о й н и ц а *(целится в него из пистолета)*. Раз!

Б о р о д а ч. Слушайте!..

М а л е н ь к а я   р а з б о й н и ц а. Два!

Б о р о д а ч. Но ведь...

М а л е н ь к а я   р а з б о й н и ц а. Три!

Бородач выбегает.

Ну, вот и все. Теперь, надеюсь, взрослые не будут нам больше мешать. Ты мне очень, очень нравишься, Герда. Твою шубку, перчатки, меховые сапожки и муфту я возьму себе. Ведь подруги должны делиться. Тебе жалко?

Г е р д а. Нет, нисколько. Но я боюсь, что замерзну насмерть, когда попаду в страну Снежной королевы.

М а л е н ь к а я   р а з б о й н и ц а. Ты не поедешь туда! Вот еще глупости: только что подружились — и вдруг уезжать. У меня есть целый зверинец: олень, голуби, собаки, но ты мне больше нравишься, Герда. Ах ты моя мордашка! Собак я держу во дворе: они огромные, могут проглотить человека. Да они часто так и делают. А олень тут. Сейчас я тебе его покажу. *(Открывает верхнюю половину одной из дверей в стене.)* Мой олень умеет прекрасно говорить. Это редкий олень — северный.

Г е р д а. Северный?

М а л е н ь к а я   р а з б о й н и ц а. Да. Сейчас я покажу тебе его. Эй ты! *(Свистит.)* Поди сюда! Ну, живо! *(Хохочет.)* Боится! Я каждый вечер щекочу ему шею острым ножом. Он так уморительно дрожит, когда я это делаю... Ну, иди же! *(Свистит.)* Ты знаешь меня! Знаешь, что я все равно заставлю тебя подойти...

В верхней половине двери показывается рогатая голова северного оленя.

Видишь, какой смешной! Ну, скажи же что-нибудь... Молчит. Никогда не заговорит сразу. Эти северяне такие молчаливые. *(Достает из ножен большой нож. Проводит по шее оленя.)* Ха-ха-ха! Видишь, как потешно он прыгает?

Г е р д а. Не надо.

М а л е н ь к а я   р а з б о й н и ц а. Отчего? Ведь это очень весело!

Г е р д а. Я хочу спросить его. Олень, ты знаешь, где страна Снежной королевы?

Олень кивает головой.

М а л е н ь к а я   р а з б о й н и ц а. Ах, знаешь — ну тогда убирайся вон! *(Захлопывает окошечко.)* Я все равно не пущу тебя туда, Герда.

Входит а т а м а н ш а. За нею несет зажженный факел б о р о д а ч. Он укрепляет факел в стене.

А т а м а н ш а. Дочь, стемнело, мы уезжаем на охоту. Ложись спать.

М а л е н ь к а я   р а з б о й н и ц а. Ладно. Мы ляжем спать, когда наговоримся.

А т а м а н ш а. Советую тебе девочку уложить здесь.

М а л е н ь к а я   р а з б о й н и ц а. Она ляжет со мной.

А т а м а н ш а. Как знаешь! Но смотри! Ведь если она нечаянно толкнет тебя во сне, ты ударишь ее ножом.

М а л е н ь к а я   р а з б о й н и ц а. Да, это верно. Спасибо, мать. *(Бородачу.)* Эй ты! Приготовь здесь девочке постель. Возьми соломы в моей комнате.

Б о р о д а ч. Повинуюсь. *(Уходит.)*

А т а м а н ш а. Он останется сторожить вас. Он, правда, новичок, но за тебя я мало беспокоюсь. Ты сама справишься с сотней врагов. До свидания, дочь. *(Дает ей щелчок в нос.)*

М а л е н ь к а я   р а з б о й н и ц а. До свидания, мать! *(Отвечает ей тем же.)*

А т а м а н ш а. Спи спокойно, козочка. *(Щелчок.)*

М а л е н ь к а я   р а з б о й н и ц а. Ни пуха ни пера, коза. *(Отвечает ей тем же.)*

Атаманша уходит, бородач стелет постель.

Г е р д а. Я хочу поговорить с оленем.

М а л е н ь к а я   р а з б о й н и ц а. Но ведь ты потом опять начнешь просить, чтобы я отпустила тебя.

Г е р д а. Я только хочу спросить — а вдруг олень видел Кея. *(Вскрикивает.)* Ай-ай-ай!

М а л е н ь к а я   р а з б о й н и ц а. Что ты?

Г е р д а. Этот разбойник дернул меня за платье!

М а л е н ь к а я   р а з б о й н и ц а *(бородачу)*. Ты как посмел это сделать? Зачем?

Бородач. Прошу прощения, маленькая атаманша. Я стряхнул жука, который полз по ее платью.

Маленькая разбойница. Жука!.. Я тебе покажу, как пугать моих подруг. Постель готова? Тогда вон отсюда! *(Целится в него из пистолета.)* Раз, два, три!

Бородач уходит.

Герда. Девочка! Поговорим с оленем... Два слова... Только два слова!

Маленькая разбойница. Ну уж ладно, будь по-твоему. *(Открывает верхнюю половину двери.)* Олень! Сюда! Да живее! Я не буду тебя щекотать ножом.

Показывается олень.

Герда. Скажи мне, пожалуйста, олень, ты видел Снежную королеву?

Олень кивает головой.

А скажи, пожалуйста, не видел ли ты когда-нибудь вместе с нею маленького мальчика?

Олень кивает головой.

Герда и маленькая разбойница *(схватившись за руки, пораженные, друг другу).* Видел!

Маленькая разбойница. Говори сейчас же, как это было.

Олень *(говорит тихо, низким голосом, с трудом подбирая слова).* Я... прыгал по снежному полю... Было совсем светло... потому что... сияло северное сияние... И вдруг... я увидел: летит Снежная королева... Я ей сказал... здравствуйте... А она ничего не ответила... Она разговаривала с мальчиком. Он был совсем белый от холода, но улыбался... Большие белые птицы несли его санки...

Герда. Санки! Значит, это был действительно Кей.

Олень. Это был Кей — так звала его королева.

Герда. Ну вот, так я и знала. Белый от холода! Надо растереть его рукавицей и потом дать ему горячего чаю с малиной, Ах, я избила бы его! Глупый мальчишка! Может, он превратился теперь в кусок льда. *(Маленькой разбойнице.)* Девочка, девочка, отпусти меня!

Олень. Отпусти! Она сядет ко мне на спину, и я довезу ее до самой границы владений Снежной королевы. Там моя родина.

Маленькая разбойница *(захлопывает дверцу).* Довольно, наговорились, пора спать. Не смей на меня смотреть так жалобно, а то я застрелю тебя. Я с тобой не поеду, потому что терпеть не могу холода, а одна я здесь не могу жить. Я к тебе привязалась. Понимаешь?

Голос оленя *(за дверью)*. Отпусти...

Маленькая разбойница. Спи! И ты ложись спать. Ни слова больше! *(Убегает к себе и сейчас же возвращается с веревкой в руках.)* Я привяжу тебя тройным секретным разбойничьим узлом к этому кольцу в стене. *(Привязывает Герду.)* Веревка длинная, она не помешает тебе спать. Вот и все. Спи, моя крошечка, спи, моя миленькая. Я отпустила бы тебя, но — сама посуди — разве я в силах расстаться с тобой! Ни слова! Ложись! Так... Я всегда засыпаю сразу — я все делаю быстро. И ты сразу же усни. Веревку и не пробуй развязывать. Ножа у тебя нет?

Герда. Нет.

Маленькая разбойница. Вот и умница. Молчи. Спокойной ночи! *(Убегает к себе.)*

Герда. Ах ты глупый, бедный маленький Кей!

Олень *(за дверцей)*. Девочка!

Герда. Что?

Олень. Давай убежим. Я увезу тебя на север.

Герда. Но я привязана.

Олень. Это ничего. Ты ведь счастливая: у тебя есть пальцы. Это я своими копытами не могу развязать узла.

Герда *(возится с веревкой)*. Ничего мне не сделать.

Олень. Там так хорошо... Мы помчались бы по огромному снежному полю... Свобода... Свобода... Северное сияние освещало бы дорогу.

Герда. Скажи, олень, Кей был очень худой?

Олень. Нет. Он был довольно полненький... Девочка, девочка, бежим!

Герда. Когда я спешу, у меня руки дрожат.

Олень. Тише! Ложись!

Герда. А что?

Олень. У меня чуткие уши. Кто-то крадется по лестнице. Ложись!

Герда ложится. Пауза. Дверь медленно приоткрывается. Показывается голова бородача. Он оглядывается, потом входит в комнату и закрывает за собой дверь. Тихо крадется к Герде.

Герда *(вскакивает)*. Что вам надо?

Бородач. Умоляю тебя, ни слова! Я пришел спасти тебя. *(Подбегает к Герде и взмахивает ножом.)*

Герда. Ах!

Бородач. Тише! *(Перерезает веревку.)*
Герда. Кто вы?

Бородач срывает бороду и нос. Это с к а з о ч н и к.

Это вы? Вы ведь убиты!

С к а з о ч н и к. Ранен не я, а лакей, которому я отдал свой плащ. Бедняга ужасно мерз на запятках кареты.

Г е р д а. Но как вы попали сюда?

С к а з о ч н и к. Я намного обогнал твою карету и услышал разбойничий свист. Что делать? Лакей, кучер, я — нам не отстоять золотой кареты от жадных разбойников. Тогда я переоделся разбойником.

Г е р д а. Но откуда вы взяли бороду и нос?

С к а з о ч н и к. Они давно со мной. Когда я в городе следил за советником, то всегда переодевался до неузнаваемости. Борода и нос остались в кармане и сослужили мне чудную службу. У меня тысяча талеров... Бежим! В ближайшей деревне мы найдем лошадей...

Топот копыт.

Что это? Они возвращаются? Шаги. Ложись!

В комнату входят п е р в ы й р а з б о й н и к и а т а м а н ш а.

А т а м а н ш а. Это еще кто?

С к а з о ч н и к. Что за вопрос? Вы не узнаете меня, атаманша?

А т а м а н ш а. Нет.

С к а з о ч н и к *(тихо)*. Ах, черт... Я забыл надеть бороду... *(Громко.)* Я побрился, атаманша!

П е р в ы й р а з б о й н и к. Да ты и нос побрил, приятель!.. О-гей! Сюда!

Вбегают р а з б о й н и к и.

Глядите, товарищи, как изменился наш друг-бородач!

Р а з б о й н и к и. Полицейская собака! Ищейка! Сыщик!

П е р в ы й р а з б о й н и к. Какая прекрасная поездка, друзья. Едва выехали, как поймали четырех купцов; едва вернулись — поймали сыщика.

Г е р д а *(вскрикивает)*. Это мой друг! Он пришел сюда, рискуя своей жизнью, чтобы спасти меня!

Разбойники хохочут.

Нет уж. Довольно вы смеялись! Девочка! Девочка!

П е р в ы й р а з б о й н и к. Зови, зови ее. Она разом застрелит тебя за то, что ты хотела удрать.

Г е р д а. Сюда! Помоги!

Вбегает маленькая разбойница с пистолетом в руке.

М а л е н ь к а я р а з б о й н и ц а. Что случилось? Что такое? Кто посмел обидеть тебя? Кто это?

Г е р д а. Это мой друг, сказочник. Он пришел, чтобы спасти меня.

М а л е н ь к а я р а з б о й н и ц а. И ты хотела бежать? Так вот ты какая!

Г е р д а. Я оставила бы тебе записку.

Разбойники хохочут.

М а л е н ь к а я р а з б о й н и ц а. Вон отсюда все! *(Наступает на разбойников.)* И ты, мама, уйди! Идите! Идите делите добычу!

Разбойники хохочут.

Прочь! *(Наступает на них.)*

Разбойники и атаманша уходят.

Эх, Герда, Герда. Я бы, может быть, или даже наверное сама тебя отпустила завтра.

Г е р д а. Прости.

Маленькая разбойница открывает дверь в зверинец. Скрывается там на миг. Выходит и выводит оленя.

М а л е н ь к а я р а з б о й н и ц а. Он очень смешил меня, да, видно, ничего не поделаешь. Возьми шубу, шапку, сапожки. А муфту и перчатки я тебе не отдам. Они мне очень уж понравились. Вот тебе вместо них — безобразные рукавицы моей матушки. Садись верхом. Поцелуй меня.

Г е р д а *(целует ее)*. Спасибо!

О л е н ь. Спасибо!

С к а з о ч н и к. Спасибо!

М а л е н ь к а я р а з б о й н и ц а *(сказочнику)*. А ты меня за что благодаришь? Герда, это и есть твой друг, который знает так много сказок?

Г е р д а. Да.

М а л е н ь к а я р а з б о й н и ц а. Он останется со мной. Он будет развлекать меня, пока ты не вернешься.

С к а з о ч н и к. Я...

М а л е н ь к а я р а з б о й н и ц а. Кончено. Скачи, скачи, олень, пока я не передумала.

О л е н ь *(на бегу)*. Прощай!

Г е р д а. До свидания!

Исчезают.

М а л е н ь к а я р а з б о й н и ц а. Ну, чего же ты стоишь? Говори! Рассказывай сказку, да посмешнее. Если ты меня не рассмешишь, я застрелю тебя. Ну? Раз... Два...

С к а з о ч н и к. Но послушайте...

М а л е н ь к а я р а з б о й н и ц а. Три!

С к а з о ч н и к *(чуть не плача)*. Много лет назад жил-был снежный болван. Стоял он во дворе, как раз против кухонного окна. Когда в плите вспыхивал огонь, снежный болван вздрагивал от волнения. И вот однажды он сказал... Бедная девочка! Бедная Герда! Там кругом льды, ветер ревет и ревет. Между ледяными горами бродит Снежная королева... А Герда, маленькая Герда там одна...

Маленькая разбойница вытирает слезы рукояткой пистолета.

Но не надо плакать. Нет, не надо! Честное слово, все еще, может быть, кончится ничего себе... Честное слово!

Занавес

ДЕЙСТВИЕ ЧЕТВЕРТОЕ

В разрезе занавеса показывается голова северного оленя. Он оглядывается во все стороны. Дальше не идет. Следом за ним выходит Г е р д а.

Г е р д а. Вот здесь и начинается страна Снежной королевы?

Олень кивает головой.

Дальше ты не смеешь идти?

Олень кивает головой.

Ну, тогда до свидания. Большое тебе спасибо, олень. *(Целует его.)* Беги домой.

О л е н ь. Подожди.

Г е р д а. Чего ждать? Нужно идти не останавливаясь, ведь тогда гораздо скорее придешь.

О л е н ь. Подожди. Снежная королева очень злая...

Г е р д а. Я знаю.

О л е н ь. Здесь жили когда-то люди, множество людей — и все они бежали на юг, прочь от нее. Теперь вокруг только снег и лед, лед и снег. Это могущественная королева.

Г е р д а. Я знаю.

О л е н ь. И ты все-таки не боишься?

Г е р д а. Нет.

О л е н ь. Здесь холодно, а дальше будет еще холодней. Стены дворца Снежной королевы сделаны из метелей, окна и двери из ледяного ветра, а крыша из снеговых туч.

Г е р д а. Покажи, пожалуйста, куда мне идти.

О л е н ь. Идти нужно прямо на север, никуда не сворачивая. Говорят, что Снежной королевы сегодня нет дома, беги, пока она не вернулась, беги, ты согреешься на бегу. До дворца отсюда всего две мили.

Г е р д а. Значит, Кей так близко! До свидания! *(Бежит.)*

О л е н ь. До свидания, девочка.

Герда скрывается.

Ах, если бы она была сильна, как двенадцать оленей... Но нет... Что может сделать ее сильней, чем она есть? Полмира обошла она, и ей служили и люди, и звери, и птицы. Не у нас занимать ей силу — сила в ее горячем сердце. Я не уйду. Я подожду ее тут. И если девочка победит — я порадуюсь, а если погибнет — заплáчу.

КАРТИНА ПЕРВАЯ

Занавес открывается. Зал во дворце Снежной королевы. Стены дворца состоят из снежинок, которые вертятся и вьются со страшной быстротой. На большом ледяном троне сидит К е й. Он бледен. В руках у него длинная ледяная палка. Он сосредоточенно перебирает палкой плоские остроконечные льдинки, лежащие у подножия трона. Когда открывается занавес, на сцене тихо. Слышно только, как глухо и однообразно воет ветер. Но вот издали раздается голос Герды.

Г е р д а. Кей, Кей, я здесь!

Кей продолжает свою работу.

Кей! Отзовись, Кей! Здесь так много комнат, что я заблудилась.

Кей молчит. Голос Герды все ближе.

Кей, дорогой, здесь так пусто! Тут некого спросить, как пройти к тебе, Кей!

Кей молчит.

Кей, неужели ты совсем замерз? Скажи хоть слово. Когда я думаю, что ты, может быть, замерз, у меня подгибаются ноги. Если ты не ответишь, я упаду.

Кей молчит.

Пожалуйста, Кей, пожалуйста... *(Вбегает в зал и останавливается как вкопанная.)* Кей! Кей!
К е й *(сухо, глуховатым голосом).* Тише, Герда. Ты сбиваешь меня.
Г е р д а. Кей, милый, это я!
К е й. Да.
Г е р д а. Ты меня забыл?
К е й. Я никогда и ничего не забываю.
Г е р д а. Подожди, Кей, я столько раз видела во сне, что нашла тебя... Может быть, опять я вижу сон, только очень плохой.
К е й. Вздор!

Г е р д а. Как ты смеешь так говорить? Как ты посмел замерзнуть до того, что даже не обрадовался мне?

К е й. Тише.

Г е р д а. Кей, ты нарочно пугаешь меня, дразнишь? Или нет? Ты подумай, я столько дней все иду, иду — и вот нашла тебя, а ты даже не сказал мне «здравствуй».

К е й *(сухо)*. Здравствуй, Герда.

Г е р д а. Как ты это говоришь? Подумай. Что, мы с тобой в ссоре, что ли? Ты даже не взглянул на меня.

К е й. Я занят.

Г е р д а. Я не испугалась короля, я ушла от разбойников, я не побоялась замерзнуть, а с тобой мне страшно. Я боюсь подойти к тебе. Кей, это ты?

К е й. Я.

Г е р д а. А что ты делаешь?

К е й. Я должен сложить из этих льдинок слово «вечность».

Г е р д а. Зачем?

К е й. Не знаю. Так велела королева.

Г е р д а. Но разве тебе нравится вот так сидеть и перебирать льдинки?

К е й. Да. Это называется: ледяная игра разума. А кроме того, если я сложу слово «вечность», королева подарит мне весь мир и пару коньков в придачу.

Герда бросается к Кею и обнимает его. Кей безучастно повинуется.

Г е р д а. Кей, Кей, бедный мальчик, что ты делаешь, дурачок? Пойдем домой, ты тут все забыл. А там что делается! Там есть и хорошие люди, и разбойники, — я столько увидела, пока тебя искала. А ты сидишь и сидишь, как будто на свете нет ни детей, ни взрослых, как будто никто не плачет, не смеется, а только и есть в мире, что эти кусочки льда. Ты бедный, глупый Кей!

К е й. Нет, я разумный, право так...

Г е р д а. Кей, Кей, это все советник, это все королева. А если бы я тоже начала играть с этими кусочками льда, и сказочник, и маленькая разбойница? Кто бы тогда спас тебя? А меня?

К е й *(неуверенно)*. Вздор!

Г е р д а *(плача и обнимая Кея)*. Не говори, пожалуйста, не говори так. Пойдем домой, пойдем! Я ведь не могу оставить тебя одного. А если и я тут останусь, то замерзну насмерть, а мне этого так не хочется! Мне здесь не нравится. Ты только вспомни: дома уже весна, колеса стучат, листья распускаются. Прилетели ласточки и вьют гнезда. Там небо чистое. Слышишь, Кей, — небо чистенькое, как будто оно умылось. Слышишь, Кей? Ну, засмейся, что я говорю такие глупости. Ведь небо не умывается. Кей! Кей!

К е й *(неуверенно).* Ты... ты беспокоишь меня.

Г е р д а. Там весна, мы вернемся и пойдем на речку, когда у бабушки будет свободное время. Мы посадим ее на траву. Мы ей руки разотрем. Ведь когда она не работает, у нее руки болят. Помнишь? Ведь мы ей хотели купить удобное кресло и очки... Кей! Без тебя во дворе все идет худо. Ты помнишь сына слесаря, его звали Ганс? Того, что всегда хворает. Так вот, его побил соседский мальчишка, тот, которого мы прозвали Булкой.

К е й. Из чужого двора?

Г е р д а. Да. Слышишь, Кей? Он толкнул Ганса. Ганс худенький, он упал и коленку ушиб, и ухо поцарапал, и заплакал, а я подумала: «Если бы Кей был дома, то заступился бы за него». Ведь правда, Кей?

К е й. Правда. *(Беспокойно.)* Мне холодно.

Г е р д а. Видишь? Я ведь тебе говорила. И еще они хотят утопить бедную собаку. Ее звали Трезор. Лохматая, помнишь? Помнишь, как она тебя любила? Если бы ты был дома, то спас бы ее... А прыгает дальше всех теперь Оле. Дальше тебя. А у соседской кошки три котенка. Одного нам дадут. А бабушка все плачет и стоит у ворот. Кей! Ты слышишь? Дождик идет, а она все стоит и ждет, ждет...

К е й. Герда! Герда, это ты? *(Вскакивает.)* Герда! Что случилось? Ты плачешь? Кто тебя посмел обидеть? Как ты попала сюда? Как здесь холодно! *(Пробует встать и идти — ноги плохо повинуются ему.)*

Г е р д а. Идем! Ничего, ничего, шагай! Идем... Вот так. Ты научишься. Ноги разойдутся. Мы дойдем, дойдем, дойдем!

Занавес

КАРТИНА ВТОРАЯ

Декорация первого действия. Окно открыто. У окна в сундуке розовый куст без цветов. На сцене пусто. Кто-то громко и нетерпеливо стучит в дверь. Наконец дверь распахивается, и в комнату входят м а л е н ь к а я р а з б о й н и ц а и с к а з о ч н и к.

М а л е н ь к а я р а з б о й н и ц а. Герда! Герда! *(Быстро обходит всю комнату, заглядывает в дверь спальни.)* Ну вот! Я так и знала, она еще не вернулась! *(Бросается к столу.)* Смотри, смотри, записка. *(Читает.)* «Дети! В шкафу булочки, масло и сливки. Все свеже. Кушайте, не ждите меня. Ах, как я соскучилась без вас. Бабушка». Видишь, значит, она не пришла еще!

Сказочник. Да.

Маленькая разбойница. Если ты будешь смотреть на меня такими глазами, я пырну тебя ножом в бок. Как ты смеешь думать, что она погибла!

Сказочник. Я не думаю.

Маленькая разбойница. Тогда улыбайся. Конечно, это очень грустно — сколько времени прошло, а о них ни слуху ни духу. Но мало ли что...

Сказочник. Конечно.

Маленькая разбойница. Где ее любимое место? Где она сидела чаще всего?

Сказочник. Вот здесь.

Маленькая разбойница. Я сяду тут и буду сидеть, пока она не вернется! Да, да! Не может быть, чтобы такая хорошая девочка и вдруг погибла. Слышишь?

Сказочник. Слышу.

Маленькая разбойница. Я верно говорю?

Сказочник. В общем — да. Хорошие люди всегда побеждают в конце концов.

Маленькая разбойница. Конечно!

Сказочник. Но некоторые из них иногда погибают, не дождавшись победы.

Маленькая разбойница. Не смей так говорить!

Сказочник. Лед — это лед; ему все равно — хорошая Герда девочка или нет.

Маленькая разбойница. Она справится со льдом.

Сказочник. Туда она доберется в конце концов. А обратно ей придется вести за собой Кея. А он ослабел, просидев столько времени взаперти.

Маленькая разбойница. Если она не вернется, я всю жизнь буду воевать с этим ледяным советником и со Снежной королевой.

Сказочник. А если она вернется?

Маленькая разбойница. Все равно буду. Подойди и сядь рядом со мною. Ты мое единственное утешение. Только если ты хоть раз вздохнешь — прощайся с жизнью!

Сказочник. Темнеет. Скоро должна прийти бабушка.

Ворон садится на окно. Через плечо у него лента.

Ворон. Здравствуйте, господин сказочник.

С к а з о ч н и к. Ворон! Здравствуй, дорогой! Как я рад видеть тебя!

В о р о н. И я рад! Я так рад, что попрошу вас называть меня в дальнейшем просто ворон, хотя теперь меня следует именовать «ваше превосходительство». *(Поправляет клювом ленту.)*

С к а з о ч н и к. Ты прилетел узнать, не вернулась ли Герда?

В о р о н. Я не прилетел, я прибыл, но как раз именно с этой целью. Герда не вернулась домой?

С к а з о ч н и к. Нет.

В о р о н *(кричит в окно).* Кр-ра! Кр-ра! Клара! Они еще не вернулись, но господин сказочник присутствует тут. Доложи об этом их высочествам.

С к а з о ч н и к. Как! Клаус и Эльза здесь?

В о р о н. Да, их высочества прибыли сюда.

М а л е н ь к а я р а з б о й н и ц а. Им тоже надоело и днем и ночью, и утром и вечером ждать Герду? И они тоже решили узнать, не вернулась ли она прямо к себе?

В о р о н. Совершенно верно, маленькая госпожа. Так много быстротекущих дней кануло в реку времени, что нетерпение наше перешло границы вероятного. Ха-ха-ха! Красиво я говорю?

М а л е н ь к а я р а з б о й н и ц а. Ничего себе.

В о р о н. Ведь я теперь настоящий придворный ученый ворон. *(Поправляет клювом ленту.)* Я женился на Кларе и состою при принце и при принцессе.

Дверь открывается. Входят п р и н ц, п р и н ц е с с а и в о р о н а.

П р и н ц *(сказочнику).* Здравствуй, старый друг. Герда не приехала? А мы только о ней и говорим.

П р и н ц е с с а. А когда не говорим, то думаем о ней.

П р и н ц. А когда не думаем, то видим ее во сне.

П р и н ц е с с а. И сны эти часто бывают страшные.

П р и н ц. И мы решили поехать сюда узнать, не слышно ли чего-нибудь. Тем более что дома очень невесело.

П р и н ц е с с а. Папа все дрожит и вздыхает: он боится советника.

П р и н ц. Мы больше не вернемся во дворец. Мы поступим тут в школу. Девочка, ты кто?

М а л е н ь к а я р а з б о й н и ц а. Я — маленькая разбойница. Вы дали Герде четырех коней, а я подарила ей моего любимого оленя. Он понесся на север и не вернулся до сих пор.

С к а з о ч н и к. Уже совсем стемнело. *(Закрывает окно и зажигает лампу.)* Дети, дети! У моей мамы — она была прачка — не было денег платить за мое учение. И в школу я поступил уже совсем взрослым парнем. Когда я учился в пятом классе, мне было восемнадцать лет. Ростом я был такой же, как теперь, а нескладен был еще больше. И ребята дразнили меня, а я, чтобы спастись, рассказывал им сказки. И если хороший человек в моей сказке попадал в беду, ребята кричали: «Спаси его сейчас же, длинноногий, а то мы тебя побьем». И я спасал его... Ах, если бы я мог так же легко спасти Кея и Герду!

М а л е н ь к а я   р а з б о й н и ц а. Надо было ехать не сюда, а на север, к ней навстречу. Тогда, может быть, мы и спасли бы ее...

С к а з о ч н и к. Но ведь мы думали, что дети уже дома.

Распахивается дверь, и в комнату почти бегом вбегает б а б у ш к а.

Б а б у ш к а. Вернулись! *(Обнимает маленькую разбойницу.)* Герда... Ах нет! *(Бросается к принцу.)* Кей!.. Опять нет... *(Вглядывается в принцессу.)* И это не она... А это птицы. *(Вглядывается в сказочника.)* Но вы — это действительно вы... Здравствуйте, друг мой! Что с детьми? Вы... вы боитесь сказать?

В о р о н а. Ах нет, уверяю вас — мы просто ничего не знаем. Поверьте мне. Птицы никогда не врут.

Б а б у ш к а. Простите меня... Но каждый вечер, возвращаясь домой, я видела со двора темное окно нашей комнаты. «Может быть, они пришли и легли спать», — думала я. Я поднималась, бежала в спальню — нет, постельки пустые. Тогда я обыскивала каждый уголок. «Может быть, они спрятались, чтобы потом вдруг обрадовать меня», — думала я. И никого не находила. А сегодня, когда я увидела освещенное окно, у меня тридцать лет слетело с плеч долой. Я взбежала наверх бегом, вошла — и годы мои опять упали мне на плечи: дети не вернулись еще.

М а л е н ь к а я   р а з б о й н и ц а. Сядьте, бабушка, милая бабушка, и не надрывайте мне сердце, я этого терпеть не могу. Сядьте, родная, а то я всех перестреляю из пистолета.

Б а б у ш к а *(садится)*. Я всех узнала по письмам господина сказочника. Это — Клаус, это — Эльза, это — маленькая разбойница, это — Карл, это — Клара. Садитесь, пожалуйста. Я отдышусь немножко и угощу вас чаем. Не надо так печально смотреть на меня. Ничего, это все ничего. Может быть, они вернутся.

М а л е н ь к а я   р а з б о й н и ц а. Может быть, может быть! Прости меня, бабушка, я не могу больше. Человек не должен говорить «может быть». *(Сказочнику.)* Рассказывай! Рассказывай сейчас же веселую сказку, такую, чтобы мы улыбались, если придут Герда и Кей. Ну? Раз! Два! Три!

С к а з о ч н и к. Жили-были ступеньки. Их было много — целая семья, и все они вместе назывались «лестница». Жили ступеньки в большом доме, между первым этажом и чердаком. Ступеньки первого этажа гордились перед ступеньками второго. Но у тех было утешение — они ни в грош не ставили ступеньки третьего. Только ступенькам, ведущим на чердак, некого было презирать. «Но зато мы ближе к небу, — говорили они. — Мы такие возвышенные!» Но в общем ступеньки жили дружно и дружно скрипели, когда кто-нибудь подымался наверх. Впрочем, скрип свой они называли пением... «И нас очень охотно слушают, — уверяли они. — Мы сами слыхали, как докторша говорила мужу: «Когда ты задержался у больного, я всю ночь ждала, не заскрипят ли наконец ступеньки!» Бабушка! Дети! И мы давайте послушаем, не заскрипят ли ступеньки наконец. Слышите? Кто-то идет, и ступеньки поют под ногами. Вот уже запели ступеньки пятого этажа. Это идут хорошие люди, потому что под ногами плохих людей ступеньки ворчат, как собаки. Все ближе, ближе! Идут сюда! Сюда!

Бабушка встает, за нею — все.

Вы слышите? Ступеньки радуются. Они поскрипывают, как скрипочки. Пришли! Я уверен, что это...

Дверь с шумом распахивается, и в комнату входят С н е ж н а я к о р о л е в а и с о в е т н и к.

С н е ж н а я к о р о л е в а. Извольте немедленно вернуть мне мальчишку. Слышите? Иначе я превращу вас всех в лед.

С о в е т н и к. А я после этого расколю вас на куски и продам. Слышите?

Б а б у ш к а. Но мальчика здесь нет.

С о в е т н и к. Ложь!

С к а з о ч н и к. Это чистая правда, советник.

С н е ж н а я к о р о л е в а. Ложь. Вы прячете его где-то здесь. *(Сказочнику.)* Вы, кажется, осмеливаетесь улыбаться?

С к а з о ч н и к. Да. До сих пор мы не знали наверное, что Герда нашла Кея. А теперь знаем.

С н е ж н а я к о р о л е в а. Жалкие хитрости! Кей, Кей, ко мне! Они прячут тебя, мальчик, но я пришла за тобой. Кей! Кей!

С о в е т н и к. У мальчишки ледяное сердце! Он наш!

С к а з о ч н и к. Нет!

С о в е т н и к. Да. Вы прячете его здесь.

С к а з о ч н и к. Ну попробуйте найдите его.

Советник быстро обходит комнату, вбегает в спальню, возвращается.

Снежная королева. Ну что?
Советник. Его здесь нет.
Снежная королева. Отлично. Значит, дерзкие дети погибли в пути. Идем!

Маленькая разбойница бросается ей наперерез, принц и принцесса подбегают к маленькой разбойнице. Все трое берутся за руки. Храбро загораживают дорогу королеве.

Имейте в виду, любезные, что мне довольно взмахнуть рукой — и тут навеки воцарится полная тишина.
Маленькая разбойница. Маши руками, ногами, хвостом — все равно мы тебя не выпустим!

Снежная королева взмахивает руками. Раздается вой и свист ветра. Маленькая разбойница хохочет.

Ну что?
Принц. Мне даже и холодно не сделалось.
Принцесса. Я очень легко простуживаюсь, а сейчас я даже насморка не схватила.
Сказочник *(подходит к детям, берет за руку маленькую разбойницу)*. Тех, у кого горячее сердце...
Советник. Вздор!
Сказочник. ...вам не превратить в лед!
Советник. Дайте дорогу королеве!
Бабушка *(подходит к сказочнику и берет его за руку)*. Простите, господин советник, но мы ни за что не дадим вам дорогу. А вдруг дети близко и вы нападете на них! Нет, нет, нельзя, нельзя!
Советник. Вы поплатитесь за это!
Сказочник. Нет, мы победим!
Советник. Никогда! Власти нашей не будет конца. Скорее повозки побегут без коней, скорее люди полетят по воздуху, как птицы.
Сказочник. Да, так все оно и будет, советник.
Советник. Вздор! Дорогу королеве!
Сказочник. Нет.

Двигаются цепью, держась за руки, к советнику и королеве. Королева, стоящая у окна, взмахивает рукой. Слышен звон разбитого стекла. Лампа гаснет. Воет и свистит ветер.

Держите дверь!
Бабушка. Сейчас я зажгу свет.

Свет вспыхивает. Советник и Снежная королева исчезли, несмотря на то что дверь держат принц, принцесса и маленькая разбойница.

Где же они?
   В о р о н а. Ее величество...
   В о р о н. ...и их превосходительство...
   В о р о н а. ...изволили отбыть...
   В о р о н. ...через разбитое окно.
   М а л е н ь к а я р а з б о й н и ц а. Надо скорее, скорее догнать.
   Б а б у ш к а. Ах! Смотрите! Розовый куст, наш розовый куст опять расцвел! Что это значит?
   С к а з о ч н и к. Это значит... это значит... *(Бросается к дверям.)* Вот что это значит!

Распахивается дверь. За дверью Г е р д а и К е й. Бабушка обнимает их. Шум.

   М а л е н ь к а я р а з б о й н и ц а. Бабушка, смотрите — это Герда!
   П р и н ц. Бабушка, смотрите — это Кей!
   П р и н ц е с с а. Бабушка, смотрите — это они оба!
   В о р о н и в о р о н а. Ур-ра! Ур-ра! Ур-ра!
   К е й. Бабушка, я больше не буду, я больше никогда не буду!
   Г е р д а. Бабушка, у него было ледяное сердце. Но я обняла его, плакала, плакала — и сердце его взяло да и растаяло.
   К е й. И мы пошли сначала потихоньку..
   Г е р д а. А потом все быстрее и быстрее.
   С к а з о ч н и к. И — крибле-крабле-бумс — вы пришли домой. И друзья ваши ждали вас, и розы расцвели к вашему приходу, а советник и королева удрали, разбив окно. Все идет отлично — мы с вами, вы с нами, и все мы вместе. Что враги сделают нам, пока сердца наши горячи? Да ничего! Пусть только покажутся, и мы скажем им: «Эй вы! Снип-снап-снурре...»
   В с е *(хором).* Пурре-базелюрре!..

Занавес

1938

ТЕНЬ

Сказка в 3-х действиях

ДЕЙСТВУЮЩИЕ ЛИЦА

Ученый.
Его тень.
Пьетро — хозяин гостиницы.
Аннунциата — его дочь.
Юлия Джули — певица.
Принцесса.
Первый министр.
Министр финансов.
Цезарь Борджиа — журналист.
Тайный советник.
Доктор.
Палач.
Мажордом.
Капрал.
Придворные дамы.
Придворные.
Курортники.
Сестра развлечения.
Сестра милосердия.
Королевские герольды.
Лакеи министра финансов.
Стража.
Горожане.

> ...И ученый рассердился не столько потому, что тень ушла от него, сколько потому, что вспомнил известную историю о человеке без тени, которую знали все и каждый на его родине. Вернись он теперь домой и расскажи свою историю, все сказали бы, что он пустился подражать другим...
>
> *Г.Х. Андерсен. «Тень»*

> ...Чужой сюжет как бы вошел в мою плоть и кровь, я пересоздал его и тогда только выпустил в свет.
>
> *Г.Х. Андерсен. «Сказка моей жизни». Глава VIII*

ДЕЙСТВИЕ ПЕРВОЕ

Небольшая комната в гостинице, в южной стране. Две двери: одна в коридор, другая на балкон. Сумерки. На диване полулежит у ч е н ы й, *молодой человек двадцати шести лет. Он шарит рукой по столу — ищет очки.*

У ч е н ы й. Когда теряешь очки, это, конечно, неприятно. Но вместе с тем и прекрасно — в сумерках вся моя комната представляется не такою, как обычно. Этот плед, брошенный в кресло, кажется мне сейчас очень милою и доброю принцессою. Я влюблен в нее, и она пришла ко мне в гости. Она не одна, конечно. Принцессе не полагается ходить без свиты. Эти узкие, длинные часы в деревянном футляре — вовсе не часы. Это вечный спутник принцессы, тайный советник. Его сердце стучит ровно, как маятник, его советы меняются в соответствии с требованиями времени, и дает он их шепотом. Ведь недаром он тайный. И если советы тайного советника оказываются гибельными, он от них начисто отрекается впоследствии. Он утверждает, что его просто не расслышали, и это очень практично с его стороны. А это кто? Кто этот незнакомец, худой и стройный, весь в черном, с белым лицом? Почему мне вдруг пришло в голову, что это жених принцессы? Ведь влюблен в принцессу я! Я так влюблен в нее, что это будет просто чудовищно, если она выйдет за другого. *(Смеется.)* Прелесть всех этих выдумок в том, что едва я надену очки, как все вернется на свое место. Плед станет пледом, часы часами, а этот зловещий незнакомец исчезнет. *(Шарит руками по столу.)* Ну, вот и очки. *(Надевает очки и вскрикивает.)* Что это?

В кресле сидит очень красивая, роскошно одетая д е в у ш к а в м а с к е. За ее спиною — лысый с т а р и к в с ю р т у к е с о з в е з д о ю. А к стене прижался длинный, тощий, бледный ч е л о в е к в ч е р н о м ф р а к е и ослепительном белье. На руке его бриллиантовый перстень.

(Бормочет, зажигая свечу.) Что за чудеса? Я скромный ученый — откуда у меня такие важные гости?.. Здравствуйте, господа! Я очень рад вам, господа, но... не объясните ли вы мне, чем я обязан такой чести? Вы молчите? Ах, все понятно. Я задремал. Я вижу сон.

Д е в у ш к а в м а с к е. Нет, это не сон.

У ч е н ы й. Вот как! Но что же это тогда?

Д е в у ш к а в м а с к е. Это такая сказка. До свидания, господин ученый! Мы еще увидимся с вами.

Ч е л о в е к в о ф р а к е. До свидания, ученый! Мы еще встретимся.

С т а р и к с о з в е з д о ю *(шепотом)*. До свидания, уважаемый ученый! Мы еще встретимся, и все, может быть, кончится вполне благоприлично, если вы будете благоразумны.

Стук в дверь, все трое исчезают.

У ч е н ы й. Вот так история!

Стук повторяется.

Войдите!

В комнату входит А н н у н ц и а т а, черноволосая девушка с большими черными глазами. Лицо ее в высшей степени энергично, а манеры и голос мягки и нерешительны. Она очень красива. Ей лет семнадцать.

А н н у н ц и а т а. Простите, сударь, у вас гости... Ах!

У ч е н ы й. Что с вами, Аннунциата?

А н н у н ц и а т а. Но я слышала явственно голоса в вашей комнате!

У ч е н ы й. Я уснул и разговаривал во сне.

А н н у н ц и а т а. Но... простите меня... я слышала женский голос.

У ч е н ы й. Я видел во сне принцессу.

А н н у н ц и а т а. И какой-то старик бормотал что-то вполголоса.

У ч е н ы й. Я видел во сне тайного советника.

А н н у н ц и а т а. И какой-то мужчина, как мне показалось, кричал на вас.

У ч е н ы й. Это был жених принцессы. Ну? Теперь вы видите, что это сон? Разве наяву ко мне явились бы такие неприятные гости?

А н н у н ц и а т а. Вы шутите?

У ч е н ы й. Да.

А н н у н ц и а т а. Спасибо вам за это. Вы всегда так ласковы со мною. Наверное, я слышала голоса в комнате рядом и все перепутала. Но... вы не рассердитесь на меня? Можно сказать вам кое-что?

У ч е н ы й. Конечно, Аннунциата.

А н н у н ц и а т а. Мне давно хочется предупредить вас. Не сердитесь... Вы ученый, а я простая девушка. Но только... я могу рассказать вам кое-что известное мне, но неизвестное вам. *(Делает книксен.)* Простите мне мою дерзость.

У ч е н ы й. Пожалуйста! Говорите! Учите меня! Я ведь ученый, а ученые учатся всю жизнь.

А н н у н ц и а т а. Вы шутите?

У ч е н ы й. Нет, я говорю совершенно серьезно.

А н н у н ц и а т а. Спасибо вам за это. *(Оглядывается на дверь.)* В книгах о нашей стране много пишут про здоровый климат, чистый воздух, прекрасные виды, жаркое солнце, ну... словом, вы сами знаете, что пишут в книгах о нашей стране...

У ч е н ы й. Конечно, знаю. Ведь поэтому я и приехал сюда.

А н н у н ц и а т а. Да. Вам известно то, что написано о нас в книгах, но то, что там о нас не написано, вам неизвестно.

У ч е н ы й. Это иногда случается с учеными.

А н н у н ц и а т а. Вы не знаете, что живете в совсем особенной стране. Все, что рассказывают в сказках, все, что кажется у других народов выдумкой, — у нас бывает на самом деле каждый день. Вот, например, Спящая красавица жила в пяти часах ходьбы от табачной лавочки — той, что направо от фонтана. Только теперь Спящая красавица умерла. Людоед до сих пор жив и работает в городском ломбарде оценщиком. Мальчик с пальчик женился на очень высокой женщине по прозвищу Гренадер, и дети их — люди обыкновенного роста, как вы да я. И знаете, что удивительно? Эта женщина по прозвищу Гренадер совершенно под башмаком у Мальчика с пальчик. Она даже на рынок берет его с собой. Мальчик с пальчик сидит в кармане ее передника и торгуется, как дьявол. Но, впрочем, они живут очень дружно. Жена так внимательна к мужу. Каждый раз, когда они по праздникам танцуют менуэт, она надевает двойные очки, чтобы не наступить на своего супруга нечаянно.

У ч е н ы й. Но ведь это очень интересно, почему же об этом не пишут в книгах о вашей стране?

А н н у н ц и а т а *(оглядываясь на дверь).* Не всем нравятся сказки.

У ч е н ы й. Неужели?

А н н у н ц и а т а. Да, вот можете себе представить! *(Оглядывается на дверь.)* Мы ужасно боимся, что если это узнают все, то к нам перестанут ездить. Это будет так невыгодно! Не выдавайте нас, пожалуйста!

У ч е н ы й. Нет, я никому не скажу.

А н н у н ц и а т а. Спасибо вам за это. Мой бедный отец очень любит деньги, и я буду в отчаянии, если он заработает меньше, чем ожидает. Когда он расстроен, он страшно ругается.

У ч е н ы й. Но все-таки мне кажется, что число приезжих только вырастет, когда узнают, что в вашей стране сказки — правда.

А н н у н ц и а т а. Нет. Если бы к нам ездили дети, то так бы оно и было. А взрослые — осторожный народ. Они прекрасно знают, что многие сказки кончаются печально. Вот об этом я с вами и хотела поговорить. Будьте осторожны.

У ч е н ы й. А как? Чтобы не простудиться, надо тепло одеваться. Чтобы не упасть, надо смотреть под ноги. А как избавиться от сказки с печальным концом?

А н н у н ц и а т а. Ну... Я не знаю... Не надо разговаривать с людьми, которых вы недостаточно знаете.

У ч е н ы й. Тогда мне придется все время молчать. Ведь я приезжий.

А н н у н ц и а т а. Нет, правда, пожалуйста, будьте осторожны. Вы очень хороший человек, а именно таким чаще всего приходится плохо.

У ч е н ы й. Откуда вы знаете, что я хороший человек?

А н н у н ц и а т а. Ведь я часто вожусь на кухне. А у нашей кухарки одиннадцать подруг. И все они знают все, что есть, было и будет. От них ничего не укроется. Им известно, что делается в каждой семье, как будто у домов стеклянные стены. Мы в кухне смеемся, и плачем, и ужасаемся. В дни особенно интересных событий все гибнет на плите. Они говорят хором, что вы прекрасный человек.

У ч е н ы й. Это они и сказали вам, что в вашей стране сказки — правда?

А н н у н ц и а т а. Да.

У ч е н ы й. Знаете, вечером, да еще сняв очки, я готов в это верить. Но утром, выйдя из дому, я вижу совсем другое. Ваша страна — увы! — похожа на все страны в мире. Богатство и бедность, знатность и рабство, смерть и несчастье, разум и глупость, святость, преступление, совесть, бесстыдство — все это перемешано так тесно, что просто ужасаешься. Очень трудно будет все это распутать, разобрать и привести в порядок так, чтобы не повредить ничему живому. В сказках все это гораздо проще.

А н н у н ц и а т а *(делая книксен).* Благодарю вас.

У ч е н ы й. За что?

А н н у н ц и а т а. За то, что вы со мною, простой девушкой, говорите так красиво.

У ч е н ы й. Ничего, с учеными это бывает. А скажите, мой друг Ганс-Христиан Андерсен, который жил здесь, в этой комнате, до меня, знал о сказках?

А н н у н ц и а т а. Да, он как-то проведал об этом.

У ч е н ы й. И что он на это сказал?

А н н у н ц и а т а. Он сказал: «Я всю жизнь подозревал, что пишу чистую правду». Он очень любил наш дом. Ему нравилось, что у нас так тихо.

Оглушительный выстрел.

У ч е н ы й. Что это?

А н н у н ц и а т а. О, не обращайте внимания. Это мой отец поссорился с кем-то. Он очень вспыльчив и чуть что — стреляет из пистолета. Но до сих пор он никого не убил. Он нервный — и всегда поэтому дает промах.

У ч е н ы й. Понимаю. Это явление мне знакомо. Если бы он попадал в цель, то не палил бы так часто.

За сценой рев: «Аннунциата!»

А н н у н ц и а т а *(кротко).* Иду, папочка, миленький. До свидания! Ах, я совсем забыла, зачем пришла. Что вы прикажете вам подать — кофе или молоко?

Дверь с грохотом распахивается. В комнату вбегает стройный, широкий в плечах, моложавый ч е л о в е к. Он похож лицом на Аннунциату. Угрюм, не смотрит в глаза. Это хозяин меблированных комнат, отец Аннунциаты П ь е т р о.

П ь е т р о. Почему ты не идешь, когда тебя зовут?! Поди немедленно перезаряди пистолет. Слышала ведь — отец стреляет. Все нужно объяснять, во все нужно ткнуть носом. Убью!

Аннунциата спокойно и смело подходит к отцу, целует его в лоб.

А н н у н ц и а т а. Иду, папочка. До свидания, сударь! *(Уходит.)*

У ч е н ы й. Как видно, ваша дочь не боится вас, синьор Пьетро.

П ь е т р о. Нет, будь я зарезан. Она обращается со мною так, будто я самый нежный отец в городе.

У ч е н ы й. Может быть, это так и есть?

П ь е т р о. Не ее дело это знать. Терпеть не могу, когда догадываются о моих чувствах и мыслях. Девчонка! Кругом одни неприятности. Жилец комнаты номер пятнадцать сейчас опять отказался платить. От ярости я выстрелил в жильца комнаты номер четырнадцать.

У ч е н ы й. И этот не платит?

П ь е т р о. Платит. Но он, четырнадцатый, ничтожный человек. Его терпеть не может наш первый министр. А тот, проклятый неплательщик, пятнадцатый, работает в нашей трижды гнусной газете. О, пусть весь мир провалится! Верчусь как штопор, вытягиваю деньги из жильцов моей несчастной гостиницы и не свожу концы с концами. Еще приходится служить, чтобы не околеть с голоду.

У ч е н ы й. А разве вы служите?

П ь е т р о. Да.

У ч е н ы й. Где?

П ь е т р о. Оценщиком в городском ломбарде.

Внезапно начинает играть музыка — иногда еле слышно, иногда так, будто играют здесь же, в комнате.

У ч е н ы й. Скажите... Скажите мне... Скажите, пожалуйста, где это играют?

П ь е т р о. Напротив.

У ч е н ы й. А кто там живет?

П ь е т р о. Не знаю. Говорят, какая-то чертова принцесса.

У ч е н ы й. Принцесса?!

П ь е т р о. Говорят. Я к вам по делу. Этот проклятый пятнадцатый номер просит вас принять его. Этот газетчик. Этот вор, который норовит даром жить в прекрасной комнате. Можно?

У ч е н ы й. Пожалуйста. Я буду очень рад.

П ь е т р о. Не радуйтесь раньше времени. До свидания! *(Уходит.)*

У ч е н ы й. Хозяин гостиницы — оценщик в городском ломбарде. Людоед? Подумать только!

Открывает дверь, ведущую на балкон. Видна стена противоположного дома. Улица узкая. Балкон противоположного дома почти касается балкона комнаты ученого. Едва открывает он дверь, как шум улицы врывается в комнату. Из общего гула выделяются отдельные голоса.

Г о л о с а. Арбузы, арбузы! Кусками!

— Вода, вода, ледяная вода!
— А вот — ножи для убийц! Кому ножи для убийц?!
— Цветы, цветы! Розы! Лилии! Тюльпаны!
— Дорогу ослу, дорогу ослу! Посторонитесь, люди: идет осел!
— Подайте бедному немому!
— Яды, яды, свежие яды!

У ч е н ы й. Улица наша кипит, как настоящий котел. Как мне нравится здесь!.. Если бы не вечное мое беспокойство, если бы не казалось мне, что весь мир несчастен из-за того, что я не придумал еще, как спасти его, то было бы совсем хорошо. И когда девушка, живущая напротив, выходит на балкон, то мне кажется, что нужно сделать одно, только одно маленькое усилие — и все станет ясно.

В комнату входит очень красивая м о л о д а я ж е н щ и н а, прекрасно одетая. Она щурится, оглядывается. Ученый не замечает ее.

Если есть гармония в море, в горах, в лесу и в тебе, то, значит, мир устроен разумнее, чем...

Ж е н щ и н а. Это не будет иметь успеха.

У ч е н ы й *(оборачивается)*. Простите?

Ж е н щ и н а. Нет, не будет. В том, что вы бормотали, нет и тени остроумия. Это ваша новая статья? Где же вы? Что это сегодня с вами? Вы не узнаете меня, что ли?

У ч е н ы й. Простите, нет.

Ж е н щ и н а. Довольно подшучивать над моей близорукостью. Это неэлегантно. Где вы там?

У ч е н ы й. Я здесь.

Ж е н щ и н а. Подойдите поближе.

У ч е н ы й. Вот я. *(Подходит к незнакомке.)*

Ж е н щ и н а *(она искренне удивлена)*. Кто вы?

У ч е н ы й. Я приезжий человек, живу здесь в гостинице. Вот кто я.

Ж е н щ и н а. Простите... Мои глаза опять подвели меня. Это не пятнадцатый номер?

У ч е н ы й. Нет, к сожалению.

Ж е н щ и н а. Какое у вас доброе и славное лицо! Почему вы до сих пор не в нашем кругу, не в кругу настоящих людей?

У ч е н ы й. А что это за круг?

Ж е н щ и н а. О, это артисты, писатели, придворные. Бывает у нас даже один министр. Мы элегантны, лишены предрассудков и понимаем все. Вы знамениты?

У ч е н ы й. Нет.

Ж е н щ и н а. Какая жалость! У нас это не принято. Но... Но я, кажется, готова простить вам это — до того вы мне вдруг понравились. Вы сердитесь на меня?

У ч е н ы й. Нет, что вы!

Ж е н щ и н а. Я немного посижу у вас. Можно?

У ч е н ы й. Конечно.

Ж е н щ и н а. Мне вдруг показалось, что вы как раз тот человек, которого я ищу всю жизнь. Бывало, покажется — по голосу и по речам, — вот он, такой человек, а подойдет он поближе, и видишь — это совсем не то. А отступать уже поздно, слишком быстро он подошел. Ужасная вещь — быть красивой и близорукой. Я надоела вам?

У ч е н ы й. Нет, что вы!

Ж е н щ и н а. Как просто и спокойно вы отвечаете мне! А он раздражает меня.

У ч е н ы й. Кто?

Ж е н щ и н а. Тот, к кому я пришла. Он ужасно беспокойный человек. Он хочет нравиться всем на свете. Он раб моды. Вот, например, когда в моде было загорать, он загорел до того, что стал черен, как негр. А тут загар вдруг вышел из моды. И он решился на операцию. Кожу из-под трусов — это было единственное белое место на его теле — врачи пересадили ему на лицо.

У ч е н ы й. Надеюсь, это не повредило ему?

Ж е н щ и н а. Нет. Он только стал чрезвычайно бесстыден, и пощечину он теперь называет просто — шлепок.

У ч е н ы й. Почему же вы ходите к нему в гости?

Ж е н щ и н а. Ну, все-таки это человек из нашего круга, из круга настоящих людей. А кроме того, он работает в газете. Вы знаете, кто я?

У ч е н ы й. Нет.

Ж е н щ и н а. Я певица. Меня зовут Юлия Джули.

У ч е н ы й. Вы очень знамениты в этой стране!

Ю л и я. Да. Все знают мои песни «Мама, что такое любовь», «Девы, спешите счастье найти», «Но к тоске его любовной остаюсь я хладнокровной» и «Ах, зачем я не лужайка». Вы доктор?

У ч е н ы й. Нет, я историк.

Ю л и я. Вы отдыхаете здесь?

У ч е н ы й. Я изучаю историю вашей страны.

Ю л и я. Наша страна — маленькая.

У ч е н ы й. Да, но история ее похожа на все другие. И это меня радует.

Ю л и я. Почему?

У ч е н ы й. Значит, есть на свете законы, общие для всех. Когда долго живешь на одном месте, в одной и той же комнате, и видишь одних и тех же людей, которых сам выбрал себе в друзья, то мир кажется очень простым. Но едва выедешь из дому — все делается чересчур уж разнообразным. И это...

За дверью кто-то испуганно вскрикивает. Звон разбитого стекла.

Кто там?

Входит, отряхиваясь, изящный м о л о д о й ч е л о в е к. За ним растерянная А н н у н ц и а т а.

М о л о д о й ч е л о в е к. Здравствуйте! Я стоял тут у вашей двери, и Аннунциата испугалась меня. Разве я так уж страшен?

А н н у н ц и а т а *(Ученому)*. Простите, я разбила стакан с молоком, который несла вам.

М о л о д о й ч е л о в е к. А у меня вы не просите прощения?..

А н н у н ц и а т а. Но вы сами виноваты, сударь! Зачем вы притаились у чужой двери и стояли не двигаясь?

М о л о д о й ч е л о в е к. Я подслушивал. *(Ученому.)* Вам нравится моя откровенность? Все ученые — прямые люди. Вам должно это понравиться. Да? Ну скажите же, вам нравится моя откровенность? А я вам нравлюсь?

Ю л и я. Не отвечайте. Если вы скажете «да» — он вас будет презирать, а если скажете «нет» — он вас возненавидит.

М о л о д о й ч е л о в е к. Юлия, Юлия, злая Юлия! *(Ученому.)* Разрешите представиться: Цезарь Борджиа. Слышали?

У ч е н ы й. Да.

Ц е з а р ь Б о р д ж и а. Ну? Правда? А что именно вы слышали?

У ч е н ы й. Многое.

Ц е з а р ь Б о р д ж и а. Меня хвалили? Или ругали? А кто именно?

У ч е н ы й. Просто я сам читал ваши критические и политические статьи в здешней газете.

Ц е з а р ь Б о р д ж и а. Они имеют успех. Но всегда кто-нибудь недоволен. Выругаешь человека, а он недоволен. Мне бы хотелось найти секрет полного успеха. Ради этого секрета я готов на все. Нравится вам моя откровенность?

Ю л и я. Идемте. Мы пришли к ученому, а ученые вечно заняты.

Ц е з а р ь Б о р д ж и а. Я предупредил господина ученого. Наш хозяин говорил ему, что я приду. А вы, блистательная Юлия, ошиблись комнатой?

Ю л и я. Нет, мне кажется, что я пришла как раз туда, куда следует.

Ц е з а р ь Б о р д ж и а. Но ведь вы шли ко мне! Я как раз кончаю статью о вас. Она понравится вам, но — увы! — не понравится вашим подругам. *(Ученому.)* Вы разрешите еще раз зайти к вам сегодня?

У ч е н ы й. Пожалуйста.

Ц е з а р ь Б о р д ж и а. Я хочу написать статью о вас.

У ч е н ы й. Спасибо. Мне пригодится это для работы в ваших архивах. Меня там больше будут уважать.

Ц е з а р ь Б о р д ж и а. Хитрец! Я ведь знаю, зачем вы приехали к нам. Здесь дело не в архиве.

У ч е н ы й. А в чем же?

Ц е з а р ь Б о р д ж и а. Хитрец! Вы всё глядите на соседний балкон.

У ч е н ы й. Разве я гляжу туда?

Ц е з а р ь Б о р д ж и а. Да. Вы думаете, там живет она.

У ч е н ы й. Кто?

Ц е з а р ь Б о р д ж и а. Не надо быть таким скрытным. Ведь вы историк, изучаете нашу страну, стало быть, вы знаете завещание нашего последнего короля, Людовика Девятого Мечтательного.

У ч е н ы й. Простите, но я дошел только до конца шестнадцатого века.

Ц е з а р ь Б о р д ж и а. Вот как? И вы ничего не слышали о завещании?

У ч е н ы й. Уверяю вас, нет.

Ц е з а р ь Б о р д ж и а. Странно. Почему же вы просили у хозяина отвести вам как раз эту комнату?

У ч е н ы й. Потому, что здесь жил мой друг Ганс-Христиан Андерсен.

Ц е з а р ь Б о р д ж и а. Только поэтому?

У ч е н ы й. Даю вам слово, что это так. А какое отношение имеет моя комната к завещанию покойного короля?

Ц е з а р ь Б о р д ж и а. О, очень большое. До свидания! Позвольте проводить вас, блистательная Юлия.

У ч е н ы й. Разрешите спросить, что именно было написано в этом таинственном завещании?

Ц е з а р ь Б о р д ж и а. О нет, я не скажу. Я сам заинтересован в нем. Я хочу власти, почета, и мне ужасно не хватает денег. Ведь я, Цезарь Борджиа, имя которого известно всей стране, должен еще служить простым оценщиком в городском ломбарде. Нравится вам моя откровенность?

Ю л и я. Идемте! Идемте же! Вы тут всем понравились. Он никогда не уходит сразу. *(Ученому.)* Мы еще увидимся с вами.

У ч е н ы й. Я буду очень рад.

Ц е з а р ь Б о р д ж и а. Не радуйтесь прежде времени.

Цезарь Борджиа и Юлия Джули уходят.

У ч е н ы й. Аннунциата, сколько оценщиков в вашем городском ломбарде?

А н н у н ц и а т а. Много.

У ч е н ы й. И все они бывшие людоеды?

А н н у н ц и а т а. Почти все.

У ч е н ы й. Что с вами? Почему вы такая грустная?

А н н у н ц и а т а. Ах, ведь я просила вас быть осторожным! Говорят, что эта певица Юлия Джули и есть та самая девочка, которая наступила на хлеб, чтобы сохранить свои новые башмачки.

У ч е н ы й. Но ведь та девочка, насколько я помню, была наказана за это.

А н н у н ц и а т а. Да, она провалилась сквозь землю, но потом выкарабкалась обратно и с тех пор опять наступает и наступает на хороших людей, на лучших подруг, даже на самое себя — и все это для того, чтобы сохранить свои новые башмачки, чулочки и платьица. Сейчас я принесу вам другой стакан молока.

У ч е н ы й. Погодите! Я не хочу пить, мне хочется поговорить с вами.

А н н у н ц и а т а. Спасибо вам за это.

У ч е н ы й. Скажите, пожалуйста, какое завещание оставил ваш покойный король Людовик Девятый Мечтательный?

А н н у н ц и а т а. О, это тайна, страшная тайна! Завещание было запечатано в семи конвертах семью сургучными печатями и скреплено подписями семи тайных советников. Вскрывала и читала завещание принцесса в полном одиночестве. У окон и дверей стояла стража, заткнув уши на всякий случай, хотя принцесса читала завещание про себя. Что сказано в этом таинственном документе, знает только принцесса и весь город.

У ч е н ы й. Весь город?

А н н у н ц и а т а. Да.

У ч е н ы й. Каким же это образом?

А н н у н ц и а т а. Никто не может объяснить этого. Уж, кажется, все предосторожности были соблюдены. Это просто чудо. Завещание знают все. Даже уличные мальчишки.

У ч е н ы й. Что же в нем сказано?

А н н у н ц и а т а. Ах, не спрашивайте меня.

У ч е н ы й. Почему?

А н н у н ц и а т а. Я очень боюсь, что завещание это — начало новой сказки, которая кончится печально.

У ч е н ы й. Аннунциата, ведь я приезжий. Завещание вашего короля меня никак не касается. Расскажите. А то получается нехорошо: я ученый, историк — и вдруг не знаю того, что известно каждому уличному мальчишке! Расскажите, пожалуйста!

А н н у н ц и а т а *(вздыхая).* Ладно, расскажу. Когда хороший человек меня просит, я не могу ему отказать. Наша кухарка говорит, что это доведет меня до большой беды. Но пусть беда эта падет на мою голову, а не на вашу. Итак... Вы не слушаете меня?

У ч е н ы й. Что вы!

А н н у н ц и а т а. А почему вы смотрите на балкон противоположного дома?

У ч е н ы й. Нет, нет... Вот видите, я уселся поудобнее, закурил трубку и глаз не свожу с вашего лица.

А н н у н ц и а т а. Спасибо. Итак, пять лет назад умер наш король Людовик Девятый Мечтательный. Уличные мальчишки называли его не мечтательным, а дурачком, но это неверно. Покойный, правда, часто показывал им язык, высунувшись в форточку, но ребята сами были виноваты. Зачем они дразнили его? Покойный был умный человек, но такая уж должность королевская, что характер от нее портится. В самом начале его царствования первый министр, которому государь верил больше, чем родному отцу, отравил родную сестру короля. Король казнил первого министра. Второй первый министр не был отравителем, но он так лгал королю, что тот перестал верить всем, даже самому себе. Третий первый министр не был лжецом, но он был ужасно хитер. Он плел, и плел, и плел тончайшие паутины вокруг самых простых дел. Король во время его последнего доклада хотел сказать: «утверждаю», и вдруг зажужжал тоненько, как муха, попавшая в паутину. И министр слетел по требованию королевского лейб-медика. Четвертый первый министр не был хитер. Он был прям и прост. Он украл у короля золотую табакерку и убежал. И государь махнул рукой на дела управления. Первые министры с тех пор стали сами сменять друг друга. А государь занялся театром. Но говорят, что это еще хуже, чем управлять государством. После года работы в театре король стал цепенеть.

У ч е н ы й. Как цепенеть?

А н н у н ц и а т а. А очень просто. Идет — и вдруг застынет, подняв одну ногу. И лицо его при этом выражает отчаяние. Лейб-медик объяснял это тем, что король неизлечимо запутался, пытаясь понять отношения работников театра друг к другу. Ведь их так много!

У ч е н ы й. Лейб-медик был прав.

А н н у н ц и а т а. Он предлагал простое лекарство, которое несомненно вылечило бы бедного короля. Он предлагал казнить половину труппы, но король не согласился.

У ч е н ы й. Почему?

А н н у н ц и а т а. Он никак не мог решить, какая именно половина труппы заслуживает казни. И наконец король махнул рукой на все и стал увлекаться плохими женщинами, и только они не обманули его.

У ч е н ы й. Неужели?

А н н у н ц и а т а. Да, да! Уж они-то оказались воистину плохими женщинами. То есть в точности такими, как о них говорили. И это очень утешило короля, но вконец расстроило его здоровье. И у него отнялись ноги. И с тех пор его стали возить в кресле по дворцу, а он все молчал и думал, думал, думал. О чем он думал, он не говорил никому. Изредка государь приказывал подвезти себя к окну и, открывши форточку, показывал язык уличным мальчишкам, которые прыгали и кричали: «Дурачок, дурачок, дурачок!» А потом король составил завещание. А потом умер.

У ч е н ы й. Наконец-то мы подошли к самой сути дела.

А н н у н ц и а т а. Когда король умер, его единственной дочери, принцессе, было тринадцать лет. «Дорогая, — писал он ей в завещании, — я прожил свою жизнь плохо, ничего не сделал. Ты тоже ничего не сделаешь — ты отравлена дворцовым воздухом. Я не хочу, чтобы ты выходила замуж за принца. Я знаю наперечет всех принцев мира. Все они слишком большие дураки для такой маленькой страны, как наша. Когда тебе исполнится восемнадцать лет, поселись где-нибудь в городе и ищи, ищи, ищи. Найди себе доброго, честного, образованного и умного мужа. Пусть это будет незнатный человек. А вдруг ему удастся сделать то, чего не удавалось ни одному из знатнейших? Вдруг он сумеет управлять, и хорошо управлять? А? Вот будет здорово! Так постарайся, пожалуйста. Папа».

У ч е н ы й. Так он и написал?

А н н у н ц и а т а. В точности. На кухне столько раз повторяли завещание, что я запомнила его слово в слово.

У ч е н ы й. И принцесса живет одна в городе?

А н н у н ц и а т а. Да. Но ее не так просто найти.

У ч е н ы й. Почему?

А н н у н ц и а т а. Масса плохих женщин сняли целые этажи домов и притворяются принцессами.

У ч е н ы й. А разве вы не знаете свою принцессу в лицо?

А н н у н ц и а т а. Нет. Прочтя завещание, принцесса стала носить маску, чтобы ее не узнали, когда она отправится искать мужа.

У ч е н ы й. Скажите, она... *(Замолкает.)*

На балкон противоположного дома выходит д е в у ш к а с белокурыми волосами, в темном и скромном наряде.

А скажите, она... О чем это я хотел вас спросить?.. Впрочем... нет, ни о чем.

А н н у н ц и а т а. Вы опять не смотрите на меня?

У ч е н ы й. Как не смотрю?.. А куда же я смотрю?

А н н у н ц и а т а. Вон туда... Ах! Разрешите, я закрою дверь на балкон.

У ч е н ы й. Зачем же? Не надо! Ведь только сейчас стало по-настоящему прохладно.

А н н у н ц и а т а. После заката солнца следует закрывать окна и двери. Иначе можно заболеть малярией. Нет, не в малярии здесь дело! Не надо смотреть туда. Пожалуйста... Вы сердитесь на меня? Не сердитесь... Не смотрите на эту девушку. Позвольте мне закрыть дверь на балкон. Вы ведь все равно что маленький ребенок. Вы вот не любите супа, а без супа что за обед! Вы отдаете белье в стирку без записи. И с таким же прямодушным, веселым лицом пойдете вы прямо на смерть. Я говорю так смело, что сама перестаю понимать, что говорю: это дерзость, но нельзя же не предупредить вас. Об этой девушке говорят, что она нехорошая женщина... Стойте, стойте... Это, по-моему, не так страшно... Я боюсь, что тут дело похуже.

У ч е н ы й. Вы думаете?

А н н у н ц и а т а. Да. А вдруг эта девушка принцесса? Тогда что? Что вы будете делать тогда?

У ч е н ы й. Конечно, конечно.

А н н у н ц и а т а. Вы не слышали, что я вам сказала?

У ч е н ы й. Вот как!

А н н у н ц и а т а. Ведь если она действительно принцесса, все захотят жениться на ней и вас растопчут в давке.

У ч е н ы й. Да, да, конечно.

А н н у н ц и а т а. Нет, я вижу, что мне тут ничего не поделать. Какая я несчастная девушка, сударь.

У ч е н ы й. Не правда ли?

Аннунциата идет к выходной двери. Ученый — к двери, ведущей на балкон. Аннунциата оглядывается. Останавливается.

А н н у н ц и а т а. До свидания, сударь. *(Тихо, с неожиданной энергией.)* Никому не позволю тебя обижать. Ни за что. Никогда. *(Уходит.)*

Ученый смотрит на девушку, стоящую на противоположном балконе, она глядит вниз, на улицу. Ученый начинает говорить тихо, потом все громче. К концу его монолога девушка смотрит на него не отрываясь.

У ч е н ы й. Конечно, мир устроен разумнее, чем кажется. Еще немножко — дня два-три работы — и я пойму, как сделать всех людей счастливыми. Все будут счастливы, но не так, как я. Я только здесь, вечерами, когда вы стоите на балконе, стал понимать, что могу быть счастлив, как ни один человек. Я знаю вас, — вас нельзя не знать. Я понимаю вас, как понимают хорошую погоду, луну, дорожку в горах. Ведь это так просто. Я не могу точно сказать, о чем вы думаете, но зато знаю точно, что мысли ваши обрадовали бы меня, как ваше лицо, ваши косы и ресницы. Спасибо вам за все: за то, что вы выбрали себе этот дом, за то, что родились и живете тогда же, когда живу я. Что бы я стал делать, если бы вдруг не встретил вас! Страшно подумать!

Д е в у ш к а. Вы говорите это наизусть?

У ч е н ы й. Я... я...

Д е в у ш к а. Продолжайте.

У ч е н ы й. Вы заговорили со мной!

Д е в у ш к а. Вы сами сочинили все это или заказали кому-нибудь?

У ч е н ы й. Простите, но голос ваш так поразил меня, что я ничего не понимаю.

Д е в у ш к а. Вы довольно ловко увиливаете от прямого ответа. Пожалуй, вы сами сочинили то, что говорили мне. А может быть, и нет. Ну хорошо, оставим это. Мне скучно сегодня. Как это у вас хватает терпения целый день сидеть в одной комнате? Это кабинет?

У ч е н ы й. Простите?

Д е в у ш к а. Это кабинет, или гардеробная, или гостиная, или одна из зал?

У ч е н ы й. Это просто моя комната. Моя единственная комната.

Д е в у ш к а. Вы нищий?

У ч е н ы й. Нет, я ученый.

Д е в у ш к а. Ну пусть. У вас очень странное лицо.

У ч е н ы й. Чем же?

Д е в у ш к а. Когда вы говорите, то кажется, будто вы не лжете.

У ч е н ы й. Я и в самом деле не лгу.

Д е в у ш к а. Все люди — лжецы.

У ч е н ы й. Неправда.

Д е в у ш к а. Нет, правда. Может быть, вам и не лгут — у вас всего одна комната, — а мне вечно лгут. Мне жалко себя.

У ч е н ы й. Да что вы говорите? Вас обижают? Кто?

Д е в у ш к а. Вы так ловко притворяетесь внимательным и добрым, что мне хочется пожаловаться вам.

У ч е н ы й. Вы так несчастны?

Д е в у ш к а. Не знаю. Да.

У ч е н ы й. Почему?

Д е в у ш к а. Так. Все люди — негодяи.

У ч е н ы й. Не надо так говорить. Так говорят те, кто выбрал себе самую ужасную дорогу в жизни. Они безжалостно душат, давят, грабят, клевещут: кого жалеть — ведь все люди негодяи!

Д е в у ш к а. Так, значит, не все?

У ч е н ы й. Нет.

Д е в у ш к а. Хорошо, если бы это было так. Я ужасно боюсь превратиться в лягушку.

У ч е н ы й. Как в лягушку?

Д е в у ш к а. Вы слышали сказку про Царевну-лягушку? Ее неверно рассказывают. На самом деле все было иначе. Я это знаю точно. Царевна-лягушка — моя тетя.

У ч е н ы й. Тетя?

Д е в у ш к а. Да. Двоюродная. Рассказывают, что Царевну-лягушку поцеловал человек, который полюбил ее, несмотря на безобразную наружность. И лягушка от этого превратилась в прекрасную женщину. Так?

У ч е н ы й. Да, насколько я помню.

Д е в у ш к а. А на самом деле тетя моя была прекрасная девушка, и она вышла замуж за негодяя, который только притворялся, что любит ее. И поцелуи его были холодны и так отвратительны, что прекрасная девушка превратилась в скором времени в холодную и отвратительную лягушку. Нам, родственникам, это было очень неприятно. Говорят, что такие вещи случаются гораздо чаще, чем можно предположить. Только тетя моя не сумела скрыть своего превращения. Она была крайне несдержанна. Это ужасно. Не правда ли?

У ч е н ы й. Да, это очень грустно.

Д е в у ш к а. Вот видите! А вдруг и мне суждено это? Мне ведь придется выйти замуж. Вы наверное знаете, что не все люди негодяи?

У ч е н ы й. Совершенно точно знаю. Ведь я историк.

Д е в у ш к а. Вот было бы хорошо! Впрочем, я не верю вам.

У ч е н ы й. Почему?

Д е в у ш к а. Вообще я никому и ничему не верю.

У ч е н ы й. Нет, не может этого быть. У вас такой здоровый

цвет лица, такие живые глаза. Не верить ничему — да ведь это смерть!

Д е в у ш к а. Ах, я все понимаю.

У ч е н ы й. Все понимать — это тоже смерть.

Д е в у ш к а. Все на свете одинаково. И те правы, и эти правы, и, в конце концов, мне все безразлично.

У ч е н ы й. Все безразлично, — да ведь это еще хуже смерти! Вы не можете так думать. Нет! Как вы огорчили меня!

Д е в у ш к а. Мне все равно... Нет, мне не все равно, оказывается. Теперь вы не будете каждый вечер смотреть на меня?

У ч е н ы й. Буду. Все не так просто, как кажется. Мне казалось, ваши мысли гармоничны, как вы... Но вот они передо мной... Они вовсе не похожи на те, которые я ждал... И все-таки... все-таки я люблю вас...

Д е в у ш к а. Любите?

У ч е н ы й. Я люблю вас...

Д е в у ш к а. Ну вот... я все понимала, ни во что не верила, мне все было безразлично, а теперь все перепуталось...

У ч е н ы й. Я люблю вас...

Д е в у ш к а. Уйдите... Или нет... Нет, уйдите и закройте дверь... Нет, я уйду.. Но... если вы завтра вечером осмелитесь... осмелитесь не прийти сюда, на балкон, я... я... прикажу... нет... я просто огорчусь. *(Идет к двери, оборачивается.)* Я даже не знаю, как вас зовут.

У ч е н ы й. Меня зовут Христиан-Теодор.

Д е в у ш к а. До свидания, Христиан-Теодор, милый. Не улыбайтесь! Не думайте, что вы ловко обманули меня. Нет, не огорчайтесь... Я говорю это просто так... Когда вы сказали так вот, вдруг, прямо, что любите меня, мне стало тепло, хотя я вышла на балкон в кисейном платье. Не смейте говорить со мной! Довольно! Если я услышу еще хоть слово, я заплачу. До свидания! Какая я несчастная девушка, сударь. *(Уходит.)*

У ч е н ы й. Ну вот... Мне казалось, что еще миг — и я все пойму, а теперь мне кажется, еще миг — и я запутаюсь совсем. Боюсь, что эта девушка действительно принцесса. «Все люди негодяи, все на свете одинаково, мне все безразлично, я ни во что не верю» — какие явственные признаки злокачественного малокровия, обычного у изнеженных людей, выросших в тепличном воздухе! Ее... Она... Но ведь все-таки ей стало тепло, когда я признался, что люблю ее! Значит, крови-то у нее в жилах все-таки достаточно? *(Смеется.)* Я уверен, я уверен, что все кончится прекрасно. Тень, моя добрая, послушная тень! Ты так покорно лежишь у моих ног. Голова твоя глядит в дверь, в которую ушла незнакомая девушка.

Взяла бы ты, тень, да пошла туда к ней. Что тебе стоит! Взяла бы да сказала ей: «Все это глупости. Мой господин любит вас, так любит, что все будет прекрасно. Если вы Царевна-лягушка, то он оживит вас и превратит в прекрасную женщину». Словом, ты знаешь, что надо говорить, ведь мы выросли вместе. *(Смеется.)* Иди!

Ученый отходит от двери. Тень ученого вдруг отделяется от него. Вытягивается в полный рост на противоположном балконе. Ныряет в дверь, которую девушка, уходя, оставила полуоткрытой.

Что это?.. У меня какое-то странное чувство в ногах... и во всем теле... Я... я заболел? Я... *(Шатается, падает в кресло, звонит.)*

Вбегает Аннунциата.

Аннунциата! Вы, кажется, были правы.

А н н у н ц и а т а. Это была принцесса?

У ч е н ы й. Нет! Я заболел. *(Закрывает глаза.)*

А н н у н ц и а т а *(бежит к двери.)* Отец!

Входит Пьетро.

П ь е т р о. Не ори. Не знаешь, что ли, что отец подслушивает тут под дверью?

А н н у н ц и а т а. Я не заметила.

П ь е т р о. Родного отца не замечает... Дожили! Ну? Чего ты мигаешь? Вздумала реветь?

А н н у н ц и а т а. Он заболел.

П ь е т р о. Разрешите, сударь, я помогу вам лечь в постель.

У ч е н ы й *(встает.)* Нет. Я сам. Не прикасайтесь, пожалуйста, ко мне...

П ь е т р о. Чего вы боитесь? Я вас не съем!

У ч е н ы й. Не знаю. Ведь я так ослабел вдруг. *(Идет к ширмам, за которыми стоит его кровать.)*

А н н у н ц и а т а *(тихо, с ужасом).* Смотри!

П ь е т р о. Что еще?

А н н у н ц и а т а. У него нет тени.

П ь е т р о. Да ну? Действительно нет... Проклятый климат! И как его угораздило? Пойдут слухи. Подумают, что это эпидемия...

Ученый скрывается за ширмами.

Никому ни слова. Слышишь ты?

А н н у н ц и а т а *(у ширмы).* Он в обмороке.

П ь е т р о. Тем лучше. Беги за доктором. Доктор уложит дурака в кровать недели на две, а тем временем у него вырастет новая тень. И никто ничего не узнает.

А н н у н ц и а т а. Человек без тени — ведь это одна из самых печальных сказок на свете.

П ь е т р о. Говорят тебе, у него вырастет новая тень! Выкрутится... Беги!

Аннунциата убегает.

Черт... Хорошо еще, что этот газетчик занят с дамой и ничего не пронюхал.

Входит Ц е з а р ь Б о р д ж и а.

Ц е з а р ь Б о р д ж и а. Добрый вечер!

П ь е т р о. Ах, вы тут как тут... Дьявол... Где ваша баба?

Ц е з а р ь Б о р д ж и а. Ушла на концерт.

П ь е т р о. К дьяволу все концерты!

Ц е з а р ь Б о р д ж и а. Ученый в обмороке?

П ь е т р о. Да, будь он проклят.

Ц е з а р ь Б о р д ж и а. Слышали?

П ь е т р о. Что именно?

Ц е з а р ь Б о р д ж и а. Его разговор с принцессой.

П ь е т р о. Да.

Ц е з а р ь Б о р д ж и а. Короткий ответ. Что же вы не проклинаете все и вся, не палите из пистолета, не кричите?

П ь е т р о. В серьезных делах я тих.

Ц е з а р ь Б о р д ж и а. Похоже на то, что это настоящая принцесса.

П ь е т р о. Да. Это она.

Ц е з а р ь Б о р д ж и а. Я вижу, вам хочется, чтобы он женился на принцессе.

П ь е т р о. Мне? Я съем его при первой же возможности.

Ц е з а р ь Б о р д ж и а. Надо будет его съесть. Да, надо, надо. По-моему, сейчас самый подходящий момент. Человека легче всего съесть, когда он болен или уехал отдыхать. Ведь тогда он сам не знает, кто его съел, и с ним можно сохранить прекраснейшие отношения.

П ь е т р о. Тень.

Ц е з а р ь Б о р д ж и а. Что тень?

П ь е т р о. Надо будет найти его тень.

Ц е з а р ь Б о р д ж и а. Зачем же?

П ь е т р о. Она поможет нам. Она не простит ему никогда в жизни, что когда-то была его тенью.

Цезарь Борджиа. Да, она поможет нам съесть его.

Пьетро. Тень — полная противоположность ученому.

Цезарь Борджиа. Но... Но ведь тогда она может оказаться сильнее, чем следует.

Пьетро. Пусть. Тень не забудет, что мы помогли ей выйти в люди. И мы съедим его.

Цезарь Борджиа. Да, надо будет съесть его. Надо, надо!

Пьетро. Тише!

Вбегает Аннунциата.

Аннунциата. Уходите отсюда! Что вам тут нужно?

Пьетро. Дочь! *(Достает пистолет.)* А впрочем, идемте ко мне. Там поговорим. Доктор идет?

Аннунциата. Да, бежит следом. Он говорит, что это серьезный случай.

Пьетро. Ладно.

Уходит вместе с Цезарем Борджиа.

Аннунциата *(заглядывая за ширму)*. Так я и знала! Лицо спокойное, доброе, как будто он видит во сне, что гуляет в лесу под деревьями. Нет, не простят ему, что он такой хороший человек! Что-то будет, что-то будет!

Занавес

ДЕЙСТВИЕ ВТОРОЕ

Парк. Усыпанная песком площадка, окруженная подстриженными деревьями. В глубине павильон. М а ж о р д о м и п о м о щ н и к его возятся на авансцене.

М а ж о р д о м. Стол ставь сюда. А сюда кресла. Поставь на стол шахматы. Вот. Теперь все готово для заседания.

П о м о щ н и к. А скажите, господин мажордом, почему господа министры заседают тут, в парке, а не во дворце?

М а ж о р д о м. Потому что во дворце есть стены. Понял?

П о м о щ н и к. Никак нет.

М а ж о р д о м. А у стен есть уши. Понял?

П о м о щ н и к. Да, теперь понял.

М а ж о р д о м. То-то. Положи подушки на это кресло.

П о м о щ н и к. Это для господина первого министра?

М а ж о р д о м. Нет, для господина министра финансов. Он тяжело болен.

П о м о щ н и к. А что с ним?

М а ж о р д о м. Он самый богатый делец в стране. Соперники страшно ненавидят его. И вот один из них в прошлом году пошел на преступление. Он решился отравить господина министра финансов.

П о м о щ н и к. Какой ужас!

М а ж о р д о м. Не огорчайся прежде времени. Господин министр финансов вовремя узнал об этом и скупил все яды, какие есть в стране.

П о м о щ н и к. Какое счастье!

М а ж о р д о м. Не радуйся прежде времени. Тогда преступник пришел к господину министру финансов и дал необычайно высокую цену за яды. И господин министр поступил вполне естественно. Министр ведь реальный политик. Он подсчитал прибыль и продал негодяю весь запас своих зелий. И негодяй отравил министра. Вся семья его превосходительства изволила скончаться в страшных мучениях. И сам он с тех пор еле жив, но заработал он на этом двести процентов чистых. Дело есть дело. Понял?

П о м о щ н и к. Да, теперь понял.

М а ж о р д о м. Ну, то-то. Итак, все готово? Кресла. Шахматы. Сегодня тут состоится особенно важное совещание.

П о м о щ н и к. Почему вы думаете?

М а ж о р д о м. Во-первых, встретятся всего два главных министра — первый и финансов, а во-вторых, они будут делать вид, что играют в шахматы, а не заседают. Всем известно, что это значит. Кусты, наверное, так и кишат любопытными.

П о м о щ н и к. А вдруг любопытные подслушают то, что говорят господа министры?

М а ж о р д о м. Любопытные ничего не узнают.

П о м о щ н и к. Почему?

М а ж о р д о м. Потому, что господа министры понимают друг друга с полуслова. Много ты поймешь из полуслов! *(Внезапно склоняется в низком поклоне.)* Они идут. Я так давно служу при дворе, что моя поясница сгибается сама собой при приближении высоких особ. Я их еще не вижу и не слышу, а уже кланяюсь. Поэтому-то я и главный. Понял? Кланяйся же!.. Ниже.

Мажордом сгибается до земли. Помощник за ним. С двух сторон сцены, справа и слева, одновременно выходят два министра — п е р в ы й м и н и с т р и м и н и с т р ф и н а н с о в. Первый — небольшого роста человек с брюшком, плешью, румяный, ему за пятьдесят. Министр финансов — иссохший, длинный, с ужасом озирающийся, хромает на обе ноги. Его ведут под руки д в а р о с л ы х л а к е я. Министры одновременно подходят к столу, одновременно садятся и сразу принимаются играть в шахматы. Лакеи, приведшие министра финансов, усадив его, бесшумно удаляются. Мажордом и его помощник остаются на сцене. Стоят навытяжку.

П е р в ы й м и н и с т р. Здоровье?

М и н и с т р ф и н а н с о в. Отвра.

П е р в ы й м и н и с т р. Дела?

М и н и с т р ф и н а н с о в. Очень пло.

П е р в ы й м и н и с т р. Почему?

М и н и с т р ф и н а н с о в. Конкуре.

Играют молча в шахматы.

М а ж о р д о м *(шепотом)*. Видишь, я говорил тебе, что они понимают друг друга с полуслова.

П е р в ы й м и н и с т р. Слыхали о принцессе?

М и н и с т р ф и н а н с о в. Да, мне докла.

Первый министр. Этот приезжий ученый похитил ее сердце.

Министр финансов. Похитил?! Подождите... Лакей! Нет, не вы... Мой лакей!

Входит один из лакеев, приведших министра.

Лакей! Вы все двери заперли, когда мы уходили?

Лакей. Все, ваше превосходительство.

Министр финансов. И железную?

Лакей. Так точно.

Министр финансов. И медную?

Лакей. Так точно.

Министр финансов. И чугунную?

Лакей. Так точно.

Министр финансов. И капканы расставили? Помните, вы отвечаете жизнью за самую ничтожную пропажу.

Лакей. Помню, ваше превосходительство.

Министр финансов. Ступайте...

Лакей уходит.

Я слушаю.

Первый министр. По сведениям дежурных тайных советников, принцесса третьего дня долго глядела в зеркало, потом заплакала и сказала *(достает записную книжку, читает):* «Ах, почему я пропадаю напрасно?» — и в пятый раз послала спросить о здоровье ученого. Узнав, что особых изменений не произошло, принцесса топнула ногой и прошептала *(читает):* «Черт побери!» А сегодня она ему назначила свидание в парке. Вот. Как вам это нра?

Министр финансов. Совсем мне это не нра! Кто он, этот ученый?

Первый министр. Ах, он изучен мною до тонкости.

Министр финансов. Шантажист?

Первый министр. Хуже...

Министр финансов. Вор?

Первый министр. Еще хуже...

Министр финансов. Авантюрист, хитрец, ловкач?

Первый министр. О, если бы...

Министр финансов. Так что же он, наконец?

Первый министр. Простой наивный человек.

Министр финансов. Шах королю.

Первый министр. Рокируюсь...

Министр финансов. Шах королеве.

Первый министр. Бедная принцесса! Шантажиста мы разоблачили бы, вора поймали бы, ловкача и хитреца перехитрили бы, а этот... Поступки простых и честных людей иногда так загадочны!

Министр финансов. Надо его или ку, или у.

Первый министр. Да, другого выхода нет.

Министр финансов. В городе обо всем этом уже проню?

Первый министр. Еще бы не проню!

Министр финансов. Так и знал. Вот отчего благоразумные люди переводят золото за границу в таком количестве. Один банкир третьего дня перевел за границу даже свои золотые зубы. И теперь он все время ездит за границу и обратно. На родине ему теперь нечем пережевывать пищу.

Первый министр. По-моему, ваш банкир проявил излишнюю нервность.

Министр финансов. Это чуткость! Нет на свете более чувствительного организма, чем деловые круги. Одно завещание короля вызвало семь банкротств, семь самоубийств, и все ценности упали на семь пунктов. А сейчас... О, что будет сейчас! Никаких перемен, господин первый министр! Жизнь должна идти ровно, как часы.

Первый министр. Кстати, который час?

Министр финансов. Мои золотые часы переправлены за границу. А если я буду носить серебряные, то пойдут слухи, что я разорился, и это вызовет панику в деловых кругах.

Первый министр. Неужели в нашей стране совсем не осталось золота?

Министр финансов. Его больше, чем нужно.

Первый министр. Откуда?

Министр финансов. Из-за границы. Заграничные деловые круги волнуются по своим заграничным причинам и переводят золото к нам. Так мы и живем. Подведем итог. Следовательно, ученого мы купим.

Первый министр. Или убьем.

Министр финансов. Каким образом мы это сделаем?

Первый министр. Самым деликатным! Ведь в дело замешано такое чувство, как любовь! Я намерен расправиться с ученым при помощи дружбы.

Министр финансов. Дружбы?

Первый министр. Да. Для этого необходимо найти человека, с которым дружен наш ученый. Друг знает, что он любит, чем его можно купить. Друг знает, что он ненавидит, что для него чистая смерть. Я приказал в канцелярии добыть друга.

М и н и с т р   ф и н а н с о в. Это ужасно.

П е р в ы й   м и н и с т р. Почему?

М и н и с т р   ф и н а н с о в. Ведь ученый — приезжий, следовательно, друга ему придется выписывать из-за границы. А по какой графе я проведу этот расход? Каждое нарушение сметы вызывает у моего главного бухгалтера горькие слезы. Он будет рыдать как ребенок, а потом впадет в бредовое состояние. На некоторое время он прекратит выдачу денег вообще. Всем. Даже мне. Даже вам.

П е р в ы й   м и н и с т р. Да ну? Это неприятно. Ведь судьба всего королевства поставлена на карту. Как же быть?

М и н и с т р   ф и н а н с о в. Не знаю.

П е р в ы й   м и н и с т р. А кто же знает?

П о м о щ н и к *(выступая вперед)*. Я.

М и н и с т р   ф и н а н с о в *(вскакивая)*. Что это? Начинается?

П е р в ы й   м и н и с т р. Успокойтесь, пожалуйста. Если это и начнется когда-нибудь, то не с дворцовых лакеев.

М и н и с т р   ф и н а н с о в. Так это не бунт?

П е р в ы й   м и н и с т р. Нет. Это просто дерзость. Кто вы?

П о м о щ н и к. Я тот, кого вы ищете. Я друг ученого, ближайший друг его. Мы не расставались с колыбели до последних дней.

П е р в ы й   м и н и с т р. Послушайте, любезный друг, вы знаете, с кем говорите?

П о м о щ н и к. Да.

П е р в ы й   м и н и с т р. Почему же вы не называете меня «ваше превосходительство»?

П о м о щ н и к *(с глубоким поклоном)*. Простите, ваше превосходительство.

П е р в ы й   м и н и с т р. Вы приезжий?

П о м о щ н и к. Я появился на свет в этом городе, ваше превосходительство.

П е р в ы й   м и н и с т р. И тем не менее вы друг приезжего ученого?

П о м о щ н и к. Я как раз тот, кто вам нужен, ваше превосходительство. Я знаю его как никто, а он меня совсем не знает, ваше превосходительство.

П е р в ы й   м и н и с т р. Странно.

П о м о щ н и к. Если вам угодно, я скажу, кто я, ваше превосходительство.

П е р в ы й   м и н и с т р. Говорите. Чего вы озираетесь?

Помощник. Разрешите мне написать на песке, кто я, ваше превосходительство.

П е р ь ы й   м и н и с т р. Пишите.

Помощник чертит что-то на песке. Министры читают и переглядываются.

Что вы ска?

М и н и с т р   ф и н а н с о в *(подходя)*. Но будьте осторо! А то он заломит це.

П е р в ы й   м и н и с т р. Так. Кто устроил вас на службу во дворец?

П о м о щ н и к. Господин Цезарь Борджиа и господин Пьетро, ваше превосходительство.

П е р в ы й   м и н и с т р *(министру финансов)*. Вам знакомы эти имена?

М и н и с т р   ф и н а н с о в. Да, вполне надежные людоеды.

П е р в ы й   м и н и с т р. Хорошо, любезный, мы подумаем.

П о м о щ н и к. Осмелюсь напомнить вам, что мы на юге, ваше превосходительство.

П е р в ы й   м и н и с т р. Ну так что?

П о м о щ н и к. На юге все так быстро растет, ваше превосходительство. Ученый и принцесса заговорили друг с другом всего две недели назад и не виделись с тех пор ни разу, а смотрите, как выросла их любовь, ваше превосходительство. Как бы нам не опоздать, ваше превосходительство!

П е р в ы й   м и н и с т р. Я ведь сказал вам, что мы подумаем. Станьте в сторону.

Министры задумываются.

Подойдите сюда, любезный.

Помощник выполняет приказ.

Мы подумали и решили взять вас на службу в канцелярию первого министра.

П о м о щ н и к. Спасибо, ваше превосходительство. По-моему, с ученым надо действовать так...

П е р в ы й   м и н и с т р. Что с вами, любезный? Вы собираетесь действовать, пока вас еще не оформили? Да вы сошли с ума! Вы не знаете, что ли, что такое канцелярия?

П о м о щ н и к. Простите, ваше превосходительство.

Взрыв хохота за кулисами.

Первый министр. Сюда идут курортники. Они помешают нам. Пройдёмте в канцелярию, и там я оформлю ваше назначение. После этого мы, так и быть, выслушаем вас.

Помощник. Спасибо, ваше превосходительство.

Министр финансов. Лакеи!

Появляются лакеи.

Уведите меня.

Уходят. Распахиваются двери павильона, и оттуда появляется доктор — молодой человек, в высшей степени угрюмый и сосредоточенный. Его окружают курортники, легко, но роскошно одетые.

1-я курортница. Доктор, а отчего у меня под коленкой бывает чувство, похожее на задумчивость?

Доктор. Под которой коленкой?

1-я курортница. Под правой.

Доктор. Пройдёт.

2-я курортница. А почему у меня за едой, между восьмым и девятым блюдом, появляются меланхолические мысли?

Доктор. Какие, например?

2-я курортница. Ну, мне вдруг хочется удалиться в пустыню и там предаться молитвам и посту.

Доктор. Пройдёт.

1-й курортник. Доктор, а почему после сороковой ванны мне вдруг перестали нравиться шатенки?

Доктор. А кто вам нравится теперь?

1-й курортник. Одна блондинка.

Доктор. Пройдёт. Господа, позвольте вам напомнить, что целебный час кончился. Сестра милосердия, вы свободны. Сестра развлечения, приступайте к своим обязанностям.

Сестра развлечения. Кому дать мячик? Кому скакалку? Обручи, обручи, господа! Кто хочет играть в пятнашки? В палочку-выручалочку? В кошки-мышки? Время идёт, господа, ликуйте, господа, играйте!

Курортники расходятся. Входят ученый и Аннунциата.

Аннунциата. Доктор, он сейчас купил целый лоток леденцов.

Ученый. Но ведь я роздал леденцы уличным мальчишкам.

Аннунциата. Всё равно! Разве больному можно покупать сладости?

Доктор *(ученому)*. Станьте против солнца. Так. Тень ваша выросла до нормальных размеров. Этого и следовало ожидать — на юге все так быстро растет. Как вы себя чувствуете?

У ч е н ы й. Я чувствую, что совершенно здоров.

Д о к т о р. Все-таки я выслушаю вас. Нет, не надо снимать сюртук: у меня очень чуткие уши. *(Берет со стола в павильоне стетоскоп.)* Так. Вздохните. Вздохните глубоко. Тяжело вздохните. Еще раз. Вздохните с облегчением. Еще раз. Посмотрите на все сквозь пальцы. Махните на все рукой. Еще раз. Пожмите плечами. Так. *(Садится и задумывается.)*

Ученый достает из бокового кармана сюртука пачку писем. Роется в них.

А н н у н ц и а т а. Ну, что вы скажете, доктор? Как идут его дела?

Д о к т о р. Плохо.

А н н у н ц и а т а. Ну вот видите, а он говорит, что совершенно здоров.

Д о к т о р. Да, он здоров. Но дела его идут плохо. И пойдут еще хуже, пока он не научится смотреть на мир сквозь пальцы, пока он не махнет на все рукой, пока он не овладеет искусством пожимать плечами.

А н н у н ц и а т а. Как же быть, доктор? Как его научить всему этому?

Доктор молча пожимает плечами.

Ответьте мне, доктор. Ну пожалуйста. Ведь я все равно не отстану, вы знаете, какая я упрямая. Что ему надо делать?

Д о к т о р. Беречься!

А н н у н ц и а т а. А он улыбается.

Д о к т о р. Да, это бывает.

А н н у н ц и а т а. Он ученый, он умный, он старше меня, но иногда мне хочется его просто отшлепать. Ну поговорите же с ним!

Доктор машет рукой.

Доктор!

Д о к т о р. Вы же видите, он не слушает меня. Он уткнулся носом в какие-то записки.

А н н у н ц и а т а. Это письма от принцессы. Сударь! Доктор хочет поговорить с вами, а вы не слушаете.

У ч е н ы й. Как не слушаю. Я все слышал.

А н н у н ц и а т а. И что вы скажете на это?

У ч е н ы й. Скажу, скажу...

А н н у н ц и а т а. Сударь!

У ч е н ы й. Сейчас! Я не могу найти тут... *(Бормочет.)* Как написала она — «всегда с вами» или «навсегда с вами»?

А н н у н ц и а т а *(жалобно)*. Я застрелю вас!

У ч е н ы й. Да, да, пожалуйста.

Д о к т о р. Христиан-Теодор! Ведь вы ученый... Выслушайте же меня наконец. Я все-таки ваш товарищ.

У ч е н ы й *(пряча письма)*. Да, да. Простите меня.

Д о к т о р. В народных преданиях о человеке, который потерял тень, в монографиях Шамиссо и вашего друга Ганса-Христиана Андерсена говорится, что...

У ч е н ы й. Не будем вспоминать о том, что там говорится. У меня все кончится иначе.

Д о к т о р. Ответьте мне как врачу — вы собираетесь жениться на принцессе?

У ч е н ы й. Конечно.

Д о к т о р. А я слышал, что вы мечтаете как можно больше людей сделать счастливыми.

У ч е н ы й. И это верно.

Д о к т о р. И то и другое не может быть верно.

У ч е н ы й. Почему?

Д о к т о р. Женившись на принцессе, вы станете королем.

У ч е н ы й. В том-то и сила, что я не буду королем! Принцесса любит меня, и она уедет со мной. А корону мы отвергнем, — видите, как хорошо! И я объясню всякому, кто спросит, и втолкую самым нелюбопытным: королевская власть бессмысленна и ничтожна. Поэтому-то я и отказался от престола.

Д о к т о р. И люди поймут вас?

У ч е н ы й. Конечно! Ведь я докажу им это живым примером.

Доктор молча машет рукой.

Человеку можно объяснить все. Ведь азбуку он понимает, а это еще проще, чем азбука, и, главное, так близко касается его самого!

Через сцену, играя, пробегают к у р о р т н и к и.

Д о к т о р *(указывая на них.)* И эти тоже поймут вас?

У ч е н ы й. Конечно! В каждом человеке есть что-то живое. Надо его за живое задеть — и все тут.

Д о к т о р. Ребенок! Я их лучше знаю. Ведь они у меня лечатся.

У ч е н ы й. А чем они больны?

Д о к т о р. Сытостью в острой форме.

У ч е н ы й. Это опасно?

Доктор. Да, для окружающих.

Ученый. Чем?

Доктор. Сытость в острой форме внезапно овладевает даже достойными людьми. Человек честным путем заработал много денег. И вдруг у него появляется зловещий симптом: особый, беспокойный, голодный взгляд обеспеченного человека. Тут ему и конец. Отныне он бесплоден, слеп и жесток.

Ученый. А вы не пробовали объяснить им все?

Доктор. Вот от этого я и хотел вас предостеречь. Горе тому, кто попробует заставить их думать о чем-нибудь, кроме денег. Это их приводит в настоящее бешенство.

Пробегают курортники.

Ученый. Посмотрите, они веселы!

Доктор. Отдыхают!

Быстро входит Юлия Джули.

Юлия (доктору). Вот вы наконец. Вы совсем здоровы?

Доктор. Да, Юлия.

Юлия. Ах, это доктор.

Доктор. Да, это я, Юлия.

Юлия. Зачем вы смотрите на меня как влюбленный заяц? Убирайтесь!

Доктор хочет ответить, но уходит в павильон, молча махнув рукой.

Где вы, Христиан-Теодор?

Ученый. Вот я.

Юлия (подходит к нему). Да, это вы. (Улыбается.) Как я рада видеть вас! Ну, что вам сказал этот ничтожный доктор?

Ученый. Он сказал мне, что я здоров. Почему вы называете его ничтожным?

Юлия. Ах, я любила его когда-то, а таких людей я потом ужасно ненавижу.

Ученый. Это была несчастная любовь?

Юлия. Хуже. У этого самого доктора безобразная и злая жена, которой он смертельно боится. Целовать его можно было только в затылок.

Ученый. Почему?

Юлия. Он все время оборачивался и глядел, не идет ли жена. Но довольно о нем. Я пришла сюда, чтобы... предостеречь вас, Христиан-Теодор. Вам грозит беда.

У ч ё н ы й. Не может быть. Ведь я так счастлив!

Ю л и я. И все-таки вам грозит беда.

А н н у н ц и а т а. Не улыбайтесь, сударыня, умоляю вас. Иначе мы не поймем, серьезно вы говорите или шутите, и, может быть, даже погибнем из-за этого.

Ю л и я. Не обращайте внимания на то, что я улыбаюсь. В нашем кругу, в кругу настоящих людей, всегда улыбаются на всякий случай. Ведь тогда, что бы ты ни сказал, можно повернуть и так и эдак. Я говорю серьезно, Христиан-Теодор. Вам грозит беда.

У ч ё н ы й. Какая?

Ю л и я. Я говорила вам, что в нашем кругу бывает один министр?

У ч ё н ы й. Да.

Ю л и я. Это министр финансов. Он бывает в нашем кругу из-за меня. Он ухаживает за мной и все время собирается сделать мне предложение.

А н н у н ц и а т а. Он? Да он и ходить-то не умеет!

Ю л и я. Его водят прекрасно одетые лакеи. Ведь он так богат. И я сейчас встретила его. И он спросил, куда я иду. Услышав ваше имя, он поморщился, Христиан-Теодор.

А н н у н ц и а т а. Какой ужас!

Ю л и я. В нашем кругу мы все владеем одним искусством — мы изумительно умеем читать по лицам сановников. И даже я, при моей близорукости, прочла сейчас на лице министра, что против вас что-то затевается, Христиан-Теодор.

У ч ё н ы й. Ну и пусть затевается.

Ю л и я. Ах, вы меня испортили за эти две недели. Зачем только я навещала вас! Я превратилась в сентиментальную мещанку. Это так хлопотливо. Аннунциата, уведите его.

У ч ё н ы й. Зачем?

Ю л и я. Сейчас сюда придет министр финансов, и я пущу в ход все свои чары и узнаю, что они затевают. Я даже попробую спасти вас, Христиан-Теодор.

А н н у н ц и а т а. Как мне отблагодарить вас, сударыня?

Ю л и я. Никому ни слова, если вы действительно благодарны. Уходите.

А н н у н ц и а т а. Идемте, сударь.

У ч ё н ы й. Аннунциата, вы ведь знаете, что я должен здесь встретиться с принцессой.

Ю л и я. У вас еще час времени. Уходите, если вы любите принцессу и жалеете меня.

Ученый. До свидания, бедная Юлия. Как вы озабочены обе! И только я один знаю — все будет прекрасно.

Аннунциата. Он идет. Сударыня, умоляю вас...

Юлия. Тише! Я же сказала вам, что попробую.

Ученый и Аннунциата уходят. Появляется министр финансов, его ведут лакеи.

Министр финансов. Лакеи! Усадите меня возле этой обворожительной женщины. Придайте мне позу, располагающую к легкой, остроумной болтовне.

Лакеи повинуются.

Так, теперь уходите.

Лакеи уходят.

Юлия, я хочу обрадовать вас.

Юлия. Вам это легко сделать.

Министр финансов. Очаровательница! Цирцея! Афродита! Мы сейчас беседовали о вас в канцелярии первого министра.

Юлия. Шалуны!

Министр финансов. Уверяю вас! И мы все сошлись на одном: вы умная, практичная нимфа!

Юлия. О куртизаны!

Министр финансов. И мы решили, что именно вы поможете нам в одном деле.

Юлия. Говорите, в каком. Если оно нетрудное, то я готова для вас на все.

Министр финансов. Пустяк! Вы должны будете помочь нам уничтожить приезжего ученого по имени Теодор-Христиан. Ведь вы знакомы с ним, не так ли? Вы поможете нам?

Юлия не отвечает.

Лакеи!

Появляются лакеи.

Позу крайнего удивления!

Лакеи повинуются.

Юлия, я крайне удивлен. Почему вы смотрите на меня так, будто не знаете, что мне ответить?

Юлия. Я и в самом деле не знаю, что сказать вам. Эти две недели просто губят меня.

Министр финансов. Я не понял.
Юлия. Я сама себя не понимаю.
Министр финансов. Это отказ?
Юлия. Не знаю.
Министр финансов. Лакеи!

Вбегают лакеи.

Позу крайнего возмущения!

Лакеи повинуются.

Я крайне возмущен, госпожа Юлия Джули! Что это значит? Да уж не влюбились ли вы в нищего мальчишку? Молчать! Встать! Руки по швам! Перед вами не мужчина, а министр финансов. Ваш отказ показывает, что вы недостаточно уважаете всю нашу государственную систему. Тихо! Молчать! Под суд!

Юлия. Подождите!
Министр финансов. Не подожду! «Ах, зачем я не лужайка!» Только теперь я понял, что вы этим хотите сказать. Вы намекаете на то, что у фермеров мало земли. А? Что? Да я вас... Да я вам... Завтра же газеты разберут по косточкам вашу фигуру, вашу манеру петь, вашу частную жизнь. Лакеи! Топнуть ногой!

Лакеи топают ногой.

Да не своей, болваны, а моей!

Лакеи повинуются.

До свидания, бывшая знаменитость!
Юлия. Подождите же!
Министр финансов. Не подожду!
Юлия. Взгляните на меня!
Министр финансов. Потрудитесь называть меня «ваше превосходительство»!
Юлия. Взгляните на меня, ваше превосходительство.
Министр финансов. Ну?
Юлия. Неужели вы не понимаете, что для меня вы всегда больше мужчина, чем министр финансов?
Министр финансов *(польщенно)*. Да ну, бросьте!
Юлия. Даю вам слово. А разве мужчине можно сразу сказать «да»?
Министр финансов. Афродита! Уточним, вы согласны?
Юлия. Теперь я отвечу — да.

М и н и с т р ф и н а н с о в. Лакеи! Обнять ее!

Лакеи обнимают Юлию.

Болваны! Я хочу обнять ее. Так. Дорогая Юлия, спасибо. Завтра же приказом по канцелярии я объявлю себя вашим главным покровителем. Лакеи! Усадите меня возле этой Афродиты. Придайте мне позу крайней беззаботности. И вы, Юлия, примите беззаботную позу, но слушайте меня в оба уха. Итак, через некоторое время вы застанете здесь ученого, оживленно разговаривающего с чиновником особо важных дел. И вы под любым предлогом уведете отсюда ученого минут на двадцать. Вот и все.

Ю л и я. И все?

М и н и с т р ф и н а н с о в. Видите, как просто! А как раз эти двадцать минут его и погубят окончательно. Пойдемте к ювелиру, я куплю вам кольцо несметной ценности. Идемте. Лакеи! Унесите нас.

Удаляются.
Входят помощник и Пьетро с Цезарем Борджиа.

П о м о щ н и к. Здравствуйте, господа!

П ь е т р о. Да ведь мы виделись сегодня утром.

П о м о щ н и к. Советую вам забыть, что мы виделись сегодня утром. Я не забуду, что вы в свое время нашли меня, устроили меня во дворец, помогли мне выйти в люди. Но вы, господа, раз и навсегда забудьте, кем я был, и помните, кем я стал.

Ц е з а р ь Б о р д ж и а. Кто же вы теперь?

П о м о щ н и к. Я теперь чиновник особо важных дел канцелярии его превосходительства первого министра.

Ц е з а р ь Б о р д ж и а. Как это удалось вам? Вот это успех! Прямо черт знает что такое! Вечная история!

П о м о щ н и к. Я добился этого успеха собственными усилиями. Поэтому я вторично напоминаю вам: забудьте о том, кем я был.

П ь е т р о. Забыть можно. Если не поссоримся, чего там вспоминать!

Ц е з а р ь Б о р д ж и а. Трудно забыть об этом. Но молчать до поры до времени можно. Вы поняли мой намек?

П о м о щ н и к. Я понял вас, господа. Мы не поссоримся, пока вы будете молчать о том, кем я был. Теперь слушайте внимательно. Мне поручено дело № 8989. *(Показывает папку.)* Вот оно.

П ь е т р о *(читает)*. Дело о замужестве принцессы.

П о м о щ н и к. Да. Здесь, в этой папке, все: и принцесса, и он, и вы, и настоящее, и будущее.

Ц е з а р ь Б о р д ж и а. Кто намечен в женихи этой высокой особе — меня это мало волнует, как и все в этой, как говорится, земной жизни, но все-таки...

Помощник. В женихи принцессы намечены вы оба.

Пьетро. Дьявол! Как так оба?

Цезарь Борджиа. Я и он?

Помощник. Да. Надо же все-таки, чтобы у принцессы был выбор...

Цезарь Борджиа. Но вы сами должны видеть!

Пьетро. Какого дьявола ей нужно, когда есть я!

Помощник. Тихо! Решение окончательное. Предлагаю я — выбирает принцесса. Пьетро, уведите домой вашу дочь. Мне нужно поговорить с ученым, а она охраняет его, как целый полк гвардии.

Цезарь Борджиа. Она влюбилась в него. А Пьетро слеп, как полагается отцу!

Пьетро. Дьявол! Я убью их обоих!

Цезарь Борджиа. Давно пора.

Пьетро. Сатана! Вы нарочно искушаете меня! Меня арестуют за убийство, а вы останетесь единственным женихом? Этого вы хотите?

Цезарь Борджиа. Да, хочу. И это вполне естественное желание. До свидания.

Пьетро. Нет уж, вы не уйдете. Я знаю, куда вы собрались.

Цезарь Борджиа. Куда?

Пьетро. Вы хотите так или иначе съесть меня. Не выйдет. Я не отойду от вас ни на шаг.

Помощник. Тише. Он идет сюда. Договоримся так: тот из вас, кто будет королем, заплатит другому хороший выкуп. Назначит, например, пострадавшего первым королевским секретарем или начальником стражи. Смотрите: он идет. Ему весело.

Цезарь Борджиа. А как вы с ним будете говорить?

Помощник. Я с каждым говорю на его языке.

Входят ученый и Аннунциата.

Ученый. Какой прекрасный день, господа!

Пьетро. Да, ничего себе денек, будь он проклят. Аннунциата, домой!

Аннунциата. Папа...

Пьетро. Домой! Иначе будет плохо тебе и кое-кому другому. Ты даже не сказала кухарке, что сегодня готовить на ужин.

Аннунциата. Мне все равно.

Пьетро. Что вы говорите, чудовище? Господин Цезарь Борджжиа, идемте с нами домой, друг, или, клянусь честью, я вас тихонечко прикончу кинжалом.

Уходят. Помощник, державшийся во время предыдущего разговора в стороне, подходит к ученому.

П о м о щ н и к. Вы не узнаете меня?

У ч е н ы й. Простите, нет.

П о м о щ н и к. Посмотрите внимательней.

У ч е н ы й. Что такое? Я чувствую, что знаю вас, и знаю хорошо, но...

П о м о щ н и к. А мы столько лет прожили вместе.

У ч е н ы й. Да что вы говорите?

П о м о щ н и к. Уверяю вас. Я следовал за вами неотступно, но вы только изредка бросали на меня небрежный взгляд. А ведь я часто бывал выше вас, подымался до крыш самых высоких домов. Обыкновенно это случалось в лунные ночи.

У ч е н ы й. Так, значит, вы...

П о м о щ н и к. Тише! Да, я ваша тень... Почему вы недоверчиво смотрите на меня? Ведь я всю жизнь со дня вашего рождения был так привязан к вам.

У ч е н ы й. Да нет, я просто...

Т е н ь. Вы сердитесь на меня за то, что я покинул вас. Но вы сами просили меня пойти к принцессе, и я немедленно исполнил вашу просьбу. Ведь мы выросли вместе, среди одних и тех же людей. Когда вы говорили «мама», я беззвучно повторял то же слово. Я любил тех, кого вы любили, а ваши враги были моими врагами. Когда вы хворали — и я не мог поднять головы от подушки. Вы поправлялись — поправлялся и я. Неужели после целой жизни, прожитой в такой тесной дружбе, я мог бы вдруг стать вашим врагом!

У ч е н ы й. Да нет, что вы! Садитесь, старый приятель. Я болел без вас, а теперь вот поправился... Я чувствую себя хорошо. Сегодня такой прекрасный день. Я счастлив, у меня сегодня душа открыта — вот что я вам скажу, хотя, вы знаете, я не люблю таких слов. Но вы просто тронули меня... Ну а вы, что вы делали это время?.. Или нет, подождите, давайте сначала перейдем на «ты».

Т е н ь *(протягивая ученому руку).* Спасибо. Я оставался твоей тенью, вот что я делал все эти дни.

У ч е н ы й. Я не понимаю тебя.

Т е н ь. Ты послал меня к принцессе. Я сначала устроился помощником главного лакея во дворце, потом поднимался все выше и выше, и с сегодняшнего дня я чиновник особо важных дел при первом министре.

У ч е н ы й. Бедняга! Воображаю, как трудно среди этих людей! Но зачем ты это сделал?

Т е н ь. Ради тебя.

У ч е н ы й. Ради меня?

Т е н ь. Ты сам не знаешь, какой страшной ненавистью окружен с тех пор, как полюбил принцессу, а принцесса тебя. Все они готовы съесть тебя, и съели бы сегодня же, если бы не я.

У ч е н ы й. Что ты!

Т е н ь. Я среди них, чтобы спасти тебя. Они доверяют мне. Они поручили мне дело № 8989.

У ч е н ы й. Что же это за дело?

Т е н ь. Это дело о замужестве принцессы.

У ч е н ы й. Не может быть.

Т е н ь. И счастье наше, что дело находится в верных руках. Меня направил к тебе сам первый министр. Мне поручено купить тебя.

У ч е н ы й. Купить? *(Смеется.)* За сколько?

Т е н ь. Пустяки. Они обещают тебе славу, почет и богатство, если ты откажешься от принцессы.

У ч е н ы й. А если я не продамся?

Т е н ь. Тебя убьют сегодня же.

У ч е н ы й. Никогда в жизни не поверю, что я могу умереть, особенно сегодня.

Т е н ь. Христиан, друг мой, они убьют тебя, поверь мне. Разве они знают дорожки, по которым мы бегали в детстве, мельницу, где мы болтали с водяным, лес, где мы встретили дочку учителя и влюбились — ты в нее, а я в ее тень. Они представить себе не могут, что ты живой человек. Для них ты — препятствие, вроде пня или колоды. Поверь мне, еще и солнце не зайдет, как ты будешь мертв.

У ч е н ы й. Что же ты мне посоветуешь сделать?

Т е н ь *(достает из папки бумагу).* Подпиши это.

У ч е н ы й *(читает).* «Я, нижеподписавшийся, решительно, бесповоротно и окончательно отказываюсь вступить в брак с наследною принцессою королевства, если взамен этого мне обеспечены будут слава, почет и богатство». Ты серьезно предлагаешь мне подписать это?

Т е н ь. Подпиши, если ты не мальчик, если ты настоящий человек.

У ч е н ы й. Да что с тобой?

Т е н ь. Пойми ты, у нас нет другого выхода. С одной стороны — мы трое, а с другой — министры, тайные советники, все чиновники королевства, полиция и армия. В прямом бою нам не победить. Поверь мне, я всегда был ближе к земле, чем ты. Слушай меня: эта бумажка их успокоит. Сегодня же вечером ты наймешь карету, за тобой не будут следить. А в лесу к тебе в карету сядем мы — принцесса и я. И через несколько часов мы свободны. Пойми ты — свободны. Вот походная чернильница, вот перо. Подпиши.

У ч е н ы й. Ну хорошо. Сейчас сюда придет принцесса, я посоветуюсь с ней и, если нет другого выхода, подпишу.

Т е н ь. Нельзя ждать! Первый министр дал мне всего двадцать минут сроку. Он не верит, что тебя можно купить, он считает наш разговор простой формальностью. У него уже сидят дежурные убийцы и ждут приказания. Подпиши.

У ч е н ы й. Ужасно не хочется.

Т е н ь. Ты тоже убийца! Отказываясь подписать эту жалкую бумажонку, ты убиваешь меня, лучшего своего друга, и бедную, беспомощную принцессу. Разве мы переживем твою смерть?

У ч е н ы й. Ну хорошо, хорошо. Давай я подпишу. Но только... я никогда в жизни больше не буду подходить так близко к дворцам... *(Подписывает бумагу.)*

Т е н ь. А вот и королевская печать. *(Ставит печать.)*

Вбегает Ю л и я. Тень скромно отходит в сторону.

Ю л и я. Христиан! Я погибла.

У ч е н ы й. Что случилось?

Ю л и я. Помогите мне.

У ч е н ы й. Я готов... Но как? Вы не шутите?

Ю л и я. Нет! Разве я улыбаюсь? Это по привычке. Идемте со мной немедленно. Идемте!

У ч е н ы й. Честное слово, я не могу уйти отсюда. Сейчас сюда придет принцесса.

Ю л и я. Дело идет о жизни и смерти!

У ч е н ы й. Ах, я догадываюсь, в чем дело... Вы узнали у министра финансов, какая беда мне грозит, и хотите предупредить меня. Спасибо вам, Юлия, но...

Ю л и я. Ах, вы не понимаете... Ну, оставайтесь. Нет! Я не хочу быть добродетельной, сентиментальной мещанкой. Я вовсе не собираюсь предупреждать вас. Дело касается меня! Христиан, простите... Идемте со мной, иначе я погибну. Ну хотите, я стану перед вами на колени? Идемте же!

Ученый. Хорошо. Я скажу только два слова моему другу. *(Подходит к Тени.)* Слушай, сейчас сюда придет принцесса.

Тень. Да.

Ученый. Скажи ей, что я прибегу через несколько минут. Я не могу отказать этой женщине. Произошло какое-то несчастье.

Тень. Иди спокойно. Я все объясню принцессе.

Ученый. Спасибо.

Уходят.

Тень. Проклятая привычка! У меня болят руки, ноги, шея. Мне все время хотелось повторять каждое его движение. Это просто опасно... *(Открывает папку.)* Так... Пункт четвертый — выполнен... *(Углубляется в чтение.)*

Входят принцесса и тайный советник. Тень выпрямляется во весь рост, смотрит пристально на принцессу.

Принцесса. Тайный советник, где же он? Почему его нет здесь?

Тайный советник *(шепотом.)* Он сейчас придет, принцесса, и все будет прекрасно.

Принцесса. Нет, это ужасное несчастье! Молчите, вы ничего не понимаете. Вы не влюблены, вам легко говорить, что все идет прекрасно! И кроме того, я принцесса, я не умею ждать. Что это за музыка?

Тайный советник. Это в ресторане, принцесса.

Принцесса. Зачем у нас в ресторане всегда играет музыка?

Тайный советник. Чтобы не слышно было, как жуют, принцесса.

Принцесса. Оставьте меня в покое... Ну что же это такое? *(Тени.)* Эй, вы, зачем вы смотрите на меня во все глаза?

Тень. Я должен заговорить с вами, и не смею, принцесса.

Принцесса. Кто вы такой?

Тень. Я его лучший друг.

Принцесса. Чей?

Тень. Я лучший друг того, кого вы ждете, принцесса.

Принцесса. Правда? Что же вы молчите?

Тень. Мой ответ покажется вам дерзким, принцесса.

Принцесса. Ничего, говорите.

Тень. Я молчал потому, что ваша красота поразила меня.

Принцесса. Но это вовсе не дерзость. Он вас послал ко мне?

Т е н ь. Да. Он просил сказать, что сейчас придет, принцесса. Очень важное дело задержало его. Все благополучно, принцесса.

П р и н ц е с с а. Но он скоро придет?

Т е н ь. Да.

П р и н ц е с с а. Ну вот, мне опять стало весело. Вы будете меня занимать до его прихода. Ну?

Тень молчит.

Ну же! Мне неловко напоминать вам об этом, но ведь я принцесса. Я привыкла, чтобы меня занимали...

Т е н ь. Хорошо, я исполню ваше приказание. Я буду рассказывать вам сны, принцесса.

П р и н ц е с с а. А ваши сны интересны?

Т е н ь. Я буду рассказывать вам ваши сны, принцесса.

П р и н ц е с с а. Мои?

Т е н ь. Да. Третьего дня ночью вам приснилось, что стены дворца вдруг превратились в морские волны. Вы крикнули: «Христиан!» — и он появился в лодке и протянул вам руку...

П р и н ц е с с а. Но ведь я никому не рассказывала этот сон!..

Т е н ь. И вы очутились в лесу... И волк вдруг поднялся в кустах. А Христиан сказал: «Не бойся, это добрый волк», — и погладил его. А вот еще один сон. Вы скакали на коне по полю. Трава на вашем пути становилась все выше и выше и наконец стеной стала вокруг. Вам показалось, что это красиво, удивительно красиво, до того красиво, что вы стали плакать и проснулись в слезах.

П р и н ц е с с а. Но откуда вы это знаете?

Т е н ь. Любовь творит чудеса, принцесса.

П р и н ц е с с а. Любовь?

Т е н ь. Да. Ведь я очень несчастный человек, принцесса. Я люблю вас.

П р и н ц е с с а. Вот как... Советник!

Т а й н ы й с о в е т н и к. Да, принцесса.

П р и н ц е с с а. Позовите... Нет, отойдите на пять шагов.

Советник отсчитывает шаги.

Я...

Т е н ь. Вы хотели, чтобы он позвал стражу, принцесса, и, сами не понимая, как это вышло, приказали ему отойти на пять шагов.

П р и н ц е с с а. Вы...

Т е н ь. Я люблю вас, принцесса. И вы сами чувствуете это.

Я до того полон вами, что ваша душа понятна мне, как моя собственная. Я рассказал вам только два ваших сна, а ведь я помню их все. Я знаю и страшные ваши сны, и смешные, и такие, которые можно рассказывать только на ухо.

П р и н ц е с с а. Нет...

Т е н ь. Хотите, я расскажу вам тот сон, который поразил вас? Помните? В том сне с вами был не он, не Христиан, а какой-то совсем другой человек, с незнакомым лицом, и вам именно это и нравилось, принцесса. И вы с ним...

П р и н ц е с с а. Советник! Позовите стражу.

Т а й н ы й с о в е т н и к. Слушаюсь, принцесса.

П р и н ц е с с а. Но пусть стража пока стоит там, за кустами. Говорите еще. Я слушаю, потому что... потому что мне просто скучно ждать его.

Т е н ь. Люди не знают теневой стороны вещей, а именно в тени, в полумраке, в глубине и таится то, что придает остроту нашим чувствам. В глубине вашей души — я.

П р и н ц е с с а. Довольно. Я вдруг очнулась. Сейчас стража возьмет вас, и ночью вы будете обезглавлены.

Т е н ь. Прочтите это!

Достает из папки бумагу, которую подписал ученый. Принцесса читает ее.

Он милый человек, славный человек, но он мелок. Он уговаривал вас бежать с ним, потому что боялся стать королем — ведь это опасно. И он продал вас. Трус!

П р и н ц е с с а. Я не верю этой бумаге.

Т е н ь. Но тут королевская печать. Я подкупил вашего ничтожного жениха, я взял вас с бою. Прикажите отрубить мне голову.

П р и н ц е с с а. Вы не даете мне опомниться. Почем я знаю, может быть, вы тоже не любите меня. Какая я несчастная девушка!

Т е н ь. А сны! Вы забыли сны, принцесса. Как я узнал ваши сны? Ведь только любовь может творить такие чудеса.

П р и н ц е с с а. Ах да, верно...

Т е н ь. Прощайте, принцесса.

П р и н ц е с с а. Вы... вы уходите?.. Как вы смеете! Подойдите ко мне, дайте мне руку... Это... Все это... так... так интересно... *(Поцелуй.)* Я... я даже не знаю, как вас зовут.

Т е н ь. Теодор-Христиан.

П р и н ц е с с а. Как хорошо! Это почти... почти то же самое. *(Поцелуй.)*

Вбегает у ч е н ы й и останавливается как вкопанный.

Т а й н ы й с о в е т н и к. Советую вам уйти отсюда, здесь принцесса дает аудиенцию одному из своих подданных.

У ч е н ы й. Луиза!

П р и н ц е с с а. Уходите прочь, вы мелкий человек.

У ч е н ы й. Что ты говоришь, Луиза?

П р и н ц е с с а. Вы подписали бумагу, в которой отказываетесь от меня?

У ч е н ы й. Да... но...

П р и н ц е с с а. Достаточно. Вы милый человек, но вы ничтожество. Идем, Теодор-Христиан, дорогой.

У ч е н ы й. Негодяй! *(Бросается к Тени.)*

П р и н ц е с с а. Стража!

Из кустов выбегает с т р а ж а.

Проводите нас во дворец.

Уходят. Ученый опускается на скамью. Из павильона быстро выходит д о к т о р.

Д о к т о р. Махните на все это рукой. Сейчас же махните рукой, иначе вы сойдете с ума.

У ч е н ы й. А вы знаете, что произошло?

Д о к т о р. Да, у меня чуткие уши. Я все слышал.

У ч е н ы й. Каким образом он добился того, что она поцеловала его?

Д о к т о р. Он ее ошеломил. Он рассказал ей все ее сны.

У ч е н ы й. Как он узнал ее сны?

Д о к т о р. Да ведь сны и тени в близком родстве. Они, кажется, двоюродные.

У ч е н ы й. Вы все слышали и не вмешались?

Д о к т о р. Что вы! Ведь он чиновник особо важных дел. Вы разве не знаете, какая это страшная сила?.. Я знал человека необычайной храбрости. Он ходил с ножом на медведей, один раз даже пошел на льва с голыми руками, — правда, с этой последней охоты он так и не вернулся. И вот этот человек упал в обморок, толкнув нечаянно тайного советника. Это особый страх. Разве удивительно, что и я боюсь его? Нет, я не вмешался в это дело, и вы махните рукой на все.

У ч е н ы й. Не хочу.

Д о к т о р. Ну что вы можете сделать?

У ч е н ы й. Я уничтожу его.

Д о к т о р. Нет. Послушайте меня, вы ведь не знаете, и никто на свете не знает, что я сделал великое открытие. Я нашел источник живой углекислой воды. Недалеко. Возле самого дворца. Вода эта вылечивает все болезни, какие есть на земле, и даже воскрешает мертвых, если они хорошие люди. И что из этого вышло? Министр финансов приказал мне закрыть источник. Если мы излечим всех больных, кто к нам будет ездить? Я боролся с министром как бешеный — и вот на меня двинулись чиновники. Им все безразлично. И жизнь, и смерть, и великие открытия. И именно поэтому они победили. И я махнул на все рукой. И мне сразу стало легче жить на свете. И вы махните на все рукой и живите, как я.

У ч е н ы й. Чем вы живете? Ради чего?

Д о к т о р. Ах, мало ли... Вот поправился больной. Вот жена уехала на два дня. Вот написали в газете, что я все-таки подаю надежды.

У ч е н ы й. И только?

Д о к т о р. А вы хотите жить для того, чтобы как можно больше людей сделать счастливыми? Так и дадут вам чиновники жить! Да и сами люди этого терпеть не могут. Махните на них рукой. Смотрите сквозь пальцы на этот безумный, несчастный мир.

У ч е н ы й. Не могу.

За сценой барабан и трубы.

Д о к т о р. Он возвращается. *(Торопливо уходит в павильон.)*

Появляется большой отряд с т р а ж и с т р у б а ч а м и и б а р а б а н щ и к а м и. Во главе отряда Т е н ь, в черном фраке и ослепительном белье. Шествие останавливается посреди сцены.

Т е н ь. Христиан! Я отдам два-три приказания, а потом займусь тобой!

Вбегает, запыхавшись, п е р в ы й м и н и с т р. Бегут бегом л а к е и, несут м и н и с т р а ф и н а н с о в. Появляются под руку П ь е т р о и Ц е з а р ь Б о р д ж и а.

П е р в ы й м и н и с т р. Что все это значит? Ведь мы решили.

Т е н ь. А я перерешил по-своему.

П е р в ы й м и н и с т р. Но послушайте...

Т е н ь. Нет, вы послушайте, любезный. Вы знаете, с кем вы говорите?

П е р в ы й м и н и с т р. Да.

Т е н ь. Так почему же вы не называете меня «ваше превосходительство»? Вы еще не были в канцелярии?

Первый министр. Нет, я обедал, ваше превосходительство.

Тень. Пройдите туда. Дело № 8989 окончено. В конце подшито волеизъявление принцессы и мой приказ за № 0001. Там приказано именовать меня «ваше превосходительство», пока мы не примем новый, подобающий нам титул.

Первый министр. Так, значит, все оформлено?

Тень. Да.

Первый министр. Тогда ничего не поделаешь. Поздравляю вас, ваше превосходительство.

Тень. Что вы хмуритесь, министр финансов?

Министр финансов. Не знаю, как это будет принято в деловых кругах. Вы все-таки из компании ученых. Начнутся всякие перемены, а мы этого терпеть не можем.

Тень. Никаких перемен. Как было, так будет. Никаких планов. Никаких мечтаний. Вот вам последние выводы моей науки.

Министр финансов. В таком случае поздравляю вас, ваше превосходительство.

Тень. Пьетро! Принцесса выбрала жениха, но это не вы.

Пьетро. Черт с ним, ваше превосходительство, заплатите мне только.

Тень. Цезарь Борджиа! И вам не быть королем.

Цезарь Борджиа. Мне останется одно — писать мемуары, ваше превосходительство.

Тень. Не огорчайтесь. Я ценю старых друзей, которые знали меня, когда я был еще простым чиновником особо важных дел. Вы назначены королевским секретарем. Вы — начальником королевской стражи.

Пьетро и Цезарь Борджиа кланяются.

Господа, вы свободны.

Все уходят с поклонами. Тень подходит к ученому.

Видал?

Ученый. Да.

Тень. Что скажешь?

Ученый. Скажу: откажись немедленно от принцессы и от престола — или я тебя заставлю это сделать.

Тень. Слушай, ничтожный человек. Завтра же я отдам ряд приказов — и ты окажешься один против целого мира. Друзья с отвращением отвернутся от тебя. Враги будут смеяться над тобой. И ты приползешь ко мне и попросишь пощады.

У ч е н ы й. Нет.

Т е н ь. Увидим. В двенадцать часов ночи со вторника на среду ты придешь во дворец и пришлешь мне записку: «Сдаюсь. Христиан-Теодор». И я, так и быть, дам тебе место при моей особе. Стража, за мной!

Барабаны и трубы. Тень уходит со свитой.

У ч е н ы й. Аннунциата! Аннунциата!

А н н у н ц и а т а вбегает.

А н н у н ц и а т а. Я здесь. Сударь! Может быть... может быть, вы послушаетесь доктора? Может быть, вы махнете на все рукой? Простите... Не сердитесь на меня. Я буду вам помогать. Я пригожусь вам. Я очень верная девушка, сударь.

У ч е н ы й. Аннунциата, какая печальная сказка!

Занавес

ДЕЙСТВИЕ ТРЕТЬЕ

КАРТИНА ПЕРВАЯ

Ночь. Горят факелы. Горят плошки на карнизах, колоннах, балконах дворца. Т о л п а, оживленная и шумная.

О ч е н ь д л и н н ы й ч е л о в е к. А вот кому рассказать, что я вижу? Всего за два грошика. А вот кому рассказать? Ох, интересно!

М а л е н ь к и й ч е л о в е к. Не слушайте его. Слушайте меня, я везде проскочу, я все знаю. А вот кому новости, всего за два грошика? Как встретились, как познакомились, как первый жених получил отставку.

1-я ж е н щ и н а. А у нас говорят, что первый жених был очень хороший человек!

2-я ж е н щ и н а. Как же! Очень хороший! Отказался от нее за миллион.

1-я ж е н щ и н а. Ну?! Да что ты?

2-я ж е н щ и н а. Это все знают! Она ему говорит: «Чудак, ты бы королем бы не меньше бы заработал бы!» А он говорит: «Еще и работать!»

1-я ж е н щ и н а. Таких людей топить надо!

2-я ж е н щ и н а. Еще бы! Королем ему трудно быть. А попробовал бы он по хозяйству!

Д л и н н ы й ч е л о в е к. А вот кому рассказать, что я вижу в окне: идет по коридору главный королевский лакей и... ну, кто хочет знать, что дальше? Всего за два грошика.

М а л е н ь к и й ч е л о в е к. А вот кому портрет нового короля? Во весь рост! С короной на голове! С доброю улыбкою на устах! С благоволением в очах!

1-й ч е л о в е к и з т о л п ы. Король есть, теперь жить будет гораздо лучше.

2-й ч е л о в е к и з т о л п ы. Это почему же?

1-й ч е л о в е к и з т о л п ы. Сейчас объясню. Видишь?

2-й человек из толпы. Чего?

1-й человек из толпы. Видишь, кто стоит?

2-й человек из толпы. Никак начальник стражи?

1-й человек из толпы. Ну да, он, переодетый.

2-й человек из толпы. Ага, вижу. *(Во весь голос.)* Король у нас есть, теперь поживем. *(Тихо.)* Сам-то переоделся, а на ногах военные сапоги со шпорами. *(Громко.)* Ох, как на душе хорошо!

1-й человек из толпы *(во весь голос)*. Да уж, что это за жизнь была без короля! Мы просто истосковались!

Толпа. Да здравствует наш новый король Теодор Первый! Ура!

Расходятся понемногу, с опаской поглядывая на Пьетро. Он остается один. От стены отделяется фигура человека в плаще.

Пьетро. Ну, что нового, капрал?

Капрал. Ничего, все тихо. Двоих задержали.

Пьетро. За что?

Капрал. Один вместо «да здравствует король» крикнул «да здравствует корова».

Пьетро. А второй?

Капрал. Второй — мой сосед.

Пьетро. А что он сделал?

Капрал. Да ничего, собственно. Характер у него поганый. Мою жену прозвал «дыней». Я до него давно добираюсь. А у вас как, господин начальник?

Пьетро. Все тихо. Народ ликует.

Капрал. Разрешите вам заметить, господин начальник. Сапоги.

Пьетро. Что «сапоги»?

Капрал. Вы опять забыли переменить сапоги. Шпоры так и звенят!

Пьетро. Да ну? Вот оказия!

Капрал. Народ догадывается, кто вы. Видите, как стало пусто вокруг?

Пьетро. Да... А впрочем... Ты свой человек, тебе я могу признаться: я нарочно вышел в сапогах со шпорами.

Капрал. Быть этого не может!

Пьетро. Да. Пусть уж лучше узнают меня, а то наслушаешься такого, что потом три ночи не спишь.

Капрал. Да, это бывает.

Пьетро. В сапогах куда спокойнее. Ходишь, позваниваешь шпорами — и слышишь кругом только то, что полагается.

Капрал. Да, уж это так.

Пьетро. Им легко там, в канцелярии. Они имеют дело только с бумажками. А мне каково с народом?

Капрал. Да, уж народ...

Пьетро (*шепотом*). Знаешь, что я тебе скажу: народ живет сам по себе!

Капрал. Да что вы!

Пьетро. Можешь мне поверить. Тут государь празднует коронование, предстоит торжественная свадьба высочайших особ, а народ что себе позволяет? Многие парни и девки целуются в двух шагах от дворца, выбрав уголки потемнее. В доме номер восемь жена портного задумала сейчас рожать. В королевстве такое событие, а она как ни в чем не бывало орет себе! Старый кузнец в доме номер три взял да и помер. Во дворце праздник, а он лежит в гробу и ухом не ведет. Это непорядок!

Капрал. В котором номере рожает? Я оштрафую.

Пьетро. Не в том дело, капрал. Меня пугает, как это они осмеливаются так вести себя. Что за упрямство, а, капрал? А вдруг они так же спокойненько, упрямо, все разом... Ты это что?

Капрал. Я ничего...

Пьетро. Смотри, брат... Ты как стоишь?

Капрал вытягивается.

Я т-т-тебе! Старый черт... Разболтался! Рассуждаешь! Скажите пожалуйста, Жан-Жак Руссо! Который час?

Капрал. Без четверти двенадцать, господин начальник.

Пьетро. Ты помнишь, о чем надо крикнуть ровно в полночь?

Капрал. Так точно, господин начальник.

Пьетро. Я пойду в канцелярию, отдохну, успокоюсь, почитаю разные бумажки, а ты тут объяви что полагается, не забудь! (*Уходит.*)

Появляется у ч е н ы й.

У ч е н ы й. Мне очень нравится, как горят эти фонарики. Кажется, никогда в жизни голова моя не работала так ясно. Я вижу и все фонарики разом и каждый фонарик в отдельности. И я люблю все фонарики разом, и каждый фонарик в отдельности. Я знаю, что к утру вы погаснете, друзья мои, но вы не жалейте об этом. Все-таки вы горели, и горели весело, — этого у вас никто не может отнять.

Ч е л о в е к, з а к у т а н н ы й с г о л о в ы д о н о г. Христиан!

У ч е н ы й. Кто это? Да ведь это доктор.

Доктор. Вы меня так легко узнали... *(Оглядывается.)* Отойдемте в сторону. Отвернитесь от меня! Нет, это звенит у меня в ушах, а мне показалось, что шпоры. Не сердитесь. Ведь у меня такая большая семья.

Ученый. Я не сержусь.

Выходят на авансцену.

Доктор. Скажите мне как врачу, вы решили сдаться?

Ученый. Нет. Я человек добросовестный, я должен пойти и сказать им то, что я знаю.

Доктор. Но ведь это самоубийство.

Ученый. Возможно.

Доктор. Умоляю вас, сдайтесь.

Ученый. Не могу.

Доктор. Вам отрубят голову!

Ученый. Не верю. С одной стороны — живая жизнь, а с другой — тень. Все мои знания говорят, что тень может победить только на время. Ведь мир-то держится на нас, на людях, которые работают! Прощайте!

Доктор. Слушайте, люди ужасны, когда воюешь с ними. А если жить с ними в мире, то может показаться, что они ничего себе.

Ученый. Это вы мне и хотели сказать?

Доктор. Нет! Может быть, я сошел с ума, но я не могу видеть, как вы идете туда безоружным. Тише. Запомните эти слова: «Тень, знай свое место».

Ученый. Я не понимаю вас!

Доктор. Все эти дни я рылся в старинных трудах о людях, потерявших тень. В одном исследовании автор, солидный профессор, рекомендует такое средство: хозяин тени должен крикнуть ей: «Тень, знай свое место», — и тогда она опять на время превращается в тень.

Ученый. Что вы говорите! Да ведь это замечательно! Все увидят, что он тень. Вот! Я ведь вам говорил, что ему придется плохо! Жизнь — против него. Мы...

Доктор. Ни слова обо мне... Прощайте... *(Быстро уходит.)*

Ученый. Очень хорошо. Я думал погибнуть с честью, но победить — это куда лучше. Они увидят, что он тень, и поймут... Ну, словом, всё поймут... Я...

Толпой бегут люди.

Ученый. Что случилось?

1-й человек. Сюда идет капрал с трубой.

У ч е н ы й. Зачем?

1-й ч е л о в е к. Будет что-то объявлять... Вот он. Тише...

К а п р а л. Христиан-Теодор! Христиан-Теодор!

У ч е н ы й. Что такое? Я, кажется, испугался!

К а п р а л. Христиан-Теодор! Христиан-Теодор!

У ч е н ы й *(громко.)* Я здесь.

К а п р а л. У вас есть письмо к королю?

У ч е н ы й. Вот оно.

К а п р а л. Следуйте за мной!

Занавес

КАРТИНА ВТОРАЯ

Зал королевского дворца. Группами сидят п р и д в о р н ы е. Негромкие разговоры. М а ж о р д о м и п о м о щ н и к и разносят угощение на подносах.

1-й п р и д в о р н ы й *(седой, прекрасное, грустное лицо)*. Прежде мороженое подавали в виде очаровательных барашков или в виде зайчиков или котяток. Кровь стыла в жилах, когда приходилось откусывать голову кроткому, невинному созданию.

1-я д а м а. Ах да, да! У меня тоже стыла кровь в жилах, ведь мороженое такое холодное!

1-й п р и д в о р н ы й. Теперь подают мороженое в виде прекрасных плодов — это гораздо гуманнее.

1-я д а м а. Вы правы! Какое у вас доброе сердце. Как поживают ваши милые канарейки?

1-й п р и д в о р н ы й. Ах, одна из них, по имени Золотая Капелька, простудилась и кашляла так, что я едва сам не заболел от сострадания. Теперь ей лучше. Она даже пробует петь, но я не позволяю ей.

Входит П ь е т р о.

П ь е т р о. Здравствуйте! Вы что там едите, господа?

2-й п р и д в о р н ы й. Мороженое, господин начальник королевской стражи.

П ь е т р о. Эй! Дай мне порцию. Живее, черт! Побольше клади, дьявол!

2-й п р и д в о р н ы й. Вы так любите мороженое, господин начальник?

П ь е т р о. Ненавижу. Но раз дают, надо брать, будь оно проклято.

М а ж о р д о м. Булочки с розовым кремом! Кому угодно, господа придворные? *(Тихо лакеям.)* В первую очередь герцогам, потом графам, потом баронам. Герцогам по шесть булочек, графам по четыре, баронам по две, остальным — что останется. Не перепутайте.

О д и н и з л а к е е в. А по скольку булочек давать новым королевским секретарям?

М а ж о р д о м. По шесть с половиной...

Входит Ц е з а р ь Б о р д ж и а.

Ц е з а р ь Б о р д ж и а. Здравствуйте, господа. Смотрите на меня. Ну? Что? Как вам нравится мой галстук, господа? Этот галстук более чем модный. Он войдет в моду только через две недели.

3-й п р и д в о р н ы й. Но как вам удалось достать это произведение искусства?

Ц е з а р ь Б о р д ж и а. О, очень просто. Мой поставщик галстуков — адмирал королевского флота. Он привозит мне галстуки из-за границы и выносит их на берег, запрятав в свою треуголку.

3-й п р и д в о р н ы й. Как это гениально просто!

Ц е з а р ь Б о р д ж и а. Я вам как королевский секретарь устрою дюжину галстуков. Господа, я хочу порадовать вас. Хотите? Тогда идемте за мной, я покажу вам мои апартаменты. Красное дерево, китайский фарфор. Хотите взглянуть?

П р и д в о р н ы е. Конечно! Мы умираем от нетерпения! Как вы любезны, господин королевский секретарь!

Цезарь Борджиа уходит, придворные за ним. Входит А н н у н ц и а т а, за нею Ю л и я Д ж у л и.

Ю л и я. Аннунциата! Вы сердитесь на меня? Не отрицайте! Теперь, когда вы дочь сановника, я совершенно ясно читаю на вашем лице — вы сердитесь на меня. Ведь так?

А н н у н ц и а т а. Ах, право, мне не до этого, сударыня.

Ю л и я. Вы все думаете о нем? Об ученом?

А н н у н ц и а т а. Да.

Ю л и я. Неужели вы думаете, что он может победить?

А н н у н ц и а т а. Мне все равно.

Ю л и я. Вы неправы. Вы девочка еще. Вы не знаете, что настоящий человек — это тот, кто побеждает... Ужасно только, что никогда не узнать наверняка, кто победит в конце концов. Христиан-Теодор такой странный! Вы знаете о нем что-нибудь?

А н н у н ц и а т а. Ах, это такое несчастье! Мы переехали во дворец, и папа приказал лакеям не выпускать меня. Я даже письма не могу послать господину ученому. А он думает, наверное, что и я отвернулась от него. Цезарь Борджиа каждый день уничтожает его в газете, папа читает и облизывается, а я читаю и чуть не плачу. Я сейчас в коридоре толкнула этого Цезаря Борджиа и даже не извинилась.

Ю л и я. Он этого не заметил, поверьте мне.

А н н у н ц и а т а. Может быть. Вы знаете что-нибудь о господине ученом, сударыня?

Ю л и я. Да. Знаю. Мои друзья министры рассказывают мне все. Христиан-Теодор очутился в полном одиночестве. И, несмотря на все это, он ходит и улыбается.

А н н у н ц и а т а. Ужасно!

Ю л и я. Конечно. Кто так ведет себя при таких тяжелых обстоятельствах? Это непонятно. Я устроила свою жизнь так легко, так изящно, а теперь вдруг — почти страдаю. Страдать — ведь это не принято! *(Хохочет громко и кокетливо.)*

А н н у н ц и а т а. Что с вами, сударыня?

Ю л и я. Придворные возвращаются сюда. Господин министр, вот вы наконец! Я, право, соскучилась без вас. Здравствуйте!

Лакеи вводят министра финансов.

М и н и с т р ф и н а н с о в. Раз, два, три, четыре... Так. Все бриллианты на месте. Раз, два, три... И жемчуга. И рубины. Здравствуйте, Юлия. Куда же вы?..

Ю л и я. Ах, ваша близость слишком волнует меня... Свет может заметить...

М и н и с т р ф и н а н с о в. Но ведь отношения наши оформлены в приказе...

Ю л и я. Все равно... Я отойду. Это будет гораздо элегантнее. *(Отходит.)*

М и н и с т р ф и н а н с о в. Она настоящая богиня... Лакеи! Посадите меня у стены. Придайте мне позу полного удовлетворения происходящими событиями. Поживее!

Лакеи исполняют приказание.

Прочь!

Лакеи уходят. П е р в ы й м и н и с т р, как бы гуляя, приближается к министру финансов.

(Улыбаясь, тихо.) Как дела, господин первый министр?

П е р в ы й м и н и с т р. Все как будто в порядке. *(Улыбается.)*

М и н и с т р ф и н а н с о в. Почему — как будто?

Первый министр. За долгие годы моей службы я открыл один не особенно приятный закон. Как раз тогда, когда мы полностью побеждаем, жизнь вдруг поднимает голову.

Министр финансов. Поднимает голову?.. Вы вызвали королевского палача?

Первый министр. Да, он здесь. Улыбайтесь, за нами следят.

Министр финансов *(улыбается)*. А топор и плаха?

Первый министр. Привезены. Плаха установлена в розовой гостиной, возле статуи купидона, и замаскирована незабудками.

Министр финансов. Что ученый может сделать?

Первый министр. Ничего. Он одинок и бессилен. Но эти честные, наивные люди иногда поступают так неожиданно!

Министр финансов. Почему его не казнили сразу?

Первый министр. Король против этого. Улыбайтесь! *(Отходит, улыбаясь.)*

Входит тайный советник.

Тайный советник. Господа придворные, поздравляю вас! Его величество со своею августейшею невестою направляет стопы свои в этот зал. Вот радость-то.

Все встают. Дверь настежь распахивается. Входят под руку Тень и принцесса.

Тень *(с изящным и величавым мановением руки)*. Садитесь!

Придворные *(хором)*. Не сядем.

Тень. Садитесь!

Придворные. Не смеем.

Тень. Садитесь!

Придворные. Ну, так уж и быть. *(Усаживаются.)*

Тень. Первый министр!

Первый министр. Я здесь, ваше величество!

Тень. Который час?

Первый министр. Без четверти двенадцать, ваше величество!

Тень. Можете идти.

Принцесса. Мы где, в каком зале?

Тень. В малом тронном, принцесса. Видите?

Принцесса. Я ничего не вижу, кроме тебя. Я не узнаю комнат, в которых выросла, людей, с которыми прожила столько лет. Мне хочется их всех выгнать вон и остаться с тобою.

Тень. Мне тоже.

П р и н ц е с с а. Ты чем-то озабочен?

Т е н ь. Да. Я обещал простить Христиана, если он сам придет сюда сегодня в полночь. Он неудачник, но я много лет был с ним дружен...

П р и н ц е с с а. Как ты можешь думать о ком-нибудь, кроме меня? Ведь через час наша свадьба.

Т е н ь. Но познакомились мы благодаря Христиану!

П р и н ц е с с а. Ах да. Какой ты хороший человек, Теодор! Да, мы простим его. Он неудачник, но ты много лет был с ним дружен.

Т е н ь. Тайный советник!

Т а й н ы й с о в е т н и к. Я здесь, ваше величество!

Т е н ь. Сейчас сюда придет человек, с которым я хочу говорить наедине.

Т а й н ы й с о в е т н и к. Слушаю-с, ваше величество! Господа придворные! Его величество изволил назначить в этом зале аудиенцию одному из своих подданных. Вот счастливец-то!

Придворные поднимаются и уходят с поклонами.

П р и н ц е с с а. Ты думаешь, он придет?

Т е н ь. А что же еще ему делать? *(Целует принцессе руку.)* Я позову тебя, как только утешу и успокою его.

П р и н ц е с с а. Я ухожу, дорогой. Какой ты необыкновенный человек! *(Уходит вслед за придворными.)*

Тень открывает окно. Прислушивается. В комнате рядом бьют часы.

Т е н ь. Полночь. Сейчас он придет.

Далеко-далеко внизу кричит капрал.

К а п р а л. Христиан-Теодор! Христиан-Теодор!

Т е н ь. Что такое? Кажется, я испугался...

К а п р а л. Христиан-Теодор! Христиан-Теодор!

Г о л о с у ч е н о г о. Я здесь.

К а п р а л. У вас есть письмо к королю?

У ч е н ы й. Вот оно.

К а п р а л. Следуйте за мной!

Т е н ь *(захлопывает окно, идет к трону, садится)*. Я мог тянуться по полу, подниматься по стене и падать в окно в одно и то же время, — способен он на такую гибкость? Я мог лежать на мостовой, и прохожие, колеса, копыта коней не причиняли мне ни малейшего вреда, — а он мог бы так приспособиться к местности? За две недели я узнал жизнь в тысячу раз лучше, чем он. Неслышно, как тень, я проникал всюду и подглядывал, и подслушивал, и читал чужие письма. Я знаю всю теневую сторону вещей. И вот теперь я сижу на троне, а он лежит у моих ног.

Распахивается дверь, входит начальник стражи.

П ь е т р о. Письмо, ваше величество.

Т е н ь. Дай сюда. *(Читает.)* «Я пришел. Христиан-Теодор». Где он?

П ь е т р о. За дверью, ваше величество.

Т е н ь. Пусть войдет.

Начальник стражи уходит. Появляется у ч е н ы й. Останавливается против трона.

Ну, как твои дела, Христиан-Теодор?

У ч е н ы й. Мои дела плохи, Теодор-Христиан.

Т е н ь. Чем же они плохи?

У ч е н ы й. Я очутился вдруг в полном одиночестве.

Т е н ь. А что же твои друзья?

У ч е н ы й. Им наклеветали на меня.

Т е н ь. А где же та девушка, которую ты любил?

У ч е н ы й. Она теперь твоя невеста.

Т е н ь. Кто же виноват во всем этом, Христиан-Теодор?

У ч е н ы й. Ты в этом виноват, Теодор-Христиан.

Т е н ь. Вот это настоящий разговор человека с тенью. Тайный советник!

Вбегает тайный советник.

Всех сюда! Поскорей!

Входит п р и н ц е с с а, садится с Тенью. П р и д в о р н ы е входят и становятся полукругом. Среди них д о к т о р.

Садитесь!

П р и д в о р н ы е. Не сядем!

Т е н ь. Садитесь!

П р и д в о р н ы е. Не смеем!

Т е н ь. Садитесь!

П р и д в о р н ы е. Ну, так уж и быть. *(Усаживаются.)*

Т е н ь. Господа, перед вами человек, которого я хочу осчастливить. Всю жизнь он был неудачником. Наконец, на его счастье, я взошел на престол. Я назначаю его своей тенью. Поздравьте его, господа придворные!

Придворные встают и кланяются.

Я приравниваю его по рангу и почестям к королевским секретарям.

М а ж о р д о м *(громким шепотом).* Приготовьте ему шесть с половиной булочек!

Т е н ь. Не смущайся, Христиан-Теодор! Если вначале тебе будет трудновато, я дам тебе несколько хороших уроков, вроде тех, что ты получил за эти дни. И ты скоро превратишься в настоящую тень, Христиан-Теодор. Займи свое место у наших ног.

П е р в ы й м и н и с т р. Ваше величество, его назначение еще не оформлено. Разрешите, я прикажу начальнику стражи увести его до завтра.

Т е н ь. Нет! Христиан-Теодор! Займи свое место у наших ног.

У ч е н ы й. Да ни за что! Господа! Слушайте так же серьезно, как я говорю! Вот настоящая тень. Моя тень! Тень захватила престол. Слышите?

П е р в ы й м и н и с т р. Так я и знал. Государь!

Т е н ь *(спокойно.)* Первый министр, тише! Говори, неудачник! Я полюбуюсь на последнюю неудачу в твоей жизни.

У ч е н ы й. Принцесса, я никогда не отказывался от вас. Он обманул и запутал и вас и меня.

П р и н ц е с с а. Не буду разговаривать!

У ч е н ы й. А ведь вы писали мне, что готовы уйти из дворца и уехать со мной, куда я захочу.

П р и н ц е с с а. Не буду, не буду, не буду разговаривать!

У ч е н ы й. Но я пришел за вами, принцесса. Дайте мне руку — и бежим. Быть женой тени — это значит превратиться в безобразную, злую лягушку.

П р и н ц е с с а. То, что вы говорите, неприятно. Зачем же мне слушать вас?

У ч е н ы й. Луиза!

П р и н ц е с с а. Молчу!

У ч е н ы й. Господа!

Т а й н ы й с о в е т н и к. Советую вам не слушать его. Настоящие воспитанные люди просто не замечают поступков невоспитанных людей.

У ч е н ы й. Господа! Это жестокое существо погубит нас всех. Он у вершины власти, но он пуст. Он уже теперь томится и не знает, что ему делать. И он начнет мучить вас всех от тоски и безделья.

1-й п р и д в о р н ы й. Мой маленький жаворонок ест у меня из рук. А мой маленький скворец называет меня «папа».

Ученый. Юлия! Ведь мы так подружились с вами, вы ведь знаете, кто я. Скажите им.

Министр финансов. Юлия, я обожаю вас, но, если вы позволите себе лишнее, я вас в порошок сотру.

Ученый. Юлия, скажите же им.

Юлия *(показывает на ученого).* Тень — это вы!

Ученый. Да неужели же я говорю в пустыне!

Аннунциата. Нет, нет! Отец все время грозил, что убьет вас, поэтому я молчала. Господа, послушайте меня! *(Показывает на Тень.)* Вот тень! Честное слово!

Легкое движение среди придворных.

Я сама видела, как он ушел от господина ученого. Я не лгу. Весь город знает, что я честная девушка.

Пьетро. Она не может быть свидетельницей!

Ученый. Почему?

Пьетро. Она влюблена в вас.

Ученый. Это правда, Аннунциата?

Аннунциата. Да, простите меня за это. И все-таки послушайте меня, господа.

Ученый. Довольно, Аннунциата. Спасибо. Эй, вы! Не хотели верить мне, так поверьте своим глазам. Тень! Знай свое место.

Тень встает, с трудом, борясь с собой, подходит к ученому.

Первый министр. Смотрите! Он повторяет все его движения. Караул!

Ученый. Тень! Это просто тень. Ты тень, Теодор-Христиан?

Тень. Да, я тень, Христиан-Теодор! Не верьте! Это ложь! Я прикажу казнить тебя!

Ученый. Не посмеешь, Теодор-Христиан!

Тень *(падает).* Не посмею, Христиан-Теодор!

Первый министр. Довольно! Мне все ясно! Этот ученый — сумасшедший! И болезнь его заразительна. Государь заболел, но он поправится. Лакеи, унести государя.

Лакеи выполняют приказ. Принцесса бежит за ними.

Стража!

Входит капрал с отрядом солдат.

Взять его!

Ученого окружают.

Доктор!

Из толпы придворных выходит д о к т о р. Министр показывает на ученого.

Это помешанный?

Д о к т о р *(машет рукой)*. Я давно говорил ему, что это безумие.

П е р в ы й м и н и с т р. Безумие его заразительно?

Д о к т о р. Да. Я сам едва не заразился этим безумием.

П е р в ы й м и н и с т р. Излечимо оно?

Д о к т о р. Нет.

П е р в ы й м и н и с т р. Значит, надо отрубить ему голову.

Т а й н ы й с о в е т н и к. Позвольте, господин первый министр, ведь я, как церемониймейстер, отвечаю за праздник.

П е р в ы й м и н и с т р. Ну, ну!

Т а й н ы й с о в е т н и к. Было бы грубо, было бы негуманно рубить голову бедному безумцу. Против казни я протестую, но маленькую медицинскую операцию над головой бедняги необходимо произвести немедленно. Медицинская операция не омрачит праздника.

П е р в ы й м и н и с т р. Прекрасно сказано.

Т а й н ы й с о в е т н и к. Наш уважаемый доктор, как известно, терапевт, а не хирург. Поэтому в данном случае, чтобы ампутировать больной орган, я советую воспользоваться услугами господина королевского палача.

П е р в ы й м и н и с т р. Господин королевский палач!

1-й п р и д в о р н ы й. Сию минуту. *(Встает. Говорит своей собеседнице, надевая белые перчатки.)* Прошу простить меня. Я скоро вернусь и расскажу вам, как я спас жизнь моим бедным кроликам. *(Первому министру.)* Я готов.

А н н у н ц и а т а. Дайте же мне проститься с ним! Прощай, Христиан-Теодор!

У ч е н ы й. Прощай, Аннунциата!

А н н у н ц и а т а. Тебе страшно, Христиан-Теодор?

У ч е н ы й. Да. Но я не прошу пощады. Я...

П е р в ы й м и н и с т р. Барабаны!

П ь е т р о. Барабаны!

Барабанщик бьет в барабан.

П е р в ы й м и н и с т р. Шагом марш!

П ь е т р о. Шагом марш!

К а п р а л. Шагом марш!

Караул уходит и уводит ученого. Палач идет следом.

П е р в ы й м и н и с т р. Господа, прошу вас на балкон — посмотреть фейерверк. А здесь тем временем приготовят прохладительные и успокоительные напитки.

Все встают, двигаются к выходу. На сцене остаются Аннунциата и Юлия.

Ю л и я. Аннунциата, я не могла поступить иначе. Простите.

А н н у н ц и а т а. Он совершенно здоров — и вдруг должен умереть!

Ю л и я. Мне это тоже ужасно, ужасно неприятно, поверьте мне. Но какой негодяй этот доктор! Так предать своего хорошего знакомого!

А н н у н ц и а т а. А вы?

Ю л и я. Разве можно сравнивать! Этот ничтожный доктор ничего не терял. А я так люблю сцену. Вы плачете?

А н н у н ц и а т а. Нет. Я буду плакать у себя в комнате.

Ю л и я. Надо учиться выбрасывать из головы все, что заставляет страдать. Легкое движение головой — и все. Вот так. Попробуйте.

А н н у н ц и а т а. Не хочу.

Ю л и я. Напрасно. Не отворачивайтесь от меня. Клянусь вам, я готова убить себя, так мне жалко его. Но это между нами.

А н н у н ц и а т а. Он еще жив?

Ю л и я. Конечно, конечно! Когда все будет кончено, они ударят в барабаны.

А н н у н ц и а т а. Я не верю, что ничего нельзя сделать. Умоляю вас, Юлия, давайте остановим все это. Надо идти туда... Скорей!

Ю л и я. Тише!

Быстро входит д о к т о р.

Д о к т о р. Вина!

М а ж о р д о м. Вина доктору!

Ю л и я. Аннунциата, если вы мне дадите слово, что будете молчать, то я попробую помочь вам...

А н н у н ц и а т а. Никому не скажу! Честное слово! Только скорее!

Ю л и я. Вовсе не надо спешить. Мое средство может помочь, только когда все будет кончено. Молчите. Слушайте внимательно. *(Подходит к доктору.)* Доктор!

Д о к т о р. Да, Юлия.

Ю л и я. А ведь я знаю, о чем вы думаете.

Д о к т о р. О вине.

Ю л и я. Нет, о воде...

Д о к т о р. Мне не до шуток сейчас, Юлия.

Ю л и я. Вы знаете, что я не шучу.

Д о к т о р. Дайте мне хоть на миг успокоиться.

Ю л и я. К сожалению, это невозможно. Сейчас одному нашему общему знакомому... ну, словом, вы понимаете меня.

Д о к т о р. Что я могу сделать?

Ю л и я. А вода?

Д о к т о р. Какая?

Ю л и я. Вспомните время, когда мы были так дружны... Однажды светила луна, сияли звезды, и вы рассказали мне, что открыли живую воду, которая излечивает все болезни и даже воскрешает мертвых, если они хорошие люди.

А н н у н ц и а т а. Доктор, это правда? Есть такая вода?

Д о к т о р. Юлия шутит, как всегда.

А н н у н ц и а т а. Вы лжете, я вижу. Я сейчас убью вас!

Д о к т о р. Я буду этому очень рад.

А н н у н ц и а т а. Доктор, вы проснетесь завтра, а он никогда не проснется. Он называл вас: друг, товарищ!

Д о к т о р. Глупая, несчастная девочка! Что я могу сделать? Вся вода у них за семью дверями, за семью замками, а ключи у министра финансов.

Ю л и я. Не верю, что вы не оставили себе бутылочку на черный день.

Д о к т о р. Нет, Юлия! Уж настолько-то я честен. Я не оставил ни капли себе, раз не могу лечить всех.

Ю л и я. Ничтожный человек.

Д о к т о р. Ведь министр любит вас, попросите у него ключи, Юлия!

Ю л и я. Я? Эгоист! Он хочет все свалить на меня.

А н н у н ц и а т а. Сударыня!

Ю л и я. Ни слова больше! Я сделала все, что могла.

А н н у н ц и а т а. Доктор!

Д о к т о р. Что я могу сделать?

М а ж о р д о м. Его величество!

Зал заполняется п р и д в о р н ы м и. Медленно входят Т е н ь и п р и н ц е с с а. Они садятся на трон. Первый министр подает знак мажордому.

Сейчас солистка его величества, находящаяся под покровительством его высокопревосходительства господина министра финансов, госпожа Юлия Джули исполнит прохладительную и успокоительную песенку «Не стоит голову терять».

Тень. Не стоит голову терять... Прекрасно!

Юлия (*делает глубокий реверанс королю. Кланяется придворным. Поет*).

> Жила на свете стрекоза,
> Она была кокетка.
> Ее прелестные глаза
> Губили мух нередко.
> Она любила повторять:
> — Не стоит голову терять...

Гром барабанов обрывает песенку.

Тень (*вскакивает, шатаясь*). Воды!

Мажордом бросается к Тени и останавливается, пораженный. Голова Тени вдруг слетает с плеч. Обезглавленная Тень неподвижно сидит на троне.

Аннунциата. Смотрите!

Министр финансов. Почему это?

Первый министр. Боже мой! Не рассчитали. Ведь это же его собственная тень. Господа, вы на рауте в королевском дворце. Вам должно быть весело, весело во что бы то ни стало!

Принцесса (*подбегает к министрам*). Сейчас же! Сейчас же! Сейчас же!

Первый министр. Что, ваше высочество?

Принцесса. Сейчас же исправить его! Я не хочу! Не хочу! Не хочу!

Первый министр. Принцесса, умоляю вас, перестаньте.

Принцесса. А что сказали бы вы, если бы жених ваш потерял голову?

Тайный советник. Это он от любви, принцесса.

Принцесса. Если вы не исправите его, я прикажу сейчас же вас обезглавить. У всех принцесс на свете целые мужья, а у меня вон что! Свинство какое!..

Первый министр. Живую воду, живо, живо, живо!

Министр финансов. Кому? Этому? Но она воскрешает только хороших людей.

Первый министр. Придется воскресить хорошего. Ах, как не хочется.

Министр финансов. Другого выхода нет. Доктор! Следуйте за мной. Лакеи! Ведите меня. (*Уходит*.)

Первый министр. Успокойтесь, принцесса, все будет сделано.

1-й придворный входит, снимает на ходу перчатки. Заметив обезглавленного короля, он замирает на месте.

1-й придворный. Позвольте... А кто это сделал? Довольно уйти на полчаса из комнаты — и у тебя перебивают работу. Интриганы!

Распахивается дверь, и через сцену проходит целое шествие. Впереди лакеи ведут министра финансов. За ним четверо солдат несут большую бочку. Бочка светится сама собою. Из щелей вырываются языки пламени. На паркет капают светящиеся капли. За бочкой шагает доктор. Шествие проходит через сцену и скрывается.

Юлия. Аннунциата, вы были правы.
Аннунциата. В чем?
Юлия. Он победит! Сейчас он победит. Они понесли живую воду. Она воскресит его.
Аннунциата. Зачем им воскрешать хорошего человека?
Юлия. Чтобы плохой мог жить. Вы счастливица, Аннунциата.
Аннунциата. Не верю, что-нибудь еще случится, ведь мы во дворце.
Юлия. Ах, я боюсь, что больше ничего не случится. Неужели войдет в моду — быть хорошим человеком? Ведь это так хлопотливо!
Цезарь Борджиа. Господин начальник королевской стражи!
Пьетро. Что еще?
Цезарь Борджиа. Придворные что-то косятся на нас. Не удрать ли?
Пьетро. А черт его знает. Еще поймают!
Цезарь Борджиа. Мы связались с неудачником.
Пьетро. Никогда ему не прощу, будь я проклят.
Цезарь Борджиа. Потерять голову в такой важный момент!
Пьетро. Болван! И еще при всех! Пошел бы к себе в кабинет и там терял бы что угодно, скотина!
Цезарь Борджиа. Бестактное существо.
Пьетро. Осел!
Цезарь Борджиа. Нет, надо будет его съесть. Надо, надо.
Пьетро. Да уж, придется.

Гром барабанов. На плечах Тени внезапно появляется голова.

Цезарь Борджиа. Поздравляю, ваше величество!
Пьетро. Ура, ваше величество!
Мажордом. Воды, ваше величество?
Тень. Почему так пусто в зале? Где все? Луиза?

Вбегает принцесса. За нею придворные.

Принцесса. Как тебе идет голова, милый!
Тень. Луиза, где он?
Принцесса. Не знаю. Как ты себя чувствуешь, дорогой?
Тень. Мне больно глотать.
Принцесса. Я сделаю тебе компресс на ночь.
Тень. Спасибо. Но где же он? Зовите его сюда.

Вбегают первый министр и министр финансов.

Первый министр. Отлично. Все на месте.
Министр финансов. Никаких перемен!
Первый министр. Ваше величество, сделайте милость, кивните головой.
Тень. Где он?
Первый министр. Прекрасно! Голова работает! Ура! Все в порядке.
Тень. Я спрашиваю вас: где он?
Первый министр. А я отвечаю: все в порядке, ваше величество. Сейчас он будет заключен в темницу.
Тень. Да вы с ума сошли! Как вы посмели даже думать об этом! Почетный караул!
Пьетро. Почетный караул!
Тень. Идите просите, умоляйте его прийти сюда.
Пьетро. Просить и умолять его — шагом марш!

Уходит с караулом.

Принцесса. Зачем вы зовете его, Теодор-Христиан?
Тень. Я хочу жить.
Принцесса. Но вы говорили, что он неудачник.
Тень. Все это так, но я жить без него не могу!

Вбегает доктор.

Доктор. Он поправился. Слышите вы все: он поступал как безумец, шел прямо, не сворачивая, он был казнен — и вот он жив, жив, как никто из вас.
Мажордом. Его светлость господин ученый.

Входит ученый. Тень вскакивает и протягивает ему руки. Ученый не обращает на него внимания.

Ученый. Аннунциата!
Аннунциата. Я здесь.

У ч е н ы й. Аннунциата, они не дали мне договорить. Да, Аннунциата. Мне страшно было умирать. Ведь я так молод!

Т е н ь. Христиан!

У ч е н ы й. Замолчи. Но я пошел на смерть, Аннунциата. Ведь чтобы победить, надо идти и на смерть. И вот — я победил. Идемте отсюда, Аннунциата.

Т е н ь. Нет! Останься со мной, Христиан. Живи во дворце. Ни один волос не упадет с твоей головы. Хочешь, я назначу тебя первым министром?

П е р в ы й м и н и с т р. Но почему же именно первым? Вот министр финансов нездоров.

М и н и с т р ф и н а н с о в. Я нездоров? Смотрите. *(Легко прыгает по залу.)*

П е р в ы й м и н и с т р. Поправился!

М и н и с т р ф и н а н с о в. У нас, у деловых людей, в минуту настоящей опасности на ногах вырастают крылья.

Т е н ь. Хочешь — я прогоню их всех, Христиан? Я дам управлять тебе — в разумных, конечно, пределах. Я помогу тебе некоторое количество людей сделать счастливыми. Ты не хочешь мне отвечать? Луиза! Прикажи ему.

П р и н ц е с с а. Замолчи ты, трус! Что вы наделали, господа? Раз в жизни встретила я хорошего человека, а вы бросились на него, как псы. Прочь, уйди отсюда, Тень!

Тень медленно спускается с трона, прижимается к стене, закутавшись в мантию.

Можете стоять в любой самой жалкой позе. Меня вы не разжалобите. Господа! Он не жених мне больше. Я найду себе нового жениха.

Т а й н ы й с о в е т н и к. Вот радость-то!

П р и н ц е с с а. Я все поняла, Христиан, милый. Эй! Начальник стражи, взять его! *(Указывает на Тень.)*

П ь е т р о. Пожалуйста. Взять его! *(Идет к Тени.)*

П е р в ы й м и н и с т р. Я помогу вам.

М и н и с т р ф и н а н с о в. И я, и я.

Ц е з а р ь Б о р д ж и а. Долой тень!

Хватают Тень, но Тени нет, пустая мантия повисает на их руках.

П р и н ц е с с а. Он убежал...

У ч е н ы й. Он скрылся, чтобы еще раз и еще раз стать у меня на дороге. Но я узнаю его, я всюду узнаю его. Аннунциата, дайте мне руку, идемте отсюда.

А н н у н ц и а т а. Как ты себя чувствуешь, Христиан-Теодор, милый?

У ч е н ы й. Мне больно глотать. Прощайте, господа!

П р и н ц е с с а. Христиан-Теодор, прости меня, ведь я ошиблась всего один раз. Ну я наказана уж — и будет. Останься или возьми меня с собой. Я буду вести себя очень хорошо. Вот увидишь.

У ч е н ы й. Нет, принцесса.

П р и н ц е с с а. Не уходи. Какая я несчастная девушка! Господа, просите его.

П р и д в о р н ы е. Ну куда же вы? Останьтесь...

— Посидите, пожалуйста...

— Куда вам так спешить? Еще детское время.

У ч е н ы й. Простите, господа, но я так занят. *(Идет с Аннунциатой, взяв ее за руку.)*

П р и н ц е с с а. Христиан-Теодор! На улице идет дождь. Темно. А во дворце тепло, уютно. Я прикажу затопить все печки. Останься.

У ч е н ы й. Нет. Мы оденемся потеплее и уедем. Не задерживайте нас, господа.

Ц е з а р ь Б о р д ж и а. Пропустите, пропустите! Вот ваши галоши, господин профессор!

П ь е т р о. Вот плащ. *(Аннунциате.)* Похлопочи за отца, чудовище!

К а п р а л. Карета у ворот.

У ч е н ы й. Аннунциата, в путь!

Занавес

1940

ДРАКОН

Сказка в 3-х действиях

ДЕЙСТВУЮЩИЕ ЛИЦА

Дракон.
Ланцелот.
Шарлемань — архивариус.
Эльза — его дочь.
Бургомистр.
Генрих — его сын.
Кот.
Осел.
1-й ткач.
2-й ткач.
Шапочных дел мастер.
Музыкальных дел мастер.
Кузнец.
1-я подруга Эльзы.
2-я подруга Эльзы.
3-я подруга Эльзы.
Часовой.
Садовник.
1-й горожанин.
2-й горожанин.
1-я горожанка.
2-я горожанка.
Мальчик.
Разносчик.
Тюремщик.
Лакеи, стража, горожане.

ДЕЙСТВИЕ ПЕРВОЕ

Просторная уютная кухня, очень чистая, с большим очагом в глубине. Пол каменный, блестит. Перед очагом на кресле дремлет к о т.

Л а н ц е л о т *(входит, оглядывается, зовет).* Господин хозяин! Госпожа хозяйка! Живая душа, откликнись! Никого... Дом пуст, ворота открыты, двери отперты, окна настежь. Как хорошо, что я честный человек, а то пришлось бы мне сейчас дрожать, оглядываться, выбирать, что подороже, и удирать во всю мочь, когда так хочется отдохнуть. *(Садится.)* Подождем. Господин кот! Скоро вернутся ваши хозяева? А? Вы молчите?

К о т. Молчу.

Л а н ц е л о т. А почему, позвольте узнать?

К о т. Когда тебе тепло и мягко, мудрее дремать и помалкивать, мой милейший.

Л а н ц е л о т. Ну а где же все-таки твои хозяева?

К о т. Они ушли, и это крайне приятно.

Л а н ц е л о т. Ты их не любишь?

К о т. Люблю каждым волоском моего меха, и лапами, и усами, но им грозит огромное горе. Я отдыхаю душой, только когда они уходят со двора.

Л а н ц е л о т. Вот оно что. Так им грозит беда? А какая? Ты молчишь?

К о т. Молчу.

Л а н ц е л о т. Почему?

К о т. Когда тебе тепло и мягко, мудрее дремать и помалкивать, чем копаться в неприятном будущем. Мяу!

Л а н ц е л о т. Кот, ты меня пугаешь. В кухне так уютно, так заботливо разведен огонь в очаге. Я просто не хочу верить, что этому милому, просторному дому грозит беда. Кот! Что здесь случилось? Отвечай же мне! Ну же!

К о т. Дайте мне забыться, прохожий.

Л а н ц е л о т. Слушай, кот, ты меня не знаешь. Я человек до того легкий, что меня, как пушинку, носит по всему свету. И я очень легко вмешиваюсь в чужие дела. Я был из-за этого девятнадцать раз ранен легко, пять раз тяжело и три раза смертельно. Но я жив до сих пор, потому что я не только легок как пушинка, а еще и упрям как осел. Говори же, кот, что тут случилось? А вдруг я спасу твоих хозяев? Со мною это бывало. Ну? Да ну же! Как тебя зовут?

К о т. Машенька.

Л а н ц е л о т. Я думал — ты кот.

К о т. Да, я кот, но люди иногда так невнимательны. Хозяева мои до сих пор удивляются, что я еще ни разу не окотился. Говорят: что же это ты, Машенька? Милые люди, бедные люди! И больше я не скажу ни слова.

Л а н ц е л о т. Скажи мне хоть — кто они, твои хозяева?

К о т. Господин архивариус Шарлемань и единственная его дочь, у которой такие мягкие лапки, славная, милая, тихая Эльза.

Л а н ц е л о т. Кому же из них грозит беда?

К о т. Ах, ей и, следовательно, всем нам!

Л а н ц е л о т. А что ей грозит? Ну же!

К о т. Мяу! Вот уж скоро четыреста лет как над нашим городом поселился дракон.

Л а н ц е л о т. Дракон? Прелестно!

К о т. Он наложил на наш город дань. Каждый год дракон выбирает себе девушку. И мы, не мяукнув, отдаем ее дракону. И он уводит ее к себе в пещеру. И мы больше никогда не видим ее. Говорят, что они умирают там от омерзения. Фрр! Пшел, пшел вон! Ф-ф-ф!

Л а н ц е л о т. Кому это ты?

К о т. Дракону. Он выбрал нашу Эльзу! Проклятая ящерица! Ф-ффф!

Л а н ц е л о т. Сколько у него голов?

К о т. Три.

Л а н ц е л о т. Порядочно. А лап?

К о т. Четыре.

Л а н ц е л о т. Ну, это терпимо. С когтями?

К о т. Да. Пять когтей на каждой лапе. Каждый коготь с олений рог.

Л а н ц е л о т. Серьезно? И острые у него когти?

К о т. Как ножи.

Л а н ц е л о т. Так. Ну а пламя выдыхает?

К о т. Да.

Л а н ц е л о т. Настоящее?

К о т. Леса горят.

Л а н ц е л о т. Ага. В чешуе он?

Кот. В чешуе.
Ланцелот. И небось крепкая чешуя-то?
Кот. Основательная.
Ланцелот. Ну а все-таки?
Кот. Алмаз не берет.
Ланцелот. Так. Представляю себе. Рост?
Кот. С церковь.
Ланцелот. Ага, все ясно. Ну, спасибо, кот.
Кот. Вы будете драться с ним?
Ланцелот. Посмотрим.
Кот. Умоляю вас — вызовите его на бой. Он, конечно, убьет вас, но, пока суд да дело, можно будет помечтать, развалившись перед очагом, о том, как случайно или чудом, так или сяк, не тем, так этим, может быть, как-нибудь, а вдруг и вы его убьете.
Ланцелот. Спасибо, кот.
Кот. Встаньте.
Ланцелот. Что случилось?
Кот. Они идут.
Ланцелот. Хоть бы она мне понравилась, ах, если бы она мне понравилась! Это так помогает... *(Смотрит в окно.)* Нравится! Кот, она очень славная девушка. Что это? Кот! Она улыбается! Она совершенно спокойна! И отец ее весело улыбается. Ты обманул меня?
Кот. Нет. Самое печальное в этой истории и есть то, что они улыбаются. Тише. Здравствуйте! Давайте ужинать, дорогие мои друзья.

Входят Эльза и Шарлемань.

Ланцелот. Здравствуйте, добрый господин и прекрасная барышня.
Шарлемань. Здравствуйте, молодой человек.
Ланцелот. Ваш дом смотрел на меня так приветливо, и ворота были открыты, и в кухне горел огонь, и я вошел без приглашения. Простите.
Шарлемань. Не надо просить прощения. Наши двери открыты для всех.
Эльза. Садитесь, пожалуйста. Дайте мне вашу шляпу, я повешу ее за дверью. Сейчас я накрою на стол... Что с вами?
Ланцелот. Ничего.
Эльза. Мне показалось, что вы... испугались меня.
Ланцелот. Нет, нет... Это я просто так.
Шарлемань. Садитесь, друг мой. Я люблю странников. Это оттого, вероятно, что я всю жизнь прожил, не выезжая из города. Откуда вы пришли?

Л а н ц е л о т. С юга.

Ш а р л е м а н ь. И много приключений было у вас на пути?

Л а н ц е л о т. Ах, больше, чем мне хотелось бы.

Э л ь з а. Вы устали, наверное. Садитесь же. Что же вы стоите?

Л а н ц е л о т. Спасибо.

Ш а р л е м а н ь. У нас вы можете хорошо отдохнуть. У нас очень тихий город. Здесь никогда и ничего не случается.

Л а н ц е л о т. Никогда?

Ш а р л е м а н ь. Никогда. На прошлой неделе, правда, был очень сильный ветер. У одного дома едва не снесло крышу. Но это не такое уж большое событие.

Э л ь з а. Вот и ужин на столе. Пожалуйста. Что же вы?

Л а н ц е л о т. Простите меня, но... Вы говорите, что у вас очень тихий город?

Э л ь з а. Конечно.

Л а н ц е л о т. А... а дракон?

Ш а р л е м а н ь. Ах, это... Но ведь мы так привыкли к нему. Он уже четыреста лет живет у нас.

Л а н ц е л о т. Но... мне говорили, что дочь ваша...

Э л ь з а. Господин прохожий...

Л а н ц е л о т. Меня зовут Ланцелот.

Э л ь з а. Господин Ланцелот, простите, я вовсе не делаю вам замечания, но все-таки прошу вас: ни слова об этом.

Л а н ц е л о т. Почему?

Э л ь з а. Потому что тут уж ничего не поделаешь.

Л а н ц е л о т. Вот как?

Ш а р л е м а н ь. Да, уж тут ничего не сделать. Мы сейчас гуляли в лесу и обо всем так хорошо, так подробно переговорили. Завтра, как только дракон уведет ее, я тоже умру.

Э л ь з а. Папа, не надо об этом.

Ш а р л е м а н ь. Вот и все, вот и все.

Л а н ц е л о т. Простите, еще только один вопрос. Неужели никто не пробовал драться с ним?

Ш а р л е м а н ь. Последние двести лет — нет. До этого с ним часто сражались, но он убивал всех своих противников. Он удивительный стратег и великий тактик. Он атакует врага внезапно, забрасывает камнями сверху, потом устремляется отвесно вниз, прямо на голову коня, и бьет его огнем, чем совершенно деморализует бедное животное. А потом он разрывает когтями всадника. Ну и в конце концов против него перестали выступать...

Л а н ц е л о т. А целым городом против него не выступали?

Ш а р л е м а н ь. Выступали.

Ланцелот. Ну и что?

Шарлемань. Он сжег предместья и половину жителей свел с ума ядовитым дымом. Это великий воин.

Эльза. Возьмите еще масла, прошу вас.

Ланцелот. Да, да, я возьму. Мне нужно набраться сил. Итак — простите, что я все расспрашиваю, — против дракона никто и не пробует выступать? Он совершенно обнаглел?

Шарлемань. Нет, что вы! Он так добр!

Ланцелот. Добр?

Шарлемань. Уверяю вас. Когда нашему городу грозила холера, он по просьбе городского врача дохнул своим огнем на озеро и вскипятил его. Весь город пил кипяченую воду и был спасен от эпидемии.

Ланцелот. Давно это было?

Шарлемань. О нет. Всего восемьдесят два года назад. Но добрые дела не забываются.

Ланцелот. А что он еще сделал доброго?

Шарлемань. Он избавил нас от цыган.

Ланцелот. Но цыгане — очень милые люди.

Шарлемань. Что вы! Какой ужас! Я, правда, в жизни своей не видал ни одного цыгана. Но я еще в школе проходил, что это люди страшные.

Ланцелот. Но почему?

Шарлемань. Это бродяги по природе, по крови. Они — враги любой государственной системы, иначе они обосновались бы где-нибудь, а не бродили бы туда-сюда. Их песни лишены мужественности, а идеи разрушительны. Они воруют детей. Они проникают всюду. Теперь мы вовсе очистились от них, но еще сто лет назад любой брюнет обязан был доказать, что в нем нет цыганской крови.

Ланцелот. Кто вам рассказал все это о цыганах?

Шарлемань. Наш дракон. Цыгане нагло выступали против него в первые годы его власти.

Ланцелот. Славные, нетерпеливые люди.

Шарлемань. Не надо, пожалуйста, не надо так говорить.

Ланцелот. Что он ест, ваш дракон?

Шарлемань. Город наш дает ему тысячу коров, две тысячи овец, пять тысяч кур и два пуда соли в месяц. Летом и осенью сюда еще добавляется десять огородов салата, спаржи и цветной капусты.

Ланцелот. Он объедает вас!

Шарлемань. Нет, что вы! Мы не жалуемся. А как же можно

иначе? Пока он здесь — ни один другой дракон не осмелится нас тронуть.

Л а н ц е л о т. Да другие-то, по-моему, все давно перебиты!

Ш а р л е м а н ь. А вдруг нет? Уверяю вас, единственный способ избавиться от драконов — это иметь своего собственного. Довольно о нем, прошу вас. Лучше вы расскажите нам что-нибудь интересное.

Л а н ц е л о т. Хорошо. Вы знаете, что такое жалобная книга?

Э л ь з а. Нет.

Л а н ц е л о т. Так знайте же. В пяти годах ходьбы отсюда, в Черных горах, есть огромная пещера. И в пещере этой лежит книга, исписанная до половины. К ней никто не прикасается, но страница за страницей прибавляется к написанным прежде, прибавляется каждый день. Кто пишет? Мир! Горы, травы, камни, деревья, реки видят, что делают люди. Им известны все преступления преступников, все несчастья страдающих напрасно. От ветки к ветке, от капли к капле, от облака к облаку доходят до пещеры в Черных горах человеческие жалобы, и книга растет. Если бы на свете не было этой книги, то деревья засохли бы от тоски, а вода стала бы горькой. Для кого пишется эта книга? Для меня.

Э л ь з а. Для вас?

Л а н ц е л о т. Для нас. Для меня и немногих других. Мы внимательные, легкие люди. Мы проведали, что есть такая книга, и не поленились добраться до нее. А заглянувший в эту книгу однажды не успокоится вовеки. Ах, какая это жалобная книга! На эти жалобы нельзя не ответить. И мы отвечаем.

Э л ь з а. А как?

Л а н ц е л о т. Мы вмешиваемся в чужие дела. Мы помогаем тем, кому необходимо помочь. И уничтожаем тех, кого необходимо уничтожить. Помочь вам?

Э л ь з а. Как?

Ш а р л е м а н ь. Чем вы нам можете помочь?

К о т. Мяу!

Л а н ц е л о т. Три раза я был ранен смертельно, и как раз теми, кого насильно спасал. И все-таки, хоть вы меня и не просите об этом, я вызову на бой дракона! Слышите, Эльза!

Э л ь з а. Нет, нет! Он убьет вас, и это отравит последние часы моей жизни.

К о т. Мяу!

Л а н ц е л о т. Я вызову на бой дракона!

Раздается все нарастающий свист, шум, вой, рев. Стекла дрожат. Зарево вспыхивает за окнами.

К о т. Легок на помине!

Вой и свист внезапно обрываются. Громкий стук в дверь.

Ш а р л е м а н ь. Войдите!

Входит богато одетый л а к е й.

Л а к е й. К вам господин дракон.
Ш а р л е м а н ь. Милости просим!

Лакей широко распахивает дверь. Пауза. И вот не спеша в комнату входит пожилой, но крепкий, моложавый, белобрысый ч е л о в е к, с солдатской выправкой. Волосы ежиком. Он широко улыбается. Вообще обращение его, несмотря на грубоватость, не лишено некоторой приятности. Он глуховат.

Ч е л о в е к. Здорóво, ребята! Эльза, здравствуй, крошка! А у вас гость. Кто это?
Ш а р л е м а н ь. Это странник, прохожий.
Ч е л о в е к. Как? Рапортуй громко, отчетливо, по-солдатски.
Ш а р л е м а н ь. Это странник!
Ч е л о в е к. Не цыган?
Ш а р л е м а н ь. Что вы! Это очень милый человек.
Ч е л о в е к. А?
Ш а р л е м а н ь. Милый человек.
Ч е л о в е к. Хорошо. Странник! Что ты не смотришь на меня? Чего ты уставился на дверь?
Л а н ц е л о т. Я жду, когда войдет дракон.
Ч е л о в е к. Ха-ха! Я — дракон.
Л а н ц е л о т. Вы? А мне говорили, что у вас три головы, когти, огромный рост!
Д р а к о н. Я сегодня попросту, без чинов.
Ш а р л е м а н ь. Господин дракон так давно живет среди людей, что иногда сам превращается в человека и заходит к нам в гости по-дружески.
Д р а к о н. Да. Мы воистину друзья, дорогой Шарлемань. Каждому из вас я даже более чем просто друг. Я друг вашего детства. Мало того, я друг детства вашего отца, деда, прадеда. Я помню вашего прапрадеда в коротеньких штанишках. Черт! Непрошеная слеза. Ха-ха! Приезжий таращит глаза. Ты не ожидал от меня таких чувств? Ну? Отвечай! Растерялся, сукин сын. Ну, ну. Ничего. Ха-ха. Эльза!

Э л ь з а. Да, господин дракон.

Д р а к о н. Дай лапку.

Эльза протягивает руку Дракону.

Плутовка. Шалунья. Какая теплая лапка. Мордочку выше! Улыбайся. Так. Ты чего, прохожий? А?

Л а н ц е л о т. Любуюсь.

Д р а к о н. Молодец. Четко отвечаешь. Любуйся. У нас попросту, приезжий. По-солдатски. Раз, два, горе не беда! Ешь!

Л а н ц е л о т. Спасибо, я сыт.

Д р а к о н. Ничего, ешь. Зачем приехал?

Л а н ц е л о т. По делам.

Д р а к о н. А?

Л а н ц е л о т. По делам.

Д р а к о н. А по каким? Ну, говори. А? Может, я и помогу тебе. Зачем ты приехал сюда?

Л а н ц е л о т. Чтобы убить тебя.

Д р а к о н. Громче!

Э л ь з а. Нет, нет! Он шутит! Хотите, я еще раз дам вам руку, господин дракон?

Д р а к о н. Чего?

Л а н ц е л о т. Я вызываю тебя на бой, слышишь ты, дракон!

Дракон молчит, побагровев.

Я вызываю тебя на бой в третий раз, слышишь?

Раздается оглушительный, страшный, тройной рев. Несмотря на мощь этого рева, от которого стены дрожат, он не лишен некоторой музыкальности. Ничего человеческого в этом реве нет. Это ревет Дракон, сжав кулаки и топая ногами.

Д р а к о н *(внезапно оборвав рев. Спокойно).* Дурак. Ну? Чего молчишь? Страшно?

Л а н ц е л о т. Нет.

Д р а к о н. Нет?

Л а н ц е л о т. Нет.

Д р а к о н. Ну хорошо же. *(Делает легкое движение плечами и вдруг поразительно меняется. Новая голова появляется у Дракона на плечах. Старая исчезает бесследно. Серьезный, сдержанный, высоколобый, узколицый, седеющий блондин стоит перед Ланцелотом.)*

К о т. Не удивляйся, дорогой Ланцелот. У него три башки. Он их и меняет, когда пожелает.

Д р а к о н (*голос его изменился так же, как лицо. Негромко. Суховато*). Ваше имя Ланцелот?

Л а н ц е л о т. Да.

Д р а к о н. Вы потомок известного странствующего рыцаря Ланцелота?

Л а н ц е л о т. Это мой дальний родственник.

Д р а к о н. Принимаю ваш вызов. Странствующие рыцари — те же цыгане. Вас нужно уничтожить.

Л а н ц е л о т. Я не дамся.

Д р а к о н. Я уничтожил: восемьсот девять рыцарей, девятьсот пять людей неизвестного звания, одного пьяного старика, двух сумасшедших, двух женщин — мать и тетку девушек, избранных мной, и одного мальчика двенадцати лет — брата такой же девушки. Кроме того, мною было уничтожено шесть армий и пять мятежных толп. Садитесь, пожалуйста.

Л а н ц е л о т (*садится*). Благодарю вас.

Д р а к о н. Вы курите? Курите, не стесняйтесь.

Л а н ц е л о т. Спасибо. (*Достает трубку, набивает не спеша табаком.*)

Д р а к о н. Вы знаете, в какой день я появился на свет?

Л а н ц е л о т. В несчастный.

Д р а к о н. В день страшной битвы. В тот день сам Аттила потерпел поражение, — вам понятно, сколько воинов надо было уложить для этого? Земля пропиталась кровью. Листья на деревьях к полуночи стали коричневыми. К рассвету огромные черные грибы — они называются гробовики — выросли под деревьями. А вслед за ними из-под земли выполз я. Я — сын войны. Война — это я. Кровь мертвых гуннов течет в моих жилах — это холодная кровь. В бою я холоден, спокоен и точен.

При слове «точен» Дракон делает легкое движение рукой. Раздается сухое щелканье. Из указательного пальца Дракона лентой вылетает пламя. Зажигает табак в трубке, которую к этому времени набил Ланцелот.

Л а н ц е л о т. Благодарю вас. (*Затягивается с наслаждением.*)

Д р а к о н. Вы против меня, — следовательно, вы против войны?

Л а н ц е л о т. Что вы! Я воюю всю жизнь.

Д р а к о н. Вы чужой здесь, а мы издревле научились понимать друг друга. Весь город будет смотреть на вас с ужасом и обрадуется вашей смерти. Вам предстоит бесславная гибель. Понимаете?

Л а н ц е л о т. Нет.

Д р а к о н. Я вижу, что вы решительны по-прежнему?

Л а н ц е л о т. Даже больше.

Д р а к о н. Вы — достойный противник.

Л а н ц е л о т. Благодарю вас.

Д р а к о н. Я буду воевать с вами всерьез.

Л а н ц е л о т. Отлично.

Д р а к о н. Это значит, что я убью вас немедленно. Сейчас. Здесь.

Л а н ц е л о т. Но я безоружен!

Д р а к о н. А вы хотите, чтобы я дал вам время вооружиться? Нет. Я ведь сказал, что буду воевать с вами всерьез. Я нападу на вас внезапно, сейчас... Эльза, принесите метелку!

Э л ь з а. Зачем?

Д р а к о н. Я сейчас испепелю этого человека, а вы выметете его пепел.

Л а н ц е л о т. Вы боитесь меня?

Д р а к о н. Я не знаю, что такое страх.

Л а н ц е л о т. Почему же тогда вы так спешите? Дайте мне сроку до завтра. Я найду себе оружие, и мы встретимся на поле.

Д р а к о н. А зачем?

Л а н ц е л о т. Чтобы народ не подумал, что вы трусите.

Д р а к о н. Народ ничего не узнает. Эти двое будут молчать. Вы умрете сейчас храбро, тихо и бесславно. *(Поднимает руку.)*

Ш а р л е м а н ь. Стойте!

Д р а к о н. Что такое?

Ш а р л е м а н ь. Вы не можете убить его.

Д р а к о н. Что?

Ш а р л е м а н ь. Умоляю вас — не гневайтесь, я предан вам всей душой. Но ведь я архивариус.

Д р а к о н. При чем здесь ваша должность?

Ш а р л е м а н ь. У меня хранится документ, подписанный вами триста восемьдесят два года назад. Этот документ не отменен. Видите, я не возражаю, а только напоминаю. Там стоит подпись: «Дракон».

Д р а к о н. Ну и что?

Ш а р л е м а н ь. Это моя дочка, в конце концов. Я ведь желаю, чтобы она жила подольше. Это вполне естественно.

Д р а к о н. Короче.

Ш а р л е м а н ь. Будь что будет — я возражаю. Убить его вы не можете. Всякий вызвавший вас — в безопасности до дня боя, пишете вы и подтверждаете это клятвой. И день боя назначаете не вы, а он, вызвавший вас, — так сказано в документе и подтверждено клятвой. А весь город должен помогать тому, кто вызовет вас, и никто не будет наказан — это тоже подтверждается клятвой.

Д р а к о н. Когда был написан этот документ?

Ш а р л е м а н ь. Триста восемьдесят два года назад.

Д р а к о н. Я был тогда наивным, сентиментальным, неопытным мальчишкой.

Ш а р л е м а н ь. Но документ не отменен.

Д р а к о н. Мало ли что...

Ш а р л е м а н ь. Но документ...

Д р а к о н. Довольно о документах. Мы — взрослые люди.

Ш а р л е м а н ь. Но ведь вы сами подписали... Я могу сбегать за документом.

Д р а к о н. Ни с места.

Ш а р л е м а н ь. Нашелся человек, который пробует спасти мою девочку. Любовь к ребенку — ведь это же ничего. Это можно. А кроме того, гостеприимство — это ведь тоже вполне можно. Зачем же вы смотрите на меня так страшно? *(Закрывает лицо руками.)*

Э л ь з а. Папа! Папа!

Ш а р л е м а н ь. Я протестую!

Д р а к о н. Ладно. Сейчас я уничтожу все гнездо.

Л а н ц е л о т. И весь мир узнает, что вы трус!

Д р а к о н. Откуда?

Кот одним прыжком вылетает в окно. Шипит издали.

К о т. Всем, всем, все, все расскажу, старый ящер.

Дракон снова разражается ревом, рев этот так же мощен, но на этот раз в нем явственно слышны хрип, стоны, отрывистый кашель. Это ревет огромное, древнее, злобное чудовище.

Д р а к о н *(внезапно оборвав вой).* Ладно. Будем драться завтра, как вы просили.

Быстро уходит. И сейчас же за дверью поднимается свист, гул, шум. Стены дрожат, мигает лампа, свист, гул и шум затихают, удаляясь.

Ш а р л е м а н ь. Улетел! Что я наделал! Ах, что я наделал! Я старый, проклятый себялюбец. Но ведь я не мог иначе! Эльза, ты сердишься на меня?

Э л ь з а. Нет, что ты!

Ш а р л е м а н ь. Я вдруг ужасно ослабел. Простите меня. Я лягу. Нет, нет, не провожай меня. Оставайся с гостем. Занимай его разговорами, — ведь он был так любезен с нами. Простите, я пойду прилягу. *(Уходит.)*

Пауза.

Эльза. Зачем вы затеяли все это? Я не упрекаю вас, — но все было так ясно и достойно. Вовсе не так страшно умереть молодой. Все состарятся, а ты нет.

Ланцелот. Что вы говорите! Подумайте! Деревья и те вздыхают, когда их рубят.

Эльза. А я не жалуюсь.

Ланцелот. И вам не жалко отца?

Эльза. Но ведь он умрет как раз тогда, когда ему хочется умереть. Это, в сущности, счастье.

Ланцелот. И вам не жалко расставаться с вашими подругами?

Эльза. Нет, ведь если бы не я, дракон выбрал бы кого-нибудь из них.

Ланцелот. А жених ваш?

Эльза. Откуда вы знаете, что у меня был жених?

Ланцелот. Я почувствовал это. А с женихом вам не жалко расставаться?

Эльза. Но ведь дракон, чтобы утешить Генриха, назначил его своим личным секретарем.

Ланцелот. Ах, вот оно что. Ну тогда, конечно, с ним не так уж жалко расстаться. Ну а ваш родной город? Вам не жалко его оставить?

Эльза. Но ведь как раз за свой родной город я и погибаю.

Ланцелот. И он равнодушно принимает вашу жертву?

Эльза. Нет, нет! Меня не станет в воскресенье, а до самого вторника весь город погрузится в траур. Целых три дня никто не будет есть мяса. К чаю будут подаваться особые булочки под названием «бедная девушка» — в память обо мне.

Ланцелот. И это все?

Эльза. А что еще можно сделать?

Ланцелот. Убить дракона.

Эльза. Это невозможно.

Ланцелот. Дракон вывихнул вашу душу, отравил кровь и затуманил зрение. Но мы все это исправим.

Эльза. Не надо. Если верно то, что вы говорите обо мне, значит, мне лучше умереть.

Вбегает кот.

Кот. Восемь моих знакомых кошек и сорок восемь моих котят обежали все дома и рассказали о предстоящей драке. Мяу! Бургомистр бежит сюда!

Ланцелот. Бургомистр? Прелестно!

Вбегает бургомистр.

Бургомистр. Здравствуй, Эльза. Где прохожий?

Ланцелот. Вот я.

Бургомистр. Прежде всего, будьте добры, говорите потише, по возможности без жестов, двигайтесь мягко и не смотрите мне в глаза.

Ланцелот. Почему?

Бургомистр. Потому что нервы у меня в ужасном состоянии. Я болен всеми нервными и психическими болезнями, какие есть на свете, и, сверх того, еще тремя, неизвестными до сих пор. Думаете, легко быть бургомистром при драконе?

Ланцелот. Вот я убью дракона, и вам станет легче.

Бургомистр. Легче? Ха-ха! Легче! Ха-ха! Легче! *(Впадает в истерическое состояние. Пьет воду. Успокаивается.)* То, что вы осмелились вызвать господина дракона, — несчастье. Дела были в порядке. Господин дракон своим влиянием держал в руках моего помощника, редкого негодяя, и всю его банду, состоящую из купцов-мукомолов. Теперь все перепутается. Господин дракон будет готовиться к бою и забросит дела городского управления, в которые он только что начал вникать.

Ланцелот. Да поймите же вы, несчастный человек, что я спасу город!

Бургомистр. Город? Ха-ха! Город! Город! Ха-ха! *(Пьет воду, успокаивается.)* Мой помощник — такой негодяй, что я пожертвую двумя городами, только бы уничтожить его. Лучше пять драконов, чем такая гадина, как мой помощник. Умоляю вас, уезжайте.

Ланцелот. Не уеду.

Бургомистр. Поздравляю вас, у меня припадок каталепсии. *(Застывает с горькой улыбкой на лице.)*

Ланцелот. Ведь я спасу всех! Поймите!

Бургомистр молчит.

Не понимаете?

Бургомистр молчит. Ланцелот обрызгивает его водой.

Бургомистр. Нет, я не понимаю вас. Кто вас просит драться с ним?

Ланцелот. Весь город этого хочет.

Бургомистр. Да? Посмотрите в окно. Лучшие люди города прибежали просить вас, чтобы вы убирались прочь!

Ланцелот. Где они?

Бургомистр. Вон, жмутся у стен. Подойдите ближе, друзья мои.

Ланцелот. Почему они идут на цыпочках?

Бургомистр. Чтобы не действовать мне на нервы. Друзья мои, скажите Ланцелоту, чего вы от него хотите. Ну! Раз! Два! Три!

Хор голосов. Уезжайте прочь от нас! Скорее! Сегодня же!

Ланцелот отходит от окна.

Бургомистр. Видите! Если вы гуманный и культурный человек, то подчинитесь воле народа.

Ланцелот. Ни за что!

Бургомистр. Поздравляю вас, у меня легкое помешательство. *(Упирает одну руку в бок, другую изгибает изящно.)* Я — чайник, заварите меня!

Ланцелот. Я понимаю, почему эти людишки прибежали сюда на цыпочках.

Бургомистр. Ну, почему же это?

Ланцелот. Чтобы не разбудить настоящих людей. Вот я сейчас поговорю с ними. *(Выбегает.)*

Бургомистр. Вскипятите меня! Впрочем, что он может сделать? Дракон прикажет, и мы его засадим в тюрьму. Дорогая Эльза, не волнуйся. Секунда в секунду, в назначенный срок, наш дорогой дракон заключит тебя в свои объятия. Будь покойна.

Эльза. Хорошо.

Стук в дверь.

Войдите.

Входит тот самый лакей, который объявлял о приходе Дракона.

Бургомистр. Здравствуй, сынок.

Лакей. Здравствуй, отец.

Бургомистр. Ты от него? Никакого боя не будет, конечно? Ты принес приказ заточить Ланцелота в тюрьму?

Лакей. Господин дракон приказывает: первое — назначить бой на завтра, второе — Ланцелота снабдить оружием, третье — быть поумнее.

Бургомистр. Поздравляю вас, у меня зашел ум за разум. Ум! Ау! Отзовись! Выйди!

Лакей. Мне приказано переговорить с Эльзой наедине.

Бургомистр. Ухожу, ухожу, ухожу! *(Торопливо удаляется.)*

Лакей. Здравствуй, Эльза.

Эльза. Здравствуй, Генрих.

Генрих. Ты надеешься, что Ланцелот спасет тебя?

Эльза. Нет. А ты?

Генрих. И я нет.

Эльза. Что дракон велел передать мне?

Генрих. Он велел передать, чтобы ты убила Ланцелота, если это понадобится.

Эльза *(в ужасе)*. Как?

Генрих. Ножом. Вот он, этот ножик. Он отравленный...

Эльза. Я не хочу!

Генрих. А на это господин дракон велел сказать, что иначе он перебьет всех твоих подруг.

Эльза. Хорошо. Скажи, что я постараюсь.

Генрих. А господин дракон на это велел сказать: всякое колебание будет наказано как ослушание.

Эльза. Я ненавижу тебя!

Генрих. А господин дракон на это велел сказать, что умеет награждать верных слуг.

Эльза. Ланцелот убьет твоего дракона!

Генрих. А господин дракон на это велел сказать: посмотрим!

Занавес

ДЕЙСТВИЕ ВТОРОЕ

Центральная площадь города. Направо — ратуша с башенкой, на которой стоит ч а с о в о й. Прямо — огромное мрачное коричневое здание без окон, с гигантской чугунной дверью во всю стену, от фундамента до крыши. На двери надпись готическими буквами: «Людям вход безусловно запрещен». Налево — широкая старинная крепостная стена. В центре площади — колодец с резными перилами и навесом. Г е н р и х, без ливреи, в фартуке, чистит медные украшения на чугунной двери.

Г е н р и х (*напевает*). Посмотрим, посмотрим, провозгласил дракон. Посмотрим, посмотрим, взревел старик дра-дра. Старик дракоша прогремел: посмотрим, черт возьми! И мы действительно посмо! Посмотрим, тру-ля-ля!

Из ратуши выбегает б у р г о м и с т р. На нем смирительная рубашка.

Б у р г о м и с т р. Здравствуй, сынок. Ты посылал за мной?
Г е н р и х. Здравствуй, отец. Я хотел узнать, как там у вас идут дела. Заседание городского самоуправления закрылось?
Б у р г о м и с т р. Какое там! За целую ночь мы едва успели утвердить повестку дня.
Г е н р и х. Умаялся?
Б у р г о м и с т р. А ты как думаешь? За последние полчаса мне переменили три смирительные рубашки. (*Зевает.*) Не знаю, к дождю, что ли, но только сегодня ужасно разыгралась моя проклятая шизофрения. Так и брежу, так и брежу... Галлюцинации, навязчивые идеи, то-се. (*Зевает.*) Табак есть?
Г е н р и х. Есть.
Б у р г о м и с т р. Развяжи меня. Перекурим.

Генрих развязывает отца. Усаживаются рядом на ступеньках дворца. Закуривают.

Г е н р и х. Когда же вы решите вопрос об оружии?
Б у р г о м и с т р. О каком оружии?
Г е н р и х. Для Ланцелота.

Бургомистр. Для какого Ланцелота?

Генрих. Ты что, с ума сошел?

Бургомистр. Конечно. Хорош сын. Совершенно забыл, как тяжко болен его бедняга-отец. *(Кричит.)* О люди, люди, возлюбите друг друга! *(Спокойно.)* Видишь, какой бред.

Генрих. Ничего, ничего, папа. Это пройдет.

Бургомистр. Я сам знаю, что пройдет, а все-таки неприятно.

Генрих. Ты послушай меня. Есть важные новости. Старик-дракоша нервничает.

Бургомистр. Неправда!

Генрих. Уверяю тебя. Всю ночь, не жалея крылышек, наш старикан порхал неведомо где. Заявился домой только на рассвете. От него ужасно несло рыбой, что с ним случается всегда, когда он озабочен. Понимаешь?

Бургомистр. Так, так.

Генрих. И мне удалось установить следующее. Наш добрый ящер порхал всю ночь исключительно для того, чтобы разузнать всю подноготную о славном господине Ланцелоте.

Бургомистр. Ну-ну?

Генрих. Не знаю, в каких притонах — на Гималаях или на горе Арарат, в Шотландии или на Кавказе, — но только старичок разведал, что Ланцелот — профессиональный герой. Презираю людишек этой породы. Но дра-дра, как профессиональный злодей, очевидно, придает им кое-какое значение. Он ругался, скрипел, ныл. Потом дедушке захотелось пивца. Вылакав целую бочку любимого своего напитка и не отдав никаких приказаний, дракон вновь расправил свои перепонки и вот до сей поры шныряет в небесах, как пичужка. Тебя это не тревожит?

Бургомистр. Ни капельки.

Генрих. Папочка, скажи мне — ты старше меня... опытней... Скажи, что ты думаешь о предстоящем бое? Пожалуйста, ответь. Неужели Ланцелот может... Только отвечай попросту, без казенных восторгов, — неужели Ланцелот может победить? А? Папочка? Ответь мне!

Бургомистр. Пожалуйста, сынок, я отвечу тебе попросту, от души. Я так, понимаешь, малыш, искренне привязан к нашему дракоше! Вот честное слово даю. Сроднился я с ним, что ли? Мне, понимаешь, даже, ну как тебе сказать, хочется отдать за него жизнь. Ей-богу правда, вот провалиться мне на этом месте! Нет, нет, нет! Он, голубчик, победит! Он победит, чудушко-юдушко! Душечка-цыпочка! Летун-хлопотун! Ох, люблю я его как! Ой, люблю! Люблю — и крышка. Вот тебе и весь ответ.

Г е н р и х. Не хочешь ты, папочка, попросту, по душам поговорить с единственным своим сыном!

Б у р г о м и с т р. Не хочу, сынок. Я еще не сошел с ума. То есть я, конечно, сошел с ума, но не до такой степени. Это дракон приказал тебе допросить меня?

Г е н р и х. Ну что ты, папа!

Б у р г о м и с т р. Молодец, сынок! Очень хорошо провел весь разговор. Горжусь тобой. Не потому, что я — отец, клянусь тебе. Я горжусь тобою как знаток, как старый служака. Ты запомнил, что я ответил тебе?

Г е н р и х. Разумеется.

Б у р г о м и с т р. А эти слова: чудушко-юдушко, душечка-цыпочка, летун-хлопотун?

Г е н р и х. Все запомнил.

Б у р г о м и с т р. Ну вот так и доложи!

Г е н р и х. Хорошо, папа.

Б у р г о м и с т р. Ах ты мой единственный, ах ты мой шпиончик... Карьерочку делает, крошка. Денег не надо?

Г е н р и х. Нет, пока не нужно, спасибо, папочка.

Б у р г о м и с т р. Бери, не стесняйся. Я при деньгах. У меня как раз вчера был припадок клептомании. Бери...

Г е н р и х. Спасибо, не надо. Ну а теперь скажи мне правду...

Б у р г о м и с т р. Ну что ты, сыночек, как маленький, — правду, правду... Я ведь не обыватель какой-нибудь, а бургомистр. Я сам себе не говорю правды уже столько лет, что и забыл, какая она, правда-то. Меня от нее воротит, отшвыривает. Правда, она знаешь чем пахнет, проклятая? Довольно, сын. Слава дракону! Слава дракону! Слава дракону!

Часовой на башне ударяет алебардой об пол. Кричит.

Ч а с о в о й. Смирно! Равнение на небо! Его превосходительство показались над Серыми горами!

Генрих и бургомистр вскакивают и вытягиваются, подняв головы к небу. Слышен отдаленный гул, который постепенно замирает.

Вольно! Его превосходительство повернули обратно и скрылись в дыму и пламени!

Г е н р и х. Патрулирует.

Б у р г о м и с т р. Так, так. Слушай, а теперь ты мне ответь на один вопросик. Дракон действительно не дал никаких приказаний, а, сынок?

Г е н р и х. Не дал, папа.

Бургомистр. Убивать не будем?
Генрих. Кого?
Бургомистр. Нашего спасителя.
Генрих. Ах, папа, папа.
Бургомистр. Скажи, сынок. Не приказал он потихонечку тюкнуть господина Ланцелота? Не стесняйся, говори... Чего там... Дело житейское. А, сынок? Молчишь?
Генрих. Молчу.
Бургомистр. Ну ладно, молчи. Я сам понимаю, ничего не поделаешь — служба.
Генрих. Напоминаю вам, господин бургомистр, что с минуты на минуту должна состояться торжественная церемония вручения оружия господину герою. Возможно, что сам дра-дра захочет почтить церемонию своим присутствием, а у тебя еще ничего не готово.
Бургомистр *(зевает и потягивается)*. Ну что ж, пойду. Мы в один миг подберем ему оружие какое-нибудь. Останется доволен. Завяжи-ка мне рукава... Вот и он идет! Ланцелот идет!
Генрих. Уведи его! Сейчас сюда придет Эльза, с которой мне нужно поговорить.

Входит Ланцелот.

Бургомистр *(кликушествуя)*. Слава тебе, слава, осанна, Георгий Победоносец! Ах, простите, я обознался в бреду. Мне вдруг почудилось, что вы так на него похожи.
Ланцелот. Очень может быть. Это мой дальний родственник.
Бургомистр. Как скоротали ночку?
Ланцелот. Бродил.
Бургомистр. Подружились с кем-нибудь?
Ланцелот. Конечно.
Бургомистр. С кем?
Ланцелот. Боязливые жители вашего города травили меня собаками. А собаки у вас очень толковые. Вот с ними-то я и подружился. Они меня поняли, потому что любят своих хозяев и желают им добра. Мы болтали почти до рассвета.
Бургомистр. Блох не набрались?
Ланцелот. Нет. Это были славные, аккуратные псы.
Бургомистр. Вы не помните, как их звали?
Ланцелот. Они просили не говорить.
Бургомистр. Терпеть не могу собак.
Ланцелот. Напрасно.

Б у р г о м и с т р. Слишком простые существа.

Л а н ц е л о т. Вы думаете, это так просто любить людей? Ведь собаки великолепно знают, что за народ их хозяева. Плачут, а любят. Это настоящие работники. Вы посылали за мной?

Б у р г о м и с т р. «За мной!» — воскликнул аист и клюнул змею своим острым клювом. «За мной!» — сказал король и оглянулся на королеву. За мной летели красотки верхом на изящных тросточках. Короче говоря, да, я посылал за вами, господин Ланцелот.

Л а н ц е л о т. Чем могу служить?

Б у р г о м и с т р. В магазине Мюллера получена свежая партия сыра. Лучшее украшение девушки — скромность и прозрачное платьице. На закате дикие утки пролетели над колыбелькой. Вас ждут на заседание городского самоуправления, господин Ланцелот.

Л а н ц е л о т. Зачем?

Б у р г о м и с т р. Зачем растут липы на улице Драконовых Лапок? Зачем танцы, когда хочется поцелуев? Зачем поцелуи, когда стучат копыта? Члены городского самоуправления должны лично увидеть вас, чтобы сообразить, какое именно оружие подходит вам больше всего, господин Ланцелот. Идемте, покажемся им!

Уходят.

Г е н р и х. «Посмотрим, посмотрим», — провозгласил дракон. «Посмотрим, посмотрим», — взревел старик дра-дра. Старик дракоша прогремел: «Посмотрим, черт возьми», — и мы действительно посмо!

Входит Э л ь з а.

Эльза!

Э л ь з а. Да, я. Ты посылал за мной?

Г е н р и х. Посылал. Как жаль, что на башне стоит часовой. Если бы не эта в высшей степени досадная помеха, я бы тебя обнял и поцеловал.

Э л ь з а. А я бы тебя ударила.

Г е н р и х. Ах, Эльза, Эльза! Ты всегда была немножко слишком добродетельна! Но это шло тебе. За скромностью твоей скрывается нечто. Дра-дра чувствует девушек. Он всегда выбирал самых многообещающих, шалун-попрыгун. А Ланцелот еще не пытался ухаживать за тобой?

Э л ь з а. Замолчи.

Г е н р и х. Впрочем, конечно нет. Будь на твоем месте старая дура, он все равно полез бы сражаться. Ему все равно, кого спасать. Он так обучен. Он и не разглядел, какая ты.

Э л ь з а. Мы только что познакомились.

Г е н р и х. Это не оправдание.

Э л ь з а. Ты звал меня только для того, чтобы сообщить все это?

Г е н р и х. О нет. Я звал тебя, чтобы спросить — хочешь выйти замуж за меня?

Э л ь з а. Перестань!

Г е н р и х. Я не шучу. Я уполномочен передать тебе следующее: если ты будешь послушна и в случае необходимости убьешь Ланцелота, то в награду дра-дра отпустит тебя.

Э л ь з а. Не хочу.

Г е н р и х. Дай договорить. Вместо тебя избранницей будет другая, совершенно незнакомая девушка из простонародья. Она все равно намечена на будущий год. Выбирай, что лучше — глупая смерть или жизнь, полная таких радостей, которые пока только снились тебе, да и то так редко, что даже обидно.

Э л ь з а. Он струсил!

Г е н р и х. Кто? Дра-дра? Я знаю все его слабости. Он самодур, солдафон, паразит — все что угодно, но только не трус.

Э л ь з а. Вчера он угрожал, а сегодня торгуется?

Г е н р и х. Этого добился я.

Э л ь з а. Ты?

Г е н р и х. Я настоящий победитель дракона, если хочешь знать. Я могу выхлопотать все. Я ждал случая — и дождался. Я не настолько глуп, чтобы уступать тебя кому бы то ни было.

Э л ь з а. Не верю тебе.

Г е н р и х. Веришь.

Э л ь з а. Все равно я не могу убить человека!

Г е н р и х. А нож ты захватила с собой тем не менее. Вон он висит у тебя на поясе. Я ухожу, дорогая. Мне надо надеть парадную ливрею. Но я ухожу спокойный. Ты выполнишь приказ ради себя и ради меня. Подумай! Жизнь, вся жизнь перед нами — если ты захочешь. Подумай, моя очаровательная. *(Уходит.)*

Э л ь з а. Боже мой! У меня щеки горят так, будто я целовалась с ним. Какой позор! Он почти уговорил меня... Значит, вот я какая!.. Ну и пусть. И очень хорошо. Довольно! Я была самая послушная в городе. Верила всему. И чем это кончилось? Да, меня все уважали, а счастье доставалось другим. Они сидят сейчас дома, выбирают платья понаряднее, гладят оборочки. Завиваются. Собираются идти любоваться на мое несчастье. Ах, я так и вижу, как пудрятся они у зеркала и говорят: «Бедная Эльза, бедная девушка, она была такая хорошая!» Одна я, одна из всего города, стою на площади и мучаюсь. И дурак-часовой таращит на меня глаза, думает о том, что сделает сегодня со мной дракон. И завтра этот солдат будет жив, будет отдыхать после дежурства. Пойдет гулять к водопаду, где река такая веселая, что даже самые печальные люди улыбаются, глядя, как славно она прыгает. Или пойдет он в парк, где садовник вырастил чудесные анютины глазки, которые щурятся, подмигивают и даже умеют читать, если буквы крупные и книжка кончается хорошо. Или поедет он кататься по озеру, которое когда-то вскипятил дракон и где русалки до сих пор такие смирные. Они не только никого не топят, а даже торгуют, сидя на мелком месте, спасательными поясами. Но они по-прежнему прекрасны, и солдаты любят болтать с ними. И расскажет русалкам этот глупый солдат, как заиграла веселая музыка, как все заплакали, а дракон повел меня к себе. И русалки примутся ахать: «Ах, бедная Эльза, ах, бедная девушка, сегодня такая хорошая погода, а ее нет на свете». Не хочу! Хочу все видеть, все слышать, все чувствовать. Вот вам! Хочу быть счастливой! Вот вам! Я взяла нож, чтобы убить себя. И не убью. Вот вам!

Ланцелот выходит из ратуши.

Ланцелот. Эльза! Какое счастье, что я вижу вас!

Эльза. Почему?

Ланцелот. Ах, славная моя барышня, у меня такой трудный день, что душа так и требует отдыха, хоть на минуточку. И вот, как будто нарочно, вдруг вы встречаетесь мне.

Эльза. Вы были на заседании?

Ланцелот. Был.

Эльза. Зачем они звали вас?

Ланцелот. Предлагали деньги, лишь бы я отказался от боя.

Эльза. И что вы им ответили?

Ланцелот. Ответил: ах вы, бедные дураки! Не будем говорить о них. Сегодня, Эльза, вы еще красивее, чем вчера. Это верный признак того, что вы действительно нравитесь мне. Вы верите, что я освобожу вас?

Эльза. Нет.

Ланцелот. А я не обижаюсь. Вот как вы мне нравитесь, оказывается.

Вбегают подруги Эльзы.

1-я подруга. А вот и мы!

2-я подруга. Мы — лучшие подруги Эльзы.

3-я подруга. Мы жили душа в душу столько лет, с самого детства.

1-я п о д р у г а. Она у нас была самая умная.

2-я п о д р у г а. Она была у нас самая славная.

3-я п о д р у г а. И все-таки любила нас больше всех. И зашьет, бывало, что попросишь, и поможет решить задачу, и утешит, когда тебе покажется, что ты самая несчастная.

1-я п о д р у г а. Мы не опоздали?

2-я п о д р у г а. Вы правда будете драться с ним?

3-я п о д р у г а. Господин Ланцелот, вы не можете устроить нас на крышу ратуши? Вам не откажут, если вы попросите. Нам так хочется увидеть бой получше.

1-я п о д р у г а. Ну вот, вы и рассердились.

2-я п о д р у г а. И не хотите разговаривать с нами.

3-я п о д р у г а. А мы вовсе не такие плохие девушки.

1-я п о д р у г а. Вы думаете, мы нарочно помешали попрощаться с Эльзой.

2-я п о д р у г а. А мы не нарочно.

3-я п о д р у г а. Это Генрих приказал нам не оставлять вас наедине с ней, пока господин дракон не разрешит этого...

1-я п о д р у г а. Он приказал нам болтать...

2-я п о д р у г а. И вот мы болтаем, как дурочки.

3-я п о д р у г а. Потому что иначе мы заплакали бы. А вы, приезжий, и представить себе не можете, какой это стыд — плакать при чужих.

Ш а р л е м а н ь выходит из ратуши.

Ш а р л е м а н ь. Заседание закрылось, господин Ланцелот. Решение об оружии для вас вынесено. Простите нас. Пожалейте нас, бедных убийц, господин Ланцелот.

Гремят трубы. Из ратуши выбегают с л у г и, которые расстилают ковры и устанавливают кресла. Большое и роскошно украшенное кресло ставят они посредине. Вправо и влево — кресла попроще. Выходит б у р г о м и с т р, окруженный членами городского самоуправления. Он очень весел. Г е н р и х, в парадной ливрее, с ними.

Б у р г о м и с т р. Очень смешной анекдот... Как она сказала? Я думала, что все мальчики это умеют? Ха-ха-ха! А этот анекдот вы знаете? Очень смешной. Одному цыгану отрубили голову...

Гремят трубы.

Ах, уже все готово... Ну хорошо, я вам расскажу его после церемонии... Напомните мне. Давайте, давайте, господа. Мы скоренько отделаемся.

Члены городского самоуправления становятся вправо и влево от кресла, стоящего посредине. Генрих становится за спинкой этого кресла.

(*Кланяется пустому креслу. Скороговоркой.*) Потрясенные и взволнованные доверием, которое вы, ваше превосходительство, оказываете нам, разрешая выносить столь важные решения, просим вас занять место почетного председателя. Просим раз, просим два, просим три. Сокрушаемся, но делать нечего. Начнем сами. Садитесь, господа. Объявляю заседоние...

Пауза.

Воды!

Слуга достает воду из колодца. Бургомистр пьет.

Объявляю заседуние... Воды! (*Пьет. Откашливается, очень тоненьким голосом.*) Объявляю (*глубоким басом*) заседание... Воды! (*Пьет. Тоненько.*) Спасибо, голубчик! (*Басом.*) Пошел вон, негодяй! (*Своим голосом.*) Поздравляю вас, господа, у меня началось раздвоение личности. (*Басом.*) Ты что ж это делаешь, старая дура? (*Тоненько.*) Не видишь, что ли, председательствую. (*Басом.*) Да разве это женское дело? (*Тоненько.*) Да я и сама не рада, касатик. Не сажайте меня, бедную, на кол, а дайте огласить протокол. (*Своим голосом.*) Слушали: о снабжении некоего Ланцелота оружием. Постановили: снабдить, но скрепя сердца. Эй, вы, там! Давайте сюда оружие!

Гремят трубы. Входят с л у г и. Первый слуга подает Ланцелоту маленький медный тазик, к которому прикреплены узенькие ремешки.

Л а н ц е л о т. Это тазик от цирюльника.
Б у р г о м и с т р. Да, но мы назначили его исполняющим обязанности шлема. Медный подносик назначен щитом. Не беспокойтесь! Даже вещи в нашем городе послушны и дисциплинированны. Они будут выполнять свои обязанности вполне добросовестно. Рыцарских лат у нас на складе, к сожалению, не оказалось. Но копье есть. (*Протягивает Ланцелоту лист бумаги.*) Это удостоверение дается вам в том, что копье действительно находится в ремонте, что подписью и приложением печати удостоверяется. Вы предъявите его во время боя господину дракону, и все кончится отлично. Вот вам и все. (*Басом.*) Закрывай заседание, старая дура! (*Тоненьким голосом.*) Да закрываю, закрываю, будь оно проклято. И чего это народ все сердится, сердится, и сам не знает, чего сердится. (*Поет.*) Раз, два, три, четыре, пять, вышел рыцарь погулять... (*Басом.*) Закрывай, окаянная! (*Тоненьким голосом.*) А я что

делаю? *(Поет.)* Вдруг дракончик вылетает, прямо в рыцаря стреляет... Пиф-паф, ой-ой-ой, объявляю заседаньице закрытым.

Ч а с о в о й. Смирно! Равнение на небо! Его превосходительство показались над Серыми горами и со страшной быстротой летят сюда.

Все вскакивают и замирают, подняв головы к небу. Далекий гул, который разрастается с ужасающей быстротой. На сцене темнеет. Полная тьма. Гул обрывается.

Смирно! Его превосходительство, как туча, парит над нами, закрыв солнце. Затаите дыхание!

Вспыхивают два зеленоватых огонька.

К о т *(шепотом).* Ланцелот, это я, кот.
Л а н ц е л о т *(шепотом).* Я сразу тебя узнал по глазам.
К о т. Я буду дремать на крепостной стене. Выбери время, проберись ко мне, и я промурлыкаю тебе нечто крайне приятное...
Ч а с о в о й. Смирно! Его превосходительство кинулись вниз головами на площадь.

Оглушительный свист и рев. Вспыхивает свет. В большом кресле сидит с ногами крошечный, мертвенно-бледный пожилой человечек.

К о т *(с крепостной стены.)* Не пугайся, дорогой Ланцелот. Это его третья башка. Он их меняет, когда пожелает.
Б у р г о м и с т р. Ваше превосходительство! Во вверенном мне городском самоуправлении никаких происшествий не случилось. В околотке один. Налицо...
Д р а к о н *(надтреснутым тенорком, очень спокойно).* Пошел вон! Все пошли вон! Кроме приезжего.

Все уходят. На сцене Ланцелот, Дракон и кот, который дремлет на крепостной стене, свернувшись клубком.

Как здоровье?
Л а н ц е л о т. Спасибо, отлично.
Д р а к о н. А это что за тазик на полу?
Л а н ц е л о т. Оружие.
Д р а к о н. Это мои додумались?
Л а н ц е л о т. Они.
Д р а к о н. Вот безобразники. Обидно небось?
Л а н ц е л о т. Нет.
Д р а к о н. Вранье. У меня холодная кровь, но даже я обиделся бы. Страшно вам?

Ланцелот. Нет.

Дракон. Вранье, вранье. Мои люди очень страшные. Таких больше нигде не найдешь. Моя работа. Я их кроил.

Ланцелот. И все-таки они люди.

Дракон. Это снаружи.

Ланцелот. Нет.

Дракон. Если бы ты увидел их души — ох, задрожал бы.

Ланцелот. Нет.

Дракон. Убежал бы даже. Не стал бы умирать из-за калек. Я же их, любезный мой, лично покалечил. Как требуется, так и покалечил. Человеческие души, любезный, очень живучи. Разрубишь тело пополам — человек околеет. А душу разорвешь — станет послушней, и только. Нет, нет, таких душ нигде не подберешь. Только в моем городе. Безрукие души, безногие души, глухонемые души, цепные души, легавые души, окаянные души. Знаешь, почему бургомистр притворяется душевнобольным? Чтобы скрыть, что у него и вовсе нет души. Дырявые души, продажные души, прожженные души, мертвые души. Нет, нет, жалко, что они невидимы.

Ланцелот. Это ваше счастье.

Дракон. Как так?

Ланцелот. Люди испугались бы, увидев своими глазами, во что превратились их души. Они на смерть пошли бы, а не остались покоренным народом. Кто бы тогда кормил вас?

Дракон. Черт его знает, может быть, вы и правы. Ну что ж, начнем?

Ланцелот. Давайте.

Дракон. Попрощайтесь сначала с девушкой, ради которой вы идете на смерть. Эй, мальчик!

Вбегает Генрих.

Эльзу!

Генрих убегает.

Вам нравится девушка, которую я выбрал?

Ланцелот. Очень, очень нравится.

Дракон. Это приятно слышать. Мне она тоже очень, очень нравится. Отличная девушка. Послушная девушка.

Входят Эльза и Генрих.

Поди, поди сюда, моя милая. Посмотри мне в глаза. Вот так. Очень хорошо. Глазки ясные. Можешь поцеловать мне руку. Вот так. Славненько. Губки теплые. Значит, на душе у тебя спокойно. Хочешь попрощаться с господином Ланцелотом?

Э л ь з а. Как прикажете, господин дракон.

Д р а к о н. А вот как прикажу. Иди. Поговори с ним ласково. *(Тихо.)* Ласково-ласково поговори с ним. Поцелуй его на прощанье. Ничего, ведь я буду здесь. При мне можно. А потом убей его. Ничего, ничего. Ведь я буду здесь. При мне ты это сделаешь. Ступай. Можешь отойти с ним подальше. Ведь я вижу прекрасно. Я все увижу. Ступай.

Эльза подходит к Ланцелоту.

Э л ь з а. Господин Ланцелот, мне приказано попрощаться с вами.

Л а н ц е л о т. Хорошо, Эльза. Давайте попрощаемся на всякий случай. Бой будет серьезный. Мало ли что может случиться. Я хочу на прощанье сказать вам, что я вас люблю, Эльза.

Э л ь з а. Меня!

Л а н ц е л о т. Да, Эльза. Еще вчера вы мне так понравились, когда я взглянул в окно и увидел, как вы тихонечко идете с отцом своим домой. Потом вижу, что при каждой встрече вы кажетесь мне все красивее и красивее. Ага, подумал я. Вот оно. Потом, когда вы поцеловали лапу дракону, я не рассердился на вас, а только ужасно огорчился. Ну и тут уже мне все стало понятно. Я, Эльза, люблю вас. Не сердитесь. Я ужасно хотел, чтобы вы знали это.

Э л ь з а. Я думала, что вы все равно вызвали бы дракона. Даже если бы другая девушка была на моем месте.

Л а н ц е л о т. Конечно, вызвал бы. Я их терпеть не могу, драконов этих. Но ради вас я готов задушить его голыми руками, хотя это очень противно.

Э л ь з а. Вы, значит, меня любите?

Л а н ц е л о т. Очень. Страшно подумать! Если бы вчера, на перекрестке трех дорог, я повернул бы не направо, а налево, то мы так и не познакомились бы никогда. Какой ужас, верно?

Э л ь з а. Да.

Л а н ц е л о т. Подумать страшно. Мне кажется теперь, что ближе вас никого у меня на свете нет, и город ваш я считаю своим, потому что вы тут живете. Если меня... ну, словом, если нам больше не удастся поговорить, то вы уж не забывайте меня.

Э л ь з а. Нет.

Л а н ц е л о т. Не забывайте. Вот вы сейчас первый раз за сегодняшний день посмотрели мне в глаза. И меня всего так и пронизало теплом, как будто вы приласкали меня. Я странник, легкий человек, но вся жизнь моя проходила в тяжелых боях. Тут дракон, там людоеды, там великаны. Возишься, возишься... Работа хлопотливая, неблагодарная. Но я все-таки был вечно счастлив. Я не уставал. И часто влюблялся.

Э л ь з а. Часто?

Л а н ц е л о т. Конечно. Ходишь-бродишь, дерешься и знакомишься с девушками. Ведь они вечно попадают то в плен к разбойникам, то в мешок к великану, то на кухню к людоеду. А эти злодеи всегда выбирают девушек получше, особенно людоеды. Ну вот и влюбишься, бывало. Но разве так, как теперь? С теми я все шутил. Смешил их. А вас, Эльза, если бы мы были одни, то все целовал бы. Правда. И увел бы вас отсюда. Мы вдвоем шагали бы по лесам и горам, — это совсем не трудно. Нет, я добыл бы вам коня с таким седлом, что вы бы никогда не уставали. И я шел бы у вашего стремени и любовался на вас. И ни один человек не посмел бы вас обидеть.

Эльза берет Ланцелота за руку.

Д р а к о н. Молодец девушка. Приручает его.

Г е н р и х. Да. Она далеко не глупа, ваше превосходительство.

Л а н ц е л о т. Эльза, да ты, кажется, собираешься плакать?

Э л ь з а. Собираюсь.

Л а н ц е л о т. Почему?

Э л ь з а. Мне жалко.

Л а н ц е л о т. Кого?

Э л ь з а. Себя и вас. Не будет нам с вами счастья, господин Ланцелот. Зачем я родилась на свет при драконе!

Л а н ц е л о т. Эльза, я всегда говорю правду. Мы будем счастливы. Поверь мне.

Э л ь з а. Ой, ой, не надо.

Л а н ц е л о т. Мы пойдем с тобою по лесной дорожке, веселые и счастливые. Только ты да я.

Э л ь з а. Нет, нет, не надо.

Л а н ц е л о т. И небо над нами будет чистое. Никто не посмеет броситься на нас оттуда.

Э л ь з а. Правда?

Л а н ц е л о т. Правда. Ах, разве знают в бедном вашем народе, как можно любить друг друга? Страх, усталость, недоверие сгорят в тебе, исчезнут навеки — вот как я буду любить тебя. А ты, засыпая, будешь улыбаться и, просыпаясь, будешь улыбаться и звать меня — вот как ты меня будешь любить. И себя полюбишь тоже. Ты будешь ходить спокойная и гордая. Ты поймешь, что уж раз я тебя такую целую, значит, ты хороша. И деревья в лесу будут ласково разговаривать с нами, и птицы, и звери, потому что настоящие влюбленные все понимают и заодно со всем миром. И все будут рады нам, потому что настоящие влюбленные приносят счастье.

Д р а к о н. Что он ей там напевает?

Г е н р и х. Проповедует. Ученье — свет, а неученье — тьма. Мойте руки перед едой. И тому подобное. Этот сухарь...

Д р а к о н. Ага, ага. Она положила ему руку на плечо! Молодец.

Э л ь з а. Пусть даже мы не доживем до такого счастья. Все равно, я все равно уже и теперь счастлива. Эти чудовища сторожат нас. А мы ушли от них за тридевять земель. Со мной никогда так не говорили, дорогой мой. Я не знала, что есть на свете такие люди, как ты. Я еще вчера была послушная, как собачка, не смела думать о тебе. И все-таки ночью спустилась тихонько вниз и выпила вино, которое оставалось в твоем стакане. Я только сейчас поняла, что это я по-своему, тайно-тайно, поцеловала тебя ночью за то, что ты вступился за меня. Ты не поймешь, как перепутаны все чувства у нас, бедных, забитых девушек. Еще недавно мне казалось, что я тебя ненавижу. А это я по-своему, тайно-тайно, влюблялась в тебя. Дорогой мой! Я люблю тебя — какое счастье сказать это прямо! И какое счастье... *(Целует Ланцелота.)*

Д р а к о н *(сучит ножками от нетерпения)*. Сейчас сделает, сейчас сделает, сейчас сделает!

Э л ь з а. А теперь пусти меня, милый. *(Освобождается из объятий Ланцелота. Выхватывает нож из ножен.)* Видишь этот нож? Дракон приказал, чтобы я убила тебя этим ножом. Смотри!

Д р а к о н. Ну! Ну! Ну!

Г е н р и х. Делай, делай!

Эльза швыряет нож в колодец.

Презренная девчонка!

Д р а к о н *(гремит)*. Да как ты посмела!..

Э л ь з а. Ни слова больше! Неужели ты думаешь, что я позволю тебе ругаться теперь, после того как он поцеловал меня? Я люблю его. И он убьет тебя.

Л а н ц е л о т. Это чистая правда, господин дракон.

Д р а к о н. Ну-ну. Что ж. Придется подраться. *(Зевает.)* Да, откровенно говоря, я не жалею об этом, я тут не так давно разработал очень любопытный удар лапой эн в икс направлении. Сейчас попробуем его на теле. Денщик, позови-ка стражу.

Генрих убегает.

Ступай домой, дурочка, а после боя мы поговорим с тобою обо всем задушевно.

Входит Генрих *со стражей.*

Слушай, стража, что-то я хотел тебе сказать... Ах да... Проводи-ка домой эту барышню и посторожи ее там.

Ланцелот делает шаг вперед.

Эльза. Не надо. Береги силы. Когда ты его убьешь, приходи за мной. Я буду ждать тебя и перебирать каждое слово, которое ты сказал мне сегодня. Я верю тебе.

Ланцелот. Я приду за тобой.

Дракон. Ну вот и хорошо. Ступайте.

Стража уводит Эльзу.

Мальчик, сними часового с башни и отправь его в тюрьму. Ночью надо будет отрубить ему голову. Он слышал, как девчонка кричала на меня, и может проболтаться об этом в казарме. Распорядись. Потом придешь смазать мне когти ядом.

Генрих убегает.

(Ланцелоту.) А ты стой здесь, слышишь? И жди. Когда я начну — не скажу. Настоящая война начинается вдруг. Понял?

Слезает с кресла и уходит во дворец. Ланцелот подходит к коту.

Ланцелот. Ну, кот, что приятное собирался ты промурлыкать мне?

Кот. Взгляни направо, дорогой Ланцелот. В облаке пыли стоит ослик. Брыкается. Пять человек уговаривают упрямца. Сейчас я им спою песенку. *(Мяукает.)* Видишь, как запрыгал упрямец прямо к нам. Но у стены он заупрямится вновь, а ты поговори с погонщиками его. Вот и они.

За стеной — голова осла, который останавливается в облаке пыли. Пять погонщиков кричат на него. Генрих *бежит через площадь.*

Генрих *(погонщикам).* Что вы здесь делаете?

Двое погонщиков *(хором).* Везем товар на рынок, ваша честь.

Генрих. Какой?

Двое погонщиков. Ковры, ваша честь.

Генрих. Проезжайте, проезжайте. У дворца нельзя задерживаться!

Двое погонщиков. Осел заупрямился, ваша честь.

Голос Дракона. Мальчик!

Генрих. Проезжайте, проезжайте! *(Бежит бегом во дворец.)*

Двое погонщиков *(хором).* Здравствуйте, господин Ланцелот. Мы — друзья ваши, господин Ланцелот. *(Откашливаются разом.)* Кха-кха. Вы не обижайтесь, что мы говорим разом, — мы с малых лет работаем вместе и так сработались, что и думаем, и говорим как один человек. Мы даже влюбились в один день и один миг и женились на родных сестрах-близнецах. Мы соткали множество ковров, но самый лучший приготовили мы за нынешнюю ночь, для вас. *(Снимают со спины осла ковер и расстилают его на земле.)*

Ланцелот. Какой красивый ковер!

Двое погонщиков. Да. Ковер лучшего сорта, двойной, шерсть с шелком, краски приготовлены по особому нашему секретному способу. Но секрет ковра не в шерсти, не в шелке, не в красках. *(Негромко.)* Это — ковер-самолет.

Ланцелот. Прелестно! Говорите скорее, как им управлять.

Двое погонщиков. Очень просто, господин Ланцелот. Это — угол высоты, на нем выткано солнце. Это — угол глубины, на нем выткана земля. Это — угол узорных полетов, на нем вытканы ласточки. А это — драконов угол. Подымешь его — и летишь круто вниз, прямо врагу на башку. Здесь выткан кубок с вином и чудесная закуска. Побеждай и пируй. Нет, нет. Не говори нам спасибо. Наши прадеды все поглядывали на дорогу, ждали тебя. Наши деды ждали. А мы вот — дождались.

Уходят быстро, и тотчас же к Ланцелоту подбегает третий погонщик с картонным футляром в руках.

3-й погонщик. Здравствуйте, сударь! Простите. Поверните голову так. А теперь этак. Отлично. Сударь, я шапочных и шляпочных дел мастер. Я делаю лучшие шляпы и шапки в мире. Я очень знаменит в этом городе. Меня тут каждая собака знает.

Кот. И кошка тоже.

3-й погонщик. Вот видите! Без всякой примерки, бросив один взгляд на заказчика, я делаю вещи, которые удивительно украшают людей, и в этом моя радость. Одну даму, например, муж любит, только пока она в шляпе моей работы. Она даже спит в шляпе и признается всюду, что мне она обязана счастьем всей своей жизни. Сегодня я всю ночь работал на вас, сударь, и плакал, как ребенок, с горя.

Ланцелот. Почему?

3-й погонщик. Это такой трагический, особенный фасон. Это шапка-невидимка.

Ланцелот. Прелестно!

3-й п о г о н щ и к. Как только вы ее наденете, так и исчезнете, и бедный мастер вовеки не узнает, идет она вам или нет. Берите, только не примеряйте при мне. Я этого не перенесу! Нет, не перенесу!

Убегает. Тотчас же к Ланцелоту подходит ч е т в е р т ы й п о г о н щ и к *— бородатый, угрюмый человек со свертком на плече. Развертывает сверток. Там меч и копье.*

4-й п о г о н щ и к. На. Всю ночь ковали. Ни пуха тебе, ни пера.

Уходит. К Ланцелоту подбегает п я т ы й п о г о н щ и к *— маленький седой человечек со струнным музыкальным инструментом в руках.*

5-й п о г о н щ и к. Я — музыкальных дел мастер, господин Ланцелот. Еще мой прапрапрадед начал строить этот маленький инструмент. Из поколения в поколение работали мы над ним, и в человеческих руках он стал совсем человеком. Он будет вашим верным спутником в бою. Руки ваши будут заняты копьем и мечом, но он сам позаботится о себе. Он сам даст ля — и настроится. Сам переменит лопнувшую струну, сам заиграет. Когда следует, он будет бисировать, а когда нужно — молчать. Верно я говорю?

Музыкальный инструмент отвечает музыкальной фразой.

Видите? Мы слышали, мы все слышали, как вы, одинокий, бродили по городу, и спешили, спешили вооружить вас с головы до ног. Мы ждали, сотни лет ждали, дракон сделал нас тихими, и мы ждали тихо-тихо. И вот дождались. Убейте его и отпустите нас на свободу. Верно я говорю?

Музыкальный инструмент отвечает музыкальной фразой. Пятый погонщик уходит с поклонами.

К о т. Когда начнется бой, мы — я и ослик — укроемся в амбаре позади дворца, чтобы пламя случайно не опалило мою шкурку. Если понадобится, кликни нас. Здесь в поклаже на спине ослика укрепляющие напитки, пирожки с вишнями, точило для меча, запасные наконечники для копья, иголки и нитки.

Л а н ц е л о т. Спасибо. *(Становится на ковер. Берет оружие, кладет у ног музыкальный инструмент. Достает шапку-невидимку, надевает ее и исчезает.)*

К о т. Аккуратная работа. Прекрасные мастера. Ты еще тут, дорогой Ланцелот?

Г о л о с Л а н ц е л о т а. Нет. Я подымаюсь потихоньку. До свиданья, друзья.

К о т. До свидания, дорогой мой. Ах, сколько треволнений, сколько забот. Нет, быть в отчаянии — это гораздо приятнее. Дремлешь и ничего не ждешь. Верно я говорю, ослик?

Осел шевелит ушами.

Ушами я разговаривать не умею. Давай поговорим, ослик, словами. Мы знакомы мало, но раз уж работаем вместе, то можно и помяукать дружески. Мучение — ждать молча. Помяукаем.

О с е л. Мяукать не согласен.

К о т. Ну тогда хоть поговорим. Дракон думает, что Ланцелот здесь, а его и след простыл. Смешно, верно?

О с е л *(мрачно)*. Потеха!

К о т. Отчего же ты не смеешься?

О с е л. Побьют. Как только я засмеюсь громко, люди говорят: опять этот проклятый осел кричит. И дерутся.

К о т. Ах вот как! Это, значит, у тебя смех такой пронзительный?

О с е л. Ага.

К о т. А над чем ты смеешься?

О с е л. Как когда... Думаю, думаю, да и вспомню смешное. Лошади меня смешат.

К о т. Чем?

О с е л. Так... Дуры.

К о т. Прости, пожалуйста, за нескромность. Я тебя давно вот о чем хотел спросить...

О с е л. Ну?

К о т. Как можешь ты есть колючки?

О с е л. А что?

К о т. В траве попадаются, правда, съедобные стебельки. А колючки... сухие такие!

О с е л. Ничего. Люблю острое.

К о т. А мясо?

О с е л. Что — мясо?

К о т. Не пробовал есть?

О с е л. Мясо — это не еда. Мясо — это поклажа. Его в тележку кладут, дурачок.

К о т. А молоко?

О с е л. Вот это в детстве я пил.

К о т. Ну, слава богу, можно будет поболтать о приятных, утешительных предметах.

О с е л. Верно. Это приятно вспомнить. Утешительно. Мать добрая. Молоко теплое. Сосешь, сосешь. Рай! Вкусно.

К о т. Молоко и лакать приятно.
О с е л. Лакать не согласен.
К о т *(вскакивает).* Слышишь?
О с е л. Стучит копытами, гад.

Тройной вопль Дракона.

Д р а к о н. Ланцелот!

Пауза.

Ланцелот!
О с е л. Ку-ку! *(Разражается ослиным хохотом.)* И-а! И-а! И-а!

Дворцовые двери распахиваются. В дыму и пламени смутно виднеются то три гигантские башки, то огромные лапы, то сверкающие глаза.

Д р а к о н. Ланцелот! Полюбуйся на меня перед боем. Где же ты?

Г е н р и х выбегает на площадь. Мечется, ищет Ланцелота, заглядывает в колодец.

Где же он?
Г е н р и х. Он спрятался, ваше превосходительство.
Д р а к о н. Эй, Ланцелот! Где ты?

Звон меча.

Кто посмел ударить меня?!
Г о л о с Л а н ц е л о т а. Я, Ланцелот!

Полная тьма. Угрожающий рев. Вспыхивает свет. Генрих мчится в ратушу. Шум боя.

К о т. Бежим в укрытие.
О с е л. Пора.

Убегают. Площадь наполняется н а р о д о м. Народ необычайно тих. Все перешептываются, глядя на небо.

1-й г о р о ж а н и н. Как мучительно затягивается бой.
2-й г о р о ж а н и н. Да! Уже две минуты — и никаких результатов.
1-й г о р о ж а н и н. Я надеюсь, что сразу все будет кончено.
2-й г о р о ж а н и н. Ах, мы жили так спокойно... А сейчас время завтракать — и не хочется есть. Ужас! Здравствуйте, господин садовник. Почему мы так грустны?
С а д о в н и к. У меня сегодня распустились чайные розы, хлеб-

ные розы и винные розы. Посмотришь на них — и ты сыт и пьян. Господин дракон обещал зайти взглянуть и дать денег на дальнейшие опыты. А теперь он воюет. Из-за этого ужаса могут погибнуть плоды многолетних трудов.

Р а з н о с ч и к (*бойким шепотом*). А вот кому закопченные стекла? Посмотришь — и увидишь господина дракона копченым.

Все тихо смеются.

1-й г о р о ж а н и н. Какое безобразие. Ха-ха-ха!
2-й г о р о ж а н и н. Увидишь его копченым, как же!

Покупают стекла.

М а л ь ч и к. Мама, от кого дракон удирает по всему небу?
В с е. Тссс!
1-й г о р о ж а н и н. Он не удирает, мальчик, он маневрирует.
М а л ь ч и к. А почему он поджал хвост?
В с е. Тссс!
1-й г о р о ж а н и н. Хвост поджат по заранее обдуманному плану, мальчик.
1-я г о р о ж а н к а. Подумать только! Война идет уже целых шесть минут, а конца ей еще не видно. Все так взволнованны, даже простые торговки подняли цены на молоко втрое.
2-я г о р о ж а н к а. Ах, что там торговки. По дороге сюда мы увидели зрелище, леденящее душу. Сахар и сливочное масло, бледные как смерть, неслись из магазинов на склады. Ужасно нервные продукты. Как услышат шум боя — так и прячутся.

Крики ужаса. Толпа шарахается в сторону. Появляется Ш а р л е м а н ь.

Ш а р л е м а н ь. Здравствуйте, господа!

Молчание.

Вы не узнаете меня?
1-й г о р о ж а н и н. Конечно нет. Со вчерашнего вечера вы стали совершенно неузнаваемым.
Ш а р л е м а н ь. Почему?
С а д о в н и к. Ужасные люди. Принимают чужих. Портят настроение дракону. Это хуже, чем по газону ходить. Да еще спрашивают — почему.
2-й г о р о ж а н и н. Я лично совершенно не узнаю вас после того, как ваш дом окружила стража.
Ш а р л е м а н ь. Да, это ужасно. Не правда ли? Эта глупая стра-

жа не пускает меня к родной моей дочери. Говорит, что дракон никого не велел пускать к Эльзе.

1-й г о р о ж а н и н. Ну что ж. Со своей точки зрения они совершенно правы.

Ш а р л е м а н ь. Эльза там одна. Правда, она очень весело кивала мне в окно, но это, наверное, только для того, чтобы успокоить меня. Ах, я не нахожу себе места!

2-й г о р о ж а н и н. Как не находите места? Значит, вас уволили с должности архивариуса?

Ш а р л е м а н ь. Нет.

2-й г о р о ж а н и н. Тогда о каком месте вы говорите?

Ш а р л е м а н ь. Неужели вы не понимаете меня?

1-й г о р о ж а н и н. Нет. После того как вы подружились с этим чужаком, мы с вами говорим на разных языках.

Шум боя, удары меча.

М а л ь ч и к *(указывает на небо)*. Мама, мама! Он перевернулся вверх ногами. Кто-то бьет его так, что искры летят!

В с е. Тссс!

Гремят трубы. Выходят Г е н р и х и б у р г о м и с т р.

Б у р г о м и с т р. Слушайте приказ. Во избежание эпидемии глазных болезней, и только поэтому, на небо смотреть воспрещается. Что происходит на небе, вы узнаете из коммюнике, которое по мере надобности будет выпускать личный секретарь господина дракона.

1-й г о р о ж а н и н. Вот это правильно.

2-й г о р о ж а н и н. Давно пора.

М а л ь ч и к. Мама, а почему вредно смотреть, как его бьют?

В с е. Тссс!

Появляются п о д р у г и Эльзы.

1-я п о д р у г а. Десять минут идет война! Зачем этот Ланцелот не сдается?

2-я п о д р у г а. Знает ведь, что дракона победить нельзя.

3-я п о д р у г а. Он просто нарочно мучает нас.

1-я п о д р у г а. Я забыла у Эльзы свои перчатки. Но мне все равно теперь. Я так устала от этой войны, что мне ничего не жалко.

2-я п о д р у г а. Я тоже стала совершенно бесчувственная. Эльза хотела подарить мне на память свои новые туфли, но я и не вспоминаю о них.

3-я п о д р у г а. Подумать только! Если бы не этот приезжий, дракон давно бы уже увел Эльзу к себе. И мы сидели бы спокойно дома и плакали бы.

Р а з н о с ч и к *(бойко, шепотом).* А вот кому интересный научный инструмент, так называемое зеркальце, — смотришь вниз, а видишь небо? Каждый за недорогую цену может увидеть дракона у своих ног.

Все тихо смеются.

1-й г о р о ж а н и н. Какое безобразие! Ха-ха-ха!

2-й г о р о ж а н и н. Увидишь его у своих ног! Дожидайся!

Зеркала раскупают. Все смотрят в них, разбившись на группы.
Шум боя все ожесточеннее.

1-я г о р о ж а н к а. Но это ужасно!

2-я г о р о ж а н к а. Бедный дракон!

1-я г о р о ж а н к а. Он перестал выдыхать пламя.

2-я г о р о ж а н к а. Он только дымится.

1-й г о р о ж а н и н. Какие сложные маневры.

2-й г о р о ж а н и н. По-моему... Нет, я ничего не скажу!

1-й г о р о ж а н и н. Ничего не понимаю.

Г е н р и х. Слушайте коммюнике городского самоуправления. Бой близится к концу. Противник потерял меч. Копье его сломано. В ковре-самолете обнаружена моль, которая с невиданной быстротой уничтожает летные силы врага. Оторвавшись от своих баз, противник не может добыть нафталина и ловит моль, хлопая ладонями, что лишает его необходимой маневренности. Господин дракон не уничтожает врага только из любви к войне. Он еще не насытился подвигами и не налюбовался чудесами собственной храбрости.

1-й г о р о ж а н и н. Вот теперь я все понимаю.

М а л ь ч и к. Ну, мамочка, ну смотри, ну честное слово, его кто-то лупит по шее.

1-й г о р о ж а н и н. У него три шеи, мальчик.

М а л ь ч и к. Ну вот, видите, а теперь его гонят в три шеи.

1-й г о р о ж а н и н. Это обман зрения, мальчик!

М а л ь ч и к. Вот я и говорю, что обман. Я сам часто дерусь и понимаю, кого бьют. Ой! Что это?!

1-й г о р о ж а н и н. Уберите ребенка.

2-й г о р о ж а н и н. Я не верю, не верю глазам своим! Врача, глазного врача мне!

1-й г о р о ж а н и н. Она падает сюда. Я этого не перенесу! Не заслоняйте! Дайте взглянуть!..

Голова Дракона с грохотом валится на площадь.

Б у р г о м и с т р. Коммюнике! Полжизни за коммюнике!
Г е н р и х. Слушайте коммюнике городского самоуправления. Обессиленный Ланцелот потерял все и частично захвачен в плен.
М а л ь ч и к. Как частично?
Г е н р и х. А так. Это — военная тайна. Остальные его части беспорядочно сопротивляются. Между прочим, господин дракон освободил от военной службы по болезни одну свою голову, с зачислением ее в резерв первой очереди.
М а л ь ч и к. А все-таки я не понимаю...
1-й г о р о ж а н и н. Ну чего тут не понимать? Зубы у тебя падали?
М а л ь ч и к. Падали.
1-й г о р о ж а н и н. Ну вот. А ты живешь себе.
М а л ь ч и к. Но голова у меня никогда не падала.
1-й г о р о ж а н и н. Мало ли что!
Г е н р и х. Слушайте обзор происходящих событий. Заглавие: почему два, в сущности, больше, чем три? Две головы сидят на двух шеях. Получается четыре. Так. А кроме того, сидят они несокрушимо.

Вторая голова Дракона с грохотом валится на площадь.

Обзор откладывается по техническим причинам. Слушайте коммюнике. Боевые действия развиваются согласно планам, составленным господином драконом.
М а л ь ч и к. И все?
Г е н р и х. Пока все.
1-й г о р о ж а н и н. Я потерял уважение к дракону на две трети. Господин Шарлемань! Дорогой друг! Почему вы там стоите в одиночестве?
2-й г о р о ж а н и н. Идите к нам, к нам.
1-й г о р о ж а н и н. Неужели стража не впускает вас к единственной дочери? Какое безобразие!
2-й г о р о ж а н и н. Почему вы молчите?
1-й г о р о ж а н и н. Неужели вы обиделись на нас?
Ш а р л е м а н ь. Нет, но я растерялся. Сначала вы не узнавали меня без всякого притворства. Я знаю вас. А теперь так же непритворно вы радуетесь мне.
С а д о в н и к. Ах, господин Шарлемань. Не надо размышлять. Это слишком страшно. Страшно подумать, сколько времени я потерял, бегая лизать лапу этому одноголовому чудовищу. Сколько цветов мог вырастить!

Г е н р и х. Послушайте обзор событий!

С а д о в н и к. Отстаньте! Надоели!

Г е н р и х. Мало ли что! Время военное. Надо терпеть. Итак, я начинаю. Един Бог, едино солнце, едина луна, едина голова на плечах у нашего повелителя. Иметь всего одну голову — это человечно, это гуманно в высшем смысле этого слова. Кроме того, это крайне удобно и в чисто военном отношении. Это сильно сокращает фронт. Оборонять одну голову втрое легче, чем три.

Третья голова Дракона с грохотом валится на площадь. Взрыв криков. Теперь все говорят очень громко.

1-й г о р о ж а н и н. Долой дракона!

2-й г о р о ж а н и н. Нас обманывали с детства!

1-я г о р о ж а н к а. Как хорошо! Некого слушаться!

2-я г о р о ж а н к а. Я как пьяная! Честное слово.

М а л ь ч и к. Мама, теперь, наверное, не будет занятий в школе! Ура!

Р а з н о с ч и к. А вот кому игрушка? Дракошка-картошка! Раз — и нет головы!

Все хохочут во всю глотку.

С а д о в н и к. Очень остроумно. Как? Дракон-корнеплод? Сидеть в парке! Всю жизнь! Безвыходно! Ура!

В с е. Ура! Долой его! Дракошка-картошка! Бей кого попало!

Г е н р и х. Прослушайте коммюнике!

В с е. Не прослушаем! Как хотим, так и кричим! Как желаем, так и лаем! Какое счастье! Бей!

Б у р г о м и с т р. Эй, стража!

Стража выбегает на площадь.

(Генриху.) Говори. Начни помягче, а потом стукни. Смирно!

Все затихают.

Г е н р и х *(очень мягко).* Прослушайте, пожалуйста, коммюнике. На фронтах ну буквально, буквально-таки ничего интересного не произошло. Все обстоит вполне благополученько. Объявляется осадное положеньице. За распространение слушков *(грозно)* будем рубить головы без замены штрафом. Поняли? Все по домам! Стража, очистить площадь!

Площадь пустеет.

Ну? Как тебе понравилось это зрелище?

Б у р г о м и с т р. Помолчи, сынок.
Г е н р и х. Почему ты улыбаешься?
Б у р г о м и с т р. Помолчи, сынок.

Глухой тяжелый удар, от которого содрогается земля.

Это тело дракона рухнуло на землю за мельницей.
1-я г о л о в а Д р а к о н а. Мальчик!
Г е н р и х. Почему ты так потираешь руки, папа?
Б у р г о м и с т р. Ах, сынок! В руки мне сама собою свалилась власть.
2-я г о л о в а. Бургомистр, подойди ко мне! Дай воды! Бургомистр!
Б у р г о м и с т р. Все идет великолепно, Генрих. Покойник воспитал их так, что они повезут любого, кто возьмет вожжи.
Г е н р и х. Однако сейчас на площади...
Б у р г о м и с т р. Ах, это пустяки. Каждая собака прыгает как безумная, когда ее спустишь с цепи, а потом сама бежит в конуру.
3-я г о л о в а. Мальчик! Подойди-ка ко мне! Я умираю.
Г е н р и х. А Ланцелота ты не боишься, папа?
Б у р г о м и с т р. Нет, сынок. Неужели ты думаешь, что дракона было так легко убить? Вернее всего господин Ланцелот лежит обессиленный на ковре-самолете, и ветер уносит его прочь от нашего города.
Г е н р и х. А если вдруг он спустится...
Б у р г о м и с т р. То мы с ним легко справимся. Он обессилен, уверяю тебя. Наш дорогой покойник все-таки умел драться. Идем. Напишем первые приказы. Главное — держаться как ни в чем не бывало.
1-я г о л о в а. Мальчик! Бургомистр!
Б у р г о м и с т р. Идем, идем, некогда!

Уходят.

1-я г о л о в а. Зачем, зачем я ударил его второй левой лапой? Второй правой надо было.
2-я г о л о в а. Эй, кто-нибудь! Ты, Миллер! Ты мне хвост целовал при встрече. Эй, Фридрихсен! Ты подарил мне трубку с тремя мундштуками и надписью: «Твой навеки». Где ты, Анна-Мария-Фредерика Вебер? Ты говорила, что влюблена в меня, и носила на груди кусочки моего когтя в бархатном мешочке. Мы издревле научились понимать друг друга. Где же вы все? Дайте воды. Ведь вот он, колодец, рядом. Глоток! Полглотка! Ну хоть губы смочить.

1-я голова. Дайте, дайте мне начать сначала! Я вас всех передавлю!

2-я голова. Одну капельку, кто-нибудь.

3-я голова. Надо было скроить хоть одну верную душу. Не поддавался материал.

2-я голова. Тише! Я чую, рядом кто-то живой. Подойди. Дай воды.

Голос Ланцелота. Не могу!

На площади появляется Ланцелот. Он стоит на ковре-самолете, опираясь на погнутый меч. В руках его шапка-невидимка. У ног музыкальный инструмент.

1-я голова. Ты победил случайно! Если бы я ударил второй правой...

2-я голова. А впрочем, прощай!

3-я голова. Меня утешает, что я оставляю тебе прожженные души, дырявые души, мертвые души... А впрочем, прощай!

2-я голова. Один человек возле, тот, кто убил меня! Вот как кончилась жизнь!

Все три головы *(хором).* Кончилась жизнь. Прощай! *(Умирают.)*

Ланцелот. Они-то умерли, но и мне что-то нехорошо. Не слушаются руки. Вижу плохо. И слышу все время, как зовет меня кто-то по имени: «Ланцелот, Ланцелот». Знакомый голос. Унылый голос. Не хочется идти. Но, кажется, придется на этот раз. Как ты думаешь — я умираю?

Музыкальный инструмент отвечает.

Да, как тебя послушаешь, это выходит и возвышенно, и благородно. Но мне ужасно нездоровится. Я смертельно ранен. Погоди-ка, погоди... Но дракон-то убит, вот и легче мне стало дышать. Эльза! Я его победил! Правда, никогда больше не увидеть мне тебя, Эльза! Не улыбнешься ты мне, не поцелуешь, не спросишь: «Ланцелот, что с тобой? Почему ты такой невеселый? Почему у тебя так кружится голова? Почему болят плечи? Кто зовет тебя так упрямо — Ланцелот, Ланцелот?» Это смерть меня зовет, Эльза. Я умираю. Это очень грустно, верно?

Музыкальный инструмент отвечает.

Это очень обидно. Все они спрятались. Как будто победа — это несчастье какое-нибудь. Да погоди же ты, смерть. Ты меня знаешь. Я не раз смотрел тебе в глаза и никогда не прятался. Не уйду! Слышу. Дай мне подумать еще минуту. Все они спрятались. Так. Но сейчас дома они потихоньку-потихоньку приходят в себя. Души у них распрямляются. Зачем, шепчут они, зачем кормили и холили мы это чудовище? Из-за нас умирает теперь на площади человек, один-одинешенек. Ну, уж теперь мы будем умнее! Вон какой бой разыгрался в небе из-за нас. Вон как больно дышать бедному Ланцелоту. Нет уж, довольно, довольно! Из-за слабости нашей гибли самые сильные, самые добрые, самые нетерпеливые. Камни и те поумнели бы. А мы все-таки люди. Вот что шепчут сейчас в каждом доме, в каждой комнатке. Слышишь?

Музыкальный инструмент отвечает.

Да, да, именно так. Значит, я умираю недаром. Прощай, Эльза. Я знал, что буду любить тебя всю жизнь... Только не верил, что кончится жизнь так скоро. Прощай, город, прощай, утро, день, вечер. Вот и ночь пришла! Эй, вы! Смерть зовет, торопит... Мысли мешаются... Что-то... что-то я не договорил... Эй вы! Не бойтесь. Это можно — не обижать вдов и сирот. Жалеть друг друга тоже можно. Не бойтесь! Жалейте друг друга. Жалейте — и вы будете счастливы! Честное слово, это правда, чистая правда, самая чистая правда, какая есть на земле. Вот и все. А я ухожу. Прощайте.

Музыкальный инструмент отвечает.

Занавес

ДЕЙСТВИЕ ТРЕТЬЕ

Роскошно обставленный зал во дворце бургомистра. На заднем плане, по обе стороны двери, полукруглые столы, накрытые к ужину. Перед ними, в центре, небольшой стол, на котором лежит толстая книга в золотом переплете. При поднятии занавеса гремит оркестр. Группа горожан кричит, глядя на дверь.

Г о р о ж а н е *(тихо)*. Раз, два, три. *(Громко.)* Да здравствует победитель дракона! *(Тихо.)* Раз, два, три. *(Громко.)* Да здравствует наш повелитель! *(Тихо.)* Раз, два, три. *(Громко.)* До чего же мы довольны — это уму непостижимо! *(Тихо.)* Раз, два, три. *(Громко.)* Мы слышим его шаги!

Входит Г е н р и х.

(Громко, но стройно.) Ура! Ура! Ура!

1-й г о р о ж а н и н. О славный наш освободитель! Ровно год назад окаянный, антипатичный, нечуткий, противный сукин сын дракон был уничтожен вами.

Г о р о ж а н е. Ура, ура, ура!

1-й г о р о ж а н и н. С тех пор мы живем очень хорошо. Мы...

Г е н р и х. Стойте, стойте, любезные. Сделайте ударение на «очень».

1-й г о р о ж а н и н. Слушаю-с. С тех пор мы живем о-очень хорошо.

Г е н р и х. Нет, нет, любезный. Не так. Не надо нажимать на «о». Получается какой-то двусмысленный завыв: «оучень». Поднаприте-ка на «ч».

1-й г о р о ж а н и н. С тех пор мы живем оччченъ хорошо.

Г е н р и х. Во-во! Утверждаю этот вариант. Ведь вы знаете победителя дракона. Это простой до наивности человек. Он любит искренность, задушевность. Дальше.

1-й г о р о ж а н и н. Мы просто не знаем, куда деваться от счастья.

Г е н р и х. Отлично! Стойте. Вставим здесь что-нибудь этакое... гуманное, добродетельное... Победитель дракона это любит. *(Щел-*

кает пальцами.) Стойте, стойте, стойте! Сейчас, сейчас, сейчас! Вот! Нашел! Даже пташки чирикают весело. Зло ушло — добро пришло! Чик-чирик! Чирик-ура! Повторим.

1-й г о р о ж а н и н. Даже пташки чирикают весело. Зло ушло — добро пришло, чик-чирик, чирик-ура!

Г е н р и х. Уныло чирикаете, любезный! Смотрите, как бы вам самому не было за это чирик-чирик.

1-й г о р о ж а н и н *(весело)*. Чик-чирик! Чирик-ура!

Г е н р и х. Так-то лучше. Ну-с, хорошо. Остальные куски мы репетировали уже?

Г о р о ж а н е. Так точно, господин бургомистр.

Г е н р и х. Ладно. Сейчас победитель дракона, президент вольного города выйдет к вам. Запомните — говорить надо стройно и вместе с тем задушевно, гуманно, демократично. Это дракон разводил церемонии, а мы...

Ч а с о в о й *(из средней двери.)* Сми-ирно! Равнение на двери! Его превосходительство господин президент вольного города идут по коридору. *(Деревянно. Басом.)* Ах ты душечка! Ах ты благодетель! Дракона убил! Вы подумайте!

Гремит музыка. Входит б у р г о м и с т р.

Г е н р и х. Ваше превосходительство господин президент вольного города! За время моего дежурства никаких происшествий не случилось! Налицо десять человек. Из них безумно счастливы все... В околотке...

Б у р г о м и с т р. Вольно, вольно, господа. Здравствуйте, бургомистр. *(Пожимает руку Генриху.)* О! А это кто? А, бургомистр?

Г е н р и х. Сограждане наши помнят, что ровно год назад вы убили дракона. Прибежали поздравить.

Б у р г о м и с т р. Да что ты? Вот приятный сюрприз! Ну-ну, валяйте.

Г о р о ж а н е *(тихо)*. Раз, два, три. *(Громко.)* Да здравствует победитель дракона! *(Тихо.)* Раз, два, три. *(Громко.)* Да здравствует наш повелитель...

Входит т ю р е м щ и к.

Б у р г о м и с т р. Стойте, стойте! Здравствуй, тюремщик.

Т ю р е м щ и к. Здравствуйте, ваше превосходительство.

Б у р г о м и с т р *(горожанам)*. Спасибо, господа. Я и так знаю все, что вы хотите сказать. Черт, непрошеная слеза. *(Смахивает слезу.)* Но тут, понимаете, у нас в доме свадьба, а у меня остались кое-какие делишки. Ступайте, а потом приходите на свадьбу. Повеселимся. Кошмар окончился, и мы теперь живем! Верно?

Горожане. Ура! Ура! Ура!

Бургомистр. Во-во, именно. Рабство отошло в область преданий, и мы переродились. Вспомните, кем я был при проклятом драконе? Больным, сумасшедшим. А теперь? Здоров как огурчик. О вас я уж и не говорю. Вы у меня всегда веселы и счастливы, как пташки. Ну и летите себе. Живо! Генрих, проводи!

Горожане уходят.

Бургомистр. Ну что там у тебя в тюрьме?

Тюремщик. Сидят.

Бургомистр. Ну а мой бывший помощник как?

Тюремщик. Мучается.

Бургомистр. Ха-ха! Врешь небось?

Тюремщик. Ей-право, мучается.

Бургомистр. Ну а как все-таки?

Тюремщик. На стену лезет.

Бургомистр. Ха-ха! Так ему и надо! Отвратительная личность. Бывало, рассказываешь анекдот, все смеются, а он бороду показывает. Это, мол, анекдот старый, с бородой. Ну вот и сиди теперь. Мой портрет ему показывал?

Тюремщик. А как же!

Бургомистр. Какой? На котором я радостно улыбаюсь?

Тюремщик. Этот самый.

Бургомистр. Ну и что он?

Тюремщик. Плачет.

Бургомистр. Врешь небось?

Тюремщик. Ей-право, плачет.

Бургомистр. Ха-ха! Приятно. Ну а ткачи, снабдившие этого... ковром-самолетом?

Тюремщик. Надоели, проклятые. Сидят в разных этажах, а держатся как один. Что один скажет, то и другой.

Бургомистр. Но, однако же, они похудели?

Тюремщик. У меня похудеешь!

Бургомистр. А кузнец?

Тюремщик. Опять решетку перепилил. Пришлось вставить в окно его камеры алмазную.

Бургомистр. Хорошо, хорошо, не жалей расходов. Ну и что он?

Тюремщик. Озадачен.

Бургомистр. Ха-ха! Приятно!

Тюремщик. Шапочник сшил такие шапочки мышам, что коты их не трогают.

Бургомистр. Ну да? Почему?

Тюремщик. Любуются. А музыкант поет, тоску наводит. Я, как захожу к нему, затыкаю уши воском.

Бургомистр. Ладно. Что в городе?

Тюремщик. Тихо. Однако пишут.

Бургомистр. Что?

Тюремщик. Буквы «Л» на стенах. Это значит — Ланцелот.

Бургомистр. Ерунда. Буква «Л» обозначает — любим президента.

Тюремщик. Ага. Значит, не сажать, которые пишут?

Бургомистр. Нет, отчего же. Сажай. Еще чего пишут?

Тюремщик. Стыдно сказать. Президент — скотина. Его сын — мошенник... Президент *(хихикает басом)*... не смею повторить, как они выражаются. Однако больше всего пишут букву «Л».

Бургомистр. Вот чудаки. Дался им этот Ланцелот. А о нем так и нет сведений?

Тюремщик. Пропал.

Бургомистр. Птиц допрашивал?

Тюремщик. Ага.

Бургомистр. Всех?

Тюремщик. Ага. Вот орел мне какую отметину поставил. Клюнул в ухо.

Бургомистр. Ну и что они говорят?

Тюремщик. Говорят, не видали Ланцелота. Один попугай соглашается. Ты ему: видал? И он тебе: видал. Ты ему: Ланцелота? И он тебе: Ланцелота. Ну, попугай известно что за птица.

Бургомистр. А змеи?

Тюремщик. Эти сами бы приползли, если бы что узнали. Это свои. Да еще родственники покойнику. Однако не ползут.

Бургомистр. А рыбы?

Тюремщик. Молчат.

Бургомистр. Может, знают что-нибудь?

Тюремщик. Нет. Ученые рыбоводы смотрели им в глаза — подтверждают: ничего, мол, им не известно. Одним словом, Ланцелот, он же Георгий, он же Персей-проходимец, в каждой стране именуемый по-своему, до сих пор не обнаружен.

Бургомистр. Ну и шут с ним.

Входит Генрих.

Г е н р и х. Пришел отец счастливой невесты господин архивариус Шарлемань.

Б у р г о м и с т р. Ага! Ага! Его-то мне и надо. Проси.

Входит Шарлемань.

Ну, ступайте, тюремщик. Продолжайте работать. Я вами доволен.

Т ю р е м щ и к. Мы стараемся.

Б у р г о м и с т р. Старайтесь. Шарлемань, вы знакомы с тюремщиком?

Ш а р л е м а н ь. Очень мало, господин президент.

Б у р г о м и с т р. Ну-ну. Ничего. Может быть, еще познакомитесь поближе.

Т ю р е м щ и к. Взять?

Б у р г о м и с т р. Ну вот, уже сразу и взять. Иди, иди пока. До свидания.

Тюремщик уходит.

Ну-с, Шарлемань, вы догадываетесь, конечно, зачем мы вас позвали? Всякие государственные заботы, хлопоты, то-се помешали мне забежать к вам лично. Но вы и Эльза знаете из приказов, расклеенных по городу, что сегодня ее свадьба.

Ш а р л е м а н ь. Да, мы это знаем, господин президент.

Б у р г о м и с т р. Нам, государственным людям, некогда делать предложения с цветами, вздохами и так далее. Мы не предлагаем, а приказываем как ни в чем не бывало. Ха-ха! Это крайне удобно. Эльза счастлива?

Ш а р л е м а н ь. Нет.

Б у р г о м и с т р. Ну вот еще... Конечно, счастлива. А вы?

Ш а р л е м а н ь. Я в отчаянии, господин президент...

Б у р г о м и с т р. Какая неблагодарность! Я убил дракона...

Ш а р л е м а н ь. Простите меня, господин президент, но я не могу в это поверить.

Б у р г о м и с т р. Можете!

Ш а р л е м а н ь. Честное слово, не могу.

Б у р г о м и с т р. Можете, можете. Если даже я верю в это, то вы и подавно можете.

Ш а р л е м а н ь. Нет.

Г е н р и х. Он просто не хочет.

Б у р г о м и с т р. Но почему?

Г е н р и х. Набивает цену.

Б у р г о м и с т р. Ладно. Предлагаю вам должность первого моего помощника.

Шарлемань. Я не хочу.

Бургомистр. Глупости. Хотите.

Шарлемань. Нет.

Бургомистр. Не торгуйтесь, нам некогда. Казенная квартира возле парка, недалеко от рынка, в сто пятьдесят три комнаты, причем все окна выходят на юг. Сказочное жалованье. И кроме того, каждый раз, как вы идете на службу, вам выдаются подъемные, а когда идете домой, — отпускные. Соберетесь в гости — вам даются командировочные, а сидите дома — вам платятся квартирные. Вы будете почти так же богаты, как я. Все. Вы согласны.

Шарлемань. Нет.

Бургомистр. Чего же вы хотите?

Шарлемань. Мы одного хотим — не трогайте нас, господин президент.

Бургомистр. Вот славно — не трогайте! А раз мне хочется? И кроме того, с государственной точки зрения — это очень солидно. Победитель дракона женится на спасенной им девушке. Это так убедительно. Как вы не хотите понять?

Шарлемань. Зачем вы мучаете нас? Я научился думать, господин президент, это само по себе мучительно, а тут еще эта свадьба. Так ведь можно и с ума сойти.

Бургомистр. Нельзя, нельзя! Все эти психические заболевания — ерунда. Выдумки.

Шарлемань. Ах, боже мой! Как мы беспомощны! То, что город наш совсем-совсем такой же тихий и послушный, как прежде, — это так страшно.

Бургомистр. Что за бред? Почему это страшно? Вы что — решили бунтовать со своей дочкой?

Шарлемань. Нет. Мы гуляли с ней сегодня в лесу и обо всем так хорошо, так подробно переговорили. Завтра, как только ее не станет, я тоже умру.

Бургомистр. Как это не станет? Что за глупости!

Шарлемань. Неужели вы думаете, что она переживет эту свадьбу?

Бургомистр. Конечно. Это будет славный, веселый праздник. Другой бы радовался, что выдает дочку за богатого.

Генрих. Да и он тоже радуется.

Шарлемань. Нет. Я пожилой, вежливый человек, мне трудно сказать вам это прямо в глаза. Но я все-таки скажу. Эта свадьба — большое несчастье для нас.

Генрих. Какой утомительный способ торговаться.

Бургомистр. Слушайте вы, любезный! Больше, чем предложено, не получите! Вы, очевидно, хотите пай в наших предприятиях? Не выйдет! То, что нагло забирал дракон, теперь в руках лучших людей города. Проще говоря, в моих, и отчасти — Генриха. Это совершенно законно. Не дам из этих денег ни гроша!

Ш а р л е м а н ь. Разрешите мне уйти, господин президент.

Б у р г о м и с т р. Можете. Запомните только следующее. Первое: на свадьбе извольте быть веселы, жизнерадостны и остроумны. Второе: никаких смертей! Потрудитесь жить столько, сколько мне будет угодно. Передайте это вашей дочери. Третье: в дальнейшем называйте меня «ваше превосходительство». Видите этот список? Тут пятьдесят фамилий. Все ваши лучшие друзья. Если вы будете бунтовать, все пятьдесят заложников пропадут без вести. Ступайте. Стойте. Сейчас за вами будет послан экипаж. Вы привезете дочку — и чтобы ни-ни! Поняли? Идите!

      Шарлемань уходит.

Ну, все идет как по маслу.

 Г е н р и х. Что докладывал тюремщик?

 Б у р г о м и с т р. На небе ни облачка.

 Г е н р и х. А буква «Л»?

 Б у р г о м и с т р. Ах, мало ли букв писали они на стенках при драконе? Пусть пишут. Это им все-таки утешительно, а нам не вредит. Посмотри-ка, свободно это кресло?

 Г е н р и х. Ах, папа! *(Ощупывает кресло.)* Никого тут нет. Садись.

 Б у р г о м и с т р. Пожалуйста, не улыбайся. В своей шапке-невидимке он может пробраться всюду.

 Г е н р и х. Папа, ты не знаешь этого человека. Он до самого темени набит предрассудками. Из рыцарской вежливости, перед тем как войти в дом, он снимет свою шапку — и стража схватит его.

 Б у р г о м и с т р. За год характер у него мог испортиться. *(Садится.)* Ну, сынок, ну, мой крошечный, а теперь поговорим о наших делишках. За тобой должок, мое солнышко!

 Г е н р и х. Какой, папочка?

 Б у р г о м и с т р. Ты подкупил трех моих лакеев, чтобы они следили за мной, читали мои бумаги и так далее. Верно?

 Г е н р и х. Ну что ты, папочка!

 Б у р г о м и с т р. Погоди, сынок, не перебивай. Я прибавил им пятьсот талеров из личных своих средств, чтобы они передавали тебе только то, что я разрешу. Следовательно, ты должен мне пятьсот талеров, мальчугашка.

 Г е н р и х. Нет, папа. Узнав об этом, я прибавил им шестьсот.

 Б у р г о м и с т р. А я, догадавшись, — тысячу, поросеночек!

Следовательно, сальдо получается в мою пользу. И не прибавляй им, голубчик, больше. Они на таких окладах разъелись, развратились, одичали. Того и гляди начнут на своих бросаться. Дальше. Необходимо будет распутать личного моего секретаря. Беднягу пришлось отправить в психиатрическую лечебницу.

Г е н р и х. Неужели? Почему?

Б у р г о м и с т р. Да мы с тобой подкупали и перекупали его столько раз в день, что он теперь никак не может сообразить, кому служит. Доносит мне на меня же. Интригует сам против себя, чтобы захватить собственное свое место. Парень честный, старательный, жалко смотреть, как он мучается. Зайдем к нему завтра в лечебницу и установим, на кого он работает, в конце концов. Ах ты мой сыночек! Ах ты мой славненький! На папино место ему захотелось.

Г е н р и х. Ну что ты, папа!

Б у р г о м и с т р. Ничего, мой малюсенький! Ничего. Дело житейское. Знаешь, что я хочу тебе предложить? Давай следить друг за другом попросту, по-родственному, как отец с сыном, безо всяких там посторонних. Денег сбережем сколько!

Г е н р и х. Ах, папа, ну что такое деньги!

Б у р г о м и с т р. И в самом деле. Умрешь, с собой не возьмешь...

Стук копыт и звон колокольчиков.

(Бросается к окну.) Приехала! Приехала наша красавица! Карета какая! Чудо! Украшена драконовой чешуей! А сама Эльза! Чудо из чудес. Вся в бархате. Нет, все-таки власть — вещь ничего себе... *(Шепотом.)* Допроси ее!

Г е н р и х. Кого?

Б у р г о м и с т р. Эльзу. Она так молчалива в последние дни. Не знает ли она, где этот... *(оглядывается)* Ланцелот. Допроси осторожно. А я послушаю тут за портьерой. *(Скрывается.)*

Входят Э л ь з а и Ш а р л е м а н ь.

Г е н р и х. Эльза, приветствую тебя. Ты хорошеешь с каждым днем — это очень мило с твоей стороны. Президент переодевается. Он попросил принести свои извинения. Садись в это кресло, Эльза. *(Усаживает ее спиной к портьере, за которой скрывается бургомистр.)* А вы подождите в прихожей, Шарлемань.

Шарлемань уходит с поклоном.

Эльза, я рад, что президент натягивает на себя свои парадные украшения. Мне давно хочется поговорить с тобою наедине, по-дружески, с открытой душой. Почему ты все молчишь? А? Ты не хочешь отвечать? Я ведь по-своему привязан к тебе. Поговори со мной.

Э л ь з а. О чем?

Г е н р и х. О чем хочешь.

Э л ь з а. Я не знаю... Я ничего не хочу.

Г е н р и х. Не может быть. Ведь сегодня твоя свадьба... Ах, Эльза... Опять мне приходится уступать тебя. Но победитель дракона есть победитель. Я циник, я насмешник, но перед ним и я преклоняюсь. Ты не слушаешь меня?

Э л ь з а. Нет.

Г е н р и х. Ах, Эльза... Неужели я стал совсем чужим тебе? А ведь мы так дружили в детстве. Помнишь, как ты болела корью, а я бегал к тебе под окна, пока не заболел сам. И ты навещала меня и плакала, что я такой тихий и кроткий. Помнишь?

Э л ь з а. Да.

Г е н р и х. Неужели дети, которые так дружили, вдруг умерли? Неужели в тебе и во мне ничего от них не осталось? Давай поговорим, как в былые времена, как брат с сестрой.

Э л ь з а. Ну хорошо, давай поговорим.

Бургомистр выглядывает из-за портьеры и бесшумно аплодирует Генриху.

Ты хочешь знать, почему я все время молчу?

Бургомистр кивает головой.

Потому что я боюсь.

Г е н р и х. Кого?

Э л ь з а. Людей.

Г е н р и х. Вот как? Укажи, каких именно людей ты боишься. Мы их заточим в темницу, и тебе сразу станет легче.

Бургомистр достает записную книжку.

Ну, называй имена.

Э л ь з а. Нет, Генрих, это не поможет.

Г е н р и х. Поможет, уверяю тебя. Я это испытал на опыте. И сон делается лучше, и аппетит, и настроение.

Э л ь з а. Видишь ли... Я не знаю, как тебе объяснить... Я боюсь всех людей.

Г е н р и х. Ах, вот что... Понимаю. Очень хорошо понимаю. Все люди, и я в том числе, кажутся тебе жестокими. Верно? Ты, может быть, не поверишь мне, но... но я сам их боюсь. Я боюсь отца.

Бургомистр недоумевающе разводит руками.

Боюсь верных наших слуг. И я притворяюсь жестоким, чтобы они боялись меня. Ах, все мы запутались в своей собственной паутине. Говори, говори еще, я слушаю.

Бургомистр понимающе кивает.

Э л ь з а. Ну что же я еще могу сказать тебе... Сначала я сердилась, потом горевала, потом все мне стало безразлично. Я теперь так послушна, как никогда не была. Со мною можно делать все что угодно.

Бургомистр хихикает громко. Испуганно прячется за портьеру. Эльза оглядывается.

Кто это?
Г е н р и х. Не обращай внимания. Там готовятся к свадебному пиршеству. Бедная моя, дорогая сестренка. Как жалко, что исчез, бесследно исчез Ланцелот. Я только теперь понял его. Это удивительный человек. Мы все виноваты перед ним. Неужели нет надежды, что он вернется?

Бургомистр опять вылез из-за портьеры. Он — весь внимание.

Э л ь з а. Он... Он не вернется.
Г е н р и х. Не надо так думать. Мне почему-то кажется, что мы еще увидим его.
Э л ь з а. Нет.
Г е н р и х. Поверь мне!
Э л ь з а. Мне приятно, когда ты говоришь это, но... Нас никто не слышит?

Бургомистр приседает за спинкой кресла.

Г е н р и х. Конечно, никто, дорогая. Сегодня праздник. Все шпионы отдыхают.
Э л ь з а. Видишь ли... Я знаю, что с Ланцелотом.
Г е н р и х. Не надо, не говори, если тебе это мучительно.

Бургомистр грозит ему кулаком.

Э л ь з а. Нет, я так долго молчала, что сейчас мне хочется рассказать тебе все. Мне казалось, что никто, кроме меня, не поймет, как это грустно, — уж в таком городе я родилась. Но ты так внимательно слушаешь меня сегодня... Словом... Ровно год назад, когда кончался бой, кот побежал на дворцовую площадь. И он увидел: белый-белый как смерть Ланцелот стоит возле мертвых голов дракона. Он опирался на меч и улыбался, чтобы не огорчить кота. Кот бросился ко мне позвать меня на помощь. Но стража так старательно охраняла меня, что муха не могла пролететь в дом. Они прогнали кота.

Г е н р и х. Грубые солдаты!

Э л ь з а. Тогда он позвал знакомого своего осла. Уложив раненого ему на спину, он вывел осла глухими закоулками прочь из нашего города.

Г е н р и х. Но почему?

Э л ь з а. Ах, Ланцелот был так слаб, что люди могли бы убить его. И вот они отправились по тропинке в горы. Кот сидел возле раненого и слушал, как бьется его сердце.

Г е н р и х. Оно билось, надеюсь?

Э л ь з а. Да, но только все глуше и глуше. И вот кот крикнул: «Стой!» И осел остановился. Уже наступила ночь. Они взобрались высоко-высоко в горы, и вокруг было так тихо, так холодно. «Поворачивай домой! — сказал кот. — Теперь люди уже не обидят его. Пусть Эльза простится с ним, а потом мы его похороним».

Г е н р и х. Он умер, бедный!

Э л ь з а. Умер, Генрих. Упрямый ослик сказал: поворачивать не согласен. И пошел дальше. А кот вернулся — ведь он так привязан к дому. Он вернулся, рассказал мне все, и теперь я никого не жду. Все кончено.

Б у р г о м и с т р. Ура! Все кончено! *(Пляшет, носится по комнате.)* Все кончено! Я — полный владыка над всеми! Теперь уж совсем некого бояться. Спасибо, Эльза! Вот это праздник! Кто осмелится сказать теперь, что это не я убил дракона? Ну, кто?

Э л ь з а. Он подслушивал?

Г е н р и х. Конечно.

Э л ь з а. И ты знал это?

Г е н р и х. Ах, Эльза, не изображай наивную девочку. Ты сегодня, слава богу, замуж выходишь!

Э л ь з а. Папа! Папа!

Вбегает Ш а р л е м а н ь.

Ш а р л е м а н ь. Что с тобою, моя маленькая? *(Хочет обнять ее.)*

Б у р г о м и с т р. Руки по швам! Стойте навытяжку перед моей невестой!

Ш а р л е м а н ь *(вытянувшись)*. Не надо, успокойся. Не плачь. Что ж поделаешь? Тут уж ничего не поделаешь. Что ж тут поделаешь?

Гремит музыка.

Б у р г о м и с т р *(подбегает к окну).* Как славно! Как уютно! Гости приехали на свадьбу. Лошади в лентах! На оглоблях фонарики! Как прекрасно жить на свете и знать, что никакой дурак не может помешать этому. Улыбайся же, Эльза. Секунда в секунду, в назначенный срок, сам президент вольного города заключит тебя в свои объятия.

Двери широко распахиваются.

Добро пожаловать, добро пожаловать, дорогие гости.

Входят гости. Проходят парами мимо Эльзы и бургомистра. Говорят чинно, почти шепотом.

1-й г о р о ж а н и н. Поздравляем жениха и невесту. Все так радуются.

2-й г о р о ж а н и н. Дома украшены фонариками.

1-й г о р о ж а н и н. На улице светло как днем!

2-й г о р о ж а н и н. Все винные погреба полны народу.

М а л ь ч и к. Все дерутся и ругаются.

Г о с т и. Тссс!

С а д о в н и к. Позвольте поднести вам колокольчики. Правда, они звенят немного печально, но это ничего. Утром они завянут и успокоятся.

1-я п о д р у г а Э л ь з ы. Эльза, милая, постарайся быть веселой. А то я заплачу и испорчу ресницы, которые так удались мне сегодня.

2-я п о д р у г а. Ведь он все-таки лучше, чем дракон... У него есть руки, ноги, а чешуи нету. Ведь все-таки он хоть и президент, а человек. Завтра ты нам все расскажешь. Это будет так интересно!

3-я п о д р у г а. Ты сможешь делать людям так много добра! Вот, например, ты можешь попросить жениха, чтобы он уволил начальника моего папы. Тогда папа займет его место, будет получать вдвое больше жалованья, и мы будем так счастливы.

Б у р г о м и с т р *(считает вполголоса гостей).* Раз, два, три, четыре. *(Потом приборы.)* Раз, два, три... Так... Один гость как будто лишний... Ах, да это мальчик... Ну-ну, не реви. Ты будешь есть из одной тарелки с мамой. Все в сборе. Господа, прошу за стол. Мы быстро и скромно совершим обряд бракосочетания, а потом приступим к свадебному пиру. Я достал рыбу, которая создана для того, чтобы ее ели. Она смеется от радости, когда ее варят, и сама сообщает повару, когда готова. А вот индюшка, начиненная собственными индюшатами. Это так уютно, так семейственно. А вот поросята, которые не только откармливались, но и воспитывались специально для нашего стола. Они умеют служить и подавать лапку, несмотря на то что они зажарены. Не визжи, мальчик, это совсем не страшно, а потешно. А вот вина, такие старые, что впали в детство и прыгают, как маленькие, в своих бутылках. А вот водка, очищенная до того, что графин кажется пустым. Позвольте, да он и в самом деле пустой. Это подлецы-лакеи очистили его. Но это ничего, в буфете еще много графинов. Как приятно быть богатым, господа! Все уселись? Отлично. Постойте-постойте, не надо есть, сейчас мы обвенчаемся. Одну минутку! Эльза! Дай лапку!

                        Эльза протягивает руку бургомистру.

Плутовка! Шалунья! Какая теплая лапка! Мордочку выше! Улыбайся! Все готово, Генрих?
    Г е н р и х. Так точно, господин президент.
    Б у р г о м и с т р. Делай.
    Г е н р и х. Я плохой оратор, господа, и боюсь, что буду говорить несколько сумбурно. Год назад самоуверенный проходимец вызвал на бой проклятого дракона. Специальная комиссия, созданная городским самоуправлением, установила следующее: покойный наглец только раздразнил покойное чудовище, неопасно ранив его. Тогда бывший наш бургомистр, а ныне президент вольного города, героически бросился на дракона и убил его уже окончательно, совершив различные чудеса храбрости.

                                Аплодисменты.

Чертополох гнусного рабства был с корнем вырван из почвы нашей общественной нивы.

                                Аплодисменты.

Благодарный город постановил следующее: если мы проклятому чудовищу отдавали лучших наших девушек, то неужели мы откажем в этом простом и естественном праве нашему дорогому избавителю!

                                Аплодисменты.

Итак, чтобы подчеркнуть величие президента, с одной стороны, и послушание и преданность города, с другой стороны, я, как бургомистр, совершу сейчас обряд бракосочетания. Орган, свадебный гимн!

                                Гремит орган.

Писцы! Откройте книгу записей счастливых событий.

> Входят п и с ц ы с огромными автоматическими перьями в руках.

Четыреста лет в эту книгу записывали имена бедных девушек, обреченных дракону. Четыреста страниц заполнены. И впервые на четыреста первой мы впишем имя счастливицы, которую возьмет в жены храбрец, уничтоживший чудовище.

> Аплодисменты.

Жених, отвечай мне по чистой совести. Согласен ли ты взять в жены эту девушку?

Б у р г о м и с т р. Для блага родного города я способен на все.

> Аплодисменты.

Г е н р и х. Записывайте, писцы! Осторожнее! Поставишь кляксу — заставлю слизать языком! Так! Ну вот и все. Ах, виноват! Осталась еще одна пустая формальность. Невеста! Ты, конечно, согласна стать женою господина президента вольного города?

> Пауза.

Ну, отвечай-ка, девушка, согласна ли ты...

Э л ь з а. Нет.

Г е н р и х. Ну вот и хорошо. Пишите, писцы, — она согласна.

Э л ь з а. Не смейте писать!

> Писцы отшатываются.

Г е н р и х. Эльза, не мешай нам работать.

Б у р г о м и с т р. Но, дорогой мой, она вовсе и не мешает. Если девушка говорит «нет», это значит «да». Пишите, писцы!

Э л ь з а. Нет! Я вырву этот лист из книги и растопчу его!

Б у р г о м и с т р. Прелестные девичьи колебания, слезы, грезы, то-се. Каждая девушка плачет на свой лад перед свадьбой, а потом бывает вполне удовлетворена. Мы сейчас подержим ее за ручки и сделаем все, что надо. Писцы...

Э л ь з а. Дайте мне сказать хоть одно слово! Пожалуйста!

Г е н р и х. Эльза!

Б у р г о м и с т р. Не кричи, сынок. Все идет как полагается. Невеста просит слова. Дадим ей слово и на этом закончим официальную часть. Ничего, ничего, пусть — здесь все свои.

Э л ь з а. Друзья мои, друзья! Зачем вы убиваете меня? Это страшно, как во сне. Когда разбойник занес над тобою нож, ты еще можешь спастись. Разбойника убьют, или ты ускользнешь от него... Ну а если нож разбойника вдруг сам бросится на тебя? И веревка его поползет к тебе, как змея, чтобы связать по рукам и по ногам? Если даже занавеска с окна его, тихая занавесочка, вдруг тоже бросится на тебя, чтобы заткнуть тебе рот? Что вы все скажете тогда? Я думала, что все вы только послушны дракону, как нож послушен разбойнику. А вы, друзья мои, тоже, оказывается, разбойники! Я не виню вас, вы сами этого не замечаете, но я умоляю вас — опомнитесь! Неужели дракон не умер, а, как это бывало с ним часто, обратился в человека? Только превратился он на этот раз во множество людей, и вот они убивают меня. Не убивайте меня! Очнитесь! Боже мой, какая тоска... Разорвите паутину, в которой вы все запутались. Неужели никто не вступится за меня?

М а л ь ч и к. Я бы вступился, но мама держит меня за руки.

Б у р г о м и с т р. Ну вот и все. Невеста закончила свое выступление. Жизнь идет по-прежнему, как ни в чем не бывало.

М а л ь ч и к. Мама!

Б у р г о м и с т р. Молчи, мой маленький. Будем веселиться как ни в чем не бывало. Довольно этой канцелярщины, Генрих. Напишите так: «Брак считается совершившимся», — и давайте кушать. Ужасно кушать хочется.

Г е н р и х. Пишите, писцы: «Брак считается совершившимся». Ну, живее! Задумались?

Писцы берутся за перья. Громкий стук в дверь. Писцы отшатываются.

Б у р г о м и с т р. Кто там?

Молчание.

Эй, вы, там! Кто бы вы ни были, завтра, завтра, в приемные часы, через секретаря. Мне некогда! Я тут женюсь!

Снова стук.

Не открывать дверей! Пишите, писцы!

Дверь распахивается сама собой. За дверью — никого.

Генрих, ко мне! Что это значит?

Г е н р и х. Ах, папа, обычная история. Невинные жалобы нашей девицы растревожили всех этих наивных обитателей рек, лесов, озер. Домовой прибежал с чердака, водяной вылез из колодца... Ну и пусть себе... Что они нам могут сделать? Они так же невидимы и бессильны, как так называемая совесть и тому подобное. Ну приснится нам два-три страшных сна — и все тут.

Б у р г о м и с т р. Нет, это он!

Г е н р и х. Кто?

Б у р г о м и с т р. Ланцелот. Он в шапке-невидимке. Он стоит возле. Он слушает, что мы говорим. И его меч висит над моей головой.

Г е н р и х. Дорогой папаша! Если вы не придете в себя, то я возьму власть в свои руки.

Б у р г о м и с т р. Музыка! Играй! Дорогие гости! Простите эту невольную заминку, но я так боюсь сквозняков. Сквозняк открыл двери — и все тут. Эльза, успокойся, крошка! Я объявляю брак состоявшимся с последующим утверждением. Что это? Кто там бежит?

Вбегает перепуганный л а к е й.

Л а к е й. Берите обратно! Берите обратно!

Б у р г о м и с т р. Что брать обратно?

Л а к е й. Берите обратно ваши проклятые деньги! Я больше не служу у вас!

Б у р г о м и с т р. Почему?

Л а к е й. Он убьет меня за все мои подлости. *(Убегает.)*

Б у р г о м и с т р. Кто убьет его? А? Генрих?

Вбегает в т о р о й л а к е й.

2-й л а к е й. Он уже идет по коридору! Я поклонился ему в пояс, а он мне не ответил! Он теперь и не глядит на людей. Ох, будет нам за все! Ох, будет! *(Убегает.)*

Б у р г о м и с т р. Генрих!

Г е н р и х. Держитесь как ни в чем не бывало. Что бы ни случилось. Это спасет нас.

Появляется т р е т и й л а к е й, пятясь задом. Кричит в пространство.

3-й л а к е й. Я докажу! Моя жена может подтвердить! Я всегда осуждал ихнее поведение! Я брал с них деньги только на нервной почве. Я свидетельство принесу! *(Исчезает.)*

Б у р г о м и с т р. Смотри!

Г е н р и х. Как ни в чем не бывало! Ради бога, как ни в чем не бывало!

Входит Л а н ц е л о т.

Б у р г о м и с т р. А, здравствуйте, вот кого не ждали. Но тем не менее — добро пожаловать. Приборов не хватает... но ничего. Вы будете есть из глубокой тарелки, а я из мелкой. Я бы приказал принести, но лакеи, дурачки, разбежались... А мы тут венчаемся, так сказать, хе-хе-хе, дело, так сказать, наше личное, интимное. Так уютно... Знакомьтесь, пожалуйста. Где же гости? Ах, они уронили что-то и ищут это под столом. Вот сын мой, Генрих. Вы, кажется, встречались. Он такой молодой, а уже бургомистр. Сильно выдвинулся после того, как я... после того, как мы... Ну, словом, после того, как дракон был убит. Что же вы? Входите, пожалуйста.

Генрих. Почему вы молчите?

Бургомистр. И в самом деле, что же вы? Как доехали? Что слышно? Не хотите ли отдохнуть с дороги? Стража вас проводит.

Ланцелот. Здравствуй, Эльза!

Эльза. Ланцелот! *(Подбегает к нему.)* Сядь, пожалуйста, сядь. Войди. Это в самом деле ты?

Ланцелот. Да, Эльза.

Эльза. И руки у тебя теплы. И волосы чуть подросли, пока мы не виделись. Или мне это кажется? А плащ все тот же. Ланцелот! *(Усаживает его за маленький стол, стоящий в центре.)* Выпей вина. Или нет, ничего не бери у них. Ты отдохни, и мы уйдем. Папа! Он пришел, папа! Совсем как в тот вечер. Как раз тогда, когда мы с тобой опять думали, что нам только одно и осталось — взять да умереть тихонько. Ланцелот!

Ланцелот. Значит, ты меня любишь по-прежнему?

Эльза. Папа, слышишь? Мы столько раз мечтали, что он войдет и спросит: Эльза, ты меня любишь по-прежнему? А я отвечу: да, Ланцелот! А потом спрошу: где ты был так долго?

Ланцелот. Далеко-далеко, в Черных горах.

Эльза. Ты сильно болел?

Ланцелот. Да, Эльза. Ведь быть смертельно раненным — это очень, очень опасно.

Эльза. Кто ухаживал за тобой?

Ланцелот. Жена одного дровосека. Добрая, милая женщина. Только она обижалась, что я в бреду все время называл ее — Эльза.

Эльза. Значит, и ты без меня тосковал?

Ланцелот. Тосковал.

Эльза. А я как убивалась! Меня мучили тут.

Бургомистр. Кто? Не может быть! Почему же вы не пожаловались нам! Мы приняли бы меры!

Ланцелот. Я знаю все, Эльза.

Эльза. Знаешь?

Ланцелот. Да.

Эльза. Откуда?

Ланцелот. В Черных горах, недалеко от хижины дровосека, есть огромная пещера. И в пещере этой лежит книга, жалобная книга, исписанная почти до конца. К ней никто не прикасается, но страница за страницей прибавляется к написанным прежним, прибавляется каждый день. Кто пишет? Мир! Записаны, записаны все преступления преступников, все несчастья страдающих напрасно.

Генрих и бургомистр на цыпочках направляются к двери.

Э л ь з а. И ты прочел там о нас?
Л а н ц е л о т. Да, Эльза. Эй, вы, там! Убийцы! Ни с места!
Б у р г о м и с т р. Ну почему же так резко?
Л а н ц е л о т. Потому что я не тот, что год назад. Я освободил вас — а вы что сделали?
Б у р г о м и с т р. Ах, боже мой! Если мною недовольны, я уйду в отставку.
Л а н ц е л о т. Никуда вы не уйдете!
Г е н р и х. Совершенно правильно. Как он тут без вас вел себя — это уму непостижимо. Я могу вам представить полный список его преступлений, которые еще не попали в жалобную книгу, а только намечены к исполнению.
Л а н ц е л о т. Замолчи!
Г е н р и х. Но позвольте! Если глубоко рассмотреть, то я лично ни в чем не виноват. Меня так учили.
Л а н ц е л о т. Всех учили. Но зачем ты оказался первым учеником, скотина такая?
Г е н р и х. Уйдем, папа. Он ругается.
Л а н ц е л о т. Нет, ты не уйдешь. Я уже месяц как вернулся, Эльза.
Э л ь з а. И не зашел ко мне!
Л а н ц е л о т. Зашел, но в шапке-невидимке, рано утром. Я тихо поцеловал тебя, так, чтобы ты не проснулась. И пошел бродить по городу. Страшную жизнь увидел я. Читать было тяжело, а своими глазами увидеть — еще хуже. Эй вы, Миллер!

Первый горожанин поднимается из-под стола.

Я видел, как вы плакали от восторга, когда кричали бургомистру: «Слава тебе, победитель дракона!»
1-й г о р о ж а н и н. Это верно. Плакал. Но я не притворялся, господин Ланцелот.
Л а н ц е л о т. Но ведь вы знали, что дракона убил не он.
1-й г о р о ж а н и н. Дома знал... а на параде... *(Разводит руками.)*
Л а н ц е л о т. Садовник!

Садовник поднимается из-под стола.

Вы учили львиный зев кричать: «Ура президенту!»?

С а д о в н и к. Учил.

Л а н ц е л о т. И научили?

С а д о в н и к. Да. Только, покричав, львиный зев каждый раз показывал мне язык. Я думал, что добуду деньги на новые опыты... но...

Л а н ц е л о т. Фридрихсен!

Второй горожанин вылезает из-под стола.

Бургомистр, рассердившись на вас, посадил вашего единственного сына в подземелье?

2-й г о р о ж а н и н. Да. Мальчик и так все кашляет, а в подземелье сырость!

Л а н ц е л о т. И вы подарили после того бургомистру трубку с надписью «Твой навеки»?

2-й г о р о ж а н и н. А как еще я мог смягчить его сердце?

Л а н ц е л о т. Что мне делать с вами?

Б у р г о м и с т р. Плюнуть на них. Эта работа не для вас. Мы с Генрихом прекрасно управимся с ними. Это будет лучшее наказание для этих людишек. Берите под руку Эльзу и оставьте нас жить по-своему. Это будет так гуманно, так демократично.

Л а н ц е л о т. Не могу. Войдите, друзья!

Входят т к а ч и, к у з н е ц, ш л я п о ч н ы х и ш а п о ч н ы х д е л м а с т е р, м у з ы к а л ь н ы х д е л м а с т е р.

И вы меня очень огорчили. Я думал, что вы справитесь с ними без меня. Почему вы послушались и пошли в тюрьму? Ведь вас так много!

Т к а ч и. Они не дали нам опомниться.

Л а н ц е л о т. Возьмите этих людей. Бургомистра и президента.

Т к а ч и *(берут бургомистра и президента.)* Идем!

К у з н е ц. Я сам проверил решетки. Крепкие. Идем!

Ш а п о ч н ы х д е л м а с т е р. Вот вам дурацкие колпаки! Я делал прекрасные шляпы, но вы в тюрьме ожесточили меня. Идем!

М у з ы к а л ь н ы х д е л м а с т е р. Я в своей камере вылепил скрипку из черного хлеба и сплел из паутины струны. Невесело играет моя скрипка и тихо, но вы сами в этом виноваты. Идите под нашу музыку туда, откуда нет возврата.

Г е н р и х. Но это ерунда, это неправильно, так не бывает. Бродяга, нищий, непрактичный человек — и вдруг...

Т к а ч и. Идем!

Б у р г о м и с т р. Я протестую, это негуманно!
Т к а ч и. Идем!

Мрачная, простая, едва слышная музыка. Генриха и бургомистра уводят.

Л а н ц е л о т. Эльза, я не тот, что был прежде. Видишь?
Э л ь з а. Да. Но я люблю тебя еще больше.
Л а н ц е л о т. Нам нельзя будет уйти...
Э л ь з а. Ничего. Ведь и дома бывает очень весело.
Л а н ц е л о т. Работа предстоит мелкая. Хуже вышивания. В каждом из них придется убить дракона.
М а л ь ч и к. А нам будет больно?
Л а н ц е л о т. Тебе нет.
1-й г о р о ж а н и н. А нам?
Л а н ц е л о т. С вами придется повозиться.
С а д о в н и к. Но будьте терпеливы, господин Ланцелот. Умоляю вас — будьте терпеливы. Прививайте. Разводите костры — тепло помогает росту. Сорную траву удаляйте осторожно, чтобы не повредить здоровые корни. Ведь если вдуматься, то люди, в сущности, тоже, может быть, пожалуй, со всеми оговорками, заслуживают тщательного ухода.
1-я п о д р у г а. И пусть сегодня свадьба все-таки состоится.
2-я п о д р у г а. Потому что от радости люди тоже хорошеют.
Л а н ц е л о т. Верно! Эй, музыка!

Гремит музыка.

Эльза, дай руку. Я люблю всех вас, друзья мои. Иначе чего бы ради я стал возиться с вами. А если уж люблю, то все будет прелестно. И все мы после долгих забот и мучений будем счастливы, очень счастливы наконец!

Занавес

1943

ОДНА НОЧЬ

Пьеса в 3-х действиях

ДЕЙСТВУЮЩИЕ ЛИЦА

Марфа Васильевна.
Даша — ее дочь.
Сережа — ее сын.
Иваненков Павел Васильевич — управхоз.
Лагутин Захар Иванович — монтер.
Архангельская Елена Осиповна — командир санзвена.
Ольга Петровна — домашняя хозяйка.
Оля.
Нюся.
Шурик.

ДЕЙСТВИЕ ПЕРВОЕ

Восемь часов вечера. Контора домохозяйства № 263, просторная, высокая, со сводчатыми потолками. По конторе из угла в угол шагает, бормоча что-то, монтер домохозяйства, старик в круглых очках, с аккуратно подстриженной бородкой, З а х а р И в а н о в и ч Л а г у т и н. Радиорупор на стене передает непрерывно отчетливый, ровный стук метронома: тик-так, тик-так!

Л а г у т и н *(внезапно останавливаясь).* Эх, праздничка, праздничка хочется. Ох, сестрица, братцы золотые, дорогие, как мне праздничка хочется! Чтоб лег я веселый, а встал легкий! Праздника, праздника, праздника бы мне!

Звонит телефон.

Слушаю! Контора домохозяйства № 263. Управхоз вышел. Говорит монтер Лагутин. Потому управхоз не пришел на совещание, что дворника хоронил. А кому еще одинокого дворника хоронить? Человек умер на посту, шел в милицию, а попал под артобстрел. Ладно. Хорошо. Передам. *(Вешает трубку.)* Собрания, совещания, совещания, собрания... *(Обращается к репродуктору.)* Тик-так, тик-так! Что ты отсчитываешь? Скажи ты мне — что? Сколько нам жить осталось до наглой смерти или сколько до конца войны? Тик-так, тик-так!..

Вопли за дверью: «Составлю на вас акт, дьяволы!»

Вот и управхоз идет...

Распахивается дверь. Быстро входит высокий человек в старой солдатской шинели, в барашковой шапке с ушами. Это управхоз И в а н е н к о в.

И в а н е н к о в. Вы у меня дождетесь, трепачи проклятые! Шутки шутят в условиях осажденного города!

Л а г у т и н. Чего ты расстраиваешься?

И в а н е н к о в. Да как же мне не расстраиваться? Этот чертов Шурик стоит в темном коридоре и подымает панику.

Лагутин. Каким манером?

Иваненков. Воздушную тревогу изображает, паразит. У-у-у! У-у-у! До того похоже, что даже я поверил, из квартиры выскочил. Уже пятнадцать лет парню, а он все шутит! Девчонки хохочут, а он старается, воет. Ну, тут я им показал, по всем лестницам от меня бежали, черти.

Лагутин. Скучают ребята.

Иваненков. Молчи! Ты что жуешь?

Лагутин. Да нет, это я так, бормочу.

Иваненков. Займи сухарик, я отдам.

Лагутин. Нет у меня, Паша, сухариков. Я ведь, Паша, ничего не запас.

Иваненков. И я не запас. Управхозу нельзя запасать. Сегодня одна гражданочка в булочной научила, как обращаться с соевыми бобами. Надо их, Захар, сырыми поджарить, пока не зарумянятся, а потом уже в воду. Тут только они, проклятые, разварятся.

Лагутин. Пробовал?

Иваненков. Нет.

Лагутин. Почему?

Иваненков. Бобов нету.

Лагутин. В квартире двадцать восьмой домработница живет, Зина. Ее тетки сосед в штабе работает. Он говорит, еще только одну декаду нам терпеть. А потом непременно пойдут эшелоны с продовольствием. Со всех концов Союза пригнали к нам, Паша, муку белую, крупчатку, сахар, гречку, пшено, рис, масло и животное и растительное, какого только твоя душа пожелает. Разобьют кольцо, откроется дорога, и хлынет к нам, Паша, питание. Ты что пишешь?

Иваненков. Приказ.

Лагутин. Опять?

Иваненков. Надо, надо приказывать, Захар, надо, надо!

Лагутин. Дергаешь ты народ.

Иваненков. А его надо дергать, надо, надо! Не понимает народ, что живет в условиях осажденного города. Буду составлять акт на каждого, кто числится в резерве группы самозащиты, а сам во время сигнала воздушной тревоги сидит себе дома.

Лагутин. Я допускаю, что народ иногда норовит отдохнуть не вовремя, но ты, Паша, погляди на него любовно.

Иваненков. Ну и что это нам даст?

Лагутин. Это много даст! Народ держится, Павел Васильевич, и конца не видно этому запасу терпения. Есть ли на земле место серьезнее нашего города? И артобстрел, и бомбежки, и кольцо тебя душит, Паша... А как народ ведет себя? Ты посмотри любовно на это зрелище. Тут музыки нет, блеска не видно, угрюмый шагает перед нами парад, но все-таки довольно величественный. Надо бы, Паша, похвалить и приласкать жильцов каждого домохозяйства, каждой квартиры, каждой комнатки.

И в а н е н к о в. Ты его приласкай, а он тебя по морде сапогом.

Л а г у т и н. Возможно. Народ у нас необходительный, это факт. Но...

И в а н е н к о в. Постой! Они опять хохочут! Слышишь?

Л а г у т и н. Ребята веселятся.

И в а н е н к о в. Сейчас им покажу, как хохотать! Они у меня станут грустными, проклятые!

Дверь распахивается. В комнату вбегает Ш у р и к, не по возрасту длинный, узкоплечий подросток.

Ты опять, Шурик? А?

Ш у р и к. Мы, дядя Паша, диверсанта поймали.

За дверью хохот.

И в а н е н к о в. Видал? Вот поди приласкай такого! Пятнадцать лет парню, а он все шутит!

Ш у р и к. Дядя Паша!..

И в а н е н к о в. Я тебе не дядя!

Ш у р и к *(очень мягко).* Дядечка, послушайте, если человек ходит по коридорам и расспрашивает, где тут управхоз сидит, то что нам делать? Мы его, дядечка, взяли. Она послушалась, идет.

И в а н е н к о в. Кто она?

Ш у р и к. Диверсант.

За дверью хохот.

И в а н е н к о в. Пошел вон из конторы.

Ш у р и к. Дядечка, вы посмотрите сами. Нюся, Оля, ведите ее.

И в а н е н к о в. Ну, берегись, Шурик. Если это опять шуточки, то я тебя убью и отвечать не буду!

Н ю с я и О л я вводят, хихикая, суровую пожилую женщину. Это М а р ф а.

Ну? В чем дело? Кто вы такая?

М а р ф а. Приезжая.

И в а н е н к о в. Кто, кто?

М а р ф а. Я же тебе ответила. Подвинь стул, мальчик. Видишь, кажется, усталый человек перед тобой. *(Усаживается.)*

И в а н е н к о в. Когда приехали?

Марфа. Только что.

Иваненков. Когда, когда?

Марфа. Да ты, отец, кажется, оглох. Я отвечаю тебе: только что.

Иваненков. К нам только что не приезжают.

Марфа. Отчего же это?

Иваненков. К нам проезда нет!

Марфа. А я вот приехала.

Иваненков. Откуда?

Марфа. Из Ореховца.

Иваненков. Ореховец по ту сторону от нас.

Марфа. Это мне, отец, лучше, чем тебе, известно.

Иваненков. Документы!

Марфа. А я у тебя прописываться не собираюсь. Не таращи на меня глаза. Я сама у нас в городе была квартальным уполномоченным, меня не испугаешь.

Иваненков. А раз была, так должна ты меня понимать.

Марфа. Я тебя понимаю. Очень хорошо понимаю. Ты управхозом недавно, и в тебе как гвоздик сидит. Пришел к тебе человек. Шел через фронты — значит, не пустяк погнал его из дому. А ты сразу начинаешь кричать, глаза лупить.

Иваненков. Теперь каждое домохозяйство — объект. Понимаешь ты — объект! А я начальник объекта. Отвечай мне, кто ты такая, или пойдешь сейчас же в милицию.

Марфа. Вы, мужики, хуже детей. Только бы ему изображать, только бы ему искажаться! На! Вот документы. *(Роется в боковых карманах шубы.)* Спросил бы меня сразу, спокойно, кто такая, откуда, что тебе тут нужно — и все бы прояснилось. Нет, надо кричать, на спор вызывать, когда человек расстроен. Читай.

Иваненков читает сосредоточенно документы.

Шурик. Тетя, скажите что-нибудь по-немецки.

Нюся и Оля хохочут.

Марфа. Эх, ребята, ребята... Тебя как зовут?

Нюся. Нюся.

Марфа. На племянницу мою ты похожа. Такая же была беленькая да веселенькая, а потом, бедная, воровочкой стала. Уж так ей не хотелось, уж так она плакала, а пришлось.

Нюся. А почему?

Марфа. В такую компанию попала...

Н ю с я. У нас компания хорошая.

М а р ф а. Я не к тому. Я так просто вспомнила.

Ш у р и к. Тетя, а вас Гитлер лично послал или...

О л я. Довольно, идиот. Сказал раз и хватит.

Н ю с я. Никогда остановиться не может.

М а р ф а. Эх, ребята, ребята. Вы, девушки, уже совсем невесты, этот Шурик уже ростом с каланчу, от детей оторвались, но к взрослым еще не пристали. Скучаете, а?

О л я. Не знаю.

М а р ф а. В каком классе?

О л я. Мы в восьмом, а этот в седьмом.

М а р ф а. Большие уже. *(Иваненкову.)* Ну! Выучил наизусть.

И в а н е н к о в. Стой. Стой. Так. Так, значит, Марфа Васильевна. Из города Ореховец? Кем выдан паспорт?

М а р ф а. Вторым отделением милиции, начальник паспортного стола Глебов. Нечего допрашивать меня. Лучше ты мне скажи, живет ли у вас в доме Васильева Дарья?

И в а н е н к о в. Я не могу тебе давать справок о жильцах.

М а р ф а. Почему?

И в а н е н к о в. Не такое время.

М а р ф а. Ну вы кто-нибудь скажите — Васильевой не знаете? А? Дарья.

Л а г у т и н. Не знаю, тетка. Я бы тебе сказал, честное слово.

М а р ф а. Нет, этого не может быть. Что же, я напрасно иду две недели! Ты! Управхоз! Скажи только — да или нет. Живет — не живет? Ведь если спрашиваю — значит, нужно. Ну, чего ты боишься? Ты в меня вглядись, вот она я вся! Своя же!

И в а н е н к о в. Никаких справок не дам.

М а р ф а. Дашь!

И в а н е н к о в. Не дам!

М а р ф а. Я с генералом говорила на фронте, дурак ты!

И в а н е н к о в. Тетка, тетка!

М а р ф а. Он мне все разъяснил! Он приказал меня через озеро по льду переправить. Мне капитан по компасу путь показал и дал мне с собою компас — вот он. Бойцы со мною как с сестрой или с матерью родной разговаривали, а ты в самом конце пути ставишь мне препятствия! Черт!

И в а н е н к о в. Не повышай голоса, гражданка!

М а р ф а. Да как же мне не повышать голоса? Добралась сюда, а тут дороги никто не показывает, справок не дает, косятся на тебя. Что за город!

И в а н е н к о в. Осажденный город, тетка.

Марфа. У тебя дети есть?

Иваненков. Это дело мое.

Марфа. Дарья Васильева мне дочка — понимаешь ты? Но не только в этом дело. Если я ее сейчас, сегодня не найду, такая беда может произойти, что подкосит она меня.

Нюся. Дайте ей справку, а, дядя Паша.

Иваненков. Васильева Дарья у нас не проживает.

Марфа. Проверь!

Иваненков. Я своих жильцов знаю.

Марфа. Она только восьмой день как переехала к вам! Ее прежний дом разбило. Все жильцы этого дома ордера получили к вам сюда. Если ее тут нет, тогда где же она? Ну?

Иваненков. Не могу тебе сказать.

Лагутин. А где жила ваша дочь?

Марфа. Лавров переулок, дом шесть, квартира восемь.

Лагутин. Действительно, должна она быть тут. Посмотри списки, Паша.

Иваненков. Я и так знаю, что Дарья Васильева у нас не проживает.

Марфа. Двадцать четыре года ей. Старшая моя дочь. Не заставляй ты меня терять время! Мне ее нужно, нужно сегодня найти! Я знаю, что она жива: в том доме жертв не было. Где она?

Распахивается дверь, и в комнату заглядывает Ольга Петровна.

Ольга Петровна. У кого пятый крупяной талон не вырезан — ой, мамочки мои, холод какой, — тот может ноги получить. Ой-ой-ой, замерзла. Из ног можно студень делать. Бррр...

Шурик *(очень мягко)*. Из чьих же это ног, тетя Оля? Из ваших?

Девочки хохочут.

Ольга Петровна. Из телячьих, хулиган, а не из моих. По пятому крупяному телячьи ноги дают. Не ноги, а копытца с верхушкой. По рабочей и детской — кило, а остальным — семьсот пятьдесят. Черный Вал взяли мы. Тетка, продаешь что-нибудь? Дуранды нет?

Марфа. Нет.

Ольга Петровна. А может, хряпа есть?

Лагутин. Зайдите, пожалуйста, сюда, Ольга Петровна, не студите контору.

Ольга Петровна. Некогда, некогда. Посидите за меня еще только пять минуточек, Захар Иванович, я только домой сбегаю. Что же ты меняешь, тетя?

М а р ф а. Ничего у меня нет.

О л ь г а П е т р о в н а. Как нет? Ты же у меня выменяла позавчера носочки на вермишель?

М а р ф а. Оставьте вы меня, гражданочка, и без вас тошно.

О л ь г а П е т р о в н а. Так, значит, не у тебя я вермишель брала? Откуда же мне твое лицо знакомо? В девятом номере жиличка пропала. Четвертый день нет ее. Сейчас она мне в очереди заявляла. Старуха из девятого. Сообщаю, мол, вам как ответственной дежурной.

И в а н е н к о в. Ольга Петровна, или туда или сюда! Сквозит!

О л ь г а П е т р о в н а. Сейчас я приду. Только домой отнесу хлеб и ножки. Мамочки! Я вспомнила, вам была телефонограмма, товарищ Иваненков. Срочная.

И в а н е н к о в. Спасибо! Ответственная дежурная группы ПВО в гастроном отправляется, а...

О л ь г а П е т р о в н а. Не в гастроном я. Только в булочную. В гастроном-то я так, мимоходом, забежала. Меня Захар Иванович заменял.

Л а г у т и н. Вы мне про телефонограмму ничего не заявляли.

О л ь г а П е т р о в н а. Разве? Вон она там, товарищ Иваненков, под книжкой. Строгий выговор вам, если вы в девять часов не придете в райсовет. Вы успеете. Еще без четверти девять. Далеко ли тут?

И в а н е н к о в *(читает телефонограмму).* Не в девять, а в девятнадцать часов мне было приказано явиться!

О л ь г а П е т р о в н а. Разве?

И в а н е н к о в. Ответственная дежурная! Вы мне ответите! К семи часам вызывали человека, а она по магазинам гуляет! Что мне делать теперь, а?

Л а г у т и н. Я забыл, Паша. Они звонили еще раз. Я сказал, что ты на кладбище, дворника хоронишь. А они приказали: когда бы ни вернулся, чтобы все равно срочно шел в райсовет. Немедленно.

И в а н е н к о в. И тебе спасибо, старый черт! *(Шурику.)* Пошел вон отсюда!

Ш у р и к. Дядя Паша, ведь я ее не принимал.

И в а н е н к о в. Кого ее?

Ш у р и к. Телефонограмму.

Нюся и Оля хохочут.

И в а н е н к о в. Вон отсюда. Контора домохозяйства не для шуток! Мне ваше хихиканье вымотало всю душу. Вон! Дежурная, займите свое место.

О л ь г а П е т р о в н а. Подожди! Дай отнести...

И в а н е н к о в. Не буду ждать! Вернусь — составлю акт на всех! Демоны! Вон отсюда!

Шурик, Оля, Нюся с хохотом убегают.

Займите ваше место, Ольга Петровна! Я приказываю!

Л а г у т и н. Давайте я отнесу покупки.

И в а н е н к о в. Тут тревога с минуты на минуту начнется, а они телефонограммы забывают! Разве я успею теперь в райсовет до тревоги? *(Бежит к двери.)*

М а р ф а. Стой! В список, в список взгляни! Убежал, сатана.

Л а г у т и н. А вы попросите, гражданка, у ответственной дежурной, чтобы она взглянула. Ольга Петровна, займитесь ими.

О л ь г а П е т р о в н а. Вот сейчас раскутаюсь... Захар Иванович, вы там возле печки положите их... На гвоздик авосечку повесьте... Спасибо, Захар Иванович.

Лагутин уходит.

Сейчас крючочек расстегну... Вот. А теперь платочек я развяжу. Так. А теперь сниму его. Готово. А теперь бумажечки разложу. Ага. Сейчас креслице подвинем. Вот и подвинула. А теперь сядем. Села. Ну, гражданочка, чего вы хотели?

М а р ф а. Мне нужен список жильцов, переехавших к вам из разрушенного дома.

О л ь г а П е т р о в н а. Ох, видела я этот дом, милая, видела. Сейчас ключик от стола найдем... В самую середину дома угодило... Вот он ключик, на месте. А где от чердачков ключи? Вот они... Пост номер один. Пост номер два, пост номер три. А вот ключик от поста наблюдения. Все. Если вам список новых жильцов нужен, то вы бы, гражданочка, к управхозу обратились.

М а р ф а. Хоть ты меня не мучай. Пойми, я спешу, спешу! Вон в радио часы стучат. Меня каждый стук как иголкой ударяет! Может быть, этот самый миг отсчитан, на который я опоздала... Взгляни в список жильцов, помоги.

О л ь г а П е т р о в н а. А что у тебя случилось?

М а р ф а. Сын сбежал.

О л ь г а П е т р о в н а. Сын?

М а р ф а. Да. Взгляни в список, нет ли у вас тут Дарьи Васильевой.

О л ь г а П е т р о в н а. К ней сбежал?

М а р ф а. Даша — это дочь моя. А сын Сережа. С нею, с Дашей, с сестрой, он дружен был. Она старше его на семь лет, и как родился Сережа, она, Даша, с ним как с куклой возилась. Вырастила со мной вместе. Он так к ней привязался, что просто удивительно. Мальчишка грубый, неласковый, ум у него мальчишеский. Еще нет семнадцати лет ему. С Дашей он разговаривал, а со мной, родной матерью, у него один разговор был: «Отстань», да «Брось», да «Ну вас» — и сбежал.

О л ь г а П е т р о в н а. Куда?

М а р ф а. На фронт. Я думала, он со школою на трудовых работах, а он воевать ушел.

О л ь г а П е т р о в н а. Воевать?

М а р ф а. В ополчение его не брали по возрасту. Тогда что он сделал! Взял документы!

О л ь г а П е т р о в н а. У кого?

М а р ф а. У учителя Соколовского. Молодой был у них учитель истории, двадцати трех лет. А Сережа мой рослый. Можно дать ему столько. Взял он учителя документы, они вместе на трудовых работах в одном бараке жили. И ушел. Там пока разобрались, куда он ушел да зачем, — его и след простыл. Только две недели назад узнала я чудом, что под фамилией Соколовский поступил он в школу минометчиков.

О л ь г а П е т р о в н а. Вы подумайте!

М а р ф а. Я привычная. Я всегда к беде готова. Но она, окаянная, так пути подберет, каждый раз с такой особенной стороны подойдет, с какой и не ждешь ее.

О л ь г а П е т р о в н а. Это надо же!

М а р ф а. У меня муж на фронте. Ушел тоже в ополчение, а теперь в летучей ремонтной бригаде танки чинит. Миша и Ваня, старшие сыновья, один в артиллерии лейтенант, другой в инженерных войсках. Дочка в вашем городе на военном заводе. Сережа из всех моих детей самый неладный, самый трудный.

О л ь г а П е т р о в н а. Смотрите пожалуйста!

М а р ф а. Не могу я его отдать. *(Стучит кулаком по столу.)* Не желаю! Был у меня полный дом! Хороший дом, веселый, терпеливый. Первого — впятером провожали, а последнего — вдвоем. Я говорю: «Ну, Сергей, только ты теперь со мной остался». Молчит. И на трудработы молча уехал.

О л ь г а П е т р о в н а. Это надо же!

М а р ф а. Я одна стала жить в доме, ко всем бедам готовая. А кругом вещи мужа и детей. Легко ли это? То Мишина рубашка мне под руку попадется, то Ванин нож перочинный, то Дашин кушачок. Хожу, креплюсь, дела себе придумываю. Писем жду. И вот нате вам! Сережа, дурак нескладный, такую штуку учинил. Не отдам его! Не желаю! Пошла я через все фронты, чтобы забрать его обратно из школы.

О л ь г а П е т р о в н а. А он не идет?

М а р ф а. Школу не могу найти! Перевели ее в новое помещение. А куда — не говорят. У них сегодня выпуск! Уедет он — как его искать! Помоги, сделай милость! Даша должна знать, где его школа!

О л ь г а П е т р о в н а. Да господи, пожалуйста. Сейчас мы столик отопрем. Вот и отперли. Сейчас мы списочек разыщем. Вот и разыскали.

М а р ф а. Васильева, Дарья Степановна, смотри скорей.

О л ь г а П е т р о в н а. Сейчас, сейчас... *(Смотрит список.)* Как хочешь, тетя, можешь обижаться, но нет здесь такой.

М а р ф а. Нет?

О л ь г а П е т р о в н а. Вот слушай сама. Сизых А. И., преп. музыки, 1896 года рождения. Преп. — преподаватель, значит. А может, преподавательница. По такой фамилии разве поймешь! Барский С. Н., военный прокурор, 1908 года рождения.

Глухой, но явственный удар.

Вот и артобстрел начался... Краммер А. И., юрисконсульт, 1889 года рождения. Краммер М. М., иждивенка, 1917 года рождения, — на молоденькой женился, это надо же! Кузикова Л. П., пенсионерка, 1874 года рождения. Вот сколько разного народа, без вещей, без крова! Воромыкин Э. Э. Что за имя Э. Э.? Эраст Эрастович, наверное. Служащий, 1898 года рождения.

Глухой удар.

Кучеренко В. И., артист, 1870 года рождения. Смотрите-ка! Семьдесят один год, а он все артист. Красовская Д. С, 1918 года рождения.

М а р ф а. Она!

О л ь г а П е т р о в н а. Как, то есть, она?

М а р ф а. Она, она. Я-то и не подумала. Записалась она с ним, значит...

О л ь г а П е т р о в н а. С кем?

М а р ф а. С Колей Красовским. Я не вмешивалась. Но рада все-таки. Записались. Это лучше. Инженер. Тоже из Ореховца. Стой, дай-ка я платок сниму, даже в жар меня ударило. Нашла дочку, а она замужем... Вот, говорила я, что она здесь!

О л ь г а П е т р о в н а. А может быть, это не она?

М а р ф а. Как же, она! Должность — чертежница?

Ольга Петровна. Да. Написано — чертежник.

Марфа. Она. Спасибо, дежурная. В какой она квартире?

Ольга Петровна. Сейчас скажем. А он-то, муж-то, почему к нам не переехал?

Марфа. А правда, он-то где? Ну, сейчас узнаем... Назови мне квартиру.

Ольга Петровна (*вскрикивает*). Ой!

Марфа. Что такое?

Ольга Петровна. Она в девятой квартире прописана.

Марфа. Ну и что здесь худого?

Ольга Петровна. А у них жиличка пропала... четвертый день нет ее.

Марфа. Как туда пройти?

Ольга Петровна. Постой... Там две жилички прописаны. Ей-богу, две. Кузикова Л. П., пенсионерка, там же прописана. Она пропала, наверное, она. Ей-богу! Зачем молодой пропадать! (*Снимает трубку.*) Сиди, я сейчас к ним позвоню. (*Набирает номер.*) У них телефон не сняли — там хозяин врач-психиатр, такой ходовой человек. Кто со мной говорит? Какая Лидия Павловна? Ах, Кузикова? Пенсионерка? Из конторы домохозяйства спрашивают. Это надо же. А скажите, у вас Красовская там живет? Это надо же! (*Вешает трубку.*) Она, мать... Действительно четвертый день не приходит домой дочка твоя.

Тяжелый удар. Значительно ближе.

Вот проклятые, за свое взялись, проклятые. И так каждый день, каждый день...

Марфа. Адреса ее служебного нет в списке?

Ольга Петровна. Нету.

Марфа. Конечно, нету. Номерной засекреченный завод...

Входит управхоз Иваненков. Он очень весел.

Иваненков. Ну, мамаша, дождались меня, мамаша? Что смотрите невесело? Надо бодро держаться!

Ольга Петровна. Дочка ее у нас проживала.

Иваненков. Нет. Дарьи Васильевой у нас нет и не было.

Ольга Петровна. Замуж она тут вышла. Красовская ее фамилия теперь.

Иваненков. Д. С.? Дарья Степановна? Что же ты мне сразу не сказала! Эх, мамаша, мамаша!

Ольга Петровна. Вот пропала она.

Иваненков. Кто?

Ольга Петровна. Красовская.

Иваненков. Почему же это она пропала?

Ольга Петровна. Четвертый день домой не возвращается.

Иваненков. Так и должно быть. Я знал, что она пару дней домой не вернется.

Марфа. Знал?

Иваненков. Знал.

Марфа. Откуда?

Иваненков. Она сама меня информировала. И оставила мне телефон заводской на тот случай, если спрашивать ее будут. Только не тебя она, мамаша, ждала, а мужа.

Марфа. Колю?

Иваненков. Сейчас посмотрим. *(Достает записную книжку.)* Да. Красовский, Николай Семенович.

Марфа. Красовский.

Иваненков. Пусть будет Красовский.

Марфа. Где он?

Иваненков. На фронте, испытывает пулеметы, которые делают у них в цеху. А у дочки твоей срочное задание. Днем и ночью находится она на заводе. Телефон их заводской засекречен. Однако мне как начальнику объекта она оставила номерок. Раз мать приехала, да еще через фронты, значит, следует позвонить?

Марфа. Позвони.

Иваненков. А ну, пропустите меня, Ольга Петровна. *(Набирает номер.)* Сейчас мы ее удивим. Дарью Степановну. Занято. Ну понятно! Такой завод. Повеселели, мамаша?

Марфа. Да.

Иваненков. Эх, мамаша. И я повеселел. Радость у меня.

Ольга Петровна. Достали что-нибудь?

Иваненков. Нет, тети мои дорогие, ничего я не доставал. Нет мне времени по магазинам бегать. А сказали мне сегодня в райсовете, что будет о нашем доме завтра в газете подвал.

Ольга Петровна. Ой! Боже мой! Как так подвал?

Иваненков. Самая нижняя на газетной странице статья. Называется подвал. Я сам было испугался: о вас, говорят, подвал будет. За что подвал? Чем мы хуже других? Ну тут посмеялись, объяснили мне. Хвалить нас будут!

Ольга Петровна. Смотрите пожалуйста!

Иваненков *(набирает номер).* Опять занято! Говорит кто-то. Докладывает или запрашивает. Идут дела! Терпи, мамаша.

> Глухой удар.

Людоеды стараются, а мы живем, живем. *(Кричит.)* Захар! А Захар! Куда ты пропал, старый черт?

О л ь г а П е т р о в н а. А за что нас хвалят, товарищ Иваненков?

И в а н е н к о в. Сейчас! Надо Захара позвать. Надо позвать связистов, окаянного Шурика с Нюсей и Олей. Надо командира санзвена и всех пожарных собрать, обо всех о них говорится в статье. Также и о вас, Ольга Петровна.

О л ь г а П е т р о в н а. Это надо же! Обо мне!

И в а н е н к о в. Мне показывали оттиск статьи. Нет ли, товарищ Иваненков, в фамилиях ошибки? Нет. Все правильно!

О л ь г а П е т р о в н а. Это, наверное, хвалят нас за то, как мы зажигательные гасили.

И в а н е н к о в. Ох, умело написано! Неплохо написано, гладенько, аккуратненько! Как налетели стервятники... сейчас, сейчас вспомню. Как город ощетинился... и так далее. Завтра прочтете. *(Кричит.)* Захар!

> Входит Л а г у т и н.

Л а г у т и н. Вот я, Паша. Зачем кричать?

И в а н е н к о в. Где пропадал, герой?

Л а г у т и н. Во дворе стоял.

И в а н е н к о в. Что делал?

Л а г у т и н. В небо глядел.

И в а н е н к о в. Чего искал?

Л а г у т и н. Сегодня опять ужасная погода, Паша.

И в а н е н к о в. Разве? Я спешил, бежал — не заметил.

Л а г у т и н. Страшная погода, Паша. Ни облачка нету на небе. Стоит над городом полная луна и освещает нас без пощады...

И в а н е н к о в. Ничего, ничего, ничего! Бодрей, бодрей надо, Захар!

Л а г у т и н. Ладно. Иваненков. Вот, товарищ Васильева, рекомендую тебе — героический старик.

Л а г у т и н. Отчего ты веселый такой?

И в а н е н к о в. Сейчас узнаешь. Он, товарищ Васильева, едва загудит сирена, сразу восходит на самый верх крыши и становится там на посту наблюдения, как богатырь. Вокруг осколки от зениток по железу стучат, очень слышно, как свистят окаянные фугаски, но монтер домохозяйства, Захар Иванович Лагутин, бородкой вперед, дышит себе, рассуждает, только вот курить пробует на посту, хотя это строго запрещено.

Л а г у т и н. Любишь ты, Паша, поговорить.

И в а н е н к о в. А что, плохо разве? Мне Суков, начальник жилуправления, заявил вчера: из тебя бы оратор хороший вышел, Иваненков, будь ты проклят. *(Набирает номер.)* Ну, наконец соединили. Дочка нашлась у тети, Захар Иванович!

Л а г у т и н. Ну! Вот спасибо! Хоть на чужую радость порадуюсь...

И в а н е н к о в. И тебя могу порадовать: завтра о нашем доме в газете будет подвал. Хвалят.

Л а г у т и н. За что?

И в а н е н к о в. А двадцать семь зажигательных бомб кто погасил? Пушкин? Алло! Это откуда? А с вами говорит управхоз домохозяйства 263. Позовите чертежницу Дарью Степановну Красовскую. Скажите — важное дело. Что вы? А? Наш телефон — ве, шесть, ноль, девять, пятнадцать. Ве. Шесть. Ноль. Девять. Пятнадцать. Вот. Спасибо. *(Вешает трубку.)* Мамаша, мамаша! Не надо бледнеть! Все в порядке.

М а р ф а. Где она?

И в а н е н к о в. Сейчас побежит за ней курьер, и минут через пять позвонит дочка к вам сама!

Л а г у т и н. Это хорошо. Давно никакого праздничка не видел! У нас, товарищ Васильева, день ползет за днем, день за днем. Терпишь, терпишь и до того иной раз радости захочется...

О л ь г а П е т р о в н а. Я на каждый звонок бегу бегом двери открывать. Все мне кажется: вдруг войдет человек и скажет: «Ольга Петровна, вот вам мешок муки». *(Смеется.)* Так и стоит передо мной этот мешок, как живой.

И в а н е н к о в. Ничего, ничего. Бодрей, бодрей, бодрей!

Л а г у т и н. В квартире двадцать восемь домработница Зина живет. Ее родственник в штабе работает. Он в курсе всех дел. Он говорит, дней пять осталось нам терпеть. А потом со всех концов нашего Союза хлынет к нам все, чего только душа пожелает, и письма от близких людей, и сами близкие, и белая мука, и счастье...

Телефонный звонок.

М а р ф а. Она!

И в а н е н к о в. Спокойно, мамаша! Дай сначала мне... Алло! Да, это я у телефона. Как вы говорите? Не понимаю вас! Утра? Тогда где же она? Ага. Ну, ладно. *(Медленно вешает трубку.)*

М а р ф а. Говори все!

И в а н е н к о в. Да ничего особенного, мамаша, нет.

М а р ф а. Говори!

И в а н е н к о в. Она еще утром с завода ушла. Взяла бюллетень. Нездоровилось ей... И вот не пришла.
М а р ф а. Где мне искать ее?
Л а г у т и н. Нет нам праздника.
М а р ф а. Опять ударило, где не ждешь. Куда мне теперь идти?
И в а н е н к о в. Боюсь сказать.
М а р ф а. Пойду по больницам.
И в а н е н к о в. Сейчас не дадут они никаких справок.
М а р ф а. Дадут...
И в а н е н к о в. Нет, товарищ Васильева, когда я дворника нашего искал, то научился этим порядкам. Завтра утречком...
М а р ф а. Нельзя мне ждать до утра.

Стук метронома замолкает внезапно.

Почему часы остановились?

Унылый механический вой.

И в а н е н к о в. По местам, товарищи, по местам, по местам! Садитесь, товарищ Васильева, все равно сейчас вас по улицам не пропустят.
Г о л о с п о р а д и о. Прослушайте чрезвычайное сообщение Штаба противовоздушной обороны города. Воздушная тревога! Воздушная тревога! Воздушная тревога!

Унылый механический вой.

О л ь г а П е т р о в н а. Опять, проклятые, за свое, проклятые! И так каждый день, каждый день!

Занавес

ДЕЙСТВИЕ ВТОРОЕ

Контора домохозяйства № 263. Два часа ночи. Воздушная тревога продолжается. Метроном все стучит, но только вдвое быстрее, лихорадочно. У печки сидят Н ю с я и О л я. Входит лениво, не спеша Ш у р и к.

Ш у р и к. Как может она стоять так неподвижно?

Н ю с я. Кто?

Ш у р и к. Васильева. Приезжая, которая ищет дочку.

О л я. А где она?

Ш у р и к. На углу. То бродила, бродила, а теперь стоит на улице.

Н ю с я. Сейчас ровно два. Это значит уже четыре с половиной часа тревога.

О л я. Да. А она все на ногах.

Н ю с я. Ждет свою дочку.

Ш у р и к. Что бы придумать такое, а?

Н ю с я. Например?

Ш у р и к. Управхоз посты сейчас обходит. Проволоку бы найти. У меня есть от антенны провод. Протянуть бы, чтобы Иваненков шлепнулся.

О л я. Осел.

Н ю с я. Я думала, он о тетке приезжей беспокоится. Хочет придумать, как ее утешить, а у него только одно на уме.

. . . .[1]

Н ю с я. Читал, читал! Мы знаем, что ты много читаешь. А из меня ничего не выйдет.

Ш у р и к. Почему это вдруг?

Н ю с я. А что из меня может выйти? Все слоняюсь из угла в угол или бегаю по лестницам.

О л я. Мы сами не знали, как мы хорошо жили.

Звонит телефон.

Н ю с я. Шурик, подойди.

Ш у р и к. Только что я согрелся.

Н ю с я. Подойди, я боюсь.

---

[1] Авторский пропуск.

Ш у р и к. Чего?

Н ю с я. А вдруг опять никто не ответит?

Ш у р и к. Скажите пожалуйста, какой ужас. *(Подходит к телефону.)* Вас слушают. А? Громче?

Н ю с я. Не отвечает?

Ш у р и к. Алло! Алло!

О л я. Опять кто-то шепчет или плачет?

Ш у р и к. Ничего не могу понять.

О л я. Повесь скорее трубку.

Шурик вешает трубку.

Н ю с я. Четвертый раз кто-то звонит и плачет тихонечко. Кто это?

О л я. Ночью что угодно полезет в голову.

Ш у р и к. Покойнички звонят?

О л я. Замолчи!

Н ю с я. Слушайте! А вдруг это кто-нибудь из нашего дома сошел с ума. Шепчет у трубки, шепчет, плачет, плачет, а потом приползет тихонько в контору.

О л я. Не надо, Нюся.

Н ю с я. Приползет тихо, да как подымется вот там возле шкафа!

О л я. Не надо.

Ш у р и к. Ах, страсти какие!

О л я. А ноги подобрал! Ну, Нюся? Что же замолчала? Нюся, говори. Я люблю, когда страшное рассказывают, Нюся!

Н ю с я. Не хочу я больше рассказывать.

О л я. Почему? Жалко тебе, что ли?

Н ю с я. Сама же ты говорила — не надо.

О л я. Это я просто так, от удовольствия. Рассказывай! Так приятно.

Н ю с я. И без страшных рассказов страшно.

О л я. Не страшно, а тоскливо.

Н ю с я. Все равно.

Ш у р и к. Я видел во сне, что спускаюсь по лестнице. И пробежал я мимо выхода на улицу. Но остановиться не могу. А лестница не кончается, уходит все глубже и глубже под землю. Я бегу, дверей кругом никаких нет... *(Тихо.)* Вот, думаю, чтоб ты издохла, окаянная лестница.

О л я. А потом что?

Ш у р и к. Проснулся.

О л я. Плохой сон. Тебе грустно, Шурик?

Ш у р и к. Не!

О л я. Шурик, ты все-таки обалдуй, хоть и читал много.
Ш у р и к. А почему?
О л я. Ты как-то не все понимаешь.
Ш у р и к. Например?
О л я. Не знаю. Вот сегодня на Съезжинской разбило дом.
Ш у р и к. Ну и что?
О л я. Там сидели, может быть, так же возле печки ребята. А где они теперь?
Ш у р и к. Брось!
О л я. Нет, ты не все понимаешь!
Ш у р и к. Зачем ты хочешь, чтобы человек скулил? У меня пострашнее в жизни бывали дела, да я молчал.
О л я. Нет, ты не все понимаешь.
Ш у р и к. Все понимать — это значит с ума сойти.
Н ю с я. Ну, ладно. Надоели вы мне. Никто ничего не понимает, кроме меня. Оля, давай в мячик играть. *(Достает из кармана шубы мячик.)*
О л я. Откуда он у тебя?
Н ю с я. Искала сегодня в комоде чулки. Смотрю, лежит, в папиросную бумагу завернутый, старый приятель. Я чуть не заплакала, так все припомнилось: школа, садик.
О л я. В садике зенитки стоят.
Н ю с я. Мне бабушка подарила этот мячик, когда я во второй класс перешла. А потом сама его и припрятала. Она ужасно свои подарки любит. Сыграем в трешки?
О л я. Давай, все равно.

Весь дальнейший диалог идет на игре в мяч.

Н ю с я *(бросает мяч)*. Оля, тебе грустно?
О л я *(отбивая мяч)*. Грустно.
Н ю с я. Оля, ты бедняжка?
О л я. Бедняжка.
Н ю с я. А где Валя Карпова?
О л я. В Иркутске.
Н ю с я. А где Мая Горленко?
О л я *(отбивая мяч головой)*. В Ташкенте.
Н ю с я. А где Вася Мельников?
О л я. Не пишет.
Н ю с я. А где Маша Голдина?
О л я. Пропала.
Н ю с я. А мы их увидим?
О л я *(бросая мяч через плечо)*. Не знаю.

Н ю с я. Тебе умереть хочется?

О л я. Ни капельки.

Н ю с я. А бомбы это знают?

О л я. Им все равно.

Н ю с я. А чего тебе, Оля, хочется?

О л я. К маме на ручки. *(Ревет, роняя мяч.)* Дура, чего ты меня расстраиваешь!

Н ю с я. Ну, Оля, ну, Олечка, ну не надо. Ты сядь, сядь. Ну хочешь, я тебе что-нибудь страшное расскажу? А? Слушай. Слушаешь? Ну, вот и хорошо. Вот, значит, Олечка, сошел с ума один жилец из нашего дома. Ладно. Сошел он с ума и думает: дай-ка я всех в доме загублю, чтобы они меня боялись. Он не в квартире сошел с ума, а на службе. В учреждении. Ползет сумасшедший к дому, и такое у него, Олечка, нетерпение. Он даже воет. Пальцы ломает.

О л я. Ой, не надо.

Н ю с я. Такое нетерпение! Сейчас я, думает, со всеми вами расправлюсь! А они, ты знаешь, страшно сильные, сумасшедшие-то. И от нетерпения звонит он из всех телефонов по дороге. Звонит, а сказать ничего не может, только шепчет: береги-и-и-тесь, ваш ко-о-о-нец иде-ет!

О л я. Ой, не надо!

Н ю с я. Береги-и-и-тесь, ваш ко-о-о-нец иде-е-ет! Хорошо! И вот дополз он до нашего дома. Так.

Дверь с грохотом распахивается, и кто-то закутанный пробует войти, но не может и тихо опускается на пол на пороге комнаты. Девочки замерли в ужасе.

Ш у р и к. Кто это? Вам кого нужно?

О л я. Нюся.

Н ю с я. Это женщина.

Закутанная ж е н щ и н а поднимается медленно. Опускает платок. Молодое, очень бледное лицо. Глаза полузакрыты.

Ж е н щ и н а. Ребята, помогите.

Н ю с я. Что такое с вами?

Ж е н щ и н а. Заболела. Помогите до квартиры дойти. *(Опускается на стул.)*

О л я. А что такое с вами? Где вы живете?

Ж е н щ и н а. Не могу вспомнить.

Н ю с я. Вы из нашего дома?

Ж е н щ и н а. Не знаю. Ой, как у меня сердце колотится. Слышите? Тук-тук! Тук-тук! Тук-тук!

О л я. Это радио стучит.

Ж е н щ и н а. Нет, это от температуры.

Н ю с я. Гражданка, гражданка! Она в обмороке... Держите ее! Она упадет сейчас! Шурик! Беги найди управхоза и кого-нибудь из санзвена!

Шурик убегает.

Смотри, какая голова у нее горячая!

О л я. А пальцы как лед.

Н ю с я. Ты ее не знаешь?

О л я. Нет, по-моему, не знаю. А вдруг это она, которую ждет мать.

Н ю с я. А вдруг она умирает?

О л я. Гражданка, гражданка!

Н ю с я. Держи крепко. Бежит кто-то!

Ш у р и к вбегает.

Ш у р и к. Не хотят верить мне. Идите вы.

О л я. Кто не хочет верить?

Ш у р и к. Никто. Думают, я разыгрываю.

О л я. Допрыгался! Тут женщина умирает, а он не может объяснить.

Ш у р и к. Я объяснял!

О л я. Смотри, я пульс не могу найти! Честное слово, не могу найти... Нет, вот он. Но все равно ей очень плохо, дурак ты...

Ш у р и к. А я-то чем виноват?

Распахивается дверь. Входит начальница санзвена Е л е н а О с и п о в н а А р х а н г е л ь с к а я. Через плечо — санитарная сумка.

А р х а н г е л ь с к а я. Ну? Где она? Ах, так Соколов не соврал!

Ш у р и к. Буду я врать...

А р х а н г е л ь с к а я. Тише! Без грубостей. Помогите мне, Антипова и Лаврова. Так. Платок снимите. Соколов! Возле стенки складная койка. Быстро, без глупостей, возьми ее. Живо. Поставь там направо. Здесь теплее, чем в санпункте. Мы уложим ее здесь. Антипова! Возьми в сумочке нашатырный спирт. Не то! Ты суешь мне нашатырно-анисовые, корова. Тихо! Без грубостей! Гражданка! Гражданка!

Ж е н щ и н а (*медленно поднимая голову*). Который час?

О л я. Половина третьего.

Ж е н щ и н а. Мне три часа до смены.

А р х а н г е л ь с к а я. Встаньте, милая. Встаньте, голубушка. Идите. Вот так. Антипова, Лаврова, берите ее под руки. Так. Вот сюда.

Соколов, дай платок ее. Сверни. Аккуратно сверни. Положи ей под голову вместо подушки. Как ты кладешь, косолапый! Ноги ей уложите! Вы! Ладно. Ну что, ну что, милая?

Ж е н щ и н а. Который час?

А р х а н г е л ь с к а я. Рано, рано еще! Лежите! Соколов. Вот тебе ключ. Беги ко мне на квартиру. Открой. В передней стоят ширмы. Понял?

Ш у р и к. Конечно.

А р х а н г е л ь с к а я. Без дерзостей. Возьми и принеси сюда. Только скорей!

Ш у р и к. Одна нога здесь, другая там.

А р х а н г е л ь с к а я. Это не острота, а ослота. Ты не остришь, а ослишь.

Шурик убегает.

Антипова! Возьми тот столик. Осторожно, аккуратно.

О л я. Я осторожно.

А р х а н г е л ь с к а я. По лестнице они летают как птички, а тут — как медведи.

О л я. Мы стараемся, Елена Осиповна.

А р х а н г е л ь с к а я. Не ори! Давай сюда... Так... Графин с письменного стола, Лаврова. Ставь на столик. Не греми. Хорошо!

Входит О л ь г а П е т р о в н а.

О л ь г а П е т р о в н а. Ну вот, я все посты обошла с Иваненковым...

А р х а н г е л ь с к а я. Тссс!

О л ь г а П е т р о в н а (*понизив голос*). Теперь отдохнуть сяду. Вот и села. А почему надо тише, Елена Осиповна?

А р х а н г е л ь с к а я. Здесь больная.

О л ь г а П е т р о в н а. Кто заболел?

А р х а н г е л ь с к а я. Сначала надо привести человека в чувство, Ольга Петровна, а потом анкеты заполнять.

О л ь г а П е т р о в н а. Я думала, это кто-нибудь из знакомых.

А р х а н г е л ь с к а я. Тише, говорите!

О л ь г а П е т р о в н а (*тихо*). Я думала, это кто-нибудь из знакомых.

А р х а н г е л ь с к а я. Нет.

Вбегает Ш у р и к с ширмой.

Почему так долго, Соколов?

Ш у р и к. Домработница ваша не давала ширму. Говорит: этак она все перетащит в санзвено.

А р х а н г е л ь с к а я. Ставь сюда ширму. Вот. Готово.

Ш у р и к. Как вы наладили все скоро! Прямо как госпиталь.

А р х а н г е л ь с к а я. Без подхалимства, пожалуйста. Такой мальчик — и уже подхалим.

Ш у р и к. А зачем мне перед вами подхалимничать?

А р х а н г е л ь с к а я. Без хамства, пожалуйста! Тихо! Не беспокой больную. Выпейте, милая, это.

Ж е н щ и н а. Который час?

А р х а н г е л ь с к а я. Выпейте, выпейте и лежите себе... *(Выходит из-за ширмы.)* Над чем вы смеетесь, Ольга Петровна?

О л ь г а П е т р о в н а. Я не смеюсь, Елена Осиповна! Я улыбаюсь.

А р х а н г е л ь с к а я. Не ощущаю разницы.

О л ь г а П е т р о в н а. А это время для меня самое лучшее, Елена Осиповна! За день набегаешься, настрадаешься, надрожишься, растревожишься, и вот ночью, слава богу, на голову находит туман.

А р х а н г е л ь с к а я. Какой туман?

О л ь г а П е т р о в н а. Сон. Все мне чудится, чудится...

А р х а н г е л ь с к а я. Галлюцинация?

О л ь г а П е т р о в н а. Нет, зачем. Просто сон. Вот, например, чудится мне, будто там за дверью ждет сестренка меня. Маша. Молоденькая, как прежде. И пойдем мы с нею сейчас на речку, в купальню.

А р х а н г е л ь с к а я. На речке сейчас лед, лед, Ольга Петровна. Учтите — лед!

О л ь г а П е т р о в н а. А мне чудится мирное время, лето, дорожка через рощу, пирожки...

Быстро входит И в а н е н к о в.

И в а н е н к о в. Опять где-то кружит подлец. Кружит над городом.

А р х а н г е л ь с к а я. Будьте любезны не шуметь.

И в а н е н к о в. А что такое?

А р х а н г е л ь с к а я. Здесь больная.

И в а н е н к о в. Знаете, кого стукнуло в начале тревоги, когда наш дом качало? Алексей Алексеевича!

О л ь г а П е т р о в н а. Кто это?

И в а н е н к о в. Управхоз домохозяйства двести шестьдесят. Вы его помните, он прибегал у меня керосин занимать для летучих мышей. Такой оратор, такой активист был, бедняга. По квартплате на первом месте был он.

Ольга Петровна. И вот убило его?

Иваненков. Нет, жив. А от дома одни кирпичи остались... Только прошлым летом провел Алексей образцовый капитальный ремонт. Сколько сил, сколько риску, сколько догадки, сколько души положил. Его даже премировать думали. А теперь лежит весь дом грудой. А управхоз возле стоит, за голову держится. Я ему говорю: бодрей, бодрей, Алеша, а он ни слова.

Ольга Петровна. Вы подумайте!

Иваненков. Жалко дом!

Архангельская. Людей жалко!

Иваненков. Жертв немного.

Нюся. Товарищ Иваненков!

Иваненков. В чем дело?

Оля. Мы хотели вас спросить.

Иваненков. Ну?

Оля *(указывая на ширму)*. Там не дочка ее?

Иваненков. Чья? Ах, этой, Марфы Васильевой. *(Заглядывает.)* Не пойму, темно. Это вы, Дарья Степановна?

Шурик. Она, по-моему, не дышит.

Архангельская. Соколов, пошел вон отсюда. Ольга Петровна, позвоните в неотложную помощь!

Ольга Петровна. Елена Осиповна, извиняюсь, тревога, не ответят.

Иваненков. А черт тебя побери совсем! Она это, Дарья Степановна! Молчит... Шурик, беги за Марфой. Только осторожней, мягко ей скажи, дьявол!

Шурик. Я боюсь.

Архангельская. Соколов!

Шурик убегает.

Иваненков. Начальник санзвена! Что у вас за лицо! Докладывайте прямо, умирает она или как это понимать?

Архангельская. Прочь! Все прочь из-за ширмы! Что я, терапевт? Почему именно я должна за все отвечать? Бутылки собирать — санзвено! Беседы проводить — санзвено! Акт составлять — санзвено! У больной пульс, как ниточка!

Шурик вбегает.

Шурик. Она идет сюда.

Иваненков. Сказал ей?

Шурик. Нет.

Иваненков. Как нет?

Шурик. Ее Лагутин уговорил отдохнуть. Ведет в контору. Раз она все равно идет сюда, вы ей сами и скажите.

Архангельская. Балда.

Ольга Петровна. Тише, тише, вот она.

Входят Лагутин и Марфа.

Лагутин. Здесь, Васильева, вам будет спокойно, уютно. Видите, печка горит, люди собрались, сочувствующие вам. А на улице жутко, одиноко. Садитесь.

Марфа. Да, я сяду. Ну, Ольга Петровна, не дождалась я дочки. Все глаза проглядела, сколько раз ошибалась. Вот вижу — она, она! Ее походка, ее платочек. Брошусь навстречу, а мне пропуск протягивают, думают — я дежурная. Проверяю. Что это вы на меня глядите так? Может, я щеки отморозила?

Оля. Нет! Нет!

Марфа. Ширма! Зачем тут поставили ширмы? Что вы там прячете?

Архангельская. Будьте любезны, успокойтесь, я вам моментально все объясню. Ничего нет особенного, только будьте спокойны. Я сама так измучена, что не могу брать на себя лишнюю нагрузку.

Больная внезапно садится на койке.

Нюся. Ой! Ой! Она встает, встает! Гражданка, ваша мама здесь!

Марфа. Даша! *(Бежит за ширмы. Обнимает дочь.)*

Даша. Кто это? Кто вы?

Марфа. Это, я, Дашенька.

Даша. Кто?

Марфа. Это я! Мама!

Даша. Мне холодно, мама!

Марфа. Сейчас, сейчас укрою, родная. *(Снимает шубу, укрывает дочь.)*

Даша. Спасибо. Мама, у меня дела плохи. Так лихорадит, так лихорадит, сердце стучит, стучит на весь город — слышишь? Или это весь город так лихорадит? У города так сердце стучит?

Архангельская. Не разговаривайте. Лежите спокойно. Лаврова, дай стул. Не реви, коровища! Стул сюда! Садитесь, товарищ Васильева. У девочки вашей был обморок глубокий, пульс почти не прослушивался, руки ледяные, и я не терапевт в конце концов, черт меня побери! Не толпитесь! Товарищ Иваненков! Лагутин! Выйдите вон. Сядьте там за столом. Соколов!

Шурик. Вот Соколов.

Архангельская. Не осли! Беги ко мне домой, возьми резиновый мешок для льда, набей снегом и назад. Живо!

Шурик. Есть живо!

Архангельская. Не хами.

Шурик убегает.

У нее температура, вероятно, больше сорока, я положу ей лед на голову.

Марфа. Лежи, Дашенька, лежи тихо.

Архангельская. Я буду тут же. Если что, позовите меня. *(Выходит из-за ширмы, идет к столу.)*

Ольга Петровна. Лучше ей?

Архангельская. Тише!

Ольга Петровна *(шепотом)*. Извиняюсь, Елена Осиповна. Ей получше?

Архангельская. А я почем знаю?

Иваненков. Может быть, в квартиру ее отнести?

Архангельская. Не проявляйте инициативу там, где вас не спрашивают.

Иваненков. Да ведь я...

Архангельская. Тише!

Иваненков. Ну и характер!

Архангельская. Тише!

Тихо разговаривают за столом.

Даша. Я дома?

Марфа. Дома, милая.

Даша. А ты?

Марфа. А я с тобой.

Даша. А Коля?

Марфа. А он придет сейчас.

Даша. А Сережа?

Марфа. А за Сережей я пришла. Ты, милая, успокойся, отдышись. А потом скажи, где же он, Сережа, наш?

Даша. Он уехал.

Марфа. Уехал?

Даша. Давно.

Марфа. Как давно? Ведь у них выпуск сегодня.

Даша. Да. Днем. В три часа. Три часа — это, мамочка, очень давно было. Я с тех пор столько пережила! Я домой ползла.

М а р ф а. Как ползла?

Д а ш а. Мамочка, я так себя жалела, так жалела! Утром чувствую — голова болит. Начальник приказал мне идти в медпункт. А там сказали, что у меня тридцать девять и пять... Идите, говорят, домой. А я к Сереже, через весь город, пешком. Выбежал Сережа ко мне...

М а р ф а. Какой он? А? Даша?

Д а ш а. Веселый. А потом увидел меня, испугался и говорит: давай сейчас попрощаемся. Иди домой и ложись. У нас выпуск в три, а вечером нас отправляют. Или завтра утром? А? Он сказал завтра утром.

М а р ф а. Я побегу в школу.

Д а ш а. Мамочка, не уходи. Я умру без тебя. Вышла я — и вот целый день иду... Заблудилась. Не помню ничего. А потом стало мне себя жалко, так жалко, так жалко! Как увижу автомат, так и звоню сюда, в контору, чтобы Коля вышел мне навстречу, помог. А сказать ничего не могу. Плачу у трубки. Ты не уйдешь?

М а р ф а. Лежи, лежи спокойно.

Д а ш а. Дай мне руку. Мамочка! Как же ты попала сюда? Мама!

М а р ф а. Тише, тише, дочка.

Д а ш а. Мама, откуда ты? Или мне это снится?

М а р ф а. Нет, моя родная, не снится.

Д а ш а. Ты на самолете?

М а р ф а. Нет, нет, родная. Я потом тебе все расскажу. Тихо, тихо!

Влетает Ш у р и к с пузырем для льда.

А р х а н г е л ь с к а я. Почему так долго?

Ш у р и к. Ваша домработница совершенно ненормальная старуха.

А р х а н г е л ь с к а я. Выбирай выражения, обалдуй.

Ш у р и к. Она мне чуть рукав не оторвала.

А р х а н г е л ь с к а я. Не ври.

Ш у р и к. Такой подняла крик! «Не отдам пузырь! Она скоро рояль в свое санзвено отнесет!» Хорошо, что я увидел пузырь на полке в ванной и схватил... Ваша ненормальная вцепилась в меня, но я вырвался.

А р х а н г е л ь с к а я. Нахал! *(Улыбаясь.)* Что значит мальчишка! Довел дело до конца, молодец!

Ш у р и к. Раз это нужно, я...

А р х а н г е л ь с к а я. Без хвастовства! Не зазнавайся! Антипова,

Лаврова, Соколов! Отправляйтесь отсюда. Сядьте там за дверью и никого не пускайте в контору. Скажите — здесь тяжелобольная.

И в а н е н к о в. Шурик, пойди в квартиру сороковую и девятнадцатую. Скажи, чтобы отправлялись, кто у них там в резерве, на чердак. Наших пожарных надо сменить!

Ш у р и к. Пожарные не сменятся.

И в а н е н к о в. То есть как это не сменятся?

Ш у р и к. Не уйдут. У них там весело. Домработница Лянгертов танцевала так, что снизу пришли просить ее отдохнуть, а то штукатурка валится. А теперь все пожарники и Тамара Петровна сидят и поют.

И в а н е н к о в. Ладно. Делай что сказано. Иди, иди!

Нюся, Оля, Шурик уходят. Архангельская кладет мешок со снегом на лоб больной.

А р х а н г е л ь с к а я. Вот так, милая. Так будет вам легче. Так, так.

Д а ш а. Спасибо.

А р х а н г е л ь с к а я. Она ровнее стала дышать. Ничего. Ничего. Все обойдется.

М а р ф а. Доченька, лучше тебе?

Д а ш а. Гораздо лучше. Совсем хорошо.

А р х а н г е л ь с к а я. Ну вот и ладно. *(Подходит на цыпочках к столу.)* Тише!

М а р ф а. Дашенька, а где помещается Сережина школа?

Д а ш а. Ох, мамочка, далеко!

М а р ф а. Голубчик мой, доченька моя, тут за тобой посмотрят. Видишь, какая заботливая женщина начальница санзвена. Распорядительная такая, отгородила тебя, устроила, как в комнате, крошечка. Позволь мне уйти!

Д а ш а. А куда, мамочка?

М а р ф а. Сережу из школы взять.

Д а ш а. Ведь его не отдадут.

М а р ф а. Отдадут.

Д а ш а. Нет, мамочка.

М а р ф а. У меня все бумаги с собой. Там все сказано: и про документы, и про все. Дашенька, дочка моя родная! Ты разумная, и старшие братья у тебя самостоятельные мальчики. А Сережа на фронте пропадет... Надо же мне хоть кого-нибудь себе оставить!

Д а ш а. Ты, мамочка, минуточку только помолчи. У меня от каждого твоего слова как гвоздики вонзаются в голову.

М а р ф а. Хорошо, хорошо.

Даша. Минуточку только.

Марфа. Молчу, родная, молчу.

Иваненков. Ох как спина болит!

Архангельская. Продуло. Прострел.

Иваненков. Нет. Это я после могилы окаянной не могу согнуться.

Архангельская. Вы в могиле лежали?

Иваненков. Стоял. Сегодня на кладбище. Нет, товарищи, на свете народа хуже могильщиков. Давай ему, грабителю, сто грамм хлеба, иначе он не желает мерзлую землю рыть.

Ольга Петровна. Вы подумайте!

Иваненков. А разве я мог бросить Михаила без погребения? Такой был дворник, какого во всем районе нет. Мало ли мы с ним пережили? Ну и схватил я лом.

Ольга Петровна. Ох, мамочки!

Иваненков. И давай землю рубить. Только когда по пояс уже стоял в могиле, нашлись люди, незнакомые, пришедшие своих близких похоронить. Один дядя моих лет, седоватый, другой совсем молодой парень. Взяли они молча лопаты и помогли.

Ольга Петровна. Есть все-таки сочувствующие люди!

Иваненков. А зарывать могильщики явились. Торопятся как на пожар. Племянница Михаила плачет, прощается с покойником, а могильщик ей: «Гражданка, или плакать, или дело делать».

Ольга Петровна. Боже мой! Боже мой! Когда же все это кончится!

Архангельская. Не распускайтесь, пожалуйста! И без этих проклятых вопросов тошно.

Лагутин. Тише! Слышите?

В наступившей тишине явственно слышно жужжание фашистского самолета.

Иваненков. Опять над нами кружится, людоед чертов.

Ольга Петровна. Почему зенитки молчат?

Архангельская. Чтобы не обнаружить себя.

Лагутин. Ненавижу дураков.

Архангельская. О ком это вы изволите говорить?

Лагутин. О нем. О фашисте. Ох, если бы это летала над нами смерть на бледном коне! Страшно это, но красиво! Ох, если бы это чудовище носилось над городом, змей холоднокровный, дикий, — нет, дурак-мальчишка над нами висит аккуратный, застегнутый, подтянутый. Что ты изменишь в ходе войны, если, скажем, сейчас Ольгу Петровну разорвешь? О, как это страшно и глупо! Страшно и глупо!

И в а н е н к о в. Ого! Над нашим домом разворачивается. Как бы не сбросил. А ну потише!

Жужжание самолета слышится явственнее.

Д а ш а. Мамочка, ты знаешь, что я замуж вышла?

М а р ф а. Знаю.

Д а ш а *(смеется)*. Ох, мамочка, как я ему долго крутила голову. Он ждал, ждал, терпел, терпел, а добился все-таки своего. А я рада.

М а р ф а. Тише, девочка, тише. Отдохни, а потом мне с тобой поговорить надо.

Д а ш а. Я отдыхаю. Дело так было, мамочка. Мы пошли с ним в кино. И возле самой уже кассы я говорю ему: «До свидания, Коля!» — «Что? Почему?» — «Не хочется мне в кино с вами, — отвечаю. — Скучно». А он мне: «Я всю неделю этого вечера ждал, Даша». А я отвечаю: «А у меня другие планы на сегодняшний вечер». И ушла. И так мне тоскливо стало. И вышла я из дому через час. Иду мимо его квартиры. Он ведь в самом первом этаже жил, мамочка. И заглянула к нему в окно. Сидит он такой бледный, лицо невеселое, задумчивое... И все пошло на лад с этого вечера. *(Смеется.)* Мамочка, ты даже представить себе не можешь, какой это особенный человек. Его все любят. И уважают его на работе как! Позвонишь на завод. Там спросят сначала неприветливо: «Вам кого?» А когда узнают, что Колю, сразу ласково отвечают: «Пожалуйста, пожалуйста».

М а р ф а. В чем же я виновата, в чем я виновата, не могу понять! Нет, я чего-то не сделала, я куда-то опоздала!

Д а ш а. Ты о чем, мамочка?

М а р ф а. О том, что, если дело плохо, это, значит, я в чем-то виновата.

Д а ш а. Не надо, мамочка, так говорить. От таких слов у меня опять в голове все мешается.

М а р ф а. Дашенька моя дорогая, прости, что я тебя мучаю. Скажи мне только два слова. Улицу да номер дома. Адрес мне дай Сережиной школы. Слышишь? Даша! Дашенька! Ты спишь? Или тебе худо опять?

Очень явственный вой мотора.

И в а н е н к о в *(встает)*. Ох, паразит чертов!

Вбегает Ш у р и к.

Ш у р и к. Дядя Паша! Через канал напротив он целую кассету зажигательных бросил!

Л а г у т и н. Надо мне опять на крышу идти.

Ш у р и к. Так все и осветилось. Как днем.

И в а н е н к о в. Резерв на чердаки отправился?

Ш у р и к. Сейчас все выползли.

И в а н е н к о в. Идем!

Шурик, Лагутин и Иваненков уходят.

А р х а н г е л ь с к а я. Ну и домик у нас! С одной стороны музей, с другой — два госпиталя! Все время над нами кружат. *(Надевает через плечо санитарную сумку, идет за ширму.)* Ну, как больная?

М а р ф а. Не могу понять.

А р х а н г е л ь с к а я. Мне надо на пост к воротам. Я вернусь при первой возможности. *(Уходит.)*

О л ь г а П е т р о в н а. Уснула дочка? Вы усните тоже.

М а р ф а. Как я могу уснуть? Что ты говоришь, опомнись!

О л ь г а П е т р о в н а. Я вот что скажу вам, товарищ Васильева, вашей дочке я утром гомеопата приведу. Побегу за ним еще до света, и он придет. Он такой отзывчивый, прямо святой, если его только не разбомбило. Даст он две-три крупиночки — и готово дело. Он одной девушке, совсем убогая была, так помог, что мать ему руки целовала. Ты успокойся, товарищ Васильева! Гомеопатия — это расчудесное дело. До свидания, голубка. *(Уходит.)*

М а р ф а. Дашенька! Даша! Дочка! Дочь!

Д а ш а. Что, мамочка?

М а р ф а. Заговорила, слава тебе господи!

Д а ш а. Я, мамочка, умираю.

М а р ф а. Даша! Доченька!

Д а ш а. Умираю. Некогда мне. У нас такое срочное задание на заводе, а ничего все-таки не поделаешь. Придется мне умереть, не уходи!

М а р ф а. Я за докторшей.

Д а ш а. Ничему она теперь не может помочь. Не уходи.

М а р ф а. Доктора надо найти.

Д а ш а. Я хорошо себя буду вести, только не оставляй меня одну. Сядь здесь, как сидела.

М а р ф а. Но ведь надо же, милая, сделать что-нибудь, помочь тебе.

Д а ш а. Мне уже нельзя помочь. Нет, нет, не хмурься. Слушай, что я тебе скажу. Сядь, вот так. Доктора тебе не найти. А начальница санзвена... Взгляни: нет ее?

М а р ф а. Нет, дочка, никого. Мы одни с тобой.

Д а ш а *(понизив голос)*. А начальница санзвена мало что понимает. Она ведь только курсы ГСО прошла. Она, мамочка, музыкантша. Слышишь?

М а р ф а. Да.

Д а ш а. Пианистка. От этого у нее и характер сердитый такой.

М а р ф а. Ты молчи, тебе трудно говорить.

Д а ш а. Что ты, мамочка, наоборот, очень легко. Слова сами так и прыгают... О чем я? Ах да... Она пианистка, а играть ей совсем некогда теперь. Она, мамочка, вся ушла в работу по санзвену, по дому. Когда фугаска тут рядом разорвалась, она знаешь что схватила и вынесла из квартиры?

М а р ф а. Не, знаю, милая.

Д а ш а. Домработница ее рассказывала. Ну, угадай, что она спасала?

М а р ф а. Не берусь.

Д а ш а. Список дежурств по группе ПВО. *(Смеется.)* Она эти списки сама всегда составляет. Она очень горячая в работе, только такой деспот! Ее все боятся. Но разве она меня спасет!

М а р ф а. Тихо, тихо, милая.

Д а ш а. Но болеть все-таки приятно. Знаешь почему? Есть совсем не хочется.

М а р ф а. Я, голубка, тебе и Сереже сало несла и сухарей.

Д а ш а. Спасибо, мамочка.

М а р ф а. Но только я их отдала.

Д а ш а. Расскажи, кому?

М а р ф а. Партизану. Фининспектор Дзержинского района он был, а теперь вот сражается...

Д а ш а. Ну, мамочка, говори, пожалуйста, говори.

М а р ф а. Ну что же говорить-то. Встретились мы с ним в лесу. Шел он, милая, после глубокой разведки, идти еще долго... А он ослабел. Не могла я на это смотреть. Накормила его.

Д а ш а. Он обрадовался?

М а р ф а. Да.

Д а ш а. Ну а как все-таки? Что он говорил?

М а р ф а. Стоим мы в чаще. Кругом так тихо, так тихо, как в мирное время. А он все объясняет, все объясняет, какая я, мол, сознательная женщина. Я хотела сначала только половину ему отдать. А потом подумала: Сережа в школе, Дашенька на военном заводе... Их там кормят... Я, девочка, уставши была, заплакала и все ему в сумку положила, все запасы. Когда он еще к своим-то доберется?

Д а ш а. Ты у нас добрая. Как хорошо, что ты пришла! Ну, говори. Говори еще.

М а р ф а. А потом пошла дальше. Иду, о вас думаю. Всю дорогу я о вас думала: что вы мне скажете, что я вам скажу. И, как всегда, вышло не так, как ждешь.

Д а ш а. Ну, говори, говори!

М а р ф а. Что же говорить-то мне, дочка?

Д а ш а. Что-нибудь интересное. Отвлекай меня, отвлекай. А то я опять вспомню. У меня, мамочка, в Лавровом переулке все вещи погибли. Я на прошлой неделе блузку сама себе сшила; шила — устала. И теперь у меня все перемешивается... блузка на кнопочках и...

М а р ф а. Молчи, молчи, родная.

Д а ш а. Тогда ты говори, скорей, скорей отвлекай меня! Я знаю, у тебя нас четверо детей, но ты сегодня одной мной займись, мной. Говори! Скорей!

М а р ф а. Шла я шла, шла я, шла, орудия гудят, спи, моя хорошая, пулеметы стучат, раненых ведут, а я все шагаю. Встретится патруль, сведет меня в штаб, я все там толковенько объясню, кто я, куда и зачем — и шагаю дальше. Спи, моя родная, мама с тобою. Нельзя так говорить: четверо детей. Надо так говорить: три единственных сына, одна-единственная дочка. Спи, моя единственная, спи. Иду я через озеро, а сама думаю: далеко-далеко, за лесами, за горами мои детки живут, они маму не ждут, а она к ним бежит. Даша, моя родная, дыши поглубже. Иду я через озеро, сумерки все темней, я на компас смотрю, как меня капитан научил, а компас светится. Далеко-далеко, по компасу на юго-востоке, пожар горит, ракета взлетит и растает, взлетит и растает, а я все иду, иду. Спи, моя хорошая. Дашенька! Спишь? Лед кругом, лед, а я шагаю, ко всему готовая. Все беды — сестры, все унылые, все тоскливые, а мы их прогоним, крошечка, прогоним. И немец сбежит, и голод забудется, и дома встанут, и поля оживут, и дети народятся — все будет славно, только ты дыши, дыши, маленькая. Зачем так неслышно лежать, маму пугать? Даша? Даша?

Вбегает О л ь г а П е т р о в н а.

О л ь г а П е т р о в н а. Вот я и прибежала. Он там, негодяй, зачем-то осветительные ракеты сбросил. Сейчас, наверное, бомбить начнет. Светло как днем! А я стану сейчас у печечки. Вот и стала. Погреюсь — и на пост. А то он, подлец, до утра не отпустит. Ведь неудобно будет уйти, когда он, подлец, уже начнет бомбить. А у меня так пальцы зашлись, в особенности мизинчики... Товарищ Васильева? Вы что там, уснули?

М а р ф а. Она не дышит.

О л ь г а П е т р о в н а. Кто не дышит, почему не дышит? Разве это можно не дышать?

Марфа. Не дышит она. Дочка моя.

Ольга Петровна *(мечется)*. Как же так? Это я не знаю, как назвать! *(Кричит.)* Шурик! Шурик!

Входит Шурик.

Шурик. Вот он, Шурик!

Ольга Петровна. Беги бегом за Еленой Осиповной. Больной плохо!

Шурик исчезает.

Товарищ Васильева! Это у нее, наверное, опять глубокий обморок. Я бы сама посмотрела, да не смею. Ты держись. Ты крепче держись! И вот что скажу тебе в утешение: всем очень туго приходится! В какую квартиру ни зайди — везде проклятый фашист дел наделал. Моя дочка где? Отрезана. А внучка пяти лет осталась у меня. Она спрашивает: бабушка, это правда или это мне приснилось, что вы когда-то меня уговаривали кушать? Тает моя внучка. Это красиво? У меня от этого весь день мысли так и прыгают, так и прыгают. А я держусь. Вот на пост пойду сейчас. Ты держись! Держись, как все.

Быстро входят Архангельская и Лагутин. Пробуют войти и Оля, Шурик, Нюся.

Архангельская. Соколов, назад! Не входить! Никого не пускать! Закрыть двери!

Ребята исчезают.

Что случилось?

Ольга Петровна. Извиняюсь, товарищ Архангельская, больной очень худо.

Архангельская. Без паники! Больная! Больная, вы меня слышите? А? Уйдите все! И вы, мать, уйдите. Дайте мне спокойно рассмотреть, в чем дело. Прочь, прочь! Пошевеливайтесь!

Все, кроме Архангельской, выходят из-за ширмы.

Ольга Петровна. Идем, голубка, идем. Ничего! Она быстрая. Она разом все там уладит, уладит. Слышишь? Товарищ Васильева!

Марфа. Да.

Лагутин. Марфа, Марфа! Ты верь! Еще денек-другой подождем — и разлетится кольцо, и хлынут к нам лучшие люди всей страны, станут нас хвалить, восхищаться. Подойдут к управхозу Иваненкову. Это ничего, скажут они, Паша, что ты крикун, грубиян. И к товарищу Архангельской подойдут: это ничего, что вы всё расстраивались да людей одергивали. Вы сил не жалели, смерти не боялись. И вы, дети, не горюйте. Сейчас мы вами займемся. Вы весело держались, не верили, что умрете. Все вы, товарищи, такие будни перенесли, без всякого праздника, что мы вас... мы вам...

Архангельская выходит из-за ширмы.

Марфа. Можно к ней?
Архангельская. Не знаю.

Марфа бежит за ширмы. Опускается на колени возле койки.

Ну что? Чего вы, Ольга Петровна, глядите на меня? У бедняги пульс не прощупывается.
Ольга Петровна. Ну, это уж я не знаю, как назвать.
Архангельская. Дыхания я не могу уловить.
Ольга Петровна. Это надо же!
Архангельская. Что я могу сделать? Чем я могу помочь? Я не Бог!
Марфа. Не сдавайся, дорогая, очнись, дорогая, я с тобой! Во мне силы много! Пусть наша жизнь на куски разорвалась — я все соберу, все сошью. Я не отдам тебя, не отдам. Очнись, доченька, не сдавайся, доченька! Я тут! Я тут!

Очень явственный вой самолета.

Архангельская. Опять летаешь? Летай, летай! За все ответишь, за все ответишь, за все ответишь, дьявол!

Занавес

ДЕЙСТВИЕ ТРЕТЬЕ

Контора домохозяйства № 263. Около восьми часов утра. Воздушная тревога продолжается. Д а ш а неподвижно лежит на койке за ширмами. М а р ф а сидит возле согнувшись. Но вот она вздрагивает. Встает. Выходит из-за ширмы. Идет покачиваясь, глаза закрыты.

М а р ф а. Сейчас затоплю, сейчас затоплю, милые. Миша! Ваня! Сережа! Вставайте, пора. Дашенька, опоздаешь в техникум, голубка. *(Натыкается на стол. Широко открывает глаза.)* Что же это такое? Я в пути, что ли? *(Оглядывается.)* Ни Миши, ни Вани, ни Сережи, ни Даши. Старик! А старик! Я одна? Степан! *(Закрывает лицо руками.)* Погоди, погоди, не падай, Марфа! А Марфа! Стой, не качайся. Ровненько стой. У тебя дела много. Кто его за тебя переделает? Всю жизнь ты шла. И опять шагай... *(Делает несколько шагов вперед.)* Ой, вот я где. А мне шоссе чудилось, кусты... *(Взглядывает на часы.)* Девятого пять минут. Что вы говорите? *(Трет руками лицо.)* Да проснись же ты, безумная!

Входит Ш у р и к.

Ш у р и к. Здравствуйте, товарищ Васильева.
М а р ф а. Отбой был?
Ш у р и к. Два раза был отбой, но минут через пятнадцать опять начиналась тревога.
М а р ф а. Уже утро?
Ш у р и к. Да. Только на дворе темно еще совсем. Звезды видно.
М а р ф а. Небо чистое?
Ш у р и к. Чистое. Опять, значит, ночь мы спать не будем.
М а р ф а. А подруги твои где?
Ш у р и к. Боятся войти. Меня послали.
М а р ф а. Погоди минуточку. Постой. Я вчера пришла. Так. Потом Даша заболела. Так. А что с ней? Погоди. Мне надо проснуться, да страшно.

Шурик. А вы подождите немного. Елена Осиповна придет. Она за бабами погналась, сейчас освободится.

Марфа. Что ты говоришь? Погналась? Зачем?

Шурик. Тут рядом набережную ремонтировали. Бревна лежат. Их Елена Осиповна отбивает у треста для нашего бомбоубежища. Крепление поставить. И вдруг мы видим, пришли какие-то тетки и начинают эти бревна пилить на дрова. Бумажку показывают, что их трест послал. Мы к Елене Осиповне. А Елена Осиповна этих теток так погнала, что они побежали со своими бумажками. А она за ними. Потеха!

Марфа. Так... Значит, уже утро. Хорошо...

Вбегает Ольга Петровна. В руках тарелка, чистая салфетка, ложка.

Ольга Петровна. Проснулась, милая? На вот... я тебе принесла.

Марфа. Что это?

Ольга Петровна. Я, милая, на еду теперь очень строгая. Ужасно, прямо тиран. Не для себя, для внучки берегу, с ума схожу над каждым куском. Но ты, родная, бери.

Марфа. Не нужно.

Ольга Петровна. Садись. Это студень. Скушай, сделай мне одолжение. (*Накрывает на стол*). Я, товарищ Васильева, очень добра была, гостей любила, разговоры. Кино прямо обожала, если в хорошей компании. Там на экране стреляют, геройствуют, а мы сидим, «Театральную» карамель кушаем и любуемся... Восьмой ряд мой любимый был. Или первый ряд балкона. Вот видишь, я тебе салфеточку постелила чистенькую. Вот это ложечка. А в тарелочке студень. В начале тревоги сбегала, варить его поставила, в середине сняла да за форточку, а к концу тревоги он, голубчик, застыл. Кушай.

Марфа. Не могу.

Ольга Петровна. Не стесняйся, родная. Я и горчицу захватила и перец. Перец, родная, два рубля пакетик. А вот и уксус в скляночке. Порадуй меня. Из ножек студень. Я пробовала, его есть можно. Никому бы не дала, а ты, товарищ Васильева, теперь мне как старая знакомая. Впрочем, что я говорю. Старые знакомые иногда такие стервы бывают. Ты мне ближе. Ты как сестра. За одну ночь я к тебе привязалась, Марфа. Ты не обижайся, что я все говорю. Это потому, что я спросить тебя не смею. Как дочка?

Марфа. Что... Дочка!!! (*Кричит.*) Даша! Даша!

Даша. Что, мамочка?

Марфа бежит к дочери. Обнимает ее.

Ольга Петровна (*Шурику*). Вот видишь, хулиган. Жива она!

Шурик. Чего вы ругаетесь?

Ольга Петровна. То-то! Знал бы, сколько взрослым людям приходится терпеть, так ты бы с нами... Уходи, чего ты тут вертишься!

Шурик. А ну вас!

Ольга Петровна. Уходи, уходи!

Даша. Мамочка, помоги мне, голубчик, встать... (*Садится.*) Ой, какая ты, мамочка, черная!

Марфа. Обветрило лицо.

Даша. Я совсем здорова, только слабость сильная.

Марфа. Я думала, ты умираешь...

Даша. Прости, голубчик, я тебя измучила. Будь я одна — лежала бы тихонечко, а раз мама здесь — и начала жаловаться, чтобы ты меня жалела. (*Встает.*)

Ольга Петровна. Лежите, лежите!

Даша. Нет, ничего.

Выходит из-за ширмы, Марфа ведет дочь.

Опять ты меня, мамочка, ходить учишь.

Ольга Петровна. Присаживайтесь, присаживайтесь, вот тут, вот тут. И кушайте, пожалуйста, кушайте.

Даша. Нет, спасибо.

Ольга Петровна. Покорнейше прошу вас, кушайте, пока тревога. Ведь едва отбой зазвучит, мне надо посуду помыть и скорей, скорей в магазин, очередь занять. И ты, Марфа, кушай. (*Достает из кармана шубы ложку, завернутую в белоснежную салфетку.*) Я, признаться, две ложки захватила, да одну не посмела достать сразу. Не знала, как вы, Дашенька... Живы ли... Мы выйдем. А вы поговорите, покушайте. Идем, хулиган, идем, миленький, не надо людям мешать, они стесняются. Ну вот, все слава богу, все и славненько...

Быстро уходит, уводит Шурика.

Марфа. Дашенька, я побегу сейчас в Сережину школу. Дай мне, солнышко, адрес его.

Даша. Ты, мамочка, не убивайся только... поздно уже.

Марфа. Уехали?

Даша. Вчера в десять... мамочка, знаешь что? Ты покушай... Нельзя иначе...

Марфа. Я целый день не ела вчера.

Даша. Я тоже.

Едят.

М а р ф а. Пойду на фронт. Ты наверное знаешь, что он вчера уехал? Ты говорила — может быть, утром уезжают они.

Д а ш а. Нет, мамочка, я наверное знаю. Комиссар сказал... Это я в бреду путала. Я сейчас помню.

М а р ф а. Значит, он сражается уже, наверно, дурачок.

Д а ш а. Наверное, мамочка.

М а р ф а. А мы сидим да едим.

Д а ш а. Теперь, мамочка, еда — очень серьезное дело.

М а р ф а. Такой нескладный, такой странный мальчик.

Д а ш а. Нет.

М а р ф а. Как нет... Без присмотра пропадет. Обидчивый мальчик. Мучить его будут.

Д а ш а. В школе его очень уважали.

М а р ф а. Пойду следом. Ты знаешь, что он по чужим документам убежал?

Д а ш а. Да.

М а р ф а. Нет, не могу. У меня это дело со всех сторон обдумано. Я от войны не прячусь. И все, что могла, отдала. Сама умереть согласна — пусть только укажут мне место, где я могу с пользой умереть. Но он, не обижайся, Дашенька, любимчик мой был. Младший ведь. Уснет он, а я гляжу да плачу. Жалко мне, что он такой большой вырос, такой непонятный. Чего он все помалкивает? О чем с товарищами говорит вполголоса? Почему озабоченный бродит? Отчего мне не скажет, разве я не посочувствовала бы? Я без него не могу, как хочешь. Пойду.

Д а ш а. Я знаю, мамочка, ты найдешь его... Но только...

М а р ф а. Не заступайся! Не надо, милая, отговаривать меня.

Звучит фанфара.

Д а ш а. Отбой.

М а р ф а. Путь свободен, значит, для меня...

Г о л о с п о р а д и о. Отбой воздушной тревоги! Отбой воздушной тревоги! Отбой воздушной тревоги!

Фанфары.

Д а ш а. Ты бы хоть отдохнула денек, мамочка!

М а р ф а. Прости, не могу. Ты за меня не беспокойся, я сама знаю. У меня сил много. Я пойду и вернусь. Пригожусь вам всем еще не раз, Дашенька. *(Целует ее.)*

Д а ш а. Мы выйдем вместе.

М а р ф а. Куда ты?
Д а ш а. На завод.
М а р ф а. У тебя бюллетень!

По радио снова спокойно и мерно начинает стучать метроном.

Д а ш а. Мамочка, если бы ты знала, какая у нас сейчас работа. Самая спешная, самая серьезная.
М а р ф а. Ты не дойдешь до завода.
Д а ш а. Дойду, ведь я твоя дочь.

Быстро входит А р х а н г е л ь с к а я.

А р х а н г е л ь с к а я. Руку! Да не пять пальцев, а пульс... Да... Ровный. Пусть только война кончится — пойду на медицинский факультет. У меня сил хватит, черт побери, и на две профессии. Я очень рада. Вы на ногах.
М а р ф а. Спасибо вам.
А р х а н г е л ь с к а я. В санитарной сумке у меня есть и сульфидин, и диуретин, и стрептоцид. Все добыла. Вы зачем встали? Сидите!
Д а ш а. Мне идти надо на завод.
А р х а н г е л ь с к а я. Я запрещаю вам! Черт меня побери! Раз в сто лет видишь результат своей работы, а вы меня хотите лишить этой радости. Я требую, чтобы вы шли ко мне. У меня тепло. Мама ваша посидит возле. Я сбегаю к военному прокурору насчет этих проклятых бревен, вернусь и на рояле вам поиграю... Не хотите?
Д а ш а. Товарищ Архангельская! Вы так горячо работаете в доме. А у меня своя работа. Раз уж я встала на ноги, так уж позвольте вы мне на завод пойти... Иначе невозможно.
А р х а н г е л ь с к а я. Ладно.
М а р ф а. Ну, дочка, в путь...

Вбегают Н ю с я, О л я, Ш у р и к.

О л я. Товарищ Васильева, ваш сын здесь был!
М а р ф а. Кто?
Н ю с я. Сын ваш.
М а р ф а. Где же он? Где?
Ш у р и к. Ушел.
М а р ф а. Почему?
Н ю с я. Мы сами не знаем. Он искал девятую квартиру. Мы проводили. Слышим, он спрашивает-то товарищ Красовскую. Я, говорит, брат ее.

О л я. Тогда мы ему все рассказали.

Н ю с я. Он и говорит: мама здесь? И вдруг повернулся и сбежал по лестнице. И ушел!

М а р ф а. Куда?

Ш у р и к. Прямо по каналу. Быстро пошел.

М а р ф а. От меня убегает... В чем же я виновата? Я ведь для него все... Даша! Зачем? Что же это такое?

Д а ш а. Он, мамочка, не по злобе.

М а р ф а. Я понимаю. Но ведь я столько времени шла, думала, что я ему скажу, что он мне скажет... Верните его...

Ш у р и к. Сейчас.

М а р ф а. Постой, не надо.

Ш у р и к. Мне нетрудно.

М а р ф а. Нет, нет, не надо!

Дверь распахивается. На пороге останавливается высокий, очень крепкий молодой п а р е н ь в в о е н н о й ф о р м е.

Сережа!

С е р е ж а *(хмуро).* Здравствуй!

М а р ф а. Ну, входи! Входи!

А р х а н г е л ь с к а я. Ребята! Вы нужны мне. Марш, марш, марш, ребята.

Быстро уходит. Шурик, Оля, Нюся следом.

М а р ф а. Сережа, я ведь за тобой пришла.

С е р е ж а. Да брось, мама.

М а р ф а. Сереженька, подумай... Я теперь одна... Погоди. Как нарочно, в голове только шум, когда все решается... Смотри, вот я руку поранила, когда дома забор чинила. Помочь некому. Не в этом дело... Не в этом! Я сама справлюсь. Опустело очень в квартире теперь, вот в чем горе. Прошу тебя, идем домой.

С е р е ж а. Да оставь, мама.

М а р ф а. Ты мальчик совсем. Мальчуган. Ты не знаешь, за что взялся...

С е р е ж а. Да ну еще...

М а р ф а. У тебя и слов-то настоящих нет... А там машины, хуже всяких зверей... Там такое дело делается, серьезнее которого нет на свете... Я видела!

С е р е ж а. Да брось, мама.

М а р ф а. Погоди... Я сейчас соберусь с мыслями и скажу все... Постой, постой. Помолчи.

Г о л о с   п о   р а д и о. Внимание! Говорит городская трансляционная сеть. Слушайте концерт. В программе марши советских композиторов. Исполняет оркестр радиокомитета под управлением дирижера Иванова.

М а р ф а. Сережа!

По радио гремит марш.

Всю ночь, пока не задремала я тут возле Дашиной койки, всю ночь думала я: вдруг сегодня война кончится? Не кончилась она. Сынок! Не оставляй меня!

С е р е ж а. Перестань, мама!

М а р ф а. Неужели для матери родной нет у тебя других слов? Брось, да оставь, да перестань — только и всего?

Сережа молчит.

Д а ш а. Сережа!

С е р е ж а. Ну что, ну что вы от меня хотите, товарищи? Ну не умею я разговаривать, не умею! Мама, ты думаешь, я не рад был тебя увидеть? Очень рад! Когда узнал, что ты здесь, я было убежал, но вернулся. Ты только не плачь!

М а р ф а. Не буду.

С е р е ж а. Не плачь, пожалуйста. Я так и знал, что стану перед тобою столбом, дурак дураком, грубияном... Такой уж у меня характер, вот Даша знает. Но все-таки вот я пришел, мама. Не умею я говорить, ну как бы это сказать... О чувствах я не умею говорить. Мы грубоватые ребята. Вся наша компания такая. Но раз я вернулся повидаться с тобой — я все скажу... Мама, ты слушаешь?

М а р ф а. Говори, сынок.

С е р е ж а. Мама, ты потерпи. Я должен был уйти воевать. Я не могу дома оставаться, не могу. Когда у Валабуевых сына ранили, мне стыдно было мимо их сада пройти, в глаза им взглянуть... Когда Петька Флигельман уезжал на фронт, я не пошел на станцию его провожать... Ты пойми, мама. Я сам не знал, что мне делать... О чем ни услышу — мне кажется, это я во всем виноват, потому что дома сижу...

М а р ф а. Ох, сынок, сынок!

С е р е ж а. Поехали мы окопы рыть. Хорошо. Роем. И вот вечером видим: выходит из лесу старик с маленькой девочкой на руках. Он через фронт бежал с внучкой от фашистов. Он говорит, а девочка молчит, смотрит на нас, не понимает, за что это ее вдруг стали так терзать. Жила, жила — и вот ни отца у нее, ни матери, никого... Ну, словом, чего уж тут говорить! Ночью взял я документы у

Бориса Ефремыча и ушел. Я знал, мама, что на серьезное дело решился. Но не могу я иначе поступить. Если не разбить фашистов, то это будет не жизнь, а скотство... Ты будь спокойна, я не пропаду. Я парень здоровый. И подраться я не дурак. Ты потерпи, я должен идти.

Д а ш а. Вот видишь, мама? Разве я с ним не говорила? Ничего тут не поделаешь. Как видно, мама, все нам надо отдать, тогда мы опять заживем вместе, еще лучше, чем жили.

Г о л о с. Верно, верно, дочка!

М а р ф а. Кто это?

Из-за печки выходит Л а г у т и н.

Л а г у т и н. Простите... Уснул я тут за печкой. Музыка разбудила меня. Хочу я вам сказать, да не смею... Слова у меня старинные, книжные. Марфа! Ты слушаешь меня?

М а р ф а. Слушаю.

Л а г у т и н. Марфа. Иные люди на мир глядят так, будто он им раб или слуга. Погибнут они позорною смертью. Другие же болеют за мир душою — их будет царствие во веки веков. Верую — не напрасно мучаемся мы все, у кого совесть есть. Будет, будет праздник! Новый мир народится. Простите, ночь не спал, сам не знаю, что бормочу... Но будет, будет праздник! Пусть не сегодня, не завтра, но разорвется кольцо, но нет врагу спасенья! Он уже умер! Умер!

Вбегает О л ь г а П е т р о в н а.

О л ь г а П е т р о в н а. А я уже за хлебом отстояла, сейчас на всякий случай в гастроном побегу постою. Ах! Да ведь это и есть твой сын, Марфа? Здравствуйте, Сергей Степанович!

С е р е ж а. Здравствуйте.

О л ь г а П е т р о в н а. Да какие же вы рослые, да какие же вы славные. Уходите с мамой? Нет? Сразу видно, что нет. Уезжаете сражаться за нас? Сразу видно. А мы дома останемся скучать.

Глухой удар.

Вот и артобстрел начался. Поговорила бы я с вами, да в очередь нужно. *(Собирает посуду.)* Внучка у меня возле бомбоубежища бегает, воздухом дышит, ждет, пока бабушка с охоты придет... До свидания, Марфа, голубушка, сестрица. До свидания, дочка. До свидания, сынок. *(Убегает.)*

Вопль за сценой: «Составлю на вас акт, дьяволы!»

Л а г у т и н. Вот и управхоз идет.

Вбегает Иваненков.

Иваненков. Гады чертовы! Паразиты! Сложили в бомбоубежище печку из старых кирпичей, теперь там не продохнуть. Захар, ты монтер или кто?

Лагутин. Монтер.

Иваненков. А если монтер, то должен о лимитах помнить. На дворе уже светло, а у него все лампочки горят. *(Открывает занавесы на окнах. Гасит электричество.)* Ну, мамаша, говорят, к тебе сын пришел?

Марфа. Да, вот он стоит.

Голос Архангельской за сценой: «Товарищ Иваненков!»

Иваненков. Эх, поговорил бы я с вами, да надо шагать лес отбивать. Когда едете на фронт, товарищ?

Сережа. Сейчас.

Марфа. Сейчас?

Иваненков. Эх, поговорил бы я с тобой! Я ведь сам старый партизан. После Гражданской двух ребер не имею. Помню, наступали мы...

Входит Архангельская.

Архангельская. Товарищ Иваненков, вам известно, что такое — время?

Иваненков. Иду, иду.

Архангельская. До свидания, товарищ Васильева. Дочку нашли, сына нашли. Какие у вас планы?

Марфа. Останусь здесь.

Архангельская. Отлично. *(Даше.)* Дайте пульс! *(Считает.)*

Иваненков *(Марфе, понизив голос)*. Поди-ка сюда, мать. Могу тебе открыться. Ты человек свой. У нас декабрь на дворе? Так. Но и в январе, а возможно, что и дальше сурово будет идти жизнь в условиях осажденного города. У тебя есть обратный пропуск через фронт. Иди домой в Ореховец. Зачем тебе надрываться?

Марфа. Мне и тут найдется дело.

Архангельская. Что вы говорите?

Марфа. Говорю, мне и здесь найдется дело.

Архангельская. Правильно. Приспособим.

Иваненков. Где будешь жить, товарищ Васильева?

Даша. У меня, у меня.

Иваненков. Тогда сегодня же сдай документы для временной прописки, согласно приказу Комитета обороны города.

А р х а н г е л ь с к а я. Живите тут, товарищ Васильева! Мы рады вам... У нас коллектив неплохой. Не все, конечно, жильцы хороши, но суровые условия, в общем, как-то их изменили... А может быть, и не изменили, а просто они теперь заслуживают более мягкого отношения, если их, конечно, подтягивать.

Глухой удар значительно ближе. Звякнули стекла.

Идем.
И в а н е н к о в. Идем, товарищ Архангельская, идем под боевой марш. Ой, худо сейчас будет заву планового отдела треста!
А р х а н г е л ь с к а я. Без зубоскальства, пожалуйста! До свидания.
И в а н е н к о в. Бодрей, бодрей, братцы!

Уходят.

М а р ф а. Тебе когда отправляться, сынок?
С е р е ж а. Начальник за мной заедет на машине.
М а р ф а. Скоро?
С е р е ж а. С минуты на минуту.

Вбегают Ш у р и к, Н ю с я, О л я.

Н ю с я. Товарищ Васильева, простите!
Ш у р и к. Нам надо уходить. Мы хотели вам сказать что-то.
О л я. Нам говорил сейчас Иваненков, что вы остаетесь у нас жить.
М а р ф а. Остаюсь, да.
Н ю с я. Товарищ Васильева! Мы всю ночь подслушивали тут под дверью, как разговаривали вы со своей дочкой. Мы на тот случай, если надо будет сбегать куда-нибудь ночью.
О л я. И вот мы пришли сказать: знакомых у вас тут мало. Если что нужно, говорите прямо нам. Считайте, что мы свои.
Н ю с я. Мы говорили ночью: кое-кто в наше время одичал от страху, на своих бросается, а кое-кто поумнел.
Ш у р и к. Короче говоря, если будет какая-нибудь работа — пожалуйста, прямо к нам. В очередь или куда-нибудь сбегать. Крикните: «Шурик!», а я вам сразу: «Вот он Шурик!»
Н ю с я. А сейчас мы в школу идем.
О л я. Ходят слухи, что сегодня будут занятия.
Ш у р и к. И завтрак горячий в школе дадут.
Н ю с я. Замолчи, идиот! До свидания, товарищ Васильева!
Ш у р и к. До свидания, до свидания все, Даша.

Уходят. Музыка обрывается. Метроном снова начинает стучать неторопливо, мерно.

Марфа. Начальник за тобой сюда зайдет?
Сережа. Нет. С переулка даст сигнал автомобильным гудком.
Марфа. Присядем перед отъездом.

Все садятся.

Ну что же, сынок! Отпускаю тебя, как отпустила старших братьев. Вернись здоров. *(Достает из сумки сверток.)* Здесь свитер. Теплое белье. Только не могла я его чужой фамилией метить! Всюду метку поставила: Сергей Васильев. Грустно мне, что ты уходишь на такое серьезное дело под чужим именем, как будто украдкой.
Сережа. Я под своей фамилией еду на фронт.
Марфа. Под своей?
Сережа. Ага. Во всем признался в школе. Буза была. В Москву писали. Только сегодня ночью пришел ответ. Поэтому и задержался я.
Марфа. Простили?
Сережа. Разрешили как отличнику учебы.

Пауза. Неясный шум за сценой.

Марфа. Это не тебя вызывают?
Сережа. Нет, не такой гудок.
Даша. Мама, а в квартире у нас кто?
Марфа. Павловна, старуха. Она за всем присмотрит.
Сережа. Цыган скучал без меня?
Марфа. Целыми ночами выл. Ничего, сынок, ничего. У меня сил много. Все будет славно. Все соберемся.
Даша. Ты пиши каждый день.
Сережа. Ладно.

Пауза.

Марфа. Вот и разойдемся в разные стороны. Сережа на фронт, Даша на работу, а я по дому хлопотать, чтобы легче была жизнь.
Лагутин. Ничего. Ничего, Марфа. Будет, будет праздник. Доживем мы до радости. А если не доживем, умрем — пусть забудут, пусть простят неумелость, нескладность, суетность нашу. А пусть приласкают, пусть похвалят за силу, за терпение, за веру, за твердость, за верность.

Занавес

ДВА КЛЕНА

Сказка в 3-х действиях

ДЕЙСТВУЮЩИЕ ЛИЦА

Василиса-работница.
Федор ⎫
Егорушка ⎬ ее сыновья.
Иванушка ⎭
Баба-яга.
Медведь.
Котофей Иванович.
Шарик.
Мыши.

ДЕЙСТВИЕ ПЕРВОЕ

Два молодых клена стоят рядышком на лесной поляне. Тихий ясный день. Но вот проносится ветерок, и правый клен вздрагивает, словно проснувшись. Макушка его клонится к левому деревцу. Раздается шорох, шепот, и клен говорит по-человечески.

П е р в ы й к л е н. Братец, братец Федя! Ветерок подул. Проснись!

В т о р о й к л е н. Тише, тише, Егорушка, я маму во сне вижу.

Е г о р у ш к а. Спроси, ищет нас мама?

Ф е д о р. Говорит, ищет.

Е г о р у ш к а. Спроси, простила нас мама за то, что мы из дому убежали?

Ф е д о р. Говорит, простила.

Е г о р у ш к а. Спроси, знает ли она, что Баба-яга превратила нас в клены?

Ф е д о р. Говорит: ну что ж, мало ли что в дороге случается.

Е г о р у ш к а. Спроси, долго ли нам тут еще томиться?

Ф е д о р. Мама, мама! Долго нам тут еще томиться? Мама! Пропала! Я проснулся. Здравствуй, братец.

Е г о р у ш к а. Здравствуй. Не плачь, ты не маленький.

Ф е д о р. Я не плачу. Это роса.

Е г о р у ш к а. В такой ясный день разве можно плакать? Каждая травка радуется, каждая ветка, и ты радуйся.

Ф е д о р. Я радуюсь. Я верю: вот-вот придет наша мама и мы услышим ее зов: Фед-о-о-ор! Его-о-о-рушка!

Г о л о с. Фед-о-о-ор! Его-о-о-орушка!

Е г о р у ш к а. Эхо?

Ф е д о р. Что ты, что ты! Забыл, как хитра Баба-яга? Никто нас с тобой не слышит: ни люди, ни птицы, ни звери, ни вода, ни ветер, ни трава, ни деревья, ни само эхо.

Г о л о с. Егорушка-а-а-а! Феденька-а-а!

Фёдор. Молчи, не отвечай, это Баба-яга нас дразнит, хочет до слёз довести. Она под любой голос подделывается.

Голос *(совсем близко)*. Егорушка, сынок! Феденька, родной! Это мама вас по всему свету ищет, а найти не может.

Фёдор. Она! Баба-яга как ни ловка, а не может звать нас так ласково. Мама, мама! Вот мы тут стоим, ветками машем!

Егорушка. Листьями шелестим.

Фёдор. Мама! Мама!

Егорушка. Уходит!

Фёдор. Нет, стоит, оглядывается. Не может она уйти.

Егорушка. Повернула! К нам, к нам спешит!

На поляну выходит высокая крепкая ж е н щ и н а л е т с о р о к а, за плечами мешок, на поясе — меч. Это Василиса-работница.

Фёдор. Мама, мама! Да какая же ты печальная!

Егорушка. А волосы-то серебряные.

Фёдор. А глаза-то добрые.

Егорушка. А у пояса отцовский меч.

Василиса. Дети мои, дети, бедные мои мальчики. Два года я шла без отдыха, а сейчас так и тянет отдохнуть, будто я вас уже и нашла.

Фёдор. Мы тут, мама!

Егорушка. Мама, не уходи!

Василиса. Клёны шумят так ласково, так утешительно, что я и в самом деле отдохну. *(Снимает мешок, садится на камень.)* Кто это там по лесу бродит среди лета в шубе? Эй, живая душа, отзовись!

Фёдор. Мама, не надо!

Егорушка. Это Бабы-яги цепной медведь.

Василиса. Ау, живая душа! Поди-ка сюда.

М е д в е д ь с рёвом выбегает на поляну.

Медведь. Кто меня, зверя лютого, зовёт? Ох, натворю сейчас бед, небу жарко станет. *(Видит Василису, останавливается как вкопанный.)* Ох, беда какая! Зачем ты, сирота, пришла? Я только тем и утешаюсь, что никто сюда не забредает, никого грызть, кусать не приходится. Мне это не по душе, я, сирота, добрый.

Василиса. Ну а добрый, так и не трогай меня.

Медведь. Никак нельзя. Я с тем к Бабе-яге нанялся.

Василиса. Как же тебя, беднягу, угораздило?

Медведь. По простоте. Собака и кот жили-жили у хозяина, да и состарились. Дело житейское, со всяким может случиться. А хозяин их возьми да и рассчитай. Гляжу — бродят, есть просят.

Что тут делать? Кормил, кормил, да разве на троих напасешься? Взял у Бабы-яги пуд пшена в долг. А она меня за это в кабалу на год, в цепные медведи.

В а с и л и с а. А где же цепь-то?

М е д в е д ь. Срываюсь все. Уж больно я силен.

В а с и л и с а. И долго тебе еще служить?

М е д в е д ь. Третий год на исходе, а она все не отпускает. Как придет время расчет брать, она меня запутает, со счету собьет — я служи опять. Прямо беда!

В а с и л и с а. Бедный Михайло Потапыч!

М е д в е д ь. Не жалей ты меня, а жалей себя, сироту. *(Ревет.)* Пропадешь ни за грош! Я-то не трону, Баба-яга погубит.

В а с и л и с а. Не плачь, Мишенька. Я тебя медом угощу.

М е д в е д ь. Не надо. Разве меня утешишь, когда я так загоревал. А какой мед у тебя?

В а с и л и с а *(достает из мешка горшок)*. Гляди!

М е д в е д ь. Липовый. Ну давай, может, мне и в самом деле полегчает. Да ты его весь давай, все равно тебе, сироте, пропадать.

В а с и л и с а. Нельзя, Мишенька. Сыновьям несу гостинец.

М е д в е д ь. А где ж они у тебя?

В а с и л и с а. Пропали, Михайло Потапыч.

М е д в е д ь. Ох, горе какое! Да как же это? Да почему же это? Да когда же это?

В а с и л и с а. Ты кушай да слушай, а я расскажу тебе все по порядку. Муж мой был воин, Данила-богатырь. Ты о Змее Горыныче слыхал?

М е д в е д ь. Как не слыхать! Он деда моего, мимолетом, для смеха, взял да и опалил огнем.

В а с и л и с а. А мой Данила-богатырь Змея Горыныча убил, да и сам в том бою голову сложил. Стали мы жить вчетвером: я да три сына — Федор, Егорушка, Иванушка. Исполнилось Федору тринадцать лет, и пошел он стадо встречать. А козел у нас был строгий, что твой дикий. Встал он на дыбки — и на Федю. А Федя его за рога — да и оземь. Возвращается сын домой: так и так, мама, я — богатырь. Я ему: опомнись, мальчик! Какой же ты богатырь — ни силы, ни умения, ни грамотности. Злодей твои годы считать не станет, а только порадуется твоей слабости. Коня без моей помощи ты подковать не сумеешь. Выедешь на распутье, а там камень, а на камне надпись — что ждет путника на тех путях. Богатырь должен на всем скаку, не слезая с коня, прочесть надпись и выбрать правильный путь. И здесь ты, сынок, ошибешься. Погоди! Придет твое время — сама тебя отпущу. Молчит. И ночью сбежал.

Медведь. Ох! Куда?

Василиса. Со злодеями сражаться, за обиженных заступаться.

Медведь. Это славно.

Василиса. Чего уж лучше. Да только наутро принесли прохожие его меч. Перевязь перетерлась, а богатырь и не заметил. А через три дня и конь богатырский прискакал. Обидел его хозяин. Не чистил, не купал, овса не засыпал.

Федор. Я, мама, только об одном думал: как бы с кем подраться.

Василиса. А сын так и не вернулся домой.

Медведь. Ох!

Василиса. Прошло три года — исполнилось Егорушке тринадцать лет. И напал на него бык. А Егорушка его за нос — да и на цепь. Приходит ко мне: так и так, мама, я — богатырь. А ночью сбежал. А через сорок дней прибежал домой его конь. Стремена звенят, а в седле никого. Глянул на меня конь, заплакал и грянулся на землю. И дух из него вон.

Егорушка. Он видел, что со мной сталось.

Василиса. Как тут быть? Оставила я хозяйство на Иванушку, хоть ему только десять лет, и отправилась на поиски.

Медведь. И давно ты медвежат своих ищешь?

Василиса. Третий год на исходе.

Медведь. Ох, горе, горе! Встретишь и не узнаешь.

Василиса. Узнаю. Кто из дому без толку сбежал — не растет и не умнеет. Им все по тринадцати лет.

Федор. Это верно, мама.

Егорушка. Мы с Федором теперь ровесники.

Василиса. И привели меня поиски в этот темный лес. Не слыхал ли ты, Мишенька, где мои детки?

Медведь. Молчи, не расспрашивай, а то, как тот конь, я грянусь оземь и помру с горя. Мне тебя жалко, а помочь не могу.

Федор. Это верно.

Егорушка. Он и не видал, как мы превратилися в клены.

Василиса. Что ж, придется Бабу-ягу расспросить. Веди меня к ней!

Медведь. Ее дома нет. Раньше вечера не вернется.

Василиса. А где ее дом?

Медведь. А ее дом — избушка на курьих ножках, сегодня здесь, а когда и там. Известно, куры. Им бы только бродить да в земле копаться.

Василиса. Пойдем поищем избушку. Не там ли мои мальчики спрятаны?

М е д в е д ь. А зачем искать? Сама придет. Цып, цып, цып!

Шум, треск, кудахтанье. Из чащи выходит избушка. На каждом ее углу по две курьих ножки. Василиса подходит к избе.

В а с и л и с а. Смело живете, не опасаетесь. На двери замка нет?
М е д в е д ь. Нет. Баба-яга на курьи ножки надеется. Они чужого забрыкают.
В а с и л и с а. Строгие?

Подходит к избе. Курьи ножки брыкаются.

А что, если к ним с лаской подойти?
М е д в е д ь. Попробуй. Они этого отроду не видывали.
В а с и л и с а. Куры мои, курочки, двору вы украшение, а хозяевам утешение. Слушайте, какую песенку я про вас сложила. *(Поет.)*

Ой вы курочки мои,
Куры рябенькие!
Кто ни глянет —
Смирно станет,
Залюбуется.

Не орлицы ли,
Не жар-птицы ли,
Не царицы ли заморские
В курятнике живут?

Очи кругленькие,
Крылья крепенькие,
Когда по двору идут,
Словно по морю плывут.

Расступайся, народ:
Куры вышли из ворот,
Наши куры-государыни,
Хохлатушки!

Под песню эту курьи ножки сначала переминаются, а потом пускаются в пляс. Кончив петь, Василиса подходит к избушке. Ножки стоят смирно.

Вот так-то лучше!

Распахивается дверь. За дверью в кресле сидит **Б а б а-я г а**.

М е д в е д ь. Баба-яга! Откуда ты взялась, злодейка?
Б а б а-я г а. Молчать, а то проглочу! Цепному псу полагается

радоваться, увидевши хозяйку, а ты ругаешься. *(Прыгает на землю. Избе.)* Ступай прочь!

Изба уходит.

Здравствуй, Василиса-работница. Давно тебя жду.

В а с и л и с а. Ждешь?

Б а б а - я г а. Давно жду. Я очень ловко приспособилась ловить вас, людишек. Я, Баба-яга, умница, ласточка, касаточка, старушка-вострушка!

В а с и л и с а. А ты себя, видно, любишь?

Б а б а - я г а. Мало сказать — люблю, я в себе, голубке, души не чаю. Тем и сильна. Вы, людишки, любите друг дружку, а я, ненаглядная, только себя самое. У вас тысячи забот — о друзьях да близких, а я только о себе, лапушке, и беспокоюсь. Вот и беру верх. *(Смотрится в зеркало.)* Золото мое! Чего тебе, старушке-попрыгушке, хочется? Чайку или водицы? Пожалуй что водицы. Из колодца или из болотца? Пожалуй, из болотца, она тиной пахнет. Василиса, беги на болотце, принеси воды ведерко.

В а с и л и с а. Я тебе не слуга.

Б а б а - я г а. Послужишь мне, послужишь! Я очень хорошо умею ловить вас, людишек. Поймаешь одного человечка на крючок — сейчас же и другие следом потянутся. На выручку. Брат за братом, мать за сыном, друг за другом. Ты, говорят, на все руки мастерица?

В а с и л и с а. Пока трех сыновей вырастила — всему научилась.

Б а б а - я г а. Такую работницу мне и надо. Хочешь ребят своих спасти и домой увести — поступай ко мне на службу. Служи мне, пока я тебя не похвалю. А похвалю — забирай ты своих детенышей, да и ступай на все четыре стороны.

М е д в е д ь. Не нанимайся! От нее доброго слова не дождешься. Она только себя и хвалит.

Б а б а - я г а. Молчи, ты не понимаешь меня!

М е д в е д ь. Очень хорошо понимаю.

Б а б а - я г а. Нет! Меня тот понимает, кто мною восхищается. Отвечай, Василиса, — согласна? Делай, что приказано, старайся, и если я хоть единый разик работу твою похвалю, ха-ха, то вольная воля твоим сыновьям. Вот я что придумала, мушка-веселушка.

В а с и л и с а. Работа меня от всех бед спасала. Возьмусь! Авось и похвалишь, не удержишься. Но только покажи мне сыновей. Тут ли они. Не обманываешь ли.

Б а б а - я г а. Показать не покажу. Уж очень они у меня надежно заперты. А услышать ты их услышишь. По моему велению, по моему хотению, поговорите сыновья с матерью. *(Дует изо всех сил.)*

Клены шелестят.

Фёдор. Мама, мама, не оставляй нас!

Егорушка. Мама, хоть мы и большие, а плохо нам, как маленьким.

Василиса. Федор, Егорушка! Где вы?

Баба-яга. Молчать, не отвечать! Поговорили — и довольно.

Перестает дуть. Клены умолкают.

Василиса, остаешься?

Василиса. Остаюсь!

Баба-яга. Этого-то мне и надо. Прощай, служанка! Некогда мне дома сидеть, с бабами разговаривать. Меня в тысяче мест ждут. Того ограбь, того побей, того накажи ни за что ни про что! Всем я, злодеечка, нужна! Прощай!

Василиса. Прощай, Баба-яга!

Баба-яга исчезает с шумом и свистом и тотчас же появляется как из-под земли.

Баба-яга. Ты тут дом прибери без меня так, чтобы любо-дорого было смотреть.

Василиса. Будь покойна, приберу.

Баба-яга. Прощай, Василиса! *(С шумом и свистом исчезает и тотчас же появляется.)* Мало я тебе дала работы. Избалуешься. Я тут за триста лет зарыла в трехстах местах, да и забыла, триста кладов. Ты их все найди, сочти, да гляди у меня, чтобы и грошик не пропал. Прощай!

Василиса. Прощай, Баба-яга!

Баба-яга исчезает и тотчас же возвращается.

Баба-яга. Мало я тебе работы дала. Разленишься. Хранились у меня в амбаре триста пудов ржи да триста пшеницы. Мыши прогрызли метки, рожь и пшеница перемешались. Ты их разбери да на муку перемели. Чтобы к моему возвращению была я, мушка, и золотом и хлебом богата. Тогда я тебя и похвалю. Прощай.

Василиса. Прощай, Баба-яга! Когда ждать тебя домой?

Баба-яга. А завтра к вечеру. Ха-ха-ха!

Медведь. Да разве она успеет все дела переделать? Совести у тебя нет!

Баба-яга. Правильно, Миша, и нет, и не было. Ха-ха-ха! *(С шумом, свистом, пламенем и дымом исчезает.)*

Медведь. Полетела... Вон верхушки деревьев гнутся. Что ж делать-то будем? Плакать?

В а с и л и с а. Кот и собака, которых ты приютил, помогут. Идем к ним.

М е д в е д ь. Зачем идти, они сами придут. *(Зовет.)* Шарик, Шарик! Ко мне бегом! Дело есть! Шарик! И вы, Котофей Иванович, пожалуйте сюда. С котом вежливо приходится разговаривать, а то заупрямится. Что такое кис-кис-кис, даже и не понимает.

В а с и л и с а. Какой строгий!

М е д в е д ь. Шарик! Где ты? Котофей Иванович! Пожалуйте сюда.

Вбегает Ш а р и к, пожилой, но крупный и сильный пес, взъерошенный, в репьях. Носится по поляне кругами.

Ш а р и к. Кто за кустом шуршит? Не смей на нашей земле шуршать! Эй, ты, синица! Не смей на Михаила Потапыча глядеть! Он мой хозяин. А это кто за пнем? Не сметь по нашей поляне ползать!

М е д в е д ь. Поди сюда, Шарик, дело есть.

Ш а р и к. Нельзя, Михайло Потапыч. Должен я хоть немножко посторожить, таков обычай. Гау, гау, гау! Ну, вот и все. Здравствуй, хозяин! Как ты хорош, не наглядеться! Как ты пригож, не налюбоваться! Р-р-р-р! А это кто? Р-р-р!

М е д в е д ь. Хорошая женщина, Василиса-работница.

Ш а р и к. Р-р-р-р! Прости, хорошая женщина, что рычу, а иначе нельзя, обычай таков. Р-р-р-р! Ну, вот и все. Здравствуй, Василиса-работница.

В а с и л и с а. Здравствуй, Шарик.

М е д в е д ь. Что Василиса-работница прикажет, то и делай.

Ш а р и к. Слушаю, Михайло Потапыч.

В а с и л и с а. Зарыла Баба-яга в трехстах местах триста кладов. Если я их найду, Баба-яга вернет мне моих сыновей. Помоги нам, у тебя чутье посильней нашего.

Ш а р и к. Это славно! Охота не охота, а похоже. Носом в землю и по лесу. Гау, гау!

В а с и л и с а. Погоди, погоди, на поиски мы ночью пойдем, а пока ты броди да сторожи. Как бы не вернулась Баба-яга, не помешала работать.

Ш а р и к. И это славно.

В а с и л и с а. А где же Котофей Иванович?

Г о л о с. А я уже давно тут за дубом стою.

В а с и л и с а. Что же ты к нам не идешь?

Г о л о с. Разумный кот, перед тем как войти, три раза оглянется.

Из-за дерева появляется не спеша большой пушистый к о т.

Василиса. Хорош. Да ты, никак, сибирский?

Котофей Иванович. Это как сказать...

Василиса. Кот Баюн, великан и сказочник, тебе не родственник?

Котофей. А что?

Василиса. Да ничего, просто так.

Котофей. Прадедушка.

Василиса. Значит, ты мастер и мышей ловить, и сказки говорить?

Котофей. А что?

Василиса. Да ничего, так просто.

Котофей. Мастер.

Василиса. А не можешь ли ты со всего леса мышей в амбар согнать?

Котофей. Не могу!

Медведь. Котофей Иванович! Хорошо ли человеку отказывать?

Котофей. Разумный кот только с третьего раза слушается, таков наш обычай. Не загоню я мышей в амбар, не загоню, а впрочем, будь по-твоему.

Василиса. А как сгонишь ты мышей в амбар, прикажи им рожь от пшеницы отобрать. Ладно?

Котофей. Нет, не ладно, не ладно. Ну, так уж и быть, ладно.

Василиса. А пока они разбирают, рассказывай им сказки, да посмешней, чтобы они всё хохотали, а зерно не грызли.

Котофей. Мышам сказки рассказывать? Ну, это уж нет! Это уж ни за что! А впрочем, ладно, так уж и быть.

Василиса. Мы этим ночью займемся, а пока слушай, не шныряет ли вокруг Баба-яга.

Котофей. Слушать могу. От этого мы, коты, никогда не отказываемся.

Василиса. Оставлю вас обоих тут полными хозяевами, а мы с Михайлом Потапычем поедем лес для ветряной мельницы валить. Цып, цып, цып!

Входит изба на курьих ножках.

Садись, Михайло Потапыч!

Усаживаются рядышком в избе.

Кыш вперед!

Изба уносится прочь галопом, увозит Василису и медведя.

Ш а р и к. Воу, воу! Возьмите и меня с собой.

К о т о ф е й. На место!

Ш а р и к. До чего ж я не люблю, когда меня хозяева не берут, просто жить не хочется!

К о т о ф е й. На место!

Ш а р и к. Не кричи на меня! Ты не человек!

К о т о ф е й. Слышал, я за хозяина остаюсь!

Ш а р и к. И я тоже, и я тоже!

К о т о ф е й. Хорош хозяин, чуть не убежал, бросивши дела.

Ш а р и к. Так ведь не убежал все-таки. Остался! Ладно уж, не смотри на меня так сердито, — до чего же я не люблю, когда на меня друзья сердятся! Котофей Иванович, дай лапку!

К о т о ф е й. Отойди, любезный, от тебя псиной пахнет.

Ш а р и к. Это к дождю.

К о т о ф е й. Какой там дождь, вылизываться надо!

Ш а р и к. Нет у нас такого обычая — вылизываться по сто раз в день. Я...

К о т о ф е й. Тише! Идет кто-то!

Ш а р и к. С какой стороны?

К о т о ф е й. Из лесу.

Ш а р и к *(принюхивается)*. Человек идет. Что-то уж больно он грозен!

К о т о ф е й. Кричит, ногами топает.

Ш а р и к. Придется его укусить.

К о т о ф е й. Сначала разглядим, что это за чудище. А ну, прячься в кусты!

Скрываются.
Веселый голос поет во всю силу:

Я Иван-великан!
Я Иван-великан!

На поляну выходит м а л ь ч и к лет тринадцати, небольшого роста. Продолжает петь.

М а л ь ч и к.

Я Иванушка,
Великанушка!
Я путем-дорогою
Никого не трогаю,
Не буяню, не свищу,
Все я матушку ищу.

Со мной она простилася —
Домой не воротилася,
Ушла моя родимая
В леса непроходимые!
Я Иван-великан,
Я Иван-великан,
Я Иванище,
Великанище!

Е г о р у ш к а *(полушепотом)*. Иванушка, беги прочь, а то деревцем станешь!

Ф е д о р *(полушепотом)*. Не услышит! Ветер очень слаб. А и услышит, так не поймет.

И в а н у ш к а. Кто в кустах шевелится, выходи.

Ш а р и к *(из кустов)*. Р-р-р!

И в а н у ш к а *(радостно)*. Собака! Вот счастье-то! Поди сюда, песик! Тебя как зовут?

Ш а р и к. Р-р-р! Шарик!

И в а н у ш к а. Да ты покажись, не бойся! Я так рад, что ты и не поверишь. Целый месяц по такой глуши иду, что никого, кроме волков, и не встречал. А с волками не разговоришься. Как увидят, так в сторону.

К о т о ф е й. Зимой они с тобой поговорили бы.

И в а н у ш к а. Еще и зимы ждать! Котик! Покажись! Я вижу, как у тебя в кустах глаза горят. Вот радость-то! Шарик, Шарик! Сюда!

Ш а р и к *(выходит из кустов)*. Ах, Иванушка, Иванушка, зачем ты увязался без спросу за своей матушкой! Выдерут тебя!

И в а н у ш к а. Что ты, что ты! Богатырей не дерут, а я теперь богатырь.

К о т о ф е й. Это кто же тебе сказал?

И в а н у ш к а. Я сам догадался!

К о т о ф е й. Богатыри словно бы ростом покрупнее.

И в а н у ш к а. Не в росте сила, а в храбрости. Жил я, жил и вдруг вижу: того я не боюсь, сего не боюсь — значит, стал богатырем.

К о т о ф е й выходит из кустов.

Ох ты, какой красавец!

Ш а р и к. А я? А я?

И в а н у ш к а *(коту)*. Дай-ка я тебя поглажу.

Ш а р и к. А меня, а меня?

И в а н у ш к а. И тебя тоже. Котик-красавец! Шарик-умница!

Не встречалась ли вам моя мама? Зовут ее Василиса-работница. Что же ты, котик, перестал мурлыкать?

К о т о ф е й. Меня зовут Котофей Иванович.

И в а н у ш к а. Что ты, Котофей Иванович, так на меня смотришь?

К о т о ф е й. Не знаю, сказать или не говорить?

И в а н у ш к а. Скажите, миленькие, родные! Вы не поверите, как я без нее соскучился!

Ш а р и к. Придется сказать.

К о т о ф е й. Здесь твоя мама, Иванушка.

И в а н у ш к а. Ой! *(Прячется в кусты.)*

К о т о ф е й. Вот так богатырь! От мамы родной прячется!

Ш а р и к. А говорил: соскучился...

И в а н у ш к а *(выглядывая из кустов)*. Конечно, соскучился! Но ведь она приказала мне дома сидеть. А я не послушался. Увидит она меня — и огорчится. Нет, нет, я ей не покажусь!

К о т о ф е й. А зачем же прибежал?

И в а н у ш к а. Чтобы хоть из-за угла на нее взглянуть, голос ее услышать. Буду я, друзья, держаться возле да потихоньку, потихоньку совершу подвиг, помогу маме своей. Ну, тут она, конечно, и простит меня за все. Где же моя мама?

Ш а р и к. Поехала с нашим ненаглядным хозяином, Михайло Потапычем, лес валить для ветряной мельницы. Чует мое сердце, вернутся скоро.

И в а н у ш к а. А зачем мельница маме?

К о т о ф е й. Баба-яга задала ей такую работку, что замяукаешь. Успеет Василиса-работница все дела в срок переделать — освободит Баба-яга твоих братьев, Федора да Егорушку.

И в а н у ш к а. И они здесь? Вот радость-то!

К о т о ф е й. Погоди радоваться. Запрятала Баба-яга братьев твоих так, что и я не слышу их, и Шарик не чует!

И в а н у ш к а. Найдем!

Ш а р и к. Найти-то найдем, да не сразу. А пока утешил бы ты свою маму, показался бы ей.

К о т о ф е й. А то попадешь ты тут без присмотра в беду.

И в а н у ш к а. Что ты, что ты, я богатырь!

Ш а р и к. Так-то оно так, а все-таки...

И в а н у ш к а. Нет, нет, друзья. У мамы и своих забот вон сколько, а тут еще: здравствуйте, Иванушка пришел! Не говорите ей! Слышите? Послушайтесь меня.

Ш а р и к. Да уж, видно, придется послушаться. Ты хоть и маленький, а все же человек.

Грохот.

Котофей. Привезли они лес. У поляны сгрузили.
Иванушка. Бегу! *(Скрывается.)*

Входят Василиса и медведь.

Медведь. Ох, братцы вы мои, это работа так работа! Это не то что на цепи сидеть да на прохожих рычать. Славно! Весело! Подите поглядите, сколько мы лесу привезли.
Василиса. Некогда! Беги ты, Мишенька, на перекресток трех дорог к кузнецу Кузьме Кузьмичу. Слыхал о таком?
Медведь. Человек известный. Он всем богатырям коней подковывает, шлемы, панцири чинит.
Василиса. Беги к нему, попроси гвоздей пуд. Да две пилы, да четыре рубанка, да четыре молотка. Скажи, для какого дела, — он не откажет.
Медведь. Бегу! *(Исчезает.)*
Василиса. А я пока прилягу. Всю ночь работать придется без отдыха.
Котофей. Спи спокойно. А мы тебя посторожим. *(Скрывается в чаще.)*
Василиса. Клены шелестят так ласково, так успокоительно, что глаза сами собой закрываются. *(Закрывает глаза.)*

Постепенно темнеет. Издали-издали слышно, как перекликаются сторожа.

Шарик. Гау, гау! Слу-у-у-шай!
Котофей. Мяу, мяу, погля-ядывай!

Иванушка выходит из кустов. Поет тихо-тихо, и братья присоединяются к нему.

Иванушка.

>Баю матушку мою,
>Баю-баюшки-баю!
>Ты, бывало,
>Баю-бай,
>Нам певала
>Баю-бай.

Федор и Егорушка.

>Мы теперь тебе втроем
>Ту же песенку поем.

В с е   в т р о е м.

Баю-баюшки-баю,
Баю матушку мою!
Ты ночами
Не спала,
Вслед за нами
Шла и шла.
Все спешила ради нас,
Ножки била ради нас,
Ручки натрудила,
Сердце повредила.
Ради нас, твоих детей,
Поправляйся поскорей,
Силы набирайся,
Спи, не просыпайся,
Баю матушку мою,
Баю-баюшки-баю.

Занавес

ДЕЙСТВИЕ ВТОРОЕ

Декорация первого действия. Поляна преобразилась до неузнаваемости. Проложены дорожки, усыпанные песком. Выросла ветряная мельница, весело машет крыльями. Возле мельницы деревянный навес. Под ним мешки с мукой и зерном. Рядом второй навес. Под ним мешки с золотом. К о т о ф е й похаживает возле мешков с зерном.

К о т о ф е й. Разбирайте, разбирайте зерно, мышки мои славные. Всего только полмешочка и осталось.
Т о н е н ь к и е г о л о с а. Разбираем, разбираем, стараемся. Только ты, хозяин, рассказывай, а то у нас зубки чешутся, как бы мы мешки не погрызли.
К о т о ф е й. Ну, слушайте, мышки-норушки, котам самые первые подружки.

Тоненький смех.

Жили-были три мышки, одна рыженькая, другая беленькая, а третья полосатенькая.

Тоненький смех.

И до того они были дружны, что даже кот их боялся. Подстережет он беленькую, а его рыженькая за лапку, а полосатенькая за усы.

Смех.

Погонится он за полосатенькой — его беленькая за хвост, а рыженькая за ушко.

Смех.

Что тут делать? Думал кот, думал и позвал двух своих родных братьев. Позвал он их... Чего вы не смеетесь?
Т о н е н ь к и е г о л о с а. А нам не до смеху.
К о т о ф е й. Мало ли что! Смейтесь, а то худо будет.

Мыши смеются принужденно.

Позвал кот двух братьев и говорит: так и так, братцы, обижают меня мыши. Помогите. Сам я рыжий и схвачу рыженькую мышку, ты, белый, хватай беленькую, а ты, полосатый, полосатенькую. Вот мы с обидчицами и разделаемся. Смейтесь!

Принужденный смех.

Подслушали котов три мышки-подружки и загрустили. Что тут делать, как тут быть? И придумали. Забрались они в печку, в золе вывалялись и стали все трое серенькими.

Мыши смеются радостно.

Выбежали они прямо на трех братьев, а те уши развесили, не знают, которую хватать.

Хохот.

С тех пор стали все мыши серенькими.

Хохот.

А коты хватают всех мышей без разбора.

Хохот обрывается.

Смейтесь!

Т о н е н ь к и е г о л о с а. А мы, хозяин, всю работу кончили, отпусти нас. В норках мышата без родителей соскучились.

К о т о ф е й. А ну, дайте взглянуть на вашу работу. Да не бойтесь, не трону, не пищите. *(Подходит к мешкам.)* И в самом деле постарались. Все славно, ступайте. Целый год за это ни одной мыши не обижу.

Т о н е н ь к и е г о л о с а. Спасибо, хозяин, спасибо, Котофей Иванович.

К о т о ф е й. Бегите!

Т о н е н ь к и е г о л о с а. Прощайте, Котофей Иванович. Прощай. Ха-ха-ха! Полосатенькая — за хвост, а рыженькая за лапку. Ха-ха-ха! Беленькая — за ушко, а полосатенькая — за нос. Ха-ха-ха!

Затихают вдали.

К о т о ф е й. Ох! Триста тридцать три сказки рассказал, умаялся.

Усаживается под деревом, вылизывается тщательно. Выбегает м е д в е д ь, *он весь в муке, словно мельник. За ним* Ш а р и к.

М е д в е д ь. Ну, как там последние мешки?

Котофей не отвечает.

Ш а р и к. Да не спрашивай ты его. Когда он умывается, то ничего не слышит. *(Подбегает к мешкам.)* Готовы, несем. *(Помогает медведю взвалить оба мешка на спину.)*

М е д в е д ь. Солнце еще вон как высоко стоит, а мы работу кончаем. Вот радость-то!

Убегает. Шарик за ним. Не добежав, возвращается к коту. Не дойдя до кота, бежит к мельнице. Наконец останавливается в отчаянии.

Ш а р и к. Идем на мельницу.
К о т о ф е й. Не пойду!
Ш а р и к. Что ты со мной делаешь, злодей! Сижу на мельнице — за тебя душа болит. Бегу сюда — за хозяина беспокоюсь. Пожалей ты мое бедное сердце! Порадуй меня, пойдем. Держитесь все вместе, рядышком, а я вас буду сторожить.
К о т о ф е й. Нельзя!
Ш а р и к. Почему же нельзя-то?
К о т о ф е й. Я сижу, лапки лижу, а ушки-то у меня на макушке. Что-то мне все слышится.
Ш а р и к. Гау, гау! Она?
К о т о ф е й. Она не она, а только крадется сюда кто-то.
Ш а р и к. Гау, гау! Тревога!
К о т о ф е й. Тихо! Не мешай работе, ступай на мельницу. Надо будет — замяукаю.
Ш а р и к. Р-р-р-р! Пусть только приползет, я ее за костяную ногу — раз! Меня костями не удивишь! *(Уходит.)*

Кот перестает вылизываться, застывает с одной поднятой лапкой. Прислушивается. Шорох в кустах, они качаются. Кот прячется за дерево. Спиной к зрителям, пятясь из-за кустов, появляется И в а н у ш к а. Он тянет за собой накрытый стол.

К о т о ф е й. Да это, никак, Иванушка!
И в а н у ш к а. Ага. Это я, богатырь!
К о т о ф е й. Что ты приволок?
И в а н у ш к а. Рыбы наловил, грибов набрал, печку сложил и обед сварил.
К о т о ф е й. Вот за это я тебя хвалю.
И в а н у ш к а. Еще бы не похвалить. Всю ночь наши работали, проголодались небось, выйдут, а тут им накрытый стол.
К о т о ф е й. Как бы не догадалась матушка, что это твоя работа.
И в а н у ш к а. Никогда ей не догадаться. Когда она уходила, я и щей сварить не умел, а теперь, что ни прикажи, все приготовлю.

К о т о ф е й. А ну-ка, дай взглянуть, что у тебя настряпано.

И в а н у ш к а. Гляди.

Оборачивается к коту, и тот, взвизгнув, прыгает от него чуть ли не на сажень. И есть отчего. Волосы у Иванушки взъерошены, лицо вымазано сажей и глиной. Чудище, а не мальчик.

Ты что?

К о т о ф е й. Погляди на себя.

И в а н у ш к а. Некогда.

К о т о ф е й. Ты с ног до головы перемазался! Вылижись!

И в а н у ш к а. Вымажешься тут. Печка дымит, дрова гореть не хотят. Я их до того раздувал, что щеки чуть не лопнули.

К о т о ф е й *(у стола).* Ты рыбу чем ловил? Лапками?

И в а н у ш к а. Что ты, что ты! На удочку. Мы, богатыри, из дому никогда не выходим с пустыми карманами. Гляди, чего-чего у меня только в карманах нет! Вот лески. Вот крючки. Вот свисток. Вот орехи. Вот кремень и огниво. Вот праща.

К о т о ф е й. Убери! Я эти пращи видеть не могу. Из них вечно в котов стреляют.

И в а н у ш к а. Кто стреляет-то? Мальчишки, а я небось богатырь.

К о т о ф е й. Ну все-таки...

И в а н у ш к а. Не бойся, я этого и в детстве никогда не делал. Ты, смотри, не проговорись маме, что это я обед приготовил.

К о т о ф е й. А что я ей скажу?

И в а н у ш к а. Придумай сказочку какую-нибудь, ты на это мастер.

К о т о ф е й. Да уж, видно, придется. А ты пойди на речку, умойся.

И в а н у ш к а. Потом, потом. Я хочу поглядеть, как мама будет обеду радоваться.

К о т о ф е й. Ну, тогда прячься! Жернова замолчали. Помол окончен! Идут они!

И в а н у ш к а. Бегу! *(Скрывается.)*

Тотчас же появляется м е д в е д ь *с мешками, сопровождаемый радостно прыгающим* Ш а р и к о м.

М е д в е д ь. Готово! Ай да мы! Теперь осталось только избушку прибрать, а до вечера еще во как далеко. Вот радость-то. Ноги сами ходят, сами пляшут, не удержаться! *(Пляшет и поет.)*

Эх вы, лапки мои,
Косолапенькие,
Они носят молодца,
Что воробушка!

Отчего я не лечу?
Оттого, что не хочу!
Не скачу, а плаваю,
Выступаю павою!

Эх вы, дочки мои,
Вы цветочки мои,
Я над вами ветерочком,
Ноготочки мои!

Я взлетаю, что пушок,
Выше неба на вершок!
Ай да лапки мои,
Косолапенькие!

(Делает прыжок, едва не налетает на стол.) Батюшки мои, это что за чудеса?

Ш а р и к. Стол накрытый!

М е д в е д ь. А на столе грибки белые! И рыбка жареная! И кто это ее жарил, время терял, когда она, матушка, и сырая хороша! Хозяйка, хозяйка, сюда, у нас тут чудеса творятся.

Появляется В а с и л и с а-р а б о т н и ц а.

Хозяюшка, взгляни. Стол накрытый, а на столе обед.

Василиса подходит к столу.

В а с и л и с а. И в самом деле — чудеса! И как раз ко времени. Котофей Иванович! Какой это добрый человек о нас позаботился? Что ты молчишь-то? Ведь ты сторожил — должен знать. Уж не проспал ли ты?

К о т о ф е й. Иди, хозяюшка, к столу и кушай смело. Видал я того, кто о нас позаботился. Он и сейчас далеко не ушел, на нашу радость любуется.

Ш а р и к. Так это Ива...

Котофей бьет Шарика незаметно лапкой. Иванушка в кустах хватается за голову.

В а с и л и с а *(Шарику)*. Как ты говоришь? Ива?

Ш а р и к. Я...

К о т о ф е й. Он верно говорит. Приготовил нам обед добрейший волшебник Ивамур Мурмураевич.

Иванушка успокаивается.

В а с и л и с а. Никогда о таком не слыхала.

М е д в е д ь (*с набитым ртом*). Да ты ешь, матушка, ешь. Ешь скорее, а то тебе ничего не останется. Наваливайтесь миром! И вы ешьте, дружки.

Ш а р и к. Со стола?

М е д в е д ь. Ешь, не спрашивай.

Ш а р и к. А не выдерут?

М е д в е д ь. Сегодня не выдерут ради праздника.

В а с и л и с а (*у стола*). Что же это за волшебник такой Ивамур Мурмураевич? Никогда о таком и не слыхивала.

К о т о ф е й. Мур, мур, хозяюшка! Есть волшебники старые, всем известные, а есть и молодые. А Ивамур Мурмураевич совсем котеночек.

В а с и л и с а. А каков же он собою?

К о т о ф е й. Страшен. Одна щека черная, другая белая, нос дымчатый. Лапки пятнистые. Ходить не может.

М е д в е д ь. Не может?

К о т о ф е й. Нет. Все бегает да прыгает. И до того силен! Забор, скажем, сто лет стоит, а он раз-два — и расшатал.

М е д в е д ь. Когти есть?

К о т о ф е й. Есть, только он их отдельно носит. В кармане. Он этими когтями рыбку ловит.

М е д в е д ь. Летать умеет?

К о т о ф е й. При случае. Разбежится, споткнется и полетит. Весел. Смел. Только мыться боится, зато плавать любит. Совсем посинеет, а из воды его клещами не вытянешь. Но если уж кого любит, то любит. Видела бы ты, хозяюшка, как он на твою работу любовался, каждое твое словечко ловил. Уж очень он добрый волшебник.

В а с и л и с а. Для волшебника готовит-то он не больно хорошо. Которая рыба перепечена, а которая недопечена.

К о т о ф е й. Котенок еще.

В а с и л и с а (*встает из-за стола*). Ну, Ивамур Мурмураевич, коли слышишь ты меня, спасибо тебе, дружок, за угощение. И скажу тебе я вот еще что. Коли ты котенок, не уходи ты от своей мамы далеко, дружок, а если и попадешь в беду, зови ее, она прибежит. Дети мои, дети, слышите вы меня?

Ф е д о р. Слышим, матушка!

Е г о р у ш к а. Мы потому молчали, чтобы каждое дыханьице ветра тебе помогало!

Ф е д о р. Чтобы веселее он мельничные крылья вертел.

В а с и л и с а. Дети мои, дети! Как проснулась я — так сразу за работу, и поговорить с вами не пришлось. Все верчусь, все бегаю — вечная мамина судьба. Вы уж не обижайтесь. Если я поворчу на вас, уставши, не сердитесь. Я бы вас повеселила, я бы вас рассмешила и песенку спела бы, да все некогда — вечная мамина беда. А вот как заработаю я вам полную свободу да пойдем мы, взявшись за руки, домой, тут-то мы и наговоримся вволю. Я вызволю вас! Верьте! Ничего не бойтесь!

Е г о р у ш к а. Мама, мама!

Ф е д о р. Да неужели мы можем обидеться?

Е г о р у ш к а. Мы на тебя любуемся.

В а с и л и с а. У нас все готово, дети, осталось только избушку на курьих ножках прибрать. Это мы быстро. Котофей Иванович! Шарик! Бежим на речку и избушку туда погоним.

М е д в е д ь. А я?

В а с и л и с а. А ты оставайся тут сторожем. Только не спи!

М е д в е д ь. Что ты, что ты! Сейчас не зима.

В а с и л и с а. Берите, друзья, мыло, мочалки, щетки, метелки — и за мной.

Уходят. На сцене медведь.

М е д в е д ь. Как можно спать? Сурки — те, правда, мастера спать, хомяки. Совы — те тоже днем спят. А медведи *(зевает)* никогда. Правда, всю ночь я этого... как его *(зевает)* — работал. А потом поел плотно, ох, плотно. Так и тянет прилечь. Песню, что ли, спеть? *(Напевает.)* Спи, мой Мишенька, косолапенький, и косматенький, и хорошенький... Не ту песню завел. Почудилось мне, что я у мамы в берлоге, а она этого... того... как его... *(Засыпает.)*

Вбегает Иванушка.

И в а н у ш к а. Ну, так я и знал! Чуяло мое сердце. Пошел было на речку помыться, возле мамы покрутиться, да вспомнил, что я со стола не убрал. Прибегаю, а тут сторож спит. Михайло Потапыч! Вставай!

Медведь не двигается.

Грабят!

Медведь храпит.

Ну что тут делать? Пощекотать его?

Щекочет. Медведь хихикает тоненьким голоском, но не просыпается.

Спит. Придется за водой сбегать да облить его... *(Бежит к лесу.)* Нет, нельзя мне уходить! Крадется кто-то.

Б а б а - я г а на цыпочках выходит из лесу.

Баба-яга! *(Прячется в кустах.)*

Б а б а - я г а. Ах я, бедное дитя, круглая сироточка, что же мне делать-то? Никак, мне и в самом деле попалась служанка поворотливая, заботливая, работящая. Вот беда так беда! Кого же я, душенька, бранить буду, кого куском хлеба попрекать? Неужели мне, жабе зелененькой, придется собственную свою служанку хвалить? Да ни за что! Мне, гадючке, это вредно. Хорошо, я, лисичка, догадалась раньше срока домой приползти. Я сейчас все поверну по-своему. Медведь уснул, теперь его и пушками не разбудишь. Украду я сама у себя мешочек золота, да и взыщу с нее потом!

Идет к мешкам. Иванушка прыгает из кустов ей наперерез. Баба-яга отшатывается в ужасе.

Это еще что за чудище? Триста лет в лесу живу, а подобных не видывала. Ты кто такой?

И в а н у ш к а. Я волшебник, котенок Ивамур Мурмураевич.

Б а б а - я г а. Волшебник?

И в а н у ш к а. Ага!

Баба-яга делает к Иванушке шаг. Он выхватывает из кармана свисток.

Не подходи! *(Свистит оглушительно.)*

Б а б а - я г а. Перестань! Оглушил...

И в а н у ш к а. А ты не смей близко подходить. Мы, волшебники, этого терпеть не можем.

Б а б а - я г а. Вот навязалось чудище на мою голову. На вид мальчик, а не боится Бабы-яги. На вид слаб, а свистит, как богатырь. И страшен, хоть не гляди! Эй ты, Ивамур! А чем ты можешь доказать, что ты волшебник?

И в а н у ш к а. А ты попробуй от меня уйти, и я тебя назад заверну.

Б а б а - я г а. Ты меня? Назад? Да никогда.

И в а н у ш к а. Иди, иди, не оглядывайся.

Баба-яга идет. Иванушка достает из кармана леску с крючком и грузилом, размахивается, швыряет Бабе-яге вслед, крючок впивается ей в хвост платья. Тянет Бабу-ягу к себе. Та мечется.

Не уйдешь! Сом и тот не ушел, где уж тебе, Бабе-яге. *(То отпуская, то притягивая, заставляет Бабу-ягу приблизиться к себе. Снимает ее с крючка, отскакивает в сторону.)* Видала?

Б а б а - я г а. А так ты можешь? *(Щелкает пальцами, сыплются искры.)*

И в а н у ш к а. Сделай милость. *(Выхватывает из кармана кремень и огниво. Ударяет. Искры сыплются ярче, чем у Бабы-яги.)*

Б а б а - я г а. Видишь, вон шишка на сосне?

И в а н у ш к а. Вижу.

Б а б а - я г а. Ф-ф-ф-у! *(Дует, шишка валится на землю.)* Видал?

И в а н у ш к а. Гляди вон на ту шишку. Вон, вон на ту! Выше! Еще выше! *(Достает из кармана пращу, размахивается, швыряет камень, шишка валится.)* Видала?

Б а б а - я г а. Ох, не серди меня, я тебя пополам разгрызу.

И в а н у ш к а. Где тебе, зубы поломаешь!

Б а б а - я г а. Я? Гляди! *(Хватает с земли камень.)* Видишь — камень. *(Разгрызает его пополам.)* Видал? Камень разгрызла, а тебя и подавно.

И в а н у ш к а. А теперь смотри, что я сделаю. *(Берет с земли камень и подменяет его орехом. Разгрызает орех и съедает.)* Видала? И разгрыз и съел, а уж тебя и подавно.

Б а б а - я г а. Ну что же это такое! Никогда этого со мной не бывало. Уж сколько лет все передо мной дрожат, а этот Ивамур только посмеивается. Неужели я у себя дома больше не хозяйка? Нет, шалишь, меня не перехитришь! Ну, прощай, Ивамур Мурмураевич, — твой верх. *(Исчезает.)*

И в а н у ш к а *(хохочет).* Вот славно-то! «Умываться надо, умываться» — вот тебе и надо! Разве я напугал бы Бабу-ягу умытым? «Карманы не набивай, карманы не набивай» — вот тебе и не набивай. Разве я справился бы с ней без своих крючков да свистков?

Баба-яга неслышно вырастает позади Иванушки.

Вот тебе — мальчик, мальчик. А я оказался сильнее даже, чем медведь. Он уснул, а я один на один справился с Бабой-ягой.

Б а б а - я г а. А она, птичка, тут как тут. *(Хватает Иванушку.)*

И в а н у ш к а. Мама! Мама! Мама!

Вбегает В а с и л и с а - р а б о т н и ц а.

В а с и л и с а. Я здесь, сынок! Отпусти, Баба-яга, моего мальчика.

Б а б а - я г а. Ишь чего захотела! Да когда же это я добычу из рук выпускала!

В а с и л и с а. Отпусти, говорят! *(Выхватывает меч и взмахивает над головой Бабы-яги.)* Узнаешь этот меч? Он Змею Горынычу голову отсек — и тебя, злодейку, прикончит.

Б а б а - я г а *(выпускает Иванушку, выхватывает из складок платья свой меч, кривой и черный)*. Я, умница, больше люблю в спину бить, но при случае и лицом к лицу могу сразиться!

Сражаются так, что искры летят из мечей. Василиса-работница выбивает меч из рук Бабы-яги.

Не убивай меня, иначе не найти тебе сыновей.

В а с и л и с а. Говори, где мои мальчики!

Б а б а - я г а. Умру, а не скажу! Я до того упряма, что и себя, бедняжечку, не пожалею.

Василиса опускает меч.

Вот так-то лучше. Когда похвалю, тогда скажу. Сама посуди: можно ли хвалить служанку, которая на хозяйку руку подняла?

В а с и л и с а. Как же ты можешь меня не похвалить: я все что велено, то и сделала.

Б а б а - я г а. Нет, нет, нет такого закона — дерзких служанок хвалить. Подумаешь, муки намолола. Это любой мельник может. Эй вы, мешки, ступайте в амбар!

Мешки с мукой убегают, как живые.

Подумаешь, клады вырыла. Да с этим делом любой землекоп справится. Эй, золото, иди к себе под землю!

Мешки с золотом проваливаются под землю.

Нет, нет, не заслужила ты похвалы. Я тебе другую работу дам. Сделаешь — похвалю.

В а с и л и с а. Говори какую!

Б а б а - я г а. Подумать надо. Готовься! Скоро приду, прикажу. *(Исчезает.)*

И в а н у ш к а. Мамочка!

В а с и л и с а. Иванушка!

Обнимаются. К о т о ф е й И в а н о в и ч и Ш а р и к появляются из чащи.

Ш а р и к. Ну, радуйтесь, радуйтесь, а мы посторожим.

И в а н у ш к а. Мама, мамочка, я три года терпел, а потом вдруг затосковал, ну просто — богатырски. И отправился я тебя искать. Ты не сердишься?

Василиса. Котофей Иванович, Шарик, принесите ушат горячей воды и щетку, которая покрепче.

Котофей и Шарик убегают.

Иванушка. Это я, мама, только сегодня так вымазался, а то я умывался каждый день, надо не надо. И прибирал весь дом. Подметал, как ты приказывала. Не сгребал сор под шкафы и сундуки, а все как полагается. И когда уходил — прибрал и полы вымыл.

Василиса. Скучал, говоришь?

Иванушка. Да, особенно в сумерки. И в день рождения. В день рождения встану, бывало, сам себя поздравлю, но ведь этого человеку мало, правда, мама? Ну, испеку себе пирог с малиной, а все скучно.

Василиса. Не болел?

Иванушка. Один раз болел, уж очень у меня пирог не допекся, а я весь его съел с горя. А больше не болел ни разу.

Вбегают Котофей и Шарик, приносят ушат с горячей водой и щетку.

Василиса. Поставьте здесь, за кустом. Идем, сынок, я тебя умою.

Иванушка. Я сам!

Василиса. Нет уж, сынок! Идем.

Иванушка (за кустами). Ой, мама, горячо. Ну, ничего, я потерплю, мы, богатыри... ой... и не то переносим. Ай, вода в уши попала.

Василиса. Нет, нет, сынок, это тебе кажется.

Иванушка. Мамочка, шея у меня чистая.

Василиса. Нет, сынок, это тебе кажется.

Шарик. Бедный щеночек.

Котофей. Нет, счастливый. Я до сих пор помню, как меня матушка вылизывала, выкусывала.

Василиса. Ну, вот и все.

Выводит из-за кустов Иванушку, сияющего чистотой.

Вот теперь я вижу, какой ты у меня. Стой ровненько, на плече рубашка разорвалась, я зашью.

Иванушка. Это Баба-яга.

Василиса достает иголку и нитку. Зашивает.

Василиса. Не вертись, а то уколю.

Иванушка. Это я от радости верчусь, мама. Подумай: три

года обо мне никто не заботился, а теперь вдруг ты зашиваешь на мне рубашку. Стежочки такие мелкие. *(Глядит на свое плечо.)*

В а с и л и с а. Не коси глазами, а то так и останутся.

И в а н у ш к а. Я не кошу мама, я только смотрю. У меня всегда зашитое место выгибается лодочкой, а у тебя как ровненько получается! Мама, ты сердишься на меня?

В а с и л и с а. И надо бы, да уж очень я тебе рада.

И в а н у ш к а. А почему же ты такая сердитая?

В а с и л и с а. Вот всегда вы, дети, так ошибаетесь. Не сердита я. Озабочена. Братья-то твои у Бабы-яги в руках. Думала я, что похвалит она меня, не удержится, а дело-то вон как обернулось.

И в а н у ш к а. Мама!

В а с и л и с а. Все ты хочешь сам, все хочешь один, а мы победим, если будем дружно со злодеями сражаться, за обиженных заступаться. Ты мальчик храбрый, разумный, держись около, помогай мне. А как вырастешь — я тебя сама отпущу.

М е д в е д ь *(вскакивая)*. Караул, ограбили! Ни муки, ни золота. Помогите! Да как же это, да почему же это? Я ни на миг единый глаз не сомкнул, а вон что получилось.

В а с и л и с а. Не горюй, Михайло Потапыч. Никто нас не ограбил. Это Баба-яга вернулась да и прибрала свое добро.

М е д в е д ь. Почему же я ее не видел?

В а с и л и с а. Вздремнул часок.

М е д в е д ь. Это, значит, мне приснилось, что я не сплю!

К о т о ф е й. Тише! Баба-яга сюда бежит.

Входит Б а б а - я г а.

Б а б а - я г а. Придумала я тебе работу.

В а с и л и с а. Говори.

Б а б а - я г а. Найди, где твои дети спрятаны! Найдешь — похвалю, не найдешь — пеняй на себя. Может быть, я тебя и накажу. Очень от тебя беспокойства много. Я, богачка, с тобой, служанкой, на мечах билась. Подумай только, до чего ты меня довела! Чего смеешься, мальчишка? Смотри, превращу тебя в камень.

М е д в е д ь. Не превратишь. Для этого надо смирно стоять, а он тебя не боится.

Б а б а - я г а. Молчи, косолапый холоп, а не то худо будет.

М е д в е д ь. Не кричи на меня, я тебе больше не слуга.

Б а б а - я г а. Ладно, с тобой я еще рассчитаюсь. Отвечай, Василиса, берешься найти своих сыновей?

В а с и л и с а. Берусь.

Б а б а - я г а. Даю тебе сроку, пока солнце не зайдет.

Медведь. Что ты, что ты! Солнышко вот-вот скроется.

Баба-яга. А мне этого только и надо! Ну, Василиса, раз, два, три — ищи, а как найдешь — позови меня. *(Исчезает.)*

Василиса. Ищите, ищите все. А я подумаю, как мне узнать, они это или мне почудилось.

Все бродят, ищут. Василиса стоит задумавшись.

Егорушка. Иванушка, мы здесь.

Федор. Кыс! Кыс! Кыс! Котофей!

Егорушка. Шарик, Шарик! На, на, на!

Федор. Сюда, сюда!

Егорушка. Нет, нет! Миша, вверх погляди.

Вдруг издали доносятся голоса: «Мама! Ау! Мама, сюда скорее, мы тут, возле черного болота».

Медведь. Бежим!

Егорушка. Не верь, мама!

Федор. Это Баба-яга кричит.

Егорушка. Она под любой голос подделывается.

Медведь. Чего же ты, хозяюшка! Солнце зайдет! Скорей к болоту.

Василиса. Погоди, Мишенька, дай послушаем еще.

Голоса издали: «Мама! Родная! Мы тут, в глубоком овраге под старой березой».

Шарик. Воу, воу! Это правда, есть такой овраг!

Голос издали, отчаянно: «Мама, скорее! Баба-яга к нам крадется с мечом в руках».

Василиса. Бежим! *(Идет быстро к чаще. Оборачивается.)* Так я и знала. Вот они где. Баба-яга! Нашла я своих деток.

Баба-яга вырастает как из-под земли.

Баба-яга. Где они?

Василиса *(показывает на клены)*. Гляди: что это?

Листья кленов покрылись слезами, сверкающими под лучами заходящего солнца.

Что это, спрашиваю я тебя?

Баба-яга. Чего тут спрашивать-то? Клены.

Василиса. А плачут они почему?

Баба-яга. Роса.

Василиса. Нет, Баба-яга, не обманешь ты меня. Сейчас увидим, что это за роса. *(Подходит к деревцам.)* Что вы, мальчики, что вы! Я еще вчера в шелесте вашем почуяла родные голоса, на сердце у меня стало спокойнее. Неужели вы думали, что я поверила Бабе-яге? Я нарочно пошла от вас прочь, чтобы вы заплакали, а теперь вернулась. Ну, довольно, довольно, Егорушка, Федор, поплакали, помогли маме — и будет. Не маленькие. Богатыри — и вдруг плачут. Тут мама, она не оставит, не уйдет, не даст в обиду. Гляди, Баба-яга! Слезы высохли. Вот мои дети!

Баба-яга. Ладно, угадала.

Медведь. Ах ты! Ох ты! Сколько раз я мимо ходил, сколько раз спину о них чесал — и ни о чем не догадывался. Простите, мальчики, меня, медведя!

Василиса. Ну что же, Баба-яга, я жду.

Баба-яга. Чего ждать-то?

Василиса. Освободи моих сыновей.

Баба-яга. Смотрите, что выдумала! Оживлять их еще! Они деревянные куда смирнее, уж такие послушные, из дому шагу не ступят, слова не скажут дерзкого!

Иванушка. Ах ты, обманщица!

Баба-яга. Спасибо на добром слове, сынок. Конечно, обманщица. Нет, Василиса, нет, рано обрадовалась. Да где же это видано, чтобы добрые люди над нами, разбойничками, верх брали? Я, змейка, всегда людей на кривой обойду. Нет, Василиса, сослужи мне еще одну службу, тогда я, может быть, и освобожу мальчишек.

Василиса. Говори какую!

Баба-яга. Куда спешить-то! Утро вечера мудренее, завтра скажу. *(Исчезает.)*

Василиса. Ну, друзья, раскладывайте костер, будем мальчиков моих охранять, чтобы их, беззащитных, Баба-яга не обидела. Но только не спать!

Медведь. Нет, нет, не спать, как это можно!

Василиса. Песни будем петь.

Котофей. Сказки рассказывать.

Иванушка. Летняя ночь короткая, она быстро пролетит.

Собирают хворост, разводят костер. Василиса поет.

Василиса.

> Федя, Федя, не горюй,
> Егорушка, не скучай,

Ваша мама пришла,
Она меду принесла,
Чистые рубашки,
Новые сапожки.
Я умою сыновей,
Чтобы стали побелей,
Накормлю я сыновей,
Чтобы стали здоровей,
Я обую сыновей,
Чтоб шагали веселей.
Я дорогою иду,
Я Иванушку веду,
Я на Федора гляжу,
Его за руку держу.
На Егора я гляжу,
Его за пояс держу.
Сыновей веду домой!
Сыновья мои со мной!
Федя, Федя, не горюй,
Егорушка, не скучай!
Ваша мама пришла,
Счастье детям принесла.

Занавес

ДЕЙСТВИЕ ТРЕТЬЕ

Декорация первого действия. Время близится к рассвету. Горит костер. В а с и л и с а стоит возле кленов, поглядывает на них озабоченно.

В а с и л и с а. Ребята, ребята, что вы дрожите-то? Беду почуяли? Или ветер вас растревожил? Отвечайте, отвечайте смело! Авось я и пойму.

Е г о р у ш к а. Мама, мама, слышишь, как лес шумит?

Ф е д о р. И все деревья одно говорят.

Е г о р у ш к а. «Братцы клены, бедные ребята!»

Ф е д о р. «Береги-и-и-тесь! Береги-и-и-тесь!»

Е г о р у ш к а. «Выползла Баба-яга из своей избушки!»

Ф е д о р. «А в руках у нее то, что деревцу страшнее всего».

Е г о р у ш к а. «Топор да пила, пила да топор».

В а с и л и с а. Слов ваших не разобрала, но одно поняла: страшно вам, дети. Ничего, бедняги, ничего. Перед рассветом мне и то жутко. Темно, холодно, над болотами туман ползет. Но вы потерпите. Солнце вот-вот проснется. Правду говорю. Оно свое дело помнит. А Баба-яга у нас под присмотром. Друзья пошли разведать, не затеяла ли чего злодейка.

Вбегает м е д в е д ь.

М е д в е д ь. Баба-яга пропала!

В а с и л и с а. Как пропала?

М е д в е д ь. Выползла она из избушки, а у нее в руках... Не буду при Федоре и Егорушке говорить — что. Вышла она. Мы за ней. А она прыг — и вдруг растаяла, как облачко, вместе с пилой и топором. И все. Я скорее сюда, тебе в помощь. А Шарик за нею. Для пса все равно — видно ее или не видно, растаяла она или нет. Шарик по горячим следам летит. Не отстанет. Он...

Вбегает Ш а р и к.

Ш а р и к. Хозяйка, хозяйка, выдери меня, вот я и прут принес!

М е д в е д ь. А что ты натворил, такой-сякой?

Ш а р и к. След потерял! Вывела меня Баба-яга к болотам, по воде туда, по воде сюда — и пропала. Но ничего! Котофей уселся на берегу, замер, как неживой, прислушивается. Он ее, как мышь, подстережет. А я скорей сюда, чтобы ты меня, хозяйка, наказала.

В а с и л и с а. Я не сержусь. У Бабы-яги что — шапка-невидимка есть?

М е д в е д ь. Есть. Старенькая, рваненькая, по скупости новую купить жалеет. Однако в сумерки работает шапка ничего. Ты, хозяйка, не думай! Шапка не шапка, но от Котофея Ивановича старухе никуда не уйти!

К о т о ф е й И в а н о в и ч неслышно появляется у ног Василисы.

К о т о ф е й И в а н о в и ч. Ушла Баба-яга.

М е д в е д ь. Ушла?

К о т о ф е й. Ничего не поделаешь, ушла.

В а с и л и с а. А где Иванушка?

К о т о ф е й. Это я тебе потом скажу!

М е д в е д ь. Что же делать-то? Плакать?

К о т о ф е й. Зачем плакать?

М е д в е д ь. А что же нам, бедненьким, осталось?

К о т о ф е й. Сказки рассказывать.

М е д в е д ь. Не поможет нам сказка!

К о т о ф е й. Кто так говорит, ничего в этом деле не понимает. Василиса-работница! Хозяюшка! Прикажи им сесть в кружок, а я в серединке.

В а с и л и с а. Сделайте, как он просит.

К о т о ф е й. И ты, хозяюшка, садись.

Все усаживаются вокруг кленов. Котофей в середине.

Слушайте меня во все уши, сказка моя неспроста сказывается. Жил да был дровосек.

М е д в е д ь. У нас? В нашем лесу?

К о т о ф е й. В соседнем.

М е д в е д ь. А того я не видал, только слыхал о нем. Это такой чернявенький?

К о т о ф е й. Зачем ты меня перебиваешь, зачем спрашиваешь?

М е д в е д ь. После того как я упустил Бабу-ягу, мне кажется, что все на меня сердятся. Я понять хочу, разговариваешь ты со мной или нет.

К о т о ф е й. Я тоже Бабу-ягу упустил.

М е д в е д ь. На тебя ворчать не будут, побоятся. А я, сирота, простой.

К о т о ф е й. Ладно, ладно, не сердимся мы на тебя, только слушай и не перебивай. Жил да был дровосек, уж такой добрый, все отдаст, о чем ни попроси. Вот однажды зимой приходит он из лесу без шапки. Жена спрашивает: «Где шапка, где шапка?» — «Одному бедному старику отдал, уж очень он, убогий, замерз». — «Ну что ж, — отвечает жена, — старому-то шапка нужнее». Только она это слово вымолвила, под самой дверью: динь-динь, топ-топ, скрип-скрип! И тоненький голосок зовет, кричит: «Откройте, откройте, пустите погреться!» Открыл дровосек дверь — что за чудеса! За порогом кони ростом с котят, стоять не хотят, серебряными подковками постукивают, золотыми колокольчиками позвякивают. И ввозят они в избу на медных полозьях дровосекову шапку. А в шапке мальчик не более моей лапки, да такой славный, да такой веселый! «Ты кто такой?» — «А я ваш сын Лутонюшка, послан вам за вашу доброту!» Вот радость-то!

Ш а р и к *(вскакивает)*. Гау, гау, гау!

К о т о ф е й. Ищи, ищи, ищи!

Ш а р и к. Баба-яга крадется.

К о т о ф е й. А ну, ну, ну, ищи, ищи, ищи!

Ш а р и к. Нет! Ошибся.

К о т о ф е й. А ошибся, так не мешай! Стали они жить да поживать, дровосек, да его жена, да сын их Лутонюшка. Работал мальчик — на диво. Он на своих конях и чугуны из печи таскал, и за мышами гонялся, а весной все грядки вскопал. Выковал он себе косу по росту — овец стричь. Ходит по овцам, как по лугам, чик-чик, жвык-жвык — шерсть так и летит. И побежала по всем лесам о Лутонюшке слава. И призадумалась их соседка злодейка-чародейка: «Ах, ох, как бы мне этого Лутонюшку к рукам прибрать. Работает, как большой, а ест, как маленький». Взвилась она под небеса и опустилась в Лутонины леса. «Эй, дровосек, отдавай сына!» — «Не отдам!» — «Отдавай, говорят!» — «Не отдам!» — «Убью!» И только она это слово вымолвила, вылетает ей прямо под ноги Лутонюшка на своем боевом коне. Захохотала злодейка-чародейка, замахнулась мечом — раз! — и мимо. Лутонюшка мал, да увертлив. Целый день рубился он со злодейкой, и ни разу она его не задела, все он ее колол копьем. А как стемнело, забрался Лутонюшка на дерево, а с дерева злодейке на шлем. Хотела она сшибить Лутонюшку, да как стукнет сама себя по лбу. И села на землю. И ползком домой. С тех пор носа не смеет она показать в Лутонины леса.

М е д в е д ь. А как звали эту злодейку-чародейку? Что-то я в наших лесах такую не припомню.

К о т о ф е й. А звали ее — Баба-яга!

Б а б а - я г а *(она невидима).* Врешь!

Иванушка вырастает возле того места, откуда раздался голос, подпрыгивает, хватает с воздуха что-то. Сразу Баба-яга обнаруживается перед зрителем. Иванушка пляшет с шапкою-невидимкою в руках. Баба-яга бросается на него.

В а с и л и с а. Надень шапку-невидимку, сынок!

Иванушка пробует надеть шапку. Но Баба-яга успевает ее схватить. Некоторое время каждый тянет ее к себе. Но вот ветхая шапка разрывается пополам, и противники едва не падают на землю. Подоспевшая к месту столкновения Василиса-работница успевает подобрать топор и пилу, которые Баба-яга уронила, сражаясь за шапку.

Б а б а - я г а. Безобразие какое у меня в хозяйстве творится! Прислуга, вместо того чтобы спать, сидит да хозяйкины косточки перебирает. Я до этого Лутонюшки еще доберусь! Всем вам, добрякам, худо будет, конец пришел моему терпению! *(Уходит.)*

И в а н у ш к а. Ха-ха-ха! Видишь, мама, как славно мы с Котофеем Ивановичем придумали. Ушли мы с озера, а Баба-яга за нами. А Котофей стал сказку рассказывать. А я лежу за кустами, не дышу. А Котофей рассказывает. А я все не дышу. И тут она ка-ак проговорится! И я — прыг! Все вышло как по писаному! Конечно, обидно, что я не догадался шапку-невидимку надеть. Она и дома пригодилась бы в прятки играть! Но все же сегодня я помог тебе больше, чем вчера. Правда, мама?

В а с и л и с а. Правда, сынок.

Солнце всходит. Первые лучи его падают на поляну.

Видишь, Феденька, видишь, Егорушка, как я обещала, так и вышло. Солнце проснулось, туман уполз, светло стало. Весело. Что притихли, дети? Скажите хоть слово!

Ф е д о р. Мама, если бы ты знала, как трудно мальчику в такое утро на одном месте стоять!

Е г о р у ш к а. Если бы ты знала, мама, как трудно мальчику, когда за него сражаются, за него работают, а он стоит как вкопанный.

В а с и л и с а. Не грустите, не грустите, дети, недолго вам ждать осталось!

За сценой сердитый голос Бабы-яги: «Кыш! Куда! Вот сварю из вас куриную похлебку, так поумнеете!» Выезжает избушка на курьих ножках. Баба-яга сидит развалясь, в кресле за открытой дверью.

Б а б а-я г а. Шагайте веселей. Курьи ножки, а плетутся, как черепашьи. Тпру!

    Избушка на курьих ножках останавливается.

Ох, устала!

М е д в е д ь. Чего тебе уставать-то! Чужим трудом живешь.

Б а б а-я г а. Ох, что он говорит! Ты думаешь, это легко чужим трудом жить? Думаешь, это сахар ничего не делать? Я еще девочкой-ягой была, в школу бегала, а уж покоя и на часик не знала. Ваш брат работничек вытвердит, бывало, все уроки, да и спит себе, а я, бедная малютка-яга, с боку на бок ворочаюсь, все думаю, как бы мне, милочке, завтра, ничего не зная, извернуться да вывернуться. И всю жизнь так-то. Вы, работники простые, работаете да песенки поете, а я надрываюсь, чтобы, ничего не делая, жить по-царски. И приходится мне, бедной, и по болотам скакать, и мечом махать, только бы люди на меня работали. Ну, Василиса, что тебе приказать?

В а с и л и с а. Решай, Баба-яга.

Б а б а-я г а. Думала я, думала — и придумала. Дам я тебе работу полегче, чтобы бранить тебя было попроще. Гляди на мою избушку. В окно ко мне не влезть. Такие решетки, что и я даже не выломаю. Бревна до того крепкие, что никаким топором и щепочки не отколоть. А замка нет. Сделай мне на дверь замок, может быть, я тебя и похвалю. Берешься?

В а с и л и с а. Берусь.

Б а б а-я г а. Делай, а я пока на себя в зеркало полюбуюсь. *(Смотрится в зеркало.)* У, ты, шалунья моя единственная. У-тю-тю-тю! Сто ей в головуску, кросецке, плисло! Замоцек ей сделай! У-тю-тю-тю!

В а с и л и с а. А ну-ка, Мишенька, согни мне этот прут железный пополам.

М е д в е д ь. Готово.

В а с и л и с а. А ты, Иванушка, обстругай мне эту дощечку.

И в а н у ш к а. Сейчас, мама.

В а с и л и с а. А ты, Котофей Иванович, обточи это колечко.

К о т о ф е й. Давай, хозяйка.

В а с и л и с а. А ты, Шарик, посторожи, чтобы не ушла Баба-яга.

Б а б а-я г а. А я никуда и не собираюсь нынче. Мне и дома хорошо. Работают... Смотрите-ка! Никогда я этого не видала. Всегда, бывало, на готовенькое прихожу. Как называется ящичек, что у Ивашки в руках?

В а с и л и с а. Рубанок.

Б а б а - я г а. А зачем он эти белые ленточки делает? На продажу?

В а с и л и с а. Это стружка.

М е д в е д ь. Да не притворяйся ты, Баба-яга! Видел я, как ты топором да пилой орудуешь!

Б а б а - я г а. Срубить да свалить я, конечно, могу. Это дело благородное. А строить — нет, шалишь. Это уж вы для меня старайтесь. А что это за палочка у тебя в руках?

В а с и л и с а. Напильник.

Б а б а - я г а. Подумать только! Ах, бедные, бедные людишки! И зачем это вы работаете!

В а с и л и с а. Скоро увидишь зачем.

Б а б а - я г а. Надеешься детишек спасти?

В а с и л и с а. Надеюсь.

Б а б а - я г а. Любишь своих сыновей?

В а с и л и с а. А конечно, люблю.

Б а б а - я г а. А которого больше?

В а с и л и с а. А того, которому я нынче нужнее. Заболеет Федор — он мой любимый сын, пока не поправится. Иванушка в беду попадет — он мне всех дороже. Поняла?

М е д в е д ь. Что ты, матушка, где ей!

Б а б а - я г а. А вот и поняла. Наука нехитрая. Одного я только понять не могу, как детишки не прискучили тебе, пока маленькими были да пищали с утра до вечера без толку. Я, красавица, давно бы таких — раз, да и за окошко!

В а с и л и с а. Вот и видно, что ты Баба-яга, а не человек. Разве малые дети без толку пищат? Это они маму свою зовут, просят по-своему: мама, помоги! А как поможешь им, тут они и улыбнутся. А матери только этого и надо.

Б а б а - я г а. А как подросли твои крикуны да стали чуть поумнее — разве не замучили они тебя своеволием, не обидели непослушанием? Ты к ним — любя, а они от тебя — грубя. Я бы таких сразу из дому выгнала!

В а с и л и с а. Вот и видно, что ты Баба-яга, а не человек. Разве они нарочно грубят? Просто у них добрые слова на донышке лежат, а дурные на самом верху. Тут надо терпение иметь. Готово! Вставлен замок в двери.

Б а б а - я г а. Что-то больно скоро. Непрочный небось!

В а с и л и с а. Погоди браниться, испробуй сначала. *(Закрывает дверь.)*

Замок защелкивается со звоном. Баба-яга остается в избе.

Красиво звонит замок?

Б а б а - я г а. Нет, некрасиво! Что? Поймала? Нашла дурочку? Похвалила я тебя?

В а с и л и с а. Похвалишь, не удержишься!

Б а б а - я г а. Ха-ха-ха!

В а с и л и с а. Чем смеяться — попробуй-ка дверь открыть.

Б а б а - я г а *(дергает дверь)*. Ах ты дерзкая! Ты заперла меня?

В а с и л и с а. Заперла, Баба-яга. Хорош мой замок?

Б а б а - я г а. Плох!

В а с и л и с а. А плох, так попробуй выйди.

> Вся изба дрожит. Баба-яга воет. Голова ее показывается в окне.

Б а б а - я г а. Василиса! Открой! Я приказываю!

В а с и л и с а. Хорош мой замок?

Б а б а - я г а. Все равно не похвалю!

В а с и л и с а. Ну, тогда и сиди в избе. Не шуми, не стучи. От бревен и щепочки не отколоть, так они крепки.

Б а б а - я г а. Курьи ножки! Затопчите дерзкую!

> Курьи ножки переминаются, а с места не двигаются.

Вперед!

> Курьи ножки не двигаются.

М е д в е д ь. Не послушаются они тебя.

Б а б а - я г а. Это еще почему?

М е д в е д ь. Сколько они тебе лет служили — доброго слова ни разу не слышали. А Василиса-работница и поговорила с ними как с людьми, и песенку им спела.

Б а б а - я г а. Василиса, если ты меня не выпустишь, такая беда может случиться, что ни в сказке сказать, ни пером описать.

В а с и л и с а. Что же это за беда?

Б а б а - я г а. Я с горя заболею.

М е д в е д ь. Не верь, не заболеет.

Б а б а - я г а. Василиса, ты пойми, все равно я тебя погублю. Меня, злодейку, нельзя, ну просто никак невозможно победить! Мой будет верх.

В а с и л и с а. Никогда! Ты за всю свою жизнь ящичка простого не сколотила, корзинки не сплела, травинки не вырастила, сказочки не придумала, песенки не спела, а все ломала, да била, да отнимала. Где же тебе, неумелой, с нами справиться?

Б а б а - я г а. Эй, Людоед Людоедыч! Беги сюда бегом! Нас, злодеев, обижают! Помоги!

Медведь. Придет он, как же! Ты с ним из-за двух копеек поссорилась и прогнала из наших лесов. Из людоедов тут одни комары остались, а они не больно страшны.

Баба-яга. Ведьма, а ведьма! Беги сюда бегом, подружка! Спаси!

Медведь. И с ней ты поссорилась из-за гроша.

Баба-яга. Говори, Василиса, чего ты хочешь?

Василиса. Освободи моих сыновей.

Баба-яга. Ни за что! Не добьешься! Вот так и будут они стоять друг против друга до скончания веков. Я тебя не послушаюсь!

Василиса. Послушаешься!

Баба-яга. Ни за что!

Василиса. Курьи ножки! Несите ее в болото, туда, где поглубже.

Курьи ножки идут послушно.

Баба-яга. Куда вы, куда вы! Вы и сами там погибнете.

Курьи ножки. Мы-то выкарабкаемся, мы цапастенькие.

Баба-яга. Василиса, верни их!

Василиса. Цып, цып, цып!

Избушка возвращается.

Баба-яга. Василиса, давай мириться.

Василиса. Освободи моих детей.

Баба-яга. Подойди ко мне поближе, я тебе что-то скажу.

Василиса. Говори при всех.

Баба-яга. Стыдно.

Василиса. Ничего, говори.

Баба-яга. Освободить-то я их... этого... не умею.

Василиса. Не лги.

Баба-яга. Клянусь своим драгоценным здоровьем! Это не я их в клены обратила, а ведьма, моя подручная. Она получала у меня алтын с человека.

Федор. Это правда, мама.

Егорушка. Возле нее какая-то старушка вертелась с ореховой палочкой.

Василиса. Курьи ножки, в болото!

Баба-яга. Стой, стой! Освободить я их не могу, а как сделать это — знаю.

Василиса. Говори!

Баба-яга. Иди ты все время на восток, не сворачивая. Все пряменько, пряменько, пряменько — поняла? Попадется болото — ничего, шагай через болото. К морю выйдешь — плыви через море, только не сворачивая, а то заплутаешься. А как выйдешь на берег, по правую руку увидишь ты лес втрое выше нашего, и листья там не зеленые, а белые, седые — уж больно тот лес стар. А посреди леса увидишь ты холм, весь он белой травою порос, а в том холме — пещера. А посреди пещеры — белый камень. Отвалишь ты камень, а под ним колодец. А вода в том колодце кипит, бурлит, словно кипяток, и сама собою светится. Принеси той воды кружечку, покропи клены, и они тотчас же оживут. Вот и все. Фу, устала. Никогда в жизни столько не говорила о других, все, бывало, о себе, о птичке-малышке.

В а с и л и с а. А сколько туда ходу?

Б а б а - я г а. Не менее году.

Федор и Егорушка вскрикивают горестно.

В а с и л и с а. Обманываешь ты!

М е д в е д ь. Нет, не обманывает. Вот радость-то! *(Хохочет.)* Вот горе-то! *(Плачет.)*

В а с и л и с а. Что с тобой?

М е д в е д ь. Успокоюсь — расскажу.

Б а б а - я г а. Иди, иди, Василиса. Не теряй времени.

В а с и л и с а. Мы и тебя захватим.

Б а б а - я г а. Избушка на курьих ножках через чащу не проберется. А выпускать меня — как можно! Ускользну! Нет, уж придется вам одним шагать. Год туда — год обратно, а за два года мало ли что может приключиться. Может, все еще по-моему повернется! Иди, иди, чего ждать-то!

В а с и л и с а. Постой, дай с друзьями посоветоваться. *(Отходит в сторону со всеми своими друзьями.)* Что с тобой, Миша, делается? Почему ты то смеешься, то плачешь?

М е д в е д ь. Ха-ха-ха! Ох-ох-ох! Вот оно, наше спасение, тут, возле, а не ухватишь!

В а с и л и с а. Почему?

М е д в е д ь. Василиса, родимая, слушай. Сейчас я, ха-ха, расскажу, ох-ох, все по порядку. Помнишь, я говорил тебе, что моего деда Змей Горыныч просто так, для смеху, взял да и опалил огнем.

В а с и л и с а. Помню, Мишенька.

М е д в е д ь. Когда приключилась у нас эта беда, отец мой, Потап Михайлович, кубарем в пещеру. К живой воде. И домой со всех ног. Мы тогда недалеко от пещеры этой жили. Ха-ха-ха, ох-ох-ох!

И в а н у ш к а. Да рассказывай ты, не томи душу!

М е д в е д ь. Возвращается он с ведром живой воды. Горе, горе! Лежит старик и не дышит. Вокруг родня плачет. Лес насупился, как осенью. Обрызгали деда живой водой — что за чудеса: шерсть опаленная закурчавилась, как новая, старое сердце забилось, как молодое, встал дед и чихнул, а весь лес ему: на здоровье. Ха-ха-ха! Ой-ой-ой!

Ш а р и к. Да не плачь ты, хозяин, а то и я завою.

В а с и л и с а. Рассказывай дальше.

М е д в е д ь. И остался у меня с тех пор целый кувшин живой воды. Ха-ха-ха!

В а с и л и с а. Где же кувшин-то?

М е д в е д ь. В сундучке моем, ха-ха-ха!

В а с и л и с а. А сундучок где?

М е д в е д ь. У Бабы-яги в избушке. Она его под печкой держит. Чтобы я не уволился без спросу. Ох-ох-ох!

В а с и л и с а. Придется отпереть замок-то!

К о т о ф е й. Нельзя! Ускользнет мышка наша из своей мышеловки. Мы иначе сделаем. Я прыгну тихонько на крышу, да по трубе печной в избу. Да и добуду все, что требуется.

М е д в е д ь. Почует она!

Ш а р и к. Ничего. Я ее раздразню, и она ничего не услышит.

Кот исчезает. Шарик бежит к избе.

Баба-яга! Ты хвастала, будто по-собачьи понимаешь?

Б а б а - я г а. А конечно, понимаю. Для того чтобы ссориться, нет лучшего языка, чем собачий. А я, мушка, люблю ссориться!

Ш а р и к. Гау, гау, гау! Скажи, что это значит?

Б а б а - я г а. А это значит: сюда, охотник, белка на сосне.

Ш а р и к. Смотри, и вправду понимает. А это? *(Лает.)*

Б а б а - я г а. Поди сюда, я тебе хвост оторву.

Ш а р и к. А это? *(Лает.)*

Б а б а - я г а. Ах ты дерзкий пес!

Ш а р и к. Не поняла?

Б а б а - я г а. Ты посмел мне сказать, что я любого голубя добрее? Так вот же тебе за это! *(Лает.)*

Шарик отвечает ей тем же. Некоторое время они лают яростно друг на друга, как псы, которые вот-вот подерутся.

(Внезапно обрывает лай.) Караул, грабят! *(Исчезает.)*

В избе мяуканье, фырканье, вопли, потом полная тишина.

Ш а р и к. Воу, воу! Погиб наш котик! Воу!

И в а н у ш к а. Мне надо было бы полезть.

Медведь. Да разве ты в трубу пробрался бы? Это я, окаянный, во всем виноват. Зачем я живую воду в сундучке держал?

Федор. А мы-то стоим и с места двинуться не можем.

Шарик. Воу, воу! Уж так я ругал ее обидно, ангелом называл — и то не помогло. Воу, воу!

Василиса. Да погодите, может быть, он еще и жив и здоров. Кс-кс-кс.

Молчание.

Иванушка. Бедный котик!

Василиса. Постойте, погодите! Я забыла, что он даже и не понимает, что такое «кс-кс-кс». Кот строгий. Котофей Иванович!

Голос с крыши: «Мур?»

Медведь. Жив!

Шарик. Что же ты не идешь, сердце мне надрываешь?

Котофей (*издали*). Вылизываюсь. В саже вымазался.

Медведь. А мы думали, что ты погиб.

Котофей (*издали*). Нет, она меня было цапнула за хвост, да я отбился. (*Прыгает с крыши, в лапах большой кувшин.*)

Василиса. Этот кувшин, Миша?

Медведь. Он самый!

Баба-яга (*в окно*). Выдохлась вода, выдохлась, выдохлась!

Егорушка. Мама!

Василиса. А ну-ка, отойдите в сторонку, друзья.

Все отходят в сторону. Василиса подходит к кленам. Кувшин тщательно перевязан и закупорен круглым дубовым бруском. Когда Василиса вынимает брусок, из кувшина поднимается синее пламя.

Баба-яга. Горе какое, не выдохлась.

Василиса брызжет живой водой на клены. И тотчас же они исчезают в синеватом тумане. Глухо-глухо, как из-под земли, звучит музыка. Но вот она становится все явственнее, все веселее. Туман рассеивается. Клены исчезли. На поляне стоят два мальчика одного роста, они похожи друг на друга и на Иванушку. Они оглядываются растерянно, как будто только что проснулись, и вдруг замечают Василису. Они вскрикивают: «Мама!»

Василиса (*обнимает их*). Мальчики мои, мальчики!

Котофей. Радуйтесь, радуйтесь, теперь вас никто не посмеет тронуть.

Егорушка. Иванушка!

Федор. Братец! (*Обнимает брата.*)

В а с и л и с а. Дети мои, дети! Какими пропали, такими и нашлись! И на денек старше не стали!

Ф е д о р. Мама, мы больше не будем.

Е г о р у ш к а. Мы теперь будем расти не по дням, а по часам!

Ф е д о р. Мама, идем, идем. Мы столько стояли на этой поляне...

Е г о р у ш к а. Что ноги больше стоять не хотят. Прощайте, деревья-друзья, не обижайтесь, нам домой пора.

Д е р е в ь я *(шелестят негромко, но явственно).* Прощайте, прощайте, братцы клены! Не обижайте нас! Не забывайте, что мы живые. Не разучитесь говорить по-нашему, когда домой вернетесь.

Ф е д о р. Никогда не разучимся!

Б а б а - я г а. Кончится ли это безобразие! Стоят и радуются у меня на глазах! Знаете, кажется, что я терпеть не могу, когда люди радуются. Отпустите меня сейчас же!

В а с и л и с а. Никогда! Мы пойдем домой и тебя захватим. И дома всем миром решим, что с тобой делать.

Б а б а - я г а. Отпусти, я тебе все свое золото отдам!

В а с и л и с а. Не отпущу! Давайте руки, друзья.

Все подают друг другу руки.

Вперед! Курьи ножки, за мной!

Идут, избушка — следом.

К о т о ф е й. Вот и сказке нашей конец, а кто нас понял, тот молодец!

Занавес

1953

ОБЫКНОВЕННОЕ ЧУДО

Сказка в 3-х действиях

ДЕЙСТВУЮЩИЕ ЛИЦА

Хозяин.
Хозяйка.
Медведь.
Король.
Принцесса.
Министр-администратор.
Первый министр.
Придворная дама.
Оринтия.
Аманда.
Трактирщик.
Охотник.
Ученик охотника.
Палач.

ПРОЛОГ

Перед занавесом появляется ч е л о в е к, который говорит зрителям негромко и задумчиво:

— «Обыкновенное чудо» — какое странное название! Если чудо — значит, необыкновенное! А если обыкновенное — следовательно, не чудо.

Разгадка в том, что у нас речь пойдет о любви. Юноша и девушка влюбляются друг в друга — что обыкновенно. Ссорятся — что тоже не редкость. Едва не умирают от любви. И наконец сила их чувства доходит до такой высоты, что начинает творить настоящие чудеса, — что и удивительно, и обыкновенно.

О любви можно и говорить, и петь песни, а мы расскажем о ней сказку.

В сказке очень удобно укладываются рядом обыкновенное и чудесное и легко понимаются, если смотреть на сказку как на сказку. Как в детстве. Не искать в ней скрытого смысла. Сказка рассказывается не для того, чтобы скрыть, а для того, чтобы открыть, сказать во всю силу, во весь голос то, что думаешь.

Среди действующих лиц нашей сказки, более близких к «обыкновенному», узнаете вы людей, которых приходится встречать достаточно часто. Например, король. Вы легко угадаете в нем обыкновенного квартирного деспота, хилого тирана, ловко умеющего объяснять свои бесчинства соображениями принципиальными. Или дистрофией сердечной мышцы. Или психастенией. А то и наследственностью. В сказке сделан он королем, чтобы черты его характера дошли до своего естественного предела. Узнаете вы и министра-администратора, лихого снабженца. И заслуженного деятеля охоты. И некоторых других.

Но герои сказки, более близкие к «чуду», лишены *бытовых* черт сегодняшнего дня. Таковы и волшебник, и его жена, и принцесса, и медведь.

Как уживаются столь разные люди в одной сказке? А очень просто. Как в жизни.

И начинается наша сказка просто. Один волшебник женился, остепенился и занялся хозяйством. Но как ты волшебника ни корми — его все тянет к чудесам, превращениям и удивительным приключениям. И вот ввязался он в любовную историю тех самых молодых людей, о которых говорил я вначале. И все запуталось, перепуталось — и наконец распуталось так неожиданно, что сам волшебник, привыкший к чудесам, и тот всплеснул руками от удивления.

Горем все окончилось для влюбленных или счастьем — узнаете вы в самом конце сказки. *(Исчезает.)*

ДЕЙСТВИЕ ПЕРВОЕ

Усадьба в Карпатских горах. Большая комната, сияющая чистотой. На очаге — ослепительно сверкающий медный кофейник. Бородатый ч е л о в е к, огромного роста, широкоплечий, подметает комнату и разговаривает сам с собой во весь голос. Это хозяин усадьбы.

Х о з я и н. Вот так! Вот славно! Работаю и работаю, как подобает хозяину, всякий глянет и похвалит, все у меня как у людей. Не пою, не пляшу, не кувыркаюсь, как дикий зверь. Нельзя хозяину отличной усадьбы в горах реветь зубром, нет, нет! Работаю безо всяких вольностей... Ах! *(Прислушивается, закрывает лицо руками.)* Она идет! Она! Она! Ее шаги... Пятнадцать лет я женат, а влюблен до сих пор в жену свою как мальчик, честное слово так! Идет! Она! *(Хихикает застенчиво.)* Вот пустяки какие, сердце бьется так, что даже больно... Здравствуй, жена!

Входит х о з я й к а, еще молодая, очень привлекательная женщина.

Здравствуй, жена, здравствуй! Давно ли мы расстались, часик всего назад, а рад я тебе, будто мы год не виделись, вот как я тебя люблю... *(Пугается.)* Что с тобой? Кто тебя посмел обидеть?

Х о з я й к а. Ты.

Х о з я и н. Да не может быть! Ах я грубиян! Бедная женщина, грустная такая стоит, головой качает... Вот беда-то! Что же я, окаянный, наделал?

Х о з я й к а. Подумай.

Х о з я и н. Да уж где тут думать... Говори, не томи...

Х о з я й к а. Что ты натворил нынче утром в курятнике?

Х о з я и н *(хохочет)*. Так ведь это я любя!

Х о з я й к а. Спасибо тебе за такую любовь. Открываю курятник, и вдруг — здравствуйте! У всех моих цыплят по четыре лапки...

Х о з я и н. Ну что ж тут обидного?

Х о з я й к а. А у курицы усы, как у солдата.

Х о з я и н. Ха-ха-ха!

Х о з я й к а. Кто обещал исправиться? Кто обещал жить как все?

Х о з я и н. Ну дорогая, ну милая, ну прости меня! Что уж тут поделаешь... Ведь все-таки я волшебник!

Х о з я й к а. Мало ли что!

Х о з я и н. Утро было веселое, небо ясное, прямо силы девать некуда, так хорошо. Захотелось пошалить...

Х о з я й к а. Ну и сделал бы что-нибудь полезное для хозяйства. Вон песок привезли дорожки посыпать. Взял бы да превратил его в сахар.

Х о з я и н. Ну какая же это шалость!

Х о з я й к а. Или те камни, что сложены возле амбара, превратил бы в сыр.

Х о з я и н. Не смешно!

Х о з я й к а. Ну что мне с тобой делать? Бьюсь, бьюсь, а ты все тот же дикий охотник, горный волшебник, безумный бородач!

Х о з я и н. Я стараюсь!

Х о з я й к а. Так все идет славно, как у людей, и вдруг — хлоп! — гром, молния, чудеса, превращения, сказки, легенды там всякие... Бедняжка... *(Целует его.)* Ну, иди, родной!

Х о з я и н. Куда?

Х о з я й к а. В курятник.

Х о з я и н. Зачем?

Х о з я й к а. Исправь то, что там натворил.

Х о з я и н. Не могу!

Х о з я й к а. Ну пожалуйста!

Х о з я и н. Не могу. Ты ведь сама знаешь, как повелось на свете. Иногда пошалишь — а потом все исправишь. А иной раз щелк — и нет пути назад! Уж я этих цыплят и волшебной палочкой колотил, и вихрем их завивал, и семь раз ударил молнией — все напрасно! Значит, уж тут сделанного не поправишь.

Х о з я й к а. Ну что ж, ничего не поделаешь... Курицу я каждый день буду брить, а от цыплят отворачиваться. Ну а теперь перейдем к самому главному. Кого ты ждешь?

Х о з я и н. Никого.

Х о з я й к а. Посмотри мне в глаза.

Х о з я и н. Смотрю.

Х о з я й к а. Говори правду, что будет? Каких гостей нам сегодня принимать? Людей? Или привидения зайдут поиграть с тобой в кости? Да не бойся, говори. Если у нас появится призрак молодой монахини, то я даже рада буду. Она обещала захватить с того света выкройку кофточки с широкими рукавами, какие носили триста лет назад. Этот фасон опять в моде. Придет монашка?

Хозяин. Нет.

Хозяйка. Жаль. Так никого не будет? Нет? Неужели ты думаешь, что от жены можно скрыть правду? Ты себя скорей обманешь, чем меня. Вон, вон уши горят, из глаз искры сыплются...

Хозяин. Неправда! Где?

Хозяйка. Вон, вон они! Так и сверкают. Да ты не робей, ты признавайся! Ну? Разом!

Хозяин. Ладно! Будут, будут у нас гости сегодня. Ты уж прости меня, я стараюсь. Домоседом стал. Но... Но просит душа чего-нибудь этакого... волшебного. Не обижайся!

Хозяйка. Я знала, за кого иду замуж.

Хозяин. Будут, будут гости! Вот, вот сейчас, сейчас!

Хозяйка. Поправь воротник скорее. Одерни рукава!

Хозяин *(хохочет.)* Слышишь, слышишь? Едет.

Приближающийся топот копыт.

Это он, это он!

Хозяйка. Кто?

Хозяин. Тот самый юноша, из-за которого и начнутся у нас удивительные события. Вот радость-то! Вот приятно!

Хозяйка. Это юноша как юноша?

Хозяин. Да, да!

Хозяйка. Вот и хорошо, у меня как раз кофе вскипел.

Стук в дверь.

Хозяин. Войди, войди, давно ждем! Очень рад!

Входит юноша. Одет изящно. Скромен, прост, задумчив. Молча кланяется хозяевам.

(Обнимает его.) Здравствуй, здравствуй, сынок!

Хозяйка. Садитесь к столу, пожалуйста, выпейте кофе, пожалуйста. Как вас зовут, сынок?

Юноша. Медведь.

Хозяйка. Как вы говорите?

Юноша. Медведь.

Хозяйка. Какое неподходящее прозвище!

Юноша. Это вовсе не прозвище. Я и в самом деле медведь.

Хозяйка. Нет, что вы... Почему? Вы двигаетесь так ловко, говорите так мягко.

Юноша. Видите ли... Меня семь лет назад превратил в человека ваш муж. И сделал он это прекрасно. Он у вас великолепный волшебник. У него золотые руки, хозяйка.

Хозяин. Спасибо, сынок! *(Пожимает Медведю руку.)*

Хозяйка. Это правда?

Хозяин. Так ведь это когда было! Дорогая! Семь лет назад!

Хозяйка. А почему ты мне сразу не признался в этом?

Хозяин. Забыл! Просто-напросто забыл, и все тут! Шел, понимаешь, по лесу, вижу: молодой медведь. Подросток еще. Голова лобастая, глаза умные. Разговорились мы, слово за слово, понравился он мне. Сорвал я ореховую веточку, сделал из нее волшебную палочку — раз, два, три — и этого... Ну чего тут сердиться, не понимаю. Погода была хорошая, небо ясное...

Хозяйка. Замолчи! Терпеть не могу, когда для собственной забавы мучают животных. Слона заставляют танцевать в кисейной юбочке, соловья сажают в клетку, тигра учат качаться на качелях. Тебе трудно, сынок?

Медведь. Да, хозяйка! Быть настоящим человеком очень нелегко.

Хозяйка. Бедный мальчик! *(Мужу.)* Чего ты хохочешь, бессердечный?

Хозяин. Радуюсь! Любуюсь на свою работу. Человек из мертвого камня сделает статую — и гордится потом, если работа удалась. А поди-ка из живого сделай еще более живое. Вот это работа!

Хозяйка. Какая там работа! Шалости, и больше ничего. Ах, прости, сынок, он скрыл от меня, кто ты такой, и я подала сахару к кофе.

Медведь. Это очень любезно с вашей стороны! Почему вы просите прощения?

Хозяйка. Но вы должны любить мед...

Медведь. Нет, я видеть его не могу! Он будит во мне воспоминания.

Хозяйка. Сейчас же, сейчас же преврати его в медведя, если ты меня любишь! Отпусти его на свободу!

Хозяин. Дорогая, дорогая, все будет отлично! Он для того и приехал к нам в гости, чтобы снова стать медведем.

Хозяйка. Правда? Ну, я очень рада. Ты здесь будешь его превращать? Мне выйти из комнаты?

Медведь. Не спешите, дорогая хозяйка. Увы, это случится не так скоро. Я стану вновь медведем только тогда, когда в меня влюбится принцесса и поцелует меня.

Хозяйка. Когда, когда? Повтори-ка!

Медведь. Когда какая-нибудь первая попавшаяся принцесса меня полюбит и поцелует — я разом превращусь в медведя и убегу в родные мои горы.

Хозяйка. Боже мой, как это грустно!

Хозяин. Вот здравствуйте! Опять не угодил... Почему?

Хозяйка. А о принцессе-то вы и не подумали?

Хозяин. Пустяки! Влюбляться полезно.

Хозяйка. Бедная влюбленная девушка поцелует юношу, а он вдруг превратится в дикого зверя?

Хозяин. Дело житейское, жена.

Хозяйка. Но ведь он потом убежит в лес!

Хозяин. И это бывает.

Хозяйка. Сынок, сынок, ты бросишь влюбленную девушку?

Медведь. Увидев, что я медведь, она меня сразу разлюбит, хозяйка.

Хозяйка. Что ты знаешь о любви, мальчуган! *(Отводит мужа в сторону. Тихо.)* Я не хочу пугать мальчика, но опасную, опасную игру затеял ты, муж! Землетрясениями ты сбивал масло, молниями приколачивал гвозди, ураган таскал нам из города мебель, посуду, зеркала, перламутровые пуговицы. Я ко всему приучена, но теперь я боюсь.

Хозяин. Чего?

Хозяйка. Ураган, землетрясение, молнии — все это пустяки. Нам с людьми придется дело иметь. Да еще с молодыми. Да еще с влюбленными! Я чувствую — непременно, непременно случится то, чего мы совсем не ждем!

Хозяин. Ну а что может случиться? Принцесса в него не влюбится? Глупости! Смотри, какой он славный...

Хозяйка. А если...

Гремят трубы.

Хозяин. Поздно тут рассуждать, дорогая. Я сделал так, что один из королей, проезжающих по большой дороге, вдруг ужасно захотел свернуть к нам в усадьбу!

Гремят трубы.

И вот он едет сюда со свитой, министрами и принцессой, своей единственной дочкой. Беги, сынок! Мы их сами примем. Когда будет нужно, я позову тебя.

Медведь убегает.

Хозяйка. И тебе не стыдно будет смотреть в глаза королю?

Х о з я и н. Ни капельки! Я королей, откровенно говоря, терпеть не могу!

Х о з я й к а. Все-таки гость!

Х о з я и н. Да ну его! У него в свите едет палач, а в багаже везут плаху.

Х о з я й к а. Может, сплетни просто?

Х о з я и н. Увидишь. Сейчас войдет грубиян, хам, начнет безобразничать, распоряжаться, требовать.

Х о з я й к а. А вдруг нет! Ведь пропадем со стыда!

Х о з я и н. Увидишь!

Стук в дверь.

Можно!

Входит король.

К о р о л ь. Здравствуйте, любезные! Я король, дорогие мои.

Х о з я и н. Добрый день, ваше величество.

К о р о л ь. Мне, сам не знаю почему, ужасно понравилась ваша усадьба. Едем по дороге, а меня так и тянет свернуть в горы, подняться к вам. Разрешите нам, пожалуйста, погостить у вас несколько дней!

Х о з я и н. Боже мой... Ай-ай-ай!

К о р о л ь. Что с вами?

Х о з я и н. Я думал, вы не такой. Не вежливый, не мягкий. А впрочем, это неважно! Чего-нибудь придумаем. Я всегда рад гостям.

К о р о л ь. Но мы беспокойные гости!

Х о з я и н. Да это черт с ним! Дело не в этом... Садитесь, пожалуйста!

К о р о л ь. Вы мне нравитесь, хозяин. *(Усаживается.)*

Х о з я и н. Фу ты черт!

К о р о л ь. И поэтому я объясню вам, почему мы беспокойные гости. Можно?

Х о з я и н. Прошу вас, пожалуйста!

К о р о л ь. Я страшный человек!

Х о з я и н *(радостно)*. Ну да?

К о р о л ь. Очень страшный. Я тиран!

Х о з я и н. Ха-ха-ха!

К о р о л ь. Деспот. А кроме того, я коварен, злопамятен, капризен.

Х о з я и н. Вот видишь? Что я тебе говорил, жена?

К о р о л ь. И самое обидное, что не я в этом виноват...

Х о з я и н. А кто же?

К о р о л ь. Предки. Прадеды, прабабки, внучатые дяди, тети разные, праотцы и праматери. Они вели себя при жизни как свиньи, а мне приходится отвечать. Паразиты они, вот что я вам скажу, простите невольную резкость выражения. Я по натуре добряк, умница, люблю музыку, рыбную ловлю, кошек. И вдруг такого натворю, что хоть плачь.

Х о з я и н. А удержаться никак невозможно?

К о р о л ь. Куда там! Я вместе с фамильными драгоценностями унаследовал все подлые фамильные черты. Представляете удовольствие? Сделаешь гадость — все ворчат, и никто не хочет понять, что это тетя виновата.

Х о з я и н. Вы подумайте! *(Хохочет.)* С ума сойти! *(Хохочет.)*

К о р о л ь. Э, да вы тоже весельчак!

Х о з я и н. Просто удержу нет, король.

К о р о л ь. Вот это славно! *(Достает из сумки, висящей у него через плечо, пузатую плетеную флягу.)* Хозяйка, три бокала!

Х о з я й к а. Извольте, государь!

К о р о л ь. Это драгоценное, трехсотлетнее королевское вино. Нет, нет, не обижайте меня. Давайте отпразднуем нашу встречу. *(Разливает вино.)* Цвет, цвет какой! Костюм бы сделать такого цвета — все другие короли лопнули бы от зависти! Ну, со свиданьицем! Пейте до дна!

Х о з я и н. Не пей, жена.

К о р о л ь. То есть как это «не пей»?

Х о з я и н. А очень просто!

К о р о л ь. Обидеть хотите?

Х о з я и н. Не в том дело.

К о р о л ь. Обидеть? Гостя? *(Хватается за шпагу.)*

Х о з я и н. Тише, тише, ты! Не дома.

К о р о л ь. Ты учить меня вздумал?! Да я только глазом моргну — и нет тебя. Мне плевать, дома я или не дома. Министры спишутся, я выражу сожаление. А ты так и останешься в сырой земле на веки веков. Дома, не дома... Наглец! Еще улыбается... Пей!

Х о з я и н. Не стану!

К о р о л ь. Почему?

Х о з я и н. Да потому, что вино-то отравленное, король!

К о р о л ь. Какое, какое?

Х о з я и н. Отравленное, отравленное!

К о р о л ь. Подумайте, что выдумал!

Х о з я и н. Пей ты первый! Пей, пей! *(Хохочет.)* То-то, брат! *(Бросает в очаг все три бокала.)*

К о р о л ь. Ну это уж глупо! Не хотел пить — я вылил бы зелье обратно в бутылку. Вещь в дороге необходимая! Легко ли на чужбине достать яду?

Х о з я й к а. Стыдно, стыдно, ваше величество!

К о р о л ь. Не я виноват!

Х о з я й к а. А кто?

К о р о л ь. Дядя! Он так же вот разговорится, бывало, с кем придется, наплетет о себе с три короба, а потом ему делается стыдно. И у него душа была тонкая, деликатная, легко уязвимая. И чтобы потом не мучиться, он, бывало, возьмет да и отравит собеседника.

Х о з я и н. Подлец!

К о р о л ь. Скотина форменная! Оставил наследство, негодяй!

Х о з я и н. Значит, дядя виноват?

К о р о л ь. Дядя, дядя, дядя! Нечего улыбаться! Я человек начитанный, совестливый. Другой свалил бы вину за свои подлости на товарищей, на начальство, на соседей, на жену. А я валю на предков, как на покойников. Им все равно, а мне полегче.

Х о з я и н. А...

К о р о л ь. Молчи! Знаю, что ты скажешь! Отвечать самому, не сваливая вину на ближних, за все свои подлости и глупости — выше человеческих сил! Я не гений какой-нибудь. Просто король, каких пруд пруди. Ну и довольно об этом! Все стало ясно. Вы меня знаете, я — вас: можно не притворяться, не ломаться. Чего же вы хмуритесь? Остались живы-здоровы, ну и слава богу... Чего там...

Х о з я й к а. Скажите, пожалуйста, король, а принцесса тоже...

К о р о л ь (*очень мягко*). Ах, нет, нет, что вы! Она совсем другая.

Х о з я й к а. Вот горе-то какое!

К о р о л ь. Не правда ли? Она очень добрая у меня. И славная. Ей трудно приходится...

Х о з я й к а. Мать жива?

К о р о л ь. Умерла, когда принцессе было всего семь минут от роду. Уж вы не обижайте мою дочку.

Х о з я й к а. Король!

К о р о л ь. Ах, я перестаю быть королем, когда вижу ее или думаю о ней. Друзья, друзья мои, какое счастье, что я так люблю только родную дочь! Чужой человек веревки из меня вил бы, и я скончался бы от этого. В бозе почил бы... Да... Так-то вот.

Х о з я и н (*достает из кармана яблоко*). Скушайте яблочко!

К о р о л ь. Спасибо, не хочется.

Х о з я и н. Хорошее. Не ядовитое!

К о р о л ь. Да я знаю. Вот что, друзья мои. Мне захотелось рассказать вам обо всех моих заботах и горестях. А раз уж захотелось — конец! Не удержаться. Я расскажу! А? Можно?

Х о з я и н. Ну о чем тут спрашивать? Сядь, жена. Поуютней. Поближе к очагу. Вот и я сел. Так вам удобно? Воды принести? Не закрыть ли окна?

К о р о л ь. Нет, нет, спасибо.

Х о з я и н. Мы слушаем, ваше величество! Рассказывайте!

К о р о л ь. Спасибо. Вы знаете, друзья мои, где расположена моя страна?

Х о з я и н. Знаю.

К о р о л ь. Где?

Х о з я и н. За тридевять земель.

К о р о л ь. Совершенно верно. И вот сейчас вы узнаете, почему мы поехали путешествовать и забрались так далеко. Она причиною этому.

Х о з я и н. Принцесса?

К о р о л ь. Да! Она. Дело в том, друзья мои, что принцессе еще и пяти лет не было, когда я заметил, что она совсем не похожа на королевскую дочь. Сначала я ужаснулся. Даже заподозрил в измене свою бедную покойную жену. Стал выяснять, выспрашивать — и забросил следствие на полдороге. Испугался. Я успел так сильно привязаться к девочке! Мне стало даже нравиться, что она такая необыкновенная. Придешь в детскую — и вдруг, стыдно сказать, делаешься симпатичным. Хе-хе. Прямо хоть от престола отказывайся... Это все между нами, господа!

Х о з я и н. Ну еще бы! Конечно!

К о р о л ь. До смешного доходило. Подписываешь, бывало, кому-нибудь там смертный приговор и хохочешь, вспоминая ее смешные шалости и словечки. Потеха, верно?

Х о з я и н. Да нет, почему же!

К о р о л ь. Ну вот. Так мы и жили. Девочка умнеет, подрастает. Что сделал бы на моем месте настоящий добрый отец? Приучил бы дочь постепенно к житейской грубости, жестокости, коварству. А я, эгоист проклятый, так привык отдыхать возле нее душою, что стал, напротив того, охранять бедняжку от всего, что могло бы ее испортить. Подлость, верно?

Х о з я и н. Да нет, отчего же!

К о р о л ь. Подлость, подлость! Согнал во дворец лучших людей со всего королевства. Приставил их к дочке. За стенкой такое делается, что самому бывает жутко. Знаете небось, что такое королевский дворец?

Х о з я и н. Ух!

К о р о л ь. Вот то-то и есть! За стеной люди давят друг друга, режут родных братьев, сестер душат... Словом, идет повседневная, будничная жизнь. А войдешь на половину принцессы — там музыка, разговоры о хороших людях, о поэзии, вечный праздник. Ну и рухнула эта стена из-за чистого пустяка. Помню как сейчас — дело было в субботу. Сижу я, работаю, проверяю донесения министров друг на дружку. Дочка сидит возле, вышивает мне шарф к именинам... Все тихо, мирно, птички поют. Вдруг церемониймейстер входит, докладывает: тетя приехала. Герцогиня. А я ее терпеть не мог. Визгливая баба. Я и говорю церемониймейстеру: скажи ей, что меня дома нет. Пустяк?

Х о з я и н. Пустяк.

К о р о л ь. Это для нас с вами пустяк, потому что мы люди как люди. А бедная дочь моя, которую я вырастил как бы в теплице, упала в обморок!

Х о з я и н. Ну да?

К о р о л ь. Честное слово. Ее, видите ли, поразило, что папа — ее папа! — может сказать неправду. Стала она скучать, задумываться, томиться, а я растерялся. Во мне вдруг проснулся дед с материнской стороны. Он был неженка. Он так боялся боли, что при малейшем несчастье замирал, ничего не предпринимал, а все надеялся на лучшее. Когда при нем душили его любимую жену, он стоял возле да уговаривал: потерпи, может быть, все обойдется! А когда ее хоронили, он шел за гробом да посвистывал. А потом упал да умер. Хорош мальчик?

Х о з я и н. Куда уж лучше.

К о р о л ь. Вовремя проснулась наследственность? Понимаете, какая получилась трагедия? Принцесса бродит по дворцу, думает, глядит, слушает, а я сижу на троне сложа ручки да посвистываю. Принцесса вот-вот узнает обо мне такое, что убьет ее насмерть, а я беспомощно улыбаюсь. Но однажды ночью я вдруг очнулся. Вскочил. Приказал запрягать коней — и на рассвете мы уже мчались по дороге, милостиво отвечая на низкие поклоны наших любезных подданных.

Х о з я й к а. Боже мой, как все это грустно!

К о р о л ь. У соседей мы не задерживались. Известно, что за сплетники соседи. Мы мчались все дальше и дальше, пока не добрались до Карпатских гор, где о нас никто никогда ничего и не слыхивал. Воздух тут чистый, горный. Разрешите погостить у вас, пока мы не построим замок со всеми удобствами, садом, темницей и площадкой для игр...

Х о з я й к а. Боюсь, что...

Х о з я и н. Не бойся, пожалуйста! Прошу! Умоляю! Мне все это так нравится! Ну милая, ну дорогая! Идем, идем, ваше величество, я покажу вам комнаты.

К о р о л ь. Благодарю вас!

Х о з я и н *(пропускает короля вперед)*. Пожалуйста, сюда, ваше величество! Осторожней, здесь ступенька. Вот так. *(Оборачивается к жене. Шепотом.)* Дай ты мне хоть один денек пошалить! Влюбляться полезно! Не умрет, господи боже мой! *(Убегает.)*

Х о з я й к а. Ну уж нет! Пошалить! Разве такая девушка перенесет, когда милый и ласковый юноша на ее глазах превратится в дикого зверя! Опытной женщине — и то стало бы жутко. Не позволю! Уговорю этого бедного медведя потерпеть еще немного, поискать другую принцессу, похуже. Вон, кстати, и конь его стоит нерасседланный, фыркает в овес — значит, сыт и отдохнул. Садись верхом да скачи за горы! Потом вернешься! *(Зовет.)* Сынок! Сынок! Где ты? *(Уходит.)*

Голос ее слышен за сценой: «Где же ты? Сынок!»
Вбегает М е д в е д ь.

М е д в е д ь. Здесь я.

Х о з я й к а *(за сценой)*. Выйди ко мне в садик!

М е д в е д ь. Бегу!

Распахивает дверь. За дверью д е в у ш к а с букетом в руках.

Простите, я, кажется, толкнул вас, милая девушка?

Девушка роняет цветы. Медведь поднимает их.

Что с вами? Неужели я напугал вас?

Д е в у ш к а. Нет. Я только немного растерялась. Видите ли, меня до сих пор никто не называл просто: милая девушка.

М е д в е д ь. Я не хотел обидеть вас!

Д е в у ш к а. Да ведь я вовсе и не обиделась!

М е д в е д ь. Ну, слава богу! Моя беда в том, что я ужасно правдив. Если я вижу, что девушка милая, то так прямо и говорю ей об этом.

Г о л о с х о з я й к и. Сынок, сынок, я тебя жду!

Д е в у ш к а. Это вас зовут?

М е д в е д ь. Меня.

Д е в у ш к а. Вы сын владельца этого дома?

М е д в е д ь. Нет, я сирота.

Д е в у ш к а. Я тоже. То есть отец мой жив, а мать умерла, когда мне было всего семь минут от роду.

М е д в е д ь. Но у вас, наверное, много друзей?

Д е в у ш к а. Почему вы так думаете?

М е д в е д ь. Не знаю... Мне кажется, что все должны вас любить.

Д е в у ш к а. За что же?

М е д в е д ь. Очень уж вы нежная. Правда... Скажите, когда вы прячете лицо свое в цветы — это значит, что вы рассердились?

Д е в у ш к а. Нет.

М е д в е д ь. Тогда я вам еще вот что скажу: вы красивы! Вы так красивы! Очень. Удивительно. Ужасно.

Г о л о с х о з я й к и. Сынок, сынок, где же ты?

М е д в е д ь. Не уходите, пожалуйста!

Д е в у ш к а. Но ведь вас зовут.

М е д в е д ь. Да. Зовут. И вот что я еще скажу вам. Вы мне очень понравились. Ужасно. Сразу.

                              Девушка хохочет.

Я смешной?

Д е в у ш к а. Нет. Но... что же мне еще делать? Я не знаю. Ведь со мною так никто не разговаривал...

М е д в е д ь. Я очень этому рад. Боже мой, что же это я делаю? Вы, наверное, устали с дороги, проголодались, а я все болтаю. Садитесь, пожалуйста. Вот молоко. Парное. Пейте! Ну же! С хлебом, с хлебом!

    Девушка повинуется. Она пьет молоко и ест хлеб, не сводя глаз с Медведя.

Д е в у ш к а. Скажите, пожалуйста, вы не волшебник?

М е д в е д ь. Нет, что вы!

Д е в у ш к а. А почему же тогда я так слушаюсь вас? Я очень сытно позавтракала всего пять минут назад — и вот опять пью молоко, да еще с хлебом. Вы честное слово не волшебник?

М е д в е д ь. Честное слово.

Д е в у ш к а. А почему же, когда вы говорили... что я... понравилась вам, то... я почувствовала какую-то странную слабость в плечах и в руках и... Простите, что я у вас об этом спрашиваю, но кого же мне еще спросить? Мы так вдруг подружились! Верно?

М е д в е д ь. Да, да!

Д е в у ш к а. Ничего не понимаю... Сегодня праздник?

М е д в е д ь. Не знаю. Да. Праздник.

Д е в у ш к а. Я так и знала.

М е д в е д ь. А скажите, пожалуйста, кто вы? Вы состоите в свите короля?

Девушка. Нет.

Медведь. Ах, понимаю! Вы из свиты принцессы?

Девушка. А вдруг я и есть сама принцесса?

Медведь. Нет, нет, не шутите со мной так жестоко!

Девушка. Что с вами? Вы вдруг так побледнели! Что я такое сказала?

Медведь. Нет, нет, вы не принцесса. Нет! Я долго бродил по свету и видел множество принцесс — вы на них совсем не похожи!

Девушка. Но...

Медведь. Нет, нет, не мучайте меня. Говорите о чем хотите, только не об этом.

Девушка. Хорошо. Вы... Вы говорите, что много бродили по свету?

Медведь. Да. Я все учился да учился, и в Сорбонне, и в Лейдене, и в Праге. Мне казалось, что человеку жить очень трудно, и я совсем загрустил. И тогда я стал учиться.

Девушка. Ну и как?

Медведь. Не помогло.

Девушка. Вы грустите по-прежнему?

Медведь. Не все время, но грущу.

Девушка. Как странно! А мне-то казалось, что вы такой спокойный, радостный, простой!

Медведь. Это оттого, что я здоров, как медведь. Что с вами? Почему вы вдруг покраснели?

Девушка. Сама не знаю. Ведь я так изменилась за последние пять минут, что совсем не узнаю себя. Сейчас попробую понять, в чем тут дело. Я... я испугалась!

Медведь. Чего?

Девушка. Вы сказали, что вы здоровы, как медведь. Медведь... Шутка сказать. А я так беззащитна с этой своей волшебной покорностью. Вы не обидите меня?

Медведь. Дайте мне руку.

Девушка повинуется. Медведь становится на одно колено. Целует ей руку.

Пусть меня гром убьет, если я когда-нибудь обижу вас. Куда вы пойдете — туда и я пойду, когда вы умрете — тогда и я умру.

Гремят трубы.

Девушка. Боже мой! Я совсем забыла о них. Свита добралась наконец до места. *(Подходит к окну.)* Какие вчерашние, домашние лица! Давайте спрячемся от них!

Медведь. Да, да!

Девушка. Бежим на речку!

Убегают, взявшись за руки. Тотчас же в комнату входит хозяйка. Она улыбается сквозь слезы.

Хозяйка. Ах, боже мой, боже мой! Я слышала, стоя здесь под окном, весь их разговор от слова и до слова. А войти и разлучить их не посмела. Почему? Почему я и плачу и радуюсь, как дура? Ведь я понимаю, что ничем хорошим это кончиться не может, а на душе праздник. Ну вот и налетел ураган, любовь пришла. Бедные дети, счастливые дети!

Робкий стук в дверь.

Войдите!

Входит очень тихий, небрежно одетый человек с узелком в руках.

Человек. Здравствуйте, хозяюшка! Простите, что я врываюсь к вам. Может быть, я помешал? Может быть, мне уйти?

Хозяйка. Нет, нет, что вы! Садитесь, пожалуйста!

Человек. Можно положить узелок?

Хозяйка. Конечно, прошу вас!

Человек. Вы очень добры. Ах, какой славный, удобный очаг! И ручка для вертела! И крючок для чайника!

Хозяйка. Вы королевский повар?

Человек. Нет, хозяюшка, я первый министр короля.

Хозяйка. Кто, кто?

Министр. Первый министр его величества.

Хозяйка. Ах, простите...

Министр. Ничего, я не сержусь... Когда-то все угадывали с первого взгляда, что я министр. Я был сияющий, величественный такой. Знатоки утверждали, что трудно понять, кто держится важнее и достойнее — я или королевские кошки. А теперь... Сами видите...

Хозяйка. Что же довело вас до такого состояния?

Министр. Дорога, хозяюшка.

Хозяйка. Дорога?

Министр. В силу некоторых причин мы, группа придворных, были вырваны из привычной обстановки и отправлены в чужие страны. Это само по себе мучительно, а тут еще этот тиран.

Хозяйка. Король?

Министр. Что вы, что вы! К его величеству мы давно привыкли. Тиран — это министр-администратор.

Х о з я й к а. Но если вы первый министр, то он ваш подчиненный? Как же он может быть вашим тираном?

М и н и с т р. Он забрал такую силу, что мы все дрожим перед ним.

Х о з я й к а. Как же это удалось ему?

М и н и с т р. Он единственный из всех нас умеет путешествовать. Он умеет достать лошадей на почтовой станции, добыть карету, накормить нас. Правда, все это он делает плохо, но мы и вовсе ничего такого не можем. Не говорите ему, что я жаловался, а то он меня оставит без сладкого.

Х о з я й к а. А почему вы не пожалуетесь королю?

М и н и с т р. Ах, короля он так хорошо... как это говорится на деловом языке... обслуживает и снабжает, что государь ничего не хочет слышать.

Входят две фрейлины и придворная дама.

Д а м а *(говорит мягко, негромко, произносит каждое слово с аристократической отчетливостью).* Черт его знает, когда это кончится! Мы тут запаршивеем к свиньям, пока этот ядовитый гад соблаговолит дать нам мыла. Здравствуйте, хозяйка, простите, что мы без стука. Мы в дороге одичали, как чертова мать.

М и н и с т р. Да, вот она, дорога! Мужчины делаются тихими от ужаса, а женщины — грозными. Позвольте представить вам красу и гордость королевской свиты — первую кавалерственную даму.

Д а м а. Боже мой, как давно не слышала я подобных слов! *(Делает реверанс.)* Очень рада, черт побери. *(Представляет хозяйке.)* Фрейлины принцессы — Оринтия и Аманда.

Фрейлины приседают.

Простите, хозяйка, но я вне себя! Его окаянное превосходительство министр-администратор не дал нам сегодня пудры, духов келькфлер и глицеринового мыла, смягчающего кожу и предохраняющего от обветривания. Я убеждена, что он продал все это туземцам. Поверите ли, когда мы выезжали из столицы, у него была всего только жалкая картонка из-под шляпы, в которой лежал бутерброд и его жалкие кальсоны. *(Министру.)* Не вздрагивайте, мой дорогой, то ли мы видели в дороге! Повторяю: кальсоны. А теперь у наглеца тридцать три ларца и двадцать два чемодана, не считая того, что он отправил домой с оказией.

О р и н т и я. И самое ужасное, что говорить мы теперь можем только о завтраках, обедах и ужинах.

А м а н д а. А разве для этого покинули мы родной дворец?

Д а м а. Скотина не хочет понять, что главное в нашем путешествии тонкие чувства: чувства принцессы, чувства короля. Мы были взяты в свиту, как женщины деликатные, чувствительные, милые. Я готова страдать. Не спать ночами. Умереть даже согласна, чтобы помочь принцессе. Но зачем терпеть лишние, никому не нужные, унизительные мучения из-за потерявшего стыд верблюда?

Х о з я й к а. Не угодно ли вам умыться с дороги, сударыни?

Д а м а. Мыла нет у нас!

Х о з я й к а. Я вам дам все что требуется и сколько угодно горячей воды.

Д а м а. Вы святая! *(Целует хозяйку.)* Мыться! Вспомнить оседлую жизнь! Какое счастье!

Х о з я й к а. Идемте, идемте, я провожу вас. Присядьте, сударь! Я сейчас вернусь и угощу вас кофе.

Уходит с придворной дамой и фрейлинами. Министр садится у очага. Входит м и н и с т р - а д м и н и с т р а т о р. Первый министр вскакивает.

М и н и с т р *(робко)*. Здравствуйте!

А д м и н и с т р а т о р. А?

М и н и с т р. Я сказал: здравствуйте!

А д м и н и с т р а т о р. Виделись!

М и н и с т р. Ах, почему, почему вы так невежливы со мной?

А д м и н и с т р а т о р. Я не сказал вам ни одного нехорошего слова. *(Достает из кармана записную книжку и углубляется в какие-то вычисления.)*

М и н и с т р. Простите... Где наши чемоданы?

А д м и н и с т р а т о р. Вот народец! Все о себе, все только о себе!

М и н и с т р. Но я...

А д м и н и с т р а т о р. Будете мешать — оставлю без завтрака.

М и н и с т р. Да нет, я ничего. Я так просто... Я сам пойду поищу его... чемоданчик-то. Боже мой, когда же все это кончится! *(Уходит.)*

А д м и н и с т р а т о р *(бормочет, углубившись в книжку)*. Два фунта придворным, а четыре в уме... Три фунта королю, а полтора в уме. Фунт принцессе, а полфунта в уме. Итого в уме шесть фунтиков! За одно утро! Молодец. Умница.

Входит х о з я й к а. Администратор подмигивает ей.

Ровно в полночь!

Х о з я й к а. Что в полночь?

А д м и н и с т р а т о р. Приходите к амбару. Мне ухаживать некогда. Вы привлекательны, я привлекателен — чего же тут время терять? В полночь. У амбара. Жду. Не пожалеете.

Хозяйка. Как вы смеете!

Администратор. Да, дорогая моя, — смею. Я и на принцессу, ха-ха, поглядываю многозначительно, но дурочка пока что ничего такого не понимает. Я своего не пропущу!

Хозяйка. Вы сумасшедший?

Администратор. Что вы, напротив! Я так нормален, что сам удивляюсь.

Хозяйка. Ну, значит, вы просто негодяй.

Администратор. Ах, дорогая, а кто хорош? Весь мир таков, что стесняться нечего. Сегодня, например, вижу: летит бабочка. Головка крошечная, безмозглая. Крыльями — бяк, бяк — дура дурой! Это зрелище на меня так подействовало, что я взял да украл у короля двести золотых. Чего тут стесняться, когда весь мир создан совершенно не на мой вкус. Береза — тупица, дуб — осел. Речка — идиотка. Облака — кретины. Люди — мошенники. Все! Даже грудные младенцы только об одном мечтают — как бы пожрать да поспать. Да ну его! Чего там в самом деле? Придете?

Хозяйка. И не подумаю. Да еще мужу пожалуюсь, и он превратит вас в крысу.

Администратор. Позвольте, он волшебник?

Хозяйка. Да.

Администратор. Предупреждать надо! В таком случае — забудьте о моем наглом предложении. *(Скороговоркой.)* Считаю его безобразной ошибкой. Я крайне подлый человек. Раскаиваюсь, раскаиваюсь, прошу дать возможность загладить. Всё. Где же, однако, эти проклятые придворные!

Хозяйка. За что вы их так ненавидите?

Администратор. Сам не знаю. Но чем больше я на них наживаюсь, тем больше ненавижу.

Хозяйка. Вернувшись домой, они вам все припомнят.

Администратор. Глупости! Вернутся, умилятся, обрадуются, захлопочутся, всё забудут. *(Трубит в трубу.)*

Входят первый министр, придворная дама, фрейлины.

Где вы шляетесь, господа? Не могу же я бегать за каждым в отдельности. Ах! *(Придворной даме.)* Вы умылись?

Дама. Умылась, черт меня подери!

Администратор. Предупреждаю: если вы будете умываться через мою голову, я снимаю с себя всякую ответственность.

Должен быть известный порядок, господа. Тогда все делайте сами! Что такое, на самом деле...

М и н и с т р. Тише! Его величество идет сюда!

Входят к о р о л ь и х о з я и н. Придворные низко кланяются.

К о р о л ь. Честное слово, мне здесь очень нравится. Весь дом устроен так славно, с такой любовью, что взял бы да отнял! Хорошо все-таки, что я не у себя! Дома я не удержался бы и заточил бы вас в свинцовую башню на рыночной площади. Ужасное место! Днем жара, ночью холод. Узники до того мучаются, что даже тюремщики иногда плачут от жалости... Заточил бы я вас, а домик себе!

Х о з я и н *(хохочет)*. Вот изверг-то!

К о р о л ь. А вы как думали? Король — от темени до пят! Двенадцать поколений предков — и все изверги, один к одному! Сударыня, где моя дочь?

Д а м а. Ваше величество! Принцесса приказала нам отстать. Их высочеству угодно было собирать цветы на прелестной поляне, возле шумного горного ручья в полном одиночестве.

К о р о л ь. Как осмелились вы бросить крошку одну! В траве могут быть змеи, от ручья дует!

Х о з я й к а. Нет, король, нет! Не бойтесь за нее. *(Указывает в окно.)* Вон она идет, живехонька, здоровехонька!

К о р о л ь *(бросается к окну)*. Правда! Да, да, верно, вон, вон идет дочка моя единственная. *(Хохочет.)* Засмеялась! *(Хмурится.)* А теперь задумалась... *(Сияет.)* А теперь улыбнулась. Да как нежно, как ласково! Что это за юноша с нею? Он ей нравится — значит, и мне тоже. Какого он происхождения?

Х о з я и н. Волшебного!

К о р о л ь. Прекрасно. Родители живы?

Х о з я и н. Умерли.

К о р о л ь. Великолепно! Братья, сестры есть?

Х о з я и н. Нету.

К о р о л ь. Лучше и быть не может. Я пожалую ему титул, состояние, и пусть он путешествует с нами. Не может он быть плохим человеком, если так понравился нам. Хозяйка, он славный юноша?

Х о з я й к а. Очень, но...

К о р о л ь. Никаких «но»! Сто лет человек не видел свою дочь радостной, а ему говорят «но»! Довольно, кончено! Я счастлив — и все тут! Буду сегодня кутить весело, добродушно, со всякими безобидными выходками, как мой двоюродный прадед, который утонул в аквариуме, пытаясь поймать зубами золотую рыбку. Откройте бочку вина! Две бочки! Три! Приготовьте тарелки — я их буду бить! Уберите хлеб из овина — я подожгу овин! И пошлите в город за стеклами и стекольщиком! Мы счастливы, мы веселы, все пойдет теперь как в хорошем сне!

Входят принцесса и Медведь.

Принцесса. Здравствуйте, господа!

Придворные *(хором).* Здравствуйте, ваше королевское высочество!

Медведь замирает в ужасе.

Принцесса. Я, правда, видела уже вас всех сегодня, но мне кажется, что это было так давно! Господа, этот юноша — мой лучший друг.

Король. Жалую ему титул принца!

Придворные низко кланяются Медведю, он озирается с ужасом.

Принцесса. Спасибо, папа! Господа! В детстве я завидовала девочкам, у которых есть братья. Мне казалось, что это очень интересно, когда дома возле живет такое непохожее на нас, отчаянное, суровое и веселое существо. И существо это любит вас, потому что вы ему родная сестра. А теперь я не жалею об этом. По-моему, он...

Берет Медведя за руку. Тот вздрагивает.

По-моему, он нравится мне больше даже, чем родной брат. С братьями ссорятся, а с ним я, по-моему, никогда не могла бы поссориться. Он любит то, что я люблю, понимает меня, даже когда я говорю непонятно, и мне с ним очень легко. Я его тоже понимаю, как самое себя. Видите, какой он сердитый. *(Смеется.)* Знаете почему? Я скрыла от него, что я принцесса, он их терпеть не может. Мне хотелось, чтобы он увидал, как не похожа я на других принцесс. Дорогой мой, да ведь я их тоже терпеть не могу! Нет, нет, пожалуйста, не смотрите на меня с таким ужасом! Ну, прошу вас! Ведь это я! Вспомните! Не сердитесь! Не пугайте меня! Не надо! Ну, хотите — я поцелую вас?

Медведь *(с ужасом).* Ни за что!

Принцесса. Я не понимаю!

Медведь *(тихо, с отчаянием).* Прощайте, навсегда прощайте! *(Убегает.)*

Пауза. Хозяйка плачет.

Принцесса. Что я ему сделала? Он вернется?

Отчаянный топот копыт.

К о р о л ь *(у окна).* Куда вы?! *(Выбегает.)*

Придворные и хозяин за ним. Принцесса бросается к хозяйке.

П р и н ц е с с а. Вы его назвали — сынок. Вы его знаете. Что я ему сделала?

Х о з я й к а. Ничего, родная. Ты ни в чем не виновата. Не качай головой, поверь мне!

П р и н ц е с с а. Нет, нет, я понимаю, все понимаю! Ему не понравилось, что я его взяла за руку при всех. Он так вздрогнул, когда я сделала это. И это... это еще... Я говорила о братьях ужасно нелепо... Я сказала: интересно, когда возле живет непохожее существо... Существо... Это так по-книжному, так глупо. Или... или... Боже мой! Как я могла забыть самое позорное! Я сказала ему, что поцелую его, а он...

Входят к о р о л ь, х о з я и н, п р и д в о р н ы е.

К о р о л ь. Он ускакал не оглядываясь на своем сумасшедшем коне, прямо без дороги, в горы.

Принцесса убегает.

Куда ты? Что ты? *(Мчится за нею следом.)*

Слышно, как щелкает ключ в замке. К о р о л ь *возвращается. Он неузнаваем.*

Палач!

П а л а ч показывается в окне.

П а л а ч. Жду, государь.
К о р о л ь. Приготовься!
П а л а ч. Жду, государь!

Глухой барабанный бой.

К о р о л ь. Господа придворные, молитесь! Принцесса заперлась в комнате и не пускает меня к себе. Вы все будете казнены!

А д м и н и с т р а т о р. Король!

К о р о л ь. Все! Эй, вы там. Песочные часы!

Входит к о р о л е в с к и й с л у г а. Ставит на стол большие песочные часы.

Помилую только того, кто, пока бежит песок в часах, объяснит мне все и научит, как помочь принцессе. Думайте, господа, думайте. Песок бежит быстро! Говорите по очереди, коротко и точно. Первый министр!

Министр. Государь, по крайнему моему разумению, старшие не должны вмешиваться в любовные дела детей, если это хорошие дети, конечно.

Король. Вы умрете первым, ваше превосходительство! *(Придворной даме.)* Говорите, сударыня!

Дама. Много, много лет назад, государь, я стояла у окна, а юноша на черном коне мчался прочь от меня по горной дороге. Была тихая-тихая лунная ночь. Топот копыт все затихал и затихал вдали...

Администратор. Да говори ты скорей, окаянная! Песок-то сыплется!

Король. Не мешайте!

Администратор. Ведь одна порция на всех. Нам что останется!

Король. Продолжайте, сударыня.

Дама *(неторопливо, с торжеством глядя на администратора)*. От всей души благодарю вас, ваше королевское величество! Итак, была тихая-тихая лунная ночь. Топот копыт все затихал и затихал вдали и наконец умолк навеки... Ни разу с той поры не видела я бедного мальчика. И как вы знаете, государь, я вышла замуж за другого — и вот жива, спокойна и верно служу вашему величеству.

Король. А были вы счастливы после того, как он ускакал?

Дама. Ни одной минуты за всю мою жизнь!

Король. Вы тоже сложите свою голову на плахе, сударыня!

Дама кланяется с достоинством.

(Администратору.) Докладывайте!

Администратор. Самый лучший способ утешить принцессу — это выдать замуж за человека, доказавшего свою практичность, знание жизни, распорядительность и состоящего при короле.

Король. Вы говорите о палаче?

Администратор. Что вы, ваше величество! Я его с этой стороны и не знаю совсем...

Король. Узна́ете. Аманда!

Аманда. Король, мы помолились и готовы к смерти.

Король. И вы не посоветуете, как нам быть?

Оринтия. Каждая девушка поступает по-своему в подобных случаях. Только сама принцесса может решить, что тут делать.

Распахивается дверь. Принцесса появляется на пороге. Она в мужском платье, при шпаге, за поясом пистолеты.

Хозяин. Ха-ха-ха! Отличная девушка! Молодчина!

К о р о л ь. Дочка! Что ты? Зачем ты пугаешь меня? Куда ты собралась?

П р и н ц е с с а. Этого я никому не скажу. Оседлать коня!

К о р о л ь. Да, да, едем, едем!

А д м и н и с т р а т о р. Прекрасно! Палач, уйдите, пожалуйста, родной. Там вас покормят. Убрать песочные часы! Придворные, в кареты!

П р и н ц е с с а. Замолчите! *(Подходит к отцу.)* Я очень тебя люблю, отец, не сердись на меня, но я уезжаю одна.

К о р о л ь. Нет!

П р и н ц е с с а. Клянусь, что убью каждого, кто последует за мной! Запомните это все.

К о р о л ь. Даже я?

П р и н ц е с с а. У меня теперь своя жизнь. Никто ничего не понимает, никому я ничего не скажу больше. Я одна, одна, и хочу быть одна! Прощайте! *(Уходит.)*

Король стоит некоторое время неподвижно, ошеломленный. Топот копыт приводит его в себя. Он бросается к окну.

К о р о л ь. Скачет верхом! Без дороги! В горы! Она заблудится! Она простудится! Упадет с седла и запутается в стремени! За ней! Следом! Чего вы ждете?

А д м и н и с т р а т о р. Ваше величество! Принцесса изволила поклясться, что застрелит каждого, кто последует за ней!

К о р о л ь. Все равно! Я буду следить за ней издали. За камушками ползти. За кустами. В траве буду прятаться от родной дочери, но не брошу ее. За мной!

Выбегает. Придворные за ним.

Х о з я й к а. Ну? Ты доволен?

Х о з я и н. Очень!

Занавес

ДЕЙСТВИЕ ВТОРОЕ

Общая комната в трактире «Эмилия». Поздний вечер. Пылает огонь в камине. Светло. Уютно. Стены дрожат от отчаянных порывов ветра. За прилавком — т р а к т и р щ и к. Это маленький, быстрый, стройный, изящный в движениях человек.

Т р а к т и р щ и к. Ну и погодка! Метель, буря, лавины, обвалы! Даже дикие козы испугались и прибежали ко мне во двор просить о помощи. Сколько лет живу здесь, на горной вершине, среди вечных снегов, а такого урагана не припомню. Хорошо, что трактир мой построен надежно, как хороший замок, кладовые полны, огонь пылает. Трактир «Эмилия»! Трактир «Эмилия»... Эмилия... Да, да... Проходят охотники, проезжают дровосеки, волокут волоком мачтовые сосны, странники бредут неведомо куда, неведомо откуда, и все они позвонят в колокол, постучат в дверь, зайдут отдохнуть, поговорить, посмеяться, пожаловаться. И каждый раз я, как дурак, надеюсь, что каким-то чудом она вдруг войдет сюда. Она уже седая теперь, наверное. Седая. Давно замужем... И все-таки я мечтаю хоть голос ее услышать. Эмилия, Эмилия...

Звонит колокол.

Боже мой!

Стучат в дверь. Трактирщик бросается открывать.

Войдите! Пожалуйста, войдите!

Входят к о р о л ь, м и н и с т р ы, п р и д в о р н ы е. Все они закутаны с головы до ног, занесены снегом.

К огню, господа, к огню! Не плачьте, сударыни, прошу вас! Я понимаю, что трудно не обижаться, когда вас бьют по лицу, суют за шиворот снег, толкают в сугроб, но ведь буря это делает без всякой злобы, нечаянно. Буря только разыгралась — и все тут. Позвольте, я помогу вам. Вот так. Горячего вина, пожалуйста. Вот так!

Министр. Какое прекрасное вино!

Трактирщик. Благодарю вас! Я сам вырастил лозу, сам давил виноград, сам выдержал вино в своих подвалах и своими руками подаю его людям. Я все делаю сам. В молодости я ненавидел людей, но это так скучно! Ведь тогда ничего не хочется делать и тебя одолевают бесплодные, печальные мысли. И вот я стал служить людям и понемножку привязался к ним. Горячего молока, сударыни? Да, я служу людям и горжусь этим! Я считаю, что трактирщик выше, чем Александр Македонский. Тот людей убивал, а я их кормлю, веселю, прячу от непогоды. Конечно, я беру за это деньги, но и Македонский работал не бесплатно. Еще вина, пожалуйста! С кем имею честь говорить? Впрочем, как вам угодно. Я привык к тому, что странники скрывают свои имена.

Король. Трактирщик, я король.

Трактирщик. Добрый вечер, ваше величество!

Король. Добрый вечер. Я очень несчастен, трактирщик!

Трактирщик. Это случается, ваше величество.

Король. Врешь, я беспримерно несчастен! Во время этой проклятой бури мне было полегчало. А теперь вот я согрелся, ожил, и все мои тревоги и горести ожили вместе со мной. Безобразие какое! Дайте мне еще вина!

Трактирщик. Сделайте одолжение!

Король. У меня дочка пропала!

Трактирщик. Ай-ай-ай!

Король. Эти бездельники, эти дармоеды оставили ребенка без присмотра. Дочка влюбилась, поссорилась, переоделась мальчиком и скрылась. Она не забредала к вам?

Трактирщик. Увы, нет, государь!

Король. Кто живет в трактире?

Трактирщик. Знаменитый охотник с двумя учениками.

Король. Охотник? Позовите его! Он мог встретить мою дочку. Ведь охотники охотятся повсюду!

Трактирщик. Увы, государь, этот охотник теперь совсем не охотится.

Король. А чем же он занимается?

Трактирщик. Борется за свою славу. Он добыл уже пятьдесят дипломов, подтверждающих, что он знаменит, и подстрелил шестьдесят хулителей своего таланта.

Король. А здесь он что делает?

Трактирщик. Отдыхает! Бороться за свою славу — что может быть утомительнее?

К о р о л ь. Ну, тогда черт с ним. Эй, вы там, приговоренные к смерти! В путь!

Т р а к т и р щ и к. Куда вы, государь? Подумайте! Вы идете на верную гибель!

К о р о л ь. А вам-то что? Мне легче там, где лупят снегом по лицу и толкают в шею. Встать!

Придворные встают.

Т р а к т и р щ и к. Погодите, ваше величество! Не надо капризничать, не надо лезть назло судьбе к самому черту в лапы. Я понимаю, что, когда приходит беда, — трудно усидеть на месте...

К о р о л ь. Невозможно!

Т р а к т и р щ и к. А приходится иногда! В такую ночь никого вы не разыщете, а только сами пропадете без вести.

К о р о л ь. Ну и пусть!

Т р а к т и р щ и к. Нельзя же думать только о себе. Не мальчик, слава богу, отец семейства. Ну, ну, ну! Не надо гримасничать, кулаки сжимать, зубами скрипеть. Вы меня послушайте! Я дело говорю! Моя гостиница оборудована всем, что может принести пользу гостям. Слыхали вы, что люди научились теперь передавать мысли на расстоянии?

К о р о л ь. Придворный ученый что-то пробовал мне рассказать об этом, да я уснул.

Т р а к т и р щ и к. И напрасно! Сейчас я расспрошу соседей о бедной принцессе, не выходя из этой комнаты.

К о р о л ь. Честное слово?

Т р а к т и р щ и к. Увидите. В пяти часах езды от нас — монастырь, где экономом работает мой лучший друг. Это самый любопытный монах на свете. Он знает все, что творится на сто верст вокруг. Сейчас я передам ему все, что требуется, и через несколько секунд получу ответ. Тише, тише, друзья мои, не шевелитесь, не вздыхайте так тяжело: мне надо сосредоточиться. Так. Передаю мысли на расстоянии. «Ау! Ау! Гоп-гоп! Мужской монастырь, келья девять, отцу эконому. Отец эконом! Гоп-гоп! Ау! Горах заблудилась девушка мужском платье. Сообщи, где она. Целую. Трактирщик». Вот и все. Сударыни, не надо плакать. Я настраиваюсь на прием, а женские слезы расстраивают меня. Вот так. Благодарю вас. Тише. Перехожу на прием. «Трактир «Эмилия». Трактирщику. Не знаю сожалению. Пришли монастырь две туши черных козлов». Все понятно! Отец эконом, к сожалению, не знает, где принцесса, и просит прислать для монастырской трапезы...

К о р о л ь. К черту трапезу! Спрашивайте других соседей!

Трактирщик. Увы, государь, уж если отец эконом ничего не знает, то все другие тем более.

Король. Я сейчас проглочу мешок пороху, ударю себя по животу и разорвусь в клочья!

Трактирщик. Эти домашние средства никогда и ничему не помогают. *(Берет связку ключей.)* Я отведу вам самую большую комнату, государь!

Король. Что я там буду делать?

Трактирщик. Ходить из угла в угол. А на рассвете мы вместе отправимся на поиски. Верно говорю. Вот вам ключ. И вы, господа, получайте ключи от своих комнат. Это самое разумное из всего, что можно сделать сегодня. Отдохнуть надо, друзья мои! Набраться сил! Берите свечи. Вот так. Пожалуйте за мной!

Уходит, сопровождаемый королем и придворными. Тотчас же в комнату входит ученик знаменитого охотника. Оглядевшись осторожно, он кричит перепелом. Ему отвечает чириканье скворца, и в комнату заглядывает охотник.

Ученик. Идите смело! Никого тут нету!

Охотник. Если это охотники приехали сюда, то я застрелю тебя, как зайца.

Ученик. Да я-то здесь при чем! Господи!

Охотник. Молчи! Куда ни поеду отдыхать — везде толкутся окаянные охотники. Ненавижу! Да еще тут же охотничьи жены обсуждают охотничьи дела вкривь и вкось! Тьфу! Дурак ты!

Ученик. Господи! Да я-то тут при чем?

Охотник. Заруби себе на носу: если эти приезжие — охотники, то мы уезжаем немедленно. Болван! Убить тебя мало!

Ученик. Да что же это такое? Да за что же вы меня, начальник, мучаете! Да я...

Охотник. Молчи! Молчи, когда старшие сердятся! Ты чего хочешь? Чтобы я, настоящий охотник, тратил заряды даром? Нет, брат! Я для того и держу учеников, чтобы моя брань задевала хоть кого-нибудь. Семьи у меня нет, терпи ты. Письма отправил?

Ученик. Отнес еще до бури. И когда шел обратно, то...

Охотник. Помолчи! Все отправил? И то, что в большом конверте? Начальнику охоты?

Ученик. Все, все! И когда шел обратно, следы видел. И заячьи, и лисьи.

Охотник. К черту следы! Есть мне время заниматься глупостями, когда там внизу глупцы и завистники роют мне яму.

Ученик. А может, не роют?

Охотник. Роют, знаю я их!

У ч е н и к. Ну и пусть. А мы настреляли бы дичи целую гору — вот когда нас боялись бы... Они нам яму, а мы им добычу, ну и вышло бы, что мы молодцы, а они подлецы. Настрелять бы...

О х о т н и к. Осёл! Настрелять бы... Как начнут они там внизу обсуждать каждый мой выстрел — с ума сойдёшь! Лису, мол, он убил, как в прошлом году, ничего не внёс нового в дело охоты. А если, чего доброго, промахнёшься! Я, который до сих пор бил без промаха? Молчи! Убью! *(Очень мягко.)* А где же мой новый ученик?

У ч е н и к. Чистит ружьё.

О х о т н и к. Молодец!

У ч е н и к. Конечно! У вас кто новый, тот и молодец.

О х о т н и к. Ну и что? Во-первых, я его не знаю и могу ждать от него любых чудес. Во-вторых, он меня не знает и поэтому уважает без всяких оговорок и рассуждений. Не то что ты!

Звонит колокол.

Батюшки мои! Приехал кто-то! В такую погоду! Честное слово, это какой-нибудь охотник. Нарочно вылез в бурю, чтобы потом хвастать...

Стук в дверь.

Открывай, дурак! Так бы и убил тебя!

У ч е н и к. Господи, да я-то здесь при чём?

Отпирает дверь. Входит М е д в е д ь, занесённый снегом, ошеломлённый. Отряхивается, оглядывается.

М е д в е д ь. Куда это меня занесло?

О х о т н и к. Идите к огню, грейтесь.

М е д в е д ь. Благодарю. Это гостиница?

О х о т н и к. Да. Хозяин сейчас выйдет. Вы охотник?

М е д в е д ь. Что вы! Что вы!

О х о т н и к. Почему вы говорите с таким ужасом об этом?

М е д в е д ь. Я не люблю охотников.

О х о т н и к. А вы их знаете, молодой человек?

М е д в е д ь. Да, мы встречались.

О х о т н и к. Охотники — это самые достойные люди на земле! Это все честные, простые парни. Они любят своё дело. Они вязнут в болотах, взбираются на горные вершины, блуждают по такой чаще, где даже зверю приходится жутко. И делают они всё это не из любви к наживе, не из честолюбия, нет, нет! Их ведёт благородная страсть! Понял?

М е д в е д ь. Нет, не понял. Но умоляю вас, не будем спорить! Я не знал, что вы так любите охотников!

О х о т н и к. Кто, я? Я просто терпеть не могу, когда их ругают посторонние.

М е д в е д ь. Хорошо, я не буду их ругать. Мне не до этого.

О х о т н и к. Я сам охотник! Знаменитый!

М е д в е д ь. Мне очень жаль.

О х о т н и к. Не считая мелкой дичи, я подстрелил на своем веку пятьсот оленей, пятьсот коз, четыреста волков и девяносто девять медведей.

Медведь вскакивает.

Чего вы вскочили?

М е д в е д ь. Убивать медведей — все равно что детей убивать!

О х о т н и к. Хороши дети! Вы видели их когти?

М е д в е д ь. Да. Они много короче, чем охотничьи кинжалы.

О х о т н и к. А сила медвежья?

М е д в е д ь. Не надо было дразнить зверя.

О х о т н и к. Я так возмущен, что просто слов нет, придется стрелять. *(Кричит.)* Эй! Мальчуган! Принеси сюда ружье! Живо! Сейчас я вас убью, молодой человек.

М е д в е д ь. Мне все равно.

О х о т н и к. Где же ты, мальчуган? Ружье, ружье мне.

Вбегает п р и н ц е с с а. В руках у нее ружье. Медведь вскакивает.

(Принцессе.) Гляди, ученик, и учись. Этот наглец и невежда сейчас будет убит. Не жалей его. Он не человек, так как ничего не понимает в искусстве. Подай мне ружье, мальчик. Что ты прижимаешь его к себе, как маленького ребенка?

Вбегает т р а к т и р щ и к.

Т р а к т и р щ и к. Что случилось? А, понимаю. Дай ему ружье, мальчик, не бойся. Пока господин знаменитый охотник отдыхал после обеда, я высыпал порох из всех зарядов. Я знаю привычки моего почтенного гостя!

О х о т н и к. Проклятье!

Т р а к т и р щ и к. Вовсе не проклятье, дорогой друг. Вы, старые скандалисты, в глубине души бываете довольны, когда вас хватают за руки.

О х о т н и к. Нахал!

Трактирщик. Ладно, ладно! Съешь лучше двойную порцию охотничьих сосисок.

Охотник. Давай, черт с тобой. И охотничьей настойки двойную порцию.

Трактирщик. Вот так-то лучше.

Охотник *(ученикам)*. Садитесь, мальчуганы. Завтра, когда погода станет потише, идем на охоту.

Ученик. Ура!

Охотник. В хлопотах и суете я забыл, какое это высокое, прекрасное искусство. Этот дурачок раззадорил меня.

Трактирщик. Тише ты! *(Отводит Медведя в дальний угол, усаживает за стол.)* Садитесь, пожалуйста, сударь. Что с вами? Вы нездоровы? Сейчас я вас вылечу. У меня прекрасная аптечка для проезжающих... У вас жар?

Медведь. Не знаю... *(Шепотом.)* Кто эта девушка?

Трактирщик. Все понятно... Вы сходите с ума от несчастной любви. Тут, к сожалению, лекарства бессильны.

Медведь. Кто эта девушка?

Трактирщик. Здесь ее нет, бедняга!

Медведь. Ну как же нет! Вон она шепчется с охотником.

Трактирщик. Это вам все чудится! Это вовсе не она, это он. Это просто ученик знаменитого охотника. Вы понимаете меня?

Медведь. Благодарю вас. Да.

Охотник. Что вы там шепчетесь обо мне?

Трактирщик. И вовсе не о тебе.

Охотник. Все равно. Терпеть не могу, когда на меня глазеют. Отнеси ужин ко мне в комнату. Ученики, за мной!

Трактирщик несет поднос с ужином. Охотник с учеником и принцессой идут следом. Медведь бросается за ними. Вдруг дверь распахивается, прежде чем Медведь успевает добежать до нее. На пороге принцесса. Некоторое время принцесса и Медведь молча смотрят друг на друга. Но вот принцесса обходит Медведя, идет к столу, за которым сидела, берет забытый там носовой платок и направляется к выходу, не глядя на Медведя.

Медведь. Простите... У вас нет сестры?

Принцесса отрицательно качает головой.

Посидите со мной немного. Пожалуйста! Дело в том, что вы удивительно похожи на девушку, которую мне необходимо забыть как можно скорее. Куда же вы?

Принцесса. Не хочу напоминать то, что необходимо забыть.

Медведь. Боже мой! И голос ее!

П р и н ц е с с а. Вы бредите.

М е д в е д ь. Очень может быть. Я как в тумане.

П р и н ц е с с а. Отчего?

М е д в е д ь. Я ехал и ехал трое суток, без отдыха, без дороги. Поехал бы дальше, но мой конь заплакал, как ребенок, когда я хотел миновать эту гостиницу.

П р и н ц е с с а. Вы убили кого-нибудь?

М е д в е д ь. Нет, что вы!

П р и н ц е с с а. От кого же бежали вы, как преступник?

М е д в е д ь. От любви.

П р и н ц е с с а. Какая забавная история!

М е д в е д ь. Не смейтесь. Я знаю: молодые люди — жестокий народ. Ведь они еще ничего не успели пережить. Я сам был таким всего три дня назад. Но с тех пор поумнел. Вы были когда-нибудь влюблены?

П р и н ц е с с а. Не верю я в эти глупости.

М е д в е д ь. Я тоже не верил. А потом влюбился.

П р и н ц е с с а. В кого же это, позвольте узнать?

М е д в е д ь. В ту самую девушку, которая так похожа на вас.

П р и н ц е с с а. Смотрите пожалуйста.

М е д в е д ь. Умоляю вас, не улыбайтесь! Я очень серьезно влюбился!

П р и н ц е с с а. Да уж, от легкого увлечения так далеко не убежишь.

М е д в е д ь. Ах, вы не понимаете... Я влюбился и был счастлив. Недолго, но зато как никогда в жизни. А потом...

П р и н ц е с с а. Ну?

М е д в е д ь. Потом я вдруг узнал об этой девушке нечто такое, что все перевернуло разом. И в довершение беды я вдруг увидел ясно, что и она влюбилась в меня тоже.

П р и н ц е с с а. Какой удар для влюбленного!

М е д в е д ь. В этом случае страшный удар! А еще страшнее, страшнее всего мне стало, когда она сказала, что поцелует меня.

П р и н ц е с с а. Глупая девчонка!

М е д в е д ь. Что?

П р и н ц е с с а. Презренная дура!

М е д в е д ь. Не смей так говорить о ней!

П р и н ц е с с а. Она этого стоит.

М е д в е д ь. Не тебе судить! Это прекрасная девушка. Простая и доверчивая, как... как... как я!

П р и н ц е с с а. Вы? Вы хитрец, хвастун и болтун.

М е д в е д ь. Я?

Принцесса. Да! Первому встречному с худо скрытым торжеством рассказываете вы о своих победах.

Медведь. Так вот как ты понял меня?

Принцесса. Да, именно так! Она глупа...

Медведь. Изволь говорить о ней почтительно!

Принцесса. Она глупа, глупа, глупа!

Медведь. Довольно! Дерзких щенят наказывают! *(Выхватывает шпагу.)* Защищайся!

Принцесса. К вашим услугам!

Сражаются ожесточенно.

Уже дважды я мог убить вас.

Медведь. А я, мальчуган, ищу смерти!

Принцесса. Почему вы не умерли без посторонней помощи?

Медведь. Здоровье не позволяет.

Делает выпад. Сбивает шляпу с головы принцессы. Ее тяжелые косы падают почти до земли. Медведь роняет шпагу.

Принцесса! Вот счастье! Вот беда! Это вы! Вы! Зачем вы здесь?

Принцесса. Три дня я гналась за вами. Только в бурю потеряла ваш след, встретила охотника и пошла к нему в ученики.

Медведь. Вы три дня гнались за мной?

Принцесса. Да! Чтобы сказать, как вы мне безразличны. Знайте, что вы для меня все равно что... все равно что бабушка, да еще чужая! И я не собираюсь вас целовать! И не думала я вовсе влюбляться в вас. Прощайте! *(Уходит. Возвращается.)* Вы так обидели меня, что я все равно отомщу вам! Я докажу вам, как вы мне безразличны. Умру, а докажу! *(Уходит.)*

Медведь. Бежать, бежать скорее! Она сердилась и бранила меня, а я видел только ее губы и думал, думал об одном: вот сейчас я ее поцелую! Медведь проклятый! Бежать, бежать! А может быть, еще раз, всего только разик взглянуть на нее? Глаза у нее такие ясные! И она здесь, здесь, рядом, за стеной. Сделать несколько шагов и... *(Смеется.)* Подумать только — она в одном доме со мной! Вот счастье! Что я делаю! Я погублю ее и себя! Эй ты, зверь! Прочь отсюда! В путь!

Входит трактирщик.

Я уезжаю!

Трактирщик. Это невозможно.

Медведь. Я не боюсь урагана.

Трактирщик. Конечно, конечно! Но вы разве не слышите, как стало тихо?

Медведь. Верно. Почему это?

Трактирщик. Я попробовал сейчас выйти во двор взглянуть, не снесло ли крышу нового амбара, — и не мог.

Медведь. Не могли?

Трактирщик. Мы погребены под снегом. В последние полчаса не хлопья, а целые сугробы валились с неба. Мой старый друг, горный волшебник, женился и остепенился, а то я подумал бы, что это его шалости.

Медведь. Если уехать нельзя, то заприте меня!

Трактирщик. Запереть?

Медведь. Да, да, на ключ!

Трактирщик. Зачем?

Медведь. Мне нельзя встречаться с ней! Я ее люблю!

Трактирщик. Кого?

Медведь. Принцессу!

Трактирщик. Она здесь?

Медведь. Здесь. Она переоделась в мужское платье. Я сразу узнал ее, а вы мне не поверили.

Трактирщик. Так это и в самом деле была она?

Медведь. Она! Боже мой... Только теперь, когда не вижу ее, я начинаю понимать, как оскорбила она меня!

Трактирщик. Нет!

Медведь. Как нет? Вы слышали, что она мне тут наговорила?

Трактирщик. Не слышал, но это все равно. Я столько пережил, что все понимаю.

Медведь. С открытой душой, по-дружески я жаловался ей на свою горькую судьбу, а она подслушала меня, как предатель.

Трактирщик. Не понимаю. Она подслушала, как вы жаловались ей же?

Медведь. Ах, ведь тогда я думал, что говорю с юношей, похожим на нее! Так понять меня! Все кончено! Больше я не скажу ей ни слова! Этого простить нельзя! Когда путь будет свободен, я только один разик молча взгляну на нее и уеду. Заприте, заприте меня!

Трактирщик. Вот вам ключ. Ступайте. Вон ваша комната. Нет, нет, запирать я вас не стану. В дверях новенький замок, и мне будет жалко, если вы его сломаете. Спокойной ночи. Идите, идите же!

Медведь. Спокойной ночи. *(Уходит.)*

Трактирщик. Спокойной ночи. Только не найти его тебе, нигде не найти тебе покоя. Запись в монастырь — одиночество напомнит о ней. Открой трактир при дороге — каждый стук двери напомнит тебе о ней.

Входит придворная дама.

Дама. Простите, но свеча у меня в комнате все время гаснет.
Трактирщик. Эмилия! Ведь это верно? Ведь вас зовут Эмилия?
Дама. Да, меня зовут так. Но, сударь...
Трактирщик. Эмилия!
Дама. Черт меня побери!
Трактирщик. Вы узнаете меня?
Дама. Эмиль...
Трактирщик. Так звали юношу, которого жестокая девушка заставила бежать за тридевять земель, в горы, в вечные снега.
Дама. Не смотрите на меня. Лицо обветрилось. Впрочем, к дьяволу все. Смотрите. Вот я какая. Смешно?
Трактирщик. Я вижу вас такой, как двадцать пять лет назад.
Дама. Проклятие!
Трактирщик. На самых многолюдных маскарадах я узнавал вас под любой маской.
Дама. Помню.
Трактирщик. Что мне маска, которую надело на вас время!
Дама. Но вы не сразу узнали меня!
Трактирщик. Вы были так закутаны. Не смейтесь!
Дама. Я разучилась плакать. Вы меня узнали, но вы не знаете меня. Я стала злобной. Особенно в последнее время. Трубки нет?
Трактирщик. Трубки?
Дама. Я курю в последнее время. Тайно. Матросский табак. Адское зелье. От этого табака свечка и гасла все время у меня в комнате. Я и пить пробовала. Не понравилось. Вот я какая теперь стала.
Трактирщик. Вы всегда были такой.
Дама. Я?
Трактирщик. Да. Всегда у вас был упрямый и гордый нрав. Теперь он сказывается по-новому — вот и вся разница. Замужем были?
Дама. Была.
Трактирщик. За кем?
Дама. Вы его не знали.
Трактирщик. Он здесь?
Дама. Умер.

Т р а к т и р щ и к. А я думал, что тот юный паж стал вашим супругом.

Д а м а. Он тоже умер.

Т р а к т и р щ и к. Вот как? Отчего?

Д а м а. Утонул, отправившись на поиски младшего сына, которого буря унесла в море. Юношу подобрал купеческий корабль, а отец утонул.

Т р а к т и р щ и к. Так. Значит, юный паж...

Д а м а. Стал седым ученым и умер, а вы все сердитесь на него.

Т р а к т и р щ и к. Вы целовались с ним на балконе!

Д а м а. А вы танцевали с дочкой генерала.

Т р а к т и р щ и к. Танцевать прилично!

Д а м а. Черт побери! Вы шептали ей что-то на ухо все время!

Т р а к т и р щ и к. Я шептал ей: раз, два, три! Раз, два, три! Раз, два, три! Она все время сбивалась с такта.

Д а м а. Смешно!

Т р а к т и р щ и к. Ужасно смешно! До слез.

Д а м а. С чего вы взяли, что мы были бы счастливы, поженившись?

Т р а к т и р щ и к. А вы сомневаетесь в этом? Да? Что же вы молчите?

Д а м а. Вечной любви не бывает.

Т р а к т и р щ и к. У трактирной стойки я не то еще слышал о любви. А вам не подобает так говорить. Вы всегда были разумны и наблюдательны.

Д а м а. Ладно. Ну простите меня, окаянную, за то, что я целовалась с этим мальчишкой. Дайте руку.

Эмиль и Эмилия пожимают друг другу руки.

Ну, вот и все. Жизнь не начнешь с начала.

Т р а к т и р щ и к. Все равно. Я счастлив, что вижу вас.

Д а м а. Я тоже. Тем глупее. Ладно. Плакать я теперь разучилась. Только смеюсь или бранюсь. Поговорим о другом, если вам не угодно, чтобы я ругалась, как кучер, или ржала, как лошадь.

Т р а к т и р щ и к. Да, да. У нас есть о чем поговорить. У меня в доме двое влюбленных детей могут погибнуть без нашей помощи.

Д а м а. Кто эти бедняги?

Т р а к т и р щ и к. Принцесса и тот юноша, из-за которого она бежала из дому. Он приехал сюда вслед за вами.

Д а м а. Они встретились?

Т р а к т и р щ и к. Да. И успели поссориться.

Д а м а. Бей в барабаны!

Трактирщик. Что вы говорите?
Дама. Труби в трубы!
Трактирщик. В какие трубы?
Дама. Не обращайте внимания. Дворцовая привычка. Так у нас командуют в случае пожара, наводнения, урагана. Караул, в ружье! Надо что-то немедленно предпринять. Пойду доложу королю. Дети погибают! Шпаги вон! К бою готовь! В штыки! *(Убегает.)*
Трактирщик. Я все понял... Эмилия была замужем за дворцовым комендантом. Труби в трубы! Бей в барабаны! Шпаги вон! Курит. Чертыхается. Бедная, гордая, нежная Эмилия! Разве он понимал, на ком женат, проклятый грубиян, царство ему небесное!

Вбегают король, первый министр, министр-администратор, фрейлины, придворная дама.

Король. Вы ее видели?
Трактирщик. Да.
Король. Бледна, худа, еле держится на ногах?
Трактирщик. Загорела, хорошо ест, бегает, как мальчик.
Король. Ха-ха-ха! Молодец!
Трактирщик. Спасибо.
Король. Не вы молодец — она молодец. Впрочем, все равно, пользуйтесь. И он здесь?
Трактирщик. Да.
Король. Влюблен?
Трактирщик. Очень.
Король. Ха-ха-ха! То-то! Знай наших. Мучается?
Трактирщик. Ужасно.
Король. Так ему и надо! Ха-ха-ха! Он мучается, а она жива, здорова, спокойна, весела...

Входит охотник, сопровождаемый учеником.

Охотник. Дай капель!
Трактирщик. Каких?
Охотник. Почем я знаю? Ученик мой заскучал.
Трактирщик. Этот?
Ученик. Еще чего! Я умру — он и то не заметит.
Охотник. Новенький мой заскучал, не ест, не пьет, невпопад отвечает.
Король. Принцесса?
Охотник. Кто, кто?
Трактирщик. Твой новенький — переодетая принцесса.
Ученик. Волк тебя заешь! А я ее чуть не стукнул по шее!

Охотник *(ученику)*. Негодяй! Болван! Мальчика от девочки не можешь отличить!

Ученик. Вы тоже не отличили.

Охотник. Есть мне время заниматься подобными пустяками!

Король. Замолчи ты! Где принцесса?

Охотник. Но, но, но, не ори, любезный! У меня работа тонкая, нервная. Я окриков не переношу. Пришибу тебя и отвечать не буду!

Трактирщик. Это король!

Охотник. Ой! *(Кланяется низко.)* Простите, ваше величество.

Король. Где моя дочь?

Охотник. Их высочество изволят сидеть у очага в нашей комнате. Сидят они и глядят на уголья.

Король. Проводите меня к ней!

Охотник. Рад служить, ваше величество! Сюда, пожалуйста, ваше величество. Я вас провожу, а вы мне диплом. Дескать, учил королевскую дочь благородному искусству охоты.

Король. Ладно, потом.

Охотник. Спасибо, ваше величество.

Уходят. Администратор затыкает уши.

Администратор. Сейчас, сейчас мы услышим пальбу!

Трактирщик. Какую?

Администратор. Принцесса дала слово, что застрелит каждого, кто последует за ней.

Дама. Она не станет стрелять в родного отца.

Администратор. Знаю я людей! Для честного словца не пожалеют и отца.

Трактирщик. А я не догадался разрядить пистолеты учеников.

Дама. Бежим туда! Уговорим ее!

Министр. Тише! Государь возвращается. Он разгневан!

Администратор. Опять начнет казнить! А я и так простужен! Нет работы вредней придворной.

Входят король и охотник.

Король *(негромко и просто)*. Я в ужасном горе. Она сидит там у огня, тихая, несчастная. Одна — вы слышите? Одна! Ушла из дому, от забот моих ушла. И если я приведу целую армию и все королевское могущество отдам ей в руки — это ей не поможет. Как же это так? Что же мне делать? Я ее растил, берег, а теперь вдруг не могу ей помочь. Она за тридевять земель от меня. Подите к ней. Расспросите ее. Может быть, мы ей можем помочь все-таки? Ступайте же!

А д м и н и с т р а т о р. Она стрелять будет, ваше величество!

К о р о л ь. Ну так что? Вы все равно приговорены к смерти. Боже мой! Зачем все так меняется в твоем мире? Где моя маленькая дочка? Страстная, оскорбленная девушка сидит у огня. Да, да, оскорбленная. Я вижу. Мало ли я их оскорблял на своем веку. Спросите, что он ей сделал? Как мне поступить с ним? Казнить? Это я могу. Поговорить с ним? Берусь! Ну! Ступайте же!

Т р а к т и р щ и к. Позвольте мне поговорить с принцессой, король.

К о р о л ь. Нельзя! Пусть к дочке пойдет кто-нибудь из своих.

Т р а к т и р щ и к. Именно свои влюбленным кажутся особенно чужими. Все переменилось, а свои остались такими, как были.

К о р о л ь. Я не подумал об этом. Вы совершенно правы. Тем не менее приказания своего не отменю.

Т р а к т и р щ и к. Почему?

К о р о л ь. Почему, почему... Самодур потому что. Во мне тетя родная проснулась, дура неисправимая. Шляпу мне!

Министр подает королю шляпу.

Бумаги мне.

Трактирщик подает королю бумагу.

Бросим жребий. Так. Так, готово. Тот, кто вынет бумажку с крестом, пойдет к принцессе.

Д а м а. Позвольте мне без всяких крестов поговорить с принцессой, ваше величество. Мне есть что сказать ей.

К о р о л ь. Не позволю! Мне попала вожжа под мантию! Я — король или не король? Жребий, жребий! Первый министр! Вы первый!

Министр тянет жребий, разворачивает бумажку.

М и н и с т р. Увы, государь!

А д м и н и с т р а т о р. Слава богу!

М и н и с т р. На бумаге нет креста!

А д м и н и с т р а т о р. Зачем же было кричать «увы», болван!

К о р о л ь. Тише! Ваша очередь, сударыня!

Д а м а. Мне идти, государь.

А д м и н и с т р а т о р. От всей души поздравляю! Царствия вам небесного!

К о р о л ь. А ну, покажите мне бумажку, сударыня! *(Выхватывает из рук придворной дамы ее жребий, рассматривает, качает головой.)* Вы вруньи, сударыня! Вот упрямый народ! Так и норовят одурачить бедного своего повелителя! Следующий! *(Администратору.)* Тяните жребий, сударь. Куда! Куда вы лезете! Откройте глаза, любезный! Вот, вот она, шляпа, перед вами.

Администратор тянет жребий, смотрит.

А д м и н и с т р а т о р. Ха-ха-ха!
К о р о л ь. Что «ха-ха-ха»?
А д м и н и с т р а т о р. То есть я хотел сказать — увы! Вот честное слово, провалиться мне, я не вижу никакого креста. Ай-ай-ай, какая обида! Следующий!
К о р о л ь. Дайте мне ваш жребий!
А д м и н и с т р а т о р. Кого?
К о р о л ь. Бумажку! Живо! *(Заглядывает в бумажку.)* Нет креста?
А д м и н и с т р а т о р. Нет!
К о р о л ь. А это что?
А д м и н и с т р а т о р. Какой же это крест? Смешно, честное слово... Это скорее буква «х»!
К о р о л ь. Нет, любезный, это он и есть! Ступайте!
А д м и н и с т р а т о р. Люди, люди, опомнитесь! Что вы делаете? Мы бросили дела, забыли сан и звание, поскакали в горы по чертовым мостам, по козьим дорожкам. Что нас довело до этого?
Д а м а. Любовь!
А д м и н и с т р а т о р. Давайте, господа, говорить серьезно! Нет никакой любви на свете!
Т р а к т и р щ и к. Есть!
А д м и н и с т р а т о р. Уж вам-то стыдно притворяться! Человек коммерческий, имеете свое дело.
Т р а к т и р щ и к. И все же я берусь доказать, что любовь существует на свете!
А д м и н и с т р а т о р. Нет ее! Людям я не верю, я слишком хорошо их знаю, а сам ни разу не влюблялся. Следовательно, нет любви! Следовательно, меня посылают на смерть из-за выдумки, предрассудка, пустого места!
К о р о л ь. Не задерживайте меня, любезный. Не будьте эгоистом.
А д м и н и с т р а т о р. Ладно, ваше величество, я не буду, только послушайте меня. Когда контрабандист ползет через пропасть по жердочке или купец плывет в маленьком судёнышке по Вели-

кому океану — это почтенно, это понятно. Люди деньги зарабатывают. А во имя чего, извините, мне голову терять? То, что вы называете любовью, — это немного неприлично, довольно смешно и очень приятно. При чем же тут смерть?

Д а м а. Замолчите, презренный!

А д м и н и с т р а т о р. Ваше величество, не велите ей ругаться! Нечего, сударыня, нечего смотреть на меня так, будто вы и в самом деле думаете то, что говорите. Нечего, нечего! Все люди свиньи, только одни в этом признаются, а другие ломаются. Не я презренный, не я злодей, а все эти благородные страдальцы, странствующие проповедники, бродячие певцы, нищие музыканты, площадные болтуны. Я весь на виду, всякому понятно, чего я хочу. С каждого понемножку — и я уже не сержусь, веселею, успокаиваюсь, сижу себе да щелкаю на счетах. А эти раздуватели чувств, мучители душ человеческих — вот они воистину злодеи, убийцы непойманные. Это они лгут, будто совесть существует в природе, уверяют, что сострадание прекрасно, восхваляют верность, учат доблести и толкают на смерть обманутых дурачков! Это они выдумали любовь. Нет ее! Поверьте солидному состоятельному мужчине!

К о р о л ь. А почему принцесса страдает?

А д м и н и с т р а т о р. По молодости лет, ваше величество!

К о р о л ь. Ладно. Сказал последнее слово приговоренного, и хватит. Все равно не помилую! Ступай! Ни слова! Застрелю!

Администратор уходит, пошатываясь.

Экий дьявол! И зачем только я слушал его? Он разбудил во мне тетю, которую каждый мог убедить в чем угодно. Бедняжка была восемнадцать раз замужем, не считая легких увлечений. А ну как и в самом деле нет никакой любви на свете? Может быть, у принцессы просто ангина или бронхит, а я мучаюсь.

Д а м а. Ваше величество...

К о р о л ь. Помолчите, сударыня! Вы женщина почтенная, верующая. Спросим молодежь. Аманда! Вы верите в любовь?

А м а н д а. Нет, ваше величество!

К о р о л ь. Вот видите! А почему?

А м а н д а. Я была влюблена в одного человека, и он оказался таким чудовищем, что я перестала верить в любовь. Я влюбляюсь теперь во всех кому не лень. Все равно!

К о р о л ь. Вот видите! А вы что скажете о любви, Оринтия?

О р и н т и я. Все, что вам угодно, кроме правды, ваше величество.

К о р о л ь. Почему?

О р и н т и я. Говорить о любви правду так страшно и так трудно, что я разучилась это делать раз и навсегда. Я говорю о любви то, чего от меня ждут.

К о р о л ь. Вы мне скажите только одно — есть любовь на свете?

О р и н т и я. Есть, ваше величество, если вам угодно. Я сама столько раз влюблялась!

К о р о л ь. А может, нет ее?

О р и н т и я. Нет ее, если вам угодно, государь! Есть легкое, веселое безумие, которое всегда кончается пустяками.

Выстрел.

К о р о л ь. Вот вам и пустяки!

О х о т н и к. Царствие ему небесное!

У ч е н и к. А может, он... она... они — промахнулись?

О х о т н и к. Наглец! Моя ученица — и вдруг...

У ч е н и к. Долго ли училась-то!

О х о т н и к. О ком говоришь! При ком говоришь! Очнись!

К о р о л ь. Тише вы! Не мешайте мне! Я радуюсь! Ха-ха-ха! Наконец-то, наконец вырвалась дочка моя из той проклятой теплицы, в которой я, старый дурак, ее вырастил. Теперь она поступает, как все нормальные люди: у нее неприятности — и вот она палит в кого попало. *(Всхлипывает.)* Растет дочка. Эй, трактирщик! Приберите там в коридоре!

Входит а д м и н и с т р а т о р. В руках у него дымящийся пистолет.

У ч е н и к. Промахнулась! Ха-ха-ха!

К о р о л ь. Это что такое? Почему вы живы, нахал?

А д м и н и с т р а т о р. Потому что это я стрелял, государь.

К о р о л ь. Вы?

А д м и н и с т р а т о р. Да, вот представьте себе.

К о р о л ь. В кого?

А д м и н и с т р а т о р. В кого, в кого... В принцессу! Она жива, жива, не пугайтесь!

К о р о л ь. Эй, вы там! Плаху, палача и рюмку водки. Водку мне, остальное ему. Живо!

А д м и н и с т р а т о р. Не торопитесь, любезный!

К о р о л ь. Кому это ты говоришь?

Входит М е д в е д ь. Останавливается в дверях.

А д м и н и с т р а т о р. Вам, папаша, говорю. Не торопитесь! Принцесса — моя невеста.

Придворная дама. Бей в барабаны, труби в трубы, караул, в ружье!

Первый министр. Он сошел с ума?

Трактирщик. О, если бы!

Король. Рассказывай толком, а то убью!

Администратор. Расскажу с удовольствием. Люблю рассказывать о делах, которые удались. Да вы садитесь, господа, чего там, в самом деле, я разрешаю. Не хотите — как хотите. Ну вот, значит... Пошел я, как вы настаивали, к девушке... Пошел, значит. Хорошо. Приоткрываю дверь, а сам думаю: ох, убьет... Умирать хочется, как любому из присутствующих. Ну вот. А она обернулась на скрип двери и вскочила. Я, сами понимаете, ахнул. Выхватил, естественно, пистолет из кармана. И, как поступил бы на моем месте любой из присутствующих, выпалил из пистолета в девушку. А она и не заметила. Взяла меня за руку и говорит: я думала, думала, сидя тут у огня, да и поклялась выйти замуж за первого встречного. Ха-ха! Видите, как мне везет, как ловко вышло, что я промахнулся. Ай да я!

Придворная дама. Бедный ребенок!

Администратор. Не перебивать! Я спрашиваю: значит, я ваш жених теперь? А она отвечает: что же делать, если вы подвернулись под руку. Гляжу — губки дрожат, пальчики вздрагивают, в глазах чувства, на шейке жилка бьется, то-се, пятое, десятое. *(Захлебывается.)* Ох ты, ух ты!

Трактирщик подает водку королю. Администратор выхватывает рюмку, выпивает одним глотком.

Ура! Обнял я ее, следовательно, чмокнул в самые губки.

Медведь. Замолчи, убью!

Администратор. Нечего, нечего. Убивали меня уже сегодня — и что вышло? На чем я остановился-то? Ах да... Поцеловались мы, значит...

Медведь. Замолчи!

Администратор. Король! Распорядитесь, чтобы меня не перебивали! Неужели трудно? Поцеловались мы, а потом она говорит: ступайте доложите обо всем папе, а я пока переоденусь девочкой. А я ей на это: разрешите помочь застегнуть то, другое, зашнуровать, затянуть, хе-хе... А она мне, кокетка такая, отвечает: вон отсюда! А я ей на это: до скорого свидания, ваше величество, канашка, курочка. Ха-ха-ха!

Король. Черт знает что... Эй вы... Свита... Поищите там чего-нибудь в аптечке... Я потерял сознание, остались одни чувства... Тонкие... Едва определимые... То ли мне хочется музыки и цветов, то ли зарезать кого-нибудь. Чувствую, чувствую смутно-смутно — случилось что-то неладное, а взглянуть в лицо действительности — нечем...

Входит п р и н ц е с с а. Бросается к отцу.

П р и н ц е с с а (*отчаянно*). Папа! Папа! (*Замечает Медведя. Спокойно.*) Добрый вечер, папа. А я замуж выхожу.
К о р о л ь. За кого, дочка?
П р и н ц е с с а (*указывает на администратора кивком головы*). Вот за этого. Подите сюда! Дайте мне руку.
А д м и н и с т р а т о р. С наслаждением! Хе-хе...
П р и н ц е с с а. Не смейте хихикать, а то я застрелю вас!
К о р о л ь. Молодец! Вот это по-нашему!
П р и н ц е с с а. Свадьбу я назначаю через час.
К о р о л ь. Через час? Отлично! Свадьба — во всяком случае радостное и веселое событие, а там видно будет. Хорошо! Что, в самом деле... Дочь нашлась, все живы, здоровы, вина вдоволь. Распаковать багаж! Надеть праздничные наряды! Зажечь все свечи! Потом разберемся!
М е д в е д ь. Стойте!
К о р о л ь. Что такое? Ну, ну, ну! Говорите же!
М е д в е д ь (*обращается к Оринтии и Аманде, которые стоят обнявшись*). Я прошу вашей руки. Будьте моей женой. Взгляните на меня — я молод, здоров, прост. Я добрый человек и никогда вас не обижу. Будьте моей женой!
П р и н ц е с с а. Не отвечайте ему!
М е д в е д ь. Ах, вот как! Вам можно, а мне нет!
П р и н ц е с с а. Я поклялась выйти замуж на первого встречного.
М е д в е д ь. Я тоже.
П р и н ц е с с а. Я... Впрочем, довольно, довольно, мне все равно! (*Идет к выходу.*) Дамы! За мной! Вы поможете мне надеть подвенечное платье.
К о р о л ь. Кавалеры, за мной! Вы мне поможете заказать свадебный ужин. Трактирщик, это и вас касается.
Т р а к т и р щ и к. Ладно, ваше величество, ступайте, я вас догоню. (*Придворной даме, шепотом.*) Под любым предлогом заставьте принцессу вернуться сюда, в эту комнату.
П р и д в о р н а я д а м а. Силой приволоку, разрази меня нечистый!

Все уходят, кроме Медведя и фрейлин, которые всё стоят, обнявшись, у стены.

Медведь *(фрейлинам).* Будьте моей женой!

Аманда. Сударь, сударь! Кому из нас вы делаете предложение?

Оринтия. Ведь нас двое.

Медведь. Простите, я не заметил.

Вбегает трактирщик.

Трактирщик. Назад, иначе вы погибнете! Подходить слишком близко к влюбленным, когда они ссорятся, смертельно опасно! Бегите, пока не поздно!

Медведь. Не уходите!

Трактирщик. Замолчи, свяжу! Неужели вам не жалко этих бедных девушек?

Медведь. Меня не жалели, и я не хочу никого жалеть!

Трактирщик. Слышите? Скорее, скорее прочь!

Оринтия и Аманда уходят, оглядываясь.

Слушай, ты! Дурачок! Опомнись, прошу тебя, будь добр! Несколько разумных ласковых слов — и вот вы снова счастливы. Понял? Скажи ей: слушайте, принцесса, так, мол, и так, я виноват, простите, не губите, я больше не буду, я нечаянно. А потом возьми да и поцелуй ее.

Медведь. Ни за что!

Трактирщик. Не упрямься! Поцелуй, да только покрепче!

Медведь. Нет!

Трактирщик. Не теряй времени! До свадьбы осталось всего сорок пять минут. Вы едва успеете помириться. Скорее. Опомнись! Я слышу шаги — это Эмилия ведет сюда принцессу. Ну же! Выше голову!

Распахивается дверь, и в комнату входит придворная дама в роскошном наряде. Ее сопровождают лакеи с зажженными канделябрами.

Придворная дама. Поздравляю вас, господа, с большой радостью!

Трактирщик. Слышишь, сынок?

Придворная дама. Пришел конец всем нашим горестям и злоключениям.

Трактирщик. Молодец, Эмилия!

Придворная дама. Согласно приказу принцессы, ее бракосочетание с господином министром, которое должно было состояться через сорок пять минут...

Трактирщик. Умница! Ну, ну?

Придворная дама. Состоится немедленно!

Трактирщик. Эмилия! Опомнитесь! Это несчастье, а вы улыбаетесь!

Придворная дама. Таков приказ. Не трогайте меня, я при исполнении служебных обязанностей, будь я проклята! *(Сияя.)* Пожалуйста, ваше величество, все готово. *(Трактирщику.)* Ну что я могла сделать! Она упряма, как, как... как мы с вами когда-то!

Входит король в горностаевой мантии и в короне. Он ведет за руку принцессу в подвенечном платье. Далее следует министр-администратор. На всех его пальцах сверкают бриллиантовые кольца. Следом за ним — придворные в праздничных нарядах.

Король. Ну что ж. Сейчас начнем венчать. *(Смотрит на Медведя с надеждой.)* Честное слово, сейчас начну. Без шуток. Раз! Два! Три! *(Вздыхает.)* Начинаю! *(Торжественно.)* Как почетный святой, почетный великомученик, почетный папа римский нашего королевства приступаю к совершению таинства брака. Жених и невеста! Дайте друг другу руки!

Медведь. Нет!

Король. Что нет? Ну же, ну! Говорите, не стесняйтесь!

Медведь. Уйдите все отсюда! Мне поговорить с ней надо! Уходите же!

Администратор *(выступая вперед)*. Ах ты наглец!

Медведь отталкивает его с такой силой, что министр-администратор летит в дверь.

Придворная дама. Ура! Простите, ваше величество...

Король. Пожалуйста! Я сам рад. Отец все-таки.

Медведь. Уйдите, умоляю! Оставьте нас одних!

Трактирщик. Ваше величество, а ваше величество! Пойдемте! Неудобно...

Король. Ну вот еще! Мне тоже небось хочется узнать, чем кончится их разговор!

Придворная дама. Государь!

Король. Отстаньте! А впрочем, ладно. Я ведь могу подслушивать у замочной скважины. *(Бежит на цыпочках.)* Пойдемте, пойдемте, господа! Неудобно!

Все убегают за ним, кроме принцессы и Медведя.

Медведь. Принцесса, сейчас я признаюсь во всем. На беду мы встретились, на беду полюбили друг друга. Я... я... Если вы поцелуете меня — я превращусь в медведя.

Принцесса закрывает лицо руками.

Я сам не рад! Это не я, это волшебник... Ему бы все шалить, а мы, бедные, вон как запутались. Поэтому я и бежал. Ведь я поклялся, что скорее умру, чем обижу вас. Простите! Это не я! Это он... Простите!

П р и н ц е с с а. Вы, вы — и вдруг превратитесь в медведя?

М е д в е д ь. Да.

П р и н ц е с с а. Как только я вас поцелую?

М е д в е д ь. Да.

П р и н ц е с с а. Вы, вы молча будете бродить взад-вперед по комнатам, как по клетке? Никогда не поговорите со мною по-человечески? А если я уж очень надоем вам своими разговорами — вы зарычите на меня, как зверь? Неужели так уныло кончатся все безумные радости и горести последних дней?

М е д в е д ь. Да.

П р и н ц е с с а. Папа! Папа!

Вбегает к о р о л ь, сопровождаемый всей с в и т о й.

Папа — он...

К о р о л ь. Да, да, я подслушал. Вот жалость-то какая!

П р и н ц е с с а. Уедем, уедем поскорее!

К о р о л ь. Дочка, дочка... Со мною происходит нечто такое... Доброе что-то — такой страх! — что-то доброе проснулось в моей душе. Давай подумаем — может быть, не стоит его прогонять. А? Живут же другие — и ничего! Подумаешь — медведь... Не хорек все-таки... Мы бы его причесывали, приручали. Он бы нам бы иногда плясал бы...

П р и н ц е с с а. Нет! Я его слишком люблю для этого.

Медведь делает шаг вперед и останавливается, опустив голову.

Прощай, навсегда прощай! *(Убегает.)*

Все, кроме Медведя, — за нею. Вдруг начинает играть музыка. Окна распахиваются сами собой. Восходит солнце. Снега и в помине нет. На горных склонах выросла трава, качаются цветы. С хохотом врывается х о з я и н. За ним, улыбаясь, спешит х о з я й к а. Она взглядывает на Медведя и сразу перестает улыбаться.

Х о з я и н *(вопит).* Поздравляю! Поздравляю! Совет да любовь!

Х о з я й к а. Замолчи, дурачок...

Х о з я и н. Почему — дурачок?

Х о з я й к а. Не то кричишь. Тут не свадьба, а горе.

Хозяин. Что? Как? Не может быть! Я привел их в эту уютную гостиницу да завалил сугробами все входы и выходы. Я радовался своей выдумке, так радовался, что вечный снег и тот растаял и горные склоны зазеленели под солнышком. Ты не поцеловал ее?

Медведь. Но ведь...

Хозяин. Трус!

Печальная музыка. На зеленую траву, на цветы падает снег. Опустив голову, ни на кого не глядя, проходит через комнату принцесса под руку с королем. За ними вся свита. Все это шествие проходит за окнами под падающим снегом. Выбегает трактирщик с чемоданом. Он потряхивает связкой ключей.

Трактирщик. Господа, господа, гостиница закрывается. Я уезжаю, господа!

Хозяин. Ладно! Давай мне ключи, я сам все запру.

Трактирщик. Вот спасибо! Поторопи охотника. Он там укладывает свои дипломы.

Хозяин. Ладно.

Трактирщик *(Медведю).* Слушай, бедный мальчик...

Хозяин. Ступай, я сам с ним поговорю. Поторопись, опоздаешь, отстанешь!

Трактирщик. Боже избави! *(Убегает.)*

Хозяин. Ты! Держи ответ! Как ты посмел не поцеловать ее?

Медведь. Но ведь вы знаете, чем это кончилось бы!

Хозяин. Нет, не знаю! Ты не любил девушку!

Медведь. Неправда!

Хозяин. Не любил, иначе волшебная сила безрассудства охватила бы тебя. Кто смеет рассуждать или предсказывать, когда высокие чувства овладевают человеком? Нищие, безоружные люди сбрасывают королей с престола из любви к ближнему. Из любви к родине солдаты попирают смерть ногами, и та бежит без оглядки. Мудрецы поднимаются на небо и ныряют в самый ад — из любви к истине. Землю перестраивают из любви к прекрасному. А ты что сделал из любви к девушке?

Медведь. Я отказался от нее.

Хозяин. Великолепный поступок. А ты знаешь, что всего только раз в жизни выпадает влюбленным день, когда все им удается. И ты прозевал свое счастье. Прощай. Я больше не буду тебе помогать. Нет! Мешать начну тебе изо всех сил. До чего довел... Я, весельчак и шалун, заговорил из-за тебя как проповедник. Пойдем, жена, закроем ставни.

Хозяйка. Идем, дурачок.

Стук закрываемых ставней. Входят о х о т н и к и его у ч е н и к. В руках у них огромные папки.

М е д в е д ь. Хотите убить сотого медведя?
О х о т н и к. Медведя? Сотого?
М е д в е д ь. Да, да! Рано или поздно — я разыщу принцессу, поцелую ее и превращусь в медведя... И тут вы...
О х о т н и к. Понимаю! Ново. Заманчиво. Но мне, право, неловко пользоваться вашей любезностью...
М е д в е д ь. Ничего, не стесняйтесь.
О х о т н и к. А как посмотрит на это ее королевское высочество?
М е д в е д ь. Обрадуется!
О х о т н и к. Ну что же... Искусство требует жертв. Я согласен.
М е д в е д ь. Спасибо, друг! Идем!

Занавес

ДЕЙСТВИЕ ТРЕТЬЕ

Сад, уступами спускающийся к морю. Кипарисы, пальмы, пышная зелень, цветы. Широкая терраса, на перилах которой сидит т р а к т и р щ и к. Он одет по-летнему, в белом с головы до ног, посвежевший, помолодевший.

Т р а к т и р щ и к. Ау! Ау-у-у! Гоп, гоп! Монастырь, а монастырь! Отзовись! Отец эконом, где же ты? У меня новости есть! Слышишь? Новости! Неужели и это не заставит тебя насторожить уши? Неужели ты совсем разучился обмениваться мыслями на расстоянии? Целый год я вызываю тебя — и все напрасно. Отец эконом! Ау-у-у-у! Гоп, гоп! *(Вскакивает.)* Ура! Гоп, гоп! Здравствуй, старик! Ну, наконец-то! Да не ори ты так, ушам больно! Мало ли что! Я тоже обрадовался, да не ору же. Что? Нет уж, сначала ты выкладывай все, старый сплетник, а потом я расскажу, что пережили мы за этот год. Да, да. Все новости расскажу, ничего не пропущу, не беспокойся. Ну ладно уж, перестань охать да причитать, переходи к делу. Так, так, понимаю. А ты что? А настоятель что? А она что? Ха-ха-ха! Вот шустрая бабенка! Понимаю. Ну а как там гостиница моя? Работает? Да ну? Как, как, повтори-ка. *(Всхлипывает и сморкается.)* Приятно. Трогательно. Погоди, дай запишу. Тут нам угрожают разные беды и неприятности, так что полезно запастись утешительными новостями. Ну? Как говорят люди? Без него гостиница — как тело без души? Это без меня то есть? Спасибо, старый козел, порадовал ты меня. Ну а еще что? В остальном, говоришь, все как было? Все по-прежнему? Вот чудеса-то! Меня там нет, а все идет по-прежнему! Подумать только! Ну ладно, теперь я примусь рассказывать. Сначала о себе. Я страдаю невыносимо. Ну, сам посуди, вернулся я на родину. Так? Все вокруг прекрасно. Верно? Все цветет да радуется, как и в дни моей молодости, только я уже совсем не тот! Погубил я свое счастье, прозевал. Вот ужас, правда? Почему я говорю об этом так весело? Ну все-таки дома... Я, не глядя на мои невыносимые страдания, все-таки прибавился в весе на пять кило. Ничего не поделаешь. Живу

И кроме того, страдания страданиями, а все-таки женился же я. На ней, на ней. На Э! Э! Э! Чего тут не понимать! Э! А не называю имя ее полностью, потому что, женившись, я остался почтительным влюбленным. Не могу я орать на весь мир имя, священное для меня. Нечего ржать, демон, ты ничего не понимаешь в любви, ты монах. Чего? Ну какая же это любовь, старый бесстыдник! Вот то-то и есть. А? Как принцесса? Ох, брат, плохо. Грустно, брат. Расхворалась у нас принцесса. От того расхворалась, во что ты, козел, не веришь. Вот то-то и есть, что от любви. Доктор говорит, что принцесса может умереть, да мы не хотим верить. Это было бы уж слишком несправедливо. Да не пришел он сюда, не пришел, понимаешь. Охотник пришел, а медведь пропадает неведомо где. По всей видимости, принц-администратор не пропускает его к нам всеми неправдами, какие есть на земле. Да, представь себе, администратор теперь принц и силен, как бес. Деньги, брат. Он до того разбогател, что просто страх. Что хочет, то и делает. Волшебник не волшебник, а вроде того. Ну, довольно о нем. Противно. Охотник-то? Нет, не охотится. Книжку пытается написать по теории охоты. Когда выйдет книжка? Неизвестно. Он отрывки пока печатает, а потом перестреливается с товарищами по профессии из-за каждой запятой. Заведует у нас королевской охотой. Женился, между прочим. На фрейлине принцессы, Аманде. Девочка у них родилась. Назвали Мушка. А ученик охотника женился на Оринтии. У них мальчик. Назвали Мишень. Вот, брат. Принцесса страдает, болеет, а жизнь идет своим чередом. Что ты говоришь? Рыба тут дешевле, чем у вас, а говядина в одной цене. Что? Овощи, брат, такие, которые тебе и не снились. Тыквы сдают небогатым семьям под дачи. Дачники и живут в тыкве, и питаются ею. И благодаря этому дача, чем дольше в ней живешь, тем становится просторнее. Вот, брат. Пробовали и арбузы сдавать, но в них жить сыровато. Ну, прощай, брат. Принцесса идет. Грустно, брат. Прощай, брат. Завтра в это время слушай меня. Ох-ох-ох, дела-делишки...

Входит принцесса.

Здравствуйте, принцесса!

П р и н ц е с с а. Здравствуйте, дорогой мой друг! Мы еще не виделись? А мне-то казалось, что я уже говорила вам, что сегодня умру.

Т р а к т и р щ и к. Не может этого быть! Вы не умрете!

П р и н ц е с с а. Я и рада бы, но все так сложилось, что другого выхода не найти. Мне и дышать трудно, и глядеть — вот как я устала. Я никому этого не показываю, потому что привыкла с детства не плакать, когда ушибусь, но ведь вы свой, верно?

Трактирщик. Я не хочу вам верить.

Принцесса. А придется все-таки! Как умирают без хлеба, без воды, без воздуха, так и я умираю оттого, что нет мне счастья, да и все тут.

Трактирщик. Вы ошибаетесь!

Принцесса. Нет! Как человек вдруг понимает, что влюблен, так же сразу он угадывает, когда смерть приходит за ним.

Трактирщик. Принцесса, не надо, пожалуйста!

Принцесса. Я знаю, что это грустно, но еще грустнее вам будет, если я оставлю вас не попрощавшись. Сейчас я напишу письма, уложу вещи, а вы пока соберите друзей здесь, на террасе. А я потом выйду и попрощаюсь с вами. Хорошо? *(Уходит.)*

Трактирщик. Вот горе-то, вот беда. Нет, нет, я не верю, что это может случиться! Она такая славная, такая нежная, никому ничего худого не сделала! Друзья, друзья мои! Скорее! Сюда! Принцесса зовет! Друзья, друзья мои!

Входят хозяин и хозяйка.

Вы? Вот счастье-то, вот радость! И вы услышали меня?

Хозяин. Услышали, услышали!

Трактирщик. Вы были возле?

Хозяйка. Нет, мы сидели дома на крылечке. Но муж мой вдруг вскочил, закричал: «Пора, зовут», — схватил меня на руки, взвился под облака, а оттуда вниз, прямо к вам. Здравствуйте, Эмиль!

Трактирщик. Здравствуйте, здравствуйте, дорогие мои! Вы знаете, что у нас тут творится! Помогите нам. Администратор стал принцем и не пускает медведя к бедной принцессе.

Хозяйка. Ах, это совсем не администратор.

Трактирщик. А кто же?

Хозяйка. Мы.

Трактирщик. Не верю! Вы клевещете на себя!

Хозяин. Замолчи! Как ты смеешь причитать, ужасаться, надеяться на хороший конец там, где уже нет, нет пути назад. Избаловался! Изнежился! Раскис тут под пальмами. Женился и думает теперь, что все в мире должно идти ровненько да гладенько. Да, да! Это я не пускаю мальчишку сюда. Я!

Трактирщик. А зачем?

Хозяин. А затем, чтобы принцесса спокойно и с достоинством встретила свой конец.

Трактирщик. Ох!

Хозяин. Не охай!

Т р а к т и р щ и к. А что, если чудом...

Х о з я и н. Я когда-нибудь учил тебя управлять гостиницей или сохранять верность в любви? Нет? Ну и ты не смей говорить мне о чудесах. Чудеса подчинены таким же законам, как и все другие явления природы. Нет такой силы на свете, которая может помочь бедным детям. Ты чего хочешь? Чтобы он на наших глазах превратился в медведя и охотник застрелил бы его? Крик, безумие, безобразие вместо печального и тихого конца? Этого ты хочешь?

Т р а к т и р щ и к. Нет.

Х о з я и н. Ну и не будем об этом говорить.

Т р а к т и р щ и к. А если все-таки мальчик проберется сюда...

Х о з я и н. Ну уж нет! Самые тихие речки по моей усадьбе выходят из берегов и преграждают ему путь, едва он подходит к броду. Горы уж на что домоседы, но и те, скрипя камнями и шумя лесами, сходят с места, становятся на его дороге. Я уже не говорю об ураганах. Эти рады сбить человека с пути. Но это еще не все. Как ни было мне противно, но приказал я злым волшебникам делать ему зло. Только убивать его не разрешил.

Х о з я й к а. И вредить его здоровью.

Х о з я и н. А все остальное — позволил. И вот огромные лягушки опрокидывают его коня, выскочив из засады. Комары жалят его.

Х о з я й к а. Только не малярийные.

Х о з я и н. Но зато огромные, как пчелы. И его мучают сны до того страшные, что только такие здоровяки, как наш медведь, могут их досмотреть до конца, не проснувшись. Злые волшебники стараются изо всех сил, ведь они подчинены нам, добрым. Нет, нет! Все будет хорошо, все кончится печально. Зови, зови друзей прощаться с принцессой.

Т р а к т и р щ и к. Друзья, друзья мои!

Появляются Эмилия, первый министр, Оринтия, Аманда, ученик охотника.

Друзья мои...

Э м и л и я. Не надо, не говори, мы все слышали.

Х о з я и н. А где же охотник?

У ч е н и к. Пошел к доктору за успокоительными каплями. Боится заболеть от беспокойства.

Э м и л и я. Это смешно, но я не в силах смеяться. Когда теряешь одного из друзей, то остальным на время прощаешь все... *(Всхлипывает.)*

Х о з я и н. Сударыня, сударыня! Будем держаться как взрослые люди. И в трагических концах есть свое величие.

Э м и л и я. Какое?

Х о з я и н. Они заставляют задуматься оставшихся в живых.

Э м и л и я. Что же тут величественного? Стыдно убивать героев для того, чтобы растрогать холодных и расшевелить равнодушных. Терпеть я этого не могу. Поговорим о другом.

Х о з я и н. Да, да, давайте. Где же бедняга-король? Плачет небось!

Э м и л и я. В карты играет, старый попрыгун!

П е р в ы й   м и н и с т р. Сударыня, не надо браниться! Это я виноват во всем. Министр обязан докладывать государю всю правду, а я боялся огорчить его величество... Надо, надо открыть королю глаза!

Э м и л и я. Он и так все великолепно видит.

П е р в ы й   м и н и с т р. Нет, нет, не видит. Это принц-администратор плох, а король просто прелесть что такое. Я дал себе клятву, что при первой же встрече открою государю глаза. И король спасет свою дочь, а следовательно, и всех нас!

Э м и л и я. А если не спасет?

П е р в ы й   м и н и с т р. Тогда и я взбунтуюсь, черт возьми!

Э м и л и я. Король идет сюда. Действуйте. Я и над вами не в силах смеяться, господин первый министр.

Входит к о р о л ь. Он очень весел.

К о р о л ь. Здравствуйте, здравствуйте! Какое прекрасное утро. Как дела, как принцесса? Впрочем, не надо мне отвечать, я и так понимаю, что все обстоит благополучно.

П е р в ы й   м и н и с т р. Ваше величество...

К о р о л ь. До свидания, до свидания!

П е р в ы й   м и н и с т р. Ваше величество, выслушайте меня.

К о р о л ь. Я спать хочу.

П е р в ы й   м и н и с т р. Коли вы не спасете свою дочь, то кто ее спасет? Вашу родную, вашу единственную дочь! Поглядите, что делается у нас! Мошенник, наглый деляга без сердца и разума захватил власть в королевстве. Все, все служит теперь одному — разбойничьему его кошельку. Всюду, всюду бродят его приказчики и таскают с места на место тюки с товарами, ни на что не глядя. Они врезываются в похоронные процессии, останавливают свадьбы, валят с ног детишек, толкают стариков. Прикажите прогнать принца-администратора — и принцессе легче станет дышать, и страшная свадьба не будет больше грозить бедняжке. Ваше величество!..

К о р о л ь. Ничего, ничего я не могу сделать!

П е р в ы й   м и н и с т р. Почему?

К о р о л ь. Потому что вырождаюсь, дурак ты этакий! Книжки надо читать и не требовать от короля того, что он не в силах сделать. Принцесса умрет? Ну и пусть. Едва я увижу, что этот ужас в самом деле грозит мне, как покончу самоубийством. У меня и яд давно приготовлен. Я недавно попробовал это зелье на одном карточном партнере. Прелесть что такое. Тот помер и не заметил. Чего же кричать-то? Чего беспокоиться обо мне?

Э м и л и я. Мы не о вас беспокоимся, а о принцессе.

К о р о л ь. Вы не беспокоитесь о своем короле?

П е р в ы й м и н и с т р. Да, ваше превосходительство.

К о р о л ь. Ох! Как вы меня назвали?

П е р в ы й м и н и с т р. Ваше превосходительство.

К о р о л ь. Меня, величайшего из королей, обозвали генеральским титулом? Да ведь это бунт!

П е р в ы й м и н и с т р. Да! Я взбунтовался. Вы, вы, вы вовсе не величайший из королей, а просто выдающийся, да и только.

К о р о л ь. Ох!

П е р в ы й м и н и с т р. Съел? Ха-ха, я пойду еще дальше. Слухи о вашей святости преувеличены, да, да! Вы вовсе не по заслугам именуетесь почетным святым. Вы простой аскет!

К о р о л ь. Ой!

П е р в ы й м и н и с т р. Подвижник!

К о р о л ь. Ай!

П е р в ы й м и н и с т р. Отшельник, но отнюдь не святой.

К о р о л ь. Воды!

Э м и л и я. Не давайте ему воды, пусть слушает правду!

П е р в ы й м и н и с т р. Почетный папа римский? Ха-ха! Вы не папа римский, не папа, поняли? Не папа, да и все тут!

К о р о л ь. Ну, это уж слишком! Палач!

Э м и л и я. Он не придет, он работает в газете министра-администратора. Пишет стихи.

К о р о л ь. Министр, министр-администратор! Сюда! Обижают!

Входит министр-администратор. Он держится теперь необыкновенно солидно. Говорит не спеша, вещает.

А д м и н и с т р а т о р. Но почему? Отчего? Кто смеет обижать нашего славного, нашего рубаху-парня, как я его называю, нашего королька?

К о р о л ь. Они ругают меня, велят, чтобы я вас прогнал!

А д м и н и с т р а т о р. Какие гнусные интриги, как я это называю.

К о р о л ь. Они меня пугают.

Администратор. Чем?

Король. Говорят, что принцесса умрет.

Администратор. Отчего?

Король. От любви, что ли.

Администратор. Это, я бы сказал, вздор. Бред, как я это называю. Наш общий врач, мой и королька, вчера только осматривал принцессу и докладывал мне о состоянии ее здоровья. Никаких болезней, приключающихся от любви, у принцессы не обнаружено. Это первое. А во-вторых, от любви приключаются болезни потешные, для анекдотов, как я это называю, и вполне излечимые, если их не запустить, конечно. При чем же тут смерть?

Король. Вот видите! Я же вам говорил. Доктору лучше знать, в опасности принцесса или нет.

Администратор. Доктор своей головой поручился мне, что принцесса вот-вот поправится. У нее просто предсвадебная лихорадка, как я это называю.

Вбегает охотник.

Охотник. Несчастье, несчастье! Доктор сбежал!

Король. Почему?

Администратор. Вы лжете!

Охотник. Эй, ты! Я люблю министров, но только вежливых! Запамятовал? Я человек искусства, а не простой народ! Я стреляю без промаха!

Администратор. Виноват, заработался.

Король. Рассказывайте, рассказывайте, господин охотник! Прошу вас!

Охотник. Слушаюсь, ваше величество. Прихожу я к доктору за успокоительными каплями — и вдруг вижу: комнаты отперты, ящики открыты, шкафы пусты, а на столе записка. Вот она!

Король. Не смейте показывать ее мне! Я не желаю! Я боюсь! Что это такое? Палача отняли, жандармов отняли, пугают. Свиньи вы, а не верноподданные. Не смейте ходить за мною! Не слушаю, не слушаю, не слушаю! *(Убегает, заткнув уши.)*

Администратор. Постарел королек...

Эмилия. С вами постареешь.

Администратор. Прекратим болтовню, как я это называю. Покажите, пожалуйста, записку, господин охотник.

Эмилия. Прочтите ее нам всем вслух, господин охотник.

Охотник. Извольте. Она очень проста. *(Читает.)* «Спасти принцессу может только чудо. Вы ее уморили, а винить будете меня. А доктор тоже человек, у него свои слабости, он жить хочет. Прощайте. Доктор».

А д м и н и с т р а т о р. Черт побери, как это некстати. Доктора, доктора! Верните его сейчас же и свалите на него все! Живо! *(Убегает.)*

П р и н ц е с с а появляется на террасе. Она одета по-дорожному.

П р и н ц е с с а. Нет, нет, не вставайте, не трогайтесь с места, друзья мои! И вы тут, друг мой волшебник, и вы. Как славно! Какой особенный день! Мне все так удается сегодня. Вещи, которые я считала пропавшими, находятся вдруг сами собой. Волосы послушно укладываются, когда я причесываюсь. А если я начинаю вспоминать прошлое, то ко мне приходят только радостные воспоминания. Жизнь улыбается мне на прощанье. Вам сказали, что я сегодня умру?

Х о з я й к а. Ох!

П р и н ц е с с а. Да, да, это гораздо страшнее, чем я думала. Смерть-то, оказывается, груба. Да еще и грязна. Она приходит с целым мешком отвратительных инструментов, похожих на докторские. Там у нее лежат необточенные серые каменные молотки для ударов, ржавые крючки для разрыва сердца и еще более безобразные приспособления, о которых не хочется говорить.

Э м и л и я. Откуда вы это знаете, принцесса?

П р и н ц е с с а. Смерть подошла так близко, что мне видно все. И довольно об этом. Друзья мои, будьте со мною еще добрее, чем всегда. Не думайте о своем горе, а постарайтесь скрасить последние мои минуты.

Э м и л ь. Приказывайте, принцесса! Мы всё сделаем.

П р и н ц е с с а. Говорите со мною как ни в чем не бывало. Шутите, улыбайтесь. Рассказывайте что хотите. Только бы я не думала о том, что случится скоро со мной. Оринтия, Аманда, вы счастливы замужем?

А м а н д а. Не так, как мы думали, но счастливы.

П р и н ц е с с а. Все время?

О р и н т и я. Довольно часто.

П р и н ц е с с а. Вы хорошие жены?

О х о т н и к. Очень! Другие охотники просто лопаются от зависти.

П р и н ц е с с а. Нет, пусть жены ответят сами. Вы хорошие жены?

А м а н д а. Не знаю, принцесса. Думаю, что ничего себе. Но только я так страшно люблю своего мужа и ребенка...

О р и н т и я. И я тоже.

А м а н д а. Что мне бывает иной раз трудно, невозможно сохранить разум.

О р и н т и я. И мне тоже.

А м а н д а. Давно ли удивлялись мы глупости, нерасчетливости, бесстыдной откровенности, с которой законные жены устраивают сцены своим мужьям...

О р и н т и я. И вот теперь грешим тем же самым.

П р и н ц е с с а. Счастливицы! Сколько надо пережить, перечувствовать, чтобы так измениться! А я все тосковала, да и только. Жизнь, жизнь... Кто это? *(Вглядывается в глубину сада.)*

Э м и л и я. Что вы, принцесса! Там никого нет.

П р и н ц е с с а. Шаги, шаги! Слышите?

О х о т н и к. Это... она?

П р и н ц е с с а. Нет, это он, это он!

Входит М е д в е д ь. Общее движение.

Вы... Вы ко мне?

М е д в е д ь. Да. Здравствуйте! Почему вы плачете?

П р и н ц е с с а. От радости. Друзья мои... Где же они все?

М е д в е д ь. Едва я вошел, как они вышли на цыпочках.

П р и н ц е с с а. Ну вот и хорошо. У меня теперь есть тайна, которую я не могла бы поведать даже самым близким людям. Только вам. Вот она: я люблю вас. Да, да! Правда, правда! Так люблю, что все прощу вам. Вам все можно. Вы хотите превратиться в медведя — хорошо. Пусть. Только не уходите. Я не могу больше пропадать тут одна. Почему вы так давно не приходили? Нет, нет, не отвечайте мне, не надо, я не спрашиваю. Если вы не приходили, значит, не могли. Я не упрекаю вас — видите, какая я стала смирная. Только не оставляйте меня.

М е д в е д ь. Нет, нет.

П р и н ц е с с а. За мною смерть приходила сегодня.

М е д в е д ь. Нет!

П р и н ц е с с а. Правда, правда. Но я ее не боюсь. Я просто рассказываю вам новости. Каждый раз, как только случалось что-нибудь печальное или просто примечательное, я думала: он придет — и я расскажу ему. Почему вы не шли так долго!

М е д в е д ь. Нет, нет, я шел. Все время шел. Я думал только об одном: как приду к вам и скажу: «Не сердитесь. Вот я. Я не мог иначе! Я пришел». *(Обнимает принцессу.)* Не сердитесь! Я пришел!

П р и н ц е с с а. Ну вот и хорошо. Я так счастлива, что не верю ни в смерть, ни в горе. Особенно сейчас, когда ты подошел так близко ко мне. Никто никогда не подходил ко мне так близко. И не обнимал меня. Ты обнимаешь меня так, как будто имеешь на это право. Мне это нравится, очень нравится. Вот сейчас и я тебя обниму. И никто не посмеет тронуть тебя. Пойдем, пойдем, я покажу тебе мою комнату, где я столько плакала, балкон, с которого я смотрела, не идешь ли ты, сто книг о медведях. Пойдем, пойдем.

Уходят, и тотчас же входит х о з я й к а.

Х о з я й к а. Боже мой, что делать, что делать мне, бедной! Я слышала, стоя здесь за деревом, каждое их слово и плакала, будто я на похоронах. Да так оно и есть! Бедные дети, бедные дети! Что может быть печальнее! Жених и невеста, которым не стать мужем и женой.

Входит х о з я и н.

Как грустно, правда?

Х о з я и н. Правда.

Х о з я й к а. Я люблю тебя, я не сержусь, но зачем, зачем затеял ты все это!

Х о з я и н. Таким уж я на свет уродился. Не могу не затевать, дорогая моя, милая моя. Мне захотелось поговорить с тобой о любви. Но я волшебник. И я взял и собрал людей и перетасовал их, и все они стали жить так, чтобы ты смеялась и плакала. Вот как я тебя люблю. Одни, правда, работали лучше, другие хуже, но я уже успел привыкнуть к ним. Не зачеркивать же! Не слова — люди. Вот, например, Эмиль и Эмилия. Я надеялся, что они будут помогать молодым, помня свои минувшие горести. А они взяли да и обвенчались. Взяли да и обвенчались! Ха-ха-ха! Молодцы! Не вычеркивать же мне их за это. Взяли да и обвенчались, дурачки, ха-ха-ха! Взяли да и обвенчались!

Садится рядом с женой. Обнимает ее за плечи. Говорит, тихонько покачивая ее, как бы убаюкивая.

Взяли да и обвенчались, дурачки такие. И пусть, и пусть! Спи, родная моя, и пусть себе. Я, на свою беду, бессмертен. Мне предстоит пережить тебя и затосковать навеки. А пока — ты со мной, и я с тобой. С ума можно сойти от счастья. Ты со мной. Я с тобой. Слава храбрецам, которые осмеливаются любить, зная, что всему этому придет конец. Слава безумцам, которые живут себе, как будто они бессмертны, — смерть иной раз отступает от них. Отступает, ха-ха-ха! А вдруг ты и не умрешь, а превратишься в плющ, да и обовьешься вокруг меня, дурака. Ха-ха-ха! *(Плачет.)* А я, дурак, обращусь в дуб. Честное слово. С меня это станется. Вот никто и не умрет из нас, и все кончится благополучно. Ха-ха-ха! А ты сердишься. А ты ворчишь на меня. А я вон что придумал. Спи. Проснешься — смотришь, и уже пришло завтра. А все горести были вчера. Спи. Спи, родная.

Входит охотник. В руках у него ружье. Входят его ученик, Оринтия, Аманда, Эмиль, Эмилия.

Горюете, друзья?

Э м и л ь. Да.

Х о з я и н. Садитесь. Будем горевать вместе.

Э м и л и я. Ах, как мне хотелось бы попасть в те удивительные страны, о которых рассказывают в романах! Небо там серое, часто идут дожди, ветер воет в трубах. И там вовсе нет этого окаянного слова «вдруг». Там одно вытекает из другого. Там люди, приходя в незнакомый дом, встречают именно то, чего ждали, и, возвращаясь, находят свой дом неизменившимся, и еще ропщут на это, неблагодарные. Необыкновенные события случаются там так редко, что люди не узнают их, когда они приходят все-таки наконец. Сама смерть там выглядит понятной. Особенно смерть чужих людей. И нет там ни волшебников, ни чудес. Юноши, поцеловав девушку, не превращаются в медведей, а если и превращаются, то никто не придает этому значения. Удивительный мир, счастливый мир... Впрочем, простите меня за то, что я строю фантастические замки.

Х о з я и н. Да, да, не надо, не надо! Давайте принимать жизнь такой, как она есть. Дождики дождиками, но бывают и чудеса, и удивительные превращения, и утешительные сны. Да, да, утешительные сны. Спите, спите, друзья мои. Спите. Пусть все кругом спят, а влюбленные прощаются друг с другом.

П е р в ы й м и н и с т р. Удобно ли это?

Х о з я и н. Разумеется.

П е р в ы й м и н и с т р. Обязанности придворного...

Х о з я и н. Окончились. На свете нет никого, кроме двух детей. Они прощаются друг с другом и никого не видят вокруг. Пусть так и будет. Спите, спите, друзья мои. Спите. Проснетесь — смотришь, уже и пришло завтра, а все горести были вчера. Спите. *(Охотнику.)* А ты что не спишь?

О х о т н и к. Слово дал. Я... Тише! Спугнешь медведя!

Входит принцесса. За ней Медведь.

М е д в е д ь. Почему ты вдруг убежала от меня?

П р и н ц е с с а. Мне стало страшно.

М е д в е д ь. Страшно? Не надо, пойдем обратно. Пойдем к тебе.

П р и н ц е с с а. Смотри: все вокруг уснули. И часовые на башнях. И отец на троне. И министр-администратор возле замочной скважины. Сейчас полдень, а вокруг тихо, как в полночь. Почему?

М е д в е д ь. Потому, что я люблю тебя. Пойдем к тебе.

П р и н ц е с с а. Мы вдруг остались одни на свете. Подожди, не обижай меня.

М е д в е д ь. Хорошо.

П р и н ц е с с а. Нет, нет, не сердись. *(Обнимает Медведя.)* Пусть будет, как ты хочешь. Боже мой, какое счастье, что я так решила. А я, дурочка, и не догадывалась, как это хорошо. Пусть будет, как ты хочешь. *(Обнимает и целует его.)*

Полный мрак. Удар грома. Музыка. Вспыхивает свет. Принцесса и Медведь, взявшись за руки, глядят друг на друга.

Х о з я и н. Глядите! Чудо, чудо! Он остался человеком!

Отдаленный, очень печальный, постепенно замирающий звук бубенчиков.

Ха-ха-ха! Слышите? Смерть уезжает на своей белой лошаденке, удирает несолоно хлебавши! Чудо, чудо! Принцесса поцеловала его — и он остался человеком, и смерть отступила от счастливых влюбленных.

О х о т н и к. Но я видел, видел, как он превратился в медведя!

Х о з я и н. Ну, может быть, на несколько секунд, — со всяким это может случиться в подобных обстоятельствах. А потом что? Гляди: это человек, человек идет по дорожке со своей невестой и разговаривает с ней тихонько. Любовь так переплавила его, что не стать ему больше медведем. Просто прелесть, что я за дурак. Ха-ха-ха! Нет уж, извини, жена, но я сейчас же, сейчас же начну творить чудеса, чтобы не лопнуть от избытка сил. Раз! Вот вам гирлянды из живых цветов! Два! Вот вам гирлянды из живых котят! Не сердись, жена! Видишь: они тоже радуются и играют. Котенок ангорский, котенок сиамский и котенок сибирский, а кувыркаются, как родные братья по случаю праздника! Славно!

Х о з я й к а. Так-то оно так, но уж лучше бы сделал ты что-нибудь полезное для влюбленных. Ну, например, превратил бы администратора в крысу.

Х о з я и н. Сделай одолжение! *(Взмахивает руками.)*

Свист, дым, скрежет, писк.

Готово! Слышишь, как он злится и пищит в подполье? Еще что прикажешь?

Х о з я й к а. Хорошо бы и короля... подальше бы. Вот это был бы подарок. Избавиться от такого тестя!
Х о з я и н. Какой он тесть! Он...
Х о з я й к а. Не сплетничай в праздник! Грех! Преврати, родной, короля в птичку. И не страшно, и вреда от него не будет.
Х о з я и н. Сделай одолжение! В какую?
Х о з я й к а. В колибри.
Х о з я и н. Не влезет.
Х о з я й к а. Ну тогда — в сороку.
Х о з я и н. Вот это другое дело. *(Взмахивает руками.)*

Сноп искр. Прозрачное облако, тая, пролетает через сад.

Ха-ха-ха! Он и на это не способен. Не превратился он в птичку, а растаял как облачко, будто его и не было.
Х о з я й к а. И это славно. Но что с детьми? Они и не глядят на нас. Дочка! Скажи нам хоть слово!
П р и н ц е с с а. Здравствуйте! Я видела уже вас всех сегодня, но мне кажется, что это было так давно. Друзья мои, этот юноша — мой жених.
М е д в е д ь. Это правда, чистая правда!
Х о з я и н. Мы верим, верим. Любите, любите друг друга, да и всех нас заодно, не остывайте, не отступайте — и вы будете так счастливы, что это просто чудо!

Занавес

1954

ПОВЕСТЬ О МОЛОДЫХ СУПРУГАХ

Пьеса в 3-х действиях

ДЕЙСТВУЮЩИЕ ЛИЦА

Маруся Орлова.
Сережа Орлов.
Ольга Ивановна.
Шурочка.
Леня.
Никанор Никанорович.
Юрик.
Миша.
Валя.
Гардеробщик.
Ширяев.
Кукла.
Медвежонок.

ДЕЙСТВИЕ ПЕРВОЕ
КАРТИНА ПЕРВАЯ

Перед зрителями огромный листок отрывного календаря. На нем число — 30 апреля. Когда он исчезает, мы видим просторную комнату. Два письменных стола — один большой, другой маленький. Стулья. Кресло. Диван. Все новенькое, — дерево так и сверкает на солнце свежей полировкой. Два окна. Дверь, ведущая в коридор.

На переднем плане — этажерка. На верху этажерки восседают две огромные игрушки: дорогие, старые, находящиеся в отличной сохранности кукла и медвежонок. Когда занавес открывается, на сцене пусто. Раздается едва слышная музыка, словно играет музыкальный ящик. Но вот простенькая музыка становится сложней и слышней, и дорогие старые игрушки оживают и поворачивают головы к публике. И начинают говорить самыми обыкновенными, не кукольными, не детскими, а живыми человеческими голосами.

К у к л а. Куклы разговаривать не умеют.

М е д в е ж о н о к. Не умеют, хотите верьте, хотите нет. Ни словечка не выговорить, хоть ревма реви.

К у к л а. А нам есть что рассказать, дети. Нам почти по сто лет. И столько мы перевидали...

М е д в е ж о н о к. Столько перенесли — ух! И радовался-то я, бывало, с людьми, и так горевал, словно с меня с живого плюш спарывали!

К у к л а. Ужасно, ужасно нам, старикам, хорошеньким, полным сил, нарядным, хочется поучить молодых.

М е д в е ж о н о к. А возможности нет... Не услышат.

К у к л а. Ни за что не услышат, словно мы старые люди, а не куклы.

М е д в е ж о н о к. Еще подари нас детям — оно бы и ничего. А нас возьми да и подари молодым супругам.

К у к л а. Беспомощные, слепые, счастливые.

М е д в е ж о н о к. И знать не знают о том, что жить вместе — целая наука.

К у к л а. Еще жена тревожится...

М е д в е ж о н о к. А муж, такой-сякой, только зубы скалит — радуется.

К у к л а. Конечно, может быть, все пойдет у них чистенько, гладенько, аккуратненько...

М е д в е ж о н о к. А только навряд ли... Люди все-таки, а не куклы! Народ нетерпеливый, страстный, требовательный.

К у к л а. Я фарфоровая, у меня ротик маленький, деликатный, не знаю, как это сказать... Нет зрелища радостней, чем счастье, и нет досаднее, чем когда живая и здоровая семейная жизнь разбивается на кусочки...

М е д в е ж о н о к. По неловкости, по неумению, по молодости лет.

К у к л а. Ах, как хочется учить!

М е д в е ж о н о к. И никто не хочет учиться. Что делать?

К у к л а. Споем с горя.

Поют.

В доме восемь на Сенной
Поселились муж с женой...

Человеческие голоса, шаги. Куклы замирают, как неживые. В комнату входит не спеша О л ь г а И в а н о в н а, *пожилая, седая, худощавая женщина. Оглядывается внимательно и сосредоточенно, осматривает комнату. Ее сопровождает хозяйка квартиры, очень молоденькая, почти девочка,* М а р у с я О р л о в а. *У них нет ничего общего в наружности, но угадывается какое-то едва заметное сходство в сдержанной манере держаться, в речи, спокойной и простой.*

О л ь г а И в а н о в н а. Хорошо. Все разумно. Все с любовью обставлено. И без претензий. Здесь ты и занимаешься?

М а р у с я. Здесь. Сережа за своим столом или за чертежной доской. А я за своим. У него большой стол, у меня маленький. Сережа говорит: будто детеныш. Мой столик.

О л ь г а И в а н о в н а. Так. Понимаю. Все хорошо, Илютина. Чего ты смеешься?

М а р у с я. Ольга Ивановна, я теперь не Илютина, я теперь Орлова.

О л ь г а И в а н о в н а. Не сердись. Не привыкла я еще. Всего месяц ведь ты замужем.

М а р у с я. И три дня. Месяц и три дня.

О л ь г а И в а н о в н а. Месяц и три дня. Хорошо, Орлова. Хорошо, Маруся. Ну а теперь говори — зачем ты вызвала меня открыткой? Что случилось?

М а р у с я. Ольга Ивановна, простите меня — ничего. Но ведь — сколько я себя помню — ближе вас никого у меня не было. Чуть, бывало, ушибусь — я все к вам... *(Поднимает руку, словно собирается обнять Ольгу Ивановну, и опускает.)* Все к вам, бывало, бегу утешения искать... А теперь, когда мне хорошо, — кому же рассказать, кроме вас?

О л ь г а И в а н о в н а. Спасибо, Илютина. То есть Маруся. Откуда у тебя такие дорогие игрушки?

М а р у с я. Никанор Никанорович подарил. Начальник проектного бюро и Сережин начальник. Пришел он к нам такой строгий, как экзаменатор.

О л ь г а И в а н о в н а. Ну и принял зачет?

М а р у с я. Ничего не сказал. А на другой день явился с огромным свертком и говорит: «Мария Николаевна!» Это я — Мария Николаевна. «В нашей, говорит, семье эти игрушки живут лет, наверное, девяносто. Переходят от матери к дочке. А я, последний в семье, как нарочно — мальчик. И дочерью не обзавелся в свое время. Примите, говорит, в качестве свадебного подарка, говорит. Одна только просьба — беседуйте с ними каждый день, как с живыми. Они у меня так приучены, Мария Николаевна».

О л ь г а И в а н о в н а. И ты выполняешь просьбу?

М а р у с я. Да.

О л ь г а И в а н о в н а. А они отвечают?

М а р у с я. Пока нет.

О л ь г а И в а н о в н а. Жалко.

М а р у с я. Сдержанные...

О л ь г а И в а н о в н а. До свидания, Маруся. До свидания, моя дорогая Мария Николаевна! Вот и дожила я до того, что тебя по отчеству зовут. До свидания.

М а р у с я. Побудьте.

О л ь г а И в а н о в н а. Не могу. Меня в роно ждут. *(Идет к двери. Останавливается.)* До свидания еще раз.

М а р у с я. До свидания, Ольга Ивановна.

Идут к двери.

Ольга Ивановна! Побудьте! Я не только для того позвала вас, чтобы сказать, как мне хорошо. Мне так хорошо, что даже страшно. Вот в чем дело-то. Я спокойно говорю, я не жалуюсь, а даже, ну, что ли, восхищаюсь своей жизнью, Ольга Ивановна, но только мне до того хорошо, что даже страшно. Вы меня вырастили! Вы, вы! Я знаю! Вы старались, чтобы никто не замечал, что любите меня больше всех ребят в интернате. Но любили меня больше всех. Лишний раз не позволяли приласкаться, но с тех пор, как пришла открытка, что мама и папа погибли, вы стали мне самый близкий человек на свете. *(Обнимает ее, плачет и смеется.)* Теперь можно, теперь мы не в детском доме, теперь я стала Мария Николаевна, никто не осудит за несправедливость, — поцелуйте меня и побудьте еще немножко.

О л ь г а И в а н о в н а. Хорошо. Побуду. Почему тебе страшно?

М а р у с я. Ольга Ивановна, что со мной? Я не знаю. Люди разве глупеют от любви? А я поглупела. Честное слово. Стала какая-то непростая.

О л ь г а И в а н о в н а. Ссоритесь?

М а р у с я. Нет, как можно, никогда, что вы! Но, например, могу я над каким-нибудь его словечком одним думать целый день — и на лекции, и в лаборатории. Есть такие слова, которым радуюсь целыми днями. Но бывают такие, от которых холодею. Умом знаю, что пустяк, а чувствами... Ольга Ивановна, отчего я не узнаю себя? Отчего меня будто подменили? Что же я теперь — какая-то зависимая?

Длинный звонок.

О л ь г а И в а н о в н а. Сережа пришел?

М а р у с я. Нет, у него ключ. *(Выбегает из комнаты.)*

О л ь г а И в а н о в н а *(куклам)*. Ну, дети? Что скажете? У вас должен быть ответ. Не маленькие, по девяносто лет вам, крошкам. Сколько семей перевидали? Восседаете важно, словно комиссия. Пришли принимать новую семью — а конкретной помощи никакой.

Маруся возвращается.

М а р у с я. Шурочка. Соседка. С нашей площадки. Мужу позвонить на завод. Ольга Ивановна, вы меня поймите, я не жалуюсь. Вот я говорю: стала я зависимая. Вы не подумайте, что от мужа. Этого нет. Стала я зависимой от новых своих, ну, что ли, чувств. Что же со мной будет? *(Смеется и вытирает слезы.)* Вы не придавайте значения, Ольга Ивановна. Это я от радости, не знаю, что делать. Боюсь я за свое счастье. Неопытная я.

О л ь г а И в а н о в н а. Понимаю. Когда эвакуировались мы из Ленинграда, тебе только что исполнилось пять лет. И выросла ты в большом коллективе, в детском доме. Так? Потом общежитие университетское, университет — еще больший коллектив. Верно? И вот вдруг попадаешь ты в самый маленький коллектив на свете. Муж и жена. И повредить этому самому крошечному коллективу легко, как ребенку, особенно в первый год. Жить вместе, вдвоем — это целая наука. А кто научит?

М а р у с я. Вот и я говорю.

О л ь г а И в а н о в н а. Хорошо уж то, что ты беспокоишься. Все будет хорошо.

М а р у с я. Вы правда так думаете?

О л ь г а И в а н о в н а. Все будет хорошо. Чехов в каком-то из писем говорит: в семейной жизни главное — терпение.

Возглас за дверью: «Как, как он говорит?» Прежде чем Ольга Ивановна успевает ответить, в комнату вбегает женщина лет двадцати пяти, очень здоровая, пышущая силой, заботливо одетая, с вечной завивкой. Это Шурочка. Она протягивает руку Ольге Ивановне.

Ш у р о ч к а. Шура, или Шурочка, как хотите называйте, но только не бейте. Я поправляла шпильку у зеркала и услышала. Простите, что я так вмешиваюсь в ваш разговор. Этого я допустить не могу. Терпение. С какой же стати мне терпеть? Что я сделала, чтобы терпеть? Почему мы должны терпеть? Вы, конечно, не знаете, как я живу. Но вот вам факт: я сегодня работаю в вечерней смене, а он в утренней. Поспеши, чтобы хоть слово жене сказать, — так нет! Звоню в цех — он в библиотеку ушел. И я это должна терпеть? Почему после смены как зарезанная я бросаюсь в трамвай с передней площадки: пожалуйста, пусть скандалят, только бы скорей домой. Я вам так скажу... простите, не знаю имени-отчества.

М а р у с я. Ольга Ивановна.

Ш у р о ч к а. Простите, Ольга Ивановна, но только Чехов пошутил, наверное, — у него много смешного. Когда мне мой Миша читал вслух, так я хохотала как убитая. «В семейной жизни главное — терпение». Ха-ха-ха! С ним попробуй потерпи. С моим Мишей. Дойдешь до того, что останемся мы с Майей, с дочкой моей, одни, как дуры. Нет!

М а р у с я. Шурочка, ну что жаловаться-то? Такого, как Миша, поищи!

Ш у р о ч к а. Одни обиды от него.

М а р у с я. Иду я вчера, Ольга Ивановна, по нашей улице, а Шурочка с Мишей впереди. Он говорит ей что-то, едва-едва слышно. А Шурочка ему: «Не ори на меня! Не ори на меня».

Шурочка со смехом бросается обнимать Марусю.

Ш у р о ч к а. Верно! Сказала — как напечатала! Он шепчет, а я ему: «Не ори!» Потому что шептал он с раздражением... Ах ты господи! Глупы мы, бабы, конечно. Всего нам мало. Почему это, Ольга Ивановна? Почему: зайдешь в ДЛТ — мужья шагают тихо, спокойно, а жены все больше как обиженные? И на улице прислушайтесь — кто кого пилит? Все больше жены мужей. Он идет, насупился, а она ворчит как безумная. Почему?

О л ь г а И в а н о в н а. Не знаю, Шура.

Ш у р о ч к а. А я знаю: потому что мы больше любим. Они отвлекаются, а мы не отвлекаемся. Всё на них косимся, за них держимся. У них тысячи забот, а у нас...

М а р у с я. Ты же на всю фабрику знаменитая ткачиха.

Ш у р о ч к а. Не об этом толк. Мой Миша... А ну его... Что это мы все о мужчинах да о мужчинах, как дети, Ольга Ивановна! Это вы Марусина воспитательница?

О л ь г а И в а н о в н а. Она вам рассказывала обо мне?

Ш у р о ч к а. Не беспокойтесь, я выспросила. Если я кого люблю, хочу о них все знать.

О л ь г а И в а н о в н а. Я, Шурочка, действительно Марусина воспитательница. И вот пришла взглянуть, как налаживается ее жизнь.

Ш у р о ч к а *(убежденно)*. Хорошо налаживается. Поверьте мне, у Маруси характер не такой огненный, как у меня.

О л ь г а И в а н о в н а. Или, попросту сказать, не такой нетерпеливый.

Ш у р о ч к а. Ольга Ивановна! Это под мышкой можно температуру измерить, а в душе не измерите! Такой или сякой, но у меня характер неудержимый, а Маруся добрая. Это первое. А второе — Сережа не из тех мужчин, что женятся. Верно, верно! Не смотрите на меня, как будто я несу сама не знаю что. Я знаю, что говорю! Уж если такой мужчина, как Сережа, женился — значит, полюбил. Отказался от вольной воли — значит, любит. Если самостоятельный мужчина женился — значит, твердо. Он уже всякого повидал, его обратно на волю не потянет. А за такими тихими, как мой Миша, только присматривай! Да что это мы все о мужчинах да о мужчинах, как маленькие, Ольга Ивановна! Что бы мне почитать о семейной жизни?

О л ь г а И в а н о в н а. Поговорим. Только не сейчас. Мне нужно в роно.

Ш у р о ч к а. Ох! А у меня там Майечка бедная одна в квартире! Простите, если что наговорила лишнего. До свидания, Маруся, до свидания, родная. До сих пор не могу нарадоваться, что такая соседка у меня завелась. До свидания, Ольга Ивановна, простите, если что не так! *(Убегает.)*

О л ь г а И в а н о в н а. Ну вот, Илютина... То есть Мария Николаевна. Тебя уже полюбили тут.

М а р у с я. Эта Шурочка — открытая душа.

О л ь г а И в а н о в н а. Я рада, что побывала. Издали многое чудилось, особенно в сумерки, после уроков, или ночью, когда не спится, а в голову лезут одни печальные мысли, как будто веселые уснули вместе со всеми добрыми людьми. А пришла — и ничего. Живем. *(Целует Марусю.)* До свидания. Все. Теперь я буду у вас бывать.

М а р у с я. Непременно! Ольга Ивановна, как можно чаще. Я с вами — умнее.

Выходят. Стук запираемой двери, и Маруся возвращается. Улыбаясь, подходит к куклам.

Вот, дети, какая я стала. Ольгу Ивановну побеспокоила. И зачем? Только для того, чтобы поговорить. И поговорила! Вот что удивительно. Все посмела сказать, до Сережиного прихода. Сережа. Слышите, дети? Сережа уже едет домой. Сидит в трамвае, смотрит в окно и думает: «Скорей, скорей». А я его жду. И все ушли. Первый вечер наш, полностью. Он обещал освободиться. А что он сказал, то и сделает, — вон он какой у меня, дети. И никого у нас нет.

Звонок.

Сглазила.

Выбегает из комнаты и возвращается с Н и к а н о р о м Н и к а н о р о в и ч е м и Л е н е й. Никанору Никаноровичу лет под шестьдесят, но ни в фигуре, ни во всей повадке нет еще признаков старости. Он в отличном пальто, в руках шляпа. Леня стройный, очень мягкий в движениях, с мягким голосом, человек лет тридцати.

Л е н я. Простите, Маруся.

Н и к а н о р Н и к а н о р о в и ч. Мария Николаевна.

Л е н я. Простите, что врываемся так внезапно, словно пришли счетчик проверить или телеграмму принесли. Мы, Маруся...

Н и к а н о р Н и к а н о р о в и ч. Мария Николаевна, вам говорят!

Л е н я. Мы к вам на одну минутку.

Н и к а н о р Н и к а н о р о в и ч. Что не снимает с нас обязанности сказать: здравствуйте, Мария Николаевна.

М а р у с я. Здравствуйте, Никанор Никанорович. И вы, Леня.

Раздевайтесь, посидите! Сережа звонил из управления, что уже выехал.

Л е н я. Не можем мы раздеться. Мы загубили свое будущее.

М а р у с я. Как так?

Л е н я. Никанор Никанорович взял билеты в театр. Придется идти. Весна. Ждешь, что случится что-нибудь неожиданное. Так славно было бы пойти по улице куда глаза глядят, свободно, без цели. А теперь изволь в театре сидеть. А что в театре может случиться неожиданного?

М а р у с я. А вы убегите!

Н и к а н о р Н и к а н о р о в и ч. От меня не убежишь! Запомните: если у человека имя необычное и такое же отчество — следовательно, он из семьи упрямых людей.

Л е н я. А у нашего дорогого начальника еще и имя и отчество начинаются с отрицания: Никанор Никанорович. Поди поспорь.

Н и к а н о р Н и к а н о р о в и ч. Сидели на работе — разговаривали как люди. Шли по улице — тоже разговаривали серьезно. А вошли к вам — и подшучиваем друг над другом, как мальчишки. Значит, стесняемся. Или попросту уважаем вас, Мария Николаевна, хоть мы и старшие. Запомните это. Мы вот по какому делу. После того как Сережа уже уехал в управление, нам звонили из Москвы.

М а р у с я. О Сережином проекте?

Н и к а н о р Н и к а н о р о в и ч. Да. Он...

Л е н я. То есть проект.

Н и к а н о р Н и к а н о р о в и ч. ...прошел сегодня первую инстанцию. Это, в сущности, определяет дело. Завтра — окончательное решение.

Л е н я. Которое, несомненно, будет положительным. Вот и все. До свидания, Маруся.

М а р у с я. А может быть, подождете?

Н и к а н о р Н и к а н о р о в и ч. Не искушайте. Леня, в путь.

Л е н я. До свидания, Маруся.

Н и к а н о р Н и к а н о р о в и ч. Не провожайте нас, а то я рассержусь. Мы сами захлопнем дверь! До свидания, Мария Николаевна.

Уходят.

М а р у с я *(куклам).* Ушли. Дети, неужели я — Мария Николаевна? Все время называет меня так очень, очень взрослый человек. И не шутя. Вот как я изменилась, дети. И ничего, мне не страшно. Я нарочно позвала Ольгу Ивановну, чтобы на меня, Марию Николаевну, полюбовалась... Нет, страшно! Вот похвасталась — и стало мне страшно. Я, дети, боюсь и не боюсь. Мне страшно и не страшно. Мне так спокойно и беспокойно. Бросает меня то в жар, то в холод — вот я какая Мария Николаевна, непоследовательная, сложная. *(Берет с окна сумочку, достает карманное зеркальце и разглядывает себя.)* Ах ты какая, Мария Николаевна, таинственная! Душа у тебя так изменилась, а нос все тот же. Неправильный. И лицо будто у Маруси. Что же это значит, Мария Николаевна, объясните, если вас не затруднит! Пойми после этого людей! Ну и Мария Николаевна! Вот так явление природы!

Дверь открывается тихонько. На пороге останавливается С е р е ж а О р л о в. Ему — под тридцать. Внимателен, без признака рассеянности. Прост — без признака наивности. Общее ощущение строгости. Но, увидев Марусю, словно светлеет. Не смутившись, не удивившись, кладет Маруся зеркальце на стол.

М а р у с я. Пришел, Сережа?
С е р е ж а. Пришел. Ты одна?
М а р у с я. Одна.
С е р е ж а. А я было испугался. Слышу — разговор.

Садятся на диван.

М а р у с я. Я разговаривала сама с собой.
С е р е ж а. О чем?
М а р у с я. О себе. И вдруг вижу — ты стоишь в дверях. И тут произошло чудо.
С е р е ж а. Какое?
М а р у с я. Я не смутилась. Люди всегда смущаются, когда поймаешь их на подобных глупостях. А мне хоть бы что. Вот я какая, значит, стала с тобой. Беззастенчивая. Сережа, мне что-то важное надо было тебе передать, но увидела тебя — и все из головы вон. Видишь, какая я стала. *(Хохочет.)*
С е р е ж а. Что ты? Ну, чего ты? Скажи.
М а р у с я. Ты... ты меня передразниваешь. Честное слово. Нечаянно передразниваешь. Что у меня на лице, то и у тебя. Я глаза открою — и ты. Я говорю, а ты губами шевелишь. Каждый день в тебе что-нибудь новое открывается. Значит, ты у меня богатая натура. Сейчас я тебя буду кормить.
С е р е ж а. Мы же договорились, что я пообедаю на работе.
М а р у с я. А может быть, ты с тех пор проголодался?
С е р е ж а. Нет.
М а р у с я. Жаль. Очень люблю тебя кормить. Ну хоть корочку хлебную съешь, пожалуйста.
С е р е ж а. Ладно, неси корочку.

М а р у с я. Бог с тобой, не надо. Ты не сердишься, что я болтаю глупости? Нет, нет, не отвечай, я вижу, что не сердишься. Я нарочно, от хорошего настроения, чтобы тебя рассмешить, чтобы стало тебе весело, как мне.

С е р е ж а. Мне с тобой всегда весело.

М а р у с я. Вот и славно. Только не трогай меня. Даже за руку не бери. Не надо. Я хочу говорить с тобой. Правда. Говорить — и все тут. А то голова закружится, и разговор оборвется. Сережа, Сереженька. Неужели мы с тобой будем как все?

С е р е ж а. Никогда.

М а р у с я. Неужели, как все, перестанем мы удивляться друг другу? Пойдут ссоры? Обиды? Ты смеешься? А вдруг? *(Встает. Подходит к окну.)*

С е р е ж а. Куда ты?

М а р у с я. Не могу я на тебя больше смотреть. Я тебя так люблю, что даже плакать хочется. *(Распахивает окно, и тотчас же в комнату врывается уличный шум.)* Вот это весна! Вот это весна так весна! Настоящее лето. Поди сюда, погадаем. *(Садится на подоконник, Сережа присоединяется к ней.)*

С е р е ж а. Как погадаем?

М а р у с я. Гляди, ребята играют в волейбол. Если правая команда выиграет, то все у нас в жизни будет легко, легче легкого, легче пуха с тополей, и так прекрасно, что даже на общегородской конференции нас будут ставить в пример несознательным супругам. Не смейся. Мало ли что бывает в жизни.

С е р е ж а. Эх! Пасовать не умеют! Каким шкетам доверила ты наше будущее! Хотя вон тот, черненький, подает толково.

М а р у с я. Ты думаешь, я суеверная? Ну вот ни настолечко. А все-таки, если правые проиграют, я так расстроюсь! Не смейся, дурачок. Я нарочно говорю посмешнее, чтобы тебя развеселить, а ты веришь. Даже жалко мне тебя стало. Аут! Маленького мячом ударило.

С е р е ж а. Ничего, он смеется.

М а р у с я. А когда к маме подбежал — заревел.

С е р е ж а. Закон природы.

М а р у с я. Сережа, а ты детей любишь?

С е р е ж а. Я? Да. То есть как тебе сказать... Я к детям вообще отношусь спокойно, а с грудными — теряюсь.

М а р у с я. Почему?

С е р е ж а. Загадочные они какие-то. Эх, красиво срезал.

М а р у с я. Сетбол! Ну, Сережа, гляди в оба, сейчас решается наша судьба.

С е р е ж а. Опять черненький подает. Широко больно размахнулся, как бы в аут не ушел мячик. Ну, бей! Чего мучаешь?

М а р у с я *(закрыв глаза).* Хочу, чтобы наши выиграли.

Отчаянный вопль за сценой: «Ребята! В красный уголок кино приехало!»

С е р е ж а. Чего он?

М а р у с я. В красный уголок приехало кино.

Вопль за сценой: «Для нас! Для среднего возраста!»

С е р е ж а. Да вы доиграйте! Успеете!

Вопли за сценой: «Мяч заберите!» — «А сетку кто снимет — дядя?» — «Ребята, вы мою шапку топчете». — «А ты ее не кидай!» — «Я от радости!» — «Ура! Ой, хорошо! Давай, не отставай!» Вопли удаляются.

М а р у с я. Не доиграли. Это как понимать?

С е р е ж а. Не хочет нам отвечать твое гадание.

М а р у с я. Ошибаешься. Это и есть ответ. Никто нам не поможет, не подскажет, все придется самим решать и угадывать.

С е р е ж а. Вот и славно.

М а р у с я. Славно, только чуть-чуть страшно.

С е р е ж а. Ничего. Столько лет на свете прожили — значит, что-то умеем.

М а р у с я. Ох! Вспомнила. Ты сказал: «что-то умеем», и я вспомнила. Заходили Никанор Никанорович и Леня. Сегодня твой проект прошел первую инстанцию.

С е р е ж а. Прошел?

М а р у с я. Да! И Леня говорит, что это уже решает дело. Завтра — окончательный ответ. Ну что? Что с тобой? Не уходи!

С е р е ж а. Я не ухожу.

М а р у с я. Нет, ты ушел. Леня говорит, что вопрос уже, в сущности, решен. Понимаешь?

С е р е ж а. Я все понимаю, Маруся. Я не ушел. Правда. Я с тобой. И в доказательство расскажу, что меня беспокоит. Ты не удивляешься?

М а р у с я. Я бы то же самое сделала.

С е р е ж а. А я, когда встревожен, не могу говорить, не могу думать, только сержусь. Когда тревожусь за свою работу, сержусь я. Когда ушла она из моих рук и скрылась из глаз. Друзья смотрят — и то страшно. Но тут особый страх — не оплошал ли я. А когда в чужих руках, боюсь я... Никогда об этом не говорил. Боюсь бездельников.

М а р у с я. Бездельников?

Сережа шагает взад и вперед по комнате. Не отвечает.

Бездельников... Понимаю. Тех, кто боится дела.

Сережа останавливается как вкопанный.

Чего ты удивляешься?

С е р е ж а. Удивляюсь, что ты поняла меня. И ты их видела?

М а р у с я. Попадались.

С е р е ж а. Смертной ненавистью ненавижу бездельников, которые развивают бешеную деятельность, только бы ничего не делать. Которые способны убить дело, только бы ничего не делать. Их ловят, но они умеют находить мертвое пространство. Необстреливаемое. Чему ты улыбаешься?

М а р у с я. Мне нравится, как ты хорошо говоришь. Складно.

С е р е ж а. Все это передумано тысячу раз. Они друг друга узнают и поддерживают, не сговариваясь. В работе — движение. А они боятся движения. И легко убивают работающих... Впрочем, я терпеть не могу, когда меня убивают, и не даюсь. Но в драке — приходится их трогать руками. Понимаешь?

М а р у с я. Противно.

С е р е ж а. Вот именно. Гляди. *(Показывает в окно.)* Мы с Леней подсчитали. Когда строился по моему проекту вон тот дом...

М а р у с я. Знаю я его, знаю, с зеленой крышей. Я нарочно всегда делаю крюк, чтобы мимо него пройти. Даже когда ты меня ждешь.

С е р е ж а. Так вот. Больше ста дней рабочих убил я тогда на борьбу с бездельниками, и они были на краю победы. Никанор Никанорович три раза в Москву ездил. В конце концов, правда, они одного только и добились, что последнюю командировку ему не оплатили. Не утвердили. А меня в коллективной статье, подписанной тремя лентяями, обозвали конструктивистом.

М а р у с я. Свиньи.

С е р е ж а *(смеется)*. Ты у меня все понимаешь. Ты теперь совсем наша. Все у нас тебя любят.

М а р у с я. Я тоже. Только на Леню сержусь иной раз.

С е р е ж а. Напрасно.

М а р у с я. А почему он, когда шутит, всех оглядывает внимательно, смотрит в самое твое лицо — какое впечатление произвел.

С е р е ж а. По близорукости.

М а р у с я. И все звонит каким-то женщинам. И все разным. Им обидно.

С е р е ж а. Он звонит таким, которых не обидишь.

М а р у с я. Не сердись. Прости меня. Я стала безумная какая-то. Леня мне понравился бы — прежде. А теперь мне в голову лезет мысль, что он тебя может испортить.

Смеются.

Ты не презираешь меня за то, что я такая безумная?

С е р е ж а. Еще больше люблю.
М а р у с я. Погоди немножко, и я поумнею.
С е р е ж а. Не смей.
М а р у с я. Ты не велишь?
С е р е ж а. Запрещаю. Правда. Довольно. Не надо ни о чем думать. Не думай.
М а р у с я. А вдруг я сойду с ума.
С е р е ж а. И отлично.
М а р у с я. Ты велишь?
С е р е ж а. Да.
М а р у с я. Что-то я уж очень полюбила слушаться! Я...

Звонок.

С е р е ж а. Не открывай.
М а р у с я. Не откроем.
С е р е ж а. Спрячемся на сегодня.
М а р у с я. Здесь дом. Как в детстве — помнишь? — здесь не ловят.

Звонок.

Вот человек! Ничего не понимает.

Звонок.

С е р е ж а. Звони, звони! Нам от этого еще уютней.

Чередование длинных и коротких звонков. Маруся вскакивает.

М а р у с я. Сережа! Да ведь это он!
С е р е ж а. Кто — он?
М а р у с я. Ну как ты не понимаешь? Наш Юрик! Слышишь? *(Хохочет.)* Он передает азбукой Морзе: «Ю-р-о-ч-к-а м-и-л-е-н-ь-к-и-й я-в-и-л-с-я».

Хохочет, выбегает в прихожую и возвращается с Ю р и к о м, очень молодым человеком, года, может быть, на два всего старше Маруси. Он чуть прихрамывает. Очень незаметно. Весел. Не сводит глаз с Маруси. Так пристально рассматривает ее, что Сережу и не замечает сначала. В руках огромный сверток.

Сережа, это Юрик!

Юрик на миг перестает улыбаться, взглядывает на Сережу и тотчас же будто забывает о нем. С наслаждением глядит на Марусю.

Помнишь, я рассказывала, Сережа? Он на два класса меня старше был. Чем он увлекается, тем и весь детдом, бывало. Это он научил нас принимать азбуку Морзе на слух.

Ю р и к. Забудем прошлое, перейдем к настоящему.

М а р у с я *(хохочет)*. И голос прежний! Вот славно-то. Да положи ты сверток свой.

Ю р и к. Невозможно, рассыплется. Неси скорее кастрюльку, или тазик, или коробку — любую тару. Это подарок тебе!

М а р у с я. Какой?

Ю р и к. Черешни купил. Первые. Из Средней Азии или с Черного моря. Три кило тебе в честь первой встречи после разлуки.

М а р у с я. С ума сошел!

Ю р и к. Благодарить надо, а ты оговариваешь. Беги за кастрюлькой, не мучай человека!

М а р у с я. Ну и Юрик! Чудеса! Как мало другие люди меняются, не то что я! *(Убегает.)*

Ю р и к *(Сереже)*. Ох, намучился я, пока искал Марусю. В общежитии никто ее адреса не хочет говорить, все какой-то незнакомый народ. А кто знакомый — в кино ушли. А прибежал сюда — не открывают. Ближе друга нет у меня, чем Маруся, хоть и старше был на два класса. Вместе эвакуировались. Меня на вокзале Финляндском на прощанье в ногу ранило. Осколком. Я маленький, а она еще меньше, все воду носила мне. И вдруг потерял ее.

Вбегает М а р у с я с кастрюлькой.

М а р у с я. Ну, давай пересыпай. Что ты на меня так глядишь? Лицо запачкано, что ли?

Ю р и к. Эх ты, дитя, дитя, взглядов не понимаешь. *(Пересыпает черешни.)* Одна гражданка обиделась, что много беру. А я ей: «Ну можно ли ссориться возле такого радостного продукта! Не пшено ведь!» Ну и мастерица ты прятаться. Хорошо, Валя Волобуева дала твой адрес.

М а р у с я. Валя?

Ю р и к. Она. Я спрашиваю, как ты живешь, а Валя: «Сами увидите».

М а р у с я. Ты теперь кто? Он, Сережа, кончил школу, не стал держать в вуз, а пошел в геологическую экспедицию, коллектором. Потом на Камчатку уплыл. Я, говорит, засиделся. А теперь ты кто?

Юрик. А теперь я понял, что если так много ездить взад и вперед — изнежишься. Да, да! Привыкнешь каждый день новеньким кормиться. Не-е-ет! Хватит. Я поступил на «Электросилу» и буду держать в Электротехнический на вечернее отделение.

Маруся. И учиться и работать?

Юрик. У меня такая идея, что если я себя немедленно не возьму в руки, то выйдет из меня бродяга. Я испугался. Себя потеряешь, тебя потеряешь. Почему в адресном столе нет твоего адреса?

Маруся. Есть. *(Хохочет.)*

Юрик. Смотри! Мария Илютина в Ленинграде не проживает!

Маруся. Зато проживает в Ленинграде Мария Николаевна Орлова. Ну чего ты отступил, как от призрака! Я Орлова! Я замуж вышла! Юрик! Ты чего?

Юрик. Это моя манера радоваться и восхищаться. *(Сереже.)* Вы и есть — он?

Маруся. Да. Сережа. Можно, он будет называть тебя Сережа?

Сережа. Можно.

Юрик. Поздравляю, Сережа. Ну, я рад.

Маруся. Еще бы!

Юрик. Очень рад. Если бы ты незамужем была — я пропал бы с досады.

Маруся *(хохочет)*. Это еще почему?

Юрик. Не смейся. Я в тебя влюбился, когда перешел в восьмой класс, и на всю мою жизнь. Понимаешь теперь, как хорошо, что ты замужем?

Маруся. Почему?

Юрик. Потому что я и сам женился, между прочим.

Маруся *(хохочет)*. Ты? Да ты еще мальчик!

Юрик. А ты кто?

Маруся. А я — Мария Николаевна. Познакомишь с женой? А какая она? Блондинка? Или черненькая? А зовут как? А где работает? Или она учится?

Юрик. А вот познакомишься с ней — все узнаешь.

Маруся *(хохочет)*. Подумать только: Юрик — женат.

Юрик *(Сереже)*. Вот всегда так и было. Смеется! Есть такой закон, еще не открытый наукой: в ребят из своего детдома не влюбляются. Я, бывало, намекаю ей на свою любовь, а она хохочет. А я мучаюсь.

Маруся. Юрик, не барахли.

Юрик. Вот вечно так. Не верила моим мучениям. Да и правильно. Такие мучения здоровому и веселому человеку только на пользу. Стоишь на вахте. Погода беспощадная, камчатская, а вспомнишь Марусю — сразу делается все многозначительно. И на этом кончим. До свидания, молодые супруги.

М а р у с я. Как «до свидания»? Год пропадал — и вдруг...

Ю р и к. До свидания, друзья, до свидания. Тебе сегодня не до нас. Я не в укор говорю, — сам знаю, что такое любовь! Забыла ты весь мир, притаилась — но не тут-то было! Самый верный из друзей проник к тебе в дом хитростью. Что же делать? Разве от жизни уйдешь? Разве от нее спрячешься? Никогда! Пожелаю я вам, друзья, вот чего: пусть случится чудо, пусть врывается к вам жизнь только так, как я сегодня: с дружбой и лаской и полными руками. Будьте счастливы! Будь счастлива, сестричка моя единственная!

Маруся целует его.

Жалко! Такая нежная, такая маленькая — и вдруг ты, Сережа, ее муж. Эх, грубый мы народ, мужчины. Не обижайте ее, Сережа, не обижайте. Эх, Маруся!

КАРТИНА ВТОРАЯ

Освещены только куклы и листок календаря, на котором стоит 27 июня.

К у к л а и м е д в е ж о н о к *(поют):*

> В доме восемь на Сенной
> Поселились муж с женой.
> И не только поселились,
> Но, как дети, подружились.

Хохот, шум. Куклы замирают, как неживые. Календарный листок исчезает. Декорация та же. Столы сдвинуты — и оба письменных, и еще какой-то третий, очевидно кухонный. Все они покрыты двумя скатертями. Поверхность получилась неровная. Но гости, расположившиеся за столами, чувствуют себя отлично. Шумят.

Ужин приближается к концу. С е р е ж а садится у проигрывателя. М а р у с я и Ю р и к меняют приборы. Н и к а н о р Н и к а н о р о в и ч пробует откупорить бутылку шампанского, что ему не удается. Собрались: Л е н я, Ш у р о ч к а, ее муж М и ш а, В а л я В о л о б у е в а — Марусина подруга по университету, О л ь г а И в а н о в н а.

О л ь г а И в а н о в н а *(Лене).* Довольно. Кончено. Детей тут нет. Я гуляю.

Л е н я. И совершенно правильно делаете.

О л ь г а И в а н о в н а. Сегодня Марусе двадцать лет. И она ровно три месяца замужем. Целый квартал — шутка сказать! Я гуляю и никого не воспитываю. Сегодня у меня выходной. Никанор Никанорович, что же шампанское? Я речь хочу сказать.

Никанор Никанорович. Пробка сидит как припаянная.

Шурочка *(хохочет).* Как припаянная! Ох, умереть! *(Хохочет.)* Попробуй дерево припаяй!

Леня. Вы поворачивайте пробку вокруг оси.

Шурочка. Вы Мише моему дайте, Никанор Никанорович, он сразу откроет. У него руки железные.

Валя. Дайте я попробую.

Никанор Никанорович. Ни за что! Сережа, поставьте какую-нибудь пластинку, пусть слушают, а мне не мешают.

Сережа. Слушаю. *(Ставит пластинку.)*

Ольга Ивановна. Довольно. Я гуляю. Об этом и речь скажу. Я никого не воспитываю. Верите ли, в эвакуацию еду на телеге. Правлю лошадью. И кричу ей: «Я тебе что сказала! Что за непослушная девочка!» Нет, хватит. Сегодня за столом взрослые. Поговорим о любви. Скажите, Маруся и Сережа счастливы?

Леня. Мы с Марусей подружились. Мы все с ней подружились. Она простая.

Ольга Ивановна. Ну вот и хорошо, вот и все.

Леня. Маруся простая. А любовь — дело непростое.

Ольга Ивановна. Ну вас!

Леня. Вы же хотели говорить как взрослый человек.

Ольга Ивановна. Ну вас!

Леня. Любовь — дело непростое, особенно когда живут люди вместе.

Ольга Ивановна. Все на свете непросто.

Леня. Любовь такая дура, каких свет не видел.

Ольга Ивановна. Ладно. Вода тоже дура, а паровозы тянет.

Леня. Сравнили.

Ольга Ивановна. Да, сравнила. А по-вашему, надо махнуть рукой и подчиниться?

Леня. Руководить нашими молодыми предлагаете? Не обижайтесь, Ольга Ивановна, я их не меньше вашего люблю. Ну, во всяком случае, Сережу. Воевали вместе. Но слова ему не скажу о его семейной жизни.

Шурочка. Ой, выключите пластинку — не люблю симфонии.

Леня. Это не симфония. Это «Приглашение к танцу» Вебера.

Шурочка. Все равно незнакомое.

Л е н я. Слушать только знакомое — все равно что сидеть по десять лет в одном классе.

Ш у р о ч к а. Да? Так вы судите? А я вас срежу. Почему когда хорошего знакомого встречаешь, то радуешься, а когда знакомую песню, то нельзя? Ага — замолчал? Нет, нет, симфоний я не люблю. От симфоний — душа болит. Тревожно от них... Сережа, откройте, пожалуйста, дверь в коридорчик. Если Маечка позовет из вашей спальни, я услышу. Спасибо. Нет, я не люблю симфоний, хоть зарежьте. Больше всего люблю я передачи по заказу радиослушателей. Тут уж все знакомое.

Л е н я. Будто родственники в гости ввалились в воскресенье.

Ш у р о ч к а *(хохочет).* Ох, умереть! Ох, плакать мне сегодня! Ох, этот Леня — хуже затейника в доме отдыха. Родственники... Конечно, есть такие родственники — как увидишь, так и увянешь. До того принципиальные. Не улыбнутся никогда. Но есть и другие... Миша, Мишенька! Звездочка ты моя! Слушает, как я говорю, — и не стесняется. Другие мужья, извините, корчатся прямо, когда их жены разговаривают. Все им кажется, что жена глупость скажет. А Мишенька мой только хлопает своими ресницами. Миша мой, Мишенька, скажи хоть словечко, — все разговаривают, один ты молчишь!

М и ш а. И в самом деле — дайте мне бутылку, Никанор Никанорович.

Ш у р о ч к а. Заговорил! Золото ты мое! Да как убедительно, как разумно! Неужели вы ему откажете? Я, когда он такой добрый да ласковый, согласна все для него сделать, как для мамы родной.

Л е н я. Что вы замолчали, Ольга Ивановна?

О л ь г а И в а н о в н а. Огорчилась. Вспомнила то, что не следует. Неужели вы думаете, что они могут быть несчастны? Почему вы сказали: «Ни слова ему не скажу о его семейной жизни»? Вы заметили что-нибудь?

Л е н я. Нет, что вы!

О л ь г а И в а н о в н а. А по-моему, они невеселые сегодня.

Л е н я. Вот тоже особенность семейной жизни. Тонкость ее. У Сережи был неприятный разговор на одном объекте. Он не в духе. И сразу же и Маруся потемнела.

О л ь г а И в а н о в н а. Сочувствует.

Л е н я. Я тоже сочувствую, но не заражаюсь его душевным состоянием. А супруги легко заражаются душевным состоянием друг друга.

О л ь г а И в а н о в н а. Ну, это уже философия.

Л е н я. Нет, физиология. Какие же они муж и жена, если не увлекают друг друга. Если уж мы говорим как взрослые. Не только обнимаются и целуются заразительно, но и радуются, и сердятся, и...

Ольга Ивановна. Ну вас!

Леня. Видите: разговаривать о них и то мы не можем с полной ясностью, а вы хотите еще и направлять. Ведь они муж и жена! Напоминаю!

Ольга Ивановна Ладно. Авось останутся еще и людьми.

Леня. Надеюсь, но... Маруся очень простая. Ее можно обидеть насмерть.

Ольга Ивановна. Леня!..

Никанор Никанорович. Готово.

Валя. Открыли?

Никанор Никанорович. Сломалась пробка.

Общий хохот.

Шурочка. Вечно это с шампанским. Надо письмо в газету написать.

Юрик. А ну, дайте мне бутылку.

Шурочка. Миша откроет. Миша мой.

Юрик. Я тут тоже вроде свой. Чего же Мише надрываться? *(Берет бутылку, убегает. Маруся за ним.)*

Шурочка *(хохочет).* Свой! Сережа! Как вы терпите, я за такие слова голову бы оторвала!

Валя. Какие глупости! Ведь они вместе учились.

Ольга Ивановна. Леня, почему вы сказали, что Марусю можно обидеть насмерть?

Леня. С непривычки.

Ольга Ивановна. Не понимаю.

Леня. Я умею серьезно разговаривать о работе. А вы вдруг заговорили серьезно о семейной жизни. И мне с непривычки почудилось невесть что. Да тут я и выпил еще. Простые люди не гнутся, а разбиваются... Довольно. Несу невесть что. Никанор Никанорович, зачем шепчетесь вы с Шурочкой? Это нетипично.

Никанор Никанорович. Отстаньте! *(Шурочке.)* С чего вы это взяли?

Шурочка. А вот можете убить меня, и я слова не пикну, если я неправа.

Никанор Никанорович. Выдумали.

Шурочка. Кого угодно можно обмануть, но только не меня. Юрик не женат, не женат, не женат! Пусть он жену сюда не приводит. Это ничего не доказывает. Может, она такая, что Юрик ее стесняется. Мало ли на ком можно сгоряча жениться! Это бывает.

Но он неухоженный. Какая бы плохая жена ни досталась на долю парню — все же зашила бы рукав на выходном костюме. По шву распорото. У меня и то руки чесались зашить, да Маруся опередила.

Никанор Никанорович. А зачем ему лгать?

Шурочка. Нет, нет, у него все поведение холостяцкое. Говорит, что с женой живет дружно. Так хоть раз на часы взгляни, когда ты в гостях. По телефону позвони: «Нюра, я задержался». Нет, никогда. Недавно вышла у нас такая глупость, что и с умным случается, — заигрались мы в подкидного дурака до половины третьего ночи. Позвонил Юрик домой, что задерживается? Нет!

Никанор Никанорович. Зачем Юрику лгать, спрашиваю я вас?

Шурочка. Зачем?

Сонный детский голос. Мама!

Миша вскакивает.

Шурочка. Кажется, маму ребенок зовет, а не папу! Иду, Маечка, иду. *(Убегает.)*

Никанор Никанорович. Влетело, Миша?

Миша. Вы не думайте. Она не всегда. Иной раз сорвется, а бывает добрее доброго. Она веселая.

Никанор Никанорович. Огонь женщина. А как экзамены, Миша?

Миша. Ох, Никанор Никанорович, глупею. Когда надо отвечать — глупею. Молчаливость окаянная одолевает. Язык отнимается. Это я сейчас разговорился, коньяку выпил, а на экзамены выпивши не пойдешь. Но, в общем, начинают привыкать ко мне, ждут, когда я разговорюсь. Но это в сторону. Вы Шурочку не знаете. И никто ее не жалеет так, как я. Сейчас она умнее любого, не успеешь оглянуться — и хуже ребенка балованного. Но это в сторону. Об этом молчок.

Вбегает Шурочка.

Шурочка. Уснула моя радость. Потребовала было песню, что ей папа поет: «Два гренадера». Вот чему он учит ребенка. Ладно, ладно, не гляди на меня, сегодня я всем все прощаю, мне весело сегодня.

Маруся вбегает.

Маруся. Добился Юрик наш! Валя, скорее готовь бокалы. Пробка сама пошла.

Входит Юрик.

В а л я. Ой, только не в меня, Юрик! Я этого терпеть не могу!
Ю р и к. Будьте покойны, жертв не будет.

Пробка вылетает. Бокалы наполнены.

О л ь г а И в а н о в н а. Прошу слова.
Н и к а н о р Н и к а н о р о в и ч. Тише, тише!
О л ь г а И в а н о в н а *(открывает сумочку, достает пачку телеграмм)*. Ребята!.. Впрочем, я, кажется, оговорилась. Маруся! Видишь, сколько телеграмм пришло к тебе! И от одноклассников. И от старших. От Васи Захарова. Ездит он шофером в Таджикистане. И от Стаси Помяловской. Она учится в театральной студии в Москве. Это я не Марусе объясняю, а вам, гостям. Маруся и без меня знает, кто, где и как живет. И от Леши Гауптмана. Он работает в музее в Пензе. С первого класса, узнав, что есть писатель с такой фамилией, пристрастился он к искусству. Но стал в искусстве не богом, а только жрецом. Отличный музейный работник. Ах, да всех не перечислишь, потом разберешь, Маруся. Много лет справляли мы твое рождение в детском доме. И вот вспомнили бывшие детдомовцы тебя. Они тебя любят. У тебя сорок братьев и сестер. И все спрашивают в письмах — как ты живешь. А Игорь Хаджибеков, самый из них вдумчивый — он преподает физику в Саратове в одной школе, — пишет: «Маруся, семья в мирное время — это все равно что тыл во время войны».
Ю р и к. А сам холостой.
О л ь г а И в а н о в н а. Замолчи, легче легкого смеяться над теми, кто учит. Всем вам чудится, будто всё вы и сами понимаете. А где твоя жена? Не привел ее. Значит, глупость совершил. Неудачно женился. А глядя на тебя, и другие начнут ворчать, что семейная жизнь — каторга... Ах, не то я говорю, вероятно. Но пойми меня, дорогая. Поймите меня! Сколько сил потрачено на то, чтобы сделать вас настоящими людьми! Живите по-человечески. Следите за собой. Трудно делать то, что решил. Я шла сюда с твердым намерением не учить и не проповедовать. И вот не удержалась. Значит, человек над собой не волен. Мелочь? Да! Но вся жизнь построена из мелочей. Они всё решают. Особенно в семье. Будьте счастливы! Умоляю вас, будьте счастливее старших.
Л е н я. Ольга Ивановна, что вы беспокоитесь? Они счастливы. Это и слепому видно. За это и пьем.

Темнеет. Загорается свет. Декорация та же. Часы бьют дважды. Гости разошлись. С е р е ж а сидит на диване, угрюмо смотрит в книжку. Столы все еще составлены вместе, но скатерть снята с них. Звон посуды. Из кухни выходит М а р у с я с грудой тарелок. Ставит их на стол, Сережа не поднимает головы.

Маруся отправляется к двери. Останавливается нерешительно.

М а р у с я *(тихо).* Сережа, что с тобой?
С е р е ж а. Ничего.
М а р у с я. Ну как хочешь. *(Пауза.)* Ты даже не помог мне посуду вытереть. Что с тобой?

      Сережа молчит.

Вот тебе и раз. День моего рождения, а ты наказываешь меня. За что?

     Сережа не поднимает глаз от книжки.

Все думают, что мы счастливы, ушли от нас веселые, а у нас вот какой ужас. Поглядела бы Ольга Ивановна. Поговори со мной, а, Юрик!
С е р е ж а. Меня зовут не Юрик.
М а р у с я. Я оговорилась, потому что он со мной был целый вечер, а ты молчал нарочно. Ну скажи — что я сделала? Смеялась слишком громко? Нет, тебе просто нравится меня мучить. Нравится, и все тут. Выпил ни с того ни с сего уже после торта — целый стакан коньяку. Как маленький.
С е р е ж а. Маленькие не то пьют.
М а р у с я. Как десятиклассник. Нет, ты можешь со мной помириться, да не хочешь, жестокий ты человек Ты нарочно пил, чтобы я мучилась.
С е р е ж а. Я не знал, что ты изволишь заметить, пью я или не пью.
М а р у с я. «Изволишь»... В жизни от тебя не слышала подобных слов.
С е р е ж а. Это не брань.
М а р у с я. У других, может быть, и не брань, а у нас брань. Сереженька, маленький мой, я не умею ссориться! Я не знаю, что говорить. Умоляю тебя, если я в чем-нибудь виновата, выругай меня прямо, голубчик. Пожалуйста. А то мне страшно.
С е р е ж а. Не бойся.
М а р у с я. Ты и на войне воевал, и видел больше, чем я, значит, должен быть добрее. Ты старше.
С е р е ж а. Раньше надо было думать.
М а р у с я. О чем?
С е р е ж а. О том, что... старше.
М а р у с я. Я не понимаю. Я сказала... Я ничего не понимаю. Ну посмотри на меня, Юрик...
С е р е ж а. Дай мне отдохнуть от Юрика!
М а р у с я. Я... *(Всплескивает радостно руками.)* Сережа, ма-

ленький мой, — ты ревнуешь? Мальчик мой! Значит, не я одна поглупела, — и ты у меня дурачок? Вот славно-то! Сережа!

С е р е ж а. Я...

М а р у с я. Не спорь, не спорь.

С е р е ж а. Я... Мне показалось, что я тебе не нужен.

М а р у с я. Ты? Мне даже стыдно — вот до чего ты мне нужен. Мне даже страшно — вот как ты мне нужен. Я какая-то стала доисторическая. Дикая. Вот как ты мне нужен.

С е р е ж а. Ладно. Я бы никогда не сказал. Это коньяк.

М а р у с я. Ну, спасибо коньяку.

С е р е ж а *(закуривает)*. Забудь. Больше никогда ни слова. Мне показалось глупым, что он от тебя не отходит.

М а р у с я. А как же он иначе может? *(Садится возле Сережи. Гладит его по голове.)* Сколько я себя помню — он всегда возле. Я маленькая была, но помню, как мы вдруг очутились так далеко — в Кировской области, в лесах... Все чужое. Все непонятное. Вечера бесконечные, света нет. Сидим, поем в интернате. Ольга Ивановна поет, а у самой голос все хрипнет. А кончилось тем, что хор у нас образовался. И стали мы ездить по району — участвовать в концертах. Прославились. А один раз чуть не погибли: попали в буран по дороге на концерт. Меня с собой всегда брали. Я объявляла номера. Ольга Ивановна была против, но я не испортилась от своей сценической деятельности. Все смеются, что такая маленькая на сцене. Ты спишь?

С е р е ж а. Нет, я стараюсь представить себе, как все это было. А я в это время дрался.

М а р у с я. А ты дрался. И вот все кончилось хорошо. А Юрик — как же он может не ходить за мной следом? Так было испокон веков.

С е р е ж а. Ты видела его жену?

М а р у с я. Нет. Увижу когда-нибудь. Неважно. Ну и все. Какая тяжесть с души свалилась! Я думала — какую это я глупость сделала, рассердила тебя? А оказывается, это ты дурачок.

С е р е ж а. Да вот представь себе. Я не знал. *(Обнимает Марусю.)* Никому тебя не отдам — вот я какой, оказывается.

М а р у с я. Ну ничего. Как-нибудь.

С е р е ж а. Опасное место — дом. Привыкаешь тут снимать пиджак. Расстегивать воротник. Ну, словом — давать себе волю.

М а р у с я. Ничего.

С е р е ж а. Все равно — никому я тебя не отдам.

М а р у с я. И не отдавай. И пожалуйста. И спасибо. Я так этому рада!

Все исчезает во тьме, кроме кукол. Они поют.

Медвежонок. В доме...
Кукла. Восемь...
Медвежонок. На...
Кукла. Сенной...
Кукла и медвежонок *(хором).* Поселились муж с женой.

   И не только поселились,
   Но, как дети, подружились.

Кукла. Чудо!
Медвежонок.

   Чудо? Погоди!
   Что-то будет впереди?

ДЕЙСТВИЕ ВТОРОЕ

КАРТИНА ТРЕТЬЯ

Календарь показывает 19 октября. Когда он исчезает, мы видим все ту же комнату. Ясный осенний день. В а л я В о л о б у е в а заклеивает длинными полосами бумаги рамы. Маруся моет второе окно, перегнувшись во двор. Ш у р о ч к а крепко держит ее за юбку. Поет задумчиво.

Ш у р о ч к а *(поет).*

В кружках и хороводах,
Всюду милый мой
Не сводил очей с меня,
Все любовался мной.

Маруся, не перегибайся так, у меня голова кружится. Говорят тебе — пусти, я лучше сделаю, и в один миг. А? Вот упрямая! *(Поет.)*

Все подруги с завистью
На меня глядят,
«Что за чудо парочка», —
Старики твердят.

Что? Денатурат? Валя, у тебя денатурат? На, Маруся. Осторожней. Если поскользнешься да упадешь — я тебя своими руками задушу.

А теперь вот милый мой
Стал как лед зимой,
Все те ласки прежние
Он отдает другой.

Валя, у тебя никого нет?
В а л я. В каком смысле?
Ш у р о ч к а. Известно в каком.
В а л я. Нету.

Ш у р о ч к а. Удивляюсь. Здоровая. Обаятельная. Свободная. Эх ты! *(Поет.)*

> Чем лучше соперница,
> Чем лучше меня,
> Что отбила милого
> Друга от меня?
> Иль косою русою,
> Иль лицо бело,
> Иль походкой частою
> Завлекла его?

Ох, Валя, Валя! Я люблю мужа. Уж куда больше любить! Но душа просит... сама не знаю чего. Хоть погоревать во всю силу. И тут своя красота есть. Мы с Мишей, конечно, ссоримся, без этого нельзя. Но как-то по-домашнему. Эх! Люблю тоску! *(Поет.)*

> Научи, родная мать,
> Соперницу сгубить
> Или сердцу бедному
> Прикажи забыть.
> «Нет запрету, дочь моя,
> Сердцу твоему,
> Как сумела полюбить,
> Так сумей забыть».

Валя, ты чего! Маруся, Маруся, она плачет! Да еще слезы бумажными лентами вытирает. А чем окно заклеивать будем?

М а р у с я *(прыгает с подоконника, подбегает к Вале).* Валя, Валечка, что с тобой?

В а л я. Я никогда не выйду замуж.

М а р у с я. С чего ты взяла?

В а л я. Не могу влюбиться. Отвращение к мальчишкам. У них руки холодные. На лице какой-то пух. От застенчивости весь каменеет, а туда же — лезет обниматься. Убила бы. А кто мне нравится, тот на меня не смотрит.

Ш у р о ч к а. А тот, кто тебе нравится, постарше?

В а л я. Постарше. Не так много. Еще молодой. Лет двадцати девяти.

Ш у р о ч к а. Мы его знаем?

В а л я. Умру, а не скажу.

Ш у р о ч к а. Вот и проговорилась, дурочка. Значит, знаем.

В а л я. Отчего я такая несчастная, нравлюсь только мальчишкам да старикам. Я никогда не рассказывала, такая минута подошла, расскажу. В прошлом году, когда я была на практике, в заводской лаборатории, был там лаборант. Старый, лет сорока. Щеки синие, хоть брился каждый день. Сопит. Нос не в порядке. Задержались мы вечером в лаборатории. Вдруг глаза у него остекленели. Лицо поглупело. Как бросится на меня.

Ш у р о ч к а. Ну, это уже нахальство!

В а л я. Я не испугалась. Только стало мне так скучно. Уйдите, говорю. А он как глухой. Тут меня даже затошнило. Я так его толкнула, что он рухнул. Разбил две колбы, пробирки. А я бежать. А на другой день знаете что он сделал?

Ш у р о ч к а. Прощения просил.

В а л я. Как же, дожидайтесь. Подал заявление, что я посуду побила. С меня взыскали, а я промолчала. Почему? Будто связало нас это вчерашнее безобразие.

Ш у р о ч к а. Ох, меня там не было.

М а р у с я. Ох, бедные мы, женщины. Пока найдешь свое счастье — столько переживешь.

Ш у р о ч к а. Что верно, то верно. Мне Миша говорит: «Ты знатная ткачиха, что ты все про любовь, ты про работу расскажи». Чудачок! У меня руки золотые! Мне на работе все ясно как стеклышко, еще и с другими делюсь опытом. Я хочу, чтобы у меня и дома было не хуже. А у кого тут опыт возьмешь? Все семьи разные.

М а р у с я. Человек неделим.

Ш у р о ч к а. Как, как?

М а р у с я. Человек неделим. Ты правильно говоришь. Каждый хочет добиться, чтобы везде он был на высоте.

Ш у р о ч к а. А как добиться? «В семейной жизни главное — терпение». Ну, хорошо. Я подумала: нет, мне не утерпеть. А с кем посоветоваться? «Миша, говорю, что есть ревность?» — «Прочти в толковом словаре». Прочла я и даже раскричалась. «Ревность, — написано там, — это сомнение в чьей-то верности». Сомнение! Ну уж это ты брось! Значит, если я застукаю Мишу с Ленкой Куликовой, — моя ревность пройдет оттого, что сомнений не будет? Ну как тут верить книжкам? Самой надо учиться. Валечка, ты, значит, все-таки влюблена у нас?

В а л я. Во-первых, нет. А во-вторых, он любит другую.

Ш у р о ч к а. Красиво, печально! Ничего, ничего, ты переживай, это душу украшает.

Открывается дверь, и в комнату входят С е р е ж а, Н и к а н о р Н и к а н о р о в и ч, Л е н я.

Маруся. Ох, откуда вы? У меня такой беспорядок! Я босиком.

Сережа. Да уж.

Никанор Никанорович. Здравствуйте. Простите, мы думали, что дома никого нет.

Маруся. Я не ждала вас.

Сережа. Это сразу видно.

Маруся. Ты не предупредил.

Сережа молча выходит.

Куда ты?

Леня. К телефону. В коридор. Заказать Москву.

Никанор Никанорович. Наш идиот бухгалтер не внес аванс. Мы пришли к вам. Сегодня наш проект обсуждали в главке. Надо узнать. Разрешите позвонить от вас.

Маруся. Телефон Сережин.

Леня. А будь ваш — вы нас прогнали бы?

Шурочка. Не отвечай, Маруся. Ну, я пойду. Сережа такого холода нагнал, что еще простудишься. Пришел — не постучался, вошел — не поздоровался.

Никанор Никанорович. Не сердитесь. Мужчина при виде уборки звереет.

Шурочка. Марусенька, вон твои туфельки, под столиком. Я зайду завтра, докончим окно, когда помещение очистится. *(Уходит.)*

Леня. И вы уходите, Валя?

Валя. Да, мне пора.

Леня. А я что-то знаю.

Валя. Вероятно. Иначе не были бы инженером-строителем.

Никанор Никанорович. Испортил девушку. Острить стала.

Валя. Я защищаюсь.

Леня. Мы встретили Юрика.

Валя. До свидания, Никанор Никанорович.

Леня. С женой.

Валя. Это меня не касается. И вы неправду говорите.

Леня. Спросите Никанора Никаноровича.

Валя. Никанор Никанорович, правда?

Никанор Никанорович. Видимо.

Валя. До свидания. А какая она?

Леня. Блондинка. Высокая. Смотрит оценивающе.

Никанор Никанорович. Зовут Станислава Арнольдовна. Видимо, полька.

Маруся. Ох, тут что-то не то.

Леня. Не то?

Маруся. Он говорил, что жену его зовут Нюра.

Леня. Может быть, по-польски так, а по-русски — иначе.

Валя. До свидания. Я бегу. *(Уходит.)*

    Маруся провожает ее.

Леня. Валя по уши влюбилась в Юрика, и все это видят, кроме него самого и ближайших друзей.

Никанор Никанорович. А вам какое дело?

Леня. Сам не знаю.

Сережа *(возвращается, мрачно).* У Якубовского не отвечает телефон.

Никанор Никанорович. Прячется.

Леня. Никаких сомнений.

Никанор Никанорович. Завтра узнаем. Неважно. Нет, важно. Много у меня, что ли, осталось дней и ночей? Ночь не спать из-за того, что не хватает у человека смелости взять да и сказать всю правду!

Леня. Ни в одном проекте не был я так уверен, как в этом.

Никанор Никанорович. Вот поэтому он и не прошел. Смотрят на проект. Смотрят и думают: «А я так мог бы?»

Леня. Если бы еще Якубовский попал, так сказать, на руководящий пост естественным путем, а он в талантливые инженеры назначен... А раз назначен — значит, могут и снять. Вот он и вертится.

    Маруся входит в комнату.

Сережа. Мы работаем.

Маруся. Я тоже. *(Берет со стола книгу, уходит.)*

Никанор Никанорович. А до войны? Кем он был до войны?

Леня. Никем.

Никанор Никанорович. А теперь считает, что он пуп земли. А на самом деле он просто пуп.

Леня. Лицо грубое, щеки как ляжки. Еще за границу его посылают. *(Достает из кармана газету.)* И он описывает свои впечатления. *(Читает.)* «Мне довелось посетить завод строительных материалов». «Довелось» — скажите пожалуйста! Почему, как начинают наши путешественники изливать в газетные подвалы свои чувства и мысли, у них язык деревенеет? «Довелось», «не далее как вчера» — обратите внимание. Просто «вчера» уже Якубовский сказать не в силах. Он не простой человек. Землепроходец! *(Читает.)* «Осеннее золото лесов», «то и дело проносятся стада», «досужие болтуны». «Досужие»! — смотрите, пожалуйста, какое словцо выкопал. Сам ты досужий! Казнил бы его.

Никанор Никанорович. Ну, это уж незачем. Себе дороже стоит.

Леня. Я расточителен.

Никанор Никанорович. Вы человек с душою, достаточно разработанной. Вам убивать — противопоказано. Вспомните Раскольникова.

Леня. Главная ошибка Раскольникова была в том, что убивал он собственноручно. Надо было поручить секретарю. Ничего бы Раскольников не увидел, не услышал. Мучений совести — на грош, а пользы-то...

Никанор Никанорович. Довольно. Не кощунствуйте. Идем по домам.

Встает. Частые телефонные звонки.

Междугородняя.

Сережа бежит к телефону.

А где Маруся?

Леня. Она заходила сюда, но Сережа ее выставил.

Никанор Никанорович. Не выдумывайте.

Леня. А вы даже и не заметили?

Никанор Никанорович. Не выдумывайте. Когда это было?

Леня. Она как вежливая хозяйка вошла, а Сережа ей: «Мы работаем».

Никанор Никанорович. Не заметил. Честное слово. Я понимаю Сережу. Он не хотел, чтобы жена видела его волнение.

Леня. Терпеть не могу слова «волнение».

Никанор Никанорович. Шли бы вы в писатели!

Леня. Не смею.

Входит Сережа.

Сережа. Якубовский звонил. Проект принят. С блеском. Он звонил нам в бюро, не застал, потом вам, потом добыл мой телефон — и сюда. Естественно, что у него дома телефон не отвечал. Он в главке сидел, к нам дозванивался.

Пауза.

Н и к а н о р Н и к а н о р о в и ч. Первый признак действительно талантливого человека: он радуется чужому успеху. Он понимает, что каждая удача не отнимает, а дарит. Растет уважение ко всей организации.

Л е н я. И работает, как мученик. Здоровье-то у него никакое. Обрюзг, побледнел, а отдыхать не едет.

С е р е ж а. За границей-то побывал.

Л е н я. Ну какой же это отдых!

С е р е ж а. И написал...

Л е н я. Как будто он сам писал! Посмотри название статьи: «Под чужими звездами». Он человек умный, скромный. Это за него сочинил кто-нибудь.

С е р е ж а. Ты же собирался его казнить.

Л е н я. Я... я... не успел, к счастью.

Друзья переглядываются и разражаются хохотом.

С е р е ж а. Признаем — свиньи мы. Плохо воспитаны.

Н и к а н о р Н и к а н о р о в и ч. Нервы.

Л е н я. Судили и осудили, да с какой легкостью!

Н и к а н о р Н и к а н о р о в и ч. Довольно психологии. Проект принят! Впрочем, я и не сомневался в этом. Мария Николаевна! Мария Николаевна!

Входит М а р у с я с книгой в руке.

Поздравьте нас — принят проект.

М а р у с я *(радостно).* Принят! *(Словно опомнившись, холодно.)* Поздравляю.

Л е н я. Бежим, бежим! Дадим отдохнуть людям. Вечером созвонимся. *(Идет в прихожую.)*

Маруся стоит на месте, опустив голову. С е р е ж а возвращается.

С е р е ж а. Что ж ты свет не зажигаешь — стемнело совсем. *(Зажигает свет, взглядывает на Марусю. Пугается.)* Маруся, что с тобой? Отчего ты такая бледная? Простудилась! Возишься с окнами, возишься, сколько раз я тебе говорил.

М а р у с я. Окна сами не вымоются, не заклеятся.

С е р е ж а. А что с тобой? Я тебя обидел, может быть? Ну как тебе не стыдно. Мало ли что бывает! Мы, мужчины, народ грубый. А кто слишком вежливый — тот не мужчина. Ну, Маруся, проснись.

М а р у с я. Я проснулась.

С е р е ж а. Давай помиримся.

М а р у с я. Мы не ссорились.

С е р е ж а. Ну, как хочешь. *(Идет к столу сердито. Усаживается. Открывает книгу.)*

Свет гаснет. Освещены только куклы.

М е д в е ж о н о к. Слушай ты, Сергей! Послушай нас, пока не поздно!

К у к л а. В следующий раз будешь просить — не ответим.

М е д в е ж о н о к. Вон, я вижу, в книжке у тебя написано: «Эти вещи ясно говорят о том, что каменный период сменился тут бронзовым ранее, чем можно предположить». Вон о чем при случае говорят вещи! И притом ясно! А ты не желаешь нас слушать!

К у к л а. А мы ясно тебе говорим: пойди помирись!

М е д в е ж о н о к. Мы ясно тебе говорим: в ссорах есть своя прелесть, не поддавайся этой игре!

К у к л а. В этой игре, прости меня, фарфоровую, за выражение, разбиваются сердца!

М е д в е ж о н о к. Сколько тебя, дурака, воспитывали — будь воспитанным мальчиком.

К у к л а. Сидит!

М е д в е ж о н о к. Не слушается. Будто мы не вещи, не куклы, а, прости господи, его родители. Что делать? Кукла. Споем с горя!

Поют.

В доме восемь на Сенной
Поселились муж с женой.
Поселились, веселились,
А потом и побранились...

КАРТИНА ЧЕТВЕРТАЯ

Вспыхивает свет, освещающий календарный листок. На нем число: 19 ноября. Когда он исчезает, куклы замерли, как неживые. М а р у с я разговаривает с ними.

М а р у с я. Дети, я научилась ссориться. Что делать? В азарт вхожу. Иной раз даже обидно мириться — вот я во что превратилась. Началось с пустяков. Сережа при чужих сказал, чтобы я вышла из комнаты. Я, конечно, вышла. И тут родилась первая ссора. Я молчу, и он молчит. Я самостоятельный человек. А он мужчина.

Потом прошла неделя, и вдруг показалось мне, что он похудел, сжалось у меня сердце, бросилась я к нему на шею, и прожили мы так мирно, так славно, так близко, как никогда в жизни, дней пять. Потом он вдруг обиделся. А на что — не могу вспомнить, вот что смешно. Мы вместе не могли вспомнить. Но молчали неделю. И пришел он ко мне мириться первый. И снова мир. В чем дело, дети? Может быть, любовь имеет свой возраст. Сначала любовь — ребенок, все умиляются, смеются каждому словечку, радуются. А потом глядишь — и вырос ребенок. Любовь-подросток командует нами. Подросток. Легко ли? Переходный возраст со всякими глупостями. Ах, Сережа, Сережа! Шучу я с вами, дети, чтобы себя подбодрить. В последней ссоре было что-то, говоря прямо, страшное. Я попросила его объяснить мне один вопрос по высшей математике. Стал он объяснять. Я не понимаю. И он заорал на меня, с ненавистью, с отвращением, как на врага, — вот чего никогда не было. Нет, надо иметь смелость и сказать — в последней ссоре было что-то безобразное. Так ссориться я не научусь. Если тебя подбрасывать — будет только смешно и жутковато. А если на пол швырнуть — разобьешься. Верно, кукла? Ты неживая — и то разобьешься. А ведь я живая. Если...

Звонок. Маруся убегает и возвращается с Юриком и Валей.

Больше всего мне хотелось, чтобы это вы пришли. Садитесь. Какую картину видели?

В а л я. Немое кино. «Человек из ресторана». Подумать только — ни звука, ни слова, а все понятно.

Ю р и к. Меня другое удивило.

В а л я. Юрик, только не шутите! Я так настроена серьезно, так мне жалко всех, а вы начнете подсмеиваться, и все пропадет.

Ю р и к. Нет, я шутить не собираюсь. Я другое хочу сказать. Смотрел я картину и удивлялся. Можно было подумать, что собрались в кино люди только хорошие.

М а р у с я. Почему?

Ю р и к. До тонкости всё понимали: кто поступает правильно, кто нет, кому надо сочувствовать, кого ненавидеть или презирать. Ахали в один голос, и смеялись, и даже плакали.

В а л я. Что ж тут удивительного?

Ю р и к. Если бы они в жизни так отчетливо понимали, что хорошо, что плохо, — вот славно жилось бы!

В а л я. Все понимают!

Ю р и к. Когда стукнет.

М а р у с я. А ты и без этого все понимаешь?

Ю р и к. Я все понимаю. Мне объяснять не надо.

М а р у с я. Ты куда, Валя?

В а л я. Чай поставить можно?

М а р у с я. Что спрашивать-то.

Валя убегает.

Чего-то она в последнее время нервничает.

Ю р и к. Не замечал. А вот у тебя что-то неладно в жизни.

М а р у с я. Юрик, не барахли.

Ю р и к. Ты, конечно, не скажешь никому. Разве что куклам. Да и тем как-нибудь повеселее, чтобы не похоже было, что жалуешься.

М а р у с я. С чего ты взял?

Ю р и к. Знаю, знаю! Такими уж мы выросли. Поди у нас в детдоме пожалуйся. Мы, бедные сиротки, этого не любили.

М а р у с я. Юрик!

Ю р и к. Ладно, ладно, расспрашивать не буду. Нервничает, говоришь, Валя? С учением неладно?

М а р у с я. Вполне благополучно.

Ю р и к. Дома обижают?

М а р у с я. Она в общежитии живет.

Ю р и к. По комсомольской линии неприятности?

М а р у с я. Все хорошо.

Ю р и к. Чего же ей еще надо?

М а р у с я. Не знаю. Может быть, влюбилась.

Ю р и к. Что ты, что ты, она о таких делах даже и не думает. А тебе я вот что скажу. Вот компас. Мне его жена подарила.

М а р у с я. Юрик! Мы вместе его купили! Я покупала ватманскую бумагу, а ты купил себе компас.

Ю р и к. Неважно. Мне она, значит, другой преподнесла. Вот. Гляди. Юго-восток. Тут по прямой линии пойди — работает Вася Захаров. Едет сейчас на машине своей. Хорошо! Не в комнате сидит, а на машине едет.

М а р у с я. Там ночь уже, в Таджикистане. Он спит.

Ю р и к. Он сегодня в ночной смене. Едет по степи. На горы смотрит, я чувствую. Компас на Пензу. Лешка Гауптман тоже в командировке. Он собирает для пензенского музея что-нибудь благородное. Ел он сегодня или нет, конечно, неизвестно. Ты его характер знаешь. Если напомнят, поест, а не напомнят — он и не спросит. Стаську я видел с месяц назад, случайно встретил. Еще с Сережей познакомил. Привезли ее на один спектакль из Москвы.

М а р у с я. И она ко мне не зашла?

Ю р и к. Утром репетировала, вечером сыграла — и на поезд. Не хотела особенно показываться. «Еще, говорит, ничего не добилась». Но она добьется. Голос золотой, лицо, рост. Она из нас самая честолюбивая, что ли. Но все равно, она как все мы. И она в комнате не сидит. В ее комнате — три стенки. А четвертой нет. И она выходит: «Глядите, вот как я работаю».

М а р у с я. Как Стаськино полное имя? Никогда не знала. *(Укладывается на диване калачиком. Кладет голову Юрику на колени.)*

Ю р и к. И я недавно узнал: Станислава Арнольдовна. Ставлю компас на Хаджибекова. Ты еще помнишь, каково учителю в классе?

М а р у с я. Приблизительно.

Ю р и к. А я тебе скажу, что Стаське — куда менее страшно. Учитель тоже, как артист, все время у зрителя на глазах. Только школьный зритель об одном и думает — когда перемена. И разглядывает учителя, как в микроскоп. Хаджибеков наш из адыгейцев. Парень горячий. Физику, мало сказать, любит. Считает наукой наук. Может, он и зажжет класс, конечно. Но разве его весь зажжешь? Сердится. Однако не сдается. Все мы как на переднем крае.

М а р у с я. И я?

Ю р и к. И ты. А на переднем крае строго. Народ мы обыкновенный. Может, умрем, и никого не вспомнят, кроме Стаськи разве. Но мы подобрались все как один — добросовестные. А на добросовестных мир держится. Вспомни — кем мы были? Война наших близких растоптала. Сидим в темноте маленькие в интернате, поем, как голосим. А к чему привело — научились петь и прославились пением своим на всю область. И ты научишься, как на свете жить.

М а р у с я. Научусь?

Ю р и к. А как же может быть иначе?

М а р у с я. Как ты угадал, что мне надо помочь? Что именно мне надо сказать?

Ю р и к. Любовь научила.

М а р у с я. Любовь — дело недоброе.

Ю р и к. Не говори глупости, девчонка. Ты только начала любить. Любовь — это...

Дверь открывается, и входит С е р е ж а. Маруся и не думает переменить положение. Ни признака смущения на ее лице. Не двигается и Юрик. Только Сережа невольно делает шаг назад.

Ты что думаешь — я у тебя жену отбиваю? Нет, к сожалению. Ее не отобьешь.

М а р у с я. Юрик, не барахли. Сережа, хочешь чаю? Там Валя на кухне занялась хозяйством.

Ю р и к. Пойду помогу.

Бережно приподнимает Марусину голову. Маруся встает. Юрик уходит.

М а р у с я. Ну, Сережа? Как будет у нас сегодня? Буду я как бы пустым местом? Или ты будешь меня учить? Или примешься говорить о глупости женщин вообще? Сегодня я сказала Юрику: любовь — дело недоброе. Вот я чему научилась!

С е р е ж а. Не умею я разговаривать на подобные темы.

М а р у с я. Ну что ж, давай опять молчать. Лишь бы не кричать.

С е р е ж а. Постой. Не уходи. Пожалуйста. У меня не ладится работа, а когда не ладится — я на всех бросаюсь.

М а р у с я. Почему же ты мне не сказал?

С е р е ж а. Я ничего тогда не вижу. И ничего не понимаю. Я знаю, что нет дела подлее, чем вымещать несчастья на невиноватых, на своих, на тех, кто послабей, на тех, кто любит и терпит. И... говорить, так все говорить — сейчас вдруг я понял, как ты мне дорога.

М а р у с я. Правда?

С е р е ж а. Меня вдруг как пронзило сейчас. Я... Ну, понимаешь, почудилось мне, что я оттолкнул тебя. Сейчас почудилось. Когда я вошел в комнату.

М а р у с я. Мы вспоминали друзей, школу...

С е р е ж а. Я понимаю. Я ничего не говорю. Но... Воздух не замечаешь. Отними — заметишь. Я, Маруся, без тебя не могу жить. Задохнусь. Помни это. Терпи меня.

М а р у с я. Сереженька!

С е р е ж а. Обещаю тебе. Слово даю. Никогда. Никогда больше не обижу тебя. Никогда! Никогда в жизни!

КАРТИНА ПЯТАЯ

На занавесе с календарем стоит 10 января. Календарь исчезает. Декорация та же, столик в углу. М а р у с я, *облокотившись о столик, забравшись с ногами в кресло, заткнув ладонями уши, склонилась над учебником. Входит* С е р е ж а. *Он мрачен. Увидев Марусю, мрачнеет еще больше.*

С е р е ж а *(громко).* Маруся!

Маруся не слышит.

Маруся!

М а р у с я *(вздрагивает).* Сережа! А я и не слышала, как ты вошел... Здравствуй.

С е р е ж а. Слушай, Маруся! Сколько раз я просил тебя не сидеть с ногами в кресле!

> Маруся медленно выпрямляется. Не сводя глаз с мужа, послушно спускает ноги на пол.

(Обиженно.) Нет, в самом деле... Это странно даже. Говоришь, говоришь, говоришь — и все напрасно. Ты вся перегибаешься, когда сидишь так с ногами. Добьешься искривления позвоночника. И уши затыкаешь... Это тоже вредно... Зачем ты это делаешь?

М а р у с я. Я ведь объясняла тебе, Сережа, что в общежитии привыкла так сидеть. Там с пола сильно дуло, а соседки шумели. Вот я ноги, бывало, подберу, уши заткну и учу. Понимаешь?

С е р е ж а. Отказываюсь понимать. Говоришь тысячу раз, миллион раз, а ты упорно, сознательно, умышленно делаешь по-своему. Да, да, умышленно. Нет у меня другого объяснения.

М а р у с я. Не надо, Сережа.

С е р е ж а. Что «не надо»? О тебе же забочусь.

М а р у с я. Не надо заботиться обо мне так свирепо.

С е р е ж а. Не понимаю. Рассуждай логически. Меня беспокоит твое здоровье — тут не обижаться надо, а благодарить!

М а р у с я. Спасибо, Сережа. Но... но ты не слышал историю о таком же заботливом муже? В городе была эпидемия брюшного тифа. И вот жена выпила сырой воды, а заботливый муж застрелил ее за это. И оправдывался потом: «Я для ее же здоровья. Нельзя пить сырую воду. Опасно».

С е р е ж а. Не похоже.

М а р у с я. Рассуждай логически, и ты увидишь, что очень похоже. *(Умоляюще.)* Иди, Сереженька, прошу тебя, иди умойся, переоденься, а я тебе дам чаю. Прошу тебя. Потом поговорим.

> Сережа уходит, сердито пожав плечами. Маруся подходит к куклам.

Нет, это мы еще не поссорились! Я поспорила с ним, и только. Я не могла больше молчать. Это уже рабство. Я устала. У меня послезавтра зачет... *(Накрывает на стол.)* Голова даже кружится, так я устала. Это уже рабство — успокаивать его, успокаивать. Уже целую вечность я что-то налаживаю, улаживаю, скрываю от всех. Это рабство. У него опыт по испытанию новых шлакоблоков... Но ведь я-то не виновата. Идет. Нет, мы еще не поссорились... Заговорю с ним как ни в чем не бывало. Он мучается. Он сам не рад.

> Входит С е р е ж а. Маруся взглядывает на него внимательно и ласково.

С е р е ж а *(отчаянно).* Что, что, что тебе надо?!
М а р у с я. Опомнись ты!
С е р е ж а. Шагу не могу ступить, когда прихожу домой. Смотрят все! Смотрят, видите ли! Нарочно выводят из себя, а потом смотрят!
М а р у с я. Кто?
С е р е ж а. Вы все!
М а р у с я. А почему ты говоришь обо мне во множественном числе?
С е р е ж а. Потому что потому!
М а р у с я. Умоляю тебя, замолчи! Ты так страшно меняешься, когда кричишь.
С е р е ж а. А ты не доводи меня до этого.
М а р у с я. О, как это глупо, как страшно глупо, как во сне. Когда тебя нет дома, я хоть немного стараюсь это смягчить. Делаю вид, что все у нас смешно, да и только. Шучу над этим. С куклами разговариваю об этом. А как услышу твой крик... Ведь это ни на что не похоже! Позор. Как ты можешь так на меня кричать? Как в трамвае. Как в очереди... И это ты, Сережа, которым я горжусь! Которым все его друзья гордятся!
С е р е ж а. Избавьте меня от рассуждений на эту тему.
М а р у с я. А почему избавить, Сережа? Здесь нет никого, только мы с тобой. Тебе только кажется, что наш дом...
С е р е ж а. Дом! Домишко! Домишечко! Как будто это самое главное на свете!
М а р у с я. Не самое главное, но все-таки важное. Семья...
С е р е ж а. Замолчи! Не могу слышать, когда ты своими куриными мозгами пытаешься еще и философию разводить. Довольно кудахтать!

Маруся быстро выходит из комнаты.

Пусть! Ладно! Пусть все летит! Сдерживаться, удерживаться, стараться, когда сегодня весь мой опыт рухнул! Пусть все летит! Ничего не хочу слышать, ничто меня не удержит, и я наслаждаюсь этим! Я в бешенстве. Нельзя же, в самом деле... Но... все-таки я, кажется, уж слишком... Я... я выругался, и она сжалась вся. Ужас какой! Она вся сжалась... Как будто я ударил ее. Да, в сущности, так оно и есть. Я негодяй. Я хуже чем ударил ее. Я перебирал, перебирал и выбрал самое оскорбительное. Она сжалась вся! Я негодяй! Она сжалась вся! *(Зовет.)* Маруся! Маруся!

Маруся появляется в дверях, в комнату не входит.

Маруся... Я... Мы... мы чай будем пить сегодня?

Маруся не отвечает.

Я сегодня пообедать не успел.

М а р у с я *(тихо и жалобно)*. Ужин на плите.

С е р е ж а. Я... Мы... Давай ужинать вместе.

М а р у с я. Никогда этого больше не будет!

С е р е ж а. Чего не будет?

М а р у с я. Не хочу ужинать с тобой. Ничего не хочу. Я думала тебя своим терпением образумить, а ты совсем распустился. Ты не настоящий человек.

С е р е ж а *(улыбается добродушно)*. В первый раз в жизни ты меня выругала. Ну и молодец! Теперь, значит, мы квиты. Идем ужинать.

М а р у с я. Никуда я с тобой не пойду. Ты очень плохой человек. Никто не виноват, что ты какие-то жалкие опыты поставил, а они у тебя проваливаются!

С е р е ж а *(потемнел)*. Не говори о том, чего не понимаешь!

М а р у с я. Неудачника всякий может понять. Размахнулся не по силам. Сколько ни скандаль дома — талантливей не станешь!

С е р е ж а *(кричит)*. Замолчи!

М а р у с я. Кричи сколько хочешь, мне все равно теперь. Все кончено! Понимаешь? Все кончено у нас с тобой!

С е р е ж а. Ну и очень рад! Давно пора!

Маруся уходит и закрывает за собой дверь. Сережа стоит угрюмо возле занесенного снегом окна. Вдруг он распахивает форточку.

Маруся! Куда ты?

Бежит к дверям. Останавливается. Делает каменное лицо. Садится у стола. Берет книгу. В комнате темнеет. Слышно, как бьют часы раз и другой. Вдруг раздается резкий звонок. Вспыхивает свет. Сережа вскакивает. Бежит в прихожую и возвращается, сопровождаемый высоким длинноусым человеком в тулупе, шапке-ушанке, с большим портфелем в руках.

В ы с о к и й ч е л о в е к. Простите, Сергей Васильевич, что ночью к вам врываюсь. У нас неприятности, Сергей Васильевич!

С е р е ж а. Садитесь, товарищ Ширяев.

Ш и р я е в. Благодарю вас, но сидеть нам как будто некогда. Ехать надо, Сергей Васильевич, немедленно. Если к этому поезду не успеем, неизвестно, когда и доберемся. Поднимается метель. К утру непременно будут заносы. Понимаете ли, какое дело... *(Понижает голос.)* Ой, что же это я кричу! Супругу вашу разбудил, наверно.

С е р е ж а. Ее дома нет. Она у подруги. Готовится к экзаменам.
Ш и р я е в. Так поздно? Да... Все работают... Одевайтесь, Сергей Васильевич. У нас минуты считаные!
С е р е ж а. Вы мне так и не сказали, что случилось.
Ш и р я е в. Говорить-то неприятно... Стена поползла.
С е р е ж а. Как поползла?
Ш и р я е в. Поползла, Сергей Васильевич. Оседает, трещины такие, что страх! А там у нас племенной скот. Конечно, весь совхоз забегал. Старики кричат: «Вот он, ваш скоростной метод!» Позвонили мы в райком, а там посоветовали прежде всего до вас добраться.
С е р е ж а. Где поползла стена?
Ш и р я е в. Пока только в седьмом корпусе. Но, конечно, опасаемся за остальные.
С е р е ж а. Так. В седьмом... Который к выгону? Который ставили после моего отъезда?
Ш и р я е в. Вот именно.
С е р е ж а. Ну и денек!
Ш и р я е в. Да уж. Сильно будет мести.
С е р е ж а. Я не к тому. Ладно! Едем! Только записку жене оставлю.

Пишет торопливо несколько слов на листке из блокнота. Кладет на Марусин столик. Выходит торопливо. Когда он захлопывает дверь, распахивается форточка, и листок сносит на пол. Темнеет. Зажигается свет. М а р у с я *стоит возле кукол.*

М а р у с я *(куклам).* Ушел мой дурачок. Показывает силу воли. А как хорошо бы сейчас помириться... Я так замерзла! Не могу больше сердиться. Я знаете что сделала, дети? Решила уйти от него к Юрику. Ушла, не ушла бы — не знаю, но решила. Юрик ведь не женат. Это я понимаю. Он из самолюбия говорил всем, что женат. Не хотел показывать, как он убивается, что полюбила я не его, а Сережу. Ах, зачем так вышло! Юрик такой добрый. Нет. Любовь — дело недоброе. И Юрик убивал бы меня. Понемножку. Каждый день. А я его. Если бы стал моим мужем. Влюбленные все добрые. А мужья убивают. Понемножку. Каждый день. А я очень гордая. Что я плету? Замерзла. Устала. В голове химические формулы из учебника. Отправилась я, значит, дети, к Юрику. *(Смеется.)* И так все славно вышло! Вижу — сидят Валя и Юрик на площадке на окошке. На подоконнике. И разговаривают. И когда услышала, как они разговаривают, так обрадовалась, такую тяжесть с меня сняло, — нельзя к Юрику уходить, поняла я. Может, и наделала бы глупостей из гордости. Погубила бы себя и Юрика. Не так я его люблю, чтобы уходить к нему. Не безумно. А тут вижу — сняли с меня тяжесть. Услышала я, как они разговаривают, и поняла: им, голубчикам, сейчас не до меня. И даже заплакала от радости. Шла к Юрику — как на цепи себя вела. Из гордости. И вот порвалась цепь. Вы думаете, они говорили о любви? Нет еще! Говорили про Никанора Никаноровича, про Ольгу Ивановну, про меня и Сережу, про университет, про экзамены, про Камчатку, о щенятах, об охоте, о лодках, а я стою, плачу и словно отогреваюсь от всех своих глупостей. Говорят об одном, а на сердце у них другое. Голоса ласковые, негромкие. Вот-вот поцелуются. Тут стукнула дверь, и я убежала, чтобы никто не видел, как я стою, слушаю и плачу. Что с нами? Давно ли мы с Сережей так же сидели на скамеечке и разговаривали. Что нас испортило?

Звонок.
Маруся выходит, и тотчас же в комнату врывается Ш у р о ч к а с девочкой на руках. Она закутана в одеяло.

Что случилось?

Ш у р о ч к а. А что у нас еще может случиться? Так тревожно в доме, что Майечка до сих пор не спит, места себе не находит. Сиди, сиди. *(Наклоняется к девочке.)* Да чего ты шепчешь? Что? К папе? Нужны мы ему! Сиди, сиди! На вот, рисуй. *(Поднимает с пола Сережину записку.)* Маруся, это ненужная бумажка? Кажется, Сережиным почерком написана?

М а р у с я. Раз он ее бросил на пол, значит, ненужная.

Ш у р о ч к а *(дает девочке бумажку и карандаш со стола).* Рисуй, рисуй. Что? *(Наклоняется к девочке.)* Большая девочка, а не знаешь что. Рисуй домики. Сережи нет. Пальто на вешалке отсутствует. Ну и хорошо. Можно во весь голос говорить.

М а р у с я. А что случилось у вас?

Ш у р о ч к а. Что, что! Стала я бороться. Чтобы жить по-человечески. Как на работе. Понимаешь? Читать все, что есть, о любви. И посоветовала мне дура-библиотекарша прочесть «Анну Каренину».

М а р у с я. Ну почему же дура? Книга такая, что...

Ш у р о ч к а. Такая, что других подобных я не читала еще! Библиотекарша вообще дура. Независимо от этого совета. Папы от мамы отличить не может. Это я к слову. «Анна Каренина». Я удивляюсь — вышла такая книжка, а столько на свете сохранилось нечутких людишек! У которых нет внимания к самым близким, к семейным своим людям! Свиньи! Читала я эту книжку — сначала будто лесом шла, грибы собирала. Продираешься, продираешься — тоска! На лице паутина. Все бы бросила и домой ушла. И —

ах! — целое гнездо боровиков. О доме уже и не думаешь. Чем дальше, тем больше. Уже я все понимаю. Этот Стива Облонский — ну чисто наш монтер! Аккуратный, приятный, а жена с детьми высохла вся. Но это в сторону. Анна сама! Господи! И дошла я до места, которое нельзя читать: умирает Анна, а муж плачет. *(Всхлипывает.)* Вдруг дышит мне кто-то в ухо. Я словно с небес в лужу. Муж пришел, уставился, молчит, дышит тяжело. Это он, зануда, всегда так показывает, что мною недоволен. Глаза карие, ресницы, как у звезды американской. Хлопает ресницами. Молчит. Смотрит. «Что тебе?» — «Майечка кашляет, сама в кроватку легла!» — «Ах, так! Я над своей душой работаю, а ты попрекаешь! Ты больше в ребенке понимаешь, чем я!» И пошло, и пошло. Девочка, конечно, в слезы. Не любит она этого. Бродит, бродит, не спит и взмолилась наконец: «К Марусе, к Марусе».

М а р у с я. Ах ты девочка моя. *(Берет девочку на руки.)*

Ш у р о ч к а. Ну что ты тут будешь делать? Объясни мне. Куда еще идти, если такая книга, которой имени не прибрать, и та поссорила, и только. Что за души у нас? И жалко мне его, тихого, и убила бы. Его молчание — хуже всякого крика. Кричишь — значит, неправ. Молчишь — выходит, твой верх.

М а р у с я *(наклоняется к девочке).* Что ты говоришь, Майечка? Опять к папе просит ее отнести.

Ш у р о ч к а *(грубо).* Сиди, убью! Нашла разнорабочую — носить ее туда-сюда.

Маруся целует девочку и вздрагивает.

М а р у с я. Шурочка, она горит вся!

Ш у р о ч к а. Неправда!

М а р у с я. И шепчет неспроста. У нее горло болит, наверное. Майечка, больно глотать? Говорит, больно. Крикни: «Мама!» Не может!

Шурочка подбегает к дочери, хватает на руки.

Ш у р о ч к а. И верно! Горит огнем. Что делать, Маруся? Ругай, ругай мужчин, а выходит, что глаз у них верный.

М а р у с я. Ты беги домой. Измерь температуру. И если очень высокая — вызовем «неотложную».

Ш у р о ч к а. Господи, помоги нам! Вот денек-то. Идем, идем, моя крошечка, моя лапушка. К папе, к папе, куда же еще. Он первый угадал, что мы больны. Он в обиду тебя не даст. Идем, идем!

Уходят. И почти тотчас же в комнату входит Н и к а н о р Н и к а н о р о в и ч.

Никанор Никанорович. Мария Николаевна! Мария Николаевна, где же вы? Почему у вас дверь отперта? Что случилось, Мария Николаевна? Покажитесь — дом без вас словно неживой!

Вбегает Маруся.

Ну, наконец-то! Мы, люди солидные, боимся одиночества, как дети.

Маруся. Майечка захворала, Шурочкина дочь, я у них была.

Никанор Никанорович. Мне Сережа звонил с вокзала, что уезжает...

Маруся. С вокзала?

Никанор Никанорович. Ну да, он выехал в совхоз, не на машине, а поездом. Мне нужны материалы по его опытам. Папка в черной обложке.

Маруся. В черной?

Никанор Никанорович. Да вот же она, на этажерке. Выяснилось, что эти материалы надо отправить завтра утром на самолете в министерство. Эх, Маруся, Маруся! *(Берет папку, кладет в портфель.)* Вот и все. Маруся! Нельзя же так! Я понимаю, первая разлука, то, другое, но ведь он приедет через неделю, через десять дней. Зачем глядеть, будто он уехал навеки?

Маруся опускается в кресло, закрывает лицо руками.

Ну, ну, ну! Ну вот и здравствуйте. В отчаянье пришла, а я так ей завидую. Мне уже не с кем расставаться, некого ждать. Эх, Маруся! Если бы вы, бедняжка, знали, какая вы счастливица, глупенькая.

Свет гаснет, освещены только куклы.

Кукла. «Счастливица»! Всегда ты, Никанор, был нечуткий.

Медвежонок. Всегда несчастья начинаются с глупостей. С умного не начнется.

Кукла. Всегда несчастья начинаются с мелочей! Уж мы-то маленькие, нам видно!

Медвежонок. Что будет?

Кукла. На чем сердце успокоится?

Медвежонок. А ну как и не успокоится? Ох, беда, беда! *(Поет.)*

В доме восемь на Сенной
Поселились муж с женой.

Кукла.

        Им бы жить да веселиться...

Медвежонок.

        А они — давай браниться,
        А они — давай кричать...

Кукла.

        Об пол ножками стучать.

Оба вместе.

        И пришлось беднягам туго,
        Не сгубили бы друг друга!

ДЕЙСТВИЕ ТРЕТЬЕ

КАРТИНА ШЕСТАЯ

На календаре 25 января. Он исчезает. Декорация предыдущей картины. За окнами тьма, и в комнате тьма. М а р у с я, стоя у елки, зажигает свечи.

М а р у с я. Вот так, дети, будет лучше. Спасибо тебе, елка, что ты не осыпалась. Я заболела, дети. От электрического света глаза очень ломит. Горло болит. Голова болит. Пусть горят свечи. Так легче все-таки, и детство напоминает, когда болеть было приятно. А теперь очень страшно болеть — Сережа-то не вернулся еще. Две недели прошло, а он все не едет домой. Наверное, не догадывается, как я больна, сердится на меня, как на здоровую. А я очень больна. Сами знаете, как я не люблю жаловаться, а сейчас по всем телефонам звонила, на помощь звала. И, как на грех, никого дома нет, и Шурочка у дочки в больнице. Я очень тяжело больна, дети. Вам жалко меня? Бедная я?

К у к л а. Очень.

М а р у с я. Что ты говоришь?

М е д в е ж о н о к. Очень даже.

М а р у с я. Вот и я так думаю. Расскажите мне вот что. Вы много на своем веку видели женатых людей?

К у к л а. Много! Все наши хозяйки выросли и вышли замуж.

М е д в е ж о н о к. Все повыскочили, дурочки. Мало им нас — подавай живых детей.

М а р у с я. И счастливы они были замужем?

К у к л а. Одни счастливы.

М а р у с я. А другие?

М е д в е ж о н о к. А о других не хочется рассказывать на ночь. У тебя жар...

Яркая зеленая вспышка за окном. Маруся вскакивает. Куклы замирают неподвижно, как неживые.

М а р у с я. Это троллейбус, дети, — чего вы испугались? Ну? Оживайте! Пока вы со мной разговариваете, все кажется печальным, но уютным, как в детстве, когда накажут ни за что ни про что, а потом жалеют, утешают, сказку рассказывают. Не оставляйте меня одну! Помогите мне! Очень уж трудная задача. Если бы мы ошиблись друг в друге или он меня разлюбил, а я его, как задача легко решилась бы! Мы разделились бы без остатка — вот тебе и ответ. Или будь мы дурные люди, переступи границы — отдали бы нас под суд. Наказали бы нас. Позор пал бы на наш дом, но задача была бы решена. Нет, не в том наше горе. Убивают нас беды мелкие, маленькие, как микробы, от которых так болит у меня горло. Что с ними делать? Отвечайте! Не бойтесь. Да, у меня жар, а видите, как я рассуждаю. Стараюсь. Рассказывайте о тех ваших хозяйках, что были несчастны. Ну же!

К у к л а. Не могу.

М а р у с я. Почему?

К у к л а. У меня ротик слишком маленький и хорошенький. Я могу рассказывать только приятное.

М е д в е ж о н о к. Я боюсь, я мягкий, плюшевый.

М а р у с я. Поймите же, если я не решу, как мне жить дальше, то просто перестану жить!

М е д в е ж о н о к. Ну уж рассказывай, не мучай ребенка.

К у к л а. Будь по-твоему. Слушай. Звали нашу первую хозяйку Милочка, а потом превратилась она в Людмилу Никаноровну.

М е д в е ж о н о к. И вышла замуж за Анатолия Леонидовича. Мужчина мягкий, обходительный.

К у к л а. При чужих. А снимет вицмундир да наденет халат — беда. Все ему не по нраву.

М е д в е ж о н о к. А главное — расходы. Ну, мы терпим. По мягкости. Сжимаемся. Над каждой копейкой дрожим.

К у к л а. При чужих улыбаемся. Родителям ни слова.

М е д в е ж о н о к. Все мягко, бывало, лаской.

К у к л а. А он только ожесточается. И вот однажды ночью врывается в детскую. В руках клеенчатая тетрадка, где записывал он расходы.

М е д в е ж о н о к. Шварк тетрадкой об пол.

К у к л а. И зашипел таким страшным шепотом, что проснулись дети.

М е д в е ж о н о к. Маленький Никанор и маленькая Леночка.

К у к л а. «Систематичес-ски, — шипит наш Анатоль, — систематичес-с-ски, транж-жирка вы этакая, тратите на хозяйство по крайней мере на с-семь целковых больш-ш-ше, чем с-с-следует. Поч-чему вы покупаете с-с-сливочное...»

М е д в е ж о н о к. «...когда вс-с-с-се, вс-с-се берут ч-ч-чухонское мас-с-сло? Кухарка вас обс-с-с-считывает, горничная обс-с-ставляет!»

К у к л а. «Вы з-з-забываете, что я взял вас-с-с бес-с-с-приданницей, вы хотите меня по миру пус-с-стить!»

М е д в е ж о н о к. Дети заплакали, а наша Людмила Никаноровна выпрямилась, как столбик.

К у к л а. И спокойно...

М е д в е ж о н о к. Но до того твердо, что у меня даже бока заболели...

К у к л а. Произнесла: «Подите вон!»

М е д в е ж о н о к. Он пожал плечами, конечно...

К у к л а. Однако повиновался. А мы тихо-тихо оделись да с детьми на извозчике и к родителям. И что он ни делал, как ни бунтовал...

М е д в е ж о н о к. Мы оставались твердыми, хоть и не давал он нам отдельного вида на жительство и грозил вернуть домой через полицию. Вот и все. Научит тебя эта печальная история?

М а р у с я. Нет! У нас с Сережей никогда не было столкновений из-за денег. И не могло быть. Подумать смешно. Рассказывайте дальше!

К у к л а. Вырастили мы Леночку, и стала она Елена Анатольевна. И вышла замуж за Алексея Аркадьевича. И стал этот Леша пилить жену, зачем она учится на Бестужевских курсах.

М е д в е ж о н о к. На историческом отделении.

К у к л а. «Наша бестужевка — наша бесстыжевка». Выжил из дому всех знакомых курсисток. Ну и довел до того, что Леночка курсы бросила. И погубил ее и себя. От тоски и обиды стала она безыдейной. Он к ней со сценами ревности...

М е д в е ж о н о к. А она выпрямится, как столбик, и: «Подите вон! Вы добились того, что хотели! Живу, как все!» Поможет тебе эта печальная история?

М а р у с я. Нет, что ты! У нас с Сережей убеждения одинаковые. До самой глубины. Он даже удивлялся, как я его понимаю. А он меня. Нет, не поможете вы мне, дети. Мы старше. Или моложе. Не знаю, как сказать. У меня жар. И об этих историях я слышала уже! Никанор Никанорович рассказывал. Милочка — это его бабушка, а Леночка — тетка. Нет, нет, надо думать, думать.

К у к л а. А ты потом думай.

М а р у с я. Что ты, что ты — потом! Я как почувствовала, что заболеваю, так скорее все прибрала и даже натерла пол. Как же можно жить, когда в квартире беспорядок? А тем более — хворать. Как можно жить, когда такой беспорядок в нашей семье? Как можно лечь да и заболеть? Это больно уж легко. Не подсказывайте. Довольно играть. Я снова Мария Николаевна. Я хочу решить задачу.

Отдаленный, едва слышный хор. Поют детские голоса.

Стойте, стойте! Кажется, я понимаю. Темнота и бесконечные вечера научили нас петь. Потому что мы были храбрыми детьми. Только бы мне выздороветь. Справиться с болезнью — и я справлюсь с бедами, мелкими, как микробы. Научиться жить, как мы научились петь. Чтобы все было прекрасно. Только бы не забыть сказать это Сереже. Дайте мне карандаш. Нет, карандашом не записывают результаты опыта. Дайте мне ручку. Скорее! Скорее же! Мы не имеем права быть несчастными! Не то время. Мы обязаны выучиться жить, как выучились петь.

Темнеет. Когда зажигается свет, на елке свечи уже догорели. Над Марусей склонилась Ш у р о ч к а. М и ш а стоит рядом, бледный и растерянный.

Ш у р о ч к а. Маруся! Марусенька! Очнись. Это я, Шурочка. Не узнает. Ну что ты стоишь как пень, мужчина ты или нет?! Звони в «Скорую помощь», они мужским голосам больше доверяют, сразу прикатят.

Миша убегает.

Маруся, Марусенька! Очнись! Умоляю тебя!

КАРТИНА СЕДЬМАЯ

На календаре 27 января. Календарь исчезает. Декорация та же. По темной комнате шагает из угла в угол С е р е ж а с папиросой в зубах. Останавливается возле кукол.

С е р е ж а. Ну? Чего уставились на меня своими круглыми глазами? Если уж смотрите, как живые, то и говорите, как люди. Я ведь знаю, что ее любимой игрой было делиться с вами и горем и радостью. Что рассказала она вам в тот последний вечер, когда была дома? Ну? Чего вы молчите? Думаете, я удивлюсь, если услышу ваши голоса? Нисколько не удивлюсь — так перевернулась жизнь, так шумит у меня в голове. Ну, говорите же! Простила она меня? Или упрекала, как перед уходом из дому, той дурацкой ночью? Вы думаете, это легко: хочу вспомнить Марусю такою, как всегда, а она мне представляется осуждающей. И чужой. Помогите же мне.

Расскажите о Марусе! Поговорите со мной. Не хотите? Эх, вы! *(Снова принимается бродить из угла в угол. Вдруг замирает неподвижно. Вскрикивает.)* Кто там?

Входит Шурочка.

Здравствуйте, Шурочка. Я что — дверь не захлопнул?
Ш у р о ч к а. Захлопнул. Все в порядке. Они там у нас сидят, рассуждают, можно ли вас беспокоить, а я вышла, да и сюда. Шпилькой открыла ваш замок, как в ту ночь, когда не могли мы достучаться-дозвониться к Марусе. Ты погляди, погляди еще на меня зверем! Нас горе сбило в одну семью, как и следует, а ты будешь самостоятельного мужчину изображать? У жены токсическая форма скарлатины! Пенициллин не берет, а ты будешь от нас прятаться? Работать коллективно научился, а мучиться желаешь в одиночку? Ответь мне только, ответь, я тебя приведу в чувство. Ты ел сегодня?
С е р е ж а. Да.
Ш у р о ч к а. Сереженька, горе какое! У Майечки уже нормальная сегодня, а Маруся... Положение тяжелое.
С е р е ж а. Не надо, Шурочка.
Ш у р о ч к а. Не надо? Как больной зверь, в нору забираешься, — этому тебя учили?
С е р е ж а. Меня учили держаться по-человечески. С какой стати я буду свое горе еще и на вас взваливать?
Ш у р о ч к а. Нет здесь своего горя. Мы все в отчаянии. Сейчас всех сюда приведу. *(Убегает.)*
С е р е ж а. Этого мне только не хватало.

Входят Леня, Никанор Никанорович, Юрик, Ольга Ивановна, Миша.

Ш у р о ч к а. Всех, всех зовет. Садитесь. А то рассуждают: как там Сережа переживает.
М и ш а. Шурочка! Не надо.
Ш у р о ч к а. Не надо? Ругаться надо, а прийти к человеку посочувствовать ему — не надо? Садитесь.

Все рассаживаются. Длинная пауза.

Ну так и есть... Опять я глупость сделала. Но ведь надо что-то делать. Я думала, сойдемся все вместе, легче станет, а мы стесняемся, да и только.
С е р е ж а. Нет, я вам рад. Никанор Никанорович, не смотрите

на меня как виноватый. И ты, Леня, не снимай очки. И вы, Ольга Ивановна, вы тоже. Я всем рад. Правда.

Ш у р о ч к а *(Мише).* Ну, кто был прав?

О л ь г а И в а н о в н а. Что сказал доктор?

С е р е ж а. Ничего нового не сказал. В инфекционное отделение не пускают. Но он мне велел прийти к двенадцати часам. Он к этому времени приедет к Марусе. И если... найдет нужным, то в нарушение всех правил пустит меня к ней... попрощаться. *(Швыряет чернильницу на пол.)*

О л ь г а И в а н о в н а. Орлов, спокойнее.

С е р е ж а. Я по глупости, по дикости, по невоспитанности свое счастье убил.

О л ь г а И в а н о в н а. О чем вы, Сережа?

С е р е ж а. И вы не понимаете! О себе, о Марусе. О том, что все последнее время я вел себя как самодур. Я видел, как она прячет от всех, что у нас делается. Видел, как трогательно, умно, самоотверженно пробует превратить меня в человека, привести в чувство, и еще больше куражился.

Н и к а н о р Н и к а н о р о в и ч. Не верю, что так было.

С е р е ж а. Сам не верю, но превращался в тупое и упрямое чудовище, когда возвращался домой. И вы подумайте: как бы я ни был утомлен, сердит, нездоров, — когда я сажусь за работу в бюро или в институтской лаборатории, то сразу беру себя в руки, отбрасываю все, что мешает мне думать, делаюсь человеком. А дома... И она заболела из-за меня. Выбежала в горе, в отчаянии, усталая на улицу и...

Н и к а н о р Н и к а н о р о в и ч. Ну уж в этом не к чему себя винить.

С е р е ж а. Не к чему? Попробуйте совесть логически успокоить.

Л е н я. Это случайность.

С е р е ж а. Не верю. Ну хорошо, пусть. Не случилось бы этого несчастья, я все равно убил бы ее.

Л е н я. Что ты, что ты!

С е р е ж а. А разве нет? Скажи честно. Хуже, чем убил бы. Изуродовал бы. Превратил бы в несчастную женщину. А она умела быть счастливой. От нее, кроме радости, ничего люди не видели. Эх... Ничего тут не объяснишь... Который час?

Л е н я. Половина десятого.

С е р е ж а. Не могу я дома сидеть. Я в больницу поеду.

Ю р и к. Доктор велел к двенадцати...

С е р е ж а. Подожду там, где-нибудь в сторонке. Все-таки ближе. До свидания.

Никанор Никанорович. Вместе выйдем.

Сережа. Нет, пожалуйста, не уходите! Мне легче будет вернуться домой. Леня, не пускай их! Если вам работать нужно, Никанор Никанорович, то пожалуйста! Вот здесь, за столом. Тут и тепло и светло. Не уходите, Ольга Ивановна!

Ольга Ивановна. Не уйдем.

Сережа. Ну вот и хорошо. Вот и все. Я не прощаюсь.

Уходит. Слышно, как захлопывается за ним входная дверь. Длительное молчание.

Леня. Ишь ты, как печка нагрелась!

Юрик. Так я и знал, что мы о чем угодно заговорим, только не о том, что всех нас мучит.

Леня. Ничего умного не скажем мы с тобой об этом. Так уж лучше помолчать.

КАРТИНА ВОСЬМАЯ

Вестибюль больницы. Гардеробщик читает газету. Поднимает голову на шум открываемой двери. Видит Сережу. Кивает головой понимающе.

Гардеробщик. Не дождался до двенадцати? Понятно. Присаживайтесь!

Сережа садится на скамью возле гардеробщика.

Понятно, что не дождался. Доктор тоже не дождался. Уже с полчаса как тут. Приехал — и прямо к ней, к больной Орловой. Молодой доктор. Упрямый. Да ты слушай, что я тебе говорю! Я для твоей же пользы!

Сережа. Я слушаю.

Гардеробщик. Молодой доктор. К смерти не привык, не смирился. Сердится, тягается с ней, зубами даже скрипит! Сейчас я позвоню ему. Он приказал доложить, когда вы прибудете. *(Берет телефонную трубку.)* Двадцать семь. Лев Андреевич? Это я говорю. Муж больной Орловой прибыл. Понимаю. Понимаю. *(Вешает трубку.)* Приказывает подождать. Вот и хорошо. Раз не пускают — значит, все идет нормально. Без перемен. *(Удаляется в глубь раздевалки и возвращается с белой фаянсовой кружкой. Протягивает ее Сереже.)* Выпейте чаю! Выпейте! Может быть, долго ждать. Возможно, до утра просидим мы с тобою тут. Выпейте.

Сережа повинуется.

Вот и молодец! Я тебя дурному не научу, а научу вот чему. Ты не отчаивайся, не надо. Вот посмотри на меня — живу? Так? А мне еще семи дней не было, когда бросили меня в речку. А кто? Как вы думаете? Родная моя мать. Такое было село большое торговое, называлось Мурино. И родился там я, как говорилось в те времена, незаконный. Так... Мать моя — а ей было, бедной, всего семнадцать лет — взяла меня на руки и пошла, мужчиной поруганная, родными проклятая, соседями затравленная. Отлично. Идет она. Плачет. И дошла до речки Белой. И бросила меня, ребенка, в омут. А одеяльце ватное раскрылось и понесло меня по воде, как плотик. А я и не плачу. Плыву. Головку только набок повернул. Отлично. И как увидела это моя мать, закричала она в голос — заметь, это в ней душа очнулась, — закричала она и бросилась в речку. Но не с тем, чтобы погибнуть, все разом кончить, а с тем, чтобы маленького своего спасти. А плавать-то как она плавала? По-лягушечьи или по-собачьи. Спорта ведь тогда не было. Схватила она меня, бьется в омуте, а сил-то нету. Красиво? Бывает хуже? Мать и сынишка по глупости людской, по темноте тогдашней в омуте пропадают, крутятся. Конец всему? Да? Ты слушай меня. Вы меня слушаете, товарищ Орлов?

С е р е ж а. Да.

Г а р д е р о б щ и к. Ехал на дрожках из города Тарас Егорович Назаренко, царство ему небесное, золото, а не человек. Едет он вдоль Белой... Что такое? Птица в омуте бьется? Нет, не птица, боже мой, господи! Бросился он в воду, мать за косы, меня за ручку, вытащил нас да к себе в избу, на огороды. И года не прошло, как женился он на маме моей. И хоть потом свои у них дети пошли, я был у него всегда на первом месте. Вот как он пожалел нас. Замечаешь, как все обернулось, внучек? Любовь меня в омут бросила и из омута спасла. И жизнь я прожил, и в Гражданскую дрался, и потрудился, и сыновья у меня в люди вышли, и дочки, и внуки. И все меня, друг, к себе жить зовут, но мне обидно от работы отказываться. Взял себе нетрудное место и служу, и все со мною считаются. А началось как? Понял ты, к чему я это говорю? Вы меня слушаете?

С е р е ж а. Да.

Г а р д е р о б щ и к. Все может обернуться. Раз не пускают, раз Лев Андреевич не звонит еще, можно надеяться! И я тебе еще такой пример приведу...

Звонит телефон. Старик взглядывает исподлобья на Сережу. Протягивает руку к трубке — и отдергивает, будто она раскалена. Звонок. Старик берет трубку.

Слушаю вас. Да, Нина Марковна, был пакет, а как же. Я расписался и передал его Гале. Наверное, у вас на столе он и лежит. *(Вешает трубку. Улыбаясь.)* Вот ведь... страх какой. О чем это я? Ах да...

Звонит телефон.

(Снимая трубку, весело.) Да, Нина Марковна? *(Потемнев.)* Так... Понимаю, Лев Андреевич! Передадим, Лев Андреевич. Понимаю. *(Вешает трубку.)* Снимайте ваше пальто, надевайте халат. Доктор вас требует наверх, к больной.

КАРТИНА ДЕВЯТАЯ

Палата в инфекционном отделении. Узенькая больничная койка у стены. Под серым одеялом М а р у с я. Она необыкновенно оживлена, глядит не отрываясь на дверь. И когда С е р е ж а входит и растерянно останавливается на пороге, она смеется тихонько, манит его к себе, указывает на стул, стоящий у койки. Сережа садится, не сводя глаз с жены. Маруся протягивает ему обе руки. Сережа вдруг склоняется низко, прячет лицо в ее ладонях.

М а р у с я *(ласково и снисходительно, как маленькому)*. Ну, что ты? Ты испугался? Да, Сережа? Жили, жили, и вдруг больница... Да? Носилки, халаты, лекарствами пахнет. Вот что у нас делается теперь. Да, Сережа?

Сережа не отвечает. Маруся освобождает тихонько одну руку, гладит Сережу по голове.

Ты обедал? Кто тебя кормит? Сам? А посуду вымыл? Да? Ну, умница. Ты утром приехал? Я сразу почувствовала. Что ты говоришь?

С е р е ж а *(едва слышно)*. Прости...

М а р у с я. За что? Я обижалась только, что уехал ты, а записки не оставил. Оставил? А я не нашла, бедненькая. Не везло нам в тот вечер. Что? Почему ты так тихо говоришь, а? Ну, как хочешь. Сейчас... Я отдохну и еще тебе что-то скажу.

Маруся откидывается на подушки, дышит тяжело. Сережа глядит на нее с ужасом.

Не бойся. Это так полагается. Такая болезнь. Я... я вдруг скарлатиной заболела... Но это ничего... Вот что худо. Я нашла решение задачи, а ручки не было. Я и не записала. И все забыла с тех пор. Но мне сначала нужно решить задачу потрудней. Поправиться. Эти маленькие... вирусы до того сильные. Хуже даже, чем наши ссоры. Мы вот помирились — и все стало ясно и чисто. А с ними не помириться. Они ничего не понимают. Вирусы. Несознательные. *(Смеется.)* Да улыбнись ты... Не хочешь. Что в совхозе?

С е р е ж а. Все наладил. Они там...
М а р у с я. Погоди минуточку. Душит меня.
С е р е ж а. Ты не разговаривай!
М а р у с я. Сейчас.

Сережа поправляет подушку, расправляет одеяло, и Маруся улыбается ему.

Мне опять стало хорошо. Правду говорю... Сядь!

Сережа садится.

Мне очень славно, особенно когда ничего не душит... Очень хорошо. Все что-то со мной возятся, все беспокоятся. Всегда я всё сама, а тут вдруг все со мной... *(Смеется, шепчет, косясь на дверь.)* Они думают, что я тяжело больна. Оставь, оставь, думают. Я не маленькая. Понимаю. Все вокруг меня шныряют, шуршат, как мышки. Правда, правда. Шепчутся чего-то... А я понимаю, как надо болеть, понимаю, не обижаюсь. Понимаю. Не обижаюсь... *(Всхлипывает.)* Зачем?
С е р е ж а. Что зачем?
М а р у с я. Зачем начинаем мы всё понимать, когда война, или тяжелая болезнь, или несчастье? Зачем не каждый день...
С е р е ж а. Маруся, Маруся!
М а р у с я. Зачем? Нет, нет, ничего. Через меня как будто волны идут, то ледяная, то теплая. Сейчас опять теплая. Очень теплая. Дай водички. Ой, нет, не надо, я забыла, что глотать не могу. Но это ничего... Что я говорила? Ах, да... Записка... Очень я обижалась, даже смешно вспомнить... Стыдилась за семейную нашу жизнь. Как людям в глаза смотреть? Брысь, брысь! Ага, убежала. Кошка тут бродит на одной лапке. Это у меня такое лицо, да, Сережа?
С е р е ж а. Какое?
М а р у с я. Как у тебя. Ты всегда на своем лице мое изображаешь. Ну вот, я улыбаюсь! И ты улыбнись! Зачем губки распустил, дурачок. Не маленький. Ну вот, опять пошли шептаться по всем углам. Не обращай внимания. Не боимся мы! То ли еще видели! Верно, Сережа? Тише! Главное, пусть видят, что не сдаемся. Сереженька, маленький мой, сыночек мой, не оставляй меня! Все-таки страшно. Все-таки я больна. Не затуманивайся, не кружись! Унеси меня домой, Сереженька. Ведь я вижу, как ты меня любишь! Не отдавай меня! Помоги! Не отдавай!

Маруся закрывает глаза, голова ее тонет в подушках. Сережа держит ее за руки.

КАРТИНА ДЕСЯТАЯ

На календаре 30 апреля. Он исчезает. Декорация первой картины. Девятый час вечера, а комната вся так и сияет, солнечные лучи врываются в окна. При поднятии занавеса на сцене пусто. Слышны отдаленные голоса, смех, беготня. Особенно явствен голос Лени. Он разговаривает в прихожей по телефону. «Лизочка! — кричит он. — Лизочка! Это клевета! Я не такой». Появляются
Юрик и Валя.

Юрик. Ну, все славненько. До поезда еще два часа, а все уложено, упаковано, зашито.

Валя. Я ужасно не люблю провожать!

Юрик. Вернутся.

Валя. Через два года. Обидно. Как будто бросают меня, бедную, ни за что ни про что. Вернутся друзья не такими, как уехали. Что-то изменится! Значит, расстаемся мы сегодня с ними навеки.

Юрик. Имею два возражения. Возможно, что они изменятся. Но только к лучшему! Выстроят завод, подышат степным воздухом. А второе возражение: я-то никуда не уезжаю. Поездим мы с вами по городу. Я Ленинград летом очень люблю. На взморье отправимся. На яхте пробежимся. Не надо горевать.

Валя. Ну не буду, Юрик. Мы друзья?

Юрик. Конечно. А почему вы спрашиваете?

Валя. Мне казалось, что вы на меня обиделись.

Юрик. Что вы тогда в кино не пошли?

Валя. Да.

Юрик. Все забыто.

Валя. Ну и хорошо.

Леня *(за сценой)*. Нет, я не один в комнате. Ага. Да. И я тоже. Очень. Еще больше. Крепко. Много раз.

Валя *(кричит в дверь)*. Леня! Никанор Никанорович просил не занимать телефон! Ему должны из института звонить!

Леня *(за сценой)*. Ну, до свидания! Меня зовут. Никогда не забуду, даю слово!

Валя. Еще и слово дает!

Юрик. А как же иначе?! Прощается ведь! Парень он добрый.

Входит Леня.

Леня. Спасибо, Валечка!

Валя. За что спасибо?

Леня. Спасла от мук расставания.

Валя. Я с удовольствием ее спасла бы от вас. *(Передразнивает.)* «Никогда не забуду! Даю слово!» Бедная девочка!

Л е н я. Эта девочка, к вашему сведению, доктор наук.

В а л я. Не может быть!

Л е н я. Вот то-то и есть! И нечему тут удивляться. Доктора наук — тоже люди.

Входят Н и к а н о р Н и к а н о р о в и ч и С е р е ж а.

Н и к а н о р Н и к а н о р о в и ч. А где Маруся?

В а л я. Мы зашивали вместе ящик, который пойдет в багаж, а она вдруг уснула.

С е р е ж а. Уснула?

В а л я. Да! Говорит, прилягу на минуточку — и как будто утонула! Мы разговариваем, смеемся, а она спит, не слышит...

С е р е ж а. Удивительное дело!

Н и к а н о р Н и к а н о р о в и ч. Я вам говорил, что в этой сонливости есть что-то угрожающее. Опять свалится, а мы будем охать да руками разводить! Просил я вас вызвать врача?

С е р е ж а. Она мне запретила.

Н и к а н о р Н и к а н о р о в и ч. Надо было уговорить ее.

Л е н я. Замучили бедного ребенка своими заботами.

Н и к а н о р Н и к а н о р о в и ч. Нечего делать циническое лицо! Вы тоже беспокоитесь о ней.

Л е н я. Да! И горжусь этим! Но я не мог бы довести человека до того, чтобы он выбросил термометр в окошко!

М а р у с я, румяная, улыбающаяся, появляется в дверях. Никанор Никанорович не замечает ее. Маруся крадется к нему на цыпочках.

Н и к а н о р Н и к а н о р о в и ч. Ну и очень жаль, что выбросила. Я уверен, что у нее до сих пор субфибрильная температура. И, выбросив термометр, она...

Маруся обнимает Никанора Никаноровича. Целует его в затылок. Он резко поворачивается к ней.

М а р у с я. Не выбросила, не выбросила я термометр. Я его в комод спрятала. У меня нормальная температура. Я здорова! Взгляните на меня!

Н и к а н о р Н и к а н о р о в и ч. А что это за сонливость у вас?

М а р у с я. Просто я отдыхаю. Приедем, поживем на свежем воздухе, и я перестану спать.

Н и к а н о р Н и к а н о р о в и ч. Знаю я вас! Там всем работа найдется! Свяжетесь вы с геохимиками, и пропал весь отдых. Нет, напрасно вы ее берете, Сережа.

С е р е ж а *(хмуро)*. Боюсь я ее оставлять одну.

Звонок. Юрик бежит открывать.

Никанор Никанорович. Что такое? Неужели уже машины пришли?

Входит Ольга Ивановна.

Ольга Ивановна. Почему это до вас невозможно дозвониться? Все время, все время телефон занят. Леня небось со своими барышнями прощался?

Леня. Только с одной.

Ольга Ивановна. И на том спасибо. Эй вы, умники! Знаете, что вы забыли?

Юрик. Не представляю себе! Вместе вчера список составляли, что им брать.

Ольга Ивановна. Пока развернется там хозяйственная часть да наладится дело, чем будете Марусю кормить?

Маруся. Ольга Ивановна...

Ольга Ивановна. Тихо! До поезда еще полтора часа. Успеем исправить все. Идем! Все! Станем в магазине в разные отделы и всё разом купим. Ну?!

Никанор Никанорович. Тут мне звонить должны...

Ольга Ивановна. Маруся останется. Остальные — за мной! По дороге сообразим, что купить. До свидания, дочка, не скучай...

Никанор Никанорович. До свидания, Маруся. Не стойте на сквозняке!

Юрик. До свидания, Маруся! Не забывай друзей!

Валя. До свидания, Маруся! Не усни без нас!

Сережа. До свидания, Маруся!

Леня. До свидания, сестрица!

Ольга Ивановна. Скорей, скорей! Время идет!

Все уходят, кроме Маруси. Хлопает дверь. Маруся, улыбаясь, подходит к куклам. Садится в кресло возле этажерки.

Маруся. Вот, дети, как они испугались, что я вдруг умру. Уже сколько недель как я поправилась, а они всё боятся, боятся... Прощались они со мной сейчас шутя, а у Сережи тревога в глазах. На минуту и то боится оставить меня. Если бы они знали, как я сейчас здорова и счастлива. Счастлива и здорова. Весь мир открылся передо мной. Никого мне теперь не стыдно, прятаться не надо, каждому могу смело смотреть в глаза.

Врывается вихрем Шурочка.

Ш у р о ч к а. Марусенька, родная моя, все подстерегала я, чтобы выбрать время попрощаться без лишних глаз. Ты не бойся, я плакать не стану.

М а р у с я. Я не боюсь, Шурочка.

Ш у р о ч к а. Они привыкли, а я еще не могу опомниться. Ты жива, жива, ты домой вернулась, а вот теперь уезжаешь. *(Громко плачет.)* Глупости какие! Это я не плачу, ты не нервничай, ты пойми меня. Я воспитала себя, но уж больно я горяча. Ах, как печально, хоть песню придумывай. Пройду мимо вашей двери, а за дверью никого. Ну пусть. Все-таки есть что вспомнить. Все-таки мы не те, что были, прояснились мозги. Как-никак сделали выводы из своих ошибок. Все сделали выводы, кроме моего Миши. Хуже нет таких людей, их ничем не возьмешь! Пользуется тем, что стала я сознательнее, и часами в библиотеке сидит. Это красиво? Чего-чего только не придет в голову, пока его дождешься. Три раза похоронишь, а девять приревнуешь. Ну, ничего. Переживем! Не забывай меня, Марусенька моя. *(Взглядывает на часы.)* Ох, опаздываю! Ну ладно, я с передней площадки, пусть ругаются, мне всего важнее на работу прибыть вовремя. Не забывай. Возвращайся. Не забывай! *(Крепко целует Марусю. Убегает.)*

Маруся, улыбаясь, подходит к куклам.

М а р у с я. Ну, дети, вот до чего мы дошли. Все меня любят. А Сережа так со мной осторожен и внимателен, что я вот-вот избалуюсь. Вот-вот начну скучать по ссорам. Небольшим. *(Смеется.)* Ну ничего. Перевожусь я в другой университет. И летом на заводе, конечно, буду работать тоже, пусть Никанор Никанорович сердится. Разве можно ничего не делать, когда все работают?

К у к л а. Нельзя, родная, никак невозможно!

М е д в е ж о н о к. Если ничего не делать — моль съест!

М а р у с я. Судя по тому, что вы разговариваете, я опять уснула!

К у к л а. Уснула. Но это ничего. Ты спи себе.

М е д в е ж о н о к. Это здоровый сон, на пользу!

М а р у с я. Ну и хорошо. Я посплю, а вы меня посторожите. Вы разговаривайте, разговаривайте. Вы мне не мешаете! *(Закрывает глаза.)*

М е д в е ж о н о к. И все-то она спит, спит, спит...

К у к л а. Как ты думаешь, почему это?

М е д в е ж о н о к. А ты как думаешь?

К у к л а *(шепотом).* Я вспомнила, что Милочка, когда была в ожидании Леночки, то ее тоже все в сон тянуло.

М е д в е ж о н о к. Что ж, дай бог, дай бог.

Кукла. Тем более что эта хозяйка наша не в пример счастливее той...

Медвежонок. Дай бог, дай бог!

Кукла. Все к лучшему, все к лучшему! Это дело нестрашное. Сколько народу бывает у нас, сколько шумит на улице, за окнами. И ведь все родились когда-то. И ничего — славно, все благополучно.

Медвежонок. Пора, пора нам за работу. Конечно, место мы занимаем в доме хорошее, но все же второе, а не первое. При детях — оно вернее.

Кукла. И что это за семья, что за дом без детей!

Медвежонок. Конечно, ребенка вырастить не просто. Сейчас все на него любуются, умиляются.

Кукла. Не успеешь оглянуться — он уже подросток, переходный возраст. Ничего не понимает, а думает, что он все понимает.

Медвежонок. Много Марусе и Сереже еще жить да переживать. Может, и поссорятся когда, и поспорят.

Кукла. Люди все-таки, а не куклы.

Маруся зашевелилась на диване.

Тише, тише!

Медвежонок. Спи, спи, мы тебе песенку споем!

Медвежонок и кукла *(поют).*

> В доме восемь на Сенной
> Жили-были муж с женой.
> Им пришлось, беднягам, худо,
> Но спасло от смерти чудо.
> Научила их беда,
> Разбудила навсегда,
> Вразумило состраданье.
> И на этом — до свиданья!

Занавес

1955

СКАЗКИ

РАССКАЗ СТАРОЙ БАЛАЛАЙКИ

Балалайка-то я балалайка, а сколько мне годов, угадай-ка!

Ежели, дядя комод, положить в твой круглый живот по ореху за каждый год — нынешний в счет не идет, — ты расселся бы, дядя, по швам — нету счета моим годам.

Начинается рассказ мой просто, отсчитайте годов этак до ста, а когда подведете счет, угадайте, какой был год.

Так вот, в этом самом году попали мы с хозяином в беду.

Мой хозяин был дед Пантелей — не видали вы людей веселей!

Борода у него была, как новая стенка, бела, сколько лет без стрижки росла, чуть наклонится поближе ко мне — и запутались волосы в струне. Бродили мы с дедом и тут и там, по рынкам да по дворам. Пели да на окна глядели — подадут или нет нам с хозяином на обед. Бывало, что подавали, а бывало, что и выгоняли. Один не дает — даст другой, что-нибудь да принесем домой.

А дом у нас был свой, не так чтоб уж очень большой, стоял над самой Невой, любовался все лето собой, а зимой обижался на лед — поглядеться, мол, не дает.

Дочка у деда померла, а внучка у нас росла. Был ей без малого год. Не покормишь ее — ревет, а после обеда схватит за бороду деда и смеется как ни в чем не бывало, будто и не кричала.

Дед ей сделал ящик, чтоб спала послаще, и очень ловко привязал к потолку веревкой.

Бывало, ползает Анютка взад и вперед, — что на полу найдет, то и тянет в рот. Поймает ее дед, кряхтя, бородой половицы метя, положит в ящик на самое дно, поглядит в окно — «Пора, балалайка, пора зашагать от двора до двора. Прощайте, внучка и дом, придем, когда денег наберем».

Где теперь те дворы да глазища детворы, что смотрели деду в рот, только старый запоет!

Глянет дед по сторонам да пройдется по струнам.

— Ну-ка, ну-ка, балалайка, выговаривай:

Что ты рот открыла, тетка,
Залетит ворона в глотку
И вперед не пройдет
И назад не повернет
Подходите ближе, братцы!
Что вам старика бояться?
Подходи, подходи,
Балалайка, гуди!
Говори, балалайка, уговаривай!

Пели, уговаривали, — люди нас одаривали: кто хлеба кусок нам бросит в мешок, кто кинет грош — намучишься, пока найдешь.

Так и шли дни за днями — пустые одни, другие с блинами.

И вот пришла беда — осердилась на город вода.

Осенью дело было, всю ночь в трубе выло. Дрожали стекла, крыша промокла, дождик накапал прямо на пол.

Утром глянули за окно — невесело, темно. Да и дома вряд ли веселей — стоит в луже Пантелей и смотрит в потолок — как это он протек, а внучка с ветром спор ведет: кто кого переорет.

Пожал дед плечами, постоял перед нами, дал Анютке молока, а меня схватил за бока. Рады или не рады — все равно, идти надо. Потому что нужен обед да ужин.

Вышли — сначала чуть бороду деду не оторвало. Хлестнуло волосами в глаза — даже прошибла слеза.

Поглядел с укоризною дед: что ты, ветер, в уме или нет? Провел рукавом по глазам и, вздохнув, пошел по дворам.

Ну и вода-водица, что на улицах творится!

Едет барыня в карете — есть же счастливые на свете!.. А сзади лакеи, льет с шапок за шеи, за мокрые ливреи. Спереди кучер — мрачнее тучи. Фыркают кони — вот-вот карета потонет.

Бежит старичок, распахнулся у него сюртучок, а под сюртучком у бедняги важные бумаги. Завертелся старичок, как волчок: «Промокнут! Беда! Испортит бумаги вода».

А вот ведут солдат, в ниточку ряд, молодец к молодцу, лупит их дождь по лицу, бьет во всю мочь, прыгают капли прочь, а солдаты идут не моргнут, будто они не живые, а заводные.

Кричали, бренчали мы по дворам, и тут и там, и этак и так, только раздразнили собак.

А ветер все злее лупит по шее, бьет по щекам и орет еще жалобней деда, будто и сам просит обеда.

И вдруг бах! — раз, бах! — два, бах! бах! бах! — пять, — и пошло стрелять.

Сколько лет прошло, а помню — как глянул дед, как стал без движенья, говорит — наводненье!

Пушка! Пушка!

Чуть не сбила нас с ног старушка с большущим узлом, забегала кругом в тревоге — никак не найдет дороги.

Несется купец, бледный как мертвец: «Пропала, — кричит, — моя голова, лезет из берегов Нева, как из бутылки пиво. Запирайте! Живо!»

Тут дед со мной — бегом домой.

Ну и вода-водица, что на улицах творится!

Пушка бьет, бьет, бьет, мечется народ взад и вперед, волокут из подвалов корзины, узлы, подушки, перины, ищут ребят, ребята пищат; от перепуга давят друг друга — и смешно и жалко, будто ткнули в муравейник палкой.

Сидит в луже пьяный, обнимает тулуп рваный да помятый самовар и орет: «Пожар! Пожар!»

Подбежали к реке — затряслась я у деда в руке.

Вода черная, как в темную ночь, о берег бьет во всю мочь, тесно ей стало, места ей мало. Серый вал зашуршал, через дорогу перебежал, стал на дыбы от злости и нырнул в подвал к бедняге в гости.

Брызнули стекла, занавеска промокла, пискнул в клетке скворец — почуял бедняга конец, — и поплыли, качаясь, стулья, скамейка, стол.

Не в пору хозяин из дома ушел!

Вот наш дом, ветер стучит замком, суетится вода кругом. Еще немного — и дойдет до порога.

Дед за ключом — не может найти, потерял по пути. Тянет дед замок, прямо падает с ног, ломает, бьет — никак не оторвет. Расшиб стекло кулаком — и в дом, а за дедом ветер с дождем. И пошла суета да тревога. Мечется дед от окна до порога, машет рукой, говорит сам с собой, схватит то ящик, то подушки, а стекла звенят от пушки, пол шипит от воды — дожили мы до беды!

Струйки просочились через щели, на половицах заблестели, поползли, как змеи, все быстрее и быстрее, перепутались узлами, и закружилась вода под ногами.

Прицепил меня дед высоко на гвозде, а сам — по колено в воде.

«Знаю, — кричит, — как быть: надо скорее уплыть; возьму у соседа молоток, собью замок, стол вынесем, перевернем и на нем через Неву переплывем!»

Крикнул — и прыгнул в окно, а на улице уже темно. Пляшет вода кругом, подрагивает дом. Дребежат стекла в окне, трещат бревна в стене. А кто-то орет во всю глотку: «Лодку! Лодку!»

Скорей, скорей, дедушка Пантелей!

Вода все ближе, вода все выше, а ну как зальет от пола до крыши? Звякнули стекла — идет! Идет! Нет, вскочил на окошко лохматый кот, оглянулся и место посуше нашел, перепрыгнул с окна на стол.

И тут — как рванется дом! Матушки! Да никак мы плывем!

Сразу тише стало, закружило нас, закачало, чугуны на печи стучат, шлепнулся в воду ухват, и царапает по столу кот, боится, что упадет.

Эх, дедушка-дед, натворил ты бед, не в добрый час ты ушел от нас!

Стало светло за окном, зачернела рама крестом; вот солнечный луч из-за туч, пожелтело, потеплело.

Матушки, беда! Кругом вода, одна вода!

Нет соседских домов, не слыхать голосов. Тихий плеск да белый блеск, и далеко, далеко, как черная точка, — бочка. И все... Куда же нас несет?

Прыгнул к Анютке кот, улегся и песенку поет. Анютка уснула от качки и гула, — только я, балалайка, тужу, только я, балалайка, в окошко гляжу.

Эх ты, дед Пантелей, не видать тебе внучки веселой своей.

Качаются у дома щепки да солома.

Взъерошился кот, поводит ушами, — плывет доска сплошь покрыта мышами. Пищат мыши, друг друга толкают, лезут к середине — подальше от края.

Иные на задних лапках стоят, глаза их, что капли, блестят, шевелят усами, поводят носами, вертят головой туда и сюда: куда же, мол, несет нас вода?

А за ними в клетке зеленая птица, нахохлилась — видно, боится.

Поглядела птица кругом, увидала меня за окном и крикнула так: «Дурак! Дурак! Дурак!»

И не думала птица, что скоро нам с ней подружиться...

И опять у дома только щепки да солома, качаемся в тишине, одни стекла дребежат в окне.

И вдруг гулко над самой водой голос и другой.

Говорит один: «Гляди — дом впереди!»

Говорит другой: «Да он пустой».

А первый в ответ: «А ежели нет?»

А ему другой: «Да ты что, слепой? Получше смотри — замок на двери. Значит, дом нежилой, поворачивай домой».

Эх, дедушка-дед, натворил ты бед, что же теперь будет с нами — не звенят мои струны сами... Как мне людей на помощь позвать?

А под окном разговор опять.

— Да что тебе лень проехать сажень?
— Ну ладно, верти рулем, держи на дом!
— Стой! Кто-то бранится.
— Смотри-ка — птица.
— Вот это находка!
— Ворочай лодку. Птица дорогая, а что в этом сарае? Спрячь ее за пазуху, согрей — да к берегу скорей.

И поплыли ребята прочь.

А я как стукнусь о стенку во всю мочь — и задребезжала на одной струне:

— Ко мне ребята! Ко мне!

Сначала тишина у окна.

А потом говорит один: «Погоди, балалайка гудит!» А ему говорит другой: «А ежели там домовой?» А первый в ответ: «Ты в уме али нет? Где же это бывает, что домовой на балалайке играет? Не дери даром глотку, поворачивай лодку!»

Вот шарит рука по стене, показался парень в окне.

Взглянул и покрутил головой — «Дом-то и вправду пустой. Непонятное дело — почему же балалайка звенела?»

А снизу шепчет другой: «Я же тебе говорил — домовой!»

Тут Анютка как заревет — чуть не выпал из ящика кот.

Парня перекосило: «И впрямь нечистая сила. Кот человеческим голосом орет».

И оттолкнулся с размаха, чуть в воду не упал от страха.

Завели ребята спор под окном.

Один стоит на своем: «Давай этот дом подожжем!» А ему другой: «Да он сырой, не сгорит все равно: лучше пустим его на дно!»

Эх, дедушка-дед, без тебя я натворила бед! Позвать я людей сумела, а как им объяснить, в чем дело?

И тут я вижу — плывет челнок, а в челноке старичок в шапке с большим козырьком и тоже глядит на дом.

— Что, — хрипит, — случилось, ребята? Отчего пошел войной брат на брата?

— Кузьмич! — обрадовались ребята. — Ты много видал когда-то: и в солдатах служил и на турку ходил. Прожил лет сто примерно, а такого не видал наверно. Тут кот человеческим голосом орет. Балалайка бренчит сама собой... Ясное дело — домовой!

— Сбей, — хрипит Кузьмич, — замок веслом, загляну я в дом.

Слетел замок — и вошел старичок.

Кустами брови, нос красней моркови, морщины, как паутина, и такая на подбородке щетина — хоть чисть коня. Стоит да глядит на Анютку да на меня.

Постоял перед нами, пошевелил бровями и ухватился от смеха за живот — вот-вот упадет.

— Да, — говорит, — ребята! Много я видел когда-то, и в солдатах служил и на турку ходил, но чтоб люди от балалайки бежали да перед младенцем дрожали — вижу впервой! Вот он, ваш домовой!

И показал на меня и на Анютку.

«Везите, — говорит, — на берег малютку. От голоду девчонка кричала, от качки балалайка бренчала».

Привязали ребята лодки к страшной находке, на весла налегли да дом с собой и повезли.

А я на радостях бренчу: «Слава тебе, храброму солдату Кузьмичу!»

Показались заборы да крыши. Вот все тише мы едем да тише, вот стукнулись, стали, качаться перестали.

А ребята сбесились ровно! Понравились им наши бревна — никак не решат, кому брать дом. Орут — даже собрался народ кругом. И тут, как ни рассуждай, а только спас нас попугай.

Взбрело будочникам на ум — взглянуть, что это за шум.

Знаешь ты, например, что такое милиционер?

Красная шапка, черный козырек, на боку шашка, на груди свисток.

И ночью и днем озирается кругом, во все стороны глядит — за порядком следит.

А в то время будочники были, тоже за порядком следили.

Целые сутки не вылезали из будки. Выглянут изредка повидать знакомых или поискать насекомых.

А для устрашения воров было у них что-то вроде топоров, только топорище аршина в два, не годилось рубить дрова. Прибежали будочники вчетвером, заглянули в дом, схватили за шиворот ребят, чего, мол, кричат? Но тут птица решила за ребят вступиться. И гаркнула из-за пазухи так: «Дурак!»

Ахнул народ кругом — будочника обругали дураком!

Будочник покраснел как рак. «Это я, — говорит, — дурак?» Да как застучит топором: «Сейчас же к начальству идем!»

— Да это не я, птица!

— А кто научил ее браниться? Да подлые вы люди, да вам такое будет, да вас мало повесить!

Ребята ему — слово, а он им — десять.

Словом, как ни плакали ребята, а повели их куда-то, а с ними зараз забрали и нас.

Тут же и кот — и его будочник несет. «Есть, — говорит, — приказ на этот счет, забирать весь приблудный скот».

Тащат нас и тащат, а народ глаза таращит, иные следом бегут: «Да кого ж это ведут?»

Догнала нас какая-то старушонка, пожалела, видно, ребенка; запыхалась — бежала издалека — и сует Анютке молока.

И сразу собрался народ — глядеть, как Анютка пьет. Наседают друг на друга, толкаются, разглядеть получше стараются.

И вдруг завертелся народ, как вода в воронке, — пробирается кто-то к девчонке, валит всех на пути, спешит пройти. «Давайте, — кричит, — ее сюда!» — И прет из толпы борода.

Матушки, да это наш дед, в мешок какой-то одет, ободран, бос, желт, как воск, руки трясутся, во все стороны суются, слезы из глаз — вот-вот упадет сейчас, но все-таки орет, на помощь народ зовет.

И пошли они кричать друг на друга: дед — от испуга, будочник оттого, что привык смолоду, а девчонка — с голоду.

Гудит народ — ничего не поймет.

Полезли свидетели, на все вопросы ответили, врали, себя не жалея, будто знают давно Пантелея и всех его родных — и мертвых и живых. А две бабы сказали, что меня, балалайку, еще маленькую знали и что кот у нас от рожденья живет.

Перестали будочники сердиться и отдали деду и нас, и кота, и даже птицу.

После дед разводил руками: «А вы почему с нами?»

И отвечал попугай ему так: «Дурак!»

Что было потом? Ну, нашли новый дом да зажили впятером.

Бродили и тут и там, по рынкам и по дворам, пели да жалобно глядели, подадут нам или нет — внучке на обед?

И попугай был с нами, качался у деда за плечами и покрикивал следом за мной и за дедом: «Говори, балалайка, выговаривай!»

Эх, дедушка-дед! Сколько мы не виделись лет, а бывало — не было дня, чтоб ты дома оставил меня!

Давно меня в руки не брали, — неужели все играть перестали?

1924

ПЕТЬКА-ПЕТУХ, ДЕРЕВЕНСКИЙ ПАСТУХ

Петька-Петух, деревенский пастух, двенадцати лет, разут и раздет, а как щелкнет кнутом на пригорке крутом да посмотрит вокруг на зеленый луг — экий, скажешь, орел в пастухи пошел.

Орел-то орел, а подвел его вол. Ох, буча пошла из-за пегого вола! Ох, вол ты мой вол, да куда ж ты ушел?

Кричит дядя Тарас: «А ты где его пас? Там и ищи, а пропал — не взыщи. При всех разложу и кнутом накажу. А потом тебя в суд дурака отведут».

Петька-петух, деревенский пастух, двенадцати лет, разут и раздет, а как начал кричать да палкой стучать: «Я два года пас, что пропало у вас? Недоел, недоспал — кто спасибо сказал? А теперь ты за кнут? А теперь меня в суд? Это верно, что в суд — да кого поведут?»

Сказал — и бегом, только пыль столбом.

Ну и ночка, видна каждая кочка, каждая травинка видна — такая на небе луна. Слыхать, как трава растет, слыхать, как жучок ползет, каждая мошка слышна — такая в степи тишина. А вола и не слышно и не видно — заплакал бы Петька, да стыдно.

Вышел Петух на бугор — вдруг видит внизу костер. Горит, полыхает, комаров пугает. Двое людей, тройка коней. Пошел было Петька-Петух, а костер зашипел и потух. И кто-то навстречу скачет — батюшки, что ж это значит? Разом погас костер. Кто-то скачет верхом на бугор — странное дело, братцы, есть отчего испугаться. Петька в траву головой — и замер живой-неживой.

Покрутился кругом верховой и кричит: «Эй ты, чумовой! Для чего ты костер залил, для чего ты кулеш загубил? А еще говорят, что ты старший конокрад. Конокрад нынче хуже зайца, каждого куста пугается. Ступай, дуралей, стреножь коней. Для того ли крали, чтоб они удрали?»

Затих разговор, потух костер, конокрады спят, кони уздечками звенят. Трава шевелится, ползет как лисица Петька-Петух, деревенский пастух. Кнут в руках, нож в зубах, еле дышит, сам себя не слышит, ползет, ползет вперед и вперед.

Конокрады храпят каждый на свой лад, один со свистом, другой басисто. А конь стреноженный, дрожит — встревоженный. Петька у ног конских прилег: «Стой, Карий, минуту — разрежу путы. Тише ты, тише, конокрад услышит!» — И как взлетит верхом одним прыжком да как свистнет на коня! Эх, потопчем зеленя!

Ну и ночка, видна каждая кочка, каждая травка — такая на небе луна. Горки да ямы, прямо да прямо. Карий летит, ветер свистит. А конокрады наперерез, блестит под луной обрез. Ну и кони, вот-вот догонят. Эй, Петька-Петух, гони во весь дух!

А у Тарасовых ворот суетится народ, седлают коней — скорей, скорей! Сам Тарас босой, с непокрытой головой, прыгает вокруг коня — подсадите меня! Гоните за Карим, не теряйте времени даром!

И вдруг из-за угла сам Карий, как стрела, крутым поворотом подлетел к воротам и встал как влитой, и затряс головой — видно, твердая рука у лихого седока.

— Получай от меня за вола коня.

Ай да Петка-Петух, деревенский пастух!

Кричит дядя Тарас:

— Как ты Карего спас? Это конь пяти лет, да ему цены нет! Ах ты парень бедовый, получай рупь-целковый. А беглец-то, вол, сам домой пришел!

Петька-Петух, деревенский пастух, двенадцати лет, разут и раздет, а рукой взмахнул — и целковый швырнул.

— То про суд говоришь, то целковый даришь! Ничего мне не надо, прощай, мое стадо, прощайте, луга, — я вам не слуга!

И пошел Петька прочь, в лунную ночь. Взял да ушел Петька-орел. Только его и видели — очень уж парня обидели!

1924

ДВА ДРУГА — ХОМУТ И ПОДПРУГА

Жили-были два друга — Хомут и Подпруга. Была у них кобыла да тетка Ненила. Кобыла сивая, а тетка красивая. Занедужилось тетке — щучья кость застряла в глотке. От косточки щучьей стал у нее голос страшный, хрипучий. Стали косточку тащить — поломали клещи.

— Ну, — хрипит Ненила, — без клещей мне могила. Накормлю я вас щами, и езжайте в город за клещами.

И Подпруга и Хомут в один голос ревут, слезы льют на бороды, боятся они города. Ну, тетка Ненила ребят пристыдила, похлебали они щей — и в город скорей.

Пришел поезд на вокзал, носильщик толпой побежал, у каждого на груди бляха — затряся Подпруга от страха. Бегут люди нумерованные, бегут вещи запакованные.

— Караул! Это воры, больно на ногу скоры!

— Нет, — говорит Хомут, — они вещи при всех берут. А вот зачем у них номерки возле правой руки?

— А это, — говорит Подпруга, — чтобы знать, как позвать друг друга. Кажись, говорила Ненила, что на всех здесь имен не хватило. Ведь всего-то полсотни имен, а народу в городе мильон. Вот заместо имен номерки возле правой руки.

Вышли с вокзала — обоим жарко стало. Во все стороны улицы, извозчики кружатся. Зашептались Хомут и Подпруга, схватили под мышки друг друга. Очухался первым Хомут:

— Где же здесь клещи продают?

Идет мимо тетка, меха до подбородка, каблуки в аршин и юбкой шуршит.

— Тетя, — говорит Хомут, — где же здесь клещи продают?

А она лицо воротит:

— Какая я вам тетя?

Взял ее за локоть Подпруга: «Объясни, не сердись, будь другом!» А она: «Это что за манера — поди да спроси милиционера!» Ткнула в площадь пальцем и поплыла с перевальцем.

Глянули ребята на площадь, а на площади лошадь залезла на ящик, глазища таращит, на лошади бородач, пудов в десять силач, в плечах широк, рука в бок — милиционер и есть: «Где же тут клещи, ваша честь?»

Молчит дядя, поверх ребят глядя.

Покричали с полчаса, надорвали голоса. Озлился Хомут:

— Ты хоть важный, а плут! Думаешь, дадим на чай? Так на, получай, вот тебе шиш за то, что молчишь!

Вдруг идет малец, панельный купец, сам с ноготок, на брюхе лоток.

— Кричать, — говорит, — бесполезно, бородач-то у нас железный. Дурья твоя голова — видишь, на ящике слова: «Мой сын и мой отец при жизни казнены, а я пожал удел посмертного бесславья, торчу здесь пугалом чугунным для страны, навеки сбросившей ярмо самодержавья!»

— Прости, — говорит Хомут, — мы приезжие тут. А где бы нам купить клещи?

— А ты кузнечный ряд ищи.

— А где ж кузнечный ряд?

— А туда идут все трамваи подряд.

— Ваша честь, а как нам на трамвай сесть?

— Вы ступайте-ка на двор, там в конце двора забор, у забора станьте да на небо гляньте, ухватитесь за живот и орите во весь рот: «Трамвай подавай, трамвай подавай!»

Вошли ребята во двор, отыскали забор, ухватились за живот, заорали во весь рот: «Трамвай подавай» да «Трамвай подавай!»

Дворник подбежал с метлой, а они ему: «Постой, не мешай, не замай, трамвай подавай!»

Дворник крякнул, метлу оземь брякнул, взял ребят за шиворот, за ворота выволок.

— Ну, — говорит Хомут, — коль трамваи не идут, значит, дело неспроста, значит, заняты места. Пойдем пешком, добредем шажком.

Орут друг на друга Хомут и Подпруга, стоят у машины, глядят на шины. А шофер молодой — в мех ушел бородой, с присвистом дышит, уснул и не слышит.

— Экой ты бестолковый! Говорят тебе, обод дубовый!

— Эх ты, неумытая рожа! Говорят тебе — это кожа.

— На вот тебе ножик, ткни-ка — дуб или кожа.

Ткнул ножом Подпруга, ошалел от испуга. Лопнула шина, дрогнула машина. Заорал шофер со сна. Ударил в сигнал. Зарычал гудок, а ребята наутек.

Дошли до угла — голова кругом пошла. Суета и давка, что ни шаг, то лавка. Ситец в цветочек — тетке на платочек!

— Купец, — говорит Хомут, — а почем у вас ситец продают?

— За этот полтина для хорошего гражданина...

— Отрежь аршин!

— Виноват, гражданин! Аршинов больше нет, продают у нас на метр.

— Ладно, — говорит Хомут, — продают — так продают.

Купил Хомут ситца, а Подпруга на сахар косится.

— Почем сахар?

— Двадцать пять.

— Так и быть, придется взять.

— Сколько прикажете отвесить?

— Да этак — метров десять!

Поглядел купец сурово, не сказал ни слова, погрозил приятелям и ушел к другим покупателям...

1925

ВОЙНА ПЕТРУШКИ И СТЕПКИ-РАСТРЕПКИ

Смотрите на Степку, глядите на Растрепку!

В чернилах руки, в известке брюки, на рубашке пятна — смотреть неприятно.

У Степкиного дома — прелая солома, метлы торчат, галки кричат.

У крыльца стоит Степан, поднимает грязный чан, то сам отопьет, то свинье подает.

Вот стоит Петрушка, гладкая макушка. Вымыты руки, выглажены брюки, рубашка как снег — аккуратный человек. Стоит в саду Петрушкин дом, игрушки бегают кругом, попадешь к нему в сад — не захочешь назад.

Бежит, как шелковый клубок, ученый пес его Пушок: «Тяф-тяф! Пожалуйте за мной, вас ждет давно хозяин мой!»

И говорит Петрушка, гладкая макушка:

— Войдите, мы вам рады. Хотите шоколаду?

ПЕСЕНКА ПЕТРУШКИ

У меня родня — игрушки,
У меня звон и шум.
Медвежонок — брат Петрушки,
Ванька-Встанька — сват и кум.
Дзинь-бум!
Сват и кум!

Спать ложимся ровно в восемь,
Ровно в шесть уже встаем.
Пол метем и воду носим,
Щепки колем топором.
Дзинь-бом!
Топором!

Самый лучший дом на свете —
Светлый дом, Петрушкин дом!

Умывайтесь чаще, дети, —
Мы вас в гости позовем.
Дзинь-бом!
Позовем!

ПЕСЕНКА СТЕПКИ-РАСТРЕПКИ

Я Степка-Растрепка
Хрю!
Я свиньям похлебку
Варю!
Нет в мире похлебки вкусней.
Не веришь — спроси у свиней!

Вся нечисть и грязь
Хрю!
Ко мне собралась,
К свинарю.
Нет в мире меня грязней.
Не веришь — спроси у свиней!

Я умник большой
Хрю!
«Ученье долой!» —
Говорю.
Нет в мире меня умней.
Не веришь — спроси у свиней!

Я первый герой
Хрю!
Пусть выйдет любой —
Поборю.
Нет в мире меня сильней.
Не веришь — спроси у свиней!

Была у Петрушки дочка Погремушка. Весь свет обойдешь — милей не найдешь.

Увидал ее Степка, грязный Растрепка, почесал свою гриву.

— Ничего, — говорит, — красива! Я сейчас на ней женюсь либо в луже утоплюсь!

Побежал Степан домой, воротился со свиньей.

Земля задрожала, свинья завизжала, испугался Пушок, удрал со всех ног. Погремушка махнула рукой:

— Уходи, такой-сякой! Забирай подарок гадкий, удирай во все лопатки!

А Степан берет лягушку, угощает Погремушку:

— Кушайте, красавица, это вам понравится!

Квакнула лягушка, ахнула Погремушка, махнула рукой, убежала домой.

— Я, — говорит, — не прощу, я, — говорит, — отомщу!

Взял Степан бутыль чернил да Пушка и окатил. Пушок завизжал, к хозяину прибежал:

— Обидел меня Степка, запачкал меня Растрепка!

Рассердился Петрушка, гладкая макушка:

— Я, — говорит, — ему не прощу! Я, — говорит, — ему отомщу!

Развел Петрушка мелу кадушку и Растрепке отомстил — свинью мелом окатил.

Свинья завизжала, к хозяину прибежала:

— Пожалей свою бедную свинку: побелил ей Петрушка спинку!

Топнул Растрепка ногой и пошел на Петрушку войной.

Свинья бежит, земля дрожит. На свинье Степка, грозный Растрепка, а за ним в ряд воины спешат — родственники Степки, младшие растрепки.

Храбро за Петрушкой в бой пошли игрушки. Пушки новые палят, ядра — чистый шоколад!

Степкины солдаты, жадные ребята, увидали шоколад — и сражаться не хотят. Ядра ловят прямо в рот — вот прожорливый народ! Ловили да ели, пока не отяжелели. Повалились спать — где уж там воевать!

Во дворе Петрушки пляшут все игрушки. Бьет Петрушка в барабан: нынче в плен попал Степан!

Идет Степка пленный, плачет Степка бедный:

— Прощайте, поросята, веселые ребята! Прощайте, мои свинки, щетинистые спинки! Я в плен попал, я навек пропал!

Подошел Петрушка, гладкая макушка, и крикнул страшным голосом:

— Остричь Растрепке волосы, свести в баню потом и держать под замком!

Пять мастеров над Степкой билось, двенадцать ножниц иступилось. Растрепкиных волос увезли целый воз. Постригли, помыли и в тюрьму посадили.

Служил у Петрушки лекарь, чинил любого калеку. Ногу, скажем, пришьет, йодом зальет — глядь! — нога и приросла, будто так и была.

Привели к нему раненых солдат. «Почини», — говорят. Скорее да скорее. Доктор рук не жалеет: то зашьет, то зальет, тратит бочками йод. Кончил шить — вот беда! — всё пришито не туда.

Раненые воины все до слез расстроены. Один видит вдруг — ноги вместо рук. Убивается другой: «Не могу ходить рукой!»

А командиру — что за срам! — пришили голову к ногам. Утешает лекарь командира:

— Зато вам не надо мундира. А раз вам нужны только брюки — для чего вам туловище и руки?

Шла Погремушка домой, поравнялась с тюрьмой — что же это значит? Кто же это плачет?

Это Степка слезы льет, Степка песенку поет:

> Я тихонько сижу,
> На окно гляжу.
> Как светло за окном.
> Как темно кругом!
> Никто меня не слышит,
> Шуршат в подполье мыши,
> Кричат часовые
> Страшные да злые.
> Не с кем мне поиграть,
> Не с кем слова сказать!

Погремушка поглядела — арестанта пожалела: у него башка остриженная, у него лицо обиженное...

Голосил он так уныло, что она его простила.

Помчалась домой, ключ схватила большой, прибежала назад:

— Вылезай-ка, брат! Бежим со мной ко мне домой!

Говорит Погремушка:

— Не сердись на нас, Петрушка! Я видала, как в темнице Степка бедный томится. Одолела меня жалость, мое сердце так и сжалось, я обиды позабыла и его освободила.

Говорит Степка, бывший Растрепка:

— Ты меня прости и домой отпусти. Я помою всех знакомых, уничтожу насекомых, мелом выбелю дом и сюда бегом. Подари ты мне игрушки и жени на Погремушке. Я примусь тогда за чтенье, и возьмусь я за ученье!

Покачал Петрушка головой:

— Что же делать мне с тобой! Все прощу я, так и быть, если руки будешь мыть!

Мчится Степка домой с мочалкой большой, а за ним несется в ряд голых банщиков отряд.

Дома баню затопили и к работе приступили.

Две недели не пили, не ели, мыли да поливали, брили да подстригали.

Всех помыли, никого не забыли! Стали вымытые в ряд, банщиков благодарят.

Веселый задал пир Петрушка на свадьбе Степки с Погремушкой.

Двадцать три торта разного сорта, яблоки с арбуз, как сахар на вкус, ташкентский виноград, конфеты, шоколад — гости еле-еле все это поели!

А пошли плясать, прямо ног не видать — так высоко прыгали, так ногами дрыгали.

В оркестре у Степана два порвали барабана, чуть не лопнул трубач, а скрипач пустился вскачь:

> На руках моих мозоли,
> Нету больше канифоли.
> Надоело мне играть,
> Очень хочется плясать!

Три сапожника в зале к плясунам подбегали, зашивали башмаки, подбивали каблуки.

Раздавали повара сахарные веера; веерами обвевали, лимонадом угощали.

Сам Петрушка плясал, пока на пол не упал; полежал минут пять — и опять пошел плясать!

Есть еще на свете скверные дети вроде Степки, неряхи и растрепки. Не хотят мыться, не хотят учиться.

Как пойдут по улице, прохожие хмурятся, собаки бросаются, лошади пугаются.

Кто боится воды — тот дождется беды. А кто любит мыться, любит учиться, тот скорее растет, веселее живет.

Здесь налево и направо нарисован мальчик Пава. Он растрепкой был сначала — мама плакала, рыдала. Посмотрите — стали птицы в голове его гнездиться.

Он узнал из нашей книжки, что нельзя прожить без стрижки.

Начал мальчик Пава мыться, и работать, и учиться.

Глянь налево, глянь направо — где красивый мальчик Пава?[1]

1925

---

[1] Впервые сказка «Война Петрушки и Степки-Растрепки» была напечатана в виде иллюстрированной детской книжки ленинградским издательством «Радуга» в 1925 г. — *Примеч. ред.*

НОВЫЕ ПРИКЛЮЧЕНИЯ КОТА В САПОГАХ

Однажды Кот в сапогах пришел к своему хозяину, которого звали Карабас, и говорит ему:
— Я уезжаю!
— Это почему же? — спрашивает Карабас.
— Я стал очень толстый, — отвечает Кот в сапогах. — Мне по утрам даже трудно сапоги надевать. Живот мешает. Это оттого, что я ничего не делаю.
— А ты делай что-нибудь, Котик, — говорит ему Карабас.
— Да ведь нечего, — отвечает Кот в сапогах. — Мышей я всех переловил, птиц ты трогать не позволяешь. До свиданья!
— Ну что ж, — сказал Карабас. — Ну тогда до свиданья, дай лапку. Ты вернешься?
— Вернусь, — ответил Кот в сапогах и пошел в прихожую.
В прихожей он нашел коробочку гуталина, выкатил ее из-под шкафа, открыл, почистил сапоги и отправился в путь.
Шел он день, шел два и дошел до самого моря. И видит Кот — стоит у берега большой красивый корабль.
«Хороший корабль, — подумал Кот. — Не корабль, — подумал Кот, — а картинка! Если на этом корабле еще и крысы есть, то это просто прелесть что такое!»
Вошел Кот на корабль, отыскал на капитанском мостике капитана и говорит ему:
— Здравствуй, капитан!
Капитан посмотрел на Кота и ахнул:
— Ах! Да это никак знаменитый Кот в сапогах?
— Да, это я, — говорит Кот. — Я хочу на вашем корабле пожить немного. У вас крысы есть?
— Конечно, — говорит капитан. — Если корабль плохой, то крысы с корабля бегут. А если корабль хороший, крепкий, они так и лезут — спасенья нет.

Услышав это, Кот снял поскорее сапоги, чтобы потише ступать, отдал их капитану и побежал вниз. Капитан за ним. Кот вбежал в капитанскую каюту, постоял, послушал — и вдруг как прыгнет в буфет! Буфет затрясся, загрохотал, задребезжал.

— Батюшки, да он всю мою посуду перебьёт! — закричал капитан.

Не успел он после этих слов и глазом моргнуть, как вылезает Кот обратно из буфета и тащит за хвосты четырнадцать штук крыс.

Уложил он их рядом и говорит капитану:

— Видал? А всего только одно блюдечко и разбил.

И с этого началась у Кота с капитаном дружба. И не только с капитаном — стал Кот для всего корабля самым дорогим гостем. Очень полюбили его все моряки — так он замечательно крыс ловил. Прошло дней пять — и почти перевелись на корабле крысы.

Вот однажды сидел капитан у себя в каюте и угощал Кота сбитыми сливками.

Вдруг зовут капитана наверх. Капитан побежал на капитанский мостик. Кот следом спешит, сапогами грохочет.

И видит Кот — идёт по морю навстречу большой красивый корабль.

Все ближе подходит корабль, все ближе, и видит Кот, что там на капитанском мостике стоит женщина. На плечах у неё белая куртка, а на голове капитанская фуражка.

— Что это на встречном корабле женщина делает? — спрашивает Кот у своего друга-капитана.

А капитан и не слышит, схватил из ящичка маленькие флажки и стал их то опускать, то подымать... То правую руку вытянет, а левую опустит, то левую подымет, а правую вытянет, то скрестит руки. Флажки так и мелькают.

А женщина в капитанской фуражке тоже взяла флажки и отвечает капитану. Так они и переговаривались флажками, пока не разошлись корабли. И увидел вдруг Кот, что лицо у капитана стало очень грустное.

— Капитан, а капитан, кто эта женщина в белой курточке и капитанской фуражке?

— А эта женщина — моя жена, — отвечает капитан.

— Что же она делает на встречном корабле? — удивился Кот.

— Как — что? — отвечает капитан. — Она этим кораблём командует.

— Разве женщины бывают капитанами?

— У нас бывают, — отвечает капитан. — Чего ты удивляешься? Она очень хороший капитан.

— Это видно, — сказал Кот. — Корабль у нее красивый, чистый.

Тут капитан чуть поморщился и говорит Коту:

— У меня, между прочим, тоже все в порядке. Если б ты наш корабль в море встретил, то увидел бы, что он тоже весь так и сияет.

— Да я знаю, — говорит Кот. — Но отчего же ты все-таки такой грустный?

Капитан поморщился еще больше, хотел ответить, но вдруг на мостик поднялся моряк и говорит:

— Капитан! Там вся команда собралась, вас ждет.

— По какому поводу собрание? — спрашивает капитан.

— А мы видели ваш разговор с женой, очень за вас огорчились и хотим обсудить, как вам помочь.

Вздохнул капитан и пошел с капитанского мостика вниз. Кот следом бежит, сапогами грохочет.

Стоит внизу вся команда, ждет капитана.

Объявил капитан собрание открытым и говорит:

— Да, товарищи, пришлось мне сегодня узнать грустные вещи: передала мне жена, что сын мой до того себя плохо ведет, что просто ужас. Бабушку из-за него пришлось в дом отдыха отправить, дедушку — в санаторий, а тетя чуть с ума не сошла. Живет он сейчас на даче в детском саду и ведет себя с каждым днем хуже. Что такое, почему — непонятно. Я — хороший человек, жена тоже, а мальчик — видите какой. Разве приятно посреди моря такие новости узнавать?

— Конечно, неприятно, — ответили моряки.

И начали обсуждать, как тут быть, как помочь капитану. Любой согласен поехать узнать, в чем же дело с мальчиком, но у каждого на корабле своя работа. Нельзя же ее оставить.

И вдруг Кот в сапогах вскочил на мачту и говорит:

— Я поеду.

Сначала его моряки стали отговаривать. Но Кот настоял на своем.

— Крыс, — говорит он, — я уничтожил, давайте мне другое дело — потруднее. Увидите — я все там рассмотрю и налажу.

Делать нечего. Спустили шлюпку, стали прощаться с Котом, лапку ему пожимать.

— Осторожнее, — говорит Кот, — не давите мне так лапку. Всего вам хорошего. Спасибо.

Спрыгнул Кот в шлюпку, сел на весла, гребет к берегу. Моряки выстроились вдоль борта, и оркестр выстроился рядом. Оркестр гремит, моряки кричат:

— До свиданья, Котик!

А он им лапкой машет.

— Не забудь, что моего сына зовут Сере-е-ежа-а! — кричит капитан.

— У меня записано-о! — отвечает Кот в сапогах.

— Через месяц наши корабли дома буду-у-ут! Мы с женой приедем узнать, что и ка-а-ак! — кричит капитан.

— Ла-адно-о! — отвечает Кот.

Вот все тише музыка, все тише, вот уже и не видно корабля. Пристал Кот в сапогах к берегу, сдал шлюпку сторожу на пристани, пошел на вокзал, сел в поезд и поехал к Сереже на дачу.

Приехал он к Сереже на дачу. Пожил там день, пожил два, и все его очень там полюбили. С простым котом и то интересно: и поиграть с ним можно, и погладить его приятно. А тут вдруг приехал Кот в сапогах! Говорит по-человечьи. Сказки рассказывает. Наперегонки бегает. В прятки играет. Воды не боится, плавает и на боку, и на спине, и по-собачьи, и по-лягушачьи. Все подружились с Котом в сапогах.

А Сережа, сын капитана, — нет. Начнет, например, Кот сказку рассказывать, а Сережа его за хвост дергает и все дело этим портит. Что за сказка, если через каждые два слова приходится мяукать.

— Жил-был... мяу... один мальчик... мяу.

И так все время. Чуть что наладится, Сережа уже тут — и все дело губит.

На вид мальчик хороший, здоровый, румяный, глаза отцовские — ясные, нос материнский — аккуратный, волосы густые, вьются. А ведет себя как разбойник.

Уже скоро месяц пройдет, скоро приедут Сережины родители, а дело все не идет на лад.

И вот что заметил Кот в сапогах. Начнет, скажем, Сережа его за хвост дергать. Некоторые ребята смеются, а сам Сережа — нет, и лицо у него невеселое. Смотрит на Сережу Кот в сапогах, и кажется ему, что бросил бы Сережа это глупое занятие, но не может. Сидит в нем какое-то упрямство.

«Нет, — думает Кот, — здесь дело неладное. Об этом подумать надо».

И вот однажды ночью отправился Кот на крышу думать.

Занимал детский сад очень большую дачу — комнат, наверное, в сорок. И крыша была огромная, с поворотами, с закоулками: ходишь по крыше, как по горам. Сел Кот возле трубы, лапки поджал, глаза у него светятся, думает. А ночь темная, луны нет, только звезды горят. Тихо-тихо кругом. Деревья в саду стоят и листиком не шелохнут, как будто тоже думают. Долго сидел так Кот в сапогах. Заведующая Лидия Ивановна уж на что поздно спать ложится, но и та уснула, свет у нее погас в окне, а Кот все думает.

Стоит дача большая, темная, только на крыше два огонька горят. Это светятся у Кота глаза. И вдруг вскочил Кот в сапогах и насторожился. Даже зарычал он, как будто собаку почуял. Человеку бы ни за что не услышать, а Кот слышит: внизу тихо-тихо кто-то ворчит, ворчит, бормочет, бормочет. Снял Кот сапоги, положил их возле трубы, прыгнул с крыши на высокий тополь, с тополя на землю и пополз неслышно кругом дома.

И вот видит Кот под окном той комнаты, где стоит Сережина кровать, жабу. И какую жабу — ростом с хорошее ведро. Глазищи жаба выпучила, рот распялила и бормочет, бормочет, ворчит, ворчит...

«Вот оно что! Ну, так я и знал», — подумал Кот. Подкрался к жабе и слушает.

А жаба бормочет:

— Направо — болота, налево — лужи, а ты, Сережа, веди себя похуже.

— Здравствуй, старуха, — сказал Кот жабе.

Та даже и не вздрогнула. Ответила спокойно:

— Здравствуй, Кот, — и снова забормотала: — Когда все молчат, ты, Сережа, кричи, а когда все кричат, ты, Сережа, молчи.

— Ты что же это, старуха, делаешь? — спросил Кот.

— А тебе что? — ответила жаба и опять заворчала, забормотала: — Когда все стоят, ты, Сережа, иди, а когда все идут, ты, Сережа, сиди.

— Злая волшебница! — говорит Кот в сапогах жабе. — Я тебе запрещаю хорошего мальчика превращать в разбойника! Слышишь?

А жаба в ответ только хихикнула и опять заворчала, забормотала:

— Заговорит с тобою Кот, а ты ему, Сережа, дай камнем в живот. Болота, трясины, лужи — веди себя, Сережа, похуже.

— Жаба, — говорит Кот, — да ты никак забыла, что я за кот! Перестань сейчас же, а то я тебя оцарапаю.

— Ну ладно, — ответила жаба. — На сегодня, пожалуй, хватит.

Отвернулась она от окна, подпрыгнула, поймала на лету ночную бабочку, проглотила ее и уселась в траве. Глядит на Кота, выпучив глазищи, и улыбается.

— Зачем тебе Сережа понадобился? — спрашивает Кот.

Тут жаба раздулась, как теленок, и засветилась зеленым светом.

— Ладно, ладно, не напугаешь, — говорит Кот. — Отвечай, зачем ты к мальчику привязалась.

— А очень просто, — говорит жаба. — Терпеть не могу, когда ребята дружно живут. Вот я и ворчу, бормочу себе тут потихоньку. Сережа мой, наслушавшись, десять скандалов в день устраивает! Хи-хи!

— Чего ты этим добьешься? — спрашивает Кот.

Тут жаба раздулась, как стол, и засветилась синим светом.

— Чего надо, того и добьюсь, — зашипела она. — Двадцать лет назад на этой даче в сорока комнатах два человека жили. Хозяин и хозяйка. Хозяйка была красивая, глаза выпученные, рот до ушей, зеленая — настоящая жаба. Просто прелесть, какая милая. Полный день ворчит, кричит, квакает. Никого она на порог не пускала. Все сорок комнат — им двоим. А сам хозяин еще лучше был. Худой как палка, а злой, как я. Он и в сад заглянуть никому не позволял, кулак показывал всякому, кто только глянет через забор. Хорошо было, уютно. И вдруг — на тебе: двадцать лет назад пришли люди, выгнали хозяев! И с тех пор не жизнь пошла, а одно беспокойство. Лужи возле забора были прелестные, старинные, — взяли их да осушили. Грязь была мягкая, роскошная, — а они мостовую проложили, смотреть не хочется. А в наши сорок комнат ребят привезли. Поют ребята, веселятся, танцуют, читают, и все так дружно. Гадость какая! Ведь если у них так дружно пойдет, то мои хозяева никогда не вернутся. Нет, я на это не согласна!

— Ну ладно, — сказал Кот в сапогах. — Хорошо же, злая волшебница. Недолго тебе тут колдовать.

— Посмотрим! — ответила жаба, перестала светиться, сделалась ростом с ведро и уползла в подполье.

Полез Кот в сапогах обратно на крышу, надел сапоги и до самого утра просидел возле трубы. Все думал: что же делать?

После завтрака вышел Сережа в сад. Кот слез с крыши — и к нему. Сережа схватил камень и запустил прямо коту в живот. Хорошо, что кот этого ждал, — увернулся и вскочил на дерево.

Уселся Кот на ветке и говорит Сереже:

— Слушай, брат, что я тебе расскажу. Ты ведь сам не понимаешь, кому ты служишь.

И рассказал он Сереже все, что ночью видел и слышал. Рассказал и говорит:

— Сережа, ты сам подумай — что же это получается? Выходит, что ты вместе с жабой за старых хозяев. Мы живем дружно, а ты безобразничаешь. Как же это так? Это хорошо?

И видит Кот по Сережиным глазам, что он хочет спросить:

«Котик, как же мне быть?» Вот уже открывает Сережа рот, чтобы это сказать... Вот сейчас скажет. И вдруг как заорет:

— Хорошо, хорошо!

Побежал Сережа после этого в дом, схватил планер, который ребята вместе с Котом склеили, и поломал его.

Тогда Кот подумал и говорит:

— Да, жаба-то, оказывается, довольно сильная волшебница.

Слез он с дерева, умыл как следует мордочку лапкой, усы пригладил, почистил сапоги и прицепил к ним шпоры.

— Война так война, — сказал Кот в сапогах.

После мертвого часа позвал он всех ребят на озеро. На озере рассказал Кот ребятам все, что ночью видел и слышал. Ребята загудели, зашумели, один мальчик даже заплакал.

— Плакать тут нечего, — сказал Кот в сапогах. — Тут не плакать надо, а сражаться! Нужно спасти товарища. Мы должны дружно, как один, ударить по врагу. — И тут Кот ударил ногой о землю, и шпоры на его сапогах зазвенели.

— Правильно, правильно! — закричали ребята.

— Ночью я объявляю жабе войну, — сказал Кот. — Вы не спите, все-все со мной пойдете.

Одна девочка — ее звали Маруся — говорит:

— Я темноты боюсь, но, конечно, от всех не отстану.

А мальчик Миша сказал:

— Это хорошо, что сегодня спать не надо. Я терпеть не могу спать ложиться.

— Тише! — сказал Кот в сапогах. — Сейчас я научу вас, как нужно сражаться с этой злой волшебницей.

И стал Кот в сапогах учить ребят. Целый час они то шептались с Котом, то становились парами, то становились в круг, то опять шептались.

И наконец Кот в сапогах сказал:

— Хорошо! Идите отдыхайте пока.

И вот пришла ночь. Темная, еще темнее прошлой. Выполз Кот из дома. Ждал он ждал, и наконец под окном заворчала, забормотала жаба. Кот к ней подкрался и ударил ее по голове. Раздулась жаба, засветилась зеленым светом, прыгнула на Кота, а Кот бежать. А жаба за ним. А Кот на пожарную лестницу. А жаба следом. А Кот на крышу. А жаба туда же. Бросился Кот к трубе, остановился и крикнул:

— Вперед, товарищи!

Крикнул он это, и над гребнем крыши показались головы, много голов — весь детский сад.

В полном порядке, пара за парой, поднялись ребята на гребень крыши, спустились вниз и опять поднялись, на другой гребень, к трубе. Все они были без башмаков, в носках, чтобы не поднимать шума, чтобы от грохота железа не проснулась Лидия Ивановна.

— Молодцы! — сказал Кот ребятам.

А они взялись за руки и окружили Кота и жабу.

— Так! Правильно, — сказал Кот. — Очень хорошо!

А жаба смотрела на ребят, тяжело дышала и хлопала глазами. И все росла, росла. Вот она стала большой, как стол, и засветилась синим светом. Вот она стала как шкаф и засветилась желтым светом.

— Спокойно, ребята! — сказал Кот. — Все идет как следует.

А Маруся на это ответила Коту:

— Это даже хорошо, что она светится, а то я темноты боюсь.

И Миша сказал:

— Да, хорошо, что светло, а то я чуть не уснул, пока ждали ее.

И все ребята сказали:

— Ничего, ничего, мы не боимся!

— Не боитесь? — спросила жаба тихонько.

— Ну вот ни капельки! — ответили хором ребята.

Тогда жаба бросилась на них.

— Держитесь! — приказал Кот и, гремя шпорами, прыгнул вслед за жабой.

Ребята вскрикнули, но не расцепили рук. Туда и сюда бросалась жаба, и все напрасно. Не разорвался круг, устояли ребята. Жаба прыгнет — они поднимут руки, жаба поползет — они опустят. Двигается круг ребят по крыше вверх — вниз, вниз — вверх, как по горам, но крепко сцеплены руки — нет жабе выхода.

— Петя! — командует Кот. — Держись! Она сейчас к тебе прыгнет! Так! Варя! Чего ты глазами моргаешь? Держитесь все как один! Пусть видит жаба, какие вы дружные ребята!

— Дружные! — шипит жаба. — Да я сама сегодня видела, как этот вот Миша дрался с этим вот Шурой!

И бросилась жаба вперед, хотела проскочить между Мишей и Шурой, но не проскочила. Подняли они вверх крепко сцепленные руки, и отступила жаба.

— Держитесь! — шепчет Кот. — Я на крыше как у себя дома, а она свежего воздуха не переносит. Она вот-вот лопнет от злости, и — готово дело — мы победим.

А жаба уже стала ростом с автобус, светится белым светом.

Совсем светло стало на крыше. И вдруг видит Кот: Сережа сидит возле чердачного окна.

— Сережа! — закричал Кот. — Иди к нам в круг.

Встал Сережа, сделал шаг к ребятам и остановился. Жаба засмеялась.

— Сережа! — зовет Кот. — К нам скорее! Ведь мы же ради тебя сражаемся.

Пошел было Сережа к ребятам, но вдруг жаба громко свистнула, и в ответ на ее свист что-то застучало, забилось, завозилось под крышей по всему чердаку.

— Вам нравится в кошки-мышки играть! — закричала жаба. — Так нате же вам еще мышек! Получайте!

И тут из чердачного окна вдруг полетели летучие мыши. И прямо к ребятам. Огромная стая летучих мышей закружилась над головами.

Ребята отворачиваются, а мыши пищат, бьют их крыльями по лицу. Кот старается — машет лапками, но куда там! Будь он летучим котом, он мог бы ловить летучих мышей, но он был Кот в сапогах.

Сережа постоял-постоял, прыгнул в чердачное окно и исчез.

Дрогнули ребята, расцепили руки. Побежали они в разные стороны, а летучие мыши полетели за ними. Ну что тут делать? А жаба стала как шкаф, потом — как бочонок, потом — как ведро. И бросилась она бежать от Кота через всю крышу огромными прыжками. Вот уйдет совсем. Коту нельзя от жабы отойти, а ребята зовут его, кричат:

— Котик, Кот, помоги!

— Что будет? Что будет?

И вдруг яркий свет ударил из слухового окна. Загрохотало железо. На крышу выскочила заведующая Лидия Ивановна с лампой в руках, а за нею Сережа. Бросилась она к ребятам.

— Ко мне! — кричит она. — Летучие мыши света боятся!

Не успели ребята опомниться — снова грохот, и на крышу выскакивают капитан — Сережин отец и капитан — Сережина мать. В руках у них электрические фонарики.

— Сюда! — кричат они. — К нам!

Летучие мыши испугались, поднялись высоко вверх и исчезли. А ребята бросились к жабе и снова окружили ее кольцом, не дают ей бежать.

— Молодцы! — кричит Кот. — Правильно!

Стала жаба расти, сделалась она большая, как стол, потом — как шкаф, потом — как автобус, потом — как дом, и тут она наконец-таки — бах! — и лопнула. Лопнула, как мяч или воздушный шарик, ничего от нее не осталось. Кусочек только зеленой шкурки, маленький, как тряпочка.

После этого побежали все вниз, в столовую, зажгли там свет, радуются, кричат. Лидия Ивановна говорит:

— Ах, Кот в сапогах! Почему же вы мне ничего не сказали! Я вам так верила, а вы потащили ребят на крышу.

Кот сконфузился и закрыл морду лапками. Тут капитан вступился.

— Ну ладно! — говорит он. — Жабу-то он все-таки первый открыл. Представьте себе наше удивление. Как только корабли прибыли на родину, мы сели в машину и поскорей сюда. Смотрим, а тут на крыше целый бой. Нет, вы только подумайте! А где Сережа?

— Он под столом сидит, — отвечает Лидия Ивановна. — Он стесняется. Ведь это он меня на крышу вызвал. Молодец!

Сережа сначала крикнул из-под стола:

— Молодец-холодец! — но потом вылез оттуда и говорит: — Здравствуй, мама, здравствуй, папа! Да, это верно, это я Лидию Ивановну позвал.

Тут все еще больше обрадовались. Никто никогда не слышал, чтобы Сережа так мирно и спокойно разговаривал.

— Батюшки! Я и забыл! — вскричал капитан. Убежал он и вернулся с двумя свертками. Развернул один сверток, а там сапоги высокие, красивые, начищенные, так и сияют, как солнце. — Это вся наша команда посылает тебе, Кот, подарок за твою хорошую работу.

А капитанша развернула второй сверток. Там широкая красная лента и шляпа.

— А это от нашего корабля, — говорит капитанша. — Команда просила передать, что ждет тебя в гости к нам.

Поглядел Кот на подарки и говорит:

— Ну, это уж лишнее.

Потом надел шляпу, сапоги, повязал ленточку на шею и час, наверное, стоял у зеркала, все смотрел на себя и улыбался.

Ну а потом все пошло хорошо и благополучно. Прожил Кот на даче с детским садом до самой осени, а осенью поехал со всеми ребятами в город и в Октябрьские дни ехал с ними мимо трибуны на грузовике. С трибуны кричат:

— Смотрите, смотрите, какая маска хорошая!

А Кот отвечает:

— Я не маска, я — настоящий Кот в сапогах.

Тогда с трибуны говорят:

— Ну а если настоящий, так это еще лучше.

СКАЗКА О ПОТЕРЯННОМ ВРЕМЕНИ

Жил-был мальчик по имени Петя Зубов. Учился он в третьем классе четырнадцатой школы и все время отставал, и по русскому письменному, и по арифметике, и даже по пению.

— Успею! — говорил он в конце первой четверти. — Во второй вас всех догоню.

А приходила вторая — он надеялся на третью. Так он опаздывал да отставал, отставал да опаздывал — и не тужил. Все «успею» да «успею».

И вот однажды пришел Петя Зубов в школу, как всегда с опозданием. Вбежал в раздевалку. Шлепнул портфелем по загородке и крикнул:

— Тетя Наташа! Возьмите мое пальтишко!

А тетя Наташа спрашивает откуда-то из-за вешалок:

— Кто меня зовет?

— Это я, Петя Зубов, — отвечает мальчик.

— А почему у тебя сегодня голос такой хриплый? — спрашивает тетя Наташа.

— А я и сам удивляюсь, — отвечает Петя. — Вдруг охрип ни с того ни с сего.

Вышла тетя Наташа из-за вешалок, взглянула на Петю — да как вскрикнет:

— Ой!

Петя Зубов тоже испугался и спрашивает:

— Тетя Наташа, что с вами?

— Как — что? — отвечает тетя Наташа. — Вы говорили, что вы Петя Зубов, а на самом деле вы, должно быть, его дедушка.

— Какой же я дедушка? — спрашивает мальчик. — Я — Петя, ученик третьего класса.

— Да вы посмотрите в зеркало! — говорит тетя Наташа.

Взглянул мальчик в зеркало — и чуть не упал. Увидел Петя Зубов, что превратился он в высокого, худого, бледного старика. Выросла у него седая окладистая борода, усы. Морщины покрыли сеткою лицо.

Смотрел на себя Петя, смотрел, и затряслась его седая борода. Крикнул он басом:

— Мама! — и выбежал прочь из школы.

Бежит он и думает: «Ну, уж если и мама меня не узнает, тогда все пропало».

Прибежал Петя домой и позвонил три раза.

Мама открыла ему дверь.

Смотрит она на Петю и молчит. И Петя молчит тоже. Стоит, выставив свою седую бороду, и чуть не плачет.

— Вам кого, дедушка? — спросила мама наконец.

— Ты меня не узнаешь? — прошептал Петя.

— Простите — нет, — ответила мама.

Отвернулся бедный Петя и пошел куда глаза глядят.

Идет он и думает: «Какой я одинокий, несчастный старик. Ни мамы, ни детей, ни внуков, ни друзей... И главное, ничему не успел научиться. Настоящие старики — те или доктора, или мастера, или академики, или учителя. А кому я нужен, когда я всего только ученик третьего класса? Мне даже и пенсии не дадут — ведь я всего только три года работал. Да и как работал — на двойки да на тройки. Что же со мною будет? Бедный я старик! Несчастный я мальчик! Чем же все это кончится?»

Так Петя думал и шагал, шагал и думал, и сам не заметил, как вышел за город и попал в лес. И шел он по лесу, пока не стемнело.

«Хорошо бы отдохнуть», — подумал Петя и вдруг увидел, что в стороне, за елками, белеет какой-то домик. Вошел Петя в домик — хозяев нет. Стоит посреди комнаты стол. Над ним висит керосиновая лампа. Вокруг стола — четыре табуретки. Ходики тикают на стене. А в углу горою навалено сено.

Лег Петя в сено, зарылся в него поглубже, согрелся, поплакал тихонько, утер слезы бородой и уснул.

Просыпается Петя — в комнате светло, керосиновая лампа горит под стеклом. А вокруг стола сидят ребята — два мальчика и две девочки. Большие, окованные медью счеты лежат перед ними. Ребята считают и бормочут:

— Два года, да еще пять, да еще семь, да еще три... Это вам, Сергей Владимирович, а это ваши, Ольга Капитоновна, а это вам, Марфа Васильевна, а это ваши, Пантелей Захарович.

Что это за ребята? Почему они такие хмурые? Почему кряхтят они, и охают, и вздыхают, как настоящие старики? Почему называют друг друга по имени-отчеству? Зачем собрались они ночью здесь, в одинокой лесной избушке?

Замер Петя Зубов, не дышит, ловит каждое слово. И страшно ему стало от того, что услышал он.

Не мальчики и девочки, а злые волшебники и злые волшебницы сидели за столом! Вот ведь как, оказывается, устроено на свете: человек, который понапрасну теряет время, сам не замечает, как стареет. И злые волшебники разведали об этом и давай ловить ребят, теряющих время понапрасну. И вот поймали волшебники Петю Зубова, и еще одного мальчика, и еще двух девочек и превратили их в стариков. Состарились бедные дети и сами этого не заметили — ведь человек, напрасно теряющий время, не замечает, как стареет. А время, потерянное ребятами, забрали волшебники себе. И стали волшебники малыми ребятами, а ребята — старыми стариками.

Как быть?

Что делать?

Да неужели же не вернуть ребятам потерянной молодости?

Подсчитали волшебники время, хотели уже спрятать счеты в стол, но Сергей Владимирович, главный из них, не позволил. Взял он счеты и подошел к ходикам. Покрутил стрелки, подергал гири, послушал, как тикает маятник, и опять защелкал на счетах. Считал, считал он, шептал, шептал, пока не показали ходики полночь. Тогда смешал Сергей Владимирович костяшки и еще раз проверил, сколько получилось у него.

Потом подозвал он волшебников к себе и заговорил негромко:

— Господа волшебники! Знайте, ребята, которых мы превратили сегодня в стариков, еще могут помолодеть.

— Как? — воскликнули волшебники.

— Сейчас скажу, — ответил Сергей Владимирович.

Он вышел на цыпочках из домика, обошел его кругом, вернулся, запер дверь на задвижку и поворошил сено палкой.

Петя Зубов замер, как мышка.

Но керосиновая лампа светила тускло, и злой волшебник не увидел Петю. Подозвал он остальных волшебников к себе поближе и заговорил негромко:

— К сожалению, так устроено на свете: от любого несчастья может спастись человек. Если ребята, которых мы превратили в стариков, разыщут завтра друг друга, придут ровно в двенадцать часов ночи сюда к нам и повернут стрелку ходиков на семьдесят семь кругов обратно, то дети снова станут детьми, а мы погибнем.

Помолчали волшебники. Потом Ольга Капитоновна сказала:

— Откуда им все это узнать?

А Пантелей Захарович проворчал:

— Не придут они сюда к двенадцати часам ночи. Хоть на минуту, да опоздают.

А Марфа Васильевна пробормотала:

— Да куда им! Да где им! Эти лентяи до семидесяти семи и сосчитать не сумеют, сразу собьются.

— Так-то оно так, — ответил Сергей Владимирович. — А все-таки пока что держите ухо востро. Если доберутся ребята до ходиков, тронут стрелки — нам тогда и с места не сдвинуться. Ну а пока нечего время терять — идем на работу.

И волшебники, спрятав счеты в стол, побежали, как дети, но при этом кряхтели, охали и вздыхали, как настоящие старики.

Дождался Петя Зубов, пока затихли в лесу шаги. Выбрался из домика. И, не теряя напрасно времени, прячась за деревьями и кустами, побежал, помчался в город искать стариков-школьников.

Город еще не проснулся. Темно было в окнах, пусто на улицах, только милиционеры стояли на постах. Но вот забрезжил рассвет. Зазвенели первые трамваи. И увидел наконец Петя Зубов — идет не спеша по улице старушка с большой корзинкой.

Подбежал к ней Петя Зубов и спрашивает:

— Скажите, пожалуйста, бабушка, — вы не школьница?

— Что, что? — спросила старушка сурово.

— Вы не третьеклассница? — прошептал Петя робко.

А старушка как застучит ногами да как замахнется на Петю корзинкой. Еле Петя ноги унес. Отдышался он немного — дальше пошел. А город уже совсем проснулся. Летят трамваи, спешат на работу люди. Грохочут грузовики — скорее, скорее надо сдать грузы в магазины, на заводы, на железную дорогу. Дворники счищают снег, посыпают панель песком, чтобы пешеходы не скользили, не падали, не теряли времени даром. Сколько раз видел все это Петя Зубов и только теперь понял, почему так боятся люди не успеть, опоздать, отстать.

Оглядывается Петя, ищет стариков, но ни одного подходящего не находит. Бегут по улицам старики, но сразу видно — настоящие, не третьеклассники.

Вот старик с портфелем. Наверное, учитель. Вот старик с ведром и кистью — это маляр. Вот мчится красная пожарная машина, а в машине старик — начальник пожарной охраны города. Этот, конечно, никогда в жизни не терял времени понапрасну.

Ходит Петя, бродит, а молодых стариков, старых детей, нет как нет. Жизнь кругом так и кипит. Один он, Петя, отстал, опоздал, не успел, ни на что не годен, никому не нужен.

Ровно в полдень зашел Петя в маленький скверик и сел на скамеечку отдохнуть. И вдруг вскочил. Увидел он — сидит недалеко на другой скамеечке старушка и плачет. Хотел подбежать к ней Петя, но не посмел.

— Подожду! — сказал он сам себе. — Посмотрю, что она дальше делать будет.

А старушка перестала вдруг плакать, сидит ногами болтает. Потом достала из одного кармана газету, а из другого — кусок ситного с изюмом. Развернула старушка газету — Петя ахнул от радости: «Пионерская правда»! — и принялась старушка читать и есть. Изюм выковыривает, а самый ситный не трогает.

Кончила старушка читать, спрятала газету и ситный и вдруг что-то увидала в снегу. Наклонилась она и схватила мячик. Наверное, кто-нибудь из детей, игравших в сквере, потерял этот мячик в снегу. Оглядела старушка мячик со всех сторон, обтерла его старательно платочком, встала, подошла не спеша к дереву и давай играть в трешки. Бросился к ней Петя через снег, через кусты. Бежит и кричит:

— Бабушка! Честное слово, вы школьница!

Старушка подпрыгнула от радости, схватила Петю за руки и отвечает:

— Верно, верно! Я ученица третьего класса Маруся Поспелова. А вы кто такой?

Рассказал Петя Марусе, кто он такой. Взялись они за руки, побежали искать остальных товарищей. Искали час, другой, третий. Наконец зашли во второй двор огромного дома. И видят: за дровяным сараем прыгает старушка. Нарисовала мелом на асфальте классы и скачет на одной ножке, гоняет камешек.

Бросились Петя и Маруся к ней:

— Бабушка! Вы школьница?

— Школьница, — отвечает старушка. — Ученица третьего класса Наденька Соколова. А вы кто такие?

Рассказали ей Петя и Маруся, кто они такие. Взялись все трое за руки, побежали искать последнего своего товарища.

Но он как сквозь землю провалился. Куда только ни заходили старики — и во дворы, и в сады, и в детские театры, и в детские кино, и в Дом занимательной науки, — пропал мальчик, да и только.

А время идет. Уже стало темнеть. Уже в нижних этажах домов зажегся свет. Кончается, день. Что делать? Неужели все пропало?

Вдруг Маруся закричала:

— Смотрите! Смотрите!

Посмотрели Петя и Наденька и вот что увидели: летит трамвай, девятый номер. А на «колбасе» висит старичок. Шапка лихо надвинута на ухо, борода развевается по ветру. Едет старик и посвистывает. Товарищи его ищут, с ног сбились, а он катается себе по всему городу и в ус не дует!

Бросились ребята за трамваем вдогонку. На их счастье, зажегся на перекрестке красный огонь, остановился трамвай. Схватили ребята «колбасника» за полы, оторвали от «колбасы».

— Ты школьник? — спрашивают.

— А как же? — отвечает он. — Ученик второго класса Зайцев Вася. А вам чего?

Рассказали ему ребята, кто они такие. Чтобы не терять времени даром, сели они все четверо в трамвай и поехали за город, к лесу.

Какие-то школьники ехали в этом же трамвае. Встали они, уступают нашим старикам место.

— Садитесь, пожалуйста, дедушки и бабушки.

Смутились старики, покраснели и отказались. А школьники, как нарочно, попались вежливые, воспитанные, просят стариков, уговаривают:

— Да садитесь же! Вы за свою долгую жизнь наработались, устали. Сидите теперь, отдыхайте.

Тут, к счастью, подошел трамвай к лесу, соскочили наши старики — и в чащу бегом.

Но тут ждала их новая беда. Заблудились они в лесу. Наступила ночь, темная-темная. Бродят старики по лесу, падают, спотыкаются, а дороги не находят.

— Ах, время, время! — говорит Петя. — Бежит оно, бежит. Я вчера не заметил дороги обратно к домику — боялся время потерять. А теперь вижу, что иногда лучше потратить немножко времени, чтобы потом его сберечь.

Совсем выбились из сил старички. Но, на их счастье, подул ветер, очистилось небо от туч, и засияла на небе полная луна.

Влез Петя Зубов на березу и увидел — вон он, домик, в двух шагах белеют его стены, светятся окна среди густых елок.

Спустился Петя вниз и шепнул товарищам:

— Тише! Ни слова! За мной!

Поползли ребята по снегу к домику. Заглянули осторожно в окно. Ходики показывают без пяти минут двенадцать. Волшебники лежат на сене, берегут украденное время.

— Они спят! — сказала Маруся.

— Тише! — прошептал Петя.

Тихо-тихо открыли ребята дверь и поползли к ходикам. Без одной минуты двенадцать встали они у часов. Ровно в полночь протянул Петя руку к стрелкам и — раз, два, три — закрутил их обратно, справа налево.

С криком вскочили волшебники, но не могли сдвинуться с места. Стоят и растут, растут. Вот превратились они во взрослых людей, вот седые волосы заблестели у них на висках, покрылись морщинами щеки.

— Поднимите меня, — закричал Петя. — Я делаюсь маленьким, я не достаю до стрелок! Тридцать один, тридцать два, тридцать три!

Подняли товарищи Петю на руки. На сороковом обороте стрелок волшебники стали дряхлыми, сгорбленными старичками. Все ближе пригибало их к земле, все ниже становились они. И вот на семьдесят седьмом, и последнем, обороте стрелок вскрикнули злые волшебники и пропали, как будто их не было на свете.

Посмотрели ребята друг на друга и засмеялись от радости. Они снова стали детьми. С бою взяли, чудом вернули они потерянное напрасно время.

Они-то спаслись, но ты помни: человек, который понапрасну теряет время, сам не замечает, как стареет.

ДВА БРАТА

Деревья разговаривать не умеют и стоят на месте как вкопанные, но все-таки они живые. Они дышат. Они растут всю жизнь. Даже огромные старики-деревья и те каждый год подрастают, как маленькие дети.

Стада пасут пастухи, а о лесах заботятся лесничие.

И вот в одном огромном лесу жил-был лесничий по имени Чернобородый. Он целый день бродил взад и вперед по лесу, и каждое дерево на своем участке знал он по имени.

В лесу лесничий всегда был весел, но зато дома он часто вздыхал и хмурился. В лесу у него все шло хорошо, а дома бедного лесничего очень огорчали его сыновья. Звали их Старший и Младший. Старшему было двенадцать лет, а Младшему — семь. Как лесничий ни уговаривал своих детей, сколько ни просил, — братья ссорились каждый день, как чужие.

И вот однажды — было это двадцать восьмого декабря утром — позвал лесничий сыновей и сказал, что елки к Новому году он им не устроит. За елочными украшениями надо ехать в город. Маму послать — ее по дороге волки съедят. Самому ехать — он не умеет по магазинам ходить. А вдвоем ехать тоже нельзя. Без родителей старший брат младшего совсем погубит.

Старший был мальчик умный. Он хорошо учился, много читал и умел убедительно говорить. И вот он стал убеждать отца, что он не обидит Младшего и что дома все будет в полном порядке, пока родители не вернутся из города.

— Ты даешь мне слово? — спросил отец.

— Даю честное слово, — ответил Старший.

— Хорошо, — сказал отец. — Три дня нас не будет дома. Мы вернемся тридцать первого вечером, часов в восемь. До этого времени ты здесь будешь хозяином. Ты отвечаешь за дом, а главное — за брата. Ты ему будешь вместо отца. Смотри же!

И вот мама приготовила на три дня три обеда, три завтрака и три ужина и показала мальчикам, как их нужно разогревать. А отец принес дров на три дня и дал Старшему коробку спичек. После этого запрягли лошадь в сани, бубенчики зазвенели, полозья заскрипели, и родители уехали.

Первый день прошел хорошо. Второй — еще лучше.

И вот наступило тридцать первое декабря. В шесть часов накормил Старший Младшего ужином и сел читать книжку «Приключения Синдбада-Морехода». И дошел он до самого интересного места, когда появляется над кораблем птица Рок, огромная, как туча, и несет она в когтях камень величиною с дом.

Старшему хочется узнать, что будет дальше, а Младший слоняется вокруг, скучает, томится. И стал Младший просить брата:

— Поиграй со мной, пожалуйста.

Их ссоры всегда так и начинались. Младший скучал без Старшего, а тот гнал брата безо всякой жалости и кричал: «Оставь меня в покое!»

И на этот раз кончилось дело худо. Старший терпел-терпел, потом схватил младшего за шиворот, крикнул: «Оставь меня в покое!» — вытолкнул его во двор и запер дверь.

А ведь зимой темнеет рано, и во дворе стояла уже темная ночь. Младший забарабанил в дверь кулаками и закричал:

— Что ты делаешь! Ведь ты мне вместо отца!

У Старшего сжалось на миг сердце, он сделал шаг к двери, но потом подумал: «Ладно, ладно. Я только прочту пять строчек и пущу его обратно. За это время ничего с ним не случится». И он сел в кресло и стал читать и зачитался, а когда опомнился, то часы показывали уже без четверти восемь. Старший вскочил и закричал:

— Что же это! Что я наделал! Младший там на морозе, один, неодетый!

И он бросился во двор.

Стояла темная-темная ночь, и тихо-тихо было вокруг. Старший во весь голос позвал Младшего, но никто ему не ответил.

Тогда Старший зажег фонарь и с фонарем обыскал все закоулки во дворе.

Брат пропал бесследно.

Свежий снег запорошил землю, и на снегу не было следов Младшего. Он исчез неведомо куда, как будто его унесла птица Рок. Старший горько заплакал и громко попросил у Младшего прощенья. Но и это не помогло. Младший брат не отзывался.

Часы в доме пробили восемь раз, и в ту же минуту далеко-далеко зазвенели бубенчики.

«Наши возвращаются, — подумал с тоскою Старший. — Ах, если бы все передвинулось на два часа назад! Я не выгнал бы младшего брата во двор. И теперь мы стояли бы рядом и радовались».

А бубенчики звенели все ближе и ближе; вот стало слышно, как фыркает лошадь, вот заскрипели полозья, и сани въехали во двор. И отец выскочил из саней. Его черная борода на морозе покрылась инеем и теперь была совсем белая. Вслед за отцом из саней вышла мать с большой корзинкой в руке. И отец и мать были веселы — они не знали, что дома случилось такое несчастье.

— Зачем ты выбежал во двор без пальто? — спросила мать.

— А где Младший? — спросил отец.

Старший не ответил ни слова.

— Где твой младший брат? — спросил отец еще раз.

И Старший заплакал. И отец взял его за руку и повел в дом. И мать молча пошла за ними. И Старший все рассказал родителям.

Кончив рассказ, мальчик взглянул на отца. В комнате было тепло, а иней на бороде отца не растаял. И Старший вскрикнул. Он вдруг понял, что теперь борода отца бела не от инея. Отец так огорчился, что даже поседел.

— Одевайся, — сказал отец тихо. — Одевайся и уходи. И не смей возвращаться, пока не разыщешь своего младшего брата.

— Что же, мы теперь совсем без детей останемся? — спросила мать плача, но отец ей ничего не ответил.

И Старший оделся, взял фонарь и вышел из дому.

Он шел и звал брата, шел и звал, но никто ему не отвечал. Знакомый лес стеной стоял вокруг, но Старшему казалось, что он теперь один на свете. Деревья, конечно, живые существа, но разговаривать они не умеют и стоят на месте, как вкопанные. А кроме того, зимою они спят крепким сном. И мальчику не с кем было поговорить. Он шел по тем местам, где часто бегал с младшим братом. И трудно было ему теперь понять, почему это они всю жизнь ссорились, как чужие. Он вспомнил, какой Младший был худенький, и как на затылке у него прядь волос всегда стояла дыбом, и как он смеялся, когда Старший изредка шутил с ним, и как радовался и старался, когда Старший принимал его в свою игру. И Старший так жалел брата, что не замечал ни холода, ни темноты, ни тишины. Только изредка ему становилось очень жутко, и он оглядывался по сторонам, как заяц. Старший, правда, был уже большой мальчик, двенадцати лет, но рядом с огромными деревьями в лесу он казался совсем маленьким.

Вот кончился участок отца и начался участок соседнего лесничего, который приезжал в гости каждое воскресенье играть с отцом в шахматы. Кончился и его участок, и мальчик зашагал по участку лесничего, который бывал у них в гостях только раз в месяц. А потом пошли участки лесничих, которых мальчик видел только раз в три месяца, раз в полгода, раз в год. Свеча в фонаре давно погасла, а Старший шагал, шагал, шагал все быстрее и быстрее.

Вот уже кончились участки таких лесничих, о которых Старший только слышал, но не встречал ни разу в жизни. А потом дорожка пошла все вверх и вверх, и, когда рассвело, мальчик увидел: кругом, куда ни глянешь, всё горы и горы, покрытые густыми лесами.

Старший остановился.

Он знал, что от их дома до гор семь недель езды. Как же он добрался сюда за одну только ночь?

И вдруг мальчик услышал где-то далеко-далеко легкий звон. Сначала ему показалось, что это звенит у него в ушах. Потом он задрожал от радости: не бубенчики ли это? Может быть, младший брат нашелся и отец гонится за Старшим в санях, чтобы отвезти его домой?

Но звон не приближался, и никогда бубенчики не звенели так тоненько и так ровно.

— Пойду и узнаю, что там за звон, — сказал Старший.

Он шел час, и два, и три. Звон становился все громче и громче. И вот мальчик очутился среди удивительных деревьев, — высокие сосны росли вокруг, но они были прозрачные как стекла. Верхушки сосен сверкали на солнце так, что больно было смотреть. Сосны раскачивались на ветру, ветки били о ветки и звенели, звенели, звенели.

Мальчик пошел дальше и увидел прозрачные елки, прозрачные березы, прозрачные клены. Огромный прозрачный дуб стоял среди поляны и звенел басом, как шмель. Мальчик поскользнулся и посмотрел под ноги. Что это? И земля в этом лесу прозрачна! А в земле темнеют и переплетаются, как змеи, и уходят в глубину прозрачные корни деревьев.

Мальчик подошел к березе и отломил веточку. И, пока он ее разглядывал, веточка растаяла, как ледяная сосулька.

И Старший понял: лес, промерзший насквозь, превратившийся в лед, стоит вокруг. И растет этот лес на ледяной земле, и корни деревьев тоже ледяные.

— Здесь такой страшный мороз, почему же мне не холодно? — спросил Старший.

— Я распорядился, чтобы холод не причинил тебе до поры до

времени никакого вреда, — ответил кто-то тоненьким звонким голосом.

Мальчик оглянулся.

Позади стоял высокий старик в шубе, шапке и валенках из чистого снега. Борода и усы старика были ледяные и позванивали тихонько, когда он говорил. Старик смотрел на мальчика не мигая. Не доброе и не злое лицо его было до того спокойно, что у мальчика сжалось сердце. А старик, помолчав, повторил отчетливо, гладко, как будто он читал по книжке или диктовал:

— Я. Распорядился. Чтобы холод. Не причинил. Тебе. До поры до времени. Ни малейшего вреда. Ты знаешь, кто я?

— Вы как будто Дедушка Мороз? — спросил мальчик.

— Отнюдь нет! — ответил старик холодно. — Дедушка Мороз — мой сын. Я проклял его — этот здоровяк слишком добродушен. Я — Прадедушка Мороз, а это совсем другое дело, мой юный друг. Следуй за мной.

И старик пошел вперед, неслышно ступая по льду своими мягкими белоснежными валенками.

Вскоре они остановились у высокого крутого холма. Прадедушка Мороз порылся в снегу, из которого была сделана его шуба, и вытащил огромный ледяной ключ. Щелкнул замок, и тяжелые ледяные ворота открылись в холме.

— Следуй за мной, — повторил старик.

— Но ведь мне нужно искать брата! — воскликнул мальчик.

— Твой брат здесь, — сказал Прадедушка Мороз спокойно. — Следуй за мной.

И они вошли в холм, и ворота со звоном захлопнулись, и Старший оказался в огромном, пустом, ледяном зале. Сквозь открытые настежь высокие двери виден был следующий зал, а за ним еще и еще. Казалось, что нет конца этим просторным, пустынным комнатам. На стенах светились круглые ледяные фонари. Над дверью в соседний зал, на ледяной табличке, была вырезана цифра «2».

— В моем дворце сорок девять таких залов. Следуй за мной, — приказал Прадедушка Мороз.

Ледяной пол был такой скользкий, что мальчик упал два раза, но старик даже не обернулся. Он мерно шагал вперед и остановился только в двадцать пятом зале ледяного дворца.

Посреди этого зала стояла высокая белая печь. Мальчик обрадовался. Ему так хотелось погреться.

Но в печке этой ледяные поленья горели черным пламенем. Черные отблески прыгали по полу. Из печной дверцы тянуло леденящим холодом.

И Прадедушка Мороз опустился на ледяную скамейку у ледяной печки и протянул свои ледяные пальцы к ледяному пламени.

— Садись рядом, померзнем, — предложил он мальчику.

Мальчик ничего не ответил.

А старик уселся поудобнее и мерз, мерз, мерз, пока ледяные поленья не превратились в ледяные угольки.

Тогда Прадедушка Мороз заново набил печь ледяными дровами и разжег их ледяными спичками.

— Ну а теперь я некоторое время посвящу беседе с тобою, — сказал он мальчику. — Ты. Должен. Слушать. Меня. Внимательно. Понял?

Мальчик кивнул головой. И Прадедушка Мороз продолжал отчетливо и гладко:

— Ты. Выгнал. Младшего брата. На мороз. Сказав. Чтобы он. Оставил. Тебя. В покое. Мне нравится этот поступок. Ты любишь покой так же, как я. Ты останешься здесь навеки. Понял?

— Но ведь нас дома ждут! — воскликнул Старший жалобно.

— Ты. Останешься. Здесь. Навеки, — повторил Прадедушка Мороз.

Он подошел к печке, потряс полами своей снежной шубы, и мальчик вскрикнул горестно. Из снега на ледяной пол посыпались птицы. Синицы, поползни, дятлы, маленькие лесные зверюшки, взъерошенные и окоченевшие, горкой легли на полу.

— Эти суетливые существа даже зимой не оставляют лес в покое, — сказал старик.

— Они мертвые? — спросил мальчик.

— Я успокоил их, но не совсем, — ответил Прадедушка Мороз. — Их следует вертеть перед печкой, пока они не станут совсем прозрачными и ледяными. Займись. Немедленно. Этим. Полезным. Делом.

— Я убегу! — крикнул мальчик.

— Ты никуда не убежишь! — ответил Прадедушка Мороз твердо. — Брат твой заперт в сорок девятом зале. Пока что он удержит тебя здесь, а впоследствии ты привыкнешь ко мне. Принимайся за работу.

И мальчик уселся перед открытой дверцей печки. Он поднял с полу дятла, и руки у него задрожали. Ему казалось, что птица еще дышит. Но старик не мигая смотрел на мальчика, и мальчик угрюмо протянул дятла к ледяному пламени.

И перья несчастной птицы сначала побелели как снег. Потом вся она стала твердой как камень. А когда она сделалась прозрачной как стекло, старик сказал:

— Готово! Принимайся за следующую.

До поздней ночи работал мальчик, а Прадедушка Мороз неподвижно стоял возле. Потом он осторожно уложил ледяных птиц в мешок и спросил мальчика:

— Руки у тебя не замерзли?

— Нет, — ответил он.

— Это я распорядился, чтобы холод не причинил тебе до поры до времени никакого вреда, — сказал старик. — Но помни! Если. Ты. Ослушаешься. Меня. То я. Тебя. Заморожу. Сиди здесь и жди. Я скоро вернусь.

И Прадедушка Мороз, взяв мешок, ушел в глубину дворца, и мальчик остался один.

Где-то далеко-далеко захлопнулась со звоном дверь, и эхо перекатилось по всем залам.

И Прадедушка Мороз вернулся с пустым мешком.

— Пришло время удалиться ко сну, — сказал Прадедушка Мороз. И он указал мальчику на ледяную кровать, которая стояла в углу. Сам он занял такую же кровать в противоположном конце зала.

Прошло две-три минуты, и мальчику показалось, что кто-то заводит карманные часы. Но он понял вскоре, что это тихонько храпит во сне Прадедушка Мороз.

Утром старик разбудил его.

— Отправляйся в кладовую, — сказал он. — Двери в нее находятся в левом углу зала. Принеси завтрак номер один. Он стоит на полке номер девять.

И мальчик пошел в кладовую. Она была большая, как зал. Замороженная еда стояла на полках. И Старший принес на ледяном блюде завтрак номер один.

И котлеты, и чай, и хлеб — все было ледяное, и все это надо было грызть или сосать, как леденцы.

— Я удалюсь на промысел, — сказал Прадедушка Мороз, окончив завтрак. — Можешь бродить по всем комнатам и даже выходить из дворца. До свиданья, мой юный ученик.

И Прадедушка Мороз удалился, неслышно ступая своими белоснежными валенками, а мальчик бросился в сорок девятый зал. Он бежал, и падал, и звал брата во весь голос, но только эхо отвечало ему. И вот он добрался наконец до сорок девятого зала и остановился как вкопанный.

Все двери были открыты настежь, кроме одной, последней, над которой стояла цифра «49». Последний зал был заперт наглухо.

— Младший! — крикнул старший брат. — Я пришел за тобой. Ты здесь?

— Ты здесь? — повторило эхо.

Дверь была вырезана из цельного промерзшего ледяного дуба. Мальчик уцепился ногтями за дубовую кору, но пальцы его скользили и срывались. Тогда он стал колотить в дверь кулаками, плечом, ногами, пока совсем не выбился из сил. И хоть бы ледяная щепочка откололась от ледяного дуба. И мальчик тихо вернулся обратно, и почти тотчас же в зал вошел Прадедушка Мороз.

И после ледяного обеда до поздней ночи мальчик вертел перед ледяным огнем несчастных замерзших птиц, белок и зайцев.

Так и пошли дни за днями.

И все эти дни Старший думал, и думал, и думал только об одном: чем бы разбить ему ледяную дубовую дверь. Он обыскал всю кладовую. Он ворочал мешки с замороженной капустой, с замороженным зерном, с замороженными орехами, надеясь найти топор. И он нашел его наконец, но и топор отскакивал от ледяного дуба, как от камня.

И Старший думал, думал и наяву и во сне, все об одном, все об одном.

А старик хвалил мальчика за спокойствие. Стоя у печки неподвижно как столб, глядя, как превращаются в лед птицы, зайцы, белки, Прадедушка Мороз говорил:

— Нет, я не ошибся в тебе, мой юный друг. «Оставь меня в покое!» — какие великие слова. С помощью этих слов люди постоянно губят своих братьев. «Оставь меня в покое!» Эти. Великие. Слова. Установят. Когда-нибудь. Вечный. Покой. На земле.

И отец, и мать, и бедный младший брат, и все знакомые лесничие говорили просто, а Прадедушка Мороз как будто читал по книжке, и разговор его наводил такую же тоску, как огромные пронумерованные залы.

Старик любил вспоминать о древних-древних временах, когда ледники покрывали почти всю землю.

— Ах, как тихо, как прекрасно было тогда жить на белом, холодном свете! — рассказывал он, и его ледяные усы и борода звенели тихонько. — Я был тогда молод и полон сил. Куда исчезли мои дорогие друзья — спокойные, солидные, гигантские мамонты! Как я любил беседовать с ними! Правда, язык мамонтов труден. У этих огромных животных и слова были огромные, необычайно длинные. Чтобы произнести одно только слово на языке мамонтов, нужно было потратить двое, а иногда и трое суток. Но. Нам. Некуда. Было. Спешить.

И вот однажды, слушая рассказы Прадедушки Мороза, мальчик вскочил и запрыгал на месте как бешеный.

— Что значит твое нелепое поведение? — спросил старик сухо.

Мальчик не ответил ни слова, но сердце его так и стучало от радости. Когда думаешь все об одном и об одном, то непременно в конце концов придумаешь, что делать.

Спички!

Мальчик вспомнил, что у него в кармане лежат те самые спички, которые ему дал отец, уезжая в город.

И на другое же утро, едва Прадедушка Мороз отправился на промысел, мальчик взял из кладовой топор и веревку и выбежал из дворца. Старик пошел налево, а мальчик побежал направо, к живому лесу, который темнел за прозрачными стволами ледяных деревьев. На самой опушке живого леса лежала в снегу огромная сосна. И топор застучал, и мальчик вернулся во дворец с большой вязанкой дров. У ледяной дубовой двери в сорок девятый зал мальчик разложил высокий костер. Вспыхнула спичка, затрещали щепки, загорелись дрова, запрыгало настоящее пламя, и мальчик засмеялся от радости. Он уселся у огня и грелся, грелся, грелся.

Дубовая дверь сначала только блестела и сверкала так, что больно было смотреть, но вот наконец вся она покрылась мелкими водяными капельками. И когда костер погас, мальчик увидел: дверь чуть-чуть подтаяла.

— Ага! — сказал он и ударил по двери топором.

Но ледяной дуб по-прежнему был тверд как камень.

— Ладно! — сказал мальчик. — Завтра начнем сначала.

Вечером, сидя у ледяной печки, мальчик взял и осторожно припрятал в рукав маленькую синичку. Прадедушка Мороз ничего не заметил. И на другой день, когда костер разгорелся, мальчик протянул птицу к огню.

Он ждал, ждал, и вдруг клюв у птицы дрогнул, и глаза открылись, и она посмотрела на мальчика.

— Здравствуй! — сказал ей мальчик, чуть не плача от радости. — Погоди, Прадедушка Мороз! Мы еще поживем!

И каждый день теперь отогревал мальчик птиц, белок и зайцев. Он устроил своим новым друзьям снеговые домики в уголках зала, где было потемнее. Домики эти он устлал мхом, который набрал в живом лесу. Конечно, по ночам было холодно, но зато потом, у костра, и птицы, и белки, и зайцы запасались теплом до завтрашнего утра.

Мешки с капустой, зерном и орехами теперь пошли в дело. Мальчик кормил своих друзей до отвала. А потом он играл с ними у огня или рассказывал о своем брате, который спрятан там, за дверью. И ему казалось, что и птицы, и белки, и зайцы понимают его.

И вот однажды мальчик, как всегда, принес вязанку дров, развел костер и уселся у огня. Но никто из его друзей не вышел из своих снеговых домиков. Мальчик хотел спросить: «Где же вы?» — но тяжелая ледяная рука с силой оттолкнула его от огня. Это Прадедушка Мороз подкрался к нему, неслышно ступая своими белоснежными валенками. Он дунул на костер, и поленья стали прозрачными, а пламя черным. И когда ледяные дрова догорели, дубовая дверь стала такою, как много дней назад.

— Еще. Раз. Попадешься. Заморожу! — сказал Прадедушка Мороз холодно. И он поднял с пола топор и запрятал его глубоко в снегу своей шубы.

Целый день плакал мальчик. И ночью с горя заснул как убитый. И вдруг он услышал сквозь сон: кто-то осторожно мягкими лапками барабанит по его щеке.

Мальчик открыл глаза.

Заяц стоял возле.

И все его друзья собрались вокруг ледяной постели. Утром, они не вышли из своих домиков, потому что почуяли опасность. Но теперь, когда Прадедушка Мороз уснул, они пришли на выручку к своему другу.

Когда мальчик проснулся, семь белок бросились к ледяной постели старика. Они нырнули в снег шубы Прадедушки Мороза и долго рылись там. И вдруг что-то зазвенело тихонечко.

— Оставьте меня в покое, — пробормотал во сне старик.

И белки спрыгнули на пол и подбежали к мальчику.

И он увидел: они принесли в зубах большую связку ледяных ключей.

И мальчик все понял.

С ключами в руках бросился он к сорок девятому залу. Друзья его летели, прыгали, бежали следом.

Вот и дубовая дверь.

Мальчик нашел ключ с цифрой «49». Но где замочная скважина? Он искал, искал, искал, но напрасно.

Тогда поползень подлетел к двери. Цепляясь лапками за дубовую кору, поползень принялся ползать по двери вниз головою. И вот он нашел что-то. И чирикнул негромко. И семь дятлов слетелись к тому месту двери, на которое указал поползень.

И дятлы терпеливо застучали своими твердыми клювами по льду. Они стучали, стучали, стучали, и вдруг четырехугольная ледяная дощечка сорвалась с двери, упала на пол и разбилась.

А за дощечкой мальчик увидел большую замочную скважину.

И он вставил ключ и повернул его, и замок щелкнул, и упрямая дверь открылась наконец со звоном.

И мальчик, дрожа, вошел в последний зал ледяного дворца. На полу грудами лежали прозрачные ледяные птицы и ледяные звери.

А на ледяном столе посреди комнаты стоял бедный младший брат. Он был очень грустный и глядел прямо перед собой, и слезы блестели у него на щеках, и прядь волос на затылке, как всегда, стояла дыбом. Но он был весь прозрачный, как стеклянный, и лицо его, и руки, и курточка, и прядь волос на затылке, и слезы на щеках — все было ледяное. И он не дышал и молчал, ни слова не отвечая брату. А Старший шептал:

— Бежим, прошу тебя, бежим! Мама ждет! Скорее бежим домой!

Не дождавшись ответа, Старший схватил своего ледяного брата на руки и побежал осторожно по ледяным залам к выходу из дворца, а друзья его летели, прыгали, мчались следом.

Прадедушка Мороз по-прежнему крепко спал. И они благополучно выбрались из дворца.

Солнце только что встало. Ледяные деревья сверкали так, что больно было смотреть. Старший побежал к живому лесу осторожно, боясь споткнуться и уронить Младшего. И вдруг громкий крик раздался позади.

Прадедушка Мороз кричал тонким голосом так громко, что дрожали ледяные деревья:

— Мальчик! Мальчик! Мальчик!

Сразу стало страшно холодно. Старший почувствовал, что у него холодеют ноги, леденеют и отнимаются руки. А Младший печально глядел прямо перед собой, и застывшие слезы его блестели на солнце.

— Остановись! — приказал старик.

Старший остановился.

И вдруг все птицы прижались к мальчику близко-близко, как будто покрыли его живой теплой шубой. И Старший ожил и побежал вперед, осторожно глядя под ноги, изо всех сил оберегая младшего брата.

Старик приближался, а мальчик не смел бежать быстрее — ледяная земля была такая скользкая. И вот, когда он уже думал, что погиб, — зайцы вдруг бросились кубарем под ноги злому старику. И Прадедушка Мороз упал, а когда поднялся, то зайцы еще раз и еще раз свалили его на землю. Они делали это дрожа от страха, но надо же было спасти лучшего своего друга. И когда Прадедушка Мороз поднялся в последний раз, то мальчик, крепко держа в руках своего брата, уже был далеко внизу, в живом лесу. И Прадедушка Мороз заплакал от злости.

И когда он заплакал, сразу стало теплее.

И Старший увидел, что снег быстро тает вокруг и ручьи бегут по оврагам. А внизу, у подножия гор, почки набухли на деревьях.

— Смотри — подснежник! — крикнул Старший радостно.

Но Младший не ответил ни слова. Он по-прежнему был неподвижен, как кукла, и печально глядел прямо перед собой.

— Ничего. Отец все умеет делать! — сказал Старший Младшему. — Он оживит тебя. Наверное оживит!

И мальчик побежал со всех ног, крепко держа в руках брата. До гор Старший добрался так быстро с горя, а теперь он мчался как вихрь от радости. Ведь все-таки брата он нашел.

Вот кончились участки лесничих, о которых мальчик только слышал, и замелькали участки знакомых, которых мальчик видел раз в год, раз в полгода, раз в три месяца. И чем ближе было к дому, тем теплее становилось вокруг. Друзья-зайцы кувыркались от радости, друзья-белки прыгали с ветки на ветку, друзья-птицы свистели и пели. Деревья разговаривать не умеют, но и они шумели радостно — ведь листья распустились, весна пришла.

И вдруг старший брат поскользнулся.

На дне ямки, под старым кленом, куда не заглядывало солнце, лежал подтаявший темный снег. И Старший упал.

И бедный Младший ударился о корень дерева. И с жалобным звоном он разбился на мелкие кусочки.

Сразу тихо-тихо стало в лесу. И из снега вдруг негромко раздался знакомый тоненький голос:

— Конечно! От меня. Так. Легко. Не уйдешь!

И Старший упал на землю и заплакал так горько, как не плакал еще ни разу в жизни. Нет, ему нечем было утешиться, не на чем было успокоиться.

Он плакал и плакал, пока не уснул с горя как убитый.

А птицы собрали Младшего по кусочкам, и белки сложили кусочек с кусочком своими цепкими лапками и склеили березовым клеем. И потом все они тесно окружили Младшего как бы живой теплой шубкой. А когда взошло солнце, то все они отлетели прочь. Младший лежал на весеннем солнышке, и оно осторожно, тихонечко согревало его. И вот слезы на лице у Младшего высохли. И глаза спокойно закрылись. И руки стали теплыми. И курточка стала полосатой. И башмаки стали черными. И прядь волос на затылке стала мягкой. И мальчик вздохнул раз, и другой, и стал дышать ровно и спокойно, как всегда дышал во сне.

И когда Старший проснулся, брат его, целый и невредимый, спал на холмике. Старший стоял и хлопал глазами, ничего не понимая, а птицы свистели, лес шумел, и громко журчали ручьи в канавах.

Но вот Старший опомнился, бросился к Младшему и схватил его за руку. А тот открыл глаза и спросил как ни в чём не бывало:

— А, это ты? Который час?

И Старший обнял его и помог ему встать, и оба брата помчались домой.

Мать и отец сидели рядом у открытого окна и молчали. И лицо у отца было такое же строгое и суровое, как в тот вечер, когда он приказал Старшему идти на поиски брата.

— Как птицы громко кричат сегодня, — сказала мать.
— Обрадовались теплу, — ответил отец.
— Белки прыгают с ветки на ветку, — сказала мать.
— И они тоже рады весне, — ответил отец.
— Слышишь?! — вдруг крикнула мать.
— Нет, — ответил отец — А что случилось?
— Кто-то бежит сюда!
— Нет! — повторил отец печально. — Мне тоже всю зиму чудилось, что снег скрипит под ногами. Никто к нам не прибежит.

Но мать была уже во дворе и звала:
— Дети, дети!

И отец вышел за нею. И оба они увидели: по лесу бегут Старший и Младший, взявшись за руки.

Родители бросились к ним навстречу.

И когда все успокоились немного и вошли в дом, Старший взглянул на отца и ахнул от удивления.

Седая борода отца темнела на глазах, и вот она стала совсем чёрной, как прежде. И отец помолодел от этого лет на десять.

С горя люди седеют, а от радости седина исчезает, тает, как иней на солнце. Это, правда, бывает очень-очень редко, но всё-таки бывает.

И с тех пор они жили счастливо. Правда, Старший говорил изредка брату:

— Оставь меня в покое.

Но сейчас же добавлял:

— Ненадолго оставь, минут на десять, пожалуйста. Очень прошу тебя.

И Младший всегда слушался, потому что братья жили теперь дружно.

РАССЕЯННЫЙ ВОЛШЕБНИК

Жил-был на свете один ученый, настоящий добрый волшебник, по имени Иван Иванович Сидоров. И был он такой прекрасный инженер, что легко и быстро строил машины, огромные, как дворцы, и маленькие, как часики. Между делом, шутя, построил он для дома своего чудесные машины, легкие как перышки. И эти самые машинки у него и пол мели, и мух выгоняли, и писали под диктовку, и мололи кофе, и в домино играли. А любимая его машинка была величиной с кошку, бегала за хозяином как собака, а разговаривала как человек. Уйдет Иван Иванович из дому, а машинка эта и на телефонные звонки отвечает, и обед готовит, и двери открывает. Хорошего человека она пустит в дом, поговорит с ним да еще споет ему песенку, как настоящая птичка. А плохого прогонит да еще залает ему вслед, как настоящий цепной пес. На ночь машинка сама разбиралась, а утром сама собиралась и кричала:

— Хозяин, а хозяин! Вставать пора!

Иван Иванович был хороший человек, но очень рассеянный. То выйдет на улицу в двух шляпах разом, то забудет, что вечером у него заседание. И машинка ему тут очень помогала: когда нужно — напомнит, когда нужно — поправит. Вот однажды пошел Иван Иванович гулять в лес. Умная машинка бежит за ним, звонит в звоночек, как велосипед. Веселится. А Иван Иванович просит ее:

— Тише, тише, не мешай мне размышлять.

И вдруг услышали они: копыта стучат, колеса скрипят. И увидели: выезжает им навстречу мальчик, везет зерно на мельницу. Поздоровались они.

Мальчик остановил телегу и давай расспрашивать Ивана Ивановича, что это за машинка да как она сделана. Иван Иванович стал объяснять. А машинка убежала в лес гонять белок, заливается, как колокольчик.

Мальчик выслушал Ивана Ивановича, засмеялся и говорит:

— Нет, вы прямо настоящий волшебник.

— Да вроде этого, — отвечает Иван Иванович.
— Вы, наверное, все можете сделать?
— Да, — отвечает Иван Иванович.
— Ну а можете вы, например, мою лошадь превратить в кошку?
— Отчего же! — отвечает Иван Иванович.
Вынул он из жилетного кармана маленький прибор.
— Это, — говорит, — зоологическое волшебное стекло. Раз, два, три!
И направил он уменьшительное волшебное стекло на лошадь. И вдруг — вот чудеса-то! — дуга стала крошечной, оглобли — тоненькими, сбруя — легонькой, вожжи повисли тесемочками. И увидел мальчик: вместо коня запряжена в его телегу кошка. Стоит кошка важно, как конь, и роет землю передней лапкой, словно копытом. Потрогал ее мальчик — шерстка мягкая. Погладил — замурлыкала. Настоящая кошка, только в упряжке. Посмеялись они.
Тут из лесу выбежала чудесная машинка. И вдруг остановилась как вкопанная. И стала она давать тревожные звонки, и красные лампочки зажглись у нее на спине.
— Что такое? — испугался Иван Иванович.
— Как что? — закричала машинка. — Вы по рассеянности забыли, что наше увеличительное зоологическое волшебное стекло лежит в ремонте на стекольном заводе! Как же вы теперь превратите кошку опять в лошадь? Что тут делать?
Мальчик плачет, кошка мяучит, машинка звонит, а Иван Иванович просит:
— Пожалуйста, прошу вас, потише, не мешайте мне размышлять.
Подумал он, подумал и говорит:
— Нечего, друзья, плакать, нечего мяукать, нечего звонить. Лошадь, конечно, превратилась в кошку, но сила в ней осталась прежняя, лошадиная. Поезжай, мальчик, спокойно на этой кошке в одну лошадиную силу. А ровно через месяц я, не выходя из дому, направлю на кошку волшебное увеличительное стекло, и она снова станет лошадью.
Успокоился мальчик. Дал свой адрес Ивану Ивановичу, дернул вожжи, сказал: «Но!» И повезла кошка телегу.
Когда вернулись они с мельницы в село Мурино, сбежались все от мала до велика удивляться на чудесную кошку. Распряг мальчик кошку. Собаки было бросились на нее, а она как ударит их лапой во всю свою лошадиную силу. И тут собаки сразу поняли, что с такой кошкой лучше не связываться. Привели кошку в дом. Стала она жить-поживать. Кошка как кошка. Мышей ловит, молоко лакает, на печке дремлет. А утром запрягут ее в телегу, и работа-

ет кошка как лошадь. Все ее очень полюбили и забыли даже, что была она когда-то лошадью.

Так прошло двадцать пять дней. Ночью дремлет кошка на печи. Вдруг — бах! бум! трах-тах-тах! Все вскочили. Зажгли свет. И видят: печь развалилась по кирпичикам. А на кирпичах лежит лошадь и глядит, подняв уши, ничего со сна понять не может. Что же, оказывается, произошло?

В эту самую ночь принесли Ивану Ивановичу из ремонта увеличительное зоологическое волшебное стекло. Машинка на ночь уже разобралась. А сам Иван Иванович не догадался сказать по телефону в село Мурино, чтобы вывели кошку во двор из комнаты, потому что он сейчас будет превращать ее в лошадь. Никого не предупредив, направил он волшебный прибор по указанному адресу: раз, два, три — и очутилась на печке вместо кошки целая лошадь. Конечно, печка под такой тяжестью развалилась на мелкие кирпичики. Но все кончилось хорошо. Иван Иванович на другой же день построил им печку еще лучше прежней.

А лошадь так и осталась лошадью. Но, правда, завелись у нее кошачьи повадки. Пашет она землю, тянет плуг, старается — и вдруг увидит полевую мышь. И сейчас же все забудет, стрелой бросается на добычу. И ржать разучилась. Мяукала басом. И нрав у нее остался кошачий, вольнолюбивый. На ночь конюшню перестали запирать. Если запрешь — кричит лошадь на все село: «Мяу! Мяу!»

По ночам открывала она ворота конюшни копытом и неслышно выходила во двор. Мышей подкарауливала, крыс подстерегала. Или легко, как кошка, взлетала лошадь на крышу и бродила там до рассвета. Другие кошки ее любили. Дружили с ней. Играли. Ходили к ней в гости в конюшню, рассказывали ей обо всех своих кошачьих делах, а она им — о лошадиных. И они понимали друг друга как самые лучшие друзья.

ПЬЕСЫ
ДЛЯ КУКОЛЬНОГО ТЕАТРА

КУКОЛЬНЫЙ ГОРОД

Сказка в 3-х действиях

ДЕЙСТВУЮЩИЕ ЛИЦА

Мастер.
Тигр.
Рита — кукла.
Пупс-дворник.
Свинья-копилка.
Пупс с ванной.
Огромная кукла.
Слон.
Медвежонок.
Обезьянка.
Кошка.
Палач.
Повелитель крыс.
Сова.
Ванька-встанька-командир.
Резиновые Лев, Овца и Олень, Кролик, Силач, Ваньки-встаньки, командиры оловянных солдатиков, Всадник, игрушки, крысы.

ДЕЙСТВИЕ ПЕРВОЕ
КАРТИНА ПЕРВАЯ

Маленькая комната с бревенчатыми стенами. Открытое окно, в которое виден густой лес. У окна за столом сидит кукольный М а с т е р (живой актер), пожилой человек в очках. Ночь.

М а с т е р. Вот я и в отпуске, живу один, в лесу, а думаю все об одном и том же. Все время я думаю о куклах. Я ведь кукольный Мастер. Очень люблю кукол. И сегодня я ужасно расстроился. Вот как это случилось. Вышел я погулять. Прошел через лес к озеру. А там дачный поселок. А в дачном поселке дети. А у детей игрушки. Ах, ох! Нет, это просто ужас, как эти дети обращаются с игрушками! Вижу я, например: идет девочка, держит куклу за ногу, волочит ее по камням. Или, вижу я, сидит мальчик и отрывает лошадке хвост. Или, вижу я, стоят два мальчика и один из них тянет плюшевого мишку за руки, а другой — за ноги. Не могут поделить игрушку. И окончилось дело тем, что один мальчик полетел в одну сторону, а другой в другую. Разорвался мишка. Ну, скажите, разве можно так обращаться с игрушками? Мы в мастерской шили, лепили, строили, клеили, а ребята бьют, ломают, рвут, раскалывают, губят. Пробовал я с ними говорить, но ведь я один, а их много. И очень я расстроился. Прямо не могу придумать, что делать!

Т о н е н ь к и й   г о л о с о к. А мы уж давно придумали, что делать.

М а с т е р. Кто это говорит?

Г о л о с о к. Тигр.

Фырканье, мяуканье, писк.

М а с т е р. Что это за шум?

Г о л о с о к. А это я кошку терзаю.

М а с т е р. Что? Ты терзаешь мою кошку Мурку?

Г о л о с о к. И очень просто.

               Фырканье, мяуканье, писк.

М а с т е р. Иди сюда сейчас же.
Г о л о сок. Не могу.
М а с т е р. Почему не можешь?
Г о л о сок. А она не пускает меня.
М а с т е р. Кошка не пускает тигра?
Г о л о сок *(весело).* Ага! Вцепилась зубами в спину. Ну да ничего, сейчас ей конец придет. Ха-ха-ха! Вот потеха! Кошка посмела с тигром драться. Ну, погоди...

               Фырканье, мяуканье, писк.

М а с т е р *(наклоняется).* Где вы там? Ах, вот! *(Поднимает с пола и ставит на стол Кошку, которая держит в зубах Тигра.)*
Т и г р *(мягкий, большеголовый, с добродушной улыбающейся мордой).* Убери ее, а то я разорву ее в клочья.

               Мастер освобождает Тигра, Кошка, фыркая, убегает.

Ха-ха-ха! Сбежала!.. Ну, то-то. Твое счастье.
М а с т е р. Погоди. Ты игрушечный тигр?
Т и г р. Ага. Ты же меня и делал. Здравствуй! *(Протягивает Мастеру лапу.)*
М а с т е р. Здравствуй. А как ты попал сюда?
Т и г р. Сейчас скажу. *(Подпрыгивает.)* Вау-вау! Кошка удрала. Выходи следующий, всех побью.
М а с т е р. Подожди же ты!
Т и г р. Ха-ха-ха! Никто не идет. Дрожат ... Вау-вау!
М а с т е р *(наливает в блюдечко воду из графина).* Выпей воды, успокойся и расскажи толком, как ты сюда попал.
Т и г р. Воды? Хорошо. После драки это полезно. *(Пьет.)* Спасибо. Сейчас все расскажу. Мы, Мастер, к тебе пришли по делу.
М а с т е р. Кто «мы»?
Т и г р. Я и Рита.
М а с т е р. Какая Рита?
Т и г р. Кукла.
М а с т е р. А где же она?
Т и г р. Под столом лежит.
М а с т е р. Под столом? *(Нагибается и достает из-под стола большую куклу, глаза ее закрыты.)*
Т и г р. Ты поставь ее на ноги, она сразу и заговорит.
М а с т е р. Заговорит? *(Ставит куклу на ноги.)*

Кукла открывает глаза и делает несколько шагов по столу.

К у к л а *(Мастеру).* Здравствуй, крошка.
М а с т е р. Здравствуй, кукла.
К у к л а. Меня зовут Рита.
М а с т е р. Здравствуй, Рита.
Р и т а. Мы к тебе по делу, малютка.
М а с т е р. Рассказывай, по какому.
Р и т а. По очень важному, деточка. Ничего, что я так говорю? Я ведь привыкла все с девочками говорить, потому и называю тебя крошка, малютка, деточка. Ты не сердишься на меня за это?
М а с т е р. Нет, что ты, Рита... Ведь ты же не ругаешься.
Р и т а. Конечно нет. Мы, крошка, я и Тигр, посланы к тебе с бо... *(Падает и замолкает.)*

Мастер подхватывает ее и ставит на ноги.

(Мгновенно оживает.) ...льшой просьбой. Помоги нам.
М а с т е р. Непременно помогу. Я вам, игрушкам, — первый друг. Только расскажите же наконец мне все обстоятельно, подробно, кто вы, откуда, чем я вам могу помочь.
Р и т а. Сейчас расскажу все: и кто мы, и откуда, и зачем мы при... *(Падает и замолкает.)*

Мастер подхватывает ее.

...мчались к тебе. Только ты поддерживай меня. Я когда падаю, у меня глаза закрываются и я сразу крепко засыпаю.
М а с т е р. Хорошо. Я буду тебя поддерживать.
Р и т а. Ты, малыш, сам виноват. Вы нам, куклам, делаете такие маленькие ноги, что не устоять. Ну вот, слушай. Мы...
Т и г р. Я и Рита.
Р и т а. Пришли к тебе из кукольного городка.
М а с т е р. Откуда?
Р и т а. Из кукольного городка.
М а с т е р. А разве есть такой?
Т и г р. Вау-вау! Конечно, есть, раз мы оттуда пришли!
Р и т а. В этом городе живут игрушки, сбежавшие от детей. Ты знаешь, что за лесом есть озеро, а у озера дачи?
М а с т е р. Как не знать!
Р и т а. Видел, как ребята обращаются там с нами, игрушками?
М а с т е р. Как не видеть!
Р и т а. А слыхал ли ты, как ребята говорят иногда: «Куклу воз-

ле озера забыли, она и пропала». Или: «Мы мишку в лесу потеряли». Или: «Мы тигра...»

Т и г р. Ха-ха-ха!..

Р и т а. «...Тигра в саду оставили, утром пришли — и нет его». Слышал ты такие разговоры?

М а с т е р. Как не слыхать!

Р и т а. Так вот, малютка, знай, что игрушки вовсе не пропадали, не терялись, не исчезали. Они просто убегали от плохого обращения.

Т и г р. Ха-ха-ха! Молодец! *(Подпрыгивает.)* Она замечательно рассказывает. Это все правда. Меня на ночь в саду оставили, и я убежал. У меня был такой хозяин, что и живой тигр от него на второй же день удрал бы.

Р и т а. И вот набралось в лесу много-много сбежавших игрушек, и бродили мы сначала поодиночке, врозь.

Т и г р. Это верно. Молодец, хорошо говорит.

Р и т а. А потом встретились мы, познакомились, сговорились, подружились и построили в самой чаще леса свой кукольный город.

Т и г р. Ха-ха! Чудный город.

Р и т а. И стали жить на свободе, дружно, весело.

Т и г р. Чудно стали жить. Ха-ха-ха! Понял теперь, откуда мы пришли?

М а с т е р. Я давно подозревал, что вы — игрушки — живые.

Т и г р. Ага. Я очень даже.

М а с т е р. Работаешь над игрушкой с любовью. Все в мастерской обсудишь, бывало, — каждую мелочь, каждый винтик, каждый стежок. Кончишь, поставишь на полку и думаешь: ну прямо живая игрушка.

Т и г р. И оно так и было.

М а с т е р. Я очень рад этому.

Т и г р. И мы тоже.

Р и т а. Теперь слушай дальше. Нас все игрушки послали к тебе, Мастер. Ты, на наше счастье, в этот лес отдыхать приехал. Помоги нам. Наш город в опасности.

М а с т е р. Да?

Т и г р. И еще в какой!

М а с т е р. А что же случилось?

Р и т а. Сейчас расскажу. *(Тихо.)* У тебя крыс нет?

М а с т е р. Что?

Р и т а. Дай-ка ухо, это нельзя громко сказать.

Мастер наклоняет голову к Рите.

У тебя крыс нет?

Мастер. Не замечал до сих пор. А что?

Рита. Я боюсь, что они нас подслушают.

Мастер. Крысы?

Тигр. Ага. *(Бегает по краю стола, заглядывая вниз.)* Вау-вау! Только покажись — растерзаю!

Рита. Тише.

Мастер. Так, значит, крысы...

Рита. Тише. *(Негромко.)* Да. Крысы нам житья не дают.

Мастер. Как же это так?

Тигр. А очень просто...

Рита. Приходит к нам Повелитель крыс...

Мастер. Кто?

Рита. Повелитель их. Огромная серая злая крыса. Как начал орать: «Кто вам позволил город строить? Терпеть не могу, когда строят! Ломать, бить, раскалывать, разгрызать, рвать на куски — вот это, — говорит, — занятие. Убирайтесь, — говорит, — вон».

Мастер. А вы?

Рита. А нам обидно стало. Мы работали, строили, он ничего не делал — и хочет все забрать.

Тигр. Мы выгнали его вон.

Мастер. Молодцы!

Рита. А он сказал: «Даю вам десять дней срока. Если через десять дней не уберетесь — конец вам».

Тигр. Три дня уже прошло.

Рита. Они готовятся на нас напасть, а мы хоть и храбрые, а крыс боимся. Уж очень их много.

Тигр. Конечно, мы их победим, но только изгрызут они нас. На мелкие кусочки. Уж очень у них зубы острые.

Рита. Помоги нам, малыш.

Тигр. Другого я и просить не стал был, но ты ведь свой.

Мастер. Да что вы, дорогие, меня уговариваете, когда я давно уже согласен!

Тигр. Согласен? Ура! Дело сделано. Мы победили. Конец крысам! Садись, Мастер, ко мне на спину, и я тебя вмиг домчу.

Мастер *(берет Тигра и сажает к себе на плечо)*. Нет, брат, я тебя повезу. И ты, Рита, садись на другое плечо. Идем. Кошку возьмем с собой. Она поможет нам. *(Усаживает Тигра на одно плечо, а Риту на другое. Кошку берет на руки. Идет.)*

Куклы *(поют)*.

Городок ты наш родимый,
Лучший друг, необходимый.
Каждый столбик твой и дом,
Как товарищ, нам знаком.
Мы трудились дни и ночи,
Бились, не смыкая очи,
Вот и вырос, как цветок,
Ты, наш славный городок.
Лютый враг вокруг хлопочет
И на город зубы точит,
Не построив ничего,
Хочет он забрать его
Городок ты наш любимый,
Лучший друг, необходимый.
Мы сломаемся скорей,
Но прогоним злых зверей.

Уходят.

Едва они успевают скрыться, как на стол взбираются т р и к р ы с ы. Крысы пляшут на столе. Самая крупная из них поет. Это П о в е л и т е л ь к р ы с.

П о в е л и т е л ь к р ы с *(поет).*

Я великий победитель,
Все разгрыз я и прогрыз.
Я бесстрашный повелитель
И учитель серых крыс.
На замок запри еду —
Все равно ее найду.
В банку с крышкой спрячь еду —
Все равно ее найду.
Всюду, всюду шарят крысы,
Человеку на беду.

Слышали, что тут игрушки говорили?
К р ы с ы *(пищат).* Слышали.
П о в е л и т е л ь к р ы с. Поняли, что человек решил за них вступиться?
К р ы с ы. Поняли.
П о в е л и т е л ь к р ы с. Знаете деревянный мостик в две доски, по которому пойдет человек с игрушками?
К р ы с ы. Знаем.
П о в е л и т е л ь к р ы с. Туда со всех ног! Грызите, грызите,

грызите! Пусть доски держатся на одном волоске. Человек пойдет через мостик и свалится в овраг.

Крысы радостно пищат.

Все повернем по-крысиному. *(Поет.)*

    Ненасытны и упрямы,
    Мы грызем, грызем, грызем.
    Там, где нет дороги прямо, —
    Стороною проползем.
    К потолку подвесь еду —
    Все равно ее найду.
    В крысоловку спрячь еду —
    Все равно ее найду.
    Всюду, всюду шарят крысы,
    Человеку на беду.

Занавес

КАРТИНА ВТОРАЯ[1]

Раннее утро. Площадь в игрушечном городке. Площадь окружена домами самой разной величины. Дома построены из деревянного конструктора — из кубиков и деревянных кирпичиков. В ряд с домами стоят коробки и футляры. На них, так же как и на домах, укреплены фонарики и поставлены домовые номера. Вообще, зрителю должно быть ясно, что, несмотря на своеобразие и разнообразие материала, из которого построены дома, — это все же настоящий город, благоустроенный, чистый. Видно, что жители любят свой город. Почти у всех домов посажены цветы, и вьющиеся растения ползут вдоль стен. На переднем плане маленький бассейн, посреди которого бьет фонтан. При поднятии занавеса сцена пуста. Но вот, скрипя, отворяются ворота в одном из домов, и оттуда выходит целлулоидный П у п с, голый, в белом фартуке, с бляхой дворника. Он тащит за собой резиновый шланг. Пупс оглядывается, позевывая и почесываясь. Затем принимается поливать из шланга площадь и цветы, посаженные у домов. Немного погодя открывается дверь одного из домов, и оттуда, переваливаясь, гуськом выходят целлулоидные гуси.

П у п с - д в о р н и к. Здравствуйте, гуси. Как поживаете?
Г у с и. Ничего-го-го-го.
П у п с - д в о р н и к. Хорошо хоть вы встали. С минуты на минуту должен прийти игрушечный Мастер, а народ все спит и спит.

---

[1] Между первой и второй картинами возможна интермедия-пантомима — куклы или тени: мостик над оврагом, крысы грызут доски. Мастер, Тигр, Рита, Кошка идут. Мастер доходит до середины моста, и тот рушится. Мастер падает в овраг.

Г у с и. Ничего-го-го-го. *(Входят в бассейн. Плавают и ныряют.)*

П у п с-д в о р н и к. Вам-то ничего, а я — дежурный дворник, я за все отвечаю.

Г у с и. Ничего-го-го-го.

П у п с-д в о р н и к. Обезьянка и Мишка встречают Мастера на дороге. Как только завидят они его — сейчас же прибегут. И мы устроим Мастеру встречу, уж такую торжественную, что прямо прелесть.

Открывается крышка одной из коробок, и оттуда выходит С л о н.

Спасибо, что проснулся, Слоник.

Слон молча кивает дворнику головой. Подходит к бассейну и, набрав хоботом воду, поливает себе спину. Кончив омовение, Слон набирает хоботом воду и помогает дворнику поливать площадь.

Спасибо тебе, Слоник.

Слон молча кивает головой. Раздается металлический звон, и на сцену выбегает С в и н ь я-к о п и л к а. Деньги так и бренчат внутри нее.

С в и н ь я. Ну что? Ну как? Все готово? Ты уж, братец, старайся!

П у п с-д в о р н и к. Я и без тебя знаю, что надо стараться.

С в и н ь я. Глупо говоришь! Ты глуп. Ты простой глупый Пупс. Вот кто ты! Ты понимаешь, кто прибудет? Мастер. Сам! Верно я говорю, Слон?

Слон молчит, отвернувшись.

Молчишь? Глупец! Молчишь потому, что пуст. Стоит себе. Вы подумайте! Стоит — и все.

П у п с-д в о р н и к. А что ему делать?

С в и н ь я. Волноваться. Я, например, всю ночь не спала, так волновалась.

П у п с-д в о р н и к. Не спала? А кто же это всю ночь храпел в твоем доме?

С в и н ь я. Глупец! Это я не храпела, это я хрюкала. От волнения. Понял!

Г у с и *(вытянув шеи).* Кто-то бежит сюда бего-го-го-гом.

П у п с-д в о р н и к. Ох! Это Мишка и Обезьянка. Идет. Наверное, Мастер идет.

Вбегают плюшевый М е д в е ж о н о к и плюшевая О б е з ь я н к а.

Медвежонок. Я скажу!
Обезьянка. Нет, я скажу!
Медвежонок. А я говорю — я!
Обезьянка. А я — я!
Медвежонок. А я — я! *(Толкает ее.)*
Обезьянка. А я — я! *(Толкает Медвежонка.)*

Отчаянно дерутся.

Пупс-дворник. Вот беда! Наверное, сам Мастер идет, а от них не добьешься никакого толку.

Слон подходит и молча, спокойно разливает дерущихся водой. Они отскакивают друг от друга.

Ну, в чем там дело?
Обезьянка и Медвежонок *(хором)*. Как что? Разве мы не сказали?
Пупс-дворник. Нет.
Обезьянка и Медвежонок *(хором)*. Тигр мчится к городу огромными прыжками. Значит, Мастер сейчас придет сюда.
Пупс-дворник. Да ну? *(Вынимает из кармана фартука свисток и пронзительно свистит.)*

Сразу распахиваются окна домов, и оттуда выглядывают головы к у к о л разных размеров, от крошечных, с палец величиной, до огромных, — это они и живут в самых высоких домах. Из некоторых окон высовываются головы ж и р а ф о в, в е р б л ю д о в, р е з и н о в ы х л ь в о в, с л о н о в, с о б а к. Открывается длинный футляр, и оттуда сама выходит помятая жестяная Т р у б а. К ней присоединяются прибежавшие во всю прыть Б а л а л а й к а, Г и т а р а, О р г а н ч и к на колесах с длинной палкой и Б а р а б а н. Откидываются, поднимаясь в виде навеса, боковые стенки трех коробок. Взволнованные носятся взад и вперед автомобили-грузовики, самолеты летают над площадью. Прибегает крошечный голый П у п с, волоча за собою ванну.

Пупс с ванной *(плача)*. Ай-ай! Меня затолкают. Я ничего не вижу! Я маленький! Ай! Ой!

Слон осторожно берет хоботом Пупса вместе с ванной и устраивает у себя на спине. С трудом дворнику удается установить порядок. Музыкальные инструменты становятся впереди, остальные игрушки выстраиваются у стен. Несколько секунд ожидания, и на сцену галопом влетает Т и г р. Игрушки поднимают радостный крик. Инструменты сами собою взлетают на воздух, гремит музыка. Тигр машет лапами, прыгает в отчаянии, кричит что-то, пробуя остановить музыку, прекратить крики, но никто не слушает его. Наконец Слон замечает, что дело неладно. Он подходит к Тигру, тот кричит что-то прямо в ухо Слону. Слон поворачивается к толпе игрушек и, подняв хобот, громко трубит. Сразу замолкают и опускаются на землю музыкальные инструменты. Игрушки бегут к Тигру.

Т и г р. Я вас растерзаю на мелкие кусочки. Я вас уничтожу! Да вы с ума сошли!

П у п с - д в о р н и к. А в чем дело? Что случилось?

Т и г р. Чему вы радовались? Вау-вау!

П у п с - д в о р н и к. Погоди. Разве Мастер не идет за тобою следом? Вау-вау? Ведь ты же прибежал с такой радостной мордой!

Т и г р. Чем я виноват, что у меня морда так сшита, что всегда радостная?

П у п с - д в о р н и к. А что случилось?

Т и г р. Несчастье!

В с е   и г р у ш к и. Несчастье!

П у п с - д в о р н и к. Мастер отказался нам помочь?

Т и г р. Хуже!

И г р у ш к и *(вскрикивают).* Хуже?

П у п с - д в о р н и к. Что же может быть хуже?

Т и г р. Ах, мы шли себе, веселые, как тигрята, и пели песенку. И вот подошли мы к мостику через Медвежий овраг. Знаете?

В с е *(хором).* Ну-ну?

Т и г р. И взошли на этот мостик. Идем, поем себе. Дошли до середины, вдруг доски под ногами Мастера затрещали — и он рухнул в овраг. *(Прыгает в отчаянии.)* Шли весело, пели, и вдруг...

Игрушки громко плачут. Свинья-копилка рыдает громче всех. Тигр пробует их остановить, но тщетно. Не слушая его, игрушки продолжают рыдать. Свинья-копилка, изнемогая от горя, свалилась с ног. Наконец Слон, повернувшись к толпе, принимается трубить, игрушки успокаиваются и затихают.

Я вас растерзаю! Разве сейчас время плакать? Надо помочь Мастеру.

С в и н ь я *(вскакивает).* Он жив?

Т и г р. Конечно, жив. Он только сильно ушиб себе ногу. Вы знаете, какой это человек? Нет, вы не знаете, какой это человек. Он нес меня на одном плече, а Риту на другом. Когда доски сломались, он не думал о себе, схватил меня одной рукой, а Риту другой и поднял высоко, чтобы мы не ушиблись. И вот сам повредил себе ногу, а мы целы. Мы должны скорей ему помочь. Что делать? А? Думайте!

О г р о м н а я   к у к л а *(баском).* Я старая кукла, я знаю, что тут надо делать.

Т и г р. Ну-ну?

О г р о м н а я   к у к л а. Надо поставить ему компресс на ногу.

Т и г р. Да, верно. Мой хозяин один раз тоже ушиб ногу, убегая от мамы, которая звала его обедать. Ему тоже делали компресс. Но где мы возьмем бинт, вату, клеенку?

Огромная кукла. Я схожу в аптеку, в дачный поселок. Я ведь сколько раз ходила в дачный поселок, и никто не догадывался, что я кукла, все думали, что я девочка.

Тигр. Верно. Спасибо, иди скорей!

Огромная кукла. Ах!

Тигр. Что ты?

Огромная кукла. Я вспомнила, что у меня нет денег. Как же я куплю бинт, вату, клеенку?

Тигр. Вот беда... Что же делать?.. Ура-а! Вот кто нам поможет — Свинья-копилка! Давай скорее твои деньги! Чего им без толку бренчать у тебя в животе?

Свинья. Деньги? Какие деньги? Нет у меня никаких денег.

Тигр. Что?

Свинья *(плача)*. Что ты кричишь? Это не деньги у меня бренчат. Это мальчики жесть в меня набросали.

Тигр. Жесть? Переворачивайте ее. Вытряхивайте из нее эту жесть.

Свинья *(визжит)*. Не трогайте меня! Мне больно, когда меня переворачивают! Я разобьюсь! *(Убегает.)*

Огромная кукла. Оставьте ее, мне ее жалко.

Тигр. Чего жалеть ее, она жадная врунья!

Огромная кукла. Нет, она, наверное, не врет. Она визжит так жалобно. Вместо бинта я дам на компресс свое выходное платье.

Лев. А вместо клеенки лягу я, резиновый лев.

Овца. И я, резиновая овца.

Олень. И я, резиновый олень.

Огромная кукла. А вместо ваты мы наберем одуванчиков.

Тигр. Идем к нему. Возьмем с собою самые большие грузовики. На один грузовик Мастер сядет, а на другой положит свою больную ногу. И мы привезем его к нам. В путь!

Выезжают два больших грузовика. Жестяные ш о ф е р ы сходят со своих мест. Так как они сделаны для того, чтобы сидеть за рулем, то ноги у них согнуты и неподвижны. Шоферы прыгают в сидячем положении. В руках у них ключи. Они заводят пружины своих машин. Куклы, спеша, влезают в машины. Тот, кто не уместился, бежит следом. Сцена пустеет. Через мгновение из-за угла осторожно выглядывает С в и н ь я-к о п и л к а.

Свинья. Ушли? Жалкие пустые игрушки. Каково мне, полной деньгами, жить с этими ничтожными созданиями? Хотели из меня деньги вытряхнуть. Как же, дожидайтесь, отдам я вам мои денежки!.. Я почему от людей сбежала? Из-за денег. Обращались со мною люди хорошо, стояла я на комоде возле зеркала. Вдруг слышу: «Надо будет завтра из свиньи деньги вытряхнуть, купить Лиле игрушку. Завтра день ее рождения». Лиля — это девочка хозяйская была. Услышав это, дождалась я ночи — и бежать. Вот я какая. *(Поет сентиментально и протяжно. Песня ее напоминает старинный романс.)*

> Целиком, в чистоте
> Сберегу, упасу
> Пятачок на носу,
> Пятаки в животе,
> Деньги — всё для меня.
> Самым лучшим друзьям
> Ни копейки не дам —
> Я такая свинья.

Внезапно из-за кулис появляется к у к л а - м а т р е ш к а. Платок куклы низко надвинут ей на лицо.

К у к л а - м а т р е ш к а. Так, так.
С в и н ь я *(вздрагивает)*. Кто это?
К у к л а - м а т р е ш к а. Вот ты, значит, какая! Ты, значит, богачка. Отдавай сейчас же свои деньги!
С в и н ь я. Миленькая, голубушка, говори тише.
К у к л а - м а т р е ш к а. Отдавай деньги, тогда буду тихо говорить.
С в и н ь я. Миленькая, голубушка, а зачем тебе деньги?
К у к л а - м а т р е ш к а. А тебе зачем деньги?
С в и н ь я. А я их коплю.
К у к л а - м а т р е ш к а. Ну и я буду копить.
С в и н ь я. Миленькая, голубушка, ведь ты не умеешь.
К у к л а - м а т р е ш к а. Научусь.
С в и н ь я. Голубушка, миленькая. *(Плачет.)* Не трогай ты меня.

Кукла-матрешка сбрасывает платок — это П о в е л и т е л ь к р ы с.

Крыса!
П о в е л и т е л ь к р ы с. Перед тобою сам Повелитель крыс.
С в и н ь я. Батюшки! Душечки! Не грызи ты меня, голубчик!
П о в е л и т е л ь к р ы с. Там видно будет. Стань на задние лапки.

Свинья-копилка повинуется.

Так. Стань на передние лапки.

Свинья-копилка повинуется.

Свинья. Послушна я, милый, послушна я.

Повелитель крыс. Стой на передних лапках, я еще не разрешил тебе стоять вольно. Пляши.

Свинья-копилка повинуется.

Так. Пляши и слушай. Хочешь, я напишу письмо всем игрушкам о том, какая ты богачка?

Свинья *(танцуя)*. Эх-эх! Гоп-гоп! Нет, нет, не хочу.

Повелитель крыс. Тогда слушайся меня во всем.

Свинья. Эх-эх, гоп-гоп, буду, буду слушаться.

Повелитель крыс. Смирно.

Свинья-копилка становится смирно.

Ты будешь мне рассказывать обо всем, что делается в городе, обо всем, что игрушки вытворяют, поняла?

Свинья. Так точно.

Повелитель крыс. Если будешь слушаться, я тебя награжу. Когда мы с игрушками расправимся, я посажу повелительницей игрушек тебя.

Свинья. Вот это правильно. Ура! Молодец!

Повелитель крыс. Но если ты мне изменишь...

Свинья. Изменю? Зачем же? Да я их ненавижу. Пустые глупые куклы. Да мы их разобьем, мы их...

Повелитель крыс. Ну ладно...

Издали доносятся звуки музыки.

Свинья. Они возвращаются. Беги!

Повелитель крыс. Ладно, успею.

Свинья. Попадешься!

Повелитель крыс. Нет. Им не до меня. Хочу сам послушать, что скажет Мастер. *(Надвигает платок и скрывается за углом одного из домов.)*

Свинья *(кричит)*. Да здравствует кукольный Мастер! Ура!

Вбегает Тигр. За ним едут грузовики, сопровождаемые куклами. Мастер сидит в одном из грузовиков, ноги держит в другом. На одной ноге у него компресс из роскошного кукольного платья с блестками. На коленях у Мастера Кошка.

Рита *(Мастеру)*. Слезай, малыш. Вот так, осторожно. Одну ногу протяни на Фарфоровый проспект, другую в Пупсов переулок. Вот так. Садись теперь.

Мастер делает так, как сказала Рита. Игрушки разбегаются по домам, высовываются из окон, так им удобнее говорить с Мастером. Среди игрушек, оставшихся на площади, переодетый Повелитель крыс.

М а с т е р *(поглядывая на свою забинтованную ногу).* Сколько я кукол чинил и не думал, что куклы меня будут чинить.

И г р у ш к и. Бедный Мастер, бедный Мастер!

М а с т е р. Не расстраивайтесь, ничего. Все к лучшему. Вы на меня надеялись — теперь надейтесь на себя. С больной ногой какой же я помощник.

И г р у ш к и. Бедный Мастер, бедный Мастер!

М а с т е р. Зато я вас так обучу, что, когда кончится мой отпуск и вернусь я обратно в мастерскую, вы от любого врага отобьетесь.

И г р у ш к и. Хорошо. Учи нас. Мы будем слушаться.

М а с т е р. Будьте готовы. Каждому найдется дело. Понимаете?

И г р у ш к и. Да, да, понимаем.

М а с т е р. Итак, значит, первым делом запомните, что оборона — дело общее. Второе дело — держите ухо востро. Враг у нас хитрый. Влезет под пол и подслушает, что не надо. Ведь вы крыс знаете?

И г р у ш к и. Еще бы не знать!

М а с т е р. Вот то-то и есть. Третье — соблюдайте полное спокойствие. Оборона обороной, а ныть и дрожать я вам запрещаю. Будьте спокойны и веселы.

И г р у ш к и. Ха-ха-ха! Ха-ха-ха! Мы веселы.

М а с т е р. Четвертое — действуйте дружно, крепко друг за друга держитесь. И наконец, пятое — не успокаивайтесь прежде времени. Не думайте после первой победы: ну, теперь — вот и все. Помните, что крысы народ упрямый. Поняли?

И г р у ш к и. Поняли, поняли.

М а с т е р. Повторите.

П у п с с в а н н о й. Оборона — дело общее, каждый должен делать свое дело на совесть. Пусть только покажутся крысы, я так дам им ванной по голове.

М а с т е р. Нет, брат, неверно.

П у п с с в а н н о й. Как неверно? Сам же говорил: оборона — дело общее.

М а с т е р. Драться не значит, что все будут драться. Это значит, что каждый будет свое дело делать. Это дело старших, а не твое.

П у п с с в а н н о й. А мне какую работу дашь?

М а с т е р. Сидеть дома и не бояться.

П у п с с в а н н о й. Ну что-то уж больно легко.

М а с т е р. Справишься с этим — другую работу тебе найду. Еще что я велел делать?

К р о л и к *(подняв уши).* Еще держать ухо востро.

М а с т е р. Верно. Дальше?

С и л а ч *(кувыркаясь на турнике).* Не ныть, не дрожать, кверху голову держать.

М а с т е р. Верно. Дальше?

М е д в е ж о н о к. Я скажу, что дальше.

О б е з ь я н к а. Нет, я скажу, что дальше.

М е д в е ж о н о к. А я говорю — я!

О б е з ь я н к а. А я говорю — я!

М е д в е ж о н о к. А я — я!

О б е з ь я н к а. А я — я!

Отчаянно дерутся. Мастер с трудом разнимает их.

М а с т е р. Ну, говорите.

М е д в е ж о н о к и О б е з ь я н к а *(хором).* Все мы должны дружить.

М а с т е р. А вы деретесь.

М е д в е ж о н о к и Обезьянка. Это мы так, любя.

М а с т е р. Ну, если любя, тогда ничего. Еще что я вам сказал?

О г р о м н а я к у к л а *(баском).* Еще мы должны не радоваться прежде времени.

М а с т е р. Отлично... Ну... *(Кошке).* Что с тобой? Куда ты так рвешься?

К о ш к а. Р-р-р... мяу!

М а с т е р. Куда ты?

Вырвавшись внезапно из рук Мастера, Кошка бросается в толпу кукол.

С в и н ь я. Она бешеная! Хватайте ее! За хвост хватайте!

М а с т е р. Назад!

Кошка прыгает на середину площади. В зубах у нее бьется кукла-матрешка. Шум.

П у п с с в а н н о й. Ой, мама, она и меня сейчас схватит!

Платок сваливается с головы куклы.

(Визжит.) Ой, мамочка, крыса! Ой, мамочка!

М а с т е р *(Пупсу).* Тише ты! А кто собирался бить их ванной по голове?

П у п с. Извини меня.

Мастер. Ну, то-то! *(Хватает Кошку и, освободив крысу, держит ее в руках.)*

Повелитель крыс. Отпусти меня сейчас же.

Мастер. Отпустить?

Повелитель крыс. Да! Если отпустишь, я прикажу крысам не трогать больше ваш город.

Мастер. Ах-ах-ах! Прикажешь? Да никак это сам крысиный повелитель? Не брыкайся, не рвись, от меня не уйдешь. Найдется в городе клетка?

Тигр. А как же! *(Тащит клетку.)* Вот она. Ведь кроликов продают с клетками.

Мастер. Жаль, деревянная. Ну да ничего. Мы его будем сторожить. *(Сажает Повелителя крыс в клетку.)* Слушай! Кричи немедленно своим крысам, чтобы они уходили подальше от города, если хотят, чтобы ты остался жив.

Повелитель крыс. Они не услышат.

Мастер. Услышат. Я по себе знаю, как хорошо умеют слушать крысы. Ну, кричи!

Повелитель крыс. Не закричу.

Мастер. Тогда я отдам тебя Кошке, и она съест тебя.

Кошка. Муур... мяу!

Мастер. Кричи!

Повелитель крыс. Крысы! Слышите вы меня?

Издали раздается шорох, писк: «Слышим! Слышим!»

Расходитесь по норам... Пока что. Слышите?

Издали раздается шорох, писк: «Слышим! Слышим!»

(Мастеру.) Все?

Мастер. Ну уж ладно — пока все. Понимаешь, если хоть одна крыса покажется в городе, — конец тебе. Отдам тебя Кошке.

Кошка. Р-р-р... Мяу!

Мастер. Понял?

Повелитель крыс. Понял, пока что.

Мастер. Кошка будет лежать тут, и двое часовых будут сторожить тебя. Тебе не уйти.

Игрушки. Ура Мастеру! Ура Кошке! *(Пляшут вокруг клетки. Поют: «Городок ты наш любимый».)*

Свинья-копилка стоит, глубоко задумавшись, у рампы.

Свинья *(вскрикивает вдруг).* Придумала! *(Убегает.)*

Занавес

ДЕЙСТВИЕ ВТОРОЕ

КАРТИНА ТРЕТЬЯ

Декорация предыдущей картины. Всюду погашены огни. Ночь. На небе сияет луна. Только над клеткой, где сидит П о в е л и т е л ь к р ы с, горит фонарь да светятся глаза К о ш к и, которая, поджав лапки, сидит поодаль, не сводя глаз с клетки. У клетки ходят взад и вперед часовые: С в и н ь я-к о п и л к а и Р и т а.

П о в е л и т е л ь к р ы с *(поет)*.

> Солнце скрылось прочь, прочь,
> Наступила ночь, ночь,
> Люди крепко спят, спят —
> На охоту, брат, брат.
> В темноте густой-стой,
> В чаще под листвой-вой,
> Нет тебя сильней, друг,
> Налетай и бей вдруг.
> Верен острый глаз, глаз,
> Бьем всего лишь раз, раз,
> Хоть темна ты, ночь, ночь.

С в и н ь я. Что это за песня?

П о в е л и т е л ь к р ы с. Так... разбойничья...

С в и н ь я. Что? Разбойничья? Ай-ай-ай! Как ты смеешь при нас петь разбойничьи песни?

Р и т а. Оставь его, девочка, пусть поет, что хочет.

С в и н ь я. Не могу! Уж очень я его ненавижу. *(Подходит к клетке вплотную, кричит.)* Ух! Так бы и разорвала тебя на кусочки.

Р и т а. Будет! Слышишь?

С в и н ь я *(кричит)*. Нехорошее животное! Плохой зверь!

Р и т а. Довольно, говорят тебе! Успокойся.

С в и н ь я. Ну уж ладно. Только ради тебя успокоюсь, дорогая Рита. Разреши я присяду, что-то ноги заболели.

Р и т а. Садись, маленькая.

С в и н ь я. Я здесь возле клетки сяду, чтобы не спускать с него глаз.

Р и т а. Ладно. *(Ходит взад и вперед.)*

Свинья-копилка расположилась возле самой клетки. Когда Рита отходит, Свинья-копилка просовывает рыло в клетку Повелителя крыс.

С в и н ь я. Приготовься.

П о в е л и т е л ь к р ы с. Я давно готов.

С в и н ь я *(кричит)*. Что? Рита, слышишь?

Р и т а *(подходит)*. Ну, что случилось?

С в и н ь я. Он меня обругал шепотом. Назвал меня глупой свиньей.

Р и т а. Ты его, наверное, дразнила?

С в и н ь я. Ничего подобного! Я только заглянула в клетку, чтобы проверить, не грызет ли он прутья. Вот я его!

Р и т а. Ну ладно, успокойся.

Свинья-копилка ходит взад и вперед рядом с куклой.

С в и н ь я. Смотри, Рита, какой большой кажется луна.

Р и т а. Это рядом с нашими маленькими домиками. Когда я жила у людей, луна казалась гораздо меньше.

С в и н ь я. Смотри, Рита, вон какая-то птица летит прямо на луну. Какая страшная!

Р и т а. Где?

С в и н ь я. Ну, вон. Вон, чуть правей.

Р и т а. Не вижу я никакой пти...

Свинья-копилка толкает Риту под колени, Рита падает.

С в и н ь я. Ну вот и все.

П о в е л и т е л ь к р ы с. Она околела?

С в и н ь я. Нет, уснула. Когда она падает, глаза у нее закрываются, и она сразу засыпает. Грызи скорей клетку, а я пока уведу Кошку.

П о в е л и т е л ь к р ы с. Как ты ее уведешь?

С в и н ь я. Очень просто, у меня все придумано.

Повелитель крыс принимается грызть клетку. Свинья-копилка скрывается на миг и возвращается с бумажкой, привязанной к нитке. Начинает водить бумажкой перед самым носом Кошки. Сначала Кошка только не спускает своих светящихся глаз с бумажки, потом не выдерживает. Свинья-копилка водит бумажкой так ловко, так завлекательно. Кошка протягивает лапку, пробует поймать бумажку. Это ей не удается. Постепенно Кошка приходит в азарт.

Она носится по всей площади за бумажкой. Свинья-копилка убегает прочь, таща за собою нитку. Кошка мчится следом. А Повелитель крыс уже на свободе. Он стоит посреди площади, поднявшись на задние лапки. Оглядывается.

(*Возвращается.*) Беги! Она там возится с бумажкой.
П о в е л и т е л ь к р ы с. А Мастер где?
С в и н ь я. Он спит за городом. В городе не согласился спать.
П о в е л и т е л ь к р ы с. Потом придешь ко мне, расскажешь, что они тут делают.
С в и н ь я. Приду... Беги.

Повелитель крыс свистит негромко. Ему отвечает издали писк, свист, шорох. Повелитель крыс исчезает. Свинья-копилка ставит куклу на ноги, поддевши ее своим рылом.

Р и т а. ...цы. Слышишь, девочка? Не вижу я никакой птицы.
С в и н ь я. Ну, значит, мне показалось. Я, когда смотрю вверх, плохо вижу.

Кошка бесшумно возвращается на свое место. Рита не замечает ничего. Они продолжают молча ходить рядом. Смена идет.

Р и т а. Да. Как незаметно прошло время!

Входят С л о н и П у п с-д в о р н и к.

П у п с-д в о р н и к. Ну, вот и мы. Все спокойно?
Р и т а. Да, малыши, все тихо. Кошка на месте, крыса... Ах!
С в и н ь я. Бежала! Да как же это? Только что она была тут...
Р и т а (*визжит*). Беда! Тревога!

Свистит Пупс-дворник, трубит Слон, распахиваются окна, зажигается свет. Шум.

С в и н ь я (*на первом плане, рыдает*). Это волшебство! Это колдовство! Мы глаз с него не спускали! Ловите его! Держите его! Он тут где-нибудь. (*Тихо и самодовольно.*) Нет, уж его давно и след простыл.

Занавес

КАРТИНА ЧЕТВЕРТАЯ

Большое дерево с дуплом, рядом пень. Вокруг густой кустарник. Чаща. Входит С в и н ь я-к о п и л к а. Оглядывается осторожно. Свистит трижды. Ей отвечает негромкий свист, и из-под земли появляется П о в е л и т е л ь к р ы с.

П о в е л и т е л ь к р ы с. Наконец-то! Я уж думал, ты попалась.
С в и н ь я. Я-то? Ха-ха! Я, брат, никогда не попадусь. Я две недели притворялась больной с горя. Две недели лежала посреди площади и визжала: «Ах-ах-ах! Как же это он убежал! Я себе не

прощу этого». Всех просто извела своим визгом. Ха-ха! Они целым городом утешали меня. Ха-ха!

П о в е л и т е л ь   к р ы с. Какие новости?

С в и н ь я. Плохие.

П о в е л и т е л ь   к р ы с. Говори.

С в и н ь я. Целыми днями Мастер их учит. Куклы теперь попадают из пушки в цель, которую сами не видят.

П о в е л и т е л ь   к р ы с. Как так?

С в и н ь я. А очень просто. Готовятся к обороне. Стреляют далеко-далеко. Сами не видят, куда снаряд летит. А на самолетах летают летчики. И сверху дают знак, попали снаряды или нет.

П о в е л и т е л ь   к р ы с. Дальше.

С в и н ь я. Вот тебе и дальше. Напади — попробуй! Как подымут пальбу! Не подойти. Имей это в виду.

П о в е л и т е л ь   к р ы с. Имею. Дальше.

С в и н ь я. Танки через чащу напролом, только кусты трещат. А некоторые танки прыгать научились!

П о в е л и т е л ь   к р ы с. Прыгать?

С в и н ь я. Да. Смотри. Вот, допустим, я танк. А это канава. Танк бежит. *(Изображает.)* Р-р-р! И прыг... *(Прыгает.)* Видел? Так и носится, так и бегает. А Мастер все молотком стучит, все поет, все работает.

П о в е л и т е л ь   к р ы с. Работает?

С в и н ь я. Да. Послал в свою мастерскую письмо, и прислали ему оттуда инструменты, жесть, куски дерева, ящики целые... Строит он всякую всячину, а наши ему помогают.

П о в е л и т е л ь   к р ы с. Дальше.

С в и н ь я. Что дальше-то? И дальше ничего хорошего не услышишь! Оловянные солдатики настороже. Ружья и шашки им сделал Мастер — красота! Стреляют — уму непостижимо. За сто шагов отстреливают у комара на лету ножку. Вот как дела обстоят.

П о в е л и т е л ь   к р ы с. Залез я однажды в буфет, думал найти корочку сыра, а нашел целый кусок в полкило. Вот.

С в и н ь я. Это ты к чему?

П о в е л и т е л ь   к р ы с. Вот к чему. *(Свистит.)*

Кусты шуршат, трещат и оттуда высовываются дула пушек, пулеметов, выглядывают броневики.

С в и н ь я. Матушки мои!

П о в е л и т е л ь   к р ы с. Вот то-то и есть. Нет зверей сильнее крыс, нет людей умнее крыс.

С в и н ь я. Откуда ты все это набрал?

П о в е л и т е л ь   к р ы с. Мы разграбили пять игрушечных магазинов.

С в и н ь я. Молодец! Но, однако ж, я не вижу у тебя самолетов.

П о в е л и т е л ь   к р ы с. Были и самолеты. Но только я никак не могу научить крыс летать. Под землей они храбрецы, на земле — молодцы, а чуть взлетят повыше — голова кружится.

С в и н ь я. Ах! Нехорошо... Ты бы поговорил с летучими мышами.

П о в е л и т е л ь   к р ы с. Не годятся они.

С в и н ь я. Почему?

П о в е л и т е л ь   к р ы с. Днем летать не могут.

С в и н ь я. Как же быть-то? Без самолетов плохо.

П о в е л и т е л ь   к р ы с. У меня есть кое-что получше самолетов. Что самолет? Машина. А у меня есть живая свирепая сильная птица.

С в и н ь я. Птица?

П о в е л и т е л ь   к р ы с. Огромная, злая, умная, как я. Клюв твердый, как камень. Перья густые, никакая игрушечная пуля не пробьет, когти острые, как крысиные зубы. Лучший мой друг. Мышей ест, а меня любит. Я ее кормлю мышами.

С в и н ь я. Что же это за птица?

П о в е л и т е л ь   к р ы с. Смотри. *(Свистит.)*

В темном дупле загораются большие глаза, слышен глухой хохот. Большая С о в а показывается у входа в дупло. Хлопает глазами.

С о в а *(поет).*

Страшно днем, ужасно днем,
Солнце бьет в глаза огнем,
Я забьюсь в свое дупло
И молчу, пока светло.
Ха-ха-ха-ха! Ха-ха-ха!
Я молчу, пока светло.

С в и н ь я. Прости, повелитель, но ведь сова тоже ничего не видит днем. Она сама поет об этом.

П о в е л и т е л ь   к р ы с. Это мы очень просто обошли. А ну, Совушка, покажи нам свою обновку.

С о в а. Ха-ха-ха-ха! Чу-у-удная обновка. Просто у-у-ужас какая чу-у-у-уд-ная. *(Надевает на нос черные очки.)* Чу-у-у-удно. Темно, как ночью. *(Поет.)*

Опустился черный мрак,
Берегись, несчастный враг.

Я лечу и хохочу,
И сейчас тебя схвачу.
Ха-ха-ха-ха! Ха-ха-ха!
Я сейчас тебя схвачу.

П о в е л и т е л ь   к р ы с. Видела? Я давно приметил в городе лавку, где стоят целые ящики самых разных очков. Я влез, нашел, взял. Днем она видит и ночью видит. Что скажешь?

С в и н ь я. Скажу — ура, мы им покажем!

П о в е л и т е л ь   к р ы с. Покажем, это ясно как день.

С о в а. Покажем — это ясно как ночь.

С в и н ь я. А ты не забыл, что обещал?

П о в е л и т е л ь   к р ы с. Нет.

С в и н ь я. Значит, после победы ты посадишь повелительницей игрушек меня?

П о в е л и т е л ь   к р ы с. Да.

С в и н ь я. Пожалуйста. А то очень уж обидно. Я, полная денег, наравне с пустыми жалкими пупсами.

П о в е л и т е л ь   к р ы с. Какие еще у тебя новости?

С в и н ь я. Вот тут на бумажке я нарисовала, где у них сложены запасы.

П о в е л и т е л ь   к р ы с *(разглядывает бумажку, которую дала ему Свинья-копилка).* Чем ты это рисовала?

С в и н ь я. Пятачком и копытцами.

П о в е л и т е л ь   к р ы с. Грязно нарисовано.

С в и н ь я. Грязно, да верно.

П о в е л и т е л ь   к р ы с. Ладно. Пригодится. Ну, теперь слушай план. Я нападу на город внезапно.

С в и н ь я. Ничего из этого не выйдет.

П о в е л и т е л ь   к р ы с. Почему не выйдет?

С в и н ь я. Они всюду-всюду расставили заставы, посты, я сама-то еле пробралась сюда. Самолеты летают, сторожат. А ночью светят прожекторы.

П о в е л и т е л ь   к р ы с. Пусть.

С в и н ь я. Как это пусть?

П о в е л и т е л ь   к р ы с *(вскакивает на пень, поднимается на задние лапы, вдохновенно).* Нет зверей, сильнее крыс, нет людей, умнее крыс. Слушай, что я придумал.

С в и н ь я. Ну-ну?

П о в е л и т е л ь   к р ы с. Завтра ночью мы нападаем на город.

С в и н ь я. Так, дальше?

П о в е л и т е л ь   к р ы с. Игрушки бросятся в бой с нами.

С в и н ь я. Так, ну?

П о в е л и т е л ь к р ы с. А мы убежим.

С в и н ь я. Ай, зачем же это? Убежите?

П о в е л и т е л ь к р ы с. Да, убежим. Ха-ха-ха! Нет зверей сильнее крыс, нет людей умнее крыс. Убежим без оглядки. Ничего из нашего оружия не возьмем с собою. Пойдем в бой безоружные. Жалкие крысы, увидим, как сильны наши враги, испугаемся и убежим. Поняла?

С в и н ь я. Нет еще...

П о в е л и т е л ь к р ы с. Мы убежим, а игрушки — они обрадуются. «Ха-ха-ха! — скажут они. — Вот какие у нас ничтожные враги». И начнут радоваться петь, плясать и на радостях забудут обо всем. И утром, при полном свете, когда ждут они нас меньше всего, мы ударим на город. Внезапно. Подкрадемся тихо, и загремят наши пушки, затрещат наши пулеметы. Поняла?

С в и н ь я. Да.

П о в е л и т е л ь к р ы с. Что скажешь?!

С в и н ь я. Скажу — ура! Мы их разобьем.

П о в е л и т е л ь к р ы с. Разобьем. Ясно как день.

С о в а. Разобьем. Темно как ночь.

П о в е л и т е л ь к р ы с. Слушай дальше. Завтра утром, ровно в восемь часов утра, ты зажжешь самый большой дом на площади. Игрушки будут заняты пожаром... Это нам поможет тоже.

С в и н ь я. Очень хорошо. А скажи мне, пожалуйста, Повелитель... что с тобой?

Повелитель крыс внезапно подпрыгнул на целых полметра. Затем стрелой бросился в кусты. Оттуда раздается писк, свист.

Ох, матушки! Что же это?.. Что случилось? Уж не удрать ли мне?

Из кустов вдруг вылетает крыса. Перевернувшись в воздухе, она падает на все четыре лапы и с визгом бросается обратно в кусты. За нею вылетают еще две крысы, словно выброшенные взрывом. И они, упав на землю, устремляются обратно. Шум. Сова хлопает крыльями и хохочет. Пищат и свистят крысы.

Что же это? Да неужто это игрушки? Ой!

Из кустов на середину сцены устремляется Слон. Он свирепо сражается с крысами.

Слон!

П о в е л и т е л ь к р ы с. Я, к счастью, заметил его в кустах... Хватай его за ноги! Вцепляйся ему в хобот!

Сражение продолжается. Слон не сдается.

С в и н ь я. Это он за мной следил. Постой, глупый Слон! Безобразие какое! Осмелился подозревать меня.

Слон бросается к Свинье-копилке. Она отскакивает с визгом.

П о в е л и т е л ь к р ы с. Сова! Возьми его.

Сова вылетает из дупла, хватает Слона когтями и взвивается с ним на воздух.

В этом пне глубокая дыра. Бросай его туда.

Сова бросает Слона. Он задерживается на миг на краю пня.

С л о н *(Свинье-копилке, протянув к ней хобот).* Предательница!

Сова ударяет Слона клювом по голове. Он исчезает.

С в и н ь я. Так его! Ишь ты, еще ругается!
С л о н *(ревет).* Все равно нас не победишь!
С в и н ь я. Подумайте... Бывало, слова от него не услышишь, а теперь вон как разошелся.
С л о н *(ревет).* Все равно ты погибнешь!
С в и н ь я. Я? Да никогда! Не погибну я, а буду повелительницей всех игрушек. *(Поет, ликуя.)*

> Вы строгали, вы пилили,
> Вы копали, вы рубили,
> Строили и в дождь, и в зной,
> Ну а город будет мой.

П о в е л и т е л ь к р ы с *(поет).*

> Эх вы, жалкие игрушки...
> Что нам танки, что нам пушки?
> Мы тихонько подползем
> И все войско загрызем.

С о в а *(поет).*

> Слава крысе-государю!
> Я, сова, крылом ударю —
> И машины рухнут вниз.
> Слава государю крыс!

П о в е л и т е л ь к р ы с. К делу! Довольно петь! *(Свинье.)* Беги в город. И помни: ровно в восемь часов.
С в и н ь я. Помню, ровно в восемь часов.

Занавес

ДЕЙСТВИЕ ТРЕТЬЕ

КАРТИНА ПЯТАЯ

Площадь в кукольном городе. Утро. Издали слышны выстрелы. На площади сидит М а с т е р. Недалеко от него расположилась Р и т а с иголкой и ниткой. Рядом с ней — О г р о м н а я к у к л а, у нее кисточка и клей. Рядом установлены койки разных размеров, покрытые чистыми одеялами.

Р и т а. Который час?
М а с т е р. Семь часов, Рита.
О г р о м н а я к у к л а. Что же это значит?
М а с т е р. Что тебя беспокоит, Маруся?
О г р о м н а я к у к л а. С трех часов ночи идет бой, и не привели ни одного раненого.
М а с т е р. Крысы не ждали такого отпора, дорогая. Ну, крысы! Напали на кукольный город! Ох, крысы, увидите вы сегодня, что такое игрушки.
О г р о м н а я к у к л а. Все это хорошо, но где же раненые? Я чуть не плачу от жалости, а жалеть некого.
М а с т е р. Погоди, кто-то бежит.

Вбегают гуськом, переваливаясь, целлулоидные г у с и.

Г у с и. Мы прогнали его-го-го-го-го.
М а с т е р. Кого?
Г у с и. Врага-га-га-га.
М а с т е р. Крысы отступают?
Г у с и. Удирают, бего-го-го-гом.
М а с т е р. Отлично.

Кубарем влетают М е д в е ж о н о к и О б е з ь я н к а. Отчаянно дерутся.

В чем дело?

Медвежонок и Обезьянка продолжают драться.

Да говорите же!

> Никакого ответа. Драка продолжается. Мастер разнимает дерущихся.

М е д в е ж о н о к и О б е з ь я н к а *(хором).* Полная победа! Крысы разбежались по норам. Ур-ра!

> Спускается самолет. Оттуда выскакивает Т и г р в шлеме летчика.

Т и г р *(восторженно).* Повелитель крыс удрал впереди всех. Ха-ха-ха! Я даже на самолете не мог его догнать. Победа! Победа!
С в и н ь я *(вбегает).* Поздравляю, поздравляю! С праздником, с праздником!

> Слышно постукивание, и выходит о т р я д в а н е к - в с т а н е к.

В а н ь к и - в с т а н ь к и *(поворачиваясь).* Враг-враг не мог-не мог сбить-сбить нас-нас с ног-с ног... Они-они ушли-ушли.
С в и н ь я. Давайте праздновать! Давайте ликовать!
Т и г р. Свинья-копилка! Я с тобой ссорился, а теперь прямо говорю — прости меня. Мастер! Она молодец. Она бросилась в самую гущу врагов. Она напала на самого Повелителя крыс. Молодец!
С в и н ь я *(скромно).* Ну что там, глупости...

> Слышна музыка.

М а с т е р. Что это? Войска идут сюда. Стойте.

> Музыка замолкает.

Вы что же это? А? Командиры, ко мне!

> Командиры и оловянные солдатики скачут к Мастеру.

Как же вы оставили места, на которых я вам приказал находиться?
К о м а н д и р ы. Враг бежал! Мы победили!
М а с т е р. А вы помните мой приказ: не радоваться и не успокаиваться прежде времени? Где Кошка?
К о м а н д и р ы. Ходит по полю, мяукает.
М а с т е р. Видите! Значит, крысы недалеко ушли. Она их чует. Все по местам!
С в и н ь я. Прости меня, дорогой Мастер. Можно мне одно слово сказать?
М а с т е р. Говори.
С в и н ь я. Мастер, если бы ты видел, как удирали крысы! Они до того напуганы, что раньше чем через месяц не опомнятся.
Г о л о с а. Верно! Правильно!

С в и н ь я. Сейчас сколько времени?

М а с т е р. Половина восьмого.

С в и н ь я. Дай ты нам порадоваться, дай нам попировать, хотя бы до половины девятого. Только часик. Ведь первая победа у нас.

Г о л о с а. Правильно!

М а с т е р. Ну ладно. Оставьте часовых повсюду — на деревьях, на пригорках, везде, а сами отдыхайте, празднуйте.

С в и н ь я. Дорогой Мастер! Уж праздновать, так всем. Зачем же часовых-то обижать? Все в сражении участвовали, все пусть и отдыхают.

М а с т е р. Нет.

Г о л о с а. Ну пожалуйста! Мастер! Миленький, ведь победа.

М а с т е р. Ни за что!

С в и н ь я. Ну чего там! Праздну*й*, ребята!

Мастер пробует возразить, но его заглушают крики, шум. Гремит музыка. Игрушки располагаются у стен. Посреди площади танцуют. Пляшут русскую куклы в русских костюмах. Пляшут лезгинку куклы в костюмах горцев. Мастер, поднявшись с трудом, стоит неподвижно на часах, вглядываясь в даль.

С в и н ь я *(на авансцене, глядит злобно на Мастера)*. Все смотришь! Ничего... Я тебя заставлю отвернуться. *(Исчезает.)*

Пляска продолжается. Вдруг из окон самого большого дома, того, где живет Огромная кукла, вырывается пламя.

(Вбегает.) Пожар! Пожар!

На несколько секунд вспыхивает паника.

М а с т е р. Трубы, тревогу!

Никто не слушает его.

Забыли, что я вам говорил? Все по местам! Позор! Очистить площадь! Тревога! Пусть каждый делает свое дело!

О г р о м н а я к у к л а *(выходит)*. Идемте! Мой дом горит, а я ухожу на свое место, видите. *(Идет, за нею все.)*

Площадь пустеет. Приезжает пожарная команда.

С в и н ь я *(на авансцене)*. Ах, как это неприятно! Как он их обучил, организовал. Да ведь они от пожара скорее успокоились, чем...

Грохот. Вбегает П у п с с в а н н о й. Он плачет.

П у п с с в а н н о й. Я собирал чернику, вдруг вижу, идут крысы! С танками!

Мастер. С танками?
Пупс с ванной. С пушками!
Мастер. С пушками?

Грохот, снаряд ударяет в крышу дома.

(Ванькам-встанькам.) Бегите на холм, задержите врага, пока все не станут по местам.

Ваньки-встаньки бегут, постукивая. Через площадь мчатся танки, за ними бегут пехотинцы, везут на грузовиках пушки.

Свинья. Как будто не растерялись. Вот безобразие какое! Что-то будет? Что-то будет?

Занавес

КАРТИНА ШЕСТАЯ

Пригорок, занятый отрядом ванек-встанек. Пальба.

Ванька-встанька-командир *(покачиваясь).* Стой-стой. Не бойся-не бойся.
Ваньки-встаньки. Стоим-стоим. Не боимся-не боимся.

Из-за пригорка появляется Повелитель крыс.

Повелитель крыс. Ха-ха-ха! Вот так солдаты! Ни рук, ни ног, ни оружия. Уходите с пригорка! Он мне нужен. Я тут поставлю пушки.
Ванька-встанька-командир. Приди-приди и возьми-возьми.
Повелитель крыс *(хохочет, вбегает на холм, кричит, обернувшись).* Крысы, стойте на месте! Я сам с ними справлюсь. *(Размахнувшись, бьет командира ванек-встанек.)*

Командир откачнулся, размахнулся и ударил головою Повелителя крыс.

Ты жив, да еще и дерешься?
Ванька-встанька-командир. Ты меня-меня кулаком-кулаком, я тебя-я тебя головой-головой.

Говоря это, он все время раскачивается и бьет Повелителя крыс. Тот пробует схватить Ваньку-встаньку зубами, когтями, пробует свалить его ударом хвоста — напрасно!

В а н ь к и - в с т а н ь к и *(поют хором).*

        Ванька-встанька,
        Ванька-встанька.
        Ты его поди достань-ка,
        Ну-ка, тронь-ка ты его —
        Не добьешься ничего.
        С виду птица невелика,
        А поди-ка повали-ка.
        Влево, вправо, в бок, в живот
        Бьешь его, а он встает.

П о в е л и т е л ь   к р ы с. Эй вы, сюда!

Появляются две крысы.

Пушку!

Крысы исчезают и через миг появляются с пушкой.

Целься!

Крысы целятся в командира ванек-встанек. Он стоит спокойно.

Огонь!

Раздается выстрел. Командир ванек-встанек покачнулся и снова стал прямо. Он невредим.

Стоишь?

    В а н ь к а - в с т а н ь к а - к о м а н д и р. Стою-стою.
    П о в е л и т е л ь   к р ы с. Огонь!

Выстрел. Ванька-встанька невредим.

Стоишь?

    В а н ь к а - в с т а н ь к а - к о м а н д и р. Стою-стою.
    П о в е л и т е л ь   к р ы с. Хорошо же.

Крысы убегают со своим Повелителем и уволакивают за собой пушку.

    В а н ь к а - в с т а н ь к а - к о м а н д и р. Стой-стой, не бойся-не бойся.
    В а н ь к и - в с т а н ь к и. Стоим-стоим. Не боимся-не боимся.

Влетает верхом командир оловянных солдатиков.

Командир оловянных солдатиков. Задержали их?! Молодцы! Мы все успокоились. Все стали по местам.

Ванька-встанька. Бежит-бежит танк-танк.

Командир оловянных солдатиков. Ничего, отходите. Сейчас мы выпустим против него наш танк.

Ваньки-встаньки уходят, покачиваясь. Командир оловянных солдатиков уезжает за ними. Из-за пригорка вылетает танк. Повелитель крыс *выглядывает из его башенки.*

Повелитель крыс. Ага! Струсили! Вперед!

Навстречу крысиному танку вылетает танк игрушек. Завязывается бой. Крысиный танк значительно больше, но танк игрушек управляется в высшей степени искусным водителем. Он кружится возле противника, обстреливая его со всех сторон. Когда крысиный танк пробует отступить, танк игрушек вдруг прыгает через него и загораживает ему дорогу. Крысиный танк бежит. Танк игрушек преследует его. Оба исчезают. Показывается ряд танков игрушек. Они проходят через сцену. За ними проходят стройным рядом оловянные солдатики. За пушками идет Пупс с ванной. Пушки проходят, а Пупс с ванной остается на пригорке.

Пупс с ванной. Меня Мастер похвалил. Ха-ха! Я молодец! Я первый увидел крыс. Ха-ха-ха! Но только он велел мне сидеть дома и не бояться. А я не хочу. Мне хочется смотреть, как сражаются.

Орудийный выстрел.

О! Видали? Стреляют, а я не боюсь.

Неподалеку разрывается снаряд.

Ой, что вы делаете! Вы так можете меня сломать.

Еще взрыв. Пупс с плачем ложится и накрывается ванной. Вбегает Свинья-копилка. *Оглядывается.*

Свинья. Никого нет. Сюда!

Входит Повелитель крыс.

За мной! Я проведу вас прямо к городу, мимо всех застав. Только тише! Здесь недалеко сторожевой пост.

Повелитель крыс идет за ней. За ним цепочкой крысы.

Пупс с ванной *(вскрикивает).* Что ты делаешь? Бессовестная! Свинья. Это еще что? Я тебе уши оборву. *(Бросается на Пупса.)*

Пупс отбивается ванной. Пищит во весь голос. Ванна грохочет.

> **Пупс с ванной.** Сюда! Измена! На помощь!
> **Свинья.** Хватайте его и бегите! Он поднял тревогу, негодный.

Крысы уносят Пупса с ванной. Вбегают Медвежонок и Обезьянка, вооруженные саблями.

> **Медвежонок и Обезьянка** *(вместе).* Что случилось?
> **Свинья.** Ох, ужас! Крысы забрали в плен Пупса с ванной.

Медвежонок и Обезьянка выхватывают сабли. Бегут. Навстречу им две крысы. Завязывается бой. Обе крысы убегают. Свинья-копилка скрывается.

> **Медвежонок.** Видела, как я прогнал крысу?
> **Обезьянка.** Нет, это я прогнала крысу.
> **Медвежонок.** А я говорю — я.
> **Обезьянка.** А я говорю — я.

Дерутся. Вбегает Пупс-дворник с ружьем. Бросается между дерущимися.

> **Пупс-дворник.** Племянника моего не видели?
> **Медвежонок и Обезьянка.** Нет, не видели, мы его спасем, не бойся.
> **Пупс-дворник.** А что с ним?
> **Медвежонок и Обезьянка.** Его в плен взяли.
> **Пупс-дворник.** В плен? А вы деретесь? За мной! *(Убегает.)*

Медвежонок и Обезьянка за ним. Скачет конный оловянный солдатик. На него внезапно бросается крыса, стаскивает его с коня, а сама садится на его место. Но конь отчаянно брыкается, прыгает и сбрасывает крысу. Оловянный солдатик снова на коне, гонится за крысой... Удаляется, сражаясь. В воздухе появляется Сова в черных очках. Она парит на развернутых крыльях.

> **Сова.** Ну-ну и деру-у-тся они. У-у-у-у-ужас. Пора и мне вмешаться. Где же их машины? А, вот летит ко мне на свою погибель... Ха-ха-ха!

Влетает, жужжа, самолет, которым управляет Тигр. Сова бросается на самолет. Но Тигр переводит машину в пике. Сова промахнулась. Она растерянно оглядывается, Тигр набирает высоту, летит на Сову. Сова снова бросается на самолет. Тигр начинает делать «мертвые петли». Сова распласталась в воздухе, крутит ошеломленной головой, следя за «петлями». Тигр выравнивает самолет. Сова, покачиваясь, далеко уже не так уверенно, как в первый раз, пробует на него напасть, но тщетно. Когда Тигр переводит самолет в штопор, Сова беспомощно шатается с крыла на крыло.

> **Сова** *(замирающим голосом).* Что такое?.. В первый раз в жизни... У меня кружится голова...

Тигр взвивается в воздух. Теперь он нападает. Он летит прямо на Сову и сбивает с нее очки. С воплями Сова улетает. Тигр преследует ее. Въезжают два грузовика. На них знаки — красные кресты. Р и т а и О г р о м н а я к у к л а идут возле. За ними, прихрамывая, идет М а с т е р. Он смотрит вдаль.

М а с т е р. По-моему, крысы отступают. Странно.
Р и т а. Что странно, малыш?
М а с т е р. Почему никто не скачет ко мне рассказать об этом.

Скачет В с а д н и к.

О г р о м н а я к у к л а. А вот и Всадник.
М а с т е р. Ну что?
В с а д н и к *(мрачно)*. Да неважно дело. Крыс разбили вдребезги. Не хватает клеток для пленных. Они бегут без оглядки.
М а с т е р. Да почему же ты такой грустный? Почему ты не радуешься?
О г р о м н а я к у к л а *(баском)*. Нет, уж теперь мы умны. Не будем радоваться прежде времени.
М а с т е р. Радуйтесь! Это победа настоящая. Радуйтесь! Я разрешаю.

Раздается музыка. Из-за холма показываются войска. Гремит «Ура!». Прибегает С в и н ь я - к о п и л к а.

С в и н ь я. Поздравляю! Поздравляю! С праздником! С праздником!
К р и к и. Смотрите! Смотрите!

На парашюте спускается Т и г р. Он держит в лапах связанного по рукам и ногам П о в е л и т е л я к р ы с.

М а с т е р. Повелитель крыс!
П о в е л и т е л ь к р ы с. Сдаюсь.
М а с т е р. Дайте клетку с пленными крысами.

Вкатывают беличью клетку с колесом, полную жалобно пищащих крыс. Мастер сажает к ним Повелителя крыс.

Т и г р *(прыгает)*. Победа! *(Мастеру.)* Поздравляю. *(Свинье-копилке, хватая ее за передние ноги.)* Поздравляю, поздравляю.
С в и н ь я. И я поздравляю, только пусти мои ножки. Что ты так крепко держишь меня?
Т и г р. А ты не понимаешь почему?
С в и н ь я. Нет.
Т и г р. Сейчас поймешь. Вау-вау! Спускайся, товарищ.

На парашюте спускается С л о н.

С в и н ь я. Ай-ай-ай!

Снижается самолет. На самолете Пупс с ванной, Медвежонок, Обезьянка, Пупс-дворник.

М а с т е р. Что все это значит?

С л о н *(указывает хоботом на Свинью-копилку).* Предательница!

Т и г р. Я погнался за Совой, она — в дупло, а возле дупла пень, а в пне дыра, а в дыре, я вижу, дерутся Медвежонок и Обезьянка. Я снизился. Смотрю — полно наших. Свинья-копилка — предательница. Слон выследил ее, но крысы его захватили. Пупс поймал ее, но его тоже схватили крысы. Наши побежали выручать Пупса и сами попали в плен. Я их освободил; смотрю, бежит Повелитель крыс. Мы его в плен, все на самолет и к тебе.

М а с т е р. Дайте клетку с крысами. *(Сажает Свинью-копилку в клетку.)* Иди к своим друзьям.

С в и н ь я *(визжит).* Я больше не буду!

М а с т е р. Нет, предателям мы не верим. Увезите клетку. Так. А где моя Кошка?

Г о л о с а. Догоняет последних крыс.

М а с т е р. Разыщите ее. Нам пора домой.

Г о р е с т н ы е в о з г л а с ы. Как домой! Почему? Мастер!

М а с т е р. Да, друзья, пора мне домой. Отпуск-то мой кончился. Нога у меня давно не болит. Я вам этого нарочно не говорил, чтобы вы не на меня надеялись, а на себя. Теперь никакой враг вам не страшен. Вы научились защищать свой город. До свидания, друзья.

Куклы плачут.

Не надо плакать. Я буду приезжать к вам каждый выходной день.

Куклы радостно кричат.

Что привезти вам из города?

Р и т а. Вот что я тебе скажу, малыш... Живем мы хорошо, но ведь все-таки мы игрушки... *(Вздыхает.)* Стыдно признаться, но иногда скучновато мне бывает без ребят. Может быть... найдутся дети добрые и умные, которых можно будет привезти к нам... поиграть...

И г р у ш к и. Да! Да! Правильно!

М а с т е р. Ладно. Буду присматриваться. Если найду мальчиков или девочек, которые за год не изуродовали ни одной игрушки, возьму их с собой к вам. Идет?

О г р о м н а я к у к л а. Идет. Только таких нету...

М а с т е р. А вдруг найдутся? Ну, до свидания, куклы.

Р и т а. Ребята! Передайте привет нашим братьям и сестрам, игрушкам, которые живут у вас.

О г р о м н а я к у к л а *(баском).* И не обижайте их по возможности.

В с е и г р у ш к и *(поют).*

>Приезжайте к нам скорей,
>Мы скучаем без детей...
>К нам совсем проста дорога:
>Вправо ты пройдешь немного,
>Дальше — влево, вверх и вниз,
>Мимо мошек, мимо крыс,
>Мимо дуба, мимо клена,
>По тропинке по зеленой,
>Кто разыщет — молодец,
>Тут и сказке — конец.

Занавес

1938

СКАЗКА О ПОТЕРЯННОМ ВРЕМЕНИ

ДЕЙСТВУЮЩИЕ ЛИЦА

Петя.
Маруся.
Наденька.
Вася.
Мама.
Тетя Наташа.
Старик-волшебник, он же Василий Прокофьевич.
Андрей Андреевич ⎫
Анна Ивановна ⎬ волшебники.
Мария Петровна ⎭
Пират — пес.
Кукушка.
Белка.
Гражданка, сухонький старичок, рабочие, профессор, сторож, старушка, привратник, доктор.

ДЕЙСТВИЕ ПЕРВОЕ

Двор большого дома. Из подъезда выбегает мальчик лет десяти. В руках у него книжки. Это ученик 3-го класса П е т я З у б о в.

П е т я *(смотрит на солнце).* Ну уж сегодня я, наверное, не опоздаю в школу. Если столовые часы врут, так будильник не врет. А если будильник врет, так уж солнце правду говорит. Я знаю: когда солнце возле той трубы, то времени у меня еще десять минут. Этого, апчхи! Как раз, апчхи! Хватит. Отчего это, когда человек смотрит на солнце — так непременно чихает? А ну, попробую посмотреть одним глазом. *(Чихает оглушительно. Роняет книжки. Один листок у него уносит ветром.)* Стой! Куда ты? Арифметика, а летает, как змей! За трубу зацепилась. Что тут делать? Недаром я не люблю арифметику. Как ее снять? Вот это задача! *(Швыряет в трубу камушками. Бежит в угол двора за метлой. Пытается метлою снять листок из задачника.)*

Внезапно появляется высокий с т а р и к с седой бородой. И сейчас же начинает играть едва слышная музыка. В ней явственно слышится бой часов и стук маятника. Через плечо у старика висит сумка. Петя Зубов не замечает старика.

С т а р и к *(негромко, таинственно).* Теряй, теряй, а я подберу. Теряй, теряй, а я подберу.

П е т я. Ну наконец-то упал листок! Ложись на место и лежи. Что это в самом деле — видишь, человек опаздывает, а ты летаешь, как маленький. Все, кажется, книжки? Все. Или не все? Раз, два, три... *(Взглядывает на солнце.)* Ай! Что такое! Если верить солнцу, то у меня только пять минут времени осталось. Не может быть! Наверное, сегодня солнце спешит. Побегу все-таки. Если бегом, так я успею. *(Бежит.)*

С т а р и к *(бормочет).* Теряй, теряй, а я подберу. *(Устремляется следом за Петей.)*

Двор дома исчезает. Появляется улица. Огромная витрина магазина. Стекло только что вымыто. Оно так и сверкает. Выбегает П е т я. У витрины останавливается как вкопанный. С т а р и к выбегает следом. Замирает у стены. Петя его не видит.

П е т я. Ой! Стекло как блестит. Вон я в нем, как в зеркале. *(Кланяется.)* Здравствуй, Петя Зубов. Смотри-ка! Колбасы сколько выставили. Интересно, съел бы я ее всю за год? А вон сыр. Круглый какой. Интересно, если его вместо колес приделать к автомобилю, поедет или нет машина? Ой! *(Прыгает.)* Кассиршу вижу. До сих пор я кассиршу только с лица видел, когда деньги платил, а теперь вижу с изнанки. Ишь как отстукивает! *(Хохочет, чуть не падая от смеха.)* Что я придумал! Можно кассу показать на своем лице! *(Нажимает пальцем правый глаз.)* Рубль... *(Нажимает левый.)* Двадцать... *(Нажимает нос.)* Пять. *(Вертит рукой возле уха.)* Дзинь-дзинь, получите чек, гражданин. *(Хохочет. Продолжает изображать кассу.)* Пять... Тридцать... Три... Дзинь-дзинь, получите чек, гражданин. Восемь... девяносто... восемь... Дзинь-дзинь, получите чек, гражданин.

Пока Петя изображает кассу, таинственный старик открывает сумку, висящую у него на боку.

С т а р и к *(бормочет).* Теряй, теряй, а мы подберем. Теряй, теряй, а мы подберем.

П е т я. Ой! Что это! По магазинным часам выходит, что я опоздал уже... Не может быть! Они спешат. *(Бросается бежать.)*

Старик бежит следом за Петей. Большой охотничий пес выбегает навстречу Пете.

А, здравствуй, Пират.

Пират подает Пете лапу.

Что это тебя давно не видно?

Пират делает стойку. Замирает на месте, подняв одну лапу.

А, понимаю. На охоту ездил?

Пират лает коротко, утвердительно кивая головой.

Зайцев ловил?

Пират отрицательно трясет головой.

Куропаток?

> Пират отрицает и это.

Глухарей?

> Пират кивает головой, подтверждая.

И много добыл глухарей?

> Пират прыгает, торжествуя, всем видом своим показывая, что глухарей добыто было порядочно.

Ну а все-таки? Штуки две?

> Пират отрицает это.

Три?

> Пират отрицает.

Ну а сколько же?

> Пират коротко лает пять раз.

Пять штук? А ты не врешь?

> Пират, угрожающе рыча, бросается на Петю.

Ладно, ладно, верю, верю.

> Пират ласково виляет хвостом.

А скажи ты мне...

> Раздается голос громкоговорителя: «Внимание, внимание, сейчас девять часов двадцать пять минут...»

Сколько? Не может быть! Неужели и радио спешит сегодня?

> Голос громкоговорителя: «Через пять минут слушайте передачу для дошкольников».

Нет, нет, не просите. Не могу слушать. Я опять опоздал. *(Бросается бежать.)*

> Пират скрывается. Старик остается один.

С т а р и к *(заглядывая в сумку).* Достаточно набралось. *(Оглядывается.)* Кажется, никто меня не видит? *(Достает из-за пазухи маленькую палочку.)*

> Раздается музыка, в которой слышится бой часов, стук маятника, крик кукушки.

(Бормочет под музыку.) Ку-ку! Бим-бом! Тик-так! Тихо пятится по берегу рак. Тик-так! Бим-бом! Ку-ку! Еле движется улитка по песку. Ку-ку! Тик-так! Бим-бом! Вы теряете, а мы берем!

Произнося последние слова, старик взмахивает палочкой. Его окутывает дым. Музыка звучит громче и обрывается. Дым рассеивается. Старик превратился в мальчика, ровесника Пети Зубова.

Дело сделано! Я превратился в мальчика, а Петя Зубов...

Гаснет свет. Музыка, в которой слышны крик кукушки, звон часов, стук маятника. Перед зрителями школьная раздевалка. Появляется, подпрыгивая и напевая, с т а р и к с длинной седой бородою, — совсем не тот, который превратился только что в мальчика. Тот был бледный, этот — румяный. Тот был мрачный, а этот — веселый.

В е с е л ы й с т а р и к *(кричит).* Тетя Наташа! Возьмите скорее мою кепку!

Г о л о с т е т и Н а т а ш и *(издали). А* кто это меня зовет?

В е с е л ы й с т а р и к. Это я, Петя Зубов, ученик третьего класса!

Г о л о с. А почему у тебя голос такой хриплый?

П е т я. Я сам не знаю. Простудился, наверное.

Г о л о с. А почему ты опять опоздал сегодня?

П е т я. А я не знаю. Вышел вовремя, а меня все задерживали.

Г о л о с. Кто же тебя задерживал?

П е т я. Сначала листок из задачника, потом метла, потом Пират, а я не виноват.

Г о л о с. Ну уж конечно, — все виноваты, только не ты.

Из-за вешалки выходит не спеша т е т я Н а т а ш а.

Т е т я Н а т а ш а *(читая на ходу газету).* Ох, Петя, Петя! Влетит тебе сегодня! *(Опускает газету, взглядывает на Петю, подпрыгивает от ужаса.)*

П е т я *(тоже подпрыгивает).* Вы что, тетя Наташа?

Т е т я Н а т а ш а. А вы что? *(Вглядывается, перегнувшись через перила, установленные перед вешалкой, ищет что-то на полу.)*

П е т я. Тетя Наташа! Вы кого ищете?

Т е т я Н а т а ш а. Петю Зубова.

П е т я. Я — Петя Зубов.

Т е т я Н а т а ш а. Вы — Петя Зубов? Ах! Понимаю! Вы нашего Пети Зубова дедушка?

П е т я. Какой же я дедушка? Я ученик третьего класса! Чего вы меня пугаете! Тетя Наташа!

Т е т я Н а т а ш а. Это вы меня, дедушка, пугаете.

П е т я. Я вовсе не дедушка, а мальчик!

Т е т я Н а т а ш а. Мальчик? Да вы посмотрите в зеркало.

П е т я *(подбегает к зеркалу, висящему на стене в раздевалке. Отскакивает в ужасе. Снова бросается к зеркалу. Пристально раз-*

глядывает свое старое лицо, седую бороду. *Снимает кепку, проводит рукою по седым волосам. Кричит в страхе.)* Я маме скажу! *(Выбегает.)*

    Раздевалка исчезает. Петя Зубов во дворе своего дома.

    П е т я. Что же мне делать? А? *(Дергает бороду.)* Настоящая. И сидит как крепко... Побриться — все равно лицо останется немолодое. И ростом я стал даже выше учеников десятого класса. Ох... Вот беда-то... Ну хорошо, приду я домой, а если и мама меня не узнает, тогда как быть? Бедный я, бедный Петя Зубов. Ай! Мама идет... За молоком идет... С бидончиком. Бидончик тот же, а со мной вон что сделалось. Неужели она меня не узнает?

Показывается м а м а Пети Зубова. Петя Зубов стоит, подняв голову, выставив вперед лицо, чтобы мама узнала его. Мама внимательно глядит на Петю.

Ты... вы... меня не узнаете?
    М а м а. Простите, нет...
    П е т я *(умоляюще).* Посмотрите получше!
    М а м а. Ах... Ах, узнаю... Вы наш новый дворник! Вот хорошо, что я вас встретила... Принесите, пожалуйста, нам ключ от чердака... Я стираю сегодня.

    Петя круто поворачивается. Бежит к воротам.

(Растерянно.) Куда же вы?
    П е т я *(сквозь слезы).* Куда глаза глядят!

Лес, покрытый весенней, но уже довольно густой листвой. Вечереет. Появляется П е т я.

    П е т я. Куда же это я забрел? Лес кругом... Сам не заметил, как вышел из города... Как хорошо в лесу... Дней через пять кончатся занятия... Которые ребята на дачу поедут, которые — в лагерь, а я что буду делать?
    К у к у ш к а. Ку-ку!
    П е т я. Что ты говоришь?
    К у к у ш к а. Ку-ку!
    П е т я. Кукушка, а кукушка, где же мне спасения искать?
    К у к у ш к а. Ку-ку!
    П е т я. Все ку-ку да ку-ку, а что делать — не отвечает. *(Поет.)*

        Где ты, молодость?
        Ку-ку!
        Где ты спряталась?
        Ку-ку!

Как найти тебя?
Ку-ку!
Кто ответит старику?

На дереве появляется Б е л к а.

(Подпрыгивает от восторга.) Белочка, здравствуй, дорогая!

Белка кувыркается.

Иди сюда, я тебя поглажу. Не бойся меня. Я добрый мальчик! Поиграй со мной, а то мне очень грустно. Ты не смотри, что у меня седая борода, — мне ведь только десять лет. Слышишь, Белка?

Белка опускается ниже и ниже, с ветки на ветку.

Спасибо тебе, Белка, хоть ты меня развеселила. Сама посуди, что у меня за жизнь? Будь я настоящий старик, был бы я доктором, или токарем, или, может быть, даже генералом, а теперь я всего только ученик третьего класса.

Белка двигается к Пете.

Или, Белочка, получал бы я пенсию за мою прошлую работу. А теперь разве дадут мне пенсию, когда я всего только три года и работал — в первом, во втором и в третьем классах. Да и то по арифметике посредственно имел. Что мне делать? А? *(Делает движение к Белке.)*

Белка срывается с места и устремляется в глубь леса.

Постой! Белочка! Хоть ты меня не бросай! *(Гонится за Белкой.)*

Показывается маленький белый домик. Он стоит в самой чаще леса. Вокруг ни забора, ни служб; кажется, что домик вырос сам собою среди кустов и деревьев.

Вот тут я и отдохну. *(Стучит в дверь.)* Хозяева, пустите отдохнуть бедного мальчика... То есть бедного старичка. *(Стучит еще раз.)*

Вдруг дверь открывается перед ним сама собою.

(Заглядывает в домик.) Да ведь тут никого нету! Как быть? Может быть, хозяева вернутся скоро. *(Входит в домик.)*

Лес исчезает. Петя стоит в комнатке, оглядываясь. Комната обставлена просто: стол, вокруг него четыре табуретки. На задней стенке висят часы, довольно большие. В углу горой навалено сено. У правой стенки стоит шкаф.

Эй, если есть тут живая душа, откликнись!

Внезапно на циферблате часов распахивается дверца. Оттуда выскакивает К у - к у ш к а. Часы бьют, а Кукушка кукует шесть раз. Скрывается, прокуковав.

Кукушка, дорогая, не убегай, поговори со мной хоть немножко, пожалуйста.

Дверца щелкает. К у к у ш к а выглядывает из дверцы. Глядит на Петю, раскрыв клюв.

Клюв раскрыла... Тебе, верно, пить хочется?
К у к у ш к а. Ку-ку.
П е т я. А где вода?
К у к у ш к а. В шкафу.
П е т я *(бежит к шкафу, отворяет его, достает чайник, наливает воды в блюдце, дает кукушке).* Пей!

Кукушка пьет.

Еще хочешь, Кукушка?
К у к у ш к а. Дай капель-ку-ку. *(Пьет.)*
П е т я. Еще налить, Кукушка?
К у к у ш к а. Довольно, мальчик.
П е т я. Откуда ты знаешь, что я мальчик, а не старик?

Кукушка молчит.

Скажи, Кукушка! Я вижу, ты все знаешь! Помоги мне, милая. Объясни, что со мной! Пожалуйста! Там, наверное, мама беспокоится уже: «Где Петя, что с ним?» А Петя и сам не знает, что же это такое с ним приключилось... Помоги, Кукушечка. Помоги, милая. Расскажи, что это со мной!
К у к у ш к а. Ку-ку... Я им сто лет служила, а они ни разу меня не пожалели. Ты меня водою напоил. Ласково со мною поговорил. Хорошо. Я тебе все скажу. Побеги погляди — никого в лесу не видно?
П е т я *(выглядывает в окно).* Никого!
К у к у ш к а. Тогда слушай. Превратил тебя в старика злой волшебник.
П е т я. Как же я этого не заметил?
К у к у ш к а. Человек, который напрасно теряет время, сам не замечает, как стареет.
П е т я. Как ты говоришь?
К у к у ш к а. Человек, который напрасно теряет время, сам не замечает, как стареет. И превратил тебя волшебник в старика. А потерянное тобою время забрал себе. И стал ты стариком, а он мальчиком.
П е т я. Что же мне делать теперь?

К у к у ш к а. Не знаю.
П е т я. Неужели всю жизнь стариком жить?
К у к у ш к а. Не знаю.
П е т я. А ты посоветуй.
Кукушка. Поди погляди — никого в лесу не видно?
П е т я *(выглядывает в окно)*. Какой-то мальчик бежит сюда!
К у к у ш к а. Это злой волшебник. Заройся в сено и слушай. Может быть, и узнаешь, как свою молодость вернуть.

Кукушка скрывается в часах. Петя бросается в угол и зарывается в сено. Дверь домика медленно открывается, и входит тот самый мальчик, в которого превратился на наших глазах злой старик. Он внимательно оглядывает всю комнату. Заглядывает в угол, где прячется Петя. Не замечает его. Свистит, высунувшись в окно. Ему отвечают свистки издали.

М а л ь ч и к. Кукушка!

Кукушка выскакивает из дверцы часов.

Никто сюда не приходил?

Кукушка молчит.

Отвечай сейчас же, а то я тебе голову сверну.
К у к у ш к а. Ку-ку.
М а л ь ч и к. Ясней говори: был тут кто-нибудь?
К у к у ш к а. Ку-ку.
М а л ь ч и к. Ну ладно, упрямая птица, я с тобой рассчитаюсь. Сиди не пивши не евши еще год!
К у к у ш к а. Ку-ку. *(Скрывается.)*

В дверь домика не спеша входит, солидно покашливая, д е в о ч к а.

М а л ь ч и к. Здравствуйте, Анна Ивановна.
Д е в о ч к а. Здравствуйте, Василий Прокофьевич.
М а л ь ч и к. Кого превратили, Анна Ивановна?
Д е в о ч к а. Одну девочку, Василий Прокофьевич. Ей надо в школу идти, а она в мячик играет, даром время теряет. Ну и стала она старушкой, а я — девочкой.

Входит не спеша в т о р о й м а л ь ч и к.

П е р в ы й м а л ь ч и к. Здравствуйте, Андрей Андреевич.
В т о р о й м а л ь ч и к. Здравствуйте, Василий Прокофьевич!
П е р в ы й м а л ь ч и к. Кого превратили?
В т о р о й м а л ь ч и к. Одного мальчика. Ему надо в школу идти, а он на «колбасе» катается, даром время теряет. Ну и стал он стариком, а я — мальчиком.

Входит вторая девочка.

П е р в ы й м а л ь ч и к. Здравствуйте, Мария Петровна!
В т о р а я д е в о ч к а. Здравствуйте, Василий Прокофьевич!
П е р в ы й м а л ь ч и к. Кого превратили?
В т о р а я д е в о ч к а. Одну девочку. Ей надо в школу идти, а она перед зеркалом вертится, даром время теряет. Ну и стала она старушкой, а я — девочкой.
П е р в ы й м а л ь ч и к. Ну, пока все идет хорошо. *(Опять обходит комнату, заглядывает во все углы.)*
П е р в а я д е в о ч к а. Кого вы ищете, Василий Прокофьевич?
П е р в ы й м а л ь ч и к. Да ведь если кто-нибудь из ребят узнает, как он превратился в старика, да разыщет всех остальных превращенных, да приведет их сюда до шести часов вечера завтрашнего дня, да повернет стрелку на часах на полный круг обратно, то ребята станут опять ребятами, а мы погибнем.
П е р в а я д е в о ч к а. Да где же им все это узнать?
В т о р а я д е в о ч к а. Да как им друг друга разыскать?
В т о р о й м а л ь ч и к. Да как им догадаться сюда добраться и стрелку повернуть!
П е р в ы й м а л ь ч и к. Так-то оно так, а все-таки осторожность не мешает... Ну, в путь! Идите в город, уроки срывайте, в чужие звонки звоните, скандальте, шумите. Чем люди больше времени потеряют, тем нам, злым волшебникам, жить легче. Вперед.

Дети идут.

Стойте!

Дети останавливаются.

Не забывайте, что вы дети! Ведите себя веселей. Прыгайте!

Дети подпрыгивают.

Веселитесь.

Дети дерутся.

Ну а теперь — за мной!

Все убегают. Петя осторожно вылезает из своей засады.

П е т я. Сейчас же побегу в город. Всех найду. Всех найду и сюда приведу. Ура-а! *(Убегает.)*
К у к у ш к а *(выскакивает из дверцы).* Ку-ку, ку-ку! Бедный мальчик! Бедный мальчик! Разве просто их найти? Что-то будет! Что-то будет!

Занавес

ДЕЙСТВИЕ ВТОРОЕ

Городская улица. Раннее утро. Появляется Петя Зубов. Оглядывается нетерпеливо.

Петя. Рано я прибежал в город. Все спят еще. Эй, товарищи дорогие! Десятилетние старички! Появляйтесь поскорее! Я спасти вас пришел! Идет! Вон идет какая-то старушка. Наконец-то... Вот обрадуется, бедная...

Входит пожилая гражданка, очевидно идущая с рынка. В руке у нее сумка.

Петя. Здравствуйте, гражданка!

Гражданка останавливается.

Разрешите узнать... Вы... Вы... Вы...
Гражданка *(сурово)*. Ну, чего надо? Говорите, не тяните.
Петя. Вам не десять лет?
Гражданка. Как?
Петя. Вы не ученица третьего класса?
Гражданка. Да ты что, в уме?
Петя. Я? В уме, в уме... Я сейчас вам все объясню. Я, видите ли, сам мальчик. Вчера превратился я. А сегодня до шести мне надо обратно.
Гражданка. Понятно. Идем!
Петя. Куда?
Гражданка. В милицию.
Петя. За что?
Гражданка. Я тебе покажу, какая я ученица третьего класса. Милиционер!
Петя. Позвольте, гражданка!
Гражданка. Я тебе покажу, сколько мне лет. Милиционер!

Петя бросается бежать.

(Преследуя его.) Держи его! Лови его! Он прохожих пугает! Милиционер!

Новая часть городской улицы. Кирпичная стена строящегося дома. У стены стоит маленький сухонький с т а р и ч о к. Прибегает, запыхавшись, П е т я.

П е т я. Ух, еле спасся! Эта гражданка — настоящий рысак... Ну и я неплох. Бородища-то у меня седая, но я не забыл еще, как бегать надо... Теперь буду осторожнее, ребята-старики — это те, которые стоят безо всякого дела, грустные, растерянные... Только с такими я и буду заговаривать. Ой... Вон как раз один такой и стоит... *(Осторожно приближается к задумчивому старичку.)* Конечно, это он... Мальчик... Стоит, уставился на стенку, бедняжка... *(Робко.)* Скажите, гражданин, вам не десять лет?

С т а р и к *(рассеянно).* Десять, милый, десять.

П е т я *(радостно).* Вы ученик третьего класса?

С т а р и к. Третьего, милый, третьего.

П е т я. Вы тоже время теряли?

С т а р и к *(очнувшись).* А?

П е т я. Вы того, говорю, время теряли?

С т а р и к. Еще бы не теряли! Соседняя бригада чуть не вдвое больше нас успела. Но только теперь мы ее обгоним. Я понял, как надо людей расставить. *(Кричит.)* Вася, Шура, ко мне!

Вбегают молодые рабочие В а с я и Ш у р а.

Сережа, Коля, — на стену!

На верхушке стены появляются С е р е ж а и К о л я. Вася и Шура устанавливают внизу элеватор для подачи кирпичей. Полотняная дорожка ползет, подает кирпичи наверх. Рабочие укладывают их. Стена домика растет на глазах. Петя отходит угрюмо.

П е т я. Обыкновенный стахановец, а говорит, что ученик третьего класса. *(Уходит.)*

Парк, покрытый весенней листвою. Аккуратно подстриженный газон. Петя появляется на аллее.

П е т я. Вот здесь их надо искать. Куда же им, бедным, еще деваться? Разбрелись, наверное, по паркам да по скверикам и сидят себе на скамеечках.

На аллее появляется старик в легком весеннем пальто. В руке мягкая шляпа. Он приближается не спеша.

Посмотрим, как он будет себя вести... Нет, это не он. Лицо спокойное. Ай!

Старик вдруг делает дикий прыжок. Мчится прямо по аллее. Гонится за бабочкой. Пробует ее поймать своею шляпой.

Мальчик! Честное слово, мальчик! Ах ты мой дорогой... За бабочкой погнался, голубчик!

Петя шагает на газон. Короткий свисток. С т о р о ж вырастает перед Петей.

С т о р о ж. Дедушка! По газону ходить воспрещается.
П е т я. А почему тому мальчику можно?
С т о р о ж. Где же это вы, дедушка, увидали мальчика?
П е т я. А вон тот, седой, который прыгает.
С т о р о ж. Этот? Да что вы, дедушка! Да разве же это мальчик?
П е т я. А кто же он?
С т о р о ж. Это заслуженный деятель науки профессор Андрей Андреевич Смирнов. Мы ему тут все разрешаем: и цветы рвать, и траву мять, и кусты ломать.
П е т я. Почему же это?
С т о р о ж. Потому что это он для науки. Вот поймал он бабочку. Хочет он узнать: что это за бабочка? Почему она так рано появилась? Не вредная ли она? Он и на прогулке напрасно времени не теряет, а вы говорите — мальчик. Ах, дедушка, дедушка! *(Укоризненно покачивая головой, уходит.)*

Исчезает, поймав бабочку, профессор, и Петя остается один.

П е т я. Если бы не борода, я, честное слово, заплакал бы. Полгорода обежал, все старики делом заняты. Все спокойны, все довольные... Ой...

На аллее появляется бойкая и быстрая в движениях с т а р у ш к а. Не замечая Пети, усаживается на скамеечку. Вдруг разражается слезами, закрыв руками лицо.

(Подпрыгнув от радости.) Ревет! Честное слово, ревет! Это девчонка! Пойти спросить? А вдруг и у настоящих старушек бывают неприятности. Подождем. *(Спрятавшись за деревом, наблюдает за старушкой.)*

Старушка перестает плакать. Сидит, болтает ногами.

Ногами болтает! Честное слово, девчонка... В траву нацелилась. Что это она там увидела? Неужели это опять ученая какая-нибудь? Неужели она сейчас поймает жучка и все дело этим и кончится?

Старушка ныряет в траву и достает оттуда мячик, очевидно забытый кем-то из гулявших в парке детей. Осторожно оглянувшись, старушка подходит к дереву и начинает играть в мячик.

Она! *(Бросается к старушке.)*

Старушка отскакивает в ужасе.

Бабушка, не убегайте! Бабушка, не бойтесь меня! Здравствуйте.

С т а р у ш к а. Здравствуйте.

П е т я. Скажите, бабушка... Ох, боюсь... А вдруг я опять ошибаюсь... Скажите, бабушка, почему вы в мячик играете?

С т а р у ш к а *(растерянно)*. А я и сама не знаю.

П е т я. Скажите, бабушка, а... а сколько вам лет?

С т а р у ш к а. Десять.

П е т я. Вы, значит, школьница?

С т а р у ш к а. Школьница.

П е т я. В каком классе?

С т а р у ш к а. В третьем.

П е т я. Как зовут?

С т а р у ш к а. Маруся Морозова.

П е т я. Вчера постарели?

С т а р у ш к а. Да. А вы почему знаете?

П е т я. Я тоже только со вчерашнего дня старик. Сейчас я тебе все расскажу.

Вдруг на дереве появляется К у к у ш к а.

К у к у ш к а.

    Петя, Петя, поскорей,
    Ку-ку! Ку-ку!
    Разыщи двоих детей,
    Ку-ку! Ку-ку!
    Разыщи еще двоих,
    Ку-ку! Ку-ку!
    Двух товарищей твоих,
    Ку-ку! Ку-ку!

П е т я. Бежим, Маруся, не будем время терять! Я по дороге тебе все расскажу.

Бегут. Парк исчезает. М а р у с я и П е т я на улице, около школы. Стоят, оглядываясь.

П е т я. Слушай!

М а р у с я. Ребята шумят.

П е т я. Это школа.

М а р у с я. Счастливые!

Петя. Сидят себе на уроке!

Маруся. А мы, несчастные, разгуливаем.

Петя. Тише! *(Прислушивается.)*

Голос учителя. Пятьдесят и семьдесят?

Голос ученика. Сто двадцать.

Петя. Милая арифметика.

Голос учителя. Сто двадцать взять три раза.

Голос ученика. Триста шестьдесят.

Маруся. Дорогое умножение!

Голос учителя. Триста шестьдесят разделить на четыре.

Голос ученика. Девяносто.

Петя. Родное ты мое деление.

Появляется мальчик с книжками. Идет не спеша. Останавливается возле витрины магазина. Смотрит на свое отражение в стекле.

Смотри, ужас-то какой! Он в школу опаздывает!

Маруся. Несчастный!

Бегут к мальчику.

Ты что это делаешь? Состариться захотел?

Петя. Чего ты стоишь тут у окна!

Маруся. Чего ты время теряешь!

Петя. Ты думаешь, это весело: все делом заняты, каждый на своем месте, один ты со своей седою бородой не знаешь, куда приткнуться.

Маруся. Ты думаешь, это хорошо — незаметно состариться? А?

Мальчик *(с достоинством).* Что вы на меня кричите? Вы мне не родственники и не знакомые.

Петя. А ты зачем опаздываешь?

Мальчик. Да я и не опаздываю вовсе, я во второй смене. Какие странные граждане мне все сегодня попадаются. Одна старушка у нас во дворе играет, другие...

Петя. Стой! Стой! Какая старушка у вас во дворе играет?

Маруся. Во что играет?

Петя. Где ваш двор?

Мальчик. Вот дом, номер восемнадцатый!

Маруся и Петя бегут во двор.

(Солидно.) Вот потешные старики! Из цирка они, что ли? Бегают, как футболисты.

Двор большого дома. Сложены дрова. В укромном, закрытом от посторонних глаз проходе между дровами с т а р у ш к а чертит мелом классы. Начертив, начинает прыгать на одной ножке. Появляются П е т я и М а р у с я. Смотрят несколько мгновений молча. Потом бросаются к старушке.

П е т я. Здравствуйте, бабушка!
С т а р у ш к а. Здравствуйте.
М а р у с я. Скажите, бабушка, а как вас зовут?
С т а р у ш к а. Наденька.
П е т я. А скажите, бабушка, сколько вам лет?
Н а д е н ь к а. Десять.
М а р у с я. И мне тоже! И ему тоже! И мы тебя спасем!

Обнимаются. Пляшут от радости. На дровах появляется К у к у ш к а.

К у к у ш к а.

    Петя, Петя, поскорей,
    Ку-ку! Ку-ку!
    Ты двоих нашел друзей,
    Ку-ку! Ку-ку!
    До шести, до шести,
    Ку-ку! Ку-ку!
    Надо третьего найти,
    Ку-ку! Ку-ку!

П е т я. Бежим, Наденька!
М а р у с я. Мы по дороге тебе все расскажем.

Убегают.

Выкрашенная в зеленый цвет изгородь. Ворота. За изгородью теннисный корт. Стройные, крепкие с т а р и к и с т а р у ш к а играют в теннис. Появляются П е т я, М а р у с я и Н а д е н ь к а.

П е т я. Смотри!
М а р у с я. В мячик играют!
Н а д е н ь к а. Нашли! Одну девочку даже лишнюю нашли!
П е т я. Погоди, не радуйся прежде времени. *(Подходит к воротам.)*

Из будочки появляется п р и в р а т н и к.

П е т я. Скажите, пожалуйста, кто здесь живет?
П р и в р а т н и к. Это дом отдыха завода № 99.
П е т я. А кто это в мячик играет?
П р и в р а т н и к. Это лучший наш токарь Василий Степанович

и главная бухгалтерша Антонина Сергеевна. А вы что — отдыхать к нам прибыли?

П е т я. Нет, нам отдыхать еще рано. Девочки, за мной!

Убегают.

Улица. Возле больших часов — П е т я, Н а д е н ь к а, М а р у с я.

П е т я. Что же это такое? Три часа уже ходим...

Н а д е н ь к а. И никого не находим.

М а р у с я. Меня уже ноги не слушаются.

Н а д е н ь к а. Ведь как-никак, а мы все-таки пожилые.

М а р у с я. Бедные мы девочки!

Н а д е н ь к а. Несчастные мы старушки! Уже без десяти четыре, а его нет как нет!

Плачут.

П е т я. Перестаньте сейчас же реветь! Кто плачет, тот... тот...

Появляется трамвай. На трамвайной «колбасе» висит с т а р и к. *Едет, беззаботно напевая что-то, заломив шапку набекрень.*

Глядите!

М а р у с я. Нашелся!

Н а д е н ь к а. Ой, уедет!

П е т я. Лови его!

Бросаются вдогонку за трамваем. Трамвайная остановка. Трамвай замедляет ход. Охая и задыхаясь, наши старики догоняют его. Старик, висящий на «колбасе», замечает погоню. Соскакивает, бросается бежать.

Стой!

Н а д е н ь к а. Он думает, что мы комиссия по борьбе с «колбасниками»!

Мчатся за стариком.

Площадка лестницы. Дверь, ведущая на чердак. Появляется В а с и л и й П р о к о ф ь е в и ч. *Оглядывается осторожно. Тихо свистит. Входят остальные волшебники.*

В а с и л и й П р о к о ф ь е в и ч. Докладывайте, как идут дела.

М а р и я П е т р о в н а. Восхитительно. Я в школу поступила. В третий класс. На первом уроке записки всем посылала. На втором — с девочкой подралась, на третьем окошко разбила. Из-за меня, хи-хи, учительница плакала. Времени потеряли — целые горы.

В а с и л и й   П р о к о ф ь е в и ч. Молодец. А у вас как дела, Анна Ивановна?

А н н а   И в а н о в н а. Очаровательно. Я целый день по телефону «Скорую помощь» к здоровым людям вызывала. Настоящие больные ждут, а машин нет. Я так хохотала!

В а с и л и й   П р о к о ф ь е в и ч. Молодец. А вы, Андрей Андреевич?

А н д р е й   А н д р е е в и ч. Трамваи портил.

В а с и л и й   П р о к о ф ь е в и ч. Как трамваи портил?

А н д р е й   А н д р е е в и ч. Большие вагоны, с дверьми, которые сами закрываются, портил. Влезу да испорчу дверь, ха-ха. Пассажиры толпятся, ругают вожатого. Вожатый дерг-дерг, а дверь ни с места, вагон ни с места, пассажиры ни с места, только время идет, теряется, ха-ха!

В а с и л и й   П р о к о ф ь е в и ч. Молодец! Теперь мы сделаем вот что... *(Прислушивается.)* Прячьтесь! Сюда бежит кто-то!

Скрывается за дверью, ведущей на чердак. Остальные злые волшебники делают то же самое. На площадку влетает, запыхавшись, с т а р и к, висевший на «колбасе», за ним   М а р у с я,   П е т я,   Н а д е н ь к а. Они окружают старика. Василий Прокофьевич подслушивает.

С т а р и к *(ревет басом)*. Я больше не буду!

П е т я. Чего ты ревешь?

С т а р и к. Отпустите, дяденьки, тетеньки!

П е т я. Да пойми же ты, что мы вовсе не дяденьки и не тетеньки.

С т а р и к. А кто же вы?

П е т я. А ты кто?

С т а р и к. Я ученик третьего класса Вася Зайцев...

П е т я. Ну и мы ученики третьего класса. Все мы попали в лапы к злым волшебникам. Но мы вырвемся.

В а с я. Милые мои! Спасибо! Ура! Бежим!

Убегают. С чердака медленно выходят злые волшебники.

М а р и я   П е т р о в н а. Ах! Мне дурно!

А н н а   И в а н о в н а. Они нашли друг друга!

А н д р е й   А н д р е е в и ч. Все погибло!

В а с и л и й   П р о к о ф ь е в и ч. Ну нет! Так просто мы не сдадимся! До шести часов есть еще время. Мы их поймаем. Мы их не пустим. Они до лесу на трамвае поедут, а вы, Андрей Андреевич, в трамвае двери испортите. Нет, нет уж! Доживать им свой век стариками. За мной!

Убегают.

Занавес

ДЕЙСТВИЕ ТРЕТЬЕ

Улица. У трамвайной остановки появляются П е т я, М а р у с я, Н а д е н ь к а, В а с я. Следом за ними крадется А н д р е й А н д р е е в и ч.

П е т я. Вон идет наш номер — сорок второй.
М а р у с я. Сейчас мы доедем до лесу.
Н а д е н ь к а. А потом — бегом к домику.
В а с я. И опять станем ребятами.
А н д р е й А н д р е е в и ч (*шепчет*). Посмотрим, как вы до лесу доберетесь. Посмотрим, как вы ребятами станете. Я сейчас захлопну двери так, что они два часа не откроются.

Подходит трамвай. Андрей Андреевич вбегает туда первый. За ним направляются старики. Вдруг Петя отшатывается.

П е т я. Назад!
М а р у с я. А что такое?
П е т я. Он в трамвае!
М а р у с я. Кто?
П е т я. Злой волшебник Андрей Андреевич! Я узнал его!
М а р у с я. Где он?
П е т я. Вон с передней площадки выглядывает! Бежим!

Петя, Маруся, Наденька и Вася бросаются бежать. Андрей Андреевич прыгает из вагона. Свистит. Появляются остальные з л ы е в о л ш е б н и к и.

А н д р е й А н д р е е в и ч. Все погибло.
В а с и л и й П р о к о ф ь е в и ч. С чего ты взял?
А н д р е й А н д р е е в и ч. Они меня узнали, вон, убегают! У них ноги длинные, а мы бегать совсем разучились.
А н н а И в а н о в н а. Бегите! Я придумала, как их задержать.

Бегут. Телефон-автомат.

(*Говорит по телефону.*) «Скорая помощь»! Скорее, скорее! Из сумасшедшего дома убежали четыре сумасшедших. Два старика и две старухи! Они сейчас побегут по Мичуринской улице к лесу. Узнать их очень просто. Вы их спросите: «Старики, вы школьники?» А они ответят: «Школьники, школьники!» Да, да, скорей, скорей! *(Вешает трубку.)* Посмотрим, как вы до лесу доберетесь, хи-хи! Посмотрим, как вы ребятами станете, хи-хи!

Улица. Вихрем проносятся старики. Исчезают. Появляются з л ы е в о л ш е б н и к и. Задерживаются на миг.

Вот и Мичуринская улица, хи-хи!

М а р и я П е т р о в н а. Сейчас их увезут, ха-ха!

Убегают.

Появляется Мичуринская улица. Вбегают П е т я, В а с я, М а р у с я и Н а д я.

М а р у с я. Передохнем одну секундочку.

П е т я. Хорошо. Живее только отдыхай, а то мы опоздаем.

Н а д е н ь к а. «Скорая помощь» едет!

М а р у с я. Кто-то, бедненький, заболел.

Подъезжает автомобиль «Скорой помощи». Оттуда выскакивает д о к т о р.

Д о к т о р. Скажите, пожалуйста, вы не школьники?

П е т я. Школьники.

В а с я. Откуда вы это узнали?

М а р у с я. Только мы совсем здоровы. Что вы на нас так смотрите?

Н а д е н ь к а. Вы нас не задерживайте, а то мы никогда не превратимся в детей.

Д о к т о р. Не бойтесь. Я вас не задержу, я очень хороший доктор. Дайте-ка ваш пульс. *(Пробует пульс. Удивленно.)* Ах! Да ведь вы и в самом деле дети!

М а р у с я. Конечно. А вы думали, кто мы?

Д о к т о р. А нам позвонили, что вы сумасшедшие. Но я решил все-таки проверить это. А ну-ка, я вас выслушаю. *(Прислоняет голову к груди Пети. Слушает. Вскрикивает.)* Ну конечно! Мальчик десяти лет, ученик третьего класса. Как вы превратились в старика?

П е т я. Мы теряли напрасно время.

Д о к т о р. Я так и думал.

П е т я. Если к шести часам мы не попадем в лес, то мы навсегда останемся стариками!

Д о к т о р. «Скорая помощь» поможет вам. Идемте в машину. Мы вас отвезем в лес.

Маруся. Спасибо.

Старики садятся в автомобиль. Уезжают. Появляются **злые волшебники**.

Василий Прокофьевич. Спасибо, Анна Ивановна!
Анна Ивановна. Рада стараться, Василий Прокофьевич.
Мария Петровна. Ах! Я сейчас упаду!
Андрей Андреевич. Все погибло!
Василий Прокофьевич. Что такое?
Мария Петровна. Смотрите! Автомобиль свернул на шоссе и мчится к лесу!
Василий Прокофьевич. Скорее, скорее за ними! Вперед!

Убегают.

Лес. Петя, Маруся, Наденька, Вася *стоят на поляне.*

Петя. Еще две минуты, и мы найдем домик.
Наденька. Ты уже двадцатый раз говоришь, что через две минуты мы его найдем!
Петя. А чем я виноват, что вчера он сам попался навстречу, а сегодня прямо как будто с ума сошел.
Маруся. А ты влезь на дерево, с дерева, может быть, увидишь.
Петя. Ладно, попробую. *(Взбирается на дерево. Исчезает где-то наверху.)*
Вася. Скорей смотри!
Наденька. Ну что?
Маруся. Ах! Он там плачет!
Вася. Чего ты ревешь?
Петя. Я... Я не реву.
Вася. А что же ты делаешь?
Петя. Так просто, сижу, думаю.
Вася. Слезай, пойдем дальше.
Петя. А куда идти, когда в лесу ничего не видно.
Маруся. Что же ты вчера, когда бежал, дорогу не заметил?
Наденька. Разбросал бы хоть камушки, как Мальчик-с-пальчик.
Петя. Я боялся время терять. *(Слезает с дерева.)* Я не знал, что время — такая ехидная штука. Оказывается, нужно иногда потерять немного времени, чтобы потом его сберечь.
Наденька. Еще и рассуждает! Так бы и вцепилась тебе в бороду!

В а с я. Только тронь!

Н а д е н ь к а. А вы нас в школе за косы дергаете?

М а р у с я. Оставь. Видишь, он сам расстроился.

П е т я. Кукушка, а кукушка! Что же ты нас оставила? Ты молчишь? Ведь мы с тобою так подружились! Ты в городе мне песни пела... Ты в городе меня торопила. А теперь молчишь, будто мы с тобой поссорились. Ведь мы заблудились! Мы стоим в лесу, а время идет, идет. Помоги нам!

Едва слышно раздается в лесу: «Ку-ку!»

Она!

Г о л о с К у к у ш к и. Я давно бы вас позвала, да хозяева близко.

П е т я. Как близко?

Г о л о с К у к у ш к и. Тише!

Г о л о с В а с и л и я П р о к о ф ь е в и ч а *(вдали).* Мария Петровна, что вы шагаете так, будто вам семьдесят лет? Помните, что вы теперь десятилетняя девочка.

П е т я. Они! Ползем за ними. А когда я крикну «Вперед!», поднимайтесь и — за мной!

Ползут. Панорамой проходит лес. Показывается тропинка. Задыхаясь, шагают по тропинке з л ы е в о л ш е б н и к и. Следом крадутся с т а р и к и. Вот показывается впереди дом.

(Вскрикивает.) Вперед!

Обгоняя злых волшебников, старики мчатся к домику. Волшебники визжат. Комната в домике. Вбегают старики. Взявшись за руки, поворачивают стрелку часов. Следом врываются волшебники, но поздно; стрелка повернута на полный круг. Гремит музыка, стены домика, вращаясь, исчезают в тумане. Исчезают в тумане и волшебники, и старики. Туман рассеивается. Перед зрителями тот самый двор большого дома, из которого выбежал вчера утром Петя Зубов. П е т я З у б о в стоит посреди двора, растерянно оглядываясь. Он не старик больше. Он такой же мальчик, как вчера.

П е т я. Что это... А лес куда девался... А где Вася, Маруся, Надя, Кукушка, часы... А что это у меня в руках? Книжки... Мои книжки...

Щелкает окно во втором этаже. М а м а Пети Зубова выглядывает оттуда.

М а м а. Ты что же это делаешь?

П е т я. Мама!

М а м а. Ты что это делаешь, а? Почему ты стоишь посреди двора, ты хочешь опять опоздать?

П е т я. Мама, ты меня узнала?

М а м а. Что?

П е т я. Мама, я не пропадал?

М а м а. Ничего не понимаю.

П е т я. Мама, а какое сегодня число?

М а м а. Двадцать пятое мая.

П е т я. Ура! Значит, сегодня — вчера! Значит, стало на место! Значит, я — опять я, а ты — опять ты! *(Кричит.)* Ура!.. *(Бросается в дом. Через миг он показывается в окне возле недоумевающей мамы. Он обнимает ее, целует и исчезает. Вихрем проносится через двор. Кричит.)* Нет больше злых волшебников!

Двор исчезает. Слышен удаляющийся крик Пети: «Нет больше злых волшебников!» Музыка. Появляются во всю сцену часы. Кукушка выглядывает из дверцы.

К у к у ш к а *(поет).*

Это верно, верно, дети,
Нет волшебников на свете!
Все они побеждены,
Прочь удрать принуждены.
Чтоб они не возвратились
И в детей не превратились,
Твердо помните, друзья...

П е т я, М а р у с я, Н а д я и В а с я *(поднявшись над ширмой).* Что опаздывать нельзя!

Конец

ПОВЕСТИ

ПОВЕСТИ

ПРИКЛЮЧЕНИЯ ШУРЫ И МАРУСИ

Жили-были две сестры — Маруся и Шура. Марусе было семь с половиною лет, а Шуре — только пять. Однажды сидели они возле окошка и красили кукле щеки. Вдруг в комнату входит бабушка и говорит:

— Вот что, девочки: скоро папа придет с работы, мама придет со службы, а суп нечем засыпать. Я сбегаю в магазин, а вы тут посидите одни. Ладно?

Маруся ничего не ответила. А Шура сказала:

— Ладно. А вдруг будет пожар?

— Ужас какой! — рассердилась бабушка. — Откуда ему быть, пожару-то? Не подходи к плите — и не будет пожара.

— А если придут разбойники? — спросила Шура.

— Так вы им не открывайте, — ответила бабушка. — Спросите: «Кто там?» — и не открывайте. До свиданья.

И она ушла.

— Вот хорошо-то! — сказала Шура. — Теперь мы хозяева! Давай бросим красить! Давай лучше в буфете конфеты искать. Ведь все ушли!

— Отстаньте вы все от меня! — сказала Маруся.

Она была упрямая. Уж если начала что делать, так ни за что не бросит.

Шура вздохнула и пошла к буфету одна, но не дошла. Где-то на лестнице жалобно замяукала кошка. Шура даже затряслась от радости и закричала:

— Маруся! К нам кошка просится!

— Отстаньте вы все от меня! — пробормотала опять Маруся.

— Я ее впущу.

— Только попробуй! — ответила Маруся. — Может быть, это дикая кошка. Может быть, она всех нас перецарапает.

— Она совсем не дикая, — ответила Шура и пошла в прихожую. Кошка плакала где-то совсем близко за дверью.

— Кыс-кыс-кыс! — позвала ее Шура.

«Мурр-мяу!» — ласково ответила кошка.

— Ты к нам просишься? Да, кисенька? — спросила Шура.

«Мурр-мурр-мяу!» — ответила кошка еще ласковее.

— Хорошо, сейчас! — сказала Шура и стала отпирать дверь.

— Шура! — закричала Маруся строгим голосом, вскочила, но в прихожую не пошла. Она стала наспех, стоя докрашивать кукле щеки. А Шура тем временем справилась с замком и выскочила на площадку.

Кошка, увидев Шуру, сделала круглые глаза и прыгнула сразу ступенек на десять вверх, будто из двери вышла не маленькая девочка, а какой-то страшный великан.

— Чего это ты? — удивилась Шура.

Услышав Шурин голос, кошка взлетела еще ступенек на пятнадцать, будто это не девочка заговорила, а ружье выпалило.

— Кошечка, куда ты? — сказала Шура самым тихим, самым нежным голосом. — Ведь это я, Шура, с которой ты из-за двери разговаривала!

И на цыпочках, осторожно-осторожно, она пошла вверх по лестнице. Кошка, не двигаясь, глядела на Шуру.

Как хороша была кошка! Вся серая, вся вымазанная в угле, в паутине, в пыли. Надо будет вымыть ее в тазу для посуды, пока не вернется бабушка. Одно ухо разорвано. Можно помазать его йодом. А какая она худая! Наверное, это самая худая кошка на свете. Девочка была уже в трех шагах от нее, и кошка уже не таращила глаза, как безумная, а только щурилась. Еще две ступенечки — и можно будет ее погладить. И вдруг дверь Шуриной квартиры с громом захлопнулась. Кошка снова, как дикая, выпучила глаза, подпрыгнула вверх и сразу исчезла, будто и не было ее вовсе. Чуть не заплакала Шура. Оглянулась. Перед закрытой дверью строгая, так что смотреть страшно, стояла Маруся.

— Здравствуйте! — сказала Маруся.

— Здравствуй, — ответила Шура.

— Очень хорошо! — сказала Маруся сурово, как мама, когда та очень сердита. — Очень! Большая девочка, а убегает из дому как грудная. Идем!

Она взбежала вверх по лестнице, схватила Шуру за плечо и поволокла ее вниз, домой. Она дернула за дверную ручку, а дверь не открылась. Маруся дернула еще раз, потом затрясла ручку изо всех сил — и все напрасно: дверь не открывалась.

— Мы заперлись! — зарыдала Маруся. — Мы заперлись!

— Куда заперлись? — прошептала Шура.

— Замок защелкнулся! Я нечаянно дверь захлопнула! А мы на лестнице остались!

Шура подумала и тоже заревела, но только гораздо громче Маруси. Тогда Маруся сразу успокоилась. Она ласково, как мама, обняла Шуру и сказала ей:

— Ну-ну! Ничего, ничего! Я с тобой... Я тут...

— А что мы будем делать?

— Ничего, ничего... Бабушку подождем. Сейчас осень, не зима. Не замерзнем.

Маруся нагнулась и вытерла нос подолом платья. Потом вытерла нос Шуре, тоже подолом. Носовые платки были далеко — там, за дверью, в запертой квартире. Лампочки в проволочных колпачках уже горели на каждой площадке. Место было знакомое: ведь сколько раз по этой самой лестнице девочки поднимались и спускались. Но сейчас лестница была не такая, как всегда. Скажешь слово — гул идет вверх и вниз. Что-то щелкает и пищит в стене. А главное — уж очень странно стоять на лестнице без пальто, без шапок, неодетыми.

Шура вдруг вспомнила, что кукла Нюрка лежит дома на подоконнике. Одна. В квартире совсем пусто. Никого там нет! Шура всхлипнула.

— Ну-ну! — сказала Маруся. — Я тут!.. Ведь мы...

Маруся не договорила. Случилось что-то, уж на этот раз в самом деле страшное. На лестницу из верхней квартиры, из той, что в шестом этаже, вышел пес по имени Ам. Ам был маленький — немного выше ростом, чем большой кот, шерсть у него была рыжая, вся в клочьях, морда узкая. На морде росли какие-то странные густые усы, вроде человеческих. Пес этот бешено ненавидел детей. Когда девочки собирались идти гулять, бабушка сначала выходила на лестницу поглядеть, нет ли Ама. А потом уже, если путь был свободен, выходили девочки.

Но что делалось, когда девочки все-таки встречали страшного пса! Ам взрывался, как бомба. Он лаял, прыгал, вертелся, визжал, и бабушка вертелась, как молодая, и топала ногами, заслоняя девочек. Казалось, что, если бы не храбрая бабушка, Ам в клочки разорвал бы и Марусю и Шуру. И вот теперь Ам стоял на верхней площадке. И девочки были одни. Что-то будет?

Шура бросилась к двери и стала отчаянно звонить в свою пустую квартиру. А Маруся сделала шаг вперед и остановилась.

— Не бойся, Шура! — прошептала она. — Я тут!

Ам, как видно, еще не почуял девочек. Он не спешил вниз. Он громко сопел и фыркал, принюхивался к чему-то, бегал по верхней площадке.

Вдруг что-то загрохотало, зашипело. Вниз по лестнице огромными прыжками понеслась кошка. За ней — страшный Ам. Кошка прижалась в угол, как раз против девочек. Ам хотел броситься на нее, но разом остановился. Девочек увидел! Он растерялся.

Что делать? На кого броситься? На кошку? Или на Шуру с Марусей? Но тут вдруг кошка взвыла басом и вскочила Аму на спину. Ам заорал. И они клубком покатились по площадке. Шура бросилась вниз по лестнице. Маруся — за ней.

— Руку дай! Упадешь! — кричала она, но Шура не слушала.

Наверху мяукали, ревели, выли и шипели сцепившиеся враги. А девочки все бежали вниз. Они бежали, не останавливаясь, и вдруг очутились где-то совсем в незнакомом месте. Лестница кончилась. Но вместо обитой клеенкой двери, которая ведет во двор, перед девочками была совсем другая дверь — большая, железная. Что такое? Куда они попали?

Маруся дернула дверь к себе. Она открылась. Девочки бросились вперед. Ну и комната! Длинная, узкая, высокая. Пол каменный. Потолок не такой, как дома, не ровный, а полукруглый, как под воротами. На потолке горит всего одна лампочка, закопченная, запыленная, как будто шерстью обросшая. И что-то все время грохочет, грохочет, а где — невозможно разглядеть. А в глубине комнаты в стену вделано что-то круглое. Печь не печь, машина не машина.

— Это паровоз? — спросила Шура шепотом.

Маруся ничего не ответила. И вдруг грохот умолк. Стало тихо, так тихо, что даже зазвенело в ушах. Девочки услышали — кто-то кашляет.

— Кто это? — крякнула Шура. — А? Кто это?

— А вы кто? А? Вы кто такие? — спросил из темноты чей-то голос. — Ну?

Девочки схватили друг друга за руки. Откуда-то из угла выбежал маленький старичок с большой белой бородой. В одной руке он держал клещи, а в другой молоток. Он подбежал к девочкам, уставился на них и заговорил быстро-быстро, как будто горох сыпал:

— А вы кто? А? Чьи? Почему? Как так? Откуда?

Девочки молчали. Старик вдруг улыбнулся во весь свой рот.

— Ишь ты! Вот видишь как! — забормотал он. — Молчат. Сестры? Ну да, сестры. Обе сероглазые. Обе курносые. Аккуратные. Да. Это правильно. Так и надо. Как зовут-то? Не бойтесь. Я добрый. Ну? Ты кто?

— Маруся, — сказала Маруся.

— А я Шура, — сказала Шура.

— И это правильно! — похвалил старик. — А сюда зачем прибежали? Ну? А? Давайте, давайте!

— Бабушка ушла, — сказала Маруся.

— Так-так, — ободрил ее старик. — Дальше!

И девочки рассказали ему все свои приключения.

— Видите как, — удивился старик. — Что за собака, до чего напугала народ! Это вы, значит, от нее убегая, ту дверь, что во двор ведет, проскочили. И забежали в подвал. В кочегарку.

— Куда? — спросила Шура.

— Сюда, — ответил старик. — Это кочегарка. Понятно?

Девочки промолчали. Старик засмеялся:

— Непонятно? Это вот кочегарка. А я машинист.

— А это паровоз? — спросила Шура и показала на стену, в которую было вделано что-то круглое.

— Паровоз без колес не бывает, — сказал старик. — Это котел.

— А зачем он?

— Зима идет? Идет, — сказал старик и пошел к котлу. Девочки — за ним. — Морозы будут? Будут. Истопник набьет топку углем. Разожжет его. Вода в котле закипит. Побежит по трубам из квартиры в квартиру горячая вода. Всем она тепло понесет. Вот оно как будет зимой-то.

Тут старик положил на пол клещи и молоток и сказал:

— Идемте.

— Куда? — спросили девочки.

— Как — куда? — удивился старик. — Должен я вас проводить, если вас обижает собака? Конечно, должен. Идем!

Он пошел к двери. Девочки — за ним. Вот и четвертый этаж и знакомая дверь. Дедушка позвонил. Никто не ответил. Он позвонил еще раз.

— Видите как! — огорчился дедушка. — Не пришли ваши-то. Худо! Взять вас опять в кочегарку? Вернутся ваши тем временем, тревогу поднимут. Здесь стоять с вами? Работа у меня внизу. Как быть, а?

— Да ничего, вы идите, — сказала Маруся.

— Нет, дедушка! С нами побудь, — сказала Шура.

— Вот ведь случай! — покачал головой старик. — Что ты скажешь? — Он задумался. — Сделаю я вот как, — решил дедушка наконец, — ни по-вашему, ни по-нашему. Я побегу вниз, а дверь в кочегарку не закрою. Я распахну ее пошире. В случае чего — закричите: «Дедушка!» Я услышу. И мигом прискачу. Так?

— Пожалуйста, — сказала Маруся, а Шура только вздохнула.

Дедушка подмигнул ей — ничего, мол, — и быстро побежал вниз. Скоро девочки услышали, как внизу заскрипела тяжелая дверь.

Потом издали-издали раздался голос:

— Э-эй! Девочки-и! Слышите вы меня?

— Да-а! Слы-ышим! — закричали девочки в один голос.

— Ну и я вас тоже слышу-у! Стойте спокойно!

И дедушка внизу зашумел, заколотил молотком. Сначала он стучал не очень громко, а потом разошелся вовсю. По лестнице пошел грохот.

— Где же бабушка? — спросила Шура.

— А? — переспросила Маруся.

— Бабушка где? — заорала Шура во весь голос. — Пропала?

— Ничего, ничего. Придет. Наверно, народу в магазине много.

Шура наклонилась через перила, чтобы посмотреть, не идет ли бабушка наконец. Вдруг она отскочила от перил и взвизгнула. Маруся бросилась к ней, потом к двери. Действительно, было чего испугаться.

Повеселевший, успокоившийся Ам поднимался по лестнице. И не один! Он вел к себе со двора в гости двух товарищей. Жирный, страшный, курносый, кривоногий пес бежал слева от него. Он был чуть выше Ама. А справа не спеша шагала огромная большемордая собака-великан, с хорошего теленка ростом.

— Де-едушка! — завопила Шура.

Никакого ответа. Только грохот.

— Дедушка! — закричала Маруся так громко, что даже горло заболело.

Не отвечает дедушка. За своим стуком ничего он не слышит. Что делать? А собаки все ближе, все ближе.

Маруся схватила Шуру за руку, и девочки понеслись вверх по лестнице. Вот шестой этаж, последний. Здесь оставаться нельзя. Здесь живет Ам. Выше! Выше!

Вот и чердак. Девочки бросились к чердачной двери. Обе вместе схватились за ручку. Дернули. Отперта!

Девочки вбежали на чердак и захлопнули за собой дверь. Здесь наверху, под крышей, было еще темнее, чем в подвале у дедушки. Девочки стояли в длинном-длинном коридоре. Конца ему не было. И на весь этот длинный коридор горела всего одна лампочка под белым колпаком. Стены коридора были решетчатые, деревянные. За решетками в темноте что-то белело. Вон как будто чьи-то ноги. Вон кто-то раскинул широко белые руки, а голову не видать.

— Это что? — спросила Шура.

— Где?

— Вон там кто-то стоит.

Маруся ничего не ответила. Она взяла Шуру за руку и пошла вперед, поближе к лампочке. Здесь, под лампочкой, было светлее. И девочки сразу успокоились. Они увидели, что за решеткой просто развешано белье. Вдруг что-то загремело над их головами. Маруся и Шура взглянули вверх.

— Кто это? А? Маруся!

— Кошки, кошки, — ответила Маруся и со страхом посмотрела наверх. — Ну вот честное тебе даю слово, что кошки!

Вдруг железо на крыше загрохотало совсем близко, совсем над головой. Потом все стихло. И шагах в пяти от лампочки, где было совсем светло, с потолка медленно стали спускаться чьи-то ноги. Да, ошибиться тут нельзя было. Сначала показались тупоносые башмаки, потом черные брюки. Ноги задвигались, будто шагая по воздуху, и что-то нащупали. Тут девочки разглядели стремянку. Стремянка была черная, вся в чем-то вымазанная, поэтому девочки ее раньше не заметили в темноте. Ноги стали на стремянку и медленно пошли вниз. Вот показалась черная рубаха, черные руки, и в коридор спустился совершенно черный человек.

Девочки глядели на него не мигая. Черный человек, не замечая девочек, принялся складывать стремянку. Его глаза на черном лице казались совсем белыми. Вот он сложил стремянку, прислонил ее к стене, и тут Шура спросила радостно:

— Вы негр?

Черный человек повернулся к девочкам и улыбнулся. Белые его зубы так и засверкали.

— Это я-то? — спросил он. — Нет, гражданочка. То есть я, конечно, черный. Но только до шести часов.

Сказав это, незнакомец засмеялся и подошел к девочкам.

— Вы ра... разбойник? — спросила Шура.

Незнакомец не успел ответить, потому что Маруся радостно захохотала.

— Я узнала вас! Вот честное слово! — закричала она и хотела схватить незнакомца за руку.

Но тот отступил на шаг и не позволил Марусе сделать этого.

— Я знаю, знаю, кто это! Шура! Я знаю, кто он!

— Ну вот то-то и оно-то! — сказал черный человек. — Здравствуйте. Руки я подать не могу — вымажу вас в саже, — но вы меня не бойтесь. Есть такая песенка:

Вот идет Петруша,
Черный трубочист.
Хоть лицом он черен,
Но душою чист. —

Это я и есть.

— А вас можно отмыть, Петруша? — спросила Шура.

— И даже очень просто, — ответил Петруша. — Горячей водой, да мылом, да мочалкой всю черноту с меня снять очень легко. Немножко останется сажи вот тут, у глаз, возле самых ресниц. Да и то, если хорошенько постараешься, и это можно смыть. Поняли? Вот то-то и оно-то. А вы как сюда попали?

Девочки рассказали ему все сначала.

— Вы подумайте! — удивился трубочист. — Вот ведь штука! Ах этот Ам! Ну и Ам!

— А зачем вы ходили по крыше? — спросила Шура.

— Вы в кухне плиту топите? Топите, — сказал трубочист. — И все топят. Сажа от горящих ваших дров летит вверх. И садится по стенкам, по закоулочкам во всех трубах, во всех дымоходах. И сажу эту, девочки, оставлять никак нельзя. Если взовьется от дров искра, горячая такая, что на лету не погаснет, а полетит вверх и ляжет в какой-нибудь уголок, где сажи много, — сейчас же загорится сажа. А от нее пойдет пламя по всему дымоходу. Из трубы как полетят искры — прямо фонтаном. Пожар может быть от этого на чердаке. А от чердака — во всем доме.

— Пожар? — спросила Шура и оглянулась со страхом.

Петруша засмеялся.

— Будь покойна! — сказал он. — Мы вас оберегаем. Трубы чистим — это я. Двор метем, у ворот сторожим — это дворники. Паровое отопление топим...

— ...это дедушка, — сказала Шура.

— Правильно, — сказал Петруша. — Вот то-то и оно-то. Ну идем — видно, надо вас проводить.

Петруша смело пошел вперед. Девочки — следом. Храбрый Петруша распахнул дверь и вышел на площадку. Девочки выглянули из двери. Ну так и есть. Ам и его страшные друзья прыгают, играют на площадке. Услышав шаги Петруши, собака-великан вскочила и насторожилась. Ам зарычал. Девочки спрятались за дверь.

— Это что? — крикнул вдруг Петруша страшным голосом. — Это что за собачья выставка! Вон пошли! Ну!

И он бросился вниз к собакам. Девочки выглянули. Собака-великан и кривоногий курносый пес, не оглядываясь, удирали по лестнице. Ам, стоя на задних лапах, отчаянно царапал передними дверь, просился домой. Дверь открылась, и Ам бросился домой.

— Вот то-то и оно-то, — сказал Петруша. — Их, главное, не надо бояться. Идемте, гражданочки.

Вот и знакомая дверь, и четвертый этаж.

— Звоните, — сказал Петруша, — а то я кнопку испачкаю.

Маруся позвонила — и сейчас же за дверьми раздался топот. У замка завозились. Послышался папин голос:

— Не мешай.

Потом мамин:

— Я открою.

Потом бабушкин:

— Ох, что же вы! Дайте мне.

И наконец дверь распахнулась, и мама бросилась обнимать девочек, папа кинулся расспрашивать Петрушу, а бабушка, стоя в дверях, заплакала, как маленькая.

Когда все всё узнали, мама обняла и поцеловала Петрушу и вся при этом вымазалась в саже. Но никто над ней не смеялся. А папа сбегал вниз, в подвал, и поблагодарил дедушку.

Потом девочек повели чай пить. Прошло полчаса или минут сорок, пока бабушка, папа и мама наконец не успокоились, и тогда девочкам здорово досталось.

ЧУЖАЯ ДЕВОЧКА

I

Марусина мама уехала в город к дедушке. Марусю она не взяла, потому что дедушка был нездоров.

И Маруся осталась на целый день у Людмилы Васильевны.

Сережа и Шура, сыновья Людмилы Васильевны, как только увидели Марусю, стали шептаться и хихикать.

— Перестаньте, — сказала им Людмила Васильевна. — Это ваша гостья. Пойдите погуляйте с ней. Она хорошая девочка.

Братья захохотали и пошли к речке.

Маруся — следом.

У реки Сережа заговорил с Марусей.

— Эй, ты, пигалица, — сказал он, — чего стоишь в кустах? Иди сюда.

— Она воды боится — наверное, бешеная, — сказал Шура.

Маруся не ответила ничего. Она вышла из кустов, взяла камешек, бросила на песок и стала гонять его, прыгая на одной ножке.

— Задается! — удивился Сережа. — Не разговаривает.

— Она птица, а не человек! — захохотал Шура. — Прыгает по песочку.

Маруся ничего не ответила. А братья снова пошептались, и Сережа подошел к Марусе.

— Читать умеешь? — спросил он.

— Умею, — ответила Маруся.

— Это какая буква? — спросил он и нарисовал на песке О.

— Это буква О, — ответила Маруся.

— Врешь, это ноль, — ответил Сережа.

— Нет, О.

— Нет, ноль. Плавать умеешь?

— Умею.

— У нас не очень-то поплаваешь.

— Почему? — спросила Маруся.

— Живой волос, — ответил Шура и подмигнул.
— Какой это живой волос?
— Очень простой. Желтенький. Плывет и вертится, как буравчик. Ты от него, а он следом — ки-хи, ки-хи. Догонит — и в пятку... Потом целый год ходить нельзя. Или можно, только на цыпочках.
— А как же вы купаетесь?
Сережа подумал и ответил:
— Мы все лето босиком бегаем. У нас пятки каменные. Не провернешь.
Маруся поглядела на братьев, хотела понять — врут они или нет. Но понять было трудно. Братья спокойно смотрели на нее круглыми глазами. Брови у них белые, ресницы белые, на носах веснушки. У Сережи двух зубов нет, выпали. На их месте уже начали расти новые, и он все трогал их языком.
— Чего ты нас рассматриваешь? — спросил Шура. — С ума сошла, что ли?
— Я домой пойду, — сказала Маруся.
— Брось чушь говорить! — крикнул Сережа. — Иди, садись в лодку. Мы будем играть в войну. Ты будешь белый десант. Это значит — ты высадишься на наш берег с военного корабля. А мы выбежим из кустов и тебя уничтожим.
Маруся подумала и вдруг так толкнула Сережу, что он упал. Потом повернулась, пошла и села в лодку.
— Только подойдите, хулиганы, — сказала она. — Я вас водой обрызгаю.
— Ты вон какая! — закричал Сережа. — А ну, Шура, заходи с того бока. Хватай ее! Тащи! Мы ее научим! Мы ей покажем!
Маруся завертелась в лодке, схватила консервную банку, которая лежала на дне, наклонилась за борт и вдруг с ужасом увидела, что лодка поплыла.
Маруся была девочка довольно тяжелая, лодка под ее тяжестью раскачалась и снялась с прикола.
Братья, поняв, что случилось, сначала замерли от страха. Маруся тоже неподвижно стояла в лодке, глядела на мальчиков.
И вот лодка вышла на середину реки и поплыла по течению.
Река была неширокая, но быстрая. Не успели братья опомниться, как Маруся была уже возле поворота. Она не кричала, не плакала, а спокойно глядела на братьев. Так и уплыла. И вдруг Сереже ее стало жалко, так жалко, что он крикнул Шуре:
— Это все ты натворил!
И стал раздеваться.

— Почему я? С ума ты сошел, что ли? — спросил Шура тихо.

— Потому что куда ее теперь занесет? — кричал Сережа.

— Беги за веслами. А потом беги к мосту по шоссе. Жди там. Речка круги делает, а шоссе идет напрямки. Жди там, весла бросишь нам с моста, когда мы подъедем.

Сережа разделся, подтянул свои синие трусики повыше и бросился в воду.

— Маме не проболтайся! — крикнул он уже из воды и поплыл, как их учил знакомый папин пловец — боком, быстро, не брызгая и ровно дыша. А Шура через минуту уже мчался по шоссе с веслами. Знакомые кричали со всех балконов и из садиков:

— Куда ты?

— Что случилось?

— Смотрите — Шура с веслами по шоссе бежит. Стой, Шура!

Но он не отвечал никому, работал пятками, летел, только пыль вилась следом.

С топотом влетел Шура на мост и встал у перил, задыхаясь. Он глядел вверх по течению. Речка, быстрая, желтая, неслась под мостом. Шура смотрел, смотрел, и — вдруг ему показалось, что речка стоит на месте, а он с мостом быстро плывет вперед. Это ему понравилось.

Он оперся о перила и плыл, и летел. Немного погодя он стал даже командовать вполголоса:

— Вправо! Левей! Оглохли там, что ли? За кусты не зацепиться! Есть!

Но вот мимо проехал грузовик. Шура отвернулся от реки, взглянул на машину. Когда он снова стал смотреть вниз, мост стоял, а река неслась. И вдруг Шура вспомнил все, что случилось. Он с тревогой посмотрел вдаль: нет ни лодки, ни Сережи.

Шура положил весла на мост, спустился к самой речке, опять поднялся наверх. Сбегал на ту сторону. Время шло и шло. Солнце поднялось высоко, пекло голову. Икры и шею стало пощипывать — с них недавно слезла кожа от солнца.

Что такое? Где Маруся? Где Сережа?

— Сережа! — крикнул Шура негромко. Потом откашлялся и крикнул во весь голос: — Гоп-гоп!

Нет ответа. Только что-то зашуршало в кустах — наверное, запрыгала лягушка. Шура опять спустился к речке и вдруг увидел — что-то маленькое, красное качается на воде, приближается к мосту.

Шура схватил сухую длинную ветку, подцепил это маленькое и красное, подтянул к берегу, взял в руки, и у него заколотилось сердце, как будто он пробежал два километра.

Маленькая красная шапочка была у него в руках. Это была Марусина шапочка. Конечно, Марусина. Вот сбоку чернильное пятно — он даже хотел спросить утром Марусю: ты что, сумасшедшая, шапкой пишешь, что ли? — но забыл.

Медленно поднялся Шура на мост и сел на перила.

II

Что же в самом деле случилось с Марусей и Сережей? Неужели они утонули? Сейчас увидим.

Когда лодка скрылась за поворотом, Маруся села на скамейку и задумалась. Она была девочка спокойная и решительная. Первым делом Маруся твердо решила, что не надо пугаться, а надо успокоиться. Это ей удалось.

Речка весело бежала между кустами и деревьями. Солнце светило. Бояться было нечего.

Маруся наклонилась, чтобы взять консервную банку и вычерпывать воду, но вдруг лодка сильно накренилась набок. Маруся увидела над бортом мокрую Сережину голову.

— Пусти лодку, хулиган, — сказала Маруся. — Что тебе тут надо?

Сережа легко закинул ногу на борт и влез в лодку.

— Пошел вон! — сказала Маруся.

— Молчи, — ответил Сережа. — Я пришел тебя спасать.

— Очень надо, — сказала Маруся и принялась вычерпывать воду.

Сережа подумал, наклонился через борт и стал грести руками.

Маруся внимательно следила за ним. Потом перестала вычерпывать и попробовала грести с другой стороны. Лодка не слушалась, неслась по течению.

Вдруг послышался шум. Что-то шипело и гудело впереди. Сережа бросил черпать.

— Ах ты, — сказал он, — я ж забыл!..

— Что?

— Да ведь там плотина, впереди-то!

Мальчик и девочка встали и с ужасом посмотрели друг на друга. Течение стало быстрей. Лодка пошла боком, потом перевернулась кормой вперед, потом вдруг закружилась на месте.

— Омут, — сказал Сережа и оглянулся в тоске.

Кругом реки стоял лес. Высокие деревья махали ветками. Никого не было в лесу, некому было крикнуть: помогите!

— Давай поплывем, — сказала Маруся. — Поплывем к берегу.

— Омут, — сказал Сережа, — здесь закружит. Вода вертится воронкой.

А лодка плыла все быстрей. Река стала шире.

— Стой! — сказал Сережа. — Давай выломаем скамейку.

— Зачем?

— Сделаем руль.

Ребята вцепились в скамейку. Били ее кулаками, ногами. Сережа оцарапал коленку, но скамейка не поддавалась, а лодка все летела вперед. И вот показалась плотина. Над ней стояла водяная пыль. В пыли видна была радуга.

В отчаянии затрясли ребята скамейку, и она наконец затрещала и выломалась. Сережа лег животом на корму. Опустил доску в воду. Держа крепко, изо всех сил, поставил ее в воду наискось.

— Слушается, — прошептала Маруся.

Лодка дрогнула, пошла боком.

Выйдет ли лодка к берегу? Или на плотину их вынесет раньше?

— Круче, круче! — шепчет Маруся. — Вон ива. Если лодка под ивой пройдет, я ухвачусь за ветку. Круче!

У Сережи уже дрожат руки от усталости.

Но он направляет лодку круче. Маруся хватается за ветку. Сережа вскакивает, и лодка опрокидывается — он очень уж быстро вскочил.

Ребята сначала вскрикнули. Потом почувствовали под ногами дно. Встали по пояс в воде.

Побежали было к берегу.

Но вдруг Сережа повернул обратно.

— Куда? — спросила Маруся.

Сережа, не отвечая, пошел на лодку, которая медленно плыла вверх килем. Уцепился за нос лодки. Поволок за собой. Маруся помогала ему. Выволокли, сопя и задыхаясь, лодку до половины на берег.

Сели, отдохнули. Потом взглянули друг на друга и стали смеяться. Смеялись так долго, что у Маруси даже слезы потекли по щекам.

— У нас хозяин сумасшедший, — сказал Сережа, успокоившись. — Если бы лодка пропала, выгнал бы нас с дачи. Живи тогда в городе. Верно?

— А вы где живете? — спросила Маруся.

— На Фонтанке, сто два, — ответил Сережа.

Пошли домой.

Шли они, мирно разговаривая, не спеша, чтобы Маруся высохла. Маме решили ничего не говорить.

На большой поляне набрали цветов. Видели гадюку. Она, услышав шаги, отползла по песку и, извиваясь, поплыла по воде на ту сторону.

— Ты насчет живого волоса наврал? — спросила Маруся.
— Конечно, — ответил Сережа.
Потом вдруг увидели грибы. Собрали немного. Встретили странную кошку, рыжую. Она выглянула из-за куста и зашипела на ребят, хотя они ее не трогали. Ребята удивились. Но потом услышали писк. Четыре маленьких котенка копошились возле кошки. Она шипела, потому что боялась, как бы ребята не обидели котят.
Решили вернуться сюда еще раз, когда кошки не будет, — поиграть с котятами.
Так добрели они до своей дачи. И вдруг раздался крик:
— Да вон они идут!
И целая толпа бросилась им навстречу. Тут были и Людмила Васильевна, и папин знакомый пловец, и Разувайчиковы, что жили на даче рядом, и еще знакомые и незнакомые дачники. Позади всех шел Шура с Марусиной шапочкой. Он улыбался, а глаза и нос были красные. Значит, только что плакал.
Когда все успокоились, Людмила Васильевна сказала:
— Конец, конец! Такие мальчишки, как вы, не могут ни с кем играть. Маруся, иди ко мне, я тебе почитаю, а вы отправляйтесь в сад.
— Нет, я пойду с ними, — сказала Маруся. — Мы теперь помирились.

КИНОСЦЕНАРИИ

ДОКТОР АЙБОЛИТ

ЧАСТЬ 1

ТИТР: Жил-был доктор. Он был добрый. Звали его Айболит.

Перед зрителями появляется большой стол, заставленный баночками, коробочками, пузырьками и лекарствами. Среди всех этих медикаментов возвышается порядочных размеров бочка. Широколицый, полный человек в очках стоит возле стола, наклеивает на бочку белый бумажный лист. Затем, окунув кисточку в бутылочку с тушью, человек этот пишет на листе:

МИКСТУРА ОТ КАШЛЯ
для слона ДЖУМБО.
Принимать перед едой
три раза в день
по одному ведру.
Доктор АЙБОЛИТ.

Кончив писать, доктор открывает окно. За окном стоит, ждет огромный слон.

— Твое лекарство готово, Джумбо, — говорит доктор.

Слон кланяется.

— Пожалуйста, — отвечает Айболит. — Но смотри, никогда больше не ешь пятьсот порций мороженого зараз.

Слон кланяется.

— То-то. Ну, бери свою микстуру.

Слон хоботом забирает бочку, ставит у своих ног и снова протягивает хобот в окно.

— Что тебе еще нужно? — спрашивает доктор Айболит.

Слон кряхтит, гудит, кивает головой.

— Ах, да! — восклицает доктор и отходит к противоположной стене комнаты.

Там висит полка, в которой укреплены термометры самых разнообразных размеров. Над самым большим из них надпись:

ДЛЯ СЛОНОВ.

Над самым крошечным — табличка:

ДЛЯ ВОРОБЬЕВ.

Доктор берет слоновый термометр — примерно в три четверти метра длиной — и протягивает своему пациенту. Слон, взяв термометр, собирается уйти.

— Погоди, — останавливает его Айболит. — Осторожней встряхивай его.

Слон кивает головой.

— Прошлый раз, встряхивая термометр, ты ударил по голове зебру и чуть не убил ее. Смотри, чтобы это не повторилось!

Слон кивает головой.

— А то я рассержусь.

— Ладно, — отвечает слон глубоким басом.

Уходит.

Доктор идет к столу, опускается в кресло, берет тетрадь в толстом переплете, собирается ее открыть — и вдруг прислушивается, вытянув шею.

Раздается едва слышное тоненькое, жалобное жужжанье и писк.

— Вы ко мне? — спрашивает доктор, взглянув во что-то очень маленькое, невидимое еще зрителю.

Жужжанье делается громче.

Доктор протягивает над столом руку и говорит:

— Кануки-кануки! Садитесь, пожалуйста!

Жужжанье переходит в негромкую печальную музыку. Рука доктора — крупным планом.

На руку опускается мотылек. Тончайшим голоском поет он:

Я несчастный, я несчастный мотылек.
Я на свечке свое крылышко обжег.
Помоги мне, помоги мне, Айболит.
Мое раненое крылышко болит...

Доктор отвечает мотыльку негромко, чтобы не напугать его и не оглушить:

Не печалься, мотылек,
Ты ложись на бочок,
Я пришью тебе другое,
Шелковое, голубое,
Новое,
Хорошее
Крылышко!

Громкий стук в дверь. Музыка обрывается.

ТИТР: И была у доктора злая сестра, которую звали Варвара.

Стук становится все громче и громче. Обернувшись к двери, доктор спрашивает:
— Кто там?
Доктору отвечает злой, визгливый голос.
— Это я! Отопри же сию секунду!
Доктор вздыхает.
Осторожно берет пинцетом мотылька. Сажает его на коробочку с порошками.
Идет к двери.
Отпирает ее.
И в комнату врывается разъяренная Варвара.
Она старше доктора. Ее полуседые волосы в беспорядке.
Когда она, сердясь, вертит головой — из узла на ее затылке во все стороны летят шпильки.
— Вот они, твои звери! — кричит Варвара. — Смотри! Смотри, что делается! Ужас!
Она хватает доктора за руку. Силой тащит его к окну. Показывает.
Большой крокодил посреди двора с увлечением пожирает что-то.
— Знаешь, что он ест? А?
— Я занят сейчас, Варвара! — отвечает доктор.
— Он ест мою любимую зеленую юбку.
— Где он ее нашел? — спрашивает доктор.
— Она валялась у меня на окошке. А он схватил ее своими зубищами.
— И хорошо сделал, — возражает доктор спокойно, направляясь к столу. — Юбку надо прятать в шкаф, а не бросать на окошко.
Доктор продолжает возиться с мотыльком, а Варвара, неистовствуя, мечется по комнате.
— Звери, звери, всюду одни звери! Я не могу их видеть. Они денег тебе не платят, а лечатся! — вопит она.
— Ну а что им делать, если они больны?
— Пусть околевают! Я добрая, я тихая, а они превратили меня в разбойницу! В комоде живут зайцы...
Варвара бросается к комоду, выдвигает ящик. Оттуда выглядывает зайчиха с тремя зайчиками...
— В шкафу живет белка, — продолжает Варвара, распахивает дверцу шкафа.
Из кармана висящего в шкафу пальто прыгает белка и несется вверх по рукаву.

— В сундуке белые мыши! — визжит Варвара, откидывая крышку сундука.

Узенькие мордочки белых мышей выглядывают оттуда.

— И когда ты их всех выгонишь вон? — спрашивает Варвара. — Ну? Говори!

— Никогда! — отвечает доктор. — Это все мои друзья. Я их люблю.

Варвара в отчаянии падает на диван и тут же вскакивает с визгом.

— Что такое? — спрашивает доктор.

Варвара только трясет свирепо головой, так что шпильки летят во все стороны, и показывает пальцем на диван. Доктор подходит к дивану и, вглядевшись, говорит:

— Ты забыла, что на диване у меня живет еж!

Он гладит ежа, затем возвращается к столу, берет пинцетом мотылька и, подойдя к окну, выпускает своего пациента. Раздается музыка, легкая, веселая. Мотылек пляшет в воздухе. Вокруг него вьются стрекозы, бабочки.

— Смотри, Варвара, — говорит доктор. — Смотри, как это приятно. Он прилетел ко мне больной, раненый, беспомощный. Он погиб бы без меня. А я ему пришил крылышко и отпустил его. И теперь — видишь:

> Засмеялся мотылек
> И помчался на лужок,
> И летает под березами
> С бабочками и стрекозами.
> Я добра ему хочу,
> Из окна ему кричу —
> Ладно, ладно, веселись,
> Только свечки берегись!

— А я зла ему хочу, — кричит Варвара, передразнивая доктора. Музыка обрывается.

— Я хочу, чтобы он сгорел на свечке! — кричит Варвара.

Доктор оборачивается к ней с негодованием — но в окно вдруг прыгает обезьяна.

— Пошла вон! — кричит Варвара. — Брысь!

— Молчи! — останавливает сестру доктор. Он указывает обезьяне на кресло и говорит: — Кануки-кануки! Садитесь, пожалуйста.

Дрожа, обезьяна садится. Она грустно глядит на доктора.

— Это ужасно! — визжит Варвара. — Пришла лечиться, а деньги она тебе заплатит?

Доктор берёт сестру за руку и ведёт вон из комнаты. У Варвары от негодования отнимается язык. Она только поводит глазами и бешено трясёт головой, шпильки так и летят во все стороны.

Доктор выпроваживает сестру и закрывает за ней дверь.

Потом обращается к обезьяне и спрашивает:

— Что у вас болит?

Обезьяна жалобно бормочет что-то и плачет.

— Ах, шея! — говорит доктор. — Сейчас посмотрю!

Он наклоняется к обезьяне. Вскрикивает:

— Но это ужасно! Кто это сделал?

Он бросается к столу, хватает ножницы и бежит обратно к обезьяне. Осторожно перерезает он верёвку, которая была туго затянута вокруг обезьяньей шеи.

— Кто этот безжалостный человек, который водил тебя на верёвке? — спрашивает доктор снова.

Обезьяна не отвечает. Она плачет, закрыв руками мордочку.

— Не плачь, — утешает её доктор. — Видишь эту баночку? Сейчас я помажу тебе шею такой удивительной мазью, что шея сразу перестанет болеть.

Айболит мажет обезьяне шею мазью. Обезьяна перестаёт плакать.

— Живи у меня, обезьяна, — говорит доктор. — Я не хочу, чтобы тебя обижали.

Зверёк с благодарностью хватает доктора за руку. Вдруг раздаются звуки шарманки. Печальный, тягучий вальс гремит под окном.

Первые же звуки этого вальса приводят обезьяну в ужас. Она вспрыгивает на спинку кресла, бросается вниз головой под стол, мечется по стенам.

— Что с тобой? — спрашивает её изумлённый доктор Айболит. — Чего ты испугалась? Это шарманщик зашёл во двор со своею шарманкой!

Обезьяна бросается к доктору, обнимает его ноги, хватает его за руки, когда он наклоняется, чтобы поднять её, прячет голову у него на груди.

— Ах вот в чём дело! — догадывается доктор наконец. — Ты боишься шарманщика?

Обезьяна несколько раз кивает головой.

— Это и есть твой хозяин? — спрашивает доктор.

Обезьяна вновь кивает головой.

— Тот самый, от которого ты убежала? Тот, что водил тебя на верёвке?

Обезьяна, цепляясь в отчаянии за плечи доброго доктора, подтверждает и это.

— Не бойся, — говорит доктор. — Я не отдам тебя ему.

Он усаживает обезьяну в кресло и выглядывает в окно. Шарманщик, усатый человек огромного роста, свирепого вида, в широкополой шляпе, крутит ручку шарманки. Он все время вертит головой, как будто ищет кого-то. То на крышу посмотрит, то на окна, то оглянется назад. Вдруг из дома вихрем вылетает Варвара.

— Перестаньте сейчас же играть! — визжит она.

Шарманщик, который как раз смотрит пристально на крышу сарая, не замечает Варвары. Вопли шарманки заглушают Варварин голос.

Варвара приходит в неистовство. Шпильки дождем сыплются из ее волос.

— Сейчас Варвара выгонит его! — сообщает доктор обезьяне.

Обезьяна радостно прыгает в кресле.

Доктор снова смотрит в окно.

— Перестаньте! — ревет бешеная Варвара. — Я женщина тихая, я женщина добрая, а ваша гнусавая шарманка превращает меня в настоящую разбойницу!

Шарманщик услышал ее наконец.

Он перестает вертеть ручку своего инструмента.

— Добрая женщина, — говорит он хриплым голосом. — Не пожалуете ли вы мне что-нибудь за мою игру?

— Нет! — отвечает Варвара свирепо. — Убирайтесь отсюда вон!

Доктор радостно кивает обезьяне.

Обезьяна пляшет.

Доктор снова выглядывает в окно и видит, что шарманщик и не думает уходить. Он стоит посреди двора и поглядывает во все стороны.

— Чего вы ждете? — визжит Варвара. — Вам угодно, чтобы я лопнула от злости?

— Добрая женщина, — гудит шарманщик своим хриплым басом. — Позвольте спросить вас: не забегала ли к вам моя обезьяна?

Прежде чем Варвара успевает ответить, Айболит кричит:

— Здесь нет вашей обезьяны! Уходите немедленно прочь!

Повинуясь повелительному жесту доктора, шарманщик поворачивает было к воротам, но вдруг Варвара останавливает его.

— Стойте, стойте, шарманщик, — говорит она ласковым голосом. — Куда же вы, голубчик! Мой брат поступил нехорошо. Он скрыл от вас правду. Ваша обезьяна здесь.

— Как тебе не стыдно, Варвара! — кричит доктор, но уже поздно.

Шарманщик швыряет свою шарманку на землю и ревет свирепо:

— Кровь и молния! Где она?! Я оторву ей голову!

— Пойдемте, я провожу вас, — ласково приглашает Варвара.

Обезьяна снова в отчаянии мечется по комнате. Доктор Айболит спокойно, с достоинством стоит у стола.

— Не бойся, — успокаивает он обезьяну. — Не бойся, глупенькая.

Дверь с грохотом распахивается, и в комнату врывается шарманщик.

За ним входит улыбающаяся, торжествующая Варвара.

Обезьяна бросается к доктору и прыгает к нему на руки. Доктор ласково гладит ее.

— Вы обманули меня! — кричит шарманщик. — Вот моя обезьяна!

— Нет, эта обезьяна не ваша теперь. Она пришла ко мне и сказала, что не хочет жить у вас. Она останется у меня. Теперь это моя обезьяна. Уходите, — спокойно отвечает доктор.

— Отдавай обезьяну! — орет шарманщик.

— Не отдам! — спокойно возражает доктор. — Я не хочу, чтобы ты мучил ее.

Шарманщик бросается к доктору.

— Авва! — кричит Айболит.

В окно прыгает большая собака и кидается на шарманщика. Шарманщик хватает стул и, отбиваясь от собаки стулом, бежит к доктору.

— Хрю-хрю! — кричит доктор.

В комнату вбегает небольшая белая свинка и бросается под ноги шарманщику.

Шарманщик падает.

Варвара хватает свинью за ноги. Шарманщик вскакивает.

— Карудо! — кричит доктор.

Попугай влетает в комнату.

— Бумба! — зовет Айболит.

Сова влетает следом за попугаем.

Они, хлопая крыльями, вертятся у самого лица Варвары, заставляют ее отступить в угол. Утка кричит, вбегая в двери.

— Кика, назад! — приказывает доктор. — Ты тут ничем не можешь помочь! Тебя раздавят!

Кика убегает.

Доктор вместе с Аввой и Хрю-хрю наступают на шарманщика.

Тот не сдается. Увертываясь от свиньи, отбиваясь от собаки, он пытается схватить обезьяну.

Но вдруг в дверях показывается крокодил.

На спине его сидит Кика.

— Спасибо, Кика! — кричит доктор. — Ты догадалась позвать крокодила! Ну, злой шарманщик! Уходи! Или мой друг крокодил сейчас же проглотит тебя!

Шарманщик угрюмо оглядывается. Он окружен со всех сторон. Авва грозно рычит на него, Хрю-хрю не сводит с него глаз, крокодил приготовился к нападению, широко открыв свою страшную пасть, сова и попугай хлопают угрожающе крыльями.

Доктор указывает злодею на дверь.

Съежившись, шарманщик уходит.

Варвара, плача от злости, бежит за ним следом.

Звери окружают доктора.

— Спасибо вам! Спасибо, друзья мои, — говорит доктор. — Вы спасли нашего нового товарища от злого хозяина. Знакомьтесь. Эту славную обезьяну зовут Чи-чи.

Звери окружают обезьяну, ласкаются к ней.

А злой шарманщик выходит во двор.

Варвара следом.

Шарманщик поднимает свою шарманку.

Обернувшись, он грозит кулаком окну докторского кабинета.

— Вы совершенно правы, — кричит Варвара шарманщику. — Я женщина тихая, я женщина добрая, а эти звери превратили меня в настоящую разбойницу!

— Не отчаивайтесь! — гудит шарманщик. — Клянусь своими усами, — я избавлю вас от этих зверей. Я отомщу им всем, а доктору в особенности.

— Ах, пожалуйста! Будьте так любезны, сделайте им какую-нибудь гадость! — всхлипывая, просит Варвара. — Я помогу вам!

Поглядывая на дом, шарманщик берет Варвару за руку и отводит ее в угол двора.

— Я вижу, — тихо говорит он, — что они действительно превратили вас в настоящую разбойницу.

— Да! Да! — плачет Варвара.

— Тогда вам, значит, можно довериться. Я тоже настоящий разбойник! Я знаменитый морской разбойник Беналис!

— Да что вы! Как это приятно! — радостно кричит Варвара.

— Тссс! — останавливает ее разбойник. — Мои товарищи ушли на корабле продавать добычу. А я, переодетый шарманщиком, брожу по городу, разведываю, подслушиваю, высматриваю, кого еще можно ограбить. Но никому ни слова об этом!

— Ни-ни! — соглашается Варвара, отчаянно тряся головой.

— Я буду наведываться к вам, — продолжает разбойник. — До свидания. Вместе мы найдем случай отомстить Айболиту и уничтожить всех его зверей!

— Ура! Ура! Ура! — отвечает Варвара, ликуя.

ЧАСТЬ 2

ТИТР: Каждый день после работы доктор Айболит шел гулять со своими зверями.

По берегу моря не спеша шагает добрый доктор Айболит. На плече у него сидит сова Бумба. Авва, собака, весело бежит впереди. Верхом на Авве едет пополневшая, повеселевшая обезьяна Чичи. Попугай Карудо летает взад и вперед над головами друзей. Хрю-хрю бежит рядом с доктором, Кика, переваливаясь, торопится следом. Все звери поют весело:

    Шита-рита, тита-дрита!
    Шивандаза, шиванда!
    Мы родного Айболита
    Не покинем никогда!

Вдруг собака Авва останавливается, прислушивается, принюхивается и с лаем бросается вперед.

Авва подбегает к группе скал, стоящих на берегу, и лает настойчиво, отрывисто, как будто зовет всех: скорей, сюда!

Айболит спешит на ее зов.

Он видит ворота, вделанные в скалу. На воротах висит замок.

Авва лает безостановочно, встревоженно.

— Тише, Авва! — приказывает ей Айболит.

Авва замолкает.

— Я понимаю тебя, — говорит ей Айболит озабоченно. — Это действительно очень странно. Здесь в скалах — пещера. Но зачем понадобилось пещеру запирать?

Утка Кика крякает.

— Нет! — возражает ей доктор. — Я не думаю, что там спрятаны каштаны и орехи.

Обезьяна Чи-чи пищит и прыгает, схватившись рукою за замок, висящий в двери.

— Сомневаюсь! — отвечает ей доктор. — Кому нужно прятать тут бананы и апельсины?

Свинья Хрю-хрю хрюкает, глядя на Айболита.

— Глупости! — сердится доктор. — Откуда там могут быть яблоки, пироги и шоколад!

Вдруг сова Бумба, сидящая на плече Айболита, встревожилась, запрыгала, захлопала крыльями.

— Что? — спрашивает ее Айболит.

Сова приближает клюв к самому уху доктора.

— Как? — восклицает удивленный Айболит. — Ты думаешь? Ты уверена? Ты слышишь это? Не может быть!

Звери, заинтересованные, подбегают к доктору. Авва кладет передние лапы на жилет Айболита, Чи-чи хватает его за руку. Хрю-хрю толкает доктора своим пятачком в колено.

— Тише-тише! — останавливает их Айболит. — Тише, не мешайте ей. Бумбе кажется, что там, в пещере, — что-то живое. Человек или зверь.

Авва лает на доктора.

— Напрасно ты не веришь ей, — отвечает доктор Авве. — У всех у вас уши хуже, чем у нее.

Звери шумно выражают свое неудовольствие.

— Хуже, хуже! — настаивает доктор. — Замолчите! Не мешайте ей слушать.

Звери замолкают.

Сова несколько мгновений прислушивается и снова приближает свой клюв к уху доктора Айболита.

— Да быть этого не может! — восклицает доктор. — Там человек? Ты слышишь, как он положил руку в карман?

Сова снова шепчет что-то на ухо доктору.

— Он достал... что? Не слышу... Пятак? Ах, платок! Носовой платок? Зачем?

Голова доктора и совы Бумбы показываются крупным планом. В полной тишине раздается тихий, очень тонкий металлический голосок совы Бумбы.

— Я слышу, — говорит сова Бумба, — я слышу, как у этого человека катится по щеке слеза. Он плачет.

Все звери вскрикивают в ужасе, каждый на своем языке.

— Слеза? — спрашивает Айболит, потрясенный. — Слеза? Неужели там, за дверью, кто-то плачет? Нужно ему помочь. Я не люблю, когда плачут! Нужно найти ключ, пойдите найдите ключ!

Звери разбегаются в разные стороны. Хрю-хрю роется под камнями, утка ныряет в море, собака бегает, принюхиваясь, взад и вперед, обезьяна взобралась на скалу, осматривает там каждую расщелину, каждый уступ. Наконец все они возвращаются к доктору.

— Ключа нет.

— Беги домой, — приказывает доктор собаке Авве, — и принеси мне топор.

Авва со всех ног бросается бежать.

Двор дома доктора Айболита.

Варвара на пороге кухни колет топором толстое полено.

Авва влетает в ворота.

Подбегает к Варваре.

Лает.

— Говори по-человечески, что тебе надо! — спрашивает Варвара свирепо.

Авва лает снова.

— Замолчи! — кричит Варвара. — Не мешай мне!

Авва лает все громче и громче.

— Не превращай меня в разбойницу, — визжит Варвара. — Уймись!

Авва заливается, лает, прыгает перед Варварой, не слушает ее.

— Так вот же тебе, дерзкая! — кричит Варвара и бросает в Авву топором. Авве только этого и надо было. Она хватает топор зубами и вихрем уносится прочь.

Варвара столбом стоит посреди двора. Она потрясает головой. Шпильки так и летят во все стороны.

— Беналис! Беналис! — шипит она. — Когда же ты уничтожишь наконец всех этих негодных зверей!

Доктор Айболит ждет у пещеры.

Авва прибегает и приносит топор.

Доктор хватает топор и принимается рубить деревянные ворота, закрывающие вход в пещеру.

Ворота разлетаются в щепки.

Открывается вход в темную-темную пещеру.

Доктор берет щепку, зажигает ее и дает Авве. Авва берет ее зубами. Вторую горящую щепку берет в зубы Хрю-хрю. Третью несет Чи-чи, четвертую — сам Айболит.

Доктор, сопровождаемый зверями, углубляется в темноту. Сталактиты сверкают при свете горящих щепок.

Авва бросается вперед. Доктор и звери за ней. И все они видят: у стены пещеры маленький мальчик, съежившись, сидит на соломе.

Он со страхом глядит на доктора. Слезы бегут по его щекам.

Доктор делает шаг к нему.

Мальчик вскрикивает и в ужасе протягивает вперед обе руки.

— Что ты, что ты, мальчик, — ласково говорит ему доктор Айболит. — Неужели ты, как некоторые глупые дети, боишься докторов? Ласковый голос Айболита успокаивает мальчика.

— Нет, я не боюсь докторов, — отвечает он. — А вы разве доктор?

— Доктор! — говорит Айболит.

— А вы не морской разбойник?

— Нет, нет, — отвечает доктор, добродушно смеясь. — Я доктор Айболит. Разве я похож на морского разбойника?

— Нет, нет, — говорит мальчик. — Хоть вы и с топором, но я вас не боюсь. Здравствуйте. Меня зовут Пента. Не знаете ли вы, где мой отец?

— Выйдем из пещеры, — говорит доктор Айболит, — здесь очень сыро. Ты можешь простудиться. Идем!

Авва, Хрю-хрю и Чи-чи бегут впереди с горящими щепками и освещают путь.

Доктор и Пента идут следом.

Они выходят на берег моря. Пента щурится от яркого солнечного света. Авва, Хрю-хрю, Чи-чи и доктор бросают горящие щепки. Доктор затаптывает их ногами.

Затем он усаживает мальчика на камень, сам садится напротив. Животные окружают их.

— Ну, — говорит доктор Айболит. — Расскажи нам, что с тобой случилось, как ты попал в эту пещеру, почему ты плакал. Мы постараемся помочь тебе.

— Хорошо, я расскажу вам все, — соглашается Пента. — Слушайте. Мой отец — рыбак. Несколько дней назад мы выехали в море ловить рыбу. Я и отец, вдвоем, в рыбачьей лодке. Вдруг на нашу лодку напали морские разбойники и взяли нас в плен. Их предводитель, усатый, страшный, по имени Беналис...

— Как? — переспрашивает доктор.

— Беналис, — повторяет мальчик. — Беналис захотел, чтобы отец тоже стал пиратом, чтобы он грабил и топил корабли. Но отец не захотел стать пиратом. «Я честный рыбак и не желаю разбойничать», — сказал он. Тогда пираты страшно рассердились, схватили отца и увели неизвестно куда, а меня высадили на берег и заперли в этой пещере. С тех пор я не видел отца. Где он? Что они сделали с ним? Должно быть, они бросили его в море.

Закончив свой рассказ, Пента снова разражается слезами.

— Не плачь! — утешает мальчика Айболит. — Плакать не нужно. Что толку в слезах? Лучше подумаем, как бы нам найти твоего отца. Скажи мне, каков он собой?

Всхлипывая, Пента отвечает:
— У него рыжие волосы и рыжая борода, очень длинная.
— Ага, так... — бормочет доктор Айболит и задумывается.
— Кика! — говорит он наконец.
Утка подбегает к доктору.
Доктор берет ее на руки.
— Чари-бари, — говорит он ей раздельно и внушительно.
— Кря-кря! — отвечает утка.
— Чава-чам! — продолжает Айболит.
— Кря-кря!
— Чука-чук! — заканчивает доктор повелительно и опускает утку на землю.
Утка бежит к морю и плывет прочь от берега, торопясь изо всех сил.
— Как смешно вы говорили с ней, — удивляется маленький Пента, — я не понял ни слова.
— Я часто разговариваю со своими зверями по-звериному, — объясняет добрый доктор Айболит. — Они понимают по-человечески, но в таких важных делах лучше говорить с ними на их языке.
— Что же вы сказали вашей утке? — спрашивает мальчик.
— Смотри, — говорит доктор, показывая на море.
И мальчик видит: утка, пока он разговаривал с доктором, заплыла довольно далеко.
Она покачивается на волнах и от времени до времени ныряет в воду, задрав кверху хвост.
— Вы ей велели кувыркаться? — спрашивает Пента, недоумевая.
— Смотри, — приказывает опять доктор вместо ответа.
И Пента видит — что-то черное вынырнуло из воды около утки и снова рухнуло в воду. Еще. Еще.
Целое стадо дельфинов прыгает и ныряет вокруг утки Кики.
— Я сказал ей, — говорит доктор Пенте, — чтобы она позвала дельфинов.
— Зачем? — спрашивает Пента.
— Дельфины носятся по морю взад и вперед, ныряют до самого дна и снова подымаются наверх. Они знают все морские новости. Коли твой отец утонул, то им уже это, конечно, известно.
— Ой, — говорит Пента. — Скорей бы вернулась она обратно. — Утка! Утка!
Кика, по-видимому услышав зов мальчика, поворачивает и мчится к берегу.
Пента бросается к воде, хватает утку, спрашивает ее:
— Ну что? Ну — что?

— Кря-кря! — отвечает утка.
— Не понимаю, — чуть не плача, говорит Пента.
— Погоди, мальчик, — останавливает его доктор. — Дай мне спросить.
Он берет утку на руки и спрашивает нетерпеливо:
— Чари-бари-чав-чам?
Утка крякает в ответ ему.
— Мне неинтересно, что краб подрался с морским котом! — сердится Айболит. — Говори, что дельфины сказали об отце Пенты.
Утка снова весело крякает.
— И это мне неинтересно! — кричит доктор сердито. — Акула-Каракула простудилась и кашляет! Пусть себе кашляет, я не стану лечить ее. Она злая! Видели эти сплетники отца Пенты? Говори наконец!
Утка крякает, отвечает.
Лицо доктора просветлело.
— Ну, мальчик, — говорит он Пенте, — я рад за тебя. На дне моря нет рыжего рыбака с длинной рыжей бородой. Значит, твой отец жив!
Мальчик хохочет, прыгает от радости.
Но вдруг лицо его делается снова печальным.
— А где же он, если его нет в море? — спрашивает мальчик грустно.
— Если его нет в море, значит, он на суше, — отвечает доктор.
— А как мы его найдем? — спрашивает мальчик.
— Об этом надо подумать! — отвечает доктор.
И он приказывает зверям:
— Думайте!
И вот все глубоко задумываются, озабоченно расхаживая взад и вперед по берегу моря. Доктор расхаживает у самой воды. Обезьяна Чи-чи шагает за ним по пятам, в точности повторяя его движения. Доктор что-то пробормочет вполголоса — Чи-чи тоже. Доктор остановится и щелкнет пальцами — обезьяна тоже. Доктор в нетерпении — его раздражает трудность задачи — вдруг стукнет себя по лбу кулаком — и Чи-чи за ним.
Возле скал бегает взад и вперед собака Авва и свинка Хрю-хрю.
Утка Кика озабоченно плавает взад и вперед по воде.
Мальчик с надеждой смотрит на них. Шепчет:
— Думайте! Думайте скорей!
Но вот наконец собака Авва находит какое-то решение.
Она подбегает к доктору и лает.
К удивлению Пенты, доктор лает ей в ответ, отвечает ей на

чисто собачьем языке. Лай его носит несколько вопросительный характер. Доктор как будто не очень уверен в правильности решения, предлагаемого Аввой.

Авва лает, настаивает на своем.

Доктор, еще несколько раз коротко пролаяв и получив ответ Аввы, подходит к Пенте.

Звери подбегают к ним.

— Авва уверяет, что она может найти твоего отца, — сообщает доктор мальчику.

— Как? — спрашивает Пента.

— По запаху, — отвечает доктор. — Ведь ты знаешь, что у собак замечательное чутье. Как бы далеко ни был твой отец — собака найдет его по запаху.

Хрю-хрю насмешливо хрюкает.

Доктор останавливает ее.

— Не смей называть Авву хвастуньей, — говорит он. — Если она найдет отца Пенты, тебе самой будет стыдно. Пента! Есть ли у тебя какая-нибудь вещь, которую держал в руках твой отец?

— Вот, — отвечает мальчик и достает из кармана большой носовой платок. Доктор протягивает платок Авве. Авва жадно его нюхает. Потом лает.

— Пахнет табаком и селедкой, — переводит доктор ее лай. — Авва говорит, что твой отец курил трубку и ел хорошую голландскую селедку. Это хорошо, — говорит она.

Авва бросается бежать.

Все за ней.

Авва подымается на вершину высокого холма и останавливается.

Доктор, Пента и звери окружают ее.

Авва принюхивается.

Она начинает тихонько скулить.

Музыка.

Очертания зверей, Аввы, Пенты, доктора делаются расплывчатыми, почти исчезают.

И зрители видят то, что чутьем чует Авва.

Слышен голос доктора. Он говорит негромко, под музыку, объясняя Пенте все, что, скуля, сообщает ему Авва.

— Ветер дует с севера, — говорит доктор. — Авва чует запах больших-больших дремучих лесов.

И перед зрителями разворачиваются большие дремучие леса, тайга.

— Пахнет белками, — говорит доктор.

И зрители видят, как белка прыгает по соснам.

— Пахнет медведем.

Медведь пробирается между кустами.

— Леса исчезли, — говорит доктор. — Пахнет холодной соленой водой. Пахнет смолой, канатами, рыбой. Рыбаки плывут по северному морю.

Теперь море видят зрители, видят рыбацкие суда с белыми парусами, сети, рыбаков у сетей.

— И это исчезло, — продолжает Айболит. — Пахнет только снегом, снегом и льдом, льдом. Ничего живого вокруг. Ах нет! Морж поднял из воды свою голову. Белый медведь стоит на скале. А дальше опять снег, лед, лед и снег.

Зрители видят все, о чем говорит доктор. Музыка затихает, но не прекращается. Авва и все вокруг нее видны теперь ясно.

— На севере нет твоего отца, — говорит Айболит. — К счастью, ветер меняется. Ну, Авва? Что ты скажешь теперь?

Авва поворачивается к югу. Тихо скулит.

Музыка снова делается слышней, и снова расплываются очертания действующих лиц.

— Ветер с юга, — говорит доктор. — Авва слышит запах винограда...

Большие виноградники проплывают мимо зрителей.

— Она чует запах персиков, груш, слив, — говорит доктор.

За виноградниками идут сады. Деревья стоят, опустив ветки под тяжестью плодов.

— Пахнет высокими-высокими, тонкими-тонкими деревьями без веток. Пахнет большими листьями, которые свисают с верхушек этих высоких и тонких деревьев. Это Авва говорит о пальмах, — объясняет Айболит.

И зрители видят пальмовые рощи.

— Обезьяны! Она чует обезьян! — восклицает доктор.

Видно, как радостно взволновалась смутно видимая на экране Чи-чи.

— По пальмам прыгают, носятся обезьяны.

— Пахнет горячим-горячим песком, — рассказывает доктор дальше.

Пальмы уходят. Перед зрителями — пустынные песчаные холмы, залитые ярким солнечным светом.

— Не бойся, Авва! Не бойся! Ведь он далеко. Она почуяла... — говорит доктор.

Лев огромными прыжками взлетает на вершину холма. Останавливается. Поводит своей огромной башкой.

— Успокойся, Авва, успокойся, он не тронет тебя, он далеко, — повторяет доктор.

Пустыня, холмы, лев — все это заволакивается туманом, расплывается, тает. Затихает музыка.

Доктор гладит, успокаивает Авву. Авва рычит встревоженно. Шерсть на ее спине стоит дыбом.

— Успокойся. Смотри. Ветер подул с моря, с запада. Нет ли там нашего рыбака? А ну-ка! Ищи.

Авва поворачивается мордой к западу. Музыка становится слышнее. Морские волны проносятся перед зрителем. И вдруг Авва разражается лаем.

— Он там! Он там! — кричит доктор. — Ветер пахнет табаком и селедкой! Отец Пенты там, за морем! Авва почуяла его!

Музыка обрывается.

Доктор бежит вниз с холма. Звери и Пента за ним.

— Куда вы? — спрашивает Пента на бегу.

— В гавань! — отвечает доктор.

— Зачем?

— К моряку Робинзону!

———

Мол.

У мола стоит большой парусник.

Бородатый длинноволосый человек в грубой меховой одежде задумчиво ходит взад и вперед по палубе парусника.

Доктор вбегает по сходням на корабль. Все звери и Пента за ним.

— Робинзон! — кричит Айболит. — Нужно немедленно отправляться в путь!

— Куда? — спрашивает спокойно Робинзон.

— Надо спасти отца этого мальчика.

— Ладно! — коротко отвечает Робинзон.

Не спеша подымается он на капитанский мостик. Опирается руками на перила — и вдруг разражается ревом, поражающим после негромких его разговоров с доктором.

— Свистать всех наверх! — ревет Робинзон. — Отдай концы! Подымай паруса!

———

Открытое море.

Корабль Робинзона летит на всех парусах.

Авва стоит на носу корабля.

У штурвала — Робинзон.
Возле — доктор Айболит, окруженный друзьями.
Авва коротко лает, обернувшись к капитанскому мостику.
— Есть два румба вправо, — отвечает Робинзон Авве и поворачивает колесо штурвала.
Доктор Айболит взглядывает на рею, восклицает вдруг:
— Как это кстати! Чайка! Чайка! Поди-ка сюда на минутку.
Чайка слетает вниз.
— Чайка! — говорит доктор Айболит. — Будь так добра, отнеси письмо сестре моей Варваре.
Чайка кивает головою в знак согласия.
Доктор Айболит достает из бокового кармана письмо.
— Лети скорее! — просит доктор. — А то Варвара будет ждать меня к ужину и злиться.
Чайка берет письмо в клюв и улетает.
Авва снова лает коротко, обернувшись к Робинзону.
— Есть еще два румба вправо! — отвечает капитан и поворачивает колесо штурвала.
Корабль летит на всех парусах по волнам.

———

Двор дома доктора Айболита.
Варвара шагает большими шагами по двору.
— Они опоздали к ужину на целых четыре минуты, — ворчит Варвара свирепо. — Есть от чего сойти с ума! Он опять, конечно, лечит какую-нибудь тварь совершенно бесплатно! Ужасный человек!
Вдруг чайка показывается в небе.
Она спускается, проносится над самой головой Варвары, роняет к ее ногам письмо, вновь взлетает в небо и уносится прочь.
Варвара распечатывает письмо, читает его и радостно вскрикивает:
— Это хорошо! Это очень хорошо.
Она бросается в дом и через миг вылетает обратно, надевая на ходу шляпку, натягивая длинные черные перчатки.

———

Глухое ущелье в горах.
По ущелью пробирается Варвара, крадучись, озираясь, прячась со всеми приемами настоящей разбойницы.
Вот она поравнялась с густо разросшимся высоким кустарни-

ком. Оглянулась. И, засунув два пальца в рот, свистнула разбойничьим посвистом.

Издали-издали ей отвечает шарманка. Она играет три такта вальса — того вальса, что раздавался недавно под окнами доктора Айболита.

Варвара свистит вторично. И снова шарманка отвечает ей вальсом, он звучит теперь ближе.

Третий раз свистит Варвара. Раздается треск веток, шум шагов, и из высоких кустов показывается усатый шарманщик, он же разбойник Беналис.

Разбойник здоровается с Варварой.

— Что слышно, кровь и гром? — спрашивает он хриплым своим басом.

— Прекрасные новости, смерть и молния! — пищит Варвара.

— Какие? — спрашивает Беналис.

— Читай! — отвечает Варвара и протягивает разбойнику письмо доктора.

Разбойник достает из бокового кармана огромные круглые очки в черной оправе и, надев их на нос, читает:

— «Дорогая Варвара! Мы едем на корабле Робинзона искать отца одного мальчика по имени Пента. Его похитил разбойник Беналис. Не жди нас к ужину. Не обижай, пожалуйста, крокодила. Целую тебя. Твой брат, добрый доктор Айболит».

Прочитав письмо, разбойник рвет его в клочки и швыряет на землю.

— Это значит, что он открыл мою пещеру! — ревет Беналис. — Ну ладно! По крайней мере десять дней пройдет, пока он разыщет отца Пенты. Тем временем вернется мой корабль, мы выйдем навстречу доктору, его возьмем в плен, а всех его зверей — утопим, утопим, утопим!

— Ура! Ура! Ура! — отвечает Варвара, ликуя.

ЧАСТЬ 3

ТИТР: На другой день в два часа дня.

Корабль капитана Робинзона.

Авва по-прежнему стоит на носу корабля. Доктор Айболит, озабоченный, беседует с Робинзоном.

— Авва говорит, что отец Пенты где-то совсем близко!

— Не понимаю, — бормочет капитан. — Земли не видно!

— Но Авва уверяет, что явственно чует запах табака и селедки! — настаивает доктор.

Хрю-хрю насмешливо хрюкает.

— Не понимаю, — бормочет капитан. — Земли не видать.

Пента всхлипывает.

— Чи-чи! — говорит доктор Айболит. — Возьми это!

И доктор дает обезьяне большую подзорную трубу. Обезьяна хватает трубу и вопросительно глядит на доктора.

— Поднимись на мачту, — командует доктор, — и погляди, не видно ли земли.

Обезьяна бросается к мачте. Держа трубу в одной руке, она при помощи трех остальных взбирается на верхушку мачты.

Усевшись там, она оглядывает море в подзорную трубу.

Вдруг обезьяна взвизгивает и соскальзывает с мачты вниз. Взлетев на капитанский мостик, она взбирается к Айболиту на плечи и приставляет к его глазам трубу.

И доктор видит: далеко в море чернеет маленький скалистый островок.

Сияя, доктор протягивает трубу Робинзону.

Робинзон глядит в трубу один миг.

Потом говорит негромко:

— Ладно!

И разражается ревом:

— Свистать всех наверх! Земля на бакборте! Убрать паруса!

Авва громко лает.

Корабль Робинзона причаливает к островку. Авва первая прыгает на берег. За нею Пента. За Пентою доктор. За доктором звери, за ними Робинзон. Они все бегут за Аввой.

Авва мчится к дереву, что растет посреди островка.

Под деревом лежит, спит бородатый человек.

— Папа! Папа! — кричит Пента.

Бородатый человек просыпается, вскакивает и бросается обнимать и целовать сына.

Гремит веселая музыка.

Звери пляшут, прыгают, ревут, визжат, кричат от радости.

Добрый доктор Айболит хохочет и пожимает руку отцу Пенты. Сдержанный Робинзон утратил свою обычную сдержанность и радуется, прыгает вместе со всеми...

Авва скромно сидит в стороне. Вдруг Пента вспоминает о ней.

— Это она, Авва, нашла тебя! — кричит Пента и тащит отца к собаке.

Отец Пенты протягивает Авве руку.

Авва подает ему лапу.

Все, окружая их, поют под музыку:

>   Честь тебе и слава,
>   Дорогая Авва,
>   Дорогая Авва,
>   Честь тебе и слава.

Авва сконфужена. Она закрывает морду лапами.

А хор гремит:

>   Дорогая Авва!
>   Честь тебе и слава.
>   Честь тебе и слава,
>   Дорогая Авва!

Когда все немного поуспокоились, доктор укоризненно говорит свинье:

— Вот видишь, Хрю-хрю! А ты говорила, что Авва — хвастунья... Ай-ай-ай!

Свинья, отвернувшись, виновато хрюкает.

— То-то! — говорит ей доктор. — Ну а теперь скорее на корабль! Нужно отвезти домой Пенту и его отца.

— Да, пожалуйста, — просит Пента. — Мама, наверное, ходит по берегу моря, ждет нас и плачет, и плачет...

— Идем! — приказывает доктор.

— Ладно, — спокойно соглашается Робинзон.

Они идут к кораблю, но вдруг раздается шум крыльев. Все взглядывают наверх — и видят: большая стая журавлей летает, кружится над островком.

— Вы ко мне? — кричит доктор.

Один из журавлей опускается на островок у самых ног Айболита. Кланяясь, переступая с ноги на ногу и щелкая клювом, он просит о чем-то доктора.

— Как же быть? — растерянно говорит доктор, выслушав журавля. — Мне надо немедленно возвращаться домой. Маленькие журавлята заболели ангиной. Надо их скорее вылечить. А если мы поедем сначала домой — мама Пенты будет плакать еще лишний день. Ах! Я придумал, что надо делать! Несите сюда скорее веревки и подушку!

Звери бросаются выполнять приказание доктора.

Авва тащит ему подушку. Чи-чи — веревки.

Доктор привязывает по одной веревке к каждому углу подушки.

Потом кричит журавлям:

— Вы понесете меня домой по воздуху. Хватайте клювами все четыре веревки!

Сказав это, доктор Айболит садится на подушку.

И журавли поднимают его в воздух.

Звери огорчены. Они жалобно воют, пищат, кричат.

— Ничего! Ничего! — кричит доктор, улетая, и машет им рукой.

— Когда вы привезете их домой, Робинзон?

— Завтра вечером! — отвечает тот.

— Смотрите не опоздайте, — раздается уже издали голос доктора.

— Ладно! — отвечает Робинзон коротко.

Доктор Айболит исчезает в небе.

Двор дома доктора Айболита.

Варвара хлещет зонтиком крокодила, выгоняет его.

— Вон! Вон! — кричит она. — Довольно! Довольно! Теперь я хозяйка! Довольно ты пожил у нас совершенно бесплатно. Ступай, ступай!

Крокодил плачет.

— Ничего, ничего! — свирепствует Варвара.

Шпильки так и летят у нее из головы.

— Довольно! Ты думаешь, доктор вернется?

Крокодил щелкает зубами.

— Как же! Жди! Вот так он и свалится сейчас с неба.

И точно в ответ на эти слова с неба, сидя на подушке, спускается доктор Айболит. Варвара взвизгивает. Крокодил радостно щелкает зубами.

— Оставь в покое крокодила, Варвара! — приказывает доктор и бежит в дом. Через миг он выбегает оттуда с сумкой в руках.

— А где все остальные?

— Они повезли Пенту и его отца к ним домой. Завтра вечером они вернутся. Я бегу лечить журавлят. Не смей без меня обижать крокодила.

Сказав это, доктор убегает.

Варвара сначала стоит неподвижно.

Потом бежит в дом, надевает шляпу, перчатки.

Бормочет:

— Вернутся завтра? Как же! Жди! Мы этого не допустим! Никогда! Кровь и молния! Гром и смерть!

ТИТР: На другой день к вечеру.

Высокий маяк стоит на берегу моря.

К маяку подходит доктор Айболит. Он кричит, подняв голову кверху:

— Сторож! Джамбо! Где вы?

Дверь маяка открывается, и оттуда выходит старый седой негр Джамбо.

— А, доктор Айболит! Как я рад видеть вас! Заходите! Поговорите с моей канарейкой, а то она все скучает и капризничает, — говорит Джамбо.

— А это потому, что вы избаловали ее, Джамбо, — говорит доктор. — Я зайду к ней в другой раз. А теперь я к вам по другому делу. В порядке ли у вас на маяке лампы?

— О доктор! — восклицает Джамбо. — Конечно, у меня все в порядке! Ведь если хоть раз не загорятся на верхушке моего маяка лампы, то корабли, проходящие вечером и ночью, разобьются в темноте о камни и потонут.

— Вот поэтому я и приехал к вам, — говорит Айболит. — Будьте так добры, зажгите сегодня свою лампу поярче. Сегодня на корабле капитана Робинзона приедут мои лучшие друзья, все мои звери. Я очень скучаю без них и все время беспокоюсь.

— Ладно! — отвечает Джамбо. — Все будет в порядке!
— До свиданья, Джамбо! — говорит Айболит.
— До свиданья, добрый доктор Айболит, — говорит Джамбо.
Доктор уходит.
Джамбо скрывается в маяке.
И сейчас же из-за одной стороны маяка выглядывает голова Варвары, а из-за другой — голова Беналиса.
— Хоть корабль мой и не вернулся... — шипит Беналис.
— Но дела наши блестящи, — шипит Варвара.
— Звери погибнут! — гудит Беналис.
— Никто не спасется! — ликует Варвара.

———

Заметно стемнело.
На молу уже зажглись фонари.
Под одним из фонарей, вглядываясь в даль, стоит встревоженный доктор Айболит.
— Что это значит? — бормочет он. — Что случилось? Почему на маяке не зажглись огни? Надо побежать туда. Надо узнать, в чем дело! Корабль Робинзона разобьется о скалы!
Доктор бросается бежать.
Вот и маяк.
— Джамбо! Джамбо! — кричит доктор.
Ответа нет.
— Джамбо! Где же ты!
Тишина.
Доктор дергает за ручку двери, ведущей в маяк.
Дверь заперта.
Доктор пробует выломать дверь плечом. Это ему не удается.
Тогда он хватает с земли большой камень, ударяет о дверь раз, другой, третий, и дверь наконец поддается. Доктор распахивает ее и мчится наверх по винтовой лестнице, освещая себе путь карманным электрическим фонариком.
На одном из поворотов лестницы Айболит вдруг спотыкается обо что-то и чуть не падает.
И фонарик освещает связанного по рукам и ногам лежащего на ступеньках Джамбо.
Потрясенный доктор выхватывает из кармана нож и перерезает веревки, связывающие несчастного негра.
— Джамбо! — кричит доктор. — Кто связал тебя? Джамбо!

Негр молчит.

— Он в обмороке, — говорит доктор и бежит дальше. — Мне некогда приводить его в чувство. Надо скорее, скорее зажечь лампы. Иначе все погибнут.

Вот наконец и верхняя площадка маяка.

Доктор бросается к лампам и начинает шарить у себя по карманам. Вдруг он кричит не своим голосом:

— Что мне делать! Что мне делать! Я забыл дома спички! Как же я теперь зажгу лампы!

Доктор бросается вниз и обшаривает карманы Джамбы.

И тут нет спичек.

Доктор бежит в комнату негра.

Клетка с канарейкой стоит там на столе.

— Кинзолок! Мелифонт! Кинзолок! Где спички! Скажи мне скорей, где спички! — кричит ей доктор.

— Чик-чирик, — отвечает канарейка тончайшим голоском. — Накройте мою клетку платочком. Сквозит! Чик-чирик.

— Где спички, я тебя спрашиваю!

— Я такая нежная, я обязательно простужусь, накройте клетку! — повторяет канарейка.

— Ах ты, избалованная птица! — ревет доктор. — Из-за тебя может погибнуть целый корабль! Говори, где спички, или я тебя брошу в море.

— Не кричите на меня, а то я оглохну и не буду больше петь! Спички на окошке. Накройте меня платочком, — пищит птица.

Доктор хватает с окна спички и, не обращая внимания на крики канарейки: «Да накройте же мою клетку, грубиян», — бежит прочь.

Вот он на верхней площадке.

Он зажигает огромные лампы маяка.

Вспыхивает ослепительный свет.

Доктор взглядывает на море — и хватается за голову.

Слишком поздно!

Он видит: корабль тонет у подводных скал.

Доктор бросается вниз.

Негр Джамбо уже пришел в себя. Он стоит, покачиваясь, на ступеньках.

— Кто связал тебя? — спрашивает доктор.

— Разбойник Беналис, — отвечает Джамбо.

Доктор бежит дальше, освещая себе путь карманным фонариком. Он видит вдруг — две фигуры на берегу.

— Варвара! — узнает доктор. — Шарманщик!

— Я тебе не шарманщик, я разбойник Беналис, — хохочет тот. — Ну что, добрый доктор? Где теперь твоя обезьяна? Где все твои звери?

— Ура! Ура! Утонули! — ликует Варвара.

Вдруг раздается знакомый лай. Варвара взвизгивает в ужасе.

— Авва! Авва! — кричит доктор — и к нему на грудь с радостным визгом бросается собака. За нею Чи-чи. За Чи-чи — Хрю-хрю. И утка Кика, переваливаясь, спешит к доктору, и сова Бумба взлетает к нему на плечо.

Шарманщик, он же Беналис, пробует бежать, но Авва хватает его за полы плаща. Раздается топот многих ног. Прибегает Робинзон и его матросы. В руках у них факелы.

Беналис схвачен и Варвара тоже.

— Но корабль! Корабль! Я сам видел, как разбился корабль! — восклицает доктор Айболит.

— Это не наш корабль разбился, — спокойно объясняет Робинзон.

— А чей же? — спрашивает доктор.

— Разбойника Беналиса.

Беналис крякает.

— Но никто не утонул, — продолжает Робинзон, — я подобрал всех пиратов и запер их в трюме своего корабля. Только атамана не хватало. Но и его мы сейчас запрем туда же. И Варвару тоже. Я отвезу их всех на необитаемый остров.

— Но вы-то, как вы в темноте не наскочили на камни? — кричит Айболит.

— Вы забыли про сову Бумбу! — отвечает Робинзон. — Она прекрасно видит в темноте! Когда стемнело, я посадил ее на нос корабля, и она закричала, когда увидела камни.

Доктор целует Бумбу.

Гремит веселая музыка.

Доктор Айболит дома. Белые мыши выглядывают из сундука. Белка прыгает на дверце шкафа. Еж бегает по дивану. Остальные звери пляшут вокруг Айболита и поют:

   Шита-рита, тита-дрита!
   Шивандаза, шиванда!
   Мы родного Айболита
   Не покинем никогда.
   Шивандары, шивандары,
   Фундуклей и дундуклей!

Хорошо, что нет Варвары,
Без Варвары веселей!
Шита-рита, тита-дрита!
Шивандаза, шиванда!
Мы родного Айболита
Не покинем никогда!

К концу песни Чи-чи подымает с пола большую букву «Е». Ава берет в зубы букву «Ц». Хрю-хрю тащит букву «К». Айболит берет со стола букву «Н». Сова Бумба взлетает в воздух, надев на шею букву «О». Затем все выстраиваются так, что Айболит оказывается посередине. Остальные становятся по двое — справа от него и слева. А буквы, которые они держат, составляют слово:

Конец

СНЕЖНАЯ КОРОЛЕВА

Крутые черепичные крыши. Трубы в железных колпаках, как в рыцарских шлемах.

На высоких шпилях флюгеры в виде петухов, драконов, единорогов.

Флюгеры крупным планом.

— Северный ветер, — поет петушиным голосом флюгер-петух.

— Северный ветер, — визжит единорог.

— Северный, северный, северный ветер, — кричат все три головы дракона, дрожа на тонком шпиле.

Начинает падать легкий сухой снег.

Вьется по ветру.

Одна из крыш крупным планом.

Из-за трубы выходит крошечный старичок с бородой до колен. Он натягивает поглубже свой остроконечный вязаный колпачок и отправляется в путь по гребню крыши, шагая спокойно, как по полу.

Он проходит мимо высокого шпиля, на котором стоит флюгер-петух.

Петух при виде старичка почтительно кланяется ему.

— Здравствуйте, господин Домовой! Северный ветер! — поет он тоненько.

— Здравствуйте, петушок-дружище! — отвечает крошечный старичок глубоким басом, можно даже сказать — октавой. — Давно задул северный?

— Со вчерашнего вечера, господин Домовой, — поет флюгер.

— Это к морозам, — озабоченно басит старичок. — Худо придется моим соседям, которые как домовые квартируют на чердаке. Надо будет завтра слетать к лешему, попросить у него дров взаймы.

Старичок садится на корточки и, как со снежной горы, съезжает с верхушки крыши вниз по желобу. Здесь окна чердачных жильцов.

Домовой бежит рысцой вдоль желоба мимо окон. Добегает до крайнего из них. Прыгает легко, как кошка, на карниз и пробует заглянуть в окно.

— Ничего не видно, — басит он с досадой. — Все стекла покрылись ледяными узорами и цветами.

— Это оттого, что Снежная королева взглянула на них сегодня ночью, пролетая мимо, — поет издали жестяной петух.

— Она здесь? — восклицает старичок. — Ну, быть беде!

— Почему-у? — кричит петух.

Мячиком взлетает старичок наверх на гребень крыши. Бежит по гребню до шпиля с флюгером. Прыгает петуху на спину. Садится на него верхом.

— Быть беде, — басит старичок. — Ох, быть беде, петушок, дружище. Мой любимец студент Ганс Христиан, который сочиняет такие славные сказки, вырастил среди зимы удивительный розовый куст. Розы на нем цветут и не отцветают, пока люди, владеющие чудесным кустом, живут дружно. Ганс Христиан подарил этот розовый куст своим соседям: девочке Герде, мальчику Кею и их бабушке. Ведь во всем доме нет людей дружнее. И если Снежная королева проведает об этом, быть беде, ох, быть беде!

— Почему-у? — кричит петух.

— Она не простит моему славному сказочнику, что он среди зимы вырастил цветы. Она или украдет розы, или поссорит Бабушку, Герду и Кея, и цветы завянут. Ах, Снежная королева уже, наверное, проведала обо всем! Ведь она заглянула к ним в окна!

Старичок снова слетает вниз, мчится к крайнему окошку, прыгает на карниз и старательно ищет незамерзшего местечка на стекле. Наконец ему удается заглянуть в комнату.

И мы вместе с Домовым видим в рамке из ледяных цветов и узоров довольно просторную, очень уютную и чистую комнату.

В очаге пылает огонь.

Над огнем висит большой медный чайник.

Стол накрыт к чаю на три прибора.

Большой пышный цветущий розовый куст стоит в деревянной кадке у стены.

Под кустом сидят мальчик и девочка, взявшись за руки.

Домовой приникает ухом к стеклу. Слышит: два детских голоса поют негромко, мечтательно:

— Снип-снап-снурре...

— Пурре-базелюрре!

— Снип-снап-снурре...

— Пурре-базелюрре!

— Пока все благополучно, — бормочет Домовой. — Посмотрим, что-то дальше будет...

Пение детей становится яснее.

Перед нами та самая комната, которую видел Домовой через замерзшее стекло.

Девочка и мальчик. Герда и Кей поют задумавшись. Вдруг мальчик вскакивает. Подбегает к двери. Прислушивается.

— Ступеньки скрипят, — сообщает он радостно.

— Бабушка идет! — восклицает девочка.

— Давай напугаем ее! Давай спрячемся! — предлагает Кей шепотом.

Герда радостно соглашается.

Дети прячутся под стол.

Раздается стук в дверь.

Дети молчат.

Стук повторяется.

Дети хихикают тихонько.

Дверь медленно открывается, и в комнату входит высокий пожилой человек в цилиндре. На его плечи накинута шинель с меховым воротником.

Лицо этого человека бледно, сурово, неподвижно.

Важно и медленно идет он по комнате, оглядываясь.

Вдруг Кей вылетает из-под стола с криком: «Гав-гав!»

За ним прыгает на четвереньках Герда, крича: «Бу-бу!» Незнакомец, не теряя важного и сурового выражения лица, высоко подпрыгивает от неожиданности.

Дети, увидев чужого человека, замирают в ужасе.

— Невоспитанные дети, — восклицает незнакомец. — Что это за бессмысленный поступок? Я вас спрашиваю, невоспитанные дети.

— Простите, но мы воспитанные, — отвечает Кей.

— Мы очень, очень воспитанные, — поддерживает его Герда.

— Здравствуйте! Садитесь, пожалуйста.

— Воспитанные дети, — отчеканивает незнакомец, — A — не бегают да четвереньках; B — не кричат «бу-бу»; C — не вопят «гав-гав» и наконец, D — не бросаются на незнакомых людей.

— Но мы думали, что вы наша бабушка, — оправдывается Герда.

— Вздор! Я вовсе не ваша бабушка! — обрывает ее незнакомец. И, повернувшись спиною к детям, он своей важной, медленной поступью направляется к цветам. — Действительно ли это живые розы? — ворчит он, наклоняясь над кустом. — A — они издают запах, свойственный этому растению; B — обладают соответствующей окраской. И наконец, С — растут из подобающей почвы. Живые цветы среди зимы! Какое безобразие!

Дети крупным планом.

Герда шепчет Кею:

— Кей, честное слово, это злой волшебник. Давай убежим.

— Волшебники вроде собак, Герда. Они бросаются как раз на тех, кто их боится. Стой, не двигайся. Улыбайся.

Дети стоят неподвижно, изо всех сил стараясь улыбаться.

Незнакомец оборачивается.

Видит напряженно улыбающихся ребят.

— Что это значит? — восклицает он.

— Ни... ничего, — отвечает Кей, старательно скаля зубы.

— Вы строите мне рожи, невоспитанные дети? — шипит незнакомец.

Он делает шаг вперед.

Герда и Кей в страхе бросаются к дверям, но дверь распахивается, и дети попадают прямо в объятия Бабушки.

— Соскучились? — спрашивает, сияя и обнимая ребят, Бабушка — чистенькая, беленькая, румяная, живая старушка.

— Смотри, кто к нам забрался, — шепчет Герда. Показывает глазами на зловещего незнакомца.

Бабушка отстраняет детей.

Вежливо приседает гостю. Тот хмуро кивает в ответ.

— Я к вам по делу, хозяйка, — заявляет он. — Вы знаете, кто я?

— Не имею чести, — отвечает Бабушка с поклоном.

— Так знайте же, — отчеканивает незнакомец. — Я богатый человек, хозяйка, очень богатый человек. Сам король знает, как я богат, — он дал мне за это звание Коммерции Советника. Вы видели большие фургоны с надписью «лед»? Видели, хозяйка? Лед, ледники, холодильники, подвалы, набитые льдом, — все это мое, хозяйка. Лед сделал меня богачом. Главный Бухгалтер!

В дверях появляется человек в больших очках, лысый, маленький, с большими счетами под мышкой. Он дрожит от холода, дышит на ладони, топочет ногами, стараясь согреться.

— Покажите этой доброй старушке самую ничтожную долю моего богатства, — приказывает Советник.

— Слушаюсь-с, господин Коммерции Советник! — отвечает Бухгалтер сиплым голосом.

Он берет счеты. Пробует подсчитать с их помощью самую ничтожную долю богатства господина Коммерции Советника, но косточки прилипли друг к другу.

— Прошу прощения, господин Коммерции Советник, — сипит

Бухгалтер. — Счеты обледенели. Я пришел сюда из наших главных складов лечебного морковного мороженого. Впрочем, я подсчитаю устно.

Бухгалтер закрывает глаза.

Подсчитывает на пальцах, которые у него еле сгибаются от холода.

Шипит негромко:

— Миллион в уме... Два миллиона в уме... Три миллиона в уме... Так... Готово, господин Коммерции Советник. Эй, вы там, конторщики! Внести сюда сто тысяч талеров. Живо!

Повинуясь приказу Главного Бухгалтера, в комнату, сгибаясь под тяжестью мешков с золотыми монетами, входят четыре замерзших конторщика.

— Глядите, старушка, — говорит Советник гордо. — Перед вами сто тысяч талеров — и это только самая ничтожная доля моих богатств. Я все могу купить, хозяйка. Я пришел сюда, чтобы купить ваши розы.

— Мне очень жаль, что вы потрудились напрасно, господин Коммерции Советник, — отвечает Бабушка спокойно. — Ведь эти цветы не продаются.

— А вот продаются! — говорит Советник упрямо.

— А вот нет! — возражает непокорная Бабушка.

— А вот продаются!

— А вот ни за что!

— Увидим! — восклицает Советник. — Бухгалтер, выдайте ей десять талеров!

Бухгалтер устремляется к Бабушке с десятью талерами, с заранее заготовленной распиской, с чернильницей и гусиным пером. Эти последние вещи он добывает из карманов своего сюртука.

— Не возьму, — заявляет Бабушка.

— Выдайте ей двадцать талеров, — приказывает Советник.

Бабушка столь же решительно отвергает Бухгалтера с двадцатью талерами.

— Выдайте ей тридцать, — повелевает Советник. — Пятьдесят. Сто. И сто мало? Ну хорошо — двести. Этого на целый год хватит и вам, и этим гадким детям.

— Это очень хорошие дети, — возражает Бабушка. — Отойдите от меня, господин Бухгалтер.

— Сколько же вы хотите, корыстолюбивая старуха? — спрашивает Советник яростно.

— Я уже говорила вам, господин Советник, — отвечает Бабушка вежливо, но твердо. — Эти цветы подарил нам студент, сказочник, учитель моих ребятишек. А подарки не продаются.

— Вздор! — выпаливает Советник.

— Эти розы — наша радость, — поясняет Бабушка.

— Вздор, вздор, вздор! Деньги — вот радость! Я предлагаю вам деньги, слышите — деньги, понимаете — деньги!

— Господин Советник, есть вещи более могущественные, чем деньги, — говорит Бабушка твердо.

Это заявление ужасает Советника, доводит почти до обморока Бухгалтера, приводит в полное недоумение конторщиков, принесших золото.

— Да ведь это бунт! — вопит рассвирепевший богач. — Значит, деньги, по-вашему, ничего не стоят? Сегодня вы говорите, что деньги ничего не стоят, а завтра скажете, что богатые и почтенные люди ничего не стоят! Вы решительно отказываетесь от денег?

— Да, — отвечает Бабушка.

— В таком случае пусть с вами разговаривает сама Королева, слышите вы, сумасшедшая старуха! — кричит Советник и, надев цилиндр, бросается к двери.

На пороге он сталкивается с новым действующим лицом сказки.

Это долговязый, несколько неуклюжий юноша. Несмотря на нескладность свою, он держится уверенно, просто и весело.

— Ах вот кто пришел, — шипит Советник. — Господин Сказочник. Сочинитель сказок, которым грош цена. Это все ваши штуки! Ну, ничего! Мы с вами рассчитаемся, любезный Ганс Христиан!

— Снип-снап-снурре-пурре-базелюрре! — отвечает ему Сказочник серьезно и спокойно.

— Вздор! — шипит Советник.

— Вздор! — сипит Бухгалтер.

— Вздор! — шепчут конторщики.

— Снип-снап-снурре-пурре-базелюрре, — повторяет Сказочник многозначительно, без тени улыбки.

Советник пожимает плечами и не находит слов, чтобы ответить юноше.

Гордо подняв голову, он выходит из комнаты.

Так же гордо выплывает прочь замерзший Главный Бухгалтер. Заносчиво подняв носы, шествуют за ними конторщики с золотом.

Дверь с шумом захлопывается за ними.

Сказочник, весело смеясь, поворачивается к детям. И сразу делается серьезным.

— Что случилось? — спрашивает он. — Вы испугались, дети? Не нужно! Смотрите, как розы весело кивают нам всем. Они говорят на своем языке: мы с вами, вы с нами, и все мы вместе. Слышите?

Он поднимает палец. Издали-издали раздается едва слышная музыка.

Сказочник смеется, бросается вперед, взмахивает радостно руками и сбивает со стола чашку.

Едва успевает подхватить ее на лету.

— И не стыдно тебе, чашка, — говорит Сказочник укоризненно. — Все эти чашки, чайники, столы, стулья, сюртуки, башмаки из-за того, что я говорю на их языке и часто болтаю с ними, считают меня своим братом и ужасно меня не уважают. Эта чашка вздумала танцевать со мной. Стой! Смирно!

Установив чашку на подобающем ей месте, Сказочник снова поворачивается к ребятам.

И снова его подвижное лицо темнеет.

Веселая болтовня его не рассмешила и не успокоила Герду и Кея. Взявшись за руки, стоят они, задумчивые и озабоченные.

Сказочник бросается к ним.

— Дети, дети! Неужели этот ледяной Советник так напугал вас? Герда и Кей переглядываются.

— Я не боюсь, — говорит Кей.

— Я тоже, — поддерживает его Герда не совсем уверенно. — Я... Я только хотела бы узнать, о какой королеве он говорил.

— О Снежной королеве, — отвечает Сказочник серьезно.

— Она повелевает морозами, снегами и метелями. Советник с нею в большой дружбе, ведь она поставляет ему лед. Живет Королева далеко-далеко на севере, но зимой, когда дует северный ветер, она прилетает на черном облаке сюда к нам.

— Полно вам рассказывать сказки! — добродушно ворчит Бабушка. — Смотрите, вы совсем напугали ребят!

И действительно.

Дети еще больше встревожились. Они косятся на окно.

Там на улице разыгралась метель.

Стекла дребезжат под ударами ветра.

— Подите сюда, дети! — зовет Сказочник. — Смотрите на меня!

Он хватает кочергу, лежащую возле очага, и, установив ее на ладони, идет с нею по комнате.

— Многие уверяют, — говорит Сказочник, жонглируя кочергой, — будто я нескладный, неуклюжий, длинноногий парень. А я — видите, ловок, проворен, точен! Будьте спокойны, друзья мои! Что нам сделают Советник и Снежная королева, пока мы веселы и дружны, пока сердца наши горячи? Да ничего. Ну-ка попробуй — тронь нас, ты, Снежная королева! Ах!

Сказочник, увлекшись, делает резкое движение рукой.

Кочерга летит далеко в сторону.

Разбивает стекло в окне.

Свист, звон, вой.

Северный ветер врывается в комнату через разбитое окно.

Лампа, висящая над столом, гаснет.

Снежинки, светясь, вьются и пляшут в темноте.

— Спокойно, дети! — кричит Сказочник. — Это я виноват! Сейчас я зажгу лампу.

Вспыхивает свет.

Все вскрикивают.

Сказочник замирает, стоя на стуле под лампой.

Что это?

Прекрасная, богато одетая, высокая, стройная женщина стоит посреди комнаты.

Она в белом с головы до ног. Огромный бриллиант сверкает у нее на груди.

Холодно улыбаясь, глядит она на Бабушку, Герду и Кея.

Сказочник прыгает со стула. Хочет заговорить, но незнакомка делает едва заметный жест рукой — предостерегающий, повелительный.

И Сказочник умолкает, отшатнувшись.

— Это вы? — спрашивает Герда.

— Кто вы? — спрашивает Кей.

Женщина не отвечает ни слова. Она, очевидно, наслаждается замешательством.

Молча проходит она к бабушкиному креслу, которое стоит возле самого разбитого окна.

Спокойно и величественно опускается она в кресло. Ветер и снег, врывающиеся в комнату, как видно, ничуть не беспокоят ее.

— Сейчас я заложу окно подушкой, — говорит Бабушка.

Женщина не отвечает. Она не сводит глаз с цветущего розового куста.

Суровое, гневное выражение появляется на ее лице.

Она по очереди оглядывает всех находящихся в комнате. Взгляд ее задерживается на Кее.

И снова она холодно улыбается.

Заложив окно подушкой, Бабушка храбро подходит к незнакомке.

— Чем я могу служить вам, сударыня? — спрашивает она.

— Я пришла сюда за этим мальчиком, — отчетливо, звонко, холодно отвечает женщина, указывая на Кея.

Герда вскрикивает.

— Я не понимаю вас, сударыня, — говорит Бабушка растерянно.

— Я одинока и богата, — продолжает незнакомка. — А вам, при вашей бедности, конечно, трудно содержать приемыша...

— Я не приемыш, — кричит Кей.

— Он говорит правду, сударыня, — поддерживает его Бабушка. — Ему и года не было, когда умерли его родители. Он вырос у меня на руках. Он такой же родной мне, как моя единственная внучка и как мои покойные дети.

— Эти чувства делают вам честь, — говорит незнакомка небрежно. — Но ведь вы старая и можете умереть.

— Бабушка не может умереть! — вскрикивает Герда.

— Тише ты! — сурово останавливает ее незнакомка. — Соглашайтесь же, хозяйка. Я навсегда обеспечу этого мальчика. То, что я предлагаю, выгодно нам всем.

Кей с трудом удерживает слезы, бросается к Бабушке и обнимает ее.

— Бабушка, Бабушка, не отдавай меня, дорогая! — умоляет он. — Я не люблю ее, а тебя я так люблю! Розы ты и то пожалела, а я ведь целый мальчик! Я умру, если она возьмет меня к себе!

— Бабушка, ну вот, честное слово, не отдавай его! — плачет Герда.

— Что вы, дети! Я никому и ни за что не отдам Кея, — успокаивает Бабушка ребят.

— Вы слышите! — кричит Кей незнакомке.

Не отвечая, незнакомка хлопает трижды в ладоши.

Двери распахиваются.

В комнату входят мальчики в коротеньких белых меховых плащах, в шелковых белых чулках, в атласных белых туфельках.

Они очень бледны.

Движения их плавны и мягки.

Двое из них несут роскошный наряд, украшенный драгоценными камнями. Наряд этот так и сверкает.

Четверо других несут большой белый ящик.

— Если ты пойдешь ко мне — все эти слуги и еще сотни других будут повиноваться каждому твоему слову, — говорит незнакомка. — Этот наряд и еще сотни других я подарю тебе. В этом ящике сотая доля игрушек, которые будут твоими собственными.

Незнакомка делает знак рукой.

Пажи откидывают боковую стенку ящика.

Рождается негромкая, но звонкая музыка. Кажется, что невидимые музыканты играют в белом ящике на стеклянных инструментах.

И пажи достают из ящика и кладут на пол удивительные игрушки.

Тут и сабли, и панцири, и каски. Они сверкают так, будто сделаны из серебра.

А вот удивительные заводные солдатики.

Они маршируют по полу, как живые, обходят ножки стола, сохраняя равнение, поворачивают и снова шагают без устали.

И солдатики также сверкают так, будто они не оловянные, а серебряные.

Незнакомка подходит к окну и выдергивает прочь подушку, которой Бабушка заткнула разбитое стекло. Ветер затих как по волшебству. Снег перестал идти. Луна сияет в небе. Женщина знаком подзывает Кея. Кей нехотя повинуется.

— Взгляни, — говорит незнакомка, указывая вниз на улицу.

И Кей видит: у ворот дома стоит просторная белая карета, запряженная четверкой белых коней.

А возле дверцы кареты лакей в белой ливрее с трудом удерживает под уздцы пятого коня. Этот конь оседлан. Он прыгает на месте в нетерпении. Здесь, наверху, явственно слышно, как стучат его копыта и как звенят пустые стремена.

— Этот конь будет твоим, Кей, — говорит женщина. — Слышишь?

Кей молчит.

— Смотри, Бабушка, — шепчет Герда.

Сверкающие солдатики, маршируя, приблизились к очагу и вдруг остановились разом. Все они — и командиры, и рядовые — вдруг покрылись мелкими водяными капельками.

Вот они пошатнулись все разом и, не нарушая строя, повалились ничком на пол.

Незнакомка замечает это.

Она, чуть наклонившись, дует на солдатиков.

И солдатики, окрепнув внезапно, вскакивают все как один.

Пятясь, отступают они в полном боевом порядке от пылающего очага.

— Ну, Кей, — спрашивает незнакомка, снова усаживаясь в кресло. — Отвечай — пойдешь ты со мной?

— Никуда я не пойду! — отвечает мальчик угрюмо.

— Не упрямься, Кей, — говорит незнакомка ласково. — Подумай!

— Не уйду я отсюда, — отвечает Кей твердо.

— В последний раз спрашиваю тебя, Кей, — настаивает женщина. — Подумай, прежде чем ответишь, мальчик. Останешься ли ты в этой жалкой конурке или уедешь со мной в мой дворец?

— Я останусь тут, — отвечает мальчик быстро. — Вот вам!

— Молодец! — начинает Сказочник, но незнакомка вновь делает едва заметный повелительный жест, и он умолкает и отшатывается.

— Будь по-твоему, Кей, — говорит незнакомка и встает с кресла. — Но ты хоть поцелуй меня на прощанье.

Сказочник снова делает движение, собираясь заговорить, но незнакомка опять укрощает его.

Кей стоит неподвижно, упрямо опустив голову.

— Ну же, Кей! — настаивает женщина. — Ты боишься? Вот не думала, что ты трус.

— Я не трус, — отвечает мальчик и храбро направляется к незнакомке.

Поднимается на цыпочки. Протягивает ей губы. Говорит холодно:

— Всего хорошего.

И незнакомка целует его.

Сейчас же за разбитым окном появляется целый рой снежинок. Становится слышно, как отчаянно ревет и свистит ветер.

— До свидания, господа, — говорит незнакомка холодно. — Эй вы, в путь!

Пажи укладывают игрушки в ящик.

Они очень спешат.

Один из пажей роняет нечаянно солдатика.

Упав на пол, солдатик разбивается вдребезги со стеклянным звоном.

И тут происходит нечто страшное.

Незнакомка спокойно и холодно хватает пажа за шиворот. Легко, как котенка, поднимает она его высоко вверх и швыряет в пылающий очаг.

Легкая вспышка пламени — и паж исчезает бесследно. Только белое облачко пара поднимается над угольями и рассеивается в воздухе.

Герда и Бабушка вскрикивают горестно.

А пажи работают молча и сосредоточенно, как будто гибель товарища ничуть не обеспокоила и не огорчила их.

Игрушки уложены.

Незнакомка удаляется величественно.

Пажи следуют за ней, унося роскошный наряд и ящик с удивительными игрушками.

И тут Сказочник приходит в себя наконец.

— Какой ужас! — восклицает он, бросаясь к Бабушке. — Ведь это была она, она, Снежная королева!

— Почему же вы не сказали? — спрашивает Герда.

— Не мог! — признается Сказочник растерянно. — Она протянула руку, и холод пронизывал меня с головы до ног, и язык отнимался, и...

Резкий, невеселый хохот прерывает его.

Это хохочет Кей.

Никогда он не смеялся так странно.

— Что ты, Кей? — спрашивает Герда испуганно.

— Смотрите, как смешно, — отвечает Кей отчетливо, звонко и холодно. — Наши розы вянут. А какие они стали безобразные, гадкие, фу!

И все видят:

Розы на чудесном розовом кусте с легким шелестом осыпаются, темнея. Несколько мгновений — и вот ни одного цветка нет больше в живых.

— Розы погибли, ах, какое несчастье! — восклицает Бабушка и бежит к кусту.

— Смотрите, какая потеха! — отчеканивает Кей. — Как смешно Бабушка переваливается на ходу. Это прямо утка, а не Бабушка. Перестань таращить на меня глаза, Герда. Если ты заревешь, я дерну тебя за косу!

— Кей, я не узнаю тебя! — говорит Бабушка печально.

— Скажите пожалуйста! — отвечает Кей резко и холодно. — Я из-за них остался в этой конуре, не поехал во дворец, где такие чудесные игрушки, а они ворчат еще!

Бабушка молчит, растерянно опустив руки. Герда начинает всхлипывать.

— Спать, спать! — бросается к ней Сказочник. — Уже поздно, живо спать!

— Я прежде хочу узнать, что с ним сделалось, — плачет Герда.

— А я пойду спать, — отчеканивает Кей. — У-у! Какая ты некрасивая, когда плачешь.

— Спать, спать!

Сказочник выпроваживает детей в спальню и подбегает к Бабушке.

— Вы знаете, что с Кеем? — шепчет он. — Его поцеловала Снежная королева. А у человека, которого она поцелует, сердце застывает и превращается в кусок льда. Теперь у нашего Кея ледяное сердце!

— Ничего, ничего, — говорит Бабушка. — Мы отогреем его! Ведь мы так любим Кея. Я уверена, завтра же к вечеру он станет таким же добрым и веселым, как всегда.

Они разговаривают и не видят, что за разбитым окном во тьме смутно белеет лицо Снежной королевы. Она слышит последние слова Бабушки. Отвечает на них негромко:

— Посмотрим!

—————

ТИТР: На другой день утром.

Солнце только что встало.
Просторная городская площадь.
Посреди площади стоит большое снежное Чучело.
Рано. На площади нет ни одного человека.
Появляется Кей.
Волочит за собой на ремешке санки.
Подходит к Чучелу, оглядывает его вяло, без малейшего интереса и усаживается в санки.
Молчит.
Лицо его сердито и брюзгливо. Так проходит несколько мгновений.
И вдруг происходит чудо.
Кей неподвижен по-прежнему, но зато оживает Чучело.
Глаза Чучела, сделанные из угольков, приходят в движение.
Воровато взглянув направо, налево, Чучело шепчет:

— Что так рано сегодня, Кей?

— Они спят еще все, — отвечает Кей звонко, отчетливо, холодно. — Я потихоньку оделся и убежал сюда. Мне скучно в нашей конуре.

Чучело снова оглядывается осторожно.
Шепчет:

— Покатать тебя, мальчик?

— Покатай, Чучело, — соглашается Кей равнодушно.

Неуклюжее, рыхлое, огромное тело снежного Чучела приходит в движение. Шевельнулись плечи. Едва намеченные, бесформенные ручищи с трудом отделились от туловища.

Чучело медленно и осторожно направляется к санкам, чтобы взяться за ремешок.

Но тут случается беда.

Голова Чучела, плохо укрепленная, валится с плеч.

Это не обескураживает чудовище.

Чучело нащупывает голову своими неуклюжими ручищами и осторожно ставит ее на место.

Старательно поправляет сделанный из моркови нос. Он при падении свернулся на сторону.

Все приведено в порядок.

И Чучело снова нагибается, придерживая голову одной рукой.

На этот раз Чучелу удается благополучно зажать в кулак ремешок, привязанный к санкам.

И чудовище пускается в путь.

Кей, неподвижный, равнодушный, сидит в санках, а Чучело бегает кругами по площади все быстрее и быстрее.

Не спеша входит на площадь Снежная королева.

Следом за нею шагает Коммерции Советник.

— Домой! — кричит Королева звонко.

И Чучело, словно подстегнутое этим криком, бросается вперед.

Оно несется вдоль по улице как вихрь и мчит за собою санки с неподвижным, застывшим мальчиком.

Исчезает вдали в вихре снега.

— Следите за Гердой, — отчетливо и холодно приказывает Королева Советнику. — Эта упрямая девчонка пойдет за Кеем на край света. Задержите ее.

— Слушаю-с, ваше величество, — отвечает Советник почтительно.

ЗАТЕМНЕНИЕ

Снова показываются остроконечные черепичные крыши домов.

— Южный ветер, — поет флюгер-петух.

— Южный ветер, — визжит единорог.

— Южный, южный, южный ветер, — кричат все три головы дракона, дрожа на тонком шпиле.

Мягко сияет весеннее солнышко. Оно только что встало. Его первые лучи упали на трубы в железных колпаках.

Домовой идет мимо флюгера-петуха.

— Доброе утро, господин Домовой! — поет тот. — Южный ветер.

— Здравствуй, петушок-дружище, — отвечает Домовой глубоким басом. — Вот и весна пришла, а я все грущу.

— Почему-у? — поет петух.

— Соседку мою жалко, — басит Домовой. — Бабушку жалко. Вот уже четыре месяца как пропал Кей. А теперь Герда собирается идти искать его. Ох, быть беде, быть беде. И куда же это их носит! Сидели бы дома, как мы, домовые, и все было бы ладно!

Как со снежной горы, съезжает Домовой с гребня крыши вниз к желобу, к окнам чердачных жильцов.

Бежит рысцой вдоль окон.

Останавливается у последнего из них.

Прыгает, как кошка, на карниз.

Заглядывает осторожно в окно.

Герда, положив на подоконник листок бумаги, пишет старательно, выводит большие буквы гусиным пером.

«Весна пришла, дорогая Бабушка, — пишет Герда, — а сердце Кея не ожило, он не вернулся к нам. Я пойду его искать. Прости меня. Твоя Герда».

Домовой соскакивает с карниза. Ходит взад и вперед по желобу. Охает глубоким басом.

— Что случилось? — поет петух.

— Она уходит, петушок-дружище, — басит Домовой. — Что-то будет, что-то будет!

Он взглядывает вниз.

Видит: Герда идет по пустынной улице одна-одинешенька.

Домовой машет ей колпачком.

Петух кивает ей вслед.

А девочка идет, не оглядываясь.

Скрывается за углом.

Лес.

Маленькие весенние цветочки.

Герда идет по тропинке.

Река.

Плывет большая барка с большим неуклюжим парусом.

Герда сидит на корме, за грудой канатов.

Высокие скалистые горы.

Узенькая тропинка вьется среди скал.

Герда идет по тропинке, не отдыхая, не останавливаясь.

И всюду: в лесу, на реке, в горах — она поет свою песенку.

    Жили-были Кей да я,
    С нами Бабушка моя,

Мы друг друга уважали,
Никого не обижали.
Вдруг в разбитое стекло
Снег и горе принесло.
Что такое в самом деле?
Мы за что осиротели?
Почему пропал наш Кей,
Самый лучший из детей?
Я на все добьюсь ответа,
Доберусь до края света
И найду тебя, родной,
Приведу тебя домой!

Огромный дворец с башнями, башенками, балконами, высокими и узкими окнами.

Тяжелая, украшенная резьбой и металлическими украшениями парадная дверь.

На двери белая эмалевая дощечка:

**КОРОЛЬ ЭРИК XXIX.
ПРИЕМ ОТ 3 ДО 5.
ЗВОНИТЬ ДВА РАЗА.**

Появляется Герда.

Перед огромной парадной дверью дворца она кажется крошечной.

Большой сытый ворон, сидя на карнизе, с глубоким вниманием разглядывает девочку.

Герда читает табличку.

Находит кнопку звонка.

Звонит дважды.

Ответа нет.

Девочка, подождав немного, звонит снова.

Ждет.

Ворон раскрывает клюв.

Говорит глухо, слегка картавя:

— Простите, барышня, вы не швырнете в меня камнем?

Герда поражена тем, что с нею заговорила птица, но, как хорошо воспитанная девочка, она не показывает этого.

— О, что вы, сударь, конечно нет! — отвечает она очень вежливо.

Ворон приходит в восхищение от того, что его назвали сударем.

— Ха-ха-ха! — кричит он. — Это приятно слышать. А палкой вы не швырнете в меня?
— Что вы, сударь...
— Ха-ха-ха! А кирпичом?
— Никогда, сударь.
— Позвольте почтительнейше поблагодарить за вашу удивительнейшую учтивость! Красиво я говорю?
— Очень, сударь, — хвалит Герда искренне.
— Ха-ха-ха! — ликует ворон. — Это оттого, что я вырос в парке королевского дворца. Я почти придворный ворон. А невеста моя — настоящая придворная ворона, она питается объедками королевской кухни. Вы не здешняя, конечно?
— Нет, я пришла издалека, — отвечает девочка, вздыхая.
— Я так и думал, — говорит ворон. — Иначе бы вы знали, что во дворце сегодня нет приема. Дочь короля, принцесса, вышла нынче утром замуж. Целый месяц теперь, кроме поваров и музыкантов, никто не будет работать во дворце. Кра-кра, праздник, праздник! Но, прошу прощенья, вы чем-то огорчены? Расскажите, расскажите, я добрый ворон, а вдруг я помогу вам!
— Видите ли, сударь, я ищу одного мальчика, который пропал этой зимой, — объясняет Герда. — Он взял свои санки, ушел и больше не возвращался. Имя этого мальчика...
— Кей! — кричит ворон. — Кей! Кей!
Это открытие приводит его в необычайный восторг. Он как безумный носится вокруг девочки, крича:
— Кей! Кей! Кей!
— Но откуда вы знаете, что его так зовут? — спрашивает Герда, пораженная.
— А вас зовут Герда! — кричит ворон.
— Но откуда вы знаете все это?
— Наша родственница — сорока, ужасная сплетница, — поясняет ворон. — Она знает все, что делается на свете, и все новости приносит нам на хвосте. Так мы узнали и вашу историю. Вы думаете, что Кей у нас во дворце?
— Я ищу его всюду, сударь, — отвечает Герда.
— Стойте! — говорит ворон. — Дайте мне подумать!
Герда ждет терпеливо, а ворон думает.
Этот процесс выражается у него очень бурно. Ворон то взлетает в небо, то камнем устремляется вниз, то принимается каркать во все горло, то безмолвно замирает, уткнувшись носом в землю.
— Очень может быть, — говорит он наконец.
— Что может быть, сударь? — спрашивает Герда.

— Очень может быть, что Кей у нас во дворце. Вы не трусиха?
— Я боюсь лягушек, а больше ничего на свете, — отвечает Герда.
— В таком случае возьмите меня за лапки и держите крепко-крепко, — приказывает ворон.

Герда так и делает.

Ворон взмахивает крыльями и взлетает вместе с Гердой в воздух.

Они летят вокруг дворца, над высокою решеткою дворцового парка, над огромными, аккуратно подстриженными деревьями и наконец опускаются на одной из полянок в парке.

Здесь стоит маленький позолоченный изящный домик.

— Многоуважаемая Герда, — говорит ворон, — сейчас я познакомлю вас с моею невестой — придворной вороной. Это ее резиденция. Она будет в восторге. Клара, Клара!

— Карл, Карл! — отвечает голос из домика.

Дверцы открываются, и оттуда выходит ворона, как две капли воды похожая на своего жениха.

— Здравствуй, Карл! — говорит она и церемонно кланяется.
— Здравствуй, Клара! — отвечает ворон, кланяясь точно так же.
— Здравствуй, Карл!
— Здравствуй, Клара!
— Здравствуй, Карл!
— Здравствуй, Клара!

— У меня крайне интересные новости, — говорит ворон, поклонившись в последний раз. — Ты сейчас раскроешь клюв от удивления, Клара. Эту девочку зовут Герда!

— Герда! — кричит Клара и широко открывает клюв.

— Клара, — продолжает ворон, — это еще не все. Мне кажется, что жених принцессы Эльзы — это и есть Кей.

— Что вы! — возражает Герда. — Ведь Кей — простой мальчик, а не принц.

— Но ведь жених принцессы еще вчера тоже был простым мальчиком, — говорит Клара. — Принцесса выбрала его только за то, что он очень храбро разговаривал с ней.

— А как зовут вашего принца? — спрашивает Герда.
— Его зовут — ваше высочество, — отвечает Клара.
— У него с собой санки? — спрашивает Герда.
— Да, он что-то нес в котомке за спиною, — отвечает Клара.

— Идемте во дворец, я поговорю с принцем. Если это Кей, я попрошу его написать Бабушке записку, что он жив и здоров, и уйду к себе.

Вороны переглядываются.

— Ах! — говорит Клара. — Я боюсь, что вас не пустят туда! Ведь это все-таки королевский дворец, а вы простая девочка. Как быть? Я не очень люблю детей. Они вечно дразнят меня. Они кричат: «Карл у Клары украл кораллы». Но вы не такая. Вы сразу покорили мое сердце. Что же делать?

Некоторое время вороны оживленно разговаривают на своем языке.

Затем Клара спрашивает:

— Вы храбрая девочка, Герда?

— Я боюсь лягушек, а больше ничего на свете, — отвечает Герда.

— В таком случае мы сейчас спрячем вас на чердаке, а ночью проберемся во дворец. Возьмите нас за лапки и держитесь крепко-крепко.

Герда так и делает.

По небу летят ворон и ворона.

Герда летит с ними.

— Урра, урра, урра! — кричит Клара. — Верность, храбрость, дружба...

— Разрушают все преграды, — подхватывает Карл. — Урра, урра, урра!

Парадная дверь королевского дворца.

Подъезжает черная карета, в которую запряжены белые кони.

Из кареты выходит Советник.

Двери дворца распахиваются перед ним.

Советник входит во дворец.

ЗАТЕМНЕНИЕ

Огромный тронный зал дворца.

Ночь.

Зал освещен луной.

При лунном свете ясно видна черта, проведенная по полу, по задней стене и по потолку зала.

Эта черта делит зал аккуратно пополам.

Бесшумно открывается одна из дверей. Появляется Клара, держа в клюве фонарь.

Она зовет негромко:

— Карл, Карл!

Входят ворон и Герда.

— Держитесь правой стороны, — предупреждает Клара. — Не переступайте черту.

— Скажите, пожалуйста, а зачем проведена эта черта? — спрашивает Герда.

— Король подарил принцу полцарства, — отвечает Клара, — и все апартаменты дворца государь тоже аккуратно поделил пополам. Правая сторона — принца и принцессы, а левая — королевская. Нам благоразумнее держаться правой стороны. Вперед!

Едва успевают они сделать несколько шагов, как раздается негромкая музыка. В полуосвещенном зале появляются легкие, прозрачные фигуры. Они приближаются, светясь. Это роскошно одетые дамы в кринолинах. Они церемонно приседают, кланяются, кружатся под музыку.

— Что это? — спрашивает Герда испуганно.

— Это просто сны придворных дам, — отвечает ворона. — Придворным дамам снится, что они на балу.

Вдруг музыку заглушает лай собак, топот коней, глухие крики «Ату его, ату-ту! Улю-лю! Держи! Режь! Бей!..»

Фигуры танцующих дам тают и расплываются.

В зале появляется полупрозрачный светящийся дикий кабан. Его преследуют призрачные всадники на призрачных конях.

— А это кто? — спрашивает Герда.

— А это сны придворных кавалеров, — отвечает Клара. — Кавалерам снится, что они на охоте.

Раздается легкая, веселая, радостная музыка.

Охотники тают и расплываются в воздухе.

Из-под земли подымаются худые изможденные люди.

Они пляшут радостно.

Исчезают. На их место из-под земли поднимаются все новые и новые призраки изможденных людей.

— А это кто? — спрашивает Герда.

— А это — сны узников, заточенных в подземелье, — отвечает ворона. — Узникам снится, что их отпустили на свободу.

Вдруг раздается звон бубенцов и громкий топот.

Сны узников исчезают разом.

— А это что такое? — спрашивает Герда.

— Я не понимаю, — отвечает ворона растерянно.

Звон бубенцов и топот приближаются.

— Давайте спрячемся, — говорит Клара испуганно.

Герда и птицы прячутся за высоким двойным троном, стоящим на половине принца и принцессы.

Едва они успевают скрыться, как двери на половине принца и принцессы широко распахиваются.

В зал галопом врываются две шеренги рослых лакеев. В руках у лакеев канделябры с зажженными свечами.

В зале становится светло как днем.

Между шеренгами лакеев бегут принц и принцесса.

Они играют в лошадки.

Принц изображает лошадь.

Он прыгает, роет ногами пол, лихо бегает по своей половине зала.

На груди его звенят бубенцы игрушечной сбруи.

Лакеи, сохраняя на лицах важное, строгое, невозмутимое выражение, носятся следом за детьми.

— Ну, довольно, — говорит принц, останавливаясь внезапно. — Надоело в лошадки. Давай играть в прятки.

— Давай, — радостно соглашается принцесса. — Считай до ста.

Принц старательно считает до ста.

Принцесса, сопровождаемая лакеями, ищет, где бы ей спрятаться.

Она заглядывает за трон.

Взвизгивает.

Обе шеренги лакеев взвизгивают тоже.

Отскакивает в ужасе.

Обе шеренги лакеев тоже отскакивают.

Принц бросается на помощь принцессе.

Навстречу ему из-за трона выходит плачущая Герда, сопровождаемая низко кланяющимися воронами.

Принц и принцесса глядят на них с глубоким удивлением.

— Как ты попала сюда, девочка? — спрашивает принц. — Мордочка у тебя довольно славная. Почему ты пряталась от нас?

Герда с трудом удерживает слезы.

— Ах, принц, — говорит она. — Я давно бы вышла к вам. Но, увидев вас, я заплакала. А я очень не люблю плакать при всех... Я вовсе не плакса, поверьте мне.

Сказав это, Герда снова разражается слезами.

— Что вы тут стоите? — говорит принц лакеям. — Слыхали, кажется, девочка не любит плакать при всех. Поставьте подсвечники и уходите.

Лакеи ставят канделябры у стены и удаляются с поклонами.

— Почему ты заплакала, увидев меня, отвечай, девочка, — спрашивает принц ласково. — Отвечай же! Я ведь такой же простой мальчик, как и ты. Я был пастухом. А в принцы попал только потому, что не испугался, как все другие женихи, войдя во дворец. Ну же! Не бойся.

— Я не боюсь, — говорит Герда, всхлипывая. — Я плачу потому, что вы вовсе не Кей.

— Конечно нет, — отвечает принц. — Меня зовут Клаус. Но почему это так огорчает тебя?

— Ах! Я угадала почему! — вскрикивает принцесса, — Помнишь, Клаус, я рассказывала тебе историю Герды и Кея, которую слышала от вороны. Тебя зовут Герда, да, девочка?

Герда молча кивает головой.

Это открытие поражает принца.

Он хватает принцессу за руку и отводит ее в сторону.

— Эльза, — говорит он решительно. — Мы должны сделать что-нибудь для Герды. Думай!

Принцесса думает старательно.

Восклицает, просияв:

— Придумала! Давай пожалуем ей голубую ленту через плечо и подвязку с мечами, бантиками и колокольчиками.

— Глупости, — отвечает принц. — Герда, ты в какую сторону сейчас пойдешь?

— На север, — отвечает Герда. — Я боюсь, что Кея унесла она. Снежная королева.

— Хорошо, — говорит принц. — Я знаю, что надо делать. — Ворона, летите в конюшню и прикажите от моего имени заложить в карету четверку вороных коней.

Вороны кланяются и улетают.

— Герда, садись в кресло и жди нас. Мы сейчас пойдем в гардеробную и принесем тебе оттуда муфту, перчатки, шапку, меховые сапожки и шубу, — продолжает принц.

— Пожалуйста, Герда, — говорит принцесса ласково. — Мне не жалко. У меня четыреста восемьдесят девять шуб.

— Жди нас! Отдыхай! Не бойся. Ты только не переходи на королевскую половину, а на нашей тебя никто не посмеет тронуть. Эльза, за мной!

Принц хватает один из канделябров и убегает, сопровождаемый принцессой.

— Спасибо, Клаус! Спасибо, Эльза! — кричит Герда им вслед.

Принц и принцесса исчезли.

Герда остается одна в огромном тронном зале.

Она сидит в большом кресле, сжавшись в комочек.

Чувствуется, ей здесь неуютно и жутко.

Вдруг дверь на королевской половине зала открывается.

Герда вскакивает испуганно.
Появляется невысокий полный пожилой человек в пенсне.
На голове его корона.
На плечах — горностаевая мантия.
На ногах — ночные туфли. Они так и шлепают на ходу.
Важно и медленно этот человек шагает к трону. Усаживается.
Принимает величественную позу.
Говорит:
— Девочка, перед тобою король Эрик двадцать девятый. Сделай реверанс.
Герда приседает послушно.
— Так, — говорит король. — А теперь поди сюда, мне надо с тобой поговорить.
Герда идет и вдруг у самой черты, отделяющей королевскую половину, останавливается как вкопанная. Это приводит короля в крайнее изумление.
— Что это? — спрашивает он. — Что это такое? Ты меня, понимаешь — меня, заставляешь ждать? Иди же.
— Простите, но только дальше я не пойду, — отвечает Герда решительно.
— Как это так? — недоумевает король. — А если я приказываю?
— Все равно! — отвечает Герда. — Друзья мои не советовали мне покидать половину принцессы.
Король, разгневанный, вскакивает с трона.
Бежит к черте.
— Иди сюда, говорят тебе! — кричит он.
— Не пойду, — отвечает Герда.
— А я тебе говорю, что пойдешь!
— А я говорю, что нет.
— Сюда! Слышишь, ты, цыпленок!
— Я вас очень прошу не кричать на меня, ваше величество, — говорит Герда сурово. — Я столько за это время перевидала, что вовсе не пугаюсь, только сама тоже начинаю сердиться.
Король задумывается на миг.
Затем улыбается.
— Какая храбрая девочка! — говорит он с восхищением. — Я люблю храбрецов. Дай руку, не бойся!
И он протягивает Герде руку через черту.
Герда доверчиво подает ему свою.
И тут происходит нечто неожиданное.

Король одним движением перетягивает Герду на свою половину зала.

Кричит:

— Эй, стража!

На зов его, сталкиваясь в дверях, толпою летят солдаты с обнаженными шпагами.

Но, прежде чем они успевают добежать до короля, Герда кусает его за руку.

Король вскрикивает и выпускает девочку.

Солдаты замирают в ужасе.

Герда на половине принцессы.

— Это мошенничество! Это нечестно! — кричит она королю.

— Уши заткнуть! — приказывает король.

Солдаты выполняют приказание.

Король машет рукой.

Солдаты уходят.

— Ты что же это делаешь? — кричит король Герде. — Ты ругаешь меня, понимаешь — меня, при моих подчиненных! Ведь перед тобою сам я! Ты всмотрись, это я, король!

Герда отвечает тихо и рассудительно:

— Ваше величество, скажите, пожалуйста, что вы ко мне привязались? Я веду себя тихо, никого не трогаю. Что вам от меня надо?

Король не находит ответа на этот простой вопрос.

Угрюмо шагает он взад и вперед по своей половине тронного зала.

Ночные туфли его так и шлепают. Вдруг он останавливается.

— Ты права! — говорит он кротко. — Ты наша гостья, а с гостями следует быть терпеливыми. Прости меня.

— Пожалуйста, ваше величество, — отвечает Герда вежливо.

Король подходит к высокому узкому дубовому шкафу, стоящему у стены.

Отпирает его.

Достает оттуда лыжи — небольшие, изящные, отделанные серебром.

— Ты ищешь мальчика по имени Кей? — спрашивает король.

— Да, ваше величество, — отвечает Герда.

— Эти волшебные лыжи-самоходы помогут тебе в твоих поисках, — говорит король. — Смотри!

Он сбрасывает ночные туфли.

Надевает лыжи.

Приказывает:

— Вперед!

И лыжи сами собой, без малейшего усилия со стороны ездока, мчат его по паркетному полу тронного зала.

— Видишь! — приговаривает король. — Вот оно как! Хороша штука? Гоп!

Лыжи прыгают.

— Выше!

Лыжи несут короля над полом.

— Еще выше!

Лыжи поднимают короля под самый потолок.

— Вниз!

Король плавно снижается, снимает лыжи, натягивает свои ночные туфли и прислоняет лыжи к стене.

— Бери их себе, Герда, — говорит он мягко. — Помни, что и у короля есть сердце, девочка.

Герда не двигается с места.

Король добродушно хохочет.

— Ты не веришь мне? Какая потешная девочка! Смотри, я ухожу. Видишь? Спокойной ночи, дорогая.

— Спокойной ночи, ваше величество.

Улыбаясь, король удаляется. Плотно закрывает за собой дверь. Герда не знает, что ей делать.

Она подбегает к двери, за которой скрылся король.

Прислушивается, перегнувшись через пограничную черту.

Шлепанье королевских ночных туфель замирает вдали.

И девочка решается.

Не сводя глаз с двери, за которой скрылся король, Герда переходит за черту.

Крадется на цыпочках к лыжам.

Хватает их крепко.

И вскрикивает от ужаса.

С грохотом распахивается железная потайная дверь в стене возле того самого места, где стоят волшебные лыжи.

Король легко, как мячик, прыгает оттуда.

За ним целый отряд стражи.

Потайная дверь захлопывается.

Солдаты бегут к черте и выстраиваются вдоль нее, отрезают Герде путь на половину принцессы.

— Что?! — вопит, ликуя, король. — Чья взяла? Ты забыла, что в каждом дворце есть потайные двери! Взять ее!

Начальник стражи в панцире, латах и шлеме неуклюже движется к Герде.

Но храбрая девочка не растерялась.

Она быстро надевает волшебные лыжи.
Кричит:
— Вперед!
Лыжи мчат ее прочь от начальника стражи.
— Ловите ее! Держите! — ревет король.
Солдаты цепью двигаются к девочке.
Герда приказывает лыжам:
— Гоп!
Лыжи взвиваются в воздух.
— Вниз.
И лыжи мягко снижаются на половине принцессы.
— Стыдно, стыдно, ваше величество! — кричит Герда оттуда.
— Уши заткнуть и вон отсюда! — приказывает король.
Стража удаляется, заткнув уши.
— Стыдно, стыдно, стыдно, король! — кричит Герда.
— Не говорите глупостей, — возражает король сердито. — Король имеет право быть коварным! Отдавай мои лыжи, дерзкая девчонка!
— Пожалуйста! — отвечает девочка. — От такого обманщика мне ничего не надо.
Снимает лыжи.
Приказывает:
— Ступайте к своему хозяину.
Лыжи покорно бегут к королю.
Он ловит их и запирает в шкаф. Пауза.
— Ну ладно, — говорит король наконец. — Я вижу, что силой с тобой ничего не поделаешь... Войди в мое положение... Пожалуйста, сдайся. Мне очень нужно заточить тебя в подземелье.
— Зачем? — удивляется Герда.
— Коммерции Советник требует этого, — отвечает король, вздыхая.
— Он здесь? — вскрикивает в ужасе девочка.
— Да. Он, оказывается, все время следил за тобой. Ну! Соглашайся же! Я должен этому Советнику массу денег! Горы! Я у него в руках. Если я не схвачу тебя — он меня разорит! Он прекратит поставку льда, и мы останемся без мороженого. Он прекратит поставку холодного оружия, и соседи мои разобьют меня! Понимаешь? Очень прошу тебя, пойдем в темницу. Я сам выберу тебе местечко посуше. Ладно?
— Нет! — отвечает Герда твердо.
Оба вздрагивают.
Потайная дверь вновь распахивается с шумом.

Коммерции Советник появляется оттуда.

Подходит к королю.

Говорит ему презрительно:

— Король должен быть: А — холоден как снег; В — тверд как лед, и С — быстр, как северный ветер. Почему девчонка не схвачена еще?

— Она на половине принцессы, — оправдывается король угрюмо.

— Вздор! — обрывает его Советник.

С ледяным спокойствием направляется он к пограничной черте, без малейшего колебания переходит ее. Бросается к Герде, замершей от ужаса. Хватает девочку на руки.

— Все! — говорит он самодовольно.

— Нет, это еще не все, Советник! — раздается веселый голос.

Распахивается потайная дверь на половине принцессы.

Оттуда выскакивает Сказочник, спокойный, улыбающийся.

В правой руке у него пистолет, в левой — шпага.

— Отпустите девочку! — приказывает он Советнику, прицеливаясь в него из пистолета.

Тот повинуется.

— Как вы попали сюда? — спрашивает он угрюмо.

— Я переодевался до неузнаваемости и следил за каждым вашим шагом, Советник. А когда вы уехали из города, я отправился за вами следом.

— Зовите стражу, государь! — кричит Советник.

— Ни с места, король, — приказывает Сказочник и прицеливается в короля.

Король приседает от страха, закрывшись обеими руками.

— Зовите стражу, — настаивает Советник. — Пистолет не выстрелит. Этот нескладный человек забыл насыпать на полку пороху.

— Ни с места, король! — кричит Сказочник. — А вдруг пистолет все-таки выстрелит!

— Король! Пистолет не заряжен. Слышите! — шипит Советник.

— А... а он говорит, что заряжен, — отвечает король, дрожа.

— Ну ладно, я сам справлюсь с этим нескладным человеком, — говорит угрожающе Советник.

Он выхватывает шпагу и бросается на Сказочника.

Тот очень ловко отбивается шпагой, которую держит в левой руке.

Сражаясь, он продолжает держать короля под прицелом.

— Крибле! Крабле! Бумс! — приговаривает Сказочник при каждом ударе.

Обе стороны бьются яростно.
От шпаг летят искры.
Король воровато, тихонечко пробирается к пограничной черте.
Сражающиеся бегают по всему залу.
Вот пробегают они мимо самой черты.
И король с неожиданной легкостью подкрадывается и дает Сказочнику подножку.
Сказочник падает.
Советник приставляет шпагу к его горлу.

— Иди немедленно на половину короля, — приказывает Советник Герде, — иначе я убью этого мальчишку.

Герда тихо, опустив голову, двигается к черте.
Но тут дверь распахивается и в зал вбегают принц и принцесса. Они несут шубу, шапку и меховые сапожки для Герды.

— Клаус! Эльза! — кричит Герда. — Они хотят убить лучшего моего друга!

Наклонив голову, как бычок, бросается принц прямо на Советника.

Тот невольно отступает. Сказочник вскакивает.

— Король подставил ему ножку, — жалуется Герда принцу и принцессе.

Принцесса вспыхивает.

— Ах вот как! — кричит она. — Ну, сейчас, государь, вы свету не взвидите! Сейчас, сейчас я начну капризничать...

— Я больше не буду, — бормочет король испуганно.

В окно влетают вороны.

— Карета подана, — докладывают они.

— Молодцы, — кричит Клаус. — Жалую вам за это ленту через плечо и эту самую... подвязку со звоночками.

Ворон и ворона низко кланяются.

— Идем!

Клаус берет Герду за одну руку, принцесса — за другую, и они бегут к двери.

Король тихонько скрывается.

— Я догоню тебя, девочка, — кричит Сказочник Герде вслед.

И вот они остаются одни друг против друга, Сказочник и Советник.

— Ну, Советник, не советую вам больше трогать нас, — говорит Сказочник.

— Я не нуждаюсь в ваших советах, Сочинитель, — отчеканивает тот.

— Вы проиграли, Советник!

— Игра еще не кончена, Сочинитель!

Враги, угрожающе глядя друг на друга, выходят каждый в свою дверь.

ЗАТЕМНЕНИЕ

Поляна в необычайно густом лесу. Посреди поляны дуб в три обхвата.

Тихо.

Слышно, как поют птицы.

Кажется, что ни одного человека нет вокруг.

Вдруг издали раздается пронзительный зловещий свист.

В ответ свистят совсем близко.

Трещат сучья.

И на поляне появляется усатый человек необычайно свирепого вида.

Он в широкополой шляпе, в сапогах со шпорами.

За кушак заткнуты три пистолета и нож.

Этот человек ведет за руку Коммерции Советника.

Глаза Советника завязаны платком.

Оглядевшись внимательно, человек свирепого вида свистит трижды.

В ответ раздается сухое щелканье.

В стволе огромного дуба, растущего посреди поляны, открывается вдруг круглое окошечко.

В окошечко выглядывает пожилая женщина в очках. Она курит трубку. На голове ее широкополая шляпа, надетая набекрень.

— Сними с него платок и убирайся, — приказывает женщина.

Человек свирепого вида с поклоном выполняет приказание.

— Что вам нужно? — спрашивает женщина Советника.

— Мне нужно видеть атамана разбойников, сударыня.

— Это я, — отвечает женщина.

— Вы?

— Да, я.

Окошечко захлопывается, и тотчас же со скрипом открывается целая дверь.

Обнаруживается, что за дверью, в стволе дуба, скрывается большое дупло.

На стенах дупла висят ножи разнообразнейших размеров и форм.

Столик стоит посреди.

На столике счеты и большая бухгалтерская книга.

Женщина, которая выглядывала в окошечко, сидит за столиком.

Работает.

— Ну? — ворчит она. — Что вы замолчали? Я Атаманша разбойников. С тех пор как умер от простуды мой муж, дело в свои руки взяла я. Чего вы хотите от меня?

Советник подходит поближе к дуплу. Шепчет:

— Я могу вам указать на великолепную добычу, Атаманша.

— Ну?

— Сейчас по дороге проедет золотая карета, запряженная четверкой вороных лошадей из королевской конюшни.

— Так... Однако карета в самом деле золотая?

— Да. И поэтому едет она тихо. Ведь золото — тяжелая вещь.

— Кто в карете?

— Девчонка.

— Есть охрана?

— Нет.

Атаманша вылезает из дупла.

Позванивая шпорами, подходит к Советнику вплотную.

Спрашивает строго:

— Какую долю добычи вы требуете? Только много не запрашивайте — пристрелю.

— Вы отдадите мне девчонку, — отвечает Советник спокойно. — Это нищая девчонка. Вам не дадут за нее выкупа.

— Ладно, — отвечает Атаманша. — Дежурный!

Появляется дежурный разбойник, тот самый, что привел Советника.

— Подзорную трубу! — приказывает Атаманша.

С подзорной трубой в руках она ловко по замаскированной лестнице быстро забирается на верхушку дуба.

Смотрит в трубу.

Видит:

Далеко-далеко среди деревьев белеет дорога.

Четверка сытых больших вороных коней, запряженных цугом, с трудом тянет тяжелую золотую карету.

— Он не соврал! — кричит Атаманша. — Карета едет по дороге и вся так и сверкает.

— Золото, — говорит Советник веско.

— Золото! — кричит дежурный разбойник.

— Золото... — заключает Атаманша.

Она сбегает вниз.

Закладывает два пальца в рот.

Свистит оглушительно.

И тотчас же во всех деревьях, окружающих поляну, открываются круглые окошечки. В деревьях потолще открываются даже по три, по четыре окошечка.

Изо всех окошечек выглядывают мрачные, свирепые, зверские физиономии.

— Выходи! — кричит Атаманша.

Скрипят двери. Из логовищ, скрытых внутри деревьев, вылезают вооруженные до зубов разбойники.

Свирепо глядя на Советника, они поют:

Дважды два —
Четыре трупа,
Берегись, прохожий!
Слово скажешь —
Потом ляжешь,
Трупом ляжешь тоже!
Ради золота
Тут заколото
Шестью шесть — тридцать шесть храбрецов.
Ради золота
Тут заколото
Семью семь — сорок девять купцов.

Окончив песню, разбойники все как один выхватывают из ножен сабли, машут ими в воздухе.

Советник взирает на все это без малейшего страха, скорее даже с удовольствием.

— Ну, любезный друг, — говорит Атаманша, — если вы обманули нас, если возле кареты нас встретит засада — вам отсюда не уйти живым.

— Вздор! — отвечает Советник. — Мы люди деловые. Мы прекрасно поладим друг с другом.

— Новичок! — зовет Атаманша.

Из толпы разбойников выходит один, самый свирепый на вид из всех.

У него огромная борода. Один его глаз закрыт черным пластырем.

Голова под шляпой повязана платком, очевидно, он был ранен недавно.

От времени до времени разбойник не то откашливается, не то рычит.

— Ты останешься здесь, — приказывает ему Атаманша.
— Атаманша, возьмите меня с собой! — ревет Бородач. — В бою я зверь!
— Там не будет боя. Охраны нет. Кучер, лакей да девчонка.
— Девчонка! — ревет разбойник. — Возьмите меня, Атаманша. Я ее заколю!
— Зачем? — удивляется Атаманша.
— С детства детей ненавижу, — хрипит Бородач.
— Мало ли что! — отвечает Атаманша. — Ты останешься здесь. Следи за этим человеком и, если он вздумает бежать, убей его. По коням!

Разбойники бросаются в чащу, выводя оттуда взнузданных и оседланных коней.

Дежурный подводит коня Атаманше.

Она одним прыжком вскакивает в седло.

Скачет галопом по тропинке. Разбойники за нею.

Поют:

> Мы охотимся ночами,
> Мы садимся на коня,
> Опоясавшись мечами,
> Тихо шпорами звеня.
> Золотые, золотые
> Полновесные, литые.
> Эй, прохожий, смирно стой!
> Жизни стоит золотой!
> На охоту выезжая,
> Мы собаки не берем.
> Где добыча дорогая,
> Без собаки разберем.
> Золотые, золотые,
> Полновесные, литые.
> Эй, прохожий, смирно стой!
> Жизни стоит золотой.

Советник расхаживает взад и вперед по поляне. Бородач ходит за ним следом, не спуская с него глаз. Советник в прекрасном настроении. Он напевает:

— Дважды два — четыре, все идет разумно. Дважды два — четыре, все идет, как должно. Пятью пять — двадцать пять, слава Королеве! Шестью шесть — тридцать шесть, горе дерзким детям!

— Дети, дети... — ворчит Бородач. — Я бы держал всех детей в клетке, пока они не вырастут.

— Очень разумная мысль, — соглашается Советник. — Слушай, разбойник. Если Атаманша не выдаст мне девчонки, я поручу тебе одно дельце.
— За деньги? — спрашивает Бородач.
— Разумеется.
— Тогда что хотите — пожалуйста.
Советник кладет руку на плечо Бородача.
— Разбойник, ты мне нравишься!
Бородач отскакивает.
— Какие у вас холодные руки, — шипит он. — Я чувствую это даже через одежду!
— Я ведь всю жизнь возился со льдом. Нормальная температура моя — тридцать три и два, — поясняет Советник. — Здесь нет детей?
— Не знаю. Я в этой шайке недавно. С полчаса всего, — отвечает Бородач. — Однако откуда тут быть детям?
— Конечно, — соглашается Советник. — Детей тут нет. Сказочник следил за мной, но я запутал следы, и он теперь за тридевять земель. Кто за тебя заступится, дерзкая девчонка?

ЗАТЕМНЕНИЕ

Приятный легкий мелодический звон.
Это звенит золотая карета, мягко покачиваясь на рессорах.
Два толстых лакея спят на запятках.
Толстый кучер дремлет на козлах.
Герда задумчиво сидит у открытого окна.
Напевает:

> Я на все добьюсь ответа,
> Доберусь до края света.
> Я найду тебя, родной,
> Приведу тебя домой.
> Кругом мирно и спокойно.

И вдруг раздается свист, такой страшный и пронзительный, что вороные кони, храпя, оседают на задние ноги.
Кучера и лакеев как ветром сдуло.
На четвереньках удирают они в лесную чащу.
Герда остается одна.
Она пробует открыть тяжелую дверцу кареты.

Топот копыт.

Влетает Атаманша.

За ней вся шайка.

На всем скаку останавливает Атаманша своего коня возле окна кареты.

Хватает Герду.

Сажает на седло перед собой.

— Подождите, дорогие разбойники, — кричит девочка.

Громовый хохот шайки раздается ей в ответ.

Только Атаманша сохраняет полное спокойствие делового человека.

— За мной! — кричит она. — Карету везите на поляну. Вперед!

Она мчится с Гердой по дороге.

Большая часть шайки скачет за ней.

Остальные медленно двигаются за тяжелой золотой каретой.

Карета звенит печально, медленно, негромко.

Галопом влетает на поляну Атаманша.

Спешивается.

Разбойники, сопровождающие ее, тоже соскакивают на землю.

Снимают с коня Герду.

Умные кони по свисту скрываются в чаще.

— Эй, ты, незнакомец! — кричит Атаманша. — Ты свободен, ты не обманул нас.

— Напоминаю вам о нашем условии, Атаманша, — говорит Советник. — Отдайте мне девчонку.

— Можешь забрать ее с собой, — разрешает Атаманша.

Герда бежит прочь от Советника, но разбойники не дают ей уйти.

Куда бы ни бросилась Герда, всюду свирепые усатые лица, сверкающие сабли, угрожающие окрики.

Бородач доволен.

Он рычит от восторга.

— Отпустите меня, милые разбойники, — умоляет Герда. — Ведь я маленькая девочка, я уйду потихонечку, как мышка, вы даже не заметите. Без меня погибнет Кей — это очень хороший мальчик. Поймите меня! Ведь есть же у вас друзья!

— Не говори глупостей, девчонка! — ревет Бородач. — Мы люди серьезные, деловые, у нас нет ни друзей, ни жен, ни семьи. Жизнь научила нас, что единственный верный друг — золото.

— Разумно сказано! — отвечает Советник. — Вяжите ее!

— Лучше выдерите меня за уши или отколотите меня, если вы

такие злые, — умоляет Герда. — Но только отпустите. Да неужели же здесь нет никого, кто заступился бы за меня?

— Нет! — отвечает Советник гордо.

Но едва он успевает сказать это, как на поляне появляется крепкая миловидная черноволосая девочка.

Одета она так же, как и Атаманша, — по-разбойничьи.

За плечами у нее ружье.

На поясе — два убитых зайца.

— Здесь есть дети! — вскрикивает Советник в ужасе.

Бородач рычит.

— Здравствуй, дочь! — кричит Атаманша радостно и дает девочке щелчок в нос.

— Здравствуй, мать! — отвечает девочка приветливо и тоже щелкает мать по носу.

— Как поохотилась, дочь?

— Отлично, мать. Подстрелила двух зайцев. А ты?

— И я ничего. Добыла золотую карету, четверку вороных коней и маленькую девочку.

— Девочку! — кричит радостно Маленькая разбойница. Она оглядывается и видит Герду.

Хохочет от восторга во все горло.

Швыряет на землю ружье и зайцев.

Бросается к Герде.

Вертит ее во все стороны, разглядывая, как новую игрушку. Треплет ее по щеке, ласково.

Заявляет решительно:

— Я беру девочку себе.

— Протестую! — кричит Советник.

— Это еще что за старый сухарь? — удивляется Маленькая разбойница. — Мама, застрели-ка его. Не бойся, девочка, пока я с тобой не поссорилась, никто тебя пальцем не тронет. Идем ко мне.

Маленькая разбойница хватает девочку за руку.

Взбирается с нею по лестнице на дуб, растущий посреди поляны. Здесь обнаруживаются легкие мостики с перилами, переброшенные с верхушки дуба на соседние деревья. Этот легкий качающийся воздушный путь уходит зигзагами далеко в глубь леса.

Девочки бегут по мосткам.

Исчезают.

— Что это значит? — ревет Советник. — Вы нарушаете наши условия, Атаманша?

— Да! — отвечает та спокойно. — Раз моя дочь взяла девочку себе — я ничего не могу поделать. Я дочери ни в чем не отказываю.

Детей надо баловать — тогда из них вырастают настоящие разбойники.

Раздается легкий мелодический звон.

Показывается золотая карета.

Атаманша сразу забывает о Советнике.

— Выпрягать коней! — приказывает она. — Взять топоры! Разрубить карету! Поделить ее!

Восторженные вопли.

Разбойники со всех ног бросаются выполнять приказание Атаманши.

Советник хватает за руки Бородача.

— Не спеши, — шепчет он и тянет его за собой в глубь леса.

— Но ведь там будут делить золото, — упирается Бородач.

— Ты ничего не потеряешь, — шипит Советник. — Я заплачу тебе.

Они скрываются в чаще.

Отсюда в просветы между стволами видно, как тяжелыми топорами рубят на части золотую карету.

Карета звенит, как большой тяжелый колокол.

— Ты должен будешь заколоть девчонку, — шепчет Советник.

— Которую? — спрашивает Бородач.

— Пленницу.

— Сколько заплатишь?

— Не обижу.

— Сколько? Я не мальчик: знаю, как делают дела.

— И это говорит благородный разбойник!

— Благородные разбойники были когда-то, да повымерли. Остались ты да я. Дело есть дело. Тысячу талеров.

— Пятьсот! — торгуется Советник.

— Тысячу.

— Семьсот.

— Тысячу, и деньги вперед. Не хочешь? Прощай.

— Постой! — пугается Советник.

Достает из кармана туго набитый кошелек. Швыряет разбойнику.

— Только сделай свое дело поскорее! — шипит он.

— Будьте покойны, — отвечает Бородач, зловеще усмехаясь. — Сегодня же ночью, как только шайка уедет на охоту, все будет сделано.

Мостки, идущие по деревьям.

Заходит солнце.

Девочки, обнявшись, шагают по качающейся воздушной дороге.

Вокруг мостков, куда ни взглянешь, как зеленые холмики, верхушки огромного леса.

Герда, очевидно, только что кончила рассказывать о своих приключениях.

Маленькая разбойница говорит ей:

— Твоя история мне понравилась, Герда. — Теперь, даже если мы поссоримся, я никому не позволю тебя тронуть. Я сама тогда тебя убью.

Мостки делают неожиданный поворот, и перед девочками появляется верхушка старинной зубчатой башни.

Воздушная деревянная дорожка кончается у одной из башенных бойниц.

Маленькая разбойница вводит Герду в башню.

Полукруглая комната внутри башни.

Это настоящее разбойничье логово.

Пол покрыт звериными шкурами. В углу горой насыпаны золотые монеты и драгоценные камни. Большие свечи вставлены в золотые канделябры, прибитые к каменным стенам. Разнообразнейшее оружие свалено в беспорядке у стен.

— Ну вот мы и дома, — говорит Маленькая разбойница. — Давай сюда твою шубу, шапку и меховые сапожки. Я заберу их себе. Ведь подруги должны делиться.

Герда повинуется не совсем охотно.

— Тебе жалко этих вещей? — спрашивает Маленькая разбойница гневно.

— Нет, — отвечает Герда. — Я только боюсь, что очень замерзну, когда поеду на север за Кеем.

— Ты не поедешь туда! — возражает Маленькая разбойница решительно. — Вот еще глупости, только что подружились, и вдруг уезжать! Смотри, как у меня интересно. Вот золото — бери его сколько хочешь. Вот пистолеты — можешь стрелять из них в кого тебе угодно. Вот драгоценные камни, возьми себе горсточку. А за этой дверью самое интересное. Здесь живет мой любимый Северный олень. Он умеет разговаривать.

— Покажи мне его, — просит Герда.

Маленькая разбойница зажигает все свечи в канделябрах — в башне уже темно. Подходит к стене.

Снимает огромный заржавленный ключ, висящий на гвозде.

Отпирает большую железную дверь.

За дверью — никого.

— Прячется! — говорит Маленькая разбойница. — Боится! Я каждый вечер щекочу ему шею острым ножом. Он так уморительно дрожит, когда я это делаю! Эй, ты! Иди сейчас же сюда. Ну! Живо!

В дверях появляется Северный олень.

Стоит угрюмо, понурившись.

Маленькая разбойница выхватывает из-за пояса нож.

Проводит по шее оленя.

Тот прыгает, вертит головой.

— Не надо! — просит Герда.

— Почему? — удивляется Маленькая разбойница. — Ведь это так весело!

— Мне хочется поговорить с ним. Можно?

— Говори, — разрешает Маленькая разбойница.

— Олень, — спрашивает Герда, — ты знаешь, где страна Снежной королевы?

Олень кивает головой.

— А Снежную королеву ты когда-нибудь видел?

Олень кивает головой.

— А скажи, пожалуйста, не видел ли ты когда-нибудь вместе с Королевой маленького мальчика?

Олень кивает головой.

Герда потрясена.

Маленькая разбойница хмурится.

— Расскажи, — умоляет Герда. — Пожалуйста, расскажи, как это было.

Олень тихо, с трудом подбирая слова, рассказывает:

— Я... прыгал... по снежному полю... вдруг летит... Снежная королева... Я ей сказал: «Здравствуйте»... А она не ответила... Она разговаривала... с мальчиком... Он был совсем белый от холода... Снежное чучело тащило его санки...

— Санки! — восклицает Герда. — Значит, это был действительно Кей.

— Да... Это был Кей, — подтверждает Олень. — Так называла его... Королева.

— Девочка! — умоляет Герда в отчаянии. — Девочка, отпусти меня. Белый от холода... Надо растереть его рукавицей и потом дать ему горячего чая с малиной. Ах, я избила бы его, глупый мальчишка! Может, он превратился теперь в кусок льда! Девочка, отпусти меня, дорогая!

Маленькая разбойница молчит, отвернувшись.

— Отпусти! — вмешивается Олень. — Она... сядет... ко мне на спину, и я... отвезу... ее туда. Там моя родина. Отпусти...

Маленькая разбойница вдруг бросается к двери, захлопывает ее и запирает на ключ. Кричит Герде:
— Не смей смотреть на меня так жалобно, а то я застрелю тебя!
Вдали раздается пронзительный свист.
— Спать! — приказывает Маленькая разбойница. — Уже стемнело. Наши поехали на охоту. Спать!
— Отпусти! — ревет за дверью Северный олень.
— Замолчи, ты! — кричит Маленькая разбойница.
Она оглядывается.
Находит на полу веревку.
— Я привяжу тебя, — говорит она Герде, — тройным секретным разбойничьим узлом к этому кольцу в стене. Веревка длинная, она не помешает тебе спать. Спи, моя крошка, а то я заколю тебя. Слышишь? Прощай.
И она тушит все свечи, кроме одной.
В комнате воцарился полумрак.
Открыв узкую дверь в стене, Маленькая разбойница исчезает.
Слышно, как топочет копытами, стучит рогами Олень.
Герда лежит на медвежьей шкуре, подперев голову рукой.
— Девочка, девочка, убежим! — вдруг вскрикивает Олень за железной дверью.
— Я привязана, — отвечает Герда печально.
— Это мне моими копытами не развязать узла, а у тебя есть пальцы, — ревет Олень. — Попробуй!
— Хорошо, — отвечает Герда, — я попробую.
Встав на колени, трудится Герда над тройным секретным разбойничьим узлом.
А в одной из узких бойниц в стене комнаты показывается Бородач.
В зубах у него нож.
Он легко соскакивает в комнату.
Герда оглядывается.
Вскрикивает:
— Кто это?
Одним прыжком подлетает разбойник к Герде.
Взмахивает ножом.
Перерезает веревку, которой девочка была привязана к стене.
Прежде чем Герда успевает опомниться, разбойник с силой дергает себя за бороду.
Борода остается у него в руках.
Затем он срывает приклеенный нос, освобождает глаз от пластыря, голову от платка.

— Ганс Христиан! — радостно вскрикивает девочка.

Сказочник радостно смеется.

— Я, переодевшись до неузнаваемости, следил за Советником, — поясняет он. — Советник прямо из дворца отправился к разбойникам. Я обогнал его и поступил в шайку. И он не узнал меня. И дал мне тысячу талеров, чтобы я убил тебя. Бежим!

Он хватает Герду за руку, бежит с нею, и вдруг оба замирают в ужасе.

Узенькая дверца в стене распахивается, и дорогу беглецам преграждает Маленькая разбойница. В одной руке у нее ярко пылающий факел, в другой — пистолет.

Она целится прямо в Сказочника.

— Это еще кто такой? — спрашивает она угрожающе.

— Это тот друг мой, который знает так много сказок, — робко отвечает Герда. — Он пришел сюда, чтобы спасти меня.

Молча укрепляет Маленькая разбойница факел в стене.

Подходит к Герде.

— Так ты хотела убежать от меня? — спрашивает она грозно.

— Я бы оставила тебе записку, девочка, — шепчет та.

Маленькая разбойница стоит несколько мгновений неподвижно. Она бормочет что-то про себя свирепо.

Кажется, что вот-вот она бросится на Герду.

Но Маленькая разбойница говорит вдруг тихо:

— Да ты хоть поцелуй меня на прощанье.

Герда бросается к ней в объятия.

Крепко поцеловав Герду несколько раз, сохраняя суровое неприступное выражение лица, Маленькая разбойница возвращает Герде шубу, шапку, меховые сапожки.

Снимает ключ с гвоздя.

Отпирает железную дверь.

Выпускает Оленя.

Приказывает Герде кратко:

— Садись верхом.

Герда выполняет приказание.

Маленькая разбойница достает откуда-то из-под половицы ключ, еще более заржавленный и огромный, чем тот, которым запиралась дверь к Оленю.

Находит в стене большую замочную скважину.

Поворачивает ключ трижды.

Скрип, щелканье, грохот.

Часть стены, дрогнув, опускается со звоном.

Открывается пологий спуск, ведущий вниз к лесу.

— Уезжай! — приказывает Маленькая разбойница.
— Спасибо, девочка, — благодарит Герда.
— Спасибо, — ревет Олень.
— Спасибо, — говорит Сказочник.
— А ты меня за что благодаришь? — набрасывается на него Маленькая разбойница. — Ты останешься здесь. Будешь развлекать меня, рассказывать сказки, пока она не вернется.
— Но позвольте... — начинает было растерянно Ганс Христиан.
— Молчи! — обрывает его Маленькая разбойница. — Скачи, скачи, Олень, пока я не передумала!

Она еще раз целует Герду с таким строгим лицом, что может показаться, будто она кусает ее. Кричит:
— Вперед!

Олень срывается с места и стрелой мчится по пологому спуску к лесу.

Полная луна сияет на небе.

Олень скрывается среди деревьев. Показывается далеко-далеко на дороге.

— Прощай, — доносится издали его рев.
— До свидания! — кричит Герда.

Маленькая разбойница снова трижды поворачивает ключ. Стена становится на свое место. Сказочник молчит, глубоко задумавшись.

— Ну, ты! — набрасывается на него Маленькая разбойница. — Чего ты стоишь как пень? Рассказывай сказку, да посмешнее! Если ты меня не рассмешишь — застрелю. Ну?

И Маленькая разбойница прицеливается в беднягу из пистолета.
— Начинай! Раз, два, три!
— Много-много лет назад, — начинает Сказочник послушно, — жил да был снежный болван. Стоял он во дворе против кухонных окон. И вот однажды он сказал... Бедная девочка, бедная Герда!

Маленькая разбойница начинает плакать. Вытирает слезы рукояткой пистолета.

— Герда такая маленькая, — продолжает Сказочник, — одна среди метелей, снегов, ледяных гор. Но не надо плакать. Нет, не надо. Может быть, она победит все-таки? Полмира обошла она, и ей служили и люди, и звери, и птицы. Она маленькая, но она сильна. Непобедимая сила в ее горячем сердце.

Когда Сказочник говорит последние слова — стены башни, он сам, Маленькая разбойница исчезают постепенно во мгле и снежном вихре.

И когда Сказочник затихает, мы видим огромный дворец Снежной королевы.

Стены дворца состоят из бесчисленных снежных вихрей. Крошечная Герда появляется перед этими гигантскими живыми стенами.

Идет смело прямо в дворцовые двери. Герда в бесконечном ледяном зале.

— Кей! — кричит она.
— Кей!
— Кей!
— Кей! — отвечает эхо.

Герда бежит вперед.

И вдруг навстречу ей выходят знакомые бледные пажи в коротеньких белоснежных меховых плащах. Они преграждают девочке путь.

— Ее величества дома нет! — говорят они мягко и негромко, все разом.

— Я хочу видеть Кея! — кричит Герда.

— Господин Кей занят! — отвечают пажи вежливо.

Герда бросается вперед.

Пажи хотят задержать ее, но, прикоснувшись к ней, — вдруг мягко опускаются на землю обессиленные, превращаются в снежные груды.

Герда в новом зале.

Навстречу ей бросается отряд снежных чучел.

Герда отталкивает их — они рассыпаются. И они тоже превращаются в бесформенные груды снега.

Герда вбегает в третий зал и останавливается неподвижно.

С ужасом глядит вверх.

На необычайно высоком троне сидит бледный, мрачный, сосредоточенный Кей.

В руках у него длинный ледяной жезл.

Он перебирает своим жезлом квадратные многоугольные крупные льдинки, лежащие у подножия трона.

— Кей, Кей! — зовет Герда испуганно.

Он отвечает ей сухо, глуховатым голосом:

— Тише, Герда, ты сбиваешь меня.

— Кей, милый, это я! — кричит Герда.

— Да, — отвечает мальчик.

— Ты забыл меня?

— Я никогда и ничего не забываю.

— Кей, Кей! — умоляет девочка. — Ты нарочно пугаешь меня,

дразнишь? Или нет? Ты подумай, я столько дней все иду, иду, и вот нашла тебя, а ты даже не сказал мне «здравствуй».

— Здравствуй, Герда, — говорит мальчик равнодушно.

— Как ты это говоришь? — жалуется Герда. — Что мы с тобой в ссоре, что ли? Ты даже не взглянул на меня. Я не испугалась короля, я ушла от разбойников, я не побоялась замерзнуть, а с тобой мне страшно. Я боюсь подойти к тебе. Кей, это ты?

— Я, — отвечает мальчик вяло.

— А что ты делаешь?

— Я должен сложить из этих льдинок слово «вечность».

— Зачем?

— Не знаю. Так велела мне Королева. Если я сложу слово «вечность», Королева подарит мне весь мир и пару коньков в придачу.

Герда в отчаянии, скользя и падая, устремляется вверх по ледяным ступенькам трона.

Вот она возле Кея.

Обнимает его.

Уговаривает, чуть не плача:

— Кей, Кей, бедный мальчик, что ты делаешь, дурачок? Пойдем домой! Ты тут все забыл. А там что делается! Я столько увидела, пока искала тебя! А ты сидишь и сидишь, как будто на свете нет ни хороших людей, ни разбойников, ни детей, ни взрослых, а только есть, что эти кусочки льда. Ты бедный, глупый Кей.

— Нет, я разумный, право, так, — возражает Кей тихо.

— Кей, Кей, — будит его Герда. — Встань! Пойдем домой! Там уже весна, колеса стучат, прилетели ласточки. Там небо чистое — слышишь, Кей? Чистенькое, будто оно умылось. Слышишь? Ну, засмейся, что я говорю такие глупости. Ведь небо не умывается.

— Ты... — шепчет Кей, — ты беспокоишь меня.

— Там весна! — говорит Герда, плача и обнимая Кея. — Мы вернемся и пойдем на речку, когда у Бабушки будет свободное время. Мы посадим ее на траву! Мы ей руки разотрем. Ведь, когда она не работает, у нее руки болят... Помнишь?

Кей молчит.

— Кей! Без тебя во дворе все идет худо! — кричит Герда громко, будто разговаривает с глухим. — Ты помнишь сына слесаря? Того, что зовут Ганс? Того, что всегда хворает? Так вот, его побил соседский мальчишка, которого ты прозвал Булкой.

— Из чужого двора? — спрашивает Кей и роняет свой ледяной жезл.

— Да, — рыдает Герда. — Да! Он толкнул Ганса. Ганс упал, ухо поцарапал и заплакал. А я подумала: «Если бы Кей был дома, то заступился бы за него». Ведь правда, Кей?

— Правда, — отвечает Кей, как бы сквозь сон.

И жалуется вдруг тихо:

— Мне холодно.

— Видишь! — радуется Герда и обнимает Кея еще крепче. — Я ведь правду говорю! Кей! Оживи совсем! Миленький! А прыгает дальше всех теперь Оле. А у соседской кошки три котенка, одного нам дадут. А Бабушка все плачет и стоит у ворот. Кей, ты слышишь? Дождик идет, а она все стоит и ждет, ждет, ждет...

Совершается чудо.

Кей вскакивает.

Оглядывается, шатаясь.

Герда поддерживает его.

— Герда! — восклицает Кей звонко. — Герда, это ты? Что случилось? Ты плачешь? Кто тебя посмел обидеть? Как ты попала сюда? Уйдем скорее. Здесь холодно...

Он пробует идти, но ноги плохо повинуются ему.

Герда сводит Кея вниз, заботливо помогая ослабевшему мальчику.

— Ничего... — приговаривает она, — шагай. Вот так... Ты научишься... Ноги разойдутся... Дорога впереди такая трудная, такая длинная, что непременно научишься ходить... Вот так... Шагай... Мы дойдем, дойдем, дойдем...

ЗАТЕМНЕНИЕ

Знакомые крутые черепичные крыши. Небо покрыто тяжелыми грозовыми тучами.

Маленький Домовой выходит из-за трубы.

Идет по острому гребню крыши, как по полу. Проходит мимо острого шпиля, на котором сидит флюгер-петух.

— Добрый вечер, господин Домовой, — поет петух едва слышно. — Ветра совсем нет нынче.

— Да, петушок-дружище, — басит Домовой. — Это затишье перед грозой. Я с утра томлюсь. Все мне кажется, что не только гроза приближается к нам.

— А что же еще? — шепчет петух.

— Что-то случится сегодня необыкновенное. Близится, близится что-то! — предрекает старичок, подняв палец вверх.

— Хорошее или худое? — поет петушок едва слышно.

— А вот этого-то я и не знаю, петушок-дружище, — басит Домовой. — Рад бы знать, да не знаю. Но что-то случится, ох, что-то случится!

Домовой садится на корточки и съезжает с верхушки крыши к желобу.

Заглядывает вниз во двор.

— Петушок-дружище! — вопит он. — Началось, петушок! Гляди, кто приехал!

Во двор дома въезжает целая кавалькада.

Впереди на маленьких лошадках ворон и ворона.

На груди у птиц ленты.

На лапах — подвязки с мечами, бантиками и колокольчиками.

Следом за ними едут верхом принц и принцесса.

А за принцем и принцессой — Сказочник и Маленькая разбойница.

Все они спешиваются.

Входят в дом.

Домовой бежит к крайнему окну.

Прыгает на подоконник.

Заглядывает в открытое окно.

В комнате уже сумерки.

Горит висячая лампа.

Бабушка, грустная, похудевшая, сидит одна-одинешенька у стола.

Вяжет чулок.

Стук в дверь.

— Войдите, — говорит Бабушка.

Дверь открывается, и входит Сказочник. За ним Маленькая разбойница, Клаус, Эльза, ворона и ворон. Бабушка бросается к Сказочнику.

— Что с детьми? — спрашивает она, глядя на него умоляюще. — Вы... вы боитесь сказать?

— Ах, нет, уверяю вас. — Мы просто сами ничего не знаем, — кричит ворона. — Поверьте мне! Птицы никогда не врут.

— Мы думали, что они уже дома, — говорит Маленькая разбойница. — Мы приехали сюда, а тут пусто...

Бабушка грустно качает головой.

— Да, здесь так пусто, — говорит она. — Я вяжу чулки моим ребятишкам. Я связала уже две дюжины чулок, а они все еще не вернулись. Уже больше года я все жду, жду, жду...

Домовой, подслушивающий у окна, вытирает слезы своим колпачком.

Принцесса тоже плачет.
Маленькая разбойница выхватывает вдруг пистолет.
Кричит свирепо:
— Сядьте, Бабушка, милая Бабушка, и не надрывайте мне сердце, я этого терпеть не могу. Сядьте, родная, а то я всех расстреляю из пистолета!
Бабушка садится в кресло.
— Ты права, девочка, — говорит она. — Не надо унывать. Может быть, они спасутся. Тише!
— Что такое? — спрашивает Сказочник.
— Ступеньки скрипят! — отвечает Бабушка. — Я за все эти долгие вечера стала очень чуткой. Слышите?
Все прислушиваются...
Действительно: ступеньки скрипят все громче и громче.
И что-то музыкальное есть в этом скрипе.
— Это идут хорошие люди! — радуется Сказочник. — Под ногами плохих людей ступеньки ворчат, как собаки, а сейчас они поскрипывают, как скрипочки. Идут сюда, сюда! Я уверен, что это...
Сказочник бросается к двери, распахивает ее, и тотчас же оглушительный удар грома потрясает стены.
Град обрушивается на крышу с грохотом.
— Гроза началась! — кричит Домовой и вертится на подоконнике.
А в открытую дверь быстро и гневно входит Снежная королева, сопровождаемая Советником.
— Извольте немедленно вернуть мне мальчишку, — говорит повелительно Королева. — Слышите? Иначе я превращу всех вас в лед!
— А я после этого расколю вас на кусочки и продам, — шипит Советник.
— Ищите его! — приказывает Королева.
Советник, извиваясь, как змея, заглядывает под столы, ныряет под стулья, бежит в спальню и возвращается.
Гроза бушует за окном.
Град стучит по крыше.
— Его действительно нет, — докладывает Советник Снежной королеве.
— Отлично! Значит, дерзкие дети погибли в пути. Идем!
Королева делает шаг к двери, но Маленькая разбойница и принц Клаус бросаются ей наперерез.
За ними остальные.
Все, взявшись за руки, преграждают путь Королеве и Советнику.
— Имейте в виду, любезные, — отчеканивает Снежная короле-

ва, — что довольно мне взмахнуть рукой, и тут навеки воцарится полная тишина и мертвое спокойствие.

— Маши руками, ногами, хвостом — все равно мы тебя не выпустим! — кричит Маленькая разбойница.

Снежная королева взмахивает рукой.

Удар грома.

Вой и свист ветра.

— Ну и что? — спрашивает Маленькая разбойница.

— Мне даже и холодно не сделалось, — говорит принц.

— Я очень легко простуживаюсь, а теперь я даже насморка не схватила, — радуется принцесса.

Королева кусает губы от гнева.

Советник с ненавистью глядит на Сказочника.

— Все равно мы заморозим вас! — шипит он.

— Нет! — отвечает Сказочник спокойно и весело. — Тех, у кого горячее сердце, вам не превратить в лед. Мы победим!

— Никогда! — кричит Советник яростно. — Власти нашей не будет конца. Скорей повозки побегут без коней! Скорей люди полетят по воздуху, как птицы!

— Да, так оно и будет, Советник, — смеется Сказочник.

— Дорогу Королеве! — приказывает Советник.

— Простите, но мы ни за что не дадим вам дороги, — говорит Бабушка твердо. — А вдруг дети близко и вы нападете на них? Нет, нет, нельзя, нельзя.

Королева поворачивается к открытому окну и шепчет что-то.

Отчаянный порыв ветра врывается в комнату.

Лампа гаснет.

— Держите дверь! — кричит Сказочник.

— Сейчас я зажгу свет, — говорит Бабушка.

Свет вспыхивает.

Дети держат дверь, навалившись на нее всей тяжестью.

Но Советник и Королева исчезли бесследно, несмотря на это.

— Где же они? — кричит принц.

— Ее величество, — говорит ворона.

— И их превосходительство, — говорит ворон.

— Изволили отбыть...

— Через открытое окно.

Вдруг Бабушка бросается к увядшему розовому кусту.

— Смотрите! — кричит она.

Розы с легким шелестом распускаются одна за другой. Проходит несколько мгновений, и вот чудесный розовый куст цветет пышно, цветет еще богаче, чем прежде.

— Что это значит? — спрашивает Бабушка.

— Это значит, — отвечает Сказочник, — это значит — вот что это значит!

Он указывает на дверь.

Дверь открывается тихо.

Герда и Кей, сияющие, появляются на пороге. Шум.

Все сбиваются в один ликующий, плачущий и смеющийся клубок.

Сначала нельзя разобрать ни слова.

Но вот говорит Герда:

— Бабушка, у него было ледяное сердце. Но я обняла его, плакала, плакала, и сердце его вдруг растаяло. И мы пошли сначала потихоньку, а потом все быстрее и быстрее...

— И, крибле-крабле-бумс, вы пришли домой! — подхватывает Сказочник. — И друзья ждали вас, а враги удрали в открытое окно. Все идет отлично. Мы с вами, вы с нами, и все мы вместе. Что враги сделают нам, пока сердца наши горячи? Да ничего. Пусть только появятся, и мы скажем им. Эй, вы...

И тут Сказочник запевает, и все подхватывают хором:

Снип-снап-снурре
Пурре-базелюрре!

Комната исчезает в тумане.

Домовой сидит верхом на петухе.

Оба они поют радостно:

Снип-снап-снурре
Пурре-базелюрре!

Исчезают во мгле и они.

И из темноты выступает, светясь, слово:

Конец

ЗОЛУШКА

Скромный ситцевый занавес. Тихая, скромная музыка. На занавесе появляется надпись:

ЗОЛУШКА
Старинная сказка,
которая родилась много, много веков назад
и с тех пор все живет да живет,
и каждый рассказывает ее на свой лад.

Пока эти слова пробегают по скромному ситцевому занавесу, он постепенно преображается. Цвета на нем оживают. Ткань тяжелеет. Вот занавес уже бархатный, а не ситцевый.

А надписи сообщают:

Мы сделали из этой сказки музыкальную комедию,
понятную даже самому взрослому зрителю.

Теперь и музыка изменилась — она стала танцевальной, праздничной, и, пока проходят остальные полагающиеся в начале картины надписи, занавес покрывается золотыми узорами. Он светится теперь. Он весь приходит в движение, как будто он в нетерпении, как будто ему хочется скорее-скорее открыться.

И вот едва последняя надпись успевает исчезнуть, как занавес с мелодичным звоном раздвигается.

За занавесом ворота, на которых написано:

ВХОД В СКАЗОЧНУЮ СТРАНУ.

Двое бородатых привратников чистят не спеша бронзовые буквы надписи. Раздается торжественный марш. Вбегают, строго сохраняя строй, пышно одетые музыканты.

За ними галопом влетает Король. Вид у него крайне озабоченный, как у хорошей хозяйки во время большой уборки. Полы его мантии подколоты булавками, под мышкой метелка для обметания пыли, корона сдвинута набекрень.

За Королем бежит почетный караул — латники в шлемах с копьями.

Король останавливается у ворот, и музыканты разом обрывают музыку.

К о р о л ь. Здорóво, привратники сказочного королевства!

П р и в р а т н и к и. Здравия желаем, ваше королевское величество!

К о р о л ь. Вы что, с ума сошли?!

П р и в р а т н и к и. Никак нет, ваше величество, ничего подобного.

К о р о л ь *(все более и более раздражаясь)*. Спорить с королем! Какое сказочное свинство! Раз я говорю: сошли — значит, сошли! Во дворце сегодня праздник. Вы понимаете, какое великое дело — праздник! Порадовать людей, повеселить, приятно удивить — что может быть величественнее? Я с ног сбился — а вы? Почему ворота еще не отперты, а? *(Швыряет корону на землю.)* Ухожу, к черту к дьяволу, в монастырь! Живите сами как знаете. Не желаю я быть королем, если мои привратники работают еле-еле, да еще с постными лицами.

1-й п р и в р а т н и к. Ваше величество, у нас лица не постные!

К о р о л ь. А какие же?

1-й п р и в р а т н и к. Мечтательные.

К о р о л ь. Врешь!

1-й п р и в р а т н и к. Ей-богу, правда!

К о р о л ь. О чем же вы мечтаете?

2-й п р и в р а т н и к. О предстоящих удивительных событиях. Ведь будут чудеса нынче вечером во дворце на балу.

1-й п р и в р а т н и к. Вот видите, ваше величество, о чем мы размышляем.

2-й п р и в р а т н и к. А вы нас браните понапрасну.

К о р о л ь. Ну ладно, ладно. Если бы ты был королем, может, еще хуже ворчал бы. Подай мне корону. Ладно! Так и быть, остаюсь на престоле. Значит, говоришь, будут чудеса?

1-й п р и в р а т н и к. А как же! Вы король сказочный? Сказочный! Живем мы в сказочном королевстве? В сказочном!

2-й п р и в р а т н и к. Правое ухо у меня с утра чесалось? Чесалось! А это уже всегда к чему-нибудь трогательному, деликатному, завлекательному и благородному.

К о р о л ь. Ха-ха! Это приятно. Ну, открывай ворота! Довольно чистить. И так красиво.

Привратники поднимают с травы огромный блестящий ключ, вкладывают в замочную скважину и поворачивают его в замке. И ворота, повторяя ту же мелодию, с которой раздвигался занавес, широко распахиваются.

Перед нами — сказочная страна.

Это страна прежде всего необыкновенно уютная. Так уютны бывают только игрушки, изображающие деревню, стадо на лугу, озеро с лебедями и тому подобные мирные, радующие явления.

Дорога вьется между холмами. Она вымощена узорным паркетом и так и сияет на солнце, до того она чистая. Под тенистыми деревьями поблескивают удобные диванчики для путников.

Король и привратники любуются несколько мгновений своей уютной страной.

К о р о л ь. Все как будто в порядке? А, привратники? Нестыдно гостям показать? Верно я говорю?

Привратники соглашаются.

К о р о л ь. До свидания, привратники. Будьте вежливы! Всем говорите: добро пожаловать! И смотрите у меня, не напейтесь!

П р и в р а т н и к и. Нет, ваше величество, мы люди разумные, мы пьем только в будни, когда не ждешь ничего интересного. А сегодня что-то будет, что-то будет! До свидания, ваше величество! Бегите, ваше величество! Будьте покойны, ваше величество!

Король подает знак музыкантам, гремит марш. Король устремляется вперед по дороге.

Уютная усадьба, вся в зелени и цветах. За зеленой изгородью стоит очень рослый и очень смирный человек.

Он низко кланяется Королю, вздрагивает и оглядывается.

К о р о л ь. Здравствуйте, господин Лесничий!

Л е с н и ч и й. Здравствуйте, ваше королевское величество!

К о р о л ь. Слушайте, Лесничий, я давно вас хотел спросить: отчего вы в последнее время все вздрагиваете и оглядываетесь? Не завелось ли в лесу чудовище, угрожающее вам смертью?

Л е с н и ч и й. Нет, ваше величество, чудовище я сразу заколол бы!

К о р о л ь. А может быть, у нас в лесах появились разбойники?

Л е с н и ч и й. Что вы, государь, я бы их сразу выгнал вон!

К о р о л ь. Может быть, какой-нибудь злой волшебник преследует вас?

Л е с н и ч и й. Нет, ваше величество, я с ним давно расправился бы!

К о р о л ь. Что же довело вас до такого состояния?

Л е с н и ч и й. Моя жена, ваше величество! Я человек отчаянный и храбрый, но только в лесу. А дома я, ваше величество, сказочно слаб и добр.

К о р о л ь. Ну да?!

Л е с н и ч и й. Клянусь вам! Я женился на женщине прехорошенькой, но суровой, и они вьют из меня веревки. Они, государь, — это моя супруга и две ее дочери от первого брака. Они вот уже три дня одеваются к королевскому балу и совсем загоняли нас. Мы, государь, — это я и моя бедная крошечная родная дочка, ставшая столь внезапно, по вине моей влюбчивости, падчерицей.

К о р о л ь *(срывает с себя корону и бросает на землю).* Ухожу, к черту, к дьяволу, в монастырь, если в моем королевстве возможны такие душераздирающие события, живите сами как знаете! Стыдно, стыдно, лесничий!

Л е с н и ч и й. Ах, государь, не спешите осуждать меня. Жена моя — женщина особенная. Ее родную сестру, точно такую же, как она, съел людоед, отравился и умер. Видите, какие в этой семье ядовитые характеры. А вы сердитесь!

К о р о л ь. Ну хорошо, хорошо! Эй! Вы там! Подайте мне корону. Так уж и быть, остаюсь на престоле. Забудьте все, лесничий, и приходите на бал. И родную свою дочку тоже захватите с собой.

При этих словах Короля плющ, закрывающий своими побегами окна нижнего этажа, раздвигается. Очень молоденькая и очень милая растрепанная и бедно одетая девушка выглядывает оттуда. Она, очевидно, услышала последние слова Короля. Она так и впилась глазами в Лесничего, ожидая его ответа.

— Золушку? Нет, что вы, государь, она совсем еще крошка!

Девушка вздыхает и опускает голову.

— Ну, как хотите, но помните, что у меня сегодня такой праздник, который заставит вас забыть все невзгоды и горести. Прощайте!

И Король со свитой уносится прочь по королевской дороге.

А девушка в окне вздыхает печально. И листья плюща отвечают ей сочувственным вздохом, шелестом, шорохом. Девушка вздыхает еще печальнее, и листья плюща вздыхают с нею еще громче.

Девушка начинает петь тихонько. Стена и плющ исчезают. Мы видим просторную кухню со сводчатым потолком, огромным очагом, полками с посудой. Девушка поет:

> Дразнят Золушкой меня,
> Оттого что у огня,
> Силы не жалея,
> В кухне я тружусь, тружусь,

С печкой я вожусь, вожусь,
И всегда в золе я.
Оттого что я добра,
Надрываюсь я с утра
До глубокой ночи,
Всякий может приказать,
А спасибо мне сказать
Ни один не хочет.
Оттого что я кротка,
Я чернее уголька.
Я не виновата.
Ах, я беленькой была!
Ах, я миленькой слыла,
Но давно когда-то!
Прячу я печаль мою,
Я не плачу, а пою,
Улыбаюсь даже.
Но неужто никогда
Не уйти мне никуда
От золы и сажи!

— Тут все свои, — говорит Золушка, кончив песню и принимаясь за уборку, — огонь, очаг, кастрюли, сковородки, метелки, кочерга. Давайте, друзья, поговорим по душам.

В ответ на это предложение огонь в очаге вспыхивает ярче, сковородки, начищенные до полного блеска, подпрыгивают и звенят, кочерга и метелка шевелятся, как живые, в углу устраиваются поудобней.

— Знаете, о чем я думаю? Я думаю вот о чем: мачеху и сестриц позвали на бал, а меня — нет. С ними будет танцевать принц — а обо мне он даже и не знает. Они там будут есть мороженое — а я не буду, хотя никто в мире не любит его так, как я! Это несправедливо, верно?

Друзья подтверждают правоту Золушки сочувственным звоном, шорохом и шумом.

— Натирая пол, я очень хорошо научилась танцевать. За шитьем я очень хорошо научилась думать. Терпя напрасные обиды, я научилась сочинять песенки. За прялкой я их научилась петь. Выхаживая цыплят, я стала доброй и нежной. И ни один человек об этом не знает. Обидно! Правда?

Друзья Золушки подтверждают и это.

— Мне так хочется, чтобы люди заметили, что я за существо,

но только непременно сами. Без всяких просьб и хлопот с моей стороны. Потому что я ужасно гордая, понимаете?

Звон, шорох, шум.

— Неужели этого никогда не будет? Неужели не дождаться мне веселья и радости? Ведь так и заболеть можно. Ведь это очень вредно не ехать на бал, когда ты этого заслуживаешь! Хочу, хочу, чтобы счастье вдруг пришло ко мне! Мне так надоело самой себе дарить подарки в день рождения и на праздники! Добрые люди, где же вы? Добрые люди, а добрые люди!

Золушка прислушивается несколько мгновений, но ответа ей нет.

— Ну что же, — вздыхает девочка, — я тогда вот чем утешусь, когда все уйдут: я побегу в дворцовый парк, стану под дворцовыми окнами и хоть издали полюбуюсь на праздник.

Едва Золушка успевает произнести эти слова, как дверь кухни с шумом распахивается. На пороге — Мачеха Золушки. Это рослая, суровая, хмурая женщина, но голос ее мягок и нежен. Кисти рук она держит на весу.

З о л у ш к а. Ах, матушка, как вы меня напугали!

М а ч е х а. Золушка, Золушка, нехорошая ты девочка! Я забочусь о тебе гораздо больше, чем о родных своих дочерях. Им я не делаю ни одного замечания целыми месяцами, тогда как тебя, моя крошечка, я воспитываю с утра до вечера. Зачем же ты, солнышко мое, платишь мне за это черной неблагодарностью? Ты хочешь сегодня убежать в дворцовый парк?

З о л у ш к а. Только когда все уйдут, матушка. Ведь я тогда никому не буду нужна!

М а ч е х а. Следуй за мной!

Мачеха поднимается по лестнице. Золушка — следом. Они входят в гостиную. В креслах сидят сводные сестры Золушки — Анна и Марианна. Они держат кисти рук на весу так же, как мать. У окна стоит Лесничий с рогатиной в руках. Мачеха усаживается, смотрит на Лесничего и на Золушку и вздыхает.

М а ч е х а. Мы тут сидим в совершенно беспомощном состоянии, ожидая, пока высохнет волшебная жидкость, превращающая ногти в лепестки роз, а вы, мои родные, а? Вы развлекаетесь и веселитесь. Золушка разговаривает сама с собой, а ее папаша взял рогатину и пытался бежать в лес. Зачем?

Л е с н и ч и й. Я хотел сразиться с бешеным медведем.

М а ч е х а. Зачем?

Л е с н и ч и й. Отдохнуть от домашних дел, дорогая.

М а ч е х а. Я работаю как лошадь. Я бегаю, хлопочу, очаровываю, ходатайствую, требую, настаиваю. Благодаря мне в церкви мы сидим на придворных скамейках, а в театре — на директорских табуреточках. Солдаты отдают нам честь! Моих дочек скоро запишут в бархатную книгу первых красавиц двора! Кто превратил наши ногти в лепестки роз? Добрая волшебница, у дверей которой титулованные дамы ждут неделями. А к нам волшебница пришла на дом. Главный королевский повар вчера прислал мне в подарок дичи.

Л е с н и ч и й. Я ее сколько угодно приношу из лесу.

М а ч е х а. Ах, кому нужна дичь, добытая так просто! Одним словом, у меня столько связей, что можно с ума сойти от усталости, поддерживая их. А где благодарность? Вот, например, у меня чешется нос, а почесать нельзя. Нет, нет, отойди, Золушка, не надо, а то я тебя укушу.

З о л у ш к а. За что же, матушка?

М а ч е х а. За то, что ты сама не догадалась помочь бедной, беспомощной женщине.

З о л у ш к а. Но ведь я не знала, матушка!

А н н а. Сестренка, ты так некрасива, что должна искупать это чуткостью.

М а р и а н н а. И так неуклюжа, что должна искупать это услужливостью.

А н н а. Не смей вздыхать, а то я расстроюсь перед балом.

З о л у ш к а. Хорошо, сестрицы, я постараюсь быть веселой.

М а ч е х а. Посмотрим еще, имеешь ли ты право веселиться. Готовы ли наши бальные платья, которые я приказала тебе сшить за семь ночей?

З о л у ш к а. Да, матушка!

Она отодвигает ширмы, стоящие у стены. За ширмами на трех ивовых манекенах — три бальных платья. Золушка, сияя, глядит на них. Видимо, она вполне удовлетворена своей работой, гордится ею. Но вот девочка взглядывает на Мачеху и сестер, и у нее опускаются руки. Мачеха и сестры смотрят на свои роскошные наряды недоверчиво, строго, холодно, мрачно.

В напряженном молчании проходит несколько мгновений.

— Сестрицы! Матушка! — восклицает Золушка, не выдержав. — Зачем вы смотрите так сурово, как будто я сшила вам саваны? Это нарядные, веселые бальные платья. Честное слово, правда!

— Молчи! — гудит Мачеха. — Мы обдумали то, что ты натворила, а теперь обсудим это!

Мачеха и сестры перешептываются таинственно и зловеще. И вот Мачеха изрекает наконец:

— У нас нет оснований отвергать твою работу. Помоги одеться.

К усадьбе Лесничего подкатывает коляска. Толстый усатый кучер в ливрее с королевскими гербами осаживает сытых коней, затем он надевает очки, достает из бокового кармана записку и начинает по записке хриплым басом петь:

    Уже вечерняя роса
    Цветочки оросила.
    Луга и тихие леса
    К покою пригласила.

(Лошадям.) Тпру! Проклятые!

    А я, король, наоборот,
    Покою не желаю.
    К себе любезный мой народ
    На бал я приглашаю.

(Лошадям.) Вы у меня побалуете, окаянные!

    А чтоб вернее показать
    Свою любовь и ласку,
    Я некоторым велел послать
    Свою личную, любимую,
    Ах-ах, любимую,
    Да-да, любимую,
    Любимую, любимую
    Коляску.

Двери дома распахиваются. На крыльцо выходят Мачеха, Анна, Марианна в новых и роскошных нарядах. Лесничий робко идет позади. Золушка провожает старших. Кучер снимает шляпу, лошади кланяются дамам.

Перед тем как сесть в коляску, Мачеха останавливается и говорит ласково:

— Ах да, Золушка, моя звездочка! Ты хотела побежать в парк, постоять под королевскими окнами.

— Можно? — спрашивает девочка радостно.

— Конечно, дорогая, но прежде прибери в комнатах, вымой окна, натри пол, выбели кухню, выполи грядки, посади под окнами семь розовых кустов, познай самое себя и намели кофе на семь недель.

— Но ведь я и в месяц со всем этим не управлюсь, матушка!

— А ты поторопись!

Дамы усаживаются в коляску и так заполняют ее своими пышными платьями, что Леснячему не остается места. Кучер протягивает ему руку, помогает взобраться на козлы, взмахивает бичом, и коляска с громом уносится прочь.

Золушка медленно идет в дом. Она садится в кухне у окна. Мелет кофе рассеянно и вздыхает.

И вдруг раздается музыка — легкая-легкая, едва слышная, но такая радостная, что Золушка вскрикивает тихонько и весело, будто вспомнила что-то очень приятное. Музыка звучит все громче, а за окном становится все светлее и светлее. Вечерние сумерки растаяли.

Золушка открывает окно и прыгает в сад. И она видит: невысоко, над деревьями сада, по воздуху шагает не спеша богато и вместе с тем солидно, соответственно возрасту одетая пожилая дама. Ее сопровождает Мальчик-паж. Мальчик несет в руках футляр, похожий на футляр для флейты.

Увидев Золушку, солидная дама так и расцветает в улыбке, отчего в саду делается совсем светло, как в полдень.

Дама останавливается над лужайкой в воздухе так просто и естественно, как на балконе, и, опершись на невидимые балконные перила, говорит:

— Здравствуй, крестница!

— Крестная! Дорогая крестная! Ты всегда появляешься так неожиданно! — радуется Золушка.

— Да, это я люблю! — соглашается крестная.

— В прошлый раз ты появилась из темного угла за очагом, а сегодня пришла по воздуху...

— Да, я такая выдумщица! — соглашается крестная.

И, подобрав платье, она неторопливо, как бы по невидимой воздушной лестнице, спускается на землю. Мальчик-паж — за нею. Подойдя к Золушке, крестная улыбается еще радостнее. И совершается чудо.

Она молодеет.

Перед Золушкой стоит теперь стройная, легкая, высокая, золотоволосая молодая женщина. Платье ее горит и сверкает как солнце.

— Ты все еще не можешь привыкнуть к тому, как легко я меняюсь? — спрашивает крестная.

З о л у ш к а. Я восхищаюсь, я так люблю чудеса!

К р е с т н а я. Это показывает, что у тебя хороший вкус, девочка! Но никаких чудес еще не было. Просто мы, настоящие феи, до того впечатлительны, что стареем и молодеем так же легко, как вы, люди, краснеете и бледнеете. Горе — старит нас, а радость — молодит. Видишь, как обрадовала меня встреча с тобой. Я не спрашиваю, дорогая, как ты живешь... Тебя обидели сегодня...

(Фея взглядывает на пажа.)

П а ж. Двадцать четыре раза.

Ф е я. Из них напрасно...

П а ж. Двадцать четыре раза.

Ф е я. Ты заслужила сегодня похвалы...

П а ж. Триста тридцать три раза!

Ф е я. А они тебя...

П а ж. Не похвалили ни разу.

Ф е я. Ненавижу старуху-лесничиху, злобную твою мачеху, да и дочек ее тоже. Я давно наказала бы их, но у них такие большие связи! Они никого не любят, ни о чем не думают, ничего не умеют, ничего не делают, а ухитряются жить лучше даже, чем некоторые настоящие феи. Впрочем, довольно о них. Боюсь постареть. Хочешь поехать на бал?

З о л у ш к а. Да, крестная, но...

Ф е я. Не спорь, не спорь, ты поедешь туда. Очень вредно не ездить на балы, когда ты заслужил это.

З о л у ш к а. Но у меня столько работы, крестная!

Ф е я. Полы натрут медведи — у них есть воск, который они наворовали в ульях. Окна вымоет роса. Стены выбелят белки своими хвостами. Розы вырастут сами. Грядки выполют зайцы. Кофе намелют кошки. А самое себя ты познаешь на балу.

З о л у ш к а. Спасибо, крестная, но я так одета, что...

Ф е я. И об этом я позабочусь. Ты поедешь на бал в карете, на шестерке коней, в отличном бальном платье. Мальчик!

Паж открывает футляр.

Ф е я. Видишь, вот моя волшебная палочка. Очень скромная, без всяких украшений, просто алмазная с золотой ручкой.

Фея берет волшебную палочку. Раздается музыка, таинственная и негромкая.

Ф е я. Сейчас, сейчас буду делать чудеса! Обожаю эту работу. Мальчик!

Паж становится перед Феей на одно колено, и Фея, легко прикасаясь к нему палочкой, превращает мальчика в цветок, потом в кролика, потом в фонтан и, наконец, снова в пажа.

— Отлично, — радуется Фея, — инструмент в порядке, и я в ударе. Теперь приступим к настоящей работе. В сущности, все это нетрудно, дорогая моя. Волшебная палочка подобна дирижерской. Дирижерской — повинуются музыканты, а волшебной — все живое на свете. Прежде всего прикатим сюда тыкву.

Фея делает палочкой вращательные движения. Раздается веселый звон. Слышен голос, который поет без слов, гулко, как в бочке. Звон и голос приближаются, и вот к ногам Феи подкатывает огромная тыква. Повинуясь движениям палочки, вращаясь на месте, тыква начинает расти, расти... Очертания ее расплываются, исчезают в тумане, а песня без слов переходит в нижеследующую песню:

> Я тыква, я дородная
> Царица огородная,
> Лежала на боку,
> Но, палочке покорная,
> Срываюсь вдруг проворно я
> И мчусь, мерси боку!
> Под музыку старинную
> Верчусь я балериною,
> И вдруг, фа, соль, ля, си,
> Не тыквой огородною —
> Каретой благородною
> Я делаюсь, мерси!

С последними словами песни туман рассеивается, и Золушка видит, что тыква действительно превратилась в великолепную золотую карету.

— Какая красивая карета! — восклицает Золушка.
— Мерси, фа, соль, ля, си! — гудит откуда-то из глубины экипажа голос.

Волшебная палочка снова приходит в движение. Раздается писк, визг, шум, и шесть крупных мышей врываются на лужайку. Они вьются в бешеном танце. Поднимается облако пыли и скрывает мышей.

Из облака слышится пение: первые слова песни поют слабые высочайшие сопрано, а последние слова — сильные глубокие басы. Переход этот совершается со строгой постепенностью.

> Дорогие дети,
> Знайте, что для всех
> Много есть на свете
> Счастья и утех.
> Но мы счастья выше
> В мире не найдем,
> Чем из старой мыши
> Юным стать конем!

Пыль рассеивается — на лужайке шестерка прекрасных коней в полной упряжи. Они очень веселы, бьют копытами, ржут.

— Тпру! — кричит Фея. — Назад! Куда ты, демон! Балуй!

Лошади успокаиваются. Снова приходит в движение волшебная палочка. Не спеша входит старая, солидная крыса. Отдуваясь, тяжело дыша, нехотя она встает на задние лапки и, не погружаясь в туман, не поднимая пыли, начинает расти. Ставши крысой в человеческий рост, она подпрыгивает и превращается в кучера — солидного и пышно одетого. Кучер тотчас же идет к лошадям, напевая без всякого аккомпанемента:

> Овес вздорожал,
> Овес вздорожал,
> Он так вздорожал,
> Что даже кучер заржал.

— Через пять минут подашь карету к крыльцу, — приказывает Фея.

Кучер молча кивает головой.

— Золушка, идем в гостиную, к большому зеркалу, и там я одену тебя.

Фея, Золушка и паж — в гостиной. Фея взмахивает палочкой, и раздается бальная музыка — мягкая, таинственная, негромкая и ласковая.

Из-под земли вырастает манекен, на который надето платье удивительной красоты.

Ф е я. Когда в нашей волшебной мастерской мы положили последний стежок на это платье, самая главная мастерица заплакала от умиления. Работа остановилась. День объявили праздничным. Такие удачи бывают раз в сто лет. Счастливое платье, благословенное платье, утешительное платье, вечернее платье.

Фея взмахивает палочкой, гостиная на миг заполняется туманом, и вот Золушка, ослепительно прекрасная в новом платье, стоит перед зеркалом. Фея протягивает руку. Паж подает ей лорнет.

— Удивительный случай, — говорит Фея, разглядывая Золушку, — мне нечего сказать! Нигде не морщит, нигде не собирается в складки, линия есть, удивительный случай! Нравится тебе твое новое платье?

Золушка молча целует Фею.

— Ну вот и хорошо, — говорит Фея, — идем. Впрочем, постой. Еще одна маленькая проверка. Мальчик, что ты скажешь о моей крестнице?

И маленький паж отвечает тихо, с глубоким чувством:

— Вслух я не посмею сказать ни одного слова. Но отныне днем

я буду молча тосковать о ней, а ночью во сне рассказывать об этом так печально, что даже домовой на крыше заплачет горькими слезами.

— Отлично, — радуется Фея. — Мальчик влюбился. Нечего, нечего смотреть на него печально, Золушка. Мальчуганам полезно безнадежно влюбляться. Они тогда начинают писать стихи, а я это обожаю! Идем!

Они делают несколько шагов.

— Стойте, — говорит вдруг маленький паж повелительно.

Фея удивленно взглядывает на него через лорнет.

— Я не волшебник, я еще только учусь, — говорит мальчик тихо, опустив глаза, — но любовь помогает нам делать настоящие чудеса.

Он взглядывает на Золушку. Голос его звучит теперь необыкновенно нежно и ласково:

— Простите меня, дерзкого, но я осмелился чудом добыть для вас это сокровище.

Мальчик протягивает руки, и прозрачные туфельки, светясь в полумраке гостиной, спускаются к нему на ладони.

— Это хрустальные туфельки, прозрачные и чистые, как слезы, — говорит мальчик, — и они принесут вам счастье, потому что я всем сердцем жажду этого! Возьмите их!

Золушка робко берет туфельки.

— Ну, что скажешь? — спрашивает Фея, еще более молодея и сияя. — Что я тебе говорила? Какой трогательный, благородный поступок. Вот это мы и называем в нашем волшебном мире — стихами. Обуйся и поблагодари.

— Спасибо, мальчик, — говорит Золушка, надевши туфельки. — Я никогда не забуду, как ты был добр ко мне.

Золотая карета, сверкая, стоит у калитки. На небе полная луна. Кучер с трудом удерживает шестерку великолепных коней. Мальчик-паж, распахивая дверцу кареты, осторожно и почтительно помогает девочке войти.

Сияющее лицо Золушки выглядывает из окошечка. И Фея говорит ей:

— А теперь запомни, дорогая моя, твердо запомни самое главное. Ты должна вернуться домой ровно к двенадцати часам. В полночь новое платье твое превратится в старое и бедное. Лошади снова станут мышами...

Лошади бьют копытами.

— Кучер — крысой.

— Эх, черт, — ворчит кучер.

— А карета — тыквой!

— Мерси сан суси! — восклицает карета.

— Спасибо вам, крестная, — отвечает Золушка, — я твердо запомню это.

И Фея с маленьким пажом растворяются в воздухе.

Золотая карета мчится по дороге к королевскому замку.

Чем ближе карета к замку, тем торжественнее и праздничнее все вокруг. Вот подстриженное деревце, сплошь украшенное атласными ленточками, похожее на маленькую девочку. Вот деревце, увешанное колокольчиками, которые звенят на ветру.

Появляются освещенные фонариками указатели с надписями:

ОТКАШЛЯЙСЯ,
СКОРО САМ КОРОЛЬ БУДЕТ ГОВОРИТЬ С ТОБОЙ.

УЛЫБАЙСЯ,
ЗА ПОВОРОТОМ ТЫ УВИДИШЬ КОРОЛЕВСКИЙ ЗАМОК.

И действительно, за поворотом Золушка видит чудо. Огромный, многобашенный и вместе с тем легкий, праздничный, приветливый дворец сказочного Короля весь светится от факелов, фонариков, пылающих бочек. Над дворцом в небе висят огромные грозди воздушных разноцветных шариков. Они привязаны ниточками к дворцовым башням.

Увидев все это сказочное великолепие, Золушка хлопает в ладоши и кричит:

— Нет, что-то будет, что-то будет, будет что-то очень хорошее!

Карета со звоном влетает на мост, ведущий к воротам королевского замка. Это необыкновенный мост. Он построен так, что, когда гости приезжают, доски его играют веселую приветливую песню, а когда гости уезжают, то они играют печальную прощальную.

Весь огромный плац перед парадным входом в замок занят пышными экипажами гостей. Кучера в богатых ливреях стоят покуривают у крыльца.

Увидев карету Золушки, кучера перестают курить, глядят пристально. И Золушкин кучер на глазах у строгих ценителей осаживает коней на всем скаку перед самой входной дверью. Кучера одобрительно гудят:

— Ничего кучер! Хороший кучер! Вот так кучер!

Парадная дверь королевского дворца распахивается, два лакея выбегают и помогают Золушке выйти из кареты.

Золушка входит в королевский замок. Перед нею — высокая и широкая мраморная лестница.

Едва Золушка успевает взойти на первую ступень, как навстречу ей с верхней площадки устремляется Король. Он бежит так быстро, что великолепная мантия развевается за королевскими плечами.

К о р о л ь. Здравствуйте, неизвестная, прекрасная, таинственная гостья! Нет, нет, не делайте реверанс на ступеньках. Это так опасно. Не снимайте, пожалуйста, перчатку. Здравствуйте! Я ужасно рад, что вы приехали!

З о л у ш к а. Здравствуйте, ваше величество! Я тоже рада, что приехала. Мне очень нравится у вас.

К о р о л ь. Ха-ха-ха! Вот радость-то! Она говорит искренне!

З о л у ш к а. Конечно, ваше величество.

К о р о л ь. Идемте, идемте.

Он подает руку Золушке и торжественно ведет ее вверх по лестнице.

К о р о л ь. Старые друзья — это, конечно, штука хорошая, но их уже ничем не удивишь! Вот, например, Кот в сапогах. Славный парень, умница, но, как приедет, сейчас же снимет сапоги, ляжет на пол возле камина и дремлет. Или Мальчик-с-пальчик. Милый, остроумный человек, но отчаянный игрок. Все время играет в прятки на деньги. А попробуй найди его. А главное — у них все в прошлом. Их сказки уже сыграны и всем известны. А вы... Как король сказочного королевства, я чувствую, что вы стоите на пороге удивительных сказочных событий.

З о л у ш к а. Правда?

К о р о л ь. Честное королевское!

Они поднимаются на верхнюю площадку лестницы, и тут навстречу им выходит Принц. Это очень красивый и очень юный человек.

Увидев Золушку, он останавливается как вкопанный. А Золушка краснеет и опускает глаза.

— Принц, а принц! Сынок! — кричит Король. — Смотри, кто к нам приехал! Узнаешь?

Принц молча кивает головой.

К о р о л ь. Кто это?

П р и н ц. Таинственная и прекрасная незнакомка!

К о р о л ь. Совершенно верно! Нет, вы только подумайте, какой умный мальчик! Ты выпил молоко? Ты скушал булочку? Ты на сквозняке не стоял? Отчего ты такой бледный? Почему ты молчишь?

П р и н ц. Ах, государь, я молчу потому, что я не могу говорить.

К о р о л ь. Неправда, не верьте ему! Несмотря на свои годы, он все, все говорит: речи, комплименты, стихи! Сынок, скажи нам стишок, сынок, не стесняйся!

П р и н ц. Хорошо, государь! Не сердитесь на меня, прекрасная барышня, но я очень люблю своего отца и почти всегда слушаюсь его.

Принц поет:

> Ах, папа, я в бою бывал,
> Под грохот барабана
> Одним ударом наповал
> Сразил я великана.
> Ах, папа, сам единорог
> На строгом поле чести
> Со мною справиться не мог
> И пал со свитой вместе.
> Ах, папа, вырос я большой,
> А ты и не заметил.
> И вот стою я сам не свой —
> Судьбу мою я встретил!

К о р о л ь. Очень славная песня. Это откуда? Нравится она вам, прекрасная барышня?

— Да, мне все здесь так нравится, — отвечает Золушка.

— Ха-ха-ха! — ликует Король. — Искренне! Ты заметь, сынок, она говорит искренне!

И Король устремляется вперед по прекрасной галерее, украшенной картинами и скульптурами на исторические сюжеты: «Волк и Красная Шапочка», «Семь жен Синей Бороды», «Голый король», «Принцесса на горошине» и т. п.

Золушка и Принц идут следом за Королем.

П р и н ц (*робко*). Сегодня прекрасная погода, не правда ли?

З о л у ш к а. Да, принц, погода сегодня прекрасная.

П р и н ц. Я надеюсь, вы не устали в дороге?

З о л у ш к а. Нет, принц, я в дороге отдохнула, благодарю вас!

Навстречу Королю бежит пожилой, необыкновенно подвижный и ловкий человек. Собственно говоря, нельзя сказать, что он бежит. Он танцует, мчась по галерее, танцует с упоением, с наслаждением, с восторгом. Он делает несколько реверансов Королю, прыгая почти на высоту человеческого роста.

— Позвольте мне представить моего министра бальных танцев господина маркиза Падетруа, — говорит Король. — В далеком, далеком прошлом маркиз был главным танцмейстером в замке Спящей красавицы. Сто лет он проспал вместе со всем штатом королевского замка. Вы представляете, как он выспался! Он теперь совсем не спит. Вы представляете, как он стосковался по танцам! Он теперь танцует непрерывно. И как он проголодался за сто лет! У маркиза теперь прекрасный аппетит.

Маркиз низко кланяется Золушке и начинает исполнять перед нею сложный и изящный танец.

— Вы понимаете балетный язык? — спрашивает Король.

— Не совсем, — отвечает Золушка.

— В торжественных случаях маркиз объясняется только средствами своего искусства. Я переведу вам его приветственную речь.

И, внимательно глядя на танец маркиза, Король переводит:

— Человек сам не знает, где найдет, где потеряет. Рано утром, глядя, как пастушок шагал во главе стада коров...

Маркиз вдруг останавливается, укоризненно взглядывает на Короля и повторяет последние па.

— Виноват, — поправляется Король, — глядя на пастушка, окруженного резвыми козочками, маркиз подумал: ах, жизнь пастушка счастливее, чем жизнь министра, отягощенного рядом государственных забот и треволнений. Но вот пришел вечер, и маркиз выиграл крупную сумму в карты...

Маркиз останавливается и повторяет последние па, укоризненно глядя на своего государя.

— Виноват, — поправляется Король, — но вот пришел вечер, и судьба послала маркизу неожиданное счастье. Даже дряхлая, но бойкая старушка...

Маркиз снова повторяет па.

— Виноват, — поправляется Король, — даже сама муза Терпсихора менее грациозна и изящна, чем наша грациознейшая гостья. Как он рад, как он рад, как он рад, ах-ах-ах!

Закончив танец, министр кланяется Золушке и говорит:

— Черт, дьявол, демон, мусор! Простите, о прелестная незнакомка, но искусство мое так изящно и чисто, что организм иногда просто требует грубости! Скоты, животные, интриганы! Это я говорю обо всех остальных мастерах моего искусства! Медведи, жабы, змеи! Разрешите пригласить вас на первый танец сегодняшнего бала, о прелестная барышня!

— Простите, — вмешивается Принц решительно, — но гостья наша приглашена мною!

Бальный зал — роскошный и вместе с тем уютный. Гости беседуют, разбившись на группы.

Мачеха Золушки шепчется с Анной и Марианной, склонившись над большой записной книжкой, очень похожей на счетную.

Лесничий дремлет возле.

А н н а. Запиши, мамочка: принц взглянул в мою сторону три раза, улыбнулся один раз, вздохнул один, итого — пять.

М а р и а н н а. А мне король сказал: «Очень рад вас видеть» — один раз, «ха-ха-ха» — один раз и «проходите, проходите, здесь дует» — один раз. Итого — три раза.

Л е с н и ч и й. Зачем вам нужны все эти записи?

М а ч е х а. Ах, муженек дорогой, не мешай нам веселиться!

А н н а. Папа всегда ворчит.

М а р и а н н а. Такой бал! Девять знаков внимания со стороны высочайших особ!

М а ч е х а. Уж будьте покойны, теперь я вырву приказ о зачислении моих дочек в бархатную книгу первых красавиц двора.

Гремят трубы. Гости выстраиваются двумя рядами.

Входят Король, Золушка, Принц и министр бальных танцев.

Гости низко кланяются Королю.

К о р о л ь. Господа! Позвольте вам представить девушку, которая еще ни разу не была у нас, волшебно одетую, сказочно прекрасную, сверхъестественно искреннюю и таинственно-скромную.

Гости низко кланяются. Золушка приседает. И вдруг Мачеха Золушки выступает из рядов.

М а ч е х а. Ах, ах, ваше величество, я знаю эту девушку. Клянусь, что знаю.

К о р о л ь. Закон, изданный моим прадедом, запрещает нам называть имя гостьи, пожелавшей остаться неизвестной.

З о л у ш к а. Ах, ваше величество, я вовсе не стыжусь своего имени.

— Говорите, сударыня, прошу вас!

М а ч е х а. Ах, слушайте, сейчас вы все будете потрясены. Эта девушка...

Мачеха выдерживает большую паузу.

— ...эта девушка — богиня красоты. Вот кто она такая...

К о р о л ь. Ха-ха-ха! Довольно эффектный комплимент. Мерси.

М а ч е х а. Многоуважаемая богиня...

З о л у ш к а. Уверяю вас, вы ошибаетесь, сударыня... Меня зовут гораздо проще, и вы меня знаете гораздо лучше, чем вам кажется.

М а ч е х а. Нет, нет, богиня! А вот, богиня, мои дочери. Эту зовут...

З о л у ш к а. Анна!

М а ч е х а. Ах! А эту...

З о л у ш к а. Марианна!

М а ч е х а. Ах!

З о л у ш к а. Анна очень любит землянику, а Марианна — каштаны. И живете вы в уютной усадьбе, возле королевской дороги, недалеко от чистого ручья. И я рада видеть вас всех, вот до чего я счастлива сегодня.

Золушка подходит к Лесничему.

— А вы меня не узнаете? — спрашивает она его ласково.

— Я не смею, — отвечает ей Лесничий робко.

Золушка нежно целует отца в лоб и проходит с Королем дальше, мимо низко кланяющихся гостей.

Раздаются звуки музыки. Гости выстраиваются парами. Бал открылся.

В первой паре — Принц и Золушка.

П р и н ц. Я знаю, что вы думаете обо мне.

З о л у ш к а. Нет, принц, нет, я надеюсь, что вы не знаете этого!

П р и н ц. Я знаю, к сожалению. Вы думаете: какой он глупый и неповоротливый мальчик.

З о л у ш к а. Слава тебе господи, вы не угадали, принц!

Танцами дирижирует маркиз Падетруа. Он успевает и танцевать, и следить за всеми. Он птицей вьется по всему залу и улыбается блаженно.

З о л у ш к а. А скажите, пожалуйста, принц, кто этот высокий человек в латах, который танцует одно, а думает о другом?

П р и н ц. Это младший сын соседнего короля. Два его брата уехали искать приключений и не вернулись. Отец захворал с горя. Тогда младший отправился на поиски старших и по дороге остановился у нас отдохнуть...

З о л у ш к а. А кто этот милый старик, который все время путает фигуры?

П р и н ц. О, это самый добрый волшебник на свете. Он по доброте своей никому не может отказать, о чем бы его ни попросили. Злые люди так страшно пользовались его добротой, что он заткнул уши воском. И вот теперь он не слышит ничьих просьб, но и музыки тоже. От этого он и путает фигуры.

З о л у ш к а. А почему эта дама танцует одна?

П р и н ц. Она танцует не одна. Мальчик-с-пальчик танцует с ней. Видите?

И действительно, на плече у дамы старательно пляшет на месте веселый, отчаянный мальчуган, с палец ростом, в коротеньких штанишках. Он держит свою даму не за руку, а за бриллиантовую сережку и кричит ей в самое ухо что-то, должно быть, очень веселое, потому что дама хохочет во весь голос.

Вот танец окончен.

— Играть, давайте играть, — кричит Король.

— В кошки-мышки, — кричит Кот в сапогах, выскакивая из-под камина.

— В прятки! — просит Мальчик-с-пальчик.

— В фанты, — приказывает Король. — В королевские фанты. Никаких фантов никто не отбирает, никто ничего не назначает, а что, ха-ха, король прикажет — то все, ха-ха, и делают.

Он знаками подзывает доброго волшебника. Тот вынимает воск из ушей и идет к Королю.

Сразу к доброму волшебнику бросаются просители с Мачехой Золушки во главе. Но стража окружает волшебника и оттесняет просителей.

Подойдя к Королю, добрый волшебник чихает.

— Будьте здоровы! — говорит Король.

— Не могу отказать вам в вашей просьбе, — отвечает добрый волшебник старческим, дребезжащим голосом — и необычайно здоровеет. Плечи его раздвигаются. Он становится много выше ростом. Через миг перед королем стоит богатырь.

— Спасибо, дорогой волшебник, — говорит Король, — хотя, откровенно говоря, просьбу свою я высказал нечаянно.

— Ничего, ваше величество, — отвечает добрый волшебник великолепным баритоном, — я только выиграл на этом!

— Мы сейчас будем играть в королевские фанты, — объясняет Король.

— Ха-ха-ха! Прелестно! — радуется волшебник.

— Первый фант — ваш! Сделайте нам что-нибудь этакое... — Король шевелит пальцами, — доброе, волшебное, чудесное и приятное всем без исключения.

— Это очень просто, ваше величество, — отвечает волшебник весело.

Он вынимает из кармана маленькую трубочку и кисет. Тщательно набивает трубочку табаком. Раскуривает трубку, затягивается табачным дымом во всю свою богатырскую грудь и затем принимается дуть, дуть, дуть.

Дым заполняет весь бальный зал. Раздается нежная, негромкая музыка.

Дым рассеивается.

Принц и Золушка плывут по озеру, освещенному луной. Легкая лодка скользит по спокойной воде не спеша, двигается сама собой, слегка покачиваясь под музыку.

— Не пугайтесь, — просит Принц ласково.

— Я нисколько не испугалась, — отвечает Золушка, — я от сегодняшнего вечера ждала чудес — и вот они пришли. Но все-таки где мы?

— Король попросил доброго волшебника сделать что-нибудь доброе, волшебное, приятное всем. И вот мы с вами перенеслись в волшебную страну.

— А где же остальные?

— Каждый там, где ему приятно. Волшебная страна велика. Но мы здесь ненадолго. Человек может попасть сюда всего на девять минут девять секунд, и ни на один миг больше.

— Как жалко! Правда? — спрашивает Золушка.

— Да, — отвечает Принц и вздыхает.

— Вам грустно?

— Я не знаю, — отвечает Принц. — Можно задать вам один вопрос?

— Конечно, прошу вас!

— Один мой друг, — начинает Принц после паузы, запинаясь, — тоже принц, тоже, в общем, довольно смелый и находчивый, тоже встретил на балу девушку, которая вдруг так понравилась ему, что он совершенно растерялся. Что бы вы ему посоветовали сделать?

Пауза.

— А может быть, — спрашивает Золушка робко, — может быть, принцу только показалось, что эта девушка ему так нравится?

— Нет, — отвечает Принц, — он твердо знает, что ничего подобного с ним не было до сих пор и больше никогда не будет. Не сердитесь.

— Нет, что вы! — отвечает Золушка. — Знаете, мне грустно жилось до сегодняшнего вечера. Ничего, что я так говорю? А сейчас я очень счастлива! Ничего, что я так говорю?

В ответ Золушке Принц поет:

Перед вашей красотою
Словно мальчик я дрожу.
Нет, я сердца не открою,
Ничего я не скажу.
Вы как сон или виденье.

Вдруг нечаянно коснусь,
Вдруг забудусь на мгновенье
И в отчаянье проснусь...

И тут музыка затихает, Принц умолкает, а чьи-то нежные голоса объявляют ласково и чуть печально:

— Ваше время истекло, ваше время истекло, кончайте разговор, кончайте разговор!

Исчезает озеро, лодка и луна.

Перед нами снова бальный зал.

— Благодарю, — говорит Король, пожимая руку доброму волшебнику, — вино, которое мы пили с вами из волшебных бокалов в волшебном кабачке, было сказочно прекрасным!

— Какие там магазины! — восхищается Мачеха Золушки.

— Какие духи! — стонет Анна.

— Какие парикмахерские! — кричит Марианна.

— Как там тихо и мирно! — шепчет Лесничий.

— Какой успех я там имел! — ликует маркиз Падетруа.

Он делает знак музыкантам, и они начинают играть ту же самую музыку, которую мы слышали в волшебной стране. Все танцуют. Принц и Золушка в первой паре.

— Мы вернулись из волшебной страны? — спрашивает Принц.

— Не знаю, — отвечает Золушка, — по-моему, нет еще. А как вы думаете?

— Я тоже так думаю, — говорит Принц.

— Знаете что, — говорит Золушка, — у меня бывали дни, когда я так уставала, что мне даже во сне снилось, будто я хочу спать! А теперь мне так весело, что я танцую, а мне хочется танцевать все больше и больше!

— Слушаюсь, — шепчет маркиз Падетруа, услышавший последние слова Золушки. Он дает знак оркестру. Музыка меняется. Медленный и чинный бальный танец переходит в веселый, нарядный, живой, быстрый, отчаянный.

Золушка и Принц пляшут вдохновенно.

Музыканты опускаются на пол в изнеможении.

Танец окончен.

Принц и Золушка на балконе.

— Принц, а принц, — весело говорит Золушка, обмахиваясь веером. — Теперь мы знакомы с вами гораздо лучше! Попробуйте, пожалуйста, угадать, о чем я думаю теперь.

Принц внимательно и ласково смотрит Золушке в глаза.

— Понимаю! — восклицает он. — Вы думаете: как хорошо было бы сейчас поесть мороженого.

— Мне очень стыдно, принц, но вы угадали, — признается Золушка.

Принц убегает.

Внизу — дворцовый парк, освещенный луной.

— Ну вот, счастье, ты и пришло ко мне, — говорит Золушка тихо, — пришло неожиданно, как моя крестная! Глаза у тебя, счастье мое, ясные, голос нежный. А сколько заботливости! Обо мне до сих пор никто никогда не заботился. И мне кажется, счастье мое, что ты меня даже побаиваешься. Вот приятно-то! Как будто я и в самом деле взрослая барышня.

Золушка подходит к перилам балкона и видит справа от себя на башне большие, освещенные факелами часы. На часах без двадцати одиннадцать.

— Еще целый час! Целый час и пять минут времени у меня, — говорит Золушка, — за пятнадцать минут я, конечно, успею доехать до дому. Через час и пять минут я убегу. Конечно, может быть, счастье мое, ты не оставишь меня, даже когда увидишь, какая я бедная девушка! Ну а если вдруг все-таки оставишь? Нет, нет... И пробовать не буду. Это слишком страшно... А кроме того, я обещала крестной уйти вовремя. Ничего. Час! Целый час да еще пять минут впереди. Это ведь не так уж мало!

Но тут перед Золушкой вырастает Паж ее крестной.

— Дорогая Золушка! — говорит мальчик печально и нежно. — Я должен передать вам очень грустное известие. Не огорчайтесь, но король приказал перевести сегодня все дворцовые часы на час назад. Он хочет, чтобы гости танцевали на балу подольше.

Золушка ахает:

— Значит, у меня почти совсем не осталось времени?!

— Почти совсем, — отвечает Паж. — Умоляю вас, не огорчайтесь. Я не волшебник, я только учусь, но мне кажется, что все еще может кончиться очень хорошо.

Паж исчезает.

— Ну вот и все, — говорит девочка печально.

Вбегает Принц, веселый и радостный. За ним — три лакея. Один лакей несет поднос, на котором сорок сортов мороженого, другой несет легкий столик, третий — два кресла.

Лакеи накрывают на стол и убегают с поклонами.

— Это лучшее мороженое на всем белом свете, — говорит Принц, — я сам выбирал его. Что с вами?

Золушка. Спасибо вам, принц, спасибо вам, дорогой принц, за все. За то, что вы такой вежливый. За то, что вы такой ласковый. И заботливый, и добрый. Лучше вас никого я не видела на свете!

Принц. Почему вы говорите со мной так печально?

Золушка. Потому что мне пора уходить.

Принц. Нет, я не могу вас отпустить! Честное слово, не могу! Я... я все обдумал... После мороженого я сказал бы вам прямо, что люблю вас... Боже мой, что я говорю. Не уходите!

Золушка. Нельзя!

Принц. Подождите! Ах, я вовсе не такой смешной, как это кажется. Все это потому, что вы мне слишком уж нравитесь. Ведь за это сердиться на человека нехорошо! Простите меня. Останьтесь! Я люблю вас!

Золушка протягивает Принцу руки, но вдруг раздается торжественный и печальный звон колоколов. Куранты башенных часов отбивают три четверти! И, закрыв лицо руками, Золушка бросается бежать. Принц несколько мгновений стоит неподвижно. И вдруг решительно устремляется в погоню.

В большом зале веселье в полном разгаре. Идет игра в кошки-мышки. Принц видит: платье Золушки мелькнуло у выхода в картинную галерею. Он бежит туда, но хоровод играющих преграждает ему путь.

Бледный, сосредоточенный, мечется Принц перед веселым, пляшущим препятствием, и никто не замечает, что Принцу не до игры.

Король стоит у колонны с бокалом вина в руках.

— Ха-ха-ха! — радуется он. — Мальчик-то как развеселился. Счастливый возраст!

Принцу удалось наконец вырваться. Он выбегает в галерею, а Золушка исчезает в противоположном ее конце.

Принц выбегает на верхнюю площадку лестницы.

Золушка спешит вниз по широким мраморным ступеням.

Она оглядывается.

Принц видит на миг ее печальное, бледное лицо. Золушка, узнав Принца, еще быстрее мчится вниз.

И хрустальная туфелька соскальзывает с правой ее ноги. У нее нет времени поднять туфельку. На бегу снимает она левую и в одних чулочках выскальзывает на крыльцо.

Карета ее уже стоит у дверей.

Мальчик-паж печально улыбается Золушке. Он помогает ей войти в карету. Входит вслед за ней и кричит кучеру:

— Вперёд!

И когда Принц выбегает на крыльцо, он слышит, как доски моста играют печальную прощальную песенку.

Принц стоит на крыльце, опустив голову. В руках его сияет хрустальная туфелька.

А Золушка, сидя в карете, глядит на туфельку, оставшуюся у нее, и плачет.

И Мальчик-паж, сидя на скамеечке напротив, негромко всхлипывает из сочувствия.

— Дорогая Золушка, — говорит он сквозь слезы, — я, чтобы хоть немножко развеселить вас, захватил один рубиновый стаканчик со сливочным мороженым. Попробуйте, утешьте меня, а стаканчик я потом верну во дворец.

— Спасибо, мальчик, — говорит Золушка.

И она ест мороженое, продолжая тихонько плакать.

Карета бежит все быстрее и быстрее.

— Ох, натерпелся я страху! — бормочет кучер. — Обратиться в крысу при лучших кучерах королевства! Нет, уж лучше в крысоловке погибнуть.

— Да, уж за это мерси, фа, соль, ля, си! — бормочет карета.

Кучер лихо осаживает коней у самой калитки усадьбы Лесничего. И в тот же миг раздается отдаленный звон часов, бьющих двенадцать.

Все исчезает в вихре тумана.

Тоненькие голоса кричат издали:

— Прощай, хозяйка! Прощай, хозяйка!

Голос гулкий, как из бочки, бормочет, замирая:

— Адье, адье, адье, ма пти, тюр-лю-тю-тю!..

И когда затихает вихрь и рассеивается туман, мы видим прежнюю Золушку, растрепанную, в стареньком платьице, но в руках ее сияет драгоценная хрустальная туфелька.

Бальный зал королевского дворца.

Король, веселый, сдвинув корону на затылок, стоит посреди зала и кричит во весь голос:

— Ужинать, ужинать, господа, ужинать! Таинственная гостья, где вы?

Старик лакей наклоняется к уху Короля и шепчет:

— Они изволили отбыть в три четверти одиннадцатого по дворцовому времени.

— Какой ужас! — пугается Король. — Без ужина?! Ты слышишь, сынок? Принц, где ты?

— Их королевское высочество изволят тосковать на балконе с одиннадцати часов по дворцовому времени, ваше величество!

— Садитесь за стол без меня, господа, — кричит Король, — я сейчас — тут меня вызывают на минутку.

Принц стоит у перил балкона, задумчивый и печальный. В руках у него хрустальная туфелька.

Вихрем врывается Король.

К о р о л ь. Мальчик, что случилось? Ты заболел? Так я и знал!

П р и н ц. Нет, государь, я совершенно здоров!

К о р о л ь. Ай-яй-яй! Как нехорошо обманывать старших! Сорок порций мороженого! Ты объелся! Фу, стыд какой! Сорок порций! С шести лет ты не позволял себе подобных излишеств. Конечно, конечно — ты отморозил себе живот!

П р и н ц. Я не трогал мороженого, папа!

К о р о л ь. Как — не трогал? Правда, не трогал! Что же тогда с тобой?

П р и н ц. Я влюбился, папа.

Король с размаху падает в кресло.

П р и н ц. Да, папа, я влюбился в нашу таинственную, прекрасную, добрую, простую, правдивую гостью. Но она вдруг убежала так быстро, что эта хрустальная туфелька соскользнула с ее ноги на ступеньках лестницы.

К о р о л ь. Влюбился? Так я и знал... Впрочем, нет, я ничего не знал. *(Срывает корону и швыряет ее на пол.)* Ухожу, к черту, к дьяволу, в монастырь, живите сами как знаете! Почему мне не доложили, что ты уже вырос?

П р и н ц. Ах, папа, я еще сегодня спел тебе об этом целую песню.

К о р о л ь. Разве? Ну ладно, так и быть, остаюсь. Ха-ха! Мальчик влюбился. Вот счастье-то!

П р и н ц. Нет, папа! Это несчастье!

К о р о л ь. Ерунда!

П р и н ц. Она не любит меня.

К о р о л ь. Глупости! Любит, иначе не отказалась бы от ужина. Идем искать ее!

П р и н ц. Нет, папа, я обиделся!

К о р о л ь. Хорошо, я сам ее разыщу!

Он складывает ладони рупором и кричит:

— Привратники сказочного королевства! Вы меня слышите?

Издали-издали доносится ответ:

— Мы слушаем, ваше величество!

К о р о л ь. Не выезжала ли из ворот нашего королевства девушка в одной туфельке?

Г о л о с и з д а л и. Сколько туфелек было, говорите, на ней?

К о р о л ь. Одна, одна!

Г о л о с и з д а л и. Блондинка? Брюнетка?

К о р о л ь. Блондинка! Блондинка!

Г о л о с и з д а л и. А лет ей сколько?

К о р о л ь. Примерно шестнадцать.

Г о л о с и з д а л и. Хорошенькая?

К о р о л ь. Очень!

Г о л о с и з д а л и. Ага, понимаем. Нет, ваше величество, не выезжала. И никто не выезжал! Ни один человек! Муха и та не пролетала, ваше величество!

К о р о л ь. Так чего же вы меня так подробно расспрашивали, болваны?

Г о л о с и з д а л и. Из интереса, ваше величество!

К о р о л ь. Ха-ха-ха! Дураки! Никого не выпускать! Поняли? Запереть ворота! Поняли? Сынок, все идет отлично! Она у нас в королевстве, и мы ее найдем! Ты знаешь мою распорядительность. Дай сюда эту туфельку!

Король вихрем уносится прочь. Он подбегает к столу, за которым ужинают гости, и кричит:

— Господа, радуйтесь! Принц женится! Свадьба завтра вечером. Кто невеста? Ха-ха-ха! Завтра узнаете! Маркиз Падетруа, за мной!

И Король бежит из зала, сопровождаемый министром бальных танцев.

Раннее утро.

На лужайке позади двора выстроился отряд королевской стражи. Выбегает Король, сопровождаемый министром бальных танцев. Король останавливается перед стражей в позе величественной и таинственной.

К о р о л ь. Солдаты! Знаете ли вы, что такое любовь?

Солдаты вздыхают.

К о р о л ь. Мой единственный сын и наследник влюбился, и влюбился серьезно.

Солдаты вздыхают.

К о р о л ь. И вот какая, вы понимаете, штука получилась. Только он заговорил с девушкой серьезно, как она сбежала!

Солдаты. Это бывает!

Король. Не перебивайте! Что тут делать? Искать надо! Я и министр знаем девушку в лицо. Мы будем ездить взад и вперед, глядеть в подзорные трубы. А вы будете ловить невесту при помощи этой хрустальной туфельки. Я знаю, что все вы отлично умеете бегать за девушками.

Солдаты. Что вы, ваше величество!

Король. Не перебивайте! Я приказываю вам следующее: ловите всех девушек, каких увидите, и примеряйте им туфельку. Та девушка, которой хрустальная туфелька придется как раз по ноге, и есть невеста принца. Поняли?

Солдаты. Еще бы, ваше величество!

Король. А теперь отправляйтесь в мою сокровищницу. Там каждому из вас выдадут по паре семимильных сапог. Для скорости. Берите туфельку и бегите. Шагом марш!

Солдаты удаляются.

Король бежит к королевским конюшням. Министр — за ним.

Коляску уже выкатили из конюшни, но коней еще не запрягли.

Король и министр усаживаются в коляску. Король прыгает на месте от нетерпения.

— Кучер! — кричит Король. — Да что же это такое, кучер!

Королевский кучер выходит из конюшни.

Король. Где кони?

Кучер. Завтракают, ваше величество!

Король. Что такое?

Кучер. Овес доедают, ваше величество. Не позавтракавши разве можно? Кони королевские, нежные!

Король. А сын у меня не королевский? А сын у меня не нежный? Веди коней!

Кучер. Ладно! Пойду потороплю!

Кучер уходит не спеша. Король так и вьется на месте.

— Не могу! — вскрикивает он наконец. — Да что же это такое? Я сказочный король или нет? А раз я сказочный — так к черту коней! Коляска, вперед!

И коляска, повинуясь сказочному Королю, срывается с места, подняв оглобли, и вот уже несется по королевской дороге.

Семь розовых кустов, выросших под окнами Золушкиного дома. Золушка выходит из дверей.

— Здравствуйте, дорогие мои, — говорит она приветливо цветам.

И розы кивают ей.

— Знаете, о чем я думаю? — спрашивает девушка.

Розы качают головами отрицательно.

— Я скажу вам, но только шепотом. Он мне так понравился, что просто ужас! Понимаете?

Розы дружно кивают в ответ.

— Только смотрите, никому ни слова, — просит Золушка.

Розы изо всех сил подтверждают, что они не проболтаются.

— Дорогие мои, — шепчет Золушка, — я пойду в лес и помечтаю о том, что все, может быть, кончится хорошо.

Золушка идет по лесу по тропинке и поет. И вдруг останавливается. Лицо ее выражает ужас. Она опускает голову, и длинные ее волосы, распустившись, закрывают лицо.

Из лесной чащи навстречу Золушке выходит Принц. Он бледен.

П р и н ц. Я испугал вас, дитя мое? Не бойтесь! Я не разбойник, не злой человек, я просто несчастный принц! С самого рассвета я брожу по лесу и не могу найти места с горя. Помогите мне.

Золушка отворачивается.

П р и н ц. Скажите мне: кто пел сейчас здесь, в лесу, где-то неподалеку? Вы никого не встретили?

Золушка отрицательно качает головой.

П р и н ц. Вы говорите мне правду? Вы в самом деле не знаете, кто пел?

Золушка отрицательно качает головой.

П р и н ц. Я не вижу вашего лица, но мне думается почему-то, что вы девушка добрая. Будьте добры! Помогите мне. Мне так грустно, как никогда в жизни! Мне нужно, непременно нужно найти одну девушку и спросить ее, за что она так обидела меня. Нет, нет, не уходите, стойте! Покажите мне ваше лицо!

Золушка отрицательно качает головой.

П р и н ц. Ну пожалуйста! Не знаю, может быть, я сошел с ума, но скажите, это не вы пели здесь сейчас?

Золушка отрицательно качает головой.

П р и н ц. Что-то очень знакомое есть в ваших руках, в том, как вы опустили голову... И эти золотые волосы... Вы не были вчера на балу? Если это вы, то не оставляйте больше меня. Если злой волшебник околдовал вас, я его убью! Если вы бедная, незнатная девушка, то я только обрадуюсь этому. Если вы не любите меня, то я совершу множество подвигов и понравлюсь вам наконец!.. Скажите мне хоть слово! Нет-нет — это вы! Я чувствую, что это вы!

Принц делает шаг вперед, но Золушка прыгает от него легко, как котенок, и исчезает в чаще.

Она мчится без оглядки между кустами и деревьями и у калитки своего дома оглядывается. Никто не преследует ее.

Золушка подбегает к розовым кустам и шепчет им:

— Я встретила Принца!

Розы дрожат, пораженные.

— Что со мной сталось! — шепчет Золушка. — Я такая правдивая — а ему не сказала правды! Я такая послушная — а его не послушалась! Я так хотела его видеть — и задрожала, когда встретила, будто волк попался мне навстречу. Ах, как просто все было вчера и как странно сегодня.

Золушка входит в дом.

Вся семья сидит в столовой и пьет кофе.

М а ч е х а. Где ты пропадала, нехорошая девочка? Бери пример с моих дочек. Они сидят дома, и судьба награждает их за это. Они пользовались вчера на балу таким успехом! И я нисколько не удивлюсь, если принц женится на одной из присутствующих здесь девушек.

З о л у ш к а. Ах, что вы, матушка!

М а ч е х а. Как ты смеешь сомневаться, негодная!

З о л у ш к а. Простите, матушка, я думала, что вы говорите обо мне.

Мачеха и дочки переглядываются и разражаются хохотом.

— Прощаю тебя, самодовольная девочка, потому что я в духе. Идемте постоим у изгороди, дочки. Может, проедет какая-нибудь важная особа и мы крикнем ей «здравствуйте». Иди за нами, Золушка, я подумаю, что тебе приказать.

Мачеха и сестры выходят из дому и замирают на месте в крайнем удивлении: мимо дома по королевской дороге проносится отряд солдат в семимильных сапогах.

Их едва можно разглядеть, с такой быстротой они мчатся. Вот они уже превратились в едва заметные точки на горизонте. Но сейчас же точки эти начинают расти, расти. Солдаты летят обратно.

Поравнявшись с домом Лесничего, солдаты разом, не нарушая строя, валятся на спину, снимают с себя семимильные сапоги.

Вскакивают.

Капрал отдает честь дамам и говорит:

— Здравия желаем, сударыня. Простите: известно, что снимать

сапоги при дамах некрасиво. Но только они, извините, сударыня, семимильные.

М а ч е х а. Да, я это заметила, капрал. А зачем их надели, капрал?

К а п р а л. Чтобы поймать невесту принца, сударыня.

Дамы ахают.

К а п р а л. С этими семимильными сапогами мы просто извелись. Они, черти, проносят нас бог знает куда, мимо цели. Вы не поверите, сударыня, мимо какого количества девушек мы проскочили с разгона, а еще большее количество напугали до полусмерти. Однако приказ есть приказ, сударыня. Разрешите примерить вашим дочкам эту туфельку.

М а ч е х а. Какой номер?

К а п р а л. Не могу знать, сударыня, но только кому туфелька как раз, та и есть невеста принца.

Дамы ахают.

М а ч е х а. Капрал! Зовите Короля! Туфелька как раз по ноге одной из моих дочек.

К а п р а л. Но, сударыня...

М а ч е х а. Зовите короля! *(Многозначительно.)* Я вам буду очень благодарна. Вы понимаете меня? Очень! *(Тихо.)* Озолочу!

К а п р а л. За это спасибо, но как же без примерки?

М а ч е х а *(тихо)*. Водка есть. Два бочонка. Слышите?

К а п р а л. Еще бы! Однако не могу. Приказ есть приказ!

М а ч е х а. Дайте туфлю.

Она примеряет туфельку Анне, Анна стонет.

Примеряет Марианне — та кряхтит.

М а ч е х а. Других размеров нету?

К а п р а л. Никак нет, сударыня.

Мачеха еще раз пробует надеть своим дочерям хрустальную туфельку, но ничего у нее не получается. Она думает напряженно несколько мгновений, потом говорит нежно и мягко:

— Золушка!

З о л у ш к а. Да, матушка!

М а ч е х а. Мы иногда ссорились с тобою, но ты не должна на меня сердиться, девочка. Я всегда хотела тебе добра. Отплати и ты мне добром. Ты все можешь — у тебя золотые руки. Надень эту туфельку Анне.

З о л у ш к а. Матушка, я...

М а ч е х а. Я очень тебя прошу, крошка моя, голубушка, дочка моя любимая.

Золушка не может противиться ласковым речам. Она подходит

к Анне. Осторожно и ловко действуя, она каким-то чудом ухитряется надеть сестре туфлю.

М а ч е х а. Готово! Кончено! Поздравляю тебя, Анна, ваше королевское высочество! Готово! Все! Ну, теперь они у меня попляшут во дворце! Я у них заведу свои порядки! Марианна, не горюй! Король — вдовец! Я и тебя пристрою. Жить будем! Эх, жалко — королевство маловато, разгуляться негде! Ну ничего! Я поссорюсь с соседями! Это я умею. Солдаты! Чего вы стоите, рот раскрыли?! Кричите «ура» королевским невестам!

Солдаты повинуются.

М а ч е х а. Зовите короля!

Капрал трубит в трубу.

Раздается шум колес.

К калитке подкатывает королевская коляска без коней. Король, сияющий, прыгает из коляски, как мальчик. За ним, танцуя и кружась, вылетает маркиз Падетруа.

Король мечется по лужайке и вопит:

— Где она, дорогая? Где она, моя дочка?

Золушка робко выглядывает из-за розовых кустов.

М а ч е х а. Вот она, ваше величество, дорогой зятек.

И она, торжествуя, указывает на Анну.

К о р о л ь. Ну вот еще, глупости какие!

М а ч е х а. Взгляните на ее ножки, государь!

К о р о л ь. Чего мне смотреть на ножки? Я по лицу вижу, что это не она.

М а ч е х а. Но хрустальный башмачок пришелся ей впору, государь!

К о р о л ь. И пусть! Все равно это не она!

М а ч е х а. Государь! Слово короля — золотое слово. Хрустальная туфелька ей впору? Впору. Следовательно, она и есть невеста. Вы сами так сказали солдатам. Верно, солдаты? Ага, молчат! Нет, нет, зятек, дельце обделано. Муж!

Вбегает Лесничий.

М а ч е х а. Твоя дочка выходит за принца!

Л е с н и ч и й. Золушка?

М а ч е х а. При чем тут Золушка? Вот эта дочь! Чего ты стоишь как пень? Кричи «ура»!

К о р о л ь. Ах, черт побери, какая получается неприятность! Что делать, маркиз?

М а р к и з. Танцевать, конечно.

Он протягивает Анне руку и ведет ее в танце.

М а р к и з. Что с вами, красавица? Вы прихрамываете, красавица? Эге! Да туфелька убежала от вас, красавица!

И он поднимает с травы хрустальную туфельку.

Пробует надеть ее Анне.

— Но она вам невозможно мала! Какой чудодей ухитрился обуть вас?

Маркиз пробует надеть туфельку Марианне.

— Увы, и вам она мала, барышня!

— Это ничего не значит! — кричит Мачеха. — Неизвестная невеста тоже потеряла эту туфельку во дворце.

М а р к и з. Неизвестной красавице туфелька была чуть-чуть великовата.

К о р о л ь. Ну, ничего, ничего, это бывает, не расстраивайтесь, сударыня. Больше здесь нет девушек?

Л е с н и ч и й. Есть, государь, моя дочка Золушка.

К о р о л ь. Но ведь вы говорили, лесничий, что она еще совсем крошка?

Л е с н и ч и й. Так мне казалось вчера, государь.

И он выводит из-за розовых кустов упирающуюся Золушку. Мачеха и сестры хохочут.

К о р о л ь. Приказываю не хихикать! Не смущайтесь, бедная девочка. Посмотрите мне в глаза. Ах! Что такое?! Какой знакомый взгляд. Примерить ей немедленно туфельку!

Маркиз повинуется.

— Государь, — кричит он, — это она! А это что? Смотрите, государь!

Он достает из кармана Золушкиного фартука вторую туфельку.

Король подпрыгивает как мячик. Целует Золушку, кричит:

— Где Принц? Принца сюда! Скорее! Скорее!

Топот копыт. Верхом на коне влетает галопом старый лакей.

— Где Принц? — спрашивает Король.

Старый лакей соскакивает с седла и говорит негромко:

— Его высочество, чтобы рассеять грусть-тоску, изволили бежать за тридевять земель в одиннадцать часов дня по дворцовому времени.

Король плачет, как ребенок. Дамы торжествующе улыбаются.

— Боже мой! Это я виновата, — убивается Золушка, — почему я не заговорила с ним в лесу? Он погибнет теперь из-за моей застенчивости. Принц! Милый Принц! Где ты?

И нежный детский голосок отвечает Золушке:

— Он здесь!

И из дома выходит Мальчик-паж. Он ведет за руку улыбающегося Принца. Король хохочет, как ребенок.

— Я не волшебник. Я только учусь. Но ради тех, кого люблю, я способен на любые чудеса, — говорит мальчик.

Музыка.

Фея появляется среди присутствующих. Она взмахивает волшебной палочкой — и вот Золушка одета так же блистательно, как была вчера. Новый взмах палочкой — и знакомая золотая карета со знакомым кучером и знакомыми конями лихо подкатывает к калитке.

— Ну, что скажешь, старуха-лесничиха? — спрашивает Фея.

Мачеха молчит.

— Венчаться! — кричит Король. — Скорее, скорее во дворец венчаться!

— Но, — говорит Принц тихо, — но Золушка так и не сказала, любит ли она меня.

И Золушка подходит к Принцу.

Она робко улыбается ему.

Он наклоняется к ней, и тут Король хлопотливо и озабоченно задергивает тот самый занавес, который мы видели в начале сказки.

К о р о л ь. Не люблю, признаться, когда людям мешают выяснять отношения. Ну вот, друзья, мы и добрались до самого счастья. Все счастливы, кроме старухи-лесничихи. Ну она, знаете ли, сама виновата. Связи связями, но надо же и совесть иметь. Когда-нибудь спросят: а что ты можешь, так сказать, предъявить? И никакие связи не помогут тебе сделать ножку маленькой, душу — большой, а сердце — справедливым. И знаете, друзья мои, Мальчик-паж тоже в конце концов доберется до полного счастья. У принца родится дочь, вылитая Золушка. И мальчик в свое время влюбится в нее. И я с удовольствием выдам за мальчугана свою внучку. Обожаю прекрасные свойства его души — верность, благородство, умение любить. Обожаю, обожаю эти волшебные чувства, которым никогда, никогда не придет...

И Король указывает на бархатный занавес, на котором загорается слово:

Конец

ПЕРВОКЛАССНИЦА

На экране появляется тетрадь — обыкновенная, всем нам с детства знакомая, тоненькая синяя школьная тетрадка.

Детская рука выводит старательно посреди обложки, там, где обыкновенно пишется фамилия ученика, крупными буквами название фильма:

ПЕРВОКЛАССНИЦА
(Рассказ о приключениях Маруси Орловой)

Сразу же вслед за этим тетрадь открывается. На экране чистая страница в косую линейку, на каких пишут в первом классе наши школьники.

Та же детская рука пишет с начальной строки название первой главы:

КАК МАРУСЯ ПЕРВЫЙ РАЗ ПРИШЛА В ШКОЛУ

Большое, сияющее чистотой, очевидно, только что отремонтированное школьное здание. У двери табличка:

156-я ЖЕНСКАЯ ШКОЛА СТАЛИНСКОГО РАЙОНА.

Против этого огромного здания стоит маленькая семилетняя Маруся Орлова. В руках у нее сверток в газетной бумаге.

С глубоким интересом разглядывает девочка и сверкающие на солнце стекла окон, и табличку у дверей, и самые двери.

Но вот она храбро входит в школу.

Большой пустынный вестибюль.

Маруся идет мимо пустых вешалок. Растерянно оглядывается.

Гулко звучат ее шаги.

Длинный высокий коридор. Светлый, солнечный, с рядом свежеокрашенных дверей.

На полу лежат четкие квадраты — тени от оконных переплетов. Маруся идет, осторожно ступая по ним, прислушиваясь. За одной из дверей слышна песня, такая, какую поет за работой мастеровой.

Маруся стучит в эту дверь.

— Открывайте, не заперто! — слышит Маруся мужской голос.

Маруся входит и видит...

Большая пустая комната.

Пол закапан известью и краской.

Высоко на ко́злах стоит маляр, старичок в очках.

Напевая что-то, он красит оконную раму.

— Здравствуйте! — говорит девочка.

— Здравствуй, гражданочка! — отвечает маляр.

— Скажите, пожалуйста, что, эта школа еще не готова?

— На девяносто девять процентов готова! — отвечает маляр.

— На сколько?

— На девяносто девять.

Маруся не понимает.

— А это много или мало? — спрашивает она.

— Порядочно, — говорит маляр. — А зачем тебе знать, на сколько готова школа?

— А вдруг она не откроется первого сентября.

— Что ты, что ты! — пугается маляр. — Мы свое дело сделаем. Мы понимаем, что это за день — первое сентября.

— Вот хорошо! — отвечает Маруся. — Скажите, в какой комнате записывают в первый класс?

— В тридцать восьмой, — отвечает маляр.

Маруся стоит, не двигается.

— А какая она? — спрашивает девочка после паузы.

— Кто — она?

— Тридцать восьмая комната.

— Как тебе сказать... — отвечает маляр. — Ну, тридцать восьмая и есть тридцать восьмая. Ах, понимаю! — Ты цифр не знаешь!

— Знаю. Знаю ноль. Один. Еще знаю шесть. Девять помню. А вот тридцать восемь забыла.

— Понятно, — отвечает маляр... — Ну, тогда пойди в коридор и гляди. Из какой комнаты будут выходить маленькие девочки — там и записывают. Поняла?

— Спасибо! — отвечает Маруся.

Вот девочка снова в коридоре. Идет, оглядывается, прислушивается.

Но вот наконец открывается одна из дверей и оттуда выходит

молодая женщина. За руку она ведет девочку в белой панамке, сдвинутой на затылок.

Маруся слышит, как женщина говорит девочке:

— Вот видишь, Верочка! Ничего страшного и не было! Видишь, какая добрая учительница! А ты не хотела идти...

Мама и дочка удаляются сияя. Маруся толкает дверь и входит в очень интересную комнату. Вначале у нее разбегаются глаза.

Прежде всего ее взор поражает форменное платьице, коричневое с белым воротничком и черным передником.

Платьице это укреплено на фанерной доске, оклеенной цветной бумагой.

На витрине напротив — учебники для первого класса, ручка, карандаши, тетради — все, что нужно принести первокласснику с собой в школу в первый день занятий.

За столом, прямо против двери, две женщины. Наверное, учительницы. Одна, помоложе, записывает что-то на большом листе бумаги. А другая, постарше, глядит на Марусю через круглые очки. Черные глаза ее за стеклами очков кажутся огромными и сердитыми.

Маруся делает было шаг назад.

Но учительница говорит мягко:

— Не бойся, девочка.

— Здравствуйте, тетя! — отвечает ей Маруся, ободрившись разом.

— Меня зовут Анна Ивановна, — отвечает учительница.

— Здравствуйте, Анна Ивановна, — поправляется Маруся. — Вы учительница?

— Совершенно верно! — отвечает Анна Ивановна. — А ты кто?

— Я Маруся Орлова.

— Зачем пришла-пожаловала?

— В школу записаться! — отвечает девочка.

Тут и учительница помоложе поднимает голову.

— Здравствуйте! — говорит Маруся и ей.

— Здравствуй! — отвечает та. — А почему ты пришла одна, без мамы?

— Ей сегодня некогда. Вчера обещала пойти, а сегодня говорит: подожди до завтра.

— А ты ждать не любишь? — спрашивает седая учительница.

— Все девочки с нашего двора записались уже, — объясняет Маруся. — А маме все некогда. Тогда я сама пошла. Я документы принесла.

— Какие? — спрашивает Анна Ивановна.

— Все! — отвечает Маруся и кладет на стол завернутый в газету сверток.

— А где ты их взяла? — спрашивает молодая учительница.

— В комоде, в маленьком ящичке, — отвечает Маруся. — Вы, какие нужно, возьмите. А какие не нужно, я отнесу домой.

Маруся разворачивает сверток и показывает учительнице документы.

— Это бабушкин паспорт, — объясняет девочка. — А это квитанция за телефон. А эта, синенькая, за квартиру. А это военный заем. А это письма от папы. Он летчик. Он сейчас улетел в Заполярье. А здесь в конверте мои волосы, когда мне был один годик. Это орденские книжки — мамины. Моя мама — доктор, а во время войны была капитан медицинской службы. А это я, когда мне было два месяца.

— Достаточно! — говорит Анна Ивановна и собирается снова завернуть сверток в газету.

— Одну минуточку! — просит молодая учительница. — Дайте мне посмотреть на телефонную квитанцию. Так. Благодарю вас.

Внимательно взглянув на квитанцию, учительница выходит из комнаты.

— Так, — говорит Анна Ивановна. — Хорошо. Ты, значит, очень хочешь учиться?

— Очень! — подтверждает девочка с жаром.

— А что ты умеешь делать? Читать умеешь?

— Да! — отвечает Маруся. — Вот. Глядите.

Маруся наклоняется к газете, в которую были завернуты документы, и читает, водя пальцем.

— Вот это «А». Это «О»... Вот это «Р». Вот еще «Я». Я и писать умею.

— А ну-ка! — просит Анна Ивановна. — Напиши мне что-нибудь. Садись вот на этот стул. Вот тебе карандаш. Вот тебе бумага.

Маруся усаживается и пишет старательно, изо всех сил нажимая карандашом.

Молодая учительница возвращается...

— Готово! — сообщает девочка.

Учительницы смотрят и видят: девочка написала крупными печатными буквами свое имя.

— Верно я написала? — спрашивает девочка.

— Не очень, — отвечает Анна Ивановна. — Две буквы у тебя смотрят не в ту сторону. Видишь?

И она подчеркивает карандашом буквы «Р» и «Я».

— Правда! — говорит Маруся. — Читаю я их правильно, а пишу иногда почему-то неправильно.

— А скажи мне, Маруся, ты послушная девочка? — спрашивает Анна Ивановна.

— Очень! — убежденно отвечает Маруся.

— Так. Ты, значит, спросила у мамы разрешения прийти сегодня в школу?

Маруся молчит, потупившись.

— Отвечай, Маруся! — мягко, но настойчиво спрашивает учительница.

— Спросила... — бормочет Маруся.

— И мама отпустила тебя?

— Нет, — вздыхает Маруся.

— Значит, ты не послушалась маму?

— Не послушалась, — шепчет Маруся.

— Почему?

— Я не знаю...

— Ну а все-таки...

— Очень захотелось.

— Вот видишь! Значит, ты не такая уж послушная?

— Нет, послушная. Кого хотите спросите!

В дверь стучат.

— Ну вот, сейчас мы и спросим! — говорит Анна Ивановна. — Войдите, пожалуйста!

В комнату быстро входит молодая женщина. Она чуть-чуть запыхалась — видно, что спешила изо всех сил. Маруся бросается к вновь пришедшей.

— Мама! Мама! — умоляет она. — Скажи учительницам, что я послушная.

— Я бы сказала, — говорит мама, — но боюсь, что они мне не поверят.

— Здравствуйте, Нина Васильевна, садитесь, — говорит молодая учительница. — Маруся притащила столько документов, что мы знаем и как вас зовут, и номер вашего телефона, и какая Маруся была в два месяца.

— Ох Маруся, Маруся! — вздыхает мама. — Хорошо еще, что бабушка ничего не узнала. Ведь она могла совсем заболеть, увидев, что ты пропала.

— Нет! — говорит Маруся.

— А если да? — спрашивает Анна Ивановна. — Значит, ты только о себе и думаешь? А ведь в классе у тебя будет сорок товарищей. Как же ты с ними поладишь, если будешь думать только о себе?

— Не буду! — уверяет Маруся. — Я буду обо всех думать. Вот увидите!

— Увидим! — отвечает Анна Ивановна многозначительно.

Перед нами снова длинный сводчатый школьный коридор. Мама и Маруся выходят из двери. Обе очень веселы.

— Вот видишь, мама, — говорит Маруся. — Ну вот и записались... А ты все завтра да завтра...

На странице в косую линейку детская рука пишет название следующей главы:

КАК МАРУСЯ НЕ ПОСЛУШАЛАСЬ БАБУШКУ

Прихожая в Марусиной квартире.

Марусина бабушка — совсем еще нестарая, живая, маленькая, быстрая — дает последние наставления Марусе, которая собралась гулять.

Обе, и внучка и бабушка, беседуют шепотом.

— Ты хорошо помнишь, что я тебе сказала? — спрашивает бабушка.

— Очень хорошо помню! — отвечает Маруся.

— Не гоняйся за кошками! Среди них могут быть бешеные!

— Не шепчи так громко! — просит Маруся. — Маму разбудишь после дежурства!

— С Сережей не связывайся! Непременно подерешься с ним!

— Не свяжусь. Отпирай, бабушка! — томится Маруся.

— А главное — не прыгай под шлангом, когда двор будут поливать. Сегодня ветер. Промокнешь — простудишься!

Маруся во дворе.

Это чистый, просторный асфальтированный двор. В центре двора — довольно большой сквер с газонами, клумбами, скамеечками.

Маруся идет мимо сквера, глядит на играющих детей, выбирает, к кому присоединиться.

Вдруг беленький пушистый котенок выбегает из кустов, гонится за обрывком бумаги, летающим на ветру.

Маруся бросается было к котенку, но останавливается. Машет рукой.

— А ну его! — говорит девочка. — Еще взбешусь, и в школу не пустят.

Маруся шествует дальше. Сережа с деревянной шашкой в руке неожиданно вырастает перед ней.

— Чего идешь, как тетка? — спрашивает он.

— Отойди, Сережа. Не приставай! Я в школу записалась! — отвечает Маруся.

— Я тоже записался, а не фасоню.

— Отойди! — отвечает Маруся. — А то еще подерусь с тобой, и в школу не пустят.

Из подвала поднимается дворник.

Не торопясь, он раскатывает длинный шланг с медным наконечником. Сразу же со всех концов двора раздаются вопли.

— Иван Сергеевич вышел!

— Иван Сергеевич поливать будет!

— Ребята! Сюда! За мной! — кричит Сережа. И, забыв про Марусю, бросается к дворнику.

Миг — и дворник окружен помощниками. Иные помогают всерьез. Иные сделали себе из этого развлечение: наступают на шланг как бы нечаянно.

— Ребята! — говорит дворник серьезно. — Все лето прожили мы дружно. Давайте не ссориться напоследок. Уйдите от крана. Когда жарко было, я кого можно окачивал. Сегодня и не просите. Ветер. И так прохладно. Так что не вертитесь возле шланга. Не выйдет дело.

— Вы хоть побрызгайте на меня, Иван Сергеевич, — просит Сережа.

— Никогда! — твердо отвечает Иван Сергеевич.

Маруся колеблется некоторое время. Ей, видимо, очень хочется присоединиться к толпе, собравшейся возле дворника, но она мужественно преодолевает и это искушение.

В стороне у стены девочки играют в мячик, в трешки. Маруся присоединяется к играющим. А дворник привинтил уже шланг, открутил круглый кран. С силой брызнула из медного наконечника, засверкала на солнце вода.

Мальчики пустились в опасную, но увлекательную игру.

Они во что бы то ни стало хотят попасть под струю воды, бьющую из крана.

Они прыгают под самой струей.

Смех, шум, визг.

Мальчики в полном восторге.

Но Иван Сергеевич — мастер своего дела. Струя воды проделывает сложные зигзаги: то поднимается высоко к небу, то упирается в землю. Разбрасывает во все стороны фонтаны брызг.

Сережа ловко проскакивает под самой струей туда и обратно.

Иван Сергеевич вовремя отводит шланг в сторону, укоризненно качает головой.

Маруся с девочками играет в мяч.

Мяч упал и покатился по двору.

Девочки побежали за ним. Подняли.

Вернулись обратно.

Все, кроме Маруси.

Она как зачарованная глядит на прыгающих вокруг дворника ребят.

Сережа замечает ее.

— Маруська боится! — кричит он.

— Сам ты боишься, — сердится девочка.

— Боится! — ликует Сережа. — Боится! Боится! Боится!

И Маруся не выдерживает.

Храбро бросается она под самый шланг и показывает чудеса ловкости и храбрости.

Вдруг напор воды падает. Иван Сергеевич идет к крану, чтобы выяснить причину аварии. Наконечник шланга лежит на асфальте. Сережа берет его.

Внезапно шланг наполняется водой. И струя окатывает девочку с ног до головы.

Испуганный Сережа убегает.

Угрюмая Маруся сидит высоко на пожарной лестнице. Голос со двора:

— Маруся! Ты чего там делаешь?

— Сохну! — отвечает девочка мрачно.

И вот уже Маруся лежит в кровати. Бабушка сидит возле. На одеяле шахматная доска. Бабушка и внучка играют в шашки.

— Бабушка, — спрашивает Маруся, — как ты думаешь, у меня нормальная температура?

— Постой, постой... Сейчас, сейчас... — бормочет бабушка. — Я тебе!

Бабушка делает ход и победоносно глядит на внучку.

— Ах, вот как? — удивляется Маруся. — Ты мне две шашки поддаешь?

— А беру три! — радуется бабушка.

— Постой, постой... — бормочет Маруся. — Сейчас, сейчас.

— Горло не болит?

Маруся делает глотательное движение.

— Не болит! Как же это так? И в дамки проходит? С ума сойти!

— Вот не поверила бабушке и лежишь теперь! — ворчит старушка. — Все ребята пойдут учиться в срок, а ты — неизвестно...

Мама входит в комнату.

— Давай градусник, Маруся, — протягивает она руку.

— Пожалуйста! Пожалуйста! Нормальная! Нормальная! — поет девочка.

Мама смотрит на градусник.

Потом на Марусю.

Укоризненно качает головой.

— Что такое? Мама? Что?

Маруся становится на колени.

Шашки на доске смешиваются.

— Не прыгай! — говорит мама. — Ложись!

— Сколько у нее? — спрашивает бабушка.

— Ни одного! — отвечает мама сурово.

— Ох! — пугается бабушка.

— Совсем не поднялась у нее температура! — говорит мама.

— Почему же это? — спрашивает бабушка.

— А это уж Марусю надо спросить, — отвечает мама.

Маруся опускает голову.

— Молчишь? — спрашивает мама. — Ну так я отвечу за тебя. Она совсем не держала градусник. Вынула из-под мышки да спрятала под подушку. Боялась, что температура повышенная. Ставь градусник как следует. Я сама буду за тобой следить.

— Мама, в школу хочется, — ноет Маруся.

— Да, уж не поблагодарит меня Анна Ивановна за такую Лису Патрикеевну, — сердится мама. — Просто стыдно мне пускать такую девочку в школу.

Маруся покорно укладывается в кровать. И вот уже наступила ночь.

Настольная лампочка, прикрытая газетой, едва освещает постель.

Маруся лежит неподвижно, закрыв глаза, но по всему видно — не спит девочка. Вздыхает. Охает. Отдувается.

Наконец она открывает глаза.

Приподнимается на постели.

Взглядывает на будильник.

Четверть второго.

Маруся в ужасе опускается на подушки.

— Мама! — зовет она робко. — А мама! Я жду, жду, а часы с места не двигаются... С ними случилось что-то... Я час лежала, глаза не открывала, а они показывают, что только пять минут прошло... Мама! Бабушка!

Маруся прислушивается. Ответа нет.

— Бабушка! Мама!.. — зовет Маруся. — Ведь проспим! Уже первое сентября! Давайте чай пить.

Молчание.

Вдруг Маруся слышит отдаленный гул.

Комната озаряется вспышкой синеватого света.

— Бабушка! — зовет Маруся громко. — Уже трамваи пошли! Бабушка!

Щелкает выключатель. Зажигается яркая лампочка под потолком. В комнате становится светло. Мама стоит на пороге в халате. Улыбается ласково. Увидев, что мама не сердится, Маруся манит ее к себе. Хлопает рукой по кровати, рядом с собой.

— Мамочка, сядь! — просит она. — Мамочка, часы испортились! Первые трамваи пошли, мама!

— Это не первые трамваи, а последние, дочка, — объясняет мама, улыбаясь. — Часы идут как следует. Успокойся, девочка. Ложись. Все придет в свое время. И солнце встанет, и будильник зазвонит, и ты проснешься и пойдешь в школу.

Мама садится рядом с Марусей.

Гладит ее по голове.

Маруся успокаивается и постепенно засыпает.

———

На странице в косую линейку детская рука старательно выводит надпись — название следующей главы:

КАК МАРУСЯ НАЧАЛА УЧИТЬСЯ

Тикает будильник.

Светает.

На стуле возле Марусиной кровати юбка с лямочками и белая кофточка расплываются, тают, и перед нами появляется форменное школьное платье, коричневое с черным передником.

Маруся спит.

Солнечный луч пробивается через штору, освещает отрывной календарь. На листке календаря — первое сентября.

Маруся спит.

Щелкнув, звонит будильник.

Маруся спит.

Входит бабушка. Открывает штору.

В комнату врывается солнце. Становится совсем светло. Маруся продолжает спать.

— Маруся! — зовет бабушка. — Внучка! Пора вставать!

Маруся прячет голову под одеяло.

— В школу опоздаешь!

Только тогда Маруся открывает глаза.

Сразу садится.

Видит солнце за окном, улыбающуюся бабушку, веселую маму в дверях и, наконец, форменное платье на спинке стула.

Маруся вскакивает с кровати. Всплескивает руками в восторге.

— Мама! Бабушка! — кричит Маруся. — Наконец-то я иду в школу. Ах! — говорит Маруся, замерев в восторге у зеркала в новом форменном платье. Она впервые видит себя настоящей школьницей.

— Как будто немножко в плечах тянет... — сомневается бабушка.

— Ой, бабушка, что ты! — негодует Маруся. — Не трогай! Испортишь!

Маруся стоит в прихожей, ждет, прыгая на месте от нетерпения, пока мама наденет шляпу.

— Пенал взяла? — озабоченно спрашивает бабушка.

— Вот он, миленький! — говорит Маруся.

Достает из сумки пенал. Гладит его ласково.

— Тетрадки не забыла?

— Вот они, голубушки, — отвечает Маруся.

Вдруг раздается резкий звонок.

Бабушка открывает дверь. Входит пожилой гражданин с маленькой сумочкой через плечо.

— Здесь проживает Маруся Орлова? — спрашивает он строго.

— Вот я, — говорит Маруся растерянно. — А вы кто такой?

— А я телеграмму вам принес.

— Мне?! — Маруся улыбается радостно. — Телеграмму?

— Вам! — отвечает почтальон. — Расписывайтесь.

Маруся мнется.

— Можно маме расписаться?

— Ну уж так и быть, — разрешает почтальон, скрывая улыбку. — На первый раз можно.

Мама расписывается.

Почтальон протягивает Марусе телеграмму.

— Нате, читайте.

— Можно, мама прочтет? — спрашивает Маруся.

— Ну уж ладно, — соглашается почтальон. — Но только в следующий раз сами расписывайтесь и сами читайте. А то не дам телеграмму.

Он кивает, улыбаясь, маме, бабушке и Марусе и исчезает.

— Я телеграмму получила! — удивляется Маруся восторженно. — От кого? А, мамочка?

И мама читает:

«Поздравляю дочку с большим праздником, с началом занятий. Скоро прилечу, учись хорошенько. Целую. Папа».

Ясное осеннее утро.

Маруся и мама шагают по двору.

Семь подъездов выходят во двор. И на который ни глянет Маруся — на первый ли, на седьмой ли, — отовсюду выбегают мальчики и девочки. За мальчиками едва поспевают провожатые. Старшие идут по двое, по трое — успели уже подружиться в школе.

Вот группа девочек-старшеклассниц.

А вот промелькнул знакомый мальчик. Кажется, это Сережа. Но как он изменился. Он в длинных штанах. Ранец за плечами, от волос не осталось и следа. Он идет рядом с мамой. Однако шагает с независимым видом.

И вот Маруся уже за воротами.

На улице тоже много школьников.

Часть девочек одета особенно нарядно — в белых фартуках.

Маруся и мама идут по улице.

Они проходят мимо репродуктора.

Замолкает веселая музыка.

Репродуктор говорит громко:

— Поздравляем советских школьников с началом занятий!

— Спасибо вам! — отвечает Маруся репродуктору серьезно и торжественно.

Снова гремит веселая музыка, и под музыку мама и Маруся подходят к знакомому крыльцу 156-й школы. Над дверьми плакат:

ДОБРО ПОЖАЛОВАТЬ!

Маруся и мама входят в вестибюль. В вестибюле шумно и оживленно.

Настроение праздничное.

Маруся замирает на миг.

Ее ошеломляет всеобщее волнение, поражает праздничная, но совсем новая для нее обстановка.

Матери, бабушки, няни, папы, дети прощаются, разговаривают, смеются.

Дежурные педагоги и пионервожатые — девочки шестого и седьмого классов — встречают новеньких. Какая-то девочка забилась в угол и плачет там тихонько. Ее успокаивают мать и один из дежурных педагогов.

— В класс маме нельзя! Мама твоя никуда не уйдет, она здесь будет.

И здесь над лестницей висит большой плакат:

ПРИВЕТ ПЕРВОКЛАССНИЦАМ!

Мама читает Марусе этот плакат вслух.

Рядом пожилая женщина умоляюще просит педагога:

— Она у меня маленькая, нигде еще не бывала, ее нужно впереди посадить, поближе к учительнице. Она всего боится...

Между тем маленькая девочка весела и не показывает никаких признаков смущения. Она держится за бабушкину руку и, глядя на плачущую девочку, поет:

— А я не плачу! А я не плачу!

— Сюда! Сюда! — говорит дежурный педагог. — Маруся, попрощайся с мамой. Не бойся, мама зайдет за тобой к концу уроков.

— А я не боюсь, — отвечает Маруся гордо. — Мама, ты не заходи за мной. Хорошо? Пожалуйста. Дорогу ведь не надо переходить. Не заходи. Я сама.

— Хорошо, хорошо! — улыбается мама. — Как договорились, так и будет. До свидания, девочка.

Она целует Марусю. Направляется к выходу.

— Мама! — вдруг вскрикивает Маруся отчаянно.

— Что ты! — пугается мама. — Что с тобой?

Маруся молчит.

Цепляется за маму обеими руками.

— Что, что? — спрашивает мама ласково. — Народу уж больно много? И все незнакомые? Жутковато все-таки?

— Нет, нет! — бормочет Маруся. — Я... я тебя почему позвала. Я хотела сказать: бабушке кланяйся.

Маруся еще раз целует маму.

С подчеркнуто храбрым и независимым видом направляется к двери.

Мама глядит ей вслед, пока она не исчезает на лестнице в сплошном потоке девочек.

Так же храбро Маруся входит в класс и останавливается как вкопанная.

Это тот самый класс, где некогда Маруся беседовала с маляром.

Девочка замирает на пороге, глаза разбегаются.

Все новое.

Совсем новое.

Доска на стене, ряды парт, окантованные картины.

И как много девочек!

Вот одна озирается, как зверек, вздрагивает от малейшего стука. Эге, да это Вера, та самая девочка, которую видела Маруся, когда приходила записываться.

А другая девочка с пышными волосами строит ей гримасы исподтишка. Ее крайне забавляет, что Вера так встревожена.

А вон две девочки совсем осмелели — играют в ладошки.

— Я уже окончила детский сад, — хвастает одна из них.

А вон у стены Анна Ивановна разговаривает с маленькой девочкой, объясняет ей что-то.

Усадив девочку за парту, учительница выпрямилась, внимательно оглядела класс, и Маруся вдруг почувствовала, что учительница видит и ее, и всех остальных девочек. Наблюдает за ними.

Испуганная Вера приободрилась, впилась в учительницу взглядом, как будто безмолвно зовет на помощь.

Пышноволосая девочка перестала строить гримасы.

Маруся снова приняла свой независимый и гордый вид.

Она храбро подходит к учительнице.

Протягивает ей руку.

Говорит:

— Здравствуйте!

— Здравствуй, Маруся, — отвечает Анна Ивановна и пожимает Марусе руку.

Часы в коридоре.

Дежурная няня глядит на часы и протягивает палец к кнопке звонка.

Раздается продолжительный звонок.

Ряды парт в первом классе.

Девочки уже расселись. Глядят во все глаза на Анну Ивановну.

Звонок обрывается.

— Поздравляю вас, девочки! — говорит Анна Ивановна. — Зазвонил звонок, и началась у вас новая жизнь. Вы теперь школьницы. Ученицы первого класса. Это, девочки, очень важный шаг в вашей жизни. Сегодня и по радио говорят о школе. И в газетах пишут. И сам товарищ Сталин спрашивает: «А сколько сегодня школ открылось в стране? Сколько детей пришло в первый класс на свой первый урок?»

Анна Ивановна идет по проходу между партами.

— Я давно уже учительница, девочки, — говорит она, — многие мои ученики теперь совсем взрослые, умные, славные люди. Они пишут мне письма. И я всегда вспоминаю, какие они были, когда первый раз пришли в школу. Одна девочка, например...

И тут Анна Ивановна взглядывает на Веру.

— Одна девочка так всего боялась, что задрожала вся, когда зазвонил звонок.

Верочка опускает голову. Пышноволосая, веселая девочка, сидящая перед ней, весело хохочет.

— А теперь эта девочка стала Героем Советского Союза, — заключает Анна Ивановна.

Вера приятно поражена.

Пышноволосая девочка сразу перестает смеяться.

— Да, да, — продолжает Анна Ивановна. — Все мои бывшие ученицы ничего, ну ничегошеньки тоже не знали когда-то. Даже здороваться не умели.

Маруся весело хохочет.

— Да, да, представь себе, не умели, — говорит Анна Ивановна, — глядя на Марусю. — Одна девочка, например, подошла ко мне и протянула руку. «Здравствуйте!» — говорит. А так не полагается. Нельзя первой протягивать руку старшим.

Маруся перестала смеяться.

— Видите, какие они были смешные! — продолжает Анна Ивановна. — Но потом они стали учиться. И учились с удовольствием. Ведь это очень интересно — учиться. И мы с вами начнем сегодня новую, замечательную школьную жизнь. Здороваться научимся. Научимся, как полагается настоящим школьникам, вести себя в классе так, чтобы не мешать, помогать друг другу. И класс свой разглядим как следует. Ведь сегодня началась у вас новая жизнь, и вас окружают новые, интересные вещи. Первый раз в жизни сели вы за парту.

Маруся и сидящая с ней рядом Верочка внимательно разглядывают парту.

— Вот в этот ящик вы будете класть свои книжки и тетради, — рассказывает Анна Ивановна. — Здесь станет чернильница, когда вы начнете писать чернилами. А вот доска. Эта доска поможет нам учиться писать. Вон она у нас какая. Тройная.

Мы видим классную доску, разделенную на три части. В косую

линейку, в клетку и просто без линеек. Мел. Чистую белую тряпочку, которой вытирают с доски.

— Вы с нынешнего дня школьницы, — продолжает Анна Ивановна, — и мы познакомимся со школой, в которой вы теперь учитесь. Тихонько, тихонько, чтобы не мешать учиться другим, пройдем мы по школьным коридорам.

Дверь первого класса бесшумно открывается. Тихо-тихо выходят девочки из класса. Идут по замолкшему школьному коридору.

— Вот это физический кабинет, — говорит Анна Ивановна. — Здесь занимаются сейчас шестиклассницы.

Девочки глядят через стеклянную дверь на комнату, заставленную приборами. На возвышении у стола стоит девочка, вертит ручку машины с большим стеклянным колесом.

Между металлическими шариками пролетают искры.

Девочки в школьной библиотеке.

С удивлением и интересом разглядывают полки с книгами.

— Когда вы научитесь читать, — объясняет Анна Ивановна, — в школьной библиотеке вам будут давать книги. Книг много. И одна интереснее другой... Есть у нас и своя комната — учительская. Там во время перемены отдыхают учителя. Давайте заглянем и туда...

Девочки с любопытством заглядывают в дверь учительской комнаты.

— А вот здесь учатся десятиклассницы, — объясняет Анна Ивановна. — В школе учатся десять лет. Вы учитесь первый год, а они — последний. Скоро они уже перестанут ходить в школу!..

— Бедные! — вздыхает Маруся.

И вот мы уже снова в классе. В первом «А». Анна Ивановна заканчивает урок.

— Сейчас зазвонит звонок, и первый наш урок кончится, — говорит Анна Ивановна. — Вы отдохнете и поиграете на перемене. А после перемены будет у нас арифметика. А потом русский язык. И на каждом уроке мы узнаем и запомним что-нибудь новое, интересное. И скоро, скоро вы станете настоящими школьницами.

— Я сегодня! — говорит Маруся.

— Что сегодня? — спрашивает учительница.

— Сделаюсь настоящей школьницей.

— Посмотрим, посмотрим, — отвечает Анна Ивановна, улыбаясь.

На скамейках в вестибюле ждут взрослые, пришедшие за новенькими.

Здесь в уголке родителей висит объявление:

ЗАНЯТИЯ В 1-м КЛАССЕ ЗАКАНЧИВАЮТСЯ В 1 ЧАС 15 МИНУТ.

На часах — четверть второго.

Няня нажимает кнопку звонка.

Пустой безмолвный школьный коридор мигом оживает. Разом открываются все двери классов. Из дверей выбегают девочки. Веселый шум. Топот множества ног.

Ожидающие встают.

И вот на лестнице появляется первый класс.

Первоклассницы идут парами. Их сопровождает Анна Ивановна. Девочки сияют. Чувствуется, что они не просто шагают, а шествуют строем, подчеркнуто соблюдая порядок.

Но вот они увидели своих родных.

Первоклассницы так переполнены впечатлениями сегодняшнего дня, им так много надо рассказать, что порядок сразу нарушается.

Девочки бросаются к своим.

— Видела, мама! — кричит пышноволосая девочка. — Видела, как мы красиво шли? Мы и завтракать так ходили.

— Мама! Я ничего теперь не боюсь! — кричит Верочка. — Одна девочка боялась, как я, а теперь Герой Советского Союза.

— Папа, я арифметику учила!

— Бабушка! Я рассказывала!

— Больше всего мне понравилась перемена! — в восторге кричит какая-то девочка.

— Мама! Так было весело! Как жалко, что тебя не пустили, — говорит та самая девочка, которая недавно плакала здесь же в углу.

Маруся, сияя, шагает по улице.

Совершенно ясно, что она чувствует себя настоящей школьницей. Она преисполнена достоинства в новом форменном платье. Это даже заметно по ее походке. Ей кажется, что весь город смотрит на нее с уважением.

Какой-то капитан, летчик, попадается ей навстречу.

— Дядя Володя! — вопит девочка радостно. Протягивает руку летчику, но тут же отдергивает ее и старательно прячет за спину.

— Здравствуй, Маруся! — говорит ей капитан и протягивает девочке руку.

Девочка с вежливым полупоклоном обменивается с капитаном рукопожатием.

— Что это с тобой сегодня? — удивляется капитан. И тут же улыбается во все лицо. — Ах! — восклицает он. — Ты в форме! Да как же это я мог забыть! Ты из школы?

— Да, — отвечает Маруся.

— Сразу видно! — говорит капитан убежденно. — Тебя просто узнать нельзя! Настоящая школьница.

— Ой! Сколько мы сегодня выучили! — выкладывает Маруся скороговоркой. — И как вставать без шума, здороваться с Анной Ивановной. И как руку поднимать. И считали, сколько нас в ряду сидит. Это называется арифметика. А на русском Анна Ивановна сказку нам рассказывала. До свидания! Меня мама и бабушка ждут.

Маруся раскланивается, заложив руки за спину. Маруся входит во двор не спеша. И вдруг встречается лицом к лицу с Сережей. Увидев своего врага, Маруся делает было шаг назад.

Но потом вежливо кивает ему и говорит:

— Здравствуй, Сережа!

Вместо ответа Сережа высовывает язык.

— Смотри-ка! — удивляется Маруся. — Ты, значит, в школу не ходил сегодня?

Сережа стоит молча, высунув язык.

— Понимаю! — кивает головой Маруся. — Тебя не приняли!

— Кого-кого не приняли? — спрашивает Сережа, прикладывая ладонь к уху.

— Тебя.

— Еще как приняли! Ого! На первую парту посадили.

— А чего же ты язык показываешь? Тебе не говорили, что надо себя вести вежливо?

— Вот так не говорили! Целый день говорили.

— А чего ж ты? Не понял, что ли?

— Вот так не понял. У нас поди-ка не пойми. У нас учительница — ого! Получше вашей.

— А ты нашу видел?

— Конечно, видел. Не понравилась.

— О! Не понравилась. У нас учительница — красавица.

— Красавица... Вот она какая. — И Сережа делает страшную гримасу.

Оскорбленная в лучших чувствах, Маруся кладет осторожно у стены свою школьную сумку. Подходит к Сереже.

— Перестань! — говорит она грозно. — А то...

— А то что?

— А то ка-а-ак дам!

— Ты? — преувеличенно удивляется Сережа.

— Я!

— Мне?!

— Тебе!

Сережа отшвыривает свою сумку в сторону. Дети замирают друг перед другом в угрожающих позах, как боевые петухи.

В столовой суетятся мама и бабушка, готовятся торжественно встретить первоклассницу.

— Ну, сегодня у нее будет настоящий праздник! — радуется бабушка. — Все, что она любит, — все на столе. И пирог. И торт. Одно меня страшит — как бы не объелась...

— Что-то запаздывает дочка! — смотрит на часы мама. — Уже двадцать минут как кончились уроки.

Продолжительный звонок.

Бабушка и мама спешат в прихожую.

Открывают дверь.

Ахают в ужасе.

Маруся, очень веселая и оживленная, стоит на пороге — но в каком виде! Взъерошенные волосы. На щеке — пятно грязи. Одна из пуговиц висит на ниточке.

— Мамочка! Бабушка! — кричит Маруся. — Как интересно было. Ну прямо сказка. Раз-два — и превратилась я в настоящую первоклассницу. Вы меня теперь не узнаете.

— Постой, постой! — перебивает мама. — А почему ты в таком страшном виде?

— А это я с Сережкой подралась. У него еще хуже вид! — с торжеством сообщает Маруся.

— Идем в ванную! Умойся! — ворчит бабушка. — Не узнаете меня... Пока что очень хорошо я тебя узнаю...

―――

Знакомая страница тетради в косую линейку. Детская рука старательно выводит очередную надпись:

И ВОТ ПОШЛИ ДНИ ЗА ДНЯМИ

Одна за другой следуют короткие сцены.

Класс.

За окнами деревья школьного сада. Желтеющие листья. Ряды парт. Первоклассницы за партами. В класс входит Анна Ивановна. Девочки шумно, с грохотом встают.

— Здравствуйте! — приветствует их Анна Ивановна. — Садитесь!

Так же шумно девочки садятся.

— Мне хочется, чтобы вы научились вставать тихо. Это очень важно. Посмотрите внимательно, как это нужно делать, — говорит Анна Ивановна.

Анна Ивановна у доски.
— Штриховка — это начало письма. Ведите карандаш медленно, аккуратно, сверху вниз, сверху вниз... — показывает Анна Ивановна.
И мы видим на доске аккуратно заштрихованные мелом фигуры — квадрат и круг.

Снова парты.
Анна Ивановна раздает детям их первую книгу.
— Вот по этой книге вы будете учиться азбуке...
В руках у Маруси букварь.
Обложка букваря яркая и заманчивая.

Урок природы.
Девочки в школьном парке собирают опавшие желтые листья.
— А это, девочки, лист клена, — объясняет Анна Ивановна, показывая лист. — Найдите дерево с такими листьями.
Девочки мгновенно разбегаются в поисках дерева.
Маруся первая обхватила руками ствол клена.

Девочки на уроке ритмики. Нелепо шагая под музыку, маршируют они по кругу.
— Раз, два, три... раз, два, три...

Девочки на уроке пения.
Как птенцы, широко раскрывают рты.

Школьный коридор. Перемена. Анна Ивановна идет по коридору. Девочки окружают ее толпой. Возгласы:
— Анна Ивановна! Мама велела купить простоквашу, а в буфете простокваши нет! Что мне кушать?
— Анна Ивановна! Когда я без калош, калошный мешочек не надо приносить?
— Анна Ивановна! Сегодня мама чашку разбила — так расстроилась.
Маруся бежит по коридору. Незнакомая учительница останавливает ее. Кладет ей руку на плечо.
— Девочка! — говорит она. — Нельзя бегать так, без оглядки. Ушибешься.

— Пустите! Мы сейчас в пятнашки играем, — сердится Маруся.

— Стой, стой! — говорит учительница строго. — Разве ты не знаешь, что учительницу надо слушаться?

— Так ведь вы не наша! — обижается Маруся.

— Что не ваша?

— Учительница! Наша — Анна Ивановна.

И вдруг Анна Ивановна появляется возле.

— Стыдно, Маруся! — говорит она строго. — Надо слушаться всех учительниц. Ты знаешь, кто с тобой разговаривал? Директор школы...

Анна Ивановна входит в класс.

Все встают, кроме одной девочки, которая сидит на третьей парте. Увидав Анну Ивановну, эта девочка разражается слезами.

— Что случилось? — спрашивает Анна Ивановна.

— Заблудилась! — рыдает девочка. — Где мои девочки? Где моя Любовь Викторовна?

— Идем, покажу! — улыбается Анна Ивановна.

Анна Ивановна раздает детям разноцветные кружки. Они сидят, думают. Поднимается одна рука.

— Анна Ивановна! Значит, надо разложить по два?

— Да, — отвечает Анна Ивановна.

И сейчас же подымается еще несколько рук. И все девочки спрашивают буквально то же самое.

— По два? Да, Анна Ивановна?

Анна Ивановна отвечает спокойно и терпеливо. Вдруг одна девочка укладывает вещи в сумку и спокойно направляется к выходу.

— Ты куда, Оля? — удивляется Анна Ивановна.

— Домой! — спокойно отвечает Оля. — Мне захотелось маму увидеть. Соскучилась по ней.

— Придется тебе потерпеть! — отвечает Анна Ивановна. — Заниматься ты ходишь в школу, как взрослые на работу. Представь себе — едешь ты в трамвае, вдруг вожатый уходит. Ему домой захотелось. Хорошо это будет? Нельзя, Оля. Все должны работать, пока не придет время отдыхать.

Оля возвращается на свое место.

— Девочки! — продолжает Анна Ивановна. — На завтра, на дом, задаю вам такой урок. Вымыть хорошо шею, уши, хорошо причесать волосы, вычистить ботинки...

На местах, где сидели только что первоклассницы, сидят теперь в классе за их партами родители. Анна Ивановна проводит родительское собрание.

— Сейчас самое трудное время, — говорит она. — Девочки только что начинают приучаться к порядку. И ваша задача помочь нам. В этом деле нет мелочей. Следите, чтобы дети приходили в класс умытые, причесанные, аккуратно одетые, как настоящие первоклассницы.

Снова класс.
Но сейчас в классе совсем необычная обстановка. Пришла пионервожатая Валя.
Она читает первоклассницам книжку.
Девочки расселись вокруг нее, слушают внимательно, с большим интересом.

— Есть на свете большая страна, — выразительно читает Валя. — Это самая большая страна на свете. Если идти пешком из конца в конец, нужно идти четыре года. Если спросить жителей этой страны, всех сразу, по радио: какое у вас время дня?
Один ответит: у нас утро.
Другой ответит: у нас полдень.
Третий ответит: у нас вечер.
Четвертый ответит: у нас ночь.
Если спросить жителей этой страны, всех сразу, по радио: какое у вас время года?
Один ответит: у нас весна.
Другой ответит: у нас зима.

Вновь на экране страница тетради в косую линейку. Детская рука с новой строки начинает писать новую надпись:

НЕСЧАСТНЫЙ И СЧАСТЛИВЫЙ ДЕНЬ МАРУСИ

Анна Ивановна входит в класс. Говорит торжественно:
— Ну, девочки, сегодня у нас большой день. Садитесь. Просмотрела я дома ваши работы.
Все с глубочайшим вниманием глядят на учительницу.
— Аня, Верочка, Шура, Таня и Нюся, встаньте, — говорит Анна Ивановна.
Пять девочек встают бесшумно.
— Все эти девочки, — говорит Анна Ивановна, — держат карандаши правильно.

Маруся быстро смотрит на правую свою руку и прячет ее.

— И пишут они, — продолжает Анна Ивановна, — аккуратно, даже красиво, можно сказать. Ну прямо — молодцы.

Девочки сияют.

— Все принесли ручки? — спрашивает Анна Ивановна.

— Да! Конечно! Принесли! — хором отвечают счастливицы.

Анна Ивановна открывает шкаф.

— Подойдите ко мне! — говорит она.

Девочки на радостях особенно отчетливо выполняют правила поведения в классе. Не горбясь, не шаркая ногами, подходят они к учительнице.

Каждая получает по чернильнице. Возвращаются на свои места. Маруся поднимает руку.

— Что, Маруся! — спрашивает Анна Ивановна.

— А я? — говорит девочка.

— Что ты?

— А мне когда?

— Что когда?

— Когда мне разрешите писать чернилами? Анна Ивановна! — продолжает Маруся до крайности вежливо, чувствуя, что учительница не слишком довольна. — Пожалуйста! Я очень вас прошу! Я больше не буду.

— Что не будешь?

— Не буду держать карандаш, как сегодня.

— Значит, ты знаешь, почему я тебе не дала чернил?

— Знаю. Только мне очень хочется. Я не буду забывать, как держать этот... второй палец.

— Нет, Маруся! — говорит Анна Ивановна. — Это не пустяк — начать писать чернилами. Придется тебе еще поработать, Маруся.

Маруся садится.

Мрачно смотрит на свою соседку Верочку.

А та — установила чернильницу... достала из пенала ручку с новеньким пером... приготовилась писать.

— Не лезь локтем на мою половину, — шипит Маруся.

Верочка покорно отодвигается. Окунает ручку в чернила.

Задерживает на миг ручку над листом и вдруг — о ужас! — клякса падает на чистый лист. Весь класс вздыхает от ужаса.

— Ха-ха-ха! — ликует Маруся. — Кляксу, кляксу поставила!

Верочка падает головой на парту.

Разражается слезами.

Анна Ивановна подходит к ней.

— Вера, Верочка, ничего! — говорит она. — Первый раз прощается. Сейчас мы возьмем чистый лист да и начнем сначала. А тобой, Маруся, я очень недовольна.

Маруся встает угрюмо.

— Я-то думала — все девочки обрадуются за своих подруг. А вы, оказывается, огорчились.

— Я обрадовалась! — говорит одна девочка.

— Я тоже.

— И мы.

— И я!

— А я как обрадовалась!

— Ну, что ты скажешь на это, Маруся? — спрашивает Анна Ивановна.

— Они врут, — отвечает Маруся угрюмо.

— Маруся!

— Они говорят неправду, — поправляется Маруся.

— Почему ты так думаешь?

Маруся молчит.

— У твоей мамы два ордена? — спрашивает Анна Ивановна.

— Да! — отвечает Маруся.

— Ты обрадовалась, когда маму наградили? Отвечай спокойно, весело. Рассказывай. Обрадовалась?

— Очень. Да, я очень обрадовалась, Анна Ивановна.

— А мамины товарищи поздравляли ее? Расскажи-ка?

— Очень поздравляли, — рассказывает Маруся. — Мы тогда работали в санитарном поезде, и даже машинист прибежал маму поздравить. На остановке. И телеграммы приходили. А повар к обеду сделал пирог. Мама сказала: «Это прямо как именины».

— Вот видишь, — говорит Анна Ивановна. — В санитарном поезде понимали, что все они — одна дружная военная семья. Что одному радость, то и всем радость. А ты не веришь, что девочки могут радоваться за свою подругу. Ведь все мы — одна дружная, мирная семья. Первый класс. А? Верно, Маруся?

— Я вот этой не поверила, Нине... — бормочет Маруся.

— Почему?

— Не рада она. Она поссорилась на перемене с Шурой. На всю жизнь.

Нина поднимает руку.

— А перед уроком — помирилась, — сообщает она торжествующе.

— Вот видишь, — говорит Анна Ивановна. — Садись, Маруся! Пиши карандашом. Пиши, старайся хорошенько, не сдавайся, и ты победишь, как твои подруги.

Вечер.

Маруся сидит за столом, за обычным своим занятием. Чертит что-то карандашом в тетради. Бабушка расположилась у стола, поближе к лампе. Шьет. Маруся начала было потягиваться, как вдруг застыла от изумления, глядит, не мигая, на бабушкины руки.

— Бабушка, ты ловкая? — спрашивает Маруся.

— Довольно ловкая, — отвечает бабушка, не отрываясь от работы. — А что?

— Пальцы у тебя какие послушные, — вздыхает Маруся. — Тебе рано дали чернила?

— Не помню! — отвечает бабушка рассеянно.

— Не помнит! — восклицает Маруся в крайнем изумлении. — Смотрите-ка! Не помнит... Только две девочки в классе теперь пишут карандашом, — продолжает Маруся печально. — Я и Галя. Беда! Вдруг ей завтра дадут чернила, а мне нет. А я Галку не люблю. Она всех дразнит.

— Возьми чернила да и пиши себе, — предлагает бабушка. — Постели на стол газету, чтоб на скатерть не капнуть, да пиши...

— Ой! — ужасается Маруся. — Анна Ивановна не позволяет еще мне! Что ты!

— Ну как знаешь! — говорит бабушка. — Не хочешь, не надо.

— Ох, скорее бы завтра! — томится Маруся. — Завтра, наверное, дадут мне чернила...

Первый класс «А». Девочки сидят, пишут. Все пишут чернилами. Только Маруся и Галя, пышноволосая девочка, что сидит на парте перед Марусей, пишут карандашами. Анна Ивановна направляется к своему столу. Останавливается. Все головы поднимаются. Все глаза устремлены на учительницу.

— Сейчас. Сейчас скажет! — бормочет Маруся.

— Галя! — говорит Анна Ивановна. — Подойди ко мне. Я дам тебе чернильницу.

Галя встает бесшумно. Идет к столу. Получает чернильницу. Садится на место.

Маруся глаз не сводит с Анны Ивановны.

А та молчит.

Ищет что-то в классном журнале, лежащем перед ней.

Нет, не получить сегодня чернильницы Марусе.

Маруся опускает голову. Пишет ожесточенно карандашом, не глядя ни на кого.

Бросает на нее внимательный взгляд Анна Ивановна. Улыбается.

И вдруг Галя падает головой на парту. Отчаянно плачет.

— Галя! — удивляется Анна Ивановна. — Что случилось?

— Ве... ве... ве... — никак не может произнести Галя.

— Успокойся, Галя. Ты уже не маленькая. Говори, что случилось? — останавливает ее Анна Ивановна. — А вдруг мы придумаем, как тебе помочь.

— Ве... ве... вечером заказное письмо принесли... — рассказывает Галя, всхлипывая. — Ма... мама... взяла ручку расписаться у меня... из сумки. По... потом стала письмо читать... От брата... Из Суворовского... А ручку забыла обратно... положить.

— Да! — вздыхает Анна Ивановна. — Что ж делать-то. Ни у кого нет лишней ручки?

Девочки добросовестно заглядывают в свои сумки, в портфели, в пеналы.

— Нет! Никто не захватил в класс ручки.

Нина поднимает руку.

— Что ты хочешь сказать? — спрашивает Анна Ивановна.

Нина встает.

— У моего папы на столе, — сообщает она, — наверное, ручек пять есть. В таком стеклянном высоком стакане они стоят.

— Так, — кивает головой Анна Ивановна. — Ну и что?

— Я завтра принесу ручку.

— Завтра... — бормочет Галя. — Завтра я сама принесу.

— Верно! — говорит Нина печально.

Пока идут все эти переговоры, противоречивые чувства разрывают Марусино сердце.

Она то открывает пенал, где лежит ее ручка, то снова закрывает, то прячет пенал в парту, то снова достает, кладет перед собой.

Сжимает его судорожно обеими руками... и вдруг решается...

Достает ручку.

Протягивает Гале.

— На! — говорит она угрюмо.

— Чего? — ворчит Галя, не понимая.

— На, — повторяет Маруся решительно. — Я все равно карандашом пишу... Бери ручку.

— Молодец, Маруся! — говорит Анна Ивановна. — Вот теперь я вижу, что ты настоящая советская школьница. Помогла товарищу в беде.

Маруся стоит, улыбается.

— Но только я не знаю все-таки, как быть! — продолжает Анна Ивановна. — Я и тебе хотела дать сегодня чернила. Ты теперь хорошо пишешь...

Маруся делает было движение вперед, чтобы вырвать ручку у Гали.

Потом машет рукой отчаянно.

— Пусть! — говорит она.

— Что пусть?

— Пусть она пишет. Или так лучше. Она пусть немного попишет, а потом я немного попишу. Потом опять она, потом опять я.

— Ну, Маруся, — ты совсем у меня молодец! — радуется Анна Ивановна.

Подходит к Марусе.

— Знаешь, чем наши летчики удивляли в бою фашистов? — задает она вопрос.

— Смелостью? — спрашивает Маруся.

— Да, — подтверждает Анна Ивановна. — А еще тем, что помогали друг другу в бою. Фашисты дрались каждый за себя, а наши летчики — дружно, как один. Привыкли с детства стоять друг за друга. Вот и ты привыкнешь к этому. Молодец! Ну а теперь идем за чернилами.

Маруся со скромным достоинством идет к столу. Получает чернильницу и чудную новенькую ручку.

— На, — говорит Анна Ивановна. — Возьми мою ручку для такого случая.

Взоры всех девочек устремлены на Марусю. Подумать только, какая счастливая. Она будет писать ручкой Анны Ивановны.

Маруся возвращается на место.

Благоговейно окунает ручку в чернила и чуть дыша начинает писать.

Снова появляется страница знакомой тетради, и на ней пишется следующее заглавие:

КАК МАРУСЯ ПЕРВЫЙ РАЗ ДЕЖУРИЛА

Утро.

Листьев на деревьях уже нет.

Иней на крышах.

Иней на пожелтевшем газоне.

Еще очень рано.

Во дворе пусто. Только дворник подметает двор. Из подъезда выбегает Маруся.

Поскользнулась на замерзшей лужице. Едва не упала.

Мчится к воротам.

— Куда в такую рань, Маруся? — окликает ее дворник.

— Ох, Иван Сергеевич! Я дежурная сегодня! — сообщает девочка.

Скрывается в воротах.

Няня отпирает дверь первого класса. Маруся в нетерпении прыгает возле.

— Ох эта Орлова! — посмеивается няня. — И какая она быстрая, эта Орлова! Прибежала ни свет ни заря...

— Нянечка, ведь я дежурная, — объясняет Маруся.

— Да уж вижу, понимаю, — отвечает няня, широко распахивая дверь. — Беги, работай!

Маруся с упоением и азартом начинает хозяйничать в классе.

Первым делом она надевает на руку красную повязку. Затем принимается старательно вытирать и без того чистую доску. Доводит ее до блеска.

Напевает что-то, все более и более увлекаясь.

В пустом классе голос звучит особенно гулко. И поэтому Маруся поет с наслаждением на придуманный ею мотив:

>Я великий умывальник,
>Знаменитый Мойдодыр,
>Умывальников начальник
>И мочалок командир.

Теперь она уже вытирает парты.

Поливает горшки с зелеными растениями в уголке живой природы.

Взобравшись на подоконник, открывает форточку. Поправляет расставленные и так в образцовом порядке вещи на столе учительницы.

И на все лады, на всяческие мотивы продолжает петь:

>Я великий умывальник,
>Знаменитый Мойдодыр,
>Умывальников начальник
>И мочалок командир.

Двор.

Появляются школьники — главным образом младшие.

Идут не спеша.

Еще рано.

В пустом классе на месте Анны Ивановны безмолвно сидит Маруся.

Она уже устала ждать прихода девочек.

Наконец класс не спеша входит Верочка. На рукаве у нее повязка с красным крестом, на боку сумочка.

Маруся мгновенно оживляется.

— Что это сегодня так поздно все? — спрашивает она строго. — Жду, жду, а вы все не идете.

— И совсем не поздно. Очень даже рано, — вздыхает Верочка. — Я от страха просыпаюсь раньше будильника. Все боюсь, что он испортился.

— Погляди-ка мне уши и руки. Чистые? Мне потом некогда будет осматриваться. Я дежурная.

Вера добросовестно разглядывает Марусины пальцы, ногти, шею, уши.

— Очень даже чистые, — говорит Вера.

— Я так и знала, — говорит Маруся удовлетворенно.

Класс начинает наполняться девочками. Вера направляется к своему посту. Становится у дверей. Осматривает вновь приходящих. Маруся в качестве дежурной помогает ей. В класс входит очередная девочка. Показывает свои довольно грязные руки.

— Это что такое? — вскрикивают пораженные Маруся и Вера.

— Что за руки! Ай-ай-ай! — негодует Маруся. — Иди умойся! — сердито приказывает она.

— Я дома три раза мыла, — оправдывается девочка, — а по дороге встретила Пирата.

— Это еще кто такой? — спрашивает Маруся строго.

— А пес такой! — объясняет девочка. — Не знаете? В доме номер семь живет.

— Ну и что?

— Он палки так красиво носит! Я ему палки бросала. А они мокрые.

— Иди, иди умывайся! — приказывает Маруся. — А то не позволю тебе сегодня учиться.

Разглядывая свои руки, виновная покорно удаляется. Класс уже заполнился.

Две девочки в шутку начинают бороться. Маруся бежит к ним.

— Нельзя! — кричит она повелительно. — Вы поднимаете пыль! Подругам легкие портите.

В другом углу завозились другие девочки. Маруся успела и сюда.

— Майя! — кричит Маруся. — Не толкай Шуру! Шура, перестань ей язык показывать. Ну что это такое! Только теперь я вижу, какие мы непослушные!

— Зазвонил звонок.

И вот уже все девочки сидят на своих местах.

Все, кроме Маруси.

Важная, она стоит возле стола учительницы.

Входит Анна Ивановна. Здоровается с девочками.

Говорит Марусе приветливо:

— Ах, вот кто нынче моя первая помощница.

Быстро, но зорко оглядывает Анна Ивановна класс. Удовлетворенно кивает головой Марусе.

— Молодец! Все в полном порядке. И доска чистая, никто не записан. Значит, девочки тебя слушаются. Молодец!

Анна Ивановна открывает портфель, достает оттуда тетрадки.

— Вот, — говорит она Марусе, — раздай девочкам. Сейчас мы будем писать.

— Они все уже проверенные? — озабоченно спрашивает Маруся.

— Да, — отвечает Анна Ивановна. — Конечно. Все проверены.

Маруся раздает тетрадки.

— Ай-ай-ай! — говорит она тоном Анны Ивановны, обращаясь к одной из девочек. — Разве можно так горбиться. Сядь прямо.

Девочка невольно выпрямляется. Однако весьма удивленно смотрит на Марусю.

Анна Ивановна улыбается. Укоризненно качает головой.

Прихожая.

Раздается звонок.

Бабушка торопливо открывает дверь.

Чинно входит в прихожую Маруся.

Тихо и сдержанно говорит:

— Здравствуй, бабушка!

— Что с тобой? — встревоженно спрашивает бабушка. — Ты заболела?

— Нет, бабушка! Просто я — дежурная сегодня, — отвечает Маруся. — Дежурные ведут себя очень хорошо. Я так устала...

— Ну так же, как я после дежурства в клинике, — говорит, улыбаясь, вошедшая мама.

— Знаешь, мама, ведь я теперь вроде Анны Ивановны, — говорит Маруся важно.

— Как? — удивляется мама. — Тебя и в учительницы произвели?

— Я дежурная, мама! Порядок в нашем классе на ком? На мне.

Кто ребят выстраивает на перемене? Я. Они меня слушаются. А почему? А потому, что я дежурная. Понимаешь, мама?

— Очень даже хорошо понимаю.

— Мамочка! — говорит Маруся. — У меня к тебе большая просьба. Проверь, пожалуйста, будильник. Поставь его на шесть, как сегодня.

— Зачем в такую рань, — удивляется мама. — Ведь ты сегодня уже отдежурила.

— Так надо, мама! Если я завтра опоздаю — все пропало.

Утро. Еще очень рано.
Школа еще заперта.
Маруся ждет, сидя на ступеньках.
Школьная раздевалка.
Во всем ряду вешалок висит только одно Марусино пальто.

Маруся с красной повязкой на руке вытирает классную доску. Вытирает парты.

Поливает цветы, стоящие в классе.

Открывает форточку.

Все это проделывает очень быстро и уверенно.

И вот в пустом классе на месте Анны Ивановны снова сидит Маруся и ждет девочек.

Наконец класс заполнился первоклассницами.

Нина, сев на место, раскрывает свою сумку, достает пенал, тетради и, к восторгу своих соседей, куклу. Толпа окружает Нину. Восторженные возгласы.

— Платьице какое!

— Чистенькое какое!

— Сама сшила, сама стирала! — объясняет Нина.

— Ой, ой! Глаза!

— Ой, туфли!

Суровая Маруся спешит на шум. Раздвигает плечом толпу. Пробирается к парте.

Нина усадила куклу возле чернильницы. Заботливо оправляет ей прическу.

— Это что такое? — спрашивает Маруся негодующе.

— Это кукла! — отвечает Нина.

— Зачем?

— Чего зачем?

— Не чего, а что. Зачем принесла куклу в школу! А?

— Потому что дома нельзя ее оставлять. Вовка у нас уже большой парень, пять лет ему, а все лезет в куклы играть.

— А тебе жалко маленькому брату дать игрушку? — качает головой дежурная.

— Не жалко, а разобьет он.

Маруся наклоняется над куклой.

— Правда, бьющаяся... — бормочет она. — Крючок неправильно застегнут... Ой, чулочки! Чулочки какие...

Опершись локтями о парту, дежурная на несколько мгновений предается блаженному созерцанию. Но вот она опомнилась.

— Сейчас же унеси ее домой! — приказывает Маруся. — Школа — для учения.

— Не понесу! — говорит Нина упрямо.

Девочки ропщут:

— Куда ее нести!

— Пусть останется!

— Она опоздает на урок.

— Тише! Я дежурная! — кричит Маруся. — Ну не хочешь нести — посади ее обратно в сумку.

— Пусть она так посидит до звонка, — просит Нина.

— Нельзя! — отказывает дежурная. — Спрячь.

Нина сидит не двигаясь, прижимает куклу к себе.

— Спрячь! А то запишу!

Нина сидит, не двигается. Маруся направляется к доске.

— Записываю! — говорит она торжественно.

Нина всхлипывает.

Весь класс притих, пораженный зловещей угрозой Маруси.

— Маруся, не записывай! — умоляет Вера. — Я боюсь!

— Н-и-н-а, — записывает непреклонная Маруся.

Нина с таким вниманием глядит на нелегкую Марусину работу, что даже всхлипывать перестает.

— С-о-к-л...

— Ошибка! — кричит Нина.

— Где?

— Пропустила «О»! Соколова надо, а ты: Соклова.

Нина бежит к доске.

— Вот сюда «О» надо. И «С» у тебя за линейку зашло...

Маруся вносит поправки, указанные Ниной.

Но вдруг в класс вихрем врывается пышноволосая Галя. Видит девочек у доски и чуть не роняет сумку от возмущения.

— Это что такое? — кричит она строго.

— Маруся Нину записывает, — сообщает Вера печально.

— Зачем?

— Запишет, а потом Анне Ивановне скажет. Маруся дежурная.

— Кто дежурная?! — вскрикивает Галя возмущенно.

— Я дежурная! — отвечает Маруся.

— А вот нет.

— А вот да.

— Дежурная сегодня я! — сердится Галя. — Не смей доску пачкать. Скоро звонок, а доска не вытерта. Пусти, я вытру.

— Я сама вытру! — отвечает Маруся и стирает тщательно свою запись, все забыв перед лицом столь серьезной опасности.

— Снимай нарукавную повязку! — приказывает Галя.

— Не сниму!

— Посмотри расписание! Анна Ивановна говорила, что сегодня мне дежурить!

Маруся только головой трясет упрямо. Галя бежит к цветам.

— И цветы полила! — ужасается она. — Что за плохая девочка! Доску вытирает, за порядком следит... Я скажу Анне Ивановне.

Звонит звонок.

— Девочки! По местам! Звонок! — кричит Галя.

— Не слушайте ее, а слушайте меня! — кричит Маруся. — По местам! Девочки!

— Анна Ивановна идет! — сообщает Верочка, стоящая у дверей.

Все разбегаются по местам. Входит Анна Ивановна. Девочки встают бесшумно.

— Здравствуйте, девочки! Садитесь! — говорит учительница и сама садится за свой стол.

— Ну-с, кто сегодня у нас дежурит?

Встают Галя и Маруся.

Говорят хором:

— Я!

Анна Ивановна взглядывает на обеих внимательно.

Догадывается сразу, в чем дело.

— Так, так, так! Понимаю! — говорит учительница. — Кому-то из этих двух девочек ужасно жалко расстаться с нарукавной повязкой. Маруся, верно я говорю?

Маруся молчит.

— Не хочется тебе сдавать дежурство?

— Очень, — вздыхает Маруся.

— А почему?

Маруся молчит.

— Потому что дежурную все должны слушаться?

Маруся молчит.
— Ну отвечай же! Маруся!
— Я не знаю, — отвечает Маруся. — Но только мне очень понравилось дежурить. Я думала, вы мне позволите еще подежурить. Пожалуйста!
— Нет, Маруся! — говорит Анна Ивановна. — Если бы всем от этого была польза — разрешила бы. Но Галя будет дежурить не хуже тебя. А ты сумей себя так вести, чтоб тебя уважали и слушались и без нарукавной повязки. Садись! Сегодня дежурить будет Галя.

Маруся угрюмо садится и отдает Гале нарукавную повязку.
Пока Анна Ивановна достает из шкафа какие-то школьные принадлежности, Маруся рисует на листе бумаги невероятное страшилище.
Ставит под ним подпись: «Галька».
И улыбается, чувствуя себя отмщенной.

Вечер.
Мама читает у стола. Бабушка шьет. Маруся сидит за уроками. Пишет так старательно, что даже язык высунула. Но вот она откидывается на спинку стула. Глядит на свет и щурится.
— Мама, — спрашивает она. — Тебя подруги слушаются?
Мама улыбается.
— Иногда слушаются, — отвечает она.
— А когда?
— Когда я бываю права.
— А почему, когда смотришь на свет, лучики бегут от лампы к глазам?
— Не знаю, — рассеянно говорит мама, продолжая читать.
— А вот Анна Ивановна — все знает, — говорит Маруся. — Вот сегодня пришла, только взглянула и сразу узнала, что Галька у меня хочет отобрать дежурство.
— Ну и что она сделала? — спрашивает бабушка.
— Ну и велела мне дежурство сдать.
— Почему же?
— Не хотела, чтоб я все дежурила да дежурила. Хочешь, чтоб тебя слушались, — пожалуйста, веди себя хорошо. А дежурить нечего там. А то привыкнешь, потом и не отвыкнешь.
Мама опускает книжку.
— Значит, Галя правильно отобрала у тебя дежурство?
— Ничего не правильно, — возмущается Маруся. — Терпеть ее не могу. Анна Ивановна правильно сказала, а Галя неправильно.

Фу! Галька... Волосы у нее дыбом стоят. Прямо как дым вокруг головы. А на солнце — так, как будто светится через них! Фу!

— А ведь вы с ней дружили недавно?

— Дружили, когда я ей ручку отдала. А потом она Шуре сказала, будто я сказала, что Нина сказала, что она с Шурой не играет.

— Да, — говорит мама. — Запутанная история.

— Конечно, запутанная! — подтверждает Маруся.

— Вот мальчики не ссорятся из-за таких пустяков, — говорит бабушка.

— Они не ссорятся, они дерутся, — отвечает Маруся.

— Я знаю одну девочку, которая совсем недавно тоже подралась с мальчиком, — говорит мама многозначительно.

— Мама! — удивляется Маруся. — Как это недавно? Это было совсем давно.

— А по-моему, всего с месяц назад это случилось, — говорит мама.

— Ну да? — неуверенно спрашивает девочка.

— Уверяю тебя.

— Нет, нет, это было очень давно, — отвечает Маруся твердо. — Я была тогда совсем не такая.

Мама встает.

Заглядывает в Марусину тетрадь.

— Красиво? — спрашивает Маруся.

— Ничего себе, — отвечает мама.

— Вот еще строчку напишу — и готово! — сообщает Маруся.

Она пишет. Мама глядит.

— Дай мне одну букву написать, — просит мама.

— Ой! — пугается Маруся. — Ты не умеешь.

— Как — не умею! — улыбается мама. — Я все-таки женщина с высшим образованием.

— Нет, нет, — кричит Маруся. — Ты «В» неправильно пишешь заглавное! И «р» маленькое. Я на конверте видела. Анна Ивановна не так велит писать.

— Ну хорошо! — соглашается мама. — Не буду. Ты так вкусно пишешь, что мне тоже захотелось было попробовать.

— А ты, мамочка, возьми листок и садись возле, — предлагает Маруся. — Я тебе буду показывать.

— Да ладно уж, потерплю, — отвечает мама.

— Я бы тебе позволила, но Анна Ивановна сказала, что за домашнюю работу она завтра отметки будет ставить, — сообщает Маруся.

Появляется страница тетради. Знакомая рука пишет новое заглавие:

ПЕРВАЯ ОТМЕТКА МАРУСИ

Маруся сидит за партой и глядит на свою тетрадь. Улыбается.

Под ее домашней работой стоит четверка.

— Анна Ивановна! — ноет одна девочка. — Почему вы всем поставили отметки, а мне нет?

— Ты болела и отстала от класса.

— Как же я теперь? — ноет девочка. — У всех отметки есть, одна я несчастная.

Маруся весело бежит домой.

И вдруг видит — по улице ей навстречу бежит Сережа.

Он тоже очень весел.

Быстро прыгает на ходу.

Чтобы не встретиться со своим врагом в воротах, Маруся останавливается у витрины магазина.

Делает вид, что разглядывает выставленные там совсем неинтересные электроприборы и радиолампы.

Сережа вошел уже было в ворота, но вдруг заметил папиросную коробку, лежащую возле урны с мусором.

Подлетает лихо к урне. Поддевает коробку носком, бьет, как футбольный мяч.

Делает несколько неудачных ударов по воротам. И наконец забивает гол и исчезает.

Маруся пускается было в путь, но Сережа вновь вылетает из ворот.

Теперь он ведет воображаемый мяч, обманывая воображаемого противника.

Вот футболист исчезает наконец.

Переждав, Маруся осторожно заглядывает в ворота, входит во двор и видит:

Сережа делает героические усилия, чтоб загнать уже сильно помятую папиросную коробку в подъезд.

Сумка его расстегнулась. Болтается на руке.

А посреди двора на асфальте лежат букварь и растрепавшаяся тетрадь.

Сережа, увлеченный игрой, ничего не замечает.

Маруся останавливается.

Поглядывает то на тетрадь с букварем, то на их владельца.

То отойдет, то вернется.

Никак не может решить, как ей поступить в данном случае.
А Сережа уже загнал коробку на ступеньки.
Вот-вот, сейчас-сейчас скроется он за дверью!
Порыв ветра распахивает тетрадь.
И Маруся видит: Сережа тоже получил сегодня отметку.
Тоже четверку!
И товарищеские чувства одерживают верх.
Маруся кричит. Кричит очень неопределенно. Нечто вроде «оуа» или «ауо». Просто для того, чтобы Сережа обернулся.
Нет! Не действует этот неопределенный крик на отчаянного футболиста.
— Эй, ты! — зовет тогда Маруся.
И это не помогает.
— Сережа! — кричит она наконец.
Мальчик оглядывается.
Маруся молча показывает ему на тетрадь. И, не оглядываясь, направляется к своему подъезду. Сережа хватает тетрадь и букварь. Кладет в сумку.
— Фасоня! — кричит вслед Марусе неблагодарный мальчик.
Маруся не оглядывается.
— То-то. Посмирнела, — радуется Сережа.
— Кто посмирнел? — не выдерживает Маруся.
— Да ты! — кричит мальчик.
Маруся возвращается.
— Это я посмирнела? — спрашивает она угрожающе.
— А то кто?
— И не стыдно, — качает головой Маруся. — Я твою тетрадку нашла с четверкой, а ты ругаешься.
— Разве это с четверкой тетрадь выпала? — ужасается Сережа.
Лезет в сумку.
Достает мокрую тетрадь, заглядывает в нее. Говорит:
— Эх, ты!
— И я четверку получила! — сообщает Маруся.
Достает свою тетрадь. Показывает Сереже.
— Хм... — говорит Сережа неопределенно. — Я бы пятерку получил, да пятно учительница нашла. Вот, видишь?
И Сережа показывает отпечаток своего пальца на уголке страницы.
— Я говорю ей, что у меня руки не отмываются. Не верит!
— Строгая? — спрашивает Маруся.
— Ого! — отвечает Сережа. — А у вас?
— Не знаю, — отвечает Маруся. — Мы ее любим.

— А мы тоже, — сознается Сережа. — Когда она рассказывает сказки, особенно. В классе «Б» не такая. Они свою хвалят, но это глупости.

— А кружки у вас есть? — спрашивает Маруся.

— Ого! Сколько угодно, — говорит Сережа. — Ритм! Слышала такое слово?

Вместо ответа Маруся, напевая, проделывает ряд ритмических движений.

Сережа не без грации делает то же самое.

— А уголок живой природы есть у вас? — спрашивает Сережа.

— Ого! — отвечает Маруся. — Самый красивый в школе. Ну, до свидания, а то бабушка там, наверное, измучилась, не знает, сколько мне поставили.

Дети расходятся.

— А гимнастика есть у вас? — кричит Маруся из дверей своего подъезда.

— Есть! — кричит Сережа. — А на экскурсии вас водят?

— Во-о-одят! — откликается Маруся издали.

Маруся вбегает в прихожую.

— Бабушка! — радостно вопит она. — Я с Сережей не подралась! Поговорила и не подралась. Честное слово!

— Чудеса! — удивляется бабушка. — А еще какие новости?

— Хорошие! Очень! — ликует Маруся. — Я отметку получила.

— А какую? — спрашивает бабушка.

— Четверку! Гляди! — ликует Маруся. — Бабушка! Что ж ты не радуешься? Ведь четверка — это близко к пятерке!

Вновь появляется страница тетради в косую линейку. Детская рука старательно пишет название новой главы:

ДНИ ШЛИ ЗА ДНЯМИ, НЕДЕЛИ ЗА НЕДЕЛЯМИ

Вновь следуют одна за другой короткие сцены.

Класс.

За окнами стоят голые деревья.

Ряды парт. Девочки склонились над работой.

Все пишут чернилами.

— Эту фразу начнем с новой строки, — диктует Анна Ивановна.

Маруся старательно пишет, обмакивая ручку в чернила.

Снова класс.

По проходу между партами идет Анна Ивановна.

Она раздает девочкам новую книгу.

— Уберите букварь. Вот вам новая книга. По ней мы будем читать.

В руках у Маруси первая книга для чтения. Вот ее обложка — яркая и заманчивая.

А вот другая книжка.

Эту книжку держит в руках пионервожатая Валя. Мы видим ее сидящей за столом, окруженной первоклассницами.

Мы видим класс, в котором это происходит.

Сегодня класс выглядит необычно.

Парты придвинуты к стене. Всюду следы работы. Еще не убраны обрезки бумаги, банка с клеем, ножницы.

Первоклассницы готовятся к годовщине Октября.

Класс убран флажками.

Еловыми ветками украшена рама с портретом товарища Сталина.

За окнами уже темнеет.

В классе горит электричество.

Пионервожатая Валя читает вслух:

«Ленину было ясно — победа близка. Владимир Ильич каждый день посылал письма в Петроград — товарищам Сталину, Дзержинскому, Свердлову. В письмах он давал указания о том, как начинать вооруженное восстание. Из ленинского шалаша шли в Петроград приказы. Шалаш стал штабом революции, — читает Валя. — И вот в ночь на 7 ноября 1917 года в Петрограде началось восстание...»

На парте сохнет только что сделанный руками девочек плакат.

Портреты Ленина и Сталина по краям плаката. А посредине лозунг:

ДА ЗДРАВСТВУЕТ XXX ГОДОВЩИНА ОКТЯБРЯ!

Школа уже одета по-праздничному. На фасаде большой плакат:

ДА ЗДРАВСТВУЕТ XXX ГОДОВЩИНА ОКТЯБРЯ!

Портреты Ленина и Сталина, алые флаги висят над подъездом.

Валя читает. Голос ее продолжает звучать:

«Самое любимое место Ильича было у большого пня среди ивовых кустов. Там Ленин любил работать. Садился на землю, клал на пень листы бумаги и писал...»

Из подъезда школы выходит Маруся. Она глубоко сосредоточена. О чем-то думает.

Только что прочитанный рассказ оставил, очевидно, неизгладимый след в ее памяти.

Маруся идет по улице.

Бормочет что-то. Иногда даже жестикулирует, рассуждая вслух. Улыбается.

Марусе кажется, что Валя продолжает читать. Она совсем слышит ее голос:

«Ильич часто забывал про еду; вспоминал, что очень голоден только тогда, когда ему приносили со станции завтрак.

Однажды разливские ребята поймали в озере большую щуку и принесли ее в шалаш. Перед шалашом у Ленина висел на колышках котелок...»

Идет Маруся и вдруг останавливается.

Ей преградили путь.

— Гражданка! Отчего вы такая сердитая?

Маруся поднимает голову, опомнившись. Дядя Володя стоит перед нею, улыбается.

— Ох, дядя Володя, я задумалась! — отвечает Маруся.

— О чем, позвольте узнать?

— Нам книжку читала Валя. Как Ленин жил в шалаше.

— Хорошая книжка?

— Очень! Счастливая Валя, так читать умеет хорошо!

— А кто такая Валя?

— Не знаете? Пионервожатая наша!

— Ты, значит, пионерка?

— Ой, что вы! — смущается Маруся. — Нам нельзя еще. Пионеры, знаете, какие должны быть? Еще придется поучиться. Вы не к нам идете?

— Нет, от вас, — отвечает дядя Володя. — Уже поздно. Дома беспокоятся, почему ты так долго не идешь. Я за тобой. Пойдем, провожу. Голодна небось?

— Ох, дядя Володя! — говорит Маруся. — Сегодня такой день. И читали нам. И мы готовились к годовщине Октября. И нам дали отметки за первую четверть.

— Очень хорошо, — говорит капитан, доставая записную книжку. — Ведь я сегодня улетаю в Заполярье. Поэтому и у вас был. Мама посылает твоему папе письмо. Бабушка — варенье. А ты чем отца порадуешь к празднику? Пятерок сколько?

— Три! — отвечает Маруся. — Русский устный. Поведение. Пение.

— Так! — капитан записывает. — Четверок много?

— Немного. Одна. Русский письменный.

— Так! Троек?

— Остальные тройки. Потому что я спешу очень... Все тороплюсь куда-то. Но Анна Ивановна обещает, что я исправлюсь.

— Понятно! — говорит капитан. — Так и доложим. Желаю тебе дальнейших успехов.

Снова класс.

Девочки решают контрольную работу.

Маруся пишет быстро. Торопится, как на пожар.

Несет листок Анне Ивановне.

— Опять ты первая, — качает головой Анна Ивановна. — Все проверила?

— Все, все!

— А то проверь еще, у тебя есть время.

— Нет, нет, — говорит Маруся. Садится на место. Заглядывает в тетрадь соседки, ахает и хватается за голову.

— Вот, то-то и есть! — говорит Анна Ивановна.

Первоклассницы облепили окно.

Девочки в восторге. За окном падает первый снег. Кружатся легкие снежинки.

Деревья смежного сада уже покрыты снегом.

Зима.

В парке, куда вышли сейчас девочки на урок природы, много снега.

Девочки разрывают его ногами.

— В глубине, под снегом, — рассказывает детям Анна Ивановна, — прячутся от мороза корни трав. Прикрытые сверху снежным одеялом, они не замерзнут. И почки деревьев плотно закрыты, как дверь в комнату. Туда, вовнутрь, не заберется мороз. Так они и будут жить теперь до весны.

Школьный зал.

Девочки на уроке ритмики.

Под музыку проделывают они теперь уже сложные ритмические упражнения.

В том же зале.

Девочки на уроке пения.

Стройно звучит детский хор.

Первоклассницы разучивают новогоднюю песню. Песня эта слышна в классе, где девочки старательно, под руководством пионервожатой Вали, высунув языки, клеят игрушки на елку. Готовятся к встрече Нового года.

И здесь, на площади, звучит эта песня. Вот она, зимняя, праздничная, новогодняя Москва.

Большая роскошная елка на Манежной площади.

ДА ЗДРАВСТВУЕТ НОВЫЙ 1948 ГОД!

Страница в косую линейку с новым заглавием:

И ВОТ ПРИШЛИ НОВОГОДНИЕ КАНИКУЛЫ

Дворник Иван Сергеевич, сидя на корточках на полу в кухне, занимается серьезным и сложным делом — вставляет большую елку в деревянную крестовину. Мохнатые колючки мешают ему, лезут в лицо, но он ловко орудует топором, не сдается.

Мама и бабушка помогают дворнику — держат непокорную елку.

Маруся раздвигает осторожно ветки, чтобы они не кололи Ивану Сергеевичу лицо.

Вдруг Иван Сергеевич спрашивает совершенно серьезно:

— А скажите, не напрасно ли я стараюсь?

— Как напрасно? — удивляется Маруся. — Почему напрасно, Иван Сергеевич?

— А вдруг ты не заслужила елку? Какие у тебя отметки?

Маруся улыбается со скромной гордостью.

— Скажите ему, мама, бабушка!

— У нее всего одна четверка, — сообщает бабушка с удовольствием — русский письменный. Остальные — пятерки.

— Ого! — говорит Иван Сергеевич с уважением. — Ну, с такими отметками и погулять не стыдно.

— Ой, скорее бы завтра, — ноет Маруся. — Сейчас украсим елку. Потом еще чай попьем... Умываться надо... Да раздеваться... Да пока усну... Да пока проснусь... Нет, не дождаться мне этого дня.

— Дождемся! — улыбается мама. — Давай-ка лучше сообразим, кого же мы в гости позовем. Сколько нам с бабушкой пирожков печь.

— Давайте! — говорит Маруся. — Ну... значит... прежде всего Галю позовем.

— Постой, постой! Ведь ты же с ней в ссоре, — говорит бабушка.

— Я? С Галей? — удивляется Маруся. — Ну что ты, бабушка!

Галя очень хорошая девочка. Потом Веру... Она очень славная. Нину еще непременно. Шуру, Асю, Олю, Катю, Майю, Зину, Наташ всех трех. У нас в классе три Наташи, мама.

— Порядочно, — говорит Иван Сергеевич.

— Ни в каком классе столько нет! Потом Светлану, Клару.

— Маруся! У нас тарелок не хватит столько! — ужасается бабушка.

— Они из блюдечек поедят! — говорит Маруся. — Ой! Еще Женю. Еще Симу...

— Погибли! — говорит мама. — Погибли, погибли!

— Кто? — удивляется Маруся.

— Мы с бабушкой! — объясняет мама. — Ну куда мы денем столько народу?

— Сейчас, сейчас! — говорит Маруся. — Еще Олю, Надю, Лиду, Тамару, Люсю, Лену...

— Батюшки! Весь класс! — хохочет бабушка.

— Ну, чем же я виновата, что у нас девочки такие хорошие, — жалуется Маруся.

— Нет уж, зови только самых лучших знакомых. Иначе нам не разместиться, — говорит мама решительно.

— Мама! Они все теперь мои лучшие знакомые.

— Придется выбирать, — говорит мама.

— Ой! — вздыхает Маруся. — Люсю одну позвать — Лена обидится. Они на одной площадке живут. Тамару не звать — жалко. Она и так вчера двойку получила.

— Ну и пусть дома сидит, учится, — говорит Иван Сергеевич.

— Нет, жалко, — возражает Маруся.

— Вот Сережу бы я позвала! — говорит мама. — Раньше он бывал у тебя.

— Ну вот еще! — говорит Маруся. — Ни за что не позову.

— Вы же теперь в дружбе?

— Нет, в ссоре. Вчера чуть не подрались. Он Лизиного котенка хотел со двора к себе домой унести.

— Было, — говорит Иван Сергеевич.

— Ну, думай, Маруся! Думай! — торопит мама.

— Ладно уж! Я только свою колонку в гости позову, — решает Маруся.

— Сколько же это будет — колонка? — заинтересованно спрашивает Иван Сергеевич.

— Только четырнадцать девочек!

Иван Сергеевич выпрямляется.

— Елка готова — можно звать, — говорит он.

Прихожая завалена пальто, рейтузами, шапочками, ботами.

Елка стоит прямая как стрела. Ладная, густая. И словно по призыву волшебника, на ней загораются свечи, сверкают игрушки, поблескивает золотой дождь. Сияет, искрится на удивление красиво украшенная елка.

Музыка, веселые детские голоса.

К столовому столу приставлен еще кругленький столик и под углом к ним — мамин письменный.

Девочки пьют чай.

Маруся угощает.

— Пожалуйста, девочки, еще. Попробуйте конфеты с витаминами. Папа прислал мне за пятерки. Они из Заполярья летели. Возьмите пирожки, у нас их целая гора.

Звонок.

— Ой! — кричит Маруся радостно. — Еще кто-то пришел!

Она открывает дверь.

Сережа стоит угрюмо на площадке. В руках сверток.

— Здравствуй! — говорит он.

— Здравствуй! — отвечает Маруся.

— Мама велела, чтобы я тебе передал... — докладывает он мрачно и протягивает сверток Марусе.

— А что это? — не понимает Маруся.

— Яблоки.

— Какие?

— Какие-какие! Дедушка привез из Крыма. Целый ящик. Мама велела, чтобы я тебе подарил к Новому году.

Мама выходит в переднюю.

— Что же ты, Сережа? Войди, а то дует.

Сережа входит.

— Здравствуйте, Нина Васильевна! — говорит Сережа басом.

— Раздевайся, заходи.

— Не хочу.

— Почему?

— Не хочу. Там девчонки одни.

— Не девчонки, а девочки, — поправляет Маруся.

— Ну пусть, — соглашается Сережа. — Не пойду все равно.

— Полно, полно тебе басом разговаривать! — смеется мама. — Девочки тебя не обидят. Идем!

Столы убраны.

Дети играют в различные игры.

И Сережа играет со всеми вместе.

От его мрачной застенчивости не осталось и следа.

Он хохочет, заливается точно так же, как и все девочки.

Гости ушли.
Мама и бабушка занимаются уборкой.
— Тише, тише! — говорит бабушка. — Марусю разбудим.
— Ничего, — отвечает мама. — Она набегалась. Ее теперь и пушками не разбудишь.
Мама заглядывает в спальню и охает тихонько.
— Иди-ка, полюбуйся! — зовет она бабушку.
Бабушка подходит и видит.
Маруся и не думает спать.
Она сидит на кровати, закутавшись в одеяло, поджав ноги. В руке у нее книжка. Она читает с глубоким увлечением.
— Первый раз вижу! Подумать только! — шепчет мама. — Дочка зачиталась... с увлечением читает. Понимаешь?
— Да уж чувствую, не объясняй! — сияет бабушка.
Мама тихонько входит к Марусе.
— А спать кто будет, дочка? — спрашивает она ласково.
— Мама! — говорит Маруся, поднимая глаза от книги. — Это та самая книжка! Ты подарила мне ту самую книжку! Помнишь, я тебе рассказывала.
— Какую? — спрашивает мама, притворяясь удивленной.
— Что нам Валя читала — А. Кононов. «Рассказы о Ленине». Я думала, что их только вслух можно читать. Открыла... Ой! Знакомое! Попробовала прочесть одну строчку, потом другую. И вдруг ка-а-к зачиталась! Мамочка! Как интересно! Я, значит, всякие книжки могу теперь читать!
— Теперь ты только спать можешь, — улыбается мама.
— Ой, мамочка, сейчас усну. Еще немного подумаю и усну! — обещает Маруся. — Я вот о чем думаю... Как хорошо было бы, если бы Ленин и Сталин, когда были маленькие, жили бы в нашем доме. А, мамочка? Во дворе играли бы. И я с ними... Мамочка, я знаю, что это так... выдумка... но только это очень интересно...
Маруся задумывается.
— Ну, девочка, что? — спрашивает мама.
— Только я не знаю, как их называть... Если бы они были маленькие, я все равно называла бы их... Владимир Ильич, Иосиф Виссарионович. Верно?
— Спи, девочка, спи, родная! — просит мама.
— Сейчас, сейчас, мама! Еще минуточку! Ты только послушай.
И Маруся читает вслух по книжке:
«... а хозяйство из ленинского шалаша — топор, котелок, чайник и коса — находится в Музее Ленина в Москве».

— Хватит, девочка, — говорит мама строго. — Спи. Уже поздно. Завтра обо всем поговорим.

— Ну хорошо. Раз, два, три! Засыпаю! — отвечает Маруся и с головой покрывается одеялом.

Появляются предметы хозяйства ленинского шалаша — топор, котелок, чайник и коса.

Маруся и мама идут по Музею Ленина.

— Вот они, мамочка, правда, — радуется Маруся, увидев знакомые предметы.

Маруся разглядывает их с глубочайшим вниманием.

— Как интересно, мама. Значит, в книжках правду пишут.

На странице в косую линейку написано следующее заглавие:

И ВОТ КАНИКУЛЫ КОНЧИЛИСЬ

Маруся входит в класс. Вид у нее очень важный и солидный. Под мышкой книга — драгоценный мамин подарок. Девочки радостно бросаются ей навстречу. Верочка первая торопится рассказать важную новость.

— Маруся! — кричит она. — Смотри! У нас новенькая! Она все болела, болела, а теперь к нам пришла.

И Маруся видит: на парте сидит незнакомая худенькая стриженая девочка. Озирается с ужасом.

— Боится, — сочувственно замечает Верочка.

— Как тебя зовут, девочка? — спрашивает Маруся.

— Ася! — отвечает новенькая робко.

— Бояться не надо! — говорит Маруся наставительно. — Здесь твои подруги. Никто тебя не обидит. Ты читать умеешь?

— Да! — отвечает девочка.

— А писать?

— Умею. Я вас догнала. Вот!

И Ася показывает девочкам свои тетради. Девочки окружают ее толпой.

— Смотри-ка! — говорит Маруся. — Правда! Кто тебя научил?

— Мама.

Маруся несколько ошеломлена.

— Погоди-ка, погоди... — говорит она. — А доска у вас дома была?

— Нет.

— Значит, к доске ты не умеешь выходить?

— Нет.

— Ага! — радуется Маруся. — Дома разве так научишься. Ну ничего. Сейчас мы тебе покажем все. А как здороваться с учительницей, знаешь? Нет. Вот смотри. Девочки, сядьте. Я буду Анна Ивановна.

Маруся вихрем выбегает из класса.

Затем входит не спеша, приветливо улыбаясь.

Девочки встают.

Новенькая тоже.

— Здравствуйте, девочки! Садитесь, — говорит Маруся. — Ася, вставать надо тихо. Грохот мешает заниматься другим. К доске, Ася. Без шума. Ровненько. На место. Это не пустяк. Первоклассницы должны ровненько ходить. Поняла?

— Ага! — говорит Ася.

— Не ага, а да, — поправляет Маруся. — Первоклассницы должны правильно разговаривать. Это у тебя что такое? — спрашивает Маруся, указывая на подбородок.

— Борода, — говорит девочка.

— Вот и не знаешь! Подбородок, надо знать. А это переносица. Правильно разговаривать надо.

— А это лоб? — спрашивает ошеломленная Ася.

— Да, Ася, это лоб, — отвечает Маруся. — Но если ты хочешь спросить что-нибудь — поднимай руку.

— Только пальцами не щелкай! — кричит Галя.

— Тише, тише! Я объясняю, — говорит Маруся. — Да, пальцами не щелкай. Анна Ивановна и так все увидит. Она все видит. Ой! Сколько ей еще объяснять надо! А сейчас звонок.

— Про вежливость ей скажи! — кричат девочки наперебой. — Про то, что она теперь не одна. Что от наших двоек всей школе обидно! Чтоб домой не уходила, пока звонок не зазвонит! Про уголок живой природы! Про экскурсии! Про кружки скажи! Что ссориться нельзя!

Ася оглядывается во все стороны растерянно. Звонит звонок. Ася вздрагивает.

— Не вздрагивай! — говорит Маруся строго. — Это звонок. Бояться нечего. Не подсказывайте, — останавливает девочек Маруся. — Я сама знаю. Вот что... Мы научились, что такое мы... Понимаешь?

— Нет, — честно признается Ася.

— Мы — знаешь что такое! Первоклассницы. Мы друг за друга. А вся школа за нас. А шеф — завод Сталина — за всю школу. И мы за них... Вот так и веди себя. Понятно? Писать можно и дома научиться, а это...

Звонит звонок. Ася вздрагивает.

— Не вздрагивай! — повторяет еще раз строго Маруся. — Это звонок. Бояться нечего.

— Одна девочка тоже вздрагивала, а потом стала Героем Советского Союза, — успокаивает Верочка.

— Анна Ивановна идет! — сообщает дежурная.

Асе шепчут со всех сторон.

— Встать не забудь! Без шума.

— Руку подымай, когда захочешь спросить.

Входит Анна Ивановна.

Девочки бесшумно встают.

А бедная Ася, заметавшись, встает с грохотом. Делает шаг к доске, поднимает одну руку, потом другую.

С шумом что-то вываливается из парты и катится по полу. Анна Ивановна улыбается.

— Успокойся, Ася, — говорит она. — Я уже вижу. Девочки хотели научить тебя всему зараз. Ничего, не обижайся. Это они любя. Они забыли, что сами росли да умнели понемножку. Ото дня ко дню. И часто поворачивали обратно. Садитесь, девочки.

Девочки усаживаются.

— Ну, девочки, поздравляю вас с Новым годом и новым учебным полугодием! — говорит Анна Ивановна. — Теперь мы пойдем вперед еще быстрее, чем шли до сих пор.

На косых линейках тетради знакомая рука выводит последнее название главы:

КАК МАРУСЯ ПРОПАЛА

Ясный весенний день.

Снега почти не видно.

От скверика в Марусином дворе, от потемневшей снеговой горки бегут по асфальту веселые ручьи.

Маруся, Галя и Вера работают, помогают весне. Деревянными лопатами разгребают снег, бросают его в воду.

Сережа выбегает из подъезда.

— Хорошо, что в воскресенье и вдруг хорошая погода. Верно? — говорит он весело.

— Очень даже хорошо, — поддерживает Вера.

— Хочешь играть с нами? — предлагает Галя.

— Мне некогда. Я сейчас иду вербу покупать. Учительница сказала, что если принесем в класс вербу и поставим в уголок живой природы, то беседа будет интересная, — сообщает Сережа.

— А где ее продают? Нам тоже нужно! — оживляется Маруся.

— За углом, у сквера.

— Подожди, и мы пойдем! — просят девочки.

— Пошли! — соглашается Сережа.

Маруся вихрем врывается домой.

— Бабушка! — кричит она. — Дай скорей денег. Вербу надо купить для школы. Ее у сквера продают, за углом.

— Хорошо, — говорит бабушка. — Только не пропадайте.

— Не пропадем, бабушка! — говорит Маруся. — Как найдем вербу, так и вернемся.

Дети у скверика за углом. Они огорчены.

— Вчера тут стояла одна, позавчера, — жалуется Сережа. — А сегодня не приехала...

— Воскресенье, — вздыхает Вера. — У нее выходной.

— Я поеду, — говорит Сережа.

— Куда?

— За город. Сам найду вербу. До свиданья!

И Сережа бежит на остановку. Вскакивает на площадку трамвая.

— Когда вернешься? — кричит Маруся.

— Через час! — отвечает Сережа.

И уезжает очень веселый.

— Вот... У них будет в уголке верба, а у нас нет... — жалуется Галя.

— Давай поедем! — предлагает Маруся. — А? Давайте, девочки. Анна Ивановна обрадуется! Вот, скажет, молодцы. Вербу принесли.

— А дома?

— А дома я сказала: как найдем вербу — так и вернемся. Ну? Едем. Живенько. Солнышко какое. В окно будет интересно смотреть.

Трамвай идет уже по городским окраинам. Маруся, Галя, Вера глядят в окно. Вот вокруг пошли деревья и поля. Вагон опустел.

Бородатый добродушный дядя поглядывает на девочек.

— Первоклассницы, а первоклассницы! — окликает он их. — Это вы куда же едете?

— Вербу искать, — отвечает Вера.

— А откуда вы знаете, что мы первоклассницы? — спрашивает Маруся.

— А я сам первоклассник! — улыбается бородач. — Своих сразу узнаю.

Девочки смеются.

— Напрасно смеетесь! — говорит бородач. — Мне только семь лет. Но я великан. А великаны растут не по дням, а по часам. Вон каким дяденькой я в семь лет вырос.

И девочки, и бородач смеются.

— Ну а теперь без шуток, — говорит бородач. — Зачем вам верба?

— Для уголка живой природы. Если найдем — будет беседа про растения! — объясняет Маруся. — Мы это любим.

— Вот это радует мое сердце! — говорит бородач. — Если говорить без шуток — я ученый. То, что называется ботаник. Всю жизнь занимаюсь растениями и знаю о них массу интересных вещей.

— Ой! Приезжайте к нам в класс. Расскажите! — просят девочки.

— Приеду, — отвечает бородач. — С удовольствием. Вы из какой школы?

— 156-й, — отвечает Галя.

— Запомню, — говорит бородач. — Ну так вот. У меня сейчас лекция, а то бы и я поехал с вами за вербой.

Бородач встает.

— Сойдите через две остановки. Оглядитесь внимательно. И увидите вербу, если ее уже всю не обломали. Кстати, дома знают, что вы отправились за вербой?

— Бабушка знает, — отвечает Маруся.

— Ну то-то! — говорит бородач. — До свидания! — Он пожимает руки девочкам и сходит с трамвая.

Девочки идут по лесу.

Оглядываются.

Не видать вербы!

Здесь снега еще много, куда больше, чем в городе. Совсем как зимой.

Девочки оглядываются.

— Пойдем назад! — просит Вера. — Здесь очень уж тихо. Ой!

Девочки шарахаются в сторону.

Мокрый снег срывается с веток, тяжело шлепается на землю. Какая-то птица пролетает между стволами. Хлопает крылом.

— Что, испугалась! — поучительным тоном говорит Маруся. — Это птица. Кажется, дятел. На юг не улетает. Питается насекомыми. Смешно птиц пугаться. Не маленькие.

— Нет, правда, идем. Мне тоже в город захотелось... — просит Галя. — И правда, тихо тут очень.

— Ладно уж, идем! — соглашается Маруся.

Девочки поворачивают, и вдруг лица их расплываются в улыбке.

Они видят — белка замерла на ветке и внимательно разглядывает детей.
— Белочка! — взвизгивают хором девочки.
Белочка, распушив хвост, прыгает в чащу.
— Где она? — шепчет Галя.
— Белочка! Где ты? На, на, на! — зовет Маруся.
— Смотрите! — шепчет Вера.
С высокого дерева снова глядит на ребят любопытный зверек. Девочки тихонько, стараясь не дышать, крадутся поближе к белке.
Забыты все страхи.
На лицах — полный восторг.
Девочки исчезают в чаще.

Бабушка стоит у окна.
Глядит на улицу.
Солнце скрылось за тучами.
Поднялся ветер.
Снег начинает падать крупными хлопьями.
Вьется по ветру.
Бабушка одевается.
Выходит во двор.
Сережа идет по двору.
— Сережа! Ты Марусю не видел тут с ее подругами? — спрашивает бабушка.
— Видал! — отвечает Сережа. — Только давно. Я уехал за город. А они возле скверика стояли. За углом.
Бабушка идет по улице.
Заглядывает в скверик.
Там пусто.

Лес.
Девочки бредут между деревьями.
Вера плачет.
Галя ворчит.
— Это ты виновата! Поедем! Поедем! Вот и заблудились.
— Замолчи! — говорит Маруся сурово. — Анна Ивановна говорит, что в беде дружно держаться надо. Будешь ссориться, я тебя за косу дерну.
— Такой дикий лес! — плачет Вера. — Совсем дикий лес. Как на картинке.
— Мы сюда на трамвае приехали! — сердится Маруся. — А до диких лесов сколько недель надо добираться? Забыла?

Некоторое время девочки идут молча.

— Тише, — говорит Маруся.

Девочки прислушиваются.

Где-то, трудно понять где, как будто в верхушках деревьев, что-то поет, гудит, протяжно и жалобно. Девочки жмутся друг к другу в страхе.

— Я говорила... — шепчет Вера. — Это лес какой-то не такой... Белка завела нас да и бросила.

— Это вот что гудит! — кричит радостно Маруся. — Это телеграф! Проволоки на ветру гудят. Вот они!

И действительно, смутно видимые в падающем снеге и между белыми лапами деревьев тянутся телеграфные провода.

— Идем! — зовет Маруся. — Пойдем под проволоками и придем на какой-нибудь телеграф. И дадим домой телеграмму: простите, мы заблудились. Маруся, Галя, Вера.

Радостные, поглядывая все время наверх, чтобы не потерять своего друга и проводника, бегут девочки по темнеющему лесу.

Сильно повеселев, они начинают петь хором:

— Ты гуди, гуди, гуди! Ты гуди, гуди, гуди!

Марусе приходит в голову продолжение:

— И нас до дому доведи...

Дети приветствуют эту находку радостным смехом. Теперь они поют хором две строчки:

— Ты гуди, гуди, гуди и нас до дому доведи.

Скачут, вертятся волчками. Бегут туда, куда ведет их телеграфный провод.

И вдруг останавливаются пораженные. Крутой, очень крутой обрыв открывается у самых их ног. Замерзшая река тускло поблескивает внизу. Телеграфный провод ныряет вниз, бежит к столбу на противоположном пологом берегу. Исчезает в лесу.

— Ничего! — говорит Маруся. — С другой стороны найдем станцию телеграфную. Поворачивай!

Галя плачет.

— Ничего! — говорит Маруся. — Ничего! Мы... не маленькие.

И вдруг, обняв подруг, она разражается отчаянным ревом.

— Темнеет! — плачет она. — Темнеет! Что будет! Что будет!

В Марусиной столовой. Марусина мама, Марусина бабушка, Верина мама и Галина мама.

— Спасибо, Анна Ивановна! — говорит мама и вешает трубку.

— Сейчас учительница придет сюда, — говорит мама. — Позвонит на радио, позвонит в милицию.

Кабинет начальника милиции. Начальник говорит по телефону:

— Все понятно, товарищ учительница. Сейчас передам телефонограмму по всем отделениям. Срочно прикажу искать.

Комната дежурного в отделении милиции. Дежурный принимает телефонограмму. Повторяет вслух слово за словом:

— Три девочки, ученицы первого класса...

Дежурная комната в другом отделении, другой дежурный пишет, повторяя:

— ...156-й школы ушли из дому утром...

Третий дежурный третьего отделения пишет:

— ...и не вернулись. Принять срочные меры к розыску...

Милиционер выбегает из отделения милиции.

Застегивает на ходу шинель.

Вскакивает на мотоциклет.

Мчится по улице.

Анна Ивановна в столовой у Маруси. Говорит успокаивающе:

— Найдем, найдем. И милиция ищет их. И ученицы мои бывшие, теперь семиклассницы, обходят всех Марусиных подруг. Спрашивают...

И мы видим одну из них — пионервожатую — на площадке лестницы. Она звонит. Ей открывает Нина.

— Нина Соколова? — спрашивает вожатая. — К тебе не заходили сегодня Маруся, Галя и Вера?

— Нет! — отвечает испуганно Нина. — А что?

— Потом узнаешь! — отвечает вожатая.

И бежит вниз по лестнице.

И мы снова видим Анну Ивановну, которая продолжает:

— И шефам я позвонила. Директор послал свою машину, на случай, если понадобится.

Под окном громко гудит сирена автомобиля.

— Да вот машина и приехала уже, — говорит Анна Ивановна. — И на радио...

Репродуктор на улице говорит громко:

— Три девочки, ученицы первого класса 156-й школы...

Знакомый нам бородач, ботаник, останавливается как вкопанный у репродуктора.

— Маруся Орлова, — продолжает репродуктор, — Галя Боромыкова и Вера Петрова ушли сегодня утром и не вернулись. Просьба ко всем видевшим их сообщить по телефону — центр 5-32-36.

Бородач достает из кармана кошелек. Из кошелька гривенник. Бежит в дверь, возле которой висит табличка: «Телефон-автомат».

По шоссе мчится большой автомобиль. В автомобиле Анна Ивановна, бородатый ботаник, офицер милиции.

Следом — автомобили и мотоциклисты с милиционерами.

Девочки бредут по лесу.

Выходят на большую поляну.

Идут очень медленно.

— Бежит кто-то, — шепчет Галя. — Ой! Волк! Волк!

И действительно, большая темная тень приближается к девочкам огромными шагами. Девочки бегут в ужасе.

Вера оглядывается.

Волк все ближе и ближе.

В отчаянии Верочка валится в снег. Закрывает руками голову. Кричит:

— Спасите меня! Пожалуйста, спасите! Дорогие! Милые!

Маруся оборачивается и видит: подруга беспомощно зарылась головой в снег.

Маруся хватает торчащую из снега палку. И не помня себя, отчаянно размахивая ею, бросается на выручку.

Галя, помедлив, идет за нею следом.

— Пошел вон! Пошел вон! Немедленно! — кричит Маруся волку.

И волк останавливается вдруг.

— Ага! — ликует Маруся. — Испугался! Вставай, Вера! То-то! Нас трое, а волк один! Ага! Сел?

Волк и на самом деле сел.

Поднял голову.

Залаял отрывисто, громко, выразительно, как будто призывая кого-то.

— Собака! Волки не лают, Анна Ивановна говорила.

— Вставай, Вера, — ликует Галя.

Вера встает.

Маруся отряхивает снег с ее шубки.

И вдруг девочки видят...

...Далеко, далеко в черной мгле за поляной загораются огоньки. Они блуждают между деревьями, как бы переглядываются, перемигиваются. И наконец, выстроившись полукругом, двигаются вперед к девочкам.

— Разбойники... — шепчет Вера.

— Нет, нет, нет! — кричит Маруся восторженно. — Собаки разбойникам не помогают. Это милиция. Они ищут кого-нибудь.

Маруся бросается к собаке.

Пес, большой немецкий овчар, виляет хвостом, но, когда Маруся хочет погладить его, увертывается. А когда Маруся хочет побежать вперед, он загораживает ей дорогу.

Рычит предостерегающе.

— Пусти! — просит Маруся. — Мне надо сказать милиционерам, чтоб они нам показали дорогу.

Пес не слушается.

— Пусти! Мы ведь не бандиты. Мы просто нечаянно убежали.

Пес отказывается считаться с этими доводами.

— Ничего, они все равно сюда идут, — говорит Галя.

И действительно — цепь черных фигур двигается вперед. Теперь видно, что огоньки — это электрические фонари в руках идущих.

Вот луч света падает на тесно прижавшихся друг к другу девочек.

И они слышат знакомый голос.

— Маруся! Галя! Вера!

Девочки ахают тихонько.

— Девочки! Почему вы не откликаетесь? — встревоженно спрашивает знакомый голос.

— Анна Ивановна! — вскрикивает Маруся.

Девочек окружает целая толпа. Здесь и бородатый ботаник, и пионервожатая, и милиционеры. И вот сама Анна Ивановна подходит к девочкам.

— Ну, девочки, — говорит Анна Ивановна. — Вы меня очень обидели. Что же это выходит? Учились мы, разговаривали, дружили, и все напрасно!

— Так ведь мы за вербой для уголка живой природы... — бормочет Маруся чуть слышно.

Девочки со всей свитой идут по дороге.

На повороте дороги бородач оказывается возле девочек.

— Да... — говорит бородач, — обидели учительницу. Да еще какую учительницу. Часу не прошло, как она полгорода на ноги поставила... И все, чтобы вам помочь. Нехорошо...

Мчится автомобиль.

Девочки сидят возле Анны Ивановны. Не спускают с нее глаз. Маруся робко поднимает руку.

— Ну? Говори! — разрешает Анна Ивановна.

Маруся встает. Но машину качает. Девочка чуть не падает.

— Да уж ладно, говори сидя, — разрешает учительница.

— Вы, Анна Ивановна, не думайте, — говорит Маруся робко, — мы чему-то научились.

— Например? — спрашивает Анна Ивановна.

— Например, не ссорились. Потом не боялись, не плакали, особенно пока не стемнело.

— Так! — говорит Анна Ивановна. — А потом?

— А потом... Потом все старались этого... как его... не падать духом... И дружно вели себя...

— Она меня от волка спасала! — сообщает Вера.

— От какого волка? — удивляется Анна Ивановна.

— От собаки, которая нас нашла. Но только мы ведь не знали тогда, что это собака. Думали — волк. Я упала. Кричу. А Маруся прямо на волка. Ругает его.

— Вот это уже меня утешает немного, — говорит Анна Ивановна.

Девочки сидят в классе.

И вдруг в дверь входит незнакомая учительница.

— Садитесь, девочки, — говорит незнакомая учительница. — Эти дни заниматься с вами буду я. Анна Ивановна, бродя в лесу по снегу в поисках наших беглянок, простудилась и заболела. У нее ревматизм.

Маруся мрачно опускает голову.

Комната Анны Ивановны. Обычная, простая и уютная.

Анна Ивановна сидит в кресле. Вид у нее совсем домашний.

На плечи накинут теплый вязаный платок. Ноги, закутанные одеялом, покоятся на маленькой скамеечке.

В комнате деловито и старательно хозяйничает девочка лет двенадцати.

Она то осторожно поправит одеяло в ногах у Анны Ивановны, то незаметно натянет на плечи Анны Ивановны платок.

Больную учительницу пришли навестить Маруся и Марусина мама.

Мама сидит напротив Анны Ивановны. Маруся стоит возле мамы.

— Ну, Маруся, — говорит мама, — торопила, торопила меня: «Идем навещать Анну Ивановну. Скорее идем». А пришли... и язык отнялся?

Маруся печально и вместе с тем крайне удивленно во все глаза глядит на непривычный для нее вид учительницы. На незнакомую девочку. Анна Ивановна замечает этот взгляд. Улыбается.

— Удивляешься, Маруся? — спрашивает она.

— Да! — отвечает Маруся.
— А чему?
— Я не знаю... — шепчет девочка.
— Ну, давай разберемся! — предлагает Анна Ивановна. — Ты удивляешься... Учительница — и вдруг заболела. Так?

Маруся кивает головой.

— Ты до сих пор думала, что учительницы никогда не устают, никогда не страдают, не огорчаются, никогда им не бывает грустно?

— Анна Ивановна! — бросается к ней Маруся. — Я больше не буду! Анна Ивановна! Выздоравливайте, пожалуйста!

— Хорошо, постараюсь, — улыбается учительница и гладит девочку по голове.

Девочки сидят за партами.
— Идет! — кричит от дверей Галя и пулей летит на свое место.
— На меня смотрите! — шепчет Маруся.
Анна Ивановна входит в класс.
Девочки встают так легко и бесшумно, что это просто удивительно.
— Здравствуйте, девочки. Садитесь, — говорит Анна Ивановна.
Девочки садятся.
И вдруг все поднимают руки.
— Что такое? Что вы мне хотите сказать? — удивляется Анна Ивановна.
Девочки встают, взглядывают на Марусю.
Она взмахивает руками, и весь класс говорит хором, негромко:
— Мы очень рады, что вы поправились.
— И я очень рада видеть вас, — говорит Анна Ивановна. — Честно скажу, без вас я соскучилась. И еще вам признаюсь вот в чем: мне понравилось, как вы меня дружно встретили — все как один. Так мы и будем работать все время: дружно. И вот, наконец, когда придет настоящая весна, когда расцветут цветы и листья распустятся на деревьях...

И мы видим скверик во дворе Марусиного дома.
Листья на деревьях распустились. Цветы цветут на клумбах. Маруся, бабушка и мама в кухне занимаются хозяйством.
— Ой, бабушка! Ой, мама! Сегодня последний день! Сегодня скажут, во втором я классе или нет. С ума сойти! — волнуется Маруся.
Звонок.
Входит знакомый нам по началу картины почтальон.

Держит в руках телеграмму.
— Здесь проживает Маруся Орлова? — спрашивает он строго.
— Вот я! — отвечает девочка.
— Вам телеграмма, — говорит почтальон. — Распишитесь.
— Пожалуйста, — отвечает Маруся небрежно.
— Карандашик возьмите, — предлагает почтальон.
— Что вы! Что вы! — ужасается Маруся. — Я не маленькая! Я давно уже чернилами пишу!

Она убегает в комнату и возвращается с чернильницей.

Почтальон протягивает ей квитанцию.
— Без линеек! — пугается Маруся. — И места очень мало...
— А вы сколько поместится, столько и напишите, — разрешает почтальон.

Бабушка, мама, почтальон наклоняются над Марусей.

Она пишет старательно: «М. Орло...»
— Ничего, достаточно! — говорит почтальон.

Он подает Марусе телеграмму:
— Читайте!
— Пожалуйста, — отвечает Маруся. Читает: — «Поздравляю дочку переходом второй класс...» — И вдруг Маруся останавливается. Краснеет. — Одно слово не могу прочесть! — сознается она упавшим голосом.
— Какое?
— «Тчк», — пробует произнести Маруся.
— А... Это значит — точка. Это сокращение такое, — объясняет почтальон.
— Неправильное сокращение! — говорит Маруся твердо.
— А вы не обращайте внимания. Читайте, — предлагает почтальон.

Маруся читает:
— «...Завтра днем прилечу. Целую. Папа».

Маруся оглядывает всех и бросается обнимать и целовать бабушку, почтальона, маму.

Маруся получила свой табель.

На этот раз у нее в табеле одни пятерки.

И внизу стоит определение педагогического совета: *перевести во второй класс.*
— Маруся, — удивляется Анна Ивановна, — неужели ты не рада?
— Я не рада? — удивляется Маруся в свою очередь. — Что вы! Ой, не рада!.. Я только думала... что табель на этот раз будет не такой, как всегда.

— А какой же?

— Я не знаю... Я думала — с золотыми полями. С цветочками... Ведь второй класс! Это с ума сойти можно!

Маруся, мама и папа идут на вечер в школу. Когда они проходят мимо репродуктора, музыка обрывается.

Торжественный голос произносит:

— Поздравляем школьников и школьниц, перешедших сегодня во второй класс!

— Нас поздравляют! — говорит, гордо улыбаясь, Маруся.

...Зал школы. Праздничный, нарядный. Выстроились рядами все первые классы — виновники сегодняшнего торжества.

Учительницы, как командиры, стоят возле своих учениц.

Во главе с Анной Ивановной в первом ряду — первый класс «А».

— Поздравляю вас! — говорит директор школы. — От всей души поздравляю вас, девочки. Закончился ваш первый учебный год. Потрудились вы честно, во всю свою силу, — и вот у вас праздник сегодня. Вы поднялись на целую ступеньку выше. Теперь все вы — ученицы второго класса сто пятьдесят шестой советской школы. Набирайте побольше сил за лето и поскорее возвращайтесь в школу. До нового учебного года. До первого сентября!

Все громко хлопают в ладоши.

В зале много гостей.

Вот мальчики из соседней школы со своей учительницей, приглашенные специально по такому торжественному поводу. Среди них Сережа.

В зале — родители, шефы с завода, знакомый нам бородатый ученый ботаник.

Открывается занавес. На сцену выходит Маруся.

Она объявляет:

— Сейчас мы, ученицы первого класса...

За кулисами шум.

Девочки высовываются из-за кулис, подсказывают Марусе, перебивая друг друга:

— Второго! Второго!

Маруся смущается, но сразу соображает, в чем дело. Поправляется:

— Я нечаянно ошиблась. Сейчас мы, ученицы второго класса, будем выступать.

В полном составе выходит на сцену второй класс «А».

Девочки поют:

Первый класс!
В первый раз
Год назад ты принял нас.
Перешли мы во второй
И прощаемся с тобой.
Мел, доска, картины, карты
Вместе с нами перейдут.
Чуть повыше станут парты,
Вместе с нами подрастут.

Полюбили мы друг друга,
За подруг стоим горой,
И со мной моя подруга
Переходит во второй.

А учительница что же?
Бросит разве нас с тобой?
Нет, учительница тоже
Переходит во второй.

Так, дорогою веселой,
Мы шагаем, вставши в строй,
Вместе с классом, и со школой,
И со всей родной страной.

Первый класс!
В первый раз
Год назад ты принял нас.
Перешли мы во второй
И прощаемся с тобой.

Конец

ПОВЕСТЬ О МОЛОДЫХ СУПРУГАХ

Весеннее утро. По мостовой возле самой панели двигается тележка, на которую оглядываются все прохожие.

И даже самые озабоченные улыбаются, самые торопливые замедляют шаги.

Первый в этом году урожай сирени, белой и лиловой, свежей, только-только срезанной, везут в стеклянных банках, эмалированных кувшинах и алюминиевых бидонах в цветочный магазин.

Тележка рессорная. Сирень мягко покачивается на ходу. Толкает тележку задумчивый бородатый человек в белом фартуке.

Лужица возле панели.

Бородатый человек поскользнулся.

Сделал резкое движение.

Колесо тележки въехало на панель.

Тележка накренилась.

Звякнули алюминиевые бидоны, стеклянные банки, эмалированный высокий кувшин упал на бок, опрокинул соседей.

Вот-вот рухнет на мостовую весь пышный цветочный ворох.

Но тут прохожие ринулись на помощь.

Первый — молодой человек в сером пиджаке. Он прыгнул на мостовую, подхватил падающую влажную массу сирени, принял ее в свои объятия. Пожилой господин, зажав портфель между коленями, схватил обод колеса, скатил его с панели, выровнял тележку. Майор авиации поставил на место упавший эмалированный кувшин, собрал рассыпавшиеся гроздья.

Опасность миновала.

Прохожие отряхиваются — их забрызгало водой. Улыбаются.

Пожилой гражданин вытирает руки платком. Ворчит:

— Что же это, батенька! Такой груз едва не загубил... Первая сирень! Каждый год как увижу — удивляюсь и радуюсь, будто ее только что изобрели.

— Еще минута, и был бы весь твой букет под машиной, папаша! — смеется майор авиации. — Как раз пятитонке под колеса хотел его отгрузить.

Молодой человек ничего не говорит. Только улыбается.

— Одурманило меня, граждане дорогие, — признается человек в белом фартуке. — Ветер прямо на меня дует. Шагаю и дышу, шагаю и дышу. Сирень, сирень... Молодость, что ли, вспомнил, извините. Замечтался о своем.

— Осторожнее, батенька, надо, осторожнее! — ворчит пожилой гражданин. — В сирени часто счастье попадается.

Молодой человек срывает звездочку сирени с пятью лепестками. Показывает, улыбаясь, пожилому гражданину.

— Оно самое! — кивает тот. — Счастье, радость, они этого... ухода требуют и того самого... осторожности.

Лицо пожилого гражданина принимает рассеянное и озабоченное выражение. Платок — в карман, портфель — под мышку, и нет его. Исчез и майор авиации.

— Спасибо за помощь! — благодарит молодого человека возчик.

Молодой человек загляделся на цветы. Вздрагивает, как бы просыпаясь.

— Как вы говорите? — спрашивает он ласково.

— Говорю — спасибо за помощь. Не откажите...

Он протягивает молодому человеку ветку сирени.

— Премию вам.

— Нет, зачем же, — отказывается молодой человек.

— На счастье, — говорит возчик. — Берите. У меня рука легкая. Барышне вашей подарите. Пожалуйста!

Молодой человек, улыбаясь, берет ветку сирени.

Большой письменный стол.

На столе стакан, забрызганный акварельными красками.

В стакане — ветка сирени. У чертежной доски знакомый нам молодой человек, только он уже не в сером пиджаке, а в синей прозодежде.

На круглых стенных часах половина шестого.

Молодой человек чертит сосредоточенно.

У окна бритый длиннолицый человек с густыми, вьющимися, седыми как снег волосами и с очень простым, очень наивным, даже как бы удивленным лицом. Он смотрит на молодого человека с таким же пристальным вниманием, как тот на чертеж.

Молодой человек работает и от времени до времени улыбается так же широко, как на улице, во время утреннего происшествия с цветами.

И каждый раз лицо наблюдающего за ним человека делается еще более удивленным.

— Сережа, а Сережа! — не выдерживает он наконец.

— Да, Степан Николаевич?

— Что вы улыбаетесь своему чертежу, как хорошенькой девушке!

— Разве? — удивляется Сережа. — Неужели я улыбаюсь!

Улыбаясь, разглядывает он чертеж.

И вдруг говорит, не оборачиваясь:

— Я женился, Степан Николаевич.

— Ну да?!

— Честное слово, не шучу!

— Давно?

— В субботу, Степан Николаевич. Сегодня четвертый день как женат.

— Поздравляю.

— Спасибо, Степан Николаевич.

Степан Николаевич смотрит в окно. Видит улицу, освещенную солнцем. Люди, толпящиеся у трамвайных и троллейбусных остановок, маленькие, как муравьи. И то чуть насмешливое удивление, с которым смотрел он на Сережу, меняется. Теперь Степан Николаевич глядит вниз с удивлением задумчивым, слегка грустным. Но вот он трясет головой, сердито отгоняет, как муху, какую-то неприятную мысль. Подходит не спеша к Сереже.

— Ну, докладывайте: на ком женились?

Сережа смеется.

— Да ведь я вам только что все подробно рассказал.

— Не слышал! — отвечает Степан Николаевич. — Думал о своем. Ну? Чему вы радуетесь? Вы знаете, в каком вы положении? А? Женился. Это все равно что взялись бы вы корабль вести вокруг света, понятия не имея о том, как это делается. Жить вместе — это целая наука. Впрочем, ну вас к черту.

Сережа смеется.

— Вы счастливы, что ли?

— Честное слово, очень! — отвечает Сережа. — Я сам удивляюсь, как будто другой человек стал. Ну, счастлив, Степан Николаевич, и все тут. И не то что стесняюсь, а хочется всем рассказывать. Что такое, а? Хожу — улыбаюсь... Ну что скажешь, а?

Степан Николаевич вдруг тоже широко улыбается.

— Да уж тут, пожалуй, ничего не скажешь. Только берегите его!

— Кого?
— Счастье.
— Что-то я об этом уже второй раз слышу сегодня, — удивляется Сережа.
— Мало. Сто раз надо вам повторить.
— Везли, понимаете ли, по улице цветы...
— Ладно! Потом о цветах. Рассказывайте сначала о жене. Какая она?

Обеденный стол.
Посреди стола — знакомая нам ветка сирени в высоком бокале. За столом молодая женщина — лет двадцати двух. В лице ее больше всего поражает выражение детской доверчивости. И ростом она мала, и свои маленькие руки сложила она перед собою на столе, как маленькая девочка. И смотрит она не мигая, с пристальным, глубоким, детским интересом на своего мужа. На Сережу.
— Какая она? — рассказывает Сережа. — Я, конечно, тут немного растерялся. Вижу тебя перед глазами как живую. А что ему объяснить? Смотрю на него и смеюсь. И он смотрит и смеется. Где познакомились? На фронте. Давно? В сорок третьем году. Ну, это, говорит, хорошо. Давно. Успели, значит, хорошо друг друга узнать. Я молчу... Как зовут? Маруся. Имя хорошее. Где работает? Учится, химик. Курс? Третий. Ну, говорит...
Сережа внезапно замолкает.
Маруся ждет терпеливо, спокойно, доверчиво глядит прямо в глаза мужу. Пауза.
— Смотри-ка! — говорит Сережа удивленно. — Подумай-ка! Сколько времени гляжу тебе прямо в глаза — и не стесняюсь. Всегда как-то неловко долго смотреть в глаза. Ну... девушкам. А тебе смотрю в глаза и не стесняюсь. Маруся! Ты плачешь, что ли! Да? Почему?
— Люблю тебя очень, — отвечает Маруся.

Начало белых ночей. Около десяти часов вечера, но в комнате так светло, что лампочка не включена. Сережа работает у чертежной доски.
Вдруг он поднимает голову и прислушивается. Маруся поет за стеной. Поет, как часто поют люди, задумавшись — неведомо что, неведомо как, каждый на свой лад.

Сережа подкрадывается к двери, заглядывает в соседнюю комнату. Маруся сидит на подоконнике. Окно открыто. Маруся смотрит задумчиво на улицу.

Напротив, на глухой стене дома, огромный, освещенный солнцем плакат с кипарисами, белой террасой, необыкновенно синим морем. Надпись на плакате призывает откладывать в сберкассе деньги на летний отпуск. Под глухой стеной недавно разбитый сквер с молодыми деревьями, газоном, клумбами в красных тюльпанах. В сквере кричат дети. Настойчиво гудит у ворот машина, просит, чтобы ее пустили домой.

Звонит трамвай.

И над всем этим гулом, ничего не слыша, задумавшись о своем, Маруся поет, едва слышно, на свой любимый лад:

— Будем учиться! Будем учиться! Будем стараться! Будем стараться!

Раскрытая книга, по всем признакам учебник, лежит у нее на коленях. Ветер шевелит листами книги.

Сережа смеется.

Маруся поворачивается к нему спокойно. Она нисколько не удивлена появлением мужа. Кивает ему ласково. Хлопает ладонью по подоконнику — зовет присесть рядом.

— Будем учиться? — спрашивает Сережа.

Маруся кивает головой.

— Будем стараться?

Маруся кивает головой.

— А в учебник и не глядим?

Маруся улыбается.

— Все помалкиваем? — спрашивает Сережа, усевшись на подоконник.

Маруся кивает головой.

— Ну, расскажи быстренько — о чем помалкиваешь?

Маруся кивает головой, послушно.

— Сейчас!

Она собирается с мыслями, глядит на Сережу со свойственным ей выражением детской доверчивости и начинает:

— Значит, так. Просмотрела я одно место в органике. Послезавтра идти на практику, надо все вспомнить. Верно? Потом стала я смотреть на улицу. Так? Потом увидела этот плакат. Захотелось мне путешествовать. Посмотрела на эту девушку...

— Что ты смеешься? — спрашивает Сережа.

— Потом скажу! — отвечает Маруся. — Посмотрела я на эту девушку на плакате и удивилась: что она могла найти вон в том, с усами, который нарисован с ней рядом? И стала думать о том, как люди встречаются, как выбирают друг друга, как ссорятся, как расходятся. Вспомнила, что сказал тебе Степан Николаевич: жить вместе — целая наука. И стала петь песенку: будем учиться, будем стараться...

Маруся хохочет неудержимо, закрыв лицо руками.

— Ну что? — спрашивает Сережа. — Ну чего ты? Скажешь?

Маруся кивает головой.

— Ну?..

— Ты, — объясняет Маруся, — ты меня передразниваешь. Честное слово. Нечаянно. Что у меня на лице, то и у тебя. Я открою глаза, и ты тоже. Я говорю, а ты губами шевелишь. Обидно!

— Что обидно? — удивляется Сережа.

— Что я засмеялась. Мне это так нравилось!

Сережа улыбается.

— Со мной это всегда, когда я внимательно слушаю.

— Ты знаешь, что это значит? Это значит, что ты очень впечатлительный. Ну а теперь иди.

— Иду! — отвечает Сережа, не двигаясь с места.

— Сережа!

— Иду!

— Не порти завтрашний вечер. Завтра месяц! Пойми! Целый месяц как мы вместе. И не было еще у нас ни одного свободного вечера. По городу погуляем! Иди, кончай чертеж.

— Иду! — отвечает Сережа, не двигаясь с места.

И вот завтрашний день наступил.

Сережа бежит вверх по лестнице, прыгает через три ступеньки. Открывает своим ключом дверь.

— Маруся! — кричит он во весь голос. — Я пришел! Вечер наш!

Тишина поражает его.

Он пробегает бегом по квартире.

Вот комната, где стоят книжные полки, чертежная доска у окна. Обеденный стол, письменный стол с Марусиными учебниками. Вот спальня. Вот кухня, такая чистая, что Сережа называет ее лабораторией.

Хозяин все больше и больше хмурится — пусто дома. Нет хозяйки.

И вдруг он замечает на своей чертежной доске записку: «Сережа, я была на заводе. К сожалению, практика моя начинается сегодня со второй смены. Ухожу туда. Вернусь к часу ночи. Маруся».

Сережа хмуро глядит в окно, постукивая каблуком.

И вдруг лицо его искажается.

Он комкает записку, швыряет ее на пол. Топчет ее ногами.

— Ко всем чертям! — вопит он яростно. — Дура! К дьяволу. Будь я трижды проклят!

Скрипнула дверь шкафа в спальне.

Маруся тихо выходит оттуда, сгорбившись, опустив голову. Глядит, как девочка, которую вдруг ни за что ни про что ударили.

Сережа оглядывается. Маруся стоит на пороге. Смотрит на мужа так, будто увидела его первый раз в жизни.

Сережа бормочет растерянно:

— Нет, это безобразие... Я, понимаешь, прибегаю... Чертеж очень хороший оказался. Вечер свободный. Маруся! Да Маруся же! Что ты так на меня смотришь?

И Маруся бросается к мужу.

Обнимает его. Прячет голову у него на груди. Жалуется ему на него же.

— Ты кричишь? — жалуется она. — Ты ругаешься! Сережа, ты кричишь!

Он молчит. Гладит ее по голове.

— Я хотела, чтобы ты обрадовался... Меня тоже отпустили до понедельника. Я в шкафу спряталась. Дура! Ты крикнул: дура! Я нарочно написала записку, чтобы ты обрадовался, когда я вдруг выйду.

— Вот действительно, — бормочет Сережа.

— Я испугалась!

— Я тоже испугался! — бормочет Сережа. — Пусто показалось дома без тебя. Ну, ну, ну, Маруся, ну не надо. Ну я дурак, ну прости.

Маруся взглядывает на мужа.

— Я испугалась, я испугалась, что я тебя не знаю. Что...

Она садится у окна и разглядывает Сережу, разглядывает пристально, как будто видит его первый раз в жизни. Сережа стоит, опустив голову.

— Нет, ты, конечно, будешь на меня кричать! — говорит Маруся убежденно. — Будешь... Подожди, не говори. Сядь. Будешь. Я знаю. Вот слушай, что я думаю. Или нет, сначала ты будешь есть.

— Я не хочу.

— Нет, хочешь, честное слово, хочешь, потому что я тоже голодная.

Она берет мужа за руку.

Ведет к столу.

Внезапно он обнимает ее изо всех сил и целует, целует много раз голову, лоб, губы, руки. Просит прощения, молча.

———

Маруся и Сережа идут по городу. Сразу чувствуется, что они помирились, что сейчас они еще дружней, чем были, что на душе у них спокойно и мирно.

Темно. На небе ни облачка.

Солнце все не хочет заходить.

Это субботний вечер, самое начало праздника. Еще все впереди. И похоже, что все встречные тоже гуляют, радуются хорошему дню.

Сережа и Маруся идут по Марсову полю, по той аллее, что тянется вдоль Михайловского сада.

На скамеечке сидит молодая женщина. Лицо ее расплылось в улыбке. На коленях у нее прыгает девочка месяцев десяти. Женщина осторожно поддерживает дочку и поет ей прямо в лицо, необыкновенно нежно:

> Москва моя,
> Страна моя —
> Ты самая любимая!

Маруся замирает на месте:

— Сережа, Сережа, слушай!

А мать поет еще нежнее:

> По долинам и по взгорьям
> Шла дивизия вперед...

Дважды ритмично целует дочку в музыкальной паузе.

> Чтобы с боем взять Приморье,
> Белой армии оплот.

Дважды целует дочку.

Маруся и Сережа смотрят, смотрят на молодую мать. И та замечает, что ею любуются. Бормочет, целуя девочку:

— Смотрят на нашу дочку — отнять хотят нашу дочку. А мы дочку не отдадим, не отдадим, не отдадим! Ишь, какие хитрые! Свою дочку купите, купите, купите!

Маруся и Сережа проходят, улыбаясь.

Они останавливаются у чугунной решетки Михайловского замка. Глядят на курсантов, которые в майках и сапогах играют во дворе в волейбол.

И Маруся предлагает вдруг:

— Давай гадать!

— Как гадать?

— Если выиграют правые, то все у нас будет просто замечательно. Чего ты смеешься? Я тоже не верю, но все-таки приятно будет, если правые выиграют.

— Мяч направо! — кричит судья. — Счет: девять — восемь.

— Ага! — радуется Маруся.

Игроки, несмотря на свои тяжелые сапоги, бегают легко, взлетают на воздух, валятся самоотверженно на землю, играют первоклассно. Мяч подолгу не касается площадки.

— Сережа! А ты детей любишь? — спрашивает Маруся.

— Да! — отвечает он. — То есть как тебе сказать... Грудных — боюсь. Вот этот черненький подает хорошо.

— Отлично подает. А почему ты грудных боишься? Они беспомощные какие-то... святые... Держи! Упустил... Как их можно бояться?

— Ох, я в прошлом году натерпелся страху, — отвечает Сережа, — на вокзале одна гражданка дала мне подержать своего младенца.

— Сколько месяцев ему было?

— А кто его разберет? Может, три, а может быть, десять. Ох! Мяч на аут шел, а он принял. Чудак, мягко выражаясь. Ну вот, дала она мне своего младенца, а сама ушла билет компостировать. Мальчишка сначала ничего. Лежит, дышит. А потом я кашлянул, и что с ним сделалось! Вздрогнул он и давай реветь...

— Бедненький! — смеется Маруся.

— До сих пор вспомнить жутко, — продолжает Сережа. — Мать у кассы задерживается. Я ему: тише, тише, а он глянет на меня, зажмурится и еще пуще завизжит.

— Бедненький, — повторяет Маруся — и вдруг добавляет, серьезно: — Трудно.

— Что трудно?

— Все. Потом скажу.

— Скажи сейчас.

— Нет, потом. Сетбол! Решающая! — И, закрыв глаза, Маруся решает скороговоркой: — Хочу, чтобы правые выиграли! Хочу, чтобы правые выиграли! Хочу, чтобы правые выиграли!

Команды занимают места, но тут из-за угла Михайловского

замка выбегает дежурный. Отдает какое-то приказание. Игроки поспешно одеваются, одергивают гимнастерки, поправляют фуражки, бегут. Площадка опустела.

— Вот видишь? Не получилось гадание. Все выходит по-моему! — говорит Маруся задумчиво. — Все нам придется своими руками делать. Судьба не поможет, но подскажет.

Маруся и Сережа входят в Летний сад.

Играет духовой оркестр.

Здесь гуляющие текут уже сплошной рекой.

— А все-таки давай еще погадаем! — просит Маруся. — Послушаем, что встречные говорят. Это будут вещие слова.

И они ловят обрывки разговоров.

Идут мальчишки с учебниками. Видимо, десятиклассники. Один из них негодует:

— Сегодня он археолог, завтра — геолог, послезавтра — физиолог. Пора, брат, определить, кем будешь.

Идут девушки, лица праздничные, платья праздничные. Одна рассказывает весело:

— А я ему: мы сюда из Тюмени ехали квалификацию повышать, а не замуж выходить.

Шагают, привычно держа строй, курсанты училища имени Фрунзе. Спорят:

— Не в теореме дело, а в том, что действовать надо математически.

Увидели лейтенанта. Отчетливо, разом, как по команде, повернув головы, отдают ему честь.

Девочка лет пяти с глубоким интересом вслушивается в разговор родителей. Отец говорит сурово:

— Лечить ребенка — врача зовут, а воспитывать — всякий берется.

— Вот они — вещие слова! — шепчет Маруся. — Погоди, не мешай, потом объясню, давай дальше слушать.

Старик в очках с металлической оправой поучает молодого своего спутника:

— Найди каждому место по душе — и вся бригада у тебя заиграет.

Мальчик с очень толстой книжкой в руке рассказывает другому:

— Я уже года два назад бросил курить. В летчики собираясь, здоровье берегу.

Седой человек с молодым лицом показывает:

— Вот за тем деревом моя зенитка стояла. А по аллеям — только ветер гулял. А теперь...

И музыка заглушает разговоры встречных.

Маруся и Сережа подходят к круглой большой беседке возле главной аллеи парка. В беседке играет оркестр военных моряков. Вокруг — толпа, застывшие в блаженном созерцании дети. Старик — очевидно, бывший музыкант. Он то утвердительно кивает головой в такт старинному вальсу, то вдруг трясет головой отрицательно и строго взглядывает на провинившегося оркестранта. Военные позади беседки уговаривают девушек потанцевать.

Сережа взглядывает на кларнетиста — и рот открывает от удивления.

Кларнетист изо всех сил старается обратить на себя Сережино внимание. Мигает ему. Шепчет что-то беззвучно и выразительно. Делает жест, как будто толкает кого-то большим пальцем в бок. И вдруг, деликатно сложив губы, принимается дуть в свой кларнет, когда приходит время играть. Но и тут он смотрит не в ноты, а на Сережу. Нетерпеливо, даже сердито.

Сережа подталкивает задумавшуюся Марусю. Указывает ей на странного музыканта. К его величайшему удивлению, Маруся радостно вскрикивает. У кларнетиста как раз большая пауза, и, как глухонемые, и он, и Маруся обмениваются знаками, выражающими искреннюю радость по поводу неожиданной встречи.

Музыкант так широко улыбается, что едва успевает собрать губы, когда ему надо вступать.

Вальс окончен.

Музыканты меняют ноты.

Кларнетист, воспользовавшись свободной минутой, разражается целой речью на языке глухонемых.

— Не уходи! Поговорим! — уговаривает кларнетист.

Маруся выражает полное согласие.

Но то, что он пробует передать дальше, совершенно загадочно. Он закрывает глаза, тычет пальцем через плечо и делает вид, что пишет.

Маруся разводит руками и пожимает плечами: не понимаю, мол.

Кларнетист манит ее пальцем.

Маруся подходит к перилам беседки. Кларнетист свистящим шепотом объясняет загадку:

— Заочно кончаю вуз...

Но тут усатый капельмейстер замечает непорядок. Смотрит на кларнетиста беспощадным взглядом. Стучит палочкой по пюпитру.

Музыкант немедленно делает строго деловое лицо. Преувеличенно внимательно, как близорукий, изучает ноты.

— Это кто? — спрашивает Сережа.

— Ой! Это мой друг, — отвечает Маруся. — Я в санбате его узнала. Он был...

Но тут дирижер взмахивает палочкой, гремит марш, заглушая все разговоры, и мы пока так и не узнаем, кем был кларнетист, Марусин друг.

Музыканты выстроены в ряды. Капельмейстер уводит их из Летнего сада.

Кларнетист печально сообщает Марусе знаками:

— Ничего не поделаешь! Служба!

Маруся машет ему рукой.

Маруся и Сережа у автобусной остановки на Марсовом поле. В Лебяжьей канавке купаются мальчики, кричат восторженно:

— Вот холодно! Ой, мама, пропаду!

— Ребята, глядите! Плыву креном!

— Кто в мою сандалию кирпич положил!

— Ой, хорошо! Ой, симпатично! Ой, толково!

— Вон автобус идет! — говорит Сережа.

— Какой номер?

— Неважно. Поедем. Куда привезет — туда привезет.

Маруся и Сережа сидят в ресторане на балконе, над водой. Цветы на столе отставлены в сторону, чтобы собеседники могли видеть друг друга. Столик в стороне. Ресторанный шум сюда едва доносится. Приглушенно звучит и оркестр, играющий на нижней террасе.

— Ну а теперь перейдем к делу, — просит Сережа. — Я жду объяснений. Довольно помалкивать. Признавайся! Почему я на тебя всегда буду кричать? С чего ты это взяла?

Маруся кивает головой:

— Сейчас.

Она собирается с мыслями. Пристально глядя на Сережу.

— Значит, так, — начинает она. — Я девочкой верила, что все у меня будет не так, как у других людей. Все беды меня обойдут. Когда шла я с окопных работ и сказали мне, что фугаска попала в наш квартал, — я верила, верила, что не в наш дом. Как увидела, что в наш, — верила, все верила, что мама и папа живы. А когда все узнала, что... тут и кончилось мое детство. И добилась я, что жить мне, как всем людям. Довольно подарков ждать, да и стыдно. И наше счастье, Сережа, само нам в руки не упадет.

Знакомый нам кларнетист появляется между столиками. Замечает Марусю, крадется к ней, улыбаясь.

— Я не боюсь, — продолжает Маруся. — Чему нас жизнь научила? Тому, что все в наших руках. Но... я услышала сегодня вещие слова: «Заболел ребенок — доктора зовут, а воспитывать всякий берется». Понимаешь? Разве просто воспитывать, когда любишь? А нам придется воспитывать друг друга. И все самим, самим, тут учебников нет... Понимаешь?

Сережа хочет ответить, но кларнетист вдруг вырастает за спинкой Марусиного стула. Закрывает Марусе глаза руками. Подмигивает Сереже, как старому другу: молчи, мол, не выдавай...

— Васька! — вскрикивает Маруся.

— Узнала! — ликует Вася.

Они целуются.

— Как ты нас нашел?

— Старый разведчик не найдет? — спрашивает Вася. — Смешно. Я через решетку разглядел, что села ты в автобус. Куда? На острова. Ну, я, как отпустили, — следом. Уже поужинали? Ну, я тоже восемь бутербродов съел, у лотошницы брал, пока искал тебя. Рассказывай, главное — не путаясь в мелочах. Учишься?

— Учусь.

— Молодец. Я тоже. Еще что?

— Замуж вышла.

— Вышла? Ты? Ну, я рад. Если бы ты не замужем была — это для меня был бы такой удар... смертельный?!

— Почему? — хохочет Маруся.

— Зачем ты спрашиваешь? — говорит вдруг кларнетист сурово. — Ты же знаешь, что я в тебя был влюблен, можно сказать.

— Никогда этого не было, — говорит Маруся Сереже.

— Было, — настаивает кларнетист. — Понимаешь теперь, как тяжело мне пришлось бы, если б ты не замужем была.

— Почему? — удивляется Маруся.

— Потому что я сам женился, между прочим...

Маруся хохочет.

— Ей все смешно! — доверчиво жалуется кларнетист Сереже. — А я на самом деле переживал. Намекну ей, бывало, а она посмеивается. Это вы ее муж?

— Я, — улыбается Сережа.

— Эх, познакомимся. Как зовут? Сережа? А я — Вася. Был разведчиком, а теперь музыкант. Вольнонаемный. Нога худо слушается.

— Коленный сустав! — качает головой Маруся.
— Отстань с медицинскими словами! — кричит Вася. — Ну, поздравляю!

Жмет руку Марусе и Сереже.

— И вам ее не жалко? — спрашивает он вдруг Сережу с глубокой серьезностью. — Такая она нежная, такая маленькая, и вы вдруг ей муж... Эх! Грубый мы народ! Ты не обижай ее, Сергей! Не обижай, прошу тебя. Не обижай! Эх, Маруся.

———

По конвейерной ленте медленно ползут резиновые подобия бот, превращаясь постепенно в настоящие боты. Маруся проходит позади работниц с записной книжкой и секундомером в руках.

Пожилая работница окликает ее:
— Практикантка, а практикантка!
— Я тут, Ольга Васильевна.
— Подойди, дочка, когда кончишь задание.
Маруся останавливается за спиной Ольги Васильевны.
— Я уже кончила. Только проверяла.
— Нас?
— Нет, клей. Он лабораторию беспокоит. Застывает медленно.
— Ну, если клей, это другое дело. А то я уже хотела с тобой сцепиться, поругать тебя.
— За что?
— А ни за что. Перед гудком я только и делаю, что ищу, к чему бы привязаться. Ты на дочку мою похожа. Вот я и подумала: ох, всыплю ей сейчас...

Соседка Ольги Васильевны, молодая кокетливая работница, хохочет, не разжимая губ. Так смеются люди, желающие скрыть недохватку передних зубов.

— Ох, Ольга Васильевна, комик вы, и в глаза, и за глаза скажу.
Ольга Васильевна и не взглядывает на нее:
— Ты, практикантка, замужем?
— Да, Ольга Васильевна.
— Давно?
— Скоро два месяца.
— Так. Смотришь в конвейер, а думаешь о муже?
Молодая работница хохочет, не разжимая губ.
— Ну, чего молчишь?
— Сейчас. Сейчас...

Маруся с обычной своей серьезностью обдумывает вопрос. И отвечает:

— Значит, так... Я не то что о нем думаю, а все время о нем вспоминаю. Например, поспорила я сегодня с мастером. Думаю, надо это будет Сереже рассказывать. И все время так...

Ольга Васильевна оглядывается на Марусю.

Задумчиво кивает головой.

Молодая работница перестает хохотать.

— Сережей зовут... — говорит она ласково и задумчиво.

Дом, покрытый лесами. Сережа и Степан Николаевич спускаются по лесам вниз. Сережа весел. Степан Николаевич внимательно и удивленно поглядывает на него.

— Ну что же, — говорит Степан Николаевич, — придется мне вас хвалить. Ладно, ладно! Не за то, за что вы думаете.

Он взглядывает на часы:

— До совещания у нас есть еще полчаса. Посидим в саду. А то я и лета не вижу. Такая профессия окаянная.

Они входят не спеша в сквер возле Академии художеств. У обелиска посреди сквера играют дети. Маленький мальчик подбегает к Степану Николаевичу:

— Дядя, скажите, пожалуйста, сколько времени?

— Ровно час, — отвечает Степан Николаевич.

Идет, улыбаясь.

— Какой умный мальчик! — восхищается он.

— Почему? — спрашивает Сережа.

— Потому что сказал «дядя», а не «дедушка». Глупые мальчики из-за моих седых волос иногда называют меня дедушкой. Портят мне настроение. Вычеркивают из жизни. Я дядя, дядя. Запомните это!

Сережа смеется.

Они садятся на скамейке в углу, в глубине сквера.

— Так вот, в качестве дяди, — продолжает Степан Николаевич, — я глаз не спускаю с некоторых моих «племянников». Сейчас я вас буду хвалить. Когда я женился, то остался на второй год на четвертом курсе. А вы вдруг стали еще лучше работать. Почему?

Сережа смеется.

— Чудеса! — продолжает Степан Николаевич. — Умиляюсь... Впрочем...

Мимо галопом проносятся двое ребят.

— Сдавайся, а то зарежу! — кричит один из них.

— Впрочем, представьте себе, — продолжает Степан Николаевич, — что мимо нас промчались бы не мальчики, а бородатые пожилые люди с этим же самым воплем: сдавайся, а то зарежу! Мы бы с вами не улыбались снисходительно. Это я к чему говорю. К тому, что любовь тоже имеет свои возрасты. У вас дома сейчас, так сказать, царствует любовь-ребенок. Что бы она ни делала, как бы ни шалила — зрители умиляются. Но она, увы, не остается неизменной. Не успеешь оглянуться, и вот уже в доме любовь-подросток, со всеми неприятными свойствами переходного возраста. Ну и так далее, и так далее... И, кроме того, любовь — болеет. Уверяю вас. Особенно в нежном возрасте. И не всегда, ох, не всегда доживает до прекрасных зрелых лет.

———

За столом в заводской столовой — Маруся, Ольга Васильевна и Шурочка, та самая работница, что смеется, не разжимая губ.

— Нет, я рада, что уже в возрасте, — говорит Ольга Васильевна решительно. — Кончились все глупости, неудовольствия. Довольно я с ума сходила. Однажды чуть не разошлась с ним.

— Изменил? — с жадным любопытством спрашивает Шурочка.

— Молчал все время, — объясняет Ольга Васильевна. — Ей-богу. Теперь-то я понимаю, что он уж такой на свет уродился. А тогда я, дура, так понимала: если муж молчит, значит, это он жене в обиду.

— Плохо жили? — спрашивает Шурочка отрывисто, с той же жадностью.

— Не плохо, а глупо, — отвечает Ольга Васильевна. — Сколько сил убито, сколько времени потеряно. Ни одному врагу злейшему такого не наговорю, бывало, сколько ему, бедняге.

Шурочка хохочет, не разжимая губ.

— А теперь вот... — продолжает Ольга Васильевна, — сын в Москве, дочка с мужем на Камчатке. А он за мной ходит. Я в кухне вожусь — он возле сидит, курит. Я шить сяду поближе к свету — он возле газету читает. Ну что тебе? — строго спрашивает она у молодого парня, который подошел к столу и скромно ждет, пока Ольга Васильевна замолчит. — Видишь, обедаю!

— Пока Люба компот принесет, мы все вопросы решим! — улыбается парень.

— Ничего, ничего! — сердится Ольга Васильевна. — Порядок есть порядок.

— Два слова! По важному вопросу.

— Мы тоже по важному вопросу говорим! — сердится Ольга Васильевна.
— Полминуты!
— Вот упрямый! — улыбается Ольга Васильевна. — Что значит мальчик... Ну, ладно.

Она встает и отходит с парнем в сторону, причем их едва не обливает супом подавальщица, которая мчится по проходу с подносом, до того тесно уставленным тарелками, что кажется просто сверхъестественным, как не развалится эта пирамида.

Подавальщицу преследуют вопли:
— Любочка, мой талон захвати!
— А где гуляш, гражданочка?
— Тот стол позже пришел, а ты его обслужила!

Шурочка наклоняется поближе к Марусе, шепчет:
— Ох, Ольга Васильевна — это особенная баба. И муж у нее не простой человек. Был когда-то рабочий, как мы с тобой, а теперь смотрите-ка — директор номерного завода. Могла бы, кажется, дома сидеть, отдыхать, — нет, не соглашается. И на конвейере она, и в завкоме, и парткоме, и в райсовете. Такая умная женщина, до всего доходит, а в семейной жизни ничего не понимает. Ты меня послушай!

Но тут Ольга Васильевна возвращается на место. Остро взглядывает на Шурочку.
— Чего?
— Я ничего, — отвечает та, посмеиваясь.
— Что ей нашептывала, а?

Шурочка кивает головой решительно: сейчас, мол, скажу, но тут подавальщица ставит на стол поднос, на котором в два этажа друг на друге стоят стаканы с компотом.
— Берите сами, граждане! — просит она. — Сверху берите. Осторожно берите. Вот спасибо. Значит, с вашим столом я в расчете.

Она убегает к соседнему столу, а Ольга Васильевна вздыхает:
— Ну, вот и обед к концу пришел, а поговорить и не поговорили. А я так считаю. Семья — дело первой важности. Что тыл во время войны, так и семья в наши дни. Беда только, что мы говорим о ней на ходу, между делом. Ну, словом, — закругляюсь: люби мужа, и все будет ладно.

Шурочка взмахивает отчаянно головой и как в воду бросается.
— Не слушай ты ее, а слушай меня, — говорит она страстно. — Нет никакой любви на свете, будь прокляты они, эти мужики! Как родила я дочку, да отдала ей свою красоту, да потеряла после родов зубы — все кончилось. Слова от него человеческого не слышу, от

подлеца, от мужа. Еще, спасибо, не бросил — дочку, что ли, жалеет? Нет любви на свете, так и помни, а то пропадешь.

— Видали? — сердится Ольга Васильевна. — А ты что в прошлую субботу мне доказывала? А? Хвастала, что нет на свете человека лучше, чем твой Николай. И тихий, и заботливый, и непьющий, и работящий, билеты в театр тебе достал, и сам вымыл окна, и девочку выкупал, чтобы тебе дать отдых. Было это?

— Мало ли что! Ох...

— Хороший он парень! — перебивает ее Ольга Васильевна.

— Со стороны — конечно, а вы на него дома поглядите.

— И дома хороший. Избаловал тебя. Сама ты не знаешь, за что человека мучаешь.

Шурочка хочет ответить, но мощный рев гудка потрясает стены столовой, заглушает ее слова.

Обеденный перерыв окончен.

Маруся и Ольга Васильевна идут по длинному коридору, мимо досок с объявлениями за проволочной сеткой, мимо пожарных кранов, мимо железных дверей, запертых железными болтами.

И вдруг Ольга Васильевна останавливается возле широкого решетчатого окна.

Улыбается неожиданной для нее застенчивой улыбкой.

— Хочешь, покажу его? Мужа? Гляди.

И, порывшись в сумочке, достает маленькую фотографию. Маруся видит пожилого человека с упрямым ртом.

Седые волосы коротко острижены, стоят ежиком. Глаза глядят сурово и строго.

Ольга Васильевна смотрит на портрет через Марусино плечо. И говорит вдруг ему, портрету:

— Ну, чего, чего смотришь так свирепо?! Сниматься пришел! К фотографу... хоть тут улыбнись. Идол!

Маруся смеется. Ольга Васильевна прячет портрет в сумку.

— Да, — вздыхает она, — есть о чем поговорить. Только времени нет. Да и не умеем еще.

Вася ходит мимо завода, от угла до угла, но при этом всем своим видом показывает, что он никого не ждет, не гуляет, а спешит куда-то по важному делу.

Гудит гудок.

Из проходной конторы валом валит народ. Дважды пересекает эту толпу Вася, озабоченно, ни на кого не глядя.

Вдруг радостный голос окликает его:
— Вася!
Он оглядывается. Маруся подбегает к нему.
— Смотри-ка! — удивляется Вася. — Ты что тут делаешь?
— Работаю, — сообщает Маруся. — Я же тебе рассказывала, что я на этом заводе на практике.
— Ага, припоминаю! — говорит Вася, глядя на Марусю так пристально, с таким жадным вниманием, что она даже спрашивает испуганно:
— Что? Лицо у меня запачкано? А, Вася?
— Нет, почему. Лицо все то же, знакомое, — отвечает Вася. — Тебе в какую сторону? Я тут ездил за нотами, да не застал, понимаешь, этого человека. Так ругался, понимаешь! Назначает время, а сам уходит. Гражданские привычки... К трамваю идешь?
— Нет, мне хотелось пешком.
— Да? Ну я тебя провожу. У меня время есть.
Они идут не спеша по ленинградским улицам.
— А муж? — спрашивает Вася.
— Что муж?
— Не обидится, что ты домой не спешишь?
— Ой, он сегодня поздно вернется. Сегодня судьба его решается. Я так волнуюсь! Сегодня их проект рассматривать будет комиссия. Там, понимаешь, целый заводской комбинат они спроектировали. Два цеха и дома для рабочих — Сережины.
И метод он предложил постройки свой, скоростной. Ох, страшно. Здесь будут рассматривать. Потом в Москве. Метод новый. В области его сейчас пробуют. В одном совхозе. Ох, страшно. Верно?
— Дружно живете? — спрашивает Вася.
— Ага.
— Не ссоритесь?
— Почти что.
— Не обижает?
— Он-то не обижает. Только я, бывает, обижаюсь. Вот скажи ты мне, Вася, по-дружески. Ты меня хорошо знаешь. Я обидчивая?
— Была нормально, как все.
— А стала ненормально. Над одним его словом могу целый вечер думать. Да что ты, над словом... Не тем тоном скажет что-нибудь... Давай мороженого поедим.
— Это можно! — соглашается Вася.
— Чур, я плачу!
— Это нельзя!

Вася врезается в толпу, окружившую продавщицу сливочных брикетов, и Маруся слышит веселый его голос.

— Одну минуточку, граждане! — кричит он весело. — Позвольте нахалу вне очереди. Ну, что делать, гражданочка, когда мне сладкого хочется. Я понимаю, что всем хочется, только мне еще больше. Ну можно ли сердиться возле такого веселого продукта, как мороженое. Не пшено ведь. Ну вот и все.

Вася, слегка прихрамывая, выбегает из толпы с двумя брикетами в руках.

Подмигивает Марусе:

— Техника!

— Погоди, не ешь! — просит Маруся. — Зайдем в скверик... Там я тебе что-то интересное покажу.

Они заходят в скверик, усаживаются на скамеечке.

— Ну, теперь можно. Садись и ешь! Вот на тот дом смотри.

Маруся указывает на четырехэтажный дом против сквера.

— Хорош?

— Ничего себе...

— Наша работа! По Сережиному проекту его восстанавливали, когда мы еще и знакомы не были, и вот что оцени: скоростным методом восстанавливали, а в доме не сыро. Жильцы удивляются! Ох, на платье капнула!

Вася бережно обтирает носовым платком Марусино платье.

— Я, как домой иду, всегда сверну посмотреть. Понимаешь, как это приятно. Верно? Вася, ты обиделся?

— Кто, я?

— Обиделся, обиделся, что я все о себе говорю. Теперь ты говори. Почему жену к нам до сих пор не привел? Где пропадаешь? Раз только забежал — и нет его... Я тебя вспоминала.

— Разве?

— Сколько раз. И Сереже ты понравился. Ну, говори, какая у тебя жена?

— Ой, хорошая.

— Любишь ее?

— Ого!

— Ну молодец. А не врешь? Как-то ты странно говоришь о ней.

— Стесняюсь...

Маруся смеется.

— Не верит! — удивляется Вася. — Ну, слушай тогда. Знаешь, как я ее люблю? Всегда ее лицо передо мной. Вот именно. И когда я вижу ее, то удивляюсь, что она не такая, а еще лучше. И все я боюсь, как бы ее кто не обидел. Кажется мне, дураку, что очень она, ну, как бы тебе это выразить... Не такая, как все... Что ее ушибить легко. Когда долго ее не вижу, все мне кажется — не заболела ли... Понимаешь, бывает, что я ее долго не вижу, она в командировках часто... Ну, словом, короче говоря, вот тебе и все.

Говорит он это, очень серьезно, даже мрачно, глядя прямо перед собой. Маруся не сводит с него глаз. Некоторое время оба молчат.

— Вот ты какой, оказывается, — говорит Маруся.
— Вот именно! — отвечает Вася.
— И не ссоритесь вы?
— Зачем? — отвечает Вася. — Я как на войне решил — буду жить по-человечески, так и живу.

Он внимательно взглядывает на Марусю. Улыбается мягко и признается:

— Ссоримся, конечно.

Маруся смеется.

— Вот странно! — говорит она. — Ни одной подруге я ничего не рассказываю... а тебе могу. Почему-то я тебе очень доверяю.
— И правильно делаешь! — говорит Вася твердо.

Маруся и Вася стоят на трамвайной остановке.

— Будешь к нам приходить почаще? — спрашивает Маруся.
— Стесняюсь я! — отвечает Вася.
— Кого?
— Да у вас народ, верно, в гостях бывает.
— Кто? Степан Николаевич заходит. Это главный инженер, начальник проектного бюро. Очень хороший человек. И еще Леня Лагунов, Сережин друг. Ну, этот...
— Не нравится тебе?
— Да не знаю. Его Сережа очень любит. Но он... Не знаю. В общем, приходи. Увидишь.
— Надо будет прийти, — отвечает Вася.
— С женой.
— Непременно.

Маруся задумывается о чем-то глубоко. Вася глядит, глядит на нее. Даже голову склонил набок. Улыбается грустно.

— Вася, — спрашивает Маруся. — Ты в высшей математике разбираешься?
— Плаваю... А что?
— Да ничего, ничего. Так... Я тоже плаваю. Ну вот и мой.

Маруся взбирается на площадку трамвая. Вася подсаживает ее осторожно, заслоняет от толчков, широко расставив локти.

— До свидания!

— Будь здорова, Маруся!

Звонки. Вагон трогается. Вася долго стоит на остановке, смотрит вслед трамваю, пока тот не исчезает за углом.

На воротах Летнего сада плакат: «Закрыт на осеннюю уборку».

Рабочие разносят по аллеям высокие деревянные будки, в которых спрячутся статуи от зимних холодов.

Темнеет.

Сережа стоит у окна. Угрюмо глядит на свое лицо, тускло отражающееся в оконных стеклах. Знакомый плакат на противоположной стене с девушкой, кипарисами и синим морем — весь в сырых пятнах и подтеках.

Маруся сидит, согнувшись над книгами.

— Да пойми же ты наконец! — начинает Сережа сквозь зубы. — Что интеграл...

— Не надо! — отвечает Маруся упрямо.

— Что не надо?

— Не надо объяснять.

— Почему?

— Потому что ничего хорошего из этого не выйдет. Разве первый раз ты мне объясняешь? Нет, Сережа, не в первый. Я завтра перед лекцией у подруг спрошу. Они объяснят.

— Значит, по-твоему, эти идиотки знают математику лучше меня?

— Во-первых, они не идиотки, — отвечает Маруся подчеркнуто спокойно, — Саша Волобуева — сталинский стипендиат, например. А во-вторых, они не будут говорить со мной раздраженным тоном...

— Я спокойно говорю.

— Нет, Сережа, ты говоришь с ненавистью.

— Здравствуйте, с ненавистью... Если хочешь — с ужасом, да.

— Все равно...

— Ты меня просто ужасаешь. Как можно до такой степени не разбираться в элементарнейших вещах! Ты меня нарочно дразнишь.

Маруся еще ниже склоняется над книжкой.

— Дай карандаш. Начнем сначала.

Маруся трясет головой отрицательно.

— Не упрямься! Смотри сюда.

Маруся не поднимает головы.

— Маруся!

Маруся молчит.

Сережа всхлипывает.

— Дикое упрямство! Тут ангел — и тот, к черту, голову потеряет! Слушай меня! Немедленно!

И Сережа исступленно, что есть мочи, вопит длинную математическую формулу. Звонок прерывает его.

— Кого тут еще черт принес... — бормочет Сережа яростно. Свирепо шагает в переднюю.

Маруся слышит щелканье замка и Сережин голос.

— Леня, да какой же ты мокрый!

— Сразу успокоился! — бормочет Маруся.

Она уходит и закрывает за собой дверь.

Появляется Леня Лагунов, Сережин товарищ, инженер, его ровесник, молодой человек лет двадцати девяти. Он ладно скроен, красив, хорошо одет, держится уверенно. Лицо живое. Нервен. Это последнее свойство сказывается в его привычке вертеть в руках что придется: карандаш, спички, стакан. За неимением лучшего — отрывает от газеты длинную полосу бумаги, сворачивает в трубочку и вертит, вертит в своих длинных пальцах.

Войдя в столовую, он снимает очки, отчего уверенное выражение его немедленно исчезает. Беспомощно щурится он, протирая стекла углом белоснежного платка, вглядывается в Сережино лицо.

— Я, понимаешь, пришел, — начинает он, — явился, понимаешь, к вам... Притащился, так сказать...

Он надевает очки и продолжает уже уверенно и спокойно:

— Пришел к вам не позвонив, потому что не знал, куда иду. Ничего?

— Садись.

Леня садится за стол, берет газету, аккуратно и старательно отрывает полоску бумаги.

— Сегодняшняя! — предупреждает Сережа.

— Поля отрываю, не беспокойся. Не могу дома сидеть! Все боюсь, что позвонят насчет проекта, а звонят девушки, а я по доброте характера им отвечаю. Сегодня обещал Ане пойти с ней в кино, Вере — в театр, а Маргарите Львовне — в гости к ее дяде — юрисконсульту.

— Ну и что теперь будешь делать?

— Что, что... Скрываться буду. Маруся дома?

— Дома.

— Ой, — пугается Леня. — А я ору во весь голос.

— Она не спит.

— Понимаю. Но все-таки мужские разговоры не к чему ей слушать.

Мы видим, как Маруся отрывается от книжки и сурово показывает язык закрытой двери.

— Она не слушает, — говорит Сережа.

Леня усмехается.

— Итак... — спрашивает Леня. — Москва молчит?

— Как видишь...

— Что-то мне на этот раз даже мое любимое лекарство не помогает...

— Какое?

— Новый проект. Уж я и так пытался увлечься сегодня, и этак. Нет! Все беспокоюсь о предыдущем. Нездоровое чувство.

— Ничего.

— Ты что сегодня так односложен? Я помешал? Могу и уйти...

— Не говори глупостей, — отвечает Сережа, глядя в окно.

— Ты с женой поссорился, что ли?

Сережа не отвечает.

Леня подходит к нему.

В квартирах напротив уже зажгли свет. Тени мелькают на занавесках. Вот чья-то голова вытянулась во все окно и исчезла. Гигантская рука пошевелила пальцами.

— Что случилось? — спрашивает Леня. — Признавайся, чего там.

— Гляди, — отвечает Сережа, указывая на освещенные окна.

— Что?

— Почти все окна занавешены. Люди не хотят, чтобы к ним заглядывали в дом. Здоровое желание? А? Как ты полагаешь?

— Беру свои слова обратно! — отвечает Леня быстро. — Я сегодня, понимаешь, растерянный какой-то, что ли... Впрочем, — добавляет он после паузы, снимая очки, — впрочем, я думал, что окна занавешивают от чужих. Ладно. Не отвечай. Что ты ни ответишь, все равно будет неприятно. Уж такой сегодня вечер. Сядем, покурим.

Оба садятся на диван. Сережа приносит пепельницу. Улыбается.

— Вот я тебя сейчас разоблачу, — говорит он. — Я понял, почему ты снимаешь очки, когда начинается неприятный разговор.

— Ну?

— Боишься, что драка будет. Это у тебя еще школьная привычка. Верно?

— Похоже! — соглашается Леня. — Очень похоже! — добавляет он, подумав, и хохочет.

— Ну, а теперь рассказывай что-нибудь постороннее. Только потише. Не мешай Марусе заниматься!

Маруся забралась в кресло с ногами. Локти на столе. Ладонями зажимает она уши. Раскрытый учебник лежит перед ней. Со стороны можно подумать, что она занимается, с головой ушла в работу. На самом же деле — она мечтает.

И мы видим ее мечты.

Маруся стоит на кафедре.

Огромный зал, очень смутный, очень неясный, как бы исчезающий в некоем тумане, — аплодирует ей.

— Я решила настоящую научную проблему, — мечтает Маруся. — Нашла синтетический белок, понял, понял, что я не дура!

И лицо Сережи резко выступает в смутно видимой толпе. Он глядит на Марусю с уважением и раскаянием.

А она уже мчится по шоссе в открытом автомобиле. Теперь Маруся видит все вокруг гораздо отчетливее, чем там, в аплодирующем зале. И шоссе, и море, и кипарисы совсем такие, как на плакате, который мокнет сейчас в осенней тьме за окном.

— Еду на завод синтетического белка, — мечтает Маруся. — Там не ладится что-то. Ждут меня. Нет, нет, я не боюсь. Я приеду и не буду спешить, как тогда на фронте, когда разбирали один раз жалобы раненых. Ни слова не скажу, пока все не станет ясно. Люблю, когда вдруг почувствуешь, что все понятно и никому тебя не переубедить... Но... Что такое?.. Что мешает мне радоваться?.. Ах да... Где Сережа? Пусть будет так: он в отпуску и тоже едет со мной на завод.

И тотчас же, как по волшебству, Сережа возникает в машине рядом с Марусей.

— Или вот что... — мечтает Маруся. — В мае не пустили меня на его стройку, потому что она засекречена. Пусть и мой завод тоже засекречен. Нельзя туда посторонним.

Сережа исчезает послушно.

— Но он ведь не увидит тогда, как я там распоряжаюсь, как меня там уважают. Пусть едет со мной.

Сережа появляется.

— Или нет!

Сережа исчезает.

— Пусть будет так: он работает у себя на строительстве. А я у себя. И у него все идет отлично, и у меня замечательно, только от него так давно нет писем, что я уже начинаю беспокоиться. И вдруг...

Встречная машина летит по шоссе. Сережа сидит за рулем. Узнает Марусю. Тормозит резко. Прыгает на дорогу.

Маруся шагает ему навстречу. Он обнимает ее, целует.

И Маруся, сидящая над учебником, медленно закрывает глаза. Встряхивается, как бы проснувшись. Встает.

Идет к комоду. Открывает верхний ящик, ищет там что-то, напевая задумчиво, на свой любимый лад.

— Ну и Маруся! Что за Маруся. Как поглупела, обезумела.

Видит себя в зеркале.

Нежно улыбается.

Поет едва слышно, почти шепча:

— Ну и Маруся, что за Маруся. Вот так Маруся. Ай да Маруся.

И вдруг слышит взрыв смеха. Знакомые голоса.

Она выглядывает в дверь и видит: пока она сидела и мечтала — собрались гости. Степан Николаевич объясняет что-то Васе, рисует на листе бумаги какой-то чертеж.

Ольга Васильевна смеется над тем, что рассказывает ей Леня.

— Гостей сколько! — радуется Маруся.

Все оборачиваются к ней. Ласково улыбаясь, идет к ней Вася навстречу. Степан Николаевич кивает ей. Ольга Васильевна целует ее и говорит сурово:

— А ты радуйся, что гостей много! Хорошая семья — как магнит. Попробуйте только у меня худо жить! Убью! Вы всем нужны!

Дверь закрылась за последним гостем. Маруся поправляет волосы у зеркала в передней. Сережа направляется к двери в столовую и вдруг останавливается нерешительно.

Маруся видит это в зеркале.

Улыбается.

Сережа оборачивается.

Смеется.

Делает шаг к Марусе. Протягивает к ней руки.

Но она говорит умоляюще:

— Подожди! Пожалуйста, подожди, Сережа!..

— Ты все сердишься?

— Нет, только подожди. Если ты обнимешь меня, все мои мысли перемешаются, и я буду опять думать, что все хорошо. Я посуду помою и что-то тебе скажу.

Сережа сидит на табуретке у кухонного стола. Глядит на Марусю, которая вытирает озабоченно суконной тряпкой чайник, и без того сияющий. Говорит добродушно:

— Да ладно уж, довольно наводить порядок в твоей лаборатории. Ругай меня поскорей.

Маруся ставит чайник. Садится напротив мужа. Глядит ему в глаза.

— Никого я не буду ругать, — начинает она тихо. — Сережа, Сережа! — продолжает она с отчаянием. — Что со мной делается? И спросить некого, посоветоваться не с кем. Спросила бы маму, а где она? Поговорила бы с Ольгой Васильевной — стыдно. Только с тобой и можно разговаривать, а ты, бедный, тоже ничего не понимаешь.

— Маруся!

— Да вовсе не плачу я. Ты слушай. Нет, не трогай меня, милый, маленький мой. Ты послушай. Что со мной делается? Отчего стала я обидчива? Почему не могу тебе ни одного слова простить? Ближе тебя нет мне человека, а как раз на тебя могу я так рассердиться, что голову теряю. Что за сила такая дикая вертит нами, как ей захочется? Разве я так жила? Я за каждое слово свое отвечала и за каждый поступок. Что же это выходит? Неужто любовь людей не только сближает, а еще одуряет и портит или это только мы с тобой не умеем с ней обращаться? Ну помоги ты мне! Помоги!

— Да будет тебе! — говорит Сережа растерянно. — Что случилось? Ничего не случилось.

— Сережа, дорогой, миленький, давай толково говорить. Давай, как будто это такое же дело, как твой проект. Давай... Ведь это мы не объясняемся, что за глупости. Это мы думаем. Понимаешь? Задачу решаем, как жить будем. Понимаешь?

Сережа кивает головой...

— Ты послушай. Мне видней, где опасно. Ты не обижайся, а только ты не думаешь о доме, как я. Не так болеешь за него душой. Не так пугаешься. А я и на войне истосковалась по счастью и дому. Да и женщина больше все-таки понимает, что это не пустяк. Дом — это не стены, не квартира, а мы с тобой. Само собой ничего не делается. Тут надо подумать. И уважать друг друга. Главное — уважать, уважать друг друга.

Сережа улыбается.

— Не смейся, — просит Маруся.

— Я не смеюсь, что ты! — отвечает он. — Я просто вдруг понял, что ты у меня умница.

Маруся вспыхивает от удовольствия.

— Ничего подобного! Правду говоришь? А почему?

— Я ждал, что ты начнешь, как все это делают, выяснять, кто виноват, кто первый повысил голос, кто первый заговорил раздраженным тоном... А ты, оказывается, обдумываешь все.

— Да, — отвечает Маруся.

— И не только меня и себя винишь... Вот какая ты, оказывается, какие задачи берешься решать. И хоть правда живем мы с тобой не хуже других, но, пожалуй, ты права. В самом деле — в семейной жизни мелочи, может быть, и не мелочи. Дело в количестве... словом — слушай.

Сережа встает. Садится. Опять встает.

— Никогда в жизни не умел говорить о себе. Придется поучиться. Ты знаешь, что я из военной семьи. Отец был командиром полка. Мать — военврач. Это ты знаешь. А что мы постоянно переезжали из города в город — этого ты не знаешь. Менялись школы, весь уклад жизни. Перемены эти баловали. Чуть задержимся где подольше — я скучал. Нетерпелив стал, капризен. Страшно сказать, как груб я бывал с матерью. Как-то в начале войны вспомнил я о стариках, когда дежурил ночью в штабе. Сердце замерло от ужаса. И от жалости. Думаю: увижу своих — все прямо скажу, попрошу прощения, первый раз в жизни. Ну — и не увидел. И прощенья просить не у кого. Я, подумай только, в школе не был на лучшем счету, а дома — свинья чистая. Война многое перевернула. Многому научила. И сейчас я, пожалуй, не тот человек. Но вот тебя вдруг начинаю обижать... Запомни, Маруся. Да. Сейчас скажу. Вот. Я, с тобой встретившись, стал сильней. Этому ты, этому счастью причиной. Ну и все. И это в наших силах сделать так, чтобы любовь нас не одуряла, не портила, а... ну, словом, ты сама понимаешь. Маруся, ты спишь, что ли?

— Нет, я плачу, — отвечает Маруся.

Окошечко кассы в Филармонии. Над окошечком плакат: «Все билеты проданы». Нырнув в это окошечко по самые плечи, Вася убеждает кого-то невидимого, очевидно, кассиршу:

— Войдите в наше положение! Посочувствуйте учащейся молодежи... Студенты-химики, молодец к молодцу, а билетов не имеют...

Студенты-химики, друзья и подруги Маруси, облепили Васю сплошной толпой, жадно прислушиваются к переговорам.

— Чайковский ведь! Ромео и Джульетта все-таки! Кому и слушать, как не нам. Да у меня лично взят билет заранее. О друзьях хлопочу! У них внезапно семинар отменили. Шестнадцать входных на хоры — и все будут счастливы... Да где же мы поймаем администратора! Он опытный... Умеет прятаться!

Галопом влетает девушка с тяжелым портфелем. Ее меховая шапочка, мокрая от дождя, почти свалилась с головы, держится каким-то чудом на выбившейся косе. Это и есть — та самая Саша Волобуева, сталинский стипендиат, о которой говорила Маруся.

— Поймали! — сообщает она, задыхаясь.

В толпе движение.

Возгласы:

— Саша! Волобуева! Поймали, говорит! Ура!

Вася высвобождается из окошечка:

— Администратора поймали?

— Да! — сияя, рассказывает Саша. — Ой! Где моя шапочка? Вот она. Он даже засмеялся от ужаса. «Я вас, говорит, студентов, даже во сне вижу».

— Дал записку?

— Пишет! Маруся уговорила!

Вбегает Маруся, такая же сияющая и озабоченная, как Саша. Она размахивает в воздухе запиской. Ныряет в окошечко кассы.

— Вот! Шестнадцать входных! — просит она, задыхаясь. И тотчас же, вынырнув из окошечка, оглядывает своих с победоносной улыбкой.

Студенты бегут наперегонки по лестнице на хоры.

— Тише! — шипит на них юноша, сидящий прямо на полу, у двери, с партитурой в руках.

— Опоздали! — ахает Маруся.

— Тише, — повторяет юноша, прильнув ухом к двери.

Перелистывает страницу партитуры.

Вася подкрадывается к двери. Осторожно-осторожно, чтобы петли не заскрипели, чуть-чуть приоткрывает он ее, и смягченные звуки знаменитой увертюры заполняют коридор.

Опоздавшие бесшумно рассаживаются на ступеньках.

Сияющие люстры. Белые колонны зала. Высокий, длиннолицый дирижер с плавными и вместе с тем повелительными движениями рук. Лица слушателей в зале. Лица опоздавших, устроившихся на ступеньках.

Вася глядит на Марусю, глядит, глядит. А Саша Волобуева наблюдает за ним, улыбаясь задумчиво.

Вася оборачивается.

Встречается глазами с Сашей.

— Что? — спрашивает он чуть слышно.

— Так, ничего.

— Хорошая музыка?
— Очень хорошая. Вася, это правда?
— Что именно?
— То, что он говорит. Что музыка говорит...
— Чистая правда! Так вот оно и есть. Полюбил человека, и кончено. Не нужны ему другие. Хороша музыка. Все из жизни взято!

Саша кивает головой.

Некоторое время они слушают молча. Юноша с партитурой дирижирует, переворачивая страницы.

— Вася! — спрашивает вдруг Саша негромко. — Скажите честно — вы женаты?
— Под музыку спросила — соврать невозможно, — отвечает Вася. — Если догадалась — молчи.
— Никому никогда не скажу, — отвечает Саша скороговоркой.
— Но ничего печального в этом нет, — продолжает Вася. — Я человек веселый. Крепкий. Честное слово, правда. Живу как бы под музыку и не жалуюсь. Все великолепно!

Гремят заключительные аккорды увертюры. Распахиваются двери. Опоздавшие бегом бегут на хоры.

Маруся и Саша протискались к барьеру. Смотрят вниз на музыкантов, меняющих ноты. Звуки настраиваемых инструментов. Негромкий гул толпы.

Маруся взглядывает на Сашу внимательно. Поправляет ей упавшую на лоб прядь волос.

— Какая ты у меня славненькая сегодня! — говорит она ласково. — Недаром Вася смотрел на тебя во все свои глазища.
— На меня?
— А то на кого же?
— Эх, Маруся! Да он, кроме тебя, никого и не видит.

Маруся хохочет искренне:

— Ну, Саша! Вот так Саша. Вот тебе и умница, отличница. Вася мне друг. Даже подруга!
— Вот потому-то ты и не видишь ничего, что смотришь на него как на подругу. В этих делах все мы эгоисты. Собой заняты. Тише! Довольно тебе смеяться! Дирижер идет.

Концерт окончен.

Студенты идут к вешалкам.

Маруся оглядывается и вдруг замирает от удивления.

По главной лестнице, сосредоточенный, ни на кого не глядя, спускается Сережа. Маруся делает шаг к нему — и Сережа, увидев жену, разительно меняется. Он вспыхивает от радости, как мальчик. Протягивает Марусе обе руки. И она бросается к мужу.

— Обрадовался! — говорит она удивленно и растроганно.

— Очень обрадовался! — признается Сергей.

И вот они стоят и смотрят друг на друга, улыбаясь, никого не замечая вокруг.

— Я не знала, что ты здесь!

— И я не знал.

— У нас отменился семинар.

— А я шел мимо — и предложили лишний билет... Давай отойдем в сторону, куда нам торопиться, если дома ни меня, ни тебя...

Маруся смеется. Они поднимаются наверх, садятся на бархатную скамейку в фойе.

— Ты шел с таким лицом, какое у тебя бывает, когда ты работаешь, — говорит Маруся.

— А какое у меня тогда лицо?

— Решительное... Будто в атаку идешь.

Сережа улыбается. Он польщен.

— Вот как! А когда ты это разглядела?

— За последние две недели. Когда Москва приказала расширить проект и вы сидели над ним ночами. Тогда даже Леня хорошо работал.

— Он вообще хорошо работает.

— Ну, не знаю. Нет новостей из министерства?

Сережа темнеет чуть-чуть.

— Нет. Это естественно. Проект нешуточный, но... Не умею я ждать. Хожу, злюсь... Небось заметила?

Маруся кивает головой.

— Придираюсь к Лене. Ворчу на Степана Николаевича. С кондукторшей сегодня поссорился в трамвае, глупость такая... Ты уж потерпи, если что... слышишь, Маруся? Потерпи, я сам не рад... Я кровь, понимаешь, кровь свою вложил в эту работу. И теперь боюсь: а что, если я размахнулся не по силам?

— Нет!

— Нет, говоришь? Да я и сам надеюсь, что нет. Сегодня слушал музыку и все проверил, даже пересчитал кое-что заново. Живем, Маруся, живем! Делаем свое дело не хуже других. Подумал и о тебе под музыку и обрадовался, что ты со мной!

— Правда?

— Дай лапу! Вот так... Подумал: вот был бы ужас, если бы мы не встретились с тобой на фронте. Но мы с тобой встретились, и вот шагаем рядом, и самое главное у нас еще впереди. Я бываю нетерпелив, несправедлив — забудь. Все будет прекрасно. Правда?

Маруся кивает головой.

— Очень жалко, — говорит она после паузы.
— Что?
— Что мы все понимаем, когда слушаем музыку или когда говорим по душам... Зачем не каждый день! Зачем не каждую минуту.

Сережа гладит ее по голове ласково.

— Ничего, ничего... Это есть в нас всегда, а ясно видим мы друг друга иногда. Мы люди требовательные, нам всего мало, уж в такое время живем. Но ведь и сейчас мы с тобой счастливы, Маруся. Верно?

— Очень! — отвечает Маруся убежденно. — Очень!

―――――

Поздний вечер. Дождь со снегом так и бьет по лицу. Подняв воротник, глубоко засунув руки в карманы пальто, быстро шагает по набережной Невы Сережа.

Леня торопливо выбегает из Мошкова переулка, почти наталкивается на Сережу, извиняется растерянно и вдруг узнает его:

— Сережа!
— Как видишь.
— А почему ты не у Степана Николаевича? Почему не дождался меня?.. Почему ты...

Он наклоняется к самому лицу Сережи, и тот отстраняется нетерпеливо. Почти кричит:

— Ну что?! Что смотришь? Терпеть этого не могу! Да, да, да! Ему уже звонили из Москвы. Ты опоздал!

— И что сказали?
— Ничего хорошего не сказали.

Сережа пускается в путь. Леня спешит за ним. Старается не отстать.

— Да погоди ты, я не могу так быстро, очки залепило снегом.

Сережа слегка замедляет шаг.

— Неужели наш проект не утвержден?
— До этого еще не дошло! — отвечает Сережа. — Но совещание в главке не состоялось сегодня.

— Почему?
— Академик Литвак заболел. И просил без него не обсуждать наш проект. У него есть ряд важных соображений. Пожалуйста, не приставай с утешениями и предположениями. Все ясно. Значит, я просмотрел что-то.

— Почему именно ты?

— Потому что соображения эти касаются моего метода. А я не из тех, которые ищут, на кого свалить вину. Понял?

Леня не отвечает.

Некоторое время они идут молча.

— Знаешь что, Сережа! — говорит Леня просительно. — Пойдем посидим.

— Куда?

— В ресторан. Там светло. Играет музыка. Пойдем.

Сережа не отвечает.

— Я знаю твою привычку прятаться от людей, когда у тебя беда. Но... зачем прятаться от товарищей по несчастью? Ведь мне все это так же неприятно, как тебе. Давай посидим, поговорим... О другом будем говорить. Пойдем!

— Ступай один!

— Один я не умею ходить по ресторанам. Пойдем! Ужасно не хочется домой, пусто там у меня... счастливец ты. У тебя есть с кем отвести душу.

— До свидания! — отвечает Сережа угрюмо.

———

Маруся, забравшись с ногами в кресло, заткнув уши ладонями, сидит, низко склонившись над учебниками.

Она не слышит, как хлопает входная дверь.

Она не видит, как входит Сережа, останавливается перед ней, угрюмый, чернее тучи.

— Маруся! — окликает он.

Она вздрагивает и, узнав мужа, улыбается радостно:

— Сережа! А я и не слышала, как ты вошел! Здравствуй!

— Маруся! — отвечает Сережа. — Я тебя тысячу, миллион раз просил не сидеть с ногами в кресле.

Маруся медленно выпрямляется. Не сводя глаз с Сережи, послушно опускает ноги на пол.

— Нет, в самом деле, — продолжает он обиженно. — Это странно даже. Говоришь, говоришь, говоришь. Добьешься ты в конце концов искривления позвоночника. И уши затыкаешь. Это тоже вредно. Ты смеешься надо мной просто!

— Я ведь объясняла тебе, — говорит Маруся примирительно, — что это я в общежитии привыкла так сидеть. Там с пола сильно дуло и шумели. Вот я ноги, бывало, подберу, уши заткну и учусь. Понимаешь?

— Нет! Раз я прошу, пожалуйста, считайся с этим... О тебе же забочусь.

— Не надо, Сережа.

— Что не надо?

— Заботиться обо мне так свирепо.

— Здравствуйте! Я слова не могу сказать у себя дома. Повторяю: о тебе же забочусь.

— Спасибо. Но... знаешь, как один муж вот так же заботился о жене? В городе была эпидемия брюшного тифа, а жена выпила сырой воды. Так муж ее за это застрелил. И оправдывался потом: это я для ее же здоровья! Она не слушалась...

— Не похоже!

— А по-моему, очень похоже. Садись, успокойся, я тебе сейчас дам чаю.

Маруся возится в кухне. И мы слышим ее мысли: «Нет, это мы еще не поссорились. Я поспорила с ним — и только. Я не могла больше молчать. Это уже рабство. Я устала. У меня послезавтра зачет. Голова даже кружится, так я устала... Это уже рабство — успокаивать его, успокаивать все время, целую вечность. Он не говорит, а рычит и ворчит. Это оскорбительно. Это рабство. Так хорошо поговорили в Филармонии, и на другой же день все испортилось, идет все хуже и хуже.

Наверно, неприятные новости из Москвы. А я чем виновата? Как это я придумала вдруг о брюшном тифе? Очень похоже. Вася очень смеялся бы. Он любит, когда я придумываю смешное. И ужасно удивляется. Куда он пропал? Месяц его, наверное, не видно. А если бы я не встретила Сережу, а Вася в самом деле любил бы меня? Нет. Как страшно! Даже мурашки по спине забегали. Ни за кого бы я не могла выйти замуж. Только за Сережу. Ну, хорошо. Надо идти. Заговорю с ним как ни в чем не бывало. Он мучается... Он сам не рад...»

Сережа шагает из угла в угол.

И мы слышим его мысли: «Когда у меня беда, одно желание: спрятаться. Не могу видеть, как она глядит на меня. Не спрашивает, а все равно что спрашивает. Говорит мягко, убедительно, а сама только и думает: что у тебя случилось? Что у тебя случилось? И, главное, я тогда расхвастался в Филармонии: «Я молодец, я не хуже других». Дурак, а не молодец! Никаких оправданий. Я виноват. Размахнулся не по силам».

Маруся входит в комнату. Взглядывает на Сережу внимательно и ласково.

И он кричит вдруг отчаянно:

— Что, что, что тебе надо?

— Опомнись! Ты! — отвечает Маруся твердо.

— Шагу не могу ступить, когда домой прихожу. Смотрят все! Смотрят, видите ли, нарочно выводят из себя, а потом смотрят!

— Кто?

— Ты!

— А почему ты обо мне говоришь во множественном числе? Слушай, Сережа, давай...

— Надоели мне эти добродетельные разговоры: давай, давай... Что, я не вижу? Злишься на меня, а говоришь мягонько, сладенько: «давай... давай»... Довольно!

— Бей лучше посуду, а не это.

— Что — это?

— Нашу жизнь. Смотри, Сережа...

— Нашу жизнь! Как будто это самое главное — наша жизнь. Дом! Домишко! Домишечко!

— Может быть, и не самое главное, но все-таки важное. Ты прочти...

— Замолчи. Не могу слышать, когда ты со своими куриными мозгами начинаешь рассуждать...

Маруся молча выходит. Сережа шагает из угла в угол. И мы слышим его мысли: «Пусть! Ладно! Пусть все летит! Сдерживаться, удерживаться, не хочу! Притворство! Ломанье! Ложь! Так лучше!»

И вдруг внезапно, как это часто бывает, какой-то голос, его же, Сережин, но такой далекий от бешеных его получувств, полумыслей, что кажется посторонним, голос рассудка, говорит отчетливо и холодно:

— А ведь ты негодяй!

— К дьяволу! Я прав! Что, я связан по рукам и по ногам, что ли? Подумаешь... Преступление... Меня довели до этого!

— Ты негодяй! Ты ударил женщину!

— Ударил! Ударил? Я не ударил ее!

— Хуже, чем ударил. Быстро перебрал, перебрал оружие и выбрал самое острое. Отравленное. Сказал, что у нее куриные мозги. И она сжалась вся.

Сережа останавливается, морщится и с силой проводит ладонью по лицу, как будто паутину со щек снимает. И снова начинает шагать по комнате.

— Неужели это верно? Да. Это верно. Я негодяй. Сколько раз осуждал тех, кого обидят на работе, а они срывают обиду на своих, на тех, кто послабее. Леня сказал: «Счастливец, у тебя есть с кем отвести душу». Я негодяй. Маруся, Маруся! Она сжалась вся, как будто я ее ударил. Ведь сам думал с удивлением, с уважением, что она иной раз бывает умней меня. И выбрал слово «куриные мозги». Пойти и попросить прощения? В жизни не делал этого. Надо идти. Надо. Пойду. Прощения просить не могу. Просто заговорю с ней как ни в чем не бывало.

Маруся сидит за учебником в любимой своей позе, с ногами в кресле, зажав ладонями уши.

Она слышит, что входит Сережа, опускает было ноги на пол, но тотчас же упрямо садится, как сидела.

Не глядя на Марусю, Сережа подходит к столу, будто ища что-то среди книг.

Спрашивает, не оборачиваясь:

— Чай-то мы будем пить?

Маруся не отвечает.

— Я сегодня пообедать не успел. Есть хочется.

Маруся делает движение, чтобы встать, но снова усаживается в кресле.

— Ужин на плите, — отвечает она тихо и жалобно.

Сережа круто поворачивается. Делает шаг к Марусе, но она еще ниже наклоняется над учебником, не поднимая глаз.

— Идем вместе ужинать! — просит Сережа.

И тут Маруся выпрямляется:

— Ты очень плохой человек, — говорит она тихо, — очень плохой.

Сережа улыбается:

— Ну вот и ладно! Выругала меня, и квиты. Один-один. Идем ужинать.

— Никуда я с тобой не пойду, — говорит Маруся дрожащим голосом. — У меня куриные мозги? Может быть! А ты лучше? Разругали твой проект в Москве? Правильно сделали!

Сережа темнеет:

— Не говори о том, чего не понимаешь.

— Я-то, может быть, не понимаю, а в министерстве понимают. Размахнулся не по силам. Кровь вложил в работу. Вот оно и видно.

— Замолчи!

— Кричи, кричи — мне все равно! Все кончено! Понимаешь? Все у нас кончено с тобою.

— Ну и очень рад. Давно пора! — кричит Сережа яростно. Маруся наклоняется было над учебником, но тотчас же встает и уходит прочь.

Сережа бледный стоит посреди комнаты. Вдруг он слышит, как щелкает замок входной двери.

Сережа бежит в переднюю.

Марусиного пальто на вешалке нет.

Сережа выбегает на площадку. Слышит знакомый стук каблучков далеко внизу. Со скрипом, со звоном пружины открывается тяжелая дверь во двор, хлопает на всю лестничную клетку, и вот не слышно больше каблучков.

Сережа возвращается домой.

Подходит к вешалке. Снимает пальто. И сейчас же, сделав непреклонное лицо, вешает его обратно.

―――――

В кухне стучит крышка чайника. Шипит пар. Сережа бредет туда. Выключает чайник и видит: на столе стоит пирог. На нем надпись из миндаля:

«Сереже к полугодию нашей свадьбы».

Сережа подходит к окну.

Стоит выпрямившись, как часовой на часах.

А Маруся шагает, шагает через дождь, через снег, спешит, будто не знает, куда идет. Вот она переходит через Дворцовый мост. Минует главное здание Университета. Бежит по опустевшим линиям Васильевского острова и у запертых дверей химического факультета вдруг останавливается и оглядывается, как бы проснувшись. Темные окна. Никого вокруг. Дождь и мокрый снег бьют Марусю по лицу.

―――――

Сережа сидит. Курит. Глядит на пустой стол пристально, будто книжку читает.

Звонок.

Он вскакивает, просияв, и тут же делает каменное лицо.

Выходит в переднюю не спеша. Распахивает дверь. Отступает, удивленный.

На площадке — высокий длинноусый человек в широком резиновом плаще поверх осеннего пальто, в сапогах, в кожаной шапке-ушанке.

— Не спите, Сергей Николаевич? Вот удача! — радуется он. — Простите, что так поздно.

— Войдите! — отвечает Сергей и впускает неожиданного гостя в прихожую. — Раздевайтесь, товарищ Ширяев.

— Не знаю, раздеваться ли? Ехать нам, Сергей Николаевич, надо. Если сразу выйдем, успеем к поезду.

Сережа идет из комнаты. Приезжий, вытерев тщательно ноги о коврик, — за ним.

— Понимаете ли, какое дело! — начинает он громко и, спохватившись, шепчет:

— Ой, что же это я кричу. Супругу вашу разбудим.

— Ее нет. Она... Она у подруги занимается. Зачеты у нее. Что случилось?

— Да! Все работает... А случилось, Сергей Николаевич, вот что. Стена поползла.

— Как так поползла?

— Поползла. Оседает. Трещина такая, что страх. Как дожди начались, так и пошло.

Лицо у Сережи делается каменным.

— А там у нас племенной скот, — продолжает приезжий. — Конечно, все забегали. Старики кричат: вот он, ваш скоростной метод! Позвонили в райком. Там велели до вас добиться...

— Стойте! Где поползла стена?

— Пока только в седьмом корпусе. Но, конечно, опасаемся за остальные.

— Так. В седьмом. Который к выгону? Который ставили уже после моего отъезда?

— Именно. Но опасаемся...

— Идем. Сейчас я позвоню Степану Николаевичу...

На площадку лестницы из Сережиной квартиры выходит Ширяев. Следом за ним Сережа, с чемоданчиком в руках. Сережа еще раз проверяет — не забыл ли чего, хлопает по карманам, оглядывается. И наконец захлопывает дверь. И восклицает тотчас же:

— Ах, черт! Так и знал, что забыл что-то!

— А что именно?

— Записку жене забыл оставить.

Ширяев взглядывает на часы и крутит головой.

— Ну ладно, я сейчас, — говорит Сережа.

Достает из бокового кармана блокнот, вечное перо, пишет торопливо:

«Маруся, дорогая. Срочно выехал по делу. Когда вернусь — не знаю. Прости меня. Сережа».

Он вкладывает записку за гранитолевую обивку двери.

Бежит вниз по лестнице, Ширяев за ним.

Со скрипом, со звоном пружины открывается тяжелая дверь во двор, хлопает на всю лестничную клетку. Сережина записка, дрогнув, выскальзывает из-под гранитолевой обивки. Падает на площадку.

Маруся уходит от знакомых университетских дверей. Идет, идет... Пережидает грузовой трамвай.

Веселые грузчицы, сидящие на мешках, покрытых брезентом, кричат Марусе:

— Эй, подружка!

— Кого потеряла?

— Садись, подвезем!

Маруся сворачивает в какой-то незнакомый переулок. Переходит через какой-то канал, по узенькому пешеходному мостику. Идет, идет... И вдруг женский голос окликает ее испуганно:

— Практикантка! Маруся!

Маруся вздрагивает и останавливается. Перед ней Шурочка, та самая работница, что так страстно проклинала на фабрике мужчин, семейную жизнь, любовь!

В расстегнутой шубе, в шали, накинутой на голову, стоит она перед Марусей, жадно вглядывается ей в самое лицо.

На руках у Шурочки тяжело висит сонная трехлетняя девочка. Она глядит на Марусю полузакрыв глаза, сурово и недоверчиво.

— Ты чего? — спрашивает Шурочка с жадным интересом. — Случилось что? Заболел кто? Умер? Плачешь? Или дождем забрызгало? А ну, станем под воротами!

Она тянет Марусю за руку, в нишу ворот. Маруся идет за ней послушно. И вот они стоят над серыми сводами, а лампочка, ввинченная над доской с фамилиями жильцов, тускло освещает всех троих.

— С мужем поругались? Изменил? Оскорбил? Бросил?

— Нет, нет, почему! — отвечает Маруся и сама не узнает своего голоса, такой он стал слабый, дрожащий. Она откашливается и добавляет тверже: — Нет! Устала я просто. Занимаюсь много...

— Правду говоришь? Нет? Ты не гордись. Рассказывай. Бабы мы и есть бабы. Кому еще пожалуешься? Другие учить начнут, а я с тобой поплачу. Говори! Гордишься?

— Нет. Не умею. Нечего говорить...

— Ох есть! Ох вижу. Ох проклятый народ мужья, от них все беды. Чтоб они пропали все, окаянные!

— Не говори так.

— Жалеешь его? Маруся... Эх, бедная. Молчишь?! А я тебе сейчас прямо все расскажу. Я занавески сегодня новые купила, повесила, все начистила, все убрала, думаю: нет, а все же мы славно, ладно живем, как люди. А он приходит, все нехорошо ему. Зачем

Нинка во сне раскрылась, зачем дышит она не так. Ладно, я стерпела. Он сел за стол и смотрит на меня как на жабу. У него там проценты на заводе не выходят — я виновата. Да?

— Мама, — стонет девочка и берет мать за подбородок, пробует повернуть лицо ее к себе.

— Я не работаю? У меня своих забот нет? Я не человек? Я ему это объясняю, а он давай кричать, как дикий зверь.

— Мама, пойдем к папе!

— Тихо, тихо, Ниночка! Ладно, говорю я ему. Не годимся мы тебе? Голос возвышаешь на нас? На меня мастер Фейгинов, уж такой крикун, что и в многотиражке его пропечатали, и тот голос поднять не решается, уважает, а ты кричишь?

— К папе... к папе... к папе... — стонет Нина.

— Схватила я Нинку, — продолжает Шурочка, не слушая, — живи один, когда так! Одела девочку, побежали к моей маме. А она в Колпино уехала, к братишке моему. И дверь на замке. Ну что ты сделаешь, а?

— К папе... к папе... к папе... — плачет Нина.

— Замолчи, убью! — вскрикивает мать и тотчас же крепко прижимает девочку к груди, целует руку ее, с которой свалилась варежка, болтающаяся на тесемочке. Надевает дочке варежку. — Ну а что ты расскажешь, Маруся. Молчишь? Сережей твоего звали? Так?

Маруся кивает головой.

— Не знаю, как ты к своему Сереже, я к своему Николаю, — умру не вернусь... Всю ночь буду ходить по улице, а не вернусь. На заводе меня уважают, а дома? Почему же я дома не человек! За что? Вон она — любовь-то куда заводит. Ну ее, черт с ней. Еще и песни про нее поют. Тут волком выть надо, а не песни петь.

И вдруг девочка выпрямляется, выгибается с плачем на руках у матери с такой силой, что та едва не роняет ее. Протягивает обе руки Марусе. Умоляет ее страстно, отчаянно:

— Тетя, проводите нас к папе! Тетя! К папе! Тетя! К папе...

Маруся берет девочку на руки, целует ее и вдруг отстраняется и внимательно вглядывается ей в лицо, касается ее лба полуоткрытыми губами.

— Шурочка! У нее жар! — говорит Маруся встревоженно.

— Где там жар? У нее ручки холодные.

— Ручки холодные, а лоб какой? А глаза? Больные совсем...

— Нина! Нина! — восклицает Шурочка. — Что у тебя болит?

— Болит! — отвечает девочка.

— А что, что болит?

Девочка молча опускает голову на Марусино плечо. Шурочка испуганно смотрит на Марусю. Касается щекой лба дочки.

— Горит вся... — упавшим голосом подтверждает она. — И как же я не заметила, когда одевала ее! И как же я забыла, что она с вечера была невеселая! Все он, все он, проклятый, с ним все забудешь, чтоб ты пропал! Дай мне ее.

— Ничего, ничего, я понесу, я провожу тебя. Домой вам далеко идти?

— Где там далеко... Все вокруг него бродим как привязанные. Видно, далеко не убежать нам. Ну что ж, идем.

И они выходят из-под ворот.

Девочка тяжело висит на руках у Маруси.

———

Под большим плакатом с морем и кипарисами, едва видимым в темноте, появляется Вася.

Взглядывает на окна четвертого этажа.

Они освещены.

Вася качает головой укоризненно. Смотрит на часы.

Половина второго.

Вася вздыхает.

Поднимает воротник. Идет не спеша по мокрым дорожкам скверика и вдруг становится смирно, вытянув руки по швам.

Глядит испуганно.

Маруся появляется под фонарем. Бредет к дому, опустив голову, как наказанная. Скрывается в воротах.

Вася бежит за ней.

Маруся звонит, прислонившись головой к гранитолевой обивке двери, звонит безостановочно в пустую свою квартиру.

Вася галопом взлетает по лестнице.

Маруся утомленно, без признака удивления взглядывает на Васю.

— Не открывает... — жалобно говорит она.

— Маруся, Маруся! Ведь у тебя ключ есть!

— Я сумочку дома забыла.

— А почему же ты без бот вышла в такую погоду? Где ты была? Что случилось?

— Ничего не случилось... Видишь — не открывает...

— Да, может, его дома нет?

— Дома он. Свет горит.

— Забыл выключить. Вызвали куда-нибудь, срочно. Постой!

Вася достает из кармана связку ключей.

Пробует отпереть дверь, и напрасно.

— Постой! Все равно мы не сдадимся. Мы этого дела так не оставим, погоди, я сейчас.

Он с грохотом мчится вниз по лестнице. Маруся садится на ступеньку. Сидит, опершись локтями в колени, закрыв лицо руками. Она, очевидно, задремала, потому что вздрагивает, услышав стук входной двери. Поднимает голову.

Вася сияющий взлетает по лестнице.

— Ну вот и все! Все понятно. Дворник мне все объяснил.

— Что он мог тебе объяснить? — спрашивает Маруся испуганно. — Откуда он-то знает?

— Дворники? Они, Маруся, знают все на свете, и что есть, и чего нет. Сидел он у ворот, и спросил его гражданин в плаще, где квартира восемнадцать. И Сережа с этим гражданином ушел...

Маруся встает.

— Из Москвы, что ли, кто-нибудь приехал?

— Ты посиди! — предлагает Вася. — А я сбегаю к Степану Николаевичу. Принесу ключ. Наверное, Сережа там.

— Я с тобой пойду! — говорит Маруся.

— Да ты гляди, как устала!

— Я с тобой пойду. Здесь грустно очень.

Кабинет Степана Николаевича. В глубоком кресле утонула Маруся.

Степан Николаевич — в другом кресле напротив.

— Так и сидите! — распоряжается Вася. — А я слесаря подниму, Петьку. Он мне отказать не посмеет. Ждите! Сидите! Степан Николаевич, я дорогу знаю, не провожайте!

И Вася уносится прочь.

Степан Николаевич долго глядит на Марусю со свойственным ему несколько наивным удивлением. И вдруг говорит решительно:

— Вот что... Вы мне близкие люди, не могу я молчать. Маруся! Я ведь отлично понимаю, что случилось. Ушел отсюда Сережа черный, как грозовая туча. Ну и гроза эта разразилась, как подобает, дома? Так?

Маруся кивает головой.

Степан Николаевич улыбается добродушно:

— Ну и что? Ну и стоило из-за этого убегать из дому. Без бот, без ключа? Вон — даже осунулась вся. Напрасно. Сережа — человек талантливый, а талант — увы! Имеет свои шипы. У Сережи были сегодня причины горевать. Не из-за пустяков, не из-за личных интересов, не из самолюбия — вся душа у него сегодня разболелась. Дело, дело он любит. Боится, что делу повредил, и совершенно понапрасну, кстати сказать. Вот видите, как. Так что, если он разбушевался — давайте простим его, он больше не будет, а, Маруся?

Маруся смотрит на Степана Николаевича во все глаза, жадно прислушивается к каждому его слову. И возражает ему тотчас же:

— Да разве только его я виню? Разве из-за него только убежала я сегодня без оглядки? Я, Степан Николаевич, сама ему такого наговорила, что до сих пор стыдно. Он меня обидел, но и я тоже выбрала самое обидное для него. Ударила его по больному месту, на которое он сам же мне указал как-то. Что такое? Почему это? Что нас доводит до такого безумия? Зачем своих бьем мы, как злейших врагов? Степан Николаевич?

— Не знаю! — отвечает Степан Николаевич. — Есть такие вопросы, ответа на которые не подберешь. Привыкнете и примиритесь.

— Ни за что, Степан Николаевич! — возражает Маруся страстно. — Не примирюсь. Сколько пережито! Мы смерти в глаза смотрели! К победе пришли! Дикую природу на колени ставим, перекраиваем, как нам нужно, а с собой не справимся? Нет! Не те времена! Не примирюсь!

Степан Николаевич улыбается ласково:

— Ну и молодец. Правильно. Не сдавайтесь — и все будет по-вашему. А пока — я укрою вас пледом — вот так. Закройте глаза. Так. И попробуйте уснуть, пока Вася не вернется. А я вас убаюкаю — расскажу о себе. Вы не знали моей жены. Сережа знал. Мы дружно жили с женой. На редкость дружно, но и то все-таки сейчас мне кажется, что виноват я был перед ней. То вспомню, как в театр обещал ее сводить на гастроли МХАТа, забегался и не достал билета. То конфет ее любимых не привез из Москвы. А теперь где Аня? Без меня ее и хоронили. Так-то вот. На Урале я был в командировке. Цените, берегите каждую минуту, пока вы живы, здоровы, пока вы вместе. Вот, как сейчас помню — спите, Маруся, закройте глаза... Очень живо помню, как я познакомился с женой. Было это на студенческой вечеринке, на вечеринке Вологодского землячества... И вот...

Вася бежит по темной улице, веселый, торжествующий, с ключом в руке. Лихо взбегает по лестнице. Звонит к Степану Николаевичу, указывает на спящую Марусю.

— Добыл ключ. Подобрали! — шепчет Вася. — Чудо! Сейчас поведу ее домой.

— Жалко будить! — говорит Степан Николаевич.

— Жалко! — соглашается Вася.

— Пойдем, посидим в сторонке, — предлагает Степан Николаевич.

Идут на цыпочках.

Садятся на диван в дальнем углу кабинета. Отсюда видна только светловолосая Марусина голова, мирно склонившаяся на мягкую ручку кресла.

— А я завидую ей! — говорит вдруг Степан Николаевич задумчиво. — Завидую. Никогда уж мне не ждать знакомых шагов за дверью. Не ссориться. Не мириться. Не знает, бедняжка, какая она счастливица.

Вася крутит головой:

— А я, Степан Николаевич, боюсь... Убить ее можно.

— Полно, что вы говорите! — почти вскрикивает Степан Николаевич.

— Может быть, я непонятно говорю, но жалко, жалко мне женщин, вот таких, как она, нежных, — настаивает Вася. — Иных женщин, конечно, мужчины переделывают, узнать нельзя. Но такие вот удивляются, пугаются, места себе не находят, пропадают. Ох, грубый мы народ — мужчины!

Степан Николаевич взглядывает на него внимательно.

— Вот боюсь, и все тут! — повторяет Вася. — Ночи не сплю. Но это, конечно, между нами.

Раннее утро. Только что рассвело.

Сережа радостный, озабоченный, в мятом пальто, забрызганный осенней грязью, с чемоданом в руке взбегает, прыгая через три ступеньки, по знакомой нам лестнице. Вот он останавливается, запыхавшись, около своей двери, и радостное выражение вдруг исчезает с его лица. Его поражает вид почтового ящика. Он переполнен. Газеты торчат пачкой из щели. Конверт белеет среди газет. Сережа берет его и убеждается с удивлением, с горечью, что это его собственное письмо, отправленное Марусе из совхоза. Долго смотрит он на адрес: Ленинград, улица Горького, 1, кв. 18, Марии Орловой. От Сергея Орлова, совхоз имени 25 Октября.

Сережа достает ключ, открывает дверь, входит.

— Маруся! — зовет он во весь голос. — Я приехал! Проснись!

Тишина поражает его.

Он пробегает бегом по квартире.

Вот комната, где стоят книжные полки. Вот спальня. Постели убраны. Марусино платье висит на спинке кровати. Вот кухня. Чайник почему-то стоит на полу. На плите немытая посуда.

Хозяин темнеет все больше и больше — пусто дома. Нет хозяйки. И не только это пугает Сережу. Тот дух порядка, ухоженного жилья, который царил в доме при Марусе, — исчез. Мертво в доме, как в брошенном улье. Сережа задумывается. Тяжело ходит взад и вперед по комнате. Звонок. Сережа бросается к двери, открывает — на пороге Ольга Васильевна.

Она бледна и очень сердита. Молча кивает Сереже. Проходит к вешалке, раздевается. Идет из комнаты и сразу принимается за уборку.

— Приехал наконец?

— Да, — отвечает Сережа.

— Третье утро тебя ловлю. Ну? По лицу видно, что ты уже все знаешь. Пусти. Дай пол вытереть. И так тоскливо без хозяйки, а тут еще этот мусор. Я слово ей дала — сразу прибрать, как в квартиру попаду. Так-то вот, брат. У одних все легко проходит, а у других — вон как.

Сережа бледнеет.

— Это несправедливо, Ольга Васильевна! — говорит он твердо.

Она выпрямляется, стоит с тряпкой в руках, глядит на Сережу строго:

— Не понимаю.

— Нельзя, нельзя же так! — умоляет Сережа растерянно. — Скажите ей! Пусть она выслушает меня. Я теперь не тот человек, я все ей написал в письме, а она его даже и из ящика не вынула. Ушла. Я понимаю, что был неправ, обижал ее. Но ведь это с каждым может случиться... Я не тот. Поверьте мне. Я все обдумал, пережил. Я спешил к ней. А она вот ушла. Помогите нам! Верните ее.

Ольга Васильевна слушает его сначала с недоумением, потом сурово, потом лицо ее смягчается. Она опускает голову.

— Ох, ох, ох, — вздыхает Ольга Васильевна. — Вот ты что подумал. Повздорили перед отъездом, помириться не успели. Так?

Сережа молча кивает головой.

— И ты подумал, что, обидевшись, ушла она от тебя?

— Подумал, — отвечает Сережа.

— Значит, не получил ты нашей телеграммы?

— Ничего не получил. Там такая распутица, что почта не ходит. Что случилось? Она не ушла от меня? А где же она?

— В больнице.

— В больнице? Ольга Васильевна, почему?

— Ах, друг ты мой. Вот она, жизнь. Не сказка она и не повесть, где одно из другого вытекает. Любит она ударить, когда не ждешь. Слушай, что случилось у нас. Шла Маруся по Васильевскому, как раз в ту ночь, как ты уехал. Встретила нашу работницу. Девочку помогла ей донести. А у девочки-то скарлатина была! Девочка-то поправляется, а у Маруси токсическая форма. Третьего дня свалилась она, Маруся. Плохо! Очень плохо! Не подают надежды. Сейчас моя машина сюда придет, поедем ловить доктора после обхода. Нет надежды...

И, всхлипнув, Ольга Васильевна принимается вытирать пыль. Сережа стоит с каменным лицом, стоит неподвижно, как часовой, глаз не сводит с Ольги Васильевны.

———

Вестибюль больницы.

Лестница. Правее лестницы гардероб. Цепкий старик в халате стоит за перилами гардероба, разговаривает с Леней и Сашей Волобуевой. Утешает их:

— Пока человек дышит, мы, друзья, за него боремся. Но все-таки жалко ее. Ох, жалко. Санитарки, уж на что народ каменный, — и то плачут, на нее глядя. Состояние тяжелое.

Открывается входная дверь.

Входит торопливо Ольга Васильевна. Сережа идет следом. Леня и Саша отходят почтительно.

— Без перемен, мамаша, — сообщает гардеробщик. — Это муж приехал? Здравствуйте, гражданин! Без перемен пока.

— Доктор не выходил?

— Сейчас должен выйти. Уже за ним пришла машина. Мединститутская. Да вот он спускается.

Молодой человек Сережиных лет в сером халате торопливо бежит по лестнице. Увидев Сережу и Ольгу Васильевну — хмурится. Молча кивает им головой. Снимает халат, сдает гардеробщику. Надевает пальто.

— Вот муж приехал! — сообщает Ольга Васильевна.

Доктор кивает головой молча.

— Вы... — говорит он Сереже, задержавшись у двери. — Вы вот что... Сейчас я вас не пущу к ней все-таки. А ночью... Там видно будет. Я приеду к ней часов в двенадцать. Взглянуть. И вы к этому времени зайдите.

— Все так же? — спрашивает Ольга Васильевна.

— Без перемен! — отвечает доктор и, еще более нахмурившись, выходит.

Ольга Васильевна и Сережа идут следом.

— Вот, друзья! — с тяжелый вздохом жалуется гардеробщик Васе и Саше. — Хуже нет в нашем деле, когда все применишь, а положение как было тяжелым, так и осталось. Я человек старый, и то этого не люблю, но на лице не показываю. А доктор — он молодой. Он почернел весь, как родных ее увидел.

Вечер.

Сережа бродит по пустой квартире из комнаты в комнату.

Долго глядит на Марусины книжки, на Марусино платье, которое висит на спинке ее кровати.

Раздается звонок.

Сережа делает шаг к дверям и останавливается.

Садится за чертежный стол. Сидит упрямо, не двигаясь с места. Звонок звонит все настойчивее и настойчивее. Сергей не двигается. Но вот звонок обрывается.

Сережа встает, подходит к окну и видит: по двору шагают Степан Николаевич и Леня. Сережа хорошо знает их, ему одного взгляда довольно, чтобы понять, как смущены они и подавлены его молчанием. Он торопливо открывает форточку, хочет позвать, вернуть друзей — и не может. Они исчезают под воротами, а он с каменным лицом отворачивается от окна. Снова садится к своей чертежной доске. Глядит, глядит, глядит. То Марусино строгое лицо, укоряющее, проносится перед ним, то видит он Ольгу Васильевну, которая сердито говорит ему: «Плохо, очень плохо». Видит он, как сгорбившись шагают к воротам Леня и Степан Николаевич.

Сережа встает, подходит к полке с книгами, глядит на книжные корешки. И отчетливо видит больничную лестницу. Доктор торопливо сбегает вниз. Говорит Сереже:

— Плохо, очень плохо. Идите к ней.

Сережа морщится. С силой проводит рукой по лицу, будто паутину снимает. Взглядывает на часы, берет книжку. Садится в кресло, но снова перед ним появляется лестница, и угрюмый доктор сообщает:

— Опоздали! Раньше надо было прийти...

Сережа вскакивает так, что кресло падает на пол. Трет яростно лицо обеими руками, бросается к телефону и опускает трубку на рычаг, не вызывая номера. Глядит на часы. Половина десятого.

Сережа торопливо одевается. Выбегает из дому.

Больница. Гардеробщик читает газету. Поднимает голову на шум открываемой двери. Кивает понимающе головой, увидев Сережу.

— Не дождался до двенадцати? Понятно. Присаживайтесь.

Сережа садится на скамью возле гардеробщика.

— Понятно, что не дождался. И доктор не дождался, — продолжает гардеробщик. — Уже с полчаса как приехал. И прямо к ней. К больной Орловой. К вашей. Молодой доктор. Упрямый. Не дождался. Приеду, говорит, к двенадцати, а сам в десять заявился. Да ты слушай, что я тебе говорю. Я для твоей пользы.

— Я слушаю, — отвечает Сережа.

— Доктор у нас упрямый. Он все сделает, а своего добьется. Сейчас я доложу, что вы тут. Он приказал позвонить...

Старик снимает трубку внутреннего телефона.

— Двадцать семь! Лев Андреевич? Это я говорю. Муж больной Орловой прибыл. Слушаю.

Старик вешает трубку.

— Говорит, чтобы вы подождали. Вот и хорошо. Раз не пускает он тебя — значит, все идет еще пока ничего себе. Без перемен...

Старик удаляется в глубь раздевалки, где на электрической плитке стоит у него чайник. Достает из шкафчика белую фаянсовую кружку, наливает чай, подает Сереже, усаживается и не спеша, с удовольствием, как и подобает много думающему здоровому старику, принимается поучать своего гостя. Причем, если он взглядывает на каменное Сережино лицо, то говорит ему «вы». А увлекаясь — переходит на «ты». Сережа берет кружку, пьет чай, вряд ли соображая, что делает, просто подчиняясь ходу событий, которые так вдруг ворвались в его жизнь, и слушает.

— Я тебя не научу дурному, а научу вот чему, — говорит старик. — Ты не отчаивайся. Не надо. Вот посмотри на меня — живу? Так? А мне еще семи дней не было, как бросили меня в речку. А кто? Как вы думаете? Родная моя мать. Такое было село большое торговое и называлось Мурино. И родился там я, как говорили тогда — незаконный... Так... Мать моя, было ей, бедной, семнадцать лет, взяла меня на руки и пошла. Мужчиной поруганная, родными проклятая, соседями осмеянная. Отлично. Идет она. Плачет. И дошла до речки. И бросила меня, такого-то, в омут! А одеяльце-то раскрылось и несет меня по воде, как плотик. А я и не плачу. Плыву. Головку только набок повернул... Отлично... А мама как увидела это, закричала от жалости, — заметьте, это в ней душа очнулась, — закричала и бросилась за мной в воду. И не с тем, чтобы со мною погибнуть, а с тем, чтобы своего маленького спасти. А плавать-то как она плавала? По-лягушачьи да по-собачьи. Спорта тогда не было. Схватила она меня, бьется в омуте, а сил-то и нету. Красиво? Бывает хуже? Не думаю! Мать и сынишка по глупости людской, по тогдашней темноте в омуте крутятся. Конец мне? Да? Нет, ты слушай. Вы слушаете меня, товарищ Орлов?

— Да, — отвечает Сережа.

— Ехал на дрожках из города Назар Ильич Писаренко, царствие ему небесное, золото, а не человек. Что такое? Птица в омуте бьется? Нет, не птица, боже мой, господи! Бросился он в воду, мать за косы, меня за пятку вытащил, нас да к себе в избу, на огороды. И году не прошло, женился он на моей матери, и хоть свои дети у них пошли, а я был всегда на первом месте — вот как он меня пожалел. Любовь в омут меня бросила и из омута спасла. И жизнь я прожил, и потрудился. И сыновья, и дочки, и внуков довольно. И все, друг, меня жить к себе зовут, но я без работы скучаю. Взял себе нетрудное место, служу и в курсе всех дел. И все тут со мною считаются. А началось как? Понял, к чему я это говорю? Вы слушаете меня, товарищ Орлов?

— Да! — отвечает Сережа.

— Главное, не отчаиваться, отчаиваться не смей. Доктор бродит возле нее, как возле родной сестры, друзья стоят наготове, дай знак — и помощь окажут. Ты слушай меня. Вы поверьте мне, товарищ Орлов. Инфекционное отделение. Иначе нельзя, пускают в самом крайнем случае... И вот — нет приказа вас пускать. Не звонит Лев Андреевич. Значит, надеяться можно. Вот.

Звонок телефона.

Взглянув на Сережу исподлобья, старик протягивает руку и отдергивает, будто телефонная трубка раскалена. И тут же хватает ее сердито.

— Слушаю вас. Да, Нина Марковна! Был пакет! Я Гале передал. Так точно. Есть.

Старик кладет трубку.

Вздыхает, покачивая головой. Собирается с мыслями.

Но едва он хочет заговорить, телефон звонит снова.

— Слушаю вас, — говорит старик весело и тотчас же темнеет, опускает голову. — Так... так... так... Понимаю, Лев Андреевич.

Кладет трубку, говорит Сереже печально:

— Снимайте ваше пальто!

Сережа вскакивает. Хочет спросить что-то и не спрашивает. Раздевается торопливо. Старик достает из белого шкафа халат. Помогает Сереже надеть его.

— Второй этаж, направо, палата восемь.

Сережа бежит по лестнице. На площадке второго этажа его ждет доктор.

Кивает ему молча.

И вот оба они с необыкновенно спокойными лицами шагают по коридору.

Маруся лежит в так называемом боксе, в маленькой комнатке для тяжелых больных. Узенькая койка у стены. Шкафчик у изголовья. Белая фаянсовая кружка с каким-то питьем, точно такая же, как та, из которой пил Сережа внизу чай. У той стены, что против кровати, — ванна с медными кранами, маленькая, рассчитанная на детей лет десяти — двенадцати.

Маруся оживленная, с необыкновенно блестящими глазами глядит, не отрываясь, на дверь. И когда Сережа входит и останавливается у порога, она смеется тихонько, манит его, хлопает ладонью по стулу, зовет к себе. Он садится, не сводя глаз с нее. Маруся протягивает ему обе руки. Сережа берет и вдруг склоняется низко, прячет лицо в ее ладони. Маруся смеется тихонько.

— Ну что, что! — говорит она ласково и снисходительно, как маленькому. — Что? Ты испугался? Да, Сережа? Жили, жили, вдруг больница. Да? Носилки, халаты, ванночка стоит... Вон чего у нас с тобой делается теперь. Да, Сережа?

Сережа не отвечает.

Маруся освобождает тихонько правую руку, гладит нежно его по голове.

— Ты обедал? А кто тебя кормил? Сам? А посуду? Мыл? Да? Ну умница. Ты утром приехал? Я сразу почувствовала. Что ты говоришь?

— Прости! — говорит Сережа едва слышно.

— За что? Я сердилась только, что ты записки не оставил, когда уехал. Оставил? А я не нашла. Ласковую? Жалко, я раньше не знала... Что? Почему ты говоришь так тихо? Ну как хочешь. Сейчас... Я отдохну и еще тебе что-то скажу.

Глаза у Маруси меркнут. Она дышит часто. Голова откидывается назад. Сережа глядит на жену с ужасом. Она замечает это. Мигает ему успокоительно. Кивает головой, шепчет:

— Не бойся. Это так полагается. Такая болезнь.

И она гладит его по руке тихонько.

— Я... Я вдруг скарлатиной заболела, — шепчет Маруся. — Но это ничего... Я терплю... Только когда дышать не могу, тогда уже задыхаюсь... Сейчас...

— Ты не разговаривай...

— Сейчас! — отвечает Маруся едва слышно и закрывает глаза.

Сережа осторожно поправляет одеяло, подушку, и Маруся, приоткрыв глаза, улыбается. Шевелит губами.

Сережа наклоняется к ней.

— Мне очень хорошо, — шепчет она. — Сядь.

Сережа повинуется.

— Очень славно, особенно когда ничего не душит, — продолжает Маруся, и снова глаза ее загораются необыкновенным блеском. — Очень хорошо. И все что-то со мной возятся, беспокоятся. С тех пор как мама умерла, я все сама, сама, а тут вдруг все со мной, со мной...

Маруся смеется тихонько. Шепчет, косясь на дверь:

— Они думают, что я тяжело больна. Оставь, оставь, думают. Я в госпитале работала, понимаю. Все кругом шныряют, шуршат, шебаршат, как мышки. Правда, правда, шепчутся чего-то. А я понимаю, как надо болеть. Не обижаюсь. Понимаю. Не обижаюсь.

И вдруг, всхлипывая, она спрашивает:

— Зачем?

— Что зачем?

— Зачем мы начинаем все понимать, когда война, или тяжелая болезнь, или несчастье? Зачем не каждый день?

— Маруся, Маруся...

— Зачем? Нет, нет, ничего. Через меня как будто идут волны — то ледяная, то теплая. Сейчас опять теплая. Очень теплая. Дай водички. Ой нет, не надо. Я забыла. Я глотать не могу. Но это ничего. Что я говорила? Ах да, записку... Ты оставил, а я не нашла. И стало мне тогда неуютно, пусто... Или я заболевала тогда уже, но только ничему не радовалась. Ладно, думаю, приедешь. Помиримся. А потом опять все сначала? Проект ваш утвердили — я радуюсь и не совсем. Зачеты сдала все. А отдыхать не могу. Что-то очень важное мы погубили — так я думала. Я прежде так жила, что все пятерки, пятерки, а тут за свою собственную семейную жизнь и тройки не натянешь. Как людям в глаза смотреть? Брысь, брысь! Ага, убежала. Кошка тут ходит на одной лапке. Это у меня такое лицо? Сережа, да?

— Какое?

— Как у тебя. Ты всегда на своем лице — мое изображаешь. Ну вот я улыбаюсь. И ты улыбнись. Зачем губки распустил, дурачок. Не маленький. Ну вот, опять пошли шептаться по всем углам. Не обращай внимания. Не боимся! То ли мы видели! Да, Сережа? Тише. Главное, пусть видят, что мы не сдаемся. Сереженька, миленький мой, сыночек мой. Не оставляй меня. Унеси меня потихонечку, Сереженька, ласковый мой! Не оставляй меня. Все-таки страшно. Все-таки я больна. Не затуманивайся, не кружись!.. Держи меня за руки. Крепко. Не отпускай...

И она закрывает глаза, голова ее тонет в подушках, и Сережа держит ее послушно за руки.

Доктор ходит взад и вперед по коридору, заглядывает через стеклянную дверь в одну из палат. Там четыре кроватки. Стриженный под машинку круглоголовый мальчуган лет четырех стоит, держась руками за ночной столик, пристально глядит на дверь.

Доктор входит в палату.

— Ты что? — спрашивает он мальчика. — Чего не спишь? Чего испугался?

Мальчик молча протягивает ему обе руки.

— На руки? — спрашивает доктор. — Ну нет, брат, это не полагается. Подушку я тебе, так и быть, переверну. На этой стороне будешь видеть отличные сны. Вот так, а на ручки ни к чему, будь мужчиной. Спи.

Мальчик укладывается послушно. Но едва доктор выходит из палаты, он вскакивает как пружинка. Стоит, держась за спинку кровати. Глядит на дверь, за стеклами которой через равные промежутки мелькает шагающий взад и вперед доктор в белом халате.

В конце коридора, над стеклянными дверьми, ведущими в соседнее отделение, — часы. Стрелки показывают одиннадцать.

Вася и Саша бродят вокруг больницы, заглядывают в окна.

Маруся лежит, закрыв глаза, Сережа глядит на нее, глядит, крепко держит за руки.

Доктор ходит взад и вперед по коридору.

Взглядывает на часы.

Двенадцать.

Он входит в бокс. Сережа встает.

Доктор занимает его место. Считает пульс больной. Пробует лоб. Уводит Сережу в коридор.

— Вам придется уйти, — говорит он твердо. — Сейчас мы ей будем делать впрыскивание. И вообще... Вообще это затянется. Героически борется. Идите домой. Я позвоню утром. Примите ванну, костюм прогладьте утюгом, иначе нельзя идти на работу.

— Доктор, ей лучше?

— Нет.

Несколько секунд смотрят они друг на друга. Сестра входит в бокс. И Сережа, кивнув головой, уходит.

Сережа снова дома.

Он в пижаме.

Гладит костюм. Движения его размеренны, работает он отчетливо. Брызгает водой на полотенце и гладит, с силой налегая на ручку. Пробует пальцем утюг — остыл. Включает вилку в розетку. И ждет терпеливо. Один раз только проводит ладонями по лицу, будто паутину снимает, и вновь застывает в своем нарочитом спокойствии. Будто урок выполняет. Но вдруг... что это? Он швыряет полотенце на пол. Прислушивается.

Щелкает замок. Кто-то открывает входную дверь.

Сережа вспыхивает от радости, протягивает руки, бросается вперед, опрокидывая стул — и на пороге появляется Вася.

Он глядит на Сережу.

И спрашивает вдруг испуганно и сочувственно:

— Тебе почудилось, что Маруся пришла?

— Да, — отвечает Сережа.

— У меня, понимаешь, ключ, — объясняет Вася. — Ты уехал. А Маруся без ключа осталась. Я слесарю заказывал. Я думал, ты спишь.

— Я не сплю... Сядь.

Вася послушно садится.

— Работаю, — говорит Сережа.

— Работаешь?

— Вот ванну принял, костюм глажу. Доктор велел. Дальше еще что-нибудь придумаю. И все мне кажется, что это сон. Проснусь — и будет по-прежнему.

— Понимаю.

— Поэтому мне и почудилось, что Маруся пришла.

— Понимаю.

— Я был в больнице. Меня пустили к ней.

— Пустили?

— А я ей ничего не сказал. Сидел, как дурак, как дерево, как замороженный.

— Она и так все поняла.

— Ты думаешь?

— Конечно.

Сережа выключает утюг.

— Хорошо, что ты зашел, очень хорошо, что ты зашел. Я всегда не любил, когда придешь, а ее дома нет, очень пусто. А теперь уже не пусто, а мертво, — вот, понимаешь, как. Я звонил Степану Николаевичу, Лене, — везде молчат, не отвечают. Я их обидел, понимаешь, они заходили, а я не пустил.

— Они тут.

— Где?

— Ждут на площадке. Тревожить не хотели. Послали меня на разведку.

Сережа выбегает на площадку и видит: на ступеньках сидят Леня и Степан Николаевич.

Старший из друзей прислонился спиной к стене, откинул голову, закрыл глаза, и тут впервые замечает Сережа, как он утомлен, стар, сед. Леня протирает очки. Посвистывает. И он похудел за эти дни. Он необыкновенно серьезен. И Сережа вдруг остро чувствует, что это его близкие, что его горе принимают они как свое. Он вскрикивает:

— Ребята! Степан Николаевич, Леня. Что вы тут сиротами такими... Идемте к нам. Скорее!

Он вводит их в дом. Помогает Степану Николаевичу раздеться. Усаживает его в кресло, поближе к радиатору. Вася выбегает из кухни.

— Я же чайник включил! — сообщает он. — Ну вот. Так все-таки лучше. Все вместе.

Сережа оглядывает друзей.

— Замучился я, ребята! — говорит он просто.

Леня вздрагивает, снимает очки, делает предостерегающий жест, будто хочет остановить Сережу, но тот продолжает, не замечая:

— Прямо беда! Что же это такое? Я ведь кругом виноват. Хорошо, ну не заболела бы она, так мелкие домашние беды, мелочи проклятые все равно убили бы ту Марусю, которую мы все любили. Зачем? Она спросила меня: «Зачем мы все понимаем, когда приходит беда. Зачем не каждый день?» Что я ей мог ответить? Вот стою, думаю, думаю... Пушкину кто-то сказал: несчастье — хорошая школа. А он ответил: а счастье — еще лучший университет. Что же, мы до университета не доросли еще? Неправда! Сколько раз я был счастлив и умнел, умнел от этого. Успех в работе ого как поднимает. И вот далось мне в руки счастье, которому только теперь я понимаю цену. Где оно? А я давай его валять в пыли, ногами пинать, превращать праздник в такие будни беспросветные, что вспомнить страшно.

— Нет, Сережа! — говорит Степан Николаевич мягко.

— Ну как же нет. Если еще и не совсем так было — к этому шло. К этому... Почему? Еще немного, и стали бы мы теми супругами, над которыми только святые не смеются. Я старше, я за это отвечаю! Шутка ли сказать — семью свою если бы разбил, а то отсидел, что ли, или заспал, или запустил, бурьяном заглушил... Ведь вы не знаете, я...

— Не надо, Сережа, — вскрикивает Леня. — Не надо, пожалуйста.

— Почему? — спрашивает Вася строго.

— Не знаю. Не могу я слушать.

— Ох, как мы, интеллигенты, психологии боимся! — сердится Вася. — Говорит человек по душам. Ведь это прекрасно! А вы мешаете.

Пауза.

Сережа ложится на диван.

— Да я, собственно, уже и сказал все, — говорит он тихо.

— Не сердись! — просит Леня. — Я сам проповедовал, что нам надо быть более, ну, что ли, открытыми. А оказывается, не могу я слушать...

— Почему? — спрашивает Вася строго.

— Ну что ты пристал — почему, почему... Без слов надо угадывать, что близкий человек чувствует.

— Вокруг да около ходить, только близкий человек чувствует.

— Возможно.

— Боитесь вы сильных чувств. Вот. Прямо тебе говорю. Знаю. Сам такой был. Все с усмешкой да с подмигиванием. А любовь, или смерть, или смертный бой не встретишь так, чтобы вокруг да около с улыбочкой.

— Тише! — говорит Степан Николаевич.

— А что такое?

— По-моему, он уснул. Сережа! Спит...

— А может, ему нехорошо? — пугается Вася.

— Нет, — отвечает Леня. — Спит. С ним бывает. Еще студентом — работает, работает, бывало, а дойдет до предела — и валится разом. Пойдем в кухню. Сейчас чайник закипит.

Все усаживаются где придется.

— Да, — говорит Степан Николаевич, — жить вместе — целая наука.

— Не наука, а искусство! — поправляет Леня. — И ничему тут не научишься, и не стоит об этом больше говорить...

— Это почему? — удивляется Вася.

— Могу объяснить! Потому что поневоле начнем говорить истины, которые каждому ребенку известны. Будь внимателен, деликатен, терпелив, человечен — и все будет хорошо у тебя в семье ныне, и присно, и во веки веков.

— Ну и правильно.

— Боюсь, Васенька, что не так уж и правильно.

— Почему?

— Потому что правила это простые, а мы с тобой люди сложные. А когда любим — делаемся еще сложнее.

— Глупости ты говоришь! — отвечает Вася твердо. — Конечно, это не так просто — жить по-человечески. Зверя в человеке уничтожить. Однако занимаемся мы этим. Тридцать лет. И получается.

— Это другое.

— А я тебе говорю — то самое. В пять минут тебе это докажу.

———

Проходит больше часа.

Та же кухня — вся в табачном дыму. Окурки всюду — в чайных блюдцах, в тарелках, просто на плите. Окурок вертит в своих длинных пальцах Леня, за неимением подходящего обрывка бумаги. Спор разгорелся, все говорят разом.

— Это уже не доказательство, а черт знает что, — кричит Степан Николаевич.

— Тише! — останавливает его Вася.

— Значит, вы, Леня, считаете, что счастливый брак невозможен? — заканчивает Степан Николаевич шепотом.

— Не знаю! — отвечает Леня. — Может быть, и невозможен у таких людей, как мы.

— Почему?

— Потому что лучшее, что есть в нас, мы отдаем работе, стране, государству.

— Полная ерунда! — вскрикивает Степан Николаевич и, спохватившись, продолжает полушепотом: — Надоевшая пошлость. По-вашему, выходит, что дармоеды, блатмейстеры, симулянты и лицемеры счастливей в семейной жизни, чем настоящие люди? Простите, не наблюдал. Живут как свиньи, калечат женщин. Уродуют детей.

— Правильно! — поддерживает Вася.

— Ну не знаю! — отвечает Леня. — Я хочу сказать, что мы, в сущности, солдаты.

— То есть?

— Мы вечно в бою, и нам не до семьи.

— Сказал! — хохочет Вася. — Солдату не до семьи? А ты забыл, на фронте как о семье говорили? Как писем ждали? Как читали? Да я сам семейным завидовал.

— Не о том речь.

— А я тебе говорю — о том. Если ты настоящий человек — все у тебя должно быть в полном порядке. Капитан наш — понял, о ком я говорю, — указывает нам курс. А мы с тобой отвечаем за выполнение приказания. И я так считаю, что приказ не выполнен, если нет во всех звеньях у тебя порядка. Семья — шутка сказать. Верно! Пусть мы солдаты — значит, мы как никто должны понимать, что это такое. Это Тарас Бульба приходил домой горшки бить да горилку пить. А мы уж не те. Слышал об этом?

— Ты меня не агитируй. Я сам грамотный.

— Знакомый ответ. Попросту говоря, ты сдался.

— Погоди, сейчас соберусь с мыслями и в две минуты тебя разобью.

Проходит больше часа. Уже небо за окнами не черное, а сероватое. В кухне открыта форточка, но табачный дым не рассеивается, окурков еще прибавилось. Чайник кипит вовсю, но никто этого не замечает. А Вася стоит посреди кухни и полушепотом, но вдохновенно размахивая руками, говорит:

— Любовь! Да как вы о ней странно говорите, товарищи! То со страхом, то свысока. Конечно, тут рассудка немного. Конечно, вот Маруся три раза только и встретилась с Сережей на фронте, ну поговорили, полчаса, час, а полюбила она его, а не... не того... не того, кого знала лучше. Ну и что? Зато как полюбила? Любоваться надо! Да я вам о себе скажу, когда полюбил я, то вырос до натуральной человеческой величины. Стихия! Удивили... Да как же можно этого бояться! Мир перестраиваем. Океаны покорили! А эту силу, радость человеческую обойдем? Откинем? А вот нет! Все поймем! Поймем так тонко и точно, что всем бедам придет конец и...

Резкий звонок.

— Телефон? — испуганно спрашивает Леня.

— Нет, в квартиру звонят! — отвечает Вася. Он отпирает дверь.

На пороге Ольга Васильевна.

— Чего красный такой? — сердито спрашивает она. — Выпил, что ли? Где Сережа?

— Он спит. А мы в кухне сидим. Я не выпил, что вы!

Ольга Васильевна остро оглядывает его и проходит в столовую. Видит Сережу спящим на диване.

— Умники! — ворчит она. — А укрыть его догадочки не хватило. И подушка под головой диванная. Бревна вы, а не товарищи.

Она наклоняется над спящим. Зовет мягко:

— Сережа? Вставай! Пойдем в больницу, голубчик.

Сережа вскакивает:

— Вы узнали что-нибудь?

— В том-то и дело, что нет. Не могу дозвониться. Едем! У меня машина внизу. Одевайся.

Ольга Васильевна входит в кухню и ахает:

— Знакомая картина! Мужчины разговорились... Поглядела бы Маруся, во что превратили кухню, идолы.

И она ловко и быстро принимается за уборку.

— Пепельниц в доме полнехонько, — ворчит она, — а им это ни к чему. Ты! Копыто подними. Окурок присох! О чем спорили?

— О семейной жизни, Ольга Васильевна, — докладывает Леня.

— Так. И к чему пришли?

— Трудное дело.

— Да? — яростно спрашивает Ольга Васильевна. — А ты хотел, чтобы вынь да положь, чтобы семья сама собой делалась?

— Вот и я ему то же объясняю! — вмешивается Вася.

— Ты мне лучше совок дай. Я работаю, а они любуются.

И, выбросив сор в плиту, Ольга Васильевна выпрямляется.

— Ну, значит, решили вопрос? Одни? Без баб? А я вам вот что скажу: как вы ни решайте, главная трудность — на нас. И дом веди, и детей рожай, и люби еще вас, окаянных. Одно только и есть на свете трудней этого: остаться без дома, без детей, без мужа.

Сережа появляется в дверях.

— Готов? Едем.

Сумрачное зимнее утро.

В вестибюле больницы горят еще электрические лампочки. Знакомый старик-гардеробщик сменился — молодая девушка дежурит на его месте.

— Мамаша, мамаша! — говорит она женщине, стоящей у перил раздевалки. — Все будет в свое время. Сейчас идет обход по палатам, а потом список снесут вниз. И все будет там сказано: у кого какая температура и кто в каком состоянии.

Открывается входная дверь. Женщина, стоящая у перил, оглядывается. Это Шурочка. Она охает, увидев Ольгу Васильевну, и бросается к ней:

— Ну как, Ольга Васильевна? Приехал муж? Да какой же он бледный, да какой убитый!

— Тише ты! — останавливает ее Ольга Васильевна. — Услышит.

— Да вы сядьте! — уговаривает Шурочка. — Вот сюда. Сейчас обход, профессор приехал, все равно ничего не добьетесь. Сядьте.

Они садятся на скамье возле гардероба. Сережа остается у лестницы. Стоит неподвижно, как часовой. Глядит на ступеньки.

— Переживает он? — спрашивает Шурочка жадно. — А не плакал? Нет? Держит себя в рамке, значит. Я так считаю, Ольга Васильевна, что мужчины — куда лучше баб.

— Теперь ты так думаешь?

— А когда же иначе думала, что вы, Ольга Васильевна! — удивляется Шурочка. — Бывает, и поворчишь, иначе нельзя, я женщина горячая. Но только если мужчина ласковый, терпеливый, самостоятельный, вот как мой Николай, то кто с ним из нас сравнится. Он тебя и поймет, и приласкает, и утешит, и разъяснит все, как даже вы не сможете. Он...

— Ольга Васильевна! — вскрикивает вдруг Сережа.

— Что такое? — пугается она.

Сережа молча указывает ей на лестницу.

Доктор бежит вниз по ступенькам, совсем так, как представлял это себе Сережа прошлой ночью.

Сережа делает шаг вперед, и доктор замечает его.

Подбегает к нему, стараясь сохранить спокойствие, что плохо ему удается.

— Отлично, — говорит им доктор, сияя. — Просто удивительно! Еще год назад такой случай считался безнадежным. А теперь мы ее вытащили! Спасена! И профессор говорит — спасена! Понимаете вы это — спасена! Конечно, болезнь такая, что могут быть осложнения, но мы справимся. Спасена! Мы применили вот что...

Он внимательно вглядывается в неподвижное и бледное лицо Сережи. И говорит тихо:

— Ладно. Идите домой. Отдыхайте. Все будет хорошо. Убегает наверх.

Ольга Васильевна накидывается на Сережу.

— Ты что же это? — говорит она тяжело дыша и чуть не плача. — Что? Советский человек, а радоваться не умеешь? Что стоишь как пень! Почему доктору спасибо не сказал? Идем! Шурка, отойди, это тебе не цирк, чего пялишь глаза на человека. Идем, идем, сынок.

И она уводит Сережу за руку, как маленького.

Проходит месяц. У одного из окон инфекционного отделения больницы — обычная картина. Собрались родители, чтобы хоть через двойные рамы увидеть своих выздоравливающих детей.

И среди стриженых, похудевших, бледных, веселых мальчиков и девочек в голубых халатиках стоит на коленях на подоконнике Маруся. На плечо ее опирается девочка лет десяти, в рукав вцепился пятилетний мальчик, а самый маленький и слабый устроился у нее на руках. Дремлет.

Беседа между родителями и детьми — дело непростое. Если родители могут кричать вовсю и голос их иногда доносится до ребят, то эти последние лишены такой возможности. Им не дай бог кричать. Если их поймают у окна, то разгонят по палатам...

— Соня! Варенье съела? — кричит одна из матерей под окном.

— Съела! — отвечает вполголоса Соня раздельно, старательно жестикулируя, как при разговоре с глухонемым.

— А мандарины?

Соня вместо ответа поглаживает живот.

Мать кивает головой удовлетворенно. Старушка под окном достала из авоськи куклу и заставляет ее кланяться, шевелить руками, перебирать ногами.

— Люся! Это новая кукла? — спрашивают девочки.

— Нет. Это Маргарита, — отвечает Люся. И вдруг губы у нее начинают дрожать, слезы выступают на глазах.

— Ты что, Люся? — обняв ее, спрашивает Маруся.

— Домой хочется...

А бабушка за окном к общему восторгу заставляет плясать куклу, да так ловко, что даже тоскующая Люся улыбается сквозь слезы.

— А чего Сережа-то сегодня запаздывает? — удивляется Таня, та девочка, что опирается на Марусино плечо.

— У доктора он, — вздыхает Маруся. — У Льва Андреевича.

— Зачем?

— Хлопочет, чтобы меня завтра отпустили. Доктор хочет еще на день задержать, а завтра тридцать первое декабря. Очень хочется, Танечка, как хочется встретить Новый год дома...

И вдруг все разговоры на окне замолкают. Легкий шепот:

— Маруся! Бежит! Бежит! Через двор бежит! Сережа бежит!

И в самом деле. Обегая снежные сугробы, спешит по дорожке к окну Сережа.

И, взглянув на его лицо, Маруся шепчет:

— Не отпустил.

— Отпустил! — кричит под окном Сережа. — Маруся! Ну что ты плачешь! Не надо! Ну, Маруся!

Маруся улыбается, но слезы так и катятся по ее щекам. А Сережа кричит, надрывается, утешает.

— Чего плачешь! Глупенькая! — кричит он. — Мы так там стараемся для тебя! Вася и Саша в ботаническом саду таких цветов достали, просто красота! Все прибрали! Степан Николаевич пол натирал! Леня окна вымыл! Не плачь! Не надо! Дома все так и сверкает.

Вдруг окно пустеет мгновенно.

Старшая сестра появляется за стеклами, качает укоризненно головой, глядя на родителей. И исчезает.

Сережа бежит наверх по столь знакомой ему теперь лестнице, а Маруся спускается вниз, навстречу ему. Он берет ее за руку, ведет осторожно к дверям.

— С наступающим Новым годом, — ласково и многозначительно говорит супругам старик-гардеробщик. — С наступающим новым счастьем!

Весеннее утро. Все окна в квартире Орловых открыты. Сережа на полу укладывает чемодан и от времени до времени улыбается неудержимо, как год назад, когда принес в проектное бюро ветку сирени.

Степан Николаевич глядит в окно, постукивает каблуком нетерпеливо.

— Нет, я этого Леню высек бы с удовольствием! — жалуется он. — Всего два часа до поезда, а он не появляется.

— Явится! — отвечает Сережа весело.

— Ведь у него наши билеты!

— Ничего!

— Опоздаем на строительство, там нас поблагодарят.

— Не опоздаем.

— А такси заказали?

— Вася и Саша заедут за нами.

— Нашли кому поручать! Эти сиамские близнецы все спорят, все философствуют. Заговорятся и забудут!

— Не тужите, Степан Николаевич! Все у нас будет просто замечательно.

Степан Николаевич поворачивается к Сереже:

— Да ну вас. У вас отвратительная американская привычка бежать, задыхаясь, за поездом и прыгать на ходу. Нет, я люблю по-русски, основательно. Приехать минут за сорок, погулять по перрону... выпить пива.

Он вдруг обрывает свою речь. Вглядывается внимательно в Сережино лицо.

И спрашивает удивленно:

— Сережа, а Сережа!
— Да, Степан Николаевич.
— Что вы улыбаетесь своему чемодану, как хорошенькой барышне?
— Разве? — удивляется Сережа. — Неужели я улыбаюсь?
Улыбаясь, закрывает чемодан, затягивает ремнями и подходит к Степану Николаевичу.
— Вы улыбались так, когда сообщали о своей женитьбе. А теперь что случилось? Ну? Признавайтесь.
— Я бы вам признался, да не велено. Сами угадайте.
Степан Николаевич вглядывается в сияющее Сережино лицо и вдруг вскрикивает:
— Неужели! Неужели Маруся... Неужели вы... ждете ребенка?
— Она говорит — ждем! — признается Сережа. — Честное слово, Степан Николаевич, я очень этому радуюсь. Прямо не подозревал, что это меня так поразит. Только об этом и думаю. И беспокоюсь. Не знаю, как дождусь, пока сдаст она экзамены и приедет к нам на строительство. А она спокойна. Вот человек? А, Степан Николаевич?
Степан Николаевич кивает головой, соглашается.
— Поздравляю! — говорит он после паузы. — Но вы в самом деле понимаете, какая на вас пала ответственность? Детей воспитывать — это целая наука!
— Тише! — шепчет Сережа. — Слушайте!
И они слышат: Маруся поет за стеной.
Сережа подкрадывается к двери, заглядывает в соседнюю комнату. Маруся сидит на подоконнике, смотрит задумчиво на улицу. В сквере кричат дети, настойчиво гудит у ворот машина, просится домой, звонят трамваи. И над всем этим гулом, задумавшись о своем, Маруся поет негромко на свой любимый лад:
— Будем учиться, будем учиться, будем стараться, будем стараться!

ДОН КИХОТ

Село в Ламанче. Летняя ночь приближается к рассвету, белые стены и черепичные крыши селения едва выступают из мрака. Два огонька медленно движутся вдоль заборов, поднимаются вверх по крутой улице. Это спешат с фонарями в руках два почтенных человека: священник, лиценциат Педро Перес, и цирюльник, мастер Николас. Оба путника уставились в одну точку, всматриваются во что-то там наверху, в самом конце крутой улицы.

Ц и р ю л ь н и к. Все читает и читает бедный наш идальго Алонзо Кехано.

На пригорке, замыкая улицу, возвышается небогатая усадьба с гербом над воротами, а под самой ее крышей в предрассветном мраке ярко светится четырехугольник окна.

С в я щ е н н и к. Жжет свечи без счета, словно богатый человек. Экономка хотела было позвать к нему доктора, да не удалось ей наскрести дома и десяти реалов.

Ц и р ю л ь н и к. Как! Ведь недавно наш идальго продал лучший свой участок. Тот, что у речки!

С в я щ е н н и к. Все деньги поглотила его несчастная страсть: он купил два с половиной воза рыцарских романов и погрузился в них до самых пяток. Неужели и в самом деле книги могут свести человека с ума?

Ц и р ю л ь н и к. Все зависит от состава крови. Одни, читая, предаются размышлениям. Это люди с густой кровью. Другие плачут — те, у кого кровь водянистая. А у нашего идальго кровь пламенная. Он верит любому вздорному вымыслу сочинителя, словно Священному Писанию. И чудится ему, будто все наши беды оттого, что перевелись в Испании странствующие рыцари.

С в я щ е н н и к. Это в наше-то время! Когда не только что они, а правнуки их давно перевелись на свете. Ведь у нас тысяча шестьсот пятый год на дворе. Шутка сказать! Тысяча шестьсот пятый!

Так, беседуя, входят друзья в распахнутые настежь ворота усадьбы, и женщина лет сорока, экономка Дон Кихота, бросается навстречу пришедшим.

Э к о н о м к а. Слава тебе господи! Пожалуйста, пожалуйста, сеньор священник и сеньор цирюльник. Мы плачем тут в кухне.

Просторная кухня, она же столовая. Широкий очаг с вертелом. Полки с медной посудой. Под ними на стене висят связки лука и чеснока.

За широким темным столом плачет, уронив голову на руки, молоденькая племянница Дон Кихота.

С в я щ е н н и к. Не будем плакать, дитя мое! Бог не оставит сироту.

Ц и р ю л ь н и к. Слезы — драгоценный сок человеческого тела, который полезнее удержать, нежели источать.

Э к о н о м к а. Ах, сеньоры, как же ей не плакать, бедной, когда ее родной дядя и единственный покровитель повредился в уме. Потому и подняла я вас на рассвете, простите меня, неучтивую.

П л е м я н н и ц а. Он читает с утра до вечера рыцарские романы. К этому мы привыкли. Он отказался от родового своего имени Алонзо Кехано и назвал себя Дон Кихот Ламанчский. Мы, послушные женщины, не перечили ему и в этом.

Э к о н о м к а. Но сегодня началось нечто непонятное и страшное.

С в я щ е н н и к. Что же именно, сеньора экономка?

И, словно в ответ, страшный грохот потрясает всю усадьбу.

Э к о н о м к а. Вот что! Вот почему послала я за вами. Пойдем поглядим, что творит мой бедный господин в своей библиотеке. Мы одни не смеем!

Наверх, во второй этаж, в сущности на чердак, ведет из кухни широкая деревянная лестница. Экономка со свечой в длинном медном подсвечнике поднимается впереди. Остальные следом на цыпочках.

Дверь библиотеки выходит в темный коридор. Щели светятся в темноте.

Экономка гасит свечу, и друзья Дон Кихота, разобрав щели по росту, принимаются подглядывать усердно.

Взорам их открывается комната с высоким покатым потолком. И вся она переполнена книгами.

Одни высятся на столах. Другие — на стульях с высокими спинками. Иные, заботливо уложенные друг на друга, прямоугольными башнями вздымаются от пола до потолка.

На резном деревянном поместительном пюпитре укреплены две свечи — по обе стороны огромного фолианта, открытого на последних страницах.

Книгу дочитывает — и по дальнозоркости, и из почтения к читаемому — стоя владелец всех этих книжных богатств, бедный идальго Алонзо Кехано, он же славный рыцарь Дон Кихот Ламанчский. Это человек лет пятидесяти, несмотря на крайнюю худобу — крепкого сложения, без признаков старости в повадках и выражении.

Он одет в рыцарские доспехи. Только голова обнажена. Около него на столе лежит забрало. В правой руке — меч.

Ц и р ю л ь н и к. Пресвятая Богородица, помилуй нас...

С в я щ е н н и к. Откуда добыл наш бедняк рыцарские доспехи?

Э к о н о м к а. Разыскал на чердаке.

П л е м я н н и ц а. Латы у него дедушкины, шлем — прадедушкин. Дядя показывал мне все эти древности, когда была я еще маленькой.

Худое и строгое лицо рыцаря пылает. Бородка с сильной проседью дрожит. И он не только читает, он еще и действует по страницам рыцарского романа, как музыкант играет по нотам.

И по действиям рыцаря подглядывающие легко угадывают, о чем он читает. Вот пришпорит рыцарь невидимого коня. Вот взмахнет мечом и ударяет по полу с такой силой, что взлетают щепки и грохот разносится по всему дому...

— «Одним ударом двух великанов рассек пополам рыцарь Пламенного Меча, смеясь над кознями злого волшебника Фрестона! — бормочет Дон Кихот. — И снова вскочил на коня, но вдруг увидел девушку неземной красоты. Ее волосы подобны были расплавленному золоту, а ротик ее... — Дон Кихот переворачивает страницу, — изрыгал непристойные ругательства»..

Дон Кихот замирает, ошеломленный.

— Какие ругательства? Почему? Это козни Фрестона, что ли? *(Вглядывается.)* О я глупец! Я перевернул лишнюю страницу! *(Перелистывает страницу обратно.)* «...А ротик ее подобен был лепестку розы. И красавица плакала горько, словно дитя, потерявшее родителей».

Рыцарь всхлипывает, вытирает слезы и снова погружается в чтение всем существом. Губы его шевелятся беззвучно. Глаза горят. Вот он взмахивает мечом и рассекает пополам книжную башню, что вздымалась над самой его головой. Книжная лавина обрушивается прямо на рыцаря. Пюпитр опрокинут, свечи погасли. Прямоугольник большого окна явственно выступает во мраке комнаты.

Рассветает.

Дон Кихот стоит несколько мгновений неподвижно, почесывая ушибленную голову. Но вот он восклицает:

— Нет, проклятый Фрестон! Не остановят меня гнусные твои проделки, злейший из волшебников. Ты обрушился на книги. Простак! Подвиги самоотверженных рыцарей давно перешли из книг в мое сердце. Вперед, вперед, ни шагу назад!

Рыцарь снимает латы, накидывает на плечи плащ, надевает широкополую шляпу, хватает со стола шлем и забрало и шагает через подоконник. Останавливается на карнизе, озирается из-под руки.

Ц и р ю л ь н и к. А почему избрал он столь опасный путь?

П л е м я н н и ц а. По доброте душевной, чтобы не разбудить нас, бедных...

———

Двор усадьбы Дон Кихота.

Рыцарь стоит на карнизе, оглядывает далекие окрестности, степь за поселком, еще пустынную большую дорогу, исчезающую в далеком лесу.

И прыгает во двор, легко, как мальчик.

Он шагает, задумавшись глубоко, ничего не видя, и налетает грудью на туго натянутую веревку с развешанным бельем. Толчок заставляет его отшатнуться. Он хватается за меч.

В рассветных сумерках перед ним белеет нечто высокое, колеблющееся, легкое, похожее на привидение. Сходство усиливается тем, что глядят на рыцаря два разноцветных глаза. Рот ухмыляется нагло.

Д о н К и х о т. Это снова ты, Фрестон?

Рыцарь взмахивает мечом, но в последнее мгновение задерживает удар.

Собственное белье рыцаря развешано на веревке. Сеньора экономка наложила заплаты на самые разные части его исподнего. Не привидение, а ночная рубаха Дон Кихота глядит на него своими заплатами.

Д о н К и х о т. Грубая проделка, Фрестон. Но даже хитростью не заставишь ты меня преклониться перед тобой.

Дон Кихот поворачивает меч плашмя, прижимает веревку и, сделав неслыханно широкий шаг, перебирается через нее.

Рыцарь шагает по улицам селения.

Перед бедным крестьянским домиком с покосившимся забором он вдруг останавливается и снимает почтительно свою широкополую шляпу.

Свинопас гонит по улице стадо свиней, дудит в свой рожок.

Д о н К и х о т. Я слышу, слышу звуки труб! Сейчас опустят подъемный мост. И Дульсинея Тобосская выйдет на балкон.

Рыцарь бросается вперед, спотыкается о рослую и тощую свинью. Падает в самую середину стада. Свиньи с визгом и хрюканьем в страхе несутся вперед, топча рыцаря копытцами.

Рыцарь поднимается в облаке пыли. Отряхивается. Расправляет плащ. И принимает свойственный ему строгий, даже меланхолический вид.

Из коровника крестьянского двора раздается сердитый окрик:

— Куда ты провалилась, проклятая девка!

Дон Кихот вздрагивает.

Крик:

— Альдонса!

Дон Кихот подходит к самому забору.

Через двор к коровнику пробегает молоденькая, сонная, миловидная девушка.

Рыцарь, увидев Альдонсу, вспыхивает, как мальчик. Прижимает руки к сердцу и роняет их, словно обессилев.

— О, дама моего сердца! — шепчет он едва слышно вслед Альдонсе. — Рыцарская любовь сжигает в своем огне чувства низменные и свинские и направляет силы к подвигам. О Дульсинея!

Дульсинея Тобосская, она же Альдонса Лоренса, выбегает из коровника и замечает рыцаря. Приседает почтительно.

А л ь д о н с а. Сеньор Кехано! Как рано вы поднялись, словно простой мужик. Ох, что я говорю, простите мою дерзость. Я хотела сказать — как птичка божья!

В о п л ь. Альдонса, проклятая девка, где же соль? Скорее!

А л ь д о н с а. У нас такая радость, сеньор, корова принесла двух телят разом! И оба такие здоровенькие, только худенькие, как ваша милость. Ох, простите меня, необразованную. Я плету от радости сама не знаю что.

В о п л ь. Альдонса!

А л ь д о н с а. И отец с ума сходит от радости — слышите, как ревет?

В о п л ь. Альдонса! Убью тебя, окаянную девку!

А л ь д о н с а. Бегу, бегу! До свидания, сеньор!
Исчезает.

Д о н К и х о т. До свидания, о Дульсинея Тобосская, благороднейшая из благородных. Ты сама не знаешь, как ты прекрасна и как несчастна. С утра до ночи надрываешься ты — так сделал Фрестон, и никто не благодарит тебя за труд. Нет. Только бранят да учат... О, проклятый волшебник! Клянусь — не вложу я меча в ножны, пока не сниму чары с тебя, о любовь моя единственная, дама моего сердца, Дульсинея Тобосская!

Санчо Панса — здоровенный, веселый, краснолицый крестьянин лет сорока — работает, стучит молотком, приклепывает старательно забрало к рыцарскому шлему. Дон Кихот восседает возле на скамейке, вынесенной для него из дома Санчо. У ног рыцаря развалился кудлатый щенок и жмурится от наслаждения — рыцарь почесывает ему бок кончиком своего меча.

Д о н К и х о т. Более упрямого человека, чем ты, не найти в целой Ламанче. Я приказываю тебе — отвечай!

С а н ч о. Очень хочется, сеньор, ответить — да. Так хочется, что просто еле удерживаюсь. Скажите мне несколько слов на рыцарском языке — и я соглашусь, пожалуй.

Д о н К и х о т. Слушай же, что напишут о нас с тобой, если завтра на рассвете выберемся мы из села на поиски подвигов и приключений *(торжественно)*: «Едва светлокудрый Феб уронил на лицо посветлевшей земли золотую паутину своих великолепных волос, едва птички согласно запели в лесах, приветствуя румяную богиню Аврору...»

С а н ч о. О, чтоб я околел, до чего красиво!

Д о н К и х о т. «Едва, — повторяю, — совершилось все это в небесах и лесах, как знаменитый рыцарь Дон Кихот Ламанчский вскочил на славного своего коня по имени Росинант и, сопровождаемый верным и доблестным оруженосцем по имени Санчо Панса...»

С а н ч о *(сквозь слезы)*. Как похоже, как верно...

Д о н К и х о т. «...помчался по просторам Ламанчи злодеям на устрашение, страждущим на утешение».

С а н ч о *(всхлипывая)*. Придется, как видно, ехать. А вот и шлем готов, сеньор. Примеряйте!

Дон Кихот внимательно разглядывает шлем с приделанным к нему забралом. Возвращает его Санчо.

Д о н К и х о т. Надень!

С а н ч о *(надев шлем и опустив забрало)*. Очень славно! Я словно птичка в клетке, только зернышек не хватает.

Д о н К и х о т. Сядь на пенек.

С а н ч о. Сел.

Рыцарь заносит меч над головой оруженосца, но тот легко, словно мячик, отлетает в сторону. Снимает шлем торопливо.

С а н ч о. Э, нет, сеньор! Я не раз ходил с вами на охоту, знаю, какая у вас тяжелая рука.

Д о н К и х о т. Надень шлем.

С а н ч о. Хорошо, сеньор. Я надену. Только потом. Для начала испробуем шлем без моей головы. Побереглась корова — и век жила здорова.

Д о н К и х о т. Чудак! В книге о подвигах рыцаря Амадиса Гальского нашел я состав волшебного зелья, делающего доспехи непробиваемыми. И сварил его. И втер в шлем целую бутыль. Ты что ж, не веришь рыцарским романам?

С а н ч о. Как можно не верить, а только для начала положим шлем сюда, на дубовую скамейку. А теперь, сеньор, с богом!

Дон Кихот примеривается и наносит по шлему сокрушительный удар.

Санчо охает, схватившись за голову.

Меч рыцаря раскалывает шлем, словно орех, и надвое разбивает толстую дубовую скамейку.

С а н ч о. Сеньор! Вы не обижайтесь, а только я не поеду. Подумать надо, не обижайтесь, сеньор. Баба к тому же не отпускает, баба и море переспорит, от бабы и святой не открестится, бабы сам папа боится, от бабы и солнце садится.

Д о н К и х о т. Санчо!

С а н ч о. К тому же неизвестно, какое вы мне положите жалованье.

Д о н К и х о т. Есть о чем говорить! Я назначу тебя губернатором первого же острова, который завоюю. И месяца не пройдет, как будешь ты на своем острове управлять и издавать законы...

С а н ч о. Вот этого мне давно хочется.

Д о н К и х о т. И ездить в карете, и есть и пить на золоте.

С а н ч о. Есть и пить мне тоже хочется. Эх! Была не была! Когда ехать, сеньор?

Д о н К и х о т. Завтра на рассвете!

С а н ч о. Будь по-вашему, едем!

Рассветает.

Дон Кихот, в полном рыцарском вооружении, но с обнаженной головой, верхом на очень тощем и высоком коне, выезжает с проселочной дороги на большую — широкую-широкую, прорезанную глубокими колеями.

Санчо на маленьком сером ослике следует за ним. Выехав на большую дорогу, Дон Кихот внимательно, строго, по-охотничьи оглядывается из-под руки. Ищет подвигов.

И, ничего не обнаружив, пришпоривает Росинанта.

Дон Кихот. Скорее, скорее! Промедление наше наносит ущерб всему человеческому роду.

И с этими словами вылетает он из седла через голову Росинанта, ибо тот попадает передними ногами в глубокую рытвину.

Прежде чем Санчо успевает прийти на помощь своему повелителю, тот — уже в седле и несется вперед по дороге как ни в чем не бывало.

Санчо. Проклятая рытвина!

Дон Кихот. Нет, Санчо, виновата здесь не рытвина.

Санчо. Что вы, сударь, уж мне ли не знать! Сколько колес в ночную пору переломала она мне, злодейка. Не я один — все наше село проклинает эту окаянную колдобину. Сосед говорит мне: «Санчо, закопал бы ты ее, проклятущую». А я ему: «С какой стати я — сам зарой». А он мне: «А я с какой стати?» А тут я ему: «А с какой стати я?» А он мне: «А я с какой стати?!» А я ему: «А с какой стати я?» А он мне: «А я с какой стати!»

Дон Кихот. Довольно, оруженосец!

Санчо. Ваша милость, да я и сотой доли еще не рассказал. Я соседу разумно, справедливо отвечаю: «С какой же стати я!» А он мне глупо, дерзко: «А я с какой стати!»

Дон Кихот. Пойми ты, что рытвина эта вырыта когтями волшебника по имени Фрестон. Мы с ним встретимся еще много раз, но никогда не отступлю я и не дрогну. Вперед, вперед, ни шагу назад!

И всадники скрываются в клубах пыли.

Высокий и густой лес стал по обочинам дороги.

Дон Кихот придерживает коня.

— Слышишь?

Санчо. А как же! Листья шелестят. Радуется лес хорошей погоде. О господи!

Из лесу доносится жалобный вопль:

— Ой, хозяин, простите! Ой, хозяин, отпустите! Клянусь Страстями Господними, я больше не буду!

Дон Кихот. Слышишь, Санчо!

Санчо. Слышу, сеньор! Прибавим ходу, а то еще в свидетели попадем!

Дон Кихот. За мной, нечестивец! Там плачут!

И рыцарь поворачивает Росинанта прямо через кусты в лесную чащу.

На поляне в лесу к дереву привязана кобыла. Она спокойно и бесстрастно щиплет траву. А возле к дубку прикручен веревками мальчик лет тринадцати. Дюжий крестьянин нещадно хлещет его ременным поясом. И приговаривает:

— Зверь! Разбойник! Убийца! Отныне имя тебе не Андрес, а бешеный волк. Где моя овца? Кто мне заплатит за нее, людоед! Отвечай, изувер!

И вдруг — словно гром с ясного неба. Свист, топот, крик, грохот. И пастушок, и хозяин замирают в ужасе.

Росинант влетает на поляну.

Копье повисает над самой головой дюжего крестьянина.

Дон Кихот. Недостойный рыцарь! Садитесь на своего коня и защищайтесь!

И тотчас же из кустов высовывается голова Санчо Пансы. Шапка его разбойничьи надвинута на самые брови. Он свистит, и топает, и гикает, и вопит:

— Педро, заходи справа! Антонио, лупи сзади! Ножи — вон! Топоры — тоже вон! Всё — вон!

— Ваша милость! — кричит испуганный крестьянин. — Я ничего худого не делаю! Я тут хозяйством занимаюсь — учу своего работника!

Дон Кихот. Освободите ребенка!

Крестьянин. Где ребенок? Что вы, ваша милость! Это вовсе не ребенок, а пастух!

Дон Кихот взмахивается копьем.

Крестьянин. Понимаю, ваша милость. Освобождаю, ваша милость. Иди, Андрес, иди. *(Распутывает узлы.)* Ступай, голубчик. Ты свободен, сеньор Андрес.

Санчо *(грозно)*. А жалованье?!

Крестьянин. Какое жалованье, ваша милость?

Санчо. Знаю я вашего брата. Пастушок, за сколько месяцев тебе не плачено?

Андрес. За девять, сударь. По семь реалов за каждый. Многие говорят, что это будет целых шестьдесят три реала!

Крестьянин. Врут.

Дон Кихот *(замахивается)*. Я проткну тебя копьем. Плати немедленно!

Крестьянин. Они дома, сеньор рыцарь! Денежки-то. Разве можно в наше время выходить из дому с деньгами? Как раз ограбят. А дома я сразу расплачусь с моим дорогим Андресом. Идем, мой ангелочек.

Дон Кихот. Клянись, что расплатишься ты с ним!

Крестьянин. Клянусь!

Дон Кихот. Покрепче!

Крестьянин. Клянусь всеми святыми, что я расплачусь с моим дорогим Андресом. Пусть я провалюсь в самый ад, если он хоть слово скажет после этого против меня. Клянусь раем Господним — останется он доволен.

Дон Кихот. Хорошо. Иди, мальчик. Он заплатит тебе.

Андрес. Ваша честь, я не знаю, кто вы такой. Может быть, святой, хотя святые, кажется, не ездят верхом. Но раз уж вы заступились за меня, то не оставляйте. А то хозяин сдерет с меня кожу, как с великомученика. Я боюсь остаться тут. А бежать с вами — шестьдесят три реала пропадут. Такие деньги! Не уезжайте!

Дон Кихот. Встань, сынок! Твой хозяин поклялся всеми святыми, что не обидит тебя. Не станет же он губить бессмертную свою душу из-за гроша!

Санчо. Ну, это как сказать.

Андрес. Не уезжайте!

Дон Кихот. Беда в том, друг Андрес, что не единственный ты горемыка на земле. Меня ждут тысячи несчастных.

Андрес. Ну и на том спасибо вам, сеньор. Сколько живу на свете, еще никто за меня не заступился.

Он целует сапог рыцаря.

Дон Кихот вспыхивает, гладит Андреса по голове и пришпоривает коня.

Снова рыцарь и оруженосец едут по большой дороге.

Санчо. Конечно, жалко пастушонка. Однако это подвиг не на мой вкус. Чужое хозяйство святее монастыря. А мы в него со своим уставом. Когда буду я губернатором...

Дон Кихот. Замолчи, простофиля. Мальчик поблагодарил меня. Значит, не успел отуманить Фрестон детские души ядом неблагодарности. Благодарность мальчика будет утешать меня в самые черные дни наших скитаний! Довольно болтать, прибавь шагу! Наше промедление наносит ущерб всему человеческому роду.

Ущелье среди высоких скал, крутых, как башня. Черные зубчатые тени их перерезают дорогу. Дон Кихот и Санчо Панса едут между скалами.

Дон Кихот останавливает коня.

С а н ч о. Что вы увидели, сеньор?

Д о н К и х о т. Приготовься, Санчо. Мы заехали в местность, где уж непременно должны водиться драконы. Почуяв рыцаря, хоть один да выползет. И я прикончу его.

Санчо останавливает ослика, озирается в страхе.

С а н ч о. Драконы, гадость какая. Я ужей и то не терплю, а тут — здравствуйте! — вон какой гад. Может, не встретим?

Д о н К и х о т. Есть такие нечестивцы, что утверждают, будто бедствуют люди по собственному неразумию и злобе, а никаких злых волшебников и драконов и нет на свете.

С а н ч о. А, вруны какие!

Д о н К и х о т. А я верю, что виноваты в наших горестях и бедах драконы, злые волшебники, неслыханные злодеи и беззаконники, которых сразу можно обнаружить и наказать. Слышишь?

Слышится жалобный, длительный скрип, и вой, и визг.

Санчо глядит в ужасе на Дон Кихота, а тот на Санчо. И вдруг испуганное, побледневшее лицо оруженосца начинает краснеть, принимает обычный багрово-красный цвет и расплывается в улыбке.

Д о н К и х о т. Чего смеешься? Это дракон, это он!

С а н ч о. Ваша честь, да это колеса скрипят!

Дон Кихот бросает на своего оруженосца уничтожающий взгляд. Заставляет коня подняться на некрутой холмик у подножия скалистой гряды.

Санчо следует за ним.

И рыцарь видит, что и в самом деле карета показалась вдали. Колеса пронзительно визжат на повороте. Пять всадников окружают ее. Перед каретою едут на высоких мулах два бенедиктинских монаха, в дорожных очках, под зонтиками. Два погонщика шагают возле упряжных коней пешком.

В окне кареты женщина, красота которой заметна даже издали.

Д о н К и х о т. Видишь огромных черных волшебников впереди?

С а н ч о. Сеньор, сеньор, святая наша мать инквизиция строго взыскивает за новые ругательства! Бенедиктинских монахов дразнят пьяницами, к этому уже притерпелись, а волшебниками — никогда! Не вздумайте, ваша милость, нельзя. Это — монахи!

Д о н К и х о т. Откуда тут взялись монахи?

С а н ч о. Примазались к чужой карете. С охраной-то в дороге уютней.

Дон Кихот пришпоривает Росинанта и мчится навстречу путникам. Санчо следит за дальнейшими событиями, оставаясь на холме. Рыцарь осаживает коня у самого окошечка, из которого глядит на него с небрежной улыбкой красавица.

Д о н К и х о т. О прекрасная дама! Признайтесь Дон Кихоту Ламанчскому, не боясь своей стражи: вы пленница?

Д а м а. Увы, да, храбрый рыцарь.

Опустив копье, налетает Дон Кихот на бенедиктинцев. Один из них валится с мула на каменистую дорогу. Другой поворачивает и скачет туда, откуда приехал.

Слуги знатной дамы бросаются было на рыцаря, но он в отчаянном боевом пылу разгоняет врагов, прежде чем они успевают опомниться.

Дама улыбается, устроившись поудобнее, как в театральной ложе.

Один из слуг оказывается упрямее остальных. Он вытаскивает из противоположного окна подушку и мчится прямо на рыцаря, защищаясь подушкой, как щитом.

Ошибка.

Дон Кихот могучим ударом распарывает сафьяновую наволочку.

Перья облаком взлетают в воздух, а упрямый слуга прекрасной путешественницы валится с седла.

Дон Кихот соскакивает на дорогу. Приставляет меч к горлу поверженного врага.

Д о н К и х о т. Сдавайся!

Рыцарь поднимает меч, чтобы поразить своего упрямого противника насмерть, но мягкий, негромкий женский голос останавливает его:

— Рыцарь, пощадите беднягу.

Рыцарь оглядывается. Дама, улыбаясь, глядит на него из окна кареты.

Д о н К и х о т. Ваше желание для меня закон, о прекрасная дама! Встань!

Слуга поднимается угрюмо, отряхивается от перьев, которые покрыли его с ног до головы.

Д о н К и х о т. Дарую тебе жизнь, злодей, но при одном условии: ты отправишься к несравненной и прекраснейшей Дульсинее Тобосской и, преклонив колени, доложишь ей, даме моего сердца, о подвиге, который я совершил в ее честь.

Д а м а. А это далеко?

Дон Кихот. Мой оруженосец укажет ему дорогу, прекраснейшая дама.

Дама. Великодушно ли, рыцарь, отнимать у меня самого надежного из моих слуг?

Дон Кихот. Сударыня! Это ваш слуга? Но вы сказали мне, что вы пленница!

Дама. Да, я была в плену у дорожной скуки, но вы освободили меня. Я придумала, как нам поступить. Дамой вашего сердца буду я. Тогда слугу никуда не придется посылать, ибо подвиг был совершен на моих глазах. Ну? Соглашайтесь же! Неужели я недостойна любви! Посмотрите на меня внимательно! Ну же!

Дон Кихот. Сеньора, я смотрю.

Дама. И я не нравлюсь вам?

Дон Кихот. Не искушайте бедного рыцаря. Пожалуйста. Нельзя мне. Я верен. Таков закон. Дама моего сердца — Дульсинея Тобосская.

Дама. Мы ей не скажем.

Дон Кихот. Нельзя. Клянусь — нельзя.

Дама. Мы тихонько.

Дон Кихот. Нельзя!

Дама. Никто не узнает!

Дон Кихот. Нельзя. Правда. Ваши глаза проникают мне в самую душу! Отвернитесь, сударыня, не мучайте человека.

Дама. Сойдите с коня и садитесь ко мне в карету, и там мы все обсудим. Я только что проводила мужа в Мексику, мне так хочется поговорить с кем-нибудь о любви. Ну? Ну же... Я жду!

Дон Кихот. Хорошо. Сейчас. Нет. Ни за что.

Дама. Альтисидора — красивое имя?

Дон Кихот. Да, сударыня.

Дама. Так зовут меня. Отныне дама вашего сердца — Альтисидора.

Дон Кихот. Нельзя! Нет! Ни за что! Прощайте!

Рыцарь салютует даме копьем, поворачивает Росинанта и останавливается пораженный.

Дама разражается хохотом. И не она одна — хохочут все ее слуги.

Дон Кихот пришпоривает Росинанта и мчится прочь во весь опор, опустив голову. Ветер сдувает с него перья. Громкий хохот преследует его.

Дама *(слуге)*. Разузнайте у его оруженосца, где он живет. За такого великолепного шута герцог будет благодарен мне всю жизнь.

Вечереет.

Кончилась скалистая гряда вокруг дороги. Теперь рыцарь и его оруженосец двигаются среди возделанных полей. За оливковыми деревьями белеют невдалеке дома большого селения. За селением — высокий лес. Санчо снова едет возле своего повелителя. Поглядывает на него озабоченно.

Д о н   К и х о т *(печально и задумчиво).* Думаю, думаю и никак не могу понять, что смешного нашла она в моих словах.

С а н ч о. И я не понимаю, ваша светлость. Я сам, ваша милость, верный и ничего в этом не вижу смешного. Жена приучила. Каждый раз подымала такой крик, будто я всех этих смазливых девчонок не целовал, а убивал. А теперь вижу — ее правда. Все девчонки на один лад. Вино — вот оно действительно бывает разное. И каждое утешает по-своему. И не отнимает силы, а укрепляет человека. Баранина тоже. Тушеная. С перцем. А любовь?.. Ну ее, чего там! Я так полагаю, что нет ее на белом свете. Одни выдумки.

Рыцарь и оруженосец в глубокой задумчивости следуют дальше, пока не исчезают в вечерних сумерках.

В просторной кухне усадьбы Дон Кихота за большим столом собрались его друзья и близкие.

Поздний вечер.

Дождь стучит в окна. Ветер воет в трубе. Экономка перебирает фасоль в небольшой глиняной чашке. Племянница вышивает у свечки. Священник и цирюльник пристроились поближе к очагу.

П л е м я н н и ц а. Бедный дядя! Как давно-давно уехал он из дома. Что-то он делает в такую страшную непогоду?

Э к о н о м к а. Безумствует — что же еще! У всех хозяева как хозяева, а мой прославился на всю Испанию. Что ни день — то новые вести о нем!

Стук в дверь.

Э к о н о м к а. Ну вот опять! Войдите!

Вбегает Альдонса.

Э к о н о м к а. Слава богу, это всего только Альдонса. Что тебе, девушка? Ты принесла нам цыплят?

А л ь д о н с а. Нет, ваша милость, принесла удивительные новости о нашем сеньоре!

Э к о н о м к а. Что я говорила! Какие? Он ранен? Болен? Умирает?

А л ь д о н с а. Что вы, сеньора! Новости гораздо более удивительные. Он влюбился!

П л е м я н н и ц а. Пресвятая Богородица!

А л ь д о н с а. Вот и я так сказала, когда услышала. Слово в слово. Влюбился наш сеньор в знатную даму по имени Дульсинея Тобосская. Отец мой родом из Тобосо и говорит, что в детстве видел такую.

Э к о н о м к а. Значит, она старуха!

А л ь д о н с а. А мы так порешили, что это ее дочь или даже внучка, потому что уж больно сильно влюбился наш сеньор. Колотит людей в ее честь, не разбирая ни титула, ни звания. И вздыхает целыми ночами. И слагает ей песни. И говорит о ней ласково, как о ребенке или птичке. Я даже позавидовала.

Э к о н о м к а. Чему?

А л ь д о н с а. Меня никто небось так не полюбит.

П л е м я н н и ц а. А Педро?

А л ь д о н с а. Он только тискает да щиплется. Счастливая Дульсинея Тобосская!

Стук в дверь.

Э к о н о м к а. Ну вот опять! Войдите!

Дверь распахивается, и в комнату входит человек в промокшем насквозь плаще. Глаза и нос красны, не то от непогоды, не то от природы. Длинные усы свисают уныло. Впрочем, едва войдя в комнату, он подкручивает их воинственно.

Н е и з в е с т н ы й. Здесь ли проживает идальго Алонзо Кехано, именующий себя Дон Кихот Ламанчский?

Э к о н о м к а. Здесь, ваша милость.

Н е и з в е с т н ы й. Он дома?

Э к о н о м к а. Нет.

Н е и з в е с т н ы й. Жаль, ах как жаль. Жаль от всего сердца. Будь он дома — я бы его арестовал.

Племянница вскрикивает. Альдонса забивается в угол.

Цирюльник и священник встают.

Н е и з в е с т н ы й. Обидно. Ну да ничего не поделаешь, другим разиком. Не найдется ли у вас стакан вина?

Э к о н о м к а. Как не найтись! Снимите плащ, сеньор. Садитесь, пожалуйста! Вот сюда, к огню.

С в я щ е н н и к. Вы из братства Санта-Эрмандад?

Н е и з в е с т н ы й. Да, я стрелок славного старого Толедского братства Санта-Эрмандад. Вот уже много лет боремся мы с преступлениями, а они, как нарочно, благодарю вас, все растут в числе. Прекрасное вино.

Э к о н о м к а. Что же натворил наш идальго?

С т р е л о к. Сразу не перечислишь. Напал, например, на цирюльника.

Ц и р ю л ь н и к. Какой ужас!

С т р е л о к. И отобрал у него медный бритвенный тазик ценой в семь реалов.

С в я щ е н н и к. Зачем?

С т р е л о к. Заявил, что это золотой волшебный шлем, да и носит его на голове.

Ц и р ю л ь н и к. Какой ужас!

С т р е л о к. Ну ограничься он этим — ладно. Так нет. По случаю засухи крестьяне одной деревни — люди разумные, почтенные — решили собраться на предмет самобичевания. Благодарю вас. Прекрасное вино. О чем я? Ах да. Подняли они, стало быть, статую Мадонны. Бичуют себя по-честному, не жалея плеток, вопят о грехах своих. Все чинно, разумно. Вдруг — раз. Ого-го-го! Топ-топ, скачет верхом наш сеньор-безумец. О-о-о! У-уй-уй! И разогнал бичующихся. Принял, нечестивец, Мадонну за некую пленную или там похищенную.

С в я щ е н н и к. Какой ужас!

С т р е л о к. Ужас, такой ужас, что, если бы не ваше вино, у меня, человека привычного, и то встали бы волосы дыбом. Напал на стадо баранов, крича, что это войско каких-то злых волшебников, и пастухи избили вашего сеньора чуть не до полусмерти. Да не плачьте, барышня! Ваш папаша — такой здоровяк, что встал после этого да и пошел.

П л е м я н н и ц а. Он не отец мой, а дядя.

С т р е л о к. Тем более не стоит плакать. Конечно, мы понимаем, что он не в себе. Однако есть сумасшедшие в свою пользу, а ваш сеньор безумствует себе во вред. А может, достаточно? Впрочем, наливайте. Чего вы кладете мне в сумочку? Пирог да кошелек? А зачем? Ну, впрочем, воля ваша. С дамами не спорю, ха-хаха! Беда в том, что он сумасшествует как-то... как-то этак... Жалуются многие! У меня к вам такой совет. Заманите вы его домой, как птичку в клетку. Похитрей. Тут, мол, угнетенные завелись. Цып-цып, на помощь. А как он войдет, раз — и на замок.

С в я щ е н н и к. Вы правы, добрый человек. Так мы и сделаем.

С т р е л о к. Да, я прав. Простой стрелок — а всегда прав. Благодарю вас. Сеньора племянница и вы, сеньора, глядите веселее. Я ваш слуга. В среду на будущей неделе будут одну еретичку душить железным ошейником. Милости просим. Только скажите: Алонзо — и вам местечко на балконе над самой виселицей. Пожалуйста! А в субботу жечь будем ведьму. Милости просим, пожалуйста, в самый первый ряд, сразу за стражей. А сеньора Дон Кихота цып-цып-цып — и в клеточку. И все будет славненько, и все будут довольны.

Уходит.

Священник в волнении вскакивает с места:

— Нельзя терять ни минуты времени. Добрый человек дал прекрасный совет.

Ц и р ю л ь н и к. Научно говоря, следует начать с уничтожения книг.

***

Дверь в библиотеку Дон Кихота снята с петель. Священник и цирюльник в фартуках работают прилежно, закладывают ход в библиотеку кирпичами, замазывают известью.

Экономка пристроилась возле. Шьет.

Племянница сидит на скамеечке, держит в руках маленькую книжечку в кожаном переплете. Глядя в нее, она спрашивает, как учительница ученика, то священника, то цирюльника.

П л е м я н н и ц а. Проверим теперь с самого начала. Вот встречаете вы дядю на дороге. И тогда...

С в я щ е н н и к. Тогда я надеваю маску, а мастер Николас — бороду. Он становится на колени, а я стою возле и низко кланяюсь.

П л е м я н н и ц а. Так. И вы говорите...

Ц и р ю л ь н и к (*торжественно*). О Дон Кихот Ламанчский! Помогите самой безутешной и обездоленной принцессе на свете. (*Естественным голосом.*) Ну вот, слава богу, последние кирпичи положены — и замурована окаянная библиотека!

С в я щ е н н и к. Когда известь высохнет, никто не найдет, где тут была дверь! Теперь только бы нам разыскать поскорее сеньора и вернуть его домой. А уж из дома мы его не выпустим.

Э к о н о м к а. Да он и сам не уйдет, раз эти ядовитые книги запрятаны словно в склепе. Теперь я вижу, сеньор священник и сеньор цирюльник, что вы настоящие друзья. Если вам удастся заманить бедного идальго в клетку, то я буду считать вас просто святыми людьми!

***

Раннее утро.

Дон Кихот и Санчо Панса едут по большой дороге.

Рыцарь оглядывается, привстав на стременах.

Ищет подвигов.

А Санчо занят совсем другим делом. Он считает что-то про себя на пальцах, шевеля губами, наморщив лоб, подымая глаза к небу. На повороте дороги оглядывается Дон Кихот на своего спутника и замечает его старания:

— Что ты там бормочешь?

— Я считаю, сколько мы с вами в пути, сеньор.

— Ну и сколько выходит?

— Если по колотушкам считать, да по синякам, да по ушибам, да по всяким злоключениям, то двадцать лет, никак не менее.

— Рыцари не считают ран!

— А если считать по-христиански, от воскресения до воскресения, то все равно получится достаточно долго. Где же, сеньор, простите, меня, дерзкого, тот остров, где я стану губернатором? Все деремся мы да сражаемся, а награды и не видать.

— Чем я виноват, что искалечил Фрестон души человеческие и омрачил их разум куда страшнее, чем полагал я, сидя дома...

Рыцарь вздрагивает и обрывает свою речь.

Берет копье наперевес.

Поправляет бритвенный тазик на своих седых волосах.

Звон цепей раздается впереди на дороге.

Из-за холма выходят люди числом около дюжины, нанизанные, словно четки, на длинную железную цепь. Конвойные сопровождают скованных — двое верховых с мушкетами и двое пеших со шпагами и пиками.

Дон Кихот ставит коня поперек дороги, загораживая путь всему шествию.

Д о н   К и х о т. Кто эти несчастные?

К о н в о й н ы й. Это каторжники, принадлежащие его величеству королю. Ведем мы их на галеры.

Д о н   К и х о т. За что?

К о н в о й н ы й. Расспросите их сами, пока мы напоим коней. Для этих господчиков главное удовольствие — распространяться о своих мерзостях.

Конвойные направляют своих коней к каменной колоде, вделанной в землю невдалеке от обочины дороги.

Каторжники весело рассматривают Дон Кихота. Посмеиваются. Он подъезжает к первому из них.

Д о н   К и х о т. За какие грехи попали вы в такую беду, бедняга?

1-й к а т о р ж н и к *(громко и торжественно).* Меня погубила любовь *(тихо)* к корзине с бельем. *(Громко.)* Я прижал ее, мою любимую, к сердцу. *(Тихо.)* А хозяйка корзины подняла вой. *(Громко.)* И злодеи разлучили нас.

Дон Кихот. Проклятье! А вас что привело на галеры? Неужели тоже любовь?

2-й каторжник. Нет. Всего только нежность!

Дон Кихот. Нежность?

2-й каторжник. Да. Я неженка. Я не мог вынести пытки и сказал вместо «нет» — «да». И это коротенькое словечко принесло мне шесть лет каторги.

Дон Кихот. А вы за что взяты, сеньор?!

3-й каторжник. За то, что у меня в кошельке не нашлось десяти золотых дукатов. Найдись они вовремя — я оживил бы мозги адвоката и смягчил бы сердце судьи.

4-й каторжник. И на этом остановимся, сеньор. Вы повеселились, мы повеселились — и хватит.

Дон Кихот. Сеньоры конвойные! Я расспросил этих людей. Им не следует идти на галеры. Если бы у этих бедных были сильные покровители, судьи отпустили бы любого из них на свободу.

Каторжники шумят одобрительно.

— Правильно, как в Писании! Все понимает — уж не из каторжников ли он? Не найдется ли у вашей милости покровителей для нас?

Дон Кихот. Найдется!

Каторжники замолкают.

Дон Кихот. Я странствующий рыцарь. Я дал обет, что буду защищать обездоленных и угнетенных. Сеньоры конвойные! Я приказываю вам: отпустите несчастных!

Конвойный. Поправьте-ка тазик на своей голове, пока она цела, да ступайте ко всем чертям.

Дон Кихот. Сеньор, вы скотина!

И с этими словами Дон Кихот бросается на конвойного.

Стремительность нападения приводит к тому, что враг валится на землю и остается лежать ошеломленный.

Поднимается облако пыли, скрывающее дальнейшие события. Слышен только рев каторжников, звон цепей. То здесь, то там в облаке появится на мгновение высокая фигура Дон Кихота, размахивающего мечом, и исчезает.

Выстрел.

С дороги в поле из пыльного облака вылетают конвойные.

Мчатся без оглядки с поля боя.

Каторжники появляются у каменной колоды, разбивают свои цепи булыжниками, подобранными на земле. Распалась цепь, связывавшая их.

Каторжники ликуют, вопят, рычат, как дикие звери, прыгают, звеня цепями.

И тут к ним вдруг во весь опор подлетает Дон Кихот.

Каторжники и не глядят на него. Обнимаются и тут же награждают друг друга тумаками. Они опьянели от неожиданности пришедшей к ним свободы.

Дон Кихот. Друзья мои, погодите, послушайте меня.

1-й каторжник. Выкладывай.

Дон Кихот. Друзья мои, отправляйтесь немедленно туда, куда я вам укажу.

Каторжники успокаиваются сразу.

4-й каторжник. Там спрячут нас?

Дон Кихот. Нет! Я посылаю вас к даме моего сердца. Вы расскажете ей о подвиге, который я совершил в ее честь.

Каторжники разражаются хохотом.

3-й каторжник. Не дразни, укусим!

Дон Кихот. Друзья мои, я дал вам свободу, неужели вы так неблагодарны, что откажете мне!

4-й каторжник. Сеньор, вы знаете, что такое братство Санта-Эрмандад? Они схватят нас!

Дон Кихот. Благодарность сильнее страха.

6-й каторжник. Благодарность, благодарность! Освободи ты одного меня — я бы поблагодарил. А ты — всех разом!

7-й каторжник. Устраиваешь побег, а правил не знаешь.

8-й каторжник. Уже небось во всех церквах бьют в набат...

9-й каторжник. Что у тебя под бритвенным тазиком? Голова или тыква?

Дон Кихот. Я заставлю вас быть благодарными!

4-й каторжник. Сеньор, полегче! Мы — народ битый!

Дон Кихот. Я для вашей пользы...

10-й каторжник (*великан звероподобного вида*). Бей его, он сыщик!

Швыряет в Дон Кихота камнем, сбивает с него тазик.

Санчо. Опомнись! Какой же он сыщик — он освободил вас!

10-й каторжник. Так когда это было? С тех пор продался. Бей его!

Камни летят в Дон Кихота градом.

Темнеет.

По дороге двигается шажком Росинант. Дон Кихот с перевязанной головой старается усидеть, держится прямо на своем высоком седле.

Санчо плетется следом.

Далеко-далеко впереди, за деревьями, показываются стены и крыши.

С а н ч о. Сеньор! Скоро доплетемся мы с вами до постоялого двора. Об одном прошу я вашу милость — не признавайтесь ни хозяину, ни постояльцам, что мы пострадали от побоев. Почему? А потому что люди, как увидят побитого, норовят подбавить еще. Был бы калека, а обидчики найдутся. Кто убог, того и валят с ног. Кто слаб и болен, тем и заяц недоволен. Вы поняли меня, сеньор?

Д о н К и х о т. Я слышу тебя словно бы издали, — так у меня звенит в ушах.

Санчо взглядывает на хозяина и вдруг вскрикивает во весь голос.

Д о н К и х о т. Что с тобой?

С а н ч о. Взглянул я на вас, какой вы бледный да жалостливый, и пришла мне мысль в голову. И я даже закричал от удивления и печали. Мне в голову пришла мысль совсем рыцарская, ваша милость. Вот где чудо. Ах ты... Ох ты... Подумайте! Ах-ах-ах! Мысль!

Д о н К и х о т. Говори какая!

С а н ч о. А такая, что следует вам к вашему славному имени Дон Кихот Ламанчский прибавить прозвище: Рыцарь Печального Образа.

И Дон Кихот отвечает запинаясь, очень тихо:

— Хорошо, братец... Да будет так. Рыцари былых времен... носили прозвища. Кто звался Рыцарем Пламенного Меча. А кто — Рыцарем Дев. Был Рыцарь Смерти. А я буду Рыцарем Печального Образа. Мне чудится, что мудрец, который напишет когда-нибудь историю моих подвигов, вложил эту мысль... в твою голову, потому что... моя... очень уж шумит. Вот и замок.

С а н ч о. Что вы, сеньор! Это постоялый двор.

Д о н К и х о т. А я ручаюсь тебе, что это заколдованный замок.

С а н ч о. Пусть мой Серенький пропадет навеки, если это не постоялый двор!

Д о н К и х о т. Замок!

С а н ч о. Двор!

Д о н К и х о т. Замок!

С а н ч о. Сеньор! Нас поколотили сегодня мастера своего дела, вот и чудится вам невесть что!

Шум, обрывки веселой музыки, песен, стук копыт по настилу конюшни.

У ворот постоялого двора две девицы весьма легкомысленного вида вглядываются пристально в приближающихся путников.

1-я девица. Если и эти гости не захотят иметь с нами дела — мы пропали.

2-я девица. Неужели дойдем мы до такого срама, что, как старухи, будем расплачиваться за ужин и ночлег своими денежками?

Дон Кихот, стараясь держаться прямо на своем высоком седле, приближается к воротам постоялого двора.

Санчо следует за рыцарем.

Дон Кихот *(салютуя мечом)*. Благородный владелец замка выслал навстречу нам знатных девиц. О сеньориты! Если когда-нибудь понадобится рыцарь для защиты вашей невинности, прикажите — и я умру, охраняя вашу честь.

Девицы переглядываются и бросаются бежать, фыркая от сдерживаемого смеха.

———

Громче обрывки музыки, топот копыт по настилу конюшни.

Крытая галерея на тонких столбах идет вдоль всего второго этажа. Под галереей, как под навесом, кипит жизнь. Четверо игроков дуются в карты. Зрители молча глядят, столпившись вокруг.

1-й игрок. Клянусь честью, если ты и эту карту побьешь, то я тебя зарежу.

2-й игрок. Ладно, эту не побью, раз уж ты не умеешь играть по-благородному.

Зубодер со щипцами в руках кричит, уговаривая пациента, который сидит на скамье с видом гордым и надменным, крепко сжав губы.

Зубодер. Я дергал зубы и турецкому султану, и китайскому богдыхану, и старшему писцу нашего губернатора. И все благодарили. Богдыхан даже просил еще вырвать парочку, до того ему понравилось мое мастерство. Откройте рот, сударь!

Пациент *(сквозь слезы)*. Если мужчина сказал нет, значит, нет!

Жена пациента. Если бы ты один страдал от зубной боли, я бы могла терпеть. Но ты весь дом замучил. Открой рот, тебе говорят!

Пациент. Если мужчина сказал нет, значит, нет!

Мариторнес, здоровенная служанка, сильная, как мужчина, стирает белье, а подруга нашептывает ей на ухо что-то, видно, очень интересное, потому что Мариторнес слушает с увлечением, сияя.

Вот ее багровое, мокрое лицо показывается из пара.

Мариторнес. А он?

Служанка продолжает шептать.

Мариторнес. А ты?

Служанка продолжает шептать.

Мариторнес. А он?

Служанка продолжает шептать.

М а р и т о р н е с. Ну и напрасно. Я еще ни разу в жизни не нарушила слова. Если я говорю мужчине, что приду, — значит, приду хотя бы весь свет обрушился на мою голову. Да и то сказать — чем еще утешаться нам на земле, пока мы не попадем в рай.

Две девицы с хохотом влетают во двор.

Пищат наперебой:

— Скорее, скорее! Приехал до того потешный безумец, что можно умереть со смеху!

К а р т о ч н ы й и г р о к. Не мешай людям работать.

1-я д е в и ц а. Не все же работать, надо и повеселиться.

2-я д е в и ц а. Таких сумасшедших и при дворе не найти! Он назвал нас невинными и знатными девицами.

Взрыв хохота.

Дон Кихот, пошатываясь, входит во двор.

На него глазеют с жадностью, давясь от смеха, подталкивая друг друга. Зрители заполнили галерею, висят на перилах.

Д о н К и х о т. Привет вам, друзья мои! Нет ли в замке несчастных, угнетенных, несправедливо осужденных или невольников? Прикажите — и я восстановлю справедливость.

Заглушенное хихиканье.

Рослый человек средних лет восклицает:

— Ну, это уж слишком!

Заглушенное хихиканье. Возгласы: «Тише, не мешайте».

Толстяк-хозяин с ключами у пояса выбегает во двор из недр своего заведения.

Д о н К и х о т. Судьба привела меня в ваш замок. Я Дон Кихот Ламанчский, Рыцарь Печального Образа.

Подавленный хохот. Шепот: «Тише, дураки! Спугнете. Испортите всю потеху».

Х о з я и н. Все это славно, господин рыцарь, а только одно худо. Все комнаты у меня заняты, и могу я предложить вам ложе только на чердаке.

М а р и т о р н е с *(вытирая руки)*. Идемте, сударь, я провожу вас. Чего смеетесь? Не видите, что ли, человек болен, еле на ногах стоит?

Чердак, который по всем признакам долго служил для склада соломы. В правом углу — кровать, сооруженная из попон и седел. В левом — четыре худо обтесанные доски, положенные на скамейки разной вышины.

На досках — тюфяк, тощий, как циновка. Клочья войлока торчат из дыр. Редкие и грубые простыни.

Дон Кихота уложили на ложе слева, Мариторнес облепляет пластырем его синяки и ссадины.

М а р и т о р н е с. Кто же это так избил беднягу?

С а н ч о. Никто, дочка. Господин мой просто слетел со скалы, и все тут. Его не побьешь! Нет! Он каждому даст сдачи!

Во дворе под навесами идет совещание.

Р о с л ы й ч е л о в е к. Нет, меня полагается слушать! Я судья! Я такое придумал, что от дурачка живого места не останется, со всей его справедливостью.

Перешептываются.

Ч е л о в е к, п о х о ж и й н а с о в у. Нет, давайте по-моему! Я человек деловой и до того истосковался дома, считая да подсчитывая, что в дороге нет большего потешника, чем я! К черту добродетельного рыцаря. По-моему...

Перешептываются.

1-я д е в и ц а. Нет, мы сделаем так. Проклятая Мариторнес влюбляется в самых славных парней, и при этом совершенно бесплатно!

2-я д е в и ц а. Давно пора проучить ее. Ее теперешний возлюбленный — погонщик мулов. Ночует тоже на чердаке. И мы...

Перешептываются, хохочут.

А Мариторнес на чердаке окончила перевязывать Дон Кихота.

Рыцарь задремал.

С а н ч о *(шепотом)*. Оставьте и мне немножко этих пластырей, сеньора.

М а р и т о р н е с *(шепотом)*. И вы тоже слетели со скалы?

С а н ч о *(шепотом)*. Нет! Но меня всего перетряхнуло, когда увидел я, как падает мой господин.

М а р и т о р н е с *(шепотом)*. Это бывает! Я часто вижу во сне, что падаю с башни, и потом весь день хожу разбитая.

Грохот.

Санчо и Мариторнес оглядываются в ужасе.

Погонщик мулов — парень разбойничьего вида, косая сажень в плечах — стоит на пороге. Снова грохот. Оказывается, это погонщик в гневе ударяет ногой об пол.

Погонщик. Ты с ним шепчешься?
Мариторнес *(улыбаясь)*. Ах, дурачок! Ревнует! До чего же я это люблю — просто удивительно! Это уже значит не баловство, а настоящая любовь, благослови ее Господь!
Грохот.
Мариторнес. Иди вниз! Я сейчас прибегу к тебе. Мы говорим шепотом, чтобы не разбудить больного сеньора. Ступай, ступай, а то и я стукну, только не ногой, а кулаком, и не об пол — кое-кого по затылку! Иди!
Погонщик мулов удаляется угрюмо.
Мариторнес *(шепотом, интимно)*. Он знает, что я любого мужчину свалю ударом кулака. Конечно, приятно, когда ревнуют, но распускать вашего брата тоже не полагается.
Санчо. Это уж конечно. Уж на что я добродетелен, но и то шепот ваш очаровал меня, словно весенний ветерок.
Мариторнес показывает ему кулак.
Санчо *(разводя руками)*. Что верно, то верно!
Стемнело.
Дон Кихот спит.
Санчо храпит на циновке у его ног.
Вдруг входят четверо игроков в карты. Путь им освещают хихикающие девицы со свечами в руках. Четыре игрока берут шаткое ложе Дон Кихота. Переносят спящего рыцаря в правый угол. А ложе, устроенное на седлах и попонах, переволакивают влево.

Внизу, во дворе, горят фонарики, повешенные на сводах галереи. Кто ужинает и пьет вино, кто болтает со служанками. Посреди двора деловой человек, похожий на сову, пляшет фанданго, лихо управляясь с кастаньетами. Его партнерша — одна из девиц. Картежники играют на тамбурине. Деловой человек, несмотря на тяжелую свою фигуру, пляшет с настоящим мастерством, со страстью. Вдруг он подпрыгивает и останавливается.
Оркестр обрывает музыку.
Деловой человек. Красотка спешит к милому.
По лестнице пробегает наверх Мариторнес, закрывши голову платком.
1-я девица. Играйте, играйте! А то она заподозрит недоброе.
Фанданго продолжается.
Деловой человек. Голубь поспешил к голубке. Сеньор судья, задержите его хоть на минутку. Дайте разгореться рыцарю!

Судья *(погонщику)*. Подожди, друг! Правда, что купил ты мула с таким норовом, что никто не хочет нанимать его?

Погонщик. Чистая правда, ваша милость. Он до того довел меня, что и мой нрав стал просто дьявольским.

Судья. Присядь на минутку. Обсудим, как помочь твоему горю.

Фанданго, как и подобает этому танцу, все убыстряется.

Мариторнес входит на чердак. Направляется в правый угол, туда, где спит теперь Дон Кихот. Она нащупывает во тьме руку спящего.

Мариторнес. Так ты здесь уже, бедняжка? Опередил меня, дурачок? А я думала, что ты все работаешь, наказываешь своих мулов за непослушание. Что с тобой? Почему ты обнимаешь меня так осторожненько?

Дон Кихот. Графиня! Я столь разбит и изломан, что боль мешает мне полностью ощутить радость от вашей высокой милости.

Мариторнес. Что с тобой? Почему ты так вежлив? Это ты?

Дон Кихот. Вежливость моя вызвана верностью. Я люблю другую. И когда боль перестает отрезвлять меня — рыцарская верность разрешает мне только это отеческое объятие.

Мариторнес. Так вот это кто? Как я попала к вам? Неужели я сегодня заработалась до того, что не могу отличить правую руку от левой? Простите, сеньор, я ошиблась койкой!

Дон Кихот. Не уходите! Сеньора! После побоев так радостно прикосновение вашей руки. Так сладостно. Верность вынуждает меня быть простаком. И все-таки подождите. После злобы и неблагодарности — ласка и милость. Не уходите. Молю. Я все время один, против всех. Не уходите!

Мариторнес. Я не ухожу.

Вопль:

— Потаскуха!

Страшный удар обрушивается на голову Дон Кихота.

Он вскакивает с воплем:

— Вперед, за Дульсинею Тобосскую!

Топот и хохот за дверьми.

Санчо просыпается и вскакивает с воплем:

— Пожар! Горим!

Чердак наполняется восторженными зрителями с фонариками в руках.

Хохот и гогот.

Полуодетый Дон Кихот сражается с погонщиком. В руках у рыцаря меч, а у погонщика — бич. Дон Кихот после любовного свидания исцелен от всех своих ран и недугов. Ни один удар бича не задел его. Он увертывается, и прыгает, и нападает.

Но вот ошеломленная Мариторнес приходит в себя.

Она вырывает у погонщика бич, толкает рослого малого так, что он падает. Наступает на зрителей с фонариками:

— Не трогайте сеньора! Уходите!

С у д ь я. Как ты смеешь, дерзкая!

Д е л о в о й ч е л о в е к. Орет, как благородная.

Мариторнес наступает на хохочущих зрителей, и они, нисколько не теряя веселого настроения, протискиваются на лестницу.

Хохот и суета за дверью.

Д о н К и х о т. Санчо! Видишь ты теперь, что такое благородная кровь? Дочь графа, владельца замка, сражалась за меня, как рыцарь!

С а н ч о. Ваша милость, это не дочь хозяина, а его служанка!

Д о н К и х о т. И тебя!

С а н ч о. Пресвятая Дева! Что «и меня»?

Д о н К и х о т. Заколдовал проклятый Фрестон. Очнись! Мы в заколдованном замке. Слышишь шорох, шепот, дьявольское хихиканье за дверью? Берегись, Фрестон! Вперед, вперед, ни шагу назад!

Рыцарь со шпагой в руках выбегает из двери и тотчас же валится со всех ступеней крутой лестницы. Веревка была натянута в самых дверях.

Фонарики прыгают в руках хохочущих.

Д о н К и х о т *(лежа на полу)*. Не верю! Сеньоры, я не верю злому волшебнику! Я вижу, вижу — вы отличные люди.

Он поднимается и идет.

Д о н К и х о т. Я вижу, вижу — вы отличные, благородные люди, и я горячо...

Хитро укрепленный кувшин с ледяной водой опрокидывается, задетый рыцарем, и обливает его с головы до ног.

Д о н К и х о т *(упавшим голосом)*. Я горячо люблю вас. Это самый трудный рыцарский подвиг — увидеть человеческие лица под масками, что напялил на вас Фрестон, но я увижу, увижу! Я поднимусь выше...

Люк открывается под ногами рыцаря, и он проваливается в подвал.

Наверху полное ликование, доходящее до безумия. Отец семейства прыгает, как мальчик, судья визжит от хохота, как женщина. Девицы обнимают, обессилев от смеха, того, кто попадется под руку.

А Дон Кихот стоит в подвале внизу с обнаженным мечом в руках.

Оглядывается.

И видит мехи с вином, висящие на стенах.

При неровном свете, падающем через открытый в потолке люк, они кажутся похожими на дурацкие, толстогубые, смеющиеся головы великанов.

Д о н К и х о т. Ах, вот вы где, проклятые! Довольно смеяться над подвигами. Думаете, мне легко повторять истины, знакомые каждому школьнику, да еще и драться за них? А иначе ничего не добьешься. Поняли? Нет? Вы всё смеетесь? Умрите же!

И Дон Кихот бросается в бой.

Вино потоком льется из разрубленных мехов.

Дон Кихот стоит по колено в вине, пошатываясь.

Д о н К и х о т. Помоги мне, Санчо. Я победил, но мне нехорошо. Санчо, Санчо, где ты?

А Санчо посреди двора взлетает чуть не до самого неба. Развеселившиеся гости подбрасывают его на одеяле.

С а н ч о. Ваша честь! Погибаю! Укачивает! Помогите! Спасите!

Большая дорога.

Дон Кихот, с пластырями на еще более исхудавшем лице, и Санчо, бледный и мрачный, едут рядышком.

Д о н К и х о т. Теперь ты понимаешь, Санчо, что этот замок, или постоялый двор, действительно очарован. И это единственное наше утешение. Над нами потешались так жестоко выходцы с того света.

С а н ч о. И хотел бы я порадовать вашу милость, да не могу. Подбрасывали меня на одеяле самые обыкновенные люди.

Д о н К и х о т. Не клевещи!

С а н ч о. Клеветать я терпеть не могу, но и сваливать на призраков то, что натворили люди, не согласен. Люди, люди безобразничали, люди с самыми обыкновенными именами. Одного звали Педро Мартинес, другого — Теперно Эрнандес, а самого хозяина зовут Хуан Паломеке Левша. А волшебник Фрестон на этом постоялом дворе и не ночевал. Дайте мне только стать губернатором, я сюда еще вернусь.

Д о н К и х о т. Молчи!

С а н ч о. Молчу.

Едут молча.

И вдруг лицо рыцаря оживляется. Глаза рыцаря приобретают прежний вдохновенный блеск.

Два существа, словно сошедшие со страниц рыцарского романа, выбегают из кустов на середину дороги. Лицо одного скрыто густой черной бородой, падающей до колен. Лицо второго скрыто маской.

Санчо плюет и крестится:

— Этого только не хватало. Сорвались с крючка и прямо на сковородку.

Ч е л о в е к в м а с к е *(шепотом).* Вам начинать, сеньор цирюльник.

Цирюльник, касаясь подвязанной бородой дорожной пыли, падает на колени, низко кланяясь Дон Кихоту. Священник в маске, сняв шляпу, замирает в почтительной позе.

Ц и р ю л ь н и к. О доблестный рыцарь Дон Кихот Ламанчский! Помогите самой безутешной и обездоленной принцессе на свете.

С а н ч о. Господи! Принцесса с бородой!

С в я щ е н н и к. Принцессы здесь нет, о славный оруженосец не менее славного героя! Перед вами ее смиренные посланцы.

Д о н К и х о т. Встаньте. Мне больно, когда передо мной стоят на коленях.

Ц и р ю л ь н и к *(поднимаясь).* О рыцарь! Если доблесть вашей могущественной длани соответствует величию вашей славы, то помогите обездоленной принцессе Микомиконе...

С в я щ е н н и к *(украдкой заглядывает в книжку).* Которая просит из далекой Эфиопии помочь в ее горестях.

Д о н К и х о т. Я сделаю все, что в человеческих силах.

С в я щ е н н и к. Следуйте за нами, о славный рыцарь!

Посреди поляны стоит воз, запряженный волами, на котором укреплена высокая клетка. Не птичья и не для животных, а высокая — в ней человек может встать во весь рост. Волы стоят, сонно опустив головы, жуют жвачку.

Посланники Микомиконы сворачивают с дороги на поляну. За ними — Дон Кихот. Встревоженный Санчо ведет следом под уздцы Росинанта и Серого.

Подойдя к клетке, священник распахивает дверцы.

С в я щ е н н и к. О храбрый рыцарь! Принцесса Микомикона зачарована великаном, по имени Пандафиландо Свирепоглазый. Храбрец, вошедший в клетку, возьмет чары на себя и освободит принцессу.

Ц и р ю л ь н и к. О рыцарь! Спаси несчастную, войди в клетку.

С а н ч о. А надолго?

Д о н К и х о т. Санчо, не мешай!

С а н ч о. Ваша милость, ведь это клетка! Принцесса принцессой, но лезть в клетку — дело нешуточное! Признавайтесь, на сколько времени туда лезть! Отвечайте, эфиопы!

С в я щ е н н и к. Храбрец, вошедший в клетку, должен лежать в ней спокойно и ехать покорно в места, предуказанные судьбой. Тогда несчастная освободится от лап чудовища.

С а н ч о. А ну-ка, покажите нам бумаги!

Ц и р ю л ь н и к. Какие такие бумаги?

С а н ч о. Что вы в самом деле эфиопы, присланы принцессой и...

Дон Кихот приходит в ярость и замахивается на Санчо копьем, словно перед рыцарем не верный его оруженосец, а злейший враг.

Д о н К и х о т. Негодяй! Девушка умоляет о помощи, а ты требуешь бумаги, словно королевский чиновник.

И рыцарь бросается в клетку одним прыжком.

С в я щ е н н и к. Слава тебе, храбрый рыцарь!

С а н ч о. Слава, слава! Чего сами не полезли в клетку! Свиньи вы! Чужими руками жар загребать!

Ц и р ю л ь н и к. Вперед, вперед!

Телега со скрипом двигается в путь.

Первые осенние листья, кружась, падают на дорогу.

С а н ч о. Хоть бы соломки догадались подстелить! Ваша милость, а ваша милость, вам небось жестко в клетке-то?

Д о н К и х о т. Отстань, дурак, я зачарован!

Телега медленно ползет по дороге.

Вечер.

Горит костер.

Волы пасутся на лугу.

Дон Кихот ест похлебку из миски, которую держит возле самой клетки Санчо Панса. Рыцарь степенно работает ложкой, просовывая ее между прутьями своей тюрьмы.

С а н ч о. Ваша милость! Как слышал я с детства, зачарованные и не пьют и не едят! О, боюсь, что не зачарованы вы, а обведены вокруг пальца какими-то людьми, которым не нравятся наши подвиги.

Д о н К и х о т (*спокойно и уверенно, продолжая есть*). Нет, Санчо. Я зачарован. Я это знаю потому, что совесть моя спокойна, не грызет меня за то, что сижу я да посиживаю в клетке, когда стольким несчастным нужна моя помощь. Много-много лет этого со мной не бывало. Я зачарован и поэтому и ем с охотой, и сплю спокойно, как ребенок.

Дон Кихот спит в клетке безмятежно, как ребенок.
Воз не спеша двигается по дороге.
Прохладное осеннее утро.
Священник и цирюльник шагают впереди.
Санчо ведет вслед за клеткой Росинанта и Серого.
С а н ч о. Клянусь честью, или я тоже зачарован, или приближаемся мы к нашему родному селению.

Ворота знакомой усадьбы.
Послы принцессы входят во двор.
Воз въезжает следом за ними.
Санчо робко останавливается в воротах.
Распахивается дверь.
Экономка и племянница выбегают, плача и смеясь, из дома.
Дон Кихот вскакивает. Становится во весь рост в своей клетке. Бледнеет. Оглядывается в страхе, ничего не понимая, словно зверь в ловушке.
Д о н К и х о т. Принцесса...
Э к о н о м к а. Ах, ваша милость, ваша милость, никаких принцесс тут нет. Наше дело маленькое, стариковское. Пожалуйте домой, пожалуйте в постельку! Спаленка ваша протоплена, белье постелено чистое!
П л е м я н н и ц а. Дядя, дядя, что вы глядите так, будто попали в плен? Это я, я — ваша родная племянница! Вы все жалеете чужих — пожалейте и меня, бедную сироту.
Э к о н о м к а. Пожалуйте, пожалуйте сюда, мастер Николас, сеньор лиценциат, помогите!
Священник, уже без маски и без маскарадного плаща, и цирюльник, без бороды, открывают дверцы клетки, ведут рыцаря в дом под руки.
Когда они скрываются, Санчо шумно вздыхает. Расседлывает Росинанта. Снимает с него узду. Ударяет слегка. И Росинант не спеша, степенно направляется в конюшню.

Снова вздыхает Санчо.

Садится верхом на Серого.

— Говорил я, надо спросить у них бумаги!

Уезжает восвояси.

А Дон Кихот стоит посреди кухни, где весело пылает очаг, и близкие окружают его.

Э к о н о м к а. Сеньор, сеньор! Посмотрите, на что вы стали похожи! Злоключения согнули вашу спину, а вы еще мечтаете выпрямить все на свете. Отдохните, сеньор! Мы вас вылечим! Мы никуда вас больше не отпустим.

П л е м я н н и ц а. Дядя, скажите хоть одно словечко! Ведь у меня, бедной, никого больше нет на свете!

Д о н К и х о т. Здравствуй, дитя мое. Я еще поговорю, поговорю с тобой! Я только зайду в свою библиотеку, почитаю, соберусь с мыслями.

Дон Кихот поднимается по лестнице.

Все идут следом за ним.

И рыцарь останавливается пораженный.

Дверь в библиотеку исчезла.

Стена, сплошная стена, без малейшего признака некогда бывшего входа, преграждает путь рыцарю.

Он шарит по ней руками, словно слепой.

Поворачивается к друзьям.

Д о н К и х о т. Это Фрестон?

Э к о н о м к а. Он, ваша честь, кому же еще, он, безобразник. Прилетел, нашумел, надымил и унес всю вашу любимую комнату. И все книжки.

Д о н К и х о т. Все...

Пошатнувшись, опускается он на пол.

Священник и цирюльник едва успевают подхватить его на руки.

Спальня Дон Кихота.

Зимний день. Снег и дождь за окнами.

Рыцарь лежит в постели похудевший и побледневший, в ночном колпаке. Против него в кресле молодой, курносый и большеротый человек с живыми глазами.

Он пристально, по-докторски смотрит на Дон Кихота.

— Вы узнаете меня?

Д о н К и х о т. Как не узнать! Вы — Самсон Карраско, сын

Бартоломео Карраско из нашего селения. Вы студент. Учитесь в Саламанке.

К а р р а с к о. Заодно поздравьте себя самого, сеньор! Если бы не я, вы хворали бы и по сей день. Я в бытность мою студентом интересовался всеми науками на свете. И приехал нашпигованный последними медицинскими открытиями, словно бараний окорок чесноком.

Д о н К и х о т. И вы занялись моим лечением?

К а р р а с к о. По просьбе вашей племянницы, сеньор Кехано. Подумать только — эти неучи пускали вам кровь по нечетным числам, тогда как современная наука установила с точностью, что следует это делать только по четным! И вот вы здоровы, густота крови исчезла, а следовательно, и понятия здравы. Вы, конечно, никуда теперь не уедете из дому.

Д о н К и х о т. Уеду, едва окрепну.

К а р р а с к о. Сеньор!

Д о н К и х о т. Промедление нанесет ущерб всему человеческому роду.

К а р р а с к о. Сеньор, послушайте человека, имеющего ученую степень! Времена странствующего рыцарства исчезли, прошли, умерли, выдохлись! Пришло новое время, сеньор! Новое! Тысяча шестьсот пятый год! Шутка сказать!

Д о н К и х о т. И в этом году, как и в прошлом, и в позапрошлом, как сто лет назад, несчастные зовут на помощь, а счастливцы зажимают уши. И только мы, странствующие рыцари...

К а р р а с к о. А сколько вас?

Д о н К и х о т. Не мое дело считать! Мое дело — сражаться!

К а р р а с к о. Не выпущу я вас, сеньор! Да, да! Не выпущу! Последние достижения науки требуют, чтобы с безумцами обращались сурово. Я запру ворота. Я буду сторожить вас, как цепной пес. Я спасу сеньора Кехано от безумца Дон Кихота.

Весенний вечер.

Под окнами спальни рыцаря распустилось старое миндальное дерево. Цветущие ветки заглядывают в самое окно его.

Дон Кихот беседует с Санчо, спрятавшимся на дереве.

Из цветов миндаля выглядывает красное, широкое лицо оруженосца.

Д о н К и х о т. Санчо, не могу я больше ждать! Мне грозит безумие, если мы не отправимся в путь!

С а н ч о. Понимаю вас, сеньор! Уж на что я — грубая душа, толстое брюхо, а тоже, как пришла весна, не сидится мне дома. Каждый день одно и то же, одно и то же, одно и то же — бьет по морде нуждишка-нужда, и все по одному месту! В дороге попадало нам, случалось, — так ведь все по-разному!

Д о н К и х о т. Не знаю, колдовство ли это или совесть, но каждую ночь зовут меня несчастные на помощь.

С а н ч о. Трудно им, стало быть, приходится!

Д о н К и х о т. Завтра на рассвете будто нечаянно проезжай мимо ворот.

С а н ч о. Слушаю, сеньор!

Исчезает в цветах миндаля.

Глубокая ночь.

Полная луна стоит на небе.

Тени цветущих миндальных ветвей бегают по полу и по стенам, словно какие-то живые существа проникли к рыцарю в спальню.

Рыцарь не спит. Глаза его блестят. Он прислушивается.

Вдруг в шуме ветра, в шелесте ветвей раздается явственный вздох.

Рыцарь приподнимается на локте.

— Кто это?

— Бедный старик, которого выгнали из дому за долги. Я сплю сегодня в собачьей конуре! Я маленький, ссохся от старости, как ребенок. И некому вступиться за меня.

Стон.

Д о н К и х о т. Кто это плачет?

— Рыцарь, рыцарь! Мой жених поехал покупать обручальные кольца, а старый сводник ломает замок в моей комнате. Меня продадут, рыцарь, рыцарь!

Дон Кихот садится на постели. Детские голоса:

— Рыцарь, рыцарь, нас продали людоеду! Мы такие худые, что он не ест нас, а заставляет работать. Мы и ткем на него, и прядем на него. А плата одна: «Ладно уж, сегодня не съем, живите до завтра». Рыцарь, спаси!

Дон Кихот вскакивает.

Звон цепей.

Глухие, низкие голоса:

— У нас нет слов. Мы невинно заключенные. Напоминаем тебе, свободному, — мы в оковах!

Звон цепей.

— Слышишь? Ты свободен, мы в оковах!
Звон цепей.
— Ты свободен, мы в оковах!
Дон Кихот роется под тюфяком.
Достает связку ключей.
Открывает сундук в углу.
Там блестят его рыцарские доспехи.

Рассветает.
Дон Кихот в полном рыцарском вооружении стоит у окна.
Медный бритвенный тазик сияет на его седых волосах.
Издали-издали раздается ржание коня.
Д о н К и х о т *(негромко)*. Иду, Росинант.
Он шагает через подоконник.
Повисает на руках, прыгает в сад.
Бежит большими, но беззвучными шагами в конюшню.
Появляется с оседланным Росинантом.
Ведет коня к воротам. И вдруг раздается вопль:
— Тревога! Тревога!
Со скамейки у забора вскакивает Самсон Карраско. Он спал там, завернувшись в плащ.
К а р р а с к о *(весело)*. Сеньор, сеньор! Вы упрямы, но и я тоже. Тревога, тревога!
Д о н К и х о т *(замахивается копьем)*. Пусти!
К а р р а с к о. Сеньор! Можно ли убивать знакомых? Вы знали меня с детства! Тревога, тревога!
Крики:
— Дядя, дядя, сеньор, сеньор!
Экономка и племянница выбегают из дома. Обнимают колени рыцаря.
— Не губите меня, дядя. Не губите себя, сеньор!
Рыцарь опускает голову.
Санчо забрался на спину Серого, наблюдает за происходящими событиями через высокий забор усадьбы.
С а н ч о. Все. Никуда нам не уехать. С великаном — это пожалуйста, это мы справимся. А поди-ко со своими!
Э к о н о м к а. Сеньор, сеньор! Идите домой! Утро холодное! Куда там ехать в наши годы! Идемте, я напою вас парным молоком, и все кончится хорошо.
К а р р а с к о. И в самом деле, сеньор, идемте.

Дон Кихот стоит неподвижно.

К а р р а с к о. Чего вы ждете? Чуда? Не бывает чудес в тысяча шестьсот пятом году, сеньор. Господи, что это?

Гремит труба.

Хриплый голос кричит за воротами:

— Где тут живет этот... как его... знаменитый рыцарь — Дон Кихот Ламанчский!

Санчо соскакивает с седла:

— Сюда, ребятки! Вот где он живет. Вовремя вы пожаловали.

Со скрипом открываются ворота усадьбы.

За воротами — Санчо.

Конные солдаты, хмурые и утомленные, во главе с седым, угрюмым офицером въезжают во двор усадьбы Дон Кихота.

С а н ч о. Вот-вот, сюда! Заступиться за кого-нибудь требуется? Схлестнуться с волшебниками там или великанами? Сделайте милость! Мы застоялись, так и понесемся на врагов рода человеческого.

О ф и ц е р. Постой ты. Сбегай лучше за ведром да напои моего коня. Вы, сеньор, Дон Кихот Ламанчский?

Д о н К и х о т. Да, это я, сеньор.

О ф и ц е р. Этого... как его... Тьфу ты пропасть, не привык я к подобным поручениям. Прекрасная сеньора, влюбленная в вас, просит о чести быть допущенной в ваш замок. Тпру ты, проклятая! Стой смирно, мне и без тебя тошно. Что прикажете ответить ей?

Д о н К и х о т. Просите!

О ф и ц е р *(трубачу)*. Труби, дурак!

Трубач трубит. И тотчас же во двор въезжает неторопливо всадница на белоснежном, но забрызганном грязью коне. Оседлан конь серебряным седлом. Сбруя зеленая. Даму сопровождает богатая свита.

Дама открывает вуаль — и мы видим прекрасную Альтисидору.

Д о н К и х о т. Вы приехали посмеяться надо мною?

А л ь т и с и д о р а. Пока что мне не до смеха. Дорога в ваше селение отвратительна. Впрочем, забудем это. Любовь толкает женщину и на худшие дорожки.

Звуки трубы подняли все селение.

Двор полон. И священник с цирюльником прибежали, задыхаясь.

А л ь д о н с а *(спутнику своему, здоровенному парню)*. Это и есть Дульсинея Тобосская?

Парень вместо ответа щиплет Альдонсу, сохраняя неподвижное выражение лица.

А л ь т и с и д о р а. Сеньор! Я рассказала нашему герцогу о храбрости вашей и верности. Желая своими глазами полюбоваться на знаменитого рыцаря, он прислал меня за вами. Вас ждут в загородном замке герцога.

К а р р а с к о. Сеньора!

С в я щ е н н и к. Сударыня, во имя неба!

Ц и р ю л ь н и к. Мы только третьего дня делали ему кровопускание.

А л ь т и с и д о р а. Желание герцога — закон. И почетный караул, если воле нашего повелителя будут противиться, станет грозным. Сеньор Дон Кихот, мы ждем вашего ответа.

Д о н К и х о т. Вперед!

Блистательная Альтисидора со свитой, Дон Кихот и Санчо Панча исчезли.

Угрюмый Карраско смотрит им вслед, сжав кулаки.

К а р р а с к о. Куда бы его ни увезли — я верну его домой! Мы в Саламанке и не такие шутки проделывали! Не плачьте, сеньора!

Дон Кихот Ламанчский и прекрасная Альтисидора скачут рядом, окруженные великолепной свитой.

Санчо отстал от сверкающей и сияющей кавалькады, трясется рысцой в облаке пыли, работает каблуками и локтями, торопя Серого.

И вдруг кони солдат, скачущих впереди, останавливаются, пятятся, насторожив уши, не слушаются повода. Забеспокоился и заплясал конь прекрасной Альтисидоры.

По дороге навстречу двигается повозка, украшенная флажками.

На повозке — огромный ящик, закрытый плетеными циновками.

Тяжел этот ящик — шесть пар мулов, запряженных цугом, с трудом волокут воз по дороге.

Из недр таинственного ящика раздается вдруг мощное рявканье.

Кони встают на дыбы — все, кроме Росинанта, соблюдающего горделивое спокойствие.

А л ь т и с и д о р а. Эй, погонщик! Чья это повозка и что ты в ней везешь?

П о г о н щ и к. Повозка моя собственная, сеньора, а везу я клетку со львом, которого губернатор Оранский посылает его величеству королю.

А л ь т и с и д о р а. Сними циновку.

П о г о н щ и к. Слушаю, сеньора.

Он выполняет приказание.

За толстыми прутьями клетки лежит, презрительно щурясь, огромный зверь. Кони пятятся — все, кроме Росинанта.

Санчо догоняет наконец своего хозяина.

С а н ч о. Смотрите-ка! Еще одного дурачка заманили в клетку! Какую принцессу едешь выручать, простак?

Лев рявкает в ответ лениво.

А л ь т и с и д о р а. Великолепный зверь. А ну-ка, сеньор! Покажите нам свою храбрость — сразитесь со львом.

С а н ч о. Что вы делаете, женщина! Не подзадоривать надо рыцарей, а успокаивать!

А л ь т и с и д о р а. Не бойся, деревенщина. Я лучше знаю господ мужчин. Они безудержны и храбры с дамами... Но львиные когти их отрезвляют... Ой, Пресвятая Богородица!

Взвизгнув, пришпоривает Альтисидора коня и вихрем уносится прочь. Вся блистательная свита рассыпается в разные стороны горохом.

Исчезает погонщик.

Санчо уползает в канаву.

Дон Кихот одним движением копья откинул тяжелую щеколду, закрывавшую дверцу клетки.

Она распахнулась.

И огромный зверь встал на пороге.

Смотрит пристально на Дон Кихота.

Санчо выглядывает из канавы, с ужасом следит за всем происходящим.

Д о н К и х о т. Что, мой благородный друг? Одиноко тебе в Испании?

Лев рявкает.

Д о н К и х о т. Мне тоже. Мы понимаем друг друга, а злая судьба заставляет нас драться насмерть.

Лев рявкает.

Д о н К и х о т. Спасибо, спасибо, теперь я совсем поправился. Но я много раздумывал, пока хворал. Школьник, решая задачу, делает множество ошибок. Напишет, сотрет, опять напишет, пока не получит правильный ответ наконец. Так и я совершал подвиги. Главное — не отказываться, не нарушать рыцарских законов, не забиваться в угол трусливо. Подвиг за подвигом — вот и не узнать мир. Выходи! Сразимся! Пусть эта сумасбродная и избалованная женщина увидит, что есть на земле доблесть и благородство. И станет мудрее. Ну! Ну же! Выходи!

Лев рявкает и не спеша отходит от дверцы. Затем поворачивается к Дон Кихоту задом и укладывается, скрестив лапы, величественно.

И тотчас же Санчо прыгает из канавы лягушкой, бросается к дверцам клетки. Захлопывает их и запирает на щеколду.

С а н ч о. Не спорьте, сеньор! Лев дело понимает! Такую Альтисидору и конец света не вразумит. Что ей наши подвиги? *(Кричит.)* Эй, эй! Храбрецы! Опасность миновала! И отныне Рыцарь Печального Образа получает еще одно имя: Рыцарь Львов.

Снова мчится пышная кавалькада по дороге.

За столом, покрытым темной бархатной скатертью, — герцогская чета.

И герцог и герцогиня молоды. Может быть, немножко слишком бледны. Красивы и необыкновенно степенны и сдержанны. Никогда не смеются, только улыбаются: большей частью — милостиво, иногда — насмешливо, реже — весело. Говорят негромко — знают, что каждое слово будет услышано.

На столе перед герцогской четой бумаги.

Мажордом в почтительной позе выслушивает приказания своего повелителя.

Г е р ц о г. Праздник должен быть пышным и веселым. Приготовьте гроб, свечи, траурные драпировки.

М а ж о р д о м. Слушаю, ваша светлость.

Г е р ц о г и н я. Герцог, вы позабыли погребальный хор.

Г е р ц о г. Да, да, погребальный хор, благодарю вас, герцогиня. Веселиться так веселиться. *(Перебирает бумаги.)* Печальные новости утомили. Град выбил посевы ячменя. Многопушечный наш корабль с грузом рабов и душистого перца захвачен пиратами. Олени в нашем лесу начисто истреблены браконьерами. А нет лучшего утешения в беде, чем хороший дурак.

Г е р ц о г и н я. Да, да! Непритворный, искренний дурачок радует, как ребенок. Только над ребенком не подшутишь — мешает жалость.

Г е р ц о г. А дурака послал нам в утешение, словно игрушку сам Господь. И, забавляясь, выполняем мы волю Провидения.

М а ж о р д о м. Спасибо, ваша светлость, за то, что вы поделились со мной столь милостиво мудрыми мыслями о дурачках.

Герцог. Известите придворных и пригласите гостей.

Позади герцогской четы появляется придворный духовник — человек могучего сложения, но с испитым лицом. Грубая челюсть. Высокий лоб. Он то закрывает свои огромные глаза, словно невмочь ему глядеть на грешников, то, шевеля губами, устремляет взгляд в пространство — не то молится, не то проклинает.

Появляются, кланяясь, придворные.

Тишина.

Все стоят неподвижно и степенно, как в церкви.

Не спеша появляется карлик, одетый в атлас и бархат, в коротком плаще, при шпаге. Как и герцогская чета, как и все придворные, держится он скучающе и сдержанно.

К а р л и к *(негромко, первому придворному).* Дай золотой, а то осрамлю.

1-й п р и д в о р н ы й *(краем губ).* Спешишь нажиться, пока новый шут не сбросил тебя?

К а р л и к. Не боюсь я нового шута, ибо новых шуток нет на свете. Есть шутки о желудке, есть намеки на пороки. Есть дерзости насчет женской мерзости. И все.

Негромкий перезвон колоколов.

М а ж о р д о м *(провозглашает).* Славный рыцарь Дон Кихот Ламанчский и его оруженосец Санчо Панса.

Альтисидора вводит Дон Кихота. Приседает. И отходит в сторону, смешивается с толпой придворных. Оттуда жадно вглядывается она в лица герцога и герцогини. Да и не она одна. Все напряженно глядят на герцогскую чету, стараются угадать, как приняты гости.

И только карлик, вытащив лорнет, внимательно, с интересом мастера, разглядывает Дон Кихота.

Г е р ц о г. Прелестен. Смешное в нем никак не подчеркнуто.

Г е р ц о г и н я. А взгляд, взгляд невинный, как у девочки!

Входит Санчо, встревоженно оглядываясь.

Г е р ц о г *(любуясь им).* Очень естественный!

Г е р ц о г и н я. Как живой.

Г е р ц о г. Горжусь честью, которую вы оказали мне, славный рыцарь. Мы в загородном замке. Этикет здесь отменен. Господа придворные, занимайте гостей.

1-я д а м а *(Санчо).* Вы чем-то встревожены, сеньор оруженосец?

С а н ч о. Встревожен, сударыня.

1-я д а м а. Не могу ли я помочь вам?

С а н ч о. Конечно, сударыня. Отведите в конюшню моего осла.

Легкое движение. Подобие, тень заглушенного смеха.

Дон Кихот *(грозно)*. Санчо!

Санчо. Сеньор! Я оставил своего Серого посреди двора. Кругом так и шныряют придворные. А у меня уже крали его однажды...

Герцогиня. Не беспокойтесь, добрый Санчо. Я позабочусь о вашем ослике.

Санчо. Спасибо, ваша светлость. Только вы сразу берите его за узду. Не подходите со стороны хвоста. Он лягается!

Еще более заметное подобие смеха.

Дон Кихот *(поднимается)*. Я заколю тебя!

Герцог. О нет, нет, не лишайте нас такого простодушного гостя. Мы не избалованы этим. Сядьте, рыцарь. Вы совершили столько славных дел, что можно и отдохнуть.

Дон Кихот. Увы, ваша светлость, нельзя. Я старался, не жалея сил, но дороги Испании по-прежнему полны нищими и бродягами, а селения пустынны.

Легкое движение, придворные внимательно взглядывают на герцога, но он по-прежнему милостиво улыбается.

Герцогиня. Дорогой рыцарь, забудьте о дорогах и селениях — вы приехали в замок и окружены друзьями. Поведайте нам лучше: почему вы отказали прекрасной Альтисидоре во взаимности?

Дон Кихот. Мое сердце навеки отдано Дульсинее Тобосской.

Герцогиня. Мы посылали в Тобосо, а Дульсинеи там не нашли. Существует ли она?

Дон Кихот. Одному Богу известно, существует ли моя Дульсинея. В таких вещах не следует доискиваться дна. Я вижу ее такой, как положено быть женщине. И верно служу ей.

Герцог. Она женщина знатная?

Дон Кихот. Дульсинея — дочь своих дел.

Герцог. Благодарю вас! Вы доставили нам настоящее наслаждение. Мы верили каждому вашему слову, что редко случается с людьми нашего звания.

Духовник герцога, вдруг словно очнувшись, спустившись с неба, ужаснувшись греховности происходящего на земле, бросается вперед, становится перед самым столом, покрытым темной скатертью.

Духовник. Ваша светлость, мой сеньор! Этот Дон Кихот совсем не такой полоумный, каким представляется. Вы поощряете дерзкого в его греховном пустозвонстве.

Герцог выслушивает духовника со своей обычной милостивой улыбкой. Только придворные поднимаются и стоят чинно, словно в церкви, украдкой обмениваясь взглядами.

Духовник поворачивается к Дон Кихоту.

Д у х о в н и к. Кто вам вбил в башку, что вы странствующий рыцарь? Как отыскали вы великанов в жалкой вашей Ламанче, где и карлика-то не прокормить? Кто позволил вам шляться по свету, смущая бреднями простаков и смеша рассудительных? Возвращайся сейчас же домой, своди приходы с расходами и не суйся в дела, которых не понимаешь!

Д о н К и х о т. Уважение к герцогской чете не позволяет мне ответить так, как вы заслуживаете. Одни люди идут по дороге выгоды и расчета. Порицал ты их? Другие — по путям рабского ласкательства. Изгонял ты их? Третьи — лицемерят и притворяются. Обличал ты их? И вот встретил меня, тут-то тебя и прорвало? Вот где ты порицаешь, изгоняешь, обличаешь. Я мстил за обиженных, дрался за справедливость, карал дерзость, а ты гонишь меня домой подсчитывать доходы, которых я не имею. Будь осторожен, монах! Я презрел блага мирские, но не честь!

Д у х о в н и к. О нераскаянная душа!

Удаляется большими шагами.

Придворные переглядываются, едва заметно улыбаясь, осторожно подмигивая друг другу, сохраняя, впрочем, благочестивое и скромное выражение лиц.

Г е р ц о г. Не обижайтесь, рыцарь, мы с вами всею душой. Я сам провожу вас в покои, отведенные вам.

Дон Кихот кланяется с достоинством, благодаря за честь, и Санчо повторяет, поглядывая на своего рыцаря, его степенный поклон.

Г е р ц о г. Санчо! Говорят, вы хотите стать губернатором?

С а н ч о. Ваша светлость, кто вам рассказал? Впрочем, был бы герцог, а рассказчики найдутся! Ваша светлость, вы попали в самую серединку! Как в воду смотрели. Очень мне желательно получить губернаторское местечко!

Г е р ц о г. Подберите сеньору Санчо Пансе остров, да поживее.

М а ж о р д о м. Будет исполнено, ваша светлость.

Г е р ц о г. Пожалуйте за мной, сеньор рыцарь и сеньор губернатор.

Герцог идет с Дон Кихотом, герцогиня рядом с Санчо.

Придворные парами следом.

1-й п р и д в о р н ы й (карлику). Новый дурачок шутит по-новому, и куда крепче тебя! Плохи твои дела!

К а р л и к. Брешешь! Приезжий не дурачок, он не шутит и недолго уживется тут, среди нас, дурачков.

Яркий солнечный свет, веселый стук молотков. Узкая улочка. Прямо на улицу выходит мастерская, она же и лавка, в которой мастерят и продают разнообразнейшие металлические изделия.

На шестах висят готовые медные тазы, металлические зеркала, блюда, кувшины...

Работает хозяин, человек тощенький, почти лишенный зубов, но необыкновенно веселый. Рядом грохочут молотками его подручные.

Сытый конь привязан возле к столбу, косится тревожно на грохочущих молотками людей.

Владелец коня сидит в плетеном кресле, ждет, пока выполнят его заказ.

Это Самсон Карраско, в высоких сапогах со шпорами, с хлыстиком в руке.

И подручные и хозяин заняты одним делом — пригонкой рыцарских доспехов.

Х о з я и н. Хотите, я удивлю вас, сеньор заказчик?

К а р р а с к о. Прошу вас, сеньор хозяин.

Х о з я и н. Я знаю, где вы добыли эти латы. Один ваш товарищ, саламанкский студент, выиграл их в кости у священника, собирающего старинные вещи. *(Хохочет.)* Угадал?

К а р р а с к о. Это нетрудно. Мой товарищ здешний, он и направил меня к вам. А вот вы попробуйте угадать, где добыл я щит.

Х о з я и н. Вам подарил его знакомый актер. *(Хохочет.)* Одного никак не могу разведать — зачем вам, бакалавру, рыцарские доспехи? До карнавала-то далеко!

К а р р а с к о. Для веселого человека каждый день карнавал, хозяин.

Х о з я и н. Позвольте примерить. *(Надевает на Карраско латы.)* Так. Тут под мышками немножко тянет. Придется перековать. *(Снимает латы и хохочет.)*

К а р р а с к о. Почему вы смеетесь?

Х о з я и н. Стараюсь угадать, что за проделку вы затеяли. Я на подобных делишках зубы съел. Правда. Мне вышиб их начисто лучший мой друг, которого окатил я водой, когда целовался он со своей девушкой. *(Хохочет.)* Весело, люблю.

К а р р а с к о. Куда это народ все спешит и бежит мимо вашей лавочки?

Х о з я и н. На площадь. Сегодня приезжает наш губернатор.

К а р р а с к о. Губернатор? В ваш городишко?

Х о з я и н. Баратория не городишко.

К а р р а с к о. А что же в таком случае?

Х о з я и н. Остров. Да, да! Вы прибыли сюда сухим путем. Ничего не значит! Вы не знаете нашего герцога. Он приказал, чтобы наш городишко считался островом, значит, так тому и быть.

К а р р а с к о. Вот теперь я знаю вашего герцога.

Хозяин разражается хохотом вместе с подмастерьем. Вдруг визг, свист и шум нарушают общее веселье. Хозяин вскакивает.

Х о з я и н. Мальчишки бегут. Разглядели что-то веселенькое своими рысьими глазами.

Веселая толпа уличных мальчишек несется мимо с криками: «Ну и губернатор!», «Возьмем его в свою шайку!», «С таким не соскучишься!»

Х о з я и н. Стойте, ребята. Что случилось?

С т а р ш и й и з р е б я т. Если скажем, то за деньги.

Х о з я и н. Я и сам знаю. Платить вам еще! Губернатор едет? Подумаешь, новость!

С т а р ш и й и з р е б я т. А на чем?

Х о з я и н. В карете? На коне? В носилках?

Р е б я т а. Не отвечай! Хочет выведать все бесплатно. Идем!

Со свистом и шумом скрываются.

К а р р а с к о. Как зовут губернатора?

Х о з я и н. Сеньор Санчо Панса!

К а р р а с к о. Бежим на площадь! Нашел половинку, найду и целое.

На площади возвышается дворец — не слишком большой, но и не слишком маленький. Флаги развеваются на его башнях. Слуги ждут на высоком и широком крыльце дворца. Толпа собралась на площади, оставив широкий проезд для губернатора.

Герцогский мажордом стоит на крыльце. Он взмахивает платком. Гремят трубы. Звонят колокола. Толпа, к которой присоединился и владелец мастерской вместе с Самсоном Карраско.

Крики: «Да здравствует губернатор!»

Но вот он сам выезжает из-за угла верхом на Сером. И толпа умолкает от удивления. На несколько секунд. И разражается хохотом.

К этому времени Санчо уже добрался до середины площади. Добродушно поглядывает он на хохочущих. Поднимает руку.

Толпа умолкает.

С а н ч о. Спасибо, братцы! Худо, когда губернатора встречают слезами. А вы смеетесь — значит, рады мне.

Одобрительный гул.

С а н ч о. Когда губернатор сидит на осле — это весело. Вот когда осла сажают в губернаторы, то уже не повеселишься.

Смех. Веселый гул.

С а н ч о. Я объясню вам, почему я на осле. Потому, что он невысок! На коне я еще, чего доброго, не услышал бы ваших жалоб. А ехать на осле — все равно что идти пешком. Вот я, вот земля, а вот вы, дорогие мои подданные.

Крики: «Да здравствует губернатор!»

С а н ч о. Спасибо, братцы. Ну и на сегодня достаточно. Я хоть и губернатор, а спать хочу, как простой. Завтра увидимся. Идите по хозяйству. До свидания!

Восторженный рев. Крики: «Да здравствует губернатор!» — усиливаются до того, что дворцовая челядь перестает смеяться, переглядывается в страхе.

Санчо слезает с осла, передает его мажордому и, раскланиваясь с достоинством, поднимается по ступенькам крыльца.

Губернаторская опочивальня.

Широкие окна ее глядят на просторную каменную галерею, идущую вокруг всего дворца.

Посреди опочивальни непомерно высокое и пышное ложе под балдахином.

Мажордом вводит губернатора.

М а ж о р д о м. Нет ли приказов, сеньор губернатор?

С а н ч о. Есть. Оставьте меня одного, мне спать хочется.

Мажордом удаляется с поклоном.

Санчо потягивается сладко, предвкушая отдых. Вскарабкался на свое пышное ложе. Укладывается.

Но едва успевает он закрыть глаза, как оглушительный взрыв звуков пугает его так, что он валится с постели на каменный пол опочивальни.

Гремит оркестр, в котором преобладают турецкий барабан и кларнеты.

Санчо распахивает дверь.

Музыканты играют усердно. Музыка заглушает протестующие вопли Санчо.

Наконец он хватает дирижера за руки, и оркестр умолкает.

С а н ч о. Что это значит?

Д и р и ж е р. По этикету музыка должна играть у дверей губернаторской спальни, пока он не заснет.

С а н ч о. Пока он не умрет, хочешь ты сказать! Под такую колыбельную и пьяный не задремлет. Эй, стража!

Входит офицер с четырьмя солдатами.

С а н ч о. А ну, заточите его в подземелье. Месяца через два-три на досуге я займусь его делом.

Д и р и ж е р. Сеньор губернатор, пощадите, мы люди подневольные! Нам приказал играть сеньор мажордом.

С а н ч о. Ах вот чьи шуточки! Известно вам, где его спальня?

Д и р и ж е р. Так точно, известно.

С а н ч о. Хочешь избежать подземелья — веди туда своих голодраных шакалов и войте, дудите, гремите в барабан у мажордома под ухом. У самой его кровати. Пока он, проклятый, не уснет или не околеет. Поняли? Сеньор командир, отправьте с ним солдат! Пусть последят, чтобы приказ был выполнен в точности.

О ф и ц е р. С величайшей охотой, сеньор губернатор. *(Солдатам.)* Слышали приказ? Марш!

Оркестр удаляется, сопровождаемый солдатами.

Санчо, вздыхая, садится на кровати.

Задумывается.

С а н ч о. Эх, сеньор, сеньор! За последние годы я так привык делиться с вами тяготами да заботами! Где вы, сеньор, сеньор мой Дон Кихот Ламанчский!

Исчезает губернаторская опочивальня.

———

Дон Кихот ползает со свечой по полу своей спальни.

Д о н К и х о т. Ах, Санчо, Санчо, мне без тебя трудно! Вот уронил я иголку и не могу найти ее, проклятую. А ведь в нее вдет последний обрывок шелковой нитки, что имеется в нашем бедном дорожном запасе. У меня чулок пополз, Санчо. Сеньора Альтисидора настоятельно потребовала, чтобы пришел я на рассвете к павильону в парке побеседовать в последний раз о ее страстной любви ко мне... Я хотел, придя, еще раз провозгласить: «До самой смерти буду я верен Дульсинее Тобосской!» Но не могу же я говорить столь прекрасные слова с дыркой на чулке. О бедность, бедность! Почему ты вечно преследуешь людей благородных, а подлых — щадишь. Вечно бедные идальго подмазывают краской башмаки. И вечно у них в животе пусто, а на сердце грустно. Нашел!

С торжеством поднимает рыцарь с пола иголку с ниткой.

Д о н К и х о т. Да, да. Нашел! Санчо, слышишь? Спасен от позора!

Поставив ногу на стул, штопает Дон Кихот старательно свой чулок.

Легкий стук в дверь.

Д о н К и х о т. Иду!

Оторвав нитку и завязав на заштопанном месте узелок, втыкает Дон Кихот бережно иголку с остатками шелковинки в лоскуток сукна и прячет в шкатулку.

Оправляется перед зеркалом.

Выходит.

Маленький паж в черном плаще ждет за дверью.

Безмолвно паж отправляется в путь по длинному дворцовому коридору.

Дон Кихот — следом.

Они идут по темной аллее парка. Едва-едва посветлело небо над верхушками деревьев.

И вдруг ночную тишину нарушает глубокий, полнозвучный удар колокола.

Дон Кихот останавливается. Останавливается и мальчик.

Еще и еще бьет колокол. И издали доносится печальное пение хора.

Д о н К и х о т. Кто скончался во дворце?

Паж не отвечает.

Он снова пускается в путь. Дон Кихот, встревоженный и печальный, — следом.

Все громче погребальное пение хора.

Гремит орган.

Дон Кихот подходит к высокому павильону. Все окна его освещены. Звонит погребальный колокол.

Д о н К и х о т. Где же твоя госпожа?

П а ж. В гробу!

Д о н К и х о т. Отчего она умерла?

П а ж. От любви к вам, рыцарь.

Двери павильона распахиваются. Пылают сотни погребальных свечей. В черном гробу на возвышении, задрапированном черными тканями, покоится Альтисидора.

Придворные толпятся у гроба. Их траурные наряды изящны. Они степенны, как всегда. Стоят сложив руки, как на молитве. Склонили печально головы.

Герцог и герцогиня впереди.

Едва Дон Кихот подходит к возвышению, на котором установлен гроб, как обрывается пение хора. Умолкает орган.

В мертвой тишине устремляются все взоры на Дон Кихота.

Дон Кихот. Простите меня, о прекрасная Альтисидора. Я не знал, что вы почтили меня любовью такой великой силы.

Рыцарь преклоняет колени и выпрямляется.

И тотчас же едва слышный шелест, словно тень смеха, проносится над толпою придворных. Они указывают друг другу глазами на длинные ноги рыцаря. Увы! После его коленопреклонения петли снова разошлись, дыра зияет на чулке.

Дон Кихот. Мне жалко, что смерть не ответит, если я вызову ее на поединок. Я сразился бы с нею и заставил исправить жестокую несправедливость. Принудил бы взять мою жизнь вместо вашей молодой. Народ наш увидит, что здесь, на верхушке человеческой пирамиды, не только высокие звания, но и высочайшие чувства. О вашей любви сложат песни, в поучение и утешение несчастным влюбленным. Сердце мое разрывается, словно хороню я ребенка. Видит Бог — не мог я поступить иначе. У меня одна дама сердца. Одну я люблю. Таков рыцарский закон.

Он снова преклоняет колени, и, когда встает, смех делается настолько заметным, что рыцарь оглядывается в ужасе.

К прежней дыре на обоих чулках прибавились три новые, чего рыцарь не замечает.

Дон Кихот *(придворным дамам)*. Сударыни, сударыни, так молоды — и так жестоки. Как можете смеяться вы над странствующим рыцарем, когда подруга ваша умерла от любви к нему?

— Вы ошибаетесь, дон Вяленая Треска!

Рыцарь оглядывается в ужасе.

Альтисидора воскресла. Она лежит в гробу непринужденно и спокойно — на боку, облокотившись на подушку. Насмешливо, холодно улыбаясь, глядит она на Дон Кихота. Он отступает в ужасе к самой стене павильона, и тотчас же на окне за его спиной вырастает карлик в черном плаще. Он держит что-то в руках.

Альтисидора. Вы, значит, и в самом деле поверили, что я умерла из-за вас, чугунная душа, финиковая косточка, в пух и прах разбитый и поколоченный дон! Как осмелились вы вообразить, что женщина, подобная мне, может полюбить вас, дон Верблюд? Вы, дон Старый Пень, вы не задели моего сердца и на черный кончик ногтя!

Смех, чуть более громкий, чем до сих пор.

Герцог. Не сердитесь, сеньор: это шутка, комедия, как и все на этом свете! Ведь и вы — настоящий мастер этого дела. Вы необыкновенно убедительно доказали нам, что добродетельные поступки смешны, верность — забавна, а любовь — выдумка разгоряченного воображения.

Герцогиня. Примите и мою благодарность, рыцарь, — было так хорошо!

По ее знаку маленький паж подносит Дон Кихоту мешок с золотом.

Дон Кихот. Что это?

Герцог. Берите, рыцарь. Вы честно заработали свою награду. Но это не значит, что мы отпускаем вас!

Дон Кихот *(пажу)*. Мальчик, возьми эти деньги себе! *(Герцогу.)* Разрешите мне оставить замок, ваша светлость.

Откланявшись, направляется он к выходу, и вдруг придворные разражаются впервые за все время громовым, открытым хохотом.

Карлик прицепил Дон Кихоту на спину черную доску, на которой написано белыми буквами: «Дон Сумасшедший».

Дон Кихот. Эй, Фрестон! Довольно хихикать за спиной! Я сегодня же найду тебя, и мы сразимся насмерть! Санчо, Санчо, где ты?

И он выбегает из павильона.

Карлик соскальзывает с подоконника.

Идет томно, не спеша через толпу придворных.

Говорит первому придворному едва слышно, краем губ:

— Дай золотой, а то осрамлю!

1-й придворный. Сделайте милость, сеньор шут. Берите два.

Он сует деньги шуту в ладонь.

Крыльцо губернаторского дома.

Санчо восседает в кресле. Позади его свита. Зрители расположились полукругом впереди.

Санчо. Кто хочет правосудия, выходи!

Шум толпы прорезает, покрывает отчаянный женский визг.

— Правосудия! Правосудия! — вопит женский голос.

И, расталкивая толпу, к губернаторскому креслу бросается женщина. За руку волочит она молодого парня, по одежде — пастуха.

Женщина. Правосудия! Правосудия! Если вы не поможете мне, я доберусь до герцога, до короля, а они откажут — заберусь на самое небо.

Санчо. Тише, женщина! Говори прямо, в чем дело!

Женщина. Нельзя прямо, сеньор! Не позволяет женская скромность.

С а н ч о. Тогда подойди и расскажи мне шепотом на ухо.

Ж е н щ и н а. Весьма охотно, сеньор губернатор.

Она рассказывает. А Санчо слушает, и лицо его меняется по мере того, как женщина шепчет. Вот он захохотал. Но тотчас же лицо его приняло выражение ужаса и возмущения.

С а н ч о. Силком?

Женщина продолжает шептать.

С а н ч о. Безобразник. Эй ты, пастух. Ты обидел эту женщину? Признавайся?

П а с т у х. Нет, ваша милость. Все было с ее стороны, а с моей — одна только вежливость. Шел я по дороге, да и свернул в поле, потому что сеньора меня окликнула. Ну и тут, конечно, вмешался в дело сатана. Но все шло тихо у нас, мирно, пока не дернул меня черт похвастать, что продал я нынче четырех свиней. И потребовала сеньора, чтобы я отдал ей кошелек со всеми своими денежками. А я говорю: «Это еще что за новый налог?» А сеньора мне: «Болван, отдай, а то я тебя опозорю». А я говорю...

С а н ч о. Все понятно. Тише, дайте подумать.

Санчо думает. Народ хранит молчание.

С а н ч о. Пастух, отдай этой женщине кошелек.

Народ безмолвствует.

Пастух со слезами выполняет приказание.

Поклонившись губернатору, женщина уходит, скрывается в толпе.

С а н ч о. А ну, пастух, догони ее и отними свои денежки.

Пастух, не заставляя себя просить, бросается вдогонку.

Раздается отчаянный визг. Толпа волнуется. Людей кто-то вертит, толкает, расшвыривает. И вот появляется снова женщина. Она тащит за шиворот пастуха.

— Ваша милость! — вопит она. — Этот душегуб вздумал отнять у меня кошелек, который вы присудили!

С а н ч о. Удалось это ему?

Ж е н щ и н а. Да никогда! Скорей жизнь отнимет он у меня, чем кошелек. Ни клещами, ни молотками, ни львиными когтями — ничем на свете из меня не вытянешь кошелька. Скорей душу из меня вытряхнет, чем кошелек!

С а н ч о. Покажи-ка мне кошелек, почтенная дама.

Ж е н щ и н а. Вот он, сеньор губернатор!

Санчо берет кошелек и передает пастуху. Женщина делает было движение вперед, но губернатор восклицает:

— Ни с места! Вы попались, голубушка! Если бы защищали вы свою честь хоть в половину той силы, что обнаружили, спасая кошелек, с вами и великан не справился бы. Ступайте с Богом или, вернее, ко всем чертям, не останавливаясь. Прочь с моего острова, а то я прикажу вам всыпать двести плетей. Живо беги, бесстыжая пройдоха!

Женщина исчезает.

Народ вопит:

— Да здравствует губернатор!

С а н ч о. Приветствуете меня! Значит, понимаете, что судил я справедливо?

Т о л п а. Понимаем!

С а н ч о. Значит, различаете, где правда, а где неправда?

Т о л п а. Различаем!

С а н ч о. А если понимаете и различаете — почему сами не живете по правде и справедливости? Нужно каждого носом ткнуть, чтобы отличал, где грязно, а где чисто? Обошел я городишко! В тюрьме богатые арестанты живут, будто в хорошем трактире, а бедные — как в аду. На бойне мясники обвешивают. На рынках половина весов неправильна. В вино подмешивают воду. Предупреждаю, за этот последний грех буду наказывать особенно строго. Ох, трудно, трудно будет привести вас в человеческий вид. Главная беда: прикажи я вас всех перепороть — сразу помощники найдутся, а прикажи я приласкать вас да одобрить — глядишь, и некому.

Т о л п а. Да здравствует губернатор!

Сопровождаемый восторженной толпой, скрывается Санчо во дворце. И едва успевает он скрыться во внутренних покоях, как раздается отчаянный топот копыт и на площадь влетает герцогский гонец.

Соскочив со взмыленного коня, передает он мажордому запечатанный пакет.

Прочтя послание герцога, мажордом ухмыляется.

Народ с площади разошелся, и офицер, поддерживавший порядок, собирает свой караул, ведет во дворец.

М а ж о р д о м. Сеньор офицер, возвращайтесь в герцогский замок.

О ф и ц е р. Но губернатор...

М а ж о р д о м. Нет более губернатора. *(Протягивает герцогское письмо офицеру.)* Дон Кихот покинул замок вопреки просьбам герцога, и нам приказано весело закончить шутку с островом Баратория.

Санчо дремлет в кресле.

Грохот, вой, колокольный звон, свистки, гудки.

Санчо вскакивает.

Вся челядь губернаторского дворца ворвалась в опочивальню. Лакеи, пажи, повара размахивают шпагами и вопят: «К оружию, к оружию!»

Мажордом подкатывает к ногам Санчо два огромных щита.

М а ж о р д о м. Полчища врагов обрушились на остров. Вооружайтесь и командуйте, сеньор!

С а н ч о. Приказываю немедленно послать за господином моим Дон Кихотом! Он покончит с врагами одним махом! А где мои солдаты?

М а ж о р д о м. В бою!

С а н ч о. Вооружайте меня.

На каменной галерее, окружающей дворец, стоит сам губернатор. Два щита, огромных, прикрученных друг к другу веревками, — один на спине, другой на груди — превратили губернатора как бы в черепаху. Он и шага не может сделать в дурацком своем вооружении. Не может оглянуться. А дворцовая челядь свистит, воет, визжит за его спиной.

М а ж о р д о м. Вперед, сеньор! Ведите нас в бой!

С а н ч о. Не могу! Щиты не дают!

М а ж о р д о м. А вы прыгайте, прыгайте!

Санчо прыгает послушно. Бьют колокола. Свистят свистки. Орут люди.

Санчо валится на пол галереи, а дворцовая челядь пляшет на щитах, покрывающих его тело, и кувыркается, и прыгает через них.

М а ж о р д о м. Достаточно. Поднимите его!

Лакеи поднимают Санчо, освобождают от щитов.

С а н ч о. Ладно. Понял. Больше я не губернатор. Ухожу. Простому мужику всегда найдется дело. А куда денешься ты, мажордом, когда тебя выбросят со службы? Что ты умеешь, дармоед, лизоблюд? Назад!

Санчо взмахивает кулаком — и дворцовая челядь, которая было бросилась на него, отступает в страхе.

И вот он на своем Сером выезжает из города.

С а н ч о. Вперед, вперед, Серый, бедный мой друг и помощник в трудах и невзгодах! Воистину счастливы были мои часы, дни и годы, когда все мои мысли были заняты заботой о том, как бы починить твою упряжь да напоить твою утробу. Зачем научил меня бедный мой сеньор заботиться о людях? Вечно кончается это тем, что счастливые намнут тебе бока, а несчастные так и останутся при своих несчастьях.

Дон Кихот галопом вылетает в открытую холмистую долину, на которой расположен городок Баратория.

И в тот же миг Санчо выбирается на дорогу. Издали замечает он длинную фигуру своего рыцаря. Вопит во всю глотку:

— Сеньор! Отец родной! Сынок мой единственный! Я вот! Я нашелся. Я губернаторство проклятое бросил! Сеньор!

Дон Кихот. Санчо!

Друзья мчатся навстречу друг другу, спешиваются, обнимаются.

Росинант кладет голову на шею своего вечного спутника Серого в знак радости и приязни.

Дон Кихот. Довольно, довольно, Санчо! Не плакать надо, а радоваться! Вырвались мы с тобой на свободу. Свобода, свобода — вот величайший дар, посланный нам небом! Ради свободы можно и должно рискнуть самой жизнью, а рабство и плен — худшее из несчастий. На коней, Санчо, на коней! Фрестон бродит возле. Сразим его — и освободим весь мир. Вперед, вперед, ни шагу назад!

Дон Кихот скачет вперед. Санчо торопится следом, а с пригорка следит за друзьями Самсон Карраско в полном вооружении. Он далеко опередил рыцаря и оруженосца и теперь ждет их у дороги.

Но вдруг Дон Кихот натягивает поводья, останавливается в клубах пыли.

На холме завидел рыцарь ветряную мельницу, размахивающую крыльями:

— Ах, вот ты где!

Санчо. Кто, ваша милость?

Дон Кихот. Фрестон стоит на холме и машет ручищами. О, счастье! Он принимает вызов!

Санчо. Ваша милость, это мельница!

Дон Кихот. Стой на месте и не вмешивайся, коли не можешь отличить волшебника от мельницы. О, счастье! Сейчас виновник всех горестей человеческих рухнет, а братья наши выйдут на свободу. Вперед!

И Дон Кихот, разогнав отдохнувшего Росинанта, галопом взлетает на холм.

Санчо вскрикивает отчаянно.

Рыцарь сшибается с ветряной мельницей.

И крыло подхватывает его. И поднимает, и вертит, вертит мерно, степенно, словно не замечая тяжести рыцаря.

Но Дон Кихот не теряет мужества. Его седые всклокоченные

волосы развеваются по ветру. Глаза широко открыты, словно безумие и в самом деле овладело рыцарем. Голос его гремит, как труба:

— А я говорю тебе, что верую в людей! Не обманут меня маски, что напялил ты на их добрые лица! И я верую, верую в рыцарское благородство! А тебе, злодею, не поверю, сколько бы ты ни вертел меня — я вижу, вижу! Победит любовь, верность, милосердие... Ага, заскрипел! Ты скрипишь от злости, а я смеюсь над тобой! Да здравствуют люди! Да погибнут злобствующие волшебники!

И с этими словами срывается рыцарь с крыла, падает в траву с грохотом доспехов.

И тотчас же встает, пошатываясь.

Карраско, скакавший к мельнице, придерживает коня.

Санчо, словно не веря глазам, ощупывает ноги и руки рыцаря.

С а н ч о. Сеньор, вы живы? Прямо говорите, не бойтесь огорчить меня! Вот чудеса-то! Верно говорят: храбрый что пьяный, его и гром не берет; не утонет утка — ее вертел ждет. Сеньор! Ну теперь видите, что это ветряная мельница?

Д о н К и х о т. Это мельница. А я сражался с Фрестоном. И он жив пока.

С трудом, с помощью Санчо, взбирается рыцарь на коня, спускается с холма на дорогу.

С а н ч о. Учили петуха молиться, а он все кукарекает. Научили медведя плясать, а упрямца не обтесать. Все-то вы ищете волшебников да рыцарей, а попадаются нам неучи да бесстыдники. Нет волшебников, сеньор, и, кроме нас с вами, во всей Испании не разыскать и завалященького странствующего рыцаря. Пресвятая Дева! А это кто же такой?

На дороге ждет наших путников рыцарь с опущенным забралом.

Он, как и Дон Кихот, вооружен с головы до ног.

На щите — изображение сияющей луны.

Завидев наших всадников, рыцарь провозглашает:

— О славный рыцарь Дон Кихот Ламанчский! Я жду тебя, чтобы с оружием в руках установить, чья дама сердца прекраснее. А ну, свернем на поляну!

С а н ч о. Сударь, сударь! Нельзя драться больным! Мы только что схлестнулись с мельницей. Мы еще нетвердо сидим в седле.

Д о н К и х о т. Замолчи! Для рыцаря лучшее лекарство — поединок. Ваше имя?

Р ы ц а р ь. Рыцарь Белой Луны!

С а н ч о. Из турок, что ли?

Д о н К и х о т. Замолчи, неуч! У тех на гербе не луна, а полумесяц. Выбирайте место, рыцарь, и начнем!

Рыцарь сворачивает на просторную поляну.

Разъезжаются.

И разом устремляются навстречу друг другу.

Росинант и трети поляны не прошел, когда сытый и статный конь Рыцаря Белой Луны, набрав полную скорость, налетел на него с разбегу всею грудью.

Отчаянный крик Санчо.

Росинант падает.

Дон Кихот вылетает из седла.

Санчо бросается к своему хозяину, но Рыцарь Белой Луны уже стоит над поверженным противником, приставив меч к его горлу.

Рыцарь Белой Луны. Сдавайся, рыцарь!

И Дон Кихот отвечает ему слабым и глухим голосом:

— Дульсинея Тобосская — самая прекрасная женщина в мире, я — самый несчастный рыцарь на свете. Но я не отрекусь от истины, хоть и нет у меня сил ее защищать. Вонзай свой меч, рыцарь!

Рыцарь Белой Луны. Пусть цветет во всей славе красота Дульсинеи Тобосской! Единственное, чего я требую, — это чтобы великий Дон Кихот удалился в свое селение на срок, который я укажу. Я победил, и по закону рыцарства вы не можете отказать мне в послушании.

Дон Кихот. Повинуюсь.

Рыцарь Белой Луны вкладывает свой меч в ножны.

Санчо помогает подняться Дон Кихоту, Росинант встал на ноги сам. Он пощипывает траву с обычным достоинством своим, забыв о недавнем поражении.

Победитель снимает шлем, и Санчо вскрикивает:

— Сеньор бакалавр!

И тот отвечает, смеясь во весь свой большой рот:

— Бакалавр Самсон Карраско к вашим услугам. Я победил вас по всем правилам. Домой, сеньор, домой! Скорее домой!

Седой, печальный, ссутулившийся, словно на несколько лет постаревший, Дон Кихот шагает по дороге, ведет под уздцы Росинанта.

Рядом Карраско. И он спешился. И он ведет своего коня.

Санчо, нахохлившись, едет шажком за своим повелителем.

Небо серое, накрапывает дождь.

Дон Кихот расстался со своими рыцарскими доспехами. Они навьючены на спину Росинанта.

К а р р а с к о. Сеньор! Будьте благоразумны. Кому нужны странствующие рыцари в наше время? Что они могут сделать? Давайте, сеньор, жить разумно, как все.

Некоторое время путники шагают молча.

Дождь все усиливается.

К а р р а с к о. Не грустите, сеньор! От этого, как установила наука, кровь приливает к становой жиле и вызывает мокроты! Что вас заботит?

Звон цепей.

К а р р а с к о. Надо жить, сеньор, как учат нас философы: ничему не удивляться. Достойно пожилого человека во всех случаях жизни сохранять философское спокойствие.

Каторжники, словно четки нанизанные на бесконечно длинную цепь, двигаются по дороге навстречу путникам. Их не менее ста. Они так устали, что безразличны ко всему. Они и не глядят на Дон Кихота, а он не сводит с них глаз.

К а р р а с к о. Если ты выработаешь в себе философское спокойствие, то обретешь подлинную свободу.

Дело уже идет к вечеру.

К а р р а с к о. Сеньор, вы все грустите. Жизнь сама по себе — счастье! Живите для себя, сеньор!

Высокий дуб, простирающий ветви свои над дорогой.

На каждой ветви дерева — повешенный.

Д о н К и х о т. Бакалавр! Ваше благоразумие — убийственней моего безумия.

Вечер.

На поляне при дороге горит, полыхает костер.

Дон Кихот сидит на пеньке. Санчо и Карраско возятся у котелка, из которого валит пар.

С а н ч о. Пожалуйте кушать, сеньор!

И вдруг из тьмы выбегает, оглядываясь, словно ожидая, что вот-вот его ударят, мальчик лет тринадцати.

М а л ь ч и к. Покормите бедного подпаска! Такой вкусный запах идет от вашего котелка, что я за пятьсот шагов почуял. Ах!

Бросается к Дон Кихоту, обнимает его ноги.

Д о н К и х о т *(радостно).* Андрес!

А н д р е с. Да, это я, сеньор!

Д о н К и х о т. Гляди, Карраско! Нет, не напрасно я странствовал и сражался. Я освободил мальчика от побоев, и он не забыл этого, хотя и прошло столько времени с тех пор. Ты хочешь попросить меня о чем-нибудь, Андрес?

А н д р е с. Да, сеньор!

Д о н К и х о т. Говори, не бойся! О чем? Слушай, Карраско.

А н д р е с. Господин странствующий рыцарь! Не заступайтесь, не заступайтесь за меня никогда больше, хотя бы раздирали меня на части. Оставьте меня с моей бедой, потому что худшей беды, чем ваша помощь, мне не дождаться, да покарает Бог вашу милость и всех рыцарей на свете. Вы раздразнили хозяина, да и уехали себе. Стыдно, ваша честь! Ведь после этого хозяин меня так избил, что я с тех пор только и вижу во сне, как меня наказывают.

Д о н К и х о т. Прости меня, сынок. Я хотел тебе добра, да не сумел тебе помочь. Дайте мальчику похлебки!

Дон Кихот встает и удаляется в темноту.

Зима.

Ночь.

Тяжелобольной Дон Кихот лежит на постели в своей спальне. За окном — дождь со снегом.

Вокруг больного собрались все его друзья и близкие.

Тут и племянница, и экономка, и священник, и цирюльник. Бакалавр Самсон Карраско держит руку на пульсе больного.

Д о н К и х о т. Ну вот и все, сеньоры. Вспоминайте меня на свой лад, как просит ваша душа. Пусть останусь я в памяти вашей не Дон Кихотом Ламанчским. Бог с ним. Вспоминайте бедного идальго Алонзо Кехано, прозванного за свои поступки — Добрым. А теперь оставьте меня. Дайте мне уснуть.

Все вопросительно взглядывают на Самсона Карраско.

К а р р а с к о. Пульс не внушает опасений. Он поправится, поправится! Не для того я заставил сеньора Кехано вернуться домой, чтобы он умер, а для того, чтобы жил, как все.

Д о н К и х о т. Вот этого-то я и не умею.

К а р р а с к о. Сон принесет ему пользу. Идемте, идемте!

Комната пустеет.

Вдруг снежная буря прекращается.

Окно распахивается настежь.

Снега как не было. Цветущее миндальное дерево заглядывает в комнату.

Полная луна стоит в небе.

Тени от ветвей дерева бегают по полу и по стене, словно живые существа забрались в спальню больного.

Раздается шорох, шепот.

И негромкий голос произносит явственно:

— Сеньор, сеньор! Не оставляйте меня!

Дон Кихот садится на постели.

— Кто меня зовет?

— Это я, Дульсинея Тобосская!

Рыцарь вскакивает, прижимает руки к сердцу и роняет, словно обессилев.

Перед ним в богатейшем бархатном и парчовом наряде, сияя серебром и золотом, сверкая драгоценными камнями, стоит Альдонса.

Дон Кихот. Спасибо вам, сеньора, за то, что приснились мне перед моей кончиной.

Альдонса. Я запрещаю вам умирать, сеньор. Слышите? Повинуйтесь даме своего сердца!

Дон Кихот. Но я...

Альдонса. Вы устали? Да? А как же я?

И по мере того как она говорит дальнейшие слова, меркнет сверкание драгоценных камней, исчезают парча и бархат. Альдонса стоит теперь перед рыцарем в своем крестьянском платье.

Альдонса. А как же я? Нельзя, сеньор, не умирайте. Простите, что я так говорю, простите меня, необразованную, но только не умирайте. Пожалуйста. Уж я-то сочувствую, я-то понимаю, как вы устали, как болят ваши натруженные руки, как ломит спину. Я сама работаю с утра до ночи, понимаю, что такое встать с постели, когда набегаешься до упаду. А ведь приходится! Не умирайте, дорогой мой, голубчик мой! Мы работаем, надрываемся из последних сил с детства до старости. Нужда не велит присесть, не дает вздохнуть — и вам нельзя. Не бросайте меня. Не умирайте, не надо, нельзя!

Дульсинея исчезает, и тотчас же в цветущих ветвях миндального дерева показывается красное лицо Санчо Пансы.

Санчо. Ах, не умирайте, ваша милость, мой сеньор! А послушайте моего совета и живите себе! Умереть — это величайшее безумие, которое может позволить себе человек. Разве вас убил кто? Одна тоска. А она баба. Дайте ей, серой, по шее, и пойдем бродить по свету, по лесам и лугам! Пусть кукушка тоскует, а нам некогда. Вперед, сеньор, вперед! Ни шагу, сеньор, назад!

Дон Кихот оказывается вдруг в рыцарских доспехах. Он шагает через подоконник, и вот рыцарь и оруженосец мчатся по дороге под луной.

Широкое лицо Санчо сияет от счастья. Он просит:

— Сеньор, сеньор, скажите мне хоть словечко на рыцарском языке — и счастливее меня не разыщется человека на всей земле.

Д о н К и х о т. Сражаясь неустанно, доживем, доживем мы с тобою, Санчо, до золотого века. Обман, коварство и лукавство не посмеют примешиваться к правде и откровенности. Мир, дружба и согласие воцарятся на всем свете. Вперед, вперед, ни шагу назад!

Все быстрее и быстрее скачут под луной славный рыцарь Дон Кихот Ламанчский и верный оруженосец его Санчо Панса.

МАРЬЯ-ИСКУСНИЦА

Крошечное озеро правильной прямоугольной формы. Берега его заросли травой и цветами. Вода неподвижна, как зеркало. Но вот она вдруг приходит в движение, как бы закипает. Раздается негромкая музыка, в которой явственно слышится плеск воды, жужжание комаров. Из воды, как бы поднятое невидимой силой, вырастает, держась навытяжку, некое водяное существо. Оно ростом с человека, похоже на лягушку, одето в роскошные зеленые одежды. Существо это, коснувшись поверхности воды, прыгает на землю легко, как лягушка. Затем оно низко кланяется нам, подходит к озеру, берет его двумя руками за угол и легко поднимает его.

Теперь озеро стоит перед нами стоймя, занимая почти весь экран, как огромное зеркало. Вода его прозрачна. Мы видим спины рыб, спокойно плавающих в глубине его, видим водяных жуков, бороздящих гладкую его поверхность. Водяное существо говорит негромко и таинственно:

— Марья-искусница.

И тотчас же надпись «МАРЬЯ-ИСКУСНИЦА» наплывает со дна озера и замирает на его поверхности.

— Сказка, — говорит водяное существо еще тише и таинственнее.

И многозначительно подмигивает нам. Вслед за этим водяное существо замирает неподвижно, как неживое, а на гладкой поверхности озера проплывают остальные, полагающиеся в начале картины надписи. Едва они успевают исчезнуть, как водяное существо кидает озеро на место.

— Кого, кого, кого мы увидим, кого, кого, кого мы услышим? — спрашивает водяное существо.

И берет неведомо откуда, с воздуха, целую кипу пергаментных свитков.

Разворачивает свиток, и мы видим портрет Водяного.

— Первый скороход, главный прыгун, доверенный посыльный по имени Ква-ква-квак!

И, самодовольно улыбаясь, водяное существо показывает нам свой собственный портрет.

— Марья-искусница!

Печально и безучастно смотрит на нас Марья-искусница.

— Сын ее — Ваня!

— Аленушка!

И наконец, разворачивает Квак свой последний свиток. Пожилой, но бравый солдат сурово и зорко глядит с портрета. Едва Квак успевает раскрыть рот, чтобы сообщить нам, кто изображен на портрете, как Солдат, оглушительно откашлявшись, оживает. Квак бросает свиток, как бы обжегшись. Исчезает. Но оживший портрет прочно стоит, не сворачиваясь в трубку.

— Всем, кто меня видит, всем, кто меня слышит, — здравия желаю! — говорит оживший портрет.

Солдат запевает песню, поправляет ранец за плечами и пускается в путь по дорожке.

> Я солдат
> Отставной,
> Я бы рад
> Идти домой,
> Да солдатское
> Упорство
> Шутки шутит
> Надо мной.
> Я шагаю,
> Раз и два!
> Распеваю,
> Раз и два!
> Я завижу
> Людоеда —
> Нападаю,
> Раз и два!
> Воля-волюшка
> Моя —
> Нападаю
> Без ружья,
> Без штыка
> Одолеваю —
> Вот в чем
> Волюшка моя.
> Я солдат
> Отставной,

Я бы рад
Идти домой,
Но иду,
Иду, иду,
А туда
Не попаду!

И дорожка ведет его через поляны, покрытые цветами, мимо тихих озер, по некрутым холмам, через неглубокие овраги. Солдат оглядывается, радуется родным местам. Вдруг он слышит писк — громкий, жалобный, молящий о помощи. Прислушивается. Останавливается. Бежит на зов. И видит: белка мечется у дупла. Летняя рыжеватая ее шубка взъерошилась, дыбом встала шерсть от ужаса и ярости. Трехэтажный змей-желтобрюх стоит на хвосте, глядит немигающими глазами на белку. Медленно поворачивается его плоская башка к Солдату.

— Эй, ты! Разбойник! — окликает его Солдат сурово. — Ты что это задумал?

Змей шипит и свистит, зловеще, оглушительно, так, что листья дрожат на деревьях. Бросается на Солдата. Тот отклоняется чуть-чуть. Хватает змея за хвост. Встряхивает с силой. Кружит. Бьет его о траву, о ветки. Свист, грохот, качаются деревья, летят листья на землю. Несколько мгновений ничего не разглядеть за этим зеленым листопадом. Но вот затихает вихрь. Лежит змей на траве, завязанный в тройной узел, как морской канат. Бьется на месте, а распутаться не может.

— Вот тебе, змей-желтобрюх, наука! — говорит ему Солдат наставительно. — Не ползай по чужим лесам. Лежи тут, чтобы другим неповадно было.

— Отпусти, — шипит змей. — Не с-с-сам пришел.

— А кто же тебя послал? — спрашивает Солдат.

— Раз-з-звяжи, с-с-с-скажу, — шипит змей.

Солдат не отвечает, белка прыгает ему на плечо. Шипит что-то в самое ухо, и мы слышим вместе с ним:

— Спасибо тебе, Солдат, за моих бельчат. Сейчас я тебе орехов полный ранец насыплю.

— Не надо, хозяйка! — отвечает ей Солдат весело. — Я провиантом обеспечен. А скажи ты мне лучше — откуда этот змей взялся? Что-то раньше я в наших лесах таких чудищ не видывал.

И мы слышим, как пищит белка Солдату в самое ухо:

— В семистах прыжках да в семистах шажках стоит черный лес, молчит, не дышит, не качается. Хозяйничает в этом лесу зверь не зверь, змей не змей, а невидимое чудовище. Из этого леса идут сюда все напасти.

— Заглянем туда! — говорит Солдат.

— Не ходи! Не ходи! — умоляет белка. — Живым не выберешься!

— Да ладно уж! — смеется Солдат. — Двум смертям не бывать, а одной не миновать. Не могу я по легкой дорожке да на печку.

Снова запевает Солдат свою песню... Шагает по дорожке. И вдруг он слышит: трещат кусты, шуршит трава. Останавливается Солдат. Два медвежонка выбегают из чащи. Бросаются к Солдату. Лижут руки. И вдруг разом, как по команде, валятся ему в ноги.

— Встаньте, ребята! — приказывает им Солдат.

Медвежата вскакивают.

— Беда, что ли, какая приключилась? Ну, ведите, посмотрим, — говорит Солдат.

Медвежата бросаются в лес.

Солдат спешит за ними и видит: стоит медведь, покряхтывает. Задняя лапа его схвачена капканом. Солдат опускается на одно колено. Он разглядывает капкан и видит: это огромная щучья пасть. Хитро запрятана она в траве. Тугие пружины ловко прилажены к чудовищным челюстям. Покачав головой задумчиво, поворачивает Солдат костяные винты. Щелкают, открываются щучьи челюсти. Медведь с ревом подпрыгивает, встает на задние лапы. Отдает Солдату честь.

— Здорово, Миша! — говорит Солдат.

— Здравия желаем! — отвечает зверь тихо.

— Да ты никак устав знаешь? — удивляется Солдат.

— Так точно! — отвечает медведь. — Разве ты забыл меня, друг дорогой?

Он вдруг поднимает сук, лежащий на земле, и отчетливо и ловко показывает Солдату ружейные приемы. И на плечо берет, и на караул, и к ноге, и идет в штыки. Солдат хохочет.

— Да неужто это Мишутка-медвежонок, которого я в лесу подобрал, за полком водил, поил и службе учил, а потом на волю отпустил?

— Так точно! — отвечает медведь. — Теперь я своим хозяйством живу с семейством. Сейчас мы тебя отблагодарим, самым лучшим медом угостим. Эй, сынишки, просите гостя дорогого!

Медвежата становятся на дыбы, кивают Солдату головенками приветливо.

— Спасибо, Миша, но только меду мне не надо, — отвечает Солдат. — А скажи ты мне лучше — кто поставил этот капкан невиданный?

— Идем, покажу, откуда они, разбойники, к нам заползают, — говорит медведь.

И они отправляются в путь. Вот дорожка раздваивается. Один путь ведет прямо, тем же веселым, приветливым лесом, через поляны, заросшие цветами, мимо тихих лесных озер, по некрутым холмам, через неглубокие овраги. Другой ныряет прямо в чащу — черную, зловещую, неживую. Она словно невидимой стеной отделена, как отрезана от соседнего леса. Рядом, в двух шагах, шуршат на деревьях листья, весело свистят птицы, а тут деревья замерли неподвижно в тумане. Травой зарос путь в чащу, никто не осмеливается ходить туда, в этот зловещий полумрак.

— Стоял лес как лес, а теперь я и то его стороной обхожу. Захватило его чудище невидимое. Из этого леса и идут на нас все напасти, — отвечает медведь негромко, вглядываясь в чащу, насторожив уши, встревоженно.

Медвежата робко жмутся к ногам Солдата. Он усмехается. Ласково треплет медвежат за уши.

— Ну, прощайте, друзья! — говорит он решительно. — Придется в лес этот свернуть.

— Друг, друг, опомнись! — пугается медведь. — Усмири ты сердце беспокойное, солдатское. Идешь ты домой, идешь — все не дойдешь. Не пора ли отдохнуть?

— Нет! — отвечает Солдат твердо. — На печку? Нет! Прощай!

— Молодец, бесстрашен ты! — рявкает медведь восторженно и отходит в сторону.

Подает знак медвежатам. Те становятся с отцом в ряд. Отдают Солдату честь. Солдат, весело улыбаясь, отвечает. Скрывается в лесу.

ЗАТЕМНЕНИЕ

Солдат шагает по лесу. Тихо-тихо в сумеречной чаще. Ветка не качается, лист не шелохнется. Никого вокруг. Только туман клубами бесшумно вьется меж деревьями. Солдат замирает на месте. У ног его глубокий овраг. Дно и склоны оврага густо заросли папоротником высоким, в рост человека. Вниз ныряет дорожка. В самую гущу папоротниковых зарослей.

— Седьмой день, — говорит Солдат, — седьмой день в этом лесу иду, а он все молчит, все молчит. Было тихо, а стало еще тише. Как перед грозой. Чует мое сердце — будет бой. Не тут ли, в овраге, и невидимое чудище? Эй Солдат, марш вперед!

И он устремляется вперед, вниз по тропинке. Стеной окружает его папоротник. Все быстрее шагает Солдат все решительнее, все суровее глядят его глаза. Папоротник вдруг расступается. Солдат невольно делает шаг назад. На сырой поляне в болотной траве спит маленький мальчик в беленькой рубашке. Огромные лягушки сидят вокруг, глядят на Солдата, не двигаются, не мигают. На траве возле спящего — самодельный лук и колчан со стрелами.

— Вот так чудище, скажи пожалуйста! — говорит Солдат, улыбаясь. — Кто ты такой, богатырь неведомый? А вы, лягушки, чего ждете, зачем его сторожите?

Громко квакают лягушки в ответ Солдату. Мальчик вскакивает разом. Хватает лук. Прицеливается в Солдата. Солдат улыбается весело. Стоит, не двигается. И мальчик медленно опускает свое самодельное оружие.

— Здорово! — говорит Солдат ласково. — Не бойся меня.

— Здравствуй, дядя Солдат! — отвечает мальчик спокойно. — Я тебя не испугался. Я на такое дело пошел, что бояться ничего не приходится. Ну, лягушки, в путь!

Лягушки послушно скачут по дорожке. Мальчик идет за ними.

— Экий самостоятельный! — бормочет Солдат. И, поглядев вслед мальчику, пускается вдогонку. Так и шагают они молча. Лягушки впереди, Солдат позади, а мальчик в белой рубашечке посередине.

— Куда ты спешишь? — спрашивает Солдат наконец.

— Матушку ищу, дядя Солдат.

— Кого, говоришь?

— Мою мать родную.

— Где же твоя матушка?

— А ее Водяной украл. Бородой опутал, клещами ущемил да и уволок с ведрами в реку, в свой терем подводный. Она ткать да вышивать мастерица.

Солдат глядит задумчиво на мальчика. А тот шагает, спешит, не оборачивается.

— А отец твой где?

— Его метель занесла, загубила, когда я еще маленький был. Я один у матери защитник.

И снова шагают они молча. Лягушки впереди. Солдат позади, а мальчик посередине.

— А где же тот терем подводный? — спрашивает Солдат наконец.

— А тут, недалеко.

— Кто сказал?

— Лягушки. Проводить обещали и недорого взяли.
— Что дал?
— Сто мух да сто сорок комаров.
— Переплатил... — качает головой Солдат.
Лягушки поднимают отчаянное кваканье.
— В таком деле скупиться не приходится, — возражает мальчик.

Лягушки замолкают разом, и опять шагают мальчик и Солдат по узенькой дорожке в зловещей лесной тишине.
— Как тебя зовут, сирота? — спрашивает Солдат наконец.
— Иванушка, — отвечает мальчик.
— Я с тобой пойду, Иванушка, — говорит Солдат решительно. — Вместе выручим из неволи твою матушку.
— Спасибо, но только я сам! — отвечает мальчик.
— Отчего так?
— Я не маленький, — отвечает Иванушка сурово.
— И я не мал, — говорит Солдат, — однако и в бою, и в работе сам друзьям помогаю и от помощи не бегу. Поверь Солдату — я дурному не научу.

Иванушка останавливается. Думает несколько мгновений, опустив голову. Затем поворачивается к Солдату. Улыбается. Протягивает руку.
— Ну, спасибо, дядя Солдат! — говорит Иванушка. — Оно и правда — с товарищем куда веселее. Лягушки — не подружки, они только квакают.

Теперь Солдат и мальчик идут рядом. Дорожка вывела путников на широкую поляну. Столетние сосны стоят вокруг угрюмо, неподвижно, как часовые. Ветка не шелохнется, шишка не качнется.
— Мы маму найдем? — спрашивает мальчик.
— Надо найти, — отвечает Солдат решительно.
— А мы ее спасем?
— Надо спасти, — отвечает Солдат.

И вдруг те сосны, что растут справа, оживают. Ветки их сгибаются, качаются, как будто невидимый кто-то прыгает с дерева на дерево. И слышится голос хриплый, негромкий, но очень внятный:
— Никого вам не найти, никого вам не спасти, да и самим не уйти.

Лягушки разом прыгают в траву и исчезают. Иванушка хватается за лук.
— Это кто же там по соснам прыгает? — кричит Солдат.
Но деревья снова замерли неподвижно. Никто не отвечает Солдату.

— Испугался. Молчит... — говорит Солдат громко.

И сразу оживают сосны слева от поляны. И невидимый голос хрипит негромко:

— Мне пугаться некого — я тут самый главный.

— А если главный, то чего прячешься? — спрашивает Солдат насмешливо.

Но сосны снова затихли. Нету Солдату ответа. Он смеется:

— Опять испугался?

И тотчас же трава на поляне склоняется под невидимой тяжестью. Ложится то справа, то слева, то вблизи Солдата, то вдали от него. И голос, то приближаясь, то удаляясь, вопит:

— Я никого не боюсь. Я отчаянный. Твое счастье, что я нынче веселый. А то давно бы тебе конец пришел.

— Я понял. Ты леший! — спокойно говорит Солдат.

— Сказал тоже. Я куда страшней, — обижается невидимое существо.

— Ну, назовись тогда!

— Вот еще! Солдату называться! Сейчас я пастуха кликну. С ним и разговаривай. Он тебе ровня, — отвечает невидимый собеседник. И зовет негромко:

— Эй, пастух, гони сюда стадо.

— Тихо зовешь, — говорит Солдат.

— Ничего, услышит, — отвечает голос. — Скорей ты, демон! Мне не терпится! Хочется посмотреть, как людишки удивятся. Поглядите, гости дорогие, незваные.

И действительно, есть на что поглядеть. Мальчик невольно делает шаг назад. Солдат кладет ему руку на плечо.

— Не бойся, Иванушка, — говорит он ласково.

— Да уж тут бояться не приходится, — отвечает мальчик, глядя во все глаза на стадо, которое медленно плывет по воздуху между деревьями.

— Ну и стадо!

Караси, огромные, как коровы, разевают рты, машут лениво широкими хвостами. Ерш, как пес, мечется между карасями, кусает за хвост отстающих, гонит к стаду отплывающих в сторону. И вот что удивительно — ерш этот, не в пример прочим ершам, лает! Правда, негромко, но все-таки лает, как настоящий пес. Вслед за стадом верхом на щуке выплывает пастух. Борода у него зеленая, сапоги из рыбьей кожи с узорами, вместо шапки — раковина, вместо кнута — удочка, и на поясе ведерко.

— Здорово, пастух! — говорит Солдат спокойно.

Пастух останавливает щуку. Глядит на Солдата своими рыбьими белыми глазами без ресниц. Не то он не слышал, не то он не понял, не то сердится, не то задумался. Разве такого поймешь?

— Здорово, пастух! — говорит Солдат громко.

Пастух молчит.

— Эй, пастух, ты воды в рот набрал, что ли? — спрашивает Солдат.

— Конечно, набрал, — отвечает пастух тенорком.

— Зачем? — удивляется Солдат.

— А нам без этого скучно, — объясняет пастух.

Сказавши это, пастух снимает с пояса ведерко и подносит к губам, видимо опять собираясь набрать воды в рот.

— Стой! — приказывает Солдат. — Я с тобой поговорить хочу.

— Эх, принесла вас нелегкая, — сердится пастух. — Тут засохнешь с вами... Ступайте вы от меня подальше. А не то я на вас ерша натравлю.

— Попробуй натрави, — улыбается Солдат.

— Эй, Барбос! — зовет пастух.

Ерш, виляя хвостом, подплывает к пастуху, ласкается.

— Кусай их! — орет пастух. — Рви их, рыбаков-разбойников!

Глухо, но свирепо лая, бросается ерш на Солдата. Трава на поляне так и вьется кругом. Очевидно, таинственное невидимое существо пляшет на траве, заранее уверенное, что худо придется Солдату. Но Солдат хватает свирепую рыбу за хвост и швыряет ее прямо в небо. Ерш взвизгивает по-собачьи и летит, летит под самые облака.

— Ах, батюшки! — визжит пастух. — Выше облака забросил! Да ты силен.

— Как видишь! — смеется Солдат.

— С тобой, значит, потише надо разговаривать?

— Как знаешь, — отвечает Солдат.

Ерш винтом падает с неба. Только у самой земли удается развернуться. С визгом удирает в кусты. Пастух снимает свою шапку, низко кланяется Солдату.

— Здравствуйте, страннички-прохожие! — говорит он до крайности ласково. — Простите, если что не так сказал.

— Ничего, — отвечает Солдат.

— Позвольте мне, страннички-прохожие, воды в рот набрать да и в сторону, — просит пастух.

— Нет, брат, постой. Отвечай отчетливо: куда это мы забрели? — приказывает Солдат.

— А забрели вы, рыбки мои золотые, прямо в самое подводное царство к Водяному-владыке.

— Чего ты прохожих морочишь! Стыдно! Ведь это лес!

— Был когда-то лес, да наш Водяной его у лешего в камушки выиграл. Ну, мы, конечно, всех птиц, зверей распугали, на деревья страху нагнали — вон стоят, дыхнуть боятся, — и пользуемся леском. Карасей пасем, прохожих губим, ха-ха... Лягушек растим. Сырость разводим.

— Так, понятно, — говорит Солдат задумчиво. — А кто же с нами тут невидимкою разговаривал? Кто это там невидимкою скачет с ветки на ветку?

— А скачет с ветки на ветку наш поилец-кормилец могучий Водяной-батюшка, — отвечает пастух, сняв шапку.

Мальчик и Солдат переглядываются, а невидимый Водяной разражается хриплым смехом. Он так пляшет на соснах, что шишки градом летят на траву.

— Позвольте мне, страннички сердитые, набрать воды в рот, и в сторону, — умоляет пастух, низко кланяясь.

Солдат машет рукой.

— Назад, Машка! — кричит пастух и, поддев удочкой передового карася, заворачивает его в лес. — Куда ты, Васька! А ну, Барбос, дерни его за хвост. Назад!

И, набрав воды в рот, пастух вслед за стадом уплывает в лесную чащу. Лай ерша Барбоса замирает вдалеке.

— Ну что? — ликует невидимый Водяной. — Понял, на кого налетел?

— Так точно, Водохлеб! — отвечает Солдат лихо.

Пауза.

Очевидно, Водяной растерялся от солдатской дерзости.

— Водяной, а не Водохлеб! — ревет он наконец.

— Это нам неизвестно, — возражает Солдат спокойно.

— Сказал же тебе пастух!

— Сказать все можно.

— Ты меня не дразни! — вопит Водяной. — Все равно не покажусь.

— А это воля ваша, Водовоз, — отвечает Солдат.

— Ну, Солдат, раздразнил ты меня, — хрипит Водяной свирепо. — Теперь пеняй на себя. Вот он я! Гляди!

И в воздухе над поляной появляется полупрозрачное облако. Оно переливается всеми цветами радуги. Но вот зеленый цвет начинает побеждать. Облако зеленеет и зеленеет, сгущается и сгущается. Из зеленой мглы выступает космата башка с круглыми свирепыми глазами. И вот перед Ваней и Солдатом вырастает великан — Водяной. Огромная спутанная зеленая его борода свисает до земли. Ее густые пряди шевелятся, колеблемые течением. Солдат не спеша подходит к великану. Разглядывает его спокойно. Так глядеть не полагается. Покупатель оглядывает так лошадь на ярмарке. Солдат проходит между ножищами Водяного невозмутимо, будто в ворота прошел. Потом он долго глядит из-под руки прямо ему в лицо. И, будто поняв, с кем имеет дело, говорит Солдат вежливо:

— Здравия желаем, Степа-Растрепа!

— Я не Степа-Растрепа, а подводный владыка, грозный Водяной. Страшен я? — вопит великан.

Солдат вместо ответа повторяет свой осмотр. Обходит чудовище со всех сторон, оглядывает, даже пробует ногтем, прочны ли голенища его сапог. Водяной вертит головой. Таращит глазищи на дерзкого гостя. Кричит обиженно:

— Отвечай же! Страшен я?

Солдат подмигивает.

— Ты, я вижу, смел, — хрипит Водяной.

— Я, как говорится, Адам, привычный к бедам, — отвечает Солдат весело.

— За это тебе будет награда, — обещает Водяной.

— Чем пожалуешь?

— Убью, да не сразу.

— И на том спасибо.

— Раз ты такой отчаянный — давай силой меряться, — предлагает Водяной после некоторого раздумья.

— Это можно. Только дай ты мне слово, что, если я тебя осилю, будешь ты меня во всем слушаться, — отвечает Солдат.

— Ха-ха-ха! Даю слово! — кричит Водяной.

— Ну, тогда начинай!

— Сейчас я тебя, не трогая руками, буду на землю валить. Упадешь — я победил. Устоишь — ты победил. Идет?

Он подходит к мальчику.

— Сейчас, Ваня, — говорит Солдат, — стану я, как стоял часовым, — в дождь, в бурю, в снег, в град, под огнем, под пулями. Надо так думать, что устою.

— А мне какой будет приказ? — спрашивает мальчик.

— Ждать! — отвечает Солдат.

— Трудно это! Я лучше возле тебя буду. Устанешь — обопрешься.

— Не спорь! — говорит Солдат строго. — В бою слово старшего — закон. Поди, встань вон там, за соснами. Надо будет — кликну.

Иванушка уходит, вздыхая. Солдат становится смирно.

— Готов? — спрашивает Водяной.

— Так точно! — отвечает Солдат.

Водяной зовет негромко:

— Стань передо мной, как лист перед травой, первый мой скороход, главный прыгун, доверенный посыльный Ква-ква-квак!

И тотчас же Квак в своей обтянутой зеленой одежде вырастает как из-под земли. Кланяется Водяному почтительно.

— Видал, Солдат? — спрашивает Водяной. — У меня, брат, все на мой лад — не по-вашему. Эй, Квак!

— Ква, ква, к вашим услугам, — отвечает Квак.

— Воды! — кричит Водяной.

— Сколько прикажете?

— Три ручья!

— Слушаюсь.

Квак три раза кувыркается, трижды подпрыгивает, квакает во все горло — из травы фонтаном поднимаются три ручья. Разливаются озером у ног Водяного.

— А ну, подымись! — приказывает Водяной.

Озеро закипает, бурлит, подымается волною в человеческий рост.

Водяной бормочет негромко:

— Повали его, вода, закружи его, вода, погуби его, вода, задуши его, вода!

Волны устремляются на Солдата. Разбиваются в мелкие брызги, отступают, бьют вновь, все упрямее и ожесточеннее. Иванушка выбегает из-за сосен, где приказано ему было стоять, но вода сбивает его с ног. Он поднимается, кричит Водяному:

— Все равно маму найду!

Но Водяной не слышит. Он через брызги и пену вглядывается и видит: стоит Солдат, не падает.

— Стоишь? — ревет Водяной.

— Так точно! — отвечает Солдат спокойно.

— Худо тебе?

— Бывало и хуже.

Водяной подымает лапы к небу. Приказывает грозно:

— Стань, вода, седой, встань, вода, стеной, закружись столбами, разразись громами.

Налетает вихрь. Черные тучи спускаются все ниже и ниже. Гремит гром. Сверкает молния. Смерчи ходят столбами. Солдат исчезает во мраке. Иванушка отчаянно борется с бурей, перебегает от ствола к стволу, пробирается поближе к Водяному, который, светясь зеленым светом, явственно виден в тумане. Тщательно целится мальчик. Стреляет в Водяного из лука. Тот ловит стрелу на лету. Разглядывает недоуменевающе. И разражается хохотом.

— Ха-ха-ха! — ликует Водяной. — Солдат в щепочки разлетелся. Спасибо, молодцы! Все по местам! Отдыхайте!

Тучи рассеиваются, смерчи рассыпаются водяной пылью, исчезает озеро у ног Водяного. Иванушка вскрикивает радостно. Пляшет, прыгает. Солдат стоит навытяжку. Он весел, спокоен. Мундир, амуниция в полном порядке, хоть сейчас на смотр.

— Стоишь? — ужасается Водяной.

— Так точно! — отвечает Солдат. — Рано Вавилу запрятали в могилу.

— Да еще и сухой никак?

— Так точно. Мы в огне не горим, в воде не тонем.

— Ты колдун, что ли?

— Нет, Водяной, я русский солдат. Ну, что скажешь? Кто кого осилил?

Водяной чешет затылок. Думает.

— Нет! — кричит он после некоторого раздумья. — Бороться так бороться. Я тебя не повалил. Верно. А ты меня повалил разве? То-то, брат. Повали меня, тогда твоя взяла.

И он выпрямляется во весь свой великолепный рост. Ухмыляется самодовольно.

— Ладно! — отвечает Солдат спокойно. — Это можно...

Водяной хохочет.

— Где стоять будешь? — спрашивает Солдат.

— Где и стою, — отвечает Водяной. — На камешке.

Он стоит на большом плоском камне. Посмеивается. А Солдат, быстро и ловко орудуя лопатой, роет под камнем яму. Достает из сумки мешок с порохом. Закладывает под камень. Тянет фитиль.

— Ха-ха-ха! — заливается Водяной. — Он меня, Водяного, поджечь хочет! Ах ты, карась...

Оглушительный взрыв. Водяной подпрыгивает и валится, оглушенный, на землю. Квак мечется вокруг, квакает растерянно. Вот Водяной становится на четвереньки. На колени. Подымается во весь свой огромный рост. Простирает негодующие руки. Глаза загораются зеленым пламенем. Мановением руки подзывает Квака:

— Что делать?

— Квак, квак, квак прикажете.

— Дурак!

— Квак, квак, квак прикажете.

В о д я н о й. Ну, что ж это, Солдат! Как ты меня растревожил! Со мной так еще не бывало. Хочу человека загубить, а он не дается. Да ты взгляни, чудачок! Ведь я страшен! Дрогни хоть капельку, а я тебя и прикончу. Сделай такую милость — перепугайся! А? Ласково тебя прошу, рыбка моя дорогая, золотая. Доставь мне удовольствие, задрожи!

С о л д а т. Не могу.

В о д я н о й. Почему?

С о л д а т. Не приучен.

В о д я н о й. Безобразник ты, братец!

С о л д а т. Ну и Водяной! Как говорится, собаке не верит, все сам. Ты мне зубы не заговаривай! Боролись мы с тобой? Боролись. Осилил я тебя? Осилил.

В о д я н о й. Пожалуйста, не напоминай.

С о л д а т. Должен ты меня слушаться? Должен. Ну и слушайся.

В о д я н о й. Сейчас, погоди. Дай успокоиться, утешиться. Эй, Квак.

К в а к. Ква, ква, к вашим услугам.

В о д я н о й. Боишься ты меня?

К в а к. Ох, боюсь.

В о д я н о й. И здорово боишься?

К в а к. Квак, квак полагается.

В о д я н о й. У!

Квак подпрыгивает.

В о д я н о й. Э!

Квак подпрыгивает и переворачивается.

В о д я н о й. Ну что? Где у тебя душа?

К в а к. В пятках, владыка подводный. Оттого я и прыгаю, квак, квак мячик.

В о д я н о й. Дрожи передо мной!

Квак дрожит.

В о д я н о й. Отчетливей!

Квак дрожит крупной дрожью.

В о д я н о й. Молодец. Из простых лягушек выслужился, а как разумен. Любишь меня?

К в а к. Квак, квак, квак родную маму.

В о д я н о й. Ну вот мне и полегчало. Нет, все-таки я грозен. Ужасен я! Ну, Солдат, говори, чего тебе надо.

С о л д а т. Ваня! Иди сюда, Иванушка.

В о д я н о й. Зачем это? Отойди, мальчишка! Подтяни брюки. Одерни рубашку. Волосы поправь. Держись ровненько! Не мигай!

С о л д а т. Да брось ты к нему цепляться. Он мальчик хороший.

В о д я н о й. Всех их топить надо! Ну, говори, чего тебе?

Мальчик храбро подходит к Водяному. Водяной отворачивается с отвращением. Квак в точности повторяет все движения своего повелителя.

И в а н у ш к а. Ты мою маму украл!

В о д я н о й. Кого-кого?

И в а н у ш к а. Мою маму, Марью-искусницу.

В о д я н о й. А вот и не украл!

И в а н у ш к а. Не обманывай, не обманывай! Ласточки видели!

В о д я н о й. Это им привиделось! Они взад-вперед шныряют, ничего толком не разглядывают!

И в а н у ш к а. Ивы тоже сказывали.

В о д я н о й. Это им приснилось. Они вечно над водой дремлют.

С о л д а т. Довольно, Водяной, сироту обижать! Гляди! *(Достает из ранца мешок пороха.)* Опять тебя свалю, если слова своего не сдержишь. Подавай сюда Марью-искусницу!

В о д я н о й. Говорят вам — нет у меня такой.

С о л д а т. Веди нас в твою подводную избу.

В о д я н о й. У меня не изба, а дворец!

С о л д а т. Это нам все равно. Идем в твой дворец. И собери всех своих слуг и служанок. И мы сами поглядим, не найдется ли среди них та, которую мы ищем. Ну! Решай! А то рассержусь!

В о д я н о й. Ладно, карасики мои серебряные, быть по-вашему. Покажу я вам всех своих слуг и служанок. Узнаете Марью-искусницу — она ваша. А не найдете — заточу я вас в подводную темницу, такую глубокую, что камень туда полгода летит. Согласны?

С о л д а т. Ладно, там видно будет. Идем!

Водяной делает знак Кваку. Низко поклонившись, Квак ложится у самых его ног, лицом к противоположному краю поляны. Он принимается дуть, дуть, дуть. И вот трава и цветы начинают тускнеть, тускнеть, расплываться. Вместо цветущей поляны — темное озеро, неподвижное, как зеркало, появляется у ног Водяного и его гостей. Квак громко квакает. Рябь проходит по воде, и вдруг она начинает светиться изнутри. Водяной становится величественным. Он делает широкий жест, предлагая гостям подойти к воде. Вода делается прозрачной. Широкая лестница из красных кораллов ведет вниз, в глубину открывшегося озера. Коралловые деревья стоят вдоль лестницы по ступеням.

— Ну, государи мои, гости мои драгоценные, — провозглашает Водяной торжественно. — Лесок, где мы подружились-познакомились, — это получуда. А настоящие чудеса впереди. Видите лестницу?

— Видим, — отвечает Солдат.

— Коралловая! Из южных морей. У братца семиюродного выменял. Тысячу пудов осетровой икры за нее дал. Пожалуйте за мной, коли не боитесь по коралловой лестнице в самое подводное царство, в самую середину.

Водяной не спеша входит в озеро. Квак поддерживает его под локоть. Солдат улыбается:

— Как говорится: в боярский двор ворота широки, а со двора узки. Однако храброму мужу и море — за лужу. Идем, Ваня.

Под водой светло, как на земле. На каждой площадке лестницы на хвостах большие светящиеся рыбы. Каждая из них светится на свой лад. У одной вспыхивают и гаснут глаза, как маяки. У другой на голове на длинном стебельке фонарики, похожие на грушу. Третья вся до хвоста сияет синим пламенем. У четвертой светятся плавники. И все они вспыхивают особенно ярко и низко-низко склоняются перед Водяным, когда он проходит мимо. Вот и подводное царство.

— Не двигайте ножками, не утруждайте себя, гости мои любезные, — хрипит Водяной. — Течение подводное — послушное, само отнесет вас куда следует.

И в самом деле, едва он успевает сойти со ступенек, как невидимая сила мягко подхватывает его и несет вперед над дорогой, вымощенной серебряной рыбьей чешуей. Квак старательно поддерживает его под локоть. Ваня и Солдат несутся следом. Дорога ведет через коралловый лес. Красные, розовые, белые кораллы разрослись, переплелись. Они блестят и сияют над коралловой чащей. Строем, как часовые, ходят светящиеся рыбы. А из-под ветвей, из глубины коралловых зарослей, из зеленой мглы глядят на чужеземцев морские чудовища. Коралловый лес позади. Теперь дорога идет среди водорослей. Водоросли эти всех цветов — синие, желтые, красные, зеленые. Крошечные рыбки, разноцветные, легкие и веселые, как птицы, шныряют между подводными зарослями.

— А скажи, дядя Солдат, — спрашивает Иванушка, — ждет меня мама? Думает ли, что я так близко?

— Возможно, что и ждет. Материнское сердце — вещун, — отвечает ему Солдат.

Маленькая шторка.

Полутемная подводная пещера. Свет падает из маленького окна под потолком. Марья-искусница сидит, склонившись над пяльцами, работает усердно. На пяльцах — в узоре из листьев вытканное разноцветными шелками лицо Иванушки. Все оживает его лицо под искусными пальцами рукодельницы, все оживает, так и кажется, что он заговорит сейчас.

— Что молчишь, сынок? — спрашивает Марья-искусница. — Где ты? Уж не близко ли? Тревога с утра меня томит. Все чудится, что бродишь ты за стенами, зовешь мать, ищешь, и я не слышу. Ты здесь?

Или кажется это в мерцающем неверном свете, или в самом деле шевельнулись губы мальчика. Послышалось это матери, или в самом деле шепнул Иванушка:

— Я здесь.

— Иванушка! — воскликнула мать. — Неужто ты сам пробрался в эти края, холодные да сырые. Не дождался меня, сам за мной пришел?

— Да! — шепчет Иванушка.

Продолжая работать, не сводя глаз с Иванушки, заводит Марья-искусница песню:

> Иванушка,
> Сыночек мой,
> Сторожат
> Твою матушку.
> Я раз ушла,
> Я другой ушла,
> И на семь замков
> Меня заперли.
> Но нет, не смирилась
> Душа моя,
> Людская душа,
> Упрямая.
> Мы пробьемся
> В наш дом родной,
> Иванушка,
> Сыночек мой!

ШТОРКА

Водяной, Квак, Солдат, Иванушка летят по подводному царству. И вот вдали вырастает дворец Водяного. Он полупрозрачен. Он весь круглый, волнообразный. И кровля его поднялась волной — ровной, тяжелой, какие вздымаются во время мертвой зыби. И стены его выгнуты, как будто они сейчас движутся вперед, и башни его похожи на смерчи, замершие на месте. Когда течение подносит наших друзей ближе, они видят, что не из стекла и не изо льда построен дворец. Он из воды. Но вода эта едва колеблется. И от этого дворец, такой тяжелый издали, вблизи кажется зыбким. По его стенам, как по большому мыльному пузырю, широкие радужные полосы медленно и непрерывно ползут сверху вниз. Квак, обгоняя своих спутников, прыжками подлетает к воротам. Он хватает огромную трубу и громко трубит. И тотчас же весь дворец загорается синим цветом. Перед воротами вырастают огромные раки. Стоя навытяжку, они щелкают клешнями, приветствуя Водяного. В щелканье этом есть некоторая музыкальность. Некоторое подобие марша. Закончив марш, который Водяной выслушал, держа лапы по швам, раки замирают неподвижно.

В о д я н о й. Ну, Солдат, хороша стража?

С о л д а т. Хороша, да в бою попятится.

В о д я н о й. А я их к врагам спиною ставлю. Они думают, что бегут, а сами наступают. Ун йавыркто аторов!

С о л д а т. На каком языке говоришь, Водяной?

В о д я н о й. На рачьем. Слова у них те же, только их надо говорить, как рак ползет — задом наперед. По-вашему — раки, по-ихнему — икар. По-вашему — открывай ворота, по-ихнему — йавыркто аторов. Понял?

С о л д а т. Ляноп.

В о д я н о й. Ун, икар!

Раки расходятся, тянут за собой зыбкие створки ворот. Ворота открываются с шумом, похожим на шум прибоя. Раздается музыка, в которой явственно слышится шипение змей, жужжание комаров, плеск воды, кваканье лягушат. Водяной со своими спутниками входит в длинный-длинный сводчатый коридор. Зеленоватые стены его чуть светятся. Тут нет углов, нет крутых поворотов — коридор тянется, вьется, как речка, изгибается, извивается. И не то он ведет путников в глубь дворца, не то кружит их и вертит на месте, словно омут. И множество полупрозрачных, словно стеклянных, а может быть, из особенной волшебной воды дверей, то закрытых, то настежь распахнутых, попадаются путникам. А за дверями все такие же извивающиеся, неведомо куда ведущие зеленоватые коридоры. Водяной поглядывает искоса на путников своих. И глаза его под нависшими, словно водоросли, бровями начинают светиться по-кошачьему. Солдат оглядывается.

С о л д а т. Что отстаешь, Ваня? Или устал?

В а н я. Нет, дядя Солдат, не устал. А словно относит в сторону течение.

С о л д а т. Иду к тебе.

Он делает шаг к Ване.

Но Водяной вырастает до самого сводчатого потолка. Он простирает свои огромные ручищи, шевелит пальцами и, словно вихрь, проносится по коридору. Ваню откидывает к стене. Но Солдат идет против вихря, согнувшись, идет прямо к Ване на выручку. Водяной рявкает:

— Туманы!

И тотчас же из всех дверей, из-за всех поворотов влетают, вползают толпой, вваливаются полупрозрачные белые существа, сонные, пошатывающиеся.

В о д я н о й. Разлучить гостей! Пусть поодиночке бродят!

И туманы послушно окружают, обволакивают Ваню и Солдата.

— Дядя Солдат! — кричит Ваня.

И туманы открывают свои огромные рты. И каждый из них повторяет Ваниным голосом:

— Дядя Солдат! Дядя Солдат! Дядя Солдат!

Со всех сторон слышит теперь Солдат зов мальчика.

— Иду! — отвечает Солдат.

И туманы повторяют его голосом множество раз, словно эхо:

— Иду, иду, иду, иду!

И Ваня сбивается с пути, бежит прочь от Солдата.

— Сюда! — зовет Солдат.

— Сюда, сюда, сюда! — повторяют туманы и уводят Ваню в самую глубь коридоров подводного царства.

Потерялся Солдат, исчез Ваня. Туманы рассеиваются. Водяной стоит, посмеиваясь.

В о д я н о й. Вот то-то и есть! С кем связались, мышки сухопутные! Бродите, бродите! В одиночку-то страшнее, авось станете посмирнее. Квак! Беги за ними следом. Трави, гони, пугай!

———

Ваня идет сводчатыми коридорами. Зовет:

— Дядя Солдат!

Тишина. Даже эхо не отвечает мальчику. Он останавливается, задумывается. Выдергивает из своего пояса цветную шелковинку.

— Шелковинки-то цветные, а глаза у Солдата острые. Он приметит, поймет, кто это тут проходил и ему знак оставил.

И он обвязывает шелковинкой камушек, лежащий на песчаном полу коридора. Через несколько шагов повторяет он то же самое. Коридор, которым идет Ваня, кончается тупиком. В тупике три двери. Они полупрозрачны. И на всех трех дверях надписи, выложенные из разноцветных ракушек.

В а н я *(читает).* Дожди обложные.

Он заглядывает в дверь. И видит: низко-низко спустились тучи. И моросит, моросит дождь. Лужи тускло блестят под тучами. Ваня подходит ко второй двери. На ней надпись: ДОЖДИ ПРОЛИВНЫЕ. И ничего не разглядеть — сплошные потоки бегут по прозрачным дверям. Он подходит к третьей двери. На ней надпись: ДОЖДИ ГРИБНЫЕ. Ваня заглядывает. Весело блестят на солнце косые струи нечастого дождика.

В а н я. Вот куда пойду, все-таки солнышко!

Мальчик открывает дверь и входит в просторную пещеру. В сводах ее широкие окна — в них-то и светит солнце. Под высокими сводами пещеры ходят тучки. Мальчик бежит весело под дождем. Вдруг шевелится впереди земля, и из-под нее выглядывает красная шапка в белых лоскутах. Ваня останавливается. И перед ним вырастает мухомор с него ростом.

В а н я. Недаром говорится — растет как грибы. Смотри, какой быстрый.

Он поворачивается, чтобы обойти мухомор, но тотчас же перед ним вырастает второй. Он делает шаг назад — и едва не падает. Из-под самых его ног вырастает третий. И четвертый. И пятый. И шестой. И седьмой. Нет мальчику хода. Куда ни ступит — из-под земли поднимается ядовитый красноголовый гриб. Смеющаяся зеленая морда Квака, мелькнув между мухоморами, мгновенно исчезает.

В а н я. Вот беда какая! Эй! Хозяин грибной! Гриб боровик! Никогда я вашего брата не обижал! А когда брал, то корешок в земле оставлял, чтобы вы росли, не переводились. Помогите мальчику! Видите — сколько мухоморов на меня одного! Отравят они меня, бедного!

И тотчас же Ваня, словно чудом каким, поднимается в воздух. Он вглядывается под ноги и видит, что стоит на шляпе великолепного боровика, что пришел ему на выручку, вырос под ним и поднял вверх. И за красными в белых лоскутках шапками мухоморов Ваня видит второй боровик. Он прыгает прямо на него. Но едва он хочет перепрыгнуть на третий, как мухоморы вырастают вдруг чуть не с дерево. Вырастает и боровик. Ваня прыгает. И срывается. Но не успевает упасть на землю. Розовая сыроежка вырастает и подхватывает Ваню на лету. Гул, шум. Дрожит земля. Строем вырастают из-под земли подберезовики. За ними — подосиновики. Не дают пробраться мухоморам к Ване. Он бежит по проходу, что образовался между грибами-защитниками. Добегает до двери. Кричит:

— Спасибо, друзья!

И словно из-под земли отвечают ему негромкие голоса грибов-друзей:

— На здоровье!

Квак грозит боровикам кулаками. Снова бежит Ваня по коридору. Обвязывает цветными шелковинками то раковину, то камень, то выступ на стене. Мелькает за поворотом Квак. Он указывает на мальчика кому-то невидимому. Раздается негромкий двойной свист. Ваня оглядывается и видит, что за ним вдогонку мчатся две рыбы. Они останавливаются прямо перед Ваней, глядя на него своими круглыми глазами. И, вильнув хвостами, вдруг поворачиваются, уносятся обратно. Ваня идет дальше. Вдруг снова позади раздается двойной негромкий свист. Но теперь к нему прибавился низкий дрожащий тревожный трубный рев. Мальчик оглядывается — и бросается бежать со всех ног. Две рыбки мчатся за ним в погоню и ведут за собой огромную акулу. Вот-вот, сейчас, сейчас нагонят они мальчика. Ваня бросается ничком на песчаный пол коридора. Преследователи с разгона пролетают мимо. А мальчик вскакивает и мчится в обратном направлении. Сворачивает в одну из раскрытых дверей. Попадает в новый коридор, во всем похожий на прежний. Снова раздается за его спиной двойной свист, трубный рев. Акула и ее лоцманы напали на след. А коридор кончается тупиком с одной дверью. И на двери этой — выложенная из разноцветных ракушек надпись всего в одно слово: ЛЬВЫ. Ваня открывает дверь решительно. Захлопывает ее за собой. Он в огромной подводной пещере. Куда ни глянь — скалы высятся на песке. У самой двери стоит, склонившись, большой камень. Склонившись в сторону двери, Ваня бросается на колени. Подрывает песок под камнем. Потом наваливается на него плечом. И камень повинуется. Падает всей своей тяжестью на дверь. И как раз вовремя. Акула уже тут. Ваня видит ее сквозь прозрачные створки. Квак появляется возле акулы. Пробует открыть дверь — но тщетно. А мальчик уже уходит, скрывается за скалами. Квак грозит ему кулаком вслед. Делает знак лоцманам. Уносится по коридору прочь огромными прыжками. Лоцманы и акула послушно летят за ним.

Солдат мерным, ровным, походным своим шагом шагает — раз-два, раз-два, раз-два по сводчатому коридору. И вдруг останавливается. Вглядывается. Замечает камушек, обвязанный цветной шелковинкой. Поднимает. Кивает головой. Шагает, глядя на пол, от шелковинки к шелковинке. Но вот след теряется с того места, где появилась акула. Солдат вглядывается в следы на песке. Бормочет:

— Вот тут он упал.

— А тут назад повернул!

— А тут бегом бежал!

И след приводит его к двери с надписью: ЛЬВЫ. Солдат наваливается на дверь всем плечом. Но и ему не открыть заваленной камнем двери.

— Что делать?

Оглядывается. Видит на песке большую раковину, блестящую, словно отполированную, с розовыми краями. Поднимает ее. Прикладывает ее к уху. И мы слышим вместе с ним то, что слышит любой, приложивший к уху раковину: ровный-ровный непрерывный шорох.

С о л д а т. Раковины, раковины-сестрицы! Я знаю — как бы вас ни разбросала судьба, вы всю свою жизнь между собой перешептываетесь. Вы знаете все, что в подводном дворце творится! Где мальчик Ваня? Ответьте, сестрицы.

Сначала слышит Солдат все тот же непрерывный шорох. Но вот в него вплетаются слова:

— Ты от всего сердца спросил, и мы тебе от всего сердца ответим. Слушай да шагай. Шагай да слушай. Раз-два! Раз-два!

Солдат послушно шагает.

Ваня идет по песку между скалами. Вздрагивает от всякого звука. Оглядывается. Никого не видно, ничего не слышно.

В а н я. Где же они, львы-то?

И сдавленный, хриплый голос отвечает ему:

— Мы тут!

Мальчик вздрагивает, оглядывается — никого! Неужели это ему почудилось? Но тот же хриплый, сдавленный голос повторяет:

— Поиграй с нами.

— А где вы?

Молчание.

— Где вы?

Г о л о с. Не знаю, как сказать по-человечески. Поиграй с нами. Вот мяч.

И к ногам мальчика падает сверху туго скрученный круглый, как мячик, ком морской травы. Ваня поднимает голову. На него со скалы глядят три черные лоснящиеся башки. Одна большая, другая поменьше, а третья — совсем маленькая.

В а н я. А где же львы-то?

И обладатель самой большой головы отвечает:

— Это мы. Я морской лев.

— А я морская львица! — отвечает средняя башка.

— А я морской львенок! — отвечает младший. — Поиграй с нами. Мы людей любим.

Ваня поднимает туго стянутый ком травы, превращенный неведомым каким-то мастером в мяч, швыряет вверх. И тотчас же морской лев отбивает его носом.

— Еще, еще! — просят звери.

Поиграв со львами, Ваня спрашивает:

— А не знаете ли вы, друзья, как найти мне друга Солдата?

— Не умеем сказать по-человечески, — отвечают львы хором.

В а н я. Ну тогда я сам пойду поищу. Прощайте.

Вдруг лев поднимает свое грузное туловище, вглядывается куда-то. То же делает и львица. Львенок стоит ровненько, как овечка. Он тоже что-то увидел.

Л ь в е н о к. Не бойся. Папа тут! Мама тут. При них нечего бояться.

Ваня взглядывает туда же, куда и львы, и невольно делает шаг назад. Между скалами двигается прямо на него огромный осьминог. Все его восемь ног обуты в сафьяновые сапоги. На голове вышитая шапка. Но чудовище не кажется от этого менее страшным.

Л е в. Скажи ему — «смирно»!

— Смирно! — кричит Ваня.

И к величайшему удивлению его, чудовище послушно останавливается.

Л ь в е н о к. Скажи ему — «служи»!

В а н я. Служи!

И, к величайшему удивлению, осьминог садится и поднимает четыре из восьми ног кверху.

Л ь в и ц а. Скажи ему — «на место»!

В а н я. На место!

Осьминог немедленно выполняет приказ и удаляется в ту сторону, откуда пришел.

В а н я. Осьминог-то ученый?

Л е в. Ученый.

В а н я. А кто его учил?

Л ь в е н о к. Наша подруга девочка Аленушка. Она и нас научила по-человечески.

В а н я. Откуда же здесь, в подводном царстве, девочка?
Л е в. Не умеем сказать по-человечески.
Л ь в е н о к. Еще не все слова затвердили. Поиграй с нами.
В а н я. И рад бы, да нельзя. Побегу дядю Солдата искать!
Мальчик бежит между скалами. Издали-издали доносится голос львенка:
— Приходи, поиграй с нами! Мы людей любим!
Вдруг на одной из скал появляется Квак. Он указывает на пробегающего мимо Ваню. И тотчас же раздается двойной свист и дрожащий трубный рев. Акула! Мальчик мечется между скалами, но всюду его находит огромная хищница. И вот оказывается он словно в ловушке. Налево и направо — скалы. Позади — стена. Не уйти Ване. Акула по разбойничьему своему обычаю поворачивается кверху животом, чтобы схватить жертву. И вдруг стена возле Вани приходит в движение. Камни, комья глины валятся на песчаный пол пещеры, и в образовавшийся пролом врывается Солдат с топором в руках. Он заслоняет собой мальчика.
С о л д а т. А ну давай сюда, кому жизнь не дорога!
Акула круто взмывает к сводам пещеры и исчезает. Квак прыгает со скалы, удирает огромными прыжками.
С о л д а т. Идем, Ваня. Я знаю теперь, как твою матушку разыскать!
Он уводит Ваню в сводчатый коридор прямо через пролом в стене. Подает ему раковину.
С о л д а т. Спроси, но только от всего сердца — где твоя матушка?
В а н я. Раковинка, раковинка — где моя матушка?
Сначала слышит мальчик то же, что любой приложивший раковину к уху: ровный непрерывный шорох. Но вот в шорох этот вплетаются слова:
— Ты нас от всего сердца спросил, а мы тебе от всего сердца ответим. Смелей иди, во все стороны гляди. Иди, иди, во все стороны гляди.
Ваня шагает, приложив раковину к уху. Солдат — за ним.

Огромная подводная пещера. Зеленоватые полупрозрачные своды ее поддерживаются множеством витых колонн, похожих на застывшие фонтаны. На возвышении стоит трон. Огромный ковер покрывает всю стену позади него. Водяной забрался с ногами на трон. Задумался. Почесывает затылок. Мигает своими зелеными глазищами, словно старается что-то вспомнить. Вбегает Квак. Валится в ноги Водяному.

В о д я н о й. Говори! Напугал их? Ну? Где Солдат? Где мальчишка?

К в а к. Разыскали друг друга, бегут прямо к Марье-искуснице.
Водяной вскакивает.

В о д я н о й. Бежим наперерез!

Солдат и Ваня спешат изо всех сил. А раковина торопит, торопит:

— Вперед, живей, а теперь правей, а теперь левей, живей, живей, как бы нас не обогнали!

Солдат и Ваня сворачивают в коридор. Он кончается тупиком. В тупике огромная чугунная тяжелая дверь, запертая висячим замком.

Р а к о в и н а. Стой, пришли!

Солдат достает из своего дорожного мешка топор. Замахивается обухом, ручища перехватывают его руку. Водяной выступает из мглы.

С о л д а т *(спокойно)*. Отойди, Водовоз, ушибу!

В о д я н о й. А зачем ты замок ломаешь? Он, чай, денег стоит!

С о л д а т. За дверью этой Марья-искусница.

В о д я н о й. Не верь сплетням! Эй вы, сестрицы-сплетницы! Прочь из дворца на берег, а то растопчу!

Шорох, шум, звон. Раковина вырывается из Ваниных рук, взвивается к сводчатому потолку, улетает. А за нею — все раковины, разбросанные по песчаному полу коридора.

В о д я н о й. Вот так-то у нас будет потише.

Он достает из складок одежды связку ключей.

В о д я н о й. Никого за этой дверью нет. Гляди!

Он отпирает висячий замок. Дверь распахивается с печальным протяжным звоном. Ваня вбегает в подводную темницу. Пяльцы стоят посреди пещеры, но исчез Ванин портрет. Исчезла и Марья-искусница.

Солдат обходит пещеру. Никого. Пропала узница. Водяной глядит на Солдата во все глаза.

В о д я н о й. Вот задал ты мне задачу. Что мне с тобой делать? Убить разве?

С о л д а т. Только попробуй. Проведают об этом друзья мои, старые солдаты, и такое с тобой сделают, что тебе небо покажется с овчинку. А земля с горошинку.

В о д я н о й. Чего же ты от меня хочешь?

С о л д а т. Забыл?

В о д я н о й. Забыл. Так ты меня озадачил, что у меня ум за разум зашел.

С о л д а т. Должен ты показать нам всех своих слуг и служанок. Узнаем мы Марью-искусницу — наше счастье. Не узнаем — твоя взяла.

В о д я н о й. Ну, делать нечего. Будь по-вашему. Идем!

Водяной входит в свою пещеру с троном, витыми колоннами, огромным ковром позади трона. Солдат и Ваня следом. Водяной усаживается на трон. Квак вырастает перед ним, ждет приказаний.

В о д я н о й. Ну что ж, рыбки мои золотые, гости мои дорогие. Давайте слуг моих смотреть. Авось найдете, что ищете. Квак! Зови моих слуг всех по очереди, по старшинству. Да смотри, никого не пропускай, а то гости обидятся!

Квак исчезает в зеленой полутьме и возвращается, сопровождаемый стариком в зеленых очках. На ногах у него богатые, обшитые жемчугом сапоги, но сшиты они так, что пальцы ног выглядывают наружу.

В о д я н о й. Вот первый мой слуга, главный казначей Алтын Алтынович! Сколько у меня, Водяного, сундуков с золотом?

Казначей считает, орудуя пальцами рук и ног. И сообщает:

— Невесть сколько да сверх три штучки.

В о д я н о й. А посуды золотой и серебряной?

К а з н а ч е й. Огромное количество с половиной.

В о д я н о й. Видали? Мудрый старик. Все науки превзошел. Все знает. Эй, старик! Сколько будет семью восемь?

К а з н а ч е й. Много!

В о д я н о й. Правильно! Ну, Солдат, этого слугу ты у меня требуешь?

С о л д а т. Оставь его себе.

В о д я н о й. Ступай, Алтын Алтынович. Нужно будет — позову. Квак! Зови следующих!

Алтын Алтынович исчезает. Появляются существа, у которых вместо пальцев рыболовные крючки, вместо носа гарпуны.

В о д я н о й. А вот мои охотнички! Все доморощенные, из оборвавшихся крючков да потерявшихся гарпунов я их вырастил. Объясните, охотнички мои цепкие, в чем ваша сила.

О х о т н и к и *(негромко, хором).* От нас никакая добыча не уйдет. У нас на каждую увертку особый крючочек найдется. Кто к нам попал — тот пропал.

В о д я н о й. Слышал? Ну, Солдат? Эти ли слуги тебе нужны?

С о л д а т. Оставь их себе, Водяной.

В о д я н о й. Ступайте, охотнички. Нужно будет — позову. Квак, зови следующих!

Перед троном вырастает большой белый цветок. В пещере становится все светлее и светлее. Музыка, звон колокольчиков, журчание ручья. Цветок раскрывается. То, что казалось его лепестками, — на самом деле крошечные, с мизинец величиной, девочки в белых платьицах. Смеясь, они то склоняются низко и снова превращаются в цветок, то откидываются и оживают. Музыка делается веселей, громче, свет вспыхивает еще ярче. Девочки соскакивают на гладкий, словно стеклянный, пол пещеры, пляшут, высоко взлетая.

В о д я н о й *(умиленно)*. Ну, что скажешь? Каковы мои русалки доморощенные? Я их сам своими руками вырастил из бабочек, что летом падают в воду. Играют русалочки, смеются, танцуют, домой не просятся. Им и тут славно. Видишь, непослушный мальчишка, как себя хорошие дети ведут. Играют, да и только. Да ты оглох, что ли? Тебе говорю! Ванька!

Но Ваня вскрикивает вдруг так, что Водяной подпрыгивает на своем троне, а русалочки сбиваются в беспорядочную толпу. В пещере стало светло, ясно виден теперь ковер, висящий позади трона.

В а н я. Глядите, глядите, люди добрые! Это мама ковер соткала! Вон наш домик! Вот наш садик! Люди добрые, помогите! Мама моя тут, возле. Мама, мама, где ты! Отзовись!

— Музыка, играй! — кричит Водяной.

И тотчас же [музыка] начинает играть, звенят колокольчики. Снова заводят русалочки свой веселый танец. Ваня бросается к ним.

В а н я. Русалочки, вы ведь тоже дети — помогите! У меня мама пропала! Я рядом с вами просто великан. Вы маленькие, вы здешние, вы везде проскользнете! Помогите! Разыщите мою маму.

Русалочки удивленно пересмеиваются, не бросают своей веселой пляски.

В а н я. Девочки, да неужели вы не понимаете меня?

И тогда одна из русалочек, покрупнее других, говорит жалобно:

— Не мучай ты нас, мальчик! Мы бы и рады тебя понять-пожалеть, да не можем. Ведь мы не люди, а бабочки, что с нас возьмешь.

— Русалочки — домой! — приказывает Водяной строго.

И тотчас же русалочки покорно бегут к широкому зеленому стеблю, с которого соскочили, и, взявшись за руки, превращаются в цветок. И он исчезает, и замолкает музыка, и в пещере снова воцаряется полумрак.

В о д я н о й. Вот вам и все. Всех вы моих слуг и служанок видели. И довольно.

С о л д а т. А вот не довольно. Подавай нам мастерицу, которая тебе соткала этот ковер.

В о д я н о й. Ковер я в прошлом еще году купил на подводной ярмарке в Ледовитом океане.

В а н я. А вот и неправда! В позапрошлом году мама дома была!

С о л д а т. Довольно с нами шутить, Водяной! Ты показал нам слуг своих доморощенных. Показывай пленницу, что на тебя работает, а то худо тебе придется.

В о д я н о й. Ну, делать нечего. Будут вам вечером и пленницы.

С о л д а т. Что так нескоро?

В о д я н о й. Я пленниц возле дворца не держу. Беспокойно. Они у меня разосланы по дальним болотам, по глубоким трясинам. Пока их во дворец пригонят, вы отдохните, гости дорогие. Эй, Квак, проводи гостей.

Квак ведет гостей коридорами. Охотники с крючковатыми ручищами, раки с огромными клешнями провожают их.

С о л д а т. Это для чего же ты столько стражи пригнал?

К в а к. А квак, квак, квак же иначе! Для почету.

Все шествие останавливается у двери, такой прозрачной, словно ее нет вовсе. Квак отпирает дверь. Вводит гостей в просторную горницу, убранную по-людски. Тут и изразцовая печь с лежанкой, и стол, покрытый вышитой белой скатертью, и скамейки. Только пол песчаный. На столе пироги, горячие блины — пар идет. Кувшины с квасом.

К в а к. Отдыхайте, гости дорогие, блины кушайте, кваква-квас пейте.

С о л д а т. Спасибо. Блин — не клин. Брюхо не расколет. Да ты что — никак нас на ключ хочешь запереть?

К в а к. А квак же иначе? Акулы заплывут, они блины любят. Осьминог заползет — он до пирогов охотник. Обидеть могут!

И щелк, щелк, щелк — запирает Квак гостей на семь оборотов и исчезает.

Водяной сидит на кресле. Казначей и охотники почтительно стоят перед ним.

В о д я н о й. Ну, слуги мои верные, сами видите, каких гостей нам течением занесло. Страхом их не возьмешь. Думайте, думайте, как горю помочь! Говори ты, казначей Алтын Алтынович! Ты все науки превзошел!

К а з н а ч е й. По-моему, их надо озолотить.

В о д я н о й. Как так — озолотить?

К а з н а ч е й. А пустить их в нашу сокровищницу. Выбирайте, мол, что хотите! Они не удержатся. Набьют карманы жемчугами, кораллами — и готовое дело. Разбогатеют — присмиреют. Это уж как дважды два — пять!

В о д я н о й. Ишь ты какой! Чай, мне жемчуга жалко!

К а з н а ч е й. И мне жалко! Я до сих пор и грошика из лап не выпустил. Забыл вычитание и деление, а знал только сложение и умножение. Однако делать нечего. Сначала дадим, а потом авось и отнимем.

В о д я н о й. Ладно, попробуем, так уж и быть. Ну а коли это не поможет? А если они разбогатеют и рассвирепеют?

К а з н а ч е й. И это случается.

В о д я н о й. А тогда что делать будем?

К а з н а ч е й. Думать надо.

В о д я н о й. Ну, думайте, думайте, только поживей. Времечко-то бежит! Думайте. Думайте!

К а з н а ч е й. Ладно, давайте. Ну, охотнички, охотнички, давайте думать. Раз-два, дружно! Раз-два, взяли!

Все слуги Водяного под команду Казначея сгибаются и выпрямляются, словно волокут какую-то невидимую тяжесть. Думают, все думают, надрываются.

К а з н а ч е й. Ну, ну, охотнички, давайте, давайте, давайте! Еще разик! Еще раз. А вот пошла, пошла, пошла — придумали!

Охотники выпрямляются, утирают вспотевшие лбы.

О х о т н и к и (хором). А придумали, Водяной ты наш батюшка, вот что: уж больно ты нам трудную дал задачу. Нам с нею не справиться.

В о д я н о й. Казню!

О х о т н и к и. Не вели нас казнить, а вели слово молвить. Нам с этой задачей не справиться. Надобно тебе в подземное озеро нырнуть. К самому Карпу Зеркальному. Он все сказки знает, какие есть на земле. Седьмой раз их перечитывает старик.

В о д я н о й. Не люблю я его. Он добрый.

О х о т н и к и. То и хорошо, что добрый, не откажет, посоветует.

В о д я н о й. Ну, быть по-вашему. Нырну. Откройте колодец.

Охотники упираются своими носами-баграми в пол. Поднимают большую четырехугольную плиту посреди пещеры. Оттуда идет пар.

В о д я н о й. Ох, не люблю, признаться, ключевой воды, то ли дело мутная!

Он ходит вокруг колодца, как купальщик по речному берегу. Ежится, пожимается, похлопывает себя под мышками. И, наконец охнув, бросается вниз головой.

В подземном озере у Карпа Зеркального светло, как на земле. Разве только отливает свет синим, словно прошел через чистую ключевую воду. Куда ни глянешь — навалены книги, да какие — с хорошего человека ростом, все в кожаных переплетах, толстые-претолстые, с бронзовыми застежками. Кованые сундуки громоздятся у стен. На узорных деревянных подставках друг против друга две книги. Между книгами замер неподвижно огромный старый карп, читает обе разом, перелистывая страницы плавниками. Левым глазом читает он веселую книгу. Смеется. А правым — печальную. Плачет. Водяной опускается плавно сверху, становится прямо против Карпа.

В о д я н о й. Здравствуй, Карп Карпович...

К а р п. Погоди, дай до точки дочитать. *(Читает одним глазом. Всхлипывает.)* Ох-ох-ох! До чего же печальная у этой сиротки судьба. Одно только утешение, что сказка эта каждый раз, сколько ее ни перечитываешь, кончается хорошо. *(Читает другим глазом.)* Ха-ха-ха! Ай да Иванушка-дурачок. А эта сказка — каждый раз весела, сколько ни читай. Ну, на сегодня довольно. Здравствуй, Водяной!

Закрывает обе книги движением плавников.

В о д я н о й. Здравствуй, Карп Карпович, добрый мудрец, ученый старик.

К а р п. Не так уж я стар. Всего девятый век доживаю!

В о д я н о й. Все-таки не мальчик уже!

К а р п. Ну, это как сказать!

В о д я н о й. Давно я у тебя не был.

К а р п. Ну, как давно. Всего сто лет и три месяца.

В о д я н о й. Никак у тебя с тех пор книг еще прибавилось.

К а р п. А как же! Какие сказки ни приключаются на свете, сейчас же их в книжку да ко мне.

В о д я н о й. Кто же это для тебя старается?

К а р п. Сказку о рыбаке и рыбке знаешь?

В о д я н о й. Как не знать.

К а р п. Так эта рыбка — мне внучка. Она и старается. Балует деда. Ну а теперь поговорили, вокруг покружили — правь прямо. Зачем я тебе, злодею, понадобился.

В о д я н о й. Какой же я злодей! Я за последние сто лет до того присмирел, что на мне хоть воду вози.

К а р п. Правда?

В о д я н о й. А как же! Конечно!

К а р п. Ты смотри, не обманывай меня! Я до того добрые вести люблю, что рад любой поверить.

В о д я н о й. Верь смело, Карп Карпович! Радуйся.

К а р п. Вот это сказка! Спасибо, друг, что нырнул ко мне, порадовал старика. Чем же мне за это отплатить?

В о д я н о й. Нет, нет — ничем.

К а р п. А все же?

В о д я н о й. Вот разве что советом.

К а р п. Говори, что у тебя за беда.

В о д я н о й. Приплыл ко мне из южных морей мой братец семиюродный, чудо-юдо морское.

К а р п. Слыхал о таком. Злой.

В о д я н о й. Куда уж злей. Проведал он, что я добр стал. Пришел и кричит: «Отдавай сейчас же твою любимую служанку Марью-искусницу, пусть она на меня работает». Что тут делать? Я слезы лью, Марья-искусница плачет. Одно только я и выторговал: привезу я ему всех своих слуг и служанок. Пусть он среди них Марью-искусницу сам разыщет. Узнает — его счастье. Не узнает — мое. Что делать?

К а р п. Сейчас подумаем, Водяной.

Он взмахивает хвостом, шевелит плавниками, и книги, лежащие в разных углах подводной пещеры, приходят в движение. Покорные своему хозяину, закрываются книги на узорных подставках, застегиваются их бронзовые застежки, и они уплывают. Новые книги взлетают на их место. Раскрываются. Новые книги все с картинками, и картинки эти живут. Вот мы видим витязя, размахивающего мечом. Змей Горыныч, извергая из ноздрей пламя, носится над ним.

В и т я з ь (*с картинки*). Здравствуй, Карп Карпович! Гляди, сейчас со змеем-злодеем расправлюсь!

К а р п. И поглядел бы, да некогда. Надо Водяного из беды выручать.

Он шевелит плавниками, и страница переворачивается. На новой картинке летят гуси-лебеди, несут мальчика высоко над озером.

М а л ь ч и к. Здравствуй, Карп Карпович! Погляди, как гуси-лебеди несут меня домой!

К а р п. И поглядел бы, да некогда. Водяной, бедняга, помощи ждет.

Снова перелистываются листы книги. И вот открывается картинка: девочка — веселая, смелая, глядит прямо на Карпа Карповича.

К а р п. Гляди, Водяной, — узнаешь, кто это?

В о д я н о й. Что ты, что ты! Откуда мне ее знать.

К а р п. А в сказке говорится, что ловил отец ее рыбу. А ты сети со всем уловом к себе уволок. Рыбак плачет: «Верни мне сети». А ты: «Верну, коли отдашь мне то, чего дома не знаешь».

Д е в о ч к а н а к а р т и н к е. А дома как раз я родилась, Аленушка. И забрал меня Водяной на дно. И выросла я у Водяного в подводном царстве.

К а р п. Вот видишь! А говоришь — не знаю!

В о д я н о й. Ахти мне — запамятовал! Это Аленушка непослушная.

К а р п. Опять не так! Ее зовут Аленушка — золотые руки.

В о д я н о й. Ну, будь по-твоему.

К а р п. Аленушка тебе поможет.

Взмахивает плавниками. Книги закрываются.

К а р п. Замечал небось: человек отражается в воде, как живой.

В о д я н о й. Тебе видней, Карп Карпович, ты у нас ученый.

К а р п. Отражается, отражается, поверь мне. Аленушку — золотые руки вода любит. Пошли ее с Марьей-искусницей на берег озера. А остальное скажу тебе на ушко. А то злодеи подслушают. *(Шепчет на ухо неслышно.)*

В о д я н о й. Вот это славно! Спасибо, Карп Карпович! Бегу!

Водяной поднимается было вверх, но останавливается на полпути. Снова спускается перед Карпом Карповичем.

К а р п. Что забыл?

В о д я н о й. Уж как мы с тобой побеседовали хорошо — подари мне что-нибудь о нашей встрече на память.

К а р п. Ладно. Люблю дарить, я добрый. Чего же тебе хочется?

В о д я н о й. Что пожалуешь.

К а р п. Открой тот сундук, возле которого стоишь. Бери, что понравится.

Водяной открывает сундук. Достает из него связку ключей. Все они серебряные, а один золотой.

В о д я н о й. Что это за ключи?

К а р п. А Синей Бороды. Его жена на память мне подарила. Бери себе.

В о д я н о й. Спасибо. Они мне ни к чему. *(Достает из сундука сапоги.)* А что это за сапоги?

К а р п. А Кота в сапогах. Ему хозяин новые справил.

В о д я н о й. А что это за прялка?

К а р п. А Спящей красавицы. Укололась она об эту прялку да уснула.

В о д я н о й. И что в этой прялке — сила еще осталась?

К а р п. Конечно, вещица подержанная, но все-таки. Усыпить не усыпишь, а ошеломить человека может. Будет человек бродить, словно сонный, ничего не видя, ничего не слыша.

В о д я н о й. Вот это мне и надо. Попробую злодеев я моих усыпить.

К а р п. Попробуй. Помни только: Спящая царевна проснулась, когда ее жених поцеловал. Воин проснется, едва услышит боевую трубу. Работника — работа разбудит. А мать — коли ее сын, погибая, на помощь позовет.

В о д я н о й. Вот спасибо, что научил. Подари мне эту прялку.

К а р п. Делать нечего — бери!

―――

Квак стоит у колодца, ждет. Водяной с прялкой в руках мячиком вылетает из колодца.

В о д я н о й. Ха-ха-ха! До чего же я дураков люблю — это просто удивительно! Научил, надоумил, растолковал и не взял за это ни копеечки!

К в а к. Ха-ха-ха!

В о д я н о й. Нечего смеяться без толку, время терять. Бери прялку, беги к Марье-искуснице. Прикажи ей прясть. Да подтолкни под руку, чтобы укололась.

К в а к. Бегу!

В о д я н о й. Стой! А по пути пришлешь ко мне Аленушку.

К в а к. Она не послушается!

В о д я н о й. А не послушается — я с тебя голову сниму! Беги!

Квак убегает огромными прыжками.

―――

Водяной шагает нетерпеливо среди витых колонн. Квак влетает галопом, кланяется Водяному в ноги.

В о д я н о й. Ну?

К в а к. Как сказано, так сделано.

В о д я н о й. А где Аленушка?

К в а к. Не идет.

В о д я н о й. Силком тащи!

К в а к. А с ней разве справишься?

В о д я н о й. Осьминогу прикажи!

К в а к. Прикажешь! Она его приучила.

В о д я н о й. Как приучила?

В е с е л ы й г о л о с о к. А очень просто!

Водяной вскрикивает и подпрыгивает чуть ли не до потолка.

В о д я н о й. Что это?

Аленушка выходит из-за колонн.

А л е н у ш к а. Это я тебя колючкой уколола.

В о д я н о й. Да как же это ты посмела?

А л е н у ш к а. Сердита я на тебя!

В о д я н о й. Вот я тебя сейчас запру в чулан!

А л е н у ш к а. Только попробуй. *(Зовет.)* Вась, Вась, Вась!

В о д я н о й. Кого зовешь?

А л е н у ш к а. Восьминожка моего ручного. Я ему на каждую ножку скроила по сапожку, на головушку — шапочку. Гляди! Вася, сюда бегом!

Появляется осьминог.

А л е н у ш к а. Служи!

Осьминог повинуется.

А л е н у ш к а. Вася, дай дяде лапку.

Осьминог двигается прямо на Водяного. Водяной прыгает на трон. Подбирает ноги.

В о д я н о й. Убери его! Я этих чудищ привозных не люблю.

А л е н у ш к а. То-то! Вася — на место.

В о д я н о й. Где пропадала-то?

А л е н у ш к а. Работала! Все озеро прибрала, все ручьи подмела, морским конькам привозным корму засыпала, морским котам молочка налила. Сто золотых рыбок вызолотила, а пятьсот пескарей посеребрила.

В о д я н о й. Хорошо! Хоть ты и норовиста, а работница. За то и держу тебя.

А л е н у ш к а. Держи! Сама живу до поры до времени, потому что выросла тут. Жалею вас, нерях. Вы без меня тиной зарастете. Не тряси бородой!

В о д я н о й. В своем доме я не могу уж и бородой потрясти?

А л е н у ш к а. Не можешь! Я знаю: когда ты бородой трясешь, значит, какую-то хитрость замышляешь!

В о д я н о й. Какая там хитрость! Не до того. Беда у нас. Пришел ко мне из южных морей мой братец семиюродный, чудо-юдо морское. И еще сына привел, наследника. И требует в уплату, чтобы я ему Марью-искусницу отдал.

А л е н у ш к а. Марью-искусницу? Да никогда! Да ни за что!

Матушку мою приемную — и вдруг отдавать? Она меня уму-разуму учит... Без нее я тут вовсе одичаю. Да за ней скоро Иванушка, ее сын, придет.

В о д я н о й. Еще чего?

А л е н у ш к а. А я говорю, что придет. И я с нею на землю уйду.

В о д я н о й. Ай-ай-ай, видишь, как получается нескладно. Придется тебе поработать. Тогда авось мы и выручим Марью-искусницу.

А л е н у ш к а. Опять бородой трясешь?

В о д я н о й. Так это я с горя.

А л е н у ш к а. А ну покажи мне братца твоего семиюродного и его сына. Иначе не будет тебе помощи от меня.

В о д я н о й. Ладно, покажу. Идем!

―――――

Водяной с Аленушкой подходят к покоям гостей. Не доходя до прозрачной двери, Водяной осматривается.

— Погоди! — шепчет он. — Я погляжу, чего они там делают.

Водяной подкрадывается на цыпочках к двери. Заглядывает и видит: Солдат гладит Ваню по голове, хлопает по плечу, успокаивает, утешает. Водяной шепчет едва слышно:

— Помоги мне, кривда-матушка! Прямое покриви, а кривое распрями. Водяной тебя просит, друг твой верный.

И тотчас же гладкая прозрачная дверь, подчиняясь неведомой силе, приходит в движение, колеблется, покрывается волнами и вновь застывает неподвижно. Дверь прозрачна по-прежнему, но застывшие волны искажают, словно кривое зеркало, все, что мы видим за нею. Водяной зовет Аленушку.

— Иди, полюбуйся!

Она подбегает к двери. Смотрит. Солдат утешает Ваню, расспрашивает его, наклоняется к нему. Аленушка не слышит ни слова, но видит настоящих страшилищ. И Солдат и Ваня чудовищно изменяются при каждом движении. Солдат гладит Ваню.

— Гляди, гляди, — хихикает Водяной. — Отец сына за волосы дерет.

Аленушка отходит от прозрачной двери.

А л е н у ш к а. Ну и чудища. Ты — хорош, но они еще страшней. Говори, что делать. Как будем Марью-искусницу спасать!

В о д я н о й. Замечала небось, человек отражается в воде, как живой.

А л е н у ш к а. И не только человек — все отражается.

В о д я н о й. Нам до всего дела нет. Поведи ты Марью-искусницу на берег озера. И там... Остальное на ухо скажу. А то злодеи подслушают.

Водяной шепчет Аленушке на ухо признание свое и при этом разводит руками, вертит глазищами и трясет вовсю бородой.

В о д я н о й. Все поняла?

А л е н у ш к а. Все как есть.

В о д я н о й. Беги скорей.

Аленушка убегает.

В о д я н о й. Квак, беги за ней следом, гляди, чтобы все было в порядке, а как дело будет сделано, гляди, не пускай Аленушку в мои покои. Пусть приведет она кого надо, и все тут. Ее не пускай, а то голову сниму. Беги!

Квак убегает огромными прыжками. Водяной посмеивается.

— Молода еще ты против меня, — бормочет он. — Ловко обманул девчонку. Лихо очернил гостей. Против кривды никто не устоит. Спасибо тебе, кривда-матушка.

Дверь снова делается плоской и гладкой. С милостивой улыбкой открывает Водяной замок.

В о д я н о й. Здравствуйте, осетры мои благородные! Отдохнули, детки?

С о л д а т. Отдохнули! Сил набрались. Пора бы и за работу. Веди нас к Марье-искуснице.

— Всему свое время, рыбки мои серебряные, — отвечает ласково Водяной. — Потерпите маленечко, и Марья-искусница сама к вам придет. Сердишься, Солдат?

— Сержусь, Водяной!

— Ах ты, мой конь морской, норовистый! — улыбается Водяной. — Ты сердишься, а я добр. Идем в мою сокровищницу.

Водяной, Солдат и Ваня входят в сокровищницу. Казначей низко кланяется. Сундуки с золотом и драгоценными камнями стоят бесконечными рядами, скрываются в зеленой мгле. Золотые и серебряные блюда, кувшины, чаши стоят на полках от потолка до пола.

— Видишь, Солдат, какой я великолепный Водяной! — хрипит он. — Ходи не спеша, выбирай подумавши. Все твое — чего ни пожелаешь.

Солдат не спеша идет по сокровищнице. Возьмет золотое блюдо, постучит — звон пойдет по сокровищнице. И положит на место. Возьмет горсточку драгоценных камней, перебросит с ладони на ладонь — блеск пойдет по сокровищнице. И высыпает Солдат камни обратно в ларец. Казначей удивляется.

Аленушка в темной подводной пещере. Здесь теперь спрятана Марья-искусница. Марья-искусница сидит за прялкой посреди пещеры. Глаза полузакрыты. Она и не глядит на пришедшую.

А л е н у ш к а. Матушка! Что с тобой сталось? Ты больна?

М а р ь я - и с к у с н и ц а. Как будто и не больна.

А л е н у ш к а. А ты меня слышишь?

М а р ь я - и с к у с н и ц а. И слышу, и нет. И что ни час — то темнее.

А л е н у ш к а. Квак, что вы с ней сделали?

К в а к. Это не мы! Это чудо-юдо морское околдовало ее, чтобы она стала послушней.

А л е н у ш к а. Ничего, моя родная, ничего, ничего. Мы тебя разбудим, спасем!

Она берет Марью-искусницу за руку, тащит ее к выходу. Та идет покорно. По коралловой лестнице выходят они на землю. Тропинка вьется между огромными дубами. Аленушка ведет Марью-искусницу по тропинке. Квак прыгает следом. Аленушка и Марья-искусница становятся на самом берегу. Они отражаются в спокойной воде ясно, как в зеркале. Аленушка наклоняется над водой. Она плавно поводит руками. Тихий гул. Глухая негромкая музыка.

— На берегу Марья, — говорит Аленушка, — и в воде Марья.

И она показывает на отражение женщины в воде.

— На берегу Марья живая, а в воде Марья водяная. Вода, вода, отдай, что взяла. Оживи, Марья водяная, выйди на берег! Раз, два! Три! Четыре! Пять! Шесть! Семь! Будет!

И, повинуясь заклинанию, семь раз оживают отражения, семь женщин поднимаются из пруда на берег, одна за другой. Все семеро похожи друг на друга, как семь капель воды. Они становятся возле Марьи-искусницы.

Солдат и Ваня идут по сокровищнице.

— Обижаешь, Солдат! — говорит Водяной вкрадчиво. — Ничего не берешь! Выбирай, приказывай!

Солдат вдруг останавливается. Пристально смотрит в темный угол. Там стоит простой некрашеный деревянный стол. На большом этом столе лежат гусли, полотенце и деревянный гребень. Разглядывает гусли внимательно. Потом тщательно, как хорошая хозяйка на рынке, рассматривает, ощупывает полотенце. На полотенце вышит серебром косой дождик и над ним, шелком, радуга. Проверяет на свет гребень.

— Беру! — говорит он решительно.

Водяной переглядывается с Казначеем.

— Да ты что, батюшка, надсмехаешься! — кричит Казначей. — Эти вещички меньше полушки стоят! Они у меня на левом мизинце значатся, да и то на самом ноготке! Старье! Лежат тут две тысячи лет, неведомо откуда взялись! Выбросил бы, да скупость проклятая не позволяет. Возьми лучше золото!

— Эти вещички мне нужны! — отвечает Солдат. — Ведь это гусли-самогуды. Они кого хочешь развеселят. А гребень да полотенце всегда в дороге пригодятся.

И Солдат вешает гусли на пояс, а гребешок и полотенце укладывает в ранец.

С о л д а т. Идем! Ничего больше не возьму!

В о д я н о й. Экий ты, братец, несговорчивый. Ну, будь по-твоему. Идем.

Водяной торжественно входит в свою пещеру. Усаживается на трон. По знаку его входят охотники. Алтын Алтынович садится на ступеньки трона. Солдат и Ваня становятся рядышком. Раки строем вползают в пещеру. Окружают своего повелителя.

В о д я н о й *(торжественно)*. Готовьтесь, готовьтесь, гости дорогие. Эй, Квак!

Квак влетает вприпрыжку.

В о д я н о й. Приблизься!

Квак подбегает вплотную к трону.

В о д я н о й *(тихонько)*. Привел?

К в а к. Квак, квак, квак велено, так и сделано.

В о д я н о й. Ну, слушайте, гости дорогие мои! Привел Квак последних моих служанок. Смотреть их смотрите, но только молча. Они голоса человеческого невесть сколько лет не слыхали. Могут помереть. Согласны?

С о л д а т. Ладно, будь по-твоему.

В о д я н о й. Впускай.

Квак громко квакает. Двери отворяются настежь, и появляется не спеша, словно никого не видит она и ничего не слышит, — Марья-искусница, окруженная своими отражениями. Кто из них настоящая Марья-искусница, а кто призрачная? Солдат делает шаг назад, пораженный. Водяной ухмыляется. Ваня вскрикивает было: «Мама!» — но тут же закрывает рот рукой.

В о д я н о й *(торжествующе)*. Вот то-то и есть! Глядите, глядите, пескарики мои простенькие. Глядите, да руками не трогайте и не зовите! Помереть могут!

Ваня бросается к Марье-искуснице и ее спутницам. Мечется от одной к другой. Протягивает руки и отдергивает в ужасе, боясь, что нечаянным прикосновением может и в самом деле убить несчастную свою мать. Вдруг кто-то дергает Ваню за рукав. Аленушка прячется за витой колонной.

А л е н у ш к а. Ваня! Слушай меня во все уши. Иди тихо-тихо мимо всех них. У твоей мамы дыхание теплое, а у всех остальных холодное. Так ты и узнаешь Марью-искусницу.

Ваня повинуется. Тихо-тихо идет он мимо замерших неподвижно женщин. И останавливается вдруг. И вскрикивает радостно:

— Вот моя мама!

И тотчас же остальные с легким звоном расплываются в воздухе, исчезают, как тени.

— Ура! — кричит Солдат оглушительно.

Водяной мигает своими зелеными глазищами. И вдруг разражается таким страшным ревом, что все его слуги с Кваком во главе валятся с ног.

В о д я н о й. Не пущу! Не согласен! Не позволю! Забрать Марью-искусницу — и в подводную темницу!

Аленушка бросается к трону.

А л е н у ш к а. Ты слово дал!

В о д я н о й. Я дал, я и взял. Я своему слову хозяин. Забрать.

С о л д а т. Не спеши, друг наш Водохлеб. Не сердись. Лучше попляши.

В о д я н о й. Ах ты дерзкий! И его забрать!

С о л д а т. Сказать-то легко, а кто первый с места двинется? Выходи под музыку!

Солдат поводит рукой по струнам, и Водяной и слуги его подпрыгивают.

В о д я н о й. Что это такое?

С о л д а т. Я же тебе сказал — попляши. Вот ты и слушаешься.

Снова проводит по струнам рукой. Водяной и слуги его подпрыгивают еще выше.

С о л д а т. Ребята, берите Марью-искусницу за руки. И в путь. Я вас догоню.

Аленушка и Иванушка повинуются. Водяной с ревом бросается за беглецами, но Солдат заводит плясовую. Небыструю, степенную, но до того завлекательную, что Водяной останавливается посреди пещеры. С крайним удивлением глядит на свои ножищи.

В о д я н о й. Эй, ты! Нога! Правая нога — тебе говорю! Стой!

Вместо ответа правая нога, переступая с носка на каблук, лихо пускается в пляс, а за нею и левая. А гусли переходят с пляски медленной и степенной на быструю и отчаянную. Присвистнув и хлопнув ладонью по голенищам, взлетает Водяной чуть не до потолка. Лицо его при этом выражает крайнюю растерянность.

В о д я н о й. Солдат, а Солдат! Положи гусли!

С о л д а т. Будь по-твоему.

Кладет гусли на пол, а они продолжают играть сами собой.

В о д я н о й. Это еще что такое?

С о л д а т. А гусли-самогуды и без меня справятся. Играйте, гусли, не уставайте, Водяному отдохнуть не давайте, в погоню за нами не пускайте! Прощай, Водяной, счастливо оставаться!

Солдат уходит, а Водяной со всеми своими слугами пляшет, прыгает, остановиться не может.

Течение несет Солдата, Ваню, Аленушку и Марью-искусницу прямо к лестнице. Вот взбираются они по коралловым ступеням. Вот бегут, спешат по тропинке между дубами. А Водяной и слуги его пляшут, кто вместе, кто поодиночке.

В о д я н о й. Придумал я, что делать. Сейчас я эти гусли раздавлю.

Он прыгает ногами вперед, прямо на струны, но гусли, словно живые, выскальзывают из-под ног Водяного. Тогда Водяной пытается сесть на гусли всей своей тяжестью, но они тут же спасаются бегством и начинают играть еще веселее, еще неудержимее.

— Помогите! — орет Водяной. — Помогите! Пропадаю! Люди добрые! Помогите!

Каменная плита над колодцем, ведущим к Карпу Карповичу, приходит в движение. Откидывается. И старик выглядывает из колодца.

К а р п К а р п о в и ч. Ты чего на помощь зовешь-то?

В о д я н о й. Помоги, голубчик! Спаси! Останови гусли-самогуды!

К а р п К а р п о в и ч. Остановить их не могу. Они волшебные.

В о д я н о й. Ну меня научи, как остановиться.

К а р п К а р п о в и ч. Не стану. Я на тебя сердит. Ты меня вчера обманул, а я это только сегодня понял. Такую обиду простить невозможно.

Водяной. Карп Карпович! Я больше никогда не буду!

Карп Карпович. Опять, наверное, обманываешь!

Водяной. Ей-право, не обманываю. Помоги. Видишь — я плачу даже, значит, раскаялся.

Карп Карпович. Ну, так уж и быть, научу я тебя, как остановиться. Заткни свои уши, да и только.

Плита закрывается, и Карп уходит в свое подземельное жилище. Водяной и все его слуги затыкают уши. Останавливаются, задыхаясь.

Водяной. Слушайте мое приказание. Немедленно бегите в погоню за Солдатом.

Слуги Водяного стоят неподвижно.

Водяной. Я вам что говорю?

Слуги не двигаются.

Водяной. Что это они? Взбунтовались, что ли? Ох! Понял! Они меня не слышат. В погоню! В по-го-ню!

Он пытается изобразить пальцами, что, мол, надо бежать туда, за беглецами, но никто не хочет его понять. Тогда Водяной подходит к охотникам и силком отнимает их руки от ушей. И тотчас же охотники пускаются в пляс.

— Заткнуть уши! — орет Водяной.

Охотники повинуются и перестают плясать. Но зато и не слышат больше своего повелителя. Водяной ревет оглушительно, так что дрожат своды пещеры. И при этом пляшет так весело, будто он и не разгневан вовсе, а весел, как на свадьбе.

Водяной. Эй, вы! Дожди обложные, проливные и грибные! Отпускаю вас на волю!

Распахиваются двери, за которыми скрывались дожди. Вылетают облака. Блестят частые дождевые струи. И во мгле раздается свирепый голос Водяного:

— Лейтесь, лейтесь, не уставайте, не уступайте. Пусть ручьи станут речками, речки — озерами, а озера — морями. Не выпускайте гостей моих из лесу! Оставьте им островок в три шага длины да в три — ширины. А я, наплясавшись, сам к ним приду.

Рассеивается мгла. Крошечный островок. На нем стоят, прижавшись друг к другу, Ваня, Аленушка, Солдат и Марья-искусница. Льет проливной дождь.

Ваня. Дядя Солдат! Что же делать будем! Мы до самых косточек промокли.

С о л д а т. Ну коли промокли — полотенце поможет!

Он открывает ранец. Достает полотенце, на котором серебром вышит дождь, а шелками — радуга. Взмахивает им широко. Музыка. Радуга, вышитая шелками, растет, солнышко проглядывает через струи проливного дождя, серебрит их. И вот чудо. Радуга стала над озером, что бушует вокруг островка, как море. Один конец радуги упирается в землю, у ног путников, другой — в едва видный противоположный берег.

С о л д а т. За мной! Только держитесь зеленой полосы. Она мягкая, как весенняя трава. Не ходите на синюю — она скользкая, как лед.

Из ранца своего он добывает веревку. Дает спутникам. Ступает на крутую радугу первым. Спутники его, держась за веревку, — следом. Все выше поднимаются беглецы, все выше. Озеро бушует далеко внизу. Иванушка взглядывает вниз. Скользят его ноги по гладкой синей полосе радуги. Он вскрикивает. Вздрагивает Марья-искусница. Но Ваня повисает на веревке, и Солдат успевает подхватить его. Вот путники на самой верхушке.

С о л д а т. А теперь по синей полоске — вниз, как с горки!

Он достает из ранца кусок полотна. Стелет на синей полоске. Садится впереди. И путники весело скатываются вниз на куске полотна, как на санках, на противоположный берег.

Путники идут по степи. Дождь все не прекращается.

А л е н у ш к а. А ну-ка, постойте! Дождевые струи что-то говорят! Я их язык понимаю! Недаром прожила столько лет в водяном царстве.

Она вслушивается.

— Аленушка, Аленушка, пропала ты, Аленушка! Мы все плотины размыли. Летит на вас вода стеной! Уж так тебя водица любит, а потопит! Она своей воли не имеет!

А л е н у ш к а. Дядя Солдат, летит на нас стеной водяной вал! И никто его не остановит! Гляди — вон он!

По степи за беглецами двигается стена воды.

С о л д а т. Надо с гребнем расставаться.

Он достает из ранца гребень. Швыряет высоко вверх. Жужжа, взлетает гребень до самого неба. Но обратно не падает. Он растет, растет — и совершается чудо. Водяной вал разбивается о его подножие и, обессиленный, отступает. Тучи рассеиваются, выглядывает солнце, путники шагают по дороге.

Перед нами тот самый домик, что видели мы вышитым на ковре за троном Водяного. Пусто. Никого не видно в садике. Прихрамывая, оглядываясь, появляется у забора Квак. Свистит тихонечко. Чей-то голос отвечает ему:

— Ква-ква! Кто меня зовет?

К в а к. Это Квак, ква, ква, к вам на поклон прискакал!

Из-под дома вылезает жаба. Прыгает Кваку на плечо.

Ж а б а. Радость какая! Племянник мой родной! Да какой же ты стал большой!

К в а к. Да уж лучше бы поменьше быть. Так дела обернулись, что надо скрыться!

Ж а б а. Хромаешь никак?

К в а к. Захромаешь тут — целый месяц плясал без устали! Где Солдат?

Ж а б а. По ягоды ушел с Аленушкой.

К в а к. А Иванушка где?

Ж а б а. Дома. Сегодня его очередь пол мыть.

К в а к. А Марья-искусница где?

Ж а б а. Бродит все вокруг да оглядывается. Силится вспомнить, бедняга, где она да что с ней. Сейчас по роще бродит.

К в а к. А далеко роща-то?

Ж а б а. А прыжков с тысячу.

К в а к. Вот это нам и надо. Пойду доложу!

Квак исчезает. Из дому выбегает Ваня с ведром в руках. Он откидывает крышку колодца. Наклоняется над ним. И вдруг косматая башка Водяного бесшумно вырастает над срубом. Он хватает мальчика за руки. Ваня отбивается отчаянно. Марья-искусница не спеша бредет по березовой роще. Глаза ее смотрят сонно и безучастно. И вдруг издали доносится отчаянный зов:

— Мама!

Марья-искусница вздрагивает, словно проснувшись.

— Мама! — зовет Ваня еще громче.

Марья-искусница, как ветер, мчится на зов сына. А мальчик уже изнемог в борьбе. Ноги его скользят по влажной земле.

— Мама!

И Марья-искусница бросается на помощь сыну. Она хватает Водяного за руки, Ваня — за бороду, тянут, тянут — и вот чудовище уже лежит на траве. Ваня захлопывает крышку колодца. Вбегают Солдат и Аленушка. Бросают на траву кошелки с ягодами и грибами. Окружают Водяного.

Водяной. Квак, Квак, Квак — на помощь!

Квак выглядывает из-за забора. И тут же прячется.

Квак. Ну уж нет! Довольно! Не желаю больше служить такому злодею, которого вытащили за ушко да на солнышко. Пойду обратно в лягушки.

И Квак уменьшается на наших глазах, уменьшается, пока не превращается в обыкновенную лягушку. Уползает в сторону.

Водяной. Братцы! Я больше не буду! Правду говорю!

Никто не отвечает Водяному, и он делается все меньше да меньше, расплывается и исчезает, как будто его и не было.

Солдат. Вот и нет больше Водяного. Одно мокрое место осталось.

— Иванушка! Аленушка! — зовет Марья-искусница. Обнимает детей.

— Иванушка! Аленушка! Вот мы и вместе!

Солдат. Нет такой злой напасти, которую не победила бы материнская любовь.

Аленушка. И дружба.

Солдат. Да не забудьте еще про мое солдатское упорство!

Марья-искусница. А теперь устроим мы пир на весь мир. Эх, давно я по хозяйству не работала! Соскучилась!

Голоса. А мы-то как соскучились, а мы тоже, а мы-то как рады!

Звон, стук, гул. Окна распахиваются, двери открываются. Деревянный стол выбегает из дверей, ласкается к хозяйке, словно пес. За ним бегут табуретки, как щенята.

Солдат. Хозяйка ожила — весь дом ожил!

Скатерть вылетает из окна. Опускается на стол. Катятся по траве тарелки. Прыгают ножи, вилки.

Марья-искусница. Друг ты наш, Солдат. Голос у тебя звучный, зови гостей. Вот уже и печка сама затопилась. И пироги в духовку прыгают. Зови скорей.

Солдат. Слушаюсь!

И вот он перед нами крупным планом.

Солдат. Друзья, друзья, пожалуйте к нам, к нам на праздник. Как пройти? А очень просто! Шагайте все прямо, прямо, не сворачивая, прямо безо всякого страха. Бойтесь только кривых путей. Прямо да прямо — глядишь, вот вы и у нас на празднике. А пока всем, кто меня видит, всем, кто меня слышит, желаю радостного дня и спокойной ночи.

Николай Чуковский

ВЫСОКОЕ СЛОВО — ПИСАТЕЛЬ

На одном писательском собрании в Ленинграде, в середине тридцатых годов, выступил Евгений Львович Шварц и между прочим сказал:

«Конечно, никому не возбраняется втайне, в глубине души надеяться, что он недурен собой и что кто-нибудь, может быть, считает его красивым. Но утверждать публично: я — красивый — непристойно. Так и пишущий может в глубине души надеяться, что он писатель. Но говорить вслух: я — писатель, нельзя. Вслух можно сказать: я — член Союза писателей, потому что это есть факт, удостоверяемый членским билетом, подписью и печатью. А писатель — слишком высокое слово...»

Он так действительно думал и никогда не называл себя писателем. В советской литературе проработал он лет тридцать пять, но только к концу этого периода стали понимать, как значительно, важно, своеобразно и неповторимо все, что он делает. Сначала это понимали только несколько человек, да и то не в полную меру. Потом это стали понимать довольно многие. И с каждым годом становится все яснее, что он был одним из замечательнейших писателей России.

Мне трудно рассказывать о нем, потому что я знал его слишком близко и слишком долго. Я познакомился и подружился с ним сразу после его приезда в Петроград, в 1922 году, и был у него в последний раз за месяц до его смерти в 1958 году. Я столько пережил с ним вместе, столько разговаривал с ним, наши согласия и разногласия носили такой устойчивый, привычный, застарелый характер, что я относился к нему скорее как к брату, чем как к другу. А никому еще не удавалось написать хороших воспоминаний о собственном брате.

Он родился в 1896 году в Казани и, следовательно, был старше меня на восемь лет. Отец его, Лев Борисович Шварц, учился в конце прошлого века на медицинском факультете Казанского университета и, будучи студентом, женился на Марии Федоровне Шелковой.

Жизни в Казани Евгений Львович не помнил совсем — двухлетним ребенком родители перевезли его на Северный Кавказ, в город Майкоп. Однажды он рассказал мне, что в течение многих лет его мучил один и тот же сон, постоянно повторявшийся. Ему снилась безграничная песчаная пустыня, накаленная солнцем; в самом конце этой пустыни — дворец с башнями, и ему непременно нужно пересечь эту пустыню и дойти до дворца. Он идет, идет, идет, изнемогая от зноя и жажды, и когда наконец до дворца остается совсем немного, ему преграждают путь исполинские кони, грызущие желтыми зубами вбитые в землю деревянные столбы. И вид этих коней был так страшен, что он всякий раз просыпался от ужаса. Как-то раз Евгений Львович, уже взрослым человеком, рассказал этот сон своему отцу. Отец рассмеялся и сказал, что сон этот — воспоминание о переезде из Казани в Майкоп. Они ехали в июле, в самую жару, и на одной станции, где была пересадка, им пришлось ждать поезда целые сутки. Станционное здание — это и есть дворец с башнями. Перед станционным зданием была песчаная площадь, которую им приходилось пересекать, возвращаясь из трактира, где они завтракали, обедали и ужинали. А кони — извозчичьи лошади, привязанные к столбам перед станцией. Годы Гражданской войны Женя Шварц прожил в Ростове-на-Дону. Там он начал писать стихи — по большей части шуточные. Там он служил в продотряде. Там он стал актером. Там он женился.

Первая жена его была актриса Гаянэ Халаджиева, по сцене Холодова, в просторечии — Ганя, маленькая женщина, шумная, экспансивная, очень славная. Она долго противилась ухаживаниям Шварца, долго не соглашалась выйти за него. Однажды, в конце ноября, поздно вечером, шли они в Ростове по берегу Дона, и он уверял ее, что по первому слову выполнит любое ее желание.

— А если я скажу: прыгни в Дон? — спросила она.

Он немедленно перескочил через парапет и прыгнул с набережной в Дон, как был — в пальто, в шапке, в калошах. Она подняла крик, и его вытащили. Этот прыжок убедил ее — она вышла за него замуж.

Они приехали в Петроград в октябре 1921 года. Петроград был давнишней мечтой Шварца, он стремился в него много лет. Шварц был воспитан на русской литературе, любил ее до неистовства, и весь его душевный мир был создан ею. Пушкин, Гоголь, Толстой, Достоевский, Лесков и, главное, Чехов были не только учителями его, но ежедневными спутниками, руководителями в каждом поступке. Ими определялись его вкусы, его мнения, его нравственные требования к себе, к окружающим, к своему времени. От них он унаследовал свой юмор — удивительно русский, конкретный, основанный на очень точном знании быта, на беспощадном снижении всего ложно-торжественного, всегда — тайно грустный и всегда многозначный, то есть означающий еще что-то, лежащее за прямым значением слов. Русская литература привела его в Петроград, потому что для него, южанина и провинциала, Петроград был городом русской литературы. Он хорошо знал его по книгам, прежде чем увидел собственными глазами, и обожал его заочно, и немного боялся, — боялся его мрачности, бессолнечности.

А между тем Петроград больше всего поразил его своей солнечностью. Он мне не раз говорил об этом впоследствии. Весной 1922 года Петроград, залитый сиянием почти незаходящего солнца, был светел и прекрасен. В начале двадцатых годов он был на редкость пустынен, жителей в нем было вдвое меньше, чем перед революцией. Автобусов и троллейбусов еще не существовало, автомобилей было штук десять на весь город, извозчиков почти не осталось, так как лошадей съели в девятнадцатом году, и только редкие трамваи, дожидаться которых приходилось минут по сорок, гремели на заворотах рельс. Пустынность обнажала несравненную красоту города, превращала его как бы в величавое явление природы, и он, легкий, омываемый зорями, словно плыл куда-то между водой и небом.

Приехал Шварц вместе с труппой маленького ростовского театрика, которая вдруг, неизвестно почему, из смутных тяготений к культуре, покинула родной хлебный Ростов и, захватив свои убогие раскрашенные холсты, перекочевала навсегда в чужой голодный Питер. Театрик этот возник незадолго перед тем из лучших представителей ростовской интеллигентской молодежи. В годы Гражданской войны каждый город России превратился в маленькие Афины, где решались коренные философские вопросы, без конца писались и читались стихи, создавались театры — самые «передовые» и левые, ниспровергавшие все традиции и каноны. Театрик, где актером работал Шварц, до революции назвали бы любительским, а теперь — самодеятельным, но в то время он сходил за настоящий профессиональный театр. Характер он носил почти семейный: ведущее положение в нем занимали два Шварца — Евгений и его двоюродный брат Антон, и их жены — жена Евгения — Ганя Холодова и жена Антона — Грима Бунина. Режиссером был Павел Вейсбрем, которого все называли просто Павликом. Остальные актеры были ближайшие друзья-приятели. По правде говоря, в театрике этом был только один человек с крупным актерским дарованием — Костомолоцкий. Это был прирожденный актер, стихийно талантливый, настоящий комик: когда он выходил на сцену, зрители задыхались от хохота при каждом его движении, при каждом слове.

Переехав в Петроград, труппа захватила пустующее театральное помещение на Владимирском проспекте. У нее в репертуаре были три пьесы — «Гондла» Гумилева, «Проделки Скапена» Мольера и «Трагедия об Иуде» Алексея Ремизова. В гумилевской пьесе главную роль — роль Гондлы — исполнял Антон Шварц. Пьеса Гумилева, написанная хорошими стихами, совершенно не годилась для постановки, потому что это не пьеса, а драматическая поэма, и спектакль свелся к декламации, — декламировал больше всех Антон Шварц.

Конечно, театрик этот оказался чрезвычайно неустойчивым и скоро распался. Петроград как бы растворил его в себе. Костомолоцкого заприметил Мейерхольд и взял в свой театр в Москву. Павел Вейсбрем стал ленинградским режиссером и долго кочевал из театра в театр. Ганя Холодова и Грима Бунина тоже много лет работали в разных театрах. Остальные расстались с актерством навсегда. Я не раз потом удивлялся близкому знакомству Жени Шварца с каким-нибудь экономистом, юрисконсультом или завклубом, и он объяснял:

— А это бывший актер нашего театра.

Юрисконсультом стал и Антон Шварц, юрист по образованию. Но страсть к чтению вслух не оставила его. Несколько лет спустя он занялся этим профессионально, бросил свое юрисконсульство и очень прославился как чтец. А Женя Шварц потянулся к литературе. Он как-то сразу, с первых дней, стал своим во всех тех петроградских литературных кружках, где вертелся и я.

Не могу припомнить, кто меня с ним познакомил, где я его увидел в первый раз. Он сразу появился и у серапионов, и у Наппельбаумов, и в клубе Дома искусств. И у серапионов, и в Доме искусств его быстро признали своим, привыкли к нему так, словно были знакомы с ним сто лет.

В то время он был худощав и костляв, носил гимнастерку, обмотки и красноармейские башмаки. Никакой другой одежды у него не было, а эта осталась со времен его службы в продотряде. У него не хватало двух верхних передних зубов, и это тоже была память о службе в продотряде: ночью, в темноте, он споткнулся, и ствол винтовки, которую он нес перед собой в руках, заехал ему в рот.

Шварц стал часто бывать у меня. Жил я тогда еще с родителями, на Кирочной улице.

Родителям моим Женя Шварц понравился, и отец взял его к себе в секретари. И те несколько месяцев, которые Шварц проработал секретарем у отца, сблизили меня с ним еще больше.

Я нередко бывал и у него. Жил он тогда на Невском, недалеко от Литейного, во дворе доходного дома, в маленькой квартиренке с таким низким потолком, что до него можно было достать рукою.

Шварц очень бедствовал и жил в постоянных поисках заработка. Однако в те годы, годы молодости, это его нисколько не угнетало. Все кругом тоже были отчаянно бедны, и поэтому бедностью он не выделялся. Бедны были и все серапионы, с которыми, как я уже говорил, он сблизился сразу после переезда в Петроград. Ему разрешалось присутствовать на их еженедельных собраниях, а это была честь, которой удостаивались немногие. Из серапионов он особенно подружился с

Зощенко и Слонимским. И вот в самом начале 1923 года он затеял с Михаилом Слонимским поездку на Донбасс.

Уехали они из Петрограда вдвоем, а вернулись втроем. Они привезли с собой своего нового друга — Николая Макаровича Олейникова.

Коля Олейников был казак, и притом типичнейший — белокурый, румяный, кудрявый, похожий лицом на Козьму Пруткова, с чубом, созданным Богом для того, чтобы торчать из-под фуражки с околышком. Он был сыном богатого казака, основавшего в станице кабак, и ненавидел своего отца. Все его взгляды, вкусы, пристрастия выросли в нем из ненависти к окружавшему его в детстве быту. Родня его сочувствовала белым, а он стал яростным большевиком, вступил сначала в комсомол, потом в партию. Одностаничники избили его за это шомполами на площади, — однажды он снял рубаху и показал мне свою крепкую спину, покрытую жутким переплетением заживших рубцов.

Первоначальным увлечением Олейникова была вовсе не литература, а математика. У него были замечательные математические способности, но занимался он математикой самоучкой, покупая учебники на книжных развалах. Особенно интересовала его теория вероятности.

В журнал «Забой» Олейникова прислали из губкома. Это было первое его соприкосновение с редакционной работой, с литературой. В редакции «Забоя» он подружился со Шварцем и Слонимским. Когда Шварц и Слонимский стали собираться в Петроград, он решил поехать с ними.

Он показывал мне официальную справку, с которой приехал в Петроград. Справка эта, выданная его родным сельсоветом, гласила: «Сим удостоверяется, что гр. Олейников Николай Макарович действительно красивый. Дана для поступления в Академию художеств». Печать и подпись.

Олейников вытребовал эту справку в сельсовете, уверив председателя, что в Академию художеств принимают только красивых. Председатель посмотрел на него и выдал справку.

Олейникову свойственна была страсть к мистификации, к затейливой шутке. Самые несуразные и причудливые вещи он говорил с таким серьезным видом, что люди мало проницательные принимали их за чистую монету. Олейникова и Шварца прежде всего сблизил юмор — и очень разный у каждого и очень родственный. Они любили смешить и смеяться, они подмечали смешное там, где другим виделось только торжественное и величавое. Юмор у них был то конкретный и бытовой, то пародийный и эксцентрический, вдвоем они поражали неистощимостью своих шуток, с виду очень простых и веселых, но если посмотреть поглубже, то порой захватывало дух от их печальной многозначительности.

Я уже сказал, что первыми произведениями Шварца были шуточные стихотворения, которые он сочинял с легкостью по всякому поводу и без повода. Они далеко не всегда были удачны, да он и не придавал им никакого значения и щедро плескал ими во все стороны. Еще из Ростова привез он целый цикл стихотворений про некоего князя Звенигородского, напыщенного идиота, рассуждавшего самым нелепым и смешным образом обо всем на свете. Одно из стихотворений начиналось так:

> Звенигородский был красивый.
> Однажды он гулял в саду
> И ел невызревшие сливы.
> Вдруг слышит: быть тебе в аду!..

Всем этим своим молниеносным шуточным стихам, основным качеством которых была нелепость, Шварц не придавал никакого значения, и в его творчестве они занимают самое скромное место. Но они оказались как бы зерном, из которого выросла буйная поросль своеобразнейших стихов, расцветших в ленинградской поэзии конца двадцатых и начала тридцатых годов. Кажущаяся нелепость была основным отличительным признаком всей этой поэзии.

Наиболее непосредственное влияние шуточных стихов Шварца испытал на себе Олейников.

Олейников никогда не считал себя поэтом. До переезда в Ленинград он стихов не писал. Но очень любил стихи и очень ими интересовался. В редакции «Забоя» он ведал начинающими поэтами, и наиболее причудливые из их стихотворений переписывал себе в особую тетрадку. У него образовалась замечательная коллекция плохих стихов, доставлявшая его насмешливому уму большое удовольствие.

Помню, что одно стихотворение из этой коллекции начиналось так:

> Когда мне было лет семнадцать,
> Любил я девочку одну,
> Когда мне стало лет под двадцать,
> Я прислонил к себе другу.

В Ленинграде Олейников стал писать стихи, как бы подхватив игру, начатую Шварцем. Стихи его были еще причудливее Шварцевых. Расцвету его поэзии чрезвычайно способствовало то, что они оба — и Олейников и Шварц — стали работать в Детском отделе Госиздата.

Детский отдел Госиздата в Ленинграде в первые годы своего существования был учреждением талантливым и веселым. Возник он примерно в 1924 году. С 1925 года настоящим его руководителем стал Самуил Яковлевич Маршак, вернувшийся с юга в Ленинград.

То была эпоха детства детской литературы, и детство у нее было веселое. Детский отдел помещался на шестом этаже Госиздата, занимавшего дом бывшей компании «Зингер», Невский, 28; и весь этот этаж ежедневно в течение всех служебных часов сотрясался от хохота. Некоторые посетители Детского отдела до того ослабевали от смеха, что, кончив свои дела, выходили на лестничную площадку, держась руками за стены, как пьяные. Шутникам нужна подходящая аудитория, а у Шварца и Олейникова аудитория была превосходнейшая. В Детский отдел прислали практикантом молоденького тоненького студентика по имени Ираклий Андроников. Стихов практикант не писал никаких, даже шуточных, но способностью шутить и воспринимать шутки не уступал Шварцу и Олейникову. Ежедневно приходили в Детский отдел поэты: Введенский, Хармс, Заболоцкий — люди молодые, смешливые.

Олейников писал:

> Я люблю Генриэтту Давыдовну,
> А она меня, кажется, нет.
> Ею Шварцу квитанция выдана,
> Ну а мне и квитанции нет.

Генриэтта Давыдовна Левитина была прехорошенькая молодая женщина. Она тоже служила в Детском отделе, и чаще ее называли просто Груней. Шварц и Олейников играли, будто оба влюблены в нее, и сочиняли множество стихов, в которых поносили друг друга от ревности и воспевали свои любовные страдания.

При Детском отделе издавались два журнала — «Чиж» и «Еж». «Чиж» — для совсем маленьких, «Еж» — для детей постарше. Конечно, Маршак, руководивший всем Детским отделом, руководил и этими журналами. Однако до журналов у него руки не всегда доходили, и настоящими хозяевами «Чижа» и «Ежа» оказались Шварц и Олейников. Никогда в России, ни до, ни после, не было таких искренне веселых, истинно литературных, детски озорных детских журналов. Особенно хорош был «Чиж»: каждый номер его блистал превосходными картинками, уморительными рассказиками, отточенными, неожиданными, блистательными стихами. В эти годы Шварц пристрастился к раешнику. В каждый номер «Чижа» и «Ежа» давал он новый раешник — веселый, свободный, естественный, без того отпечатка фальшивой простонародности, который обычно лежит на раешниках. Олейников участвовал в этих журналах не как поэт и даже не как прозаик, а, скорее, как персонаж, как герой. Героя этого звали Макар Свирепый. Художник — если память мне не изменяет, Борис Антоновский — изображал его на множестве маленьких квадратных картинок неотличимо похожим на Олейникова — кудри, чуб, несколько сложно построенный нос, хитрые глаза, казацкая лихость в лице. Подписи под этими картинками писал Олейников; они всегда были блестяще забавны и складывались в маленькие повести, очень популярные среди ленинградских детей того времени.

Евгений Львович был писатель, очень поздно «себя нашедший». Первые десять лет его жизни в литературе заполнены пробами, попытками, мечтами, домашними стишками, редакционной работой. Это была еще не литературная, а прилитературная жизнь — время поисков себя, поисков своего пути в литературу. О том, что путь этот лежит через театр, он долго не догадывался. Он шел ощупью, он искал, почти не пытаясь печататься. Искал он упорно и нервно, скрывая от всех свои поиски. У него была отличная защита своей внутренней жизни от посторонних взглядов — юмор. От всего, по-настоящему его волнующего, он всегда отшучивался. Он казался бодрым шутником, вполне довольным своей долей, А между тем у него была одна мечта — высказать себя в литературе. Ему хотелось передать людям свою радость, свою боль. Он не представлял себе своей жизни вне литературы. Но он слишком уважал и литературу и себя, чтобы превратиться в литературную букашку, в поденщика. Он хотел быть писателем, — в том смысле, в каком понимают это слово в России, — то есть и художником, и учителем, и глашатаем правды. Тех, кого он считал писателями, он уважал безмерно.

Помню, как летом 1925 года мы шли с ним вдвоем по Невскому, по солнечной стороне, и вдруг увидели, что навстречу нам идет Андрей Белый. Мы заметили его издали, за целый квартал. Белый шел, опираясь на трость, стремительной своей походкой, склонив седую голову набок и никого не замечая вокруг. Он шел сквозь толпу, как нож сквозь масло, на людном Невском он казался совершенно одиноким. Как метеор пронесся он мимо нас, погруженный в себя и не обратив на нас никакого внимания.

Шварц остановился и остановил меня. Мы долго смотрели Белому вслед — пока его не скрыла от нас толпа, далеко, где-то у Главного штаба.

— Он думает, — сказал Шварц, почтительно вздохнув.

Во второй половине двадцатых годов вышла в свет стихотворная сказка Шварца «Степка-Растрепка и Погремушка»[1]. Эта прелестная сказка в стихах для маленьких детей не переиздавалась уже лет тридцать пять, что свидетельствует только о том, как мы не умеем ценить и беречь наши сокровища; она могла бы расходиться каждый год в миллионах экземпляров и весело учить читателей изяществу мысли, телесной и душевной чистоплотности.

Вдруг в литературе возник человеческий голос, мягко, но настойчиво изобличающий грязь, лицемерие, жестокость и говорящий о красоте доброты. Конечно, в «Степке-Растрепке» голос этот был еще очень невнятен; прошли годы, прежде чем он окреп и стал голосом

---

[1] Вероятно, имеется в виду «Война Петрушки и Степки-Растрепки». (*Примеч. ред.*)

«Обыкновенного чуда», «Тени», «Дракона», — голосом, говорящим правду навеки. Шварц как писатель созревал медленно. Как человек он созрел гораздо быстрее, но прошли годы, прежде чем он нашел изобразительные средства, чтобы выразить себя.

В конце двадцатых годов в Ленинграде образовалось новое литературное объединение — обэриуты. Не помню, как расшифровывалось это составное слово. «О» — это, вероятно, общество, «р» — это, вероятно, реалистическое, но что означали остальные составляющие — сейчас установить не могу. Обэриутами стали Хармс, Александр Введенский, Олейников, Николай Заболоцкий, Леонид Савельев и некоторые другие. Не знаю, вступил ли в обэриуты Шварц, — может быть, и не вступил. Насмешливость мешала ему уверовать в какое-нибудь одно литературное знамя. Но, конечно, он был с обэриутами очень близок, чему способствовала его старая дружба с Олейниковым и новая очень прочная дружба с Заболоцким — дружба, сохранившаяся до конца жизни.

Олейников по-прежнему писал только домашние шуточные стихи и не делал ни малейших попыток стать профессиональным литератором. Как бы для того, чтобы подчеркнуть шуточность и незначительность своих произведений, он их героями делал обычно не людей, а насекомых. В этом он бессознательно следовал древнейшей традиции мировой сатиры.

Чем ближе подходило дело к середине тридцатых годов, тем печальнее и трагичнее становился юмор Олейникова. Как-то раз на переломе двух десятилетий написал он стихотворение «Блоха мадам Петрова».

Эта несчастная блоха влюбилась. Чего только она не делала, чтобы завоевать любовь своего избранника:

> Юбки новые таскала
> Из чистейшего пике,
> И стихи она писала
> На блошином языке.
> Но прославленный милашка
> Оказался просто хам,
> И в душе его кондрашка,
> А в головке тарарам.

Разочарованная в своем любимом, блоха мадам Петрова разочаровалась во всей вселенной. Все, что происходит в мире, кажется ей ужасным:

> Страшно жить на этом свете —
> В нем отсутствует уют.
> Тигры воют на рассвете,
> Волки зайчика грызут.
> Плачет маленький теленок
> Под кинжалом мясника,

> Рыба бедная спросонок
> Лезет в сети рыбака.
> Лев рычит во мраке ночи,
> Кошка стонет на трубе,
> Жук-буржуй и жук-рабочий
> Гибнут в классовой борьбе.

И блоха, не перенеся этой жестокости мира, кончает жизнь самоубийством:

> С горя прыгает букашка
> С трехсаженной высоты,
> Расшибает лоб бедняжка.
> Расшибешь его и ты.

В начале тридцатых годов Шварц расстался с Детским отделом. Не он один. Вместе с ним ушли из Детского отдела и Олейников, и Андроников, и Груня Левитина. Ушли и почти все авторы, которые издавались там с самого начала, — в том числе и я.

После продолжительных поисков Шварц нашел свое место в театре, в драматургии.

Мне это показалось неожиданным, хотя, разумеется, ничего неожиданного в этом не было. Шварц начал свой жизненный путь с того, что стал актером, и было это не случайно. Служа долгие годы в Детском отделе Госиздата, он был оторван от театра, но только теперь я понимаю, сколько театрального было в этом самом Детском отделе. Там постоянно шел импровизированный спектакль, который ставили и разыгрывали перед случайными посетителями Шварц, Олейников и Андроников. В этот спектакль, вечно новый, бесшабашно веселый, удивительно многозначный, они вовлекали и хорошенькую Груню Левитину, и Хармса с его угрюмыми чудачествами. И даже на всей продукции Детского отдела за те годы — на удивительных похождениях Макара Свирепого, на неистовых по ритмам и образам стихотворных сказках для трехлетних детей, на журналах «Чиж» и «Еж» — лежит отпечаток неосознанной, но кипучей и блестящей театральности.

Свою работу драматурга Шварц начал со сказок для детского театра. Потом он стал писать пьесы для взрослых, но его пьесы для взрослых — тоже сказки. Он выражал условным языком сказок свои мысли о действительности. Шварц тяготел к сказке потому, что чувствовал сказочность реальности, и чувство это не покидало его на протяжении всей жизни.

Занявшись драматургией, он вовсе не сразу понял, что ему надо писать сказки; он попробовал было писать так называемые «реалистические» пьесы. Но сказка, как бы против его воли, врывалась в них, завладевала ими. В 1934 году он напечатал в журнале «Звезда» пьесу «Похождения Гогенштауфена». Действие пьесы происходило в самом обыкновенном советском учреждении, где служат обыкновенные «реалистические» люди. Например, на должности управделами этого учреждения работала некая тов. Упырева. Странность заключалась только в том, что эта Упырева действительно была упырем, вампиром и сосала кровь из живых людей, а когда крови достать не могла, принимала гематоген.

Подобные его пьесы, например «Ундервуд», имели ограниченный успех, — именно из-за своей жанровой неопределенности. Вся первая половина тридцатых годов ушла у него на поиски жанра, который дал бы ему возможность свободно выражать свои мысли, свое понимание мира. Первой его настоящей сказкой для сцены была «Красная Шапочка». Сделал он ее талантливо, мило, но очень робко. Первым сказочным произведением, написанным Шварцем во весь голос, был «Голый король» (1934). Тут он впервые обратился к сказкам Андерсена, воспользовавшись сразу тремя — «Свинопасом», «Принцессой на горошине» и «Голым королем».

Только четверть века спустя, уже после смерти автора, «Голому королю» суждено было иметь шумный, даже буйный, сценический успех. Запоздалый успех доказал только прочность и жизнеспособность этой пьесы, благородные герои которой, ополчившиеся против бессмертной людской глупости и подлости, поют:

> Если мы врага повалим,
> Мы себя потом похвалим,
> Если враг не по плечу,
> Попадем мы к палачу.

Шварц в пору своей художественной зрелости охотно использовал для своих пьес и сценариев общеизвестные сказочные сюжеты. «Снежная королева» и «Тень» — инсценировка сказок Андерсена, «Золушка» — экранизация известнейшей народной сказки, «Дон Кихот» — экранизация знаменитого романа. Даже в таких его пьесах с вполне самостоятельными сюжетами, как «Дракон», «Обыкновенное чудо», «Два клена», отдельные мотивы откровенно заимствованы из широчайше известных сказок. И при этом трудно найти более самостоятельного и неповторимого художника, чем Евгений Шварц. Его инсценировки несравненно самобытнее, чем великое множество так называемых оригинальных пьес, в которых при всей их «оригинальности» нет ничего, кроме банальностей. Шварц брал чужие сюжеты, как их брал Шекспир, он использовал сказки, как Гете использовал легенду о Фаусте, как Пушкин в «Каменном госте» использовал традиционный образ Дон Жуана. Я слышу голос Шварца, когда в кинокартине «Дон Кихот» студент-медик, леча больного Дон Кихота, говорит: «Подумать только — эти неучи пускали вам кровь по нечетным числам, тогда как современная наука установила, что это следует делать только по четным! Ведь сейчас уже тысяча шестьсот пятый год! Шутка сказать!» Я слышу голос Шварца в каждом кадре, хотя написанный им сценарий — необыкновенно верное и сильное истолкование великого романа Сервантеса.

Пьесы Шварца написаны в тридцатые и сороковые годы двадцатого века, в эти два страшных десятилетия, когда фашизм растаптывал достигнутое в предшествующую революционную эпоху. Сжигались книги, разрастались концентрационные лагеря, разбухали армии, полиция поглощала все остальные функции государства. Ложь, подлость, лесть, низкопоклонство, клевета, наушничество, предательство, шпионство, безмерная, неслыханная жестокость становились в гитлеровском государстве основными законами жизни. Все это плавало в лицемерии, как в сиропе, умы подлецов изощрялись в изобретении пышных словесных формул, то религиозных, то националистических, то ложно-демократических, чтобы как-нибудь принарядить всю эту кровь и грязь. Всему этому способствовало невежество и глупость. И трусость. И неверие в то, что доброта и правда могут когда-нибудь восторжествовать над жестокостью и неправдой.

И Шварц каждой своей пьесой говорил всему этому: нет. Нет — подлости, нет — трусости, нет — зависти. Нет — лести, низкопоклонству, пресмыкательству перед сильным. Нет — карьеристам, полицейским, палачам. Всей низости людской, на которую всегда опирается реакция, каждой новой пьесой говорил он — нет. Верил ли он в свою победу, верил ли, что пьесы его помогут искоренению зла? Не знаю. Однажды он сказал мне:

— Если бы Франц Моор попал на представление Шиллеровых «Разбойников», он, как и все зрители, сочувствовал бы Карлу Моору.

Это мудрое замечание поразило меня своим скептицизмом. С одной стороны, сила искусства способна заставить даже закоренелого злодея сочувствовать победе добра. Но, с другой стороны, Франц Моор, посочувствовав во время спектакля Карлу Моору, уйдет из театра тем же Францем Моором, каким пришел. Он просто не узнает себя в спектакле. Как всякий злодей, он считает себя справедливым и добрым, так как искренне уверен, что он сам и его интересы и являются единственным мерилом добра и справедливости.

Верил ли Шварц в возможность побеждать зло искусством или не верил, но пьесы его полны такой горячей ненависти к злу, к подлости всякого рода, что они обжигают. Охлаждающего скептицизма в них нет ни крупинки: скептицизм насмешливого, житейски осторожного Шварца сгорел в пламени этой ненависти без остатка. Его пьесы начинаются с блистательной демонстрации зла и глупости во всем их позоре и кончаются торжеством добра, ума и любви. И хотя пьесы его — сказки, и действие их происходит в выдуманных королевствах, зло и добро в них — не отвлеченные, не абстрактные понятия.

В 1943 году он написал сказку «Дракон» — на мой взгляд, лучшую свою пьесу. Потрясающую конкретность и реалистичность придают ей замечательно точно написанные образы персонажей, только благодаря которым и могли существовать диктатуры, — трусов, стяжателей, обывателей, подлецов и карьеристов. Разумеется, как все сказки на свете, «Дракон» Шварца кончается победой добра и справедливости. На последних страницах пьесы Ланцелот свергает бургомистра, как прежде сверг дракона, и женится на спасенной девушке. Под занавес он говорит освобожденным горожанам и всем зрителям:

— Я люблю всех вас, друзья мои. Иначе чего бы ради я стал возиться с вами. А если уж люблю, то все будет прелестно. И все мы после долгих забот и мучений будем счастливы, очень счастливы наконец!

Так говорил Шварц, который, держа меч в вечно дрожавших руках, двадцать лет наносил дракону удар за ударом.

В эти годы у него сильнее стали дрожать руки. Почерк его изменился, превратился в каракули.

После войны я довольно долго не видел Шварца. Но в 1950 году в феврале месяце поехал я в Комарово, в Дом творчества — поработать. Я жил тогда в Москве и выбрал из литфондовских домов творчества именно Комарово потому, что поездка туда давала мне возможность побывать в Ленинграде, где я не был со времен осады, и повидать наш старый куоккальский[1] дом, где прошло мое детство и до которого от Комарова всего восемь километров, и пожить в тесном общении с моими старинными любимыми друзьями Леонидом Рахмановым и Евгением Шварцем. Я списался с ними заранее и знал, что они оба будут жить в феврале в Комарове — Рахманов в Доме творчества, а Шварц в маленьком домике, который он арендовал у дачного треста, — возле самого железнодорожного переезда.

За время нашей разлуки лицом он изменился мало, но потолстел. Я заметил, что его волнует тема постарения и что он в разговорах часто возвращается к ней. Мы с ним несколько лет не виделись, и, возможно, я казался ему сильно изменившимся. Но говорил он о себе.

— На днях я узнал наконец, кто я такой, — сказал он. — Я стоял на трамвайной площадке, и вдруг позади меня девочка спрашивает: «Дедушка, вы сходите?»

Каждый день перед обедом мы втроем отправлялись на прогулку — Рахманов, Шварц и я. Бродили мы часа два по узким, снежным лесным тропинкам и нагибались, пролезая под лапами елок. Шварц шел всегда впереди, шел быстро, уверенно сворачивал на поворотах, и мы с Рахмановым не без труда догоняли его. Говорили о разном, по-

---

[1] Куоккала — тогда еще финское местечко, в котором жил К. И. Чуковский с 1912-го по 1917 г. и в котором прошло детство Н. Чуковского. Сейчас — поселок Репино в Ленинградской области. *(Примеч. ред.)*

нимая друг друга с полуслова, — мы трое были слишком давно и слишком близко знакомы. Много говорили о Льве Толстом. В сущности, весь разговор сводился к тому, что кто-нибудь из нас вдруг произносил: «А помните, Наташа Ростова...» или: «А помните, Анна...», и далее следовала цитата, которую, оказывается, помнили все трое и долго повторяли вслух, наслаждаясь, смакуя каждое слово. Это была прелестная игра, очень сблизившая нас, потому что мы всякий раз убеждались, что чувствуем одинаково и любим одно и то же.

И только однажды обнаружилось разногласие — между мной и Шварцем. Было это уже в конце прогулки, когда мы устали и озябли. Перебирая в памяти сочинения Толстого, я дошел до «Смерти Ивана Ильича» и восхитился какой-то сценой.

— Это плохо, — сказал вдруг Шварц жестко.

Я оторопел от изумления. Гениальность «Смерти Ивана Ильича» казалась мне столь очевидной, что я растерялся.

— Нет, это мне совсем не нравится, — повторил Шварц.

Я возмутился. С пылом я стал объяснять ему, почему «Смерть Ивана Ильича» — одно из величайших созданий человеческого духа. Мое собственное красноречие подстегивало меня все больше. Однако я нуждался в поддержке и все поглядывал на Рахманова, удивляясь, почему он меня не поддерживает. Я не сомневался, что Рахманов восхищается «Смертью Ивана Ильича» не меньше, чем я.

Но Рахманов молчал.

Он молчал и страдальчески смотрел на меня, и я почувствовал, что говорю что-то бестактное. И красноречие мое увяло. Потом, оставшись со мной наедине, Рахманов сказал:

— При нем нельзя говорить о смерти. Он заставляет себя о ней не думать, и это нелегко ему дается.

После нашего свидания в Комарове Шварц прожил еще около восьми лет. Время от времени я наезжал в Ленинград — всегда по делам, всегда только на день или на два, — и всякий раз самым приятным в этих моих приездах была возможность провести два-три часа с Женей Шварцем. И дружба, и вражда складываются в первую половину человеческой жизни, а во вторую половину только продолжаются, проявляя, однако, удивительную стойкость. Так было и в нашей дружбе со Шварцем: она уже не менялась. После любой разлуки мы могли начать любой разговор без всякой подготовки и понимали друг друга с четверти слова. У него вообще было замечательное умение понимать — свойство очень умного и сердечного человека. Главной его работой в эти последние годы жизни был сценарий «Дон Кихот». По этому сценарию был поставлен отличный фильм, снимавшийся в окрестностях Коктебеля. Он получил всемирное признание.

Как-то во время одного из моих приездов Шварц прочел мне свои воспоминания о Борисе Житкове. Он очень волновался, читая, и я видел, как дорого ему его прошлое, как дороги ему те люди, с которыми он когда-то встречался. А так как его прошлое было в большой мере и моим прошлым, я, слушая его, тоже не мог не волноваться. Я порой даже возмущался, — мне все казалось, что он ко многим людям относится слишком мягко и снисходительно. Когда он кончил, я заспорил с ним, доказывая, что такой-то был ханжа и ловчила, а такой-то — просто подлец. Он не возражал мне, а промолчал, увел разговор в сторону, — как поступал обычно, когда бывал несогласен. И мне вдруг пришло в голову, что он добрее меня и потому прав.

В последние годы он был уже очень болен.

В Ленинграде, в Доме Маяковского отпраздновали его шестидесятилетие. Актеры и литераторы говорили ему всякие приятности, как всегда на всех юбилеях. Шварц был весел, оживлен, подвижен, очень приветлив со всеми, скромен и, кажется, доволен. Но вскоре после этого вечера ему стало плохо. И потом становилось все хуже и хуже. Я навестил его незадолго до смерти. Он лежал; когда я вошел, он присел на постели. Мне пришлось сделать над собой большое усилие, чтобы не показать ему, как меня поразил его вид. Мой приход, кажется, обрадовал его, оживил, и он много говорил слабым, как бы потухшим голосом. Ему запретили курить, и его это мучило. Всю жизнь курил он дешевые маленькие папиросы, которые во время войны называли «гвоздиками»; он привык к ним в молодости, когда был беден, и остался им верен до конца. Несмотря на протесты Екатерины Ивановны, он все-таки выкурил при мне папироску. Рассказывал он мне о своей новой пьесе, которую писал в постели, — «Повесть о молодых супругах». Глаза его блестели, говорил он о Театре комедии, о Николае Павловиче Акимове, об актерах, но смотрел на меня тем беспомощным, просящим и прощающим взором, которым смотрит умирающий на живого.

Живым я его больше не видел. Чем дальше уходит его смерть в прошлое, тем яснее я вижу, какая мне выпала в жизни удача — близко знать этого человека с высокой и воинственной душой.

СОДЕРЖАНИЕ

ПЬЕСЫ

Ундервуд 7
Клад 46
Голый король 91
Приключения Гогенштауфена 157
Красная Шапочка 220
Снежная королева 254
Тень 311
Дракон 377
Одна ночь 440
Два клена 486
Обыкновенное чудо 528
Повесть о молодых супругах 591

СКАЗКИ

Рассказ старой балалайки 653
Петька-Петух, деревенский пастух 660
Два друга — Хомут и Подпруга 662
Война Петрушки и Степки-Растрепки 665
Новые приключения Кота в сапогах 670
Сказка о потерянном времени 680
Два брата 687
Рассеянный волшебник 700

ПЬЕСЫ ДЛЯ КУКОЛЬНОГО ТЕАТРА

Кукольный город 705
Сказка о потерянном времени 740

ПОВЕСТИ

Приключения Шуры и Маруси 765
Чужая девочка 773

КИНОСЦЕНАРИИ

Доктор Айболит 781
Снежная королева 808
Золушка 856
Первоклассница 890
Повесть о молодых супругах 950
Дон Кихот 1012
Марья-искусница 1071

Николай Чуковский. Высокое слово — писатель 1115

ДОРОГОЙ ЧИТАТЕЛЬ!

Издательство просит отзывы об этой книге
и Ваши предложения по серии
«Полное собрание в одном томе»
присылать по адресу:
125565, Москва, а/я 4,
«Издательство АЛЬФА-КНИГА»
или по e-mail: mvn@armada.ru
Информацию об издательстве и книгах
можно получить на нашем сайте в Интернете:
http://www.armada.ru

Литературно-художественное издание

Полное собрание в одном томе

Евгений Львович Шварц
ПОЛНОЕ СОБРАНИЕ СОЧИНЕНИЙ
В ОДНОМ ТОМЕ

Заведующий редакцией
В. Н. Маршавин

Ответственный редактор
Е. Г. Басова

Художественный редактор
Л. В. Меркулова

Технический редактор
А. А. Ершова

Корректор
Н. А. Карелина

Компьютерная верстка
Т. А. Рогожиной

Подписано в печать 04.04.11. Формат 60х90/16.
Гарнитура «Ньютон». Печать офсетная.
Бумага офсетная. Усл. печ. л. 71,00. Тираж 6000 экз.
Изд. № 5908. Заказ № 5015.

ООО «Издательство АЛЬФА-КНИГА»
125565, Москва, а/я 4; ул. Расковой, д. 20

Отпечатано в ОАО «Можайский полиграфический комбинат».
143200, г. Можайск, ул. Мира, 93.
www.oaompk.ru, www.оаомпк.рф тел.: (495) 745-84-28, (49638) 20-685

ИЗДАТЕЛЬСТВО АЛЬФА-КНИГА представляет серии
«ПОЛНОЕ ИЗДАНИЕ В ОДНОМ ТОМЕ» и «ПОЛНОЕ ИЗДАНИЕ В ДВУХ ТОМАХ»

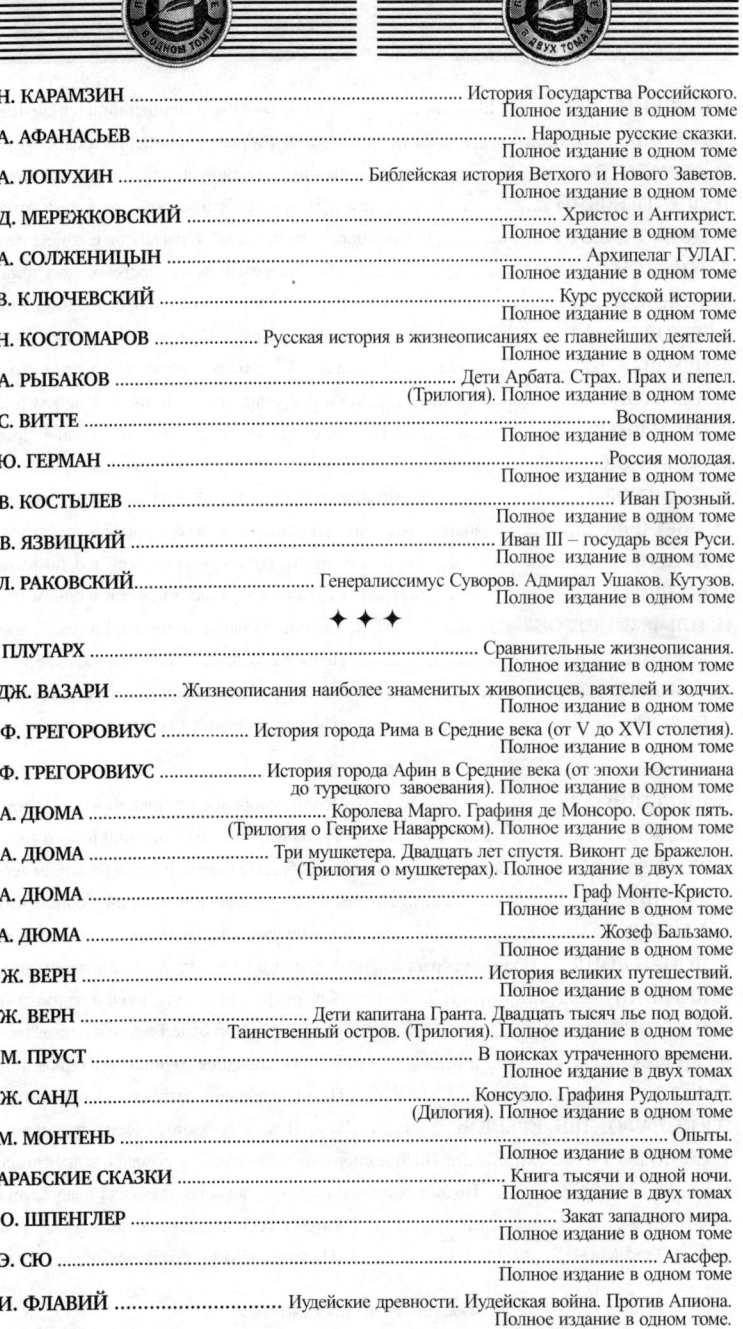

Н. КАРАМЗИН .... История Государства Российского.
Полное издание в одном томе
А. АФАНАСЬЕВ .... Народные русские сказки.
Полное издание в одном томе
А. ЛОПУХИН .... Библейская история Ветхого и Нового Заветов.
Полное издание в одном томе
Д. МЕРЕЖКОВСКИЙ .... Христос и Антихрист.
Полное издание в одном томе
А. СОЛЖЕНИЦЫН .... Архипелаг ГУЛАГ.
Полное издание в одном томе
В. КЛЮЧЕВСКИЙ .... Курс русской истории.
Полное издание в одном томе
Н. КОСТОМАРОВ .... Русская история в жизнеописаниях ее главнейших деятелей.
Полное издание в одном томе
А. РЫБАКОВ .... Дети Арбата. Страх. Прах и пепел.
(Трилогия). Полное издание в одном томе
С. ВИТТЕ .... Воспоминания.
Полное издание в одном томе
Ю. ГЕРМАН .... Россия молодая.
Полное издание в одном томе
В. КОСТЫЛЕВ .... Иван Грозный.
Полное издание в одном томе
В. ЯЗВИЦКИЙ .... Иван III – государь всея Руси.
Полное издание в одном томе
Л. РАКОВСКИЙ .... Генералиссимус Суворов. Адмирал Ушаков. Кутузов.
Полное издание в одном томе

✦ ✦ ✦

ПЛУТАРХ .... Сравнительные жизнеописания.
Полное издание в одном томе
ДЖ. ВАЗАРИ .... Жизнеописания наиболее знаменитых живописцев, ваятелей и зодчих.
Полное издание в одном томе
Ф. ГРЕГОРОВИУС .... История города Рима в Средние века (от V до XVI столетия).
Полное издание в одном томе
Ф. ГРЕГОРОВИУС .... История города Афин в Средние века (от эпохи Юстиниана до турецкого завоевания). Полное издание в одном томе
А. ДЮМА .... Королева Марго. Графиня де Монсоро. Сорок пять.
(Трилогия о Генрихе Наваррском). Полное издание в одном томе
А. ДЮМА .... Три мушкетера. Двадцать лет спустя. Виконт де Бражелон.
(Трилогия о мушкетерах). Полное издание в двух томах
А. ДЮМА .... Граф Монте-Кристо.
Полное издание в одном томе
А. ДЮМА .... Жозеф Бальзамо.
Полное издание в одном томе
Ж. ВЕРН .... История великих путешествий.
Полное издание в одном томе
Ж. ВЕРН .... Дети капитана Гранта. Двадцать тысяч лье под водой.
Таинственный остров. (Трилогия). Полное издание в одном томе
М. ПРУСТ .... В поисках утраченного времени.
Полное издание в двух томах
Ж. САНД .... Консуэло. Графиня Рудольштадт.
(Дилогия). Полное издание в одном томе
М. МОНТЕНЬ .... Опыты.
Полное издание в одном томе
АРАБСКИЕ СКАЗКИ .... Книга тысячи и одной ночи.
Полное издание в двух томах
О. ШПЕНГЛЕР .... Закат западного мира.
Полное издание в одном томе
Э. СЮ .... Агасфер.
Полное издание в одном томе
И. ФЛАВИЙ .... Иудейские древности. Иудейская война. Против Апиона.
Полное издание в одном томе.

ИЗДАТЕЛЬСТВО АЛЬФА-КНИГА представляет серии
«ПОЛНОЕ СОБРАНИЕ В ОДНОМ ТОМЕ» и «ПОЛНОЕ СОБРАНИЕ В ДВУХ ТОМАХ»

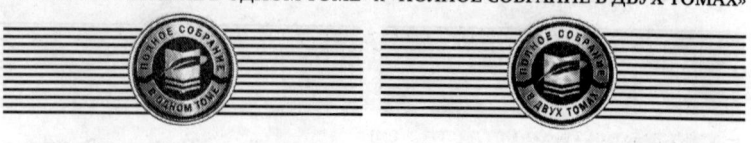

А. ПУШКИН .... Полное собрание сочинений в одном томе
Н. ГОГОЛЬ .... Полное собрание сочинений в одном томе
М. ЛЕРМОНТОВ .... Полное собрание сочинений в одном томе
Ф. ДОСТОЕВСКИЙ .... Полное собрание романов в двух томах
Ф. ДОСТОЕВСКИЙ .... Полное собрание повестей и рассказов в одном томе
Л. ТОЛСТОЙ .... Полное собрание романов и повестей в двух томах
Л. ТОЛСТОЙ .... Полное собрание рассказов и пьес в одном томе
А. ЧЕХОВ .... Полное собрание повестей, рассказов и юморесок в двух томах
А. ЧЕХОВ .... Полное собрание пьес в одном томе
А. АХМАТОВА .... Полное собрание поэзии и прозы в одном томе
Б. ПАСТЕРНАК .... Полное собрание поэзии и прозы в одном томе
М. БУЛГАКОВ .... Полное собрание романов, повестей, рассказов в одном томе
М. БУЛГАКОВ .... Полное собрание пьес, фельетонов и очерков в одном томе
М. ЦВЕТАЕВА .... Полное собрание поэзии, прозы, драматургии в одном томе
А. КУПРИН .... Полное собрание романов и повестей в одном томе
А. КУПРИН .... Полное собрание рассказов в одном томе
И. ИЛЬФ, Е. ПЕТРОВ .... Полное собрание сочинений в одном томе
С. ЕСЕНИН .... Полное собрание сочинений в одном томе
О. МАНДЕЛЬШТАМ .... Полное собрание поэзии и прозы в одном томе
А. БЕЛЫЙ .... Полное собрание сочинений в двух томах

✦ ✦ ✦

В. ШЕКСПИР .... Полное собрание сочинений в одном томе
МОЛЬЕР .... Полное собрание сочинений в одном томе
БРАТЬЯ ГРИММ .... Полное собрание сказок и легенд в одном томе
Г. Х. АНДЕРСЕН .... Полное собрание сказок и историй в одном томе
О. УАЙЛЬД .... Полное собрание прозы и драматургии в одном томе
А. КОНАН ДОЙЛ .... Полное собрание произведений о Шерлоке Холмсе в одном томе
Р. КИПЛИНГ .... Полное собрание рассказов для детей в одном томе
Г. К. ЧЕСТЕРТОН .... Полное собрание произведений об отце Брауне в одном томе
Ф. КАФКА .... Полное собрание сочинений в одном томе
Э. А. ПО .... Полное собрание сочинений в одном томе
ЭЗОП, ЛАФОНТЕН, КРЫЛОВ .... Полное собрание басен в одном томе
Г. СЕНКЕВИЧ .... Полное собрание исторических романов в двух томах
Ги де МОПАССАН .... Полное собрание романов, повестей и новелл в двух томах
Г. ФЛОБЕР .... Полное собрание сочинений в одном томе
Э. Т. А. ГОФМАН .... Полное собрание сочинений в двух томах

Издание серии продолжается